憲法實務研究

제 12 권
(2011)

憲法實務硏究會 編

傅 英 社

발 간 사

지난 한 해 동안 헌법실무연구회의 연구 성과를 담은 「憲法實務硏究」를 발간하게 된 것을 기쁘게 생각합니다.

헌법실무연구회는 헌법재판의 실무계와 학계가 모두 참여하는 학회로서 헌법적 쟁점들에 대하여 실무가와 학자들이 함께 연구하고 토론하는 장을 마련함으로써 헌법재판의 발전에 이바지하고자 설립되어 운영되어 오고 있습니다.

헌법실무연구회는 1999년 7월 2일 창립된 이래 매년 월례발표회의 발표 자료들을 모아 「憲法實務硏究」를 발간하고 있습니다. 이번에 발간되는 「憲法實務硏究」 제12권에서는 2010. 12. 헌법학회와 공동학술대회로 열린 제107회 월례발표회부터 2011. 10. 열린 제114회 월례발표회까지의 발표 자료를 담았습니다. 지난 1년간의 월례발표회에서는 원행정처분과 재판에 대한 헌법소원, 공무원의 정치적 기본권, 가산세의 법적 성격, 지방자치제도 등과 같은 다양한 헌법적 쟁점들은 물론, 야간 옥외집회금지, 군대 내의 불온서적 금지, 인터넷상 본인확인제, 미디어법 표결 과정에서의 국회의원 권한침해 등과 같이, 최근에 헌법재판소가 심리하거나 결정한 구체적인 사건들에 대해서도 발표하고 토론하였습니다.

앞으로도 헌법실무연구회는 보다 구체적이고 생생한 실무적 쟁점들에 대하여 진지하고 심도있게 연구함으로써 우리 헌법재판의 발전에 기여하고자 합니다. 헌법실무연구회의 지속적인 발전을 위하여 회원 여러분들의 많은 관심과 참여를 부탁드립니다.

끝으로 발표문과 토론문을 작성해 주시고 토론에 참여해 주신 분들을 포함한 모든 회원들께 감사드리며, 헌법실무연구회의 연구 성과가 좋은 책으로 출판될 수 있도록 애써 주신 헌법재판소 직원 및 박영사 관계자 분들께도 감사의 말씀을 전합니다.

2011. 12.

헌법실무연구회 회장 김 종 대

일러두기

(1) 이 책은 2010. 12. 제107회 월례발표회부터 2011. 10. 제114회 월례발표회까지 대체로 매월 첫째 주 금요일 저녁 헌법재판소(2층 회의실)에서 이루어진 주제발표, 지정토론 및 자유토론을 수록한 것입니다.

(2) 각 발표문의 체제와 판결인용방법 등은 대체적으로 원문 그대로이고, 별도로 통일시키지 않았습니다.

(3) 토론요지는 녹음된 자유토론의 내용을 수록한 것입니다. 현장감을 주기 위하여, 또 다양한 접근방법을 그대로 알려 주기 위하여 구어체와 원래의 발언내용을 가급적 그대로 유지하였습니다. 다만 녹음상태나 발언의 내용에 따라 그 의미를 충분히 알기 어려운 경우가 있었음을 양해바랍니다. 토론요지 처음에 수록된 참여자명단은 발언순서에 따른 것입니다.

* 외부학회와의 공동학술대회 형식으로 개최된 제107회(한국헌법학회) 및 제112회(한국지방자치법학회) 월례발표회 발표문에는 토론요지가 없습니다.

(4) 발표자, 토론자의 직함은 원칙적으로 발표일을 기준으로 하였습니다.

차 례

第107회(2010. 12. 4) 발표문

재판에 대한 헌법소원의 필요성과 범위: 재판소원의 부분적 도입을 위한 시론*

김 하 열**

Ⅰ. 머 리 말

이 글은 법원의 재판에 대한 헌법소원이 필요하며, 재판소원을 부분적으로 도입한다면 적어도 적용법령의 헌법위반 여부를 잘못 판단한 재판에 대한 헌법소원은 인정되어야 한다는 주장을 담고 있다.

재판소원의 문제는 헌법재판소의 설립과 더불어 논의가 시작되어[1)] 한정위헌결정의 기속력을 둘러싸고 법원과 헌법재판소가 갈등을 빚을 무렵에 고조된 바 있고, 최근 개헌 논의의 한 영역으로 법원과 헌법재판소의 관계가 주목되면서 다시 거론되고 있다. 그 만큼 재판소원을 인정할 것인지는 헌법소원제도의 한 요소를 단순히 확충할 것인지의 문제에 그치는 것이 아니라, 헌법재판제도 설계 및 법원과 헌법재판소 간 사법기능 배분의 중요한 골격을 이루는 문제라고 할 수 있다. 지금껏 재판소원에 관하여는 많은 연구와 논의가 있었지만, 대부분은 재판소원을 제도로서 인정할 필요가 있는지, 재판소원을 전면 금지하는 현행제도가 위헌인지 아닌지를 중심으로 이루어져 왔다.

이 글은 재판소원의 전면 금지는 헌법적 법치국가의 실현에 적지 않은 장애를 일으킨다는 문제의식 하에, 독일이나 스페인과 같이 비교적 전면적이고 광범위하게 이를 허용하는 제도를 채택하는 것이 어렵다 할지라도 부분적으로라도 재판소원을 인정함으로써 그 장애를 최소화하는 방안은 무엇일까, 즉 재판소원을 최소한으로 인정하고자 한다면 그 영역은 어디일까, 그러한 최소화방안이 현실적 이유

* 이 논문은 한국헌법학회/헌법실무연구회가 공동주최한 학술대회에서 발표하였던 것이며, 헌법학연구 제16권 제4호에 게재된 바 있음.

** 고려대학교 법학전문대학원 교수.

1) 헌법재판소법 제정 당시의 재판소원 도입 여부 논의 경과에 관하여는, 헌법재판소, 헌법재판소 20년사, 2008, 138-141면 참조.

를 떠나 규범적으로 정당화될 수 있는 근거는 있을까 하는 의문을 풀어보고자 하는 시도에서 비롯되었다.

결론부터 말하자면, 적어도 적용 법령의 위헌 여부를 잘못 판단한 법원 재판에 대한 헌법소원만큼은 인정되어야 한다고 보았다. 헌법재판작용 중 가장 중요하고 본질적인 것은 규범통제인데, 본질상 집중을 필요로 하는 규범통제의 통일성 및 정상적 작동을 위해서는 이것이 반드시 필요하기 때문이다(이러한 재판소원을 '규범통제적 재판소원'이라 부를 수 있을 것이다). 그 밖의 영역에서 재판소원을 인정하지 않음으로써 발생 가능한 헌법해석의 이원성은 헌법해석의 분점과 경쟁, 협력을 통한 헌법해석의 개방성과 동태성 제고라는 측면에서 수용될 수 있다고 보았다.

먼저 재판소원이 전면 배제된 현황과 그 문제점을 점검하고(Ⅱ), 재판소원의 몇 가지 주요 유형, 재판소원 도입 시의 고려사항들을 살펴본 다음(Ⅲ), 재판소원의 최소한으로 규범통제적 재판소원을 요구하는 근거를 제시한 다음(Ⅳ), 규범통제적 재판소원의 구체적 양상과 몇 가지 부수적 문제들을 짚어본다(Ⅴ).

Ⅱ. 현황과 문제점

1. 현 황

헌법 제111조 제1항 제5호는 "법률이 정하는 헌법소원심판"을 헌법재판소의 관장사항으로 정하고 있고, 헌법재판소법 제68조 제1항은 헌법소원의 대상에서 법원의 재판을 제외하고 있다. 그리하여 현재 법원 재판에 대한 헌법소원은 인정되고 있지 않다.

헌법재판소는 "헌법재판소법 제68조 제1항 본문의 '법원의 재판'에 헌법재판소가 위헌으로 결정한 법령을 적용함으로써 국민의 기본권을 침해한 재판도 포함되는 것으로 해석하는 한도 내에서, 헌법재판소법 제68조 제1항은 헌법에 위반된다."고 하여 부분적으로 재판소원을 인정하는 입장을 취하고 있지만(헌재 1997. 12. 24. 96헌마172), 여기에 해당하는 재판은 극히 예외적일 뿐만 아니라, 이 결정 자체가 법원이 그 구속력을 부인하고 있는 한정위헌결정의 형식으로 이루어져 그나마의 예외적 부분 또한 법원과의 관계에서 구속력 있게 관철되기 어려운 실정이다.

더군다나 헌법재판소는 '법원의 재판'의 범위를 비교적 폭넓게 보고 있다. 종국판결, 중간판결뿐만 아니라 소송절차의 파생적·부수적 사항에 대한 공권적 판단(헌재 1992. 12. 24. 90헌마158), 재판장의 소송지휘 또는 변론진행(헌재 1993. 6. 2. 93헌마104), 재판의 지연(헌재 1998. 5. 28. 96헌마46)도 모두 재판으로 보아 헌법소원의 대상이 아니라고 보고 있다.[2)]

그러므로 현재 우리나라에서 재판소원은 인정되지 않으며, 법원의 재판작용에 대한 헌법재판에 의한 통제는 전면 봉쇄되어 있다고 보아 무방하다.

2. 재판소원 인정 여부에 관한 논의[3)]

(1) 소 극 론

법원 측의 입장으로서 헌법 제101조와 제107조 제1항, 제2항에 비추어 볼 때 우리 헌법의 해석상 헌법해석권은 법원과 헌법재판소에 각각 부여되어 있으므로 법원의 재판에 대하여 헌법소원을 인정하는 것이 오히려 위헌이라는 견해이다.[4)]

(2) 적 극 론

먼저 재판소원의 금지는 위헌이라는 견해가 많다. 현행 헌법에서 헌법소원제도를 도입한 헌정사적 배경을 망각하고 있을 뿐만 아니라 헌법소원제도의 본질에 위배되기 때문이라는 것이다.[5)]

반면, 법원의 재판을 헌법소원의 대상으로 할 것인지는 입법정책의 문제이므로 위헌은 아니지만 헌법소원제도의 취지에 비추어 인정하는 것이 바람직하다는 견해도 많다. 헌법재판소도 이러한 입장이다.[6)]

---

2) 헌법재판소, 헌법재판실무제요(제1개정증보판), 2008, 221-225면.

3) 이에 관하여 상세한 것은 박경철, "우리 헌법질서에서 재판소원금지의 위헌성", 공법연구 제30집 제3호, 2002, 155면 이하; 이희훈, "헌법재판소법상 재판소원금지규정에 대한 연구", 헌법학연구, 제15권 제3호, 2009, 423면 이하.

4) 유남석, "재판에 대한 헌법소원 금지의 논리 및 정책적 이유," 재판자료 제75집, 1997, 281면 이하; 최완주, "헌법소원에 관한 각 국의 제도비교", 재판자료 제75집, 1997, 123면 이하 참조.

5) 김철수, "헌법소원제도의 개선방안," 법률의 위헌결정과 헌법소원의 대상(헌법재판연구 제1권), 헌법재판소, 1990, 547면 이하; 이욱한, "헌법재판소법 제68조 제1항의 '법원의 재판을 제외하고는'의 문제점과 그 해결방안", 인권과 정의, 1996. 5, 41면 이하; 정연주, "헌법재판소법 제68조 제1항에 대한 한정위헌결정의 문제점 —헌법재판소 1997. 12. 24, 96헌마172, 173(병합) 결정과 관련하여—", 고시계, 1998. 2, 115면 이하; 정종섭, "주요 국가 헌법재판제도에 관한 연구", 헌법재판연구, 철학과 현실사, 1999, 390면 이하; 허영, "헌법소원제도의 이론과 우리 제도의 문제점", 고시연구, 1989. 4, 52면 이하; 홍성방, "헌법재판소법 제68조 제1항 본문은 위헌이다", 판례월보, 1998. 7, 15면 이하; 황치연, "재판소원금지의 위헌성," 한국헌법학의 현황과 과제(금랑김철수교수정년기념논문집), 1998, 1001면 이하 참조.

6) 계희열, "헌법재판과 국가기능", 헌법재판의 회고와 전망(창립 10주년 기념세미나), 헌법재판소, 1999. 9, 183면 이하; 김문현, "헌법해석에 있어서 헌법재판소와 법원의 관계," 헌법재판의 이론과

(3) 의 견

재판소원의 금지가 현행 헌법상 위헌이라고 보기는 어렵다.

먼저, 재판소원의 본질이 선험적으로 주어져 있다기보다는 각국의 사정과 정책에 따라 재판소원제도는 다르게 형성될 수 있다고 보며, 우리 실정헌법도 제111조 제1항 제5호에서 입법자에 의한 제도형성의 가능성을 예정하고 있다. 재판소원의 금지로 아래에서 보는바와 같이 재판소원의 형태가 왜곡되긴 하지만 위헌에 이를 정도로 본질적 형해화가 있는 것은 아니라고 본다.

다음으로, 헌법 제27조가 보장하는 재판청구권의 침해라고 보기도 어렵다. 재판청구권은 '법관에 대한 권리보호' 자체를 직접 목적으로 하는 것이 아닐 수 있다. 재판청구권은 '법관에 의한 권리보호'로 종료될 수 있다.[7] 설사 재판청구권의 내용이 헌법 제111조에 의하여 확장되어 헌법재판청구권까지 포함한다고 할지라도,[8] 모든 경우에 누구라도 헌법재판을 청구할 수 있는 것까지 보장하는 것은 아니라고 할 것이고(이는 일반 재판청구권의 경우에도 마찬가지이다), 우리 입법자가 일정한 헌법소원은 허용하면서 일정한 헌법소원을 배제하였지만 역시 본질적 형해화가 아닌 이상 그러한 권리의 침해라고 단정하긴 어렵다.

하지만 재판소원을 인정하는 것은 단순히 바람직함을 넘어 헌법재판의 기능 정상화를 위해 반드시 필요하다고 본다. 규범통제와 기본권 보호라는 헌법재판의 과제를 실현함에 있어 구조적으로 재판소원은 전면적으로 혹은 적어도 부분적으로 반드시 필요한데, 이것이 차단되어 있어 헌법재판 나아가 국가기능의 효율적 운영이 저해되고 있다.

3. 재판소원 배제의 문제점

(1) 규범통제의 불통일성

규범통제는 통일적 규범질서의 유지를 위한 제도이다. 그러므로 규범통제가

실제(금랑김철수교수화갑기념논문집), 1993, 206면 이하; 장영수, "헌법재판소 변형결정의 구속력," 판례연구 제9집, 고려대학교 법학연구소, 1998. 2, 67면; 정태호, "헌법소원의 개념과 역사적 발전: 그 비교법적 검토", 안암법학 제4호, 1996, 103면 이하; 한수웅, "헌법재판소법 제68조 제1항의 위헌여부", 헌법논총 제10집, 헌법재판소, 1999, 296면 이하; 황도수, "헌법소원제도의 본질과 헌법재판소법 제68조 제1항 중 재판소원 제외부분의 위헌성", 재판의 한 길(김용준헌법재판소장화갑기념논문집), 박영사, 1998, 276면 이하 참조. 또한 헌재 1997. 12. 24. 96헌마172.

7) BVerfGE 15, 275(280)(Dürig bei Maunz/ Dürig, Grundgesetz, Rdnr.17 zu Art.19 Abs.4)

8) 헌법소원청구권은 재판청구권에 포함되는 기본권도, 헌법 제111조에 근거한 독자적 기본권도 아니고, 법률상의 권리라는 견해로는 한수웅, 앞의 글, 296면 이하.

여러 사법기관에 의하여 산발적으로 이루어지고 통일적으로 수렴되는 체계를 갖지 않으면 법적 충돌, 판단의 상충 등으로 인하여 법적 안정성을 저해한다. 그런데 법질서는 최고규범인 헌법을 정점으로 형성되어 있으므로 규범통제라는 것은 궁극적으로 헌법해석의 문제로 귀결된다. 규범통제를 통한 헌법의 규범력 보장은 일반재판보다 헌법재판에 보다 특유한 기능이고, 헌법재판소는 규범통제에 특화된 전문기관이다. 그렇다고 할 때 규범통제의 통일성을 확보하는 과제는 헌법재판소에 유보함이 타당하다. 그런데 현재 우리나라는 법률과 명령·규칙에 관하여 규범통제의 불통일성을 보이고 있다.

법률에 대한 규범통제의 통일성은 위헌법률심판제도, 그리고 헌법재판소법 제68조 제2항에 대한 헌법소원제도를 통하여 많은 경우 헌법재판소에 의한 통일성이 보장되어 있다. 그러나 합헌적 법률해석을 둘러싼 헌법재판법원의 판단이 상충할 경우 법원의 합헌적 법률해석이 지닌 규범통제적 의미와 기능에도 불구하고 규범통제의 통일성이 보장되고 있지 않다. 어떤 법률에 대해 법원은 단순합헌이라고 보는 반면 헌법재판소는 합헌적 법률해석을 할 경우, 반대로 법원은 합헌적 법률해석을 하였으나 헌법재판소는 단순합헌이라고 보는 경우, 그리고 법원과 헌법재판소가 각기 다른 합헌적 법률해석을 할 경우, 두 기관의 상이한 규범통제가 병존하게 되는데, 대법원이 헌법재판소의 합헌적 법률해석의 산물인 한정위헌·한정합헌 결정의 기속력을 부인하기 때문에 헌법재판소의 규범통제 판단이 관철되지 못한다.

다음으로, 명령·규칙에 대한 구체적·부수적 규범통제는 법원에 전속되는 반면, 헌법소원을 통한 명령·규칙에 대한 규범통제는 헌법재판소가 담당함으로써 명령·규칙 자체에 대한 규범통제가 이원화되어 있을 뿐만 아니라, 법률에 대한 규범통제와 명령·규칙에 대한 규범통제의 분리로 인한 문제점도 있다.[9]

이와 같은 규범통제의 불통일성은 해소할 필요가 있고, 그 효율적인 방식이 재판소원이다.

(2) 규범통제와 재판통제의 관계 왜곡

헌법에 위반되는 법질서로 인한 기본권 침해는 크게 두 가지 경로로 발생한다. 그 하나는 규범 자체에 위헌성이 있음으로써 발생하는 것이고, 다른 하나는 규범을 구체적 사안에 잘못 해석·적용함(적용규범의 위헌 여부에 관한 판단을 그르치

9) 이에 관하여는 김하열, "명령·규칙에 대한 사법심사 ― 헌법재판의 관점에서 본 ―", 헌법판례연구[9], 2008, 282-284면

는 경우가 대표적이다)으로써 발생하는 것이다. 따라서 이러한 위헌성을 교정할 수 있는 방식도 두 가지이다. 그 하나는 법질서의 원천인 입법에 대한 헌법의 우위를 관철하는 규범통제의 방식이고, 다른 하나는 법질서를 구체적 사안에 적용하는 재판작용에 대하여 헌법의 우위를 관철하는 재판통제의 방식이다. 이 두 방식 중 먼저 재판통제의 방식을 선택하고 그것으로 해결할 수 없을 때 규범통제의 방식을 택하는 것이 헌법재판의 과제에 부합한다. 법률은 국민의 대표자인 국회가 민주적 정당성에 기초하여 제정하는 국법질서의 근간이 되는 법규범이므로 가급적 그 존속을 유지하는 것이 민주주의원리와 권력분립원리에 부합한다. 또한 입법자와의 관계에서 헌법재판의 기능적 한계를 준수하는 길이기도 하다.[10] 뿐만 아니라 법률에 대한 위헌결정은 기존 법질서에 대하여 큰 충격(일부 소급적 변동을 포함하여)을 초래하므로 가급적 이를 최소화하는 것은 법적 안정성이라는 법치주의의 요청에 부합하는 일이기도 하다. 그러므로 재판통제의 방식으로 문제를 해결할 수 있을 때에는 규범통제의 방식은 회피되어야 한다(이를 규범통제의 보충성이라 칭하여도 좋을 것이다). 재판통제의 방식은 문제된 구체적 사안에서 발생한 헌법위반만을 특정하여 교정하므로 사안적합성 높은 해결방식일 뿐만 아니라, 일반적·추상적 법질서 자체에 대한 충격을 가하지 않는다는 장점이 있다. 규범통제가 큰 칼을 사용하는 수술이라면 재판통제는 작은 칼을 사용하는 수술에 비유할 수 있고, 작은 칼로써도 충분한 경우에는 큰 칼의 사용은 유보되어야 한다.

그런데 재판에 대한 헌법소원이 인정되지 않으면 재판통제의 길이 차단되므로 헌법실현의 이러한 구조적 원활성에 장애가 생긴다. 위헌적 법상태를 해소할 과제를 지닌 헌법재판소로서는 부득이 규범통제의 방식을 취하도록 강요된다. 헌법재판소는 재판소원을 인용하면서 구체적 재판작용에서 헌법이 어떻게 해석·적용되어야 하는지를 밝히고 법원은 이를 존중하여 그에 따라 재판함으로써 위헌성이 해소될 수 있는데도 불구하고 해결의 방향을 입법으로 돌려 단순위헌, 헌법불합치 또는 한정위헌 결정을 할 수밖에 없게 된다.[11]

---

10) 헌법재판의 기능적 한계에 관하여는, 계희열, 앞의 글(각주 6), 205-209면.

11) 하나의 극명한 예를 들어보자면 국가보안법상의 국가기밀 사건을 들 수 있다. 대법원의 판례는 일관하여 국가보안법상의 '국가기밀'이라고 함은, 반국가단체에 대하여 비밀로 하거나 확인되지 아니함이 대한민국의 이익을 위하여 필요한 모든 정보자료로서, 순전한 의미에서의 국가기밀에 한하지 않고 정치, 경제, 사회, 문화 등 각 방면에 관한 국가의 모든 기밀사항이 포함되며, 그것이 국내에서의 적법한 절차 등을 거쳐 널리 알려진 공지의 사항이라도 반국가단체인 북한에게는 유리한 자료가 되고 대한민국에는 불이익을 초래할 수도 있는 것이면 국가기밀에 속한다고 하였다(대법원 1990. 6. 8. 90도646; 대법원 1992. 10. 27. 92도2068; 대법원 1993. 10. 8. 93도1951 등). 헌법재판소는 대법원의 이러한 해석은 "국가기밀"이라는 문언의 문의적 한계를 훨씬 벗어나고 "기밀"의 실질적 요건을 헐어버린 것으로서 그 적용범위가 지나치게 광범하고 모호하여 죄형법정주

(3) 헌법소원의 기형화

헌법소원은 공권력의 행사로부터 국민의 기본권을 보호하기 위한 제도이다. 그런데 재판소원의 금지는 헌법소원의 대상 중 사법작용 전부를 배제할 뿐만 아니라, 헌법소원의 보충성요건과 결합하여 행정작용의 핵심적이고 통상적인 부분을 헌법소원에서 배제하는 결과를 낳고 있다. 그리하여 현행 헌법소원제도는 입법에 대한 헌법소원과 주변적 행정작용에 대한 잔류사법의 역할만을 수행하게 되었다. 물론 헌법소원제도를 구체적으로 어떻게 설계할지는 각국의 사정에 따라 다양한 가능성이 있고, 우리 헌법 또한 입법자에게 구체적 형성을 맡기고 있지만, 헌법소원이라는 제도의 목적이나 본질, 입법례에 비추어 볼 때 헌법소원의 대상에서 행정작용은 제외되고 오히려 입법작용이 주된 대상으로 되어 있는 이러한 형태는 정상적인 것이라 보기 어렵다. 헌법소원이 인정되는 대표적 국가인 독일에서는 재판소원을 통하여 행정작용과 사법작용에 대한 헌법적 통제를 인정하고 있고, 법률에 대한 헌법소원도 인정하지만 그 청구기간을 1년으로 엄격히 제한하고 있다(연방헌법재판소법 제93조 제3항). 독일에서는 헌법생활과 법질서의 확립에 중요한 사항이 주로 재판에 대한 헌법소원을 통하여 이루어진다.[12] 스페인에서는 재판소원을 통하여 행정작용과 사법작용에 대한 헌법적 통제는 인정하지만, 법률에 대한 헌법소원은 오히려 인정하고 있지 않다. 한편 재판소원을 인정하고 있지 않은 오스트리아에서도 행정작용으로 인한 기본권침해를 구제하는 헌법재판절차를 두고 있다(이른바 Sonderverwaltungsgerichtsbarkeit).[13]

이와 같이 헌법소원의 대상에 공동(空洞)이 존재하는 만큼 국민의 기본권보호

의에 위배되므로 이를 헌법에 합치되도록 축소·제한하여 해석할 필요가 있다고 하면서, 국가보안법 소정의 '"국가기밀"을 일반인에게 알려지지 아니한 것으로서 그 내용이 누설되는 경우 국가의 안전에 명백한 위험을 초래한다고 볼 만큼의 실질가치를 지닌 사실, 물건 또는 지식이라고 해석하는 한, 헌법에 위반되지 아니한다.'는 한정합헌결정을 하였다(헌재 1997. 1. 16. 89헌마240). 그러나 이러한 헌법문제는 재판소원의 형태로 제기되고 해결되는 것이 바람직하다. 피의자로서는 법원의 판결이 적용법률인 국가보안법을 해석·적용함에 있어서 그 위헌 여부, 관련 기본권의 의미와 효력에 관하여 잘못된 판단을 하였다고 주장하면서 법원의 심급절차를 모두 거친 후 최종 재판에 대한 헌법소원을 청구하고, 헌법재판소는 그러한 법원의 재판으로 인한 기본권 침해를 인정함으로써 당해사건과 향후의 유사사건에 대하여 헌법질서 및 기본권 보호의 과제를 달성할 수 있게 된다. 그런데 재판소원이 인정되지 않음으로써 당사자나 헌법재판소는 부득이 국가보안법 조항에 대한 규범통제(합헌적 법률해석)의 방식을 택할 수밖에 없었다.

12) Rainer Wahl(김백유 옮김), "헌법재판제도의 유형"(Typen der Verfassungsgerichtsbarkeit), 동아법학 제31호, 2002, 419면.

13) Robert Walter/ Heinz Mayer/ Gabriele Kucsko-Stadlmayer, *Grundriss des österreichischen Bundesverfassungsgericht*, 10.Aufl. 2007, S. 553 이하.

라는 헌법재판의 주요 기능과 과제에 불비가 있음을 시인하지 않을 수 없다.

Ⅲ. 재판소원의 유형과 범위 설정

1. 재판소원의 유형

재판소원의 양상 또는 유형은 여러 가지 기준과 내용으로 분류할 수 있을 것이다.

독일에서의 분류를 보면 Gusy는 ① 재판에 적용된 법규범의 위헌성 통제, ② 재판의 절차적 하자 통제, ③ 재판내용상의 헌법위반 통제로 나누었고,[14] Schlaich/ Korioth는 여기에 ④ 개별사건의 사실확인과 평가에 대한 통제를 추가하였다.[15] Alleweldt는 ① 헌법해석통제, ② 규범통제, ③ 법문(Rechtssatz)통제, ④ 법적용통제, ⑤ 사실인정통제로 나누고 있다.[16]

이 글에서는 다음과 같이 세 가지 유형으로 나누어 보고자 한다. ① 법원의 규범통제작용에 대한 통제, ② 법원의 직접적 헌법적용 통제. 법원이 규범통제적 법령해석을 거침이 없이 행한 헌법의 해석·적용에 대한 통제를 말한다. ③ 재판의 절차적 하자 통제.[17]

(1) 법원의 규범통제작용에 대한 통제

규범통제는 심사기준인 헌법해석과 심사대상인 법규범 간의 상호해석 작용이다. 법관이 적용법령을 해석함에 있어서는 선결적 또는 동시적으로 적용법령에 위

---

14) Christoph Gusy, *Die Verfassungsbeschwerde*, 1988, S. 26-27.

15) Klaus Schlaich/ Stefan Korioth, *Das Bundesverfassungsgericht*, 7.Aufl. 2007, Rn.287-327.

16) Ralf Alleweldt, *Bundesverfassungsgericht und Fachgerichtsbarkeit*, 2006, S. 98-103.

17) Gusy와 Schlaich/ Korioth의 분류에서 말하는 '재판내용상의 통제'라는 유형은 너무 광범위하고 다양한 성격과 구조의 통제가 함께 포함되어 있어 분류항목으로서의 적합성이 떨어진다고 본다. 우선 '재판내용상의 통제'라는 것이 '재판에 적용된 법규범의 위헌성 통제'라는 유형과 엄밀히 구분되지 않기 때문이다. Schlaich/ Korioth는 기본권을 고려한 헌법하위법의 해석을 '재판내용상의 통제'라고 분류하고 있으나, 법관은 헌법합치적(또는 헌법정향적) 법률해석을 하거나 법의 계속형성을 함으로써 구체적 사안에 적용될 법규범을 구체화하여 규범영역 또는 소규범을 도출해 내는데, 이는 기본권을 고려한 법률해석(재판내용상의 통제)임과 동시에 '재판에 적용된 법규범의 위헌성 통제'로서 규범통제작용에 해당하기 때문이다. 다음으로, 재판내용상의 통제 내에는 법규범의 해석통제와 법규범의 적용통제라는 상이한 유형에 대한 통제가 함께 들어있기 때문이다(물론 규범의 해석과 적용 간의 구분 또한 불명확하나 전자는 더 규범통제 쪽에, 후자는 더 재판통제 쪽에 가깝다고 말할 수는 있을 것이다).

헌성이 있는지를 심사하게 되고, 이를 위해서는 헌법해석과 법령해석이 동시에 이루어진다. 심사기준으로서의 헌법규범에 대한 해석이 없어서도, 심사대상인 법령에 대한 해석이 없어서도 적용법령이 위헌인지 아닌지를 판단할 수 없다. 적용법령이 헌법에 위반하는지 여부를 확인하기 위해 양자에 대한 법해석이 필요함은 논리적으로 당연하다. 이와 같이 심사기준인 헌법해석과 심사대상인 법령해석을 통하여 적용법령과 헌법과의 충돌 여부를 심사하는 법원의 작용은 바로 실질적 의미의 규범통제작용이다. 법관이 재판에서 적용법령의 위헌여부에 관하여 명시적으로 아무런 언급 없이 법령을 적용하여 재판하였다면 여기에는 묵시적으로 적용법률이 합헌이라는 판단이 전제되어 있거나, 적어도 그런 것으로 의제되어야 한다. 현실적으로는 많은 경우에, 적용법령의 위헌심사라는 의무는 인식되지도 못한 채 그러한 과정 없이 재판이 진행될 수도 있을 것이다. 그러나 규범적, 논리적으로는 적용법령에 대한 위헌심사는 생략될 수 없으며, 생략된 것도 아니다.[18)]

법원의 규범통제작용을 대상으로 하는 재판소원에는 전형적으로 다음과 같은 것들이 포함된다. ① 재판에 적용된 법규범이 위헌임에도 이를 인식하지 못하거나 합헌이라고 잘못 판단하고서 그 법규범을 그대로 사안에 적용하여 한 재판. 예를 들어 혼인빙자간음죄의 위헌 여부가 다투어지거나 문제될 수 있는데도 이를 무시, 간과하고(절차적으로는 위헌제청신청을 기각하는 등으로) 유죄판결을 하였다면 재판소원을 통해 헌법재판소는 그 형법조항에 대한 법원의 규범통제작용을 통제하게 될 것이다. ② 재판에 적용된 법규범에 내재된 위헌적 해석 가능성을 배제하거나, 또는 법규범에 포함된 여러 적용범위 중 위헌적 부분을 배제하여야 함에도, 즉 합헌적 법률해석을 통하여[19)] 질적 일부 위헌성을 제거하여야 함에도 그 부분을 그대로 적용하여 한 재판. 예를 들어 법원이 형법의 위력업무방해죄에 노동자들의 집단적 노무제공거부도 포함되는 것으로 해석하여 유죄판결을 하였다면 그러한 규범구체화 해석이 헌법적으로 정당한지 재판소원을 통해 심사하게 될 것이다.

(2) 법원의 헌법적용 통제

법원은 규범통제적 법률해석을 거침이 없이 곧바로 구체적 사안을 헌법적으로 평가하여(달리 말해 구체적 사안에 바로 헌법을 적용하여) 결론을 도출하기도 한다. 이 때에도 헌법이나 기본권의 의미나 해석에 대한 판단이 행해지는데, 헌법이나

18) 김하열, "법률해석과 헌법재판: 법원의 규범통제와 헌법재판소의 법률해석", 저스티스, 통권 제108호, 2008. 12. 참조.

19) 합헌적 법률해석의 이러한 두 가지 의미 또는 유형에 관하여는 김하열, 위의 글, 29-30면 참조.

기본권에 대한 잘못된 이해에 기초하거나, 상반되는 기본권적 가치나 이익에 대한 형량을 그르친 법원의 헌법적용은 헌법의 규범력을 약화시키므로 이 부분 역시 헌법재판소의 통제범위 내에 들어올 수 있다.

이러한 법원의 헌법적용에는 다음과 같은 몇 가지 유형이 있을 수 있다.

① 법원이 사적 당사자 간의 법률관계를 헌법해석·적용을 통하여 직접 규율하는 경우. 예를 들어 회복불가능한 사망 단계에 진입한 환자에 대한 연명치료 중단을 허용할 것인지를 결정함에 있어서 법원은 환자의 인간의 존엄성, 인격적 자기결정권, 환자의 생명을 보호할 의사의 의무와 국가의 공익 등 관련 헌법조항, 헌법적 가치들에 대한 판단과 형량을 행하게 된다. 이러한 법원의 판단은 당사자 간에 체결된 의료계약의 내용과 효력을 확정하는 과정에서 일어나는 것이지, 당해 사건에 직접 적용되는 법률의 위헌 여부를 판단하는 과정에서 일어나는 것이 아니다(대법원 2009. 5. 21. 선고 2009다17417 전원합의체 판결).[20]

② 법원이 행정작용에 대하여 비례성원칙, 신뢰보호원칙, 평등원칙과 같은 헌법의 해석·적용을 잘못하였는지를 심사하는 경우. 행정청이 적용법규를 해석·적용함에 있어 재량권을 남용하였거나 한계를 일탈하였는지를 비례성원칙에 따라 심사하는 것이 대표적 경우이다. 예를 들어 임의적 면허취소사유 있는 음주운전자에 대한 면허취소처분을 다투는 행정소송에서 법원은 주취의 정도, 음주운전의 전력, 피해의 정도, 운전자의 직업 등 여러 사정을 고려하는 가운데 음주운전 방지라는 공익목적 달성과 면허취소라는 불이익을 형량하여 면허취소처분이 재량의 한계를 일탈한 것인지를 판단하는데,[21] 이는 법치주의에서 도출되는 비례성원칙을 적용하는 헌법적 판단이기도 하다. 그러나 면허취소처분의 근거가 된 도로교통법 조항에 대한 규범통제작용은 일어나지 않는다.

③ 법원이 사법(私法)의 일반조항을 매개로 기본권의 대사인적 효력이나 기본권보호의무에 관하여 판단하는 경우. 계약이나 불법행위를 둘러싼 사인 간의 분쟁

---

20) "죽음에 임박한 환자에 대한 연명치료 중단에 관한 다툼은 법원의 재판을 통하여 해결될 수 있고, 법원의 재판에서 나타난 연명치료 중단의 허용요건이나 절차 등에 관한 기준에 의하여 연명치료 중단에 관한 자기결정권은 충분하지 않을지는 모르나 효율적으로 보호될 수 있다… '연명치료 중단에 관한 자기결정권'을 보장하는 방법으로서 '법원의 재판을 통한 규범의 제시'와 '입법' 중 어느 것이 바람직한가는 입법정책의 문제로서 국회의 재량에 속한다 할 것이다. 일본, 영국 등에서는 연명치료 중단에 관한 입법이 없이 사법기관의 결정례에서 제시된 기준에 따라 연명치료 중단 등이 허용되고 있고, 독일에서도 최근 2009. 9. 1. 시행된 개정민법(BGB 제1901a조, 제1904조 제2항 등)에서 '환자의 처분' 등에 관한 규정이 도입되기 전까지는 이와 같았음을 볼 때 '연명치료 중단에 관한 자기결정권'을 보장하기 위해 반드시 입법이 필요한 것은 아니다." (헌법재판소 2009. 11. 26. 2008헌마385).

21) 예를 들어 대법원 1996. 10. 11. 96누10812.

에 헌법적 문제가 개재되어 있을 때 법원은 사법의 일반조항을 매개로 관련 헌법이나 기본권의 의미와 작용을 판단하고 형량하여 구체적 결과를 내리게 되는데,[22] 이 과정에서 행한 헌법적 판단 또한 재판소원의 대상이 될 수 있다. 이 때 사법의 일반조항은 헌법규범이 구체적 사건에 진입하는 매개역할을 할 뿐이고 그 일반조항에 대한 규범통제작용은 일어나지 않는다는 점에서 위 (1)의 유형과는 다르다.

(3) 재판의 절차적 하자 통제

법원의 재판작용을 통한 기본권 침해는 재판의 실체적 내용에 의하여서 뿐만 아니라 재판절차를 통해서도 발생한다. 오히려 재판절차를 통한 기본권 침해가 더 빈번히 문제될 수 있고, 기본권 보호의 의미면에서도 더 심각할지도 모른다. 공정한 재판절차는 절차적 규율을 통하여 실체적 정의를 담보해주는 기능을 하기 때문이다. 따라서 재판절차에 대한 통제는 간접적이지만 효과적으로 재판작용을 통한 기본권 침해를 예방하거나 교정하는 수단이 될 수 있다.

독일 연방헌법재판소는 사법절차에 관한 통제를 특별히 강도높게 진행한다.[23] 이는 공정한 절차야말로 정의를 사전에 담보할 수 있다는 인식에 기반하고 있기 때문이다.[24] 독일 재판소원의 약 40%가 절차적 기본권의 침해를 다투는 사건인데, 그 중에서도 특히 법적 청문의 권리(기본법 제103조 제1항) 침해를 다투는 사건이 많다고 하며, 다음 20%는 절차적 및 실체적 기본권 침해를 아울러 다투는 사건이고, 그 다음 20%가 오로지 실체적 기본권 침해만을 다투는 사건이라고 한다.[25] 독일 연방헌법재판소의 판례를 통하여 보면, 가집행선고, 증언거부권에 관한 재판, 소송구조에 관한 재판, 가처분, 소송기록열람에 관한 재판, 압수·구금·신체수색 등에 관한 명령, 필요적 변호인의 선정 등 민·형사재판절차상의 다양한 재판절차가 재판소원의 대상이 되고 있다.[26]

우리나라의 경우 헌법 제12조(적법절차, 영장주의 등), 제27조(공정하고 신속한 재

---

22) "기본권규정은 그 성질상 사법관계에 직접 적용될 수 있는 예외적인 것을 제외하고는 사법상의 일반원칙을 규정한 민법 제2조, 제103조, 제750조, 제751조 등의 내용을 형성하고 그 해석기준이 되어 간접적으로 사법관계에 효력을 미치게 된다. 종교의 자유라는 기본권의 침해와 관련한 불법행위의 성립 여부도 위와 같은 일반규정을 통하여 사법상으로 보호되는 종교에 관한 인격적 법익침해 등의 형태로 구체화되어 논하여져야 한다."(대법원 2010. 4. 22. 선고 2008다38288 전원합의체 판결).

23) Klaus Schlaich/ Stefan Korioth, 앞의 책, Rn.321-325.

24) Peter Häberle(계희열 옮김), "독일의 헌법소원제도", 헌법논총 제11집, 2000, 548면.

25) Papier(Aussprache) in: Verfassungsrecht und einfaches Recht -Verfassungsgerichtsbarkeit und Fachgerichtsbarkeit, *VVDStRL* 61, 2002, S. 157.

26) Christoph Gusy, 앞의 책, S. 28-29.

판을 받을 권리 등), 제109조(공개재판) 등 사법절차에 관한 절차적 기본권이나 절차원칙들에 위반하여 재판이 진행된 경우에 헌법소원을 통한 구제를 도모할 수 있을 것이다.

2. 재판소원 도입 시의 고려요소

(1) 기능법적 한계[27)]

일반사법권에 대한 헌법재판권의 기능적 한계가 준수되어야 한다. 일반사법권과 헌법재판권은 동일한 사법작용으로서 기능과 과제상의 유사성과 중복성을 피할 수 없지만, 그럼에도 불구하고 두 사법기관과 사법작용을 병존시키는 이원적 사법제도를 유지하는 한 일반사법권의 독자적 영역과 기능을 보장하여야 한다. Hesse의 정리를 차용하면, "헌법재판소는 헌법이 위임한 기능의 범위를 준수하여야 한다. 헌법재판소는 그 본질상 여타 국가기관을 통제함에 있어서 다른 기관의 기능까지 행사하여서는 안 된다. 즉, 스스로 입법자가 되거나 스스로가 정부 대신에 정치적 결정을 내리거나, 또는 스스로 일반법원 대신에 민사소송을 판결하여서는 안 된다."[28)]

두 가지 기능법적 준거점이 중요한데, 첫째, 법원이 일반적·포괄적인 사법권을 행사하는 사법기관임에 비해, 헌법재판소는 헌법해석을 보다 전문으로 하는 특별한 사법기관이라는 점, 둘째, 법원과 헌법재판소 공히 헌법을 실현하고 국민의 권리를 보호하는 사법기관이되, 헌법재판소는 그러한 과제를 보충적·최종적으로 수행하는 곳이라는 점이다.

그러므로 먼저, 사실의 인정과 평가, 헌법관련성 없는 법률의 해석과 적용은 일반사법권의 고유한 기능으로서 이를 헌법재판소가 잠식하여서는 안 된다. 이런 한계를 넘어서면 이른바 헌법재판소가 '초상고심' 또는 '초사실심'의 기능까지 담당하게 되어 국가기능의 균형적 배분이 무너진다. 다음으로 기능과 과제의 유사성이 존재하는 분야에서는 법원에게 1차적 판단권을 부여하고, 헌법재판소는 보충적 역할에 머물러야 한다. 법적 분쟁해결, 권리보호, 국가작용의 합법성 통제의 1차적 과제는 일반법원을 통하여 원만히 그리고 헌법합치적으로 해결될 수 있다. 법원의 심급제를 통한 몇 번의 기회를 통하여서도 이것이 이루어지지 않았을 때에만 헌법재판소의 심사가 뒤따르는 것이 바람직하다.

27) 김하열, 앞의 글(각주 18), 41-42면 참조.

28) Konrad Hesse(계희열 옮김), "헌법재판의 기능적 한계", 헌법의 기초이론, 박영사, 2001, 219면.

(2) 사건부담

재판에 대한 헌법소원이 인정되면 헌법재판소의 사건부담이 그렇지 않을 때에 비하여 폭발적으로 증가한다. 독일이나, 스페인, 유럽연합의 사례는 이를 잘 보여주고 있다. 따라서 헌법재판소 재판부의 구성, 재판절차의 면에서 헌법소원의 사태(沙汰)에 대비할 수 있는 제도적 장치를 구비하여야 한다. 재판부를 2개 이상의 다수로 구성하는 것은 쉽지 않으므로 소수의 재판관으로 구성되는 소재판부(또는 지정재판부)를 다수 구성하고, 재판부와 소재판부간에 적정하게 권한을 배치하는 것이 필요하다. 또 헌법소원에 대한 1차적 여과절차도 필요하다. 미국과 같이 특별한 요건의 구애 없이 비교적 자유롭게 사건을 선별할 수 있는 제도(Certiorari)를 인정한다든지, 독일이나 스페인과 같이 소재판부에서 사건의 수리 여부를 비교적 간이하게 심사할 수 있는 제도를 마련한다든지 하는 것이 필요하다.

물론 재판소원의 실체법적 대상을 제한함으로써 사건부담을 완화할 수도 있을 것이다.

3. 비교법적 고찰

(1) 독　　일

재판에 대한 헌법소원을 인정하는 대표적 국가인 독일에서도 재판소원을 둘러싼 찬반 또는 개선논의는 지속적으로 제기되어 왔다. 몇몇 대표적 논의를 소개하여 보면 다음과 같다.

1) 재판소원 폐지론

Zuck는 재판소원을 원칙적으로 폐지하자고 주장하였다. 헌법의 수호역할을 헌법재판소가 독점할 것이 아니라 일반법원에 의한 다양한 기본권해석이 오히려 기본법을 더 살아있는 규범으로 만들 것이고, 재판소원 폐지 시의 폐해로 거론되는 헌법해석 통일성의 저해 문제는 규범통제 관할이 한정되어 있는 한 새로운 문제가 아니라고 하며, 극히 저조한 인용율은 헌법소원이 법치국가의 사치이고 개인의 기본권구제의 완벽을 기하려는 나머지 전체 제도의 붕괴를 초래하고 있다고 한다. 다만 극히 예외적으로 법원의 최종심급에서 기본권침해 문제가 비로소 발생하여 당사자로서 기본권문제를 제기할 기회가 없었던 경우에만 재판소원을 인정하자고 한다. 최종심급에서 기본법 제101조, 제103조 등의 절차적 기본권을 침해한 경우, 또는 최종심급에서 새로운 법적 견해를 내세워 판단하였으나 거기에 헌법적 의문을 제기할 수 있는 경우를 그러한 예외로 상정하고 있다.[29)]

Pestalozza는 그간의 오랜 헌법소원제도의 운영으로 국가권력이 기본권 친화적 권한행사를 할 수 있도록 충분히 역할을 다 하였으므로 이를 폐지하고 일반법원이 그간 빼앗겼던 권리구제기관이라는 고유의 위상을 되찾도록 하여야 한다고 하였다.[30)]

2) 개선 모색론

그러나 이런 폐지론은 소수의 주장에 불과하고, 재판소원을 인정하는 바탕 위에 헌법재판과 일반재판 간에 보다 합리적인 기능배분을 위한 이론적, 제도적 모색이 다양하게 펼쳐지고 있다.

Kunig는 재판소원을 폐지하거나, 재판절차를 통제하는 헌법소원 혹은 재판의 기초가 된 규범의 위헌여부를 심사하는 헌법소원으로 그 범위를 축소하는 것은 득보다 실이 많다고 한다. 헌법발전에의 사법적 기여를 필연적으로 사안중심으로 파편화될 수밖에 없는 일반법원에만 맡길 수 없다고 한다. 그는 지금까지의 운영을 대체할 만한 새로운, 만족할만한 공식(재판소원의 한계에 관한)은 발견되지 않는다면서, 무엇보다 헌법소송법적인 자기억제(Selbstdisziplin)가 요청된다고 하였다.[31)]

Alexy는 사법국가화 또는 연방헌법재판소의 최고민사법원화라는 비난을 초래하는 '헌법의 과잉'(Überkonstitutionalisierung)도 '헌법의 과소'(Unterkonstitutionalisierung)도 모두 지양하고 적정한 헌법화를 달성하기 위한 재량도그마틱을 제안하였다. 연방헌법재판소는 구조적 재량(strukturelle Spielraüme)과 인식상의 재량(epistemischer Spielraüme)이라는 두 관점을 준수하여야 한다고 하는데, 전자는 헌법의 실체적 내용에 한정이 있다는 데에 기인하고, 후자는 헌법의 내용을 인식할 수 있는 가능성의 한계를 말한다고 하며 여기에서 실질적 헌법재판을 일반법원에 맡기는 데 한계가 있다고 한다.[32)]

Hermes는 Lüth 판결 이래 모든 법문제가 잠재적 기본권문제로 됨에 따라 일반법률의 자율성을 저해한다는 비판이 점증하고 있다고 지적하고, 그럼에도 불구하고 기본권이 주관적 방어권으로 그 기능이 축소되어야 한다든지, 일반법률이 그

---

29) Rüdiger Zuck, *Das recht der Verfassungsbeschwerde*, 2.Aufl., 1988, S.96-97.

30) Christian Pestalozza, *Verfassungsprozeßrecht*, 3.Aufl., 1991, §12 Rn.7.

31) Philip Kunig(Aussprache) in: Verfassungsrecht und einfaches Recht -Verfassungsgerichtsbarkeit und Fachgerichtsbarkeit, *VVDStRL* 61, 2002, S. 78.

32) Robert Alexy(Aussprache) in: Verfassungsrecht und einfaches Recht -Verfassungsgerichtsbarkeit und Fachgerichtsbarkeit, *VVDStRL* 61, 2002, S. 31-33.

자율성을 확보하기 위해 헌법으로부터 독립되어야 한다는 주장은 옳지 않다고 한다. 그러나 연방헌법재판소가 그 주된 과제여야 할 규범통제보다 오히려 개별사안에 대한 통제를 훨씬 더 많이 수행함으로써 일반법원도 법의 계속형성을 강요당하고 있다고 진단한다. 문제의 근본해결은 기본권 구체화의 1차적 과제를 입법자에게 되돌리는 데 있다고 하면서, 일반법원에 대한 헌법적 통제는 법관의 법형성 한계 준수 여부에 국한되어야 하고, 법관은 재판에 적용할 구체적 기준을 제시하는 법률이 없다면 기본권충돌을 해결할 입법의 부재(입법부작위)를 이유로 연방헌법재판소에 위헌제청을 하여야 한다고 한다.[33] 이 견해는 문제를 입법권과의 권력분립 차원으로 넓혀, 법원이나 헌법재판소의 법형성을 제약하고 위헌제청절차를 통하여 입법적 규율을 유도한 후 사법작용을 이에 구속시킨다(사법에 대한 법률유보의 적용)는 구상인 것이다.

법원과 헌법재판소의 관계를 협력적 관계로 이해하려는 견해들도 있다. Isensee는 협력(Kooperation)은 관할을 창조하는 것이 아니라 관할을 전제하는 것이고, 관할에 따라 분리되고 서열에 따라 운영되는 당사자 간이 아니라 동등한 파트너 간에 가능하다고 한다. 사법(Privatrecht)의 기본법에 대한 자기주장 역시 기본법에 의해서만 결정되는데, 연방헌법재판소가 일반법원을 고려하여 기본권 적용을 자제하여야 할 실체법적 한계는 없으므로 심사기준의 제약이 아니라 심사밀도의 제약을 통해서만 일반법원이 고려될 수 있다고 하였다.[34] Robbers는 전래의 관할구획모델 대신 협력모델을 제창하면서 재판소원은 불평꾼을 위한 제도가 아니라 일반법원의 본래의 기능(권리보호)에 대한 불가결한 보충(korrelat)이라고 보았다. 헌법과 다른 규범간의 관계를 서열적 피라미드 구조로 보거나, 헌법을 테두리규범으로 볼 것이 아니라, 헌법은 모든 법영역을 연결하고 종합하는 법질서의 내적 구조(Blattrippen)로 보았다. 그리하여 법원도 고유의 헌법직접성을 보유한다고 인정하고, 헌법재판소의 지위도 상위의 헌법수호자가 아니라, 최종결정권한을 가진 헌법조정자(Verfassungsmoderator)라고 파악한다.[35]

---

33) Georg Hermes(Aussprache) in: Verfassungsrecht und einfaches Recht -Verfassungsgerichtsbarkeit und Fachgerichtsbarkeit, *VVDStRL* 61, 2002, S. 151-153.

34) Josef Isensee(Aussprache) in: Verfassungsrecht und einfaches Recht -Verfassungsgerichtsbarkeit und Fachgerichtsbarkeit, *VVDStRL* 61, 2002, S. 184-185.

35) Gerhard Robbers, "Für ein neues Verhältnis zwischen BVerfG und Fachgerichtsbarkeit", *NJW*, 1998, S. 937-938.

3) 재판소원 옹호론

Hoffmann-Riem은 구체적 통계자료를 제시하면서(연방헌법재판소는 당시 한 해에 7천 건을 처리하면서 연방민형사법원[BGH]의 재판에 대한 헌법소원 10건을 인용하였고, 연간 약 4,400건 청구되는 헌법소원 중 약 90건만 인용함), 연방헌법재판소는 표본적인 사례를 계기로 기본권의 효력을 상징적으로 강화시키는 역할에 한정하고 있다고 하고, 강단에서 가르치는 기본권이 일반법원에서 얼마나 의미를 지니는지 반문하면서 기본권이 법질서 내에 정착된 것이 지난 50년의 법 발전에서 현저한 특징이라면 그것은 재판소원의 가능성이 제공한 연방헌법재판소의 자극 및 견제기능 덕분이라고 하였다. 정당하지 않은 재판통제가 행해진다는 비판이 들어설 여지는 없다고 하면서, 연방헌법재판소가 지금껏 해온 것 외의 근본적 대안이 보이지 않는다고 하였다.[36)]

4) 재판소원 통제의 기준과 밀도

독일 재판소원의 대상은 광범위하고 전면적이어서, 그 대상에 따라 통제의 기준과 밀도는 같지 않다. 간략히만 살펴보면 다음과 같다.

먼저, 앞에서 본 바와 같이 독일 연방헌법재판소는 사법절차에 관한 통제를 특별히 강도높게 진행한다. 연방헌법재판소는 폭넓은 심사범위를 주장하며 자제를 거의 보이지 않는다. 특히 연방헌법재판소는 기본법 제103조 제1항이 보장하는 법적 청문권 침해 주장과 관련하여, 법원의 재판이 소송법에 합치되는지의 통제로 이행하였으나, 심사범위의 지나친 확장에 따른 과도한 부담을 상쇄하기 위하여, 소송법의 위반이 동시에 기본법 위반을 의미하는 것은 아니며 헌법에 의하여 보장된 법적 청문권의 불가결한 최소한이 침해된 것인지를 심사하고 있다.[37)]

다음으로, 재판의 기초가 된 법률에 대한 통제, 즉 간접적 규범통제소원에 있어서는 규범통제의 심사범위가 적용되어 연방헌법재판소는 법률의 합헌성을 전범위에 걸쳐서 심사한다. 법원과의 관계, 그리고 '초상고심'이 되지 않으려는 연방헌법재판소의 노력은 여기에서는 의미가 없고, 오히려 입법자와의 관계가 문제로 등장한다.[38)]

심사의 기준과 밀도와 관련하여 어려운 문제에 봉착하는 것은 재판의 내용통제 소원, 즉 기본권에 반하는 법률의 해석과 적용이 있었는지 심사하는 경우이다.

---

36) Wolfgang Hoffmann-Riem(Aussprache) in: Verfassungsrecht und einfaches Recht -Verfassungsgerichtsbarkeit und Fachgerichtsbarkeit, *VVDStRL* 61, 2002, S. 188-189.

37) Klaus Schlaich/ Stefan Korioth, 앞의 책, Rn.323-324.

38) Klaus Schlaich/ Stefan Korioth, 앞의 책, Rn.326-327.

이 때의 통제기준은 법원이 "특별히 헌법을"(spezifisches Verfassungsrecht) 침해하였는지 여부이다. 구성요건의 확정과 평가, 일반법률의 해석과 구체적인 경우에의 적용은 일반법원의 관할이므로 연방헌법재판소에 의하여 심사되지 않는다. 그러나 '특별한 헌법'이라는 이 기준은 추상적인 표제기준일 뿐이므로 연방헌법재판소는 다음과 같은 다양한 세부기준들을 개발하였다.[39)]

- 법관이 법을 해석, 적용할 때 '기본권의 의미에 관한, 특히 그 보호영역에 관한 근본적으로 잘못된 견해'에 입각하였는지(이른바 Heck의 공식).[40)] 상충하는 기본권 이익들 간의 형량에 있어 평가의 오류가 있었는지도 문제된다.
- 법관에 의한 법의 보완적 형성이 헌법적 한계를 유월하였는지.
- 구체적 사건에서 기본권 제약의 강도가 높을수록 상세하게 재판을 심사할 수 있다.
- 정치적 망명권과 같이 헌법적 특수성을 띤 문제에 관하여는 광범위한 심사권이 귀속될 수 있다.

이 밖에도 더 다기한 기준들이 적용되기도 하고, 이에 대한 학계의 다양한 비판과 대안제시가 이루어졌음에도 불구하고[41)] 여전히 재판소원의 한계는 불명확하고 이 문제에 관한 해결이론은 존재하기 어렵다는 데에 공감이 이루어지고 있다.[42)] 연방헌법재판소 스스로 자신이 법원의 재판을 통제할 수 있는 한계는 고정적이고 동일한 것이 아니라 개별사건의 특수한 상황을 고려할 여지가 있다고 하고 있다.[43)]

(2) 스페인[44)]

스페인은 헌법재판소와 일반법원을 그 헌법적 근거, 조직, 기능 면에서 비교적 선명하게 구분하고 있다. 그러면서도 재판소원을 인정하고 있는 것은 작금 우리나라의 논의에 비춰볼 때 시사하는 바가 크다.[45)]

---

39) Klaus Schlaich/ Stefan Korioth, 앞의 책, Rn.292-309.

40) BVerGE 18, 85 등.

41) 이에 관하여는 Klaus Schlaich/ Stefan Korioth, 앞의 책, Rn.310-320.

42) Kunig, 앞의 글, S.78; Papier, 앞의 글, S.156; Hans Klein, "Das Verhältnis zwischen Verfassungsgerichtsbarkeit und Fachgerichtsbarkeit in der Bundesrepublik Deutschland", 공법연구 제24집 제1호, 1996, 68면.

43) BVerGE, 61, 1(6) 등.

44) 이하 이에 관하여는, 김하열, "스페인의 헌법재판제도", 저스티스, 제115호, 2010, 2., 106면 이하 참조.

45) 우리나라에서 재판소원 도입을 반대하는 논리의 하나가, 우리나라는 독일과 달리 법원과 헌법재판소가 헌법의 별개의 장에서 규율되는 독립조직으로 되어 있어 재판소원을 인정하는 것은 일

스페인의 헌법소원제도는 독일의 헌법소원제도의 영향을 받아 유사점이 많다. 기본권의 보호는 1차적으로 일반법원의 임무이고 헌법재판소에 의한 보호는 보충적인 것이어야 함에도 불구하고(헌법 제53조), 실제로는 거의 대부분의 사건이 독일과 마찬가지로 헌법소원 사건이어서 헌법재판소는 '기본권보호 법원'(court of protection)이 되었다고 평가된다. 또한 독일과 마찬가지로 스페인에서도 법원의 재판에 대한 헌법소원을 통하여 기본권의 이른바 제3자적 효력이 관철되는 것으로 이해하고 있다.

법원의 재판에 대한 헌법소원은 분쟁의 기초가 된 사실관계와 관계없이 권리나 자유 침해가 직접 법원의 행위 또는 부작위로부터 귀책될 것을 요한다. 따라서 헌법재판소는 사실관계에 대해서는 어떤 판단도 하지 않는다(헌법재판소법 제44조 제1항).

법관이나 법원의 재판에 대한 헌법소원일 경우 헌법재판소의 역할은 권리나 자유의 침해 여부에 대한 판단과 그에 대한 구제에 한정되고, 그 밖의 행위에 대한 판단은 자제하여야 한다(동법 제54조).

재판소원의 한계 설정이 독일과 마찬가지로 역시 문제되고 있는데, 특히 사실인정과 법률해석의 문제를 둘러싸고 그러하다. 오늘날의 법체계는 헌법과 일반법률이 서로 얽혀 있어서 헌법과 일반법률 간의 경계를 구분하는 것이 쉽지 않다는 점, 헌법소원 절차에서 기본권 문제를 제기하고 판단함에 있어서 일반법률의 해석·적용과 헌법해석이 분리될 수 없다는 점이 인식되고 있다. 그리하여 하급심법원이 행한 법률해석에 대하여 대법원뿐만 아니라 헌법재판소 또한 심사하게 되며, 두 최고법원의 판단이 상충하는 경우 헌법재판소의 해석이 우위를 가지게 된다. 사법권에 관한 조직법 제5조 제1항은 법관 및 법원으로 하여금 법률 등을 해석·적용함에 있어 헌법원리와 헌법규정에 따르도록, 그리고 헌법재판소가 모든 유형의 심판에서 행한 그 법률 등에 대한 해석에 따르도록 규정하고 있다.

4. 재판소원 범위 설정의 방향

재판소원을 인정하는 것이 반드시 필요하다고 할 때 다음으로 제기되는 문제는 그 대상범위 또는 심사범위를 어디까지로 할 것인가 하는 것이다. 재판소원의 범위와 한계를 어떻게 설정할지에 관해서는 여러 가지 방안과 구상이 존재할 수 있을 것이다. 위 독일의 논의를 통하여 분명해진 바와 같이 재판을 대상으로 모든

반법원의 사법권에 대한 침해가 될 수 있다는 것이다.

관점에서 아무런 제한 없이 헌법재판이 개입하는 재판소원제도는 상정할 수 없다. 이것은 헌법재판소로 하여금 일반법원의 최상급 재판기관으로 만드는 것이어서, 일반법원과 헌법재판소의 병립을 전제로 일반재판과 헌법재판 간의 기능 배분을 모색하기를 포기하는 것이기 때문이다.

반면, 기존 헌법재판소의 결정(앞에서 본 헌재 1997. 12. 24. 96헌마172)에서 극히 예외적으로 인정한 재판소원만을 입법화하는 것은 논의 밖이다. 이 결정은 재판소원 금지 제도의 바탕 위에서 위헌결정(한정위헌 포함)의 법원에 대한 기속력을 관철하기 위한 부득이한 것이었기 때문에, 헌법재판소와 법원 간의 바람직한 사법권한의 배분기준에 따라 헌법을 포함하여 현행 법질서의 개선점을 모색하는 입장에서 그러한 좁은 전제에 묶일 필요는 없다.

(1) 재판에 대한 광범위한 통제를 인정하는 방안

먼저, 독일, 스페인과 같이 전면적이라 할 수 있을 정도로 광범위한 통제를 인정하는 방안이다. 이 글에서 분류한 바에 따르자면 재판소원을 통하여 ① 법원의 규범통제작용에 대한 통제 ② 법원의 헌법적용 통제 ③ 재판의 절차적 하자 통제를 모두 인정하는 방안이다. 빠짐없고 충실한 기본권 보호라는 헌법소원의 제도적 취지를 잘 살릴 수 있는 방안이다. 다만, 위에서 본 바와 같이 헌법재판과 일반재판 간의 경계라는 풀리지 않는 문제의 제기와 이를 둘러싼 공방이 필연적으로 수반된다. 헌법재판소로서는 독일에서 전개된 다양한 이론적·실천적 모색들을 참고하면서 절제와 조화의 제도 운용을 할 것이 요구되고, 법원은 헌법해석과 기본권보호라는 협력적 사법모델을 이해하고 헌법재판소의 심사결과를 존중하여야 할 것이다.

(2) 재판에 대한 부분적 통제를 인정하는 방안

① 법원의 규범통제작용에 대한 통제, ② 법원의 헌법적용 통제, ③ 재판의 절차적 하자 통제 중의 한 가지 또는 두 가지에 대한 통제만을 인정하는 방안이다. ①+②를 인정하는 방안, ①+③을 인정하는 방안, ① 혹은 ③만을 인정하는 방안을 생각하여 볼 수 있다. 제도설계자(헌법개정자 또는 입법자)의 정책적 판단에 따라 결정될 것이다.

Ⅳ. 재판소원의 최소한: 규범통제를 위한 재판소원의 확보

1. 규범통제를 위한 재판소원 인정의 필요성

필자는 여기서, 재판소원의 세 유형 중 적어도 법원의 규범통제작용에 대한 재판소원(규범통제적 재판소원) 만큼은 인정되어야 한다고 본다. 이러한 판단은 세 가지 전제 위에 입각하여 있다.

첫째, 헌법재판의 가장 본질적이고 핵심적인 기능은 규범통제, 그리고 이를 통한 헌법해석의 우위의 실현에 있다는 전제이다. 기본권 보호라는 헌법재판의 또 다른 중요한 기능은 일반법원과 분장하여서도 실현될 수 있지만, 규범통제라는 것은 그 본질상 궁극적 집중을 필요로 한다. 그런데 법원은 재판을 통하여 다양한 절차와 형태, 계기로 규범통제작용을 행하게 되는데, 그 정당성 여부를 헌법해석과 헌법실현을 위한 존재인 헌법재판소가 최종적으로 판단하는 것이 필요하고, 이를 절차적으로 확보하는 것이 재판에 대한 헌법소원이기 때문이다.

둘째, 규범통제는 규범해석통제와 별개의 것이 아니라는 전제이다.[46] 헌법이 입법과 사법이라는 국가작용을 통하여 실현되는 과정을 보면 1차적으로 입법을 통하여, 2차적으로 입법을 해석·적용하는 사법을 통하여 실현되는데, 여기서 사법이 행하는 규범해석은 입법자가 설정한 규범텍스트의 틀 내에서 구체적 규범내용을 만들어낸다. 그러므로 규범 자체와 규범해석은 별개가 아니다. 따라서 규범에 대한 통제와 해석에 대한 통제는 별개의 것이 아니라 긴밀하게 환치되거나 보충될 수 있는 것이어서, 규범통제라는 것은 본질적으로 혹은 적어도 상당한 부분은 결국 규범해석통제일 수밖에 없다. 법률의 내용은 입법자 혼자 결정하는 것이 아니라 구체적 사건을 계기로 법률해석을 통하여 법관에 의하여서도 결정된다. 법생산활동은 입법부만의 독자적 활동으로 이루어지는 것이 아니라, 입법부의 제정법과 사법부의 법관법의 상호보완적이고 분업적인 활동을 통하여 이루어지는 것으로 보는 인식은 널리 퍼져 있다.[47] 법제정과 법선언 사이의 실체적인 차이는 이미 자주 부인되고 있으며 양자간에는 일종의 경쟁관계가 인정되고 있다.[48] 그러

46) 이에 관하여는 전반적으로 김하열, 앞의 글(각주 18) 참조.

47) 이에 관한 독일의 넘쳐나는 논의에 관해서는 Klaus Schlaich/ Stefan Korioth, 앞의 책, Rn.521 및 그에서 인용하고 있는 문헌 참조.

므로 규범에 대한 통제는 규범텍스트에 대한 통제만으로 그칠 수 없고, 규범해석에 대한 통제로 연결될 수밖에 없다. 전자에 그쳐서는 규범통제가 제대로 이루어질 수 없으므로 규범통제의 과제와 책무를 수행할 수 없다. 그러므로 규범통제를 과제로 하는 헌법재판소가, 규범내용을 공동으로 형성하는 범위 내에서는 법원의 규범해석에 대하여도 통제하는 것이 당연하고 또 이것은 어디까지나 입법통제로서 규범통제의 본령에 속하는 일이다.[49] 요컨대 헌법재판소가 행하는 규범통제라는 포신(砲身)의 절반은 국회를 향하여, 절반은 일반법원을 향하여야 하는 것이다. 규범통제적 재판소원은 규범통제와 규범해석통제가 교차하는 지점이다. 여기서는 재판에 대한 헌법소원이라는 틀 속에서 규범통제가 이루어진다.

위 ②와 ③의 통제는 법원에 대한 통제이기는 하지만, 법원의 규범통제작용에 대한 통제는 아니다. ②와 ③의 유형에서도 법원은 헌법해석을 하며, 기본권의 의미와 작용에 대한 판단을 한다. 그러나 이것은 입법을 보완하여 규범의 의미를 형성하고 확정하는 작용은 아니다. 따라서 헌법재판소의 기본권보호작용의 대상의 일부는 될지언정, 규범통제작용의 대상은 아니다.

이와 같이 규범통제를 위한 재판소원만을 인정할지라도 헌법재판소의 기본권보호라는 과제를 완전히 포기하는 것은 아니다. 규범통제는 헌법질서를 지키고 실현하는 작용일진대, 기본권규범은 헌법질서의 중요부분이어서 규범통제작용은 상당부분 기본권보호작용을 그 자체로 수반하기 때문이다.

셋째, 규범통제의 통일성을 위한 제도의 모델로는 수평적 경계구획모델과 수직적 협력모델을 생각할 수 있는데, 후자가 더 수월성이 있다는 전제이다. 전자는 법률과 명령·규칙의 규범통제를 통일할 뿐만 아니라, 명령·규칙에 대한 여러 방식의 규범통제까지 통일하여 이를 헌법재판소에 집중하는 방식이다. 오스트리아는 이 모델에 해당한다. 이렇게 되면 법원에게는 구체적·부수적 규범통제에서 헌법재판소에 제청할 권한만 남게 되고, 나머지 법률과 명령·규칙에 대한 규범통제의 모든 권한들은 헌법재판소에 귀속된다. 후자는 법원에게 제청권한뿐만 아니라 일부 규범통제의 결정권한까지 부여함으로써 수평적으로는 양 기관이 규범통제권한을 분장하되, 재판에 대한 헌법소원을 통하여 헌법재판소가 최종적으로 규범통일성 확보의 권한과 책임을 맡는 방식이다. 독일의 모델이 이 방식이다.

이 두 가지 모델에는 나름의 장·단점이 있을 것이다. 전자의 모델은 양 사법

48) Hans Herbert von Armin, Gemeinwohl und Gruppeninteresse, 1977, S.228. Klaus Schlaich/ Stefan Korioth, 앞의 책, Rn.521에서 재인용.

49) 김하열, 앞의 글(각주 18), 38-39면.

기관 간의 권한배분이 수평적으로 명확하게 설정되며, 관할의 중복이나 판단상충의 문제가 일어나지 않는다는 장점이 있다. 반면, 다양한 형식과 위상의 모든 명령·규칙까지 헌법재판소가 시심(始審)이자 종심으로 재판하여야 한다는 부담이 있다. 후자의 모델은 규범통제의 체계가 단순명료하지 않다는 약점은 있으나, 일반재판과 헌법재판 간의 상대적 차이에 착안하는 적합한 권한배분이 이루어진다면 여러 강점이 있을 수 있다.

법원과 헌법재판소가 공히 사법작용의 담당자로서 그 기능과 과제가 유사한 점, 명확한 분리의 경계지점을 찾는 것이 용이하지 않다는 점, 일반법원의 심급이라는 장점을 이용하면서 헌법재판의 일반적 보충성을 살릴 수 있다는 점 등에서 수직적 협력모델의 강점이 보다 두드러진다.

2. 헌법해석의 통일성 확보 문제

위 ②와 ③의 통제를 재판소원의 대상에 포함시키지 않을 경우에 제기될 수 있는 큰 문제의 하나는 헌법해석의 불통일성일 것이다. ②와 ③의 유형에서 법원이 행한 헌법해석은 헌법재판소가 ①의 영역에서 행한 동일한 헌법문제에 대한 헌법해석과 병렬적, 독립적으로 존속하게 된다. 이는 헌법해석의 이원성을 뜻한다. 헌법해석의 통일성을 중시하는 입장에서는 필자의 제안은 받아들일 수 없는 구상이 된다.

결론부터 말하자면 필자의 제안은 헌법해석의 통일성을 부분적으로 포기하는 대신 헌법해석의 분점과 경쟁, 협력을 통한 헌법해석의 개방성과 동태성을 제고하여 보자는 것이다. 헌법해석은 여러 국가기관에 의하여, 다양한 계기로 행해진다. 이러한 다기한 헌법해석의 상충이 있을 때마다 특정기관을 통하여 헌법해석을 유권적으로 통일시킬 것인지, 아니면 특정한 유형과 절차를 매개로 한 통일성만을 추구할 것인지는 선택의 문제이다. 우리나라 1960년헌법이나 일부 국가(예: 러시아)의 헌법처럼 '헌법에 관한 최종적인(또는 유권적인) 해석' 권한을 규범통제권한과 별도로 헌법재판소에 부여하고 있다면, 어떤 당사자 간의, 어떤 계기에서 발생한, 어떤 형태의 소송이나 절차에서든 헌법해석에 관한 분쟁은 헌법재판소의 결정에 의하여 최종적으로 해결될 가능성이 있다(그 가능성은 하위법령에 의하여 구체화될 것이다). 그런데 현행 헌법은 이러한 권한을 헌법재판소의 권한으로 규정하고 있지 않고, 헌법 제107조 제1항과 제111조 제1항을 통하여 개별적으로 헌법해석권을 부여하고 있을 뿐이다.

헌법해석의 부분적 이원성을 시인하는 이유로는 두 가지를 생각할 수 있다.

첫째, 사법권한 간의 견제와 균형의 관점이다. 헌법재판소와 법원이라는 복수의 사법기관을 두는 한 두 기관 간에 견제와 균형이 유지되고, 경쟁과 협력을 통하여 사법의 발전이 이루어지도록 관계를 설정하여야 한다. 이를 위해서는 서로 독자성을 유지할 만큼 적정한 권한배분이 이루어져야 하고, 어느 한 기관에게 권한이 집중되어 실질적으로 다른 기관이 그에 종속될 정도로 불균형한 배분상태는 바람직하지 않다. 권한 배분의 결과 양 기관 간에 불필요한 수직적 서열구조가 자리매김하는 것 또한 바람직하지 않다. 헌법해석의 권한에도 이러한 원리는 적용될 수 있다고 본다. 헌법규범은 개방성을 그 본질로 하는데, 특정기관에 의한 독점적 해석권의 행사는 살아있는 개방적 헌법의 발전이 아니라 헌법규범의 고착화를 일으킬 우려가 있다.

둘째, 입법자의 역할을 기대하는 관점이다. 입법자는 헌법을 1차적, 적극적으로 구체화하는 권한과 책무를 지고 있다(입법형성권). 헌법해석은 사법기관(법원, 헌법재판소)만의 문제가 아니므로, 입법자는 바람직한 헌법실현을 위해 적극적으로 헌법해석에 관여하여야 한다. 위 ②와 ③의 유형에서 법원이 행한 헌법해석에 찬성하지 않는 입법자라면 입법권 행사를 통하여 자신의 헌법해석을 관철할 수 있다. 또한 법원과 헌법재판소 간에 헌법해석의 상충이 발생하여 해소되지 않을 경우에도 입법자는 입법권 행사를 통하여 그 상충을 조정할 수 있다. 이와 같이 입법자가 헌법해석자로서의 역할에 충실하다면 헌법해석의 경쟁과 조정은 법원-입법자-헌법재판소의 3자관계로 편성된다. 그러나 이러한 구조하에서 헌법해석의 궁극적 경쟁자는 입법자와 헌법재판소가 된다. 법원은 법률에 대한 위헌결정권이 없기 때문이다. 이는 달리 말하여, 법원과 헌법재판소 간의 헌법해석의 상충은 잠정적인 성격을 띠고, 궁극적으로는 입법적 조정과 그에 대한 헌법재판소의 규범통제에 의하여 귀일될 수 있음을 의미한다. 그리하여 헌법해석의 불통일 문제는 상당부분 규범통제절차에 의하여 종국적으로 해결될 수 있다. 뿐만 아니라 이러한 결과는 헌법해석의 문제가 법원과 헌법재판소라는 두 사법기관의 내부에만 맡겨지는 것이 아니라, 입법기관과 사법기관 간의 보다 큰 권력분립의 구도 하에 놓인다는 점에서 긍정적으로 평가할 수 있다.

3. 기능법적 자제

위 ②와 ③에 대한 재판소원, 즉 법원의 헌법적용, 그리고 재판의 절차적 하자에 대한 재판소원을 인정하지 않는 것은 기능법적 자제로 설명할 수 있다.

계약관계와 같은 사법(私法)상의 법률관계에서 제기되는—규범통제가 아닌—헌법문제에 관한 헌법해석권을 법원에 분장시키는 것은 일반조항과 같은 사법의 해석·적용에 관한 법원의 전문성, 그리고 사법질서의 부분적 독자성을 존중하는 일이 된다. 이런 영역에서 재판소원을 인정하면 그만큼 초상고심의 논란이 거세질 수 있고, 헌법재판소의 적정한 심사범위를 찾으려는 어려운 과제에 지속적으로 부딪히게 된다.[50]

행정작용에 대한 법원의 재량통제 영역에서도 마찬가지로 법원과 헌법재판소 간의 적정한 분업 및 초상고심 논란의 관점이 중요하다. 법원은 행정작용을 둘러싼 여러 구체적 상황에 대한 종합적 평가와 형량 끝에 결론을 내린다. 이 과정에서는 일반적인 헌법문제의 해명이 이루어지는 것이 아니라 확립된 헌법원칙에 비추어 구체적 사안을 개별적으로 평가하는 작업이 수행된다. 이는 반드시 헌법재판소가 수행하지 않으면 안 되는 과제라고 보지 않을 수 있다.

③의 영역, 즉 법원의 재판이 절차적으로 합헌적으로 이루어졌는가에 대한 통제는 헌법소원이 그 대상으로 삼기에 적절한 대상일 수 있다. 법원의 재판절차를 통한 기본권 침해가 더 빈번히, 더 심각하게 문제될 수 있으므로 이에 대한 헌법소원은 기본권 보호의 효과적 방안이 될 수 있고, 이를 통하여 국민의 법적 지위가 크게 개선될 수 있다. 구조적으로도 위 ②의 영역에서와는 달리 법관이 당사자에 대하여 직접 국가권력을 행사하는 지위에 서게 되므로 '법관에 대한 기본권 보호'가 요청될 수 있는 것이다. 그러나 독일의 경험에서 알 수 있는 바와 같이[51] 이 영역에 대한 재판소원을 인정하면 역시 초상고심 논란과 심사범위의 확정이라는 난제에 부딪힐 가능성이 더 높아진다. 절차적 기본권의 침해 여부의 판단이 소송법 규정에 합치하였는지의 판단으로 변질될 수 있으며,[52] 소송법 위반이 곧 절차적 기본권 침해는 아니라며 심사범위를 좁힌다 하여도 그 경계는 여전히 모호한 것이다. 그리고 이 영역에서도 법원-입법자-헌법재판소의 3자관계로 문제구도를 재편하고, 공정한 절차에 대한 권리를 구체화함에 있어 입법자의 역할을 강조

---

50) Schlaich/ Korioth는 독일 연방헌법재판소가 민사판결 내용에 대하여는 포괄적 심사를 하지 않는다고 하면서, 그 이유로 개별 사안에서 사법의 해석·적용에 관한 필연적인 결과가 헌법으로부터 원칙적으로 도출되지 않으며, 사법 영역에서는 기본권의 규율밀도(Regelungsdichte)가 낮다는 점을 들고 있다. Klaus Schlaich/ Stefan Korioth, 앞의 책, Rn.328-332.

51) Klaus Schlaich/ Stefan Korioth, 앞의 책, Rn.321-325.

52) 대표적 예를 들자면 BVerfGE 64, 203 사건에서는, 독일 기본법 제103조 제1항에 규정된 법적 청문권 보장의 일반적 의미를 설시한 다음, 구 법원(Amtsgericht)이 민사소송법 제128조 제3항을 잘못 적용함으로써 위 헌법조항에 위배하였다고 하면서, 어떤 점에서 위 민소법 규정을 잘못 적용하였는지를 밝히고 있다.

한다면, 규범통제절차를 통하여 간접적으로 절차적 기본권 보호를 꾀할 수 있을 것이다. 재판절차에 대한 헌법소원을 인정하지 않는 또 다른 근거는 사건부담의 경감이라는 보다 현실정책적 고려이다. 독일이나 스페인[53]의 경험과 마찬가지로 이 유형의 헌법소원이 인정되면 그렇지 않을 경우에 비해 전체 헌법소원의 사건수는 획기적으로 늘어날 것이다.

Ⅴ. 규범통제적 재판소원의 구체적 양상

1. 재판소원 도입의 법적 근거

재판소원 도입을 위해서는 헌법재판소법만을 개정하는 방안과 헌법까지 개정하는 방안이 있다. 전자는 헌법 개정 없이 입법자의 결정만으로 재판소원을 도입할 수 있다는 장점이 있다. 그러나 가능하다면 헌법소원의 목적이나 취지를 헌법적으로 확정하는 근본적인 방안이 보다 바람직하다.

규범통제적 재판소원만을 도입할 경우 헌법 제111조 제1항 제5호를 "공권력의 행사 또는 불행사로 헌법상 보장된 기본권을 침해받은 자가 청구하는 헌법소원심판. 다만, 법원의 재판에 대하여는 재판에 적용된 법률, 명령·규칙, 조례의 헌법위반 여부를 잘못 판단한 경우에 한한다."로 개정하면 될 것이고, 헌법재판소법만을 개정할 경우라면 현행 헌법재판소법 제68조 제1항 중 "법원의 재판을 제외하고는"이라는 문구를 삭제하고 "다만, 법원의 재판에 대하여는 재판에 적용된 법률, 명령·규칙, 조례의 헌법위반 여부를 잘못 판단한 경우에 한한다."는 문구를 추가하면 될 것이다.

2. 재판소원이 인정되는 규범통제의 범위

법원의 규범통제작용에 대한 헌법소원을 인정하는 취지가 통일적 규범질서의 유지에 있으므로 여기의 '규범'에는 형식적 의미의 법률뿐만 아니라 명령·규칙(대통령령과 같은 행정입법, 국회규칙, 대법원규칙, 헌법재판소규칙, 중앙선거관리위원회규칙),

53) 스페인에서도 헌법 제24조에서 보장하고 있는 '권리 및 정당한 이익의 행사에 있어 법원으로부터 효율적으로 보호를 받을 권리' 침해를 다투는 헌법소원이 압도적 다수를 차지하고 있다. http://www.tribunalconstitucional.es/es/tribunal/estadisticas/Paginas/Estadisticas2009.aspx(최종방문 2010. 10. 3.)

조례도 포함되어야 한다. 즉, 법률뿐만 아니라 명령·규칙, 조례의 위헌성을 간과한 재판에 대한 소원도 인정되어야 한다.

현재 우리나라는 법률에 대한 규범통제와 명령·규칙에 대한 규범통제가 상당 부분 분열되어 있다. 명령·규칙에 대한 구체적·부수적 규범통제가 법원에 전속되고, 법원의 재판이 헌법소원에서 배제되어 있어 헌법재판소는 사후의 간접적인 규범통제권도 행사할 수 없기 때문이다. 규범통제적 재판소원을 인정함으로써 이를 해소할 수 있다. 이를 위하여 헌법 제107조 제2항은 삭제한다. 명령·규칙에 대한 법원의 부수적 위헌·위법심사권은 헌법 제101조, 제103조에 근거하여 인정된다. 법원은 적용법률이 위헌이라고 판단할 경우에만 헌법재판소에 위헌제청을 하고, 나머지 경우, 즉 적용법률이 합헌이라고 판단하거나, 적용 하위법령이 합헌 또는 위헌이라고 판단할 경우에는 그 판단대로 재판을 하면 되고, 이에 대해 당사자는 심급을 거치면서 그러한 규범통제판단에 불복을 제기한 다음 최종적으로 헌법재판소에 헌법소원을 청구할 수 있다.

한편, 현재의 헌법재판소법 제68조 제2항에 의한 헌법소원(위헌심사형 헌법소원)은 폐지한다. 이 제도는 간접적인 규범통제소원의 기능을 일부 수행하여 왔지만 규범통제적 재판소원이 인정된다면 불필요하다. 이 제도는 헌법소원의 보충성원칙에도 충실하지 않다. 하급심법원의 위헌제청기각결정에 대해 곧바로 헌법재판소에 헌법소원을 청구할 수 있었기 때문이다. 규범통제적 헌법소원이 인정되면 당사자는 보충성원칙에 따라 최종심급인 대법원 재판을 거친 후 비로소 헌법소원을 청구할 수 있고, 이 과정에서 하급심의 잘못된 규범통제작용이 교정될 수도 있다.

3. 위헌성심사와 위법성심사의 통합 여부

법률 이하의 하위법령에 대한 법원의 규범통제작용에는 위헌성심사와 위법성심사가 있다. 여기서 법원의 위헌심사 재판만을 헌법소원의 대상으로 할지, 법원의 위법심사 재판까지 아울러 재판소원의 대상으로 할지 문제된다.

이 문제는 원리나 이론이 아니라 정책적으로 결정될 사항이다. 많은 경우에 위헌성심사와 위법성심사가 중복된다는 점, 양자를 구분하는 실체법적 기준이 상당히 불명확한 상태에서 이를 소송법적 관할배분으로 바로 연결시키는 것, 즉 위헌성심사와 위법성심사의 소송절차를 별도로 구성하면 당사자와 사법기관에게 불편함과 비효율성을 초래한다는 점 등을 종합적으로 고려할 때 위헌성, 위법성을 구분하지 않는 통일적 관할배분에 강점이 있다. 위법성심사는 법률해석의 문제이고 헌법적 문제가 아니므로 헌법재판소에 귀속시킬 수 없다는 입장도 있겠으나, '헌법해석→헌법재판소, 법률해석→법원'의 이분법이 늘 정당한 것은 아니라는 점, 명령·규칙의 위법성심사가 지닌 헌법적 의미와 중요성(민주주의, 법치주의, 권력분립)에 비추어 보면 이를 헌법적 문제로 평가할 수 있다는 점을 고려하면 헌법재판소에서 위헌성심사와 아울러 위법성심사까지 통일적으로 관장하는 제도를 얼마든지 구상할 수 있다. 실제로 많은 나라(오스트리아, 포르투갈, 슬로베니아, 폴란드, 라트비아)에서 하위규범의 법률위반을 심사하는 규범통제를 헌법재판소의 관장사항으로 하고 있다.

4. 부수적 문제들

위 ②의 유형, 즉 법원의 헌법적용 통제를 재판소원의 대상에 포함시키지 않는다면 이를 우회하려는 시도는 차단되어야 할 것이다. 예를 들어, 법원이 사법(私法)의 어느 일반조항을 매개로 기본권의 대사인적 효력에 관하여 판단한 재판에 대하여, 불리한 재판을 받은 당사자로서는 그 일반조항이 자신과 같은 경우에 적용되는 한(혹은 적용하지 않는 한) 위헌성을 지니는데(한정위헌 주장), 이러한 질적 일부 위헌성을 법원이 간과하였다며 재판소원을 청구하면 외형상 위 ①의 유형, 즉 규범통제 재판소원처럼 보이게 된다. 그러나 그 일반조항은 헌법규범이 구체적 사건에 진입하는 매개역할을 하였을 뿐이고 그 일반조항에 대한 규범통제작용은 일어나지 않았다는 점에서 위 ① 유형과는 다르다고 할 수 있고, 따라서 이러한 재판소원은 허용되지 않아야 할 것이다. 이를 인정하면 실질적으로 위 ② 유형의 재판소원마저 허용하는 셈이 되기 때문이다. 물론 이러한 경우와, 일반조항 자체의 위헌성을 제대로 다투는 규범통제적 재판소원 간의 경계가 불명할 수 있으나, 이는 규범통제적 재판소원을 인정하는 취지에 비추어 구체적 사안마다 개별적으로 결정할 수밖에 없을 것이다.

부분적으로라도 재판소원을 인정한다면 독일 연방헌법재판소법 제95조 제2항과 같은 파기 및 환송(경우에 따라서는 파기자판)의 근거조항, 환송받은 법원의 의무 등에 관한 규정이 필요할 것이다.

재판소원이 인정되는 범위 내에서 법원 재판의 효력이나 소송당사자의 법적 지위에 대한 가처분도 허용되어야 할 것이다.

규범통제적 재판소원만을 인정하더라도 헌법소원 사건 수는 급증할 것으로 예상되고, 그 중에는 규범통제적 재판소원의 외양을 빌어 사실관계의 인정이나 헌법문제 없는 법령적용의 부당성을 다투는 재판소원도 많을 것이다. 지정재판부에서 사건의 수리 여부를 비교적 간이하게 심사할 수 있는 제도를 마련한다든지, 사건부담의 경감, 특히 남소를 방지하기 위한 제도적 보완이 필요할 것이다.

Ⅵ. 맺 음 말

현재 법원 재판에 대한 헌법소원이 전면 배제되고 있는데, 이것이 곧바로 위헌이라고까지 할 수는 없다 하더라도, 이로 말미암아 규범통제와 재판통제의 관계가 왜곡되고, 헌법소원제도가 기형화되고 있다. 이를 시정하기 위해서는 재판소원이 일정 부분 필요하다.

재판소원에는 ① 법원의 규범통제작용에 대한 통제, ② 법원의 직접적 헌법적용 통제, ③ 재판의 절차적 하자 통제의 3가지 유형이 있는데, 적어도 ① 유형, 즉 법원의 규범통제작용에 대한 재판소원만큼은 인정되어야 한다. 헌법재판의 가장 본질적이고 핵심적인 기능은 규범통제이고, 규범통제라는 것은 그 본질상 궁극적 집중을 필요로 하는데, 다양한 절차와 형태, 계기로 법원 재판에서 행해진 규범통제작용이 정당한지 여부를, 위헌결정권을 가짐으로써 규범통제에 대한 최종권한과 책임을 가진 헌법재판소가 최종적, 집중적으로 판단할 수 있도록 절차적으로 확보하는 것이 재판소원이기 때문이다.

규범통제적 재판소원 외의 재판에 대한 헌법소원을 인정하지 않음으로써 헌법해석의 불통일성이 발생할 수 있는데, 이는 헌법해석의 분점과 경쟁, 협력을 통한 헌법해석의 개방성과 동태성 제고라는 측면에서 수용될 수 있다. 뿐만 아니라 이러한 불통일성은 입법적 조정을 거쳐 궁극적으로 헌법재판소의 규범통제절차에 의하여 재조정될 수 있다.

②와 ③ 유형에 대한 재판소원을 인정하지 않는 것은 기능법적 자제로 설명할 수 있다. 특히 ③ 유형에 대한 재판소원은 기본권 보호의 효과적 방안이 될 수 있고, 이를 통하여 국민의 법적 지위가 크게 개선될 수 있지만, 이를 인정하면 초상고심 논란과 심사범위의 확정이라는 난제에 부딪힐 가능성이 더 높아지고, 사건부담의 폭증이라는 현실적 어려움도 배증된다.

규범통제적 재판소원의 대상이 되는 규범에는 명령·규칙, 조례도 포함되고, 따라서 헌법 제107조 제2항은 삭제되어야 한다. 또한 헌법재판소법 제68조 제2항에 의한 헌법소원제도도 유지할 필요가 없다.

참 고 문 헌

계희열, “헌법재판과 국가기능”, 헌법재판의 회고와 전망(창립 10주년 기념세미나), 헌법재판소, 1999. 9.

김문현, “헌법해석에 있어서 헌법재판소와 법원의 관계,” 헌법재판의 이론과 실제(금랑김철수교수화갑기념논문집), 1993

김철수, “헌법소원제도의 개선방안,” 법률의 위헌결정과 헌법소원의 대상(헌법재판연구 제1권), 헌법재판소, 1990

김하열, “명령·규칙에 대한 사법심사”, 헌법판례연구 제9권, 2008

______, “법률해석과 헌법재판: 법원의 규범통제와 헌법재판소의 법률해석”, 저스티스, 통권 제108호, 2008. 12.

______, “스페인의 헌법재판제도”, 저스티스, 제115호, 2010. 2.

박경철, “우리 헌법질서에서 재판소원금지의 위헌성”, 공법연구 제30집 제3호, 2002

유남석, “재판에 대한 헌법소원 금지의 논리 및 정책적 이유,” 재판자료 제75집, 1997

이욱한, “헌법재판소법 제68조 제1항의 ‘법원의 재판을 제외하고는’의 문제점과 그 해결방안”, 인권과 정의, 1996. 5.

이희훈, “헌법재판소법상 재판소원금지규정에 대한 연구”, 헌법학연구, 제15권 제3호, 2009

장영수, “헌법재판소 변형결정의 구속력,” 판례연구 제9집, 고려대학교 법학연구소, 1998. 2.

정연주, “헌법재판소법 제68조 제1항에 대한 한정위헌결정의 문제점—헌법재판소 1997. 12. 24, 96헌마172, 173(병합) 결정과 관련하여—”, 고시계, 1998. 2

정종섭, “주요 국가 헌법재판제도에 관한 연구”, 헌법재판연구, 철학과 현실사, 1999

정태호, “헌법소원의 개념과 역사적 발전: 그 비교법적 검토”, 안암법학 제4호, 1996

최완주, “헌법소원에 관한 각 국의 제도비교”, 재판자료 제75집, 1997

한수웅, “헌법재판소법 제68조 제1항의 위헌여부”, 헌법논총 제10집, 헌법재판소, 1999

홍성방, “헌법재판소법 제68조 제1항 본문은 위헌이다”, 판례월보, 1998. 7.

황도수, “헌법소원제도의 본질과 헌법재판소법 제68조 제1항 중 재판소원 제외부

분의 위헌성," 재판의 한 길(김용준헌법재판소장화갑기념논문집), 박영사, 1998

황치연, "재판소원금지의 위헌성," 한국헌법학의 현황과 과제(금랑김철수교수정년기념논문집), 1998

허 영, "헌법소원제도의 이론과 우리 제도의 문제점,"고시연구, 1989. 4

헌법재판소, 헌법재판소 20년사, 2008

_________, 헌법재판실무제요(제1개정증보판), 2008

Christian Pestalozza, *Verfassungsprozeßrecht*, 3.Aufl., 1991

Christoph Gusy, *Die Verfassungsbeschwerde*, 1988

Georg Hermes(Aussprache) in: Verfassungsrecht und einfaches Recht -Verfassungsgerichtsbarkeit und Fachgerichtsbarkeit, *VVDStRL* 61, 2002

Gerhard Robbers, "Für ein neues Verhältnis zwischen BVerfG und Fachgerichtsbarkeit", NJW, 1998

Hans Herbert von Armin, *Gemeinwohl und Gruppeninteresse*, 1977

Hans Klein, "Das Verhältnis zwischen Verfassungsgerichtsbarkeit und Fachgerichtsbarkeit in der Bundesrepublik Deutschland", 공법연구 제24집 제1호, 1996

Josef Isensee(Aussprache) in: Verfassungsrecht und einfaches Recht -Verfassungsgerichtsbarkeit und Fachgerichtsbarkeit, *VVDStRL* 61, 2002

Klaus Schlaich/ Stefan Korioth, *Das Bundesverfassungsgericht*, 7.Aufl. 2007

Konrad Hesse(계희열 옮김), "헌법재판의 기능적 한계", 헌법의 기초이론, 박영사, 2001

Peter Häberle(계희열 옮김), "독일의 헌법소원제도", 헌법논총 제11집, 2000

Philip Kunig(Aussprache) in: Verfassungsrecht und einfaches Recht -Verfassungsgerichtsbarkeit und Fachgerichtsbarkeit, *VVDStRL* 61, 2002

Rainer Wahl(김백유 옮김), "헌법재판제도의 유형"(Typen der Verfassungsgerichtsbarkeit), 동아법학 제31호, 2002

Ralf Alleweldt, *Bundesverfassungsgericht und Fachgerichtsbarkeit*, 2006

Robert Alexy(Aussprache) in: Verfassungsrecht und einfaches Recht -Verfassungsgerichtsbarkeit und Fachgerichtsbarkeit, VVDStRL 61, 2002

Robert Walter/ Heinz Mayer/ Gabriele Kucsko-Stadlmayer, *Grundriss des österreichischen Bundesverfassungsgericht*, 10.Aufl. 2007

Rüdiger Zuck, *Das recht der Verfassungsbeschwerde*, 2.Aufl., 1988

Wolfgang Hoffmann-Riem(Aussprache) in: Verfassungsrecht und einfaches Recht -Verfassungsgerichtsbarkeit und Fachgerichtsbarkeit, *VVDStRL* 61, 2002

第107회(2010. 12. 4) 발표문

원행정처분에 대한 헌법소원

– 헌재 2010. 4. 29. 2003헌마283 임원취임 승인취소 처분 등 사건을 중심으로 –

전 종 익*

I. 서

법원의 재판을 거쳐 확정된 원래의 행정처분(이하, '원행정처분'이라 한다)에 대한 헌법소원심판청구에 대하여 헌법재판소는 1998. 5. 28. 91헌마98등 사건(판례집 10-1, 660, 671)에서 '당해 행정처분을 심판의 대상으로 삼았던 법원의 재판이 예외적으로 헌법소원심판의 대상이 되어 그 재판 자체가 취소되는 경우에 한하여 심판청구가 가능한 것이고, 이와는 달리 법원의 재판이 취소되지 아니하는 경우에는 원행정처분은 헌법소원심판의 대상이 되지 아니한다'고 판시한 이래 일관되게 이러한 입장을 반복하여 선언해 왔다.[1)] 특히 원행정처분을 심판대상으로 한 법원의 재판이 소를 각하하는 판결인 경우에도 이러한 입장은 변하지 않고 유지되었다.[2)]

최근 헌법재판소는 임원취임 승인취소 처분 등 취소 사건(헌재 2010. 4. 29. 2003헌마283, 공보 163, 888)에서도 이러한 종전 판례의 입장을 반복하였다. 이 사건의 경과를 보면 청구인들은 사립학교법인의 임원으로 재직하여 오던 중 교육과학기술부 장관으로부터 임원취임 승인이 취소되었고 이에 그 처분 및 임시이사 선임처분의 취소를 구하는 행정소송을 제기하였다. 청구인들은 제1심에서 승소한 후 제2심에서 기각되었으나 대법원에서 항소심판결이 파기환송되었다. 파기환송심은 일부 청구인의 청구는 인용하였으나, 나머지 청구인들의 청구는 임원 임기가 이미

* 서울대학교 법과대학 부교수.

1) 헌재 1998. 7. 16, 95헌마77, 판례집 10-2, 267; 헌재 1999. 1. 28, 98헌마16, 판례집 11-1, 65; 헌재 1999. 9. 16, 97헌마160, 판례집 11-2, 356; 헌재 1999. 10. 21, 97헌마301, 판례집 11-2, 496; 헌재 1999. 10. 21, 96헌마61등, 판례집 11-2, 461; 헌재 2001. 2. 22, 99헌마605, 판례집 13-1, 356; 헌재 2001. 2. 22, 99헌마409, 판례집 13-1, 317; 헌재 2001. 6. 28, 98헌마485, 판례집 13-1, 1379; 헌재 2002. 5. 30, 2001헌마781, 판례집 14-1, 555 등 참조.

2) 헌재 1998. 6. 25, 98헌마17; 헌재 1998. 6. 25, 93헌마205; 헌재 1998. 8. 27, 97헌마150; 헌재 2001. 12. 18, 2001헌마852; 헌재 2003. 7. 24, 2002헌마138; 헌재 2007. 12. 26, 2007헌마1367.

만료되었다는 점 등을 들어 법률상의 이익이 없다는 이유로 소를 모두 각하하였다. 청구인들은 다시 상고하였으나 대법원은 인용되었던 일부 청구인의 임기마저도 만료되었음을 들어 그 부분 소를 각하하고, 나머지 청구인들의 상고를 모두 기각하였다. 이에 청구인들은 교육과학기술부 장관의 청구인들에 대한 임원취임승인취소처분와 임시이사를 임명한 처분에 대하여 주위적으로 위 각 처분의 취소를, 예비적으로 위 각 처분의 위헌확인을 구하는 헌법소원심판을 청구하였다. 헌법재판소는 전자의 취임승인취소처분에 대해서는 원행정처분에 대한 헌법소원심판이 허용되는 예외적인 경우가 아니라는 이유로, 후자의 임시이사임명처분에 대해서는 보충성을 충족시키지 않았다는 이유로 각하결정을 하였다.

위 결정에서 특히 주목되는 점은 헌법재판소가 원행정처분에 대하여 "법원의 재판이 취소될 수 없는 경우에는 당해 행정처분에 대한 헌법소원심판청구도 허용되지 아니한다"는 일반적인 법리를 밝히면서 '**이와 같은 법리는 법원의 재판이 소를 각하하는 판결인 경우에도 마찬가지라 할 것이다**'라고 명시적으로 밝힌 점이다. 이러한 내용은 시외버스운송사업양도양수인가처분취소 결정(헌재 1998. 8. 27, 97헌마150)에서 언급된 바 있었으나, 위 결정이 헌법재판소 공보나 판례집에 수록되지 않았던 점과 이후 법원의 재판이 소를 각하하는 판결인 사건에서 이러한 점을 명시적으로 언급하지 않았던 점에 비추어 보면 헌법재판소의 이번 판시는 법원의 소각하판결과 원행정처분에 대한 헌법재판소의 기존 입장을 확인하여 확립하는 의미가 있다.

이 글에서는 원행정처분에 대한 헌법소원심판청구의 허용여부 중 소각하판결의 경우에 대한 이와 같은 헌법재판소의 입장이 타당한 것인지 여부를 검토하려 한다. 이를 위해 원행정처분에 대한 헌법소원심판청구의 허용여부에 대한 일반적 논의들을 정리하고 원행정처분에 대한 헌법소원심판이 부적법하다는 주장 및 헌법재판소 결정에서 제시하는 근거들을 하나씩 살펴본다. 특히 이들 각 근거들을 헌법재판소의 다른 결정들과의 일관성의 관점에서 검토하여 모순점들을 찾아보고, 이를 바탕으로 소각하판결의 경우 원행정처분에 대한 헌법소원심판청구가 일부 허용될 수 있음을 알아본다.

원행정처분의 헌법소원심판청구에 대한 문제는 법원의 재판에 대한 헌법소원심판청구가 법률로서 제한되어 있는 우리나라의 독특한 제도의 산물이라 할 수 있다. 예를 들면 독일의 경우 재판에 대한 헌법소원심판이 허용되고 있어 이러한 문제가 발생할 수 없다. 따라서 이글은 현행 헌법과 헌법재판소법 및 관련 판례들을 바탕으로 그 의미를 훼손하지 않는 범위에서 모순되지 않는 일관된 설명을 제시하는 것을 목표로 할 것이다.

Ⅱ. 원행정처분의 헌법소원심판 대상성

1. 학설 및 판례

원행정처분에 대한 헌법소원심판이 허용되는지 여부에 대하여는 견해가 대립되고 있다. 부정설은 ① 헌법 제101조 제1항에 따라 행정재판권은 법원에 전속되어 있고 헌법소원심판으로 행정처분의 위헌여부를 심사하는 것은 행정재판권을 행사하는 것이므로 위 규정에 위반된다는 점, ② 헌법 제107조 제2항에 의하여 행정처분에 대한 대법원의 재판이 최종적인 것으로 규정되어 있다는 점, ③ 원행정처분에 대하여 헌법소원을 다시 인정하는 것은 헌법재판소법 제68조 제1항 본문 규정에 의한 제한인 재판소원금지를 우회적으로 회피하는 것으로서 그 입법취지와 목적에 정면으로 반하는 것이라는 점, ④ 원행정처분에 대한 헌법소원심판을 인정하면 법원의 확정재판이 가지는 기판력이 침해된다는 점 등을 그 논거로 든다.[3)]

한편 긍정설은 ① 원행정처분도 공권력의 행사에 해당하고 모든 공권력은 헌법의 통제를 받아야 한다는 점, ② 헌법 제101조에서 규정되는 사법권은 일반재판권만을 의미하고 헌법재판권까지를 포함하는 것은 아닌 점, ③ 헌법 제107조 제2항은 처분의 위헌여부가 재판의 전제가 되었을 때 법률의 경우처럼 헌법재판소에 제청함이 없이 최종적으로 대법원이 판단한다는 의미일 뿐 행정처분에 관하여 헌법소원을 청구하는 것은 별개의 문제라는 점, ④ 헌법재판소법 제68조가 재판에 대한 헌법소원심판청구를 제외하고 있는 것은 재판 자체에 국한하는 것으로 제한적인 해석을 해야 한다는 점, ⑤ 헌법 재판소법 제75조의 기속력에 의하여 법원판결의 기판력은 깨어질 수 있다는 점, ⑥ 헌법재판소법 제75조 제3항, 제4항, 제5항은 행정처분에 대한 헌법소원심판을 예정하고 있는 규정이라는 점, ⑦ 법원의 재판에 대한 헌법소원심판을 봉쇄한 상태에서 보충성을 적용하는 것은 헌법소원심판제도의 법리와 체계정합성에 합치되지 아니하므로 보충성이 배제되어야 하는

3) 정태호, 원처분의 헌법소원대상성에 관한 소고, 「헌법논총」 제6집, 1995; 최완주, 원처분의 헌법소원 대상성에 관한 고찰, 「헌법재판과 헌법(상)」, 재판자료 제75집, 1997; 곽태철, 법원의 재판을 거친 행정처분의 헌법소원심판 대상성, 「헌법재판과 헌법(상)」, 재판자료 제75집, 1997.

점 등을 그 논거로 들고 있다.[4)]

이러한 가운데 헌법재판소는 원칙적으로 원행정처분에 대한 헌법소원심판을 부적법한 것으로 보고 각하결정을 해왔다. 다만 앞서 살펴본 바와 같이 당해 행정처분을 심판의 대상으로 삼았던 법원의 재판이 예외적으로 헌법소원심판의 대상이 되어 그 재판 자체가 취소되는 경우에 한하여 심판청구가 가능하다는 입장을 취하고 있다.

『원행정처분에 대하여 법원에 행정소송을 제기하여 패소판결을 받고 그 판결이 확정된 경우에는 당사자는 그 판결의 기판력에 의한 기속을 받게 되므로, 별도의 절차에 의하여 위 판결의 기판력이 제거되지 아니하는 한, 행정처분의 위법성을 주장하는 것은 확정판결의 기판력에 어긋나기 때문이다. … 뿐만 아니라 원행정처분에 대한 헌법소원심판청구를 허용하는 것은, "명령·규칙 또는 처분이 헌법이나 법률에 위반되는 여부가 재판의 전제가 된 경우에는 대법원은 이를 최종적으로 심사할 권한을 가진다."고 규정한 헌법 제107조 제2항이나, 원칙적으로 헌법소원심판의 대상에서 법원의 재판을 제외하고 있는 헌법재판소법 제68조 제1항의 취지에도 어긋나는 것이다.』(헌재 1998. 5. 28, 91헌마98등, 판례집 10-1, 660, 670-672)

위 결정에서 헌법재판소는 원행정처분에 대한 헌법소원심판이 부적법한 논거로서 확정판결의 기판력, 헌법 제107조 제2항, 원칙적으로 헌법소원심판의 대상에서 법원의 재판을 제외하고 있는 헌법재판소법 제68조 제1항을 들고 있다. 앞서 부정설에서 근거로 제시되었던 것들을 종합하여 보면 ① 헌법 제101조 제1항 및 제107조 제2항은 법원의 처분에 대한 전속적 행정재판권의 주장이라는 공통점이 있고, ② 헌법재판소법 제68조 제1항의 논거와 판결의 기판력은 법원의 재판의 효력과 그에 대한 헌법재판소의 판단이라는 점에서 함께 논의할 수 있는 것이다. 이하에서는 이들을 차례로 살펴보고 원행정처분에 대한 헌법소원심판청구가 가능한 범위를 검토해 본다.

2. 법원의 행정재판권과 헌법 제107조 제2항

헌법 제101조 제1항은 "사법권은 법관으로 구성된 법원에 속한다"라고 규정하고 있다. 여기서 말하는 사법권은 '구체적인 법률적 분쟁이 발생한 경우에 당사자로부터의 소 제기 기타 신청에 의하여 당해 분쟁사건에 적용될 법의 구체적인

---

4) 정종섭, 「헌법소송법」(제6판), 박영사, 2010, 568쪽; 황도수, 원처분에 대한 헌법소원, 「헌법논총」 제6집, 1995; 신봉기, 원행정처분의 헌법소원심판 대상성, 「고시연구」 제22권 6호 1995.

내용이 어떠한 것인지를 판단하고 선언함으로써 법질서를 유지하는 기능'(대법원 1996. 4. 9. 선고 95누11405 판결)을 말하며 이에 따라 적어도 민·형사재판권과 함께 행정재판권이 헌법에 특별한 규정이 없는 한 법원에 전속되어 있다고 보는 것에 이론이 없다. 따라서 법원 이외의 다른 기관이 민·형사 재판권과 행정재판권을 행사하는 경우 이는 위 규정에 어긋나는 것이 된다.

이러한 해석론을 근거로 부정설에서는 "원처분에 대한 헌법소원과 행정소송은 심판대상과 심사기준 및 심판 또는 재판의 효력 면에서 근본적으로 다른 것이 없으므로 원처분에 대한 헌법소원 형식으로 행정처분의 위헌여부 또는 행정처분의 기본권 침해여부에 관하여 심사하는 것은 곧 행정재판권의 행사를 뜻하는 것이 된다. 그러므로 헌법재판소가 헌법의 근거규정 없이 행정처분에 대한 위헌성 여부를 심사하는 것은 헌법 제101조 제1항에 어긋난다"고 주장한다.[5]

그러나 헌법 제111조에서 헌법재판소의 관장사항으로 헌법소원심판을 규정하고 있고 헌법재판소법에서 헌법소원심판의 대상으로 공권력의 행사 또는 불행사를 규정하고 있으므로 다른 헌법·법률상의 규정들이 없다면 당연히 행정처분은 헌법소원심판의 대상에 포함되어야 한다. 따라서 별도의 근거 없이 헌법 제101조 제1항만으로 헌법재판소의 행정처분에 대한 위헌성 여부 심사가 헌법상의 근거가 없다고 하는 것은 받아들여지기 어렵다. 더구나 이러한 견해에 의하면 헌법 제107조 제2항의 규정이 불필요한 중복적인 규정이 되어버려[6] 부정설의 기존 주장들과도 모순되는 문제가 있다.

한편 헌법 제107조 제2항에 규정되어 있는 '명령·규칙 또는 처분'에 대한 '대법원의 최종심사권한'을 근거로 사법부의 행정처분에 대한 배타적·독점적 관할권을 주장하기도 한다. 이에 의하면 위의 제101조 제1항의 해석과 결합하여 '헌법이나 법률에 위반되는 여부가 재판의 전제가 된 경우'를 민사 또는 형사소송에서 처분의 위법성이 선결문제로 되는 경우뿐 아니라 처분이 '재판의 대상이 되는 경우'까지 포함하는 것으로 보고 위 규정은 '대법원의 최종심사권한'이라는 문구와 결합하여 사법부의 배타적 관할권을 인정하는 것으로 귀결된다.[7]

5) 최완주, 앞의 글, 465-466쪽.

6) 이는 부정설의 입장에서도 인정하고 있다. 앞의 글, 468쪽.

7) 최완주, 앞의 글, 478-479쪽; 곽태철, 앞의 글, 384-390쪽. 그 근거로는 제헌헌법 제81조 제1항(대법원은 법률이 정하는 바에 의하여 명령, 규칙과 처분이 헌법과 법률에 위반되는 여부를 최종적으로 심사할 권한이 있다)의 규정이유가 특별행정법원 제도를 취하지 않고 일반 법원에서 행정재판을 관할하는 영미식 제도를 채택하는 취지라는 입법연혁, 제헌헌법이래 학설상 그리고 실무상 행정사건 일반에 대한 대법원의 최종적 심사권의 근거가 되어 왔다는 사실, '재판의 전제가 된 경우'라는 문구가 대법원에 위헌법령심사권을 부여한 1962년 개정헌법에서도 사용되고 있었

특히 '재판의 전제가 된 경우'에 대하여 명령·규칙과 마찬가지로 처분에서도 구체적 소송사건에서 적용되는 경우로 이해한다면 '처분'에 관한 부분이 적용될 수 있는 영역은 국가배상청구소송 등 민·형사 소송에서 행정처분의 위법성 여부가 선결문제로 되는 예외적인 사례로 국한되므로 처분의 경우에는 '재판의 전제'를 '법원에 계속된 구체적 사건의 해결을 위한 필요성'으로 해석해야 한다고 본다.[8)]

그러나 이러한 견해는 문면상 '재판의 대상이 된 경우'라고 하지 않고 '재판의 전제가 된 경우'라고 한 이유를 설명할 수 없고 헌법 제107조 제1항의 '법률이 헌법에 위반되는 여부가 재판의 전제가 된 경우'의 의미와 균형이 맞지 않는다. 무엇보다 한 한 조문상의 같은 문언을 다른 의미로 해석하는 것이 적절한 해석법인지 의문이 아닐 수 없다.[9)]

이러한 소위 '분리론'에 대한 비판을 극복하는 방법으로 오히려 '재판의 전제'를 선결문제인 경우로 한정하지 않고 일관되게 '구체적 사건성'을 의미하는 것으로 해석하여 명령·규칙 등 행정입법도 구체적 사건성을 구비하여 직접 항고소송의 대상이 되면 그 위헌·위법성은 본안요건으로서 '재판의 전제'가 되는 것이고 결국 헌법 제107조 제2항은 행정입법에 대한 항고소송의 대법원의 최종적 심리권한을 인정하는 것으로 보는 견해가 있다.[10)]

그러나 이러한 견해가 헌법 제107조 제2항을 처분뿐 아니라 명령·규칙에 대하여도 대법원의 '최종적 심리권한'을 대법원의 배타적 관할권을 인정하는 것으로 해석한다면 우선 그동안 헌법재판소가 행해온 명령·규칙에 대한 헌법소원심판은 모두 위 헌법규정에 위반되는 것으로서 허용될 수 없게 된다. 여기에 행정소송법이 개정되지 않았고 같은 법 제2조 제1항 제1호 '처분'에 명령·규칙 등 행정입법이 원칙적으로 포함되지 않으며 그 자체로서 국민의 권리의무나 법률관계를 규율하는 성격을 가짐으로써 항고소송의 대상이 되는 경우는 극히 예외적으로 좁은 범위에서 인정해 온 대법원 판례의 입장[11)]을 더하여 보면, 이러한 해석론에 의하

다는 점, 헌법 제101조 제1항에 따라 법원에 행정재판권이 부여되어 있는 이상 선결문제로 된 처분의 위헌·위법여부에 대한 판단권은 당연히 인정되는 것인데 굳이 근거조항을 둘 의미가 없다는 점 등이 제시되고 있다.

8) 곽태철, 앞의 글, 386쪽; 최완주, 앞의 글, 471-472쪽; 정태호, 앞의 글, 263쪽.

9) 이에 따라 분리론은 '법해석에서 프로크루스테스의 침대의 무리를 범한다'고 비판받기도 한다. 정종섭, 「헌법재판연구1」(제2판), 박영사, 2005, 99쪽 참조.

10) 박정훈, 행정입법에 대한 사법심사—독일법제의 개관과 우리법의 해석론과 입법론을 중심으로—, 「행정법연구」, 2004, 168쪽. 이러한 해석론을 바탕으로 행정소송법의 처분을 '행정청이 행하는 공권력 행사 및 그 거부'로 개정하여 행정입법을 항고소송의 대상으로 포함시켜야 한다는 입법론이 주장된다. 박정훈, 행정법 개정의 주요쟁점, 「공법연구」 제31집 제3호, 2003, 68-69쪽.

면 명령·규칙에 대한 위헌성심사가 사실상 거의 이루어질 수 없게 되어 버린다. 한편 위의 견해를 유지하면서 이러한 권리구제의 공백을 피하는 방법으로서 대법원의 '최종적 심사 권한'을 일반재판권을 행사하는 법원내에서의 최종적 심사로 이해하는 것도 생각해볼 수 있으나 이렇게 되면 헌법 제107조 제2항은 원행정처분의 헌법소원심판대상성을 부정하는 근거로 사용될 수 없게 된다.12)

대법원 판례에서도 헌법 제107조 제2항에 관하여 '재판의 대상이 되는 경우'를 포함하지 않는 것으로 해석해야 한다는 입장의 판시들을 찾아볼 수 있다.

『현행 헌법상의 위헌·위헌여부의 심사권은 헌법 제102조의 규정에 의하여 법원이 가지며 대법원이 이를 최종적으로 심사할 권한이 있는 것이라 할지라도 위 규정이 명시한 바와 같이 그 심사권은 법률이나 명령·규칙·처분의 위헌·위법여부가 재판의 전제가 되었을 때에 그 재판의 전제사항으로서만 이를 행사할 수 있을 뿐』(대법원 1966. 3. 14, 65초6; 대법원 1966. 7. 28, 66카11)

『헌법 제107조 제2항의 규정에 따르면 행정입법의 심사는 일반적인 재판절차에 의하여 구체적 규범통제의 방법에 의하도록 명시하고 있으므로, 당사자는 구체적 사건의 심판을 위한 선결문제로서 행정입법의 위법성을 주장하여 법원에 대하여 당해 사건에 대한 적용 여부의 판단을 구할 수 있을 뿐 행정입법 자체의 합법성의 심사를 목적으로 하는 독립한 신청을 제기할 수는 없다.』(대법원 1994. 4. 26, 93부32)

헌법재판소는 오랫동안 명령·규칙에 대한 위헌심사와 관련하여 헌법 제107조 제2항이 사법부의 배타적 관할권을 규정하고 있는 것으로 볼 수 없다는 입장을 밝혀왔다. 대표적으로 다음과 같이 판시하고 있다.

『헌법 제107조 제2항이 규정한 명령·규칙에 대한 대법원의 최종심사권이란 구체적인 소송사건에서 명령·규칙의 위헌여부가 재판의 전제가 되었을 경우 법률의 경우와는 달리 헌법재판소에 제청할 것 없이 대법원이 최종적으로 심사할 수 있다는 의미이며, 헌법 제111조 제1항 제1호에서 법률의 위헌여부심사권을 헌법재판소에 부여한 이상 통일적인 헌법해석과 규범통제를 위하여 공권력에 의한 기본권침해를 이유로 하는 헌법소원심판청구사건에 있어서 법률의 하위법규인 명령·규칙의 위헌여부심사권이 헌법재판소의 관할에 속함은 당연한 것으로서 헌법 제107조 제2항의 규정이 이를 배제한 것이라고는 볼 수 없다.』(헌재 1990. 10. 15, 89헌마178, 판례집 2, 365, 369-370)

11) 대법원 1996. 9. 20, 95누8003; 대법원 2003. 10. 9, 2003무23; 대법원 2006. 9. 22, 2005두2506.
12) 황도수, 앞의 글, 213쪽.

같은 규정안의 동일한 문언인 이상, 위와 같은 명령·규칙에 대한 대법원의 판시와 헌법재판소 판례의 입장은 '처분'의 경우도 마찬가지로 적용되는 것으로 보아야 한다. 이 부분에 한하여 유독 대법원의 독점적이고 배타적 관할권을 규정한 것으로 볼 이유는 없다.

근본적으로 헌법재판소법에서 헌법소원심판의 대상에서 법원의 재판을 제외하고 있지 않은 상황에서도 명령·규칙 및 처분에 대한 대법원의 배타적 관할권을 주장할 수 있는지 의문이 아닐 수 없다. 이 경우에도 일관되게 헌법 제101조나 제107조를 근거로 하여 배타적 관할권의 입장을 고수한다면 법원의 재판이 취소되는 경우 헌법재판소가 원행정처분을 취소하는 내용의 결정을 하는 것은 헌법에 위반되어 허용할 수 없는 것이라 보아야 한다. 이러한 결론이 헌법재판소의 '법원의 재판이 취소되는 경우에는 원행정처분이 헌법소원심판의 대상이 된다'는 일관된 입장 및 실제 원행정처분을 취소한 과거의 결정례[13]와 모순되는 것은 명백하다.[14] 따라서 헌법재판소가 위와 같이 판시하면서 같은 판례에서 청구를 각하하는 논거의 하나로서 헌법 제107조 제2항을 들고 있는 것은 그 자체로 일관성을 유지하지 못한 것에 해당한다.

이와 같이 원행정처분에 대한 헌법소원심판청구가 허용될 수 없다는 근거로서 헌법 제101조 제1항, 제107조 제2항 및 법원의 배타적 관할권은 적절하지 않으며 애초부터 이 문제가 제기된 것도 결국 헌법재판소법 제68조 제1항이 재판소원을 금지하고 있기 때문이라고 할 수 있다.

3. 확정판결의 기판력과 헌법재판소법 제68조 제1항

가. 기판력의 주관적 범위와 헌법소원심판

행정소송에서 판결의 기판력은 "법원 자신과 당사자, 그리고 관계 행정기관"에 미친다.[15] 기판력을 원행정처분을 헌법소원심판의 대상에서 제외하는 근거로 드는 견해는 기각판결의 기판력에 의하여 "어떠한 소송절차에서도" 기판력에 반

13) 헌재 1997. 12. 24, 96헌마172등, 판례집 9-2, 842.

14) 독일연방헌법재판소는 재판소원에서 재판을 취소하면서 사건을 관할법원에 환송하지 아니하고 종국적으로 자판할 수 있는 권한을 행사해왔다. 그러나 이처럼 연방헌법재판소가 스스로 법적 효과를 확정하는 것은 법률의 한계를 넘어 관할법원의 권한을 행사하는 것이라고 비판하기도 한다. Klaus Schlaich, *Das Bundesverfassungsgericht*, 4. Aufl., C.H. Beck, 1997, S 259; 정태호 역, 「독일연방헌법재판소―지위·재판절차·재판―」, 헌법재판소, 1999, 270쪽 참조.

15) 대법원 1992. 12. 8. 선고 92누6891 판결.

하는 내용인 "행정처분의 위법성"을 주장할 수 없으므로 당연히 '헌법소원심판절차'에서도 당사자는 이를 주장할 수 없다고 본다. 헌법재판소 결정에서 판결의 기판력을 원행정처분에 대한 헌법소원심판 불허의 근거로 언급한 것 역시 이와 같은 입장으로 볼 수 있다.

그러나 헌법소원심판이 그러한 소송절차에 포함되어야 하는지 여부에 대하여 헌법이나 법률에서 직접적으로 언급하고 있지 않으며 대법원판례 역시 마찬가지이다. 물론 법원의 재판을 헌법소원심판의 대상에서 제외하고 있는 헌법재판소법 제68조 제1항을 기판력의 효력이 헌법소원심판에 미친다고 보는 근거로 들 수는 있다. 그러나 이는 규정의 존재로부터 발생하는 문제로서 이러한 규정이 없는 경우 이론적으로 '확정판결의 기판력' 자체가 원행정처분의 헌법소원심판대상성 배제의 논거가 될 수 있는지 여부와는 다른 차원에서 논의되어야 한다.

헌법재판은 헌법과 헌법재판소법에 따라 '공권력의 행사 또는 불행사'에 대한 관할권이 인정된 별도의 재판절차로서 특히 헌법소원제도는 성질상 원래 '이미 확정된 재판'을 전제로 하는 특별재판절차라 할 수 있다. 따라서 일반사법재판에서 예외적인 제도인 재심제도가 재판의 기판력을 번복할 수 있는데 하물며 일반사법재판과는 차원을 달리하는 헌법재판의 하나인 헌법소원심판절차에서 단순히 판결의 기판력을 이유로 기본권보장을 수행할 수 없다고 해석할 수는 없다.[16] 나아가 헌법소원의 인용결정은 행정소송의 인용판결과는 달리 '모든 국가기관과 지방자치단체'를 기속하므로(헌법재판소법 제75조 제1항) 이론적으로 효력의 주관적 범위가 제한되는 기판력을 기속력에 의하여 번복할 수 있다고 보아야 한다.

그러므로 행정소송의 확정판결이 기판력에 의하여 헌법소원심판의 대상에서 원행정처분이 당연히 제외되는 것으로 볼 수는 없다. 다만 헌법재판소법 제68조 제1항이 헌법소원심판의 대상에서 법원의 재판을 제외하고 있는 것이 원행정처분까지 배제하는 취지인지 여부에 따라 헌법소원심판의 대상에서 제외되는 범위를 확정하기 위하여 기판력이 논의될 수 있을 뿐이다.

헌법재판소법 제68조 제1항은 헌법소원심판의 대상에서 법원의 재판을 제외하고 있다. 일반적으로 '법원의 재판'은 '소송물에 대한 법원의 법적 판단'을 뜻하므로 행정재판(특히 항고소송)의 경우 재판은 '행정처분의 위헌·위법성에 대한 법원의 법적 판단'을 뜻하는 것이 되고 이를 헌법소원심판의 대상에서 제외한다는 의미는 곧 '행정처분의 위헌·위법성에 대한 법적 판단'의 당부에 대한 심사를 금지한다는 뜻으로 볼 수밖에 없다.[17] 그리고 기판력은 소송물에 대한 판단에 대한

16) 황도수, 앞의 글, 222쪽.

범위에 미치므로 결국 이를 그대로 인정한다면 헌법소원심판은 재판의 기판력과 저촉되지 않는 범위에서만 판단할 수 있다는 결론에 도달하게 된다. 따라서 현행 법상 원행정처분에 대한 헌법소원심판의 허용 문제에 있어서는 법원의 재판이 가지는 기판력을 제거하는 문제가 핵심적이라 할 수 있다.[18]

나. 행정소송의 기판력과 소송물

기판력은 일단 판결이 확정된 때에는 동일한 사항이 문제가 되었을 때에 당사자는 이에 저촉되는 주장을 할 수 없고(반복금지) 법원도 이에 저촉되는 판단을 할 수 없는(모순금지) 효력을 말한다.[19] 행정소송법은 기판력에 대한 명문의 규정을 두고 있지 않으나 제8조 제2항에서 특별한 규정이 없는 사항에 대하여는 민사소송법을 준용한다고 하고 있어 행정소송의 판결에 대하여도 당연히 기판력이 있다.

법원의 확정판결에 대하여 이와 같이 기판력이 인정되고 있는 것은, 종국적으로 확정된 재판의 존속보호라는 법적 안정성 내지 법적 평온의 요청 때문이라는 것이 일반적인 설명이며 이와 함께 분쟁의 반복금지에 의한 소송경제의 요청 및 절차보장을 받은 당사자의 자기 책임 등에서도 그 근거를 찾고 있다.[20] 그런데 이러한 법적 안정성 내지 법적 평온의 사상은 헌법상의 법치국가원리의 핵심적인 내용으로 서로 불가분의 관계에 있으므로 기판력은 법치국가원리에 그 헌법적 근거를 두고 있다고 할 수 있다.[21]

일반적으로 취소소송[22]의 소송물은 '처분의 위법성 일반'으로 이해한다(통설). 그 근거로서 취소소송에서 원고는 특정한 처분이 위법함을 주장하며 그 처분의 위법성이 심리의 대상이 되어 원고의 위법성 주장의 당부가 판결에 의해 확정된

17) 최완주, 앞의 글, 439-440쪽.

18) 정종섭, 헌법소송과 행정소송: 현행 命令·규칙에 대한 위헌심판절차의 문제점과 그 해결 방안, 「헌법논총」 제3집, 342쪽.

19) 대법원 1987. 6. 9, 86다카2756.

20) 이시윤, 「신민사소송법」(제5판), 박영사, 2010, 553쪽.

21) 홍정선, 「행정법원론(상)」(제16판), 박영사, 2008, 935쪽.

22) 국민이 행정청의 처분 등의 위법을 이유로 국가 또는 공권력행사의 결과로 생긴 효과의 원상회복을 구하는 당사자소송이나 민사소송절차는 헌법소원심판의 대상이 되는 행정청의 공권력 행사 또는 불행사 자체를 직접 대상으로 하여 그 잘못을 다투는 것은 아니다. 나아가 행정소송법 제3조에 규정되어 있는 행정소송의 종류 중 기관소송과 민중소송은 객관적 소송으로서 침해된 권리 또는 이익의 구제를 목적으로 하는 것이 아니므로 헌법소원심판과 관련될 수 없다. 따라서 원행정처분과 관련하여 기판력이 문제되는 법원의 재판은 행정소송 중 행정청의 처분 등이나 부작위에 대하여 제기하는 항고소송으로서 취소소송, 무효등확인소송, 부작위위법확인소송으로 볼 수 있다(곽태철, 앞의 글 348-349쪽). 그 중 가장 일반적이고 대표적인 것이므로 취소소송의 소송물과 기판력을 주로 논의하기로 한다.

다는 것을 들고 있다.[23] 여기서 위법성이란 법질서상 존재하는 모종의 법규(법규정·법원칙)에 위반된다는 것을 의미하므로 여기에 위헌은 당연히 포함된다.

대법원 판례 역시 일반 행정처분에 관하여 "취소판결이 기판력은 소송물로 된 행정처분의 위법성 존부에 관한 판단 그 자체에만 미치는 것이므로"라고 판시(대법원 1996. 4. 26, 95누5820)하여 소송물을 개개의 구체적인 위법사유가 아니라 '위법성 존부'라고 하고 있고, 과세처분 취소소송의 경우 "정당한 세액의 객관적 존부"를 소송물로 한다고 판시(대법원 1997. 3. 28, 96누15022등)하기도 하나 이는 심판범위에 관한 총액주의를 표현하기 위한 것으로 통설의 소송물 개념을 전제로 한 것이다.[24]

따라서 행정처분취소청구나 무효확인청구를 기각하는 판결이 확정되면 그 처분이 적법하다는 점이나 무효가 아니라는 점에 대하여 기판력이 발생한다. 개개의 위법사유는 공격방어방법에 지나지 아니하므로 패소한 원고는 설사 전의 소송에서 주장한 바와 다른 사유로 그 처분의 위법을 주장하더라도 기판력에 저촉되는 것으로서 허용될 수 없다.[25]

본안판결뿐 아니라 소송판결의 경우에도 소송요건의 흠결로 소가 부적법하다는 판단에 기판력이 생긴다.[26] 각하판결은 취소청구의 대상인 처분의 위법성에 관한 판단이 아니므로 원고는 결여된 요건을 보완하여 다시 소를 제기할 수 있으나 불비된 요건의 보완이 불가한 것이라면 기판력이 생긴다.[27] 예컨대 소송요건의 흠결로 소각하판결을 받은 후에 그 흠결을 그대로 둔 채 재소하면 전소판결의 기판력에 의하여 각하된다. 이와 같이 소송판결의 경우 소송물인 '행정처분의 위법성 존부'에는 기판력이 미치지 않으므로 헌법재판소가 원행정처분에 대하여 본안에서 위헌여부의 심사를 한다해도 그것이 판결의 기판력에 저촉되는 것으로 볼 수 없다.

다. 청구기각판결이 확정된 행정처분에 대한 헌법소원심판과 기판력

행정소송에 대한 기판력이론을 그대로 받아들인다면 청구기각판결이 확정된 행정처분에 대하여 헌법소원심판이 청구되었을 때 그 위헌성을 판단하는 것은 판결의 기판력에 저촉되며 법원의 재판을 헌법소원심판의 대상에서 제외한 헌법재

23) 집필대표 김철용, 최광률, 「주석 행정소송법」, 박영사, 2004, 191쪽.
24) 앞의 책, 192-193쪽.
25) 대법원 1992. 2. 25, 91누6108.
26) 이시윤, 앞의 책, 557쪽; 호문혁, 「민사소송법」(제7판), 법문사, 2009, 651쪽.
27) 홍정선, 앞의 책, 929-930쪽.

판소법 제68조 제1항의 취지에 위반하는 것이다.

이에 대하여 헌법소원심판에는 원칙적으로 법원의 기판력이 미치지 않는다는 견해가 존재한다.[28] 헌법소원제도는 성질상 원래 '이미 확정된 재판'을 전제로 하는 특별재판절차이므로 일반사법재판에서 예외적인 제도로서의 재심제도로 재판의 기판력을 번복할 수 있는데 하물며 일반사법재판과는 차원을 달리하는 헌법재판의 하나인 헌법소원심판절차에서 재판의 기판력을 이유로 기본권보장을 수행할 수 없다고 해석할 수는 없다는 것이다.

그러나 이는 헌법재판소법 제68조 제1항의 이른바 '재판소원배제' 규정이 없는 경우에는 타당할지 몰라도 법률에서 명시적으로 규정을 두고 있는 상황에서는 설득력이 떨어진다. 원행정처분에 대한 위헌심사가 기판력에 저촉되는 것은 헌법소원제도의 성질이나 헌법재판의 본질에 의한 것이 아니다. 법원의 재판을 헌법소원심판의 대상에서 제외하는 명문의 규정이 그 판단의 대상이 되었던 '행정처분의 위헌·위법성에 대한 법적 판단'의 당부에 대한 심사를 금지한다는 의미를 가지므로 기판력 저촉되는 판단을 할 수 없는 것이다. 따라서 기판력을 일반적으로 부정하는 것은 재판소원배제규정이 존재하는 한 이론적으로 받아들이기 어렵다.

다음으로 생각해볼 수 있는 원행정처분에 대한 헌법소원심판 가능론은 항고소송의 소송물을 제한적으로 해석하는 것이다. 취소소송의 소송물을 '계쟁처분과 그 처분이유에 관한 위법성'으로 보는 견해[29]에 의하면 결국 항고소송의 소송물은 개개의 위법사유로 볼 수 있고 이에 의하면 기판력 역시 당해 재판에서 문제되었던 위법사유에만 미치게 된다. 따라서 법원의 재판에서 헌법적 쟁점이 나타나지 않은 상황에서 헌법소원심판에서 위헌성심사를 하더라도 이는 기판력에 저촉되지 않는다고 볼 수 있다.

그러나 법원도 헌법에 대한 판단권을 가지고 있으므로 헌법쟁점이 주장되고 판단되면 이 견해에 의하여도 기판력을 넘어서기 어렵게 되고, 재판절차상 실기한 공격·방법을 헌법소원으로 주장할 수 있다고 보는 결과가 되어 헌법적 쟁점을 일찍 제기한 당사자와 고의로 끝까지 주장하지 않고 있다가 법원의 재판이 확정되고 나서 제기한 당사자간의 불공평한 결과가 발생할 수 있다. 무엇보다도 통설과 대법원의 판례가 확고하게 항고소송의 소송물을 '위법성 일반'으로 보고 있는 상

28) 황도수, 앞의 글, 222쪽.

29) 민사소송법상의 구소송물이론과 유사하다. 이시윤, 앞의 책, 211-212쪽. 김동희, 「행정법Ⅰ」(제15판), 박영사, 2009, 673쪽은 소송의 소송물에 대하여 개개의 위법사유를 소송물로 볼 것인지, 그 위법성 일반을 소송물로 볼 것인지에 대하여 견해가 갈리는 것으로 서술하고 있다. 그러나 구체적으로 학설에 대하여 소개하고 있지는 않다.

황에서 소송물을 축소하여 보는 것이 얼마나 설득력을 가질지 의문이다.

이와 같이 헌법재판소법 제68조 제1항에서 재판소원을 배제하고 있는 상황에서 청구기각판결이 확정된 행정처분에 대한 헌법소원심판청구에서 판결의 기판력 문제를 해결할 수는 없다. 결국 이 경우 '재판소원배제' 규정이 개정되거나 그에 대한 위헌선언(일부 또는 전부)이 없고서는 이론적으로 기판력을 회피하여 허용이 된다고 보는 것은 무리한 해석이다.

Ⅲ. 소송판결의 기판력과 헌법소원심판

1. 소송판결과 헌법소원심판

앞서 살펴본 바와 같이 헌법 제101조 제1항에 의하여 민·형사재판권과 함께 행정재판권은 헌법에 특별한 규정이 없는 한 법원에 전속되어 있고, 이와 함께 헌법은 제107조 제2항에서 재판의 전제가 된 명령·규칙 및 처분에 대한 최종적인 사법심사권을 대법원에 부여하고 있다. 한편 헌법은 제111조 제1항 제5호에서 법률이 정하는 헌법소원심판권을 헌법재판소에 부여하고 있고 헌법재판소법은 제68조 제1항에서 공권력의 행사·불행사로 인하여 기본권을 침해받은 자는 헌법소원심판청구를 할 수 있도록 규정하고 있다. 여기서 공권력의 행사·불행사의 대표적인 것이 행정작용이고, 기본권침해 판단은 곧 위헌 판단으로 귀착되므로 헌법소원은 곧 행정작용에 대한 사법심사를 의미한다고 해도 과언이 아니다.

이와 같이 헌법상 행정작용에 대한 사법심사의 권한이 법원과 헌법재판소에 양자에게 부여되어 있으므로 입법자는 헌법재판소법 제68조 제1항 본문에서 법원의 재판을 헌법소원심판의 대상에서 제외하고 단서에서 다른 법률에 정한 구제절차를 거친 후가 아니면 청구할 수 없도록 함으로써 이를 조정하고 있다. 이에 의하면 행정작용에 대한 권리구제는 우선적으로 법원을 통하여 이루어진다. 법원은 보편적인 사법기관으로서 사실심리에 충실할 수 있으므로, 입법자에 의하여 법률로서 공익과 기본권간의 일차적인 조정이 이루어지고 있는 현대국가에서 행정부에 의한 법률의 개별 적용과정에서 발생하는 분쟁의 처리는 우선적으로 법원에서 담당하도록 함이 합당하기 때문이다.

따라서 행정작용에 대한 헌법소원 심판청구의 경우 구제절차인 법원의 재판을 거치지 않았으면 보충성의 흠결로 부적법하게 되고, 구제절차를 거치면서 본안

판단을 받은 경우 이에 대한 헌법재판소의 심사는 법원의 재판에 대한 심판과 같은 것이 되므로 재판소원 배제의 취지에 따라 부적법한 것이 된다.

그러나 헌법수호라는 헌법재판소의 과제와 기본권보장이라는 헌법소원의 기능을 고려할 때, 법원의 재판이 있었지만 본안에 대하여 아무런 판단이 이루어지지 않았을 때에는 관할조정을 위한 보충성의 원칙은 그 적용이 이루어질 수 없고 오히려 헌법재판권을 발동하는 것이 타당하다. 법원이 본안심사를 거쳐 기각판결을 한 경우는 헌법재판소법 제68조 제1항 본문에서 재판소원을 배제하고 있는 취지에 따라 헌법소원심판이 가능하지 않다고 하더라도, 법원에서 행정소송이 부적법 각하된 경우에는 당해 처분에 대한 헌법소원을 인정한다 하더라도 그것이 법원의 재판에 대한 헌법소원이 배제된 헌법재판소법의 취지에 위반되지 않는다.

물론 소송판결의 경우에도 적어도 소송요건의 흠결로 소가 부적법하다는 부분에 한해서는 법원의 판단이 존재한다. 그러나 행정소송과 헌법소원심판은 각각 다른 적법요건을 가지므로 이에 대하여 독립적으로 판단하여 당해 행정처분에 대한 본안심사를 행한다 하여도 이것이 재판소원배제의 취지나 헌법소원심판의 보충적 성격과 모순되는 것으로 볼 수 없다.

헌법재판소법의 관련규정들을 보아도 적어도 일정한 행정처분에 대하여는 헌법소원심판을 예정하고 있음을 알 수 있다. 헌법재판소법 제68조 제1항 본문에서 헌법소원심판의 대상에서 제외하고 있는 것은 '법원의 재판'이므로 그 취지에 반하지 않는 한 판단대상이었던 원행정처분이 헌법소원심판의 대상에서 제외될 이유는 없다. 또한 같은 조 단서 역시 단지 다른 법률의 구제절차를 모두 거친 후에 헌법소원심판을 청구할 것을 요구하고 있을 뿐이므로 법원의 판단을 모두 거친 끝에 부적법 각하임이 확정된 원행정처분에 대한 헌법소원심판을 부정할 근거가 되지 않는다. 게다가 헌법재판소법 제75조 제3항, 제4항은 헌법소원을 인용할 경우 공권력행사를 '취소'할 수 있다고 명시하고 공권력의 불행사에 대한 헌법소원심판의 경우에는 피청구인에 대한 새로운 '처분'의 의무를 부여하고 있어 행정처분을 헌법소원의 대상으로 삼는 것을 전제로 하고 있다.

따라서 소송판결의 경우 헌법소원심판에서 원행정처분에 대한 위헌판단을 한다 하여도 기판력에 저촉되는 문제가 발생하지 않는다. 오히려 헌법소원심판의 적법요건과 행정소송의 소송요건 판단에서 상호 겹치는 부분에 대한 판단이 문제가 될 수 있다. 이하에서는 개별적으로 문제되는 요건들을 살펴보고 허용되는 심판의 범위를 획정해 본다.

2. 허용되는 심판의 범위

가. 항고소송의 대상과 공권력의 행사

행정소송법은 제3조 제1호에서 항고소송의 대상을 '행정청의 처분 등이나 부작위'라고 규정하고 특히 취소소송의 경우 '처분등'을 그 대상으로 하고 있다(제19조). 여기서 처분등이란 처분과 재결을 말하므로 결국 항고소송의 대상에서 문제되는 것은 처분을 어느 범위에서 인정할 것인가 여부라고 할 수 있다.

처분이란 행정청이 행하는 구체적 사실에 관한 법집행으로서의 공권력의 행사 또는 그 거부와 그 밖에 이에 준하는 행정작용으로서 '국민의 권리, 의무에 직접 관계되는지 여부(대법원 1962. 1. 18, 4294행상89; 대법원 1984. 2. 14, 82누370)'가 핵심적인 요소이다.

대법원의 판례에 의하면 행정청에 의한 명확한 공권력적 행위의 경우 처분에 해당함에는 이론이 없으나 '국민의 권리, 의무에 직접 영향이 있는 법적 행위'인지 여부가 불분명한 영역이 존재한다. 예를 들면 일반적으로 행정사무의 편의나 사실증명의 자료를 얻기 위한 장부에 기재하는 행위나 그 수정요구를 거부하는 것은 항고소송의 대상이 될 수 없다는 주류적 태도[30]에 따라 지적공부상의 지목변경신청이 처분에 해당하지 않는다고 판단하였던 대법원이 공권력행사성을 인정한 헌법재판소 결정(헌재 1999. 6. 24, 97헌마315, 판례집 11-1, 802) 이후 처분성을 인정하기도 하였다(대법원 2004. 4. 22, 2003두9015).

지금까지 우리 재판소는 권력적 사실행위 등의 행위를 중심으로 독자적인 기준에 의하여 보충성의 요건에 저촉되지 않으면서 '공권력의 행사'에 해당하는 행정작용을 헌법소원심판의 대상으로 하여 왔다. 따라서 직접 헌법소원심판청구를 할 수 있는 일정한 행정작용에 대하여 법원이 항고소송의 대상이 되는 처분에 해당하지 않는다는 이유로 각하하였다 하더라도 이것이 헌법소원심판의 대상인 '공권력의 행사'에 해당하는지 여부의 판단에 영향을 주는 것으로 볼 수는 없다. 결국 그러한 범위에서 각하판단의 기판력과 충돌문제는 발생하지 않는다.

나. 항고소송의 원고적격과 기본권을 침해 받은 자

행정소송법 제12조는 '처분 등의 취소를 구할 법률상 이익이 있는 자'가 취

---

30) 공무원연금카드(대법원 1980. 2. 12. 선고 79누121 판결), 육군병원의 입원기록(대법원 1992. 2. 11. 선고 91누4126 판결), 자동차운전면허대장(대법원 1991. 9. 24. 선고 91누1400 판결), 공무원 승진후보명부(대법원 1997. 11. 14. 선고 97누7325 판결) 등.

소소송을 제기할 수 있다고 규정하고 있다. 판례와 학설의 일반적 경향은 여기서의 ‘법률상 이익’을 ‘법률상 보호되는 이익’으로 파악하고 있으며, 이를 다시 ‘법질서 전체에 의해 보호되는 이익 또는 보호할 가치가 있는 이익’으로 풀이하기도 한다.[31] 이에 의하면 헌법상 보호되는 이익인 기본권은 개념상 당연히 법률상 보호되는 이익에 포함되며 결국 항고소송의 원고적격이 인정되지 않는다는 법원 판단의 기판력은 헌법소원심판의 기본권 침해성 인정에도 미친다고 볼 수 있다.

그러나 행정처분에 대한 헌법소원은 기본권의 구제뿐만 아니라 헌법질서의 수호 기능도 가지는 헌법소원의 독자적 특성에 비추어 필요한 경우에는 인정될 수 있다. ‘공권력 행사로 인한 기본권 침해’라는 헌법소원의 요건과 ‘처분으로 인한 법률상 이익의 침해’라는 행정소송의 요건은 해석상 일치되는 경우가 많겠지만 헌법질서의 수호라는 헌법소원의 객관적 기능을 고려하여 법률상 이익이 부인되었더라도 기본권관련성을 인정하여 기본권을 구제하는 것이 바람직한 경우가 있을 수 있다. 과거 교원재임용 거부 관련 사례에서 대법원 판례에 의하여 원고적격이 부인되었으나, 법원의 재판을 거치지 않고 곧바로 청구된 헌법소원을 받아들여 판단해 온 예[32]에 비추어 보면 행정소송에서 원고적격이 인정되지 않더라도 헌법소원심판에서 법적 관련성이 인정되어 청구가 적법하게 인정될 수 있는 경우는 충분히 있을 수 있다. 법원의 판례에 의하여 행정소송 관할권에서 제외되어 당초부터 법원에 소송을 제기하지 못하고 바로 헌법소원을 제기한 경우와 법원에 행정소송을 제기하였지만 원고적격 결여를 이유로 각하판결을 받음으로써 비로소 헌법소원을 청구한 경우를 서로 달리 보아 어느 한 쪽의 경우에만 헌법소원 관할권을 부인할 이유가 없다.

다. 청구기간과 보충성

행정소송법상 취소소송은 처분등이 있음을 안 날부터 90일 이내에 제기하여야 하며, 처분등이 있은 날부터 1년이 경과하면 제기하지 못한다(제20조). 헌법재판소법 역시 헌법소원심판에 대하여 그 사유가 있음을 안 날부터 90일 이내에, 그 사유가 있은 날부터 1년 이내에 청구하도록 하고 있어(제69조 제1항) 두 제도의 제소 또는 청구기간은 일치한다. 따라서 재판에 대한 기판력이 헌법소원심판에 미치는 영향에 상관없이 기간이 도과된 경우 당연히 헌법소원심판청구도 각하되어야 한다.

---

31) 집필대표 김철용, 최광률, 앞의 책, 388쪽.

32) 헌재 1993. 5. 13, 91헌마190, 판례집 5-1, 312.

특히 불기소 사건에서 항고기간 도과 후에 제기된 항고는 부적법한 항고로서 보충성의 요건을 구비하지 못한 것으로 보는 것(헌재 1995. 5. 25, 94헌마200, 판례집 7-1, 822, 824)과 마찬가지로 행정소송법상 제소기간 도과 후에 소를 제기한 경우 다른 법률에 의한 적법한 구제절차를 거친 것으로 볼 수 없다. 따라서 이 경우에는 보충성의 원칙에 위반되어 각하된다.

문제는 오히려 다른 소송요건미비로 행정소송에서 각하된 원행정처분에 대한 헌법소원심판에서 청구기간의 기산점을 어떻게 보는가 하는 것이며 이는 보충성의 문제와 관련하여 살펴보아야 한다.

종래의 판례를 보면 헌법재판소는 과세처분에 대하여 행정소송을 제기하여 최종심판결까지 받고난 후에 원처분에 대하여 헌법소원심판을 청구한 경우 청구기간도과로 각하하기도 하였고(헌재 1992. 6. 26, 89헌마161, 판례집 4, 408, 410) 지목변경신청을 거부한 행정청의 행위에 대하여 행정소송을 제기하고 1심에서 행정소송의 대상이 아니라는 이유로 각하되자 헌법소원심판청구를 한 경우 청구기간의 기산점을 거부처분일로 잡아 청구기간도과로 각하하기도 하였다(헌재 2003. 9. 25, 2002헌마789, 판례집 15-2 상, 492).

이와 같은 판례의 태도에 의하면 행정소송에서 각하판결을 받은 당사자가 원행정처분에 대하여 헌법소원심판청구를 하더라도 법원의 재판에 상당한 기간이 필요함을 감안하면 대부분 청구기간도과로 각하됨을 면하지 못할 것이다. 게다가 제1심에서 각하판결을 받았다 하더라도 원칙적으로 항소, 상고심에서 변경될 가능성이 있으므로 헌법소원심판의 보충성요건에 의하여 반드시 상고심까지 경유하여야 한다고 보는 경우 거의 모든 사건에서 청구기간의 도과는 분명히 예상할 수 있다. 그렇다면 각하판결을 받은 원행정처분에 대한 헌법소원심판청구를 인정한다 하더라도 거의 무용지물에 불과하게 된다.

그러나 당사자의 입장에서 법원에서의 각하판결이 명확한 경우를 제외하고 사전에 각하여부를 확신할 수 없을 때 일반법원의 재판을 먼저 받았다는 이유로 헌법소원심판을 청구할 방법이 없게 된다는 것은 권리구제의 일정한 부분이 제도적으로 부정된다는 것을 의미한다. 이는 헌법소원심판의 청구에 앞서 일반법원에서의 구제절차를 일차적으로 경유하도록 한 보충성 원칙의 취지에도 맞지 않는다. 따라서 판례를 변경하여 법원의 재판절차를 헌법재판소법 제69조 제1항 단서의 '다른 법률에 의한 구제절차'로 보고 최종심인 대법원의 판결에 대한 최종결정을 통지받을 날로부터 30일 이내에 청구하도록 하는 것이 바람직하다.

라. 협의의 소의 이익과 심판의 이익

행정소송에서 소의 이익이라 함은 구체적 사안에 있어서 계쟁처분에 대하여 취소 또는 무효확인 등 판단을 행할 구체적, 현실적 필요성이 있는 것을 말하며 취소소송에서 원상회복이 불가능한 경우, 처분 후의 사정에 의하여 이해침해가 해소된 경우, 처분의 효력이 소멸한 경우 등에는 소의 이익이 인정되지 않는다.[33) 헌법소원심판에서도 헌법소원제도가 국민의 기본권침해를 구제해 주는 제도라는 점에서 그 목적상 권리보호이익이 있는 경우에만 비로소 이를 제기할 수 있고 여기서 권리보호이익의 개념은 행정소송상의 소의 이익과 다르지 않다. 따라서 법원에서 권리보호이익이 없다고 판단하였다면 헌법재판소로서도 기본권 구제의 실익이 없게 된다.

그러나 헌법재판소는 헌법소원제도가 주관적 권리구제뿐 아니라 객관적 헌법질서 보장기능을 겸하고 있는 점에 의하여 청구인의 주관적 권리구제에 도움이 되지 않는 경우에도 반복가능성이나 헌법적 해명이 긴요한 사안에 대하여는 심판청구의 이익을 인정해 왔다.

『헌법소원제도는 개인의 주관적 권리구제뿐만 아니라 객관적인 헌법질서의 수호·유지의 기능도 갖고 있으므로 헌법재판소는 심판계속 중에 주관적인 권리보호이익이 소멸된 경우라도 그러한 기본권 침해가 반복될 위험[34)]이 있고 그 해명이 헌법질서의 수호·유지를 위하여 긴요한 사항으로 중대한 의미를 지니는 경우에는 심판청구의 이익을 인정하고 있다(헌재 1992. 1. 28, 91헌마111, 판례집 4, 51, 56; 헌재 2001. 8. 30, 99헌바92등, 판례집 13-2, 174, 192)』.

이와 같이 헌법재판소는 기본권 구제의 실익이 없는 경우에도 원행정처분은 아니지만 일정한 행정작용[35)]에 대한 헌법적 해명의 필요성을 이유로 본안판단을 해 왔던 '심판의 이익'에 대한 판시내용은 행정소송상의 소의 이익과는 차이가 있는 것으로 원행정처분에 대하여도 같은 태도를 취할 수 있다.

---

33) 김동희, 앞의 책, 688-693쪽.

34) 여기에서 말하는 반복적 침해의 위험성이란 단순히 추상적이거나 이론적인 가능성이 아니라 구체적인 것이어야 한다(헌재 1996. 11. 28, 92헌마108, 판례집 8-2, 588).

35) 대표적으로 이미 종료된 교도소장의 계구사용행위에 대하여 헌법적 해명의 필요성을 인정하여 위헌판단을 한 사례를 들 수 있다(헌재 2003. 12. 18, 2001헌마163, 판례집 15-2하, 562).

Ⅳ. 결　　론

이상에서 살펴본 바와 같이 법원에서 부적법 각하된 경우 원행정처분에 대한 헌법소원심판은 허용되는 것으로 보아야 한다. 소 각하판결을 거친 행정처분의 경우 헌법소원심판의 대상성을 인정하더라도 행정소송과 헌법소원의 제기요건이 대부분 일치하고 있으므로 실제상 차이는 거의 발생시키지 아니하며, 심판대상이나 원고적격 등 양자가 차이가 나는 부분은 이미 상당부분 헌법재판소의 판례에 반영되어 심판을 받고 있다. 다만 현재에는 이러한 경우에도 원행정처분에 대한 헌법소원심판청구가 인정되고 있지 않으므로 먼저 법원에 행정소송을 제기하였으나 소 각하판결을 받은 경우 이후 헌법소원을 제기하면 청구기간이나 보충성의 원칙에 의하여 각하를 면할 수 없다. 물론 이와 관련하여 헌법재판소는 사전에 구제절차를 거칠 것을 기대하기 어려운 일정한 경우 전심절차없이 직접 헌법소원심판을 청구하더라도 보충성의 예외를 인정하여 적법한 것으로 판단하여[36] 일부 문제를 해결하고 있다. 그러나 먼저 행정소송을 제기하면 각하를 면할 수 없고 행정소송을 제기하지 아니하면서 곧바로 헌법소원을 제기하면 본안판단을 받을 수 있게 되는 불합리한 결과는 여전히 발생한다. 이러한 문제는 소 각하판결의 경우 원행정처분에 대한 헌법소원심판을 인정함으로써 총체적으로 해결될 수 있다. 특히 소 각하의 이유가 '소의 이익의 흠결'에 있을 때에는 헌법적 해명의 필요성이 인정된다는 이유로 헌법재판소가 개입할 수 있는 경우가 발생하므로 이 경우에야말로 헌법소원심판청구를 허용되는 것으로 보는 것에 의미가 크다.

따라서 기존의 확정판결의 기판력 및 헌법 제107조 제2항을 논거로 들면서 법원에서 재판취소가 동반되는 경우에만 원행정처분에 대한 헌법소원심판청구가 가능하다는 판례들은 모두, 원행정처분에 대한 헌법소원심판의 금지는 법원의 재판을 제외하고 있는 헌법재판소법 제68조 제1항만을 근거로 하며 그렇다 하더라도 소 각하판결의 경우에는 일정한 경우 허용될 수 있다는 취지로 변경되어야 한다.

그런 의미에서 특히 서론에서 언급한 2003헌마283 결정에서 앞선 판례의 취지를 반복하고 "법원의 재판이 소를 각하하는 판결인 경우에도 마찬가지이다"라고 확인한 것은 타당하지 않다. 위 결정에서 원의 소 각하판결 이유는 환송 후 항소심 계속 중 취소를 구할 법률상의 이익이 없다는 것이거나 재차 상고 후 법률상의 이익이 없어졌다는 것이었다. 이는 설사 결론적으로 헌법적 해명의 필요성 등 심

36) 「헌법재판실무제요」(제1개정증보판), 헌법재판소, 2008, 260쪽.

판의 이익이 없는 것으로 인정될 수 있다 하더라도, 판례를 변경하여 원행정처분에 대한 헌법소원심판청구를 허용하면서 독자적인 헌법소원심판의 적법요건을 심사할 수 있는 전형적인 사례의 하나였다. 그러한 점에서 더욱 아쉬움이 남는다.

제107회 발표회 지정토론문

김 현 재*

먼저 교수님의 깊이 있는 발제문을 통하여 많은 배움의 기회를 얻을 수 있었던 점에 대하여 감사드립니다.

제가 위 발제문과 관련하여 몇 가지 의문점을 말씀드리고자 합니다.

1. 후속조치의 문제

법원의 재판에 대해서 헌법소원이 제기되어 헌법재판소가 위헌 결정을 내린 경우 후속조치는 어떻게 전개되는지가 문제될 수 있겠습니다.

예컨대 법원이 재판과정에서 적용법률이 합헌이라고 판단할 경우에는 그대로 재판을 할 것이고 이에 대해 당사자는 법원의 심급을 거친 후 헌법소원을 청구할 수 있을 것인데, 그렇다면 헌법재판소는 파기환송을 할 것인지 파기환송을 할 경우 대법원으로 환송할 것인지 각급 법원으로 환송할 것인지에 대한 의문이 있습니다.

2. 재판효력 정지 가처분의 문제

재판효력 정지 가처분까지 허용될 경우에는 재판 내지 집행이 무한정 지연되는 문제점이 발생하는 것은 아닌지 의문입니다.

실례로 2009. 1. 20. 용산참사 발생 후 당해 참사의 원인이 된 도시및주거환경정비법(이하 도정법) 제49조 제6항에 대해서 서울서부지방법원이 2009. 5. 22. 위헌법률심판제청을 하고 같은 해 6. 17. 헌법재판소에 접수 되었는바, 약 1년 6월이 경과한 지금까지 헌재의 결정이 나오지 않고 있어 당해 재판이 정지되고 있는 상황입니다.

물론 이는 법원 스스로의 판단에 따른 재판 정지이지만, 위 재판 효력정지

---

* 변호사.

가처분의 경우는 헌재의 결정에 따른 재판의 효력정지라고 할 것이므로 당사자들의 피해가 많을 것으로 생각되는데 이 점에 대해서는 대비책이 있는지 말씀해 주시면 감사하겠습니다.

3. 소송비용의 문제

소송의 당사자가 재판에 대한 헌법소원을 제기할 경우 변호사 강제주의에 따라 사선 대리인을 선임하여 헌법소원의 소장을 제출한 경우 상대방은 법원이 될 것이고 후에 승소할 경우 소송비용은 어떻게 처리해야 할까요?

패소자 부담원칙에 의하면 법원 혹은 국가가 부담해야 할 것인데 그렇다면 소송비용을 국가가 지급해야 한다는 말이 됩니다.

4. 재판소원의 대상 제한 관련

재판소원의 실체법적 대상을 제한함으로써 사건부담을 완화할 수도 있다고 하는데(발제문 14면), 실체법적 대상이란 것이 재판에서 적용되는 법률의 범위를 제한한다는 말인지 의문입니다.

이상입니다. 감사합니다.

제107회 발표회 지정토론문

재판소원의 부분적인 도입에 관해

남 복 현*

Ⅰ. 글머리에

현행헌법으로 개정하면서 헌법소원을 도입하였지만 그 구체적인 내용에 관해서는 법률에 전면위임을 하였다. 이에 근거해서 헌법재판소법을 제정하는 과정에서 법원의 재판을 헌법소원의 대상에서 전면적으로 제외하는 내용으로 입법되었다. 재판소원을 제외함에 따라 제기될 수 있는 규범통제의 구조적인 맹점을 해소하고자, 이른바 규범통제형 헌법소원을 채택하기에 이르렀다.

이와 같은 과정을 통해 채택된 재판소원 관련 제도들은 지난 20년간 많은 파열음과 구조적인 문제점을 드러내기에 이르렀다. 첫째는 헌법해석기관의 이원화와 헌법해석의 불통일성 초래이고, 둘째는 기본권보호의 불완전함이며, 셋째는 첫 번째에 포용될 수 있겠지만, 규범통제와 규범해석통제의 편차를 둘러싼 논란이 그것이다.

헌법재판이 활성화되어 이제 그 운영경험이 20년 이상 축적되었다. 실제 실현될 지는 미지수지만, 1987년 헌법체제의 개편(보완)이라는 차원에서 개헌이 논의되고 있다. 이런 시점에서 헌법소송과 일반소송의 합리적인 관할배분이라는 차원에서 헌법재판소와 대법원 사이에 제기되는 여러 가지 쟁점 중 핵심적이라 할 수 있는 재판소원과 원처분소원을 둘러싼 논의는 매우 중요하고 시의에 적절하다고 하겠다.

그러면, 이 토론문에서는 발제자인 김하열 교수의 "재판에 대한 헌법소원의 필요성과 범위: 재판소원의 부분적 도입을 위한 시론"에 관해 집중적으로 검토하기로 한다.

* 호원대학교 법경찰학부 교수.

Ⅱ. 발제논문의 내용과 문제점

1. 이 논문의 내용

이 논문은 현행과 같은 재판소원부인은 매우 부적절하고, 헌재법 제68조 제2항의 헌법소원이 재판소원을 보완하는 데에는 미흡하며, 헌법재판소가 한정위헌결정된 법률을 적용한 재판에 대해 예외적으로 헌법소원의 대상으로 인정하긴 하였지만, 이는 구체적 규범통제의 실효성을 보장하고, 헌법상 권한법질서를 유지하기 위한 차원이었지만, 이 역시 충분한 답은 아니라고 한다.

재판소원이 배제됨에 따른 문제점으로는 규범통제의 실효성확보가 어렵다는 점, 규범통제와 재판통제의 관계가 왜곡된다는 점, 그리고 헌법소원의 본질이 왜곡되고 기형화된다는 점을 제시한다.

이런 차원에서 재판소원을 인정한다고 전제할 때, 독일과 스페인의 재판소원에 기초해서 보면, 대체로 세 가지로 유형화할 수 있다고 한다. ① 법원의 법률해석작용에 대한 헌법소원, ② 법원에 의한 직접적인 헌법적용에 대한 헌법소원, 그리고 ③ 법원의 절차적 하자에 대한 헌법소원이 그것이다. 그 중에 법원의 법률해석작용에 대해서만 헌법소원을 인정하자는 것이다. 이렇게 함으로써 헌법재판의 근간이라 할 수 있는 규범통제에 대해서만큼은 일원적인 체계를 확보할 수 있다는 것이다.

그리고 재판소원을 제한적으로 허용함에 따라 발생할 수 있는 헌법해석의 이원성은 헌법해석의 분점과 경쟁, 협력을 통한 헌법해석의 개방성과 동태성 제고라는 측면에서 용인될 수 있다고 한다.

또한 규범 그 자체와 규범해석은 규범통제과정에서 구분될 수 없음을 주장한다.

2. 문 제 점

발제자가 주장한 바대로 제도를 채택한다고 할 때, 야기될 문제점은 다음과 같다.

첫째, 발제자도 인정하듯이 헌법해석의 불통일성이 초래되고, 헌법해석기관의 이원화는 그대로 존치된다는 점이다. 발제자는 향후 헌법을 개정할 때, 헌법 제107조 제2항을 삭제함으로써 규범의 해석·적용을 둘러싼 법원과 헌법재판소간의 갈등이 해소됨을 제시하지만, 그렇다고 완벽하게 해소되는 것은 아니다. 단지 戰線이 이동될 뿐이다. 또 現陣地를 고수하고자 하는, 또는 보다 적극적으로 헌법재판소의 폐지와 대법원으로의 일원화를 주장하는 견해를 얼마나 설득시킬 수 있을지 의문이다.

둘째, 모든 국가권력에 대해 헌법에의, 특히 기본권에의 기속을 관철시켜야 함에도 그것이 불가능하다는 점이다. 분명 법원도 사법기관으로서 기본권에 기속되어야 하지만, 또 기본권보장기관으로서 기능해야 함은 부인할 수 없다. 실제로 많은 영역에서 그를 위한 노력을 전개하고 있음을 본다. 그렇지만, 그렇다고 기본권의 인식체계에 대한 미흡함이 완전하게 해소된 것은 아니다.[1] 또한 헌법의 과잉이나 기본권의 과잉을 지적하기도 하지만, 우리 헌법이 언제 실질적 법치주의를 구현하였으며, 기본권이 제대로 그 기능적 지위를 획득하였는지에 대해 회의가 제기되는 상황에서, 그런 지적은 적절치 않다.

셋째, 모든 국가기관은 주권자인 국민에게 봉사해야 하고, 그들의 기본권을 존중하는 방향으로 국가권력을 행사해야 한다. 이런 시각에서 입법작용은 헌법재판소에, 행정작용은 법원에 각각 통제를 받도록 하고 있다. 마찬가지로 국민에게 직접적으로 영향을 미치는 사법작용에 대한 통제도 필수적이다. 이를 회피하려는 법원의 태도를 그대로 존중하려 함은 적절치 않다. 관련해서 논자들 중에는 헌법재판도 누군가의 통제대상이 되어야 함에도 그렇지 않다는 점을 지적할 것이다. 오히려, 그런 점으로 인해 헌법재판의 보충성이 강조되는 것이다. 이와 같은 논리체계에서 헌법소원의 보충성이 등장하게 된 것이고, 헌법소원은 비상적이고 예외적인 권리구제체계로 인정되는 것이다.[2]

넷째, 발제자가 규범해석작용에 대해서만 재판소원을 인정하는 방안을 제시한 취지는 헌법소송과 일반소송의 관할을 그런 대로 나름대로 명확하게 구획함으로써 독일에서 제기되는 관할배분상 갈등을 반복하지 않음과 아울러 규범통제에 대해 종래 흩어져서 이루어지던 관할권을 통일하고자 하는 시도로 읽혀진다. 하지만, 그렇게 한다 할지라도, 앞서 제시한 ② 법원에 의한 직접적인 헌법적용에 관한 경우와 ③ 법원의 절차적 하자에 관한 경우에 속한다고 하지만, 이는 종국적으

1) 이런 점은 비교법적 차원에서 명료하게 드러나는 사항이다. 오스트리아, 독일 및 이탈리아가 미국형 사법심사제를 채택하지 아니하고, 별도의 새로운 헌법재판기관을 설치해서 규범통제권을 부여하였던 근본적인 취지도 전문적인 직업법관에 대한 불신에서 초래된 것임을 간과해서는 안된다.

2) 다시 말해서 기본권을 침해하였다고 주장된 공권력적 작용만을 대상으로 해서, 실제로 그러한 결과를 초래하였는지를 통제하는 소극적인 모습을 보일 뿐이지, 새로운 적극적인 창조활동을 하는 것은 아니다.

로 ① 규범의 해석작용에 관한 것으로 전환되지 않는 경우는 거의 없을 것이다. 다시 말해서 그 획정이 의도한 만큼 명료하게 구획될 수 있는 것은 아니다. 예컨대, ②의 유형에서는 법형성이나 법관법의 문제가 등장하지 않을 수 없을 것이다. ③의 유형에서는 하자가 문제되는 절차 자체는 거의 대부분 법률로 정해졌을 것이고, 이는 절차법의 해석과 적용문제로 환치될 것이기 때문이다. 그리고 규범의 해석문제는 그대로 일반법원에 의해 이루어지는, 그 확인과 평가를 거친 사실관계에 적용하는 법의 해석이라는 문제와 그대로 충돌될 것이다. 이는 결국 발제자의 의도만큼 명료하게 구획되는 것도 아니고, 오히려 일반법원의 고유한 권한을 침해한다는 지적에서 자유로울 수는 없다고 본다. 아울러 관련해서 기본권의 제3자적 효력과 관련된 재판소원의 인정문제는 뒤에 별도로 다루기로 한다.

다섯째, 최종적인 헌법해석기관의 이원화를 방치한다는 점이다. 헌법해석의 분점과 경쟁, 협력을 통한 헌법해석의 개방성과 동태성 제고라는 측면에서 이원화된 헌법해석을 용인할 수 있다는 것이다. 그리고 이 문제는 궁극적으로는 입법을 통해 해소시킬 수 있다고 한다. 하지만, 대법원의 헌법해석과 헌법재판소의 그것이 서로 다르게 나타날 경우 그로 인해 발생하게 될 법적 혼란은 적지 않음이 이미 나타났다. 예컨대, 한정위헌결정의 기속력을 둘러싼 갈등에서 대법원이나 헌법재판소 모두 자신의 견해를 고집하였고, 궁극에는 동작세무서가 이미 징수하였던 양도소득세의 금원을 반환함으로써 종료되는 외형을 갖췄지만, 법적으로는 아무것도 해소된 것이 아니었다. 이를 근본적으로 해결하기 위해 얼마 전 한정위헌결정을 비롯한 변형결정에 대해 법적 근거와 기속력을 부여하려는 헌법재판소법개정안이 발의되었지만, 대법원측의 반발과 로비로 국회에서 잠자고 있음을 본다. 이것이 바로 입법에 의한 해결의 실제 모습이라 할 것이다.

3. 정　　리

아무튼, 발제자는 법원이 직접 헌법적용을 한 경우와 재판절차 진행중 기본권을 침해한 경우에 대해서는 재판소원의 대상에서 제외하도록 하고, 그로 인해 헌법해석의 통일성 확보에는 미흡하기는 하겠지만, 규범 그 자체나 규범해석을 둘러싼 재판소원은 폭넓게 허용함으로써 헌법재판의 핵심적 사항인 규범통제에 한해서는 일원화시켜 법적 안정성을 확보하자는 입장이라고 하겠다.

Ⅲ. 재판소원을 둘러싼 쟁점의 검토

1. 재판소원의 부인에 따른 부작용

현행법상 법원의 재판이 헌법소원의 대상에서 제외됨에 따라 나타나는 부작용에 대해 검토한다.

가. 부작용의 해소노력

재판소원을 부인하면서 그로 인해 초래될 부작용을 해소하기 위해 행해진 가장 획기적인 조치는 헌법재판소법을 제정하면서 제68조 제2항에 규범통제형 헌법소원제도를 설치한 것이다. 이로써 위헌심판제청신청을 기각한 결정 그 자체가 아닌 기각결정된 법률에 대한 다툼의 형태로 전환되었지만, 독일의 재판소원에 있어 중요한 비중을 차지하는 요소에 대한 갈등을 완화시켰다. 또한 이 제도는 종래 이루어지고 있던 대법원의 헌법해석이나 법률해석에 대해 수정을 가하는 장치로 기능하곤 하였다고 평가할 수 있겠다.

관련해서 이미 지적한 헌재법 제68조 제2항의 헌법소원이나 위헌법률심판이 재판소원과 전혀 무관하게 독립되어 존재하는 것은 아니라는 점이다. 다시 말해서 이들 절차도 법원의 재판과 그대로 연관지워져 진행되는 절차이기 때문에 재판소원과 어떠한 형태로든 관련되어 있다고 하겠다.

다음으론, 위헌결정된 법률을 적용한 재판에 대해서는 헌재법 제68조 제2항에 규정된 재판에 해당되지 않는 것으로 보아 예외적으로 재판소원의 대상으로 삼았다는 점이다. 이로써 헌법재판소의 결정취지를 준수하지 아니한, 특히 법률의 위헌결정이나 변형결정을 준수하지 아니한 법원의 판결에 대해 통제를 가함으로써 헌법재판소 결정의 실효성을 확보하고 헌법해석의 통일성을 확보하고자 시도하였다.

셋째로는 법률의 하위법규범에 대한 직접적인 헌법소원을 인정함으로써 재판소원을 통한 다툼으로의 진전을 사전에 방지하였다.

넷째로는 한정위헌청구를 폭넓게 허용함으로써 법원이 행한 자의적인 법률해석에 대한 통제를 가하고자 하였다.[3)]

---

3) 관련해서 지적해야 할 것이 규범 그 자체와 규범해석의 구분은 무의미하다는 점이다. 규범통제에 있어 헌법과 법률 그 자체가 그대로 심판과정에 적용될 수는 없다. 양자 모두 해석을 필요로

나. 아직 해소되지 않는 법적 장애상태

다른 여러 가지 제도적 장치를 통해 재판소원이 인정되지 않아 발생할 수 있는 문제점을 해소하고자 하였지만, 그럼에도 불구하고 아직도 해결되지 아니한 법적 장애상태를 살펴본다.

첫째로는 기본권의 제3자적 효력에 대한 실효성을 담보하는 데에 한계가 노정된다는 점이다. 그로 인해 기본권이 실질적으로 국가기관에게 미치는 객관법적 기능의 수행에 장애로 작용한다는 점이다.

둘째로는 법원의 확립된 법률해석이 없어 헌법재판소가 심판절차를 진행하는 과정에서 행한 법률해석에 대해 법원이 존중하지 않는 경우 이에 대한 통제방법이 없다는 점이다.

셋째로는 헌바절차를 채택하였다 할지라도, 근본적으로 극복이 불가능한 구조적인 한계가 있다는 점이다. 예컨대, 아직 사실관계가 구체적으로 밝혀지지 않은 경우라든가, 일정한 사실관계를 전제로 판단하였지만, 이후 당해사건의 재판에서 다른 사실관계로 밝혀진 경우가 그에 해당된다. 왜냐하면, 헌바절차는 중간재판적 성격을 지니고 있을 뿐이지, 중국재판에 대한 통제기능을 수행하지는 못하기 때문이다. 이런 문제는 논리적으로 헌가절차에서도 제기될 수 있는 사안이다. 이를 회피할 유일한 방법은 헌가절차에서는 대법원에, 최종심에 계속중일 때 제청신청을 하는 방법이나 최종심 판결 후 확정판결과 관련해서 제기하는 방법 이외에는 없다고 본다.

넷째로는 헌법재판소 결정에 대한 실효성을 확보할 수 없다는 점이다. 만약 재판소원이 인정된다면, 구태여 헌법재판소 결정의 기속력으로 담보할 필요가 없게 된다. 물론 중요한 이유에 대한 기속력의 주관적 범위는 행정청과 법원으로 집중되는 형국이고, 입법자에 대해서는 입법형성권의 침해를 이유로 논란이 제기되는 상태이다. 이에 대해서는 사실상의 기속력, 즉 헌법재판소의 결정취지를 준수하지 아니한 반복입법에 대해서는 또다시 위헌여부 다툼의 대상으로 헌법재판소로 올 것이기 때문에 그때에 통제해도 늦지 않는다는 것이다. 법적용자와 관련해서는, 특히 법원에 대해서는 종국적으로는 법원의 확정판결을 헌법소원의 심판대상으로 삼아짐에 따라 헌법재판소 결정의 기속력, 특히 중요한 이유의 기속력을 인정해야 한다는 논란을 제기하지 않더라도 궁극에는 재판소원의 대상이 되어 헌

한다. 다만, 심판대상 내지 계쟁물을 획정함에 있어 해석을 통해 규범의 일부로 구획하는 여부일 따름이다.

법재판소가 통제할 수 있기 때문이다.

다섯째로는 헌법해석의 통일성 확보가 불가능하다는 점이다. 법원의 단계에서 이루어지는 헌법해석에 대한 통제에는 일정한 한계가 있을 수밖에 없으므로, 헌법해석의 불일치가 발생하게 되고, 그로 인해 법적 불안정성이 폭넓게 등장할 수밖에 없게 된다.

2. 재판소원부인의 현행헌법상 체계적인 부조화

가. 재판소원을 부인하게 된 현행헌법상 근거

재판소원을 부인하는 측에서 제시하는 당위적인 헌법적 근거로는 권력분립의 원리, 헌법 제101조 제1항의 사법권, 제103조의 사법권독립 및 제107조 제2항의 명령·규칙·처분의 위헌심사에 관한 대법원의 최종적인 권한 등이 주장된다.

토론자가 보기엔, 그 중에서도 헌법 제107조 제2항이 유력한 근거로 보여진다. 명령·규칙·처분의 위헌심사에 관한 대법원의 최종적인 권한을 부여한 것은 분명하다. 그에 관한 사항이 전제가 된 재판에 대해서는 헌법재판소를 비롯한 다른 국가기관에 의한 헌법적 통제는 불가능하다는 점을 인정할 수밖에 없다. 실정법해석상 그렇다는 것이다. 이에 기초할 때, 여기서 두 가지로 논리의 전개가 가능하다.

그 하나는 명령·규칙·처분의 위헌여부를 전제로 삼은 재판에 대해서만 헌법소원의 대상에서 제외하는 것을 헌법이 용인할 뿐이지, 그 이외의 재판에 대해서까지 금지하는 것은 아니라는 점이다. 그런데, 실제로는 폭넓게 재판을 헌법소원의 대상에서 제외하였고, 이는 과다하게 재판영역을 보호하는 결과를 초래한다는 점이다.

다른 하나는 재판소원을 폭넓게 금지함으로써 야기되는 부작용을 해소하기 위해 위헌심판제청신청의 기각결정을 헌법소원의 대상으로 삼지는 않지만, 헌재법 제68조 제2항의 헌법소원으로 그 법률의 위헌여부를 다툴 수 있는 제도적 장치를 보완적인 형태로나마 마련하고 있다는 점이다.

헌법 제101조 제1항의 사법권에서 도출되는 최고법원인 대법원의 확정판결에 대해 기판력이 인정된다 할지라도, 그것은 사법조직의 내부에서 주장될 뿐이고, 소송당사자가 아닌 다른 국가기관에게 존중이나 준수를 요구할 아무런 법적 근거도 없다는 점이다. 하지만, 헌법 제107조 제2항의 경우 명령·규칙·처분의 위헌여부를 전제로 삼은 재판을 최종적으로 할 권한은 대법원에게 명문으로 부여되어 있다는 점이다. 이 조항은 법적 분쟁이 제기되어 재판의 대상이 되고 그런 규범에 대한 위헌심판을 대법원이 한 것에 대해서는 다른 국가기관도 존중해야 함을 명시한 것으로 보인다.

이와 같이 헌법 제107조 제2항에서 재판소원을 부인하는 근거를 도출한다고 할 때, 그로 인해 헌법해석의 통일성을 확보해야 할 헌법의 최종적인 유권해석기관이 이원화된다는 점이다. 이는 실질적 법치주의의 확립에 중대한 장애로 작용하게 된다고 할 것이다.

여기서 헌법해석의 통일성을 확보하기 위해 헌법 제107조 제2항을 축소해석할 필요성이 등장하게 된다.

이와 같은 현행헌법에서 또렷하게 드러난 체계부조화 현상은 이미 제헌헌법 당시부터 잉태되었던 사항이었다. 그동안은 잠복상태에 놓여 있다가, 헌법재판이 활성화됨으로써 비로소 부각되기에 이르렀다. 이러한 현상의 타개책이 향후 개헌 논의 과정에서 반영되어야 하겠다.

나. 헌법소원의 본질과 보충성원칙

권리구제형 헌법소원의 개념을 규정하고 그 본질을 규명함에 있어 헌법재판소는 헌재법 제68조 제1항 본문만을 고려하고 있을 뿐이지, 단서에 규정된 보충성원칙을 감안하진 않고 있다.

이미 다양하게 지적된 바와 같이 법원의 재판을 제외하는 부분과 보충성원칙이 결합되면, 헌법소원의 본질은 전혀 다른 형태로 파악될 수밖에 없다. 그런데, 발제자는 상대적 보충성, 즉 독일의 이론에 기반을 두고 헌법소원의 본질에 대한 논리를 전개한 것으로 보인다.

그러면, 헌재법 제68조 제1항의 헌법소원이 절대적 보충성을 규율한 것으로, 오스트리아식으로 오해될 여지는 없는지?

3. 기본권의 제3자적 효력과 재판소원

가. 私法영역에서 기본권 다툼의 사례

사법의 영역에 헌법재판이 관여하는 방법을 몇 가지로 유형화한다.

첫째로는 실화책임법에 관해 헌법불합치결정[4]을 한 경우를 들 수 있다. 이

4) 헌재 2007. 8. 30, 2004헌가25, 판례집 19-2, 203.

법률은 책임주의원칙을 규율한 것으로 가장 私法的인 사항에 해당한다. 결국 私法의 영역에 기본권침해를 이유로 헌법이 관여하는 것은 입법에 대한 통제의 형태로 나타나는 경우가 적지 않다는 점이다. 좀 더 적나라하게 표현하면, 사법의 기본원리조차도 의회입법의 형태로 규범체계로 진입하는 한, 헌법재판소에 의한 규범통제의 대상이 되고 말게 된다. 이때 입법과정이나 규범통제과정에 자연스럽게 기본권에 의한 통제가 사법의 영역에 펼쳐질 수밖에 없을 것이다.

둘째로는 사법상 일반조항을 통한 기본권의 간접적용에 관한 경우이다. 이때 법원이 재판과정에서 적용해야 할, 또는 당사자간 법률관계를 형성함에 있어 존중해야 할 법원칙은 예컨대, 공서양속원칙이나 신의성실원칙이다. 기본권의 제3자적 효력에 있어 간접적용이란 이러한 원칙에 개별기본권이 투입되는 것으로 이해된다. 그렇다면, 기본권이 객관적 헌법규범으로서 공서양속 등 사법상 법원칙에 반영되는 것이고, 법관은 그렇게 반영된 법원칙을 분쟁이 제기된 법률관계에 적용해야 한다. 그런데, 재판과정에 제대로 반영되지 아니하였을 경우 그 재판에 대해 헌법소원이 청구됨과 아울러 사법상 일반원칙에 대한 해석의 문제가 다투어지게 될 것이다. 이는 규범의 해석작용에 해당할 것이다.

셋째, 독일의 Lüth 판결[5]에서 나타난 것처럼 법원의 판결이 객관적으로 헌법상 보장된 표현의 자유를 침해한 것[6]이라고 하면서, 기본권이 사법관계에 그대로 적용됨을 제시하는 경우이다.

넷째로는 이른바 법형성 내지 법관법에 관한 경우이다. 예컨대 대법원이 무의미한 연명치료장치 제거에 관한 판결[7]에서 연명치료 중단의 허용 기준을 제시한 것은 법관에 의한 법형성의 사례라고 할 수 있는데, 여기서는 환자의 자기운명결정권과 의사의 의료권이라는 기본권 상호간의 충돌문제가 제기되었다. 이때 대법원 판결이 행한 법형성은 입법에 대한 통제와 마찬가지로 헌법재판소에 의한

5) BVerfGE 7, 198.

6) ① 기본권은 제1차적으로는 개인의 자유로운 영역을 공권력의 침해로부터 보호하기 위한 방어적 권리이다. 그러나 기본권의 각 규정은 객관적인 가치질서, 가치체계의 구체화이며, 이 가치체계는 헌법의 기본적 결단으로서 모든 법영역, 따라서 私法的 영역에도 타당하다. 어떠한 민사법규정(私法關係)도 헌법의 가치체계와 모순될 수 없으며, 이에 적합하도록 해석되어야 한다. ② 民事法官은 민사법규정을 적용하고 해석할 경우에 그 규정이 기본권규정에 구속된다는 사실을 명심해야 한다. 이것이 기본법 제1조 제3항에 따라 민사법관도 기본권에 구속된다는 의미이다. 만일에 민사법관이 기본권규정을 무시하고 헌법이 民事法규정에 영향을 미친다는 것을 도외시하고 판결한다면, 그 판결은 헌법에 위반될 뿐만 아니라 그 법관은 공권력의 담당자로서 그 판결에 의하여 기본권을 침해한 것이 된다. 그런 경우에 국민은 연방헌법재판소에 헌법소원을 제기할 수 있다.

7) 대법원 2009. 5. 21. 선고 2009다17417 전원합의체 판결[공2009상, 849].

통제의 대상에서 벗어나기 어렵다.

이상과 같은 시각에서 본다면, 법관의 헌법적용에 대해 재판소원을 부인한다 할지라도, 실제로 그 의미를 지니는 경우는 아주 제한적인 범위일 것으로 본다. 또한 발제자가 주장한 바대로 구획한다고 할 때, 여전히 심사의 기준과 범위에 대해 갈등을 겪지 않을까 한다.

나. 기본권의 제3자 효력의 구현수단으로서의 재판소원

먼저, 재판소원의 인정필요성이다. 법원에서의 기본권침해에 대한 헌법재판적 통제의 체계가 마련되지 아니하였기 때문에, 헌법의 적용영역이 절름발이 상태로 구획되었다는 것이다.

재판소원을 도입할 경우 독일의 사례에 비추어 그 인용비율이 매우 낮음을 이유로 불필요함을 지적하곤 한다. 하지만, 재판소원이 허용됨에 따른 상징적 효과를 부인해서는 안 된다. 예컨대, 형사소송법의 개정으로 불기소처분이 재정신청의 대상이 됨에 따라 그에 대한 헌법소원이 사라지고 말았지만, 헌법소원의 대상이 되어 헌법재판소에 의한 통제가 이루어짐으로써 검사의 기소편의주의나 기소독점주의로 인해 야기된 부작용을 많은 부분 해소시켰음은 물론이고, 기본권존중차원의 접근태도가 강화되었음은 익히 확인한 바이다. 이런 점은 재판소원에서도 마찬가지일 것이다.

다음, 기본권의 제3자적 효력은 법관의 기본권존중의무를 본질적 내용으로 한다. 법관의 기본권존중의무를 관철시켜 기본권의 효력을 완벽하게 실현시킴으로써 국민의 기본권에 대한 흠결 없는 보장을 위해서는 재판소원이 필수적이다. 재판소원을 부인한다면, 헌법과 기본권의 실현을 불완전한 상태로 방치하는 것이고, 동시에 모든 국가권력은 기본권에 구속되어야 한다는 헌법적 요청에 배치되는 것이다. 이로 인해 기본권의 제3자적 효력은 아무런 의미도 지닐 수 없게 된다고 하겠다.

다른 국가권력에 의한 견제나 통제가 없이 법원에 의해 자율적이고 자발적으로 사법질서에서의 기본권보호를 위한 노력이 관철되기에는 그 한계가 노정될 수밖에 없다. 업무과중에 시달려, 기본권적인 시각에서의 접근에 소홀할 것이라는 점이다. 견제받지 않은 권력은 필연적으로 남용되고 침체된다고 함이 역사적 경험이다. 그런 점에서 재판소원을 사법영역에서도 인정함이 타당하다.

4. 재판소원의 도입과 다원적 사법구조로의 개편

재판소원을 도입하는 것과 관련해서 대법원측은 오히려 헌법재판소를 폐지하고 대법원으로 규범통제를 일원화하는 방안과 대법원과 헌법재판소를 통합해서 대법원 내에 헌법특별부를 설치하는 방안을 주장한다. 이런 방안에 따르면, 재판소원의 설치필요성은 없게 된다. 관련해서 두 가지를 지적한다.

그 하나는 유럽에서 미국형 사법심사제가 채택되지 아니한 까닭에 관해서다. 이미 유럽에서도, 특히 1919년 독일의 바이마르헌법과 1948년 이탈리아헌법은 각각 미국형 사법심사제를 채택하여 운영한 바 있었다. 하지만, 실패로 돌아갔다.[8] 현재는 이들 국가들 모두 유럽형 헌법재판을 채택해서 운영하고 있는 상황이다. 유럽에서 미국형 사법심사제를 유지하고 있는 유일한 국가가 스위스[9]이다.

비집중형 사법심사제가 법관들 사이에서 견해가 서로 다르고 그로 인해 법적 불안정성이 초래되는 것을 방지할 수 있었던 것은 선례구속의 원칙으로 인한 것이다. 이는 영미법계 국가에서나 비집중형 사법심사제가 가능할 뿐이지, 그런 전통이 없는 국가에서는 불가능함을 의미한다.

비집중형 사법심사제가 결정적인 약점으로 지적을 받는 것은 같은 법률을 법관들마다 다르게 판단할 수 있다는 점이다. 그로 인해 법원 상호간 커다란 갈등과 중대한 법적 불안정을 초래하게 된다. 게다가 이미 위헌판단된 법률의 효력을 부정하기 위해서는 각 사건마다 개별적으로 소송을 제기하지 않으면 안 된다. 또, 행정청은 이미 위헌판단이 이루어졌다 할지라도, 입법자에 의해 개정이 이루어지지 않는 한, 그 법률을 그대로 적용하게 되는 불합리를 지니게 된다.

다음, 집중형 헌법재판제를 도입하는 국가에서 특별한 헌법재판기관을 설치하면서도, 구태여 기존의 최고법원에는 헌법재판에 관한 관할권을 부여하지 아니한 까닭에 관해서다. 즉, 사법조직에 있어 하급법원에게는 사법심사권을 주지 않고 오로지 최고법원에게만 독점적으로 헌법재판권을 부여하는 방안을 모색하는 것이다. 이렇게 할 경우 최고법원의 합헌성판단에 전체 하급법원의 법관이 구속되게 할 수도 있었을 것이다. 그러나 이런 방법을 유럽 각국에서 채택하지 아니한 요인은, 이론적으로는 가능하다 할지라도, 대륙법계 국가의 전통적인 최고법원들은 법률의 위헌심판을 실질적으로 담당할 만큼 사법구조나 절차 및 법관들의 정

8) 카펠레티, 현대헌법재판론, 86면 참조.

9) 하지만, 스위스의 경우에도 미국형 사법심사제를 그대로 유지하기보다는 절충형으로 운영하고 있다.

신자세 등이 갖추어지지 않은 것으로 보았다.[10)] 결국 문제의 핵심은 직업법관들로 하여금 헌법재판을 담당하게 할 수는 없다는 것이다. 이런 점은 우리 제헌헌법에서 위헌법률심판권을 대법원에게 최종적인 권한으로 부여하지 않고 구태여 헌법위원회를 설치해서 담당하게 한 취지와 일맥상통한다.

그 외에도 사법구조를 일원화할 경우 사법국가화 경향이 극심함은 이미 미국을 통해서 보았다. 다원적 사법구조를 채택할 경우 사법기관 상호간 견제와 통제가 이루어짐에 따라 사법권력의 집중문제는 상대적으로 완화될 것이다. 혹자는 재판소원의 허용과 법률에 대한 위헌결정권의 독점으로 헌법재판소의 비대화를 우려하기도 한다. 하지만, 일반소송사건과는 이격된 상태임에 유의를 해야 하고, 일반법원과의 기능적 관할배분은 그대로 유지되어야 함은 당연하다 하겠다.

오히려 이제까지 우리나라의 사법운영 경험에 비추어보면, 정책법원을 지향하는 대법원의 태도는 헌법재판소와의 관할충돌을 초래하고, 또 대법원측의 주장에 따르게 되면, 사법관료에 의한 국가통제 확대가 우려된다고 할 것이다. 그보다는, 구체적 사건에서의 법적 분쟁해결기능을 확대함이 구체적 사건에서의 정의를 확보하는데 기여할 것이다. 그런 점에서 전문대법원제도를 도입하고, 대법관수를 대폭 증원하고 대법원 합의부의 개수를 대폭 늘리는 방안을 모색함이 바람직할 것이다.

Ⅳ. 글 마무리에

이상의 논의사항에 관해 마무리를 겸해서 몇 가지를 언급하기로 한다.

첫째, 발제자가 부분적이나 재판소원을 도입해야 하고, 최소한 규범통제의 실효성을 담보하기 위해 법원의 규범해석작용에 대해서는 포괄적으로 반드시 그 대상에 포함시켜야 한다는 취지는 깊이 공감한다. 이렇게만 된다면, 헌법재판의 핵심적인 구성부분인 규범통제가 일원화됨으로써 실질적 법치주의의 구현에 크게 기여할 것이다.

---

10) 좀더 구체적으로는 ① 미국 연방대법원처럼 사건이송명령과 같은 사건수리를 거부할 재량권이 유럽의 최고법원에게는 없다는 점이다. ② 유럽의 최고법원들이 헌법사건까지 심판하게 되면, 일반사건을 소홀하게 다루거나, 정반대로 헌법사건을 그렇게 할 수도 있다는 것이다. 한 마디로 업무과중을 초래한다는 것이다. ③ 대륙의 법관들은 일반적으로 직업법관의 속성을 지니고 있고, 그들이 받은 전문적인 훈련은 제정법의 기계적인 적용기술만을 기른다는 점이다. 이상과 같은 점에서 일반법원에 헌법재판권을 부여할 수 없다는 것이다. 카펠레티, 현대헌법재판론, 83-89면 참조.

둘째, 하지만, 법원의 직접적인 헌법적용이나 재판절차의 하자에 대해서는 재판소원의 대상에서 제외하고 또 기능법적인 관할배분을 유지할 경우 독일에서 논의되는 관할배분의 갈등이나 충돌은 여전히 반복될 것이다. 게다가 발제자 스스로 인정하듯이 헌법해석의 통일성확보에는 여전히 취약한 구조적 한계를 드러낸다는 점이다. 이를 해소하려는 입법조치가 필수적이고, 재판소원을 허용한다 할 때, 부분적으로 이에 대해서도 그 가능성을 열어놓음이 바람직할 것이다.

셋째, 우리가 제도설계를 함에 있어 운영경험이 없어 부작용을 미리 예측하지 못하였거나 사정이 변경되어 다른 결과를 초래하는 경우는 어쩔 수 없지만, 이미 예측된 결함을 그대로 방치함은 적절한 태도가 아니다. 제도완결적인 체계를 갖추려고 노력해야 한다. 분명 대법원도 헌법해석권을 지닌다. 현행헌법상 근거는 제107조 제2항에서 찾겠지만, 이에 대해 향후 개정과정에서 헌법재판소에 의한 통제가 가능하도록 정비함이 바람직스러울 것이다.

넷째, 재판소원이 인정됨을 전제로 헌법재판소법 관련 규정을 정비하는 방안도 적극 모색되어야 한다.

원행정처분에 대한 헌법소원

박　준　희*

1. 들어가며

우리 헌법은 헌법재판소에 법률이 정한 헌법소원심판권을 부여하고, 헌법재판소법 제68조 제1항에서 공권력의 행사·불행사에 대한 헌법소원을 두고 있다. 그런데 헌법재판소법 제68조 제1항 본문은 법원의 재판을 헌법소원심판의 대상에서 제외하고, 단서에서는 다른 법률에 정한 구제절차를 거친 후가 아니면 청구할 수 없도록 하고 있다. 따라서 대표적인 공권력 행사인 행정작용에 대한 헌법소원심판청구에 대하여, 구제절차인 법원의 재판을 거치지 않았으면 보충성의 흠결로, 구제절차를 거치면 법원의 재판에 대한 헌법소원이 배제된다는 이유로 각 부적법 각하를 하게 된다.

전종익 교수님의 발제문은 원행정처분에 대한 헌법소원심판청구가 부적법하다는 주장의 논거와 그 모순점을 상세히 검토하신 다음, 입법론이 아닌 해석론으로써 소 각하 판결의 경우 원행정처분에 대한 헌법소원심판의 대상성을 확대할 수 있다고 보는 점에서 의미가 크다. 충실한 발제에 감사드리며, 소송판결과 헌법소원심판을 중심으로 실무적인 입장에서 간단히 지정토론 하고자 한다.

2. 헌법 제107조 제2항

헌재 1998. 5. 28. 91헌마98등 결정 이후에는 원행정처분에 대한 헌법소원심판청구를 부적법하다고 하는 논거로 헌법 제107조 제2항의 취지에 어긋나기 때문이라는 판시를 한 결정례는 보이지 않으며, '원행정처분에 대한 헌법소원은 재판 자체가 취소되는 경우가 아니면 허용되지 아니한다'는 취지로 판시하고 있다.[1] 헌법

---

* 헌법연구관.

1) 헌재 2010. 4. 29, 2003헌마283; 헌재 1998. 6. 25, 93헌마205; 헌재 1998. 6. 25, 98헌마17; 헌재 1998. 8. 27, 97헌마150등.

제107조 제2항의 해석상 명령과 달리 행정처분에 대한 사법심사권이 법원에 전속한다고 볼 이유가 없고, 법원의 배타적 관할권을 고수할 경우 법원의 재판이 취소되는 경우에는 원행정처분이 헌법소원심판의 대상이 된다는 결정과도 상충된다는 점에서, 헌법재판소가 원행정처분의 헌법소원 대상성을 부정하는 논거로 헌법 제107조 제2항을 드는 것은 모순이라는 발제자의 견해에 동의한다.

3. 소송판결과 기판력

발제문은 원행정처분에 대한 헌법소원심판의 허용 문제에 있어 법원의 재판이 가지는 기판력을 제거하는 문제가 핵심적이라고 하면서, 소송판결의 경우 소송물인 '행정처분의 위법성 존부'에는 기판력이 미치지 않으므로 헌법재판소가 원행정처분에 대하여 본안에서 위헌여부의 심사를 한다고 해도 그것이 판결의 기판력에는 저촉될 수 없다고 한다(9면). 항고소송이 법원에서 부적법 각하된 경우에는 본안에 대한 법원의 판단 자체가 존재하지 않으므로 원행정처분에 대한 헌법소원은 실체적 심사의 면에서 법원의 재판을 대상으로 한 것이라고 볼 여지가 없다는 점에서, 헌법소원의 독자적인 적법요건을 충족하는 한 원행정처분에 대한 판단이 가능하다는 것이다.

그런데 기판력은 확정된 종국판결이 가지는 분쟁의 종국적, 강행적 해결을 위하여 필요한 힘이며, 확정된 소송요건의 흠에 관하여 기판력이 생기면 소송물(청구취지)에 관해서도 법적 분쟁이 종결되었기 때문에 그 소송물에 대하여 다시 심리 또는 심판하는 것은 법적 안정성을 해치게 되는 것은 아닌가 하는 지적에 대하여 어떻게 설명할 수 있는지 여쭙고 싶다.

소송요건의 흠결이 치유될 가능성이 없는 경우 후소에 대한 법원의 재판은 전소판결의 기판력에 의하여 각하될 수밖에 없으므로, 원행정처분에 대한 법원의 재판이 취소될 가능성이 없다는 점에서 확정판결의 기판력은 재판이 본안판단까지 나아간 것인지 아니면 소송요건 판단만 한 것인지 여부에 관계없이 동일하게 적용된다는 견해에 의하면 법원의 재판을 헌법소원의 대상에서 제외하고 있는 헌법재판소법 제68조 제1항의 규정 자체에 관하여 위헌 판단을 하지 않는 한 원행정처분의 취소 또는 위헌확인을 구하는 헌법소원은 부적법함을 면할 수 없다고 한다.[2)]

그러나 기판력은 기본적으로 '법원과 법원 사이'의 관계에 관한 것이므로, 비

2) 2003헌마283 사건 연구보고서 참조.

록 헌법재판의 하나인 헌법소원심판에는 법원의 기판력이 미치지 않는다고까지는 볼 수 없다고 하더라도, 헌법재판소는 법률심인 법원이 가지는 '사실확정' 권한을 존중하면 되는 것이고, 소송판결로 행정소송이 종결된 경우에 본안에 대한 사실확정이 없으므로 헌법재판소가 본안에 대하여 판단하더라도 재판소원배제의 취지나 헌법소원심판의 보충적 성격과 모순되는 것으로 볼 수 없다.

다만 헌법재판소는 사실확정을 위한 증거조사(증인신문, 검증, 감정)가 제약된다는 점에서 사실 인정(fact-finding)이 취약하다는 비판에 늘 직면하는바, 소송판결로 종결된 원행정처분에 대하여 판단하려면 사실확정이 필요하다는 점에서 이러한 미비점을 어떻게 보완할 것인지가 문제된다.

4. 소송판결과 헌법소원심판

일반론만으로는 법원의 소송판결로 종료된 원행정처분에 대하여 헌법소원의 대상성을 확대하는 것이 어떠한 구제 실익을 가져올 것인지를 판단하는 것이 어려운데, 발제문에서는 헌법소원심판의 적법요건과 행정소송의 소송요건 판단에서 상호 겹치는 부분에 대한 개별적인 검토를 통해 허용되는 심판의 범위를 확정하였다는 점에서 실무에 많은 도움이 될 것이다.

먼저 법원에서 행정소송의 대상이 되지 않는다는 이유로 각하판결을 받은 경우[3] 헌법재판소는 공권력 행사에 해당하는지 여부를 판단할 수 있고, 이 경우는 기판력의 문제라기보다는 관할의 문제에 가깝다.

다음으로, 제소기간 도과를 이유로 한 소 각하판결이 확정된 경우, 헌법재판소법 제68조 제1항 단서가 정한 '다른 법률에 의한 구제절차를 거친 후'란 다른 법률에 의한 구제절차를 적법하게 거친 경우를 말하므로, 이에 해당하지 않아 보충성 요건 흠결로 헌법소원심판청구 역시 각하될 수 있다. 그런데 법원에 의한 구제를 해태한 경우(인지 미첩부, 소송위임 흠결, 제소기간 도과를 이유로 각하 판결을 받은 경우)에 헌법재판소가 구제해 주는 것은 문제가 있으므로 이러한 경우까지 원행정처분에 대한 헌법소원의 대상성을 인정해야 하는지는 의문이다.

마지막으로, 평석 대상 판결에서도 문제된 소의 이익의 경우, 발제문에서 밝힌 바와 같이 헌법재판소는 주관적인 권리구제뿐만이 아니라 객관적인 가치질서의 확립을 위해 헌법적 해명의 필요성이 있는 경우에는 심판할 수 있으므로 헌법

3) 과거 법원에서 항고소송의 대상이 되지 않는다고 하였으나, 헌법재판소에서 공권력 행사성을 인정하였던 지목정정신청서반려처분이 대표적인 예임.

소원심판청구를 허용하는 의미가 있다. 다만 소의 이익의 흠결은 '각하' 판결의 형식을 띠지만 실질적으로는 기각 판결로 볼 수 있을 정도로 각하/기각의 구별이 분명하지 않은 경우도 많은데 이 때 각하판결을 받은 원행정처분만 헌법소원의 대상으로 삼는 것에 대해서는 어떻게 보시는지 여쭙고 싶다. 또한 평석 대상 판례의 경우와 같이 하급심에서 본안판단을 받은 후 상급심에서 소의 이익이 흠결되는 경우에는 사실상 본안판단을 받은 것이라는 점에서 달리 보아야 하지 않는지 궁금하다.

소송판결로 종결된 원행정처분의 경우에 헌법소원의 대상성을 인정한다고 하더라도, 헌법소원심판청구가 적법하기 위한 요건의 구비 여부를 따져 본안 판단에 들어갈 수 있고, 청구기간 등 적법요건에 관한 현재의 법리로는 헌법재판소가 법원과 다른 판단을 할 여지가 적을 수도 있지만, 앞으로 구체적인 사례의 분석을 통하여 우리 헌법이 행정작용에 대한 사법심사를 헌법재판소와 법원 양자에 맡기고 있는 제도적인 이점을 국민의 기본권 구제의 확대를 위하여 활용할 수 있는 방향으로 원행정처분에 대한 헌법소원이 대상성을 확대해 나가는 것이 바람직하다고 보인다.

第107회 발표회 지정토론문

원행정처분에 대한 헌법소원

심 봉 석*

국민의 기본권에 대한 최대한의 보장, 이것이 우리 헌법의 최대명제임은 자명하다. 한편 법원의 재판에 대해서 도저히 수긍할 수 없어서 강한 불만을 터트리는 의뢰인에게 있어서는 마지막으로 원행정처분에 대한 헌법소원이나 법원의 재판에 대한 헌법소원에 의지하고 싶은 마음이 있으나, 일선에서 의뢰인을 만나는 변호사에게 있어서는 더 이상 접근해서는 안 되는 불가침의 영역쯤으로 인식되어 왔다.

법 논리적인 접근 이전에 국가권력에 의해 발해진 행정처분에 대해 부당성을 인식하고 시간과 비용 그리고 과도한 정신적 스트레스를 감수하고서라도 이를 다투고자 하는 불편한 상황에 놓인 개인의 입장에서 보면, 헌법재판소법 제68조 제1항에 따라 모든 심급에 따른 행정법원의 재판을 모두 거치고 난 이후 실체적인 판단도 없이 소송요건의 문제로 ―특히 소의 이익이 없다― 각하되고, 이후에는 더 이상 당해 행정처분의 부당성에 대해서 실체적인 판단을 받을 방법이 전혀 없다고 하는 것은 헌법을 비롯한 모든 사법제도에 대한 불신과 이를 노련하게 이용한 변호사의 기만행위의 희생물이라고 생각할 수밖에 없는 것 같다. 이러한 측면에서 원행정처분에 대한 헌법소원의 인정여부가 논의될 실제적인 필요가 있는 것 같다.

무엇보다도 이 문제에서 가장 문제가 되는 것은 헌법소원의 대상을 구체화한 헌법재판소법 제68조 제1항의 해석의 문제라고 생각되는데, 동법에서는 명문으로 법원의 재판을 헌법소원의 대상에서 제외하고는 있으나, 재판을 거친 공권력 작용인 원행정처분까지를 제외하고 있는 것은 아니기 때문에 위 조문을 근거로 원행정처분의 헌법소원 대상성을 배제할 이유는 없다고 생각된다. 헌법소원제도를 두

---

* 변호사.

고, 이를 구체화한 헌법재판소법을 규정한 취지는 국민의 기본권을 최대한 보장하기 위한 것이지, 재판소원의 금지 자체에 그 목적이 있지 않고, 독일의 경우 재판소원을 금지하지 않고 있어 헌법소원의 대상에서 법원의 재판을 제외하느냐 여부가 헌법소원의 본질적인 문제와 직결된 것은 아닌 것으로 생각되고, 우리 헌법재판소도 '위헌으로 결정한 법령을 적용함으로써 국민의 기본을 침해한 재판'에 대해 헌법소원의 대상성을 인정함으로써 법원의 재판에 대한 헌법소원 대상성을 전면적으로 부인하고 있지 않은 점을 고려하면, 우회적인 방법으로라도 국민의 기본권 보장에 보다 적합하다면, 적극적으로 원행정처분을 헌법소원의 대상으로 인정할 필요가 있다고 생각된다.

또한 위 헌법재판소법 제68조 제1항 단서는 '다른 법률에 의한 구제절차가 있는 경우 이를 모두 거치고 난 이후가 아니면 청구할 수 없다'고 하여 보충성의 원칙을 규정하고 있으나, 법원의 재판은 헌법소원의 대상을 규정하고 있는 것이고, 보충성의 원칙은 심판 청구절차에 관련된 문제로서 논의의 평면이 다를 뿐만 아니라 그 필요성이 있다면 청구요건을 완화해서 보는 것이 권익구제 측면에서 타당하다고 생각된다.

그러므로 당해 주제 발표의 예로 적시된 2010. 4. 29, 2003헌마283 사건과 같이 파기환송심까지 진행했음에도 불구하고 당초와 달리 임기가 만료되었기 때문에 소의 이익이 없어 각하되는 경우처럼 소송요건 불비로 인한 원행정처분에 대한 헌법소원이라면 특히 인정필요성이 크다고 생각된다.

실제 사례 중에는 이웃주민이 원고가 되어 주위적으로 건축허가처분 취소를 구했다가 원고적격이 없어 각하된 사례가 있는데, 사건의 경과를 보면, 원고의 이웃주민이 2003. 7. 1.자로 서울시 도시계획 조례에 의하여 제1종 일반주거지역의 용적률이 300%에서 150%로 강화될 예정에 있자, 바로 건축을 할 의사도 없으면서 미리 2003년 상반기에 기존 용적률대로 건축허가를 받은 후 착공신고는 하였으나, 2년간 착공하지 않았다. 관할 구청에서는 건축법 제8조 제8항에 의해 건축허가를 취소해야 할 의무가 있음에도, 당해 구청에 용적률 강화 전에 같은 목적으로 미리 건축허가를 받은 건은 대략 280건에 달하자, 민원을 염려하여 이를 취소치 않고 있었다. 한편, 원고는 이웃주민의 종전 건물은 3층이었는데, 새로이 건축할 경우 6층까지 신축이 가능하고, 이로 인해 일조권이 침해된다는 감정보고서를 근거로 하여 공사중지가처분 신청까지 함께 한 상태였다. 건축허가처분취소사건에서 원고는 건축법 제8조 제8항은 공익적 목적 외에 건축허가 취소를 하지 않을 경우 일조권을 침해당한 원고의 소유권도 그 보호대상으로 한다는 주장을 하였으나, 행정법원은 건축법 제8조 제8항에 의한 건축허가 취소의 경우 이웃주민에게는 원고적격이 없고, 우리 행정소송법은 의무이행소송을 인정하지 않음으로 부적법하다고 각하하였다.

위 사건의 경우 건축법에 따르면 관할 구청은 반드시 건축허가를 취소해야 하는 법적 의무가 있었고, 당해 구청에 계류된 같은 사안만도 280건에 이르고 있어 객관적으로 법 위반을 시정할 필요가 있는 상태였기 때문에(서울시 조례의 변경이었기 때문에 서울시 전체로는 훨씬 더 많을 것으로 예상 됨) 행정소송으로는 구제가 되지 않더라도, 헌법소원이 국민의 기본권 구제뿐만 아니라 '헌법질서의 수호기능'도 가진다는 점을 고려하면 본 건의 경우에는 원행정처분에 의한 헌법소원을 인정할 실익이 있는 사례가 아니었는가 하는 생각이 든다.

<참조조문>

구건축법 제8조 제8항은 '건축허가를 받은 자가 허가를 받은 날로부터 1년 이내에 공사에 착수하지 아니하거나 공사를 착수하였으나, 공사의 완료가 불가능하다고 인정하는 경우에는 그 허가를 취소하여야 한다. 다만, 정당한 이유가 있다고 인정되는 경우에는 1년의 범위 안에서 그 공사의 착수기간을 연장할 수 있다'.

헌법재판소는 행정소송의 대상이 되지 않는 권력적 사실행위 등을 공권력의 행사로 보아 헌법소원의 대상성을 인정하여 왔는데, 국민의 기본권 보호측면에서 보면, 권력적 사실행위보다 가장 생활과 밀접해 있으면서 빈번한 문제는 행정처분이며, 이에 대한 헌법소원이 폭넓게 인정될 필요가 큼에도 불구하고 원행정처분에 대한 헌법소원을 인정하지 않는 것은 일반 국민을 헌법적 구제가 없는 공백 속에 그대로 방치하는 매우 아쉬운 부분이라고 생각된다. 따라서 소송요건의 불비로 인하여 실체적 사실관계에 대해 사법판단의 대상이 되지 못하는 원행정처분에 대해서만이라도 국민의 기본권 보장 측면에서 헌법소원을 인정하는 것이 타당하다고 생각된다.

第107回 발표회 지정토론문

재판에 대한 헌법소원의 필요성과 범위: 재판소원의 부분적 도입을 위한 시론

전 상 현*

존경하는 김하열 교수님의 발표문에 지정토론의 기회를 갖게 되어 매우 기쁘게 생각합니다. 이번 발표문은 재판소원의 필요성에 관하여 이론적으로 논증하는 한편 현실적으로 도입 가능한 재판소원의 범위를 구체적으로 제시함으로써, 재판소원의 이해와 그 도입에 관한 논의에 많은 도움이 될 것으로 생각합니다. 전체적으로 발표문의 취지에 공감하지만, 발표문을 읽으면서 든 의문점들과 몇 가지 생각들을 말씀드리겠습니다.

1. 재판소원에 대한 전면적인 금지가 위헌은 아니라는 것에 대하여

(1) 먼저 재판청구권의 침해가 아니라는 주장에 대해서는, 헌법소원을 청구할 권리를 "재판청구권"에 포함되는 것으로 보는 견해에 따르더라도 헌법소원을 청구할 권리가 헌법 "제27조"로부터 곧바로 나오는 것으로 보기는 어렵고 헌법 제27조와 함께 헌법 제111조 제1항이 그 근거로 논하여지므로, 재판소원을 금지하는 것이 헌법 제27조의 재판청구권을 침해하는 것은 아니라는 견해에는 동의할 수 있다.

그러나 재판소원을 금지하는 것이 헌법에 위반되는지 여부는 재판청구권을 비롯한 기본권 침해의 문제라기보다는 헌법 제111조 제1항 제5호에 의해 헌법이 명시적으로 보장하고 있는 헌법소원의 제도보장의 훼손 문제로 접근하는 것이 더 타당하다고 생각된다.[1)] 따라서 헌법이 제6장에서 헌법재판소에 의한 헌법재판제도를 규정하고 있고 제111조 제1항 제5호에서 헌법소원제도를 규정하고 있는 이상, 비록 헌법이 "법률이 정하는 헌법소원"이라고 하여 헌법소원제도의 구체적 형

---

* 헌법연구관.

1) 황도수, 헌법소원제도의 본질과 헌법재판소법 제68조 제1항 중 재판소원 제외부분의 위헌성, 재판의 한길(김용준 헌법재판소장 화갑기념 논문집), 1998, 281면 참조.

성을 입법자에게 위임하고는 있다 할지라도 입법자에 의한 헌법소원제도 형성의 결과가 헌법이 법소원제도를 둔 취지에 미치지 못하는 것이라면 이는 헌법 위반의 문제가 발생할 수 있는 것이다.

(2) 발표문은 "재판소원을 인정하는 것은 단순히 바람직함을 넘어 헌법재판의 기능 정상화를 위해 반드시 필요하다고 본다. 규범통제와 기본권 보호라는 헌법재판의 과제를 실현함에 있어 재판소원은 전면적으로 혹은 적어도 부분적으로 반드시 필요한데, 이것이 차단되어 있어 헌법재판 나아가 국가기능의 효율적 운영이 저해되고 있다."거나(발표문 5면) 재판소원을 금지하여 사법작용 전부를 헌법소원의 대상에서 배제하는 것은 헌법소원의 보충성 요건과 결합하여 행정작용의 통상적인 부분을 헌법소원에서 배제하게 되어 "헌법재판의 주요 기능과 과제에 불비가 있음을 시인하지 않을 수 없다."고 하고 있다(발표문 8면).

재판소원을 인정하는 것이 바람직함의 문제에 그친다면 재판소원을 인정할 것인지 여부는 그야말로 입법정책의 문제라고 볼 수 있을 것이지만, 헌법재판의 기능정상화를 위해 반드시 필요한 것임에도 불구하고 입법자가 그러한 제도를 마련하지 않고 있다면 이는 더 이상 입법형성의 자유 또는 입법정책의 문제가 아니라 헌법 위반의 문제가 된다고 볼 수 있을 것이다.

(3) 일반 법원과 구별되는 독립된 헌법재판소를 두어 헌법재판소를 통해 헌법적 분쟁을 종국적으로 해결하는 제도를 택할 것인지, 아니면 헌법재판소를 따로 두지 않고 헌법적 분쟁을 포함한 모든 법적 분쟁을 일반 법원이 해결하는 제도를 택할 것인지는 통치구조의 설계에 관한 것으로서 "헌법성책적 문제"라고 할 수 있을 것이다. 그런데 헌법이 일반 법원과 독립된 별도의 헌법재판소를 두고 헌법재판소를 통한 헌법적 분쟁을 해결하는 제도를 채택하였다면, 그 구체적인 제도의 형성을 입법자에게 위임하였다고 해서 입법자가 헌법재판제도의 구체화에 관해 아무런 제한없는 형성의 자유를 가진다고 할 수는 없다. 헌법재판소를 통해 헌법적 분쟁을 종국적으로 해결하겠다는 헌법의 결단에 부합하는 제도를 형성하여야 할 한계를 가지는 것으로 보아야 하며, 헌법재판소를 통해 헌법적 분쟁을 종국적으로 해결하겠다는 헌법의 결단을 무색하게 할 정도로 미흡한 헌법재판제도의 형성은 곧 헌법위반의 문제를 낳는다고 볼 수 있을 것이다.

헌법소원에서 보충성의 원리를 요구함으로써 법률에 대한 규범통제를 제외한 대부분의 헌법적 분쟁에 대해 먼저 일반 법원에 의한 구제절차를 거치도록 한 후, 정작 법원의 구제절차를 거치고도 구제되지 못하였거나 해소되지 않은 헌법적 분쟁에 대해서는 (이러한 헌법적 분쟁이야말로 헌법재판소가 최종적으로 심판할 필요가 있음에도 불구하고) 재판소원이 금지됨으로써 헌법재판소가 심판할 수 없도록 하는 현행 헌법소원제도는 헌법재판소에 의한 헌법적 분쟁의 해결을 설계한 헌법의 결단에 크게 못미치는 입법은 아닌지 의문이 든다.

2. 재판소원의 대상을 규범통제형 재판소원으로 한정하는 것에 대하여

(1) 발표문은, 헌법재판의 본질은 규범통제를 통한 헌법(해석)의 우위의 실현에 있다는 점, 규범통제와 규범해석통제는 별개의 것이 아니라는 점, 법원에게 일부 규범통제의 권한을 부여한 후 재판에 대한 헌법소원을 통해 헌법재판소가 최종적으로 규범통일성 확보의 권한과 책임을 맡는 것이 당사자에게 심급의 이익을 주고 헌법재판의 보충성을 살릴 수 있어 더 바람직하다는 점을 전제로 하여 규범통제를 위한 재판소원만큼은 인정되어야 한다고 보고 있는데, 그 논거와 결론에 동의한다.

(2) 그러나 재판소원의 대상을 규범통제형 재판소원에만 국한시키는 것은 타당하지 않다고 생각한다(발표문도 최소한 규범통제형 재판소원은 반드시 필요하다는 것으로 보이고, 다른 유형의 재판소원이 불필요하다는 견해는 아닌 것으로 보인다). 헌법재판의 본질이 규범통제에 있는 것은 사실이지만 개인의 기본권 보호 역시 헌법재판의 중요한 본질이고, 헌법소원은 본질적으로 “기본권 침해”에 대한 구제수단으로서 기본권 보호를 실현하기 위한 제도이다. 헌법소원의 결과 부수적으로 규범통제의 효과를 가질 수 있음은 물론이지만, 규범통제를 헌법소원의 본질로 볼 수는 없다. 재판소원 역시 헌법소원의 하나라면 재판소원도 본질적으로는 재판에 의한 기본권침해에 대한 구제수단이며, 다만 그 재판이 기본권을 침해한 이유가 위헌인 법률을 적용한 것으로 판단될 때 그 법률의 위헌을 선언함으로써 규범통제를 하게 되는 것으로 보아야 할 것이다.

(3) 한편 현행 헌법재판소법이 보장하고 있는 규범통제와 별도로 재판소원을 통한 규범통제를 도입하는 실익은, 아마도 (가) 당해사건에 적용되는 법률조항에 대해 법원이나 당사자가 위헌법률심판제청 또는 제청신청을 하지 않은 채 재판이 진행되어 그 재판이 확정된 경우에도 재판소원을 통해 그 법률조항의 위헌 여부를 다툴 수 있게 한다는 점과 (나) 심판의 대상을, 법률조항의 규율영역 전체에 대해서가 아니라 당해사건에서 문제되는 규율 영역 부분으로 한정할 수 있다는 점(이른바 “개별사건규범”)에 있다고 보는데, 특히 개별사건규범에 관한 규범통제는 한정위헌결정의 방식을 통해 현행 헌법재판소법 제68조 제2항에 의해서도 가능하

다고 생각된다. 특히 발표문이 전제로 하고 있는 "규범통제와 규범해석통제가 별개의 것이 아니라는 입장"(이러한 입장은 전적으로 타당하다)에 의한다면 더욱 그러하다.

물론 한정위헌결정에 대해서는 법원이 기속력을 인정하지 않는 입장을 보이는 경우가 있는데, 규범통제형 재판소원을 도입하면 그러한 문제는 근본적으로 해결된다는 점에서 의미를 가질 수 있지만, 위헌결정의 하나인 한정위헌결정의 기속력을 법원이 부인하지만 않는다면 규범통제형 재판소원을 도입할 실익은 크지 않다고 할 것이다.

(4) 오히려 재판소원의 도입을 논의함에 있어서는 법원의 헌법적용 통제가 주요하게 논의되어야 할 것으로 생각된다. 일반 재판(민사재판, 형사재판, 행정재판 등)에서 재판에 적용되는 규범의 위헌 여부에 대한 판단은 아니지만, 법원이 재판을 함에 있어 헌법을 해석하고 적용한 경우 그러한 헌법의 해석과 적용에 잘못이 있거나 의문이 제기되면 헌법재판소가 최종적으로 심판하여 통일적인 헌법 해석을 확정하여야 하기 때문이다. 또한 공권력작용에 의한 기본권 침해라는 헌법소원의 본질을 고려할 때, 재판소원을 도입한다면 사법작용의 핵심이라 할 수 있는 재판절차에 의한 기본권침해를 대상으로 하는 재판소원의 도입도 필요하다고 생각된다.

(5) 다만 사실관계의 확정에 관해서는 헌법의 해석과 적용이 문제될 여지가 거의 없거나 매우 간접적으로만 관련될 것이므로 재판소원의 대상에서 제외하는 것이 타당하다고 생각한다.

3. 헌법재판소법 제68조 제2항의 헌법소원을 폐지하자는 것에 대하여

재판소원도 헌법소원의 하나이므로, "기본권침해"가 핵심적인 요건이다. 따라서 재판소원에 의한 규범통제 기능은 그 규범이 기본권침해와 관련된 경우에만 발휘될 수 있다. 이에 반해 헌법재판소법 제68조 제2항에 의한 규범통제는 기본권침해를 요건으로 하지 않는다. 이것은 실무적으로는 적지 않은 차이를 낳는데, 심판청구의 적법요건이 달라지며 본안의 판단에서 이유의 구성도 달라질 수 있다.

공무원의 충실의무와 기본권적 지위의 검토*

– 특히 정치적 기본권을 중심으로 –

이 종 수**

Ⅰ. 문제의 제기

현 이명박 정부가 출범한 이래로 교사를 포함한 공무원 그리고 관련단체가 행한 시국선언 등 일련의 정부 비판적 활동으로 인한 검찰의 기소 그리고 이에 따른 재판이 연이어 진행되고 있다. 그 과정에서 지난 2009년 말에는 공무원의 표현의 자유를 보다 제한하는 내용이 포함된 국가공무원 복무규정 개정령안과 관련하여 국가인권위원회와 공무원관련단체 등에서 심각한 우려를 표명하는 사태가 빚어졌다.[1)] 전국교직원노동조합과 전국공무원노동조합 등 진보적인 교원·공무원단체는 이전부터 줄곧 교사·공무원의 정치적 기본권 보장을 주장해 왔으나, 지난 2010년 10월 12일 보수적인 교원단체인 한국교원단체총연합회도 이에 합세하여 교사의 정치적 활동권의 보장을 요구하는 성명서를 발표함으로써 그 논란이 더욱

* 본 논문은 발제 요청에 따라서 지난 2011. 2. 11. 헌법재판소 헌법실무연구회 제108회 정기발표회에서 발표된 글로, 논문의 각주에서 인용된 바와 같이 그간 필자가 '공무원의 정치적 기본권 보장'을 주제로 여러 곳에서 발표한 논문들을 바탕으로 최근 우리 상황 및 독일에서의 관련법제의 최근 개정 내용 등을 추가로 반영하여 수정한 글임을 밝혀 둡니다.

** 연세대 법학전문대학원 교수.

1) "공무원도 개인으로서 헌법상 표현의 자유 보장해야", 국가인권위원회 2009년 11월 17일자 보도자료 참조. 동 보도 자료에서 국가인권위원회는 국민의 한 사람인 공무원이 가지는 기본적 인권의 주체성을 확인하고, 직무수행과 관계없이 정부정책에 대한 반대를 금지시키고 정치적 구호 등이 담긴 복장 착용을 금지하고 있는 동 개정안은 국가공무원법 제65조와 이 조항의 위임에 따라 제정된 국가공무원 복무규정 제27조가 금지하고 있는 '정치적 행위'의 기준과는 별개로 공무원의 정치적 표현행위 가운데 금지되어야할 새로운 유형을 창설하고 있다고 판단하는 가운데, 기존 법제에 추가해서 공무원의 정치적 의사표현의 자유를 일체 금지하는 개정안은 헌법 제37조 제2항의 과잉금지원칙에 반하고, 모법인 국가공무원법의 위임범위를 일탈하며, 개정안의 내용 중 '정치지향적', '주장', '반대' 등과 같은 표현은 그 개념들이 너무 포괄적이고 불명확하여 집행자의 자의적인 해석과 임의적 집행을 가능하게 하여 명확성의 원칙에도 위배된다는 의견을 표명하였다. 동 국가공무원 복무규정 개정령안은 이후 국무회의에서 일부 수정되어 2009. 11. 30.자로 개정되었다. 동 개정령에 대한 문제점은 이종수, "공무원·교원의 정치적 기본권이 지닌 헌법적 의미와 한계", 연세 공공거버넌스와 법 제1권 제2호, 2010. 8, 20면 이하 참조.

확대되고 있다.

공무원에 대한 정치적 기본권 보장 및 그 제한과 관련한 논란은 우리사회에서 상당히 오랫동안 지속되어 왔기에 그 오해의 뿌리가 대단히 깊고, 또한 법실무적으로도 대단히 민감한 문제이다. 게다가 사회민주화를 화두로 과거 권위주의정권에서부터 점철해 온 우리사회 특유의 시대상황이 위 논란과 관련하여 별도의 정치적 고려점들을 불가피하게 수반하기 때문에 이를 둘러싼 문제 상황이 실타래처럼 더욱 복잡하게 얽혀 있다고 본다.

우리사회에서 공직제도를 둘러싼 사회적·정치적 환경이 그간 급변해 왔음은 주지의 사실이다. 제헌헌법에서부터 민주적 공직제도를 기본 틀로 삼는 데에 광범한 공감대가 형성되었음에도 불구하고 이후 헌정의 실제에서 헌법이 규범적으로 기대하는 바가 성취되지 못하였고, 특히 이승만 정부 이래 역대 권위주의정권들에서 정권유지를 목적으로 공무원들이 적극적으로 동원되었던 이른바 '관권부정선거'의 실시 등으로 인하여 의도적으로 공무원의 정치적 중립성이 적극 훼손되어 왔다. 이러한 이유로 4.19의거 이후 제3차개정헌법(1960년헌법) 제27조 제2항에 "공무원의 정치적 중립성과 신분은 법률이 정하는 바에 의하여 보장된다."는 조항이 신설되었고, 이 조항은 그 이후 여러 차례의 개정에도 불구하고 현행헌법에 이르기까지 그대로 유지되고 있다.

사회민주화가 어느 정도 가시화된 오늘날에도 검찰의 정치적 중립성 등을 중심으로 여전히 공무원의 정치적 중립성은 시민사회로부터 강하게 요청되고 있다. 이러한 가운데 그동안 개별 공무원 내지 공무원노조의 정치적 활동은 공무원의 정치적 중립성에 당연히 반하는 것으로 이해되어 왔다. 본 논문을 통해 제기하는 필자의 의문은 개별 공무원에 대한 정치적 기본권 보장이 헌법상의 정치적 중립성 보장요청에 과연 반하는 것인가 하는 문제인식으로부터 출발한다. 이와 관련해서 본 논문에서는 정치적 중립성 보장을 포함한 공직제도에 대한 여러 헌법적 요청들을 검토하고, 이어서 현행 법제의 현실과 문제점을 짚어보고자 한다. 특히 이와 관련해서 비교법적인 차원에서 일찍이 직업공무원제도가 제도화된 독일에서 헌법상의 헌법충실의무(Verfassungstreuepflicht)가 공무원법상의 정치적 충실의무(Politische Treuepflicht)로 규범화된 배경과 그 구체적인 내용을 살펴본다.

Ⅱ. 민주적 공직제도의 형성을 위한 헌법적 요청들

1. 직업공무원제도의 형성과 보장

우리 학계와 헌법재판소는 현행헌법 제7조를 통해 헌법상 제도보장의 하나인 직업공무원제도(Berufsbeamtentum)[2)]의 규범화를 확인하고 있다. 이 직업공무원제도는 국가와 '공법상의 근무 및 충성관계'를[3)] 맺고 있는 직업공무원에게 국가의 정책집행기능을 맡김으로써 안정적이고 능률적인 정책집행을 보장하려는 공직구조에 관한 제도적 보장으로 정의된다.[4)5)] 특히 해당 규범의 대상범주와 관련해서 국민전체에 대한 봉사자인 공무원과는 달리 그 신분과 정치적 중립성이 보장되는 공무원은 협의의 직업공무원에 한하는 것으로 이해되고,[6)] 이로써 공무원의 신분보장 및 정치적 중립성보장은 헌법상 직업공무원제도의 중요한 내용으로 파악된다.

헌법 제7조를 통한 규범화는 "무엇보다 그것이 국민주권원리에 바탕을 둔 민주적이고 법치주의적인 공직제도임을 천명하고, 정권담당자에 따라 영향 받지 않는 것은 물론 같은 정권하에서도 정당한 이유 없이 해임당하지 않는 것을 불가결

---

2) 독일에서 직업공무원제도는 봉건시대에 그 뿌리를 두고서 발전되어 왔다. 이후 근대로 접어들면서 행정과업을 수행하면서 영주에게 봉사하는 소위 '공직자(Öffentlicher Diener)'들이 형성되었다. 이들 공직자들의 임용관계(Anstellungsverhältniss)는 무엇보다 충실(Treue)에 기반한 군주와의 기속관계였다고 한다. 고용된 공직자는 자신의 주군을 위해 전력으로 종신까지 헌신했고, 그 반대급부로 보호와 자신과 가족을 위한 적절한 생계수단을 확보했다. 시간이 경과하고, 시대상황이 변함에 따라서 이후 국가가 군주를 대신하게 되었다. 이로써 공직자는 '영주의 봉사자'에서 '국가의 봉사자'로 변화하였다. 오늘날 여전히 적용되는 직업공무원제도의 여러 원칙들의 일부, 예컨대 종신고용원칙, 공무원의 충실의무와 그 반대급부로서의 고용주체의 생계배려의무(Fürsorgepflicht)는 위와 같은 역사적 관계에 근거하고 있다.

3) '공법상의 근무 및 충성관계'는 독일공무원법상의 'Dienst- und Treueverhältnis im öffentlichen Recht'를 번역한 표현이다. 독일의 현행 연방공무원법(BBG) 제4조 및 주공무원지위법(BeamtStG) 제3조 제1항은 공무원관계(Beamtenverhältnis)를 "공무원은 자신의 고용주체(Dienstherrn)에 대해서 공법상의 근무 및 충실관계 속에 놓여있다"고 규정하고 있다. 여기서 공무원의 근무관계(Diensterverhältnis)는 일반노동자들의 노동관계(Arbeitserhältnis)와는 차별되고, 또한 별도의 충실관계가 강조되고 있다.

4) 허영 한국헌법론, 박영사, 2010, 807면 참조.

5) '최소한의 보장'으로 이해되어 왔던 전통적인 제도적 보장론에 대한 비판은 정종섭, 헌법연구 3, 박영사, 2001, 87면 이하; 이종수, "기본권의 보장과 제도적 보장의 준별론에 관한 비판적 보론", 헌법실무연구 제3권, 박영사, 2002, 181면 이하 참조.

6) 헌법재판소는 "여기서 말하는 공무원은 국가 또는 공공단체와 근로관계를 맺고 이른바 공법상 특별권력관계 내지 특별행정법관계 아래 공무를 담당하는 것을 직업으로 하는 협의의 공무원을 말하며 정치적 공무원이라든가 임시적 공무원은 포함되지 않는 것이다"고 밝히고 있다. 헌재 1989. 12. 18, 89헌마32등, 판례집 1, 343, 352.

의 요건으로 하는 직업공무원제도의 확립을 내용으로 하는 입법의 원리를 기속적으로 지시한다."[7] 즉 "직업공무원제도는 바로 그러한 제도적 보장을 통하여 모든 공무원으로 하여금 특정 정당이나 상급자를 위하여 충성하는 것이 아니라 국민전체에 대한 봉사자로서 법에 따라 그 소임을 다할 수 있게 함으로써 공무원 개인의 권리나 이익을 보호함에 그치지 아니하고 나아가 국가기능의 측면에서 정치적 안정의 유지에 기여하기 위해 마련된 제도로서 이해되고 있다."[8]

2. 정당제민주주의와 공직제도

직업공무원제도는 그 발전과정에서 서구 의회주의, 특히 정당정치의 전개와 밀접하게 연관되어 왔고, 특히 오늘날의 정당제민주주의의 현실 속에서 그것이 가지는 규범적 의미는 더욱 크다. 특히 정당제민주주의 하에서 모든 공직자가 모든 정당에 대해 중립을 지키는 것은 바로 정당민주국가의 전제조건이다.[9] 그러므로 헌법 제7조 제1항에서 의미하는 '국민전체에 대한 봉사자'는 바로 공무원이 '특정

7) 헌재 1997. 4. 24, 95헌바48, 판례집 9-1, 435, 442.

8) 헌재 1997. 4. 24, 95헌바48, 판례집 9-1, 435, 442. 이러한 직업공무원제도의 제도보장의 내용에 관해 우리 학계와 판례에서는 이를 상세하게 다루고 있지 않지만, 비교법적으로 독일연방헌법재판소와 독일연방행정법원은 그간의 판례들을 통해서 독일 기본법 제33조 제5항에서 정하고 있는 '존중해야 할 직업공무원제도의 전통적 원칙들'을 아래와 같이 파악해 왔다. 여기에는 '특별한 신분으로서의 공무원관계', '원칙적으로 주업이자 종신직으로서의 고용', '공무원의 정당정치적 중립성', '공무원이 공직취임선서에서 행하는 바대로 헌법질서를 옹호하기 위한 의무', '공직명칭의 지속성', '직무상의 비밀준수의무', '공무원의 책임부담상의 특권', '실적주의 내지 능력주의원칙', '적절한 봉급과 기타 배려에 관한 청구권', '공무원의 봉급과 기타 생계배려 내지 생활부양을 위한 형식적 법률에의 유보원칙', '원칙적으로 임용행정청에 의한 봉급상한선의 규정', '공무원의 최종직위에서의 은퇴연금적용대상인 봉급에 기초한 부양급여산정', '공동의 직업적 이해관계를 지키기 위한 집단적 행위의 금지', '공무원의 재산법적인 권리구제절차의 보장', '요구되는 동일한 활동·실적·책임과 업무부담에 기초해서 행해지는 동일한 경력을 지닌 동일한 또는 유사한 직무담당자에 대한 동일봉급적용원칙', '승진에 있어서 봉급감액의 불허용원칙', '직접적으로 법률에 의한 공무원관계의 종료와 대기발령상태로의 전직처분에 있어서 전제조건과 형식성의 규범화원칙', '임용권자(Dienstherr)가 가지는 생계배려의무', '공적 근무상의 이해관계성의 손상금지', '공무원의 인사사항에 대한 직상급행정청의 원칙적으로 독자적인 결정권한의 인정'이 해당된다. 반면에 독일연방헌법재판소는 아래의 내용들에 대해서는 이를 직업공무원제도의 전통적 원칙으로 수용하기를 거부했다. 여기에는 '공무원의 전통적인 기득권(Wohlerworbene Rechte)의 헌법적 보호', '공무원이 다른 유형의 사적 수입이 있는 경우에 있어서의 봉급감액', '장차의 혼인관계의 해소에 따른 유족지급금의 연금에의 비산정', '공무원의 동의만에 의한 임용권자의 변경', '(맡겨진 근무상 과업의 불변경적이고 완전한 수행에 관한 권리의 의미에서의) 공직 자체에 관한 권리'. 이상의 내용에 관해서 법원의 판결번호를 포함해서 보다 자세한 내용은 H. Lecheler, Die, hergebrachten Grundsätze des Berufsbeamtnetums" in der Rechtsprechung des Bundesverfassungsgerichts und des Bundesverwaltungsgerichts, in: AöR 103(1978), S. 354 f.; Maunz/Dürig/Herzog/Scholz, GG-Kommentar, Art. 33 Rn. 62 f. 참조.

9) 허영, 한국헌법론, 박영사, 2010, 800면.

정당의 봉사자'가 아님을 뜻한다.[10] 여기서의 특정 정당은 당연히 집권정당을 뜻한다. 즉 공무원은 집권정당, 집권정치세력의 봉사자가 아니다. 이러한 맥락에서 헌법재판소는 "우리나라는 직업공무원제도를 채택하고 있는데, 이는 공무원이 집권세력의 논공행상의 제물이 되는 엽관제도(獵官制度)를 지양하고, 정권교체에 따른 국가작용의 중단과 혼란을 예방하고 일관성 있는 공무수행의 독자성을 유지하기 위하여 헌법과 법률에 의하여 공무원의 신분이 보장되는 공직구조에 관한 제도임"을[11] 강조하고 있다.

즉 국가의 정치적 중립성이 특히 강조되는 정당제민주주의 하에서 민주적 선거를 통한 다수형성의 가변성과 이를 통한 정권교체의 가능성이 항시 보장되는 가운데, 직업공무원제도는 국가작용의 연속성과 안정성 및 계속성을 보장하기 위한 중요한 기제이다.[12]

3. 기능적 권력통제모델에서의 공무원과 공무원집단의 역할과 기능

몽테스키외로부터 소위 '고전적 권력분립론'이 주창된 이래로 현대 민주국가들에서 광범하게 적용되어온 입법·집행·사법 3권간의 수평적인 권력분립은 그간 평등사회로의 환경변화와 특히 정당국가화로 일컬어지는 정당제민주주의 하에서 집권정당을 통한 권력의 통합 내지 융합현상이 지배적인 가운데 오늘날 그것만으로는 권력통제의 실효성을 기대하기 어렵다는 인식에 이르렀다.[13] 이에 집권여당을 통제하는 야당, 또는 수직적 차원에서 중앙정부를 통제하는 분권적인 지방정부 그리고 한시적인 정치세력을 통제하는 직업공무원단이 포함된 새로운 '기능적 권력통제모델'이 적극 논의되어 왔고, 이후 헌법규범적인 수용작업이 진행되어왔다. 따라서 복수정당제의 보장과 의회 내 소수세력보호에 따른 야당의 지위 강화, 지방분권을 지향하는 지방자치제도의 형성 그리고 신분과 정치적 중립성이 보장된 직업공무원제도의 형성으로 구체화된다.

---

10) 이러한 의미에서 독일 바이마르헌법 제130조 제1항은 "공무원은 전체의 봉사자이며, 한 정당의 봉사자가 아니다"라고 규범화했다. 이와 유사하게 현행의 독일 연방공무원법(BBG) 제60조 제1항 제1문도 마찬가지로 "공무원은 전체 국민의 봉사자이지, 한 정당의 봉사자가 아니다"라고 정하고 있다.

11) 헌재 1989. 12. 18, 89헌마32등, 판례집 1, 343, 352-353면; 1990. 6. 25, 89헌마220, 판례집 2, 200, 205 참조.

12) 정당제민주주의와 직업공무원제도의 관계에 대해 보다 자세한 내용은 김선욱, "정당정치와 공직제도", 공법연구 제25집 제3호, 33면 이하 참조.

13) 허영, 한국헌법론, 박영사, 2010, 706면 이하 참조.

자유민주적인 정당국가의 특징은 '한시적 정권'과 '영속적인 공직제도'가 서로 견제와 보완작용을 함으로써 정치적 안정을 도모하면서도 정치적 신진대사를 가능하게 한다는 데 있다고[14] 한다. 이러한 의미에서 오늘날의 민주적 헌법국가에서 공직제도 내지 직업공무원제도는 통치기능의 수행을 위한 단순한 도구적 지위를 벗어나서 자유민주주의국가의 통치이념을 실현하기 위한 불가결한 통치기관의 구성원리로 보다 적극적으로 이해되고 있다. 즉 기능적 권력통제모델과 관련해서 직업공무원제도에게는 정태적이고 계속적인 행정조직에게 동태적이고 한시적인 정치세력을 견제하고 통제하는 중요한 권력분립적인 기능수행이 요청되고 있다.[15]

4. 소 결

위에서 제시된 민주적 공직제도의 형성을 위한 여러 헌법적 요청들은 상호 결합적이고, 오늘날에 와서는 부분적으로 중첩적이기도 하다. 즉 직업공무원제도는 정당제민주주의의 발전과 함께 공무원의 신분과 정치적 중립성을 보장해야 할 필요성이 더욱 커졌고, 또한 기능적 권력통제의 요청에 따라서 공무원 내지 공무원단에게 새로이 부가된 정치권력에 대한 통제적 역할과 기능이 보다 강조되고 있다. 따라서 이 같은 여러 헌법적 요청들을 법규범의 차원에서 어떻게 구체화할 것인지가 주요한 과제로 남는다.

이상의 헌법적 과제를 구체화하는 현행 일반법제의 현실은 여전히 공무원과 그 단체에 대한 정치적 기본권의 광범한 제한으로 나타나고 있다. 특히 정치적 중립성 보장을 근거로 공무원의 정당가입 및 활동의 제한, 심지어 정치적 표현의 제한으로 귀결됨으로써 오히려 공무원과 공무원단체에게 요청되는 권력통제적 기능과 역할의 의미가 몰각되고 있는 현실이다. 정치적 중립성 보장과 권력통제적 기능 보장이 필연적으로 상호 모순되지 않다는 사실은 우리와 마찬가지로 공무원에게 정치적 중립성이 요청되고 있음에도 불구하고 정당가입 및 활동 등 공무원의 정치적 기본권행사가 폭넓게 인정되고 있는 독일 등의 비교법적 실례를 통해서 여실히 확인된다.

개별 공무원 내지 직업공무원단의 권력통제적 기능수행을 위해 조직법상 의사결정과정에의 참여와 부당한 지시와 명령에 대한 이의제기[16] 등 개별 공무원의

14) 허영, 한국헌법론, 박영사, 2010, 800면.

15) 허영, 한국헌법론, 박영사, 2010, 712면.

16) 독일 연방공무원법(BBG) 제63조 제2항 및 주공무원지위법(BeamtStG) 제36조 제2항은 "업무상

통제적 권한을 제도화하는 방법이 우선 강구될 수 있다. 그러나 현행 대통령제정부형태에서의 이른바 '당(黨)·정(政)·청(靑)'간의 일치적 그리고 긴밀한 협력적 관계가 유지되는 가운데 공무원의 권력통제적 기능의 형식적 규범화는 제도적·실질적 한계에 직면할 수밖에 없다.[17] 그렇기 때문에 헌법이 요청하는 이러한 권력통제적 역할과 기능은 오히려 내부자고발, 양심선언, 시국선언 및 성명서 발표 등 공무원 개인 내지 공무원집단이 가지는 정치적 표현의 자유를 보장함으로써 확보된다고 보는 것이 보다 현실적인 인식일 것이다.[18] 결론적으로 개별 공무원 내지 공무원노동조합이 가지는 정치적 기본권은 기본권행사적 의미와 함께 헌법이 요청하는 권력통제적 기능과도 밀접하게 결합되어 있다.

Ⅲ. 공무원의 헌법충실의무[19]

1. '헌법충실의무(Verfassungstreuepflicht)'의 규범적 의미

민주적인 법치국가는 그 시민의 자발적인 동의에 전적으로 의존할 수 있고, 또한 그래야만 한다.[20] 자유롭고 민주적인 기본질서는 그것이 대다수의 시민들로부터 긍정되고 지지될 때에만 생명력을 지닌다.[21] 이와 동시에 민주적인 국가에

명령의 합법성에 대한 이의가 있는 경우에 공무원은 즉시 근무계통을 밟아서 이를 주장해야 한다. 그럼에도 불구하고 그 명령이 계속 유지되고 있고 또한 이의가 있다면 차상급자에 주장해야 한다. 그럼에도 불구하고 해당 명령이 유지된다면 공무원은 이를 실행해야 하고, 이로써 자신의 고유한 책임은 면제된다. 그러나 그에게 위임된 행위가 인간의 존엄을 침해하거나, 형사처벌적이거나 또는 규정에 위반되고 그리고 형사법위반과 규정위반이 해당 공무원에게 인식된다면, 이는 적용되지 않는다. 이에 대한 확인은 문서로 청구하여 행해진다."고 규정하고 있다. 독일 주공무원지위법 제35조는 "공무원은 자신의 상급자에 대해 조언하고 그를 지지해야 한다. 공무원은 근무상의 지시를 실행해야 하고, 일반적 지침들을 따라야 한다. 공무원이 특별한 법규정에 따라서 명령에 기속되지 않고, 단지 법률에만 복종하는 경우에 위 규정은 적용되지 않는다."

17) 이종수, "공무원·교원의 정치적 기본권이 지닌 헌법적 의미와 한계", 연세 공공거버넌스와 법 제1권 제2호, 2010. 8, 6면 참조.

18) 실제로 지난 민주화이후부터 최근에 이르기까지 지방자치단체장이 행하는 각종의 부정과 비리가 해당 지방자치단체에 속하는 공무원노동조합의 공개발표 등에 의해서 노출되는 빈도가 더욱 잦아져 있다.

19) 이 Ⅱ장의 내용은 저자의 이전 발표논문, "헌법충실원칙(Verfassungstreue)에 관한 독일연방헌법재판소의 해석론과 그 비판", 헌법판례연구 (2), 박영사, 2000, 89면 이하의 내용을 부분적으로 발췌·요약한 것이다. 아울러 지난 2008년 독일의 관련 공무원법 개정에 따른 새로운 내용과 문헌들을 일부 추가하였다.

20) Vgl. H. Maurer, Das Verbot der politischen Parteien — Zur Problematik des Art. 21 Abs. 2 GG —, in: AöR 96 (1971), S. 216.

서 모든 시민은 그 국가의 헌법에 복종할 것이 또한 요청된다.[22] 국가에 대한 자발적인 동의와 복종을 요구하는 이 두 요청은 우선은 상호 모순적인 것으로 드러난다.

이러한 모순은 독일연방헌법재판소의 결정에서도 두드러진다. 즉 독일연방헌법재판소는 민주주의는 그 시민들로부터 자유주의적인 질서의 수호를 기대하고 있으며, 시민들은 이러한 민주주의 안에서 자신의 모든 행동을 통해 그것의 유지에 기여할 것이 의무적이라고 밝혔다.[23] 이러한 의미에서 투쟁적 민주주의 내지 방어적 민주주의는 시민들에게 자유롭고 민주적인 기본질서에 대항해서 선동할 권리를 부인하고 있다. 다른 한편 독일연방헌법재판소는 이후의 결정에서 시민들이 합헌적인 질서를 부인하고, 또한 그들이 금지되지 아니한 정당의 내부에서 일반적으로 허용되는 수단을 사용하는 한에 있어서 합헌적 질서에 대항해서 정치적으로 투쟁할 자유가 있음을 밝혔다.[24] 동일한 재판소 내에서의 이러한 모순된 입장은 일반시민의 헌법충실을 둘러싸고 있는 문제의 어려움을 그대로 드러내고 있다. 이러한 의미에서 시민의 헌법충실은 자유민주주의의 한계문제(Grenzproblem)로도 묘사된다.

따라서 공무원과는 달리 일반 시민들에게는 헌법충실을 법적으로 의무지울 수 없고, 이러한 한에서 불완전한 법(lex imperfecta)으로 비교될 수 있다고 주장된다. 이처럼 법적인 의무성이 결여됨에도 불구하고 유력한 견해에 따르면 현행 독일기본법 하에서 헌법충실이 일반시민에게 기본의무로 주어져 있다는 입장을 견지하고 있다.[25] 이에 반해서 시민의 신조 내지 신념(Gesinnung)에 대한 법적인 의무화는 그에게 보장된 정신적인 자유권과 조화되지 않기 때문에 기본법 하에서 어떠한 유형으로도 시민에 대한 일반적인 충실의무를 수용할 수 없다는 주장도 강력하게 제기된다.[26] 더욱이나 기본법 제9조 제2항 제2문과 제21조 제2항을 제외한 기타의 헌법충실에 대한 일반적 의무는 헌법보호시스템 내에서 동화될 수

---

21) E. Denninger (FN 31), S. 20 f.

22) R. Dreier, Rechtsgehorsam und Widerstandrecht, in: Festschrift für Rudolf Wassermann, S. 299; F. Giese, Mehr Verfassungstreue!, in: ZfP N.F. Bd. 3 (1956), S. 121. 여기서 Giese는 선거의 투표행위에서부터 일반시민의 헌법충실이 시작한다고 주장한다.

23) BVerfGE 28, 36 (48).

24) BVerfGE 39, 334 (359).

25) Statt vieler T. Maunz/R. Zippelius, Deutsches Staatsrecht, § 22 I; H. Maurer, Die Mitgliedschaft von Beamten in den verfassungsfeindlichen Parteien und Organisationen, in: NJW 1972, S. 602 und 606.

26) B. Schlink (FN 5), S. 366; H. H. Klein, Verfassungstreue und Schutz der Verfassung, in: VVDStRL 37 (1979), S. 80 f.

없는 이물질에 불과하기 때문에 국가와 시민 사이에 일반적인 충실관계성조차도 부인되어져야 마땅하다는 주장도 제기된다.27) 따라서 이후 시민의 헌법충실을 기본의무로서가 아니라 시민권(Bürgerrecht),28) 시민적 책임(Bürgerverantwortung),29) 헌법적 기대(Verfassungserwartung)30) 내지 헌법애국주의(Verfassungspatriotismus)31) 등으로 달리 표현하고자 하는 시도들이 행해져 왔다.

2. 독일공무원법상 공무원의 '정치적 충실의무(Politische Treuepflicht)'

독일에서 공무원은 정당 가입 및 기타의 정치활동 등 정치적 기본권이 원칙적으로 보장됨에도 불구하고, 또한 자신에게 고권적 권한의 행사가 위임되어 있기 때문에 근무내외를 불문하고 자신의 전적인 행위를 통해 기본법상 의미에서의 자유롭고 민주적인 기본질서를 긍정하고 그 유지를 위해 적극 가담해야 한다. 즉 일반시민에 대해서는 기본법 제18조에 따라서 자유롭고 민주적인 기본질서에 대한 공격행위만이 금지되는 반면에, 공무원은 여기서 더 나아가서 독일연방공화국의 자유롭고 민주적인 기본질서와 자신을 일치시키고, 이에 동조하며, 전력을 다해서 그 유지를 위해 노력할 것이 의무로 주어진다고 이해되고 있다.32)

따라서 일반시민들과는 달리 공무원에게는 헌법충실의 핵심을 형성하는 보다 고양된 정치적 충실의무가 구체적인 근무법상의 의무로 부과되는데, 이는 기본법 제33조 제4항으로부터 나타나는 일반적인 충실의무의 특수한 양상으로 간주되고 있다. 이러한 방법으로 이중적으로 근거지어진 공무원의 정치적 충실의무는 연방공무원법률(BBG) 제60조와 주공무원의 지위에 관한 법률 제33조에 따른 공무원의 기본의무(Grundpflicht)로 나타난다.33) 이러한 의무에 대한 위반은 근무법상의 위법행

27) A. Köttgen, Das deutsche Berufsbeamtentum und die parlamentarische Demokratie, S. 118; K. Hailbronner, Die Freiheit der Forschung und Lehre als Funktionsgrundrecht, S. 238.

28) H. H. Klein (FN 39), S. 81.

29) Siehe dazu D. Merten/W. Berka/O. Depenheuer, Bürgerverantwortung, in: VVDStRL 55 (1996), S. 7 ff.

30) Dazu J. Isensee, Grundrechtsvoraussetzung und Grundrechtserwartungen, in: HbStR, Bd. V, § 115, S. 353 ff.; ders., Die verdrängte Grundpflichten des Bürgers, in: DÖV 1982, S. 609 ff.; ders., Verfassungsnorm in Anwendbarkeitsnöten, Art. 18 des Grundgesetzes, in: Festschrift für Karin Graßhof, S. 289.

31) Dazu D. Sternberger, Verfassungspatriotismus, S. 10 ff.; D. Kluxen-Pyta, Verfassungspatriotismus und nationale Identität, in: Der Staat Bd. 29 (1990), S. 117 ff.; B. Suter, Nationalbewußtsein und universale politische Ethik, in: APuZ 1995, B 10, S. 3 ff.; D. Grimm, Verfassungspatriotismus nach der Wiedervereinigung, in: H. Brunnhorst/P. Niesen (Hrsg.), Das Recht der Republik, S. 305 ff.

32) J. Monhemius, Beamtenrecht, Verlag, C.H.Beck, 1995, S. 22, 79 참조.

33) 독일에서 연방공무원의 법적 관계를 규율하는 연방공무원법(Bundesbeamtengesetz: BBG)은 1953

위를 구성하기 때문에, 이로써 해당 공무원의 공직 해임 내지 파면을 정당화한다.

또한 이러한 정치적 충실의 보장은 공직채용에 있어서 적성(Eignung)요건의 하나로도 간주된다.[34] 즉 연방공무원법 제7조 및 주공무원의 지위에 관한 법률 제7조에 따르면 공직지원자가 언제나 자유롭고 민주적인 기본질서를 위해 적극 가담할 보장을 제공하지 않는다면 공직에 채용될 수 없도록 규정하고 있다.

또한 공무원(Beamte)이 아닌 기타의 공직종사자(Angestellte und Arbeiter im öffentlichen Dienst)들에 대해서도 관련 단체협약(Tarifvertrag)상의 규정에 따라서 이와 유사한 정치적 충실의무가 마찬가지로 요구된다.[35] 그러나 이러한 정치적 충실의무에도 불구하고 정치적 현실과 상황을 비판할 수 있는 공무원의 권리는 결코 배제되지 않는다.[36] 그러나 공무원은 정치적 충실의무로 인해 적어도 합헌적 질서를 공격하는 정당 내지 단체들과는 거리를 두어야만 할 것이 요청되고 있다.

Ⅳ. 공무원의 기본권적 지위

1. 특별권력관계와 공무원의 기본권적 지위

19세기 말 이후에 독일에서 공무원관계는 여타의 다른 관계들과 함께 국가-시민 간에 통용되는 '일반적 권력관계'과는 달리 이른바 '특별권력관계'로 구분되었다. 그 당시의 특별권력관계론에 따르면 공무원관계는 순수한 조직내부법적인 효과만을 가지면서, 여기서 공무원은 기본권을 주장할 수도 없고, 또한 사법적 권

년 7월 14일자로 제정되었고, 연방전체의 각주별로 주공무원들에 대해 적용되는 연방공무원윤곽법률(Beamtensrechtsrahmengesetz: BRRG)은 1957년 9월 1일자로 제정되어 적용되어 왔다. 그러나 지난 2006년부터 시작된 연방주의개혁 I(Föderalismusreform I)으로 불리는 연방국가차원에서의 질서개혁작업과 함께 연방공무원윤곽법률은 폐지되었고, 이는 2008년 6월 17일자로 새로이 제정된 주공무원의 지위에 관한 법률(Gesetz zur Regelung des Statusrechts der Beamtinnen und Beamten in den Ländern: BeamtStG)로 대체되었다. 이와 함께 연방공무원법(BBG)도 전면개정되었다.

34) 특히 독일에서 소위 '68학생운동'이 좌절된 이후 지난 1970년도 초반 무렵부터 좌익급진주의파 그룹의 다수 젊은이들이 '공직에로의 대장정'을 천명하면서 공직접수를 도모하면서, 당시 독일정부는 헌법보호청(Verfassungsschutzamt)에의 신원조회와 함께 '헌법충실에의 보장'이라는 공직임용을 위한 적성 결여를 이유로 이들 젊은이들의 공직임용거부가 행해지는 일련의 조치들이 취해졌다. 이 문제는 진보적인 세력들로부터 '작은 직업금지(klein Berufsverbot)'로 비판되었고, 이에 대한 헌법소원사건은 독일연방헌법재판소에서 소위 '급진주의자결정(Radikalenbeschluß, BVerGE 39, 334)을 통해 다루어졌다.

35) 그러나 이러한 사실은 이들에게는 정규직공무원보다 낮은 수준의 충성이 요구된다고 판시한 연방헌법재판소의 결정과 합치되지 않는다. Vgl. dazu BVerfGE 39, 334 (Leitsatz 7 und 355 f.).

36) J. Monhemius, Beamtenrecht, Verlag, C.H.Beck, 1995, S. 79.

리구제를 향유할 수 없었다. 그러나 이 같은 특별권력관계론은 모든 국가권력을 기속하는 기본권효력의 전면화와 함께 심각한 비판에 봉착하게 되었고, 특히 1972년에 독일연방헌법재판소가 행형절차상 수형인의 기본권을 보장함으로써 그 종언을 고했다.[37] 이로써 특별권력관계에서도 기본권이 통용되고, 기본권은 법률유보원칙에 따라서만 제한이 가능하게 되었다.

그 결과 공무원도 다른 모든 시민들과 마찬가지로 기본권주체로서의 지위를 갖게 되었다. 그러나 공무원의 기본권행사는 전통적인 직업공무원제도의 원칙들이라는 헌법적 법익과 충돌하는 상황에서 여전히 기본권 제한이 정당화될 수 있었다. 특히 공직의 기능적합성(Funktionsfähigkeit des öffentlichen Dienstes)의 유지라는 일종의 사항강제적인 이유는 개별 사례에서 여느 일반시민들보다 공무원의 기본권이 보다 강하게 제한될 수 있음을 정당화했다.[38]

우리의 경우에도 현행 헌법 하에서 헌법재판소의 설치와 함께 비로소 전통적인 특별권력관계론이 본격적으로 재조명되었고, 헌법재판소가 행한 일련의 결정들을 통해 공무원관계를 포함한 특별권력관계가 더 이상 기본권의 사각지대가 아님이 확인되었다.[39] 따라서 헌법상 보장된 모든 기본권들은 원칙적으로 공무원에게도 적용된다. 정치적 기본권도 예외가 아니다. 그러나 특별한 생활관계 내지 신분관계가 요청하는 불가피한 기본권제한은 헌법 어느 정도 수인되어야 할 것이다.[40] 또한 제한하는 경우에도 그 본질적 내용이 침해되어서는 아니 된다. 즉 공무원은 국가작용을 직접적으로 수행하는 자신의 업무특성상 고전적 특별권력관계론이 해체되었다 하더라도 여전히 '특별한 신분' 내지 '특별한 생활관계'가 요구하는 특별한 법적 기속 하에 놓여있다. 예컨대 공무원법상의 충실의무(Treuepflicht),[41] 복종

37) BVerfGE 33, 1 (9 ff.).

38) J. Monhemius, Beamtenrecht, Verlag C.H.Beck, 1995, S. 13. 이와 관련해서 독일연방헌법재판소는 "정치적 의견의 표현으로 평가될 수 있는 모든 행위들은 기본법 제33조에서 요구되는 공무원의 정치적 충실의무와 조화되는 경우에만, 기본법 제5조를 통해 헌법적으로 보호 된다"고 밝힌 바가 있다. 또한 공무원의 단결권은 기본법 제9조 제3항의 모든 측면에서 보호되지 않고, 단지 그 핵심영역만 보호될 뿐이다. 따라서 공무원은 연방헌법재판소의 입장에 따르면 기본법 제9조 제3항에 따른 단결권의 중요한 구성요소인 단체협약자율권과 파업권을 주장할 수 없다고 한다. J. Monhemius, 앞의 책, S. 13 참조.

39) 대판 1982. 7. 27, 80누86; 헌재 1989. 10. 27, 89헌마56 참조. 이와 관련해서 지난 10월 28일에 선고된 군인사법 제47조의2 위헌확인사건(소위 '국방부불온문서사건')에서 나타난 헌법재판소 다수견해의 논증은 매우 유감스럽다. 헌재 2010. 10. 28, 2008헌마638 참조.

40) 허영, 한국헌법론, 박영사, 2010, 299면 이하.

41) 이 'Treuepflicht'는 우리말로 번역함에 있어서 개인 간의 민사법관계에서는 '성실의무'로 그리고 공법관계에서는 '충실의무'로 옮기는 것이 타당하다고 본다. 국내 학계에서는 그간 공무원관계를 '근무 및 충성관계(Dienst- und Treueverhältnis)'로 표현해 왔지만, 민주헌정국가에서 국가이성에 바탕한 권위주의적인 '충성'이라는 표현이 시대 상황에서 더 이상 적합하지 않다고 보아서 '충

의무(Gehorsamspflicht) 등이 그러하다. 그러나 이들 의무들도 공직의 특수한 특성을 고려하여 공무원에게 요청되지만, 헌법상 보장되는 공무원의 기본권과 최대한 조화될 수 있는 접점을 확인하면서 그 적용가능성이 신중하게 모색되어야 한다.[42)]

이러한 가운데 행정법학계에서도 복종의무와 성실의무에 관한 해석상 논란이 있어왔다. 복종의무는 직무상의 합법적인 명령에 대한 복종을 뜻함이 분명하지만, 성실(충실)의무를 신분상 의무 또는 직무상 의무의 어느 하나로 포섭할 것인지가 논란적이다. 독일공무원법에서는 (헌법)충실의무의 특별한 내용으로 공무원에게 정치적 충실의무(politische Treuepflicht)를 요구하고 있음을 앞서 언급한 바가 있다. 이 정치적 충실의무는 직접적으로 공무원의 근무외 정치활동을 그 규율대상으로 삼고 있다. 따라서 충실성이 직무내외를 불문한 공무원의 전인격적인 행위와 태도를 포괄한다고 보아서 신분상 의무로 봄이 타당하지만,[43)] 그러나 그 충실의 대상이 직접적으로 정부가 아니라, '국민전체에 대한 봉사자'임을 규정하는 헌법 제7조 제1항에서 확인되듯이 국민전체 내지 헌법국가, 독일적 의미에서는 자유롭고 민주적인 기본질서(freiheitliche demokratische Grundordnung)의 긍정과 수호임을 분명히 확인해야 한다. 따라서 공무원은 국민전체의 공복으로서 헌법에 대해 충실할 의무(Verfassungstreuepflicht)를 마땅히 부담하지만,[44)] 결코 정부충실(Regierungstreue)에 의무적이지 않다. 왜냐하면 민주주의국가, 특히 정당제민주주의 하에서 정부와 국가는 결코 동일시되지 않기 때문이다.[45)] 즉 국가정책은 선거에 의해서 주기적으로 교

실'로 표현함이 보다 타당하다고 본다. 이에 관하여 보다 상세한 내용은, 이종수, "헌법충실원칙(Verfassungstreue)에 관한 독일연방헌법재판소의 해석론과 그 비판", 헌법판례연구 (2), 박영사, 2000, 92면 이하, 특히 96면 이하 참조.

42) 同旨: 김선욱, "정당정치와 공무원제도", 공법연구 제25집 제3호, 48면.

43) 이계수 교수는 성실의무를 직무상 의무로 한정함이 타당하다고 주장한다. 이계수, "공무원의 복종의무의 내용 및 한계에 대한 규범적, 행정법사회학적 연구', 민주법학 제40호, 2009, 131면.

44) 독일에서 공무원이 가지는 헌법충실의무는 공무원법상으로 정치적 성실의무(Politische Treuepflicht)로 구체화된다. 예컨대 독일연방공무원법은 제52조(불편부당하고 민주적인 업무태도) 제1항에서 "공무원은 전체국민의 봉사자이지, 특정 정당의 봉사자가 아니다. 공무원은 자신의 직무를 불편부당하고 올바르게 수행해야 하고, 공직수행에 있어서 전체의 복리를 고려해야 한다."고 규정하고, 동조 제2항에서는 "공무원은 자신의 전체행위를 통해 기본법의 의미에서의 자유롭고 민주적인 기본질서를 승인해야하고, 자유롭고 민주적인 기본질서의 유지에 적극 가담해야 한다."고 규정한다. 이처럼 공무원에게 정당가입 및 정당활동이 허용되는 가운데 동법 제53조는 "공무원은 정치적 행위 시에 국민전체에 대한 자신의 신분과 자신의 직무상 주의의무로부터 비롯하는 절제와 자제를 지켜야 한다."는 소위 '정치적 자제와 절제의무'를 별도로 규정하고 있다. 이에 관하여 보다 자세한 내용은 이종수, "헌법충실원칙(Verfassungstreue)에 관한 독일연방헌법재판소의 해석론과 그 비판", 헌법판례연구 (2), 박영사, 2000, 89면 이하; H-D, Weiß, Die Pflicht zur "Mäßigung" und "Zurückhaltung" bei politischer Betätigung, in: ZBR, 1988, S. 109 ff. 참조.

45) "독립선언서는 정부라는 것이 성스러운 존재도 아니며 비판에서 자유로운 초월적인 존재도 아니라는 점을 분명히 밝혔다. 왜냐하면 모든 사람들이 갖고 있는 생명, 자유, 행복추구의 동등한 권리를 수호하기 위해 국민이 만들어낸 인공적인 창조물이 바로 정부이기 때문이다. 정부가 이

체되는(내지 교체될 것이 예정된) 정부들이 행하는 정부정책의 연속선상에 놓여있을 뿐이다. 그러므로 국가정책은 헌법상의 국가목표 내지 국가과제와 유사하다고 판단된다. 따라서 헌법과 헌법적 가치에 반하는 그릇된 정부정책을 무비판적으로 복종·집행하지 않고, 오히려 적극적으로 비판하고 이를 시정하는, 즉 헌법에 충실한 공무원 내지 공무원단의 역할이 민주국가에서 더욱 요청된다. 이러한 의미에서 공무원의 정치적 중립의무는 또한 더 이상 군주제하에서의 중립적인 지위로부터가 아니라, 오늘날의 민주적인 국가구조로부터 정당화되어야 한다는 주장이 타당하다.[46] 이러한 의미에서 독일연방헌법재판소는 "국가와 사회는 무비판적인 공무원들에게는 어떠한 관심도 없음"을 분명히 밝히고 있다.[47] 더 나아가 공무원의 헌법에 대한 중립성은 용납될 수 없다는 주장도 제기된다.[48]

2. '정치적 중립성'을 둘러싼 뿌리 깊은 오해의 극복

앞서 언급했듯이 우리사회에서 그간 공무원의 정치적 중립성을 이유로 공무원의 정치적 기본권이 당연히 제한되어야 한다는 오해가 매우 뿌리 깊게 자리해 왔다. 현행 공무원관련법령과 정당법 등에서는 공무원의 정치적 중립성을 이유로 정당가입 및 활동 등 공무원의 정치적 기본권 행사가 광범하게 제한되고 있다. 앞서 고전적인 특별권력관계론의 해체와 함께 공무원에게도 원칙적으로 기본권적 지위가 보장됨에도 불구하고, 오늘날의 민주국가에서 시민이 가지는 가장 본질적인 권리인 정치적 기본권이 개별적이고 구체적인 행사의 차원이 아니라, 주체의 차원에서부터 배제되고 있는 것은 규범논리적으로 수긍하기가 어렵다.

공무원에 대한 정치적 중립성의 보장요청은 오늘날 정당제민주주의의 현실로부터 비롯한다. 이는 또한 국가의 정치적 중립성, 보다 정확하게는 정당정치적 중립성에서 비롯한다. 그렇기 때문에 공무원의 정치적 중립성은 정당정치적(parteipolitisch)인 중립성을 뜻한다. 즉 공무원이 자신의 업무수행에 있어서 정당정치적으로 중립적(neutral)으로, 다른 말로 불편부당하게(unparteiisch)하게 행위하라는 요청이다.[49] 즉 추상적인 요청으로서의 국가 내지 공무원의 정치적 중립성은 공

러한 의무를 충실히 이행하지 않을 경우 국민은 정부를 갈아치우거나 폐지할 권리를 갖는다." 위 내용은 하워드 진의 "살아있는 미국역사"의 본문 내용으로 "대학교수가 된 후에도 난 그 세계를 잊지 않았다"라는 오마이뉴스 기사에서 재인용.

46) G. Püttner, Zur Neutralitätspflicht des Beamten, in: Festschrift für Carl Hermann Ule, 1977, S. 385.

47) BVerfGE 39, 334(348)(이종수, "공무원·교원의 정치적 기본권이 지닌 헌법적 의미와 한계", 연세 공공거버넌스와 법 제1권 제2호, 2010. 8, 12면에서 재인용).

48) Vgl. K. Schlaich, Neutralität als verfassungsrechtliches Prinzip, Tübingen, 1972, S. 50.

무원에게 구체적인 행위의 준거 내지 지침으로서는 업무상의 불편부당성의 실현으로 나타난다.

헌법적 개념으로서의 중립성은 본래 국가의 종교적 중립성에 그 기원을 두고 있다. 주지하듯이 16세기에 오랜 내전으로 비화되었던 프랑스 종교전쟁의 참상을 극복하는 과정에서 J. Bodin이 주창한 주권개념이 관철됨과 아울러서 국가의 종교적 중립성이 담보되었다. 보다 중요한 사실은 이와 함께 종교적 관용이 확보되고, 또한 종교의 자유가 보장되었다는 데에 있다. 이로써 종교적으로 중립적인 국가는 종교적 관용의 보장기제로서 자리매김되었다. 민주적인 정당정치의 발전 그리고 선거를 통한 정치적 다수관계 형성의 가변성 그리고 이어진 정당국가화현상의 심화와 함께 국가의 정치적, 보다 정확하게는 정당정치적 중립성이 요청되고 또한 실현되어왔다. 마찬가지로 국가와 헌법, 그 자체가 정치적 중립성의 보장기제로 마련되었다.[50] 정당의 자유 및 복수정당제의 헌법적 규범화가 바로 그것이다.

국가의 종교적 중립성 테제와 함께 비로소 종교의 자유가 보장된 것과 마찬가지로 국가의 정치적 중립성 테제는 바로 정치적 자유의 보장을 뜻한다. 따라서 정당정치적으로 중립적인 국가의 집행작용은 공무원에 의해서 직접적으로 수행된다. 그렇기 때문에 공무원은 정치적 자유의 보장과 함께 자신의 업무수행에 있어서 불편부당하게, 즉 비당파적으로 행위해야 할 것이 특별히 요청되고 있다. 따라서 공무원이 자신의 구체적인 업무를 떠나서 그리고 업무범주를 벗어나서 일반시민의 지위에서 종교의 자유와 정치적 자유가 제한되어야 할 하등의 이유가 없다.[51]

---

49) 이는 독일연방공무원법이 공무원의 정치적 중립성과 관련해서 제60조 제1항에서 공무원은 "자신의 과업을 불편부당하고(unparteiisch) 올바르게 수행해야 하고, 자신의 직무수행에 있어서 공익을 고려해야 한다"고 규정하는 데에서도 확인된다. 이와 관련해서 김선욱 교수는 "정치적 중립성을 'Neutralität'로 표현하면 불개입, 갈등상황에서 멀리 있음, 부작위 등의 부정적 의미를 더 담게 되며, 'Unparteilichkeit'로 표현하면 적법한 개입, 합리적 행위 등의 긍정적 의미를 내포하게 되는데, 물론 정당국가에 대한 신뢰가 있을 때 긍정적 기능이 부각되고 정당국가에 대한 불신에서는 부정적 기능이 부각될 것이다"고 지적한다. 이에 관하여는 김선욱, "정당정치와 공무원제도", 공법연구 제25집 제3호, 41면 참조.

50) 이에 관하여 보다 자세한 내용은 이종수, "대통령의 정치활동과 선거중립의무에 관한 단상", 민주사회를 위한 변론 제57호, 2004, 3~4, 22면 이하 참조.

51) 허영, 한국헌법론, 박영사, 2010, 800면 참조. 그럼에도 불구하고 초·중등학교의 교육공무원의 정당가입 및 선거운동을 금지하고 있는 정당법 제6조 단서 제1호 및 구 공직선거및선거부정방지법 제60조 제1항 제4호에 대한 헌법소원사건에서 교원의 경우 근무시간 내외를 불문하고 기본권 제한이 정당하다는 헌법재판소의 입장은 비판의 여지가 크다. 즉 헌법재판소는 "초·중등학교 교원의 정당가입 및 선거운동의 자유를 금지함으로써 정치적 기본권을 제한하는 측면이 있는 것은 사실이나, 감수성과 모방성, 그리고 수용성이 왕성한 초·중등학교 학생들에게 교원이 미치는 영향은 매우 크고, 교원의 활동은 근무시간 내외를 불문하고 학생들의 인격 및 기본생활습관 형성 등에 중요한 영향을 끼치는 잠재적 교육과정의 일부분인 점을 고려하고, 교원의 정치활동은 교육수혜자인 학생의 입장에서는 수업권의 침해로 받아들여질 수 있다는 점에서 현 시점에서는 국

독일, 프랑스 등 서유럽국가들에서 국가에게 요구되는 마찬가지로 종교적 중립성과 정치적 중립성이 요청되고 보장됨에도 불구하고, 종교의 자유와 정당의 자유가 일반시민들에게뿐만 아니라 공무원에게도 시민의 지위에서 폭넓게 보장되는 이유가 바로 여기에 있다.[52)]

이처럼 국가가 지니는 중립성 요청의 역사적 기원과 비교법적인 실례들을 통해 국가의 정치적 중립성요청과 공무원의 정치적 중립성 보장을 근거로 자신의 업무외의 공간과 시간에서 일반시민의 지위에서 행하는 공무원의 정치적 자유가 제한되는 것은 결코 헌법필연적인 결론이 아님이 확인된다.

3. '법률이 정하는 바에 의한' 보장의 헌법적 의미

헌법 제7조 제2항은 "공무원의 신분과 정치적 중립성은 법률이 정하는 바에 의하여 보장된다"고 규정하면서, 일응 '법률에 의한 보장'의 형식을 취하고 있다. 공무원에 대한 이러한 '법률에 의한 정치적 중립성의 보장'은 주지하듯이 현행 법제에서 일반법률의 차원에서 정당가입 및 정치활동의 금지로 구체화되고 있다. 즉 공무원의 입장에서 볼 때, '보장이 아닌 제한'으로 규범화되고 있는 것이다.

위와 같은 '법률이 정하는 바에 의한 보장(Gewährleistung nach Maßgabe des Gesetzes)'이라는 입법형식은 과거 바이마르 헌법 하에서처럼 기본권이 입법권을 기속하지 못했고, 법률의 범주 내에서만 기본권이 유효했었던 당시 법실증주의적 사고의 전형적인 잔재이다. 우리 제헌헌법이 제정과정에서 바이마르헌법을 상당부분 차용했음은 주지의 사실이고, 제헌헌법 이래 현행 헌법에 이르기까지 여전히 헌법전의 상당부분에서 '법률이 정하는 바에 의한 보장'이라는 문구가 잔존해 있다.[53)]

우리의 경우에도 과거 권위주의정권하에서 단순한 적용상의 차원이 아닌 규

민의 교육기본권을 더욱 보장함으로써 얻을 수 있는 공익을 우선시해야 할 것이라는 점 등을 종합적으로 감안할 때, 초·중등학교 교육공무원의 정당가입 및 선거운동의 자유를 제한하는 것은 헌법적으로 정당화될 수 있다고 할 것이다"고 판단하였다. 헌재 2004. 3. 25, 2001헌마710, 판례집 16-1, 422, 438. 이러한 견해는 본문에서 지적했듯이 교육과 수업을 대단히 일방적인 과정으로 오해하고 있으며, 결론을 일방적으로 정당화하기 위한 전적으로 궁색하고 형식적인 논거라고 판단된다.

52) 독일의 경우 과거 입헌군주제 하에서는 공무원의 정치활동이 광범위하게 제한되었으나, 1918년 11월 혁명에 의해서 그러한 제한이 제거되었고, 이는 현재에까지 이르고 있다고 한다. 송석윤, 헌법과 정치, 경인문화사, 2007, 216면 참조.

53) 예컨대 부칙조항들을 포함해서 불과 131개의 조항들로 구성된 현행헌법에서 각 개별조항들에서 '법률이 정하는 바에 의하여'는 36회, '법률이 정하는'은 12회, '법률로 정한다'는 30회씩이나 적용되어 대단히 빈번하게 나타나고 있다.

범효력상의 차원에서 법률이 사실상 헌법을 압도하는 위헌적인 헌법현실이 반복되어왔다. 그러나 이러한 과거 패러다임과는 달리 현행 위헌법률심사제도 및 헌법소원심사제도에서 확인되듯이, '헌법의 우위(Vorrang der Verfassung')에 기초해서 법률이 기본권의 범주 내에서만 비로소 유효하게 된 변화된 오늘날의 법질서 속에서 헌법 제7조 제2항은 민주적인 공직제도를 형성하기 위한 헌법적 제도화의 결과인 직업공무원제도를 보장하고, 특히 신분보장은 공무담임권과[54] 그리고 정치적 중립성보장은 공무원이 일반시민으로서 가지는 정치적 기본권 보장과의 밀접한 연관성 속에서 이해되어야 마땅하다.

즉 '법률에 의한 보장'이라고 해서 공무원의 신분과 정치적 중립성을 구체화하는 입법형성에 있어서 입법자가 전적으로 자유로운 것이 아니다. 이와 관련해서 헌법재판소는 일찍이 초기 판례에서부터 "헌법이 '공무원은 국민전체에 대한 봉사자이며, 국민에 대하여 책임을 진다. 공무원의 신분과 정치적 중립성은 법률이 정하는 바에 의하여 보장된다.'(헌법 제7조, 구 헌법 제6조)라고 명문으로 규정하고 있는 것은 바로 직업공무원제도가 국민주권원리에 바탕을 둔 민주적이고 법치주의적인 공직제도임을 천명하고 정권담당자에 따라 영향 받지 않는 것은 물론 같은 정권하에서도 정당한 이유 없이 해임당하지 않는 것을 불가결의 요건으로 하는 직업공무원제도의 확립을 내용으로 하는 입법의 원리를 지시하고 있는 것으로서 법률로서 관계규정을 마련함에 있어서도 헌법의 위와 같은 기속적 방향(羈束的方向) 제시에 따라 공무원의 신분보장이라는 본질적 내용이 침해되지 않는 범위 내라는 입법의 한계가 확정되어진 것이라 할 것임"을 분명하게 밝혀 왔다.[55]

또한 이와 유사한 맥락에서 헌법재판소는 재외국민에 대한 선거권 제한과 관련한 결정에서 "헌법 제24조는 모든 국민은 '법률이 정하는 바에 의하여' 선거권을 가진다고 규정함으로써 법률유보의 형식을 취하고 있지만, 이것은 국민의 선거권이 '법률이 정하는 바에 따라서만 인정될 수 있다'는 포괄적인 입법권의 유보하에 있음을 의미하는 것이 아니다. 국민의 기본권을 법률에 의하여 구체화하라는 뜻이며 선거권을 법률을 통해 구체적으로 실현하라는 의미이다. 이러한 법률유보는 선거권을 실현하고 보장하기 위한 것이지 제한하기 위한 것이 아니므로, 선거권의 내용과 절차를 법률로 규정하는 경우에도 국민주권을 선언하고 있는 헌법 제1조, 평등권에 관한 헌법 제11조, 국회의원선거와 대통령선거에 있어서 보통·평

54) 이와 관련해서 헌법재판소는 공무담임권의 보호영역에는 공직취임의 기회의 자의적인 배제뿐만 아니라, 공무원 신분의 부당한 박탈까지 포함됨을 분명히 밝히고 있다. 헌재 2002. 8. 29, 2001헌마788등, 판례집 14-2, 219, 224.

55) 헌재 1989. 12. 18, 89헌마32등, 판례집 1, 343, 353.

등·직접·비밀선거를 보장하는 헌법 제41조 및 제67조의 취지에 부합하도록 하여야 한다. 그리고 민주주의 국가에서 국민주권과 대의제 민주주의의 실현수단으로서 선거권이 갖는 이 같은 중요성으로 인해 한편으로 입법자는 선거권을 최대한 보장하는 방향으로 입법을 하여야 하며, 또 다른 한편에서 선거권을 제한하는 법률의 합헌성을 심사하는 경우에는 그 심사의 강도도 엄격하여야 하는 것임"을 밝힌 바가 있다.[56]

결론적으로 공무원의 정치적 중립성의 '법률이 정하는 바에 의한 보장'을 통해, 그것이 공무원의 정치적 자유의 제한으로 귀결되는 헌법필연적인 이유가 아님이 다시금 확인된다.

V. 공무원의 정치적 기본권을 제한하는 현행 법제의 검토

1. 공무원의 '직접적인 정당정치적 활동'의 제한

앞서 언급했듯이 현행 법제는 공무원에 대한 헌법상의 '정치적 중립성 보장'의 규범적 의미를 곡해하고 있는 가운데, 국가공무원법 제65조 및 지방공무원법 제57조는 '정치운동의 금지'라는 표제 하에 공무원에게 정당가입 및 정당활동을 금지하고 그리고 선거와 관련한 행위들을 제한하고 있다. 더 나아가 현행 정당법 제22조와 공직선거법 제86조 제1항에서는 발기인 및 당원의 자격과 선거운동을 할 수 있는 자를 정함에 있어서 '원칙, 예외 및 예외의 예외'라는 대단히 복잡한 입법기술을 동원하여 결국 교원를 포함한 일반공무원들의 정당가입 및 활동을 제한하고 있다. 이러한 일련의 규정들은 전체적으로 공무원에게 '직접적인 정당정치적 활동'을 제한하는 것으로 이해된다.[57]

공무원의 정치적 기본권에 대한 이러한 획일적이고 엄격한 금지규정은 우선 고전적인 특별권력관계론이 그것의 원칙적인 수정에도 불구하고 여전히 깨끗하게 청산되지 못한 결과로 보인다.[58] 그러나 비교법적으로 각 나라마다 공무원의 정치활동에 대해서는 다소 상이하게 규율되고 있다. 이는 무엇보다 각 나라들마다의

---

56) 헌재 2007. 6. 28, 2004헌마644, 판례집 19-1, 859, 873 이하.

57) 이에 관한 자세한 내용은 아래 [부록]의 <표 1> 공무원의 기본권 관련 현행 법제의 체계와 주요 내용 참조.

58) 김선욱, "정당정치와 공무원제도", 공법연구 제25집 제3호, 39면; 김선욱, "특별권력관계이론의 수정과 한국공무원법상의 과제", 서원우교수화갑기념논문집, 1991, 316면 이하 참조.

정치문화의 상이함에서 비롯되고 있다고 판단된다. 이러한 가운데 우리의 경우는 가장 엄격하게 규제되고 있는 것으로 확인된다.[59] 그러나 필자의 견해로는 고전적 특별권력관계론의 해체에 따른 공무원의 기본권적 지위 보장, 국가의 정치적 중립성이 가지는 본연의 의미와 '법률이 정하는 바에 의한 보장'의 의미에 비추어 볼 때, 이처럼 공무원에게 직접적인 정당정치적 형성활동이 엄격하게 제한되는 데에 상응하는 헌법적 근거가 결여되어 있다고 판단된다. 예컨대 헌법이론적으로 헌법 제33조 제2항은 이른바 '헌법직접적 제한' 내지 '헌법유보'라는 개념을 적용하여 공무원인 근로자의 노동3권을 그 주체에 있어서 '법률이 정하는 자'에 한하도록 명시적으로 제한하고 있다. 이러한 명시적인 헌법적 제한에도 불구하고 그간의 사회민주화 과정에서 관련법령의 개정을 통해 노동기본권이 보장되는 '법률이 정하는 공무원'의 범주가 더욱 확대되어 왔고, 이러한 가운데 교사노동조합과 공무원노동조합의 결성과 활동 또한 합법화되어 왔다.

그렇다면 오늘날의 민주헌법국가에서 노동기본권 못지않게 중요한 정치적 자유권을 공무원에 대해 제한함에 있어서도 마찬가지로 적어도 헌법직접적인 제한을 통해서만 규범구조상 그리고 규범논리적으로 정당하다고 판단된다. 이와 관련해서 그간 학계에서는 헌법 제7조 제2항을 기본권의 헌법적 한계 내지 개별적 헌법유보의 유형에 포함하고 있지 않다.[60] 따라서 공무원에 대한 직접적인 정당정치적 활동의 제한은 헌법 제37조 제2항에 따른 제한과 이어지는 비례성심사에 따른 정당화의 문제로 넘겨진다.

물론 공무원에게 업무 외 공간과 시간에서의 직접적인 정당정치적 활동을 허용함으로써 초래될 부작용도 어느 정도 충분히 예견된다. 또한 법실무적으로 공사

---

59) 정영태 교수는 비교법적 문헌조사를 통해 아래 [부록] <표 3>에서처럼 각 나라별로 공무원의 정치적 자유 허용 여부와 정도에 관한 자료를 제시하고 있다. 정영태, "공무원의 정치적 자유에 대한 국제협약과 외국사례", 교사·공무원의 정치적 표현의 자유 토론회(주최: 김재윤/홍희덕 의원) 자료집, 35면 참조. 특히 독일의 경우 정치적 활동이 전면금지되는 공무원은 장관과 함께 일하는 최고위직공무원과 하위직 공무원으로 전체공무원의 약 11%이며, 정치적 활동이 예외적으로 금지되는 하위직·기능직 등의 공무원은 약 63%이며, 나머지 약 26%는 중간직으로 필요한 경우 상급기관의 허가를 받아 정치활동이 허용된다고 한다. Dagtolou/Herzog/Sontheimer, Verfassungsrechtliche Probleme des Öffentlichen Dienstrechts, Studienkommission für die Reform des öfentlichen Dienstrechts Bd. 6, Nomosverlaggesellschaft, S. 65(김선욱, "정당정치와 공무원제도", 공법연구 제25집 제3호, 40면에서 재인용).

60) 허영, 한국헌법론, 박영사, 2010, 281면 이하; 권영성, 헌법학원론, 2010, 347면 참조. 여기서 허영 교수는 이와 같은 기본권의 헌법적 한계의 기능으로서 첫째 입법권자에 대한 방어적 기능, 둘째 기본권남용에 대한 경고적 기능 그리고 셋째로 헌법의 통일성 유지를 위한 헌법정책적 기능을 언급하고 있다. 특히 권영성 교수는 공무원의 정당가입과 정치활동 제한을 특별권력관계에 따른 법률에 의한 기본권제한으로 설명하고 있으나, 이는 납득하기 어렵다. 권영성, 앞의 책, 360면 참조.

(公私)의 구별이 어려운 경우도 있을 터이다. 그러나 이러한 문제들은 독일의 입법례에서처럼 공무원에게 원칙적으로 정당 가입 및 정치활동 등 정치적 자유를 원칙적으로 보장함과 더불어서 별도의 헌법충실의무를 부과하고, 업무수행상 정치적 중립성이 문제시되는 개별사례에서 그 한계의 유월 여부를 사법적으로 적극 확인하는 등으로 충분히 해소될 수 있다고 판단된다. 왜냐하면 해링턴(Harrington)의 표현대로, "인간은 정치에 참여함으로써 자신의 본성을 완전히 구현할 수 있기" 때문이다.[61] 공무원이라도 해서 결코 예외여서는 아니 된다.

2. 정부 비판의 자유로서의 표현의 자유

현행법제하에서 공무원의 직접적인 정당정치적 활동이 명시적으로 제한되고 있는 반면에, 공무원의 일반적인 정치적 자유는 여전히 법적으로 허용되고 있다고 필자는 판단한다. 즉 공무원에게 선거권과 선거일전 일정기간 내에 현직 사퇴를 단서로 피선거권이 보장되고, 일반시민으로서 가지는 개인적인 표현의 자유가 보장되고 있으며, 또한 보장되어야 마땅하다. 표현의 자유는 그 자체로 개인의 인격실현을 위한 수단일 뿐만 아니라 민주주의원리와 관련해서도 강력한 권력통제적 기능을 수행하는 이중적 기능을 가지기 때문에, 또한 다른 기본권들에 비해 보다 우월한 지위를 가진다.[62] 특히 민주사회에서 의미 있는 표현은 사회공동체의 공동선을 확인·형성하기 위한 '정치적인 것'(Das Politische)의 함의를 당연히 지니고 있기 때문에 모든 의사표현은 사실상 정치적인 표현이다. 그러나 여기서의 정치적 표현은 정당정치적 표현과는 분명히 구별되어야 한다. 한 개인이나 집단의 정치적 표현이 설령 특정 정당의 주장과 일치한다 하더라도, 이는 그 자체로 정치적 표현일 뿐, 결코 정당정치적 표현으로 간주되어서는 아니 된다.

따라서 공무원이 일반시민으로서 행하는 개인적인 정치적 표현은 어떠한 경우라도 전적으로 허용되고 또한 보장되어야 한다. 예컨대 공무원에게 선거권이 보장되고 있다면, 자신의 소중한 한 표를 제대로 행사하기 위해 어떻게든 자신의 정치적 판단을 위한 의사소통이 전제되고 또한 마땅히 보장되어야 할 것이다. 일반

61) 버나드 마넹(곽준혁 역), 선거는 민주적인가, 후마니타스, 2004, 93면 이하 참조. 해링턴은 이를 시민적 인문주의의 핵심원칙으로 간주하고 있다고 한다.

62) 헌법재판소는 "표현의 자유는 인격을 형성하는 개인적 가치인 자기실현의 수단임과 동시에 사회 구성원으로서 평등한 배려와 존중을 기본원리로 공생·공존관계를 유지하고 정치적 의사결정에 참여하는 사회적 가치인 자기통치를 실현하는 수단이며"(헌재 1999. 6. 24, 97헌마265), 또한 그것이 "바로 민주국가의 존립과 발전을 위한 기초가 되기 때문에 특히 우월적인 지위를 지니고 있는 것이 현대 헌법의 특징이기도 하다"(헌재 1991. 9. 16, 89헌마163)고 강조하고 있다.

시민인 공무원에게 이러한 사전적 의사소통과정이 전적으로 배제된 채로 보통선거원칙에 따라서 형식적으로 단지 투표용지가 주어지는 것이 과연 무슨 의미가 있는지가 지극히 의문스럽다. 보통선거원칙이 가지는 헌법적 법익의 중요성 때문에 공무원의 선거권 제한이 불가하다면, 표현의 자유가 가지는 헌법적 법익 또한 이에 못지않게 중요할 것이기 때문이다.

지난 6.2지방선거에서 시민단체들이 선거 이전부터 꾸준히 진행해 온 4대강 사업반대운동 및 무상급식운동과 관련해서 그것이 선거에서 여·야당 내지 각 후보자들 간의 중요한 쟁점을 다루는 불법선거운동에 해당하는지 여부에 관한 논란이 제기되었다.[63] 만일 그러하다면 정당, 특히 야당들이 사회적으로 논란적인 (정치적) 현안사안들에 대해서 아무런 언급을 하지 않고 침묵해야만, 비로소 일반시민들과 시민인 공무원의 표현 행위가 비정치적인 표현으로서 온전히 보장되는 납득할 수 없는 이상한 결론에 도달하게 된다.

정당정치와 그리고 야당들의 입장 및 활동과는 무관하게 민주헌법국가에서 정부와 정부정책은 언제나 일반시민과 언론의 비판의 대상이 된다. 이러한 취지에서 헌법재판소는 "자유민주주의 사회는 전체주의 사회와 달라서 정부의 무류성(無謬性)을 믿지 않으며, 정부는 개인이나 일반대중과 마찬가지로 또는 그 이상으로 오류를 범한 가능성이 있을 뿐만 아니라 권력을 가진 자가 오류를 범한 경우의 영향은 대단히 크다고 하는 역사적 경험을 전제로 하여 정부가 국민의 비판을 수렴함으로써 오류를 최소화할 수 있다는 사고방식을 보편적으로 수용하고 있는 것이다. 표현의 자유가 다른 기본권에 우선하는 헌법상의 지위를 갖는다고 일컬어지는 것도 그것이 단순히 개인의 자유인데 그치는 것이 아니고 통치권자를 비판함으로써 피치자가 스스로 지배기구에 참가한다고 하는 자치정체(自治政體)의 이념을 그 근간으로 하고 있기 때문인 것이다"며[64] 정부에 대한 비판이 주가 되는 표현의 자유의 중요성을 강조하고 있다.

더욱이 정부가 행하는 오류를 지적하고 비판하는 가장 효과적인 주체는 각 행정청의 내부에서 직접 정책수립과 정책집행을 담당하면서 정책의 오류 여부에 관하여 이해도와 접근성이 가장 높은 공무원과 공무원단체일 것이라고 판단된다. 이는 표현의 자유 보장뿐만 아니라 기능적 권력통제의 측면에서도 보다 요청되는 바라고 판단된다. 이 과정에서 업무상 비밀의 공개나 선동적이거나 명예훼손적인

63) '선거참여' 발목잡는 선관위, 한겨레신문, http://www.hani.co.kr/arti/politics/politics_general/411238.html 참조. 무상급식운동과 관련해서 서울특별시선관위는 선거법에 저촉되지 않는다고 본 반면에, 고양시선관위는 불법적인 선거운동에 해당된다고 간주하는 혼선이 빚어졌다.

64) 헌재 1992. 2. 25, 89헌가104, 판례집 4, 64, 94 이하 참조.

표현이 문제된다면, 관련법령상의 직무위반 또는 사법적 판단을 통해 구체적으로 해결되면 족할 일이다.[65)]

민주주의에서 표현의 자유는 무엇보다 정부와 권력자를 비판할 수 있는 자유에 그 초점이 맞추어져 있다.[66)] 그렇기 때문에 정부와 정부정책을 비판하는 이러한 표현은 정치적인 표현일 수밖에 없고, 여기에다 정당정치적인 중립성 위반의 혐의를 덧씌워서 그것이 제한되어서는 결코 아니 된다.

3. 종교적·정치적 중립성 요청간의 비교

현행헌법은 제20조 제2항에서 규범화하는 국교부인 및 정교분리를 통해 국가의 종교적 중립성을 그리고 제8조 제1항의 정당설립의 자유 및 복수정당제의 보장 그리고 민주적 선거의 제 원칙 보장을 통해 국가의 정치적 중립성을 천명하고 있다. 이러한 가운데 헌정사의 부정적 경험을 성찰하여 국가작용을 수행하는 특별한 집단에 대해서 별도로 정치적 중립성의 준수 및 보장을 강조하고 있다. 제5조 제2항에서의 국군의 정치적 중립성 준수와 제7조 제2항에서의 공무원의 정치적 중립성 보장이 그러하다. 여기서 문구상으로 각각 '준수'와 '보장'으로 달리 표현되고 있음이 주목된다. 이는 한편으로는 집단으로서의 군(軍)이 그간 능동적으로 정치과정에 개입해서 수차례 적극적으로 헌법질서를 훼손하고, 국가권력을 찬탈했던 과거의 불행한 헌정사적 경험으로부터 헌법개정권자가 직접적으로 정치적 중립성의 준수를 명령하는 반면에, 다른 한편으로는 공무원에 대해서 그간 정치권력, 특히 집권세력이 정권유지 및 재창출을 목적으로 공무원의 정치적 중립성을 훼손해 온 데에 대해 입법자로 하여금 그 보장의 구체화를 기속적으로 명령하고 있는 것으로 이해된다. 즉 중립성 요청의 규범수신인이 각각 직접적으로는 군과 입법자 그리고 간접적으로는 정부와 공무원이다. 이러한 규범구조에도 불구하고, 헌법상의 정치적 중립성 요청이 일반법률의 구체화 차원에서 유독 공무원에 대해서만 정치적 기본권 제한으로 귀결되어 나타나는 것은 규범논리적으로 납득하기

65) 공법상 특별권력관계 속에서 교원·공무원의 직무와 표현행위의 제한 기준, 공무원의 당적과 표현의 자유에 등에 관하여 자세하게 다룬 비교법적 문헌으로는 박용상, 표현의 자유, 현암사, 2002, 228면 이하 참조.

66) 미국 연방대법원의 설리번 사건에서 브렌넌 대법관은 "수정헌법 1조의 중심 의미"라고 부른 것, 즉 정부를 비판할 수 있는 권리에 초점이 맞춰진 것이라고 한다. 엔서니 루이스(박지웅/이지은 역), 우리가 싫어하는 생각을 위한 자유ㅡ미국 수정헌법 1조의 역사ㅡ, 간장, 2010, 110면 참조. 이 책에서 저자와 역자는 표현의 자유는 민주주의 사회의 핵이고, 대통령을 비롯한 권력자들을 비난해도 잡혀가지 않는 사회가 바로 민주주의 사회임을 강조하고 있다.

가 어려운 낯선 결론이다.

또한 현행헌법은 별도로 제31조 제4항에서 교육의 자주성·전문성, 대학의 자율성과 함께 교육의 정치적 중립성을 '법률이 정하는 바에 의하여' 보장하고 있다. 그러나 마찬가지로 이에 근거해서 일반법률의 차원에서 교원의 정치적 기본권이 폭넓게 제한당하고 있다. 헌법상의 문화국가원리가 실천되는 가장 중요한 영역이 교육영역임은 주지의 사실이다. 동 조항은 과거 국가절대주의 내지 권위주의체제 하에서 행해졌던 국가의 적극적인 문화간섭정책을 부인하고, 문화의 전승·발전을 위한 중요한 영역인 교육에 외부세력으로부터의 부당한 간섭과 개입, 특히 집권세력인 정부의 부당한 개입을 차단 차단하기 위해 마련되었다고 판단된다.[67] 수업을 통한 교육이라는 것이 결코 일방적이지 않고, 교사와 학생간의 상호적인 의사소통과정이기 때문에 학생들로 하여금 정당정치적으로 균형된 시각과 인식의 지평을 확보케 하기 위한 목적을 달성하기 위해 특히 수업과 관련해서 교원의 정당정치적인 중립성은 마땅히 요구된다. 그러나 민주사회에서 학교라는 공간이 학생들을 합리적인 비판능력과 실천의식을 갖춘 민주시민으로 교육·양성하는 것이 주된 과제로 부여된 곳이기 때문에 현실정치에 대한 정치적 인식을 통한 열린 비판은 불가피하게 전제되고, 또한 마땅히 부수되어야 한다.[68] 비교법적으로 독일과 유사하게 공무원의 정치활동을 허용하는 나라들에서는 일반공무원보다 교육공무원에게 더 많은 정치적 자유와 정치활동을 허용하고 있는 것으로 나타나는데,[69] 이는 표현의 자유를 포함해서 교원에게 보장되는 정치적 자유가 학생들의 자유롭고 비판적인 사고능력을 함양함에 있어서 보다 도움이 될 것이기 때문으로 보인다.[70]

이처럼 우리의 경우에 정치적 중립성을 이유로 교원·공무원의 정치적 기본권이 광범위하게 제한되고, 또한 그러한 제한이 납득하기 어려운 논거로 정당화되고 있는 반면에,[71] 종교적 중립성과 관련해서는 공무원에게 해당 종교의 자유 행

67) 교육의 자주성·전문성·정치적 중립성 보장의 헌법적 의미에 관한 헌법재판소의 입장은 헌재 1992. 11. 12, 89헌마88, 판례집 4, 739, 762; 헌재 2004. 3. 25, 2001헌마710, 판례집 16-1, 422, 437 참조.

68) 예컨대 학교의 수업 중에 교사가 정당제도를 설명하면서, 단지 피상적으로 정당의 역할과 기능, 양당제와 다당제의 장단점만을 언급하는 것으로 족한 것이지는 의문스럽다. 여기서 더 나아가 정당제도의 현실, 각 주요 정당들이 추구하는 이념적 목표와 그것의 실천적 문제점 등을 다각도로 함께 균형있게 다룸으로써 민주시민 양성을 위한 교육적 목적을 다할 수 있을 것이기 때문이다.

69) 허종렬, "헌법상 교원 및 교원단체의 정치적 기본권 보장", 교육법학연구 제10호, 1998, 10, 134면 참조.

70) 정영태, "공무원의 정치적 자유에 대한 국제협약과 외국사례", 교사·공무원의 정치적 표현의 자유 토론회(주최: 김재윤/홍희덕 의원) 자료집, 35면 참조. 특히 위 토론회 발제문에서 정영태 교수는 방대한 비교법적 자료조사를 통해 아래 [부록] <표 13>을 제시하고 있다.

사에 아무런 제한이 가해지지 않는 점이 비교된다. 이는 앞서 논구했듯이 헌법적 의미에서의 '중립성'이라는 것이 본래 개인적 차원에서 자유의 보장과 함께 관용적 태도를 요청하고 있기 때문이다. 그러나 현 정부하에서 공적 영역에서 종교적 중립성 훼손의 논란이 불거진 이후에 2009년 2월 6일자로 국가공무원법에 제59조의2(종교중립의 의무)가 신설되었다. 동 조항은 종교에 따른 차별 없는 공무원의 직무수행과 종교차별적인 소속 상관의 직무상 명령에는 따르지 않을 수 있음을 규정하고 있다. 마찬가지로 공무원의 정치적 중립의무와 관련해서도 이와 유사한 규범이 왜 적용되어서는 아니 되는지가 지극히 의문스럽다. 왜냐하면 정치적 중립성과 관련해서도 공무원에게 정치적 자유를 보장하면서 소속 상관의 정당차별적인 내지 정당정치적으로 편향된 직무상 명령에 따르지 않을 권리가 보장되도록 동일하게 적용할 것이 충분히 가능하겠기 때문이다.[72] 여느 일반시민들과 마찬가지로 공무원에게 종교의 자유가 보장되는 한편, 종교적으로 불편부당한 업무수행을 통해 국가의 종교적 중립성이 실현되는 것과 마찬가지로, 한편으로는 공무원에게 정치적 자유가 보장되면서, 다른 한편 국가의 정치적 중립성이 보장되지 못할 하등의 이유가 없다. 한 공무원이 자신의 구체적인 업무수행에 있어서 중립을 지켜야 하는 것은 정치와 종교의 측면에서 본질적으로 다르지 않기 때문이다.[73] 따라서 공무원이나 교원의 경우에도 자신의 업무내외 그리고 직무(Amt)와 인격(Person)은 구별되어야 하며, 인격차원에서의 기본권 행사가 직무에 의해서 지나치게 제한되어서는 아니 된다.[74]

4. 현행법제의 현실과 문제점

가. 엄격한 규제와 이에 따른 자의적인 법집행의 문제점

흔히 자유에 대한 엄격한 규제법리가 적용되는 곳에서 다른 한편으로 자의적인 법집행 내지 법적용의 문제가 심각하게 나타나곤 한다. 이는 공무원의 정치적 중립성과 이에 근거한 정치적 기본권의 제한에 있어서도 그러하다. 지난 권위주의 정권하에서부터 공무원의 정치적 기본권이 엄격하게 제한되어 왔음에도 불구하고, 과연 규범적으로 기대하는 정치적 중립성이 실현되었는지 여부에 관하여는 우리

71) 헌재 2004. 3. 25, 2001헌마710, 판례집 16-1, 422, 436.

72) 이종수, "공무원·교원의 정치적 기본권이 지닌 헌법적 의미와 한계", 연세 공공거버넌스와 법 제1권 제2호, 2010. 8, 21면.

73) 송석윤, 헌법과 정치, 경인문화, 2007, 196면.

74) 송석윤, 헌법과 정치, 경인문화, 2007, 217면.

사회에서 그 의문과 불신의 골이 깊다. 오히려 현실적으로는 이러한 엄격한 제한 법리 속에서 공무원들의 친여당적인 활동을 사실상 조장 내지 방관하거나, 적어도 공무원들을 야당으로부터 격리시키는 위축효과를 불러왔다고 판단된다. 이로써 획일적인 금지로 확인되는 현행의 법제 하에서 오히려 불법적인 허용이 더 가능하다는 반론이 제기되기도 한다.[75)]

이러한 현실은 무엇보다 선거를 통한 평화적인 정권교체가 사실상 담보되지 못했던 제헌이후 지난 50년의 불행했던 과거 헌정사에서 비롯하고 있다고 본다. 즉 민주선거를 통한 정권교체의 가능성이 없는 가운데 정치적 기본권 제한에 발목 잡힌 공무원들은 사실상 집권세력의 충복 내지 정권의 시녀로 전락해 왔던 것이다. 공무원 개인의 승진과 신분보장을 위해서는 국민의 이익보다는 적극적으로 정권유지에 가담하든지, 아니면 적어도 신분상의 불이익을 당하지 않기 위해서는 애써 무관심하면서 표현의 자유를 스스로 억제하는 관행이 지속되어 왔다. 1998년 김대중 정부의 출범과 함께 이 땅에서 최초로 선거를 통한 평화적 정권교체가 이루어진 이후 상황은 급변하기 시작했다. 예컨대 정부와 정부정책을 비판하는 교사들의 시국선언에 대해 과거 권위주의정부들에서는 엄격한 탄압이 있었으나, 김대중·노무현 정부를 통틀어서 2003년 총선 당시에 선거 국면에서 행한 시국선언과 관련하여 공직선거법 위반으로 단 한 차례 유죄판결을 받은 경우를 제외하고서는 그간 처벌되지 않았다. 그리고 이들 교사단체, 공무원단체는 정권교체에도 불구하고 일관되게 시국선언 등을 통해 정부비판적인 표현행위를 지속해 왔다.[76)] 그러

75) 김선욱, "정당정치와 공무원제도", 공법연구, 제25집 제3호, 1997, 39면 이하 참조.

76) 지난 민주정부 10년 사이에 전국교직원노동조합에서 행한 교사 시국선언의 사례들은 아래와 같다.

일 자	시국선언 내용
2001. 5.	전국 교사 7,434명, '공교육 위기 극복을 위한 전국 학교대표자 선언'
2002. 7.	경북지역교사 715명, '남북의 화해와 평화를 바라는 경북 교사선언'
2002. 8.	전남지역교사 816명, 9. 12. 2,619명 미군장갑차 여중생 살해 사건 관련
2003. 3.	대통령 탄핵 반대 교사시국선언 (*당시 총선국면에서 행해진 위 시국선언은 공직선거법위반으로 기소되어 전교조 위원장, 수석부위원장에 대해 각각 벌금 300만원, 100만원 선고됨)
2003. 10.	전국 교사 700여 명, 10. 9. 부산 638명, 충북 203명 등 여러 지역에서 '이라크파병반대 교사 시국선언'
2004. 7.	이라크 전쟁 참전 및 추가파병 반대 교사 시국선언
2004. 11.	교사 23,988명, '교원과 공무원의 노동3권 보장 촉구 전국교사선언'
2004. 12.	교사 18,352명, 국가보안법 폐지 촉구 교사선언
2005. 7.	경기지역 교사 1050명, 미군부대 평택이전 반대 교사선언
2006. 3.	새만금 관련 교사선언 '우리 아이들의 미래, 새만금은 살아야 합니다.'
2007. 3.	울산지역 교사 1,453명, 한미FTA관련 미국산 소고기 수입반대 선언

나 다시 금번 정권교체가 있자마자 교사·공무원의 시국선언과 인터넷상의 개인적인 표현행위에 대한 검찰의 기소와 유죄판결이 잇따르고 있다. 즉 지난 정부와 현 정부 하에서 동일한 검찰과 사법부임에도 불구하고 법집행과 법적용에 있어서 일관성을 상실한 결과이다. 이러한 사실은 앞서 논구했듯이 엄격한 제한법리 속에서의 자의적인 법집행의 문제가 더욱 심각해지고 있음을 반증하고 있다. 이러한 가운데 같은 시국선언에 대해서 각급 법원의 판결들이 엇갈리고 있다.[77]

결론적으로 공무원과 교원의 정치적 자유에 대한 현행법제에서의 획일적인 제한이 아니라, 해당 공무원 내지 교원이 속하는 특수한 생활영역 내지 특수한 신분관계에서 불가피하게 요구되는 사항강제(Sachzwang)에 따른 기본권제한의 필요성과 공무원이 시민으로서 가지는 기본권보장을 조화시킬 수 있는 최적의 접점이 새로이 적극적으로 모색되어야 한다.[78]

나. 정치적인 인적자원의 협소화와 대의제의 정당성 위기

대의제민주주의의 성공에는 정치공동체의 공공성을 적극 형성하고, 이를 실현하는 자질을 갖춘 대의자의 존재 그리고 그들의 신념과 헌신이 필수적으로 전제된다. 그리고 이들 대의자들을 감시하고 비판하는 깨어있는 능동적 시민의 존재 또한 필수적이다. 또한 지방자치의 영역에서는 풀뿌리민주주의를 실현하기 위한 주민들의 적극적인 참여가 더욱 요청되고 있다. 우리의 경우에 중앙정치의 차원에서 정당들이 대표하는 이념적 스펙트럼이 협애한 것이 한편 심각한 문제로 지적되고 있지만,[79] 정치인의 충원과정이 대단히 협소한 경로로 제한되는 현실에서 이른바 '과잉대표' 내지 '과소대표'의 문제 또한 심각하다. 예컨대 우리의 경우 통계적으로 법조인, 전직 고위관료, 교수 등이 과잉대표되고 있는 대표적인 직업계층으로 나타난다. 제한된 인적자원의 범주에서 정치인력이 재충원됨으로써 드러나

77) "시국선언 동조 공무원, 유·무죄 판결 엇갈려", 매일경제, http://news.mk.co.kr/v3/view.php?year=2010&no=34239 참조. 예컨대 전주지법은 지난 1월 19일 시국선언을 주도한 혐의로 기소된 전교조 전북지부 간부 4명에 대해 "공익의 목적에 반하는 게 아닌 국민의 한 사람으로서 국가에 대한 비판을 한 것에 불과하고, 이는 헌법이 규정하는 표현의 자유에 해당한다"며 무죄를 선고한 반면에, 1월 20일자 부산지법 판결과 특히 9월 13일자 서울중앙지법 판결에서는 "시국선언이 특정 정당 또는 정치 세력과 연계해 정부를 압박하면서 정책 결정에 영향력을 행사하려고 의사를 표현하는 행위이고 이는 교원노조법이 금하는 집단적 정치활동으로서 공익에 반한다고"고 판시하면서 관련자들에게 유죄를 선고했다.

78) 이종수, "공무원의 정치적 활동의 허용여부와 그 한계", 연세법학연구 제8집 제1권(통권 제11호), 2001, 180면; 이종수, "공무원·교원의 정치적 기본권이 지닌 헌법적 의미와 한계", 연세 공공거버넌스와 법 제1권 제2호, 2010. 8, 19면 참조.

79) 최장집, 최장집, 민주화 이후의 민주주의, 후마니타스, 2002, 20면, 특히 50면 이하 참조.

는 과잉대표 내지 과소대표의 문제는 대단히 심각한 수준에 이르러 현재 대의제도의 정당성 자체를 위협하고 있다고 판단된다.[80)]

2006년 현재로 공공기관 종사자를 포함한 전체 공무원 수는 약 116만 명에 달하는 것으로 나타난다. 교사를 포함한 이들 공무원들은 평균적으로 보아 우리사회의 중요한 여론주도층이고,[81)] 또한 정치적으로도 중요한 인적자산(人的資産)이기 때문에, 특히 이들이 지역차원에서 다양한 시민활동을 전개하면서 지방자치를 실천·주도해 나갈 것이 기대된다.[82)] 그러나 앞서 살펴본 바와 같이 현행 법제 하에서 이들 교원·공무원들의 정치적 기본권이 광범위하게 제한당하고 있기 때문에 지방자치의 차원에서 규범적으로 기대하는 바는 여전히 요원하고, 이러한 가운데 대의제의 정당성 위기가 더욱 불거지고 그리고 주민참여를 전제하는 지방자치가 실종되고 있다.

비교법적으로 여러 나라들에서 우리와 마찬가지로 마땅히 업무상 정치적 중립성이 요청됨에도 불구하고, 특히 교사들이 지방자치의 실천과정에 적극 참여하고, 이로써 향후 중앙정치무대로 적극 진출하는 빈번한 사례들이 통상적인 경로로서 관찰되고 있다.[83)] 예컨대 현재 제16대 독일연방의회(Deutscher Bundestag) 총 614명의 의원들이 직업분류상 119개에 달하는 다양한 직업분포도를 나타내고 있는 가운데, 전직(前職)이 교사(Lehrer) 출신인 의원은 총 81명(13.2%)으로 법조인(143명, 23.3%)에 이어서 두 번째로 높은 비율을 차지하고 있다. 이들 교사 출신들의 높은 의원직 점유비율은 세 번째로 많은 직업군에 해당되는 정치학자(Politologe)의 상대적으로 낮은 점유비율(28명, 4.6%)과 비교해 보면 더욱 두드러진다.

---

80) 이와 관련해서 최장집 교수는 "한국정치의 최대 균열은 집권당과 반대당 사이의 이른바 여야 균열이 아니라, 사회적 기반이 없는 정치적 대표체제와 이에 대표되지 못하고 저항하고 있는 비투표유권자 사이의 균열임"을 강조하고 있다. 최장집, 민주화 이후의 민주주의, 후마니타스, 2002, 34면 참조.

81) 송석윤, 헌법과 정치, 경인문화사, 2007, 195면 이하 참조. 여기서 송석윤 교수는 우리나라 정당이 제구실을 못하는 중요한 이유는 정당에 주체적으로 참여하는 당원이 많지 않기 때문이며, 정당의 체질개선을 통한 정당개혁차원에서 공무원, 교원의 정당가입 및 활동을 허용해야 한다고 주장하고 있다.

82) 이종수, "헌법적 의미에서의 지방자치와 민주주의", 지방자치법연구 제10권 제2호(통권 제26호), 2010. 6, 16면.

83) 자세한 내용은 독일연방의회 웹사이트(http://www.bundestag.de/bundestag/abgeordnete/statistik/berufe.html)를 참조하여 작성한 아래 [부록] <표 4> 참조. 또한 미국에서도 최근 선거법개혁을 통해 깨끗한 선거(clean elections)가 치러지면서 교사들처럼 소박한 수준의 임금을 받는 사람들이 공직선거에 나서고 있고 또 승리하고 있다고 한다. 프란시스 무어 라페(우석영 역), 「살아 있는 민주주의」(이후, 2008), 74면 참조.

Ⅵ. 결론 및 요약

1. 정당제민주주의하에서의 직업공무원제도와 기능적 권력통제모델에서 정치권력으로부터 영향을 받지 않고, 또한 정치권력을 통제하는 공무원 내지 공무원집단의 역할이 더욱 요청되고 있다.
2. 프랑스, 독일 등 직업공무원제도가 형성된 여러 나라들의 비교법적인 검토의 결과, 공무원의 정치적 중립성이 공무원의 정치적 기본권 제한으로 귀결될 헌법필연적인 이유가 없음이 확인된다.
3. 고전적인 특별권력관계론이 해체된 오늘날 특별권력관계를 이유로 교사·공무원의 정치적 기본권을 포괄적으로 그리고 획일적으로 제한하는 것은 헌법적으로 정당화되기 어렵다. 공무원이 수행하는 구체적인 업무에 따른 부득이한 기본권 제한이 정당화될 따름이다.
4. 국가의 '정치적 중립성' 보장요청은 오히려 공무원을 포함한 개별 시민의 정치적 자유보장을 뜻한다.
5. 우리 헌법상의 '법률이 정하는 바에 의한 보장'은 입법자의 입법형성권을 포괄적으로 보장한 것이 아니라, 해당 규범의 구체화를 위한 기속적 방향을 헌법이 제시하는 것으로 이해된다. 즉 '보장하라는 것이지, 기본권의 제한을 뜻하지 않는다.'
6. 현행법제는 일반법률의 차원에서 정당가입 및 활동 등 교사·공무원의 직접적인 정당정치적 활동을 제한하고 있다. 그러나 이러한 제한은 적어도 헌법적 차원에서 '헌법직접적인 한계'조항 내지 '개별적인 헌법유보'에 근거해야 함에도 불구하고, 이것이 결여되어 있다. 이러한 포괄적이고 획일적인 정치적 기본권의 제한은 헌법 제37조 제2항에 따른 비례성심사로도 정당화하기는 어렵다.
7. 현행법제상으로 공무원 개인의 표현의 자유는 제한되고 있지 않다. 민주국가에서 표현의 자유와 관련해서 결국 정치적 표현의 자유, 특히 정부를 비판하는 무엇보다 강조된다. 마찬가지로 공무원의 정치적 표현의 자유, 정부를 비판할 수 있는 있는 자유는 원칙적으로 보장된다.
8. 국가와 공무원에게 똑같이 종교적 중립성과 정치적 중립성이 요청되고 있음에도 불구하고, 유독 정치적 중립성에 근거해서만 공무원의 정치적 기본권이 제한되고 있는 것은 논리적으로 수긍하기 어렵고, 이로써 정치

적 중립성을 이유로 하는 정치적 기본권 제한의 허구성이 여실히 드러나고 있다.

9. 교육과정을 통해 학생들을 합리적인 비판능력을 갖춘 민주시민으로 양성하는 교육목표에 비추어 볼 때, 오히려 교사들의 정치적 기본권이 더욱 확대·보장되어야 한다.
10. 엄격한 규제법리 속에서 법집행의 자의성이 더욱 두드러지게 드러나고 있다.
11. 교사·공무원들의 정치적 기본권 행사를 제한함으로써 정치적 인적자원의 축소 그리고 대의제하에서의 과잉대표 및 과소대표의 문제가 매우 심각하다. 특히 지방자치의 활성화 차원에서 이들 교사들의 능동적인 정치참여가 더욱 요청되고 있다.
12. 헌법 제7조 제1항이 규정하고 있는 바와 같이 공무원은 '국민전체의 봉사자'이지, '특정 정당의 봉사자'가 아니다. 그간 과거 권위주의정권하에서 현실정치적인 이유에서 곡해되어 온 '정치적 중립성'을 이유로 하는 교사, 공무원에 대한 현행의 엄격한 제한법리는 결국 이로써 교사, 공무원을 사실상 '집권정당 내지 집권정치세력의 봉사자'로 자리매김하는 것에 다름이 아니다.

[부 록]

<표 1> 공무원의 기본권 관련 현행 법제의 체계와 주요 내용

규범	정치적 기본권	노동기본권
헌법	제7조 ① 공무원은 국민전체에 대한 봉사자이며, 국민에 대하여 책임을 진다. ② 공무원의 신분과 정치적 중립성은 법률이 정하는 바에 의하여 보장된다.	제33조 ② 공무원인 근로자는 법률이 정하는 자에 한하여 단결권, 단체교섭권 및 단체행동권을 갖는다.
국공법 ※지공법	제65조(정치 운동의 금지) ① 공무원은 정당이나 그 밖의 정치단체의 결성에 관여하거나 이에 가입할 수 없다. ② 공무원은 선거에서 특정 정당 또는 특정인을 지지 또는 반대하기 위한 다음의 행위를 하여서는 아니 된다. [이하 각 호 생략]	제66조(집단 행위의 금지) ① 공무원은 노동운동이나 그 밖에 공무 외의 일을 위한 집단 행위를 하여서는 아니 된다. 다만, 사실상 노무에 종사하는 공무원은 예외로 한다.
국가 공무원 복무 규정	제3조(근무기강의 확립) ① 공무원은 법령 및 직무상의 명령을 준수하여 근무기강을 확립하고 질서를 존중하여야 한다. ② 공무원(「국가공무원법 제3조 제3항의 공무원의 범위에 관한 규정」에 따른 공무원은 제외한다)은 집단·연명으로 또는 단체의 명의를 사용하여 국가의 정책을 반대하거나 국가 정책의 수립·집행을 방해해서는 아니 된다. 제4조(친절·공정) ① 공무원은 공사를 분별하고 인권을 존중하며 친절하고 신속·정확하게 업무를 처리하여야 한다. ② 공무원은 직무를 수행함에 있어서 종교 등에 따른 차별 없이 공정하게 업무를 처리하여야 한다. 제8조의2(복장 및 복제등) ② 공무원은 직무를 수행할 때 제3조에 따른 근무기강을 해치는 정치적 주장을 표시 또는 상징하는 복장을 하거나 관련 물품을 착용해서는 아니 된다. 제27조(정치적 행위) ① 법 제65조의 규정에 있어서의 정치적 행위는 다음 각 호의 1에 해당하는 정치적 목적을 가진 것을 말한다. 1. 정당의 조직·조직의 확장 기타 그 목적달성을 위한 것 2. 특정정당이나 정치단체를 지지 또는 반대하는 것 3. 법률에 의한 공직선거에 있어서 특정의 후보자를 당선하게 하거나 낙선하게 하기 위한 것	
정당법	제22조(발기인 및 당원의 자격) ① 국회의원 선거권이 있는 자는 공무원 그 밖에 그 신분을 이유로 정당가입이나 정치활동을 금지하는 다른 법령의 규정에 불구하고 누구든지 정당의 발기인 및 당원이 될 수 있다. 다만, 다음 각 호의 어느 하나에 해당하는 자는	

	그러하지 아니하다. 1. 「국가공무원법」 제2조(공무원의 구분) 또는 「지방공무원법」 제2조(공무원의 구분)에 규정된 공무원. 다만, 대통령, 국무총리, 국무위원, 국회의원, 지방의회의원, 선거에 의하여 취임하는 지방자치단체의 장, 국회의원의 보좌관·비서관·비서, 국회 교섭단체의 정책연구위원과 「고등교육법」 제14조(교직원의 구분) 제1항·제2항의 규정에 의한 총장·학장·교수·부교수·조교수·전임강사인 교원을 제외한다. 2. 총장·학장·교수·부교수·조교수·전임강사를 제외한 사립학교의 교원 3. 법령의 규정에 의하여 공무원의 신분을 가진 자 ② 대한민국 국민이 아닌 자는 당원이 될 수 없다.
공직 선거법	**제9조(공무원의 중립의무 등)** ① 공무원 기타 정치적 중립을 지켜야 하는 자(기관·단체를 포함한다)는 선거에 대한 부당한 영향력의 행사 기타 선거결과에 영향을 미치는 행위를 하여서는 아니 된다. **제57조의6(공무원 등의 당내경선운동 금지)** ① 제60조 제1항에 따라 선거운동을 할 수 없는 사람은 당내경선에서 경선운동을 할 수 없다. 다만, 소속 당원만을 대상으로 하는 당내경선에서 당원이 될 수 있는 사람이 경선운동을 하는 경우에는 그러하지 아니하다. ② 공무원은 그 지위를 이용하여 당내경선에서 경선운동을 할 수 없다. **제60조(선거운동을 할 수 없는 자)** ① 다음 각 호의 어느 하나에 해당하는 사람은 선거운동을 할 수 없다. 다만, 제1호에 해당하는 사람이 예비후보자·후보자의 배우자인 경우와 제4호부터 제8호까지의 규정에 해당하는 사람이 예비후보자·후보자의 배우자이거나 후보자의 직계존비속인 경우에는 그러하지 아니하다 4. 「국가공무원법」 제2조(공무원의 구분)에 규정된 국가공무원과 「지방공무원법」 제2조(공무원의 구분)에 규정된 지방공무원. 다만, 「정당법」 제22조(발기인 및 당원의 자격) 제1항 제1호 단서의 규정에 의하여 정당의 당원이 될 수 있는 공무원(국회의원과 지방의회의원외의 정무직공무원을 제외한다)은 그러하지 아니하다. **제86조(공무원 등의 선거에 영향을 미치는 행위금지)** ① 공무원(국회의원과 그 보좌관·비서관·비서 및 지방의회의원을 제외한다), 제53조 제1항 제4호 및 제6호에 규정된 기관 등의 상근 임·직원, 통·리·반의 장, 주민자치위원회위원과 향토예비군소대장급 이상의 간부, 특별법에 의하여 설립된 국민운동단체로서 국가나 지방자치단체의 출연 또는 보조를 받는 단체(바르게살기운동협의회·새마을운동협의회·한국자유총연맹을 말한다)의 상근 임·직원 및 이들 단체 등(시·도조직 및 구·시·군조직을 포함한다)의 대표자는 다음 각 호의 어느 하나에 해당하는 행위를 하여서는 아니 된다. 1. 소속직원 또는 선거구민에게 교육 기타 명목여하를 불문하고 특정 정당이나 후보자(후보자가 되고자 하는 자를 포함한다. 이하 이 항에서 같다)의 업적을 홍보하는 행위 2. 지위를 이용하여 선거운동의 기획에 참여하거나 그 기획의 실시에 관여하는 행위 3. 정당 또는 후보자에 대한 선거권자의 지지도를 조사하거나 이를 발표하는 행위 4. 삭제 <2010. 1. 25> 5. 선거기간중 국가 또는 지방자치단체의 예산으로 시행하는 사업 중 즉시 공사를 진행하지 아니할 사업의 기공식을 거행하는 행위 6. 선거기간중 정상적 업무외의 출장을 하는 행위

	7. 선거기간중 휴가기간에 그 업무와 관련된 기관이나 시설을 방문하는 행위 **제87조(단체의 선거운동금지)** ① 다음 각 호의 어느 하나에 해당하는 기관·단체는 그 명의 또는 그 대표의 명의로 선거운동을 할 수 없다. 5. 법령에 의하여 정치활동이나 공직선거에의 관여가 금지된 단체
국민 투표법	**제28조(운동을 할 수 없는 자)** ① 정당법상의 당원의 자격이 없는 자는 운동을 할 수 없다.
노동 조합법	**제5조(노동조합의 조직·가입)** 근로자는 자유로이 노동조합을 조직하거나 이에 가입할 수 있다. 다만, 공무원과 교원에 대하여는 따로 법률로 정한다.
공무원 노조법	**제4조(정치활동의 금지)** 노동조합과 그 조합원은 정치활동을 하여서는 아니 된다.
교원 노조법	**제3조(정치활동의 금지)** 교원의 노동조합(이하 "노동조합"이라 한다)은 일체의 정치활동을 하여서는 아니 된다.

<표 2> 공무원의 정치적 기본권 관련 독일 법제의 체계와 내용

법규범	내 용
바이마르 헌법	제128조 ① 모든 국민은 법률이 정하는 바에 따라서 그의 능력과 자격에 따라서 공직에 취임한다. 제130조 ① 공무원은 전체의 봉사자이며, 한 정당의 봉사자가 아니다. ② 모든 공무원은 제국법률이 상세하게 정하는 바에 따라 공무원 대표기관을 갖는다. ③ 모든 공무원에게 정치적 견해의 자유와 단결권이 보장된다.
본 기본법	제33조 ② 모든 독일인은 자신의 적성, 능력 및 전문적 실적에 따라서 모든 공직에 동등하게 취임한다. ④ 고권적 권한의 행사는 일반적으로 공법상의 근무 및 성실관계에 있는 공직종사자에게 계속적인 과제로서 위임된다. ⑤ 공직근무에 관한 법은 직업공무원제도의 전통적인 원칙들이 고려되는 가운데 규율되어야 한다.
연방공무원법(BBG) ※ 주공무원 지위법 (BeamtStG) (제7조, 제33조)	제7조 ① Nr.2 언제라도 기본법상 의미에서의 자유롭고 민주적인 기본질서를 위해 가담할 보장을 제공하는 자만이 공무원관계에 임명될 수 있다. 제60조 ① 공무원은 전체 국민의 봉사자이지, 한 정당의 봉사자가 아니다. 공무원은 자신의 과업을 불편부당하고 올바르게 수행해야 하고, 자신의 직무수행에 있어서 공익을 고려해야 한다. 공무원은 자신의 전체행위를 통해 기본법상 의미에서의 자유롭고 민주적인 기본질서를 긍정해야 하고, 그것의 유지를 위해 적극 가담해야 한다. ② 공무원은 정치적 활동에 있어서 전체에 대한 자신의 지위로부터 그리고 자신의 직무상 의무에 대한 고려로부터 비롯되는 자제와 절제를 준수해야 한다.

<표 3> 각 주요 국가별 공무원의 정치활동 허용 여부와 범위

	중앙(연방)정부	주(지방)정부	비고
일본	- 중앙정부 공무원: 정치활동 제한 - 교육공무원: 중앙과 지방 공히 일괄적으로 제한	- 자방공무원: 자신이 근무지(도도부현)가 아닌 지역에서는 선거 운동, 정치자금 모금, 서명 운동 가능함.	국가공무원법(제102조) 지방공무원법(제36조) 교육공무원특례법(제18조)
미국	- 연방공무원과 콜롬비아 주공무원의 정당활동과 선거운동 허용 - 단, 노조의 정치자금 모금 및 기부, 정당후보로서의 공직출마, 업무관련자 대상 선거운동, 직장내/업무시간 중 또는 제복 등 공무원신분 파악가능한 징표 지닌 채 정당활동과 선거운동 금지 - 선관위, 연방수사국·중앙정보부·국가안전위원회 등 국가안보·범죄수사담당 공무원, 인사위원회, 행정심판관 등은 예외 - 교육공무원의 정치적 자유는 일반공무원보다 허용 범위가 넓음.	- 대부분 연방공무원의 경우와 동일 - 다만, 공직후보로 출마하기 위한 조건이 주에 따라 다름. 캘리포니아 등 24개 주는 정당 후보든 무소속 후보든 상관없으나, 다른 주들의 경우 공무원 신분으로서 정당공천/ 무소속 상관없이 공직후보로 출마하는 것을 금지하거나 (출마하기 위해 사퇴 또는 휴직해야 하거나) 무소속후보출마는 허용하는 주가 있음. - 선거자금기부나 선거운동을 허용하는 주와 하지 않는 주	* 연방공무원 – 선거부패방지개혁법(Hatch Act Reform Amendments of 1993 * 주정부와 지방정부 공무원 – 연방선거운동법 (Federal Election Campaign Act, 1974)
독일	- 일반공무원의 경우 정당활동과 정치자금 기부는 금지하나 공직후보출마는 허용함. - 교육공무원의 경우 정당활동, 선거운동 등이 폭넓게 허용됨.		연방공무원법(제53조)
영국	직무의 성격과 권한의 범위, 책임 정도에 따라 정치적 자유의 허용 정도가 다름. 다만, 공직출마 시 사직해야 함. - 상급공무원: 정당가입만 허용됨 - 중급공무원: 국회의원후보 제외 모든 정치활동 허용(허가 요함) - 현업공무원을 포함한 하급공무원: 모든 정치활동 허용 - 교육공무원: 정당활동, 공직후보 출마, 선거운동 등 거의 모든 정치활동 허용		Civil Service Code (June 2006)
캐나다	- 정치자금 모금 및 기부 허용(1967) - 정치집회 참여 허용(1967) - 정당활동 및 선거운동 허용(2003)		Public Service Employment Act (1967, 2003)
호주	- 정치적 의견(정부정책에 대한 평가 포함) 발표 허용 - 국회의원(연방, 주) 출마 시 휴직 또는 사퇴, 지방의회 후보 사퇴 불필요 - 선거운동, 정치자금 모금, 서명운동 허용, 단 공공건물사용 불가 - 버턴 등 패착물, 제한적 허용(직접 시민 접촉하는 공무원은 금지)		Public Service Act(1999)
뉴질랜드	- 정치적 의견 발표 허용 - 국회의원 후보 출마 시 휴직		Electoral Act 1993, section 52
프랑스	- 공무 중 또는 근무지를 제외한 모든 시간과 장소에서는 개인으로서 정부정책에 대한 의견의 표현을 제외한 모든 정치적 자유(정당가입, 정치자금 기부, 공직후보 출마, 선거운동) 인정 - 교육공무원의 정당가입과 그 밖의 정치활동 허용		Talk with Prof. Pierre Chabal

	허용 여부	허용되는 정치활동
일본	국가공무원-불허, 지방공무원-제한적 허용, 교육공무원-불허	선거운동, 정치자금 모금 및 기부, 서명운동
미국	연방공무원-허용(1993), 주정부 공무원-허용(1974), 교육공무원-허용	정당 활동, 단, 정치자금 모금 및 기부, 공직후보 출마 및 선거운동은 제한적으로 허용(연방, 주별)
독일	일반공무원-제한적 허용, 교육공무원-허용	정당 활동과 정치자금 모금 및 기부 제한, 공직후보 출마 허용
영국	일반공무원-원칙적으로 허용, 단 직무의 성격과 권한 및 책임 정도에 따라 다름. 교육공무원-허용	일반공무원 기준으로 할 때 국회의원 후보 출마 이외 모든 정치활동 허용
캐나다	일반공무원과 교육공무원-원칙적으로 모든 정치활동 허용	업무수행에 지장을 주어서는 안 됨.
호주	일반공무원과 교육공무원-원칙적으로 모든 정치활동 허용	출마시 공직 사퇴, 선거운동 참여시 상급자와 협의
뉴질랜드	일반공무원과 교육공무원-원칙적으로 모든 정치활동 허용	출마 의사 상급자에게 미리 통보
프랑스	일반공무원-원칙적으로 허용, 교육공무원-허용	정당 활동, 정치자금 기부, 공직후보 출마, 선거운동. 단 정부정책에 대한 비판은 상당히 제한됨.

<표 4> 제15~16대 독일연방의회 내 교원출신 의원 현황

http://www.bundestag.de/service/error/404.php?redirect=/bundestag/abgeordnete17/statistik/berufe.html&(독일연방의회 웹사이트) 참조

<table>
<tr><th colspan="2" rowspan="2">교사직업의 세부 분류</th><th colspan="2">제15대 연방의회기
(2002~2005)
재적의원: 628명</th><th colspan="2">제16대 연방의회기
(2005~2009)
재적의원: 614명</th></tr>
<tr><th>의원수</th><th>점유비율</th><th>의원수</th><th>점유비율</th></tr>
<tr><td colspan="2">Erzieher/innen (양육교사)</td><td>3</td><td>0.5%</td><td>3</td><td>0.5%</td></tr>
<tr><td colspan="2">Erzieher/innen in Kindertageseinrichtungen (유치원교사)</td><td>1</td><td>0.2%</td><td>1</td><td>0.2%</td></tr>
<tr><td colspan="2">Lehrer/innen(교사)</td><td>6</td><td>1.0%</td><td>4</td><td>0.7%</td></tr>
<tr><td colspan="2">Gymnasiallehrer/innen(김나지움중등교사)</td><td>36</td><td>5.7%</td><td>34</td><td>5.5%</td></tr>
<tr><td colspan="2">Grundschullehrer/innen(초등교사)</td><td>17</td><td>2.7%</td><td>10</td><td>1.6%</td></tr>
<tr><td colspan="2">Hauptschullehrer/innen(일반중등교사)</td><td>7</td><td>1.1%</td><td>5</td><td>0.8%</td></tr>
<tr><td colspan="2">Realschullehrer/innen(실업계중등교사)</td><td>11</td><td>1.8%</td><td>8</td><td>1.3%</td></tr>
<tr><td colspan="2">Gesamtschullehrer/innen(통합학교중등교사)</td><td>1</td><td>0.2%</td><td>1</td><td>0.2%</td></tr>
<tr><td colspan="2">Sonderschullehrer/innen(특수학교교사)</td><td>4</td><td>0.6%</td><td>3</td><td>0.5%</td></tr>
<tr><td colspan="2">Lehrer/innen an der Berufsbildenden Schule (직업학교교사)</td><td>12</td><td>1.9%</td><td>10</td><td>1.6%</td></tr>
<tr><td colspan="2">Sportlehrer/innen, allgemein(체육교사)</td><td>2</td><td>0.3%</td><td>1</td><td>0.2%</td></tr>
<tr><td colspan="2">Lehrer/innen in der erwachsenen- und Fortbildung (성인교육 및 재교육학교교사)</td><td>1</td><td>0.2%</td><td>1</td><td>0.2%</td></tr>
<tr><td colspan="2">합 계</td><td>101명</td><td>16.1%</td><td>81명</td><td>13.2%</td></tr>
<tr><td>비고</td><td>Jurist(en/innen) [법조인]</td><td>130명</td><td>20.7%</td><td>143명</td><td>23.3%</td></tr>
</table>

제108회 발표회 지정토론문

김 진 수*

1. "정치권력을 통제하는 공무원 내지 공무원 단체의 역할과 기능이 더욱 요청된다" 는 점에 대하여

○ 정당 민주주의하에서의 정부는 정당정치의 결과로 민주적 절차에 따라 국민으로부터 선출된 대통령을 수반으로 하는 행정기구이다.

○ 대통령 입장에서 보면 정부는 자신을 선출해 준 국민의 뜻에 따라 국정을 수행하는 수단이며 국민에게 행정서비스를 전달하는 기제가 된다.

○ 이때 정부안에서 실제 행정을 담당하는 주체가 공무원이다. 공무원은 민주적 절차에 따라 선출된 대통령의 국정이념이나 국정지표, 방침에 따라 구체적인 정책을 입안·집행함으로써 대통령을 보좌하고, 국민전체에게 봉사함으로써 국가사회를 보다 행복한 공동체로 만드는 임무를 수행한다.

○ 따라서 공무원이 어떤 정치권력을 통제하는 역할과 기능을 수행해야 한다고 보기는 어렵다.

○ 직업공무원제도는 연혁적으로나 실제적으로 국민생활과 국가발전에 큰 영향을 미치는 행정의 안전성과 지속성, 전문성, 민주성 유지 등을 위해 필요한 것으로 '권력통제모델'로 설명되는 것은 적절치 않다.

○ 국가권력은 흔히 입법, 사법, 행정으로 분립되어 있으며 상호 견제 및 통제되고 있다. 특히 대통령을 정점으로 하는 행정권력의 통제는 사법, 입법권을 통하거나 기타 여러장치(예 : 법령에 따라야 하는 대통령의 공무원임면권, 대통령의 의사결정시 국무회의 의결, 국무위원의 부서 등 필요, 언론, 시민단체, 국제여론 등을 통한 견제)를 통해 적절히 통제되고 있다고 봐야 한다.

○ 또한 위법한 직무명령에는 복종의무가 없다(대판 1967. 2. 7 66누168).

---

* 행정안전부 성과급여기획과장.

2. "공무원의 정치적 중립성 요청이 공무원의 정치적 기본권 제한으로 귀결될 헌법 필연적인 이유가 없다"는 점에 관하여

○ 공무원의 정치적 중립은 헌법이 요청하는 중요한 가치이다

- 또한 공무원의 정치적 중립은 권리이면서 의무의 성격을 갖는다. 권리적 성격은 자신의 정치적 신념이나 가치 때문에 그 지위가 위협받아서는 안 되는 것이고, 의무적 성격은 자신의 정치적 입장에 따라 공무에 임해서는 안 된다는 것을 의미한다. 따라서 위반시 징계처분외에 형벌도 처해진다.

※ 국가공무원법 제65조(정치운동의 금지)는 헌법 제7조에 규정된 공무원의 정치적 중립성을 보장하는 법률적 실현으로서 공무원의 정치활동의 제한에 관한 통칙적 사항을 규정하고, 이를 위반할 경우 같은 법 제66조(집단행위금지) 위반사항과 함께 1년 이하의 징역 또는 500만원 이하의 벌금에 처하도록 하고 있다.

○ 정치적 기본권은 절대적인 것은 아니며, 각 나라가 처한 상황에 따라 공무원의 정치활동을 제한하고 있다는 점을 상기할 필요가 있다.[1)]

- 우리나라도 헌법 제37조 제2항에 따라 공무원의 정치활동에 대해 일정한 한계를 두고 있다. 국민전체의 봉사자라는 신분적 특수성을 가진 공무원에게는 노동자로서의 권리도 권리지만 공익과 관련된 공무원 본연의 역할수행도 중요하기 때문에 일정한 제약은 불가피하다.
- 공무원은 '사인(私人)으로서의 지위'와 '국민전체에 대한 봉사자로서의 지위'라는 이중적 지위를 갖고 있다.

---

1) 일본의 경우 인사원규칙으로 '정치적 목적'을 정의하면서 "정치적 목적을 위해 서명운동을 기획, 주재 또는 지도, 그 외 이에 적극적으로 참가하는 행위, 정치적 목적으로 다수인의 행진 기타 시위운동을 기획, 조직, 지도 또는 이러한 행위를 원조하는 행위, 정치직 목적으로 정치상의 주의·주장 또는 정당 기타 정치적 단체의 표시에 이용되는 깃발, 완장, 기장, 복식, 기타 이에 준하는 것을 제작하거나 배포하는 등의 행위를 금지하고 있다. 영국도 생산직 및 현장근무 공무원은 정치적 자유를 보장하나 그 밖의 공무원에 대하여는 Cabinet Office가 제시하는 기준에 따라 정치적 행위를 제한 받는 공무원의 범위를 정하고 있으며, 정치적 견해의 공공연한 발언, 신문사에 대한 기고나 서적 등을 통한 정치적 견해 표명, 국회의원 후보자 및 정당을 위한 선거운동은 소속 부처로부터 허가를 받아 할 수 있도록 하는 등 원칙적으로 금지하고 있다(Civil Service Management Code). 미국의 경우 공무원의 정치적 견해 표명이 가능하고 특정 정치인·정당에 대한 기부 및 선거운동 참여도 가능하다. 그러나 직무수행(유니폼 착용, 관용차 탑승시 등) 중에는 정치적 행위를 할 수 없으며, 직위를 이용하여 선거에 영향을 주는 행위나 타인의 정치적 자유를 제한 하는 행위등을 금지하고 있다(The Hatch Act).

- 공무원도 사인의 지위에서 행하는 의사표시, 투표 등의 행위는 제약없이 허용되어야 하나, 국민전체에 대한 봉사자이자 정책집행자로서 공공성·중립성을 훼손하는 정치활동은 금지되어야 할 것이다.
- 특히, 공무원이 정당이나 정치단체에 가입하거나, 그 지위를 이용하여 특정 정치인이나 특정 정책을 지지 또는 반대하는 등의 정치활동은 제한할 필요가 있다.

3. “고전적인 특별권력관계론이 해체된 오늘날 특별권력관계를 이유로 교사·공무원의 정치적 기본권을 포괄적으로 그리고 획일적으로 제한하는 것은 헌법적으로 정당화되기 어렵다는 점”에 대하여

○ 특별권력관계를 이유로 교사·공무원의 정치적 기본권을 제한하는 것은 아니며, 공무원 정치적 중립의 핵심적 법적근거는 헌법 제7조이다.[2)]
- 헌법 제1항에 의하면 공무원은 국민전체의 이익을 위해 봉사해야 하는 입장에 있으며, 일부의 국민이나 특정 정파 혹은 정당의 이익을 위해 봉사하는 입장이 아님을 분명히 밝히고 있다.
- 헌법 제7조 제2항에 의한 공무원의 정치적 중립성의 요청은 정권교체로 인한 행정의 일관성과 계속성이 상실되지 않도록 하고, 공무원의 정치적 신조에 따라 행정이 좌지우지 되지 않게 하여 공무집행에서의 혼란예방과 국민의 신뢰를 확보하기 위함이다(헌재 2004. 3. 25, 2001헌마710).

○ 교사·공무원의 정치적 기본권을 포괄적으로 그리고 획일적으로 제한하고 있다는 지적도 적정한 수정이 필요해 보인다.
- 정치적 중립의 의미는 정치와 행정의 관계가 밀접한 현대국가에 있어서 정치와 단절하려는 것이 아니라 공무원을 정당·압력단체 등 정치세력의 부당한 영향과 간섭·침해로부터 보호하여 행정의 안정성과 계속성을 유지함으로써 공익을 증진하려는 것이다.

※ 1949. 8. 12 국가공무원법 제정시부터 이 원칙을 천명하고 있음.

- 이러한 정치활동은 원칙적으로 모든 공무원에 대하여 제한된다 하겠으

2) 공무원 정치적 중립의 법적 근거는 헌법이외에도 국가공무원법 제65조(정치운동의 금지), 국가공무원 복무규정 제27조(정치적 행위), 공무원의 노동조합설립 및 운영등에 관한 법률(공무원노조법) 제4조(정치활동의 금지), 공직선거법 제9조(공무원의 중립의무) 등이 있다.

나, 일부 정무직[3]·별정직[4] 공무원에 대한 정치활동은 허용된다.

<정치활동 금지 관련 인사관계 법령 규정>

① 공직선거법 제53조
- 공무원이 직접 선거에 입후보하기 위해서는 선거일 전 90일까지 공직 사퇴

② 국가공무원법 제65조(정치운동의 금지) 및 국가공무원복무규정 제27(정치적 행위)
- 선거에 있어서 특정정당 또는 특정인이 지지나 반대를 하기위한 투표 반대·권유, 서명운동의 기도·주재·권유, 문서 또는 도서를 공공시설 등에 게시하거나 게시하게 하는 것, 기부금을 모집 또는 모집하게 하거나 공공자금을 이용 또는 이용하게 하는 것, 정당 기타 정치단체에 가입하거나 또는 가입하지 아니하도록 권유하는 것 등의 행위의 금지

③ 공무원노조법 제4조(정치활동의 금지), 교원노조법 제3조(정치활동의 금지)

④ 공직선거법제 제9조, 제85조, 제86조
- 선거에 부당한 영향력을 행사 기타 선거결과에 영향을 미치는 행위 금지(§9)
- 공무원의 지위를 이용한 선거운동 금지(§85)
- 공무원등의 선거에 영향을 미치는 행위금지(§86)

⑤ 국가공무원법 제66조(집단행위의 금지)
- 노동운동 기타 공무 이외의 일을 위한 집단적 행위의 금지
  ※ 사실상 노무에 종사하는 공무원은 예외

⑥ 국가공무원복무규정 제3조(근무기강의 확립)
- 집단·연명으로 또는 단체의 명의를 사용하여 국가의 정책을 반대하거나 국가정책의 수립·집행의 방해 금지
  ※ 국가공무원법 제3조 제3항의 공무원의 범위에 관한 규정에 따른 공무원은 예외

---

3) 대통령, 국무총리, 국무위원, 국회의원, 처의 장, 각 원 부 처의 차관, 정무차관.

4) 국무위원처의 장 및 각 원 부 처의 차관의 비서실장과 전직대통령의 비서관, 국회의장·국회부의장 및 국회의원의 비서실장, 보좌관, 비서관 및 비서와 교섭단체의 정책연구위원.

4. “역사적으로 형성된 국가의 정치적 중립성 보장 요청은 자유의 제한이 아니라, 오히려 공무원을 포함한 개별시민의 정치적 자유보장을 요청한다”는 부분에 대하여

○ 공무원의 정치적 자유보장은 공무원입장에서도 유리한 일이 아니며, 국민들도 반대하는 등 실익도 없으면서 공직사회의 근간을 붕괴시키는 폐해를 가져올 우려가 크다.

 * 공무원의 정치적 중립의무와 관련한 국민여론 조사결과 : 반대 75% ('10. 3. 5~3. 6 전국의 성인남녀 1,000명 대상, 한국갤럽)

○ 공무원을 정치적 강압으로부터 보호하는 것이 헌법상 정치중립 조항의 핵심적인 내용이다.

○ 정치적 압력에 의한 비자발적 정당 가입이나 정치활동을 예방하기 위하여 공무원들의 정치활동을 법적으로 제한할 필요가 있다.

○ 만일 공무원에 대한 정치적 기본권 보장을 목적으로 정치활동을 광범위하게 허용할 경우

- 특히 선출직 공무원이 기관장으로 임명되는 지방자치단체 공무원들의 정치중립이 훼손될 가능성이 크다.

※ [5·31 지방선거] 공무원 '보험용' 정당가입 잇따라(경향신문 '06. 4. 20) 5·31 지방선거를 앞두고 전남의 일부 지방자치단체 공무원이 특정 후보에 줄 서는 것도 모자라 아예 정당에 가입하는 사례까지 드러나 유권자에게 충격을 주고 있다 특히 공무원의 정당 가입은 <u>선거 후 인사상 혜택이나 이권을 노린 경우</u>가 대부분이어서 공직의 파벌과 지자체의 부조리를 부추기는 요인으로 작용할 뿐 아니라 분명한 범죄행위여서 심각성을 더해주고 있다. * 전남도선관위는 전남도내 13개 시·군의 공무원 57명에 대해 민주당 가입혐의로 검찰에 고발

○ 정치활동 허용범위는 각국의 역사·전통과 정치문화적 환경에 따라 상이하다.

○ 공무원의 신분이 법적으로 확고하게 보장되지 않는 미국 등과 달리 우리나라는 직업공무원제를 헌법에 명시하여 그 신분을 강하게 보장하는 한편
- 공무원의 특정 정당 또는 정치단체 가입을 금지하는 정치적 중립성을 강하게 요구하고 있다.

○ 미국·영국·독일 등의 경우 대체적으로 정당가입, 근무시간 외의 정치집회 참여 등을 허용하고 있으나
- 직무를 이용한 정치활동이나 공무원의 신분에 근본적으로 반하는 활동 등은 금지된다.

○ 반면 일본·인도 등 대부분의 아시아 국가 및 체코·이스라엘 등에서는 공무원의 정치활동을 엄격히 규제하고 있다.

5. "우리 헌법상의 '법률이 정하는 바에 의한 보장'은 입법자의 입법형성권을 포괄적으로 보장하는 것이 아니라, 해당 규범의 구체화를 위한 기속적 방향을 헌법이 제시하는 것이다. 즉 구체적으로 보장하라는 것이지, 기본권의 제한을 뜻하지 않는다"고 하는 부분에 대하여.

○ 법률이 정하는 바에 의한 보장은 '법률에 따라 합리적인 한계와 범위를 정하여 공익등에 배치되는 일이 없도록 보장해야 한다'는 뜻으로 이해된다.

6. "현행 법제는 일반법률의 차원에서 정당가입 및 활동 등 교사·공무원의 직접적인 정당 정치적 활동을 제한 하고 있다. 그러나 이러한 제한은 적어도 헌법적 차원에서 '기본권의 헌법적 한계' 내지 '개별적인 헌법유보'에 근거해야 함에도 그것이 결여되어 있다. 헌법 제33조 제2에 대비한 규범 구조상 헌법 제37조 제2항에 따른 비례성심사로 위 제한을 정당화하기는 어렵다"는 부분에 대하여

○ 헌법 제7조 제1항(공무원은 국민전체에 대한 봉사자이며, 국민에 대하여 책임을

진다) 및 제2항(공무원의 신분과 정치적 중립성은 법률이 정하는 바에 의하여 보장된다) 및 헌법 제33조 제2항(근로자는 법률이 정하는 자에 한하여 단결권·단체교섭권·단체행동권을 가진다)등의 근거에 따라 합리적으로 제한하고 있고,

○ 그 제한의 내용과 정도가 자유와 권리의 본질적인 내용을 침해하고 있지 않으므로(예, 공공복리의 효과적 수행을 위한 정치활동의 금지, 국민전체의 봉사자인 공무원이 구성원으로 되어 있는 공무원노조 또는 조합원으로 하여금 정상적인 노조활동 또는 공무외의 일을 위한 집단행위를 금하고 있는 것 등) 헌법 제37조 제2항[5]에 따른 비례성 심사에서 문제되지 않는다.

7. "현행 법제상 공무원 개인의 표현의 자유는 원칙적으로 허용된다. 민주사회에서 표현의 자유는 결국 정치적 표현의 자유, 특히 정부를 비판하는 자유를 함축한다. 그렇기 때문에 공무원의 정치적 표현의 자유, 특히 정부를 비판할 수 있는 자유가 보장되어야 하고, 이는 기능적 권력통제의 요청에도 상응한다"는 부분에 대하여

○ 사적인 정치적 표현의 자유, 정부를 비판하는 자유에 대하여는 아무런 제한이나 제약이 없으며, 공익증진 등에 지장을 초래할 수 있는 집단적 행위만을 제한하고 있다.

8. "국가와 공무원에게 똑같이 종교적 중립성과 정치적 중립성이 요청되고 있음에도 불구하고, 유독 정치적 중립성과 관련해서만 공무원의 정치적 기본권이 차별적으로 그리고 과잉적으로 제한되고 있는 현행 법제의 정당성을 수긍하기가 어렵다"고 하는 부분에 대하여

○ 공무원의 정치참여 또는 그 과잉이 빚을 공익적 폐해를 직시하여야 하며, 종교적 중립성과 정치적 중립성은 그 성격이 다르다고 하겠다.

---

5) 국민의 모든 자유와 권리는 국가안전보장, 질서유지, 공공복리를 위하여 필요한 경우에 한하여 법률로써 제한할 수 있으며, 제한하는 경우에도 자유와 권리의 본질적인 내용을 침해할 수 없다.

9. “민주시민의 양성이라는 교육목표에 비추어 볼 때 그리고 비교법적으로 검토해 볼 때, 교사의 정치적 기본권이 더욱 확대 보장될 필요가 있다”는 부분에 대하여

○ 인격적으로 완전히 성숙되지 않은 초중교학생들을 가르치는 교사가 편향된 정치이념을 가지고 있을 때 그 피해는 어떻게 막을 것인가.

○ 고등교육법에 의한 대학 교수 등에게는 정치적 기본권이 폭넓게 허용되고 있음을 볼 때 교육목적상 초중교 교원에 대해 정치적 기본권에 대해 일정한 제한을 가하는 문제는 “교실 이념화” 방지 등 그 만한 고민을 거쳐 나오게된 사회적 합의라고 봐야 할 것이다.

○ 미성숙한 학생들에게 특정 정치성향을 주입할 수는 없으며, 교육현장이 더욱 심각한 정치적 이념대립의 장이 될 수 있다는 점을 감안해야 한다.

○ 교사는 단순한 지식전달자가 아니다.

○ 또한 교사의 정치활동은 학생의 수업권 침해로 이어질 것이다.

10. “엄격한 규제법리 속에서 법집행의 자의성이 더욱 두드러지게 나타난다. 정권교체와 함께 교사·공무원 및 관련단체들에 대한 탄압이 행해지는 현재의 상황이 그러하다”는 부분에 대하여

○ 일부 교사·공무원의 불법적 노조활동에 대해 합법적 제재를 가하는 것을 ‘탄압’이라고 할 수는 없으며, 정권의 성향에 따라 법집행의 강조점이 달라질 수 있는 점을 이해한다면 법집행의 ‘자의성’이 두드러진다고 말하기는 어려울 것이다.

○ 교단과 행정현장이 정치투쟁장화되는 일은 바람직스럽지 않다.

11. “교사·공무원들의 정치적 기본권을 제한함으로써 정치자원의 축소, 대의제에서의 과잉대표 및 과소대표의 문제가 심각하게 드러나고 있다. 중앙정치의 차원은 물론이고 특히 지방자치의

활성화 차원에서 이들 교사·공무원들의 능동적이고 활발한 정치참여가 보다 요청된다”는 부분에 대하여

○ 공무원이 정치적 중립을 지키느냐, 아니면 정치적으로 자신의 의사를 표현하느냐의 문제는 단순한 이론만의 문제가 아니라 한 나라의 역사적 상황도 고려하여 판단하여야 할 것이다.

○ 그런 의미에서 우리나라는 역사적으로 공무원들의 정치적 활동으로 인한 폐단이 많았기 때문에 공무원에 대한 정치적 중립의무를 엄격하게 규정하고 있는 것이다.

○ 정치적 자유권은 “국가권력의 간섭이나 통제를 받지않고 자유롭게 표현하고, 정치적 의사형성에 참여할 수 있는 정치적 활동을 총칭하는 것으로 넓게 인식되고 있다(2004. 3. 25, 2001헌마710).

- 정치적 자유권은 ▲ 표현의 자유(Free speech, 언론 출판의 자유) ▲ 정당가입 및 활동의 자유(right to association), 선거운동의 자유(right to vote) 등 크게 3가지로 구성된다.
- 정치적 기본권과 관련있는 항목들을 것을 헌법에서 직접 찾아 본다면 언론·출판, 집회·결사의 자유(§21), 선거권(§24), 단결권·단체교섭권·단체행동권(§33)을 들 수 있을 것이다.
- 이 같은 정치적 자유권은 모든 국민이 차별없이 자신의 의사를 국정에 반영할 수 있는 조건일 뿐만 아니라 민주적 사회질서를 유지하기 위해서도 반드시 필요한 조건으로 다른 기본권에 비해 우월한 효력을 가진다(2004. 3. 25, 2001헌마710).

○ 정치적 자유권은 기본권의 주체인 개별 국민의 입장에서 보면 주관적 공권으로서의 성질을 가지지만, 민주정치를 표방한 민주국가에 있어서는 국민의 정치적 의사를 국정에 반영하기 위한 객관적 질서로서의 의미를 아울러 가진다(헌재 2004. 3. 25, 2001헌마710).

○ 다만, 이러한 정치적 기본권은 절대적인 것은 아니며, 그 나라가 처한 형편등에 따라 최소한의 범위내에서 일정한 한계를 둘 필요가 있다.

○ 교사·공무원의 정치중립은 헌법규정이므로, 교사·공무원의 정치적 중립을 포기는 헌법 개정으로 가능하다.

제108회 발표회 지정토론문

김 광 수*

발표자인 이종수 교수님은

3. 고전적인 특별권력관계론이 해체된 오늘날 특별권력관계를 이유로 교사·공무원의 정치적 기본권을 포괄적으로 그리고 획일적으로 제한하는 것은 헌법적으로 정당화되기 어렵다. 다만, 공무원이 수행하는 구체적인 업무에 따른 부득이한 기본권 제한이 허용될 뿐이다.

7. 국가와 공무원에게 똑같이 종교적 중립성과 정치적 중립성이 요청되고 있음에도 불구하고, 유독 정치적 중립성과 관련해서만 공무원의 정치적 기본권이 차별적으로 그리고 과잉적으로 제한되고 있는 현행 법제의 정당성을 수긍하기가 어렵다.

10. 교사·공무원들의 정치적 기본권을 제한함으로써 정치자원의 축소, 대의제에서의 과잉대표 및 과소대표의 문제가 심각하게 드러나고 있다. 중앙정치의 차원은 물론이고 특히 지방자치의 활성화 차원에서 이들 교사·공무원들의 능동적이고 활발한 정치참여가 보다 요청된다.

는 요지의 발표를 하였습니다.

이에 대한 저의 생각은 다음과 같습니다.

1. 교사 및 공무원의 정치적 기본권에 대한 포괄적이고 획일적인 제한은 옳지 않다고 하는 주장에 공감합니다. 다만 구체적인 업무에 따른 부득이한 기본권 제한은 가능하다고 하였습니다. 그런데 구체적인 업무에 따른 부득

* 서강대학교 법과대학 교수.

이한 제한은 모호한 개념이므로 어느 경우에 얼마만큼의 제한이 허용될 수 있는지에 대하여는 명확한 설명이 되지 않은 듯합니다. 특히 정당활동과 관련하여 대학의 교원에게는 폭넓은 자유가 보장되어 있음에도 교사 및 일반 공무원에 대하여는 그렇지 못한데 이에 대해서는 보다 근본적인 고찰이 있어야 한다고 생각합니다.

2. 종교적인 자유와 정치적인 자유를 비교하는 것은 잘 수긍이 되지 않습니다. 종교적 자유는 내면적인 신앙의 영역에 속하는 데 비해서 정치적 자유는 권력의 쟁취와 밀접한 관련이 있습니다. 즉 정치적 자유는 필연적으로 갈등과 다툼을 전제로 하고 있지만 종교는 평화와 구원을 추구하는 측면이 큽니다. 따라서 이를 서로 평면적으로 비교하는 것은 옳지 않다고 생각합니다.

3. 교사 및 공무원이 중요한 정치적 자원이라는 데는 인식을 같이 합니다. 특히 지방에서 교사 및 공무원들의 지식과 교양은 민주주의를 발전시키는데 도움이 될 수 있습니다. 그런데 이 점을 논의함에 있어서 우리 정치문화의 현실을 함께 고려하여야 한다고 생각합니다. 가령 기초지방의회 의원의 정당공천제와 관련하여 생각하여 보게 됩니다. 현대 민주주의가 정당정치라고 하는 데 모두 동의할 것입니다. 그러면 다음 헌법재판소의 결정대로 기초의원 출마자가 정당표방을 못하도록 하면 위헌의 소지가 있습니다.

후보자가 정당의 지지·추천을 받았는지 여부를 유권자들이 알았다고 하여 이것이 곧 지방분권 및 지방의 자율성 저해를 가져올 것이라고 보기에는 그 인과관계가 지나치게 막연하므로 이 사건 법률조항의 규율내용이 과연 지방분권 및 지방의 자율성 확보라는 목적의 달성에 실효성이 있는지도 매우 의문이다. 무엇보다도 이 사건 법률조항이 지방자치 본래의 취지 구현이라는 입법목적의 달성에 기여하는 효과는 매우 불확실하거나 미미한 반면에, 이 조항으로 인해 기본권이 제한되는 정도는 현저하기 때문에, 법익의 균형성의 관점에서 문제가 많다. 즉, 후보자로서는 심지어 정당의 지지·추천 여부를 물어오는 유권자들에 대해서도 침묵하지 않으면 안 되고, 또한 정당을 통해 정계에 입문하려는 기초의회의원 후보자에게 지나치게 가혹하다. 나아가 지방의회의원 선거의 선거기간이 14일로 규정되어 있고, 사전선거운동이 금지되는 등 선거의 공정성을 담보하는 각종의 규제들이 마련되어 있어서 실제로 유권자들이 기초의회의원 후보자와 접촉할 수 있는 기회는 그리 많지 않은데다가, 이른바 4대 지방선거가 동시에 실시되고 있는 탓으로 유권자들이 후보자들 개개인의 자질과 능력을 일일이 분석·평가하기란 매우 힘든 실정이므로, 현실적으로 후보자에 대한 정당의 지지·추천 여부는 유권자들이 선거권을 행사함에 있어서 중요한 참고사항이 될 수밖에 없다. 그럼에도 불구하고 무리하게 후보자의 정당표방을 금지하는 경우에는 유권자들은 누가 누구이고 어느 후보가 어떠한 정치적 성향을 가졌는지도 모르는 상태에서 투표를 하거나 아니면 선거에 무관심하게 되어 아예 투표 자체를 포기할 수도 있다. 이는 투표자의 알 권리를 크게 훼손하는 측면도 있다(헌재 2003. 5. 15, 2003헌가9, 판례집 제15권 1집, 503, 504-504).

이 결정을 계기로 공직선거법이 개정되어 기초의원 정당공천제로 변화하였습니다. 그런데 변화된 지방자치의 현실은 득보다는 실이 많았다고 저는 생각합니다.

4. 현재 교육감 및 교육의원 선거는 정당의 개입을 배제하고 있습니다. 만일 교사의 정치활동을 보장하게 되면 필연적으로 교육감 및 교육의원도 정당을 배경으로 선거전이 치러지게 될 터인데 과연 교육의 발전을 위하여 바람직한 방향이 될지 재검토를 요한다고 할 것입니다. 이 점에 대하여 답변을 부탁합니다.

5. 교사의 정당활동에 대해서는 기본적으로 동의합니다. 이는 “직무와 인격은 구별되어야 하며, 인격차원에서의 기본권 행사가 직무에 의해서 지나치게 제한되어서는 아니 된다”(발표문 p. 17)고 잘 요약되어 있습니다. 그런데 우리 사회의 미성숙으로 인하여 직무와 인격이 혼동될 뿐만이 아니라 오히려 조장되기까지 하는 현실을 간과해서는 안 될 것입니다. 제도의 발전 방향이 그 쪽이라면 전면적인 정치활동의 개방은 시기 문제이겠으나 이 점에 관하여 충분한 검토와 논의가 있어야 할 것으로 생각합니다.

第108회 발표회 지정토론문

김 동 훈*

발제자의 깊은 고민이 담긴 발표 잘 들었습니다.

특별권력관계론이 완전히 청산되지 못한 이유 등으로 공무원의 정치적 기본권에 대한 제한이 과도하며, 공무원의 지위와 역할에 대한 보다 적극적인 이해가 필요하다는 발제자의 의견에 충분히 공감하는 바입니다. 이하에서는 발제문을 보완하는 한편 몇 가지 의문점을 제시하도록 하겠습니다.

1. 세분화된 정치적 기본권 논의의 필요성

우선, 공무원의 정치적 기본권에 대한 논의를 함에 있어 추상적·포괄적인 수준에서 논의를 전개시키는 데서 생기는 문제점을 생각해 보도록 하겠습니다.

공무원의 정치적 기본권은 크게 3가지로 분류할 수 있습니다.[1] 첫째, 정치적 의사 표현의 자유, 둘째, 정당활동과 관련한 기본권, 셋째, 선거와 관련한 기본권.

구체적으로 보자면, (i) 정치적 의사 표현의 자유의 경우, 개인적 표현인가/집단적 표현인가,[2] 언어적 표현인가/상징적 표현인가,[3] 정부 정책에 찬성하는 표현인가/반대하는 표현인가, 노동조합과 연계된 표현인가, 정당활동과 관련된 표현인가, 선거운동과 관련된 표현인가 등이, (ii) 정당활동과 관련한 기본권의 경우, 정당 설립·가입의 문제, 당비·후원금 납부의 문제, 노동조합의 정치자금 기부 문제 등이, (iii) 선거와 관련한 기본권의 경우, 공무원의 선거운동 문제, 공무원 노조 등 단체의 선거운동 문제, 공무원의 입후보 자격 문제 등이 있을 수 있습니다.

* 헌법연구관.

1) 이와 유사한 분류로는 헌재 2004. 3. 25, 2001헌마710, 판례집 16-1, 422, 434 참조("정치적 자유권에는 정치적 의사를 자유롭게 표현하고, 자발적으로 정당에 가입하고 활동하며, 자유롭게 선거운동을 할 수 있는 것을 주된 내용으로 한다").

2) 국가공무원 복무규정 제3조(근무기강의 확립) ② 공무원(「국가공무원법 제3조 제3항의 공무원의 범위에 관한 규정」에 따른 공무원은 제외한다)은 집단·연명으로 또는 단체의 명의를 사용하여 국가의 정책을 반대하거나 국가 정책의 수립·집행을 방해해서는 아니 된다.

3) 국가공무원 복무규정 제8조의2(복장 및 복제 등) ② 공무원은 직무를 수행할 때 제3조에 따른 근무기강을 해치는 정치적 주장을 표시 또는 상징하는 복장을 하거나 관련 물품을 착용해서는 아니 된다.

그럼에도 공무원의 '정치적 기본권', '정치적 자유', '정치활동의 자유'라는 추상적·포괄적 범주를 설정한 후 '정치적 중립성이라는 이름으로 그것들을 부정할 수는 없다'라는 문제제기는 모든 세부적인 사항들을 사장시키고 결국 '공무원의 정치적 자유는 마땅히 인정되어야 한다 v. 인정되어서는 안 된다'라는 식의 대립적인 이분법으로 귀결되기 쉽습니다. 또한 공무원의 종류, 소속, 성격, 직급 등이 다양다기함에도 '공무원'이라고 통칭하는 것 역시, 예를 들면, 어떤 문제되는 사안에 있어 마땅히 배제되어야 할 공무원의 유형이 포함되어 논의의 진전을 막기도 합니다.

만약 공무원에 대한 정치적 기본권이 전면 부인되고 있다면, 공무원에게도 정치적 기본권 혹은 정치적 자유가 보장되어야 한다는 주장은 유효할 것입니다. 그러나, 발제자께서 지적하신 바와 같이, 공무원의 기본권 주체성을 원천적으로 부정하려는 특별권력관계론은 이제 더 이상 학설상으로나 판례상[4]으로 인정되지 않습니다. 이제 공무원은 국민전체에 대한 봉사자로서의 지위, 즉 공직자로서의 지위와 기본권 주체인 국민, 시민, 사인으로서의 지위라는 '**이중적 지위**'를 가진다는 점이 인정되며(제복을 입은 시민, Citizen in Uniform), 다만 공무원이라는 특수한 신분관계상 일반 국민보다는 더 넓고 강한 기본권 제한이 가능할 뿐이라고 생각되고 있습니다.

요컨대, 공무원의 정치적 기본권도 좀더 세분하고 유형화해서 각각의 유형과 영역에 대해 그 보장의 범위와 강도를 설정하는 것이 보다 실천적인 논의가 되지 않을까 합니다.

그런 측면에서 질문을 드리자면, 발제자께서는 공무원에게도 기본권적 지위가 인정되어야 한다고 한 다음, 현행 우리 법제는 공무원의 정치적 기본권에 대한 제약이 과도하다고 하면서, 정당정치적 활동이나 정부 비판의 자유로서의 표현의 자유를 보장해야 한다고 하십니다. 그렇다면, 발제자께서는 적어도 근무시간 내가 아니라면 공무원에 대해 정당활동, 선거운동, 일반적인 정치적 표현 등이 모두 허용되어야 한다고 보시는 것인지 궁금합니다.

---

4) 헌법재판소 역시 공무원의 정치적 기본권에 대한 제한이 과잉금지 원칙에 위반되는지를 주로 심사하고 있으므로, 공무원의 기본권 주체성을 전제하고 있다고 할 수 있다. 특히 다음의 명시적 입장 참조: "모든 공직자는 선거에서의 정치적 중립의무를 부과 받고 있으며, 다른 한편으로는 동시에 국가에 대하여 자신의 기본권을 주장할 수 있는 국민이자 기본권의 주체이다. 마찬가지로, 대통령의 경우에도 소속정당을 위하여 정당활동을 할 수 있는 사인으로서의 지위와 국민 모두에 대한 봉사자로서 공익실현의 의무가 있는 헌법기관으로서의 대통령의 지위는 개념적으로 구분되어야 한다"(헌재 2004. 5. 14, 2004헌나1, 판례집 16-1, 609, 639).

2. 정치적 중립성으로부터 정치활동 금지의 도출 문제

공익 실현의 주체라는 국가의 본질과 공무원의 '국민전체에 대한 봉사자'로서의 지위에 비추어 볼 때, 공무원에 대해 업무수행에 있어 특정 정당이나 당파에 치우치지 않는 정치적 중립성이 요구된다는 점에는 이의가 없을 것입니다. 정치적 중립성은, 소극적으로는 정치세력의 간섭과 개입으로부터의 독립이라는 측면, 적극적으로는 정치에의 개입 금지, 정치세력화의 방지라는 측면으로 나눌 수 있겠습니다.

그런데 문제는, 공무원의 정치적 중립의무로부터 공무원의 정치활동 금지, 정치적 기본권의 부정이라는 결론으로 곧장 나아가는 경향이 있다는 점입니다. 이런 생각은, 공무원이 정치적 활동을 하는 순간 — 예를 들면, 어떤 특정한 정당의 당원이 되는 순간 — 공무원은 특정한 정치적 편향성을 가질 수밖에 없으므로 공무원의 정치활동을 선제적으로 금지해야 한다는 것입니다.

그렇지만, 앞서 본 공무원의 정치적 중립성의 의의는 하나의 대원칙을 천명하고 있을 뿐인 것으로서, 정치적 중립성과 정치활동 금지 사이에는 몇 단계 거쳐야 할 관문이 있다고 할 것이므로, 전자로부터 바로 후자를 도출해내기는 어렵다고 생각됩니다.

발제자께서도 지적하는 바와 같이, 우리 헌법이 채택하고 있는 직업공무원제의 본질 및 내용이나 공무원의 정치적 중립성의 내용, 그리고 공무원의 정치적 중립성을 인정하면서도 정당가입이나 선거운동을 허용하고 있는 여러 외국의 법제에 비추어 볼 때, 공무원의 정치적 중립의무가 공무원의 정치활동 금지를 인정하는 것은 아닌 것입니다. 물론, 양자 사이에 논리필연적인 관련이 없다고 하여 혹은 공무원의 정치활동 금지에 대한 직접적인 근거가 없다고 하여 공무원의 정치활동이 전면적으로 허용되어야 한다고도 볼 수 없을 것입니다.

그렇다면 남은 문제는, <u>공무원의 정치적 중립성을 확보하면서도 공무원의 정치활동의 자유를 보장하는 방안이 무엇인가, 균형점을 어디서 잡을 것인가</u>라는 것이라고 생각됩니다.

3. 정치적 표현의 자유의 중요성에 대한 재확인

이런 점에서 볼 때 정치적 표현의 자유의 의의를 재확인할 필요가 있다고 생각됩니다. 정치적 표현의 자유를 가능한 넓게 보장하여야 하는 이유는, 다른 기본권보다 표현의 자유가 더 우월하다는 점, 그리고 표현의 자유 중에서도 정치적 표현의 자유는 더욱 강력히 보장받아야 한다는 점입니다. 이러한 정치적 표현의 자유의 우월성은 민주주의의 본질상 그것이 요청되기 때문입니다.5)

그런데, 헌법이론적으로나 실무적으로 정치적 표현의 자유의 우월성이 당연하게 여겨지고는 있으나, 정치적 자유의 중요성에 대한 진정한 이해는 이루어지지 못하고 있는 것은 아닌지 의문이 듭니다. 그렇기 때문에 정치적 표현의 자유가 소중하다는 원론적인 입장만이 반복하여 얘기될 뿐 실제로는 그 원칙이 실천되지는 못하는 게 아닌가 합니다.

자유주의 국가에서 정치적 표현의 자유란 주로 '개인의 자유'라는 측면이 강조되었을 뿐 공동체를 구성하고 민주주의를 실현하는 원리라는 이해는 약화되어 있습니다. 또한 정치에 대한 참여와 정치적 표현에 의해서 인간다움이 실현될 수 있다는 생각도 잊혀져 있습니다. 발제자께서도 제임스 해링턴(J. Harrington)을 언급하고 계시지만(발제문 14면), 아리스토텔레스로부터 이어지는 (공화주의) 전통에서는 인간은 정치적 동물(zōion politikon)이며 정치 활동을 통해서만 진정한 인간다움이 실현된다고 보았습니다. 그래서, 공동의 정치 세계 밖에서 오직 '자기 자신'(idion)의 사적 자유로 일생을 보내는 삶을 '백치와 같은 삶'(idiotic)이라고 하였던 것입니다.6)

정치적 표현의 자유가 등한시되어 왔다는 점은, 그동안 정치적 기본권이 주로 선거권과 공무담임권을 내용으로 하는 참정권을 중심으로 논의되어 왔다는 점에서도 읽을 수 있습니다.7) 선거권과 공무담임권이 보장되면 정치적 기본권의 문

5) "자유민주주의 사회는 전체주의 사회와 달라서 정부의 무류성(無謬性)을 믿지 않으며 정부는 개인이나 일반대중과 마찬가지로 또는 그 이상으로 오류를 범한 가능성이 있을 뿐만 아니라 권력을 가진 자가 오류를 범한 경우의 영향은 대단히 크다고 하는 역사적 경험을 전제로 하여 정부가 국민의 비판을 수렴함으로써 오류를 최소화할 수 있다는 사고방식을 보편적으로 수용하고 있는 것이다. 표현의 자유가 다른 기본권에 우선하는 헌법상의 지위를 갖는다고 일컬어지는 것도 그것이 단순히 개인의 자유인 데 그치는 것이 아니고 통치권자를 비판함으로써 피치자가 스스로 지배기구에 참가한다고 하는 자치정체(自治政體)의 이념을 그 근간으로 하고 있기 때문인 것이다"(헌재 1992. 2. 25, 89헌가104, 판례집 4, 64, 95).
"오늘날 정치적 표현의 자유는 실로 정치적 언론·출판·집회·결사 등 모든 영역에서의 자유를 말하므로, 이 권리는 자유민주적 기본질서의 구성요소로서 다른 기본권에 비하여 우월한 효력을 가진다고 볼 수 있다"(헌재 2004. 3. 25, 2001헌마710, 판례집 16-1, 422, 434).

6) 예를 들면, 페리클레스는 펠레폰네소스 전쟁 전몰장병 추도 연설에서 아테네를 칭송하면서 말하기를, 아테네에서는 각자 모두 공적으로나 사적으로 최선을 다하며, "정치에 참여하지 않는 자를 공명심이 없다고 보기보다는 쓸모없는 자로 생각한다"고 하였던 것이다.

7) 헌법재판소 역시 그러한 점을 인정하고 있다. "종래 정치적 기본권으로는 헌법 제24조(공무원선거권)와 제25조(공무담임권) 및 그 밖에 제72조, 제130조(국민투표권)가 규정하는 이른바 '참정권'만을 의미하는 것으로 보았다. 그러나 오늘날 정치적 기본권은 국민이 정치적 의사를 자유롭게 표현하고, 국가의 정치적 의사형성에 참여하는 정치적 활동을 총칭하는 것으로 넓게 인식하

제는 대략 해결된 것이라는 안도감이 내포되어 있지만, 그러한 참정권이라는 것은 어디까지나 정당과 선거라는 대의제 민주주의의 메커니즘일 뿐인 것으로, 정치적 기본권은 결코 거기에 한정될 수는 없습니다. 즉, 선거는 민주주의의 한 요소일 뿐 민주주의의 전부가 될 수 없으며 되어서도 안 됩니다. 국민의 직접적인 정치적 의사의 표출은 대의제 민주주의를 부족한 측면을 보완하는 부차적인 존재에 그치는 것이 아니라, 민주주의의 본질을 구성하는 것임을 확인해야 할 것입니다.

이런 전제에 설 때, 공무원은 비록 공직자라는 신분관계의 특수성이 있다고 하더라도 가능한 최대한도로 정치활동의 자유를 보장받을 필요가 있다는 원칙이 확고해질 것입니다.

4. 정치적 기본권 확대를 위한 한 방안 — 세부적 하위법령의 마련

보통 영국, 프랑스, 독일과 같은 유럽국가들보다 미국, 일본에서 공무원에 대한 정치활동 규제가 심하다고 하는데, 우리의 법령을 살펴보면 미국은 말할 것도 없고 일본보다도 더 심한 제한을 가하고 있다고 말할 수 있겠습니다.

우리 헌법은 공무원의 정치적 중립성을 선언하면서 그 구체적인 내용은 법률에 의해 정하도록 하고 있는데(제7조 제2항), 그것을 구체화하는 법령들을 보자면, 국가공무원법 제65조(정치 운동의 금지), 제66조(집단 행위의 금지), 공무원의 노동조합 설립 및 운영 등에 관한 법률 제4조(정치활동의 금지), 교원의 노동조합 설립 및 운영 등에 관한 법률 제3조(정치활동의 금지), 공직선거법 제9조(공무원의 중립의무 등), 제60조(선거운동을 할 수 없는 자), 정당법 제22조(발기인 및 당원의 자격), 정치자금법 제31조(기부의 제한), 국가공무원 복무규정 제3조(근무기강의 확립), 제8조의2(복장 및 복제 등) 등을 들 수 있습니다.

이들 규정에 의해 공무원의 정당활동과 선거운동, 노동운동, 정치적 의사 표현 등은 매우 심대하게 제약받고 있는 상황인데, 그 원인 중 하나는 위 규정들이 포괄적인 권리 제한을 가하고 있다는 점뿐만 아니라 위 규정들이 세부적·구체적으로 규정되어 있지 않아 자의적인 법집행이 가능하기 때문이라고도 생각됩니다. 일본의 경우를 예로 들어 비교해 보겠습니다.

일본 국가공무원법 제102조 제1항[8]은 "공무원은 정당 또는 정치적 목적을 위

고 있다"(헌재 2004. 3. 25. 2001헌마710, 판례집 16-1, 422, 434).

8) 일본 국가공무원법 제102조 제1항: "공무원은 정당 또는 정치적 목적을 위하여 기부금 기타 이익을 요구하거나 수령하거나 또는 방법을 불문하고 이러한 행위에 관여하거나, 또는 선거권 행사 이외에 인사원 규칙으로 정하는 정치적 행위를 하여서는 아니 된다."

하여 … 인사원규칙으로 정하는 정치적 행위를 하여서는 아니 된다"라고 규정하고 있는데, 그 위임으로 제정된 인사원규칙14-7은 금지되는 정치적 행위를 규정함에 있어 '정치적 목적'이란 무엇인가를 구체적으로 열거하고, 금지되는 '정치적 행위'는 '정치적 목적' 및 정당과 관련된 행위를 가리키는 것으로 한정하여 규정하고 있습니다. 나아가 인사원규칙의 운용방침은 더 세부적인 지침을 마련하고 있는데, 예를 들면, 인사원규칙 제5항 제6호[9] 중 "'국가기관 또는 공공기관에서 결정한 정책'이라 함은 국회, 내각, 내각의 통할 하에 있는 행정기관, 지방공공단체 등 정책의 결정에 관하여 공적 권한을 갖는 기관이 정식으로 결정한 정책을 말한다. '실시를 방해한다' 함은 그 수단 방법을 불문하고 유형·무형의 위력을 가지고 조직적, 계획적 또는 계속적으로 그 정책의 목적달성을 방해하는 것을 말한다. 따라서 단지 해당 정책을 비판하는 것은 이에 해당하지 아니한다."고 규정하여 무엇이 금지되는 행위인지 허용되는 행위인지 충분히 예측가능하다고 할 수 있습니다.

따라서, 우리의 역사적 경험과 정치 현실이 법률 차원에서 공무원의 정치활동을 전면적으로 허용할 형편이 되지 않는다면, 일본과 같이 가능한 구체적이고 세부적인 하위지침을 만드는 것이 공무원의 정치적 기본권을 보장하는 한 방법이 될 수 있지 않을까 합니다.

5. 정치활동 허용시 발생할 문제에 대한 우려 혹은 기우?

앞서 살펴본 바와 같이, 공무원의 정치적 기본권을 전면 부정해야 한다는 견해는 찾기 힘들고, '일정한' 정치활동은 인정되어야 한다는 점에 대해서는 이론상, 실무상, 그리고 대다수 국민에 의해 동의되는 바라고 할 수 있을 것 같습니다. 문제는 그 <u>'일정한' 정도의 정치활동 혹은 정치적 자유가 어느 정도이어야 하는가</u>라는 점이라고 할 것인데, 이 지점에서 우리 사회는 격렬하게 대립하고 있습니다.

어쨌든, 공무원의 정치적 기본권에 대한 강한 제한을 긍정하는 핵심적 이유 중 하나는, 공무원의 정치적 기본권을 널리 인정하였을 때 발생할지도 모르는 부작용에 대한 우려 때문이라고 생각됩니다.

일각에서는, 공무원의 정치적 의견 표현이 인정되어 정부정책에 대한 반대가

9) 인사원규칙14-7 제5항(정치적 목적의 정의) 법 및 규칙 중 정치적 목적이란 다음에 열거하는 것을 말한다. 정치적 목적을 가지고 이루어지는 행위라도 제6항에 정하는 정치적 행위에 포함되지 않는 한, 법 제102조 제1항에 위반하는 것은 아니다.

6. 국가기관 또는 공공기관에서 결정한 정책(법령, 규칙 또는 조례에 포함된 것을 포함한다)의 실시를 방해하는 것.

허용되면 원활한 공무집행이 불가능하게 된다거나, 공무원의 정당활동이나 선거운동이 허용되면 공무원이 이익집단화 된다거나 다시 관권선거·금권선거가 부활할 것이라고 생각합니다.

그런 반면, 다른 한편에서는 그런 우려를 기우에 불과한 것으로 취급하거나, 다소의 혼란과 부작용은 충분히 극복할 수 있는 문제로서 공무원의 정치적 기본권을 위해 감내해야 할 것이라고 하기도 합니다. 예를 들면, 원활한 공무집행에 지장이 초래된다는 우려는, 공무원에게는 성실한 직무 수행의 의무(국가공무원법 제56조)와 소속 상관의 직무상 명령에 대한 복종의 의무가 있으므로(국가공무원법 제57조), 그것으로써 해결 가능하다는 것입니다.

위와 같은 현실과 미래의 가능성에 대한 판단에 직면하여, 헌법재판소는 "선거의 공정성이 침해될 수 있다는 개연성만으로 공무원의 정치적 표현의 자유 내지 선거운동의 자유를 제한하는 것은 바람직하지 않다."[10]고 하여, 선거운동의 자유를 제한하기 위해서는 위험이 근접하여야 할 것을 요청한 바 있습니다.

그렇지만, 여전히 위와 같은 정도의 판단만으로는 충분하지 않다고 생각되는데, 발제자께서는 어떤 현실적 근거자료 없이도 이 문제를 해결할 수 있다고 보시는지, 아니면 이미 충분히 자료가 있어 결과를 예측할 수 있다고 보시는지 궁금합니다.

6. 공무원의 적극적 역할과 민주주의의 충돌 문제

발제자께서는 입법, 행정, 사법이 서로 분리되어 상호 견제와 균형을 이루어야 한다고 하는 고전적 권력분립의 원칙이 이제 정당국가화 경향에 따라 변형되고 말았으며, 다수당을 중심으로 하는 입법부와 행정부의 융합 하에서는 집권정치세력을 견제하는 적극적 역할을 할 수 있다고 합니다(발제문 4-5, 19-20면).

이 논의를 좀더 발전시키자면, 공무원에게는 정부와 집권당에 의해 주어진

---

10) "이 사건 법률조항이 공무원이 선거운동의 기획행위를 모두 금지시키는 것은 공무원의 선거개입의 여지를 철저히 불식시키고자 하는 것이나, 선거의 공정성이 침해될 수 있다는 개연성만으로 공무원의 정치적 표현의 자유 내지 선거운동의 자유를 제한하는 것은 바람직하지 않다. 선거의 공정성을 확보하기 위하여 선거에 대한 부당한 영향력의 행사 기타 선거결과에 영향을 미치는 행위를 금지하여 선거에서의 공무원의 중립의무를 실현하고자 한다면, 공무원이 '그 지위를 이용하여' 하는 선거운동의 기획행위를 막는 것으로 충분하며, 그 지위를 이용함이 없이 하는 선거운동의 그러한 준비행위를 허용한다고 해서 그것이 선거에 영향을 미친다고는 보이지 않는다. 이러한 점에서 이 사건 법률조항은 수단의 적정성과 피해의 최소성 원칙에 반한다고 할 것이다"(헌재 2008. 5. 29, 2006헌마1096, 판례집 20-1 하, 270, 281).

정책을 수동적으로 집행할 것이 아니라 정책집행이 헌법질서에 부합하도록 하는 것이 공무원의 정치적 중립의무의 진정한 의미라고 본다거나, 공무원들의 정치적 의사표현, 공무원 노조를 통한 영향력 행사는 집권 정치권력에 대한 견제가 될 수 있기 때문에 공무원의 정치적 중립을 지키기 위해서는 오히려 공무원의 정치활동의 자유가 널리 허용되어야 한다고 주장되기도 합니다.

그런데, 어떤 정부가 들어서든지 간에 공무원 개인의 정치적 의견이나 성향에 관계없이 그 정부의 정책을 성실히 수행하라고 하는 것이 바로 직업공무원제도의 본질이며(행정의 도구적 중립성), 동시에 그 정부를 선택한 국민의 의사이며 민주주의의 요청이라고 할 수 있다는 점에서, 이는 위의 주장과 모순을 일으킵니다.

그렇다면, 공무원으로서는 직무에 충실해야 하지만 사인으로서는 자신의 정치적 의견을 표출할 수 있다는 논리만으로 위와 같은 모순된 요구에 대한 해결이 될 수 있을 것인지, 다른 돌파구가 있을지 발제자의 의견을 듣고 싶습니다.

第108회 발표회 토론요지

간 사 : 헌법실무연구회 第108회 정기발표회를 시작하도록 하겠습니다.

저는 헌법실무연구회 간사 손인혁 연구관입니다.

바쁜 일정에도 불구하고 많이 참석해 주셔서 감사합니다.

이번 발표회는 2011년 들어서 첫 번째 맞이하는 자리이기도 하지만 우리 연구회 내부적으로도 많은 변동이 있었습니다.

회원님들께 간단히 변동사항을 보고드리도록 하겠습니다.

먼저 언론보도를 통해 아시겠지만 그동안 회장직을 수행해 오신 김희옥 재판관님께서 지난 12월 31일자로 퇴직하셨습니다. 갑작스러운 퇴직이라 공식적으로 회원님들께 알려드리지 못했습니다. 그렇지만 성의를 모아서 회장님께 감사패를 제작해서 전달해 드렸습니다.

다음으로 신임회장님 추대에 관한 건을 보고드리도록 하겠습니다.

전임 회장님 퇴임 후 관례에 따라서 헌법재판소 재판관님들께서 합의를 거쳐 김종대 재판관님을 신임회장으로 추대하셨습니다.

오늘 참석하신 회원님들께서 박수로서 동의에 갈음해 주시면 김종대 재판관님을 모셔서 취임인사말씀을 듣도록 하겠습니다.

회 장 : 신묘년 새해를 맞이하여 존경하는 헌법실무연구회 회원님들께 새해에도 회원 여러분의 가정에 기쁨과 행복이 가득하시고 소망하시는 모든 일들이 뜻대로 이루어지기를 기원함으로써 새해인사를 드립니다.

저는 작년 12월 31일 퇴임하신 김희옥 회장님을 이어 개인적으로는 많은 점에서 부족한 사람이나 부득불 헌법재판소 내부의 오래된 관습에 따라 제8대 회장으로 추대되었습니다.

헌법실무연구회는 학계와 실무계의 상호 협조에 의해 운영되는 연구모임입니다.

그동안 학계와 실무계가 터놓고 소통할 공간이 없었던 것이 우리 법률문화의 현실임을 감안하면 헌법실무연구회가 지난 10여년간 매월 발표회를 개최해 온 사실 하나로 이미 상당한 성과를 거둔 것이 아닌가 자평해 봅니다.

앞으로도 우리 연구회를 통하여 학계와 실무계간에 이해와 협력이 더욱 견고해 지고 우리의 연구성과가 헌법재판의 품격을 한층 더 높이고 우리나라 법조계의 큰 지적자산으로 활용되기를 바랍니다.

그리고 제가 회장으로 있는 동안 여러 회원님들의 지혜와 의견을 적극 수렴하여 우리연구회가 제2의 도약을 할 수 있도록 열과 성을 다할 것이며, 아울러 회원 여러분들께서 좀 더 나은 환경에서 공부하고 토론할 수 있도록 물심양면으로 지원을 아끼지 않을 것임을 약속드립니다.

끝으로 지난 1년간 성심껏 우리 연구회를 이끌어주신 전임회장과 전임회장단 그리고 전임운영위원 여러분들의 노고에 감사드리며 회원님들의 아낌없는 성원과 격려를 부탁드립니다.

감사합니다.

간　　사 : 마지막으로 간사 교체건에 대해서도 간단히 보고드리도록 하겠습니다.

부족한 능력이지만 제가 3년 5개월 동안 간사로 일해 왔습니다. 그래서 이번 기회에 간사역할을 넘기게 되었습니다. 그동안 여러 가지로 도와주셔서 감사하게 생각합니다.

앞으로 유능하신 전상현 연구관께서 간사로서 연구회 운영과 관련한 실무적인 일을 다 해 주시겠습니다.

전상현 연구관을 소개하겠습니다.

이제 본 발표회로 들어가도록 하겠습니다.

이번 발표는 연세대 법학전문대학원 이종수 교수님께서 공무원의 충실의무와 기본권적 지위에 관해 발제해 주시겠습니다.

그리고 사회는 헌법재판소 연구위원으로 재직중인 김성수 교수님께서 맡아주셨습니다.

사 회 자 : 금요일 밤인데 이렇게 많이 모여주셔서 대단히 감사합니다.

오늘 이종수 교수님께서는 공무원의 충실의무와 기본권적 지위의 검토라는 주제로 발제를 해 주시겠고, 세분의 지정토론자가 지정토론을 해 주시겠습니다.

먼저 발제에 들어가기 전에 간단히, 다 아시겠지만 여러분들 개인적으로도 그러나 또 모르시는 분도 계시기 때문에 발제자와 토론자를 간단히 여러분께 소개해 올리겠습니다.

이종수 교수님은 현재 연세대학교 법학전문대학원에서 헌법을 전공하고 계시고 연세대학을 졸업하시고 독일의 콘스탄츠대학에서 학위를 받으셨습니다.

박수 부탁드립니다.

저랑 같은 학교에 사회자의 전제성이 있는지 잘 모르겠습니다만, 하여튼 공정하게 사회를 보도록 하겠습니다.

지정토론자로서는 김동훈 연구관님 나와 계신데요. 박수 한번 쳐드리지요.

김 연구관님은 서울대에서 공부하시고 헌법학으로 박사학위도 받으셨고, 작년부터 헌재에서 연구관으로 재직하고 계십니다.

그 다음에 행정안전부의 김진수 과장님 소개해 드리겠습니다.

김진수 과장님은 중앙인사위원회 위원장 비서실장을 지내셨고 행정안전부의 복무담당관을 역임하셨습니다. 오늘 아마 이 주제와 관련해서 실무적으로 많은 좋은 토론해 주시리라고 생각합니다.

그리고 현재는 행정안전부의 인사실 성과급여기획과장으로 계십니다. 행안부의 공무원께서는 성과 관련해서는 항상 김 과장님을 쳐다보는 그런 입장이 아닌가 싶습니다.

마지막으로 김광수 교수님을 소개해 드리겠습니다.

김 교수님은 서강대학교 법학전문대학원의 행정법 담당교수로 재직하고 계십니다.

서울대학교에서 공부하셨고 박사도 서울대학교에서 취득하셨습니다.

현재 행정법의 각 분야에서 활발히 활동하시는 중견학자의 대표적인 분으로 알고 있습니다.

그러면 오늘 바로 이종수 교수님께서 주제와 관련해서 발제해 주시겠습니다.

< 주제발표자 발표 >

사 회 자 : 고생하셨습니다. 여러분들도 들으시느라고 고생하셨습니다.

제가 되풀이할 것도 없이 이종수 교수님의 발제는 헌법상 공무원의 정치적 중립성이라고 하는 것과 또 시민으로서의 정치적 자유가 조화를 이루어야 되는데 너무 지나치게 전자로 인해서 공직자들의 여러 가지 정치활동의 자유라든지 특히 정치표현의 자유라고 하는 것이 과도하게 제한받고 있지 않느냐 이런 말씀해 주셨습니다.

저는 이 글을 읽으면서 이런 생각을 해 봤어요. 과연 국민에게 헌법이라는게 뭘까라는 생각이지요. 저 학교 다닐 때만해도 헌법은 무서웠습니다. 거기서 긴급조치도 튀어나왔고 계엄도 튀어나왔고 말이지요. 그래서 헌법은 무서운 존재였었지만, 제 딸이 이번에 대학을 졸업하는데 제가 물어봤어요. “너 헌법에 대해서 어떻게 생각하니? 헌법무섭지 않니?” “아빠, 완전 안무서워. 헌법이 왜 무섭냐? 헌법은 나를 지켜 주는 법인데.”

지난 23년 동안 헌재가 활동하면서 헌법에 대한 인식을 바꾼 것이 저는 대한

민국 사회에서 커다란 역사적 발전이다. 국민들이 헌법을 무서워하지 않는다. 나는 헌법상의 여러 가지 의무를 지킬 그런 국민이지만 동시에 헌법은 나를 지켜준다.

역사라는 게 굉장히 더디게 발전하는데요. 공직자의 경우에도 헌법을 잘못 해석했든 잘못 적용했든 어떤 법 때문에 지나치게 묶이는 대상이 되었지만 앞으로는 공직자들도 헌법을 누리는 대상으로 생각해야 되지 않는가 그런 말씀으로다가 왔습니다.

세 분의 지정토론자께서 기다리고 계시니까 우리 김동훈 연구관님께서 먼저 토론을 해 주시겠습니다.

지정토론자 : 헌법재판소 근무하는 헌법연구관 김동훈입니다.

발제자의 깊은 고민이 담긴 발표 잘 들었습니다. 발제자께서는 특별권력관계가 완전히 청산되지 못한 이유 등으로 공무원의 정치적 기본권에 대한 제한이 과도하며 그리고 공무원의 지위와 역할에 대한 적극적인 이해가 필요하다는 발표를 해 주셨습니다. 충분히 공감하는 바이고요.

저는 발제문을 보완하고 몇 가지 의문점을 제시하도록 하겠습니다.

첫 번째로 제가 말씀드리고 싶은 것은, 세분화된 정치적 기본권에 대한 논의가 필요하다라는 건데요. 지나치게 정치적 기본권, 정치적 자유 해 가지고 추상적·포괄적으로 그런 수준에서 논의하면서 생기는 문제점이 있는 것 같습니다.

그래서 공무원의 정치적 기본권을 분류를 하면 세 가지가 될 것 같은데요.

첫 번째로 일반적인 정치적 의사표현의 자유, 그리고 두 번째로 정당활동과 관련한 기본권, 그리고 세 번째로 선거와 관련한 기본권 이렇게 세 가지가 될 것 같습니다.

또 구체적으로 보자면, 정치적 의사표현의 자유에 관한 경우에도 개인적 표현인가 아니면 집단적 표현인가, 언어적 표현인가, 상징적 표현인가, 그리고 정부 정책에 찬성하는 표현인가 반대하는 표현인가, 노동조합과 연계된 표현인가, 정당활동에 관한 표현인가, 선거운동에 관한 표현인가 이렇게 다양합니다. 그래서 이렇게 다양한 것을 구체적인 다양함을 무시하고 그냥 막연히 공무원의 '정치적 기본권', '정치적 자유', '정치활동의 자유' 이렇게 해 가지고는 결국은 '공무원의 정치적 자유는 마땅히 허용되어야 된다. 반대쪽에는 허용되면 안 된다' 이렇게 이분법적인 대결로 치닫기 쉬운 것 같습니다.

그리고 또 한편 공무원도 종류나 성격이 다양하잖아요. 그래서 직업공무원제에서 말하는 공무원 그리고 정무직공무원, 단순노무직공무원 다양하기 때문에 어떤 공무원에 대해서 어떤 활동이 허용되어야 된다는 것인지 그런 유형이나 이런 세부적인 논의가 필요할 것 같습니다.

그래서 한 가지 질문을 드리자면, 발제자께서 말씀하신 내용을 들어보면 공무원에게도 기본적으로 공무원으로서의 지위가 있고 또 시민으로서의 지위가 있기 때문에 이중적 지위상 공무원에게도 기본권적 지위가 인정되어야 한다. 그런데 우리법제는 공무원의 정치적 기본권에 대한 제한이 과도하다. 그렇기 때문에 정당 정치적 활동이나 정부비판의 자유도 허용되어야 된다, 이렇게 말씀하셨습니다.

좀 더 구체적으로 하자면 공무원이 근무시간내가 아니라면 퇴근후라면 이런 정당활동, 선거운동, 일반적인 정치적 표현의 자유 모든게 허용되어야 된다고 보시는 것인지 아니면 세부적으로 들어가면 다르게 보시는 것인지 궁금합니다.

그리고 두 번째 정치적 중립성이라고 헌법상 규정이 있는데 거기서 공무원의 정치활동의 금지를 도출하는 게 근거가 있는지 것인지 그 문제에 대해서 보겠습니다.

일단 정치적 중립성이라는 의미가 소극적으로는 정치세력의 간섭과 개입으로부터의 독립이라는 측면이 있고요. 그리고 공무원이 적극적으로 정치에 개입하는 것을 금지하고 정치세력화를 방지한다는 측면으로 볼 수가 있겠습니다.

그런데 헌법상 공무원의 정치적 중립의무로부터 공무원의 정치활동금지라는 방향으로 곧장 나아가는 그런 경향이 많은 것 같습니다. 이런 생각은, 공무원이 정치적 활동을 하는 순간, 예를 들면 정당에 가입하는 순간 그 공무원은 특정한 정치적 편향성을 가질 수밖에 없으므로 공무원의 정치활동은 선제적으로 미리 금지해야 된다 이런 생각인 것 같습니다.

그렇지만 아까 발제자께서도 충분히 말씀하셨듯이 공무원의 정치적 중립성이라는 규정으로부터 정치활동금지로 바로 연결될 수 없을 것 같고요. 몇 단계를 거쳐야지만 정치활동금지라는 게 도출될 수 있을 것 같습니다. 그렇다고 해서 양자 사이에 논리필연적인 관련이 없다고 해서 그리고 또 공무원의 정치활동금지에 대한 직접적인 근거가 없다고 해서 공무원의 정치활동이 전면적으로 허용되어야 한다 이렇게도 갈 수가 없을 것 같습니다.

그렇다면 남는 문제는 공무원의 정치적 중립성을 확보하면서도 공무원의 정치활동의 자유를 보장하는 방안이 뭔가, 양자를 조화롭게 하는 게 뭔가, 그 균형점을 어디서 잡을 것인가라는 것 같습니다.

그래서 3페이지 끝에 3항으로 가면, 제 생각에는 이 균형점을 잡을 때 중요한게 원칙을 세워야 되는 것인데 제 생각에는 그 균형점이라는 게 일단 최대한 정치적 활동의 자유는 보장되어야 된다, 여기에 대한 어떤 확고한 동의가 있어야 될 것 같습니다.

그래서 정치적 표현의 자유의 의의를 재확인하도록 해 보겠습니다.

헌재결정에도 있듯이 표현의 자유가 다른 어떤 기본권보다 더 우월하다. 그리고 표현의 자유 중에서도 정치적 표현의 자유는 더욱 강력히 보장받아야 한다. 왜냐 하면 그것이 민주주의의 본질이기 때문이다라는 판결도 있습니다.

그런데 제가 생각하기로는 이렇게 헌법이론적으로나 실무적으로 정치적 표현의 자유의 우월성이 당연하게 여겨지고는 있는 것 같습니다. 그렇지만 진정한 이해는 이루어지지 못하고 있는 것은 아닌가. 아까 발제자께서도 노동기본권 관련해서는 '법률이 정한'이라고 해서 그거는 제한하는 게 맞는데 왜 정치적 자유에 관해서는 제한한 게 없음에도 불구하고 제한되고 있다, 이해할 수 없다라고 하셨는데, 제가 볼 때는 원론적으로 우리가 정치적 자유가 중요하다라고만 말하지 실제로는 그게 어떤 의미인지를 제대로 이해를 못하고 있기 때문에 그런게 아닌가 싶습니다.

그래서 좀 더 보자면 우리는 자유민주주의국가잖아요. 자유주의국가에서 정치적 표현의 자유라는 것은 '개인의 자유'라는 측면이 강조되어 있습니다. 그래서 내가 정치적 표현을 할지 말지 안 해도 그만 해도 그만 그렇게 이해되고 있기 때문에 정치적 표현이라고 하는 게 공동체를 구성하고 민주주의를 실현하는 원리다, 이런 이해가 약화되어 있는 것 같습니다.

그리고 또 한편으로는 정치적 활동을 통해서 인간다움이 실현된다. 그러니까 단순히 그게 민주주의의 본질이다, 민주주의의 요청이다 해서 어떤 추상적인 민주주의로 가는 게 아니고요. 결국은 정치적 활동을 통해서 인간다움이 실현된다라고 하는 측면이 있는 것 같습니다. 요즘에 공화주의라고 하는 게 유행하고 있는데 거기서 보면 인간은 정치적 동물이다. 그래서 공동의 정치세계 밖에서 오직 '자기 자신'의 사적 자유로 일생을 보내는 삶을 '백치와 같은 삶'이다고 해서 idiotic이 여기서 나왔다고 하는데요. 이렇게 정치적 활동, 정치적 자유가 무엇인가에 대한 어떤 확고한 이해를 통해서 그게 중요하다면 그거를 더 보장하는 방향으로 나아가야 되는 게 아닌가 싶습니다. 그래서 이런 전제에 설 때 공무원은 비록 공직자라는 신분관계의 특수성이 있다고 하더라도 가능한 최대한도로 정치활동의 자유를 보장받을 필요가 있다는 원칙이 확고해질 것 같습니다.

그렇다면 정치적 기본권 확대를 위한 한 방안이 어떨까? 제가 생각을 해 봤는데 한 가지 방안이 세부적인 하위법령을 마련하는 것은 어떨까 싶습니다.

보통 영국, 프랑스, 독일과 같은 유럽국가들보다 미국, 일본에서는 정치활동 규제가 심하다고 합니다. 그런데 법령을 살펴보면 우리는 미국은 말할 것도 없고 일본보다도 훨씬 더 심한 제한을 가하고 있습니다. 국가공무원법, 공무원노조법, 교원노조법, 공직선거법, 정당법, 정치자금법, 최근에 개정된 국가공무원복무규정 이런 규정을 다 살펴보면 공무원의 정당활동도 금지되고 선거운동도 안 되고 노동운동, 정치적 의사표현 상당히 제한이 심합니다.

그런데 그 원인을 보자면 이렇게 규정들이 포괄적인 권리제한을 하고 있다라는 측면이 하나가 있고요. 또 한 가지 측면은 그렇게 포괄적으로 규정되었기 때문에 자의적인 법집행이 가능하다. 그러니까 애매하기 때문에 적극적으로 정권이 바뀌면서 예를 들면 기소를 하고 어떤 때는 안하고 이렇게 하니까 자의적인 법집행이 가능하기 때문에 제한이 심한거 아니냐라고 생각이 됩니다.

그래서 일본의 경우를 보면, 일본 국가공무원법, 인사원규칙 이런 규정을 살펴보면 상당히 구체적으로 정해져 있습니다. 그래서 일본 국가공무원법 제102조 제1항을 보면 공무원은 정당 또는 정치적 목적을 위해서 인사원규칙으로 정하는 정치적 행위를 하여서는 아니 된다. 그래서 그 위임으로 제정된 인사원규칙은 정치적 행위를 하여서는 아니 된다 할 때 정치적 행위가 뭐냐라고 할 때 정치는 행위는 정치적 목적을 가지고 있고 그런 행위가 안 된다고 하는 겁니다.

또 하나 더 내려가서 인사원규칙 운용방침은 어떻게 규정하고 있는가 하면 인사원규칙 제5항 제6호 중에서 '국가기관 또는 공공기관에서 결정한 정책이라 함은 국회, 행정기관 등의 공적권한을 갖는 기관이 정식으로 결정한 정책을 말한다.'라고 하고 있고, 또 '실시를 방해한다'고 함은 '그 수단 방법을 불문하고 조직적, 계획적, 계속적으로 그 정책의 목적달성을 방해하는 것을 말한다. 따라서 단지 해당 정책을 비판하는 것은 이에 해당하지 아니한다.'고 해서 무엇이 금지되고 허용되는지 충분히 예측이 가능하다고 합니다.

그런데 우리나라 같으면 어떤 공무원이 예를 들어서 인터넷에 글을 올렸다, 신문에다 칼럼을 썼다, 이게 금지되는 것인지 금지되지 않는지가 애매하잖아요. 그런데 일본에서는 예를 들면 조직적, 계획적, 계속적으로 방해하는 것이어야지만 정부정책을 반대하는 거다. 이렇게 해서 이런 어떤 세부적인 하위지침을 만들면 우리도 나아지지 않을까라는 생각이 듭니다.

그리고 6페이지 5항을 가면, 제가 공부를 해 보면 상당히 이론적으로는 큰문제가 없는 것 같습니다. 실제로는 만약 허용했을 때 정치적 활동을 더 보장했을 때 어떤 부작용이 생길 것인가? 그게 더 문제가 되는 것 같거든요. 그래서 한편에서는 이렇게 말합니다. 공무원의 정치적 의견표현이 인정되어서 정부정책에 대한 반대가 허용되면 원활한 공무집행이 불가능하게 된다. 그리고 공무원의 정당활동이나 선거운동이 허용되면 공무원이 이익집단화되거나 다시 또 관권선거·금권선거가 부활할 것이다, 이렇게 걱정을 합니다.

그런데 또 다른 한편에서는 그런 우려는 기우에 불과한 것이다. 그리고 다소 혼란이 있더라도 그거는 감수해야 된다, 감내해야 된다, 우리가 더욱더 민주사회로 가기 위해서는 감내해야 된다. 그리고 그런 어떤 원활한 공무집행에 지장이 초래되더라도 국가공무원법 제56조 같은 성실한 직무수행의 의무 그리고 제57조에 따르는 상관의 명령에 복종할 의무 이런 규정을 통해서 공무집행이 장애가 되는 것을 막을 수 있다고 해서 그런 우려는 기우다라는 주장을 하고 있습니다.

여기에 대해서 헌법재판소가 한 가지 좋은 아이디어를 내고 있는데요. 헌법재판소는 이렇게 말하고 있습니다. "선거의 공정성이 침해될 수 있다는 개연성만으로 공무원의 정치적 표현의 자유 내지 선거운동의 자유를 제한하는 것은 바람직하지 않다."고 해서, 선거운동의 자유를 제한하기 위해서는 좀더 위험이 근접해야 된다라고 말하고 있습니다. 이렇게 위험이 근접해야 된다, 개연성만으로는 안 된다, 부작용이 생길 우려만으로는 안 된다라고 하는데 그것만으로도 제가 볼 때는 충분하지 않은 것 같습니다. 그래서 혹시 발제자는 더 어떻게 부작용이 생길지 안 생길지, 어떤 자료가 있는지, 어떻게 생각하시는지 궁금하고요.

그리고 마지막으로 또 하나 근본적인 문제가 있는데요.

발제자께서는 공무원의 적극적 역할이 요청되어야 하는 이유가 예전처럼 입법, 사법, 행정이 분리되어 가지고 서로 견제와 균형을 이룬다고 하는 고전적 권력분립의 원칙이 이제 정당국가화 경향에 따라 변형되고 말았다. 지금은 다수당을 중심으로 하는 입법부와 행정부의 융합상황인데 이때는 공무원이 적극적으로 집권정치세력을 견제하는 역할을 해야 된다라고 하고 있습니다.

그래서 이 논의를 좀 더 발전시키자면, 공무원에게는 정부와 집권당에 의해 주어진 정책을 수동적으로 집행할 것이 아니라 정책집행이 헌법질서에 부합하도록 하는 것이 진정한 공무원의 정치적 중립의무다, 이렇게 볼 수도 있고요. 그리고 예를 들면 공무원 노조를 통해서 영향력을 행사하는 것이 집권세력에 대한 견제가 될 수 있기 때문에 오히려 공무원의 정치적 활동은 더욱더 보장되어야 한다, 이렇게 될 수 있을 것 같습니다.

그런데 또 한편으로 보면, 어떤 정부가 들어서든지 간에 공무원의 개인적 정치적 의견이나 성향에 관계없이 그 정부의 정책을 성실히 수행하라고 하는 것이 바로 직업공무원제도의 본질이고요, 다르게 말하면 행정의 도구적 중립성 해서 시키는 대로 일단은 해야 된다는 게 공무원제도의 본질이다, 그게 또 그 정권을 선택한 국민의 의사이고 그게 바로 민주주의의 요청이다라고 할 수도 있습니다. 그래서 이 두 가지가 모순되는데 어떻게 이 모순을 해결할 수 있는지 궁금합니다.

이상입니다.

사 회 자 : 감사합니다.

김진수 과장님 하실 말씀이 굉장히 많으신 것으로 알고 있습니다만, 짧게 토론해 주시면 감사하겠습니다.

지정토론자 : 행정안전부 김진수 과장입니다.

요즘 개그콘서트 두분토론의 박영진 개그맨이 생각나는데요. 주제 얘기하면 그런 것 자체가 문제라고 하던데, 저는 정말 공무원의 정치적 기본권 확대가 논의된 것 자체가 문제라고 생각합니다. 그것은 실익도 없고 국민에게 그 다음에 국가에게 또 공무원들에게 모두에게 아무런 실익도 가져다주지 못하면서 공직사회의 붕괴, 더 나아가서는 우리나라의 기반을 무너뜨리는 그런게 될 우려가 크다 이렇게 생각이 들거든요.

다만 이종수 교수님의 발표내용은 제가 찬찬히 듣고 '아, 저럴 수도 있겠다. 저렇게 되면 안 되니까 잘 막아야 되겠다'라는 생각만 더 강하게 들고요.

저는 독일 가서 공부를 하거나 그러지 않아서 잘 모르겠는데 교수님 말씀 잘 들었습니다만, 더러 외국에 보면 공무원에 대해 정치활동을 보장하는 게 있습니다. 많습니다. 많고, 아까도 말씀하셨지만 우리나라는 좀 강하게 되어 있습니다. 그런데 우리나라를 보면 진짜 공무원의 정치적 중립을 엄격하게 갔다는 게 너무나 큰 복이라고 생각해요. 진짜 헌법 잘 만들어져 있다고 생각합니다.

오늘 여기 장소가 헌법재판소인데요. 헌법의 가치를 지키고 헌법을 보존하는 국가최고의 기관입니다.

거기에 비추어 볼 때 오늘 이종수 교수님의 발제내용은 어쩌면 신선하게는 들리지만 헌법에 기초하지 않은 측면도 많다, 철저하지 못하다, 헌법에 기초한 기초가 취약하다는 느낌을 받습니다.

우리나라는 외국과 달리 공무원 신분보장을 강하게 해 줍니다, 강하게. 왜냐하면 그 강하게 해 준 대신에 정치적 중립이라는 가치를 요구하는 게 핵심입니다. 딴전 피우지 말고 제발 공무원은 국민을 위해서, 공무원이니까 제발 좀 국민을 역사를 위해서 국가를 위해서 제발 딴전 피우지 말고 일 해다오. 당신 신분보장 해주고 생계보장 해 주겠다, 고용도 보장 해 주겠다, 이겁니다. 외국에는 신분보장이 약합니다. 느슨하고요. 저희는 공무원에 대한 신분보장이 강합니다. 역사성이 있기 때문에 우리나라가 옛날부터 일제가 낳은 그런 잔재 때문에 굉장히 저희가 그런

아픈 역사 때문에 공무원에 대해 신분보장을 강하게 하는 대신에 정치적 중립은 엄격하게 요구하고 있다고 생각됩니다.

오늘 기왕에 저희가 모였고 시간도 많이 갔기 때문에 시간은 좀 들지만 제가 왔으니까 밥값은 하고 가야 된다고 생각해서 몇 가지만 외람되지만 말씀드리고자 합니다.

우선 공무원은 아까 이중적 구조라고 그랬는데 공무원은 정말 투트랙입니다.

하나는 개인 사인의 지위를 갖는 것이고, 하나는 전체 국민의 봉사자라는 이중적 기준을 갖는 게 아닙니까? 이거는 일반근로자 일반국민들과 아주 구별되는 차이점이라고 볼 수 있습니다. 소위 디퍼런스인데 이 차이를 항상 생각해야 된다는 겁니다. 공무원은 다르다는 것입니다. 달라야 하는데 계속 같게 하려고 하는데서 문제가 생기는 겁니다. 공무원은 사인이기도 하지만 공무원이라는 특수성을 잘 유지해야 된다. 공무원들이 만약 이 특수성을 유지 안 하면 그 순간 공무원조직은 무너집니다. 그 순간 신분보장 내놓고 고용권 내놓고 다 내놓아야 됩니다. 실익이 없습니다. 공무원 자체에게도. 매우 위험한 발상입니다. 말은 좋지만. 지금 처지에서도 지방에 가면 단체장 줄 잘못섰다가 완전히 쪽박 차는 것 많습니다. 직업공무원제가 행정의 안정성, 계속성을 위하는 것인데 공무원들이 정치 신경 쓰고 그러면 어떻게, 진짜 소는 누가 키워야 되는지 모르겠습니다.

그리고 아까 교수님께서 정치권력을 통제하는 공무원 또는 공무원단체역할이 필요하다. 그게 바로 기능적 권력통제모델이다. 저는 정말 다른 것은 몰라도 이거는 막아야 되겠습니다.

대통령 권력을 통제하는 것은 우리 사회에 이미 다 그런 장치가 되어 있습니다.

예를 들면 법령에 따라서 대통령이 공무원임명권을 행사한다든가 대통령이 뭐 할 때 함부로 못하게 하고 국무위원들이 부서를 하게 한다든가 또 언론이 있고 시민단체가 있고 국제여론도 있고 얼마든지 많이 있습니다. 요즘에 말 한번 잘못했다가는 인터넷에 난도질 당합니다. 그런 것으로 통해야지 공무원은 뭡니까? 공무원은, 보니까 정부라고 하는 것은 민주적 절차에 의해서 뽑은 대통령이 정부를 구성합니다.

그리고 정부 안에서 대통령이 부려가지고 국민에게 행정서비스 할 수 있도록 하는 것은 그 수단이 공무원인데요. 공무원이 국민의 뜻에 따라서 선출된 대통령의 국정이념이나 국정지표 방침에 철저하지 않고 자기 마음대로 얘기하고 떠벌리고 반대하고 나아가 가지고 … 진짜 소는 누가 키우지요?

그리고 국민 전체에 봉사한다는 게 진짜 중요한 것 같습니다.

아까 교수님께서는 집권여당의 시녀가 되지 않도록 해야 된다는 것이 중점이라고 말씀하셨는데 그거는 아니라고 생각합니다. 야당도 마찬가지입니다. 야당도 부당한 압력 얼마든지 많이 하거든요. 저 있어 보면 야당들이 와 가지고 교부세 더 내놔라, 이거 이렇게 하지 마라, 엄청 영향을 많이 미칩니다, 지금도. 그런데 만약에 정치활동 풀어주면 진짜 개판 오분전 되는 거지요. 진짜 큰일납니다. 이런 현실을 알아야 되겠다 생각이 됩니다.

그리고 일단 여기 헌법재판소니까 이 공무원의 정치적 중립은 다른 것도 아니고 헌법이 요청하는 중요한 가치라는 점입니다. 진짜 이 점은 정말 중요한 얘기라고 생각합니다.

따라서 이 공무원들에게 정치적 중립성을 요구하는 것은 특별관계론이 아닙니다. 특별관계론 같은 것 가지고 공무원의 정치적 중립을 요구하는 것은 아니라고 생각합니다. 공무원의 정치적 중립성을 요구하는 핵심적 법적 근거는 바로 헌법 제7조입니다. 공무원은 국민 전체의 이익을 위하여 봉사해야 된다. 일부의 국민이나 일부의 단체나 일부의 정파나 일부의 정당이나 그 사람의 이익에 봉사해서는 안 된다, 큰일난다, 이거를 얘기하고 있는 게 바로 헌법 제7조의 가치입니다.

그렇다고 해 가지고 획일적으로 전부 다 정치활동 못하게 그렇지는 않습니다.

국공법에 보면 따로 국가공무원법에 의해서 공무원이 정치활동을 할 수 있는 정무직, 별정직 등 허용되는 범위가 따로 규정이 되어 있어서 획일적으로 포괄적으로 할 수 있다고 보는 것은 곤란합니다.

그리고 일본의 경우에만 아까 구체적이라고 했는데 저희도 정치적 행위가 뭐냐, 정치운동금지가 뭐냐, 이것을 자세하게 구체적으로 저희들도 그런 문맥을 가지고 있습니다.

그리고 아까 법률이 정하는 바에 의한 보장이 이것이 구체적으로 보장하라는 것이지 기본권을 제한하지 않는다는 말씀을 하셨는데 저는 그렇게 생각하지 않고요. 그런 측면도 물론 맞습니다. 하실 수도 있을 것 같습니다. 하지만 일반적으로 보는 관점은 법률이 정하는 바에 의한 보장은 헌법 등 위임에 따라서 법률에 따라 헌법이 구체적으로 못하니까 법률에 따라서 합리적인 한계와 범위를 정해서 공익 등에 배치되는 일이 없도록 그렇게 보장을 하도록 하라 이런 뜻으로 받아들여져야 한다고 생각합니다.

그리고 아까 이종수 교수님께서 왜 지금에 와가지고 공무원노조를 탄압하고 하느냐, 정치적 표현도 못하게 한다, 이렇게 말씀을 하셨는데요. 정치적 표현은 개인적으로 하는 것은 무제한입니다. 그거를 공무원신분으로 단체의 명을 걸고 집단적으로 행동하니까 문제지요. 개인이 행동하는 것은 아무런 제한이 없습니다.

그리고 노조가 민노총 같은 단체와 외부세력과 해 가지고 FTA반대, 주한미군 철수 이러니까 제재를 하게 되는 거지요. 그거를 했다고 해 가지고 자의적이라고 하는데 그거를 처벌하지 않는 게 자의적인 거지요.

그리고 이 노조에서 시국대회 할 때 뭐라고 했냐하면 구호를 외쳤는데 '비정규직해고 중단하고 정규직화 시행하라' 노조가 가가지고, 공무원이 근로자 조건을 위해서 활동하도록 되어 있는데 그것은 집어치우고 '용산참사 사과하고 책임자를 처벌하라', '농업말살 중단하고 식량주권 실현하라', '…정책중단하고 …만들어라', 전부 노조활동과 전혀 관계없는 이런 것을 한다는 거지요.

그리고 전교조는 반정부성향의 신문기사를 인쇄하여 아이들에게 나누어주고 연평도 사태는 현 정권이 자초한 일이고 북한은 잘못 하나도 없다 이런 식으로 아이들한테 가르치고, 교사가 교단을 그렇게 성숙하지 않은 아이들한테 함부로 편향되게 가르쳐 주고, 그러면 어떻게 나중에 감당합니까?

만약에 공무원으로 하여금 정치활동, 교사 어떤 식견 있는 정치자원을 확대하기 위해서 교사나 공무원에게 정치활동을 허용해 주는 그런 조치가 이루어진다면 그야말로 교단은 엉망이 되고 교단의 이념화 그리고 행정현장의 정치투쟁화가 될 것으로 봐서 발제내용의 대부분은 많이 수정되어야 한다고 생각합니다.

이상입니다.

사 회 자 : 헌법이 살아야 나라가 산다. 예, 여당당 대표도 한말씀 하겠습니다.

마지막으로 김광수 교수님께서 토론해 주시겠습니다.

지정토론자 : 이종수 교수님 발표 잘 들었습니다.

오늘 훌륭하신 헌법학자분들이 많은 자리에 제가 감히 토론자로 나서서 송구스럽게 생각합니다. 제가 아는 것도 없어서 간단하게 하겠습니다.

발표자인 이교수님께서는, 시간이 흘렀기 때문에 다시 정리해 보면 제 관점에서 크게 다시 세 가지 테제로 요약했습니다.

첫째는 특별권력관계론이 실질적으로 해체된 지금 교사·공무원의 정치적 기본권을 포괄적으로 제한하는 것은 시대착오다라는 것과, 두 번째로는 종교적 중립성과 정치적 중립성이 똑같이 요청되는데도 불구하고, 정치적 중립성에 대해서만 과잉적으로 제한되고 있는 것은 정당성이 없다는 것, 그리고 세 번째로는 교사·공무원들의 정치적 기본권을 제한함으로써 결국은 가장 중요한 정치자원인 교수·공무원그룹의 정치적 성장을 막고 있다. 이 세 가지로 저는 요약했습니다.

그리고 그 가운데 가령 독일과의 차이, 독일에서는 정당가입이 전제되었지만 우리나라에서는 전혀 그렇지 못하다는 것과, 또 그 때문에 이 정치적 중립성이라고 하는 것이 정치참여를 전제로 그렇지만 중립을 지켜달라라고 하는 그런 역사적인 의미를 가지고 있는데 우리는 오히려 이 정치적 중립성이라고 하는 것을 규정해 놓고 그로부터 정치적 자유를 제한하는 것은 뭔가 전도된 그런 내용이다고 하는 그런 의미에서 오늘 제가 참 잘 배운 것 같습니다.

그런데 저는 김 과장님과는 달리 이런 논의는 굉장히 중요하고 또 바람직하다 이런 생각을 합니다. 기본적으로는.

그런데 제 토론의 요지는 보수적으로 접근하는 것이 맞지 않겠나라고 하는 겁니다.

그것을 구체적으로 설명해 보면 첫째는 교사 및 공무원의 정치적 기본권에 대한 포괄적이고 획일적인 제한은 옳지 않다 이렇게 말씀하시고, 그렇다면 제한해야 된다는 그런 이야기인데 그러면 얼마만큼의 제한이 적절한 것이냐라고 하는 그런 논의는 본격적으로 시작되지는 않은 것 같습니다. 이것은 이러한 논의가 여러분들한테 공감을 얻어야 다시 한번 더 심화될 수 있는 논의라고 생각하는데, 따라서 어떤 가능성과 한계라든지 보완장치 이런 것이 같이 가는 것이 오히려 이러한 정치적 기본권을 인정해 주는 데 보탬이 되지 않는가라고 하는 그런 생각을 합니다.

그 다음에 종교적인 자유와 정치적인 자유를 비교하시는 부분에 대해서는, 종교적인 자유는 저의 소박한 종교관인지는 몰라도 내면적인 신앙의 영역인 데 비해서 정치적 자유는 권력쟁취와 밀접한 직접적인 관련성이 있기 때문에 갈등이나 다툼, 대립을 전제로 하고 있다는 겁니다. 따라서 보장의 차이는 본질적인 것이 아닌가라는 그런 생각을 합니다.

세 번째로 교사 및 공무원이 중요한 정치적 자원이다. 특히 지방에서 교사 및 공무원의 지식과 교양은 우리나라 민주주의를 발전시키는 데 큰 도움이 될 수 있다, 이런 논의는 굉장히 중요하다고 생각합니다. 그리고 우리 주위에서도 교사출신, 공무원출신이 실제로 지방정치에 많이 뛰어 들고 있습니다.

그런데 이런 논의를 하기 전에 우리 정치문화의 현실을 함께 고려하지 않으면 안 된다 이런 생각을 합니다. 가령 외국에서 이런 것이 전면적으로 허용되고 있다. 그러니까 우리도 허용해야 되겠다 이런 논의는 좀 위험한데, 가령 기초지방의회 의원의 정당공천제와 관련해서 그간에 변화를 여러분들 다 잘 알고 계시겠지만 이러한 변화의 결정적인 계기를 만든 것이 바로 이 헌재 2003. 5. 15 이 결정이었습니다.

헌법재판소는 이 결정에서 지방의회에 출마하는 후보자가 정당의 지지·추천을 받았는지 자체를 공표하지 못하도록 하는 것은 그들의 정치적인 기본권을 본질적으로 침해하는 것이기 때문에 허용되지 않는다라고 하는 요지의 결정을 했습니다. 그러다 보니까 그러한 제한을 완화하기 위해서 결국에는 공직선거법을 개정해 가지고 기초의원 정당공천제로 변화시켰습니다.

그런데 많은 헌법학자나 정치학자는 그것이 당연한 발전이다, 이렇게 보시는 것 같은데, 지방에서 지방자치를 보는 관점에서는 좀 문제가 많다, 그런 생각을 많이 하게 됩니다. 왜 그런가 하면 그전에 기초의원이 정당공천제가 아닐 때는 다양한 군이 기초의원에 출마를 했습니다. 시민단체출신도 있었고 또 지역활동가도 있었고 또 교사나 그런 분들도 있었고 또 자영업자도 있었고 또 지방정치에 뜻을 둔 그런 신입자들도 있었습니다. 그런데 정당공천제가 시작되니까 이제는 정당공천을 못받고는 의원이 될 가능성이 거의 없어졌습니다. 특히 비례대표제 같은 경우는 거의 정당들이 나누어 먹기를 합니다.

그러면 이 지방자치라고 하는 것의 본질적인 의미는 풀뿌리민주주의라고 하지 않습니까? 풀뿌리민주주의라고 하는 것은 정말 다양한 의견들이 모여가지고 하나의 공동체를 형성하는 건데 이제는 뭡니까? 큰 나무가 있으면 그 밑에 모여가지고 그야말로 그 나무에 타고 등나무 같은 그런 나무만 풀만 살아남는 것이지, 아무런 의지할 때가 없는 그런 풀뿌리 진짜 민초들은 입문할 기회가 거의 박탈된 겁니다.

그리고 또 이분들이 주민들의 의사, 주민들의 성향 이거를 물을 의사도 없고 노력도 하지 않습니다. 공천권자에게만 잘 보여가지고 공천만 따면 되는데 왜 힘들여 가지고 주민들을 찾아다니겠습니까? 그래서 이런 어떤 본질적인 논의, 정치적 자유에 관한 논의, 정치적 기본권에 관한 논의가 지방자치라고 하는 이런 제도와 충돌할 때는 정치적 자유, 선거에 참여하는 자유 이런 제도도 중요하지만 지방자치제도의 본질적인 측면도 함께 고려하지 않으면 안 된다는 그런 생각을 저는 했습니다.

마찬가지 논의가 교사의 정치활동에 관한데에도 타당하겠는데 지금 교육감이나 교육의원들은 정당참여를 배제하고 있지요. 정당에 가입한 자는 아예 교육감이나 교육의원에 출마할 수 없게 되어 있습니다. 그게 어떻게 보면 정치적 기본권을 제한한다 이렇게 볼 수도 있지만 그거는 다른 한편으로는 교육사회의 정치화를 막는 수단이 아닌가 그렇게 생각합니다.

우리나라의 문화는 서구와는 달리 서구에서는 투표할 때도 합리적인 투표가 행해지는지 모르겠지만 우리나라는 그런 것 묻지 않습니다. 저 사람이 우리하고 같은 고향이냐 같은 학교냐 같은 성이냐 같은 정당이냐 이것만 보고 투표하지 않습니까? 그러면 가령 교육감에 나온 사람이 자기가 어떤 정책을 펼치는지 그거 묻지 않고 A당이다 B당이다 하면 전부 다 그쪽으로 투표할 거다 말입니다. 다시 말하면 교육이라고 하는 교육분야의 전문성, 중립성이라고 하는 가치도 있는데 정당정치의 시류속에 그대로 교육부분이 흡수되고 혼란에 빠질 가능성도 크다 이겁니다. 그래서 이런 부분도 좀 신중하게 접근해야 되는 게 아닌가라고 하는 생각인데 거기에 대해서 답변을 부탁드립니다.

그리고 마지막으로 교사의 정당활동에 대해서는 저는 기본적으로 동의하고 우리나라도 어느 시기가 되면 당연히 그렇게 될 것이라고 희망합니다. 이는 발표문 중에 직무와 인격은 구별되어야 하며 인격차원에서의 기본권행사가 직무에 의해서 지나치게 제한되어서는 안 된다, 이런 다른 연구자의 발표를 인용하면서 말씀하셨습니다. 그런데 우리 사회가 과연 직무와 인격이 정말 스마트하게 서로 잘 전환될 수 있도록 그렇게 성숙되어 있는 사회냐라고 한번 묻고 싶습니다.

전정부에서 현정부로 권력이동이 되면서 아마 공무원 자신들이 제일 혼란스럽고 어리둥절했을 겁니다. 그래서 어떤 분은 공무원은 영혼이 없다 이런 말까지 했습니다.

저도 전후의 어떤 기관의 위원회도 참여해 보면서 참 많이 바뀌구나 하는 그런 생각을 했는데 딴 이야기는 안하겠습니다. 바뀌면서 공무원들은 아무래도 상급자의 의사와 눈치를 봐야 되니까 명령에 따르는 것은 좋습니다. 그렇지만 전정권하에서 시스템을 어느 정도 갖추어 놓았는데 그리고 거기에 대한 비용도 많이 들였습니다. 그런데 단순히 전정권이 했다는 이유만으로 그거를 전부 폐기하고 새로운 백지상태에서 출발하는 것을 봤습니다. 그런데 그 백지상태에서 하는 일이 합리적이냐 하면 그렇지 못했습니다. 전에 하던 게 성과가 어느 정도 100 중에 80 정도 이루어 놓았는데 그거는 다 무시하고 30 정도부터 다시 시작한다 이겁니다. 우리 사회 전체로 보면 큰 낭비입니다.

그래서 이 문제, 직무와 인격은 서로 구별되어야 하고 인격차원의 기본권행사와 직무행사가 서로 구별될 수 있는가라고 하는 문제가 어느 게 선이고 어느 게 후인지 저도 장담을 할 수 없습니다.

저는 우리사회와 서구사회의 가장 큰 다른 점이 서구사회는 성인들 장군들의 사회인데 우리나라의 사회는 졸병들의 사회다, 여기 장군도 계시겠지만 그런 분들한테 죄송합니다. 그런데 많은 사람들이 굉장히 불안하고 미약합니다.

그런데 장군들이 많아져야 이런 것을 모두 허용해도 흔들리지 않고 자기주변, 가치, 소신에 따라 행동하게 되는데 그러면 그것을 키우기 위해서 정치적 기본권의 보장이 필요할지 안그러면 그게 큰 후에 이런 것을 주어야 될지 그 부분에 대해서는 자신은 없습니다. 그렇지만 그런 논의가 병행되어야 되지 않나하는 것이 제 토론의 요지입니다.

감사합니다.

사 회 자 : 원래 헌법실무연구회의 특징이 플로어의 토론도 상당히 활발한데 오늘 시간이 많이 갔습니다. 그런데 여러분 다 아시다시피 헌법실무연구회의 관습헌법 1조가 어떠한 경우에도 토론은 9시를 넘기지 않는다로 되어 있는 것으로 제가 알고 있는데 훈시규정인가요? 강행규정이기를 바랍니다만, 하여튼 플로어에서 질문 있으시면 연관되는 질문을 받고 최종적으로 나중에 발제자께서 답변하는 식으로 진행하겠습니다. 혹시 플로어에서 질문 있으십니까?

예, 정문식 교수님.

토 론 자 : 세 가지입니다.

첫 번째, 개념상 문제로서 헌법충실의무와 정치적 충실의무를 구분하셨는데 제가 볼 때는 큰 차이 없는 것인데 단순히 공무원의 헌법충실의무를 표현하시기 위해서 하신 것인지, 구별의 실익이 별로 없다는 느낌이 들고요.

두 번째로는 구체적인 것으로서 아까 김동훈 연구관님하고 비슷한데 사실 공무원의 정치적 기본권, 정치적 중립 이런 것을 이야기할 때는 전부 다 통일된 통합된 공무원의 개념을 사용하는 것보다는 공무원의 직무와 업무, 능력, 권한 등을 구분해서 논의해야 좀더, 아까 말씀하신 대로 분류해서 평가하는 것이 훨씬 타당하지 않은가. 예컨대 일반교사와 일반중앙행정공무원과의 업무와 권한이 다른데 그들에게 똑같이 정치적 중립성 내지 정치적 자유를 동일하게 인정한다는 것을 제가 볼 때는 다른 것을 똑같이 도매금으로 규제하는 것이 아닌가라는 생각이 들어서 그거는 구별을 할 수 있다고 생각이 들고, 헌법적으로는 31조 5항인가 6항인가에 소위 말하는 교사에 관한 또 33조 2항의 공무원에 관한 특히 노조부분에 있어서 7조의 일반적인 규정이 있지만 그런 개별적인 조항을 통해서 좀더 구별되어서 정치적 자유 내지 중립성을 이해할 수 있지 않을까 그런 생각이 듭니다.

그 다음에 테제 4번과 테제 2번 그 다음 테제 6번, 테제 8번 특히 보니까 7번이 두 개가 되어 있는데 여덟 번째를 의미합니다. 그것과 관련되어서 그 말씀은 맞는 것 같습니다. 정치적 중립성과 정치적 자유는 분명히 연결되어서 반드시 인정되어야 될 것은 아닌 것 같습니다. 하지만 이종수 교수님 표현대로 일반시민으로서의 정치적 자유는 인정되어야 한다. 공무원으로서의 정치적 중립성은 보장되어야 한다라고 한다면 기본적으로 공무원으로서의 기본권이 아니라 일반시민으로서의 기본권이 아닌가? 그렇다고 한다면 공무원으로서의 기본권이라는 말보다는 사실은 일반시민으로서의 기본권인데 그것을 공무원의 정치적 자유라고 표현하는 것이 좀 모순이 있지 않은가? 개인적으로는 구별을 하는 것이 맞다는 생각이 들고, 예컨대 아까 말씀하셨던 업무관련성, 자기업무와 관련 되지 않은 측면에서는 일반시민으로서 충분히 기본권, 정치적 표현의 자유를 할 수 있지만 그러나 공무원으로서는 정치적 표현의 자유를 주장한다는 것이 정치적 중립성이 보장되는 측면에 있어서 하나는 신분보장이고 하나는 자유보장인데 이거를 반드시 끊어서 볼 수 있느냐? 조금 한계가 있지 않을까? 그런 느낌이 듭니다.

마지막으로 원리에 관한 문제입니다. 저는 개인적으로 공무원의 정치적 기본권을 주장하시려면 직업공무원제도가 가지고 있는 어떤 정치적 기본원리 이 문제에 있어서 갈등이 발생하지 않을까? 예컨대 이겁니다. 테제 1번과 7번에서 말씀하신 공무원조직을 권력에 대한 통제로 보셨는데, 원래 공무원조직은 국가운영의 지속성을 보장하는 것인데 권력에 대한 통제로 보는 것은 공무원조직이 갖고 있는 기본성격에 있어서 입장이 다른 표현 혹은 권력분립의 원리에 있어서 새로운 테제를 이야기하시는 것인지 그런 의문이 듭니다. 그래서 제가 볼 때는 국가업무의 지속을 위한 공무원제도와 권력통제와는 조금 긴장관계가 있지 않을까 하는 생각이 들고.

두 번째 긴장관계는 소위 민주주의원리와 법치주의원리와의 긴장관계입니다.

예컨대 민주적정당성을 가진 정부가 구성되었는데 그 정부와 정치적 견해가 다르다고 해서 그것을 반대한다면 역시 민주주의원리에 위반되는 것이고, 반대로 입법자들 민주적 정당성을 가진 의회가 제정한 법률에 따라서 정책을 실현해야 되는데 그 정책이 정치적 견해에 반한다고 해서 그거를 거부한다면 법치주의와의 갈등이 있지 않을까? 싶습니다.

이상입니다.

사 회 자 : 감사합니다.

플로어에서 질의 있으신 분 안계십니까?

저 뒤에, 새로 오신 연구관님이시지요?

토 론 자 : …

사 회 자 : 감사합니다.

마지막, 정태호 교수.

토 론 자 : 경희대학교 정태호입니다.

한 가지만 중복되지 않는 범위에서 말씀을 드리고 싶은데, 19쪽에 보면 대법원판례와 관련해서 하급심들이 이른바 공무원들의 공무외의 집단행위금지규정 해석과 관련해서 상반된 결론을 내리고 있습니다.

그래서 제가 볼 때는 대법원이 공무원의 정치활동이 포괄적으로 상당히 광범위하게 제한받고 있는 현실에서 나름대로 정치활동을 허용하고자 고민해서 만들어낸 공직이 이른바 공익의 목적에 반하지 않는 범위내에서라는 게 아닌가 그런 생각이 듭니다. 그것 플러스 직무전념원칙 그리고 이른바 공익원칙 이 양자 속에서 어떤 때는 처벌을 하고 어떤 때는 구제로 선언하는 경향이 있는데, 제 생각에는 이와 같은 공식이 결국은 정치적 상황의 변화에 따라서 너무 진폭이 크게 적용되고 있는 것이 아닌가 그런 생각이 들고요. 그래서 아까 김 연구관께서 지적하신 바와 같이 이거를 해석을 통해서 해결하는 데는 한계가 있다. 결국은 허용되는 행위와 금지되는 행위를 좀더 합리적으로 새롭게 규율하는 것만이 혼란을 줄이는 그리고 공무원들에게도 지나치게 정치적 활동의 자유를 제한하는 것을 예방함과 동시에 다른 한편으로는 공직질서가 지나치게 흐트러지는 것을 막는 그런 방안이 아닐까? 그래서 결국은 각론연구가 굉장히 긴요한 게 아닌가라는 생각이 듭니다.

그래서 제 생각에는 우리 현실에서는 일본도 일본이지만 해치법이라든가 미국의 명료한 그런 한계설정 노력을 많이 보고 배워야 할 것이 아닌가 그렇게 생각을 해 봤습니다.

사 회 자 : 짧게 답변해 주시지요.

발 표 자 : 먼저 지정토론자 또 좋은 토론과 비판을 해 주신 분들께 감사드리고요.

결코 쉽지 않은 주제인데 저로서는 앞서도 말씀드렸듯이 현행 우리 과거 정권하에서부터 시작해서 지금까지 너무나도 이론적인 정당화의 체계에 입각하지 않고서 너무나도 당연하게 정치적 중립성을 이유로 해서 정치적 기본권제한은 당연하다라고 하는 오해에 대해서 뭔가 헌법이론적으로 이것을 비판적으로 검토해봐야 되겠다는 생각을 했고 그 점에 있어서는 지금도 제 입장은 여전합니다.

우리가 지금 33조 2항에서 노동기본권제한의 경우에 특별한 헌법적 근거하에서 이루어지듯이 이 정당의 자유라든가 집단적인 정치적 표현행위 제한에 있어서는 적어도 이것이 헌법적으로 정당화되기 위해서는 33조 2항에 상응하는 제한의 근거규범이 있어야 되는데 그렇지 못하다는 것이고, 이런 상황에서 지금 37조 2항의 국가안전보장, 공공복리, 질서유지 차원에서의 제한심사구조로 가면 역시 피해의 최소성이나 법익의 균형성 또는 법률적 내용침해부분을 극복하지 못할 것이다, 이렇게 생각하고 있습니다.

먼저 한 분씩 토론에 대해서 간단한 답변을 드리고자 합니다.

먼저 김동훈 연구관님의 토론에 대해서는 원칙적으로 허용하면서 물론 세부적으로는 많은 문제가 남을 겁니다. 그런데 지금 문제는 우리는 현재 앞서 김진수 과장님께서 별정직이나 정무직, 정무직은 지금 허용되고 있지요. 국회의원보좌관, 비서관 그런 게 아니라 지금 직업공무원제도에서의 가장 중추에 해당되는 일반직 공무원이 문제가 됩니다. 그래서 이 일반직공무원의 경우에 이처럼 소위 시민으로서 정치적 기본권행사에 있어서 이렇게 포괄적으로 그리고 광범위하게 제한되고 있는 것이 문제이기 때문에 그래서 이 부분은 현재처럼 소위 포괄적이고 원칙적인 금지가 아니라 소위 공무원의 해당업무성격상 타국과의 비교법제에서도 그렇게 되듯이 업무성격상 타당한 범위내에서의 허용과 금지로 우리가 뭔가 더 나은 입법적 검토를 해야 될 것이다라는 생각입니다.

그래서 김동훈 연구관님께서 균형점을 찾는 게 어떻게 가능하겠느냐라는 것인데, 저로서는 사실 제가 앞서도 이야기 했듯이 이 직업공무원제도와 정당제 민주주의 그리고 정당국가현상이라고 하는 표현 등이 본격화된 독일의 경우에 잘 아시겠지만 독일은 연방헌법재판소 재판관도 당적을 보유하고 있습니다. 그리고 일반 직업법관들도 당적을 보유하고 직무외에서는 정당활동을 합니다. 일반공무원도 마찬가지고요. 이런 가운데 아까 김진수 과장님께서 오해하셨던 극단적인 정치적인 혼란 이런 것들이 왜 그러면 비교법제에서 마찬가지로 우리와 비슷한 규범적구조하에서 실제로 공무원들의 정치적 활동을 허용하고 있는 나라들에서는 왜 이런 문제들이 없느냐? 오히려 더 선진국으로 모범적인 정치운용이 이루어지고 있는데 그런 논리를 생각해 보시기를 제안을 하고요.

심지어 그래서 독일 같은 경우에는 연방공무원법을 보면 당적을 보유하면서 당연히 정치활동을 할 수 있는데 해당공무원이 연방의회선거나 또는 주의회선거에 입후보하는 경우에는 별도의 휴가권까지 보장하고 있습니다. 해당공무원법에서. 그런데 선거전에 출마하는 경우에는 우리는 사퇴하게 되어 있는데 직을 버리게 되어 있는데 60일 전에, 그쪽의 경우에는 직을 버리는게 아니라 공직에 출마하는 경우에는 법정휴가를 활용해서 공직출마를 위한 선거운동까지 보장되고 있습니다.

공무원의 정치활동허용과 함께 나름대로 균형점을 찾을 수 있는 여러 가지 보완장치들이 있다. 그리고 앞서도 말씀드렸듯이 공무원에게 정치적 활동을 보장하면서 이에 대한 억제장치를 마련하고 있는 게 공무원의 정치적 성실의무, 정치적 자제 및 절제의무라고 하는 게 있습니다.

그렇기 때문에 별도의 다른 어떤 제한구조를 가지고 가고 그러나 공무원이 일반시민으로서 지니는 정치적 자유는 원칙적으로 허용할 수 있다, 이런 어떤 균형점들은 결국 그 사회가 민주주의를 어떻게 껴안고 보듬고 나갈 것이냐의 문제인데, 우리가 이전에 과거 군사독재 권위주의하에서도 그렇지만 민주주의 이거 뭐 폭넓게 허용하면 혼란만 온다, 계속 그런 식으로 우리가 갖고 갈거냐, 공무원에게 정치적 자유를 보장할 때 혼란만 초래한다. 마지막에 신임연구관께서 질문하셨던 게, 여당에 가입할 수도 있고 야당에 가입할 수도 있습니다.

그러나 우리가 민주주의라면 다수관계의 가변성 속에서 선거를 통해서 항상 정권은 교체됩니다. 여당에 가입했다가 그 여당에 야당이 될 수도 있고 그리고 예를 들어서 정치적 기본권을 보장하더라도 공무원이 자의로 정당에 가입하지 않을 수도 있습니다. 그거는 자유의 문제지요. 실제로 독일에서 구체적인 통계는 없습니다만 정당가입을 허용해도 아마 전체 공무원들 가운데 정당 가입된 공무원이 20%, 30%도 안 될겁니다. 하여튼 개인적인 자유의 문제라는 겁니다.

그리고 공무원의 적극적 역할 그리고 기능적 권력통제모델에 대해서 김진수 과장님도 말씀하셨고 했는데, 제가 이 페이퍼에서 언급한 기능적 권력통제모델은 제 개인적인 사견이 아니고 우리 국내 그리고 보수적으로 평가된 헌법교과서의 기술내용입니다. 헌법교과서에서 이 고전적 권력분립론의 문제점을 지적하면서 공히 기능적 권력통제모델을 이야기하고 있고, 기능적 권력통제모델의 한축으로 소위 한시적인 정권에 대항하는 정치적 세력에 대항하는 공무원단의 역할과 기능을 강조하고 있습니다.

그런데 우리가 항상 문제가 헌법교과서를 보면 총론에는 충실합니다. 그런데 문제는 개별 각론으로 오면 그 총론의 내용이 연결되지 않는 경우가 허다합니다. 저는 이 기능적 권력통제모델이 바로 여기에 해당된다고 봅니다.

지금 교과서에서는 그렇게 오늘날의 정당제 민주주의하에서 집권정당을 통한 권력통합 현상 속에서 이렇게 어떤 정치세력에 대응해서 지방자치가 중요하고 야당보호가 중요하고 공무원의 비판적 역할과 활동이 중요하다, 이렇게 해 놓고서 각론적으로 그러면 그런 역할을 뒷받침할 수 있는 법제가 마련되어야 되는데 그렇지 못한 게 허다하고 그리고 이 경우에 바로 해당됩니다.

그리고 문제는 정부정책 아까 말씀하셨는데, 정부정책문제는 앞서도 헌법재판소에 제가 참 아끼는 결정례에서처럼 정부는 특히나 권력을 가지고 있기 때문에 더 오류를 범할 가능성이 크고 그렇기 때문에 더욱더 우리가 정부에 대해서는 비판적 역할과 활동을 해야 됩니다.

일반시민들뿐만 아니고 공무원도 그럴 수 있다는 겁니다.

제가 독일의 경우를 말씀드리면 예를 들어서 정책입안을 하는 특정부서에 특정정당소속의 공무원이 있으면 그 정책입안하는 부서에서 정당정치적으로 편향된 업무입안을 할 수가 없고 이것은 바로 노출되게 됩니다.

그리고 만일 그것이 해당부처 내의 업무기밀이라면 당연히 그 기밀이 보장되어야 되겠지요. 그 기밀을 소위 자기가 소속된 정당에 누설하게 되면 업무상의 기밀누설죄로 처벌되면 됩니다. 이런 등등으로 업무와 업무외를 구별할 수 있는 충분한 나름대로 근거가 있음에도 불구하고 단순하게 그거를 구별할 수 없다. 그러면 난장판된다 이런 식의 논리는 대단히 자유보장의 측면에서 볼 때는 무책임한 논리다, 이렇게 생각합니다. 그래서 독일연방헌법재판소가 제가 지금 인용한 그 페이퍼에도 나오지만 현재 독일 헌법은 무비판적인 공무원에 대해서는 아무런 관심이 없다고 하는 분명한 표현을 하고 있습니다.

공무원은 소위 어떤 정권이 요구하는 대로 영혼이 없는 공무원이 아니라 비판적 의식을 갖추고서 한시적인 정권이 계속적인 민주적인 절차와 원칙들을 무시하면서 재집권, 장기집권을 도모하는 경우에 그 공무원들이 비판적인 역할을 하라는 겁니다.

그게 오히려 민주주의를 지키는 방법이다라고 하는 게 지금 독일연방헌법재판소 입장이라고 생각합니다. 단 조건이 있습니다. 자유민주적 기본질서를 옹호하고 수호하는 한에서라고 하는 단서는 지게 됩니다.

그리고 김광수 교수님께서 여러 좋은 말씀 해 주셨는데 제가 논문에서 종교적 중립성하고 정치적 중립성을 비교를 했는데요. 이 부분에 대해서는 그렇습니다. 나오듯이 제가 이거는 서울대법대 송석윤 교수님의 이야기를 인용을 했는데, 그 분 그렇게 이야기를 했습니다. 우리가 예를 들어서 개인이 개인의 지위에서 어떤 특정종교를 가지는 것 또는 특정의 정치적 성향을 가지는 것 이거는 취향의 문제라는 겁니다. 개인적인 취향의 문제인데 개인적인 취향과 관련해서 종교적 중립성이 국가에 대해 요청됨에도 불구하고 개별공무원에게 종교의 자유제한이 가해지지 않는 반면에 정치적 성향에 대해서는 왜 정치적 중립성을 이유로 이렇게 과도한 제한을 가하느냐 그것은 하등의 차이가 없다는 게 그 분의 입장이고 저도 동의하는 바입니다.

마지막으로 정문식 교수님께서 헌법충실의무와 정치적 성실의무가 다른게 아니지 않느냐? 다르지 않습니다. 이게 원론적으로는 헌법충실의무라고 이야기하고 독일 공무원법에서는 정치적 성실의무, 정치적 충실의무로 이야기하고 있습니다. 구체화 된 법적의무로.

그리고 지적에서처럼 공무원의 정치적 기본권 그러는데 여기는 당연히 공무원이 일반시민으로서 가지는 정치적 기본권입니다.

그런데 이게 지금 이렇게 길게 표현하다보면 문제가 있기 때문에 우리 여기서 합의 볼 수 있는 것은 적어도 패러다임은 공무원의 정치적 기본권 이야기할 때는 공무원이 일반시민으로서 가지는 정치적 기본권이 전제되어 있다는 것을 말씀드리고자 합니다.

이상입니다.

사 회 자 : 감사합니다.

9시가 지나니까 여러분들의 인내심과 체력이 급격히 고갈되는 것을 여기서 볼 수가 있습니다.

시간이 많이 지났기 때문에 제가 별도로 정리는 하지 않겠고요.

오늘 처음 회장직에 취임하셔서 우리 토론을 지켜보셨는데 마지막으로 김종대 재판관님께서 정리하시는 말씀해 주시겠습니다.

회　　장 : 오늘 헌법규정과 헌법현실을 바라보는 시각에 현저한 차이를 느낄 수 있었습니다.

그런데 헌법재판소의 이 토론장에서 그와 같은 의미 있는 토론이 이루어지고 대립되는 견해가 나타나는 것은 저는 굉장히 의미있다고 보고, 공무원도 자유가 원칙이고 제한을 예외로 볼 것인지 아니면 공무원은 국민 전체의 봉사자라는 헌법규정에 의해서 제한이 오히려 원칙이고 그 중에서 어떻게 자유를 보장할 것인지 하는 그런 시각 차이도 제가 평소 생각하고 있는 것에서도 많은 생각할 점을 얻었습니다.

앞으로도 서로가 서로를 존중해 주는 가운데서 이런 토론이 활발하게 벌어지고 저도 참석해서 그 토론을 경청하겠습니다.

감사합니다.

제109회(2011. 3. 4) 발표문

가산세의 법적 성격과 입법한계*

김 웅 희**

Ⅰ. 서 론

조세법은 조세행정의 편의와 징세비용의 절감 및 세수의 용이한 적기확보를 실현하기 위하여(또는 조세행정의 원활과 조세의 공평부담을 실현하기 위하여[1]) 납세자에게 본래적 의미의 납세의무 이외에 장부의 비치·기장, 과세표준신고의무, 지급조서 및 계산서의 제출, 성실납부의무, 원천징수의무, 과세자료제출의무 등 여러 가지 협력의무를 부과하면서(임승순 2008, 137) 동시에 이러한 협력의무의 이행을 확보하거나 이러한 협력의무의 위반을 방지하고 그 위반의 결과를 시정하기 위한 제도적 장치를 마련하고 있다.

이러한 제도적 장치에는 성실한 의무이행자에 대하여는 세제상의 혜택을 부여하는 방법이 있고, 의무불이행에 대하여 제재를 가하는 방법도 있다. 전자의 예로는 상속세 및 증여세신고세액 공제(상속세및증여세법 제69조) 등을 들 수 있고, 후자의 예로는 조세의 형태로 제재를 가하는 가산세제도와 조세벌제도를 들 수 있다.[2] 이 중 가산세제도는 일반적으로 신고납세제도의 정착과 발전을 위하여 설정된 제도라고 할 수 있다. 신고납세제도는 국민주권주의와 민주적 기본원리에 의하여 납세액은 국민이 스스로 결정하는 것이고, '국가'라는 공동사회를 유지하기 위한 공통의 비용은 국민이 스스로 부담한다는 이념에 입각한 제도이다. 이러한 제도는 납세의무자의 자발적인 신고·납부가 없다면 그 제도의 성공을 기대할 수 없다. 이에 국가는 성실하게 신고·납부하지 않는 행위에 대하여 제재(가산세)에 의한

* 본 논문은 2010. 12 한국세무학회 「세무학연구」, 제27권 제4호로 게재된 "가산세제도의 법적 성격과 입법한계"에 관한 논문을 발표논문으로 수정 보완한 것임.

** 한국조세연구소 연구원.

1) 헌재 2006. 7. 27, 2004헌가13, 판례집 18-2, p. 6; 헌재 2006. 4. 27, 2005헌바54, 판례집 18-1상, p. 532; 헌재 2004. 6. 24, 2002헌가27, 판례집 16-1, p. 713 참조.

2) 헌재 2003. 9. 25, 2003헌바16, 판례집 15-2상, p. 291, p. 297; 헌재 2006. 4. 27, 2005헌바54, 판례집 18-1상, p. 550 참조.

차별을 함으로써 국가의 조세권 내지는 조세채권을 적정한 실현하고자 한다.[3] 그 결과로 의무불이행자와 성실한 의무이행자와의 공평부담을 도모하는 기능도 하게 된다.[4]

한편 국가는 국민이 납세의무의 이행에 대한 부담을 최소화할 의무를 지게 되며, 이로 인해 국가재정 확보에 장애가 되지 않도록 하여야 한다. 이에 국가는 재정의 확보 및 과표양성화에 대한 의무를 가지며, 이에 대한 노력을 게을리 하여서는 아니 된다. 다만, 현실적으로 '공평과세'라는 공익적 목적을 실현하기 위하여 불가피하게 감수해야 하는 납세협력의무가 필요하다면, 헌법상 '납세자 편의주의'에 불구하고, 이러한 과세제도는 입법형성권의 내용이 된다. 즉, 일정한 범위에서는 그 공익적 목적으로 기본권이 제한될 수도 있지만, 다른 조세요건 또는 공익적 내용과 납세자 편의가 합리적인 비례관계를 형성하지 못한다면 헌법에 위반될 수 있다. 따라서 국가가 납세협력의무를 확보하고자 하는 수단이 과도하거나 적절하지 못하여 '비례의 원칙'에 부합되지 않는다면, 그 공권력의 행사는 결국 개인의 재산권, 평등권, 자기결정권, 정보보호권 등의 기본권을 침해할 수 있다는 점에서 헌법상의 규범적 기속이 요망된다.

이에 본 논문에서는 조세법상의 가산세제도를 중심으로 하여 먼저 그 법적 성격을 파악해 보고, 조세법상 요구되는 납세협력의무와 가산세제도에 대한 입법형성권의 헌법적 한계를 쟁점별로 검토해 보았다. 또한 가산세제도는 납세의무자에게 일정한 납세협력의무를 부여하고 그 의무위반에 대한 제재수단을 통하여 제도의 실효성을 확보하는 만큼 헌법적 차원에서 규범적 안정성을 확인할 필요가 있다.

본 논문은 다음과 같이 각각의 헌법적 쟁점의 검토를 거쳐 제도의 당위성 여부를 확인해 보고자 한다.

첫째, 먼저 조세와 가산세의 법적 성격을 각각 규명하고 이를 통해 양차의 차이점을 분석해 보았다.

둘째, 가산세와 조세벌(조세형벌, 과태료)의 관계를 규명하고, 이중처벌의 가능성과 더불어 제도 상호간의 보완적 역할과 합리적인 제도운영의 가능성을 타진해 보았다.

셋째, 가산세제도가 개별 세법에 의하여 구체화된다는 점에서 그 입법형성권의 한계가 되는 과잉금지의 원칙과 재산권 보호에 대하여 살펴보았다.

3) 헌재 2006. 4. 27, 2003헌바79, 판례집 18-1상, pp. 511-512.

4) 헌재 2005. 2. 24, 2004헌바26, 판례집 17-1, pp. 248-249.

넷째, 개별 가산세제도의 입법으로 상충되는 조세평등주의, 실질적 법치주의, 납세자 편의주의, 자기책임의 원칙 등의 헌법원칙의 적용여부를 살펴보았다.

Ⅱ. 가산세의 법적 성격과 병과의 문제

1. 가산세의 법적 성격

국세기본법에서 "가산세라 함은 세법에 규정하는 의무의 성실한 이행을 확보하기 위하여 그 세법에 의하여 산출한 세액에 가산하여 징수하는 금액을 말한다."고 정의하고(제2조 제4호 본문), "정부는 세법에 규정하는 의무를 위반한 자에 대하여 세법이 정하는 바에 의하여 가산세를 부과할 수 있다."고 규정하면서(제47조 제1항), "가산세는 당해 세법이 정하는 국세의 세목으로 한다."고 하여(제47조 제2항 본문) 가산세가 세금의 형태로 과징되는 것임을 밝히고 있다. 지방세기본법도 제147조가 지방세의 부과와 징수에 관하여 국세기본법과 국세징수법을 준용하면서, 동법 제2조 제1항 제23호에서 국세기본법과 유사한 내용으로 가산세를 정의하고 개별 조항에서 가산세를 규정하고 있다.

이에 대하여 "가산세가 조세인가"에 대하여 논의의 여지가 있다.[5] 가산세는 먼저 형식적인 면에서 세목의 전형적인 명칭인 '○○세'의 형태를 가진 채, 본세에 가산되는 반대급부 없는 금전납부의무의 부담이고, 소세의 형태로 힘께 징수되어 국가의 일반적 조세수입(국가재정)의 일부가 된다는 점[6]에서는 조세와 공통점이 있기 때문이다.[7] 가산세를 정의한 연구내용을 살펴보면 ① 납세의무 성실한 이행을 확보하기 위하여 산출세액에 가산하여 징수하는 세금이라는 견해(박균성

---

5) 이에 불구하고 김남진 교수는 별다른 설명 없이 가산세를 조세의 일종으로 보고 있다(김남진·김연태 2004, 470).

6) 특별조세유사적 성격을 지니고 있는 특별부담금의 부과가 과잉금지의 원칙과 관련하여 방법상 적정한 것으로 인정되기 위해서는, 이러한 부담금의 부과를 통하여 수행하고자 하는 특정한 경제적·사회적 과제에 대하여 특별히 객관적으로 밀접한 관련이 있는 특정집단에 국한하여 부과되어야 하고, 이와 같이 부과·징수된 부담금은 그 특정과제의 수행을 위하여 별도로 지출·관리되어야 하며 국가의 일반적 재정수입에 포함시켜 일반적 국가과제를 수행하는 데 사용하여서는 아니 된다(헌재 1999. 10. 21, 97헌바84, 판례집 11-2, p. 433.

7) 이 사건 법률조항이 정하는 담배소비세와 가산세는 면제담배의 용도 외 처분에 대하여 세금의 형식으로 제재를 가함으로써 장래의 위반행위를 예방하는 기능을 가지고 있다 할 것이다. 그 외 조세수입의 확보 등의 기능은 전혀 없다고 보기는 어렵지만 적어도 주된 기능은 아니라고 볼 것이다(헌재 2004. 6. 24, 2002헌가27, 판례집 16-1, p. 714 참조).

2009, 525), ② 조세법상의 의무위반에 대한 제재로서 가해지는 조세의 일종이라는 견해(김남진·김연태 2004, 470), ③ 세법상의 의무위반에 대한 금전적 제재 및 조세법상의 의무이행확보를 위한 행정적 조치로서의 성질을 가지는 경제적 불이익으로서 본래의 조세채무와 별개로 과하여지는 조세라는 견해(박윤흔 2000, 644), ④ 조세법상의 의무이행확보를 위하여 세금의 형태로 과하여지는 행정벌의 성질을 가지는 제재라는 견해(김동희 2008, 452) 등이 있다. 그리고 이러한 가산세의 법적 성격에 관하여는 ① 행정(질서)벌인 과태료라는 견해,[8] ② 행정상의 제재라는 견해, ③ 행정질서벌과 별개의 조세행정상의 특별과벌이라는 견해(김영식 1993, 523 이하), ④ 법률규정에 따라 조세의 명칭으로 명명되어 조세와 같이 다루어진다는 점에서 법률적 차원에서는 조세일 수 있지만 자기책임의 원리 등이 적용된다는 점에서 헌법적 차원에서는 조세가 아니라는 견해(정주백 2005, 14-16)가 있는가 하면 ⑤ 세법상의 의무이행을 확보하기 위한 경제적 부담으로 보는 견해(경제적 부담설)(金子宏 1987, 462)와 ⑥ 납세의무를 정당하게 이행한 자와 공평부담을 도모하기 위한 행정상의 조치임과 아울러 침해된 국고이익의 회복수단으로서 손해배상적 성격을 지니고 있음을 강조하는 견해(손해배상설)(池木正男 1982, 167)도 있다. 이에 따르면 일부 가산세의 법적 성격과 관하여 '조세', '세금'이라는 견해도 있지만 '왜 가산세는 조세의 형태를 가졌으면서도 행정적 제재인가'라고 하는 이유에 대하여는 진지한 논의가 부족해 보인다.

우리 헌법이나 국세기본법에는 조세에 대한 개념정의가 없으나 조세는 "국가 또는 지방자치단체가 재정수요를 충족시키거나 경제적·사회적 특수정책의 실현을 위하여 국민 또는 주민에 대하여 아무런 특별한 반대급부 없이[9] 강제적으로 부과징수하는 금전적 부담"으로[10] 이러한 조세의 부과·징수는 자기부과원리(self-assessment)에 따른 국민의 납세의무, 과세권을 실현하는 국회의 조세입법권, 그리고 정부에게는 입법된 조세법(법률)을 근거로 이를 집행할 수 있는 권한(과세권한)

---

8) 김완석 교수는 가산세를 질서위반행위에 대한 제재로서 과하는 일종의 금전벌로 조세의 형식으로 과징되는 과태료로 본다(김완석 2007, 674-675; 木村弘之亮 1991, 1-23).

9) Oliver Wendell Holmes 판사가 조세를 '문명을 위하여 지급하는 대가(taxation are the price we pay for the cilvilization)'라고 표현한 것도 조세가 개별보상의 원리에 따라지 않고 일반보상의 원리에 따라 비보상성이라고 설명하는 의미이다. Compania General de Tobacos De Filipinas vs. Collector 279 U.S. 306(1029).

10) 헌재 1990. 9. 3, 89헌가95, 국세기본법 제35조 제1항 제3호의 위헌심판, 판례집 2, p. 251에서는 헌법재판소는 '조세'를 '과징금'으로 표현하였지만 이는 행정법상의 과징금으로 오해할 수 있어 표현이 적절하지 못하다. 행정법상의 과징금은 본래 부당이득금 박탈적 성격의 것으로서 도입된 것으로 행정법상의 의무위반자에게 과하는 금전벌의 일종이며, 징수된 과징금은 일정한 용도로만 이를 사용할 수 있기 때문이다.

을 부여함으로써 이루어지고 있다(宋澤智 1992, 2). 또한 국가의 활동재원의 확보나 경제·사회·문화적 정책실현을 위하여, 납세의무가 있는 국민·주민에 대한 직접적 반대급부 없이 징수하는 금전부담으로 관세가 이에 포함되나, 사용료(공용사용대가), 수수료(공역무이용대가), 각종 부담금(공익사업 이해관계자의 경비부담)은 일정대가 또는 부담이 전제되므로 제외되고 있다(강경근 2004, 773; 최명근 2003, 29-30).[11]

그런데 현대국가에 있어서 조세의 기능은 국가재정 수요의 충당이라는 고전적·소극적인 목표에서 한걸음 더 나아가,[12] 국민이 공동의 목표로 삼고 있는 일정한 방향으로 국가사회를 유도하고 그러한 상태를 형성한다는 보다 적극적인 목적을 가지고 있는 것이 일반적인 경향이다.[13] 즉 오늘날의 조세는 국가적 과제의 수행을 위하여 요구되는 단순한 재정적 수단으로서의 기능과 목적을 넘어서서 광범위한 사회형성적·경제정책적 수단으로 사용되고 있다.[14] 이에 대해 정책실현 목적의 조세는 단지 '조세'라는 수단으로 채용할 뿐이지 사실상 행정법의 기능을 수행하고 있는 것이며, 과세의 대상은 납세의무자의 경제적 급부능력이 아니라

11) 그리하여 조세는 직접적 반대급부 없이 부과·징수한다는 점에서 일정 대가나 부담을 조건으로 부과하는 '사용료'(즉 공물사용대가), '수수료'(즉 공역무이용대가), '부담금'(즉 공익사업 이해관계자의 경비부담) 등과 구별된다. 또한 조세는 국가로부터의 '직접적인' 반대급부만 없다 할 뿐 '간접적' 급부로서의 성격 즉 우리들의 안정 보호 등 불특정한 이익은 부여한다; 헌재 1990. 9. 3, 89헌가95, 국세기본법 제35조 제1항 제3호에 관한 위헌심판 위헌, 판례집 2, pp. 245-282; 수질개선부담금은 반대급부 없는 금전납부의무를 부담하게 한다는 점에서는 조세와 유사한 점도 있으나 그 법적 성격, 목적과 기능의 면에서 조세와는 근본적으로 다르다. 조세는 국민이 국가공동체의 일원으로서 국가의 일반적 과제수행에 필요한 재정수요를 각자의 경제적 능력에 따라 반대급부 없이 염출하는 것임에 반하여, 수질개선부담금은 시하수자원 보호 및 먹는 물의 수질개선이라는 특정한 행정과제의 수행을 위하여 그 과제에 대하여 특별하고 긴밀한 관계에 있는 특정집단에 대하여만 부과되는 조세외적 부담금이다(헌재 1998. 12. 24, 98헌가1, 먹는물관리법 제28조 제1항 위헌제청 합헌, 판례집 10-2 pp. 819-820).

12) 근대 시민국가가 형성되어가면서 일반적으로 과세권 또는 조세부과에 대한 공법적 또는 경제적 한계에 대한 논의는 지금까지 대부분 재정수입을 목적으로 하는 조세를 대상으로 진행되어 왔다(강주영 2007, 345-368; 김성수 2003, 15 이하; 이창희 2000, 79 이하; Arndt 1995, 2603 이하).

13) 이러한 조세의 유도적·형성적 기능은 우리 헌법상 '국민생활의 균등한 향상'을 기하도록 한 헌법 전문, 모든 국민으로 하여금 '인간다운 생활을 할 권리'를 보장한 제34조 제1항, "균형 있는 국민경제의 성장 및 안정과 적정한 소득의 분배를 유지하고, 시장의 지배와 경제력의 남용을 방지하며, 경제주체간의 조화를 통한 경제의 민주화를 위하여" 국가로 하여금 경제에 관한 규제와 조정을 할 수 있도록 한 제119조 제2항, "국토의 효율적이고 균형 있는 이용·개발과 보전을 위하여" 국가로 하여금 필요한 제한과 의무를 과할 수 있도록 한 제122조 등에 의하여 그 헌법적 정당성이 뒷받침되고 있다(헌재 1994. 7. 29, 92헌바49등, 토지초과이득세법 제10조등 위헌소원 헌법불합치결정, 판례집 6-2, p. 95).

14) 근대 시민국가의 새로운 경향이라고 할 수 있는 '조세국가(Steuerstaat)'는 국가활동의 재정적 수요충족에 따른 국가의 존립 및 경제상의 자유를 실현하기 위하여 국민주권국가의 자기지배의 주체인 국민이 정당한 법률로 정하여진 조세를 적법절차에 따라 부담함으로써(Forsthoff 1954, 31-32) 궁극적으로 문화복지국가의 기반을 형성시키는 국가형식을 의미하는 것이다(김웅희, 2003, 32-33).

'행위' 그 자체에 있다는 견해도 있다(Weber-Grellet 2001, 3657 이하). 또한 납세의무자에게 특별부담(Sonderbelastung)이 될 수 있는 정책목적 조세에 대하여는 '응능부담의 원칙(Leistungsfähigkeitsprinzip)'이 배제될 수 있는지[15]와 그 정당성 여부가 문제되기도 한다.[16] 그러나 이러한 조세기능상의 변천을 고려하더라도, 조세와 가산세는 그 본질적 성격과 목적이 상이하다는 점에서 동일한 내용으로 보기는 어렵다.

첫째, 본질적 목적이 다르다. 조세는 국민이 국가공동체의 일원으로서 국가의 일반적 과제수행에 필요한 재정수요를 각자의 경제적 능력에 따라 반대급부 없이 염출하는 것임에 반하여(납세의무의 실현), 가산세의 본질적 내용은 조세행정상의 실효성 즉 납세협력의무를 확보하기 위한 금전적 행정제재로 보아야 한다(행정적 제재—의무불이행 행위에 대한 불이익).

둘째, 부과 원인(대상)이 다르다. 조세는 현재 보유하거나 발생된 '경제적 이익·가치'에 대하여 과세하게 되나 가산세는 의무불이행 또는 위반 '행위'에 대한 결과로서의 불이익을 말한다. 따라서 조세는 원칙적으로 납세의무자의 담세력을 바탕으로 하여 그 부담의 정도(세율)가 결정되어야 하는 데 반하여, 가산세는 세법상의 의무위반의 내용과 정도에 따라 달리 결정되어야 하고 납세자의 자력은 원칙적으로 고려되지 않는다.[17] 현대 조세국가에 있어서 소위 '담세능력에 따른 과세의 원칙(das Leistungsfähigkeitsprinzip)'은 합리적인 이유가 있으면 그 예외가 인정될 수 있다고는 하나(이동식 2010, 87-88; 김웅희 2010a, 720-721) 가산세는 그 예외에 전제하는 원칙(응능부담) 자체가 고려되지 않는다는 데 본질적 차이가 있다.

셋째, 양자는 본질적 기능을 달리한다. 예를 들어 담배소비세는 본래 국가재정수입의 충당이라는 목표로 만들어진 것이지만 특별한 면세혜택이 부여된 자가 일정 의무를 불이행한 경우에는 그 혜택을 배제하도록 하여 제재로서의 기능도 가지고 있다. 반면 가산세는 의무이행의 확보에 그 목적이 있는 것이지만 징수된 금액은 재정수입의 일부로 충족되고 있다. 양자 모두 유사한 면을 가지고 있으나 담배소비세의 제재적 기능과 가산세의 재정수입 충족 기능은 모두 부수적인 것이

15) 이에 대하여 헌법재판소도 '담세능력에 따른 과세의 원칙'이라 하여 예외 없이 절대적으로 관철되어야 한다고 할 수 없고, 합리적 이유가 있는 경우라면 납세자 간의 차별취급도 예외적으로 허용된다고 하고 있다(헌재 1999. 11. 25, 98헌마55, 판례집 11－2, p. 593, p. 608); 헌재 2006. 11. 30, 2006헌마489, 소득세법 제14조 제3항 제4호 위헌확인, 공보 122, p. 1423).

16) 정책목적조세는 행정목적을 달성하기 위해 과세요건에 따라 납세의 의무를 지는 국민의 행동을 국가가 의도하는 바대로 조정하는 것이 도입의 목적이기 때문에 과세권의 한계의 다른 표현인 납세의무자에 대한 조세부담의 크기는 납세의무자의 경제적 급부능력에 따르지 않고 조세부담으로 인한 납세의무자의 행위의 변화가 예상되는 곳에서 정해진다고 한다(강주영, 2007, 349-350).

17) 헌재 2003. 9. 25, 2003헌바16, 판례집 15-2상, p. 291.

거나 반사적 기능으로 이해되어야 한다.[18] 만약 입법적으로 담배소비세의 '제재' 기능을 소거하더라도 담세소비세는 조세로 남게 되나 가산세에 '제재'기능을 소거하면 그 존재근거는 사라진다. 반대로 담배소비세의 재정수입 충족 기능을 소거하면 담배소비세는 그 존재근거가 사라지나, 가산세는 제재의 기능이 남아 있는 한 그 존재의미가 유지되기 때문이다.

넷째, 가산세는 주된 조세채무에 가산하여 부과·징수되므로 의무이행이 없는 경우에는 국세징수법의 체납처분절차에 따르고, "세법에 의한 위법 또는 부당한 처분"에 해당된다고 보아 과징금과는 달리 국세기본법 제55조 이하에 의한 심사청구 등 특별한 권리구제절차가 진행된다. 그러나 가산세는 본세의 과세요건과 달리 별도의 과징요건(의무불이행)이 완성되어야 성립되는 것이므로 본세에 대하여 불복신청을 한다고 하여도 이것이 당연히 가산세에까지 미치는 것은 아니다. 따라서 가산세의 부과나 그 산정이 위법한 경우에는 가산세에 대하여만 불복할 수 있다는 점도 조세와 가산세를 달리 볼 수 있는 증거가 된다.[19]

현행 세법은 개별적 협력의무와 그 위반에 대한 가산세를 개별 세법에 위임함으로써 개별 세법에 따라 가산세의 종류와 율이 다양한 모습으로 나타나고 있다.[20] 또한 가산세는 그 본질상 세법상 의무불이행에 대한 행정상의 제재로서의 성격을 지님과 함께 조세의 형식으로 과징되는 부가세적 성격을[21] 지니기 때문에 형법총칙 규정에 따른 행위자의 고의 또는 과실·책임능력·책임조건 등이 고려되지 아니하고, 가산세 과세요건의 충족 여부만을 확인하여 조세의 부과절차에 따라 과징하고 있다. 결국 가산세제도는 신고납세제도의 적정 운영을 목적으로 신고·납부 등을 비롯한 협력의무의 불이행에 대하여 '소정의 금전적 부담을 내용으로

---

18) 이 사건 법률조항이 정하는 담배소비세와 가산세는 면제담배의 용도 와 처분에 대하여 세금의 형식으로 제재를 가함으로써 장래의 위반행위를 예방하는 기능을 가지고 있다 할 것이다. 그 외 조세수입의 확보 등의 기능은 전혀 없다고 보기는 어렵지만 적어도 주된 기능은 아니라고 볼 것이다(헌재 2004. 6. 24, 2002헌가27, 판례집 16-1, p. 714; 헌재 2006. 4. 27, 2005헌바54, 판례집 18-1 상, pp. 550-551 참조).

19) "신고불성실가산세 및 납부불성실가산세라 하더라도 가산세와 본세는 본질적으로 그 성질이 다른 것이므로 기준시가에 기초하여 산출한 총결정세액(부과처분 세액) 중 실질거래세가액에 의한 양도차익으로 한정되는 세액은 가산세를 제외한 결정세액으로 보고, 원심이 가산세가 포함된 부과처분 전체 세액과 실지거래가액에 의한 양도차익을 비교하여 그 양도차익을 넘는 세액을 전분 취소한 것은 양도소득세액 산정에 관한 법리를 오해한 것이다(대법원 1998. 7. 14. 선고, 97누5350 판결)

20) 그리고 관련된 법령조항들은 납세의무자의 협력의무인 신고·납부의무의 실효성을 확보하기 위하여 이행의무 위반자에 대하여 세금의 형식으로 제재를 가함으로써 장래의 위반행위를 예방하고 신고납세제도의 실효성을 담보하는 기능을 가지고 있다(임승순 2008, 138).

21) 따라서 가산세의 본질은 조세가 아니며 실질적으로는 "조세법상 의무불이행에 대한 행정상의 제재"가 된다.

하는 행정적 제재'가[22] 그 본질이라 하겠다. 이에 대해 헌법재판소[23]와 대법원[24]도 "가산세는 그 형식이 세금이기는 하나 그 법적 성격은 과세권의 행사 및 조세채권의 실현을 용이하게 하기 위하여 납세자가 정당한 이유 없이 법에 규정된 신고·납세의무 등을 위반한 경우에 법이 정하는 바에 의하여 부과하는 행정상의 제재"라고 한다.

그런데 헌법재판소는 가산세에 대하여 조세가 아닌 행정상 제재라고 하면서 ① 응능부담 및 형법총칙의 적용을 부인하면서 자기책임의 원칙을 적용하는가 하면,[25] ② 국세와 지방세의 세목이 된다는 점(국세기본법 제47조 제2항 및 지방세기본법 제142조)을 들어 '세금의 하나'[26] 또는 '조세의 한 종목'[27]으로 인정하거나 조세평등주의[28] 및 조세법률주의[29]가 적용된다고 하는 등 해석상의 혼란이 있다. 이

22) 헌재 2005. 2. 24, 2004헌바26 판례집 17-1, p. 249.

23) 헌재 2006. 4. 27, 2005헌바54, 판례집 18-1상, p. 551.

24) 세법상 가산세는 과세권의 행사 및 조세채권의 실현을 용이하게 하기 위하여 납세자가 정당한 이유 없이 법에 규정된 신고, 납세 등 각종의무를 위반한 경우에 개별세법이 정하는 바에 따라 부과되는 행정상의 제재로서 납세자의 고의·과실은 고려되지 않는 것이고, 다만 납세의무자가 그 의무를 알지 못한 것이 무리가 아니었다고 할 수 있어서 그를 정당시할 수 있는 사정이 있거나 그 의무의 이행을 당사자에게 기대하는 것이 무리라고 하는 사정이 있을 때 등 그 의무해태를 탓할 수 없는 정당한 사유가 있는 경우에는 이를 부과할 수 없다 할 것이다(대법원 1993. 6. 8. 선고, 93누6744 판결, 공1993하, p. 2049; 대법원 1996. 2. 9. 선고, 95누3596 판결, 공1996상, p. 992; 대법원 2002. 11. 13. 선고, 2001두1918 판결, 공2003상, p. 90; 대법원 2003. 9. 5. 선고, 2001두403 판결, 공2003하, p. 2026).

25) 가산세에 자기책임의 원칙을 적용한 사례로는 2004. 6. 24, 2002헌가27, 판례집 16-1, pp. 714-717과 2006. 4. 27, 2003헌바79, 판례집 18-1, p. 518 등이 있다.

26) 헌법재판소는 "가산세는 법이 정하는 바에 의하여 부과하는 행정상의 제재이지만, 가산세도 세금의 하나이므로 합리적인 이유 없이 특정의 납세의무자를 불리하게 차별하거나 우대하는 것은 허용되지 않는바, 지방세법 제120조의 '신고납부' 의무는 취득사실을 신고할 의무와 취득세액을 납부할 의무라는 두 가지 의무를 가리키는 것인데도 불구하고, 두 가지 의무 중 하나만을 불이행한 자나 두 가지 의무 모두를 불이행한 자를 구별하지 아니하고 똑같이 산출세액의 100분의 20을 가산세로 납부하도록 규정하고 있고, 또한 자진납부의무를 불이행한 자들 사이에서도 그 미납기간의 장단을 전혀 고려하지 않고 똑같이 취급하고 있는 것은 헌법상의 평등의 원칙에 어긋난다"고 한다(헌재 2003. 9. 25, 2003헌바16, 판례집 15-2상, pp. 291-292). 즉 조세평등주의를 적용하기 위하여 조세임을 인정하고 있다.

27) 부과처분에 의한 본세의 납부기한을 도과하는 경우에 고지세액에 가산하여 징수하는 금액인 가산금과 달리 가산세는 국세기본법의 체계상으로는 조세의 한 종목으로 구성되어 있는 것이다(2005. 2. 24, 2004헌바26, 판례집 17-1, p. 248.)

28) ① 조세평등주의: 헌재 2003. 9. 25, 2003헌바16, 판례집 15-2상, pp. 291-292; 헌재 2005. 11. 24, 2004헌가7, 판례집 17-2, pp. 353-355, ② 평등권 침해: 헌재 2006. 7. 27, 2004헌가13, 판례집 18-2, pp. 10-11, ③ 평등의 원칙: 2005. 12. 22, 2004헌가31, 판례집 17-2, pp. 648-649; 2005. 2. 24, 2004헌바26, 판례집 17-1, pp. 252-253. 헌재 2005. 11. 24, 2004헌가7, 판례집 17-2, pp. 353-355; 헌재 2007. 1. 17, 2006헌바3, 판례집 19-1, pp. 93-94.

29) ① 실질적 조세법률주의: 헌재 2006. 4. 27, 2005헌바54, 판례집 18-1상, pp. 559-560, ② 조세법률주의 2006. 4. 27, 2003헌바79, 판례집 18-1상, p. 513.

는 가산세의 법적 성격을 사건에 따라 차별 적용하는 것으로 오해될 수 있는 것으로 소위 형태는 '조세'이고 본질은 '행정적 제재'라는 헌법재판소의 논리 일관성에 의문을 가지게 한다.

먼저 국세와 지방세에 관한 기본적이고 공통적인 사항과 법률관계를 명확히 하는 조세의 기본법인 국세기본법(제47조 제2항 본문)과 지방세기본법(제147조)상에서는 가산세를 국세 및 지방세의 세목으로 "한다"고 규정하고 있는바, 이는 "~로 본다" 내지 "~로 의제한다"는 간주규정이 아니라 "제도적으로 그렇게 정한다"는 확정적 효력을 가지는 것으로 적어도 조세법체계에서는 '조세'로 새겨야 하다는 입법자의 의도로 보여진다. 다만 조세는 민주적 정당성과 자기부과원리(self-assessment)에 따른 국민의 납세의무, 그리고 국회의 조세입법권에 의해 발현되는 헌법상의 개념인 만큼 비록 조세법체계내의 법적 논의를 벗어나 헌법적으로 논의하게 되면 가산세는 '조세'의 옷을 벗고 '행정적 제재'라는 본질로 돌아오게 된다. 이에 따라 가산세는 조세의 헌법상의 원칙인 실질과세 및 응능부담의 원칙 등이 적용될 여지가 없지만, 과거 의무위반(불이행)행위에 대한 불이익처분이기 때문에 자기책임의 원칙 등이 적용될 수 있게 되고, 일정한 수준의 책임주의도 적용될 수 있는 여지를 가지게 된다.

다만 조세법체계내에서는 형식적 개념의 '조세'가 되기 때문에, 헌법상 조세의 법률유보 요건, 즉 '과세요건 법정주의'의 개념이 적용되고 적어도 과징요건(대상·종류·율)을 비롯한 기본적인 내용과 절차는 법률에 명확히 규정되어야 한다.[30] 따라서 가산세의 종류와 율을 하위법규에 포괄위임하는 것은 적어도 조세법체계(국세기본법 및 지방세기본법)에 위반된다. 또한 '조세'의 형식을 가진 이상 가산세제도의 입법에는 고의·과실·책임능력 등이 고려되지 않지만, 헌법상으로는 '행정적 제재'의 실질을 가지는 만큼 응능부담 및 실질과세의 원칙도 적용되지 않는다. 다만 책임주의가 일정부분 배제하면서 국민의 재산권을 제한하는 입법이 되는 만큼 입법 및 사법작용에 있어서 비례의 원칙 등 엄격한 심사가 요구되므로 입법에 있어서도 일정한 요건하에서만 그 정당성이 인정될 수 있다.

조세와 유사한 특별부담금의 입법에도 일정한 요건 하에서만 그 입법의 정당성이 인정된다.[31] 반대급부 없는 금전납부의무인 '부담금'도 조세와 유사한 점도

30) 이와 관련하여 Ⅲ의 '2.' '실질적 법치주의'에서 좀 더 자세히 논한다.

31) 특별부담금을 부과함으로써 국민의 재산권을 제한하는 법률규정이 헌법에 위배되지 않기 위해서는 헌법 제37조 제2항에서 정하고 있는 과잉금지의 원칙이 지켜져야 하고, 평등의 원칙에 위배되어서는 아니 됨은 물론이다. 특히 조세유사적 성격을 지니고 있는 특별부담금의 부과가 과잉금지의 원칙과 관련하여 방법상 적정한 것으로 인정되기 위해서는, 이러한 부담금의 부과를

있으나 그 법적 성격, 목적과 기능의 면에서 조세와는 근본적으로 다르다.[32] 즉 조세는 국민이 국가공동체의 일원으로서 국가의 일반적 과제수행에 필요한 재정수요를 각자의 경제적 능력에 따라 반대급부 없이 염출하는 것임에 반하여, 부담금은 특정한 행정과제의 수행을 위하여 그 과제에 대하여 특별하고 긴밀한 관계에 있는 특정집단에 대하여만 부과되는 조세외적 부담금이 된다.[33]

2. 가산세와 조세벌(조세형벌 · 과태료)과의 관계

조세벌과 과태료를 가산세와 분별하여 그 법적 성격을 파악하고자 한다면 먼저 행정법이론에 따라 구분해 볼 수 있다. 행정법에서 행정의 실효성 확보수단에는 직접적 의무이행확보수단인 '행정강제(강제집행, 즉시강제)' 외에 간접적 의무이행확보수단인 '행정벌'과 '기타 행정의 실효성확보수단'을 두고 있다. 기타 행정의 실효성확보수단[34] 중 '금전상의 제재'에는 가산세 · 가산금, 부당이득세, 과징금, 범칙금 등이 있다.

먼저 행정벌이란 행정법상의 의무위반(명령, 금지)에 대하여 과세권 또는 일반통치권에 근거하여 과하는 제재(김완석 2007, 675)로서 행정형벌과 행정질서벌로 구

통하여 수행하고자 하는 특정한 경제적 · 사회적 과제에 대하여 특별히 객관적으로 밀접한 관련이 있는 특정집단에 국한하여 부과되어야 하고, 이와 같이 부과 · 징수된 부담금은 그 특정과제의 수행을 위하여 별도로 지출 · 관리되어야 하며 국가의 일반적 재정수입에 포함시켜 일반적 국가과제를 수행하는 데 사용하여서는 아니 된다고 할 것이다(헌재 1998. 12. 24, 98헌가1, 판례집 10-2, p. 819, p. 830-831 참조). 부담금의 수입이 반드시 부담금의무자의 집단적 이익을 위하여 사용되어야 한다고는 볼 수 없으나, 부담금의무자의 집단적 이익을 위하여 사용되는 경우에는 부담금 부과의 정당성이 제고된다고 할 것이다(헌재 1999. 10. 21, 97헌바84, 판례집 11-2, pp. 453-454).

32) 헌법재판소는, 택지소유상한에관한법률 소정의 부담금의 경우에 비록 부담금이라는 표현을 취하고 있으나, 징수목적이 토지의 과다보유를 억제하고 소유상한을 초과한 택지의 처분 또는 이용 · 개발을 유도하는 데 있는 것이기 때문에, (조세와 유사하다는 점에서) 특정한 공익사업을 위한 경비 충당을 목적으로 하는 '원래 의미의 부담금'은 아니라 하더라도 재정수입의 목적이 부수적으로도 인정되지 않으므로 '조세'라고도 할 수 없다고 하고 있다. 이러한 부담금은 법이 정한 상한을 초과하여 택지를 소유하고 있는 자에 대하여 의무위반에 대한 제재로서 부과하는 금전적 부담으로서, 법의 목적을 실현하기 위한 이행강제수단으로, 현대 행정이 복잡 · 다양해지고 복리행정이 확대됨에 따라 간접적 수단에 의하여 국민의 행위를 일정한 방향으로 유도 · 조정함으로써 사회 · 경제적인 정책목적을 효율적으로 달성하기 위하여 도입된 새로운 유형의 공과금이라고 하고 있다(헌재 1999. 4. 29, 94헌바37, 택지소유상한에관한법률 제2조 제1호 나목 등 위헌소원, 판례집 11-1, p. 338).

33) 부담금이라 함은 특정의 공익사업과 특별한 관계가 있는 자에 대하여 그 사업에 필요한 경비를 부담시키기 위하여 과하는 금전적 지급의무를 말하고, 분담금이라고 하기도 한다(헌재 1998. 12. 24, 98헌가1, 판례집 10-2, p. 829).

34) 금전적 제재 외에 기타 행정의 실효성확보수단에는 공급거부, 관허사업의 제한, 법 위반사실의 공표, 차량 등의 사용금지, 수익적 행정행위의 정지 · 철회, 국외여행의 제한, 취업의 제한 등이 있다(김남진 · 김연태 2004, 473-479).

분되며, 이러한 행정벌이 과하여지는 비행 또는 의무위반 행위자를 행정범이라고 한다. 행정벌은 직접적으로 과거의 의무위반에 대하여 제재를 가함으로써 행정법규의 실효성을 확보하는 것을 목적으로 하는데, 간접적으로는 이를 통해 의무자에게 심리적 압박을 가하여 행정법상의 의무의 이행을 유도(확보)하는 기능도 가진다(김남진·김연태 2004, 460). 이와 같은 행정벌로서의 성격을 가지는 조세법상의 제재로는 조세형벌과 행정질서벌인 과태료가 있다. 조세형벌은 조세의 포탈 등 조세의 부과와 징수 및 납부와 직접 관련되어 조세법상의 목적과 국가재정을 침해하는 경우 그 반사회성에 대한 형벌적 제재수단이 된다. 이러한 형벌은 조세범처벌법, 관세법·지방세기본법·특정범죄가중처벌등에관한법률 등에 형명(刑名)이 규정되어 있으며, 이러한 조세범칙사건은 일반적으로 법원이 조세범처벌절차 및 형사소송절차에 따라 처리하게 된다.

이와 같이 조세형벌은 조세법상의 의무를 정면으로 위반할 때 과해지는 '행정형벌'에 해당하지만(홍정선 2007, 415), 과태료는 그 위반(신고·등록·서류비치 등의 의무 태만)이 조세행정질서에 장애가 된다는 점에서 그 의무이행의 확보를 위하여 일반적으로 조세행정절차에 따라 과세관청이 부과·징수하는 금전상 제재로서 이른바 '행정질서벌'에 속하게 된다.[35] 행정질서벌인 과태료에는 형법총칙이 적용되지 않고 부과에 있어서도 법률에 특별한 규정이 없는 한 고의·과실, 책임능력 등을 요하지 않는다.[36] 이는 행정질서벌이 행정형벌에 비하여 반윤리성이 희박하기 때문에(홍정선 2007, 417) 객관적 위법만으로 족하기 때문으로 보인다.

그런데 현재 이러한 행정벌에 대한 입법경향은 '行政刑罰의 行政秩序罰化(행정범의 탈범죄화)'에 있다. 경미한 행정법규 위반이 행정형벌로 이어지도록 하는 것은 다수의 국민을 전과자로 양산할 수 있기 때문이다.[37] 또한 단기자유형과 벌금형은 ① 다른 행정제재수단 등과 無原則하게 중복(병과)된 것이 많고, ② 형사벌로 다스릴 필요가 없는 사항에 대하여 형사벌을 과한 것, 과중한 것, 불필요한 것 등이 많을 뿐 아니라, ③ 과벌절차가 번잡하여 의무확보수단으로서의 기능을 제대로 발휘하지 못한다는 지적도 있었다(박윤흔 2000, 626). 따라서 다수의 국민이 일상생활과 관련하여 위반하기 쉬운 행정법규의 위반에 대한 벌칙은 형사벌(刑事罰)의

35) 헌재 1994. 6. 30. 92헌바38, 판례집 6-1, pp. 626-627.

36) 대법원 1993. 6. 8. 선고, 93누6744 판결, 공1993하, p. 2049; 대법원 1996. 2. 9. 선고, 95누3596 판결, 공1996상, p. 992; 대법원 2002. 11. 13. 선고, 2001두1918 판결, 공2003상, p. 90; 대법원 2003. 9. 5. 선고, 2001두403 판결, 공2003하, p. 2026.

37) 이러한 행정질서벌제도에 관한 단행법으로는 독일의 질서위반법률(Gesetz über ordnungswidrigkeiten)이나 미국의 민사금전벌이 있다(홍정선 2007, 418-419).

일종인 벌금으로 할 것이 아니라 과태료와 같은 비형사벌(非刑事罰)로 전환하고, 의무위반행위에 원칙적으로 벌칙이 과해지도록 하여[38] 법을 위반한 국민 간에 균형을 잃지 않도록 하고 있는 것이다(박윤흔 2000, 615).[39]

이에 따라 이미 상당수의 벌칙규정(벌금)이 과태료로 전환되었지만 아직도 각 실정법상에서는 행정형벌과 과태료가 그 고유한 법적 성격에 따라 정비되어 있지 않고, 오히려 입법과정에서도 과태료를 과할 행위에 형벌을, 형벌을 과할 행위에 과태료를 과하는 경우도 적지 않다(박윤흔 2000, 636). 이는 본래 ① 행정질서벌이 행정형벌 함께 행정벌이라는 동일한 근원(根源)을 두고 있고, ② 대상 및 목적에 경중이 있을 뿐 행정법규를 위반하여 과해지는 제재로 양자 모두 행정법규의 실효성 확보수단이라는 공통점을 가지며, ③ 현재까지 행정형벌을 과할 행위와 행정질서벌을 과할 행위를 명확히 구분할 수 있는 통설적 개념이 확립되지 않았을 뿐 아니라,[40] ④ 행정벌의 유형과 양정(量定)은 입법자의 입법재량에 폭넓게 맡겨져 있기 때문이다.[41]

한편 강제집행수단이나 행정벌과 같은 전통적인 행정의 실효성확보수단 이외의 새로운 종류의 수단이 증가하는 추세에 있다. 이는 여러 가지 여건변화로 전통적 수단의 기능이 약화되거나 본래의 기능을 발휘하지 못하는 사정이 발생하였기

38) 이에 대해 행정질서벌화로 인해 책임주의가 배제되고 절차보호가 소홀해진다는 의견(김중권, 유지태)이 있다(홍정선 2007, 419).

39) 행정질서벌에 있어서도 '법원이 비송사건절차법에 따라 부과·징수하는 절차'와 '행정청이 부과한 후 이의신청이 있으면 법원이 결정하는 절차'가 있는바, 최근 후자의 입법이 계속 증가하고 있는 것은 행정청에게는 과태료의 부과·징수의 편의를, 국민 개인에게는 납부의 편의를 법원에게는 업무부담의 완화를 도모하기 위한 것으로 보인다(홍정선 2007, 418-417); 한편 과태료를 부과할 위반사실을 발견하고 법원에 통고하여야 하는 것은 주무행정기관이나, 조사 및 통고절차가 불비되어 있어서, 행정기관은 위반행위가 있어도 법원에 통고하지 아니하고 통고하지 아니하고 방치하는 예가 적지 아니하며, 실제 과태료를 부과한 것이 오히려 예외적이었던 것이 종래의 현상이었다(김동희 2008, 484).

40) 행정형벌과 행정질서벌을 구분하는 기준에는 ① 직접적으로 행정목적을 침해하여 행정법규에 의하여 유지되는 사회법익에 대하여 침해를 가하는 경우와 간접적으로 행정목적의 달성에 장해를 가져올 위험성이 있는 데 그치는 경우로 나누는 견해, ② 형벌을 과할 만한 고도의 위법성과 유책성을 가진 경우와 행법법규의 실행을 실효성 있게 하기 위한 수단에 그치는 경우로 나누는 견해, ③ 타당성에 더하여 규제효과와 보충성(謙抑性)과를 기준으로 하자는 견해 등이 있으나 통설적 견해는 없다(박윤흔 2000, 627).

41) 어떤 행정법규 위반행위에 대하여 이를 단지 간접적으로 행정상의 질서에 장애를 줄 위험성이 있음에 불과한 경우로 보아 행정질서 행정질서벌인 과태료를 과할 것인가 아니면 직접적으로 행정목적과 공익을 침해한 행위로 보아 행정형벌을 과할 것인가, 그리고 행정형벌을 과할 경우 그 법정형의 형종(刑種)과 형량(刑量)을 어떻게 정할 것인가는 당해 위반행위가 위의 어느 경우에 해당하는가에 대한 법적 판단을 그르친 것이 아닌 한 그 처벌내용은 기본적으로 입법권자가 제반사정을 고려하여 결정할 입법재량에 속하는 문제라고 할 수 있다(헌재 1994. 4. 28, 91헌바14, 판례집 6-1, pp. 282-283).

때문이다. 행정형벌은 행정법상 의무의 확보를 행정벌칙에 의존하여 간접적으로 그 실효성을 확보하는 기능을 가지고 있으나 행정법상의 의무실현을 제3기관(법원)에 의존하는 결과가 되어 행정청이 효율적인 행정적 판단을 관철시키기 어렵고, 행정법규에 규정된 위반행위의 여부를 경찰이나 검찰이 모두 파악할 수도 없으며, 대부분 그 요건과 실행절차가 법에 의해 엄격히 규율되고 있어서 효과적으로 실행하기 어렵다. 또한 행정범규의 위반으로 위반자가 더욱 큰 경제적 이익을 얻는 경우에도 행정벌의 실효성은 사실상 기대하기 어렵다(박균성 2009, 521). 행정질서벌(과태료)의 경우에는 행정기관이 직접 단속할 수 있고, 그 처리절차가 형사절차에 비하여 다소 효율적이라는 점은 있지만 형사벌에 비하여 威嚇的 效果가 크지 못하다는 단점이 있다(박윤흔 2000, 642-643).

이에 전통적인 실효성확보수단을 보완 내지는 대체할 새로운 실효성확보수단으로는 금전상의 제재(가산세, 가산금, 과징금 등), 제재적 행정처분(허가 등 거부·정지·철회), 공급거부, 공표, 행위제한 등의 수단이 마련되고 있으나 체계적인 실효성확보수단을 마련되지 못한 채 필요시마다 그 수단이 채택되고 있는 실정이다. 또한 새로운 수단의 법적 성격과 관련하여 '행정적 제재수단'(이상규 1997, 521) 또는 '의무이행확보수단'(박윤흔 2000, 640)이라는 견해가 있으나, 비중의 차이가 있을 뿐이지 두 가지 성격이 모두 혼재된 것으로 보여진다(홍정선 2000, 496-497).

이러한 새로운 실효성확보수단 중 조세법에서 주로 다루어지는 금전적 제재수단이 바로 가산세이다. 조세형벌과 가산세는 과거의 조세법규 위반사실에 일정한 제재를 가함으로써 당해 조세법규의 실효성을 담보하고 간접적으로 의무의 이행을 확보한다는 점에서 그 궁극적 목적과 기능에 공통점을 가진다.[42] 그러나 ① 조세형벌은 세법상의 의무위반에 대하여 형벌의 형식으로 과하는 제재이지만, 가산세는 세법상의 의무위반에 대하여 조세의 형식으로 과징하므로 그 형식과 성질이 다르다는 점, ② 조세형벌은 과거의 의무위반을 벌하지만 가산세는 본래 처벌(행정형벌, 행정질서벌)이라기보다는 납세의무자에게 심리적 부담을 주거나 권유함으로써 행정법규의 위반을 사전에 예방하거나 납세의무자 스스로 시정하도록 하는 행정상 의무확보수단의 성격이 강하다는 점, ③ 조세형벌의 부과주체는 원칙적으로 사법기관이지만, 가산세의 부과주체는 행정기관인 점(홍정선 2007, 455-456), ④ 조세형벌의 근거법(조세범처벌법 등)에 따라 처벌되는 자는 행정범(조세범)이 되나 가산세가 부과된 자를 행정범(조세범)으로 보지는 않는다는 점에서 그 성격을 달리 하고 있다(김정식 2010, 16). 이와 같이 가산세는 (행정형벌이 과태료로 전환되어 왔

42) 헌재 2006. 4. 27, 2003헌바79, 판례집 18-1, pp. 511-512.

다는 사실로) 조세형벌·과태료와 같은 형사벌의 성격을 가진다고 볼 수 없고, 조세행정 또는 신고납세제도의 실효성확보수단인 행정적 제재로 이해할 수밖에 없다. 다만 개별 가산세에 따라서는 입법취지상 조세형벌 또는 과태료의 목적과 기능이 사실상 대체되거나 처음부터 가벌적 취지로 입법된 것일 수도 있고 대부분은 그 목적과 성격이 혼재되어 입법하는 경향이 많으므로 개별 가산세별로 그 입법취지와 목적 그리고 그 기능을 면밀히 검토하여 그 법적 성격을 실질적으로 파악해야지 단지 명목상의 '가산세'로만 이해되어서는 아니 된다. 물론 조세법상 의무위반에 대하여 조세벌(행정형벌, 과태료)을 과하는 것이 바람직하더라도 조세벌이 의무이행확보의 수단으로서 실효성을 가지지 못할 경우에는 오히려 행정적 조치로서 가산세제도가 효과적일 수 있다(박윤흔 2000, 644).[43] 그러나 효율적 측면에만 기대어 행위에 따라 개별화되어야 하는 불이익 처분이 혼동되거나 오용하는 것은 실질적 법치주의에 반하는 것으로 보아야 한다.

본래 가산세 제도는 일반적으로 신고납세제도의 정착과 발전을 위하여 설정된 제도로 이해되고 있다. 신고납세제도는 민주적이고 국민주권주의의 기본원리에 의하여 납세액은 국민이 스스로 결정하는 것이고 국가라고 하는 공동사회를 유지하기 위한 공통의 비용은 국민이 스스로 부담한다는 이념에 입각한 제도이다. 이러한 신고납세제도하에서는 납세의무자의 자발적인 신고·납부가 없다면 그 제도의 성공을 기대할 수 없기 때문에, 국가는 성실하게 신고·납부하지 않는 행위에 대하여 제재(가산세)에 의한 차별을 함으로써 국가의 조세권 내지는 조세채권의 적정한 실현을 담보할 필요가 있다.[44] 또한 가산세는 의무자에게 심리적 압박을 가해 간접적으로 의무이행을 확보하고 그 반사적 효과로서 성실한 신고·납부자를 보호하게 하여 의무불이행자와 성실한 의무이행자와의 공평부담을 도모하는 기능도 하게 된다.[45]

이와 같이 가산세제도는 조세행정의 실효성확보에 기여하지만, 학계에서는

43) 본래 조세형벌 또는 과태료를 과하여야 할 범칙행위로 행정벌을 가하는 것이 그 제재수단의 성격에 부합되나 행정범규의 위반으로 위반자가 더욱 큰 경제적 이익을 얻는 경우에는 그 이상의 경제적 불이익을 부담시키는 가산세가 오히려 실효적 수단이 될 수 있다.

44) 가산세 제도의 기능은 비단 신고납세방식의 조세에서뿐 아니라 상속세와 같은 부과과세방식의 조세에서도 의미가 있다. 부과과세방식의 조세에서는 설령 납세의무자가 과세표준을 신고하고 신고한 세액을 납부하더라도 그것은 국가의 과세처분에 참고자료가 될 뿐이고 과세표준과 세액을 결정하는 것은 국가라는 점에서 신고납세방식의 조세와 차이가 있으나, 이러한 경우에도 납세의무자의 성실한 신고를 독려함으로써 납세의무 확정을 위하여 투입될 국가나 지방자치단체의 행정력을 절감하고 성실신고 및 납부의무의 위반을 미연에 방지하기 위하여 가산세를 부과할 이유가 충분히 있다(헌재 2006. 4. 27, 2003헌바79, 판례집 18-1상, pp. 511-512).

45) 헌재 2005. 2. 24, 2004헌바26 판례집 17-1, p. 248-249.

아직도 가산세가 행정벌과 어떻게 구분되는지, 그리고 가산세가 조세인지 아닌지 그 고유한 법적 성격에 대해 명확히 구분할 수 있는 일반적 개념이 확립되어 있지 않은 채, 입법자의 고유한 입법재량에 맡겨져 있다는 점에서[46] 그 수단이 남용되거나 국민의 기본권을 침해할 우려가 있다. 따라서 가산세를 비롯한 새로운 실효성확보수단에 대한 법적 성격을 명확히 규명하여 그에 따른 통제의 법리를 강화해야 할 필요성이 있다(박균성 2009, 521).

3. 조세벌, 과태료 및 가산세 등의 병과문제

헌법 제13조 제1항은 "모든 국민은 … 동일한 범죄에 대하여 거듭 처벌받지 아니한다"고 하여 이른바 '이중처벌금지의 원칙'을 규정하고 있다. 이 원칙은 한 번 판결이 확정되면 동일한 사건에 대해서는 다시 심판할 수 없다는 '일사부재리의 원칙'이 국가형벌권의 기속원리로 헌법상 선언된 것으로서, 동일한 범죄행위에 대하여 국가가 형벌권을 거듭 행사할 수 없도록 함으로써 국민의 기본권을 보장하기 위한 것이다. 이러한 점에서 헌법 제13조 제1항에서 말하는 '처벌'은 원칙적으로 범죄에 대한 국가의 형벌권 실행으로서의 과벌을 의미하는 것이고,[47] 국가가 행하는 일체의 제재나 불이익처분이[48] 모두가 '처벌'에 포함되는 것은 아니다(강경근 2004, 59-592; 권영성 2009, 420-4; 21허영 2010, 367-369).

이와 관련하여 과태료는 과벌절차만 행정형벌과 다를 뿐 모두 행정벌이므로 이를 병과하는 것은 이중처벌이라는 견해(박윤흔 2000, 637; 홍준형 2000, 759; 김남진·김연태 2004, 466)와 모두 행정벌의 일종이지만 그 목적이나 성질이 다르므로 이중처벌이 인정되지 않는다는 견해(장태주 2007, 508; 홍정선 2007, 416; 박균성 2009, 516)로 나뉘고 있다. 대법원은 행정형벌과 과태료의 병과에 대한 이중처벌은 부인하였

46) 어떠한 의무위반행위에 대한 제재의 양을 정하는 것은 입법자의 광범위한 입법형성의 자유에 속하는 것이라 할 것이므로, 원칙적으로 입법자가 정하게 되는 가산세율은 입법재량으로 존중되어야 한다(헌재 2007. 1. 17, 2006헌바3, 판례집 19-1, p. 92; 헌재 2006. 4. 27, 2006헌가5, 공보115, p. 619, p. 622; 헌재 2006. 4. 27, 2005헌가2, 공보115, p. 613, p. 616; 헌재 2003. 11. 27, 2002헌바24, 판례집 15-2(하), p. 242, p. 252; 헌재 1999. 5. 27, 96헌바16, 판례집 11-1, p. 529, pp. 538-539; 헌재 1999. 5. 27, 98헌바26, 판례집 11-1, p. 622, p. 629 참조).

47) 이중처벌인 사례로는 ① 보안처분의 하나인 사회보호법상의 보호감호처분과 형벌의 병과(헌재 1989. 7. 14, 88헌가5·8, 89헌가44), ② 보안관찰법상의 보안처분과 형벌의 병과(헌재 1997. 11. 27, 92헌바28), ③ 형사처벌과 과징금의 병과(2003. 7. 24, 2001헌가25), ④ 형벌과 징계벌의 병과, ⑤ 직위해제와 감봉처분의 병과(대법원 1983. 10. 25. 선고, 83누184 판결), ⑥ 외국에서 받은 실체확정판결에 대하여 국내에서 다시 형사처벌하는 것(대법원 1984. 10. 25. 선고, 83도3266 판결) 등이 있다.

48) 이중처벌인 사례로는 ① 일정 범죄행위자의 신상공개제도(헌재 2003. 6. 26, 2002헌가14), ② 행정질서벌로서의 과태료와 형벌(행정형벌)의 병과(헌재 1994. 6. 30, 92헌바38).

으나[49] 헌법재판소는 구건축법 제56조의2 제1항 위헌소원 사건에서 "행정질서벌로서의 과태료는 행정상 의무의 위반에 대하여 국가가 일반통치권에 기하여 과하는 제재로서 형벌(특히 행정형벌)과 목적·기능이 중복되는 면이 없지 않으므로, 동일한 행위를 대상으로 하여 형벌을 부과하면서 아울러 행정질서벌로서의 과태료까지 부과한다면 그것은 이중처벌금지의 기본정신에 배치되어 국가 입법권의 남용으로 인정될 수 있다."고 하면서[50] 이중처벌의 여지를 인정하고 있다.[51]

한편 가산세는 세법상의 의무위반에 대하여 조세의 형식으로 과징하지만, 조세형벌은 세법상의 의무위반에 대하여 형벌의 형식으로 과하는 제재이므로 그 형식과 성질이 서로 상이한데, 하나의 세법상 의무위반 또는 의무불이행 행위가 조세범의 구성요건과 가산세의 과징요건을 경합적으로 충족하는 경우가 있다. 예를 들면 고의로 세금계산서를 발급하지 아니하거나 거짓으로 기재하여 발급한 경우에는 부가가치세법상 매출계산서불성실가산세의 과징요건과 조세범처벌법상의 세금계산서 발급의무위반범의 객관적 구성요건(제10조)을 함께 충족시키게 되는 경우가 그러하다.[52] 그렇다면 조세형벌과 가산세의 병과가 헌법 제13조 제1항의 일사부재리의 원칙(Ne bis in idem), 즉 '이중처벌금지의 원칙'에 위배되는지에 대하여 검토되어야 한다. 이에 대하여 가산세는 과세관청이 조세의 형식으로 과징하는 것으로 조세법상의 의무이행확보를 위한 행정적 조치이고, 조세형벌(벌금)은 사법절차 또는 과벌적 행정절차에 따라 반사회적 행위를 형벌의 형식으로 재제하는 것이기 때문에 이중처벌이 아니라는 견해(장태주 2007, 514; 박윤흔 2000, 644; 최명근 1998, 563, 김완석 2007, 674-675)가 일반적이고, 동일한 행위에 대하여 행정벌과 가산세의 부과는 양립할 수 있지만 내용적(실질적)으로는 이중처벌이 될 수 있으므로 입법론상 병과는 신중해야 한다는 의견(홍정선 2007, 456)도 있다.

이러한 견해들을 자세히 살펴보면 ① '행정형벌과 가산세의 병과'보다는 '행정형벌과 과태료의 병과'가 이중처벌의 소지가 있다는 의견이 다수이지만, ② 과태료와 행정형벌의 병과를 이중처벌로 인정하더라도 가산세와 행정형벌의 병과는

49) 거주지를 이전한 후 퇴거신고와 전입신고를 하지 아니하였다는 이유로 과태료처분을 받고 이를 납부한 일이 이다고 하더라도 그 후에 형사처벌을 한다고 해서 일사부재리의 원칙에 어긋나는 것이라고 할 수 없다. 일사부재리의 효력은 확정판결이 있을 때에 발생하는 것이고 위의 과태료는 행정법상의 질서벌에 지나지 아니하기 때문이다(대법원 1989. 6. 13. 선고, 88도1983 판결).

50) 헌재 1994. 6. 30, 92헌바38, 판례집 6-1, p. 627.

51) 다만, 이 사건 규정에 의한 과태료는 형사처벌의 대상이 된 무허가 건축행위와는 별개의 행위인 시정명령 위반의 점에 대하여 부과하는 것이고, 이중처벌금지의 원칙은 처벌 또는 제재가 '동일한 행위'를 대상으로 행해질 때에 적용될 수 있음을 밝히고 있다.

52) 다만 과실범의 경우에는 가산세 규정만 적용되고 조세범에는 해당되지 않는다.

이중처벌이 아니라는 견해가 있는가 하면(박윤흔 2000, 637, 644), ③ 과태료와 행정형벌의 병과는 이중처벌이 아니며 오히려 가산세와 행정형벌이 양립되어 실질적인 이중처벌이 될 수 있으므로 신중한 입법이 필요하다는 견해(홍정선 2007, 416, 456)도 있다. 그리고 ④ 가산세를 세법상의 의무불이행에 대하여 과하는 행정상 과태료적 제재로 보는 입장에서는 이에 과태료 병과에 대한 대법원 판례를 자신의 견해에 동조하는 판례로 인용하는 경우도 있다(최명근 1998, 563; 김완석 2007, 674-675).

한편, 미국의 연방대법원에서는 과소신고행위에 대한 민사벌(civil penalty)은 형사적인 제재가 아닌 민사적인 제재에 해당하고, 기본적으로 세입을 확보하려는 안정장치로서 납세의무자의 과소신고로 인하여 증가한 조사비용과 국고손실의 변상을 위하여 마련된 제도이기 때문에 당해 행위에 대하여 형벌과 민사벌을 병과하더라도 이중처벌이 아니라고 한 바 있다.[53] 이러한 경우 과소신고로 인한 비용을 변상받기 위한 목적이 아니라 의무위반행위에 대한 사후적 제재수단의 성격을 가졌거나 변상의 목적이었다고 하더라도 과소신고로 인하여 증가된 비용 이상의 금액은 이중처벌의 소지가 있기 때문에 가산세율 및 그 기준산정이 입법한계의 근거가 될 수 있다고 본다.

이와 같이 이중처벌금지의 원칙에 따라 기속되는 가산세제도의 입법형성권 한계에 관한 논의는 다음과 같이 살펴 볼 수 있다.

(1) '이중처벌금지의 원칙'의 대상이 되는 처벌 또는 제재는 '동일인'에게 병과되는 것이 아니라 '동일인의 동일 행위'에 병과되어야 할 것을 전제하고 있다. 예를 들어, 구건축법 제56조의2 제1항 위헌소원사건은 행정형벌이 과해진 이후 다시 동일 행위에 대해 과태료가 부과된 것이 아니라, ① 형사처벌은 무허가 건축행위에 대하여 과해진 것이고, ② 과태료는 행정청이 위법건축물의 방치를 막고자 명(命)한 시정조치를 불이행한 것에 대한 행정적 제재로 보았다.[54]

(2) 조세형벌과 가산세는 조세법의 실효성 내지 납세의무자에 대한 의무이행을 확보하기 위하여 과하는 중추적인 위치에 있는 제재로서 그 형식('형벌'의 형식과 '조세'의 형식)만이 다를 뿐 과거의 조세법규 위반사실에 일정한 제재를 가함으

53) 사기에 의한 과소신고행위에 대하여 형벌(조세포탈범)과 민사벌(가산세)을 병과하는 것이 수정헌법 제5조의 이중처벌의 금지원칙(doctrine of double jeopardy)에 위반하는 것이 아닌가 하는 다툼이 있었다[Helvering v. Mitchell, 303 U. S. 391(1938)](김완석 2007, 674-675).

54) 무허가 건축행위에 대하여 형사처벌을 한 후에라도 그 위법행위의 결과 침해된 법익을 원상회복시킬 필요가 있으므로 이를 위한 행정상 조치로서 시정명령을 발하고 그 위반에 대하여 과태료를 부과할 수 있도록 한 것이 기본권의 본질적 내용을 침해하는 것이라고 할 수도 없다 할 것이다(헌재 1994. 6. 30, 92헌바38, 판례집 6-1, p. 629).

로써 당해 조세법규의 실효성을 담보하고 간접적으로 의무의 이행을 확보한다는 점에서 조세형벌과 가산세제도는 그 궁극의 목적과 기능에 공통점이 있다.[55] 즉 가산세의 대상이 되는 행위가 반사회적이거나 전면적으로 행정질서를 훼손(파괴)하는 행위는 아닐지라도 조세행정상의 질서에 장애를 주었거나 성실한 납세협력 의무를 불이행한 법규준수의무 위반의 상태를 초래한 것이라는 점은 조세형벌의 대상과 본질적으로 크게 다르지 않다.[56]

(3) 가산세의 부담은 세법상의 의무위반의 내용과 정도에 따라 결정되어야 하는 합리성을 가지는 만큼[57] 행정벌의 대상행위 보다 널리 강구되는 제재수단일 수 있다.[58] 만약 가산세가 적어도 행정벌 미만의 법적 비난을 가지는 행위에 한정하여 부과되는 행정적 제재라면 입법자는 행정벌 이상의 법적 비난을 가지는 행위에 대하여는 '가산세'라는 제재수단을 배제하여야 할 것인데, 행정형벌, 과태료, 가산세 등의 제재 수단이 법적 비난의 수준 또는 성질에 따라 현행 실정법에 명확히 구분되어 있다고 보기는 어렵다. 설혹 제재수단에 대한 입법기준과 입법의무가 입법자에게 부여되어 있다고 하더라도, 입법자가 그 의무를 위반하여, 행정형벌에 해당되는 사항에 가산세라는 제재수단을 도입하였다면, 그 제재는 가산세의 옷을 입은 행정형벌이고 이는 '이중처벌 금지의 원칙'상의 실질적 '처벌'에 포함될 여지가 있다고 보아야 한다.[59]

(4) 헌법재판소는 행정벌(행정형벌)이나 가산세나 그 본질에 있어서는 의무이행을 확보하기 위한 제재라는 점이 같고, 다만 가산세는 형벌이 아닌 조세의 형태

---

55) 헌재 2006. 4. 27, 2003헌바79, 판례집 18-1, pp. 511-512. 다만, 목적과 기능이 사실상 동일함에도 불구하고 단지 형식이 다르다는 이유만으로는 조세형벌과 가산세로 개별화 또는 차별할 수 있는 정당성이 있는 것인지에 대하여는 강한 의구심이 든다.

56) 행정질서벌로서의 과태료도 행정상 의무의 위반에 대하여 국가가 일반통치권에 기하여 과하는 제재로서 형벌(특히 행정형벌)과 목적·기능이 중복되는 면이 없지 않으므로, 동일한 행위를 대상으로 형벌을 부과하면서 아울러 행정질서벌로서의 과태료까지 부과하였다면 그것은 이중처벌금지의 기본정신에 배치되어 국가 입법권의 남용으로 인정될 여지가 있음을 부정할 수 없다(헌재 1994. 6. 30. 92헌바38, 판례집 6-1, pp. 626-627).

57) 헌재 2003. 9. 25, 2003헌바16, 판례집 15-2상, p. 291.

58) 헌재 1994. 4. 28, 91헌바14, 판례집 6-1, pp. 282-283.

59) 헌법 제13조 제1항 후단의 '처벌'은 원칙적으로 범죄에 대한 국가의 형벌권 실행으로서의 과벌을 의미하는 것이고, 국가가 행하는 일체의 제재나 불이익처분을 모두 그 '처벌'에 포함시킬 수는 없다(헌재 1994. 6. 30, 92헌바38, 판례집 6-1, p. 619, p. 627)고 하면서도 형법 제41조에 나열되어 있지 아니하더라도 그 불이익의 실질에 따라서는 '처벌'에 포섭될 수 있음을 밝히고 있다(헌재 2003. 6. 24, 2002헌가14, 판례집 15-1, p. 624, 640-641). 어떤 제재가 '헌법'에서 규정한 '처벌'인가 하는 것은 헌법적 문제로서 논증하여 해결하여야 하는 것이지 이를 '법률'의 문제로 치환하여 어떤 법률이 그 제재를 '형벌'로 정하고 있는가 하는 것을 살펴 해결할 수는 없기 때문이다(헌재 2006. 7. 27, 2004헌가13, 판례집 18-2, p. 12).

로 부과되는 차이점이 있을 뿐임을 수차 밝히고 있다.[60] 그리고 모든 행정적 제재는 의무위반에 대한 책임의 추궁에 있어서는 의무위반의 정도와 부과되는 제재 사이에 적정한 비례관계가 유지되어야 한다. 조세의 형식으로 부과되는 금전적 제재인 한 가산세 역시 의무위반의 정도에 비례하는 결과를 이끌어내는 비율에 의하여 산출되어야 하고, 그렇지 못한 경우에는 헌법상 '비례의 원칙'에 반하여 재산권에 대한 부당한 침해가 된다.[61] 그런데 구법인세법 제76조 제9항 위헌제청사건과 같이 일반적으로 가산세는 재산에 대한 부담이고 그 부담의 상한도 없다.[62] 본세가 원칙적으로 납세의무자의 담세력을 바탕으로 하여 그 부담이 결정되어야 하는 데 반하여 가산세의 부담은 세법상의 의무위반의 내용과 정도에 따라 달리 결정되어야 하고 납세자의 자력은 고려의 대상이 되지 않기 때문이다. 형법 제47조의 과료가 불과 2천원 이상 5만원 미만의 재산형인 점과 비교하더라도 가산세가 과연 행정형벌보다 법적 비난이 낮은 행위에 대한 제재수단인지 의문이 된다.

예를 들어 위 사건에서도 입법자가 가산세의 재제수단을 선택한 이유는 ① 일정한 공익적 목적(근거과세 확립 및 과세표준양성화)을 위하여 특정한 납세의무자에게 납세협력의무(매출·매입처별계산서합계표의 제출의무)를 부여하면서 ② 그 이행의무의 확보수단으로 가장 적절한 수단(고의·과실여부와 상관없이 일정률을 부과하여 용이하게 징수할 수 있다는)이고 ③ 부수적으로 '조세수입'이 될 수 있다는 점을 감안하였던 것으로 보인다.

따라서 가산세가 헌법 제13조 제1항에서 말하는 '처벌'의 범위에 해당하지는 않는다고 하더라도, 가산세 역시 조세법상의 의무위반에 대하여 과하는 제재로서 조세벌의 목적·기능이 중복되는 면이 있으므로, 동일한 행위를 대상으로 하여 조세형벌과 가산세를 병과하는 것은 행정형벌과 과태료의 병과와 마찬가지로 이중처벌 금지의 기본정신에 배치될 가능성이 크다.[63]

(5) 이중처벌 금지의 내용이 되는 '처벌'을 이와 같이 실질적으로 개념으로

---

60) 헌재 2003. 9. 25, 2003헌바16, 판례집 15-2상, p. 291, p. 297; 헌재 2006. 4. 27, 2005헌바54, 판례집 18-1상, p. 550 참조.

61) 가산세는 형식은 조세이지만 그 본질은 본세의 징수를 확보하기 위한 수단이므로, 가산세 부담은 세법상의 의무위반의 내용과 정도에 따라 달리 결정되어야 할 것이다. 원래 의무위반에 대한 책임의 추궁에 있어서는 의무위반의 정도와 부과되는 제재 사이에 적정한 비례관계가 유지되어야 하므로, 조세의 형식으로 부과되는 금전적 제재인 가산세 역시 의무위반의 정도에 비례하는 결과를 이끌어내는 비율에 의하여 산출되어야 하고, 그렇지 못한 경우에는 재산권에 대한 침해가 된다(헌재 2003. 9. 25, 2003헌바16, 판례집 15-2상, p. 291, p. 299; 헌재 2006. 6. 29, 2002헌바80 등, 판례집 18-1하, p. 196, p. 206; 헌재 2007. 1. 17, 2006헌바3, 판례집 19-1집, p. 89 등 참조).

62) 헌재 2003. 9. 25, 2003헌바16, 판례집 15-2상, p. 291.

63) 헌재 1994. 6. 30, 92헌바38, 판례집 6-1, p. 627.

이해한다면 제재의 내용이 과태료와 가산세로 병과되는 것 또한 이중처벌 금지의 대상이 되는지 문제가 될 수 있다. 이에 대하여 헌법재판소는 "과거의 행정법상 의무위반사실을 포착하여 그에 대하여 사후에 과하는 제재수단의 의미가 과태료 또는 가산세를 조세행정목적 달성을 위하여 위와 같은 사후의 제재수단을 거듭하는 것은 비례의 원칙으로 판단하기에 있어서 그 수단이 적절하지 않다"고 하고 있으나[64] 더 이상의 적극적 판단은 유보하고 있지 않다.

만약 병과되는 특정 가산세가 납세협력의무를 장래에 확보하기 위한 행정적 수단으로만 이해되고 형벌(특히 행정형벌)의 목적·기능이 중복되는 가벌적 성격이 미약하여 실질적으로 '처벌'의 의미를 찾을 수 없는 경우라면 이중처벌 금지에 의한 입법재량의 일탈 개연성은 크지 않다. 다만 병과되는 행정적 제재가 모두 형벌이 아니더라도 행정적 제재는 곧 국민에 대한 불이익 및 기본권 제한수단의 중복으로 이해될 수 있는 만큼, 그 목적과 수단의 합리적 비례관계가 형성되어 있지 않다면 '과잉금지원칙'의 위반에 따른 기본권 침해의 가능성이 있다.

이와 같이 조세형벌, 과태료, 가산세는 행정의 실효성확보수단으로서 그 의무이행을 확보하기 위한 제재수단이기는 하지만 과태료는 본래 행정형벌과 같이 조세법령의 위법행위에 대한 가벌적 성격이 큰 반면 가산세는 간접적으로 의무자에게 심리적 압박을 가하여 행정법상의 의무의 이행을 확보하는 기능적 목적이 크다. 다만 가산세에 있어서도 가벌적 성질 또한 부인되지 않는다는 점에서 조세법상 동일한 의무위반행위로 인하여 조세벌과 더불어 가산세 또는 과태료가 부과되는 것은 원칙적으로 금지되어야 하며, 과태료와 가산세가 함께 부과되는 경우에는 과잉금지원칙에 벗어나지 않는 범위내의 입법형성만이 허용된다고 본다.

---

64) 행정질서벌로서의 과태료는 과거의 행정법상 의무위반사실을 포착하여 그에 대하여 사후에 과하는 제재수단의 의미가 강한 것이므로 위법건축물의 시정이라는 행정목적 달성을 위하여 위와 같은 사후의 제재수단을 거듭하는 것은 적절하다고 할 수 없으나, 위법건축물에 대한 1회의 시정명령과 그 불응에 대한 과태료부과 후 위법건축물을 그대로 방치하는 것도 바람직하지 않다. 이러한 점에서 위법건축물의 시정을 위하여 현행 건축법이 앞서 본 바와 같이 시정명령 이행확보수단으로서 이행강제금 제도를 채택하고(제83조 제1항) 그 이행강제금을 1년에 2회까지 부과할 수 있도록 한 것(같은 조 제4항)은 타당한 입법적 개선이라고 할 수 있을 것이다.

Ⅲ. 가산세제도 입법의 헌법적 한계

1. 재산권 침해의 여부(과잉금지의 원칙, 비례의 원칙)

우리 헌법상 일반적 법률유보규정(헌법 제37조 제2항)은 기본권제한의 수권규정이지만 그것은 동시에 기본권제한입법의 한계규정이 된다. 입법부도 수권의 범위를 넘어 자의적인 입법을 할 수 있는 것이 아니며, 사유재산권을 제한하는 입법을 함에 있어서도 그 본질적인 내용이 침해되거나 '과잉금지의 원칙'에 위배하여 입법할 수 없다. 이러한 자의금지의 원칙은 국민의 기본권을 제한하는 내용의 입법활동에서 준수하여야 할 기본원칙 내지 입법활동의 한계가 된다. 가산세제도 역시 그 대상이 되는 납세자가 납세협력의무를 위반하게 되면 본세와 별도로 금전적 부담이 강제로 부과되어 재산권이 제한되는 제도(법률)인 만큼 그 제한의 방법에 있어서도 '과잉금지의 원칙'이 준수되어야 한다.[65)]

또한 가산세는 국세기본법과 각 세법상의 납세의무자에게 부여된 협력의무 위반에 대한 책임을 묻는 행정적 제재로, 의무위반에 대한 책임의 추궁에 있어서는 의무위반의 정도와 부과되는 제재 사이에 적정한 비례관계가 유지되어야 한다. 조세의 형식으로 부과되는 금전적 제재인 가산세 역시 의무위반의 정도에 비례하는 결과를 이끌어내는 그러한 비율에 의하여 산출되어야 하고, 그렇지 못한 경우에는 비례의 원칙에 반하여 재산권에 대한 부당한 침해가 된다.[66)] 따라서 관련 법률조항들에 의하여 가산세를 부담시키는 것이 과연 비례의 원칙에 반하여 재산권을 침해할 수 있는지의 여부에 관하여 살펴볼 필요가 있다.[67)]

---

65) (헌재 1990. 9. 3, 89헌가95, 판례집 2, p. 245, p. 260; 헌재 2000. 2. 24, 98헌바38등, 판례집 12-1, p. 188, pp. 224-225; 헌재 2000. 6. 1, 99헌가11등, 판례집 12-1, p. 575, p. 583; 헌재 2000. 6. 1, 99헌마553, 판례집 12-1, p. 686, p. 716; 헌재 2006. 6. 29, 2005헌바45, 판례집 18-1하, p. 281, p. 292; 헌재 2006. 7. 27, 2004헌가13, 판례집 18-2, p. 8; 헌재 2007. 1. 17, 2006헌바3, 판례집 19-1, pp. 88-89 등 참조).

66) 헌재 2003. 9. 25, 2003헌바16, 판례집 15-2상, p. 291, p. 299; 헌재 2006. 6. 29, 2002헌바80등, 판례집 18-1하, p. 196, p. 206; 헌재 2007. 1. 17, 2006헌바3, 판례집 19-1집, p. 89 등 참조. 또한 가산세는 오직 형식에 있어서만 조세일 뿐이고 본질에 있어서는 본세의 징수를 확보하기 위한 수단이라는 점에서 본세가 원칙적으로 납세의무자의 담세력을 바탕으로 하여 그 부담이 결정되어야 하는데 반하여 가산세의 부담은 세법상의 의무위반의 내용과 정도에 따라 달리 결정되므로 납세자의 자력은 고려의 대상이 되지 않는다(이태로 1995, 87).

67) 헌재 2005. 2. 24, 2004헌바26 판례집 17-1, p. 242, p. 251; 헌재 2003. 9. 25, 2003헌바16, 판례집 15-2상, p. 291, p. 299), 헌재 2006. 4. 27, 2005헌바54, 판례집 18-1상, p. 554.

2. 평등권의 침해 여부

헌법 제11조 제1항이 규정하고 있는 평등의 원칙은 '본질적으로 같은 것은 같게, 다른 것을 다르게' 취급해야 한다는 것을 의미한다. 그러나 이는 일체의 차별적 대우를 부정하는 절대적 평등을 의미하는 것이 아니라 법의 적용이나 입법에 있어서 불합리한 조건에 의한 차별을 하여서는 안 된다는 상대적·실질적 평등을 뜻하며, 합리적 근거가 없는 차별은 평등의 원칙에 위반된다. 이와 같은 평등의 원칙이 세법영역에서 구현된 것이 조세평등주의로서, 조세의 부과와 징수에 있어서 합리적인 이유 없이 특정의 납세의무자를 불리하게 차별하거나 우대하는 것은 허용되지 않는다.[68]

이와 관련하여 헌법재판소는 "가산세가 당해 세법이 정하는 국세와 지방세의 세목이 되는 세금의 하나(지방세법 제82조, 국세기본법 제47조 제2항)"라고 인정하면서[69] 조세평등주의의 적용을 인정하였다가 이후 가산세는 본질적으로 조세가 아니라고 하고 있다.[70] 다만 조세평등주의는 헌법규정에 의한 평등의 원칙 또는 차별금지의 원칙의 조세법적 표현이라 할 것이고 헌법상 평등권 자체가 입법권을 기속한다는 점에서 조세평등주의의 적용 여부에 대한 논의의 실익은 크지 않다. 따라서 가산세가 과징되는 동일한 의무위반행위에 대하여 특별한 차별의 근거 없이 차별하여 적용하고 있는 것인지, 그리고 본질적으로 같은 집단에 대하여 같게 그리고 다른 집단에 대하여 다르게 적용되고 있는지 살펴볼 필요가 있다. 예를 들어 구법인세법 제41조 제13항 중 100분의 1 부분 등 위헌소원 사건에서 헌법재판소는 "주식등변동상황명세서의 미제출, 누락제출, 명세서의 불분명은 각각 의무위반의 외형은 달리하지만 실질적으로는 주식의 변동사항을 확인할 수 없는 주식에 대하여만 동일한 가산세율을 적용함으로써 본질적으로 같은 집단에 대하여 동일하게 취급한 것이고, 미제출 기간의 장단을 가산세의 산정요소로 삼지 아니하였으

68) 헌재 1999. 11. 25, 98헌마55, 판례집 11-2, p. 593, p. 608; 2000. 2. 24, 98헌바94등, 판례집 12-1, p. 188, p. 227; 헌재 2003. 9. 25, 2003헌바16, 판례집 15-2상, p. 300; 헌재 2005. 11. 25, 2004헌가7, 판례집 17-2, p. 338, 헌재 2006. 4. 27, 2003헌바79, 판례집 18-1상, pp. 517-518 등 참조.

69) 가산세가 납세자가 정당한 이유 없이 법에 규정된 신고, 납부의무 등을 위반한 경우 법이 정하는 바에 의하여 부과하는 행정상의 제재(대법원 2002. 11. 13, 2001두1918)이지만 가산세도 당해 세법이 정하는 국세와 지방세의 세목이 되는 세금의 하나(지방세법 제82조, 국세기본법 제47조 제2항)이므로 합리적인 이유 없이 특정의 납세의무자를 불리하게 차별하거나 우대하는 것은 허용되지 않는다(헌재 2003. 9. 25, 2003헌바16, 판례집 15-2상, p. 300).

70) 이후 가산세는 "납세의무자에게 부여된 협력의무위반에 대한 책임을 묻는 행정적 제재를 조세의 형태로 구성한 것으로 형식에 있어서만 조세일 뿐이고 본질에 있어서는 본세의 징수를 확보하기 위한 수단"이라고 하면서 이를 조세임을 부인하고 있다(헌재 2003. 9. 25. 2003헌바16 결정).

나, 그것은 주식등변동상황명세서를 법정기한 내에 제출토록 하여 주식 등에 대한 변동상황을 적기에 파악하여 이에 따른 조세채권의 일실을 방지하고자 하는 미제출 가산세의 성질에 상응하는 조치로서 평등권 침해의 문제가 발생하지 않는다." 고 한다.[71)]

반면 지방세법 제121조 제1항 위헌소원 사건에서는 "신고의무와 납부의무는 그 성실이 현격히 다른 것임에도 불구하고 신고의무와 납부의무를 모두 불이행 사람과 신고의무는 이행하고 납부의무만을 불이행한 사람을 묶어 동일한 율로 가산세를 부과하고 가산세 산정시 취득세가 미납된 기간을 전혀 고려하지 않는 것은 합리적인 이유가 없는 것으로 평등의 원칙에 위반되는 것으로 보았다.[72)] 그러나 등록세는 그 납부가 없으면 등기 또는 등록이 이루어지지 않는다는 점에서 신고와 납부를 분리하여 고려할 필요가 없고, 등록세를 따로 신고하도록 하는 제도가 마련되어 있지 않은 상황에서 등록세 신고의무와 납부의무를 분리하여 규정하도록 할 입법의무는 없다고 보았다.[73)]

또한 납세의무가 계산서합계표를 제출하지 아니하게 된 것에 대하여 고의·과실이나 미제출에 이르게 된 구체적인 경위나 태양을 고려하지 않고 미제출 사실만을 근거로 공급가액 1%라는 일률적인 가산세를 부과하는 것은 '같지 않은 것을 같게 취급'한 것임을 인정하면서도 ① 가산세는 형벌이 아닌 행정적 제재로 형법총칙이 적용되지 않아 고의·과실이 구별되지 않고[74)] ② 법률과 판례가 가산세의 감면을 인정한다는 이유로 입법자가 자의적(서로 같지 않은 것을 같게)으로 취

71) 헌재 2007. 1. 17, 2006헌바3, 판례집 19-1, p. 72; 이와 같은 취지로 매입처별계산서합계표 제출의무 불이행에 대한 가산세율과 계산서를 공급하는 자의 매출처별계산서합계표 제출의무 불이행에 대한 가산세율이 같은 것도 불합리하게 서로 같지 아니한 것을 같게 처우하는 것이라고 보기 어렵다. 매출자료와 매입자료를 각 제출하도록 하는 것은 그 자료를 손쉽게 상호 대사함으로써 매출누락, 또는 매입누락을 찾아내고자 함에 그 목적이 있다. 매출자료와 매입자료를 제출시키는 목적이 동일하므로 그 의무위반에 대한 제재를 같게 한다고 하여 부당하다고 할 수 없다(헌재 2006. 7. 27, 2004헌가13, 판례집 18-2, p. 1).

72) 헌재 2003. 9. 25, 2003헌바16, 판례집 15-2상, pp. 300-302.

73) 헌재 2005. 12. 22, 2004헌가31, 판례집 17-2, p. 648.

74) 가산세는 세법상의 의무불이행 또는 의무위반에 대하여 조세의 형식으로 과징하는 반면, 조세형벌은 세법상의 의무위반에 대하여 형벌[형법에 형명(刑名)이 있는 처벌]의 형식으로 과하는 제재라는 점에서 차이가 있다. 이러한 차이로 인해, 가산세는 형법총칙의 규정이 적용될 수 없고 따라서 행위자의 고의 또는 과실·책임능력·책임조건 등을 고려하지 아니하고 가산세 과세요건의 충족 여부만을 확인하여 조세의 부과 절차에 따라 과징할 수 있다[헌재 2006. 7. 27, 2004헌가13, 판례집 18-2, p. 10; 헌재 2006. 4. 27, 2003헌바79, 공보 p. 115, p. 625, p. 629; 헌재 2005. 2. 24, 2004헌바26, 판례집 17-1, p. 242, p. 249; 헌재 2006. 4. 27, 2003헌바79, 공보 p. 115, p. 625, p. 629; 헌재 2006. 7. 27, 2004헌가13, 판례집 18-2, p. 10; 대법원 1993. 6. 8. 선고 93누6744 판결(공1993하, 2049); 대법원 1996. 2. 9. 선고, 95누3596 판결(공1996상, 992) 참조].

급한 것은 아니라고 한다. 그러나 앞에서 가산세의 법적 성격을 설명한 바와 같이 형벌의 실질적 의미를 도외시하였고[75] 감면사유가 '같지 않은 것을 같게 취급'한 사정을 정당화하기에는 미약해 보인다.

일반적으로 가산세에 관한 법령조문의 평등권 침해여부의 문제는 '자의금지원칙에 의한 심사'로 충분하므로 입법자의 결정에서 차별을 정당화할 수 있는 아무런 합리적 이유를 찾아볼 수 없는 때에 한하여 평등원칙이 위반되는 것으로 본다. 이에 따라 입법자는 의무위반행위에 대한 제재의 양을 정하는 것에 대하여 광범위한 입법형성의 자유를 인정받게 된다.[76] 예를 들어 헌법재판소는[77] 계산서나 세금계산서를 수취하지 아니한 법인이 이를 교부하지 아니한 공급자보다 더 높은 가산세를 부담하는 것은, ① 과세표준 양성화를 위한 재화·용역 수급자의 중요한 역할을 고려할 때, 그리고 ② 수급자가 수취할 증빙서류의 범위가 교부해야 하는 서류의 범위보다 넓은 점을 고려할 때, 정규지출증빙서류 미수취자에 대한 가산세율이 반드시 재화·용역의 공급자와 같거나 그보다 낮아야 한다고 볼 수 없다는 '합리적 이유'를 확인하고 있다. 또한 신고납세제도의 실효성을 담보하기 위한 입법목적 달성에 어렵지 않게 협력할 수 있는 납세의무자에 대하여 좀 더 무거운 책임을 지우고 그 위반에 대하여 제재를 가한다고 하여 합리적 이유 없이 자의적인 차별을 하였다고 볼 수 없으므로 관련 법령조항은 평등의 원칙에 위반되지 않는다고 한다.[78]

그러나 헌법에서는 특별히 차별의 근거로 삼아서는 안 되는 기준이나 차별이 금지되는 영역을 제시하고 있는 경우 또는 차별적 취급으로 인하여 관련 기본권에 중대한 제한이 초래되는 경우에는, 단지 차별의 합리적 이유의 유무만을 확인하는 정도를 넘어, 차별의 이유와 차별의 내용 사이의 적절한 균형 여부까지 살피는 '비례원칙에 의한 심사'를 하여야 하고[79] 입법자도 이러한 심사기준에 부합되도록 입법을 하여야 한다.

75) 재판관 권성, 재판관 김경일, 재판관 송인준의 반대의견(헌재 2006. 7. 27, 2004헌가13, 판례집 18-2, pp. 12-14) 참고.

76) 헌재 2006. 4. 27. 2005헌가2, 판례집 18-1상, p. 478, p. 484; 헌재 2006. 7. 27, 2004헌가13, 공보 118, p. 1065, p. 1068 등 참조.

77) 헌법재판소는 구 법인세법 제76조 제5항 위헌제청 사건에서 신용카드매출전표, 세금계산서, 계산서 등의 일정한 증빙서류에 대한 수취의무에 대한 가산세 규정은 헌법에서 특별히 금하는 차별의 기준이나 영역이 적용되고 있지는 않다고 하면서 '비례원칙에 의한 심사'를 배제하였다(헌재 2005. 11. 25, 2004헌가7, 판례집 17-2, pp. 353-354 참조).

78) 헌재 2005. 11. 24, 2004헌가7, 판례집 17-2, p. 339, p. 355.

79) 헌재 1999. 12. 23, 98헌마363, 판례집 11-2, p. 770, p. 787.

3. 실질적 법치주의의 위반 여부

오늘날의 법치주의는 국민의 권리·의무에 관한 사항을 법률로써 정해야 한다는 형식적 법치주의에 그치는 것이 아니라 그 법률의 목적과 내용 또한 기본권 보장의 헌법이념에 부합되어야 한다는 실질적 적법절차를 요구하는 법치주의를 의미하며, 헌법 제38조, 제59조가 선언하는 조세법률주의도 이러한 실질적 적법절차가 지배하는 법치주의를 뜻하므로, 비록 과세요건이 법률로 명확히 정해진 것일지라도 그것만으로 충분한 것은 아니고 조세법의 목적이나 내용이 기본권 보장의 헌법이념과 이를 뒷받침하는 헌법상 요구되는 제 원칙에 합치되어야 하고, 이에 어긋나는 조세법 규정은 헌법에 위반되는 것이다.[80)]

이와 관련하여 가산세를 세금이 아니라는 이유로 조세입법의 엄격성에 비하여 그 입법재량의 폭을 넓게 해석해야 하는지 문제된다. 그러나 조세의 엄격성을 따지지 않으면서 '○○세'라는 세목의 명칭을 두고 세법상 세목으로 확정하는 것은 ① 국민들에게 납세의무의 내용이 되는 "조세"와 그 외형에 있어서 혼동을 주고, ② 징수상의 편의를 도모하는 행정편의적 입법형식으로 오해될 수 있다.

가산세는 본질적으로 조세라고 볼 수는 없으나, 국세와 지방세에 관한 기본적이고 공통적인 사항과 법률관계를 명확히 하는 조세의 기본법인 국세기본법(제47조 제2항 본문)과 지방세기본법(제147조)에서 '국세' 및 '지방세'의 '세목'으로 정하고 있고, 조세법체계내에서 가산세의 입법구조는 되도록 조세와 같은 요건과 절차를 가지도록 요구되고 있다고 보아야 한다. 또한 ① 가산세제도는 헌법상의 의무인 납세의무의 이행을 확보하고 신고납세제도의 유지하는 중요한 제도적 장치로서 조세제도의 내용이 된다는 점, ② 가산세는 본세와 함께 '부과·징수절차'의 내용이 되고 '부과·징수절차'와 같은 국가의 조세행정력의 집행은 '법률'로 정해진 절차에 의하여만 이행될 수 있다는 점(김웅희a 2009, 398-340), ③ 그 제재수단에 의하여 조세라는 형태와 절차로 부과·징수되고 그 구제절차도 조세와 동일한 절차를 가진다는 점에서 일정 부분 조세법률주의에 기속되는 제도라고 보아야 한다. 따라서 가산세의 '대상', '종류', '율' 기타 기본적인 내용과 절차만큼은 법률에 명확히 규정되어야 하며,[81)] 그 금전적 제재가 고의·과실·책임능력 및 응능부담 등

80) 헌재 2006. 4. 27, 2005헌바54, 판례집 18-1상, p. 534; 헌재 1998. 2. 27, 95헌바5, 판례집 10-1, p. 49, p. 57.

81) 헌법 제38조 및 제59조에 규정된 조세법률주의는 납세의무의 중요한 사항 내지 본질적 내용이라고 여겨지는 과세요건인 납세의무자, 과세물건, 과세표준 및 세율뿐 아니라 조세의 부과·징수절차까지 모두 법률로써 가능한 한 명확하게 규정할 것을 요구하는바, 기준시가는 양도소득세의

이 고려되지 않고 국민의 재산권을 제한하는 입법이 되는 만큼 입법 및 사법작용에 있어서 비례의 원칙 등 엄격한 심사가 요구된다.[82]

그러나 앞에서 설명한 바와 같이 조세법을 비롯한 행정입법에서는 행정형벌에 대체되어지는 과태료뿐만 아니라 새로운 실효성확보수단이 입법되면서 그 대부분은 목적과 성격이 혼재되어 입법하거나 과잉 입법되는 경향이 많으므로 그 행정제재별로 입법취지와 목적 그리고 그 기능을 면밀히 검토하여 그 법적 성격을 실질적으로 파악해야 한다. 특히 최근에는 행정적 제재수단의 대상자들을 전과자로 만들지 않거나 행정절차상의 편의를 제공하고자 하였던 과거의 입법경향과 달리 명목은 과태료 및 가산세로 하여 놓고 실질적으로는 사실상의 처벌규정이 되는 규정도 입법된다.

따라서 사실상의 형사처벌을 과태료 또는 가산세의 명목으로 입법하고자 하는 입법자를 견제하기 위해서라도, 헌법재판소와 대법원은 입법자가 정해 준 명목만을 중시하는 종전의 입장에서 벗어나 '실질적 법치주의'에 부합되도록 판단해야 할 필요성이 있다. 예를 들어 조세형벌과 가산세는 과거의 조세법규 위반사실에 일정한 제재를 가함으로써 당해 조세법규의 실효성을 담보하고 간접적으로 의무의 이행을 확보한다는 점에서 그 궁극적 목적과 기능이 공통된다고 하면서도 구성요건해당, 고의·과실, 책임능력 등이 고려되지 않는다[83]고 하는 것은 법률의 목적과 내용 또한 기본권 보장의 헌법이념에 부합되어야 한다는 소위 '실질적 법치주의'에 부합되지 않는다. 입법은 헌법과 기본권의 규범적 기속에 따라 일정한 한계를 가지는 만큼 과잉입법 여부가 용이하게 필터링될 수 있도록 하는 입법절차와 사법심사가 요망된다.

4. 자기책임의 원칙의 위반 여부

헌법 제10조의 행복추구권에서 파생되는 자기결정권 내지 일반적 행동자유권

과세표준 산정에 있어서 그에 관한 규정이 전혀 없으면 양도소득세 납세의무의 존부 및 범위를 결정하거나 그 개략적인 내용을 예측하는 것이 불가능하다는 점에서 양도소득세 과세표준의 중요한 사항인 동시에 양도소득세 납세의무 그 자체의 중요한 사항이라고 보아야 할 것이므로 기준시가는 법률로써 가능한 한 구체적이고도 명확하게 규정되어야 한다(헌재 1999.6.24, 98헌바42, 판례집11-1, pp. 649-750).

82) 조세법률주의 관련하여 조세법규에 대하여는 이를 엄격히 해석하여야 할 것이니만큼, 위임의 근거규정인 법률의 규정 그 자체에서 위임의 범위를 명확히 함과 동시에 구체적으로 위임된 사항의 처리기준, 처리지침을 제시하거나 적어도 그 처리에 대한 대강을 예측할 수 있을 정도로 정하여 두지 않으면 안 된다(헌재 1995. 11. 30, 93헌바32, 판례집7-2, p. 609).

83) 헌재 2005. 2. 24, 2004헌바26, 판례집 17-1, p. 249.

은 이성적이고 책임감 있는 사람의 자기의 운명에 대한 결정·선택을 존중하되 그에 대한 책임은 스스로 부담함을 전제로 한다. 자기책임의 원칙은 "누구라도 스스로 원인을 제공하지 아니하여 인과관계가 없는 행위로 인한 결과책임은 지지 아니한다."는 법의 일반원리이다. 또한 자기책임의 원리는 자기결정권의 한계논리로서 책임부담의 근거로 기능하는 동시에 자기가 결정하지 않은 것이나 결정할 수 없는 것에 대하여는 책임을 지지 않도록 하고,[84] 책임부담의 범위도 스스로 결정한 결과 내지 그와 상관관계가 있는 부분에 국한됨을 의미하는 책임의 한정원리로 기능한다.[85]

여기서 자기결정권의 한계논리라는 것은 모든 사람이 일반적 행동자유권을 무한히 누릴 수 있다는 의미가 아니라 자기 행위에 의하여 부담하여야 할 책임범위를 스스로 인식하고 결정할 수 있다는 것이므로, 이는 일반적 행동자유권의 자기한계를 의미한다. 이는 책임의 범위가 자기 행위의 직접적인 결과 내지 상당한 인과관계에 있는 범위에 국한된다는 의미와 동전의 양면적 의미로 이해된다. 결국 자기책임의 원칙은 자기의사에 따른 일반적 행동자유권을 보장해 준다는 원리가 아니라 종국적으로 '자기책임의 원리에 반하는 제재를 받지 아니할 권리 또는 자기 행위와 무관한 제재를 받지 아니할 권리'를 보장하여 주는 것이다.[86]

따라서 자기책임의 원리에 위배되지 않기 위해서는 먼저 그 의무를 불이행한 경우 그 제재를 가하는 법률조항에 일응 그 규율의 합리성이 인정되어야 하고, 그 제재(부담)를 벗어날 수 있는 정당한 사유가 인정되어 그 면책사유로 인해 실질적으로 행위자의 자기결정권이 미치지 않는 영역에 대한 책임을 제한하는 역할을 충분히 할 수 있어야 한다. 또한 원래의 위법행위와 그에 대한 처벌 내지 제재사이에는 정당 또는 상당한 상관관계가 있어야 한다.[87]

---

84) 자기책임의 원리는 자기결정권의 한계논리로서 책임부담의 근거로 기능하는 동시에 자기가 결정하지 않은 것이나 결정할 수 없는 것에 대하여는 책임을 지지 않는다는 것이고(헌재 2004. 6. 24, 2002헌가27, 판례집 16-1, p. 706, p. 715 참조), 이 사건 법률조항과 같이 어떠한 행위의 책임을 누구에게 물을 것인지의 문제가 아닌 '지배권 프리미엄'의 가치를 어떻게 평가할 것인가의 문제, 즉 주식평가방식에 대한 규정에 대해서까지 일률적으로 적용될 수 있는 원리가 아니다(헌재 2008. 12. 26, 2006헌바115, 판례집 20-2하, p. 646).

85) 헌재 2004. 6. 24, 2002헌가27, 판례집 16-1, p. 706, p. 715 참조.

86) 무릇 형벌을 포함한 법적 제재는 기본적으로 행위자의 의사결정과 책임의 범위에 상응하는 것이어야 하고, 자신의 의사결정이나 행위책임과 무관한 제재는 '책임원칙'에 반하거나, 타인에 해악을 주지 않는 한 자유롭게 행동할 수 있고 자신과 무관한 사유로 인한 법적 제재로부터 자유로울 것을 내포하는 헌법 제10조의 행복추구권의 취지에 어긋난다. 따라서 교통사고의 발생원인을 불문하고 졸업생이 낸 교통사고 비율에 따라 운전전문학원에게 운영정지 등을 할 수 있도록 한 것은 운전전문학원이 책임져야 할 범위를 넘어서는 것이 된다(헌재 2005. 7. 21, 2004헌가30, 판례집 17-2, p. 14).

이와 관련하여 헌법재판소는 지방세법 제225조 제1항 등 위헌제청사건에서, 담배제조자는 면세담배를 공급받은 자가 용도 외로 사용하는지 여부에 관하여 이를 관리하거나 감독할 수 있는 법적 권리나 의무가 없음에도 불구하고, 공급받은 면세담배를 용도 외로 처분한 데에 대한 책임이 누구에게 있는지에 대한 고려 없이 징세절차의 편의만을 위해 무조건 원래의 납세의무자였던 제조자에게 담배소비세와 가산세를 부과하는 것은 자신의 통제권 내지 결정권이 미치지 않는 데 대해서까지 책임을 지도록 하는 것은 제조자에게 귀책사유가 있다는 등의 특별한 사정이 없는 한 자기책임의 원칙에 반한다고 하고 있다.[88]

또한 구상속세및증여세법 제78조 제1항 위헌소원사건에서, ① 상속인은 피상속인과 동일한 또는 근접한 생활영역에 있기 때문에 과세관청에 비하여 피상속인의 경제활동을 확인하기 훨씬 용이하고, ② 상속인으로서 피상속인의 제3자에 대한 사전증여 내용에 관하여 알고 있을 가능성이 높다는 점에서 재산가액의 신고의무를 상속인에게 부과하면서 그 의무불이행에 대한 제재를 가하는 것은 '규율의 합리성'이 인정된다고 하고 있다. ③ 더불어 상속인으로서의 의무이행을 기대하는 것이 무리인 경우에는 '정당한 사유'로 인해 면책되므로 행위자의 자기결정권에 미치지 않는 영역에 대한 책임을 제한할 수 있다고 한다.

그리고 세법 문외한인 일반 국민이 사법상 거래행위에 대하여 부당행위계산부인의 대상에 해당하는지 여부를 스스로 가려 신고납부를 하도록 기대하기는 어려워 자신의 의사결정이나 행위책임과 무관한 제재를 가함으로써 자기책임의 원리에 반하는지에 대하여는 ① 가산세는 행정상의 제재로서의 성격을 지님과 아울러 조세의 형식으로 과징되는 부가세적 성격을 지니기 때문에 형법총칙의 규정이 적용될 수 없어 본질적으로 행위자의 주관적인 조세회피의사나 고의·과실 등의 책임조건 등을 필요로 하는 것은 아니라는 점(이철송 1992, 187; 木村弘之亮 1991, 164-166), ② 부당행위계산의 거래상대방은 납세의무자와 특수관계에 있는 자에 한정되고, 그 행위 유형 또한 각 세법령에 구체적으로 열거되어, 합리적 경제인이라면 자신의 어떠한 행위계산이 부당행위계산에 해당하는지 어느 정도 예측할 수 있다는 점, ③ 그 행위계산이 부인되는 경우 자신의 정당한 과세소득이나 과세표준을 산정하는데 그다지 큰 어려움이 있다고 볼 수는 없다는 점, ④ 부당행위계산

87) 손해배상의 범위가 간주된다는 것은 배상의무자가 손해의 발생과 자기의 행위와의 사이에 상당인과관계가 존재하지 않음을 입증하더라도 면책 또는 감책될 수 없다는 것이므로 배상의무자로서는 자기책임의 원칙을 벗어나는 부분에 대하여까지 손해배상책임을 부담하는 경우가 있게 되고, 따라서 그 위헌성이 문제된다(헌재 1996. 10. 4, 94헌가8, 판례집 8-2, pp. 251-252).

88) 헌재 2004. 6. 24, 2002헌가27, 판례집 16-1, pp. 706-707, pp. 714-717 참조.

부인은 당해 행위계산의 부당성과 그로 인한 조세부담의 감소를 그 일반적인 요건으로 하고 있고, 가산세에는 '정당한 사유'가 있는 경우 그 부담을 벗어날 수도 있다는 점에서 행위자의 자기책임에 반하는 부당한 과세는 아니라고 하고 있다.[89] 그러나 앞에서 설명한 바와 같이 행위자가 가산세를 면책받는 정당한 사유로 구제받을 수 있는 사정, 즉 과세관청의 세무행정단계에서 집행해석을 통해 구제되는 받는 경우는 이미 판례나 예규로 통해 명확한 사실인 경우에 한정되는 예외적 사례이고, 대부분은 행정상 불복절차와 사법절차를 통해 겨우 구제되는 것이 현실이다. 특히 조세법 규정의 모호성으로 과세대상인지의 여부에 대해 전문가도 확실히 판단하기 어렵고, 궁극적으로 법원의 판단으로만 과세당국과 납세자의 의견차이가 정리될 수밖에 없는 경우에도 납세자가 위반사실만 있으면(납세자의 고의나 과실과 상관없이 가산세의 과징요건이 충족되면) 가산세 과징대상에서 벗어날 수 없다는 것은 공법상 조세채무의 본질 및 법률일반의 형평관념과 배치된다. 그렇다면 대법원과 헌법재판소의 견해와 같이 '정당한 사유'로서 해당 가산세 법률조항의 위헌성을 치유할 수 있다는 것은 미봉책에 불과하고 말 것이다.

Ⅳ. 결 론

국가정책은 궁극적으로 어떠한 공공적 목표를 지향하는 것으로, 정책을 법률의 형태로 전환시키는 행위를 '입법'이라 할 수 있으나, 정책 자체가 법률안의 입안으로 결부되거나 이행되는 것은 아니다(박영도 1991, 111). 먼저 국가과세권의 헌법적 한계 즉 평등권, 재산권, 조세법률주의, 위임입법의 한계, 소급과세의 금지 등 위헌성 심사기준에 부합되어야 한다.[90]

특히 조세법은 국가재정의 기초가 되는 조세수입의 충분한 확보, 자원의 최적배분에 합당한 구조, 징세비가 적게 소요되는 구조, 납세자 편의가 최대한 보장되어 국민의 조세정의 내지 조세감정에 부합해야 하는 이상(理想)을 가지므로,[91]

---

89) 부당행위계산의 '부당성'이라는 적극적 요건과 가산세 부담에서의 '정당한 사유'라는 소극적 요건은 상호 연결되어 실질적으로 행위자의 자기결정권이 미치지 않는 영역에 대한 책임을 제한하는 역할을 충분히 할 수 있는 점 등을 종합적으로 고려하면, 부당행위계산의 부인으로 인하여 과소신고·납부하게 된 세액에 대하여 가산세의 부담을 물리는 것이 행위자의 자기책임에 반하는 부당한 과세라고 단정할 수 없다(헌재 2006. 4. 27, 2005헌바54, 판례집 18-1상, p. 534).

90) 헌재 2002. 8. 29, 2001헌가24 구지방세법 제196조의5 제1항 제1호 위헌제청, 판례집 14－2, p. 150.

91) 헌재 1990. 9. 3, 89헌가95 국세기본법 제35조 제1항 제3호에 관한 위헌심판 위헌, 판례집2, pp. 245-282.

이를 실현하기 위해 헌법의 원리와 범주 내에서 조세법이 입법되고 실현되어야 한다. 국가과세권의 한계를 도출하기 위한 이러한 쟁점들은 조세행정작용 및 조세입법작용의 위헌성 심사기준으로서 헌법재판에 적용되고 있으며, 이러한 심사기준은 국가의 과세권에 의한 침해로부터 납세의무자의 재산 및 경제적 영역을 보호하기 위한 자유권적 기본권의 보루가 된다(김성수 2003, 16).

한편, 가산세제도는 조세행정의 실효성확보수단으로서 조세제도를 유지하는 중추적 역할을 하고 있지만, 학계에서는 아직도 가산세가 행정벌과 어떻게 구분되는지, 그리고 가산세가 조세인지 아닌지 그 고유한 법적 성격에 대해 명확히 구분할 수 있는 일반적 개념이 확립되어 있지 않은 채, 입법자의 고유한 입법재량에 맡겨져 있다는 점에서[92] 그 수단이 남용되거나 국민의 기본권을 침해할 우려가 있다. 따라서 가산세를 비롯한 새로운 실효성확보수단에 대한 법적 성격을 명확히 규명하여 그에 따른 통제의 법리를 강화해야 할 필요성이 있다. 특히 대법원과 헌법재판소는 소위 형태는 '조세'이고 본질은 '행정적 제재'로 해석하는 것은 조세의 본질과 기능을 명확히 설명하는 데에 한계가 있다.

또한 조세형벌, 과태료, 가산세는 행정실효성 확보수단으로 의무이행을 확보하기 위한 제재이기는 하지만 과태료는 본래 행정형벌과 같이 조세법령의 위법행위에 대한 가벌적 성격이 큰 반면 가산세는 간접적으로 의무자에게 심리적 압박을 가하여 행정법상의 의무의 이행을 확보하는 기능적 목적이 큰 것은 사실이다. 다만 가산세에 있어서도 조세형벌과 동일한 가벌적 성격 또한 부인되지 않는다는 점에서 조세법상 동일한 의무위반행위로 인하여 조세벌과 더불어 가산세 또는 과태료가 부과되는 것은 원칙적으로 금지되어야 하며, 동일한 행정적 제재수단이 되는 과태료와 가산세가 함께 부과되는 경우에도 과잉금지에 원칙에 벗어나지 않는 범위 내에 입법형성이 허용된다고 본다. 그리고 병과되는 행정적 제재가 모두 형벌이 아니더라도 행정적 제재는 곧 국민에 대한 불이익 및 기본권 제한수단의 중복으로 이해될 수 있는 만큼, 그 목적과 수단의 합리적 비례과계가 형성되어 있지 않다면 과잉금지의 원칙 위반에 따른 기본권 침해의 가능성이 있다.[93]

---

92) 어떠한 의무위반행위에 대한 제재의 양을 정하는 것은 입법자의 광범위한 입법형성의 자유에 속하는 것이라 할 것이므로, 원칙적으로 입법자가 정하게 되는 가산세율은 입법재량으로 존중되어야 한다(헌재 2007. 1. 17, 2006헌바3, 판례집 19-1, p. 92; 헌재 2006. 4. 27, 2006헌가5, 공보115, p. 619, p. 622; 헌재 2006. 4. 27, 2005헌가2, 공보115, p. 613, p. 616; 헌재 2003. 11. 27, 2002헌바24, 판례집 15-2(하), p. 242, p. 252; 헌재 1999. 5. 27, 96헌바16, 판례집 11-1, p. 529, pp. 538-539; 헌재 1999. 5. 27, 98헌바26, 판례집 11-1, p. 622, p. 629 참조).

93) 예를 들어 동일 행위에 대해 각각의 제재수단을 허용하게 되면, 예를 들어 100이라는 제재수위로 충분한 경우에도 A라는 제재수단 60과 B라는 제재수단 60을 병과되면 그 초과분(20)이 발생

따라서 반사회적 행위에 대한 응보적 성격이 있는 경우에는 '조세형벌'을, 대다수 국민의 생활과 관련되어 의무위반에 대하여 굳이 형사벌을 과할 필요가 없는 경우에는 '과태료'를, 의무이행의 확보가 최우선적이거나 높은 비중을 차지하는 경우에는 가산세를 과하도록 그 기준을 정비하되 되도록 병과하지 않도록 하는 것이 바람직하다. 만약 두 가지 제재수단이 굳이 필요하다면 ① 무허가 건축행위에 대한 형사벌과 원상회복 시정명령 위반에 대한 과태료와 같이 각각 다른 근거(행위)에 대하여 과하도록 하거나 ② 동일 행위에 대한 병과라도 그 기능과 목적이 개별화되는 때에 한하여 허용될 수 있다고 본다.

다음으로 가산세제도 입법의 헌법적 한계를 개별적으로 살펴보면 다음과 같다.

(1) 조세법상의 가산세도 그 대상이 되는 납세자가 납세협력의무를 위반하게 되면 본세와 별도로 금전적 부담이 강제로 부과되어 재산권이 제한되는 제도(법률)인 만큼 그 제한의 방법에 있어서도 '과잉금지의 원칙'이 준수되어야 한다. 국가가 국민의 기본권을 제한하는 내용의 입법활동을 함에 있어서 준수하여야 할 기본원칙 내지 입법활동의 한계를 의미하는 것으로서 여기에는 목적의 정당성, 방법의 적절성, 피해의 최소성, 법익의 균형성이 인정되어야 한다. 특히 가산세는 국세기본법과 각 세법상의 납세의무자에게 부여된 협력의무 위반에 대한 책임을 묻는 행정적 제재로, 의무위반에 대한 책임의 추궁에 있어서는 의무위반의 정도와 부과되는 제재 사이에 적정한 비례관계가 유지되어야 한다.

(2) 헌법에서는 특별히 차별의 근거로 삼아서는 안 되는 기준이나 차별이 금지되는 영역을 제시하고 있는 경우 또는 차별적 취급으로 인하여 관련 기본권에 중대한 제한이 초래되는 경우에는, 단지 차별의 합리적 이유의 유무만을 확인하는 정도를 넘어, 차별의 이유와 차별의 내용 사이의 적절한 균형 여부까지 살피는 '비례원칙에 의한 심사'를 하여야 하고 입법자도 이러한 심사기준에 부합되도록 입법을 하여야 한다. 다만 이는 일반적인 원칙인 평등권 내지 평등의 원칙으로 이해하면 되지 조세평등주의를 적용하기 위해 가산세를 '세금'으로 만들 필요는 없는 것으로 보인다.

(3) 가산세는 본질적으로 조세라고 볼 수는 없으나, 조세법 체계내에서 가산세의 입법구조는 되도록 조세와 같은 요건과 절차를 가지도록 요구되고 있고, 신고납세제도를 유지하는 중요한 제도적 장치로서 가산세는 본세와 함께 '부과·징수절차'의 내용이 되며, '부과·징수절차'와 같은 국가 조세행정력의 집행은 법률로 정해진 절차에 의하여만 이행될 뿐 아니라 그 구제절차마저 조세와 동일한 절

될 소지가 크다.

차를 가진다는 점에서 적어도 과징요건(대상·종류·율)을 비롯한 기본적인 내용과 절차는 법률에 명확히 규정되어야 하며, 그 금전적 제재가 고의·과실·책임능력 및 응능부담 등이 고려되지 않고 국민의 재산권을 제한하는 입법이 되는 만큼 입법 및 사법작용에 있어서 비례의 원칙 등 엄격한 심사가 요구된다.

(4) 또한 자기책임의 원리에 위배되지 않기 위해서는 먼저 그 의무를 불이행한 경우 그 제재를 가하는 법률조항에 일응 그 규율의 합리성이 인정되어야 하고, 그 제재(부담)를 벗어날 수 있는 정당한 사유가 인정되어 그 면책사유로 인해 실질적으로 행위자의 자기결정권이 미치지 않는 영역에 대한 책임을 제한하는 역할을 충분히 할 수 있어야 한다. 또한 원래의 위법행위와 그에 대한 처벌 내지 제재 사이에는 정당 또는 상당한 상관관계가 있어야 한다.

(5) 특히 조세법률규정의 모호한 경우에는 과징대상인지 여부에 관해 전문가도 확실히 판단하기 어렵고, 궁극적으로 법원의 판단으로만 과세당국과 납세자의 의견차이가 정리될 수밖에 없는 경우에도 납세자가 위반사실만 있으면(납세자의 고의나 과실과 상관없이 가산세의 과징요건이 충족되면) 가산세 과징대상에서 벗어날 수 없다는 것은 공법상 조세채무의 본질 및 법률일반의 형평관념과 배치된다. 그렇다면 대법원과 헌법재판소의 견해와 같이 '정당한 사유'로서 해당 가산세 법률조항의 위헌성을 치유할 수 있다는 것은 미봉책에 불과하므로 그 '정당한 사유'가 실질적 구제수단이 되도록 해당 사유를 구체화하는 입법방식을 취할 필요가 있다.

第109회 발표회 지정토론문

이　승　환*

가산세와 관한 판례와 학설들을 정리·분석한 발제문을 잘 읽었습니다.

발제문에 있는 이중처벌금지원칙과 관련된 논증이 엄밀한지에 대한 의문이 있습니다.

한편, 헌법재판에서 가산세가 의무위반의 정도와 부과되는 제재 사이에 적정한 비례관계가 있는지 과잉금지 원칙에 따른 심사를 하여야 하고, 가산세의 기본적인 내용과 절차는 법률에 명확히 규정되어야 하며, '정당한 사유'로 가산세를 부담하지 않는 사유를 구체화하는 입법이 바람직하다는 발제문의 결론은 일응 자명한 것이고, 기존의 헌법재판소의 입장으로 보입니다.

1. 이중처벌금지원칙과 관련하여

가. 발제자는 가산세와 조세형벌 또는 과태료의 병과는 이중처벌 금지의 기본정신에 배치될 가능성이 크다는 논의를 하고 있다.

나. 발제문은 가산세는 행정벌의 대상행위보다 널리 강구되는 제재수단일 수도 있고(13면), 가산세가 납세협력의무를 장래에 확보하기 위한 행정적 수단으로만 이해되어지고 행정형벌과 목적·기능이 중복되는 가벌적 성격이 미약하여 실질적으로 '처벌'의 의미를 찾을 수 없는 경우를 상정하면서(14면),

ⓐ "만약 가산세가 적어도 행정벌 미만의 법적 비난을 가지는 행위에 한정하여 부과되는 행정적 제재라면 입법자는 행정벌 이상의 법적 비난을 가지는 행위에 대하여는 '가산세'라는 제재수단을 배제하여야 할 것이다"(13면).

→ ⓑ "행정형벌에 해당되는 사항에 가산세라는 제재수단을 도입하였다면, 그 제재는 가산세의 옷을 입은 행정형벌이고 이는 '이중처벌 금지의 원칙'상의 실질적 '처벌'에 포함될 여지가 있다"(13면).

---

* 헌법연구관.

→ ⓒ "가산세 역시 조세법상의 의무위반에 대하여 과하는 제재로서 조세벌의 목적·기능이 중복되는 면이 있으므로, 동일한 행위를 대상으로 하여 조세형벌과 가산세를 병과하는 것은 행정형벌과 과태료의 병과와 마찬가지로 이중처벌 금지의 기본정신에 배치될 가능성이 크다"(14면)라고 논증하고 있다.

→ 나아가 결론에서는 ⓓ "가산세에 있어서도 조세형벌과 동일한 가벌적 성격 또한 부인되지 않는다는 점에서 조세법상 동일한 의무위반행위로 인하여 조세벌과 더불어 가산세 또는 과태료가 부과되는 것은 원칙적으로 금지되어야 하며, 동일한 행정적 제재수단이 되는 과태료와 가산세가 함께 부과되는 경우에도 과잉금지에 원칙에 벗어나지 않는 범위 내에 입법형성이 허용된다"(15, 22면)라고 하고 있다.

다. 그런데 논증 ⓐ는 가정적인 것이었는데, ⓒ에 오면 조세형벌과 가산세 병과는 이중처벌 금지의 기본정신에 배치된다는 결론이 된다.

그러한 ⓒ를 근거로 ⓐ를 정당화하는 것은 순환논증이므로, ⓐ 앞에 가산세가 행정벌 미만의 비난가능성이 있는 행위에 한정되어야 한다는 논증, 어떤 가산세가 행정형벌과 중복되는 가벌적 성격인지 밝히는 논증이 선행될 필요가 없는지 의문이다. 조세행정의 실효성 확보라는 가산세 제도의 취지에도 불구하고, 가산세가 행정벌 미만의 비난가능성이 있는 행위에 한정되어야 하는 근거가 필요하다.

라. 근본적으로 발제문의 논지는, 헌법재판소의 입장(발제문에 헌법재판소가 이중처벌로 본 사례처럼 각주 47, 48에 기재된 헌법재판소의 결정들을 포함하여 지금까지 헌법재판소가 법정의견으로 이중처벌을 인정한 사안은 없다)과 달리 헌법 제13조 제1항의 '처벌' 개념을 광의로 정의하는 대전제가 필요하다. 그에 대한 논증이 없거나 다른 논증과 뒤섞여 있는 인상이다.

마. 이중처벌 금지의 기본정신에 배치될 가능성이라는 조심스러운 논증에서, 원칙적 금지라는 결론에 이르는 ⓒ에서 ⓓ로 가는 과정도 의문이다.

2. 가산세에 대한 헌법재판소의 심사기준

가. 발제문은 가산세와 행정형벌 등의 병과가 이중처벌금지원칙 정신에 반할 가능성, 가산세가 실정 세법상 조세라는 점 등을 강조하고 있다. 발제문은 이에 따라 가산세에 대하여 헌법상 과잉금지원칙 위반여부를 엄격하게 심사되어야 한

다고 보고 있다.

나. 그런데 헌법재판소는 가산세를 포함한 조세법률에 대하여 심사하면서 이미 과잉금지원칙에 따른 심사를 하고 있다{헌법상 국민이 부담하는 기본의무는 국가공동체의 보존·유지를 목적으로 하여 헌법이 직접적으로 설정한 의무이므로, 헌법 제37조 제2항을 적용할 것이 아니라, 납세의무를 부과하는 법령의 위헌심사 기준으로, i) 부과 목적의 공공성, ii) 부과 내용의 합리성, iii) 부과 방식의 공평성, 3가지 기준에 의하여야 한다는 재판관 김종대의 의견 있음(헌재 2010. 10. 28. 2009헌바67, 공보 제169호, 1871, 1882 등)}.

다. 헌법재판소는 가산세를 포함한 조세법률에 대한 심사기준인 과잉금지원칙 위배 여부를 심사하면서, 이중부담 여부에 대한 검토를 이미 하고 있다. 따라서 비례심사를 위하여 굳이 가산세와 관련하여 헌법 제13조 제1항의 취지를 원용할 필요성은 없다고 생각한다.

라. 또한 가산세의 본질에 관한 논의를 하였을 뿐이지, 가산세가 형식에 있어서도 조세가 아니라거나 심사기준을 달리한다고 본 헌법재판소의 결정도 찾지 못하였다.

따라서, "가산세를 세금이 아니라는 이유로 조세입법의 엄격성에 비하여 그 입법재량의 폭을 넓게 해석해야 하는지 문제된다(발제문 18면)" 및 "가신세기 형태는 조세이고 본질은 행정적 제재라는 헌법재판소의 논리일관성에 의문을 가진다.(발제문 6면)"라는 비판의 전제사실에 동의하기 어렵다.

나아가 헌법재판소는 가산세를 포함한 조세법률에 대해서도 조세법률주의, 조세평등주의 등을 넘어서 재산권 침해 여부 등에 대한 비례심사를 하고 있으므로, 이른바 실질적 조세법률주의(발제문은 실질적 법치주의로 표현)는 독자적으로 논의할 실체가 없다. 가산세의 부과에서 고의·과실, 책임능력 등이 고려되지 않는다는 점은 비례심사의 내용으로 판단될 것이다.

마. 헌법재판소는 세율 일반에 대하여 입법자의 판단을 존중한다. 입법자의 판단은 국가나 지방자치단체라는 공동체를 운영하기 위한 비용부담을 어떻게 할 것인지에 대한 국민의 (정치적) 판단이다. 헌법상의 제원리에 위배되거나 기본권을 침해하지 아니하는 한, 높은 세율이 헌법에 부합하는지 낮은 세율이 헌법에 부합하는지

에 대해서는 헌법이 명시한 바 없으므로, 세율에 대한 통제는 헌법재판소에 의한 사법적 통제가 아니라 선거를 통하여 국민이 정치적으로 결정할 영역이다.

헌법재판소는 「세율의 적정성에 대한 심사기준과 관련하여 조세법규를 어떠한 내용으로 규정할 것인지는 입법자가 국가재정, 사회경제, 국민소득, 국민생활 등의 실태에 관하여 정확한 자료를 기초로 하여 정책적, 기술적인 판단에 의하여 정하여야 하는 문제이므로, 입법자의 입법형성적 재량에 기초한 정책적, 기술적 판단에 맡겨져 있고, 그 입법목적의 정당성과 수단 내지 방법의 적절성이 인정된다면 조세입법에 있어서 '세율'의 적정성에 관하여는 일응 입법자의 판단을 존중하여 재산권의 과도한 침해를 야기하는 사유가 없는 한 위헌이라고 볼 수는 없다(헌재 2003. 12. 18. 2002헌바16, 판례집 15-2하, 487, 499-500; 헌재 2009. 3. 26. 2006헌바102, 판례집 21-1상, 381, 390 참조)」고 보고 있다.

따라서 헌법재판소가 가산세를 조세로 보지 않는다거나 가산세에 대해서 비례심사를 하지 않고 있어서, 가산세율에 대한 입법재량을 존중(각주 46)하는 것이 아니다. 이는 신체의 자유의 제한에 대하여 가장 과잉금지심사를 엄격하게 하면서도, 법정형에 대해서는 입법자의 광범위한 재량을 인정하는 것과 같다.

3. 정당한 사유의 해석론과 자기책임의 원리

"가산세의 근거가 되는 납세협력의무가 명확하지 않거나 납세협력의무를 정한 규범에 복수의 선택가능성이 있는 경우"와, "법률의 무지 또는 해석의 잘못"은 구별되어야 할 것이다.

후자의 경우 법원이나 헌법재판소가 정당한 사유가 없다고 판단하였다면, 납세협력의무를 이행하지 아니한 납세자의 책임에 근거한 것으로 자기책임원리가 문제된다고 보이지 아니한다.

4. 헌법상의 원칙과 법률상의 원칙을 준별할 필요성

발제문은 실질과세원칙, 응능부담원칙 등을 조세의 헌법상의 원칙으로 들고 있는데, 성문·경성헌법인 우리 헌법을 해석함에 있어서는, 국세기본법상의 원칙이라고 해서 자동적으로 헌법상의 원칙으로 보는 것은 주의하여야 할 것이다.

한편 과문한 탓에 발제문이 헌법상 원칙으로 들고 있는 '납세자 편의주의'의 헌법상의 내용이 무엇인지 의문이다.

第109회 발표회 지정토론문

정 주 백*

김웅희 박사님은 박사논문 이래로, 오래도록 조세법의 헌법적 문제에 관심을 가지고 연구해 오셨습니다. 오늘도 가산세의 문제에 관하여 깊이 있는 말씀을 해 주신 데 대하여 감사의 말씀을 드립니다. 이하에서는 몇 가지 점에 관하여 저의 의견을 밝힘으로써 논의가 활성화되기를 바랍니다.

결국 이 논문의 핵심은 '가산세'의 법적 성질을 어떻게 파악할 것인가 하는 것이라 생각됩니다. "왜?"라는 의문이 있을 수도 있을 것입니다. 저는 양자의 부과원리 또는 질서가 다르기 때문이라고 말하고 싶습니다. 가산세의 성질에 관한 논의는 그것이 세금인가, 벌인가 하는 점을 밝히고자 하는 데 그 의의가 있습니다. 현재는 조세의 부과원리로 '응능부담원칙'을,[1] 벌의 부과원리로 '책임주의'를 받아들여, 양자의 부과원리를 다른 것으로 보기 때문입니다. 조세를 부과대상자의 과책에 따라 부과할 수 없을 것이고, 벌을 부과대상자의 경제적 능력에 따라 부과할 수 없다는 것입니다.

위에서 '法的 性質'이라고 말을 했지만 엄밀히는 '憲法的 性質'이라 하여야 할 것입니다. 즉 법률을 심판의 대상으로 하는 법률의 위헌심사 단계에서는 심사의 대상이 스스로 정하고 있는 '성질'은 중요한 것이 아니라 할 것입니다. 심사의 기준이 되는 헌법 차원에서의 성질론이 중요한 것으로 인식되어야 할 것은 말할 것이 없습니다. 이 문제에 적용하여 말한다면, '가산세'에 대해 국세기본법이나 지방세법에서는 가산세를 "해당 의무가 규정된 세법의 당해 국세의 세목으로 한다"(국세기본법 제47조 제2항 본문)거나, "당해 지방세의 세목으로 한다"(지방세법 제27조의 2 제1항 제2문)[2]고 규정하고 있는 것은 위헌심사에서 문제되는 가산산세의 법적 성질에 영향을 미치지 아니합니다. 어디까지나 헌법 해석론으로 '稅' 또는 '罰'의 성질을 밝힌 후에, 당해 가산세가 헌법적 차원의 '稅'에 해당하는가, '罰'에 해당

---

* 충남대학교 법학전문대학원 부교수.

1) 저는 개인적으로 적어도 헌법 제11조로부터는 이런 원칙이 도출되지 않는다고 봅니다만, 그것을 더 나아가 살펴보지는 않겠습니다.

2) 6면의 "지방세기본법(제147조)"는 오기인 것으로 보입니다.

하는가 하는 것을 검토하여야 할 것입니다.

우리 헌법은 제38조에서 “모든 국민은 법률이 정하는 바에 의하여 납세[3]의 의무를 진다”, 제59조에서 “조세의 종목과 세율은 법률로 정한다”고 정하고 있습니다. 한편, 헌법 제12조 제1항은 “모든 국민은 신체의 자유를 가진다. 누구든지 법률에 의하지 아니하고는 체포·구속·압수·수색 또는 심문을 받지 아니하며, 법률과 적법한 절차에 의하지 아니하고는 처벌·보안처분 또는 강제노역을 받지 아니한다”, 같은 조 제7항은 “피고인의 자백이 고문·폭행·협박·구속의 부당한 장기화 또는 기망 기타의 방법에 의하여 자의로 진술된 것이 아니라고 인정될 때 또는 정식재판에 있어서 피고인의 자백이 그에게 불리한 유일한 증거일 때에는 이를 유죄의 증거로 삼거나 이를 이유로 처벌할 수 없다”고, 제13조 제1항은 “모든 국민은 행위시의 법률에 의하여 범죄를 구성하지 아니하는 행위로 소추되지 아니하며, 동일한 범죄에 대하여 거듭 처벌받지 아니한다”라고 규정하고 있습니다. 이에 비하여, 같은 조 제3항에서는 “모든 국민은 자기의 행위가 아닌 친족의 행위로 인하여 불이익한 처우를 받지 아니한다”고 규정하고 있습니다. 이 조문들의 의미를 분석하면서, ‘세’ 또는 ‘벌’의 내용을 밝히고, 가산세가 어느 쪽에 해당하는가 하는 것을 판단하여야 한다는 것이 제 생각입니다. 지나치게 법실증주의적인 것 아닌가 하는 비판이 있을 수 있을 것이나, 실무적으로 헌법을 해석하고 적용하는 입장이라면 위와 같은 태도가 필요하다고 생각합니다.

그러면, 위 각 조항으로부터 도출되는 “조세”는 무엇이고, “벌”은 무엇인가? 이에 대하여 헌재는 조세에 대하여는 비교적 분명하게 개념을 내놓고 있고, 벌에 대해서는 그러하지 못하다고 생각됩니다. 헌재는 조세에 대하여, “국가 또는 지방자치단체가 재정수요를 충족시키거나 경제적·사회적 특수정책의 실현을 위하여 국민 또는 주민에 대하여 아무런 특별한 반대급부 없이 강제적으로 부과징수하는 과징금”[4]이라 정의하고 있다. 그러면, 문제는 위와 같은 헌재의 정의가 타당한 것인가 하는 점에 관하여 분석하는 것이 옳다고 생각됩니다. 위와 같은 정의가 옳고, 가산세가 위 정의에 포섭된다면 가산세의 ‘헌법적 성질’은 조세라 할 것입니다. 우선, 가산세가 “재정수요를 충족시키”고자 부과하는 것은 아니라 할 것입니다. 물론, 부차적으로 가산세로 획득된 돈을 국고에 넣어 국가가 사용한다는 점을 부인할 수 없으나, 만일 이를 시인한다면 형사벌로 과해지는 형법 제41조 상의 “罰金”이나 “科料”도 세금 아니냐 하는 논란이 이어질 것입니다. 다음으로는 “경

3) 밑줄은 필자에 의한 것임. 이하 같음.

4) 헌재 1990. 9. 3, 89헌가95, 판례집 2, 245, 251.

제적·사회적 특수정책의 실현을 위하여" 부과되는 것이냐 하는 문제가 있을 것입니다. 그러면, "정책"은 무엇인가 하는 점이 이어서 논의되어야 할 것이라 생각됩니다. 언뜻 생각해 보면, 정책이란 '未來의 목표' 정도를 의미하는 것 아닌가 하는 생각을 합니다.[5] 즉, 공동체가 미래를 향해(prospectively) 특정한 목표(또는, 가치)를 선택하고, 그 목표를 달성하기 위한 수단으로 국민 또는 주민에게 금전적 부담을 지우는 것이 이른바 '정책적 조세'라고 하는 것 아닌가 하는 생각이 듭니다. 그렇다면, 회고적으로(retrospectively) 납세의무자의 의무를 이행하지 아니한 것을 이유로 부과하는 금전적 부담이 세금은 아니지 않은가 하는 결론에 이르게 됩니다.

한편, "경제적·사회적 특수정책의 실현을 위하여" "아무런 특별한 반대급부 없이" 부과하는 과징금이 과연 헌법적으로 세금이겠는가 하는 근본적인 의문도 듭니다. 아니라고 보는 논거를 두 가지 들겠습니다.

첫째, 다른 금전적 부담과는 달리, 헌법 제38조, 제59조가 유독 세금에 대해 특별한 규율을 하겠는가 하는 문제입니다. 저는 국가의 살림살이를 위해 필연적으로 돈이 필요하므로, 공동체의 구성원이 그 돈을 부담하는 것은 "헌법적 의무"가 되는 것이라는 것을 밝힌 것이라 생각합니다. 다른 금전적 부담을 지는 것은 헌법적 의무가 아니라 법률차원의 의무에 지나지 않는 것과 대비된다는 것이지요. 즉, "재정수요를 충족시키기" 위하여 부과되는 금전만이 헌법적인 납세의무의 대상으로 되는 것이고, "경제적·사회적 특수정책의 실현을 위하여" 부과되는 금전에 대해서는 헌법 차원의 의무의 대상으로 되는 것이 아니라 법률 차원의 의무의 대상으로 된다는 것입니다.

둘째, "경제적·사회적 특수정책의 실현을 위하여"라는 문언이, 역사적으로 보면 아주 뒤에 첨언된 사정을 알아볼 필요가 있습니다. 1919년 독일 조세기본법은 대략 현재의 정의 중 위 문언이 없는 부분만으로 조세를 정의하는 규정을 두었지요.[6] 현재, 재정학이나 세법을 하는 사람들은 1919년 독일 조세기본법의 정의를 받아들이고 있습니다. 재정학자인 이필우 교수는 '국가가 필요로 하는 경비를 조달하기 위해 민간으로부터 아무런 반대급부 없이 강제적으로 징수하는 수입'이라고 하고,[7] 세법학자인 임승순 변호사는 '① 국가 또는 지방자치단체가 ② 국민에

---

5) 이렇게 본다면, 정책이 그런 의미를 담을 수 있는가에 대해 의문이 생길 여지도 있다고 보입니다. 목표를 달성하기 위한 '수단'이 정책 아닌가, 하는 생각이 들어서 그렇습니다. 예를 들어, '부동산정책'이라고 하면, 특정한 목표(예로, 주택가격 안정)를 달성하기 위하여 양도소득세를 중과하는 것 자체가 정책 아닌가 하는 생각이 듭니다.

6) 물론, 세밀하게 보면 조금 다른 점이 있습니다만.

7) 이필우, 『조세론(초판)』, 3면.

대한 각종의 공공서어비스를 제공하기 위한 자금을 조달할 목적으로 ③ **특별급부에 대한 반대급부 없이**[8] ④ 법률에 규정된 과세요건에 해당하는 모든 자에 대하여 ⑤ 일반적 기준에 의하여 부과하는 ⑥ 금전급부'라고 하고,[9] 최명근 교수는 '국가 또는 지방자치단체 등 공권력체가 그의 경비충당의 재정조달목적으로 그의 과세권에 기하여 법률에 규정된 과세요건을 충족한 모든 자에 대해 부과하는 금전급부이며 **특별급부에 대한 반대급부가 아니**'라고 합니다.[10] 행정법학자인 김성수 교수는 '국가 또는 지방자치단체가 그의 과제 수행에 필요한 재정수요를 충족시키기 위하여 국민에게 **반대급부 없이** 부과·징수하는 공법상의 부담금'이라고 하고,[11] 김동희 교수는 '국가 또는 지방자치단체가 그 경비에 충당할 수입을 획득하기 위한 목적으로 법률에 기한 일방적 의무로서 과세요건에 해당하는 모든 자에게 과하는 **무상의** 금전부담'이라고 한다.[12] 헌법학자인 허영 교수는 '국가 또는 지방자치단체가 재원확보를 위해서 국민으로부터 **직접적인 반대급부 없이** 과하는 금전적인 부담'이라 하고,[13] 권영성 교수는 '국가 재장수입의 주원천으로서 국가 또는 지방자치단체 등 공권력의 주체가 과세권에 의하여 재정조달의 목적으로 **반대급부 없이** 일반국민으로부터 강제적으로 부과·징수하는 과징금'이라고 합니다.[14] 그런데, 가만히 보면, 위 정의들은 모두 '**반대급부 없이**', '**무상의**', '**직접적인 반대급부 없이**'라는 문언을 가지고 있는 것을 알 수 있습니다. 이른바 조세의 '무대가성'을 표현한 말이지요. 이 무대가성이 사실 근대 자유주의의 정신에는 배치되는 면이 있습니다. 왜 나의 재산을 아무런 반대급부 없이 내놓아야 하는냐 하는 의문을 가질 수 있을 것이라 생각합니다.[15] 거기에 대한 대답이, "너희들이 국가공동체를 만들지 않았느냐, 국가공동체를 유지하려면 돈이 필요하니까, 구체적인 반대급부가 없더라도 금전적 부담을 져야 한다"고 설명할 수 있다는 것입니다. 이와 같은 이해를 바탕으로 한다면, "경제적·사회적 특수정책의 실현을 위하여" "아무런 특별한 반대급부 없이" 걷는 돈이라는 말 자체가 아귀가 맞지 않는 것으

8) 굵은 글씨는 필자에 의한 것임. 이하 같음.
9) 임승순, 『조세법(2010년도판)』, 4면.
10) 최명근, 『세법학총론(증보7판)』, 30면.
11) 김성수, 『개별행정법(초판)』, 35면.
12) 김동희, 『행정법Ⅱ(8판)』, 576면.
13) 허영, 『한국헌법론(전정증보판)』, 864면.
14) 권영성, 『헌법학원론(신판)』, 709면.
15) 물론, 저는 무대가성이라는 말은 정확한 표현이 아니고, '특별한' 반대급부가 없다고 하는 것이 정확하다고 생각합니다. 즉, 수도료와 같이 구체적인 편익의 대가가 아니라는 말이지요. 추상적이라고 하는 것이 더 맞을 것입니다. 즉 "추상적 편익의 대가로" 표현하는 것이 더 맞지 않나 하는 생각을 합니다.

로 됩니다. "경제적·사회적 특수정책의 실현을 위하여" 걷는 돈은 재정목적과 같은 무대가성이 없기 때문입니다. 예를 들어, 유도적·조정적 부담금의 경우는 무대가적이라고 하지 않습니다. 분명히 달성하고자 하는 목표가 있고, 그 목표 달성을 위한 수단으로 금전적 부담을 지우는 것입니다. 따라서 "경제적·사회적 특수정책의 실현을 위하여"라는 말은 "아무런 특별한 반대급부 없이"와 조응할 수 없는 말이라는 것입니다.

나라의 살림살이에 필요한 돈	⇐	무대가성
① 국가의 살림살이에 필요한 돈 ② 그 밖의 돈(정책목적의 금전적 부담)	⇐ ?	무대가성

하여간 위와 같은 분석에 의하면, 가산세는 세금은 아니다 라는 결론에 이르게 됩니다.

그런데, 가산세가 세금이 아니라는 결론은 바로 "가산세는 벌이다"라는 결론에 이르게 하느냐, 하는 문제가 있을 것입니다. 그렇지 않을 수도 있겠다, 라는 생각을 이 글을 쓰면서 처음으로 하게 되었습니다. 그것은 헌법 제13조 제3항 때문입니다. 언뜻 생각해 보면, 벌은 "과거의 잘못된 행위에 대한 징계"라고 이해될 듯한데, 우리 헌법은 "벌"과 구별되는 개념으로 헌법 제13조 제3항에서 "불이익한 처우"라는 말을 쓰고 있습니다. 헌법이 따로 쓰고 있는 개념을 같은 것이라 보기는 어렵지 않을까 하는 생각이 들었습니다. 그러면, 불이익한 처우는 벌보다는 더 넓은 개념이다라는 결론에 이르기 쉬울 것 같고, 벌은 좀 더 좁은 개념, 예를 들면 형사절차를 전제로 한 불이익한 처우를 말하는 것 아닐까 하는 생각을 할 수 있겠습니다. 그런데, 이러한 생각에는 강한 장애물이 있습니다. 보통 형사벌은 중한 것이라는 것을 염두에 두고 있으나, 형법 제41조에 나열되어 있는 형종 중에서 과료와 같은 경우는 2천원 이상 5만원 미만으로 소액입니다(형법 제47조). 하여간 이 점을 염두에 두어야, 가산세와 다른 제재 사이의 병과가 이중처벌에 해당하는 것은 아닌지 하는 점 등에 대해 좀 더 정치한 논증을 할 수 있을 것이라고 생각합니다.

구체적으로 김박사님의 글에 이론을 제기할 것이 많지는 않습니다. 몇 가지만 말씀을 드린다면,

a. 16쪽에 가산세에 조세평등주의가 적용될 것인가 하는 점은 주요하지 않다고 하셨으나, 그 조세평등주의가 응능부담원리를 말하는 것이라면 과연 그렇게 말할 수 있을까 하는 점은 의문입니다.
b. 한편, 저는 개인적으로 '실질적 법치주의'라는 말이 매우 막연하고 모호하여, 심사기준으로 쓰기에 적절하지 않다고 생각합니다. 법치주의는 형식적 법치주의가 있을 뿐입니다. 법치주의는 헌법원리들 중의 하나일 뿐입니다. 실질적 법치주의를 받아들이는 순간, 법치주의가 헌법을 대체하게 됩니다. 19쪽의 '기본권 보장의 헌법이념'에 맞지 아니한다면, 그 기본권을 이유로 위헌이라 하면 되지 왜 다시 돌아와 법치주의에 위배된다고 하는지, 저는 이해하지 못합니다.
c. 또, 자기책임원리를 헌법상의 원칙이라고 하면서도(19면), 가산세 부과에 대해 고의, 과실을 요하지 않는다는 것이 화동할 수 있다고 보시는지요.

고맙습니다.

第109회 발표회 토론요지

간　　사 : 헌법실무연구회 第109회 월례발표회에 참석해 주셔서 감사드립니다.

회의 시작에 앞서서 몇 가지 공지사항을 알려드리겠습니다.

지난달에 김종대 재판관님께서 새로이 회장으로 취임하시고 운영위원회와 집행부를 새로이 구성하였습니다.

운영위원으로는 7분의 학계교수님이 선임되셨는데 김일환 성균관대교수님, 김현철 전남대교수님, 방승주 한양대교수님, 송석윤 서울대교수님, 이인호 중앙대교수님, 임지봉 서강대교수님, 조재현 동아대교수님이 선임되었습니다.

그리고 집행부에는 부회장에 김택수 사무차장님 그리고 고려대학교 김선택 교수님이 선임되셨습니다.

헌법재판소 간사에는 전상현 연구관 제가 맡게 되었고요, 학계간사로는 서울대 전종익 교수님이 맡게 되었습니다.

새로이 구성된 운영위원회와 집행부에서 2월 23일 회의를 개최하였는데 그날 회의에서는 2011년 헌법실무연구회 운영방향에 대해서 논의했습니다.

회의결과를 정리해서 말씀드리면, 기존에 주로 이론적인 주제에 대한 검토와 논의가 많이 있었는데 앞으로는 보다 실제적인 사건과 실제 헌법재판소결정을 대상으로 검토와 평석위주로 하는 것으로 하기로 했습니다.

물론 기존에 했던 것과 같이 이론적 주제에 대한 연구발표를 배제하자는 취지는 아니고 보다 실제적인 사건을 가지고 토론을 하자는 의견이었습니다.

그리고 헌법실무연구회가 실무계와 학계의 가교역할을 하는 만큼 학계에 계신 많은 교수님들의 일정을 고려하지 않을 수 없어서 앞으로는 1년에, 기존에는 1월과 8월을 휴회했었습니다. 그런데 앞으로는 1월과 2월, 7월과 8월 그러니까 방학기간 동안에는 정기월례발표회를 생략하기로 했습니다.

취지는 발표 횟수를 줄이는 대신에 발표에 보다 내실을 기하고 여러 회원님들의 많은 참여를 유도하기 위해서 그렇게 결정했습니다.

그리고 끝으로 헌법실무연구회와 회원 여러분간 그리고 더 크게는 국민들과의 소통을 강화하자는 의견이 있었습니다.

그래서 이미 기존에 헌법실무연구회 홈페이지를 인터넷에서 운영하고 있는데요, 회원여러분들께서 적극적으로 활용해 주시고 그 다음에 집행부에서 많이 알리고 게시하도록 하겠습니다. 이상과 같은 내용들이 있었습니다.

그러면 제109회 헌법실무연구회 정기발표회를 헌법재판소 연구위원으로 재직하시고 경희대학교 법학전문대학원 교수로 계신 정태호 교수님의 사회로 진행하도록 하겠습니다.

사 회 자 : 소개받은 경희대학교 정태호입니다.

원래 이런 자리에 앉는 것을 꺼리는 편인데 잘할 때까지 사회연습을 하라는 취지로 알고 사회부탁을 제가 받아들였습니다.

오늘 주제가 '가산세의 법적 성격과 입법한계' 다소 딱딱한 주제이기 때문에 회원분들 많이 참석을 안 하리라 예상을 했는데 예상 밖으로 많이 참석을 해 주신 것 같습니다.

더구나 오늘 박한철 신임재판관께서도 특별히 참석을 하셔서 이 자리를 빛내주시고 계십니다. 한마디 인사를 해 주셨으면 고맙겠습니다.

박한철 재판관 : 박한철입니다.

제가 헌법연구관으로 96년도부터 98년까지 2년 조금 안 되는 기간 여기 근무를 했었습니다.

그때 당시에 저도 실무연구회 여러 차례 참석한 일이 있었는데 그때는 이 회의실을 이용한 것 같지는 않고 다른 장소를 이용을 해서 약간 소규모로 했는데 이제 보니까 한 10여 년 지나가는 사이에 위상이랄까 권위가 상당히 높아지고 여기 계시는 분들도 우리 헌법학계를 주도적으로 이끌고 계시는 분들이 많이 참석하신 것 같아서 다시 한번 이 실무연구회의 무게와 권위를 생각하는 그런 계기가 되었습니다.

특히 존경하는 김종대 재판관님께서도 실무연구회 회장으로서 이렇게 이끌고 계시니까 저도 여기 참석한 것이 상당히 큰 보람이 되고 영광으로 생각합니다.

앞으로 많이 배우도록 하겠습니다.

감사합니다.

사 회 자 : 오늘 발표회를 시작하겠습니다.

오늘 발제를 해 주실 김웅희 박사를 소개해 올리겠습니다.

김박사님은 숭실대학에서 석·박사를 하였는데요. 박사학위 논문테마는 조세법의 기본원칙에 대한 헌법적 연구입니다. 그리고 현재 한국조세연구소에서 연구원으로 재직중이십니다.

그리고 오늘은 두 분을 지정토론자로 모셨습니다.

익히 아시는 분들일텐데요, 한분은 여기 연구관을 역임하시고 현재 충남대 법학전문대학원 헌법교수로 재직중이신 정주백 교수님 모셨습니다.

다른 한분은 이승환 헌법연구관이십니다.

시간 관련해서 말씀드리겠습니다.

발제는 회원분들께서 일단 읽어 오신 것으로 전제를 해서 30분 정도 해 주셨으면 고맙겠고요. 토론시간은 각기 10분정도 넘지 않는 선에서 해 주셨으면 고맙겠습니다.

가급적이면 플로어에서 질문을 많이 받도록 하겠습니다.

시작해 주시지요.

< 주제 발표자 발표 >

사 회 자 : 김 박사님 시간을 잘 준수해 주셔서 고맙고요. 열심히 준비를 해 왔는데 몇분 내 발표를 해 달라 그러면 발제하시는 분 입장에서는 상당히 억울한 면도 있지요. 본인이 연구한 것을 소상히 소개하지 못하는 것 그리고 회원분들께 과연 충분히 전달되었는지 이것도 의문스러우실 것이고, 그러나 회원분들께서 사전에 대부분 읽고 오셨다고 생각이 됩니다. 그래서 모자라는 설명부분은 말씀하신 대로 토론시간을 통해서 보충할 수 있는 기회가 있으리라고 생각하고요.

그러면 이어서 제가 이 주제에 대해서 요약을 한다든가 그렇게 하지 않겠습니다.

토론문 제가 읽어봤더니 거기에 이미 핵심내용들이 잘 요약이 되어 있습니다. 그래서 바로 두 분 지정토론, 정 교수님부터 시작을 해 주시지요.

지정토론자 : 정주백입니다. 오래 간만에 참석하게 되어서 영광이라고 생각합니다.

발표하신 김웅희 박사님은 박사논문부터 조세법에 대한 헌법적 문제를 다루었습니다. 그 이후에 상당히 많은 논문을 내셨습니다. 아마 조세법에 관한 헌법문제에 관해서는 김성수 교수님께서 많이 내셨지만 거기에 필적할 만큼 많이 내신 것으로 저는 알고 있습니다. 오늘도 여러 가지 유익한 말씀을 해 주셔서 저도 공부를 많이 했습니다.

저도 이 문제에 대해서 상당히 오랫동안 생각을 해 보고 그랬는데 김웅희 박사님하고 방향은 조금 다를지 모르겠습니다만, 이 문제를 보는 제 생각을 말씀드리는 것이 여러분들하고 토론하는 데 훨씬 낫지 않을까하는 생각을 합니다.

여러 가지 이 논문에서 복잡한 논의들이 나옵니다만 결국 요점은 가산세의 법적 성격을 어떻게 볼 것인가 라는 것이 핵심적인 쟁점이라고 생각합니다. 왜? 그것이 조세법에 대한 헌법재판 특히 가산세에 관한 헌법재판에 있어서 왜 그것이 핵심적인 쟁점으로 되는가 하면 특히 여기서 문제가 많이 되는 세금이냐 아니면 벌이냐에 따라서 그것의 부과원리를 달리하기 때문이라고 생각을 합니다. 조세에 대해서는 헌법적으로 헌법재판소는 '응능부담원칙'을 헌법상의 원칙으로 받아들이고 있고, 벌의 부과원리에 대해서는 '책임주의'라는 것을 제가 알기로는 2003년도 이후부터 받아들여지고 있는 것으로 이해하고 있습니다. 아마 그게 최초의 사건이 담배소비세사건이 아닐까 저는 그렇게 기억하고 있습니다만. 그러니까 조세를 부과대상자의 과책의 양에 따라 부과되어지거나 아니면 벌을 부과대상자의 경제적 자력에 의해서 부과되는 것은 헌법상의 부과원리에 어긋난다는 것입니다. 결국은 가산세가 벌로 평가되어야 될 것이냐 아니면 세금으로 평가되어야 될 것이냐라는 것이 헌법재판을 시작하는 데 있어서 굉장히 중요한 문제로 된다라는 겁니다.

그런데 제가 생각했을 때 여기서 제목도 그렇습니다만 법적 성격이라고 얘기했습니다만 사실은 법적 성격이라고 하는 것은 조금은 부정확한 표현이고 제가 생각하기에는 헌법적 성격이다라고 봐야 된다는 겁니다. 왜 그렇게 보는가 하면 아까 발제자께서 말씀하시는 바와 같이 국세기본법이나 지방세법에 대해서 가산세의 성격에 관해서 이야기하고 있습니다만 헌법재판의 관점에서 보면 심판의 대상이 되는 법률이 스스로 정하는 자기의 성격이라는 겁니다. 그러니까 그것은 헌법재판을 하는 심사기준이 되는 헌법의 관점이 아니기 때문에 법률이 자신의 성격을 무엇이라고 말하고 있느냐 하는 것은 헌법재판에 있어서는 고려의 대상이 될 수도 없다. 저는 오로지 헌법적인 관점에서 성격을 규명해내고 거기에 따라서 심사를 해야 된다는 것이 제 오래된 생각입니다.

그러면 우리 헌법은 벌이나 세금에 대해서 무엇을 얘기하고 있느냐라는 것을 우선 검토해 보는 것이 시작이라고 생각하는데, 우리 헌법은 제38조나 제59조에서 두 가지 조문에서 유의하게 세금에 관해서 이야기하고 있습니다. 그리고 벌에 대해서 이야기하고 있는 조문으로는 제12조가 있습니다. 제12조, 제13조에서 벌에 관한 조문들이 나옵니다. 제가 사실은 이 글을 쓰면서 다시 한번 우리 조문을 제가 정확하게 안 읽었구나 생각을 했던 것이 벌과 비슷한 성격을 가지고 있으면서도 우리 헌법은 제13조 제3항에서 '불이익한 처우'라는 말을 쓰고 있습니다. 굳이 우리 헌법은 벌이라는 말 외에 따로 연좌제에 관해서는 불이익한 처우라는 말을 쓰고 있다는 겁니다. 사실 제가 이 글을 쓰면서 발견한 것인데 이것이 헌법적으로 우리 헌법재판에 있어서도 상당히 의미가 있지 않을까하는 생각을 했었습니다만 아직까지 깊이 제가 완성한 생각은 없습니다. 그러면 우리 헌법적으로 제38조, 제59조 등에서 조세에 대해서 이야기하고 있고 제12, 제13조에서 벌에 대해서 이야기기하고 있습니다만 제38조, 제59조의 해석을 통해서 우리 헌법재판소가 헌법을 무엇이라고 이야기하고 있느냐라는 것을 알아내는 것이 중요하다고 생각을 합니다. 그런데 벌에 대해서는 아직까지는 정확하게 벌이 무엇이다 제재가 무엇이다라는 것을 정의하는 형태로 헌법재판소가 아직까지 말한 바는 없는 것으로 알고 있고, 다만 조세에 대해서는 여러 차례에 걸쳐서 조세는 무엇이다라는 정의를 반복해서 말하고 있습니다. 그 내용이 제가 쓴 글 둘째 페이지 중간쯤에 있습니다. “국가 또는 지방자치단체가 재정수요를 충족시키거나 경제적·사회적 특수정책의 실현을 위하여… 아무런 특별한 반대급부 없이 강제적으로 부과징수하는 동원, 과징금”이다라고 정의하고 있습니다. 그러면, 이 정의라는 것은 헌법재판소가 헌법의 해석을 통해서 도출해낸 정의입니다. 그러면 무엇이 세금인가라는 것을 분석하는 기초적인 토대는 무엇인가하면 여기서 출발해야 된다는 겁니다. 여기서 출발해서 이 정의에 부합하는가? 하면 헌법재판소가 얘기하는 조세의 정의에 부합하는 것이기 때문에 조세가 되는 것이고, 이 정의에 부합하지 않는다면 이것은 헌법재판소가 보는 조세가 아닌 것으로 된다라는 결론에 이르러야 한다고 생각을 하는 겁니다.

제가 이 글에서 가산세의 문제에 있어서 주로 관심을 가지는 것은 재정목적 또는 우리가 보통 강학상 얘기 되어지는 유도적 목적이란 것에 관한 문제입니다.

먼저 생각해 보아도 가산세가 국가재정을 위하여 국가의 살림살이를 위하여 걷어가는 돈은 아닐 것이다라는 생각을 우선 할 수 있습니다. 그렇지 않느냐 가산세 걷어가지고 일반재정에 산입해서 국가 도로도 짓고 하는 것 아니냐라고 말씀하실 수도 있을 것이라고 생각합니다만 그렇게 하면 굉장히 개념의 경계가 무너지는 문제가 생긴다고 생각합니다. 그렇게 치면 옛날에 우리가 벌금같은 것을 받아서 전국에 법원도 짓고 검찰청도 짓고 했는데 그러면 벌금도 세금이냐라는 문제가 되겠지요. 저는 이 점에 대해서는 널리 받아들여지는 것이라고 생각을 하고.

다음으로 유도적 목적 이른바 경제적·사회적 특수정책의 실현을 위하여 부과되어 지는 것이냐라는 생각을 해 볼 수 있다고 생각합니다. 그런데 여기서 말씀드릴 수 있는 것은 정책이라는 것은 제가 생각했을 때는 미래지향적인 것이 아니냐, 미래를 향해서 현재의 어떤 수단들을 배열해 놓는 것 그런 것들이 정책이라고 생각을 합니다. 영어가 짧습니다만 prospective하다는 것이지요. 거기에 비해서 가산세라는 것이 만약에 과거의 어떤 행위에 대한 제재라고 이해되는 바가 있다면 그것은 미래지향적이라고 말하기는 어렵지 않은가? 과거를 돌아보면서 부담을 과하는 것이 가산세가 아닌가? 그렇게 친다면 헌법재판소가 가지고 있는 조세의 정의안에 가산세가 포섭되어지지 않는다고 이해될 여지가 있다고 생각을 합니다. 이것이 하나하나 따져서 분석하는 방법입니다만 다른 방법의 논증도 있을 수 있을 것이라고 생각을 합니다.

한편 저는 개인적으로는 "경제적·사회적 특수정책의 실현을 위하여"라고 하는 것이 개인적으로는 조세의 정의안에 들어가는 것이 약간은 부적절하지 않은가 하는 생각을 개인적으로 가지고 있습니다. 왜냐하면 이 문구를 보면 두 가지 의미가 있습니다. 우리 조세의 정의 안에는 재정수요를 충족시키기 위하여 반대급부 없이 걷는 돈이라는 하나의 성격이 있고, 다른 하나는 국가정책실현을 위하여 반대급부 없이 걷는 돈, 개념적으로 이렇게 두 가지로 연결된다고 생각을 합니다. 제가 그거를 뒤에 5페이지에 그림 비슷하게 써놓았습니다만, 이 두 가지 중에 두 번째 그림에 동그라미 두 번째 글씨 과연 이 '무대가성'이라는 개념하고 조응할 수 있는 것인가라는 것에 대해서 저는 상당히 의문을 가지고 있습니다.

3페이지입니다. 우리 헌법에 보면 다른 여러 가지 금전적 부담이 있습니다만 다른 금전적 부담에 대해서는 따로 이야기하는 바가 없습니다. 유독 조세에 대해서만 이야기를 하고 있지요. 그런데 왜 그렇게 해야 되는 것인가라는, 왜 헌법이 유독 세금에 대해서만 헌법에 특별히 두 개의 조문을 두었을까? 그렇게 많지도 않은 조문들 중에서 두 개씩이나 조문을 두었다는 것은 그렇게 무시할 수 없는 이유가 있다는 겁니다.

제가 생각할 때는 헌법이 그런 규정을 특별히 둔 것은 국가의 살림살이를 위해서 필연적으로 돈이 필요한데 그것을 공동체 구성원이 부담해야 된다라는 것을 헌법이 밝힌 것이 아닌가라고 개인적으로 생각합니다. 그래서 그것이 헌법적 의무로 고양된다는 것이지요. 그러니까 제가 생각할 때는 재정수요를 충족시키기 위하여 부과되는 돈만이 헌법 제38조가 이야기하고 있는 헌법상의 납세의무의 대상이 된다는 겁니다. 다른 금전부담에 대해서 법률상 많은 의무를 지고 있습니다만 그것을 부담하지 않았다고 해 가지고 그것을 납부하지 않았다고 해 가지고 우리 헌법 제38조가 이야기하고 있는 납세의무를 이행하지 않았다고 말할 수는 없는 것 아닌가라는 생각을 한다는 겁니다.

또 하나 3페이지 두 번째로 설명되어 있습니다만 '경제적·사회적 특수정책의 실현을 위하여'라는 것이 조세의 정의에 관한 역사를 보면 상당히 뒤의 일입니다. 정의자체가 조세의 개념 안에 포섭된게 제가 기억하기로는 아마 법적으로는 1977년도 독일의 조세기본법에서 처음에 들어간 것으로 알고 있습니다만, 그런데 일반적으로 학설에 있어서는 조세의 정의 안에 이 개념이 들어가 있지 않습니다. 제가 여러 가지 3페이지 이하에 조세의 개념을 나열했습니다만 어느 학자도 유도적 목적의 금전부담을 세금이다라고 말하는 경우는 없습니다. 그런데 가만히 보면 이 조세의 정의 안에는 핵심적인 개념징표들 중에 하나가 무대가성입니다. 특별한 반대급부 없이 또는 반대급부 없이 여러 가지 표현으로 되어 있습니다만, 무대가성에 관한 것이 상당히 중요합니다. 조세가 무대가성이라고 말하면 상대방은 무엇을 설명해야 되는가? 왜 내가 아무런 대가도 안 받고, 아무런 대가도 안 받고라는 표현 자체는 약간은 틀린 표현이라고 생각합니다만, 구체적인 그러니까 특별한 급부에 대한 반대급부가 아니라는 뜻이지요. 학설상으로 무대가적이라고 통칭해서 말합니다만, 특별한 반대없이 내가 왜 돈을 내야 되느냐 하는 의문에 봉착한다는 겁니다. 거기에 대한 설명이 재정목적이라는 겁니다. 왜 내가 대가없이 돈을 부담하느냐? 국가살림살이를 하려면 돈이 필요하지 않느냐라는 겁니다. 그러니까 재정목적하고 무대가성이라는 것은 서로 조응하는 개념이라는 겁니다. 그런데 원래는 재정목적하고 무대가성이 조응하고 있었는데 아까 말씀드린 것과 같이 1977년도에 이 조응을 깨고 이 국가재정목적하고 동열에 들어간 문언이 유도적·재정적 목적이라는 겁니다. 그러면 동열에 들어가면 어떻게 되느냐 하면 국가재정을 위하여 무대가적으로 걷는 돈이었는데 또 하나는 뭐가 들어갔습니까 그러면? 국가의 정책목적을 실현하기 위하여 무대가적으로 걷는 돈 이렇게 연결된다는 겁니다. 그런데 실제로 그렇게 되면 안 되지요. 무대가성과 연결될 수 있는 것은 오로지 재정목적에만 있는 겁니다. 무대가성과 유도적 정책적 목적이라는 것은 서로 개념적으로 조응할 수 없고 화동할 수 없는 개념이라는 겁니다.

1977년도에 이 개념을 집어넣었던 것은 이론적으로 깊은 검토가 있어서 들어갔던 것은 아닌 것 같고 그 당시에도 많은 세금을 이렇게 다른 목적으로 활용하고 있는데 이 상태를 어떻게 할 거냐? 그대로 용인할 것이냐 아니면 법규범적으로 이것을 받아들일 것이냐 하는 고민속에서 현실을 받아들이는 선택이었던 것이지 이론적으로 이러해야 된다는 것을 깊이 검토해서 이루어진 것은 아니다는 것이 제 생각입니다.

그러니까 사실 그렇게 치면 국가 재정목적 이외에 정책목적의 금전적 부담이라는 것은 사실 헌법적으로 봤을 때 헌법 38조가 말하는 세금에 포섭될 수 없다라는 겁니다. 그러면 사실 어떻게 보면 제 논지는 아까 처음에 가산세가 세금이 아니다라고 한 논지는 헌법재판소가 설정하고 있는 조세의 개념을 그대로 두었을 때 그 개념에 가산세가 포섭될 수 있느냐는 것을 말씀드린 것이고, 제가 지금 말씀드린 것은 헌법재판소가 지금 이야기하고 있는 조세의 개념요소들 중에 국가의 특정한 정책목적실현을 위하여라고 하는 구문 자체가 이 조세의 개념 안에 들어가는 것이 정당하지 아니한 면이 있다는 겁니다. 저는 두 가지 차원에서 가산세가 조세로 평가되기 어려운 면이 있다는 말씀을 드린 겁니다.

그런데 그 다음에 드린 말씀 가산세가 세금이 아니다라는 것은 아니라고 해 가지고 바로 벌이냐라는 물음에 도달하게 되겠지요. 대개의 경우 저도 이제까지는 가산세가 벌이냐 세금이냐라는 두 가지 문제에 있어서만 분석검토를 했었는데, 제가 아까 모두에 말씀드린 것과 같이 13조 3항이 가지고 있는 불이익한 처우라는 개념을 좀더 벌과 다른 개념으로 이해하게 되면, 만약 이것이 12조 1항에서 말하는 가산세가 벌이다고 하면 이중처벌의 금지문제하고 바로 맞닥뜨리게 되겠지요. 그런데 이 가산세라는 것을 13조 3항에서 말하는 벌과 별개의 개념으로서 불이익한 처우다라는 것을 받아들인다면 결국 논리적으로는 가산세가 불이익한 처우고 불이익한 처우에 대해서는 이중처벌금지의 문제에 해당하지 않는다라는 결론에도 도달할 수 있지 않은가? 그러니까 벌과 불이익한 처우를 나누어서 분석해 볼 필요가 있지 않은가 하는 생각을 이 글을 쓰면서 생각했었습니다만 그 결론에 대해서는 명확한 생각을 가지고 있지는 못합니다.

여기까지가 제가 생각하는 가산세의 본질문제에 관한 것입니다. 일단 제 생각을 이야기했습니다만 김웅희 박사님께서 내놓으신 글에 대해서 약간 트집 비슷하게 몇 마디 말씀만 드린다면 그런 겁니다. 가산세에 조세평등주의가 적용될 것인가 아닌가는 중요하지 않다는 16페이지 글이 있습니다만 만약에 조세평등주의가, 헌법재판소는 조세평등주의를 단연코 응능부담원리라고 이해를 합니다. 그러니까 가산세에 대해서 일반적으로 조세평등주의가 평등이라는 개념을 그냥 개방시켜 놓으면 무엇이든지 다 가능하겠지요. 그런데 조세평등주의라는 말을 응능부담의 원칙이라고 대치시켜 놓게 되면 가산세율이 응능부담원리가 적용될 것인가 안 될 것인가라는 것은 굉장히 중요한 논점이 될 것이다라는 것이 제 생각입니다.

그리고 또 하나 이 글에도 표목으로 들어가 있습니다만, 실질적 법치주의 또는 실질적 조세법률주의라는 표현들이 헌법재판소 결정문에도 상당히 자주 나오고 있습니다만, 제가 생각하기에 이 표현 자체가 헌법재판소가 심사기준으로 쓰기에는 지나치게 막연하고 모호한 개념이라는 겁니다.

제 생각에는 법치주의 안에는 형식적 법치주의가 있을 뿐이라고 생각을 합니다. 저는 법치주의는 헌법원리들 중에 하나라고 생각합니다. 그런데 만약에 실질적 법치주의를 받아들이게 되면 실질적 법치주의가 헌법 자체를 대체하게 된다는 겁니다. 모든 헌법원리에 위반하는 것은 결국은 실질적 법치주의에 위반하는 것이 되는 것이지요. 이 글에도 나와 있습니다만 19쪽에 기본권보장의 헌법이념에 맞지 아니한다면 그냥 그 자체를 위헌이라고 하면 되지 왜 다시 실질적 법치주의라는 말로 되돌아와서 그것을 위헌이라고 말해야 되는 것인지 저는 사실 이해하기가 어렵습니다.

김웅희 박사님께 질문 비슷하게 드리는 것은 헌법재판소의 판례입니다만, 자기책임원리를 헌법상의 원칙이라고 하면서도 가산세부과에 대해서 고의 또는 과실을 요하지 않는다. 그러면 고의 과실 없이도 벌을 받을 수 있다는 얘기지요 제재라고 한다면. 그것이 과연 두 개의 개념이 화동할 수 있다고 보시는지 몇 가지 질문을 드렸습니다. 이상입니다.

사 회 자 : 정 교수님 헌법의 문구를 중심으로 해서 자신의 입장을 상당히 정열적으로 주장을 해 주셨습니다. 몇 가지 중요한 문제도 제기를 해 주셨고요.

이어서 이승환 연구관 지정토론 듣겠습니다.

지정토론자 : 이승환 연구관입니다.

가산세에 관한 판례와 학설들을 정리·분석한 발제문을 잘 읽었습니다.

발제문에 있는 내용중에서 이중처벌금지의 원칙과 관련된 논증이 엄밀한지에 대한 의문이 있고요.

다음으로 헌법재판에서 가산세가 의무위반의 정도와 부과되는 제재 사이에서 적정한 비례관계가 있는지 엄격한 심사를 하여야 하고, 가산세의 기본적인 내용과 절차가 법률에 명확히 규정되어야 한다 등의 발제문의 결론과 기존의 헌법재판소의 입장이 크게 다르지 않은 것이 아닌가 하는 의문을 가져봤습니다.

먼저 이중처벌금지원칙과 관련해서 발제자께서는 가산세와 조세형벌 또는 과태료의 병과는 이중처벌 금지의 기본정신에 배치될 가능성이 크다는 논의를 하고 있습니다. 발제자께서도 구체적으로 발제문을 읽지 않으셨기 때문에 저도 2페이지 '다'로 넘어가겠습니다. 그래서 발제자의 이 논증이 엄밀하게 되기 위해서는 서두에 먼저 왜 가산세가 행정벌 미만의 비난가능성이 있는 ~ 헌법재판소의 입장은 지금까지, 각주 47, 48 기재에 약간 오해의 소지가 있는 것 같은데 이중처벌이라고 인정한 사안이 없습니다. 그래서 헌법재판소의 입장과 달리 그러니까 국가형벌권행사로서 형벌을 행사하는 것만 13조의 처벌이라고 하는 것과 달리 왜 13조 1항의 처벌개념을 광의로 정의하는지 대전제가 필요한데 그에 대한 논증이 필요하지 않나라고 생각을 합니다. 그리고 설사 다 인정한다 하더라도 이중처벌금지의 기본정신에 배치될 가능성이 있다는 조심스러운 논증에서 원칙적으로 금지되어야 된다는 결론은 좀 비약하는 것이 아닌가 하는 의문을 제기해 봤습니다.

한편 제가 이해한 바로는 발제문에서는 가산세와 행정형벌 등의 병과가 이중처벌금지원칙 정신에 반할 가능성이 있다는 점, 그리고 가산세가 실정 세법상의 조세라는 점 등을 강조하고 하셨고, 이에 따라서 가산세에 대한 헌법심사를 엄격하게 해야 된다고 보고 있는 것 같습니다.

그런데 제가 알고 있기로는 헌법재판소는 가산세를 포함해서 조세법률에 대하여 이미 과잉금지원칙에 따른 심사를 하고 있습니다. 물론 이에 대해서는 저희 실무연구회 회장님이신 김종대 재판관님께서 납세의무는 헌법상 국민이 부담하는 기본의무이기 때문에 헌법 제37조 제2항으로 심사할 것이 아니라 납세의무 부과의 위헌심사기준으로는 부과 목적의 공공성, 부과 내용의 합리성, 부과 방식의 공평성 등의 기준으로 해야 된다는 별개의견이 있습니다. 그래서 헌법재판소는 가산세를 포함한 조세법률에 대한 심사기준에 대해서 법정의견에서 과잉금지원칙에 따라서 심사를 하면서, 이중부담 여부에 대한 검토는 이미 이 안에 녹아들어 있습니다. 따라서 굳이 비례심사를 위해서 헌법 제13조 제1항의 취지를 원용할 필요성은 적지 않은가 생각을 합니다.

그 다음에 제가 교수님들의 깊은 그것과는 달리 실정법적으로 접근했을 수는 있는데, 헌법재판소가 가산세의 본질에 관한 논의를 하였을 뿐이지, 가산세가 형식에 있어서도 조세가 아니라고 한다거나 가산세의 본질이 조세가 아니기 때문에 심사기준을 달리한다고 명시적으로 한 것 같지는 않습니다. 그래서 가산세를 세금이 아니라는 이유로 조세입법의 엄격성에 비해서 입법재량의 폭을 넓게 해석해야 되는지 문제된다라든지, 가산세가 형태는 조세이고 본질은 행정적 제재라는 헌법재판소의 논리일관성에 의문을 가진다라는 비판의 전제사실에 동의하기 어렵다고 얘기를 해 봅니다.

나아가 정주백 교수님도 말씀을 하셨는데, 헌법재판소는 가산세를 포함한 조세법률에 대해서도 형식적인 조세법률주의, 조세명확주의라든지 조세평등주의 여기서 그친다면 의미가 있는데 이거를 넘어서서 재산권 침해 여부 등에 대해서 비례심사를 하고 있기 때문에 이른바 실질적 조세법률주의, 발제문에서는 실질적 법치주의로 표현한 것으로 제가 이해를 하고 있습니다만 실질적 조세법률주의라는 용어는 저희 헌재 결정도 지금도 상당히 난무하고 있는 것 같은데 독자적으로 논의할 실체가 없다고 봅니다. 그래서 실질적 조세법률주의라는 용어는 폐기해야 되지 않을까 — 과잉금지심사를 하는 마당이라면 — 생각을 합니다.

한편 헌법재판소는 세율 일반에 대해서 입법자의 판단을 존중합니다. 물론 가산세를 세금이라고 안보시면 이 논의 자체가 틀려지는 부분이기는 한데요. 입법자의 판단은 국가나 지방자치단체라는 공동체를 운영하기 위한 비용부담을 어떻게 할 것인지에 대한 국민의 정치적 판단이라고 의제할 수가 있습니다, 대의민주주의에서. 그래서 헌법상의 어떤 원리나 기본권 침해가 있지 않는 한 높은 세율이 헌법에 부합하는 것인지 낮은 세율이 헌법에 부합하는지에 대해서 우리 헌법은 침묵하고 있습니다. 그래서 이런 세율에 대한 통제는 헌법재판소에 의한 사법 통제가 아니라 선거를 통해서 국민이 정치적으로 결정할 영역이 더 맞는 것이 아닌가 싶습니다.

그래서 헌재는 세율의 적정성에 대한 심사기준과 관련해서 입법자가 국가재정, 사회경제, 국민소득, 실태 등을 기초로 하여 정책적·기술적 판단으로 정할 문제고 따라서 입법자의 입법재량이 인정되고, 세율의 적정성에 관해서는 일응 입법자의 판단을 존중해서 재산권의 과도한 침해를 야기하는 사유가 없는 한 위헌이라고 볼 수는 없다라고 보고 있습니다.

따라서 헌법재판소가 가산세를 조세로 보지 않는다거나 가산세에 대해서 비례심사를 하지 않고 있어서, 가산세율에 대한 입법재량을 존중하는 것이 아닙니다. 이것은 신체의 자유의 제한에 대해서 가장 과잉금지심사를 엄격하게 하면서도, 법정형의 설정에 대해서는 입법자의 광범위한 재량을 인정하는 것과 같다고 생각을 합니다.

다음에 정당한 사유의 해석론과 자기책임의 원리에 대해서, 자기책임의 원리가 언급된 헌재결정은 여러 개가 있습니다만 이른바 담배관련된 사건 외에 다른 사건은 어떻게 보면 당사자가 자기책임원리에 위반된다고 주장을 하니까 '너희 주장이 맞다고 하더라도' 이런 식으로 답변의 형식으로 가고 있어서 정면으로 헌재가 자기책임원리를 판단하고 있는가는 의문입니다. 어쨌든 가산세의 근거가 되는 납세협력의무가 법률상 명확하지 않다거나 납세협력의무를 정한 규범에 복수의 선택가능성이 있는 경우와 법률의 무지 또는 해석의 잘못 구별되어야 되지 않는가 생각을 합니다. 그래서 법률의 무지나 해석의 잘못의 경우라면 그 경우에 법원이나 헌법재판소가 정당한 사유가 없다고 판단을 하였다면, 납세협력의무를 이행하지 아니한 것에는 납세자의 책임이 있는 것이 되기 때문에 자기책임원리가 문제되지 않을 것이라고 생각을 합니다.

한편 헌법상의 원칙과 법률상의 원칙을 준별할 필요성이 있습니다. 성문·경성헌법인 우리 헌법을 해석함에 있어서는 국세기본법상의 원칙이라든지 어떤 법률상의 원칙을 들어가지고 이게 헌법원칙이라고 되는 것은 주의할 필요성이 있지 않은가 생각을 합니다. 이상입니다.

사 회 자 : 이승환 연구관께서 발제문에 대해서 여러 가지 의문을 제기를 해

주셨습니다.

먼저 발제자께서 지정토론자들이 제기하신 의문 내지 비판에 대해서 답변을 해 주시고 이어서 지정토론자 추가 질문을 받고 플로어로 넘어가겠습니다.

발 표 자 : 토론문을 읽으면서 제가 간과된 부분도 있었고 좀더 깊이 생각해 볼 수 있는 면 특히 정주백 교수님의 말씀에 대해서는 주옥같은 말씀이셔서 특히 제가 말씀드리는 것보다 더 설득력 있게 설명이 되는 부분도 있는 것 같아서 이런 부분은 제가 많이 배워야 되지 않을까 생각을 해 보는데요.

첫 번째 아까 말씀드렸던 조세라는 것이 무엇인가? 재정목적이 기본이 아닌가? 저도 거기에 공감하고요.

유도적·형성적인 것이라고 해서 조세인가? 저는 그거는 아니라고 봅니다. 유도적·형성적인 부분으로 해서 조세가 성립된다면 그러면 다른 과태료라든가 또는 그 밖에 다른 제재적 수단으로 형벌수단으로서의 벌금과 다를 바가 없어지는 것이기 때문입니다.

조세라고 하는 부분은 결국 개인이 가지고 있는 소득이나 어떤 경제활동에 대한 이익, 가지고 있는 재산 이런 것을 근거로 해서 조세가 이루어지고 있는 것이고, 그로 인해서 국가의 재정이 형성되는 것으로 이해하고 있는 것인데, 만약에 형성적·기능적 목적으로 만들어진 조세가 있는데 순수하게, 그런 것이 조세라고 본다면 그러면 다른 제재수단으로서의 행위에 의해서 부과되는 재산적 불이익과 조세가 어떻게 다른가라는 것을 설명할 수 없게 되기 때문에 그렇습니다. 그래서 기본적으로 제가 판단할 때도 재정적인 목적수요의 부분은 분명히 있는 것이고, 다만 그 조세가 가지고 있는 내용중에서 유도적·형성적 기능이 부가적으로 이루어질 수 있다는 것을 헌법재판소가 인정했다는 것에 의미를 두어야 되는 것이 아닌가 그렇게 생각을 해 봅니다.

그 다음에 조세평등주의부분에서 헌법재판소도 평등주의하고 응능부담의 원리를 중요하지 않다고 했는데 조세평등주의가 응능부담의 원리를 말하는 것이라면 그럴 수 있는가라는 의문이 있다고 말씀하셨는데, 헌법재판소는 응능부담의 원리를 조세평등주의의 내용으로 보고 있습니다. 그런데 여기서는 조세평등주의에 대한 제 입장이 정리되지 않아서 그런 의문을 가질 수 있다고 보는데요. 기본적으로 조세평등주의는 조세입법에 대한 헌법 제11조의 표현이라고 봐야 하는 것이 아닌가. 그래서 평등의 원칙 외에 조세평등주의가 독자적 헌법원리를 구성하고 있는 것에 대해서 일단 개인적으로 의문을 가져봅니다.

한편 응능부담의 원리라고 하는 것은 납세의무를 헌법규정에 두는 것과 별도로 조세국가라고 하는 시민국가가 형성되면서 국민주권국가가 형성되는 과정중에서 납세의무와 더불어 당연히 발현되는 그러한 원리가 아닌가라는 설명으로 조세의 원리와 납세의무의 원리 그 다음에 응능부담의 원리도 같이 형성된 것이라고 그렇게 이해를 해 봐야 된다고 생각을 합니다.

그 다음에 실질적 법치주의 관련되어서 모호하고 막연한 문제에서 심사기준으로 적절하지 않지 않느냐라는 의견에 대해서, 아직까지 저도 충분히 반증해 볼 기회가 없었지만 상당부분 공감하는 부분이 있습니다.

토론자께서 말씀하신 바와 같이 실질적 조세법률주의라고 하는 개념도 마찬가지 문제가 있다고 봅니다. 헌법의 아버지들이 그러니까 헌법을 만드신 분들이 처음 입헌을 하신분들 절차적 정당성과 그 형식만을 존중해서 절차적 정당성과 그 형식만 인정이 된다면 인간의 존엄성이라든가 민주적기본질서와 같이 헌법이 추구하는 기본질서에 위배되었을 때 그런데도 인정된다고 하는 형식적 법치주의를 허용하였었겠는가라는 것을 생각해 본다면 그거는 저희가 지금도 믿을 수 없는 부분이기 때문에 그렇습니다. 이는 당연히 국가가 그런 의무를 가지는 것이지만 그에 대한 규범적규제가 미약하거나 제도적 장치 미비를 당초에 고려하지 않았기 때문에 파생되는 문제를 실질적 조세법률주의라는 표현으로 표현한 것이라고 생각된다면 실질적 조세법률주의는 조세법률주의가 실질적으로 적용되어야 한다는 의미로 되새겨야 하지 않을까 이렇게 생각을 해 봅니다.

그 다음에 자기책임의 원리를 헌법상의 원칙이라고 인정하면서 가산세부과에 대해서 고의·과실을 요하지 않는 것이 화동할 수 있는가, 연결될 수 있는가라는 말씀에 대해서는, 저는 가산세라고 하는 부분이 헌법본질적으로 제재수단, 즉 벌로 봐야 한다는 입장으로 봐야 한다고 하는 것이지 결론으로 보시면 아시겠지만 제 입장입니다. 그렇기 때문에 가산세부과에 있어서 일정한 책임주의원칙이 적용될 여지가 있다는 표현은 좀더 제가 적극적으로 표현할 수 있는 여지가 없어서 그런 말씀을 드린 것이지, 만약에 가산세라고 하는 것이 조세가 아니고 행정적 제재로서의 불이익이라고 우리가 본질적인 내용을 이해한다면 좀 더 책임주의를 관철할 수 있는 내용이어야 하고 가능하다면 고의·과실이라는 부분도 인정될 수 있는 여지를 가산세제도에서 만들어 주어야 하는 것이 아닌가라는 생각을 해 보게 됩니다.

가산세라고 하는 것은 조세의 불이익한 부분과 행정적제재의 불이익한 부분 두 가지를 같이 가지고 있는 문제점이 있습니다. 조세라고 하는 부분은 일정한 세율 이상을 국민들이 감수할 수 있는 능력 이상의 것을 요구해서는 안 된다는 기본적인 원칙, 응능부담의 원칙이라는 것이 있는데 가산세는 그것을 인정하지 않습니다.

또 한편 어떤 불이익이라고 하는 부분에 대해서도 고의·과실이라는 부분이 형사 처벌의 원칙을 인정을 않기 때문에 고의·과실이라는 부분도 인정 안 하고 응능부담도 인정하지 않고 있는 가산세가 존재할 수 있다고 헌법재판소가 생각을 한다면 그런다면 그 입법에 있어서는 국민의 제한정도가 너무 큰 제도이기 때문에 비례의 원칙에 좀더 충실하고 엄격해야 되는 것이 아닌가라는 것이 제 결론이었던 것입니다.

그 다음에 이승환 연구관님에 대해서 답변을 드리면, 헌법재판소가 가산세의 정당한 사유를 구체화해야 한다는 입장을 가졌다고 얘기하시는데 저는 무척 반갑게 생각하는데요. 헌재의 조세법에 대한 가산세에 대한 정당한 사유가 구체화되어 있지 않은게 사실이고, 제가 분석한 헌법판례에서는 수준이 다를지 모르겠지만 제가 결론지은 바대로 정당한 사유에 대한 구체적 입법이 요구되어야 한다는 그런 적극적 의사를 표시한 헌법판례는 제가 아직까지 보지 못한 것 같습니다.

그리고 헌법재판소가 계속 표현한 바와 같이 가산세는 본질적으로 불이익처분이라고 말하고 있습니다. 그런데 가산세의 입법취지는 본래 행정목적을 위한 실효적 확보수단에 있습니다. 그런데 이러한 행정형벌과 과태료, 가산세 그 목적과 기능이 각각 개별화되어야 한다는 것이 제 기본적인 입장입니다.

원래 형벌적 가벌적행위에 대해서 처벌을 해야 되는데 국민들에게 다반사로 일어난 행위에 대해서 범죄자로 만들 수 없으니까 과태료제도로서 이러한 행정적 질서벌 제도도 만들어진 게 아니겠습니까? 그러면 그 목적대로 또 그러한 가벌적 성격이 아니지만 이행을 확보하기 위한 수단으로서 좀더 추가적인 이행확보수단이 행정적으로 필요하다고 해서 만들어진 것이 가산세라고 한다면 그 행위는 가벌적인 생각을 가지고 가산세를 입법하지 말았어야지요. 그런데 문제는 가산세제도 자체가 가지고 있는 성격이 이러한 성격 자체가 혼재되어 있지 이것을 딱딱 구분해서 현재 유지되고 있지는 않다는 것입니다. 그래서 만약에 그렇게 혼재되어 있는 그런 상황에서 특별히 어떤 특정 가산세제도가 그러한 의도가 보인다고 한다면 형식적으로 가산세제도가 조세가 아니고 행정적제재다라는 표현만으로 해서 병과가 인정되어져서는 안 된다고 하는 것이 제 입장이고, 실질적으로 그것이 처벌의 경우라고 보여질 수 있는 목적으로 입법된 것으로 보여질 여지가 있다면 좀더 헌법재판소가 적극적으로 이중처벌의 금지원칙의 처벌의 범위를 실질적인 부분을 확대해서 확인해 줄 필요성이 있지 않은가. 그렇게 해 주어야 입법자가 그런 부분을 경계해서 입법할 것이 아닌가라는 것이 제 생각입니다.

그 다음에 이중처벌에 관련되어서 논증에서 C에서 D로 가는 과정에 대해서도 설명을 드리면, 현재 스스로도 조세형벌과 가산세가 궁극적으로 목적과 기능에 공통점이 있다고 시인한 바 있습니다. 그리고 조세형식이나 아니면 형벌형식이나 차이만 있다고 설명하고 있지요. 그러나 목적과 기능이 사실상 동일함에도 다시 형식만 다르다는 이유로 조세형벌과 가산세가 개별화 또는 차별화할 수 있는 정당성이 있는지에 대해서는 강한 의구심이 든다는 것이고요. 헌재가 이미 헌법 제13조 제1항 후단의 처벌에는 형식적 법률의 처벌만 의미하는 것이 아니라 불이익의 실질에 따라서 처벌에 포섭될 수 있음을 밝히고 있습니다. 또 헌재는 행정형벌과 과태료에 대한 이중처벌의 가능성이 언급된 만큼 조세형벌과 가산세에 대한 이중처벌가능성도 같이 시사할 수 있다, 아까 목적과 기능이 동일하다라고까지 보고 있기 때문에, 결국 이러한 부분에 있어서 그러면 과태료와 가산세를 어떻게 다르게 볼 것인가를 생각해 볼 필요가 있는 것이고, 그렇다면 가산세하고 조세형벌에 대한 문제도 동일선상에서 논의해 주어야 할 부분이 아닌가 그렇게 생각을 해 봅니다.

그 다음에 헌법 제13조 제1항의 문제에서 과잉금지에 대한 엄격성의 문제는 달리 의견을 제시하고 있습니다.

먼저 말씀드린 바와 같이 사실상 행정이행 강제성격을 가져야 할 가산세가 가벌적 성격으로 혼재되고 있는 입법현실이라면 행정벌과 과태료의 이중처벌가능성과 마찬가지로 행정벌과 가산세가 이중처벌이 가능하다는 점은 설명드린 바와 같고, 그런 점에 있어서 좀더 과잉금지원칙에 있어서 비례의 원칙이 강조되어야 한다는 점을 설명드린 것이지 헌법재판소가 과잉금지의 원칙이나 또는 조세법률주의의 원칙을 원용하고 있지 않다고 강변한 것은 아닙니다.

그런데 다만 제가 그 이야기를 쓴 이유가 뭐냐 하면, 헌법재판소가 전반적인 내용의 틀을 살펴보면 기본적으로 대법원의 원래 판례입장을 그대로 원용해서 가산세는 형태만 조세이고 실질적으로는 행정적 제재다라고 생각하고 있는 것 같습니다. 그런데도 불구하고 그러면 행정적 제재이고 조세가 아닌데도 불구하고 그러한 어떤 원용에 있어서 엄격성을 준용해야 하는데 무엇을 갖다 들이미느냐 하면 조세법률주의라는 것을 들이밀고 있고, 또 조세평등주의라고 하는 부분도 들이밀고 있으면서 응능부담은 배제된다고 설명하고 있는 헌법재판소의 입장은 도대체 가산세라고 하는 것을 헌법재판소가 조세라고 보고 있는 것인가, 아니면 행정적 제재로 보고 있는 것인가에 대해서 아직 분명한 입장이 정해져 있지 않다는 것이고, 그러한 입장에서 만약에 굳이 거기에 대한 정당성의 원리를 찾아본다고 한다면 국세기본법하고 지방세기본법에서 가산세라고 하는 것을 세목이라고 확정적으로 정의해 놓았기 때문에 조세법 체계 내에서의 조세로 이해할 수가 있는 것이고,

그러면 조세법에서 입법되어야 되는 조세법의 기본원칙이라고 하는 툴이라고 하는 부분이 있다면 조세법률주의원칙에 따라서 입법은 적어도 되어야 한다는 것입니다.

다만, 헌법재판소가 조세법률주의라고 하는 부분에 따라서 심사를 할 수 있을 수 있는 것인가라는 부분에 대해서는 솔직히 의문이 들기는 합니다. 조세라고 보지 않는 것 같기 때문에 그렇습니다. 그렇지만 그러한 어떤 조세법 체계 내에서의 조세라고 확정적으로 인정된 바가 있다고 한다면 적어도 인정될 가능성은 있는 것이 아닌가? 좀 더 논증이 필요하다고 보지만 그런 가능성에 대해서 내비친 것으로 이해해 주시면 되겠습니다.

그 외 납세자 편의주의 이 설명도 드리고 싶은데, 조세행정편의주의에 대한 상대적인 개념으로 표현한 것이고요. 아까 토의내용 중에서는 빠졌는데, 이 부분에 대해서는 제가 달리 공법학회논문에서 쓴 게 있는데 그 논문내용을 소개시키는 것으로 갈음하겠습니다.

이상입니다. 감사합니다.

사 회 자 : 두 분 지정토론자 혹시 추가 질문 내지는 발제자께서 하신 답변에 대한 반박의견 있으시면 짤막하게 말씀해 주시지요.

지정토론자 : …

사 회 자 : 그러면 플로어 질문을 받겠습니다. 질문해 주실 때 서로 익숙치 않은 분들이 있는 것 같으니까 자기소개를 간단히 해 주시고 질문을 해 주셨으면 고맙겠습니다.

토 론 자 : 한국납세자연맹의 김선택 회장입니다.

제가 자유토론자이지만 토론문을 만들어서 왔습니다. 그 이유는 제가 납세자 운동을 7년 이상 하면서 가장 억울한 케이스 중에 하나이기 때문에 제가 납세자를 대변하기 위해서 토론문을 만들어서 사회자께 잠깐 양해를 드리면 한 5분 정도만 이야기하도록 허락해 주시면 감사하겠습니다.

사 회 자 : 시간은 엄수를 해 주셨으면 좋겠습니다.

토 론 자 : 사실 한국납세자연맹과 가산세는 아주 깊은 인연이 있습니다.

발제문에 나와 있는 두 건의 위헌결정사례가 납세자연맹이 경제적으로 어려운 여건하에서 소송원고를 모아서 공익소송으로 제기해서 승소한 사건입니다.

그리고 2006년에 결정된 세 명의 헌법재판관들이 반대의견을 낸 사건도 사실상 납세자연행의 공로다, 이렇게 보시면 되겠습니다.

그리고 2006년도 10월달에 아시아연맹납세자대회를 한국에서 했는데 그때 스웨덴납세자연맹회장인 비욘이 참석해서 그 사람의 발제문에 가산세는 형벌이다 이런 내용이 있었습니다. 그래서 무슨 엉뚱한 소리를 하느냐? 그래서 제가 직접 찾아봤지요. 유럽인권재판소 그 당시에 사이트 들어가서 판결문 두 개를 어렵게 찾았는데, 한 건은 가산세는 형벌이고 그럼으로 해서 무죄추정원칙이 적용되어야 된다는 것을 인정한 판례이고 한 건은 인정되지 않은 판례였습니다. 제가 번역이 짧아서 이 부분은 틀릴 수는 있겠습니다. 그래서 참고해서 들어주시면 좋겠습니다.

판례를 잠깐 설명하면, 세법상 가산세 — 즉 우리나라하고 스웨덴하고 가산세율도 거의 비슷합니다. 스웨덴도 그 당시에 40%지요 — 는 형벌로 유럽인권협약 제6조 제2항의 법에 의해 유죄가 판명되기 이전까지 모든 형사혐의를 받고 있는 사람은 무죄라고 추정되어야 한다는 무죄추정의 원칙이 적용되어야 한다. 따라서 가산세에 대한 법원의 확정판결이 있기 전에 체납처분을 집행하는 것은 위법하다. 가산세는 형벌이이므로 행정법원이 아닌 형사법원에서 심리해야 하고 확정판결이 있기 전까지는 징수유예를 인정해야 한다. 가산세를 부과할 때 세금이 미납한 경위, 즉 고의나 과실여부를 따져야 된다. 이 부분은 판결주문에 나와 있는 내용은 아닌데 전체적인 판결내용을 보고 제가 인용을 한 겁니다. 그래서 사실상 유럽인권재판소에서 가산세가 형벌이라고 판시한 이유는 발제문에 나와 있듯이 첫째, 가산세는 재정상의 보상을 위한 것이 아니고 의무위반에 대해서 제재를 위한 제도이고, 두 번째는 고의나 과실에 관계없이 가산세금액을 세금의 20%나 40%로 일률적으로 부과되지만 금액적인 상한이 없어 납세자에게 가혹한 부담이라는 것, 그리고 가산세의 관할법원이 행정법원인 점과 가산세를 내지 않더라도 징역형에 처할 수 없다는 사실만으로 가산세가 형벌인지 여부를 판난하는 데 중요한 영향을 미친 것이 아니라고 판단하고 있습니다.

제가 납세자운동을 하면서 가장 불합리한 것들이 이 가산세인데 사실 납세자가 성실납세를 하기 위해서는 세법이 이해가능해야 되고 합리적이어야 되는데 지금 세법은 세무공무원도 여기 앉아계신 여러분들도 세법내용을 보면 판단할 수 없습니다. 특히 아주 다양한 복잡한 세법규정들이 많이 있습니다. 그리고 특히 불합리한 세법들이 많이 있는데 언론에 난 것 중에 하나가 수원교차로의 ○○○씨 같은 경우에는 주식 210억원을 장학재단에 기부했는데 증여의제로 세금을 맞았고, 아이러브스쿨 김영상 씨 같은 경우는 비상장주식을 양도했는데 사기를 당해 돈을 못 받았습니다. 그런데 명의개서시점을 양도로 의제하는 규정 때문에 세금을 부과받아서 지금 10년째 체납자로 몰려서 재기를 못하고 있습니다. 그리고 여러분도 잘 알다시피 주식명의신탁에 관한 증여의제규정이라든지 과점주주에 대한 제2차 납세의무자는 사실 상법상 주주의 유한책임을 부정하는 것이지요. 취득세 중과규정이라든지 이루 말할 수 없습니다. 불합리한 세금들이. 성실납세를 못한 책임이 복잡하고 불합리한 세금을 만든 국가에 있는데 오히려 납세자한테 가산세를 부과하는 것은 정말로 억울합니다. 헌법상 책임주의를 정면으로 위반하는 것 아닙니까? 사실 여러분들도 세법 봐도 모릅니다. 그런데 대한민국의 일반국민들이 세법을 보고 어떻게 이해가능하게 할 수 있느냐는 거지요. 그래서 실제적으로 많은 성실납세자들이 고양이 앞에 쥐처럼 세무조사에 대해서 무서워하고, 제 개인적으로는 박연차가 노무현 대통령한테 돈을 주었다고 진술한 이유가 세금 때문 아닙니까? 뒤에 주석에 나와 있지만. 세무조사 때 7년 뒤에 추징되면 117%의 가산세 물고 거기에 75% 가산금 또 두배의 벌금 또 징역형, 이중, 삼중, 사중의 처벌을 하고 있습니다. 프랑스혁명 직전에도 국민을 못살게 구는 가혹한 세금이 있었습니다. 우리나라에도 조선시대 때 민란의 원인이 된 죽은 사람에게 세금을 부과하거나 친척의 세금을 본인에게 부과하는 불합리한 세금이 있었는데 21세기인 지금에도 이런 불합리한 세금이 세법이라는 법의 합법적인 탈을 쓰고 납세자의 원성을 사고 있습니다.

저는 사석에서 헌법재판소가 있는 나라에 살고 있는 것이 자랑스럽다고 자주 이야기합니다. 지난 23년간 헌법재판소가 대한민국 인권을 한 단계 진전시켰다는 것은 누구도 부인할 수 없습니다. 과거에는 주로 독일헌법재판소 판례를 많이 공부하였다면 앞으로는 세계에서 가장 진일보한 유럽인권재판소 판례를 연구하셔서 우리나라의 인권을 한 단계 업그레이드해 주시면 좋겠습니다.

마지막으로 발제자께서 이 유럽인권재판소 판례에 대해서 어떻게 생각하시는지 묻고 싶습니다.

이상입니다.

사 회 자 : 질문이라기보다는 중요한 제언을 해 주신 것 같고요. 지금 질문하신대로 코멘트 하실 것 있습니까?

발 표 자 : 납세자연맹에 계신 회장님이시지요? 평소에 좋은 말씀 많이 해 주셔서 학문적으로 봤을 때 그거 자체를 제가 그런 것보다도 동기를 많이 유발시키는 것 같습니다. 여기서도 유럽에 있어서의 가산세제도에 관련해서 판례를 표시했는데 제가 이렇게 까지 찾아보지 못했는데 물론 검증은 해 봐야 되겠습니다만 하여튼 제가 이 부분까지 공부를 더해서 제가 논리가 부족한 부분이 있으면 채우고 제가 부족한 동기를 있으면 그것을 메울 수 있는 좋은 말씀이었다고 생각합니다.

감사합니다.

사 회 자 : 다른 분들 질문해 주시지요.

김성수 교수님 스타트를 끊어주시지요.

토 론 자 : 저는 전체적인 흐름에서 말씀드리면 아까 정주백 교수님께서 말씀하신 게 상당히 공감이 가고, 그 다음에 김선택 회장님께서도 하신 말씀이 다 연결이 되는 부분이 있는데요. 오늘날 헌법재판소가 그냥 어떻게 보면 약간은 습관적으로 조세라고 하는 개념에 대해서 사용해 왔지 않는가, 조세라는 것이 재정목적 이 외에 여러 가지 정책과제도 가능하다, 그거는 아마도 초기에 독일의 판례나 아까 정주백 교수님께서 말씀하신 대로 1977년 조세법 통칙에서 그간에 어떤 사회적인 현실을 반영해서 조세개념에 정책과세를 포함시킨 그런 것들이 계속 굳어져 왔지 않는가 싶고 거기에 대해서 우리가 나름대로 현재 대가를 치르고 있다고 생각합니다.

왜냐하면 정책과세라는 것이 조세로 인정되면서부터 사실은 응능과세가 상당히 흔들리고 또 그것이 세법의 각종의 정책적인 목적에 의한 감면제도로 이어져서 세법체계를 복잡하게 하고, 간단하지 못하고 복잡한 세법체계로 인해서 국민들이 제때 세금을 내지 못하게 하고 그것이 결국은 과중한 이와 같은 가산세제도 같은 것으로서 이어지는 측면이 있다. 그래서 우리가 앞으로는 일단은 저질러 놓은 일이 되기는 하겠습니다만 과연 정책과세가 조세에 해당되는지에 대해서 앞으로 깊은 고민을 해야 될 것 같고요. 사실 역사적으로 본다면 아까 발제자께서 조세국가원리를 말씀하셨는데 사실 조세국가원리라는 것은 중세에 국가가 재원조달을 위해서 스스로 수익사업을 했지 않습니까? 전매사업 같은 것. 이것이 근대국가로 오면서 소위 자유주의시대에는 국가는 경제활동에 참여하지 않고 개인들이나 기업들에게 충분히 경제활동할 수 있는 자유를 주겠다. 다만 우리는 재원조달을 우리 스스로 경제활동하거나 사업하지 않고 너희들이 만들어 놓은 부의 일부를 우리가 가져가겠다라고 하는 것이었지요. 그런 관점에서 본다면 조세국가원리라는 것은 자유주의적인 관점과 깊이 연관되어 있고 그것이 재정적인 목적의 조세와 연결되는 부분이 있었다는 것입니다. 그것이 이른바 사회국가원리라고 하는 것과 결합되면서 오늘날 상당히 우리에게 조세개념과 관련해서 많은 난제를 던져준 것이고, 아까 제가 처음에 말씀드린 대로 이게 결국은 조세체계를 복잡하게 하는 데 상당히 큰 역할을 하지 않았나.

최근에 독일의 파월키르쿄프 교수 이 분은 헌법재판관으로 12년간 재직하시면서 조세체계에 대해서 많은 연구를 하시고 실제로 결정에 참여하신 분입니다만, 이 분도 12년 재판관재임을 하고 퇴임하면서 책을 내었는데 결론은 정책과세는 안 되겠다, 그다음에 세법은 역시 ‘클라운아임파’ 명확하고 단순 이것으로 가야 되겠다는 이야기를 하면서 그 분의 말씀이 재미있습니다. “결국 정책과세가 많다 보니까 사람들이 내가 낼 응능과세원칙에 따라서 조세평등원칙에 따라서 있는 만큼 벌면 되는데 국가가 각종 끈을 제시하기 때문에 유인책을 내놓기 때문에 거기를 기웃기웃 거리다가 사실은 납세자의 자유가 조용하게 상실되고 있다.” 이런 표현을 쓰고 계십니다.

그래서 이런 부분은 정책당국에서도 앞으로 신경을 많이 써야 되겠습니다만 헌재가 잘못된 세법규정에 대해서, 또 아까 이 가산세도 사실 따지고 보면 성격이 모호한데서 오는 여러 가지 혼란인 것 같습니다만, 두서없이 이렇게 말씀드렸습니다.

고맙습니다.

사 회 자 : 다른 분들?

회 장 : 제가 회장이라고 끝날 시간되면 마지막으로 말씀을 할 기회를 주었는데 오늘 좀 빨리 사회자 입장도 곤란한 것 같아서 빨리 잡아먹겠습니다.

우리 이승환 연구관이 말씀하시면서 제 얘기 한 것도 있고 해서 제가 뭔가를 얘기를 해야 될 책임도 느끼는 것 같은데요. 제가 반대의견을 내면서 그런 말을 한 것은 지금 그 내용을 제가 수정하고자 합니다. 저는 그 세 가지 원칙만 되면 된다는 생각은 아니고 그때는 하여튼 다급한 생각에서 반대의견 안 써주면 선고 안하니까 압박도 있고 이래서 일응 그렇게 생각나는 것을 썼는데, 정치하지 못해서 계속 지금도 공부하고 있고 좀 더 뒤에 밝히도록 하겠습니다. 그런데 그게 기본적인 것은 기본권제한에 대한 헌법상 원칙이 정립되어야 될 뿐만 아니라 기본의무부과에 대한 헌법의 원칙도 정립되어야 된다. 그래서 그 원칙들에 의해서 기본권제한에 대한 위헌심사가 이루어져야 되고 의무부과에 대한 헌법상 원칙을 우리가 정립해서 그 원칙에 의해서 의무부과의 위헌성도 심사되어야 된다. 그런데 기본권제한의 원칙에 대해서는 너무나 많은 이론이 정립되어 왔습니다. 그러나 제가 생각하기로는 기본의무부과가 어떻게 되어야 될 것인가에 대해서는 여러 가지가 비체계적으로 산발적으로 나오고 있다고 생각됩니다.

이 사건에서 보면 우선 조세냐 벌이냐 이거를 가지고 논의를 하시는데요, 그래서 제가 궁금해서 이 조세가 무슨 뜻인지 사전을 찾아봤거든요. 이렇게 되어 있습니다. 이게 공인된 사전인데 ‘국가나 지방자치단체가 필요한 경비를 쓰기 위해 국민, 주민으로부터 징수하는 돈’ 그런데 이게 그게 아니다 이러면 말하는 것을 우리가 부정해 버리면 토론이 안 됩니다. 아, 그게 아니다. 민간인 교도소에 수감하는 것은 구속이 아니다, 이렇게 하면 말이 됩니까? 우리가 조세라는 것을 이렇게 기본적으로 우리가 언어를 정립을 했으니까 이거를 기초로 해서 논의를 해야

지, 그러니까 이렇게 하는데 여러분들 문제가 되었던게 가산세를 따질 때 조세는 담세능력에 따라 과세한다는 원칙이 지켜져야 되는데 이게 그게 아니니까 조세가 아닌게 아니냐, 이렇게 하는데요. 조세가 담세능력에 따른 과세원칙이 지켜져야 한다고 해서 위 원칙에 따르지 않는 조세를 우리가 잘못 부과된 과세라 하는지, 아니면 담세능력과 무관한 별종의 조세라고 하는 것은 모르지만 조세가 아니다, 그래서 헌법상 조세에 관한 원칙들은 이 가산세에는 적용되지 않는 것이고 벌에 관한 원칙, 행정제재에 관한 원칙이 적용되어야 한다 이렇게 하면 글쎄요, 아까 법에서 분명히 세금이라고 했는데 그게 아니다고 할, 본질이 아니다고 할 권한을 누가 가지고 있는지 모르겠어요. 지금 문제는 우리 헌법재판소는 조세부과에 관한 헌법상의 원칙이 무엇이냐? 그것을 국민들한테 제시를 해야 되고 그 원칙에 따라서 심사를 해야 된다고 봅니다.

'가산세라는 것은 아주 고약한 세다' 지금 어느 회장님 말씀하신 대로, '그러니까 이 가산세는 우리 헌법원칙에 어긋난다' 그렇게 해석을 하든지, 가산세 중에서도 어떠어떠한 부분은 과잉부담이다 해서 헌법원칙과 어떻게 관계가 된다. 그다음에 헌법원칙으로서 조세부과에 관해서 지금 우리 헌재가 확립하고 있는 원칙이 공평부과의 원칙, 이 원칙에 어긋나는 조세부담은 우리가 위헌이라고 선언할 수 있을 것 같고요. 우리 지금 헌법재판소에서는 재산권에 대한 과잉제한이다 이래서 비례심사를 하는데 저는 조세는 기본권심사 굳이 할 것 없이 과세원칙을 우리가 정립해서 그 원칙에 대한 심사만하면 되지 않느냐. 그 원칙에 의한 심사로서 합헌적 과세부과라고 하면 재산권에 대한 제한이야 저절로 따라오는 것이고, 그 따라오는 재산권 제한을 가지고 침해라고 할 것도 없다. 재산권이라는 것은 헌법에 보면 법률에서 그 내용을 정하라고 했는데 우리가 재산권의 과잉제한이라는 그 재산권은 과연 조세심사할 때 무슨 재산권을 얘기하느냐 보면 상당히 또 막연한 개념이지요. 재산상태에 대한 과잉제한 그런 것 같은데 그런 재산권을 우리 헌법이 인정, 그게 물권입니까 채권입니까? 아니면 유체재산권입니까 무채재산권입니까? 법률이 그런 류의 재산권이라는 기본권은 안 쓰고 있는 것 같습니다.

그래서 저는 조세에 관한 제 원칙을 학자들과 우리 헌법재판소가 판례에 의해서 만들어야되고 지금까지 만들어 놓은 것을 더 정치하게 정의해야 되고 그 원칙들에 의해서 심사를 해야 된다. 일응 생각할 수 있는 것은 조세공평의 원칙, 조세법률주의의 원칙, 과잉과세금지의 원칙, 과잉과세가 무엇이 과잉과세냐? 그거는 판례가 형성되어 나가야 되겠지요. 이 가산세부분도 이런 관점에서 한번 심사를 하면 어떻겠느냐? 이렇게 하는 것이 헌법합치적 법률해석이지 자꾸 현상을 너무 존중해 가지고 법령과 시행령이 만들어낸 이 현상을 너무 우산을 씌워주기 위해서 우리가 자꾸 법률합치적 헌법해석을 하면 헌법의 설 자리가 헌법재판소의 설 자리가 굉장히 좁아지지 않느냐 그런 생각이 듭니다.

그래서 이 사건에서는 가산세도 법률이 명확하게 세금이라고 정한 이상 세금이라고 보고, 그런데 우리가 보통의 세금과는 다른 특수한 세금이라고 보면 되겠지요. 특수한 그런 세금에 관해서는 담세능력에 따른 과세원칙이 지켜지지 않느냐? 그러면 다른 헌법상 과세원칙은 없느냐? 있습니다. 아까 말씀했듯이 조세공평이라든지 과잉과세금지라든가 법률주의원칙이라든지 이런 원칙에 합치하는지를 심사하면 될 것 아니냐. 그래서 제가 생각하는 가장 중요한 것은 조세부과에 관해서 그 제한의 한계를 설정할 헌법상의 원칙을 우리가 찾아내야 되는 것 아니냐. 이게 1, 20년만에 찾아질 수가 없겠지만 많은 학자들과 헌법재판소가 합동해서 서로 노력하면 우리 국민들이 납득할 수 있는 조세부담의 헌법상의 원칙, 이것을 벗어나면 위헌이라고 할 수 있는 원칙을 정립할 수 있지 않을까 하는 소감이 들었습니다.

사 회 자 : 회장님께서 사회자를 긴급 구원하시는 차원에서 좋은 제언을 해주셨습니다. 저희 학자들에게 너무 큰 연구과제를 부과해 놓으신 것이 아닌가 생각을 합니다.

이인호 교수님.

토 론 자 : 중앙대학교 이인호입니다.

발제와 토론 잘 들었습니다.

제가 이쪽 분야 잘 모르는 부분인데요. 제가 혹시 발제문을 잘 이해를 못해서 그럴 수도 있으니까 혹시 잘못 이해했다면 그냥 넘기셔도 좋을 것 같습니다.

지금 헌법에 이중처벌금지의 원칙 그거는 동일한 범죄에 대하여 거듭 처벌받지 아니한다고 되어 있는데요. 그때 처벌의 의미는 행정적 제재라기보다 형사적 제재를 의미하는게 아닌가, 패널티. 그런데 얼핏 제가 발제문을 읽기로는 형사적 제재의 경우에는 책임주의원칙이 적용되지만 행정적 제재에는 책임주의원칙이 원칙적으로 적용됩니까? 그러니까 막연히 그냥 조세와 벌 이렇게 구분하시는데 이중처벌금지의 원칙이 적용되기 위해서는 제재의 성격이 형사적이냐가 중요한 것이 아닌가? 마침 유럽인권재판소에서는 가산세를 형벌로 피널패널티로 분명히 명시를 하는 것 같아요. 미국에서도 시벌패널티와 피널패널티를 구분하는데 어떻게 구분하느냐, 그 기준이 뭐냐가 오히려 우리가 연구해야 되는 부분 아닌가? 그래서 설령 가산세의 성격이 피널패널티로 보게 되면 형사적 제재라고 볼 수 있다면 그

때는 책임주의원칙을 적용해야 된다고 생각하거든요. 문제는 그 기준을 어떻게 잡을 거냐하는 겁니다. 유럽인권재판소 잠깐 소개가 되어 있던데 그 기준으로도 이게 민사적 제재와 형사적 제재의 구분이 불분명한 것 같아요. 저도 미국판례를 읽으면서 그때 얼핏 느끼기는 했는데 기억이 잘 안납니다, 구분기준에 대해서. 지금 여기 보니까 유럽인권재판소의 경우에는 재정상의 보상… 의무위반을 벌하는 것, 행정적 제재도 의무위반을 벌하는 것이거든요. 그 다음에 둘째 가산세는 고의나 과실에 관계없이 과소신고한 세금의 20%나 40%가 일률적으로 부과되지만 금액적인 상한선이 없어 매우 큰 부담이 된다. 그러면 큰 부담이 될 때는 형사적 제재이고 큰 부담이 안 될 때는 행정적 제재인가? 그거를 구분하는 기준이 있어야만 이 문제를 풀 수 있지 않을까 생각되어서 질문을 드렸고요.

토론자입니다만 정주백 교수님 마지막에 인상 깊은 말씀이 있어서 '법치주의는 형식적 법치주의뿐이다' 그 의미를 좀더 부연설명해 주시면 좋겠습니다.

발 표 자 : 행정적 제재에 관련되어서 책임주의를 형벌과 같이 원칙적으로 관철할 수는 없는 것이지요. 원칙적으로 관철할 수 없는 것인데 문제가 되는 것은 병과되는 내용이 사실상의 처벌적인 부분으로 가중되는 것이냐 이 판단이 먼저 선제되어야 되는 것이겠지요. 사실은 그 부분에 대해서는 아직 판례가 판단된 것이 없는 것도 사실이고, 이 부분에 대해서 정확하게 논리가 정립되어 있는 부분도 없는 것도 사실입니다. 그래서 이 부분에 대해서 저도 좀 더 고민을 해봐야 될 부분이라고 생각을 하고 있는 부분인데 그 부분을 지적해 주셔서 감사드립니다.

그래도 헌법재판소가 그나마 행정형벌과 과태료에 대해서 이중처벌의 가능성에 대해서 언급한 부분이 있다는 것 자체가 그만큼의 과태료라고 하는 부분이 예를 들어서 과료라든가 이런 부분을 보면 과태료보다 형편없이 처벌정도가 낮거든요. 재산적인 불이익으로 보면. 실질적인 형벌이 아닌가라는 부분도 표현될 수 있다는 것이지요. 그런 부분으로 동일행위에 대해서 가중된 것, 사실상 한번에 그러니까 이중처벌부분에 대한 부분을 보면 하나의 행위로 내가 어떤 특별한 위반행위를 사회적인 가벌적 행위를 했는데 반사회적 행위를 했는데 그 반사회적 행위로 인해서 나타나는 것으로 형사처분으로 내가 어떤 처벌을 받았는데 그 처벌을 받았는데도 불구하고 또 다른 행정적인 것으로 위반되었다고 해서 동일한 반사회적 행위에 대해서 과태료를 부과하고 기타 다른 것으로 인해서 거기에 대해서 불이익처분을 준다고 한다면 그거는 사실상 이중처벌에 근접해 있는 사안이 아닌가. 문제는 어느 정도 밀도 있게 그러한 처벌의 내용이 사실상의 처벌상에 접근했는가의 여부를 판단하는 것이 어렵다는 것이지 충분히 그런 부분은 예정할 수 있는 부분이라고 생각을 합니다. 그런데 그 기준을 설정하는 것은 아까 재판관님 말씀하신 대로 좀 더 우리가 실질적인 기준마련에 접근을 가능하게 해야 되지 않을까? 헌법재판소도 그 부분에 대해서 현재 유보한 상태에 있는데 앞으로 유사판례가 있어서 이런 부분에 대해서, 헌법재판소도 과태료하고 행정형벌이 병과된 부분에 대해서 다행히 피해갈 수 있는 여지를 만들어 줬거든요. 하나는 시정명령에 대한 위반행위에 대해서 과태료고 또 무허가 집을 잘못 지은 것에 대해서는 행정형벌을 내리고 그 두 가지 행위에 대한 각각의 처벌이기 때문에 동일행위에 대해서 처벌을 한 것은 아니다라고 하면서 피해가면서 과태료와 행정형벌에 대해서는 이중처벌의 가능성이 있다고 설명한 것이거든요. 그래서 저는 그 가능성을 보고 설명을 드린 것이지 제가 그런 기준이 정립되었으니까 당연히 그렇게 해야 된다는 의미로 말씀드린 것은 아니라고 봅니다.

이상입니다.

사 회 자 : 시간이 다 되어 가는데 우리 정 교수님 질문이 나왔으니까 답변해 주시고요. 플로어에서 한 분만 추가적인 질문을 받겠습니다.

지정토론자 : 제가 말씀드릴 수 있는 것은 상위개념으로 법치주의라는 게 있고 그 하위개념으로 형식적 법치주의라는 것이 있고 그와 병렬해서 실질적 법치주의가 있는 형국이 되면 안 되겠다는 겁니다. 만약에 법치주의라는 것을 고전적인 개념으로 형식적 법치주의로 이해하는 외에 법치주의 안에 실질적 법치주의가 있다면 실질적 법치주의의 내용을 구성하는 것은 결국은 헌법이 된다는 겁니다. 그러면 헌법에 위반되면 다시 돌아가서 법치주의에 위반한다는 것이지요. 그렇게 되면 법치주의가 헌법상의 하나의 개별원리, 부분원리가 아니라 헌법 자체를 대체하게 된다는 겁니다. 모든 위헌의 문제는 법치주의의 문제로 돌아가게 된다. 그렇게 되어서는 곤란하지 않은가 하는 것이 제 생각입니다.

저는 왜 그런 현상이 일어나는가 하는 것을 생각해 봤는데, 결국은 학자로서는 당신께서 익숙한 개념의 폭을 자꾸 넓히려는 경향이 있는 것 아닌가? 내가 법치주의를 공부했으니까 법치주의가 적용되는 영역, 법치주의의 문제로서 세상을 한번 재단해 보고 싶은 욕심, 그런 욕심 때문에 자꾸 법치주의의 폭이 넓어지고 법치주의의 문제로 모든 세상의 문제를 보려고 하고 하는 것이 아닌가? 만약에 법치주의가 우리 헌법상의 하나의 구성원리로만 본다면 하나의 부분원리로 본다면 그런 이해는 좀 곤란하지 않은가 하는 것이 제 개인적인 생각입니다.

사 회 자 : 마지막으로 질문 한 분만 받겠습니다.

토 론 자 : 간단하게 한 마디 하겠습니다.

아까 이인호 교수님 말씀하신 형벌이나 이중처벌에서의 형벌인데요, 지금 헌법상 형벌은 죄형법정주의에서 종류가 있지 않습니까? 형식적으로 파악하지요. 과징금이 몇 천억이 되든 형벌이 아니지요. 가산세가 금액이 얼마든 그런 것은 형벌이 아니지요. 과료는 아무리 작아도 형벌이지요. 왜냐하면 형법에 사형, 무기형, 징역형, 금고형 쭉 나가서 제일 밑에 과료까지, 과료를 없애느냐 형벌의 내용으로 포섭하느냐 그에 대해서는 의문이 있어서, 형벌개념은 그런 죄형법정주의에 의해서 형의 종류가 정해져 있고 절차도 형사소송절차에 의해서 법원에서 특별한 과벌절차가 따로 되어 있고 그거에 기해서 판단하면 될 것 같습니다. 그거는 그렇고.

여기 발제문 제일 마지막에 정당한 사유에 대해서 그 부분을 끝을 맺어놓았는데 그에 대해서 간단하게 한 마디 드리겠습니다. 사실 정당한 사유가 이게 행정상의 제재적인 성격으로 본다면 아까 말씀 형벌이 아니기 때문에 고의·과실은 요하지 않는다는 것은 일반적으로 우리 법제에서는 그거를 전제를 해야 될 것 같아요, 일단 가산세가. 결국에 가서 남는 것은 정당한 사유이고 이게 과잉금지 심사할 때 어떤 구제조항적 성격을 가지는 최소침해성 논증에서 굉장히 중요하거든요. 그래서 결국은 이 정당한 사유라는 게 사실 말은 법원해석도 그렇고 고의·과실하고 다른 개념으로 보지 않습니까, 그렇죠? 그런데 법원에서는 많이 비판을 받는게 정당한 사유를 너무 좁게 해석하고 있다 이런 비판도 받고 하는데, 그래서 이 끝에 제일 마지막에 정당한 사유에 대해서 폭넓게 해석을 해야 되고 또 마지막 결론이 이거를 법에서 구체적으로 규정을 해야 된다 이렇게 끝에서 마지막으로 정리를 해 놓으셨던데, 이거를 만약에 법률상에서 입법기술적으로 이거를 어떻게 구체화할 수 있는 생각을, 어떤 식으로 이거를 구체적으로 법조항에서, 극단적으로 법원에서 이 정당한 사유를 굉장히 넓게 해석해 버리면 이 가산세부담, 어떻게 보면 아까 김선택 회장님께서 말씀하신 억울한 가산세부담에서, 다른 방면에서 보면 해결될 여지가 많은 데 법원에서는 그거를 굉장히 좁게 해석하거든요. 그래서 이거를 입법적으로 정비를 해야 된다는 그런 취지 같으신데 특별히 어떤 생각을 가지고 계신지?

사 회 자 : 이쪽에서도 아까 질문을 하시려고 했던 것 같은데요. 질문을 받고 나서 답변 듣고 끝내겠습니다.

토 론 자 : 법무부 국가송무과장으로 근무하고 있는 이상철 검사입니다.

저희가 오늘 헌법실무연구회에 처음으로 와서 평소에 거의 생각해 보지 않았던 세금문제, 가산세 이런 것을 오늘 처음 저희들이 이야기를 들었습니다. 굉장히 유익한 시간이었던 것 같고. 조용히 이야기를 들어야 되는데 저희들이 와서 저녁을 맛있게 먹었습니다. 밥값은 조금 해야 될 것 같아서 한번 여쭤볼까 합니다.

제가 이런 가산세부분 헌법재판부분에 대한 전문가도 아니고 잘은 알지 못하지만 그냥 비전문가로서 생각나는 것 그런 것을 한번 여쭤볼까 합니다.

우선 조세라고 하는 것이 무엇이냐에 대한 이야기를 여러분들이 하셨는데요, 제가 아까 이 내용을 보면 조세가 무대가성이다 하는데 과연 무대가성인가? 물론 그것이 개별적인 거기에 있어서는 댓가가 없지만 전체적인 것에서는 있겠지요. 그러면 전체적인 것에 있어서의 대가성이라고 하는 것도 상당히 중요한 것 아닌가? 공공재 내지 공공의 서비스, 공공의 역무를 제공해 주는 그것을 받기 때문에 돈을 내놓아야 되는 것 아닌가 하는 생각도 가집니다.

우리가 그런 부분에서 지나치게 무대가성이라는 것이 나오게 된다면 오히려 수도, 전기, 가스 이와 같은 사람들이 살아가야 되는 기본적인 공급되어야 될 부분들이 지나치게 민간부분으로 넘어가서 대가성에 의해서 좌우되는 역할을 낳고, 공공부분에서 민간부분으로 넘기는 것만이 꼭 효율적인 것은 아닌데 자꾸 이게 넘어가게 된다면 결국 생존에 필요한 공공서비스를 전혀 받지 못하는 사례가 계속 생긴다는 겁니다. 그런 문제가 상당히 많이 생기기 때문에 우리가 그런 문제도 한번 같이 연계해서 생각해 보면 어떨까 하는 생각이 들었고요. 그와 같은 관점에서 본다면 가산세라고 하는 것이 이거는 대가성, 무슨 대가를 주는 것도 아니고요, 돈 안 내니까 그냥 내놔라 이렇게 나오고 한다면 과연 이것이 조세인가? 오히려 그와 같은 조세를 확보하기 위한 수단으로서의 역할이 실제로 더 크지 않은가 하는 생각이 듭니다. 그리고 그와 같이 행정적인 어떤 제재 내지 집행수단을 확보하는 수단이라고 하더라도 과연 거기에 어떤 규율하는 것을 우리가 전혀 구성할 수가 없는가? 그 전제가 되는 이미 이 제도의 전제가 되는 조세제도 거기에 이미 많은 규율이 있지 않느냐 하는 겁니다. 그게 이미 여러분들 말씀하셨지만 그와 같은 각자의 부담능력에 따른 조세부담, 응능부담의 원칙 이렇게 되어 있는데 굉장히 표현이 어려운 것 같습니다. 그와 같은 것들이 이미 다 되어 있기 때문에 가산세제도를 통해서 그 원칙들을 파괴하는 방향으로 나가는 것은 가산세제도 자체의 본질에 반하는 것 아니냐? 그렇다면 규율할 수 있는 여러 가지 원리가 충분히 세워질 수 있지 않을까? 그렇게 조세냐 벌이냐 이렇게 구분하거나 양자 어느 쪽이냐 이렇게 따라 가는 것보다도 충분히 그 자체 가산세가 가지고 있는 성격에 의해서도 그와 같은 헌법상 규율할 수 있는 원리가 충분히 세워질 수 있지 않느냐 하는 게 제 생각이고 거기에 대한 의견을 한번 여쭤보고 싶고요.

또 하나 정주백 교수님께서 불이익한 처우라고 하셨는데, 불이익한 처우라고 하면 13조 3에서 연좌제 때문에 나온 것인데 불이익한 처우에 이게 물론 포함은 됩니다.

그런데 그것으로 과연 규율될 수 있을까? 가산세를 불이익한 처우라고 본다면 어떠한 원리에 의해서 어떠한 원칙으로 가산세제도를 바라볼 것이냐 하는 하는 문제가 다시 세워질텐데 그 부분에 대해서는 어떻게 생각하시는지? 13조 3항은 '자기의 행위가 아닌 친족의 행위로 인하여' 이렇게 되어 있으면 자기의 행위로 인해서는 불이익한 처우를 받는다는 거지요. 그런데 가산세제도는 무슨 행위로 인한 것이냐 가령 이것이 문제가 법문언상 자체로 헌법상의 행위로 인한 것은 아니거든요. 그냥 단순히 내지 않았다는 것이지 적극적인 행위, 물론 소극적인 행위로 볼 수 있지만 가령 불이익한 처우하고 바로 연결될 수 있을지 그 부분에 대해서는 의문이 있어서 정교수님 생각이 어떠신지 여쭤보고 싶습니다.

이상입니다.

발 표 자 : 정당한 사유에 대한 구체적인 입법방식을 어떻게 했으면 좋겠느냐라는 방안을 여쭤보신 것 같은데요. 저도 굉장히 많이 고민해 봤습니다. 그런데 일단 아까 말씀하신 대로 판례라든가 예규라든가 국세청 스스로가 인정한 내용 자체가 굉장히 좁은 범위입니다. 그런데 정당화사유라고 하면 어떻게 보면 기대가능성이 없는 경우, 기대하는 것 자체가 무리인 경우가 어떤 경우냐가 설정이 되겠지요. 그런데 그거는 구체적으로 나열할 수 없는 한계가 있습니다. 어떠한 제도를 하더라도 무리하게 그런 행위를 할 수 없는 그런 관계는 분명히 어떤 형상으로든지 나타날 수밖에 없는 것이기 때문이지요. 그런데 이런 정당화사유를 좀 더 구체적으로 인정할 수 있는 범위를 생각해서 입법을 할 의도가 있다면 어느 정도까지는 가능하다고 봅니다.

또 한 가지는 그러한 정당화 사유로 인정할 수 있는 좀 더 국민구제 입장에서 접근 가능한 방안으로 제도적으로 만들 수 있는 방법도 생각해 볼 수 있습니다. 정당화사유라고 하는 개념으로 우리가 구제받으려고 하는 방법으로는 과세관청이 일단 너무 협소하게 인정을 잘 안하고 있기 때문에 방법은 이렇게 하는 방법밖에 없습니다. 심사청구를 한다면 행정심판을 해서 구제를 받든가 행정심판에서도 인정 못받으면 행정소송까지 올라가야지 구제를 받는다는 것이지요. 일반 국민이 가산세로 인해서 행정심판까지 받고 세무사의 조력을 받거나 변호사의 조력을 받아서까지 그렇게 구제해 가지고 얻을 수 있는 이익가치와 소송으로 인해서 자기가 들어가는 노고와 비용 이런 것을 생각했을 때 얼마나 많이 상실되는 부분이 있겠습니까? 그러니까 사전에 기대가능성이 없는 사유를 최대한 살려서 구체화 입법을 집어넣고 또 기타의 부분에 대해서는 조정기구를 두어서라도 그러한 기대가능성이 없는 부분에 대해서는 국세청 자체에 그러한 부분에 대한 재량의 여지를 주게 하는 방안도 고려해 볼 수 있다고 생각을 합니다.

왜냐하면 과세관청 입장에서는 법집행대로 생각하기 때문에 정당한 사유라는 부분을 굉장히 좁게 생각할 수밖에 없는 부분이 있다는 것이지요. 정당화사유에 대해서 과세관청 자체에서 인정할 수 있는 여지를 좀 더 넓게 줄 수 있는 그것을 어떤 기구를 통해서나 기관을 통해서 조정할 수 있는 여지를 제도화시킨다면 그런 부분에서 굳이 심판이라든가 소송을 두지 않더라도 당연히 기대가능성이 없는 것이면 그 가산세에 대해서는 책임을 묻지 말아야 되는 것이지요. 그러니까 그런 것을 사전에 구제될 수 있는 제도를 마련해 주지 못한다고 한다면 정당화 사유가 지고 어떤 과잉금지원칙을 벗어날 수 있는 그러한 단서가 된다고 얘기하기에는 너무 부족하지 않나 그렇게 생각을 했던 것입니다.

지정토론자 : 무대가성에 관한 논의는 사실 아까도 분명히 제가 말씀을 드렸습니다.

우리가 오해하고 있다, 아무런 대가 없이 내는 것이 세금이다라고 하는 것은 분명한 오해다. 구체적인 특별한 반대급부 없이 독일식 문언대로 하면 베전데레 '특별한 급부에 대한 반대급부가 아니다' 그렇게 표현되고 있습니다.

제가 전에 어디 글을 쓸 때는 대가와의 희미한 연결, 얼마나 구체적으로 연결이 되느냐라는 문제에서 차이가 나는 것이지 뭔가 국방에 대한 대가다라는 부분은 분명히 있습니다. 수도료하고 국방의 서비스를 비교해 보면 그 점은 분명히 드러날 것이라고 생각을 합니다. 우리 학술상 또는 교과서상 그냥 단순히 아무런 대가없이라고 하는 표현은 조심해서 써야 되는 부분 아닌가라고 저도 개인적으로 생각을 합니다.

그 다음에 불이익한 처우부분인데 이제까지 논의가 사실은 가산세의 문제에 있어서는 세금이냐 벌이냐 두 단계, 이거냐 저거냐라는 문제로 논의가 되었습니다. 세금이 아니다 그러면 벌이다라고 하면 12조, 13조에서 말한 벌이냐? 그러면 이중처벌에 관한 문제라든지 죄형법정주의라든지 이 논의 속으로 바로 연결이 된다는 겁니다.

아까 말씀드린 것처럼 가산세를 부과하는 것이 이중처벌의 문제와 직접 바로 연결되느냐라는 문제가 바로 나올 수 있다는 거지요. 나온다는 것이지요. 그래서 제가 조문이라고 읽다가 우리 법이 13조 1항에서 벌이라는 말을 쓰고 있고 ~ 13조 3항에서 '불이익한 처우'라는 표현을 쓰고 있다는 말입니다.

그러면 두 개의 성격은 '불이익한 처우'하고 '벌'이란 말은 과거의 어떤 행위에 대한 제재라는 측면에서는 같다는 것입니다. 그것이 타인의 행위이냐, 나의 행위이냐? 나의 행위에 대한 제재냐, 타인의 행위에 대한 제재이냐 라는 것만이 13조 3항에서 문제되는 것이지 어떤 행위에 대한 제재라는 측면은 같다는 것이지요.

그렇게 되면 제가 생각하기에는 '제재'라는 상위개념 안에 13조 1항에서 말하는 '벌'과 13조 3항에서 말하는 '불이익한 처우'라는 하위개념이 나누어질 수 있는 것 아니냐? 이론적으로 생각해 보면.

그러면 13조 3항에서 말하는 '불이익한 처우'라고 하는 부분에 해당된다면 13조 1항 또는 12조에서 말하는 죄형법정주의라든지 이중처벌에 관한 문제라든지 형벌불소급의 원칙이라든지 그런 원칙으로부터는 일단은 자유로워질 수 있는 이론적인 논거가 생기는 것 아니냐 라는 희미한 가능성을 말씀드리는 것입니다.

그 부분에 대해서 제가 특별하게, 제가 이 글을 쓰면서 생각한 것이라서 깊이있게 결론을 낸 것은 없습니다. 앞으로 제가 조금 더 생각해 보겠습니다.

이상입니다.

사 회 자 : 결코 그렇게 간단한 테마는 아니었던 것 같습니다.

일견 보기에는 좀 쉬운 테마일 수도 있겠다라고 생각했는데 사실 여러가지 근본적인 문제를 안고 있는 테마였던 것 같습니다. 그래서 토론자 수도 줄이고 발제자 압박해서 시간을 확보했습니다만 관습법을 어겼습니다. 사회자 무능 탓입니다.

여러분들 일과 끝내고 두 시간에 걸쳐서 토론하느라 굉장히 수고 많이 하셨습니다.

토론 끝나고 나서 다시 에프터가 있으니까 못다한 얘기는 그때 계속하기로 하겠습니다.

회장님,

회 장 : 오늘 취임하시고 바쁜 중에도 박한철 재판관님께서 일부러 나와 주셨고 앞으로도 자주 나와서 좋은 말씀도 해주시기를 바라는 의미에서 박수를 부탁드립니다.

간 사 : 이것으로 헌법실무연구회 제109회 정기발표회를 모두 마치도록 하겠습니다.

감사합니다.

제110회(2011. 4. 16) 발표문

야간집회금지 헌법불합치결정에 대한 비판적 고찰

이 인 호*

Ⅰ. 쟁점의 정리

헌법재판소는 2009. 9. 24. 야간시간("해가 뜨기 전이나 해가 진 후")의 옥외집회를 일반적으로 금지하면서 예외적으로 관할경찰서장이 허용할 수 있도록 규정한 법률조항[1]에 대하여 계속적용명령의 헌법불합치결정을 내렸다.[2] 즉 "이 사건의 심판대상조항은 헌법에 합치되지 아니하고, 2010. 6. 30.을 시한으로 입법자가 개정할 때까지 계속 적용된다."는 주문을 선고하였다. 그런데 2011. 4. 8. 현재까지 국회는 이 사건 심판대상조항을 개정하지 않음으로써 위 개정시한을 넘긴 상태이다. 그리고 헌법재판소는 과거 1994년에 이 사건 심판대상조항에 대해 합헌을 선언했

* 중앙대학교 법학전문대학원 교수.

1) 이 사건의 **심판대상조항**은「집회 및 시위에 관한 법률」(2007. 5. 11. 법률 제8424호로 전부 개정된 것) 제10조 중 "옥외집회" 부분 및 제23조 제1호 중 "제10조 본문의 옥외집회" 부분이다. 제10조와 제23조의 내용은 다음과 같다.

제10조(옥외집회와 시위의 금지시간) 누구든지 해가 뜨기 전이나 해가 진 후에는 옥외집회 또는 시위를 하여서는 아니 된다. 다만, 집회의 성격상 부득이하여 주최자가 질서유지인을 두고 미리 신고한 경우에는 관할경찰서장은 질서유지를 위한 조건을 붙여 해가 뜨기 전이나 해가 진 후에도 옥외집회를 허용할 수 있다.

제23조(벌칙) 제10조 본문 또는 제11조를 위반한 자, 제12조에 따른 금지를 위반한 자는 다음 각 호의 구분에 따라 처벌한다.

1. 주최자는 1년 이하의 징역 또는 100만원 이하의 벌금

2) 헌재 2009. 9. 24, 2008헌가25 (야간집회금지 사건) [5(위헌) : 2(계속적용명령의 헌법불합치) : 2(합헌)]. 법원이 위헌제청한 이 사건의 사건개요는 다음과 같다: (1) 제청신청인은 2008. 5. 9. 19:35경부터 21:47경까지 야간에 옥외에서 미국산 쇠고기 수입반대 촛불집회를 주최하였다는 등의 이유로 집회 및 시위에 관한 법률 위반 등 혐의로 기소되었다(서울중앙지방법원 2008고단3949). 제청신청인은 1심 계속중 제청신청인에게 적용된 '집회 및 시위에 관한 법률' 제10조, 제23조 제1호가 헌법상 금지되는 집회의 사전 허가제를 규정한 것으로서 헌법에 위반된다고 주장하며 위헌법률심판 제청신청(서울중앙지방법원 2008초기2418)을 하였다. (2) 서울중앙지방법원은 위 법률조항들이 당해 사건 재판의 전제가 되고, 위헌이라고 인정할 만한 상당한 이유가 있다며 2008. 10. 13. 이 사건 위헌법률심판제청을 하였다.

던 결정[3](이하 "1994년의 합헌결정")을 명시적으로 변경하는 판시를 하고 있다.[4]

법원이 위헌제청한 이 사건에서 법원의 제청이유는, 이러한 법률조항이 헌법 제21조 제2항[5]이 절대적으로 금지하고 있는 집회에 대한 사전허가제에 해당하고 나아가 과잉금지원칙에 위반하여 집회의 자유를 침해한다는 것이다. 이에 대해 헌법재판소는 5(위헌) : 2(계속적용명령의 헌법불합치) : 2(합헌)로 의견이 대립되었다.[6] 5인의 위헌의견은 다시 나누어졌는데, 그 중 3인[7]은 이 사건 법률조항이 헌법 제21조 제2항이 절대적으로 금지하는 허가제를 규정한 것으로서 위헌이라는 의견이고, 2인[8]은 허가제에 해당될 뿐만 아니라 과잉금지원칙에도 위반된다는 것이다. 그리고 2인의 헌법불합치의견은 이 사건 법률조항이 헌법이 절대적으로 금지하는 허가제에는 해당하지 않지만 과잉금지의 원칙에는 위반된다는 것이며, 다른 2인의 합헌의견은 허가제에 해당하지 않을 뿐만 아니라 과잉금지의 원칙에도 반하지 않는다는 것이다.

헌법재판소의 이 결정 이후 법원과 검찰은 엇갈린 반응을 보였다. 헌법재판소의 결정주문이 '계속적용명령의 헌법불합치'였음에도, 결정 선고 직후인 2009. 10. 28. 이 사건의 당해사건이 아닌 다른 병행사건에서 서울중앙지방법원은 "야간옥외집회를 금지한 현행 법규가 위헌·무효임이 확인되어 처벌할 법규가 존재하지 않는다."는 이유로 야간옥외집회를 주최한 혐의로 기소된 피고인에 대하여 무죄를 선고하였다. 이러한 법원의 무죄판결에 대하여 당일 서울중앙지방검찰청은 즉시 '야간옥외집회 무죄선고 관련 입장'이라는 제목의 보도자료를 내고 크게 반발하였다. "헌법상 법률의 위헌여부에 대한 판단은 헌법재판소의 권한에 속하고(헌법 제111조 제1항), 법률의 위헌여부가 재판의 전제가 된 경우에 법원은 헌법재판소에 제청하여 그 심판에 따라 재판하도록 되어 있는데(헌법 제107조 제1항), 법원의 이번 판결은 헌법재판소의 결정에 정면으로 배치될 뿐만 아니라 법리적으로도 오류임이 명백하므로 검찰은 이에 불복하여 상급법원의 판단을 구할 것이다. 아울러

---

3) 헌재 1994. 4. 28. 91헌바14(대학구내 집회 제한 사건) 7(합헌) : 1(한정합헌) : 1(위헌)].

4) "종전에 헌법재판소가 <u>이 결정과 견해를 달리해</u>, 구 '집회 및 시위에 관한 법률'(1989. 3. 29. 법률 제4095호로 전부 개정된 것) 제10조는 헌법에 위반되지 않는다고 판시한 1994. 4. 28. 91헌바14 결정은 <u>이 결정과 저촉되는 범위 내에서</u> 이를 변경하기로 한다."

5) 헌법 제21조 ① 모든 국민은 언론·출판의 자유와 집회·결사의 자유를 가진다.
② 언론·출판에 대한 <u>허가나 검열</u>과 집회·결사에 대한 <u>허가</u>는 인정되지 아니한다.

6) 5인의 위헌의견(재판관 이강국, 이공현, 조대현, 김종대, 송두환), 2인의 헌법불합치의견(재판관 민형기, 목영준), 2인의 합헌의견(재판관 김희옥, 이동흡).

7) 재판관 이강국, 이공현, 김종대.

8) 재판관 조대현, 송두환.

헌법재판소의 결정이 내려진 이상 법원은 다른 야간옥외집회 사건에 대하여도 이 결정에 따라 통상적인 절차대로 재판을 계속 진행하여야 할 것이며, 검찰은 법원에 신속한 재판진행을 촉구한다."는 내용이다. 그런데 한편, 정작 이 사건의 당해사건(서울중앙지방법원 2008고단3949)의 재판부는 위헌제청 이후 2011. 4. 8. 현재까지 재판을 진행시키지 않고 있다.

여기서 몇 가지 주요 쟁점을 제시할 수 있을 것으로 보인다.

[쟁점 1] 헌법 제21조 제2항이 금지하는 "집회에 대한 허가"의 의미는 무엇인가? '집회가 개최되기 전에 집회를 금지시키는 사전조치'를 의미한다는 점은 분명해 보인다. 이런 의미에서 같은 조항이 금지하고 있는 "언론·출판에 대한 허가나 검열"과 동일한 것이다.

그런데 (i) '**누가**' 금지시키는 조치를 말하는 것인가? '**행정청**'이 금지시키는 사전조치만을 말하는 것인가, 아니면 '**법원**'이 금지시키는 사전조치(예컨대, 가처분)까지 포함되는 것인가? 이 논점에 관해서는 1996년의 제1차 영화검열 사건[9]에서부터 오늘의 본 평석대상결정에 이르기까지 헌법재판소의 확립된 입장이 존재한다. 행정청의 사전조치만을 의미하는 것이고, 법원의 사전조치는 포함되지 않는다는 것이다. 본 평석대상결정에서 5인의 위헌의견은 물론이고 2인의 헌법불합치의견이나 2인의 합헌의견에서도 이 점에 있어서도 모두 일치한다. 그러나 발제자는 이 점에 의문을 제기하고자 한다. 표현행위에 대한 사전억제를 금지하고자 하는 헌법의 취지에 비추어 볼 때, 표현행위자의 관점에서는 표현행위를 사전에 억제하는 주체가 행정청이든 법원이든 그 기본권침해의 효과는 동일한 것이기 때문이다.

다음으로, (ii) 사전억제의 '**대상**'이 무엇인가? 즉, 헌법이 허용하지 않는 허가란 '**일정한 표현내용**'을 사전에 억제하는 조치를 의미하는가, 아니면 '**일정한 표현의 행사방식**'(=시간, 장소, 방법)을 사전에 억제하는 조치까지도 포함하는 것인가? 본 평석대상결정에서 5인의 위헌의견은 후자까지 포함하는 것으로 이해했고, 2인의 헌법불합치의견과 2인의 합헌의견은 후자는 포함되지 않는다고 파악하였다. 그런데 이 점에 대한 5인의 위헌의견의 이해는 지금까지 헌법재판소의 확립된 입장으로부터 분명 벗어난 것으로 보인다. 이에 관해 2인의 합헌의견이 적절하게 지적하고 있다.

[쟁점 2] 헌법 제21조 제2항의 허가금지는 '절대적 금지'인가? 즉, 어떠한 공

9) 헌재 1996. 10. 4. 93헌가13등(제1차 영화검열 사건)[9(위헌) : 0].

익을 이유로 해서도 '집회에 대한 허가'는 허용될 수 없는 것인가? 헌법 제21조 제2항은 "집회에 대한 허가는 인정되지 아니한다."고 선언하고 있는데, 이러한 헌법규정상의 금지선언은 언제나 절대적인 금지로 해석해야 하는가? 1996년의 제1차 영화검열 사건에서부터 오늘의 본 평석대상결정에 이르기까지 헌법재판소는 일관되게 '그렇다'는 것이다. 본 평석대상결정에서 5인의 위헌의견은 물론이고 2인의 헌법불합치의견이나 2인의 합헌의견에서도 이 점에 있어서도 모두 일치한다. 위헌제청법원도 마찬가지이다. 그러나 발제자는 이 점에 의문을 제기하고자 한다. 헌법의 다른 금지선언 규정도 늘 그렇게 해석해 왔던가?

[쟁점 3] 야간시간("해가 뜨기 전이나 해가 진 후")의 옥외집회를 일반적으로 금지하면서 예외적으로 관할경찰서장이 허용할 수 있도록 규정한 이 사건 법률조항은 헌법이 금지하는 허가제에 해당하는가? 5인의 위헌의견은 '그렇다'는 것이고, 2인의 헌법불합치의견과 2인의 합헌의견은 '그렇지 않다'는 것이다. 헌법이 금지하는 사전억제의 '대상'에 관한 이해가 기본적으로 다르기 때문이다.

[쟁점 4] '허가제 여부판단'과 '과잉금지원칙 위반판단'은 그 본질에 있어서 다른 것인가? 본 평석대상결정에서 9인의 재판관 모두 양자를 구별하고 있는 것으로 보이며, 위헌제청법원도 마찬가지이다. 그러나 발제자는 이 점에 의문을 제기하고자 한다. 이 양자는 별개의 서로 다른 심사척도라고 보기 어렵다는 생각이다.

[쟁점 5] 본 평석대상결정에서 헌법재판소는 1994년의 합헌결정에 대해 "종전에 헌법재판소가 이 결정과 견해를 달리해, [이 사건 법률조항]은 헌법에 위반되지 않는다고 판시한 91헌바14 결정은 이 결정과 저촉되는 범위 내에서 이를 변경하기로 한다."고 판시하고 있는데, 여기서 "저촉되는 범위"는 어디까지이고 "무엇이" 변경되는 것인가? '주문'을 변경한다는 것인가, 아니면 '판례'를 변경한다는 것인가? 본 심판대상결정에서 판례변경의 의결표수인 6인의 찬성을 얻은 중요이유는 무엇인가?

[쟁점 6] 계속적용명령의 헌법불합치 주문은 적절한 것이었는가? 이 주문은 이 결정을 이끌어내는 계기가 된 당해사건의 당사자(피고인)를 구제할 수 있는가?

이하에서는 이상의 여섯 가지 쟁점을 중심으로 발제자의 의문을 제시하여 토론의 소재로 삼고자 한다.

Ⅱ. 헌법 제21조 제2항이 금지하는 "집회에 대한 허가"의 의미

1. 헌법 제21조 제2항의 이론적 기초로서의 '사상의 자유시장론'

헌법 제21조 제2항은 "언론·출판에 대한 허가나 검열과 집회·결사에 대한 허가는 인정되지 아니한다."고 규정하고 있다. 이 조항의 존재이유는 무엇인가? 그 해답은 이른바 '사상의 자유시장론'으로부터 풀어나가야 할 것으로 생각된다.

사상의 자유시장론은 근대 입헌민주주의체제가 확립되기 이전 그것이 발아하는 과정에서 1644년에 존 밀턴(John Milton)에 의하여 처음으로 제시되었다. 우선 그의 이야기를 들어 보자: "眞理와 虛僞가 대결하게 하라. … 모든 사람으로 하여금 자유롭게 말할 수 있게 하라. 그러면 진리의 편이 반드시 생존하고 승리한다. 허위와 불건전은 思想의 公開市場(the open market place of ideas)에서 다투다가 마침내는 패배하리라. 權力은 이러한 선악의 싸움에 일체 개입하지 말라. 설혹 허위가 일시적으로 득세하는 일이 있더라도 선악과 진위가 자유롭게 싸워 간다면 마침내 선과 진이 자기교정과정(self-righting process)을 거쳐 궁극적인 승리를 얻게 되리라."[10] 존 밀턴의 이러한 사상의 자유시장론에는 인간이성에 대한 궁극적인 신뢰가 깔려 있는 것임은 물론이다. 밀턴의 이 사상은 미국의 경우 1919년에 Holmes 대법관에 의하여 새로이 꽃을 피우게 되었고,[11] 오늘날 자유민주국가에서 언론자유의 법리형성에 이론적 토대를 제공해 주고 있다.

요컨대, 자유민주국가의 헌법에서 보장되는 표현의 자유는 사상의 공개경쟁을 통해서만 선과 진, 그리고 사회진보가 확보될 수 있다는 신념을 그 이념적 기초로 하고 있다. 어떤 사상과 견해가 옳고 그른지, 또는 가치 있고 가치 없는 것인지를 평가하고 결정하는 것은 '정부'가 아니라 '사상의 공개시장'이라는 것이

---

10) John Milton, Areopagitica; A Speech of Mr. John Milton for the Liberty of Unlicenc'd Printing, to the Parliament of England (1644). 인용은 김동민(편), 『언론법제의 이론과 현실』(한나래, 1993), 15쪽에서. 밀턴의 『아레오파지티카』는 당시 영국정부가 출판의 통제강화를 위해 마련한 조치들 중의 하나인 **출판허가법**에 반대하여 나온 것이었다.

11) Oliver Wendell Holmes, Jr. 대법관은 Abrams v. U.S. 사건(1919)의 반대의견에서 다음과 같이 이를 표현하였다: "요망되는 궁극적인 선은 사상의 자유로운 교환에 의해 더 잘 이루어질 수 있다는 것—즉, **진리의 가장 올바른 기준은 시장에서의 경쟁 속에서 자신을 수용시킬 수 있는 사상의 힘**에 있는 것이며, 또한 그 진리야말로 인간의 소망이 안전하게 실현될 수 있는 유일한 터전인 것이다." Abrams v. U.S., 250 U.S. 616 (1919).

다.[12] 설령 유해한 사상이나 표현이라 하더라도 그 해악의 교정은 사상의 공개시장에서 대립되는 사상이나 표현에 의한 경합을 통해 이루어져야 한다는 믿음인 것이다. 이처럼 어떤 표현의 가치를 평가하는 주체는 결코 국민의 대리인인 정부가 될 수 없으며 오직 사상의 공개시장, 즉 국민 스스로일 뿐이라는 생각이야말로 헌법 제21조 제1항과 제2항의 이념적 토대인 것이다. 다시 말해서, **국민 스스로에 의한 교정의 기회를 원천봉쇄하는 사전억제**야말로 사상의 공개시장의 형성 자체를 가로막는 것이 아닐 수 없고, 따라서 표현의 자유가 실현되기 위한 전제조건을 말살하는 것이기 때문에 헌법은 특별히 제21조 제2항을 두고 있는 것이다. 실로 사상의 공개시장에 대한 신념이 없이 헌법상의 언론자유 내지 표현의 자유를 논하는 것은 공허한 일이라고 생각된다.

결국, 헌법 제21조 제2항이 금지하는 사전억제는 어떤 사상이 다른 동료 시민들에 의한 평가를 받아볼 수 있는 기회를 가지기도 전에 **정부가 먼저 그 사상에 대한 평가**를 하여 일정한 사상을 사전에 걸러내는 모든 조치를 가리킨다. 이러한 의미에서 제21조 제2항이 금지하고 있는 언론·출판에 대한 "허가 또는 검열"과 집회·결사에 대한 "허가"는 그 본질이 동일한 것이다.

이러한 기본이해는 1992년의 헌법재판소 결정에서부터 본 평석대상결정이 있기 전까지 근 17년 동안 헌법재판소의 일관된 입장이었다. 헌법재판소는 1992년 6월 26일의 결정인 정기간행물의등록등에관한법률 제10조 제1항등에 대한 헌법소원 사건[13]에서 "언론·출판에 대한 검열금지라 함은 … 의사표현이 외부에 공개되기 이전에 국가기관이 그 **내용을 심사하여** 특정한 의사표현의 **공개를 허가하거나 금지**시키는 이른바 사전검열의 금지를 말한다"(밑줄은 필자 붙임)고 설시한 바 있다. 이후 1996년의 제1차 영화검열 사건[14]에서 헌법재판소는 9인의 전원일치의견으로, 헌법 제21조 제2항에서 금지하는 '검열'이란 "**행정권**이 주체가 되어 사상이나 의견 등이 발표되기 이전에 예방적 조치로서 **그 내용을 심사, 선별**하여 발표를 **사전에 억제하는**, 즉 허가받지 아니한 것의 발표를 금지하는 제도"라고 그 의미를 확인하였다. 그러면서 이 결정에서 헌법재판소는 이러한 성격의 검열은 어떠한 공익을 이유로 해서도 절대적으로 허용되지 않는다고 판시하였다: "헌법 제21조 제2항이 언론·출판에 대한 검열금지를 규정한 것은 비록 헌법 제37조 제2항이 국민

12) 여기서 '정부'(Government)란 행정부만을 지칭하는 것이 아니고, 모든 국가기관을 통칭하는 개념(=공권력)이다.

13) 헌재 1992. 6. 26. 90헌바26.

14) 헌재 1996. 10. 4. 93헌가13등(영화 사전심의허가제 사건; 제1차 영화검열 사건)[9(위헌) : 0].

의 자유와 권리를 국가안전보장·질서유지 또는 공공복리를 위하여 필요한 경우에 한하여 법률로써 제한할 수 있도록 규정하고 있다고 할지라도 언론·출판의 자유에 대하여는 검열을 수단으로 한 제한만은 법률로써도 허용되지 아니한다는 것을 밝힌 것이다. 물론 여기서 말하는 검열은 그 명칭이나 형식에 구애됨이 없이 실질적으로 위에서 밝힌 검열의 개념에 해당되는 모든 것을 그 대상으로 하는 것이다."

이처럼 헌법재판소는 검열금지의 원칙을 절대적인 원칙으로 이해했기 때문에, 그 필연적인 귀결로써 헌법재판소는 스스로 '검열'의 의미를 제한적으로 해석하여야 함이 마땅하다고 하면서 '검열'에 해당하기 위한 요건을 4가지로 제시하였던 것이다: "첫째, 일반적으로 허가를 받기 위한 표현물의 제출의무가 존재할 것. 둘째, 행정권이 주체가 된 사전심사절차가 존재할 것. 셋째, 허가를 받지 아니한 의사표현을 금지할 것. 넷째, 심사절차를 관철할 수 있는 강제수단이 존재할 것." 헌법재판소의 검열에 대한 이러한 이해와 판시는 그 이후 수차례의 결정에서 일관되게 유지되어 왔다.[15)]

그런데 본 평석대상결정에서 5인의 위헌의견은 이러한 17년간의 법리와 결별을 선언하고 있다. 항을 바꾸어 좀 더 구체적으로 살핀다.

2. 5인 위헌의견 중 포괄적 사전억제론의 논거와 그에 대한 의문

헌법 제21조 제2항이 금지하고자 하는 사전억제의 '**대상**'은 무엇인가? 즉, 헌법이 허용하지 않는 허가란 '**일정한 표현내용**'을 사전에 억제하는 조치를 의미하는가, 아니면 '**일정한 표현의 행사방식**'(=시간, 장소, 방법)을 사전에 억제하는 조치까지도 포함하는 것인가? 본 평석대상결정에서 5인의 위헌의견은 후자까지 포함하는 것으로 이해했고(이하 "**포괄적 사전억제론**"), 2인의 헌법불합치의견과 2인의 합헌의견은 후자는 포함되지 않는다고 파악하였다(이하 "**내용적 사전억제론**").

---

15) 헌재 1996. 10. 31, 94헌가6(음반 사전심의허가제 사건)[9(위헌) : 0]; 헌재 1998. 12. 24. 96헌가23(제1차 비디오물 사전심의허가제 사건)[9(위헌) : 0]; 헌재 1999. 9. 16. 99헌가1(제2차 비디오물 사전심의허가제 사건)[9(위헌) : 0]; 헌재 2000. 2. 24. 99헌가17(제3차 비디오물 사전심의허가제 사건)[9(위헌) : 0]; 헌재 2001. 8. 30. 2000헌가9(영화 등급분류보류 사건; 제2차 영화검열 사건)[7(위헌) : 1(합헌) : 1(합헌)]; 헌재 2005. 2. 3. 2004헌가8(외국비디오물 수입추천 사건)[8(위헌) : 1(합헌)]; 헌재 2008. 6. 26. 2005헌마506(방송광고 사전심의 사건)[7(위헌) : 1(위헌) : 1(헌법불합치)]; 헌재 2008. 7. 31. 2007헌가4(영화등급분류 제한상영가 사건; 제3차 영화검열 사건)[6(헌법불합치—2인 일부 별개의견) : 1(위헌) : 2(합헌)]; 헌재 2008. 10. 30. 2004헌가18(비디오물 등급분류보류 사건)[8(위헌) : 1(한정위헌)].

5인의 위헌의견은 헌법 제21조 제2항의 집회허가금지규정에서 말하는 **'허가제'**란, 이 규정의 개정연혁과 다른 나라의 관련 헌법규정과의 비교를 통해 볼 때, "집회의 허용 여부를 행정권의 일방적·사전적 판단에 맡기는 허가제"라고 규정하면서, 금지되는 사전억제의 대상에는 '집회의 내용'뿐만 아니라 '집회의 시간·장소·방법'까지도 포함한다고 설시하였다. 즉 헌법이 금지하는 허가에는 "집회의 내용 그 자체를 기준으로 한 허가뿐만 아니라 집회의 시간·장소·방법을 기준으로 한 허가"도 포함된다는 것이다. 그리하여 **표현행위(=집회)의 행사방식(=시간·장소·방법)을 사전에 규제**하는 것도 **표현행위의 내용을 사전에 억제**하는 것과 마찬가지로 우리 헌법개정권력자가 **절대적으로 허용하지 않겠다**는 헌법적 결단을 내린 것이라고 평가한다.

그리고 그 논거로서 두 가지를 제시한다. **첫째**, 현행 헌법에서는 이전의 헌법과는 달리 옥외집회의 시간과 장소에 관하여 개별적 법률유보조항을 두지 않았다는 것이다. 즉, "1962. 12. 26. 개정헌법 제18조 제2항에서 집회에 대한 허가 금지를 규정하는 한편, 같은 조 제4항에서 "옥외집회에 대하여는 그 시간과 장소에 관한 규제를 법률로 정할 수 있다."는 개별적 법률유보규정을 두었으나, 1980. 10. 27. 개정 헌법에서는 같은 취지의 규정을 두지 아니하였고 현행 헌법에서도 이 사건 헌법규정에서 집회에 대한 허가 금지를 규정하였을 뿐 옥외집회에 대하여 특별히 개별적 법률유보조항을 두고 있지 아니한바, 이는 현행 헌법에서는 옥외집회에 대하여 그 **시간과 장소에 관하여 특별히 개별적 법률유보에 의한 제한을 하지 않겠다**는 헌법개정권력자인 국민들의 헌법적 선택과 결단의 결과라고 보아야 할 것이다."고 한다.

여기서 **의문이 하나** 제기된다. **헌법에 '개별적 법률유보규정'이 있으면 해당 기본권을 제한할 수 있고, 없으면 어떤 공익을 이유로 해서도 그 기본권을 제한할 수 없게 되는 것인가?** '개별적 법률유보'는 이런 의미로 이해되는 것인가? 5인의 위헌의견은 1962년 헌법에서는 일반적 법률유보조항(제32조 제2항)과 함께 옥외집회에 대한 개별적 법률유보조항(제18조 제4항)이 함께 있었는데, 현행 헌법에서는 이러한 개별적 법률유보조항이 없어졌으니 그 **삭제의 취지**는 곧 '옥외집회에 대한 시간·장소의 사전적 제한은 어떤 공익을 이유로 해서도 허용되지 않는다'는 것이라고 이해한다.

그런데 이러한 해석론에는 두 가지 난점이 있다. **(i) 하나는**, 1962년 헌법의 문제된 개별적 법률유보조항(제18조 제4항)은 집회허가를 금지한 같은 조 제2항("언론·출판에 대한 허가나 검열과 집회·결사에 대한 허가는 인정되지 아니한다.")과는 차원이 다른 규정인데, 양자를 같은 차원에서 이해하고 있다는 점이다. 즉 제2항은 '사전억제'에 관한 규정이고, 제4항은 '사전억제'에 관한 규정이 아니다. 그런데 제4항이 삭제되었다고 해서 제2항의 해석이 달라져야 하는 것은 어딘가 이상하다. 만일 5인의 위헌의견과 같은 해석론이라면, 위 제4항은 '옥외집회'만을 언급하고 있으므로 당시 언급되지 않았던 '언론·출판'에 대한 '시간·장소의 사전적 제한'은 현행 헌법에서 옥외집회와 달리 허가제가 허용된다고 해야 할 것이다. 그런데 현행 헌법 제21조 제2항의 해석에서 '언론·출판'과 '옥외집회'를 달리 취급해야 할 특별한 이유가 있는 것일까? 5인의 위헌의견은 그 이유를, 이 두 표현행위가 행위 시점에 내용이 확정되어 있느냐('先在性') 아니면 그렇지 않느냐('非先在性')의 차이가 있다는 점에서 구하고 있다.[16] 그러나 표현내용의 선재성 여부는 '언론·출판'과 '옥외집회'를 구분하는 차이가 될 수 없다. 이 점에 관해서는 2인의 합헌의견이 적절하게 지적하고 있는 것으로 보인다.[17]

(ii) 또 다른 하나의 난점은, 1962년 헌법에서 '옥외집회'에 관한 개별적 법률유보규정이 있다가 현행 헌법에서 삭제되었으니 현행 헌법에서 '옥외집회'에 대한 시간·장소의 사전적 제한은 어떤 이유로도 허용되지 않는다면, 1962년 헌법에서 개별적 법률유보규정이 없던 '시위'의 경우에는 현행 헌법 하에서 '시간·장소의 사전적 제한'을 하더라도 허용된다는 반대해석론이 나올 수 있다는 점이다. 그렇지만 사전규제의 법리에 있어서 옥외집회와 시위를 구별할 합리적인 이유를 발견하기 어려운 것으로 보인다.[18]

---

16) "언론·출판에 대한 허가나 검열금지의 경우에는 표현물이 전제가 되는 것이어서 표현의 내용 그 자체가 심판대상이 되는 것이지만(헌재 2001. 5. 31. 2000헌마43, 판례집 13-1, 1167, 1179 참조), 집회의 자유는 표현내용이 선재하지 아니하는 상태에서, 공동의 목적을 가진 다수인이 일정한 장소에서 일시적으로 회합하는 행위 자체를 보호하는 것이[다](헌재 2009. 5. 28. 2007헌바22, 공보152, 1130 참조)."

17) "집회의 자유는 언론·출판의 자유와 마찬가지로 표현의 자유의 한 영역으로서 보장되고 있는 것이고, 재판관 5인의 위헌의견에서도 집회의 자유가 표현의 자유로서 언론·출판의 자유와 더불어 대의제 자유민주국가에서 필수적 구성요소가 된다는 점을 강조하고 있다. 이러한 표현의 자유의 사전적 제한에 있어서는 그것이 언론·출판의 영역이건, 집회·결사의 영역이건 간에 시간·장소·방법에 관한 내용중립적인 규제와 내용차별적인 규제를 구분할 수 있는 것이다. 또한, 집회의 자유에 한정해서 보더라도, 특정한 공동 목적이 없는 다수인의 우연적·일시적 회합은 이른바 '군집'에 불과하여 헌법이 보호하는 집회에 해당하지 않는 것이고, 비록 집회에 참가한 참가자들의 구체적 의견이 표출되거나 모아지지는 않았다 하더라도 집회의 내용에 의한 사전규제는 얼마든지 상정할 수 있는 것이기도 하다(옥외집회에 대한 사전신고제를 규율하고 있는 집시법 제6조 제1항에서도 사전에 신고할 사항으로 제일 먼저 옥외집회의 '목적'을 들고 있다). 재판관 5인의 위헌의견이 현대 대의민주국가에서의 언론·출판의 자유와 집회의 자유의 역할을 강조하면서도, 유독 집회에 대한 사전규제에 있어서는 이미 사전에 확정되어 있는 집회의 목적이나 내용을 도외시하고 다수인의 일시적 회합이라는 개념 요소에만 중점을 두어 집회의 자유를 언론·출판의 자유와 구별하는 태도는 도무지 납득하기 어려운 것이다."

다음으로 **둘째**, 5인의 위헌의견이 제시하는 '포괄적 사전억제론'의 **또 다른 논거**는, 집회의 시간·장소를 결정하는 것은 집회의 자유의 보호영역에 속한다는 것이다. 즉, "**집회의 자유는 집회의 시간·장소·방법과 목적을 스스로 결정할 권리를 보장하는 것**이며, 구체적으로 보호되는 주요행위는 집회의 준비 및 조직, 지휘, 참가, 집회장소·시간의 선택을 포함하는 것이다(헌재 2003. 10. 30, 2000헌바67 등, 판례집 15-2하, 41, 53-54 참조). **그러므로 결국** 집회의 자유에 대한 허가금지를 규정한 이 사건 헌법규정의 취지는, **집회의 내용 그 자체**를 기준으로 한 허가뿐만 아니라 **집회의 시간·장소·방법을 기준으로 한 허가**도 이 사건 헌법규정에 의하여 금지되는 허가에 해당하는 것으로 볼 수밖에 없는 것이다. 따라서 옥내·외의 집회나 주·야간의 집회를 막론하고 집회 전반에 걸쳐 집회에 대한 허가는 모두 이 사건 헌법규정에 의하여 금지되는 것이다. … [내용적 사전억제론을 주장하는 2인의 합헌의견은] 집회의 자유에 있어서 집회의 내용의 중요성뿐만 아니라 집회의 시간·장소 등이 갖는 중요성을 간과한 것이며, 그것들 상호간의 밀접연관성을 고려하지 아니한 것이어서 합당하지 않은 것이다(헌재 2003. 10. 30, 2000헌바67등, 판례집 15-2하, 41, 54 참조)."고 설시하고 있다.

그런데 이 제시된 논거에는 몇 가지 의문이 든다. (i) **하나는**, 시간·장소·방법을 결정하는 권리가 집회의 자유의 보호영역에 속한다고 해서 시간·장소·방법에 대한 사전규제도 내용에 대한 사전억제와 동일하게 어떠한 이유로도 허용되지 않는다고 해석해야 하는가? 이렇게 시간·장소·방법을 결정하는 권리를 절대적으로 보호해 주어야 하는가?

이 점과 관련하여 한수웅 교수가 매우 적절한 비판적 관점을 제시해 주고 있다: "집회의 자유가 그 보장내용에 있어서 집회의 목적뿐만 아니라 집회의 자유의 행사방법도 포괄하는 것이라고 하여, 모든 보장내용에 대하여 동일한 정도의 헌법적 보장을 한다는 주장은 타당하지 않다. … '집회의 내용과 목적에 대한 국가의 규제'와 '집회의 자유의 행사방법에 대한 국가의 규제'는 기본권제한의 효과와 공동체에 대하여 미치는 영향에 있어서 근본적으로 다른 것이다."[19]

만일 사적 소유인 옥외의 한정된 공간(예컨대, 사립학교의 운동장)에서 그 소속 구성원들이 자체의 필요에 따라 행하는 옥외집회라면 집회시간을 결정하는 권리를 거의 절대적으로 보호해 주어야 하겠지만, 도심지의 중요도로에서와 같이 다른 중요한 법익들과 충돌할 수밖에 없는 옥외집회에 있어서는 그 집회의 행사방식(시

18) '옥외집회'와 '시위'의 개념적 상관관계.

19) 한수웅, 헌법학, 법문사, 2011, 760면.

간·장소·방법)을 사전에 조율해야 할 필요성은 부인할 수 없는 것이다. 그리고 그 조율은 일차적으로 행정청이 할 수밖에 없다. 그러나 5인의 위헌의견은 "집회의 내용 그 자체를 기준으로 한 허가뿐만 아니라 집회의 시간·장소·방법을 기준으로 한 허가"는 어떤 공익을 이유로 해서도 절대적으로 허용되지 않는다는 것이다. 5인의 위헌의견은 이러한 해석론이 "비교헌법적 연구의 결과"에 의한 것이라고 말하고 있지만, 이에 대해 2인의 합헌의견은 "집회에 대한 허가가 무조건적, 절대적으로 금지된다는 헌법상의 원칙은 전 세계 어디에도 존재하지 않는[다]"고 항변하고 있다. 어느 의견이 비교헌법적 분석을 정확하게 한 것인가?

(ii) **다음으로**, 5인의 위헌의견은 논거의 제시과정에서 기존의 선례를 원용함에 있어서 엄정성을 잃고 있다는 인상을 받는다. 5인의 위헌의견은 2인의 합헌의견의 반론에 대해 재반론을 하면서, 2인의 합헌의견은 "집회의 자유에 있어서 집회의 내용의 중요성뿐만 아니라 집회의 시간·장소 등이 갖는 중요성을 간과한 것이며, 그것들 상호간의 밀접연관성을 고려하지 아니한 것이어서 합당하지 않은 것이다(헌재 2003. 10. 30, 2000헌바67등, 판례집 15-2하, 41, 54 참조)."고 반박하고 있다. 그런데, 원용하고 있는 2000헌바67등 결정(외국공관 주변 집회금지 사건)은 "집회의 목적·내용과 장소의 내적 연관성"을 강조한 것이었을 뿐, '**시간**과의 내적 연관성'을 이야기한 것은 아니었다. 그렇다면 시간에 대한 사전규제가 문제된 본 사건에서는 '집회의 목적·내용과 시간 사이의 밀접연관성'을 별도로 논증했었어야 했던 것이 아닌가 생각된다. 선례를 쉽게 원용하는 것은 자칫 위험한 논증이 될 수 있다는 의문이 든다.

3. 5인 위헌의견 중 허가개념론과 그에 대한 의문

5인의 위헌의견은 헌법 제21조 제2항이 금지하고 있는 '허가'의 의미에 대해서 다음과 같이 설명하고 있다.

「이 사건 헌법규정에서 금지하고 있는 '허가'는 행정권이 주체가 되어 집회이전에 예방적 조치로서 집회의 내용·시간·장소 등을 사전심사하여 일반적인 집회금지를 특정한 경우에 해제함으로써 집회를 할 수 있게 하는 제도, 즉 허가를 받지 아니한 집회를 금지하는 제도를 의미한다(헌재 2001. 5. 31, 2000헌마43, 판례집 13-1, 1167, 1179 ; 헌재 2008. 6. 26, 2005헌마506 판례집 20-1하, 397, 410 등 참조). 그러므로 이 사건 헌법규정에서 금지하고 있는 '허가'제는 집회의 자유에 대한 일반적 금지가 원칙이고 예외적으로 행정권의 허가가 있을 때에만 이를 허용한다는 점에서, 집회의 자유가 원칙이고 금지가 예외인 집회에 대한 신고제와는 집회의 자유에 대한 이해와 접근방법의 출발점을 달리 하고 있는 것이다{집회 신고제를 규정한 집회 및 시위에 관한 법률 제6조 제1항에 관하여 헌법재판소는 이미 2009. 5. 28. 2007헌바22 결정(공보 152, 1125 이하)에서 합헌결정을 한 바 있다}. 따라서 집회에 대한 '허가'를 금지하고 있는 이 사건 헌법규정 속에 담겨져 있는 국민들의 가치적 합의는 집회의 자유가 행정권의 사전판단에 따라 그 허용여부가 결정되는 이상, 그것은 언론출판의 자유에 있어서 허가나 검열과 같은 것이므로 비록 그 허용여부가 행정권의 기속재량이라고 하더라도 이를 헌법자체에서 직접 금지하겠다는 헌법적 결단의 표현인 것이다.」(밑줄은 발제자가 표시)

그런데 이러한 설명에는 **몇 가지 의문**이 제기된다. **첫째**, 5인의 위헌의견은 헌법이 금지하는 '허가'를 '일반적 금지 및 행정청에 의한 예외적 허용'이라고 이해하고 있다. 사실 이러한 허가개념은 1996년의 제1차 영화검열 사건[20]에서부터 현재까지의 결정에 이르기까지 헌법재판소의 재판관 전원이 거의 일관되게 가지고 있는 개념이다. 즉, 제1차 영화검열 사건에서 헌법재판소는 검열에 해당하기 위한 4가지 요건 중의 하나로 "일반적으로 허가를 받기 위한 표현물의 제출의무가 존재할 것"을 들고 있다. 그리고 거의 대다수의 헌법학자들도 이와 인식을 같이 하고 있으며, 나아가 최근 이 사건 심판대상조항(야간집회금지조항)의 위헌성을 주장하는 학자들에게 있어서도 동일하게 발견된다.[21]

그러나 발제자는 이 같은 **'일반적 금지의 허가개념'**에 **두 가지 의문**을 가지고 있다.[22] **(i) 하나는,** 표현행위의 '일반적 금지'라는 요소가 헌법상의 '허가' 개

20) 헌재 1996. 10. 4, 93헌가13등(영화 사전심의허가제 사건; 제1차 영화검열 사건)[9(위헌) : 0].

21) 김종철, "한국 헌법상 야간집회금지입법의 위헌성", 「야간집회 금지의 위헌성」(학술토론회 자료집, 서강대학교 법학연구소·민주주의법학연구회·법과사회이론학회 공동주최, 2009. 1. 16), 19면("[헌법이 금지하는] 허가제란 어떠한 행위에 대한 일반적 금지를 전제로 일정한 사유가 있는 경우 예외적으로 그 금지를 해제하는 제도이다."); 한상희, "집회 및 시위의 자유: 그 헌법상의 의미", 一鑑法學 제11호, 2007, 46면("[헌법이 금지하는] 허가제란 어떠한 행위에 대한 일반적 금지를 전제로 일정한 사유가 있는 경우 예외적으로 그 금지를 해제하는 제도이다."); 남경국, "독일 헌법과 집회법의 충돌 및 그 해결과정", 「야간집회 금지의 위헌성」(학술토론회 자료집, 서강대학교 법학연구소·민주주의법학연구회·법과사회이론학회 공동주최, 2009. 1. 16), 54면("허가는 일반적인 금지를 전제로 재량적 처분에 따른 금지의 해제를 말한다. 따라서 헌법 제21조 제2항에서 집회에 대한 허가를 금지하고 있기 때문에, 집회에 대한 억제적 금지를 규정하는 경우 이는 헌법위반에 해당한다."); 전광석, 한국헌법론(제5판), 법문사, 2009, 310면("언론·출판의 자유는 헌법 제37조 제2항에 의하여 제한될 수 있다. 그러나 허가나 검열에 의한 제한은 인정되지 않는다. 허가는 일반적으로 금지되는 행위를 금지의 대상에서 해제하여 행위를 적법한 것으로 보는 행정행위이다."); 오동석, "집시법의 위헌성 쟁점 검토",「2008년 한국과 표현의 자유」(서울대 공익인권법센터 학술대회자료집, 2008. 12. 13), 92면(허가의 금지를 일반적 금지 자체를 허용하지 않는 것으로 해석해야 한다고 함).

22) 이 의문은 발제자가 오래 전부터 품어 온 의문이다. 발제자는 1997년에 발표한 한 논문에서

념에 필수적인 것인가 하는 것이다. 달리 말해서, 표현행위가 있기 전에 정부가 문제될 우려가 있다고 판단되는 특정인이나 특정 집단의 표현행위만을 개별적으로 금지시키고(=일단 막아 놓고) 그에 대한 사전심사를 하여 표현행위를 허용한다면, 그것은 헌법 제21조 제2항이 예정하는 '검열 혹은 허가'에 해당하지 않게 되는가? 발제자는 이러한 '개별적 금지에 의한 사전억제'도 역시 헌법의 '검열 혹은 허가'에 해당한다고 본다. 이 점에서 '일반적 금지의 허가개념'은 오히려 정부의 부당한 사전억제로부터 표현의 자유를 강하게 보호하고자 하는 헌법의 의지를 약화시키는 것이라고 할 수 있다.

(ii) 또 다른 의문은, 예외적 허용 여부를 '행정청'이 판단할 때에만 헌법이 금지하는 '허가'에 해당한다고 보아야 하는가 하는 점이다. 다시 말해서, 검열 또는 허가의 주체가 행정청일 때에만 헌법 제21조 제2항 위반 문제가 발생하고, 법원이 허가 여부를 결정할 때에는 위반문제가 발생하지 않는 것인가? 과거 1996년의 제1차 영화검열 결정에서 헌법재판소는 방론으로, "사법절차에 의한 영화상영의 금지조치(예컨대 명예훼손이나 저작권침해를 이유로 한 가처분 등)나 그 효과에 있어서는 실질적으로 동일한 형벌규정(음란, 명예훼손 등)의 위반으로 인한 [법관의 압수영장에 의한] 압수"는 검열이 아니라고 밝힌 바 있다.[23)]

그러나 표현행위자의 관점에서는 표현행위를 사전에 억제하는 주체가 행정청이든 법원이든 그 기본권침해의 효과는 동일한 것이다. 행정청에 의한 사전억제든 법원에 의한 사전억제든 모두 사상의 자유시장에서 자유로운 토론과 비판의 기회를 원천적으로 봉쇄한다는 점, 예측에 기초해서 추상적 판단을 하게 된다는 점, 그리고 남용의 우려가 있다는 점에 있어서는 동일하다. 다만, 행정권에 의한 사전

1996년의 제1차 영화검열 결정을 평가하면서 이 의문을 제기한 바 있다. 이인호, "表現의 自由와 檢閱禁止의 原則 ― 헌법 제21조 제2항의 새로운 해석론 ―", 『법과 사회』 제15호(법과사회이론연구회, 1997. 12) 참조.

23) 헌법재판소는 이들 예의 규제를 사후제한이라고 하고 있는데, 오히려 이는 사전제한이라고 보아야 한다. '사전'과 '사후'의 기준시점을 어떻게 잡느냐 하는 문제인데, 헌법재판소는 이들 예의 규제는 "정신작품의 발표 이후에 비로소 취해지는" 것이기 때문에 '사후'규제라는 것이다. 그러나 발표는 되어 시장에는 나갔지만 그 직후에, 다시 말해서 일반 국민이 평가를 위해 그것을 입수하는 것 자체가 불가능할 정도로 발표 직후에 가처분이나 압수조치에 의해 수거된다면, 그리하여 국민 스스로에 의한 평가와 비판의 가능성이 전면적으로 정부에 의해 봉쇄되어 버린다면 그것이야말로 헌법 제21조 제2항의 기본취지에 어긋나게 되는 것이다. 만약 예로 든 규제가 사후규제라고 한다면, 이는 헌법 제21조 제2항과 전혀 무관한 문제이고, 헌법재판소가 굳이 이들 규제가 "헌법상의 검열금지의 원칙에 위반되지 아니한다."(헌판집, 8권 2집, 224쪽)고 확인해 줄 필요조차 없는 것이다. 일본의 경우, 검열과 사전제한을 구분하여 상이한 법리를 처음으로 전개시킨 북방저널사건의 판결에 있어서도 북방저널(1979년 4월호)의 발표금지를 명한 가처분명령을 사전제한으로 이해하고 있으며, 미국의 경우에도 가처분명령에 유사한 injunction 명령이 사전제한(prior restraint)에 해당된다는 점에 대해서는 의문의 여지가 없는 것으로 이해하고 있다.

억제보다는 사법권에 의한 사전억제가 남용의 위험성이 덜할 수 있다는 점은 인정될 수 있다. 그러나 가처분절차의 경우 정식의 재판절차와는 달리 변론 없이 절차가 진행될 수 있고 가처분의 이유를 소명하는 것만으로 담보제공하에 가처분을 명할 수 있도록 되어 있다. 적어도 이러한 절차 하에서는 합의제 행정기관에 의한 숙려된 심사절차와 비교해서 그 남용의 위험성에 큰 차이가 없다고 볼 수 있다. 요컨대, 행정권에 의한 사전억제나 법원에 의한 사전억제나 양자는 그 본질에 있어서 동일한 것이다.[24] 검열의 의미를 최초로 밝혔던 1992년의 정기간행물 납본제도 사건[25]에서 헌법재판소는 "언론·출판에 대한 검열금지라 함은 … 의사표현이 외부에 공개되기 이전에 국가기관이 그 내용을 심사하여 특정한 의사표현의 공개를 허가하거나 금지시키는 이른바 사전검열의 금지를 말한다"(밑줄은 필자 붙임)고 하여 검열의 주체를 '국가기관'으로 보고 있었다.

둘째, 5인의 위헌의견은 헌법 제21조 제2항의 '허가'의 의미에 대해서 다음과 같이 설시하고 있다: 「이 사건 헌법규정에서 금지하고 있는 '허가'는 행정권이 주체가 되어 집회 이전에 예방적 조치로서 **집회의 내용·시간·장소 등**을 사전심사하여 일반적인 집회금지를 특정한 경우에 해제함으로써 집회를 할 수 있게 하는 제도, 즉 허가를 받지 아니한 집회를 금지하는 제도를 의미한다(헌재 2001. 5. 31, 2000헌마43, 판례집 13-1, 1167, 1179 ; 헌재 2008. 6. 26, 2005헌마506 판례집 20-1하, 397, 410 등 참조).」

위에서도 언급하였지만, 표현행위의 행사방식(=시간·장소·방법)을 사전규제하는 것은 헌법 제21조 제2항의 '검열 또는 허가'에는 해당되지 않는다는 것이 타당한 것으로 보인다. 그러나 5인의 위헌의견은 표현행위의 "내용"뿐만 아니라 "시간·장소 등"을 기준으로 한 사전규제도 헌법이 금지하는 '검열 또는 허가'에 해당한다는 설시를 하고 있다. 그런데 이러한 설시를 하면서 선례들을 원용하고 있는데, 여기서도 선례를 원용함에 있어서의 엄정성이 결여되어 있는 것으로 보인다.

즉, 원용하고 있는 200헌마43 결정("2000헌바43"의 오류로 보임)에서는 '시간·장소 등'을 기준으로 한 사전규제를 검열의 개념에 포함시킨 것이 아니라, "내용규제 그 자체가 아니거나 내용규제의 효과를 초래하는 것이 아니라면 헌법 제21조 제2항의 금지된 '허가'에는 해당되지 않는다."[26]고 분명히 판시하고 있다. 그 전문

24) 이와 유사한 취지로서 가처분절차에 의한 사전억제가 가지는 헌법이론적 난점에 대해서는, 황도수, "표현의 자유에 대한 사전제한", 「법과 인간의 존엄」(청암 정경식박사 화갑기념논문집, 박영사, 1997. 11) 참조.

25) 헌재 1992. 6. 26, 90헌바26(정기간행물 납본제도 사건)[9(합헌) : 0].

26) 헌재 2001. 5. 31, 2000헌바43등(중계유선방송사업자 사업범위제한 사건)[8(합헌) : 0].

을 그대로 소개한다.

「(다) 헌법 제21조 제2항은 "언론·출판에 대한 허가나 검열과 집회·결사에 대한 허가는 인정되지 아니한다"고 규정하고 있다.
이 재판소는 위 제21조 제2항의 검열금지원칙이 적용되는 '검열'에 관하여 '행정권이 주체가 되어 사상이나 의견 등이 발표되기 이전에 예방적 조치로서 그 내용을 심사, 선별하여 발표를 사전에 억제하는, 즉 허가 받지 아니한 것의 발표를 금지하는 제도'라고 의미 규명한 바 있는데(헌재 1996. 10. 4, 93헌가13등, 판례집 8-2, 212, 222 ; 헌재 1996. 10. 31, 94헌가6, 판례집 8-2, 395, 402 각 참조), **언론의 내용**에 대한 허용될 수 없는 사전적 제한이라는 점에서 위 조항 전단의 "허가"와 "검열"은 본질적으로 같은 것이라고 할 것이며 위와 같은 요건에 해당되는 허가·검열은 헌법적으로 허용될 수 없다.
언론·출판에 대한 **허가·검열금지의 취지**는 정부가 **표현의 내용**에 관한 가치판단에 입각해서 특정 표현의 자유로운 공개와 유통을 **사전 봉쇄**하는 것을 금지하는 데 있으므로, **내용규제 그 자체가 아니거나 내용규제의 효과를 초래하는 것이 아니라면** 위의 금지된 "허가"에는 해당되지 않는다고 할 것이다(헌재 1992. 6. 26, 90헌가23, 판례집 4, 300, 307 ; 헌재 1993. 5. 13, 91헌바17, 판례집 5-1, 275, 286 각 참조).」

또한 원용하고 있는 2005헌마506 결정27)도 7인의 법정의견에서 '내용'에 대한 사전제한이 헌법상의 '허가'의 의미라고 분명하게 판시하고 있다. 그럼에도 위 5인의 위헌의견은 마치 이 결정들에서도 '집회의 시간·장소 등에 대한 사전허가'를 헌법이 금지하는 '허가'의 의미로 판시했다는 취지로 이들 결정을 원용하고 있는 것이다. 그러나 200헌바43 및 2005헌마506 결정에서 밝힌 헌법상 금지되는 '허가'의 의미가 위 5인의 위헌의견과 같다고 볼 수 있는지는 매우 의문이다.

Ⅲ. [쟁점 2] 헌법 제21조 제2항의 검열·허가금지는 '절대적 금지'인가?

헌법 제21조 제2항의 허가금지는 '절대적 금지'인가? 즉, 어떠한 공익을 이유로 해서도 '집회에 대한 허가'는 허용될 수 없는 것인가? 헌법 제21조 제2항은

27) 헌재 2008. 6. 26, 2005헌마506(방송광고 사전심의 사건)[7(위헌) : 1(위헌) : 1(헌법불합치)] <7인의 법정의견－재판관 이강국, 이공현, 김희옥, 김종대, 민형기, 이동흡, 송두환>.

"집회에 대한 허가는 인정되지 아니한다."고 선언하고 있는데, 이러한 헌법규정상의 금지선언은 언제나 절대적인 금지로 해석해야 하는가? 1996년의 제1차 영화검열 사건에서부터 오늘의 본 평석대상결정에 이르기까지 헌법재판소는 일관되게 '그렇다'는 것이다. 본 평석대상결정에서 5인의 위헌의견은 물론이고 2인의 헌법불합치의견이나 2인의 합헌의견에서도 이 점에 있어서도 모두 일치한다. 위헌제청법원도 마찬가지이다. 또한 많은 헌법이론가들도 입장을 같이 하고 있는 것으로 보인다.

그러나 발제자는 이 점에 의문을 제기하고자 한다. 헌법의 다른 금지선언 규정도 늘 그렇게 해석해 왔던가? 헌법 제13조 제1항 전단은 "모든 국민은 행위시의 법률에 의하여 범죄를 구성하지 아니하는 행위로 소추되지 아니한다."고 규정하고 있고, 같은 조 제2항은 "모든 국민은 소급입법에 의하여 참정권의 제한을 받거나 재산권을 박탈당하지 아니한다."고 규정하여 소급입법금지의 원칙을 선언하고 있다. 적어도 이 3개 영역(형벌·참정권·재산권)에서의 (진정)소급입법은 절대적 금지인가? 최근까지 이 문제에 정면으로 대답을 하는 헌법재판소 결정은 없었던 것으로 보인다.

그런데 며칠 전인 3월 31일 선고된 친일반민족행위자 재산몰수 사건[28]에서 헌법재판소는 재산권에 대한 소급입법금지의 원칙 적용문제를 정면으로 다루었다. 이 결정에서 2인의 일부위헌의견(재판관 이강국, 조대현)은 헌법 제13조 제2항의 소급입법의 금지는 '예외가 허용되지 않는 절대적 금지명령'이라고 이해하면서 이 사건 국가귀속조항은 진정소급입법에 의한 재산권 박탈에 해당하기 때문에 위헌이라는 소수의견을 개진하였다. 그러나 상대다수의견인 4인의 합헌의견(재판관 민형기, 송두환, 박한철, 이정미)은 '진정소급입법이라 할지라도 예외적으로 국민이 소급입법을 예상할 수 있었던 경우와 같이 소급입법이 정당화되는 경우에는 허용될 수 있다'고 하면서 이 사건 국가귀속조항이 진정소급입법에 해당하긴 하지만 헌법 제13조 제2항에 반하지 않는다고 판시하였다.[29]

기본적으로 발제자는 헌법상의 어떤 원칙 혹은 금지선언을, 아무리 중대한 공익을 이유로 하더라도 절대로 훼손되어서는 안 되는 절대적 원칙 혹은 절대적

28) 헌재 2011. 3. 31, 2008헌바141(친일반민족행위자 재산몰수 사건)[4(합헌) : 1(합헌) : 2(일부 한정위헌) : 2(일부 위헌)].

29) 다른 3인 중 김종대 재판관은 '친일재산은 대한민국 헌법상의 재산권 조항으로써 보호될 수 없다'는 의견을 개진하였고, 목영준 재판관은 '이 사건 국가귀속조항은 부진정소급입법에 해당한다'는 의견이며, 그 밖에 이동흡, 목영준 두 재판관은 이 사건 추정조항에 대해 한정위헌의견을 개진하였다. 현재 결정문이 공개되지 않은 상태여서, 헌법 제13조 제2항의 소급입법금지가 절대적 금지인지 여부에 관한 이들 3인의 입장을 정확히 확인할 수 없다.

금지라고 해석하는 것은 위험성이 있다는 기본시각을 가지고 있다. 사실 헌법재판소가 1996년의 제1차 영화검열 사건[30]에서 헌법 제21조 제2항의 검열금지의 원칙을 절대적인 것으로 이해하면서부터 제21조 제2항의 법리가 약간 뒤틀어지게 되었다고 생각한다. 당시 헌법재판소는 헌법이 보장하는 표현의 자유는 그 표현의 매개체가 어떠한 형태이건 관계없이 모두 헌법의 보호를 받는다는 점을 분명히 하였고, 따라서 모든 표현행위에 대해 헌법재판소가 제시하는 4가지 요건을 모두 충족시키는 검열은 그 자체 곧 위헌이 되며 달리 법익형량을 통한 합헌성의 여지를 인정하지 않았다. 그러면서 동시에 방론으로서, 이렇게 절대적으로 금지되는 '검열'과 이에 해당되지 않는 '사전제한'을 구별하고 이 양자에 적용되는 법리가 다른 것임을 밝히고 있다. 그러니까, 헌법 제21조 제2항의 적용을 받는 '검열'은 절대적 금지인 반면, '검열 이외의 사전제한'은 헌법 제21조 제1항의 표현의 자유에 대한 제한으로서 그 한계는 헌법 제37조 제2항에 의하여 설정된다는 것이다. 나아가 헌법재판소는 검열의 주체를 '국가기관'에서 '행정권'으로 한정시킴으로써 검열의 개념을 축소해버릴 수밖에 없었던 것이다.

이후 헌법재판소는 '검열은 절대적으로 금지된다', '행정권에 의한 사전제한만이 검열이다', 그리고 '검열 여부판단과 과잉금지원칙 위반판단은 그 본질에 있어서 다른 것이다'는 법리의 족쇄에 스스로 갇히게 되었다. 이러한 법리의 족쇄 속에서 방송광고의 사전심의제도도 위헌으로 귀결될 수밖에 없었던 것이다.[31] 그러나 이 2008년의 방송광고 사전심의 결정에서 소수의견을 각각 낸 2인의 재판관(재판관 조대현, 목영준)은 '절대적 금지'의 족쇄를 벗어나고자 새로운 법리의 전개를 시도한다. 즉 위헌의 별개의견을 개진한 조대현 재판관은 헌법 제21조 제1항 및 제2항이 보장하는 "언론·출판"의 개념범위를 축소시키면서 "의견이나 사상을 말이나 글로 표현하여 민주사회의 다양한 의사의 하나로 불특정 또는 다수인에게 공표하고 전달하기 위한 것"만이 여기에 해당되고 그 밖의 표현행위는 제21조에서 보호하는 "언론·출판"이 아니라는 견해를 제시하였다. 한편, 헌법불합치의견을 개진한 목영준 재판관은 정면으로 '언론·출판에 대한 사전검열금지의 원칙은 상업광고에는 적용되지 않는다'는 입장을 표시하였다.

그리하여 마침내 헌법재판소는 2010. 7. 29. 건강기능식품의 표시·광고에 대한 사전심의제도에 대하여 합헌결정을 내린다.[32] 이 결정에서는 위 목영준 재판관의

30) 헌재 1996. 10. 4, 93헌가13등(제1차 영화검열 사건)[9(위헌) : 0].

31) 헌재 2008. 6. 26, 2005헌마506(방송광고 사전심의 사건)[7(위헌) : 1(위헌) : 1(헌법불합치)].

32) 헌재 2010. 7. 29, 2006헌바75(건강기능식품 표시·광고 사전심의 사건)[4(합헌) : 2(합헌) : 1(합

의견이 4인의 상대다수의견을 형성하게 되고, 2008년의 방송광고 사전심의 결정에서 7인의 위헌의견에 참여하였던 4인의 재판관 중 2인(재판관 이강국, 송두환)은 기존의 검열법리를 그대로 유지하면서 다만 이 사안에서는 검열요건 중 행정기관성 요건이 충족되지 않았다는 이유로 합헌의견을 내었고, 다른 2인(재판관 이공현, 김종대)은 기존의 검열법리를 그대로 적용하여 '이 사건 건강기능식품 기능성 표시·광고 사전심의절차는 헌법이 금지하는 행정기관에 의한 사전검열로서 위헌'이라는 의견을 개진하였다.

요컨대, 이 같은 검열법리의 혼란상은 그 모든 출발점이 '검열·허가의 금지는 절대적인 금지다'라는 위험한 법리에서 시작되었다고 판단된다.

Ⅳ. [쟁점 3] 이 사건 법률조항(야간집회금지조항)은 헌법 제21조 제2항의 허가제에 해당하는가?

야간시간("해가 뜨기 전이나 해가 진 후")의 옥외집회를 일반적으로 금지하면서 예외적으로 관할경찰서장이 허용할 수 있도록 규정한 이 사건 법률조항은 <u>헌법이 금지하는 허가제</u>에 해당하는가? 5인의 위헌의견은 '그렇다'는 것이고, 2인의 헌법불합치의견과 2인의 합헌의견은 '그렇지 않다'는 것이다. 헌법이 금지하는 사전억제의 '대상'에 관한 이해가 기본적으로 다르기 때문이다.

5인의 위헌의견은 "이 사건 법률조항의 본문에 의하면 야간옥외집회는 일반적으로 금지하되, 그 단서에서는 행정권인 관할경찰서장이 집회의 성격 등을 포함하여 야간옥외집회의 허용 여부를 사전에 심사하여 결정한다는 것이므로, 결국 <u>야간옥외집회에 관한 일반적 금지를 규정한 집시법 제10조 본문과 관할 경찰서장에 의한 예외적 허용을 규정한 단서는 그 전체로서</u> <u>**야간옥외집회에 대한 '허가'**</u>를 규정한 것이라고 보지 않을 수 없고, 이는 이 사건 헌법규정에 정면으로 위반되는 것이다."고 설시하고 있다. 그러면서 5인의 위헌의견은 이 사건 법률조항(제10조)과 집시법의 다른 집회금지조항(제11조 내지 제14조)은 집회의 자유를 제약하는 방식에 있어서 다르다는 점을 다음과 같이 강조한다.

> 「집시법 <u>제11조 내지 제14조</u>에서도 <u>집회의 장소, 방법 등에 관하여 집회의 자유를 제한하는 규정</u>을 두고 있긴 하지만, 위 규정들은 집시법 제10조와 같이 <u>**행정권에**</u>

헌) : 2(위헌)].

의한 사전허가의 방식으로 집회의 자유를 규제하지 아니하고, 법률에 의한 제한의 방식을 취하고 있으므로 이 사건 헌법규정에 대한 위반의 문제는 발생하지 않는다. 나아가 집시법 제11조 제4호는, 원래 국내 주재 외국의 외교기관이나 외교사절의 숙소부근에서는 옥외집회 및 시위를 절대적으로 금지하는 규정을 두었다가 헌법재판소의 위헌결정(헌재 2003. 10. 30, 2000헌바67등 결정)에 따라 단서조항이 신설되는 개선입법이 이루어졌지만, 이때에도 행정권에 의한 사전허가의 방식이 아니라 법률에 의한 규제방식을 택하였을 뿐이므로, 행정권에 의한 사전허가의 방식으로 집회의 자유를 제한하고 있는 집시법 제10조와는 다르다는 점을 주목할 필요가 있다{집시법 제11조 제1호중 "각급 법원" 부분에 관하여 헌법재판소는 2005. 11. 24, 2004헌가17(판례집 17-2, 360 이하)에서 합헌결정을 한 바 있다}.」

그런데 이러한 논증에는 **몇 가지 의문**이 제기된다. **첫째**, '행정권에 의한 사전허가의 방식'도 '법률에 의한 제한'의 한 방식이 아닌가 생각된다. 법률은 추상적인 행위금지의무를 국민에게 부과하고, 그 의무이행을 확보하는 방법으로서 행정청으로 하여금 의무위반에 대한 사후집행(행정적 혹은 형사적 제재)을 하게 하거나 혹은 사전예방적 조치(신고·허가·인가 등)를 하게 할 수 있다.

둘째, 야간시간의 집회를 금지하는 이 사건 법률조항(제10조)과 집회의 장소를 금지하는 제11조는 집회의 자유를 제약하는 방식에 있어서 과연 다른 것인지 의문이 든다. 제11조는 금지되는 집회장소를 규정하고 있는데, 제8조 제1항 제1호는 '사전 신고한 집회내용이 제11조 위반에 해당하는 때'에는 관할경찰서장이 집회금지통고를 '할 수' 있도록 하고, 금지통고한 집회나 시위를 주최한 자는 2년 이하의 징역 또는 200만원 이하의 벌금에 처하여진다(제22조 제2항). 이는 표현행위가 있기 전에 행정청이 금지명령을 내릴 수 있고 명령위반에 대해서는 그 자체로 형사처벌을 가하고 있는 것이다. 이러한 규제방식이 '행정권에 의한 사전허가의 방식'과 어떻게 다른가? 제10조 본문의 집행방식도 완전히 이와 동일한 것이 아닌가 하는 의문이 든다. 제8조 제1항 제1호에 의한 금지통고의 대상으로 제10조 본문과 제11조를 함께 열거하고 있는 점에서 볼 때 더욱 그러하다. 외관상의 유일한 차이점은 시간금지조항(제10조)에서는 예외적인 집회허용이 명시적으로 인정되는 반면에, 장소금지조항(제11조)에서는 예외적인 집회허용을 명시적으로 규정하고 있지 않다는 점이다. 그런데 집회의 자유에 대해 어느 쪽이 더 억압적인 규정인가? 더 억압적인 규정은 합헌이고, 덜 억압적인 규정은 위헌이라는 결론은 헌법논리적으로는 성립되기 어려운 것이 아닌가 생각된다.

또한 집시법 제12조는 '대통령령으로 정하는 주요 도시의 주요 도로에서의 집회 또는 시위에 대하여 교통 소통을 위하여 필요하다고 인정하면' 관할경찰서장이 집회금지를 할 수 있도록 하고 있는데, 제8조 제1항 제3호는 '사전 신고한 집회내용이 제12조에 따라 금지할 집회 또는 시위라고 인정될 때'에는 관할경찰서장이 집회금지통고를 '할 수' 있도록 하고, 금지통고한 집회나 시위를 주최한 자는 2년 이하의 징역 또는 200만원 이하의 벌금에 처하여진다(제22조 제2항). 이 또한 '행정권에 의한 사전허가의 방식'과 동일한 것이라고 볼 수 있다. 특히 교통소통목적금지조항(제12조)에서는 행정청에게 상당히 넓은 재량을 주고 있다. 관할경찰서장이 금지여부를 판단하기 위한 유일한 법적 기준은 '교통 소통을 위하여 필요하다고 인정되는 때'인 것이다.

요컨대, 5인의 위헌의견은 시간금지조항인 이 사건 법률조항(제10조)만이 헌법 제21조 제2항의 허가제에 해당하고, 다른 장소금지조항(제11조)이나 교통소통목적금지조항(제12조)은 허가제가 아니라고 하여 양자를 구분하고 있으나, 이 양자가 그 규제의 방식이나 집회의 자유에 대한 제한적 효과의 측면에서 본질적으로 다른 것인지 의문이 든다.

Ⅴ. [쟁점 4] '허가제 여부판단'과 '과잉금지원칙 위반판단'은 그 본질에 있어서 다른 것인가?

'허가제 여부판단'과 '과잉금지원칙 위반판단'은 그 본질에 있어서 다른 것인가? 본 평석대상결정에서 9인의 재판관 모두 양자를 구별하고 있는 것으로 보이며, 위헌제청법원도 마찬가지이다. 그러나 발제자는 이 점에 의문을 제기하고자 한다. 이 양자는 별개의 서로 다른 심사척도라고 보기 어렵다는 생각이다.

표현행위에 대한 공권력의 사전억제는 어떤 사상이 다른 동료 시민들에 의한 평가를 받아볼 수 있는 기회마저도 봉쇄하는 것이기 때문에, 그만큼 표현의 자유에 대한 침해의 효과가 지대하고, 따라서 그러한 조치의 헌법적 정당화가 쉽게 인정되어서는 안 된다. 따라서 표현행위에 대한 사전억제조치를 행정청이나 법원이 취하거나 또는 그것을 제도화하는 법률은 처음부터 위헌의 의심이 강한 공권력작용이고, 그에 대한 헌법적 심사는 매우 엄격해야 한다. 헌법 제21조 제2항의 집회에 대한 허가금지의 선언은 이 점을 분명하게 밝힌 것이고, 따라서 헌법 제37조 제2항에 의한 심사를 함에 있어서 제21조 제2항의 취지를 반드시 고려해야 하는 것이다.

Ⅵ. [쟁점 5] 이 사건 법률조항에 대한 종전의 합헌결정 변경의 의미는 무엇인가?

본 평석대상결정에서 헌법재판소는 1994년의 합헌결정[33]에 대해, "종전에 헌법재판소가 이 결정과 견해를 달리해, [이 사건 법률조항]은 헌법에 위반되지 않는다고 판시한 91헌바14 결정은 이 결정과 저촉되는 범위 내에서 이를 변경하기로 한다."고 판시하고 있는데, 여기서 '저촉되는 범위'는 어디까지이고 '무엇이' 변경되는 것인가? '주문'을 변경한다는 것인가, 아니면 '판례'를 변경한다는 것인가?

이 부분 판시의 의미가 불분명해 보인다. 본 심판대상결정에서 판례변경의 의결표수인 6인의 찬성을 얻은 중요이유는 무엇인가? 5인의 위헌의견이 개진한 '포괄적 사전억제론'과 '허가개념'은 6인의 찬성을 얻지 못했기 때문에 종전 1994년의 합헌결정에서 7인의 법정의견이 형성했던 기성의 법리를 변경하지는 못할 것으로 보인다. 또한 야간시간("해가 뜨기 전이나 해가 진 후")의 옥외집회를 일반적으로 금지하면서 예외적으로 관할경찰서장이 허용할 수 있도록 규정한 이 사건 법률조항이 헌법 제21조 제2항이 금지하는 허가제에 해당한다는 의견 또한 6인의 찬성을 얻지 못했기 때문에 판례변경의 힘을 갖지 못하는 것이 아닌가 생각된다. 그렇다면 무엇이 변경되는 것인가?

Ⅶ. [쟁점 6] 계속적용명령의 헌법불합치 주문은 적절한 것이었는가?

계속적용명령의 헌법불합치 주문은 적절한 것이었는가? 이 주문은 이 결정을 이끌어내는 계기가 된 당해사건의 당사자(피고인)를 구제할 수 있는가?

발제자는 형벌조항의 일부 위헌성을 확인하면서 헌법불합치결정을 내릴 때에는 계속적용명령의 헌법불합치는 타당하지 않다고 생각한다. 적용중지명령의 헌법불합치결정을 내렸어야 했다. 이 점에서 조대현 재판관의 적용중지의견에 전적으로 찬성한다.

※ 시간에 쫓기어 논증하지 못한 부분은 발제·토론 후 보완하고자 합니다.

33) 헌재 1994. 4. 28, 91헌바14(대학구내 집회 제한 사건)[7(합헌) : 1(한정합헌) : 1(위헌)].

제110회 발표회 지정토론문

성 왕*

단순히 비판하기 위한 비판이 아닌 법철학적 기초 위에서 그간의 헌법재판소의 결정례에 대한 충실한 이해를 바탕으로 야간옥외집회금지 헌법불합치결정에 대한 깊이 있는 비판적 고찰을 해 주시고 앞으로의 연구과제를 제시해주신 이인호 교수님께 우선 감사드립니다. 지정토론자로서 발제문을 읽고 느낀 의문점과 의견에 대해 말씀드리고자 합니다.

[쟁점1] 헌법 제21조 제2항이 금지하는 "집회에 대한 허가"의 의미는 무엇인가?

3·15 부정선거 이후 4월 혁명으로 개정된 60년 헌법에 집회에 대한 허가 금지가 일반적 법률유보(제28조 제2항 본문)에 대한 예외(제28조 제2항 단서)로서 처음 등장하였고, 5·16 이후의 62년 헌법이 일반적 법률 유보조항을 존치(제32조 제2항) 시키면서 허가 금지 규정의 위치를 옮기고(집회의 자유와 같이 제18조에 규정) 개별적 법률유보 규정을 둔 점, 이후 허가제 금지 규정 자체가 사라졌다가 87년 헌법에 다시 규정된 것이라는 점을 고려할 때, 헌법 제21조 제2항의 허가제 금지는 절대적 금지이고, 또한 집회의 자유에 대한 강력한 보호의 이념적 선포로서 최초 헌법에 도입된 이래 그 의미에 변화가 없다고 생각되며(이는 언론·출판에도 그대로 적용된다고 생각됩니다), 62년 헌법의 개별적 법률 유보조항은 집회에 대한 허가제 금지 규정에 대한 예외를 인정하기 위한 것이거나(포괄적 사전억제론), 집회에 대한 허가제의 개념범위를 확인하기 위한 것(내용적 사전억제론)이라고 보입니다.

한편 우리 헌법은 '집회'의 개념만을 두고 있으며, 여기에는 실정법(집시법)상의 집회와 시위(양자의 실정법상 개념관계는 여기에서는 논하지 않는 것으로 하겠습니다)가 모두 포함된다고 할 것이므로 시위에 대한 허가제 금지 논의가 달라질 우려는 없다고 생각됩니다.

---

* 헌법연구관.

다음으로 시간·장소·방법을 기준으로 한 허가를 헌법 제21조 제2항의 허가제의 범주에 포함시킬 수 있는지와 관련해서는, 위와 같은 연혁적 고려에서 논거를 찾는 이외에, 언론·출판과 구분하여, 집회는 참가자의 내적인 유대만으로도 집회가 가능하므로 '추상적' 목적 이외에 사전에 집회에서 표현될 내용을 확인하기 어렵고, 따라서 표현의 내용에 따른 규제가 가능하다고 보기 어려움에도 내용규제만을 금지되는 사전제한으로 파악한다면, 헌법 제21조 제2항은 명목적 기본권 보호로 전락하게 된다는 점, 집회에서의 의견표명이 전달되도록 함에 있어 시간과 장소가 가지는 중요성과 그 자체가 내용을 형성하는 점, 나아가 내용에 대한 사전억제만이 정부에 의한 일정한 사상의 사전 거름조치가 되는 것은 아니며, 집회를 국민이 쉽게 접근할 수 없는 장소로, 시간대로 추방하는 것 역시 마찬가지 효과를 가진다는 점 등을, 포괄적 사전억제론은 고려한 것이라고 생각됩니다.

그 밖에 시간 등에 의한 허가금지는 시간 등을 이유로 집회의 주최 여부를 결정하는 것을 금지하는 것이지, 조건 부과를 금지하는 것은 아니므로 기본권 충돌 상황에서 행정청의 사전 조율을 부인하는 것은 아니라고 보입니다.

관련하여, 포괄적 사전억제론이 언론·출판에 대한 사전허가·검열에 대한 선례와의 충돌하는가의 문제입니다. 헌법재판소는 2000헌바43 결정에서 언론·출판에 대한 사전허가와 검열은 본질적으로 같고, 내용규제나 내용규제의 효과를 초래하는 것이 아니라면 금지된 허가에 해당하지 않는다는 입장을 표시한 바 있습니다. 그런데 평석대상 결정의 경우 허가와 검열의 관계에 대하여는 논하고 있지 않고, 다만 언론·출판의 자유와 집회의 자유의 성격, 특성을 구분하는 전제에서 서로 다른 허가개념(보다 넓은 허가 개념[1])이 적용된다고 본 것이므로 선례와 충돌하는 부분은 없다고 생각됩니다.

그 밖에 허가의 주체 문제와 관련하여, 발제자의 의견에 충분히 공감하고, 사법적 명령 역시 집회에 대한 사전제한임은 분명하다고 생각되나[2], 그 절차적 특성상 재량의 남용 위험에 대한 고려가 크다고 보이는 금지되는 허가제의 개념에까지 포섭시킬 것인지는 보다 신중한 접근이 필요하다고 생각됩니다. 한편 법률에서 사법적 허가제를 도입하는 경우에는 재판소원이 금지되므로 개별 사안에서는 헌법재판소가 판단할 수 없다는 측면도 생각해 볼 필요가 있다고 보입니다.

마지막으로 일반적 금지와 예외적 허용의 틀을 허가제의 개념요소로 두는 것

1) 언론·출판에 대한 허가의 개념을 포섭하는 보다 넓은 허가개념을 채택하였기 때문에 위 선례를 참조 결정으로 표시한 것으로 생각됩니다.

2) 미국 연방대법원도 '사전제한'에 관하여 '어떤 의사소통이 행해지는 시점보다 앞서 발하여지는, 그러한 의사소통을 금지하는 행정적·사법적 명령'으로 보고(Alexander v. United States) 있습니다.

이 헌법적으로 정당한가의 문제에 대해서, 발제자의 의견에 상당 부분 공감하고 있습니다만, '일반적 금지'의 개념을 조금 좁게 이해한다면 평석대상 결정의 취지를 보다 잘 이해할 수 있지 않나 생각됩니다.

[쟁점2] 헌법 제21조 제2항의 검열·허가 금지는 '절대적 금지'인가?

일반적인 법학 해석방법론(문리적, 논리적·체계적, 역사적, 목적론적 해석)은 헌법의 해석에 있어서도 적용될 수 있을 것입니다.

헌법상 집회의 자유에 관한 규정의 변천, 우리의 민주화 과정에 관한 역사적 경험, 집회의 자유에 대한 강력한 보호의지를 고려할 때 헌법 제21조 제2항의 집회의 허가제 금지는 절대적 금지로 해석하여야 하는 것이 아닌가 생각됩니다.

다만 발제자의 견해와 같이 헌법 제21조 제2항의 금지를 절대적 금지로 해석하는 것이 구체적 사건에서의 타당성 확보를 위하여 허가제의 개념 범위에 대한 지나친 축소로 이어지거나, 과잉금지원칙 위반 여부 판단을 오히려 약화시키는 것은 경계되어야 할 것으로 여겨집니다.

(인용하신 친일반민족행위자 재산몰수 사건의 경우 소급 입법 금지를 절대적 금지로 보는 견해가 4인(재판관 이강국, 조대현, 김종대, 목영준)이었고, 상대적 금지로 이해하는 전제의 의견이 5인(재판관 이공현, 김희옥, 이동흡, 민형기, 송두환)으로 보입니다.)

[쟁점3] 야간집회금지조항은 헌법 제21조 제2항의 허가제에 해당하는가?

평석대상 결정은 "'허가'는 행정권이 주체가 되어 집회 이전에 예방적 조치로서 집회의 내용·시간·장소 등을 사전심사하여 일반적인 집회금지를 특정한 경우에 해제함으로써 집회를 할 수 있게 하는 제도, 즉 허가를 받지 아니한 집회를 금지하는 제도"(헌재 2009. 9. 24, 2008헌가25, 판례집 21-2 상, 427, 442)라고 보고 있습니다.

집시법 제11조의 경우, 행정권이 집회 장소를 심사하여 집회를 허용할 수 없습니다. 집시법 제11조가 규정한 집회금지장소의 집회인지 여부는 단순한 사실 확정의 문제이고 행정권이 금지를 해제할 수 있는 권한을 가지고 있지 않으므로 위와 같은 허가제 개념에 포섭되지 않는다고 생각됩니다. 그리고 집시법 제13조와

제14조는 집회 자체를 금지하는 것이 아니므로 문제될 여지가 없다고 보이고, 집시법 제12조의 경우 행정청의 자의적 판단 개입의 우려가 큰 문제가 있고 제한의 효과 측면에서 집시법 제10조와 유사한 면이 있다고 보이나, 일반적인 집회 금지를 전제로 한 제도가 아니라는 점에서 위와 같은 허가제 개념에는 포섭되지 않는다고 보입니다.

[쟁점4] '허가제 여부 판단'과 '과잉금지원칙 위반 판단'은 그 본질에 있어 다른 것인가?

헌법 제21조 제2항의 허가제 금지를 절대적 금지가 아니라고 볼 경우, 허가제 여부 판단은 과잉금지원칙 위반 판단과 융합될 수 있고, 동질적인 것으로도 해석될 수 있다고 생각합니다.

그러나 헌법 제21조 제2항의 허가제 금지를 절대적 금지라고 볼 경우, 헌법 제21조 제2항은 특정한 방식에 의한 기본권 제한의 금지로서 형량을 허용하지 않는 것이므로 과잉금지원칙 위반 여부와는 지향하는 이념적 동질성은 인정될 수 있다고 하더라도 판단은 분리될 수밖에 없는 것이 아닌가 생각됩니다.

[쟁점5] 이 사건 법률조항에 대한 종전의 합헌결정 변경의 의미는 무엇인가?

평석 대상 결정의 선례 변경은 헌재법 제23조 제2항 제2호의 "종전에 헌법재판소가 판시한 헌법 또는 법률의 해석 적용에 관한 의견을 변경"하는 것에 해당한다고 할 것이고, 평석 대상 결정이 그 변경하는 부분을 하나 하나 적시하지 않았다고 하더라도 이는 결정의 내용에 비추어 해석을 통하여 확정할 수 있는 것이 아닌가 생각됩니다.

우선 평석대상 결정은 심판의 대상이 된 야간옥외집회금지조항이 헌법에 위반되는지에 관한 의견을 변경한 것이고, 또한 헌법 제21조 제2항이 집회에 대한 허가제의 절대적 금지를 규정한 것으로서 헌법 제37조 제2항의 과잉금지원칙 위반 여부의 심사와는 다른 면에 위치하고 있다고 본 점에서도 종전의 결정[3])을 변

3) 91헌바14 결정의 경우 헌법 제21조 제2항 위반 여부를 별도로 판단하지 아니하였고, 허가제의 의미를 밝힌 바도 없으며, "우리 헌법이 제21조 제1항에서 모든 국민은 집회의 자유를 가진다고

경한 것이라고 생각됩니다.

이와 같이 종전결정의 판단의 전제 내지 체계구조를 변경한 이상, 평석대상 결정의 기속력이 판결 이유 중 어떠한 부분에 인정될 수 있는가의 논의(위헌결정의 기속력에 관한 논의)는 별론으로 하고 종전 결정의 과잉금지원칙 위반 여부에 관한 판단(7인 의견) 부분이 변경되지 않은 채 그대로 존속한다고 볼 수 있는지 의문입니다.

[쟁점6] 계속적용명령의 헌법불합치 주문은 적절한 것이었는가?

형벌조항이 아닌 일반 법률조항에 대한 헌법불합치결정의 필요성과 마찬가지로 형벌조항의 위헌성이 확인된다하더라도 단순 위헌결정으로 그 효력을 전면적으로 소급하여 상실시키기보다 효력상실이나 소급무효를 제한하는 것이 오히려 더 합헌적이라고 판단할 경우 이에 대한 헌법불합치결정을 할 필요성이 인정될 수 있다고 생각됩니다.

물론 개인의 기본권에 대한 중대한 침해 또는 제한인 형벌을 부과하기 위해서는 행위 당시 죄형법정주의나 죄형의 책임원칙 등 헌법원리에 부합하는 형벌조항이 이미 존재하고 있어야 한다는 헌법적 가치를 법적 안정성 등 다른 헌법적 가치에 양보할 수 없다는 견해에 따른다면, 위헌적인 형벌조항을 근거로 한 형벌 부과를 정당화할 수 없으므로 위헌적인 형벌조항의 효력을 바로 상실시키고, 헌법재판소법 규정에 따라 그 소급효를 전면적으로 인정하는 것만이 합헌적이라고 볼 수 있을 것입니다.

그러나 위헌인 형벌조항의 효력상실의 소급효 여부는 헌법적합성의 문제라기보다는 입법정책의 문제에 불과하다고 할 것(헌재 1993. 5. 13, 92헌가10, 판례집 5-1, 226 참조)이고, 형벌조항에 대하여도 그 소급효를 제한하거나 효력상실을 일부 제한하기 위하여 헌법불합치결정을 하고, 계속 적용을 명할 필요성은 제한적이나마

규정하고 같은 조 제2항에서 집회에 대한 허가제는 인정되지 아니한다고 규정함으로써 표현의 자유의 일종인 집회의 자유를 국민의 기본권으로서 보장하고 있는 점에 비추어, 집시법 제10조가 위와 같이 야간의 옥외집회와 시위를 원칙적으로 금지하고 있는 규정체재는 위 헌법조항과의 관계에서 볼 때 위헌의 소지가 있지 않은가 하는 의문이 제기될 수도 있다. 그러나 우리 헌법도 제37조 제2항에서 이러한 집회의 자유도 국가안전보장·질서유지 또는 공공복리를 위하여 필요한 경우에는 그 본질적인 내용을 침해하지 않는 범위 안에서 법률로써 이를 제한할 수 있음을 규정하고……"(헌재 1994. 4. 28, 91헌바14, 판례집 6-1, 281, 299-300)라고 설시하면서 과잉금지원칙 위반 여부의 판단으로 나아가고 있어 헌법 제21조 제2항의 허가제 금지를 절대적 금지로 이해하지 않는 전제에 선 것으로도 읽힙니다.

인정될 수 있다고 생각됩니다.

다만 헌법불합치 결정을 하면서 잠정적용을 하는 경우에는 위헌으로 확인된 법률조항의 적용금지와 절차정지로 인한 법적 공백상태가 위헌적 법률조항을 적용하는 경우보다 더욱 헌법에 합치하지 않는다고 판단하는 예외적인 경우여야 할 것이고, 형벌조항의 경우 이러한 예외성을 긍정하기 위해서는 보다 엄격한 형량의 과정이 필요하다고 생각되나, 평석대상결정에서 그와 같은 고려가 제대로 드러나지 않는 점은 문제로 지적될 수 있다고 생각됩니다.

그리고 평석대상결정의 당해사건의 경우 개선입법 시한 이전에 선고하는 경우, 구제받을 수 없다고 생각되나, 개선입법시한 내에 만약 개선입법이 되었다면 (견해의 대립이 있으나) 개선입법의 소급적용을 받을 가능성이 있지 않았나 생각되나, 지금으로서는 가정적 논의이고, 개선입법시한을 도과한 현재의 상태에서 본다면, 평석대상 결정의 당해사건을 비롯하여 결정 전에 행위가 이루어져 기소된 사건들에 대한 법률 적용과 관련하여, 잠정적용 헌법불합치 결정의 효력과 형벌조항에 대한 위헌결정의 효력에 관한 해석에 따라 다양한 논의가 가능할 것으로 생각되는데, 발제자께서는 어떤 의견을 가지고 계신지 궁금합니다.

제110회 발표회 지정토론문

오 동 석*

1. 헌법 제21조 제2항의 이론적 기초로서의 '사상의 자유시장론'

사상·양심의 자유시장론 = '정부에 의한 사상·양심에 대한 사전 평가 및 여과 금지' ∪ '국민 (개인) 스스로에 의한 (자율적) 교정'(= 국가에 의한 교정 금지 ∪ 국민 일부에 의한 다른 일부에 대한 교정 금지) ∪ 헌법이 정당하게 작동하고 있는 한 폭력적 표현행위 금지.

2. 허가와 검열

1) 언론 및 출판에 대한 허가 = '언론사·출판사 설립 + 표현물 공표' 여부에 대한 국가의 개입
2) 집회 및 결사 허가 = '집회 및 결사의 성립 + (집회의 개최 + 결사의 결성)' 여부에 대한 국가의 개입
3) 언론 및 출판에 대한 검열 = 표현물의 내용에 대한 평가 및 수정 등 개입 (검열관의 개입 금지; 표현물 공표를 전제로 함, 즉 표현물 공표 금지는 이미 허가 금지에 의하여 허용되지 않음) ― 공표 이전에 내용 확정(선재성)[1]
4) 집회 및 결사에 대한 검열이 가능하려면, '미리 모든 발언 내용을 고백하게 하는 방법(시나리오 제출)' ― '국가권력에 대한 헌법의 내재적 한계'

3. 포괄적 사전억제론

1) 개별적 법률유보 규정 관련

가) 집회에서 허가는 '일정한 표현의 행사방식'(=시간, 장소, 방법)을 사전에 억

---

* 아주대학교 법학전문대학원 교수.

1) 발제자 주 16).

제하는 조치이다. '일정한 표현내용'을 사전에 억제할 수 없다. '개별적 법률유보규정 삭제'의 논거와 관련해서도 역사적 맥락에서 의미를 찾을 수 있고, 표현행위에도 차이가 있다고 생각한다.

나) "이러한 표현의 자유의 사전적 제한에 있어서는 그것이 언론·출판의 영역이건, 집회·결사의 영역이건 간에 시간·장소·방법에 관한 내용중립적인 규제와 내용차별적인 규제를 구분할 수 있는 것이다." 표현의 자유라고 해도 언론·출판과 집회·결사는 차이가 있다. 언론·출판에서 방법 외에 시간과 장소에 대한 규제는 성립할 수 없다.

다) "비록 집회에 참가한 참가자들의 구체적 의견이 표출되거나 모아지지는 않았다 하더라도 집회의 내용에 의한 사전규제는 얼마든지 상정할 수 있는 것이기도 하다(옥외집회에 대한 사전신고제를 규율하고 있는 집시법 제6조 제1항에서도 사전에 신고할 사항으로 제일 먼저 옥외집회의 '목적'을 들고 있다)." 어떤 내용이 상정될 수 있는지 상상하기 어렵다. 그렇기 때문에 현행 집시법의 총체적인 위헌성을 삼는 것이다.

라) 시위에 대한 반대해석론이 가능할까?

2) 집회의 시간 및 장소 결정

가) '집회의 내용과 목적에 대한 국가의 규제'와 '집회의 자유의 행사방법에 대한 국가의 규제'는 "근본적으로 다른 것"인가? 이분법은 후자에 대한 규제의 용이성으로 작동한다. 마치 절대적 기본권과 상대적 기본권의 구별처럼.

나) "만일 사적 소유인 옥외의 한정된 공간(예컨대, 사립학교의 운동장)에서 그 소속구성원들이 자체의 필요에 따라 행하는 옥외집회라면 집회시간을 결정하는 권리를 거의 절대적으로 보호해 주어야 하겠지만,"—누가 절대적 보호를 향유할 것인가?

다) "도심지의 중요도로에서와 같이 다른 중요한 법익들과 충돌할 수밖에 없는 옥외집회에 있어서는 그 집회의 행사방식(시간·장소·방법)을 사전에 조율해야 할 필요성은 부인할 수 없는 것이다. 그리고 그 조율은 일차적으로 행정청이 할 수밖에 없다." 개최를 전제로 하여 시간·장소·방법의 비권력적 조율과정이 신고제의 핵심이다.

라) "집회의 자유는 집회의 시간, 장소, 방법과 목적을 스스로 결정할 권리를 보장한다. 집회의 자유에 의하여 구체적으로 보호되는 주요행위는 집회의

준비 및 조직, 지휘, 참가, 집회장소·시간의 선택"이다.[2] '집회의 목적·내용과 시간의 내적 연관성'은 이분법에 기초한 것인데, 집회 시간 자체가 집회 목적·내용과 독립적으로 중요하다고 보아야 한다. 허가제 금지는 집회 개최 여부에 개입하는 규제 자체의 금지이기 때문이다.

"① 특정장소에서의 집회가 ② 이 사건 법률조항에 의하여 보호되는 법익에 대한 직접적인 위협을 초래한다는 일반적 추정이 ③ 구체적인 상황에 의하여 부인될 수 있다면, ④ 입법자는 '최소침해의 원칙'의 관점에서 금지에 대한 예외적인 허가를 할 수 있도록 규정해야 한다. ⑤ 이 사건 법률조항에 의하여 전제된 추상적 위험성에 대한 입법자의 예측판단은 구체적으로 다음과 같은 경우에 부인될 수 있다고 할 것이다. 첫째, 외교기관에 대한 집회가 아니라 우연히 금지장소 내에 위치한 다른 항의대상에 대한 집회의 경우, 이 사건 법률조항에 의하여 전제된 법익충돌의 위험성이 작다고 판단된다. 이 사건 법률조항의 문제점은, 집회금지구역 내에서 외교기관이나 당해 국가를 항의의 대상으로 삼지 않는, 다른 목적의 집회가 함께 금지된다는 데 있다. 둘째, 소규모 집회의 경우, 일반적으로 이 사건 법률조항의 보호법익이 침해될 위험성이 작다. 예컨대 외국의 대사관 앞에서 소수의 참가자가 소음의 발생을 유발하지 않는 평화적인 피켓시위를 하고자 하는 경우, 일반 대중의 합세로 인하여 대규모시위로 확대될 우려나 폭력시위로 변질될 위험이 없는 이상, 이러한 소규모의 평화적 집회의 금지를 정당화할 수 있는 근거를 발견하기 어렵다. 셋째, 예정된 집회가 외교기관의 업무가 없는 휴일에 행해지는 경우, 외교기관에의 자유로운 출입 및 원활한 업무의 보장 등 보호법익에 대한 침해의 위험이 일반적으로 작다고 할 수 있다."[3]

4. 허가 개념

1) 허가는 '일반적 금지' ∪ '사전 금지'. 따라서 허용되는 것은 '개별적 금지' ∩ '사후 금지[해산]'.
2) 검열의 주체를 '국가기관'으로 보는 발제자의 의견에 동의한다.

---

2) 헌재 2003. 10. 30, 2000헌바67, 판례집 제15권 2집 하, 41[43-4].
3) 헌재 2003. 10. 30, 2000헌바67, 판례집 제15권 2집 하, 41[43-4].

3) 「언론·출판에 대한 **허가·검열금지의 취지**는 정부가 **표현의 내용**에 관한 가치판단에 입각해서 특정 표현의 자유로운 공개와 유통을 **사전 봉쇄**하는 것을 금지하는 데 있으므로, **내용규제 그 자체가 아니거나 내용규제의 효과를 초래하는 것이 아니라면** 위의 금지된 "허가"에는 해당되지 않는다고 할 것이다(헌재 1992. 6. 26, 90헌가23, 판례집 4, 300, 307 ; 헌재 1993. 5. 13, 91헌바17, 판례집 5-1, 275, 286 각 참조).」 다르다고 보아야 하며, 5인의 위헌의견이 이분법을 벗어난 점에서 타당하다고 생각한다.
4) 절대적 원칙 혹은 절대적 금지: 방송광고의 사전심의제도를 허용해야 하는지?

5. 야간집회금지조항은 허가제인가?

1) "법률에 의한 제한의 방식"도 사전금지는 허가금지에 의해 제한되어야 한다. 이런 의미에서 법원의 일정 범위 내 집회의 사전 금지에 대한 합헌 결정은 이해하기 어렵다.
2) "법률은 추상적인 행위금지의무를 국민에게 부과하고, 그 의무이행을 확보하는 방법으로서 행정청으로 하여금 의무위반에 대한 사후집행(행정적 혹은 형사적 제재)을 하게 하거나 혹은 사전예방적 조치(신고·허가·인가 등)를 하게 할 수 있다." 이때 법률은 방향은 행정청의 권한에 대한 제한이어야 한다.
3) 집시법의 신고제나 금지통고제, 장소금지조항 모두 사전허가제를 구성하고 있다고 생각한다. 즉 헌법이 허용하는 것은 집회 개최를 전제로 하여 '시간 + 장소 + 규모 + 양태 등' 교집합의 조합에 대한 입법적 판단·제한과 행정청의 구체적 조율이다(내용 규제가 아닌 점에서 검열이 아니다).
4) '허가제 여부판단'과 '과잉금지원칙 위반판단'의 차이: 과잉 판단 이전에 헌법상 허용될 수 없는 사전억제조치가 헌법상 허가제 금지의 의미라고 생각한다.

6. 헌법불합치결정의 문제

1) "형벌조항의 일부 위헌성을 확인하면서 헌법불합치결정을 내릴 때에는 계속적용명령의 헌법불합치는 타당하지 않다고 생각한다. 적용중지명령의 헌법불합치결정을 내렸어야 했다."라는 발제자의 의견에 동의한다.

2) 집시법 전체 구조 속에서 야간집회금지 조항에 접근했다면 위헌 결정을 내려야 하지 않았을까 하는 생각이 든다. 위헌 결정으로 인한 법적 공백이나 혼란 등의 문제는 이 경우 집시법상 다른 조항에 의하여 야간집회금지 조항이 가지는 입법목적을 달성할 수 있기 때문이다.

第110회 발표회 토론요지

간 사 : 지금부터 第110회 헌법실무연구회 정기발표회를 헌법재판소 연구위원으로 재직중이신 한양대학교 박종보 교수님의 사회로 시작하도록 하겠습니다.

사 회 자 : 안녕하십니까? 오늘 헌법실무연구회 사회를 맡은 박종보입니다.

저는 한양대학교 법학전문대학원 교수로 재직중입니다.

그리고 방금 소개하셨듯이 현재 헌법재판소의 헌법연구위원을 겸하고 있습니다.

오늘 우리 실무연구회의 주제는 특정한 서브젝트를 정해서 그것에 관해서 이론과 판례를 정리하고 쟁점을 찾고 하는 게 아니고, 판례 하나를 놓고 평석을 하고 그 판례에 적용된 법리가 타당한지를 재검토하는 시간이 되겠습니다.

우리 헌법 제21조 제2항의 허가금지나 검열금지에 관해서는 상당히 많은 사건이 있었고 또 판례이론도 상당히 축적되어 있었습니다.

이 사건에서는 헌법재판관님 사이에 의견이 여러 갈래로 나뉘었는데 결론이 어떻든 간에 거기 적용된 법리는 상당히 축적되고 형성된 것이 아닌가 이렇게 일반적으로 인식을 하고 있는 것 같은데 오늘의 발제자께서는 그렇지 않다, 하나 하나 해부를 해 보면 근본적인 이의가 제기된다 하는 그런 조금 과장하면 약간 도발적인 문제 제기를 하시려고 하는 것 같습니다.

이 문제에 관해서는 현실적으로도 법리적으로도 다들 관심이 있고 나름대로 모든 분들이 의견이 있으실 줄 압니다.

제가 여기서 더 나가면 사회자의 본분을 망각을 하게 될까봐 두려운데요. 여기서 발언할 기회를 발표자께 드리도록 하겠습니다.

그 전에 오늘 발표를 맡아주신 이인호 교수님을 소개하겠습니다.

현재 중앙대학교 법학전문대학원 교수로 재직하고 계시고, 중앙대학교에서 박사학위를 취득하셨습니다. 그리고 이 교수님은 헌법재판소의 헌법연구관으로 재직하신 경력이 있습니다.

박수로 오늘의 발제자를 격려해 주십시오.

지정토론자를 먼저 소개를 하겠습니다.

먼저 오동석 교수님입니다.

지금 아주대 법학전문대학원 교수이시고 서울대학교에서 박사학위를 취득하셨습니다.

박수로 환영해 주십시오.

그리고 또 한 분의 지정토론자는 헌법재판소 헌법연구관으로 재직하고 계시는 성왕 연구관님입니다.

우리 실무연구회가 보면 뒤에 가서 토론이 아주 불이 붙어가지고 예정된 시간을 넘기는 경우가 종종 있는데 오늘은 가능하면 그렇게 하지 않으려고, 이 주제 가지고는 사회자가 조금 강하게 쪼이지 않으면 시간을 초과하기 쉬울 것 같은데, 그렇게 해 보도록 하겠습니다.

먼저 발제자께서 30분 정도의 시간을 예정하시고 발표를 해 주시기 바랍니다.

부탁드리겠습니다.

< 주제발표자 발표 >

사 회 자 : 이인호 교수님 감사합니다.

판례에 관해서 여러 가지 관점에서 문제점을 제기해 주셨습니다.

여기 다 워낙 논지를 분명하게 제시하셨고 제가 여기서 그거를 요약할 필요는 별로 없어 보입니다만, 오늘 여기 학생들도 좀 있기 때문에 제가 이해한 바로는 아마 이런 요지가 아닐까 싶습니다.

헌법 제21조 제2항은 언론·출판에 관해서는 검열과 허가를 금지하고 있고, 집회·결사에 관해서는 허가를 금지하고 있는데, 이인호 교수님은 거기서 나오는 검열 한 번 허가가 두 번 나오는데 이것들이 사전억제를 금지하는 것이다 그렇게 이해하시고, 다만, 이 사전억제를 절대적으로 금지한다고 보는 것은 곤란하지 않겠느냐. 이 자유들보다 우월적인 공익이 있다면 그게 아주 특수한 경우에 있을 수 있는데 그런 경우에는 사전억제도 할 수 있는 것 아니냐. 그러니까 절대적 금지가 아니고 상대적 금지로 이해해야 되고, 결국 그렇게 하면 밸런싱테스트를 해서 할 것이기 때문에 그 밸런싱테스트는 제37조 제2항의 과잉금지원칙하고 본질은 같은 것이다. 그러니까 이거를 독립적인 위헌심사기준으로 쓸 게 아니고 과잉금지원칙을 적용하되, 다만 제21조 제2항이 상당히 강력한 보장을 하려고 하는 것이기 때문에 엄격한 심사를 하자고 하는 게, 지금 여러 가지 문제를 제기하셨는데 그 문제 제기의 근본적인 아이디어는 아마 제 나름대로 요약하면 그런 것으로 정리할 수 있지 않을까 싶습니다.

이제 이런 문제제기에 관해서 지정토론자들의 토론을 듣도록 하겠습니다.

먼저 오동석 교수님께서 10분 정도의 시간을 가지고 토론해 주시기 바랍니다.

지정토론자 : 아주대학교 오동석입니다.

저도 이 문제에 대해서 관심은 있었는데 그렇게 제 생각을 나름대로 정리하지는 못했고요. 다만, 이인호 교수님의 발제문을 따라 가면서 제가 가지고 있는 생각들을 말씀드리는 것으로 대신할까 합니다.

저는 어쨌든 간에 허가나 검열의 금지부분에 대해서 제 나름으로는 하여간 자유의 극단으로 몰고 가서 자유주의적인 관점이라고 하면 그런 관점에서 해석을 할 필요성이 있다고 생각이 들고요. 그런 해석의 이면에는 우리의 구체적인 역사라든지 현재의 현실 그리고 현재의 집시법이 보여 주고 있는 것에 대해서 그것을 고려해서 문언해석도 중요하지만 그런 것을 해석을 고려해서 한다고 한다면 헌법이 엄격한 잣대를 가지고 이런 부분에 대해서 접근해야 된다고 하는 그런 이유에서 나름대로 그런 의견을 한번 전개해 보려고 합니다.

이인호 교수님께서도 말씀하셨듯이 저는 이론적인 기초로서 사상의 자유시장론이라고 하는 것이 상당히 중요한 의미를 가진다고 보고요. 그래서 정부에 의해서 사상·양심에 대한 사전평가 및 여과를 금지하고, 국가권력에 대한 금지의 요건들이 일종의 합집합으로 구성이 되면서 이것도 안 되고 이것도 안 되고 하는 식으로 구성이 될 때 그 역으로 개인들이 가지는 자유가 최대한 보장될 수 있다고 하는 그런 의미에서 보면 그 의미는 이런 내용도 연결된다고 생각하고요.

맨 마지막에 표현이 좀 이상하게 되었습니다만, 기본적으로는 앞에 있는 여러 가지를 포함하면서 하나 중요한 것은 비폭력적인 표현행위 그러니까 방식에 있어서 폭력적이지 않다고 한다면 그 내용이라든지 그 형식에 있어서 그런 것들을 국가가 금지하는 것 내지는 제한하는 것, 금지라고 하는 표현이 더 적절할 것 같은데 금지하는 것에 대한 금지, 국가권력에 대한 금지를 다시 금지하는 이런 것들, 그래서 다른 식으로 얘기를 하면 개인의 관점에서 얘기를 한다고 하면 폭력적인 어떤 표현행위를 하지 않는 이상은 모든 그러한 비폭력적인 표현행위는 허용되어야 되는 것이 사상·양심의 자유시장론이 의미하는 바가 아닐까 이런 생각에서 접근을 해야 되지 않을까 생각을 했습니다.

그리고 허가와 검열은 어떤 의미에서 이인호 교수님이 구별을 안 하시는 것 같은데 저는 나름대로 구별을 언론·출판하고 집회·결사가 가지고 있는 차이점들이 있다고 생각이 들어서 양자를 구별해야 되지 않을까 이런 생각을 해 봤습니다.

그렇게 보면 언론 및 출판에 대한 허가의 문제라고 하는 것은 개인 내지는 개인들끼리의 단순한 것에 그치지 않고 언론사나 출판사의 설립문제와도 연결이 될 수 있을 것 같고요. 또 더 중요한 것은 표현물의 공표여부에 대해서 국가가 개입을 해서 해도 된다 해서는 안 된다라고 하는 그리고 거기에서 일반적으로 금지를 시키는 것은 이미 거기에 전제되어 있는 부분이라는 거지요. 그러니까 해도 된다 해서는 안 된다는 것이 국가에 대해서 금지되어 있다고 한다면 일률적으로 무조건 해서는 안 된다고 하는 내용은 거기에 당연히 포함되어 있는 것으로 봐야 되지 않을까? 아까 말씀하셨던 대로 보면 사전억제를 광범위하게 금지하고 있는 것이다라고 저는 생각을 해봤습니다.

반면 집회 및 결사의 경우에 있어서는 집회 및 결사의 성립 그리고 집회를 개최하거나 결사를 개최하는 것 여부에 대해서 마찬가지로 국가가 사전에 개입할 수 없고 결국은 사후에 여러 가지 다른 요인과 관련해서 결국은 금지하거나 제한할 수 있는 것으로 헌법의 의미를 해석할 수는 없는가 이런 생각을 가져봤고요.

다만, 언론 및 출판에 대해서 검열을 따로 언급한 것은 발제자 주 16에도 나와 있듯이 헌법재판소도 얘기하고 있듯이 어쨌든 언론·출판물 같은 경우에는 표현물이 존재한다는 거지요. 그리고 우리가 일제시대로부터 그 이후에 어떤 그런 상황들을 보면 검열관이 실제로 존재해서 설령 공표가 되는 경우라고 하더라도 실질적으로 거기에는 검열관의 의사랄지 아니면 요구라고 하는 것들이 개입되어 있기 때문에 그런 점들을 고려해서 검열의 문제는 표현물에 대해서 국가권력이 개입할 수 있는 여지가 좀 이렇게 우회할 수 있는 길이 열려 있기 때문에 이것을 명시적으로 표현을 해서 검열이 금지된다고 하는 그런 내용을 담고 있는 것이고, 설령 공표가 금지되는 것 자체는 이미 그 전에 공표여부는 이미 허가에 의해서 그것을 국가가 금지할 수 없되, 공표를 한다고 하더라도 그 경우에 국가가 일정부분 개입을 하게 된다고 한다면 그 내용에 영향을 미친다고 한다면 그것 역시 허용되지 않는다라고 하는 점이 있는데요. 집회나 결사의 경우에는 그런 표현이 존재하지 않는다는 것이지요. 그렇기 때문에 만약에 검열의 의미를 가지고 내용을 규제하려고 한다면 미리 모든 발언내용을 다 시나리오처럼 작성해서 요구를 하고 그것에 대해서 일일이 이런 발언은 허용될 수 있다 없다라는 식으로 접근할 때 결국은 집회 및 결사에 대한 검열을 허용하는 것이니까 그것은 이미 생각할 수가 없는 그런 내재적 한계이기 때문에 굳이 헌법이 그거를 명시하지 않은 것이다라고 하는 그런 언론·출판과 집회·결사는 그런 점에서 좀 차이가 있다고 하는 것이겠습니다.

그렇다고 한다면 집회 및 결사의 경우에 있어서는 어쨌든 사전에 제약을 하는 것은 허용될 수 없다고 하는 것이겠고요. 결국 사후에 집회 자체가 폭력적인 행위로 나아갈 때 물론 개인적인 폭력행위에 대해서는 적절한 법적인 조치가 있을 것이라는 생각이 들고요. 집회 자체에 대해서 사전에 그것을 금지토록 하는 것

개최를 할 수 없도록 금지하는 것은 헌법적으로 허용되기 어려운 것이 아닌가 이런 생각을 해 봤습니다.

그리고 포괄적 사전억제론과 관련해서 개별적 법률유보 규정을 말씀하셨는데, 저는 그것이 우리 헌정사에서 볼 때 62년이 결국 5·16군사쿠데타에 의해서 이루어졌고 실질적으로 그 쿠데타 세력이 영향을 미쳤고, 실질적으로 우리의 여러 가지 법률들 중에서 제가 보기에는 헌법적으로 문제가 있는 법률조항들이 상당히 그 시대에 많이 들어가 있다는 점들을 고려해 보면 그 당시에 제한할 수 있다고 하는 그런 개별적 법률유보의 의미라고 하는 것은 허가제가 금지되어 있음에도 불구하고 일정 정도 시간이나 장소부분에 대해서는 규제가 가능한 것으로 보는 의미가 담겨져 있다고 본다면 그것이 삭제되었다고 하는 것의 의미가 헌법적으로 분명히 있기 때문에 그런 점에서 보면 개별적 법률유보규정을 삭제한 것 자체가 허가제의 의미를 해석하는 데 있어서는 어쨌든 의미를 가지고 있는 것은 아닌가 이렇게 생각을 합니다.

그리고 또 하나는 내용 중립적인 규제와 내용 차별적인 규제를 구별하시는데요. 물론 그 정도의 차이가 어떤 이유에서 이루어지는지는 알겠습니다만, 어떤 이유에서는 시간, 장소, 방법에 대한 규제라고 하는 것이 사전에 그야말로 일반적으로 내지는 절대적으로 금지되고 있는 그런 것들을 고려해 보면 오히려 내용여하에 관계없이 아예 그것이 이루어지지 못하도록 하는 것이라고 한다면 그것은 내용 차별적인 규제와 다를 바 없이 중대한 제약이라고 하는 그런 점에서 더구나 그것이 사전적으로 제약될 수 있다고 하는 점에서 상당히 중요한 의미를 가지고 있는 것이다. 그리고 특히나 이것은 언론·출판과는 다른 것이지요. 집회·결사라고 하는 것은 언론·출판이 가지고 있는 파급효과라든가 이런 것들을 고려하는 것과 달리 집회·결사라고 하는 것은 상당히 한시적인 것이지요. 그러니까 언론 매체의 취재의 대상이 되어서 이렇게 되는 것하고 직접적으로 영향을 미치는 것은 물론 구체적으로 주변에 있는 사람들이나 교통에 미치는 영향 이런 것들은 달리 평가되어야 되겠지만 파급효과라고 하는 점에서는 분명히 다른 의미가 있고 그렇기 때문에 어느 때에 어느 장소 또 그 시간대에 얼마만큼 많은 사람들이 함께 모여서 집회를 할 수 있느냐라고 하는 점들이 상당히 중요하게 판단되어야 되기 때문에 그것을 단순하게 양자를 구별해서 양자는 다른 것이다라고 얘기하기는 곤란한 측면이 있다고 생각이 듭니다.

그리고 이미 시위의 경우에 있어서도 반대해석론을 여러 가지 근거 중에 하나로 말씀하셨는데 반대해석론은 상당히 위험한 부분이 있는 것 같습니다.

저는 우리 헌법이 예를 들면 독일과 같이 신고 없이 집회를 할 수 있다고 하는 규정이 없다고 해서 표현이 없다고 해서 그러면 당연히 신고제가 허용될 수 있는 것이냐? 그리고 그 신고제의 내용도 잘 들여다 봐야 되겠지만 그런 점에서 신고제의 내용과 관련해서도 그렇지만 어쨌든 '신고없이'라는 표현이 없다고 해서 반대해석으로 인해서 신고제가 당연히 허용될 수 있느냐라고 하는 것은 허가제의 금지와 관련해서 세밀한 논의가 필요한 부분이 있기 때문에 반대해석론을 가지고 그것에 대해서 반박하는 것은 방론이기는 합니다만 문제가 있다고 생각이 들었습니다.

그렇게 보면 집회의 내용과 목적에 대한 국가의 규제라고 하는 것과 자유의 행사방법으로서의 시간, 장소, 방법에 있어서는 폭력성 문제가 있기 때문에 좀 다를 수 있겠습니다만 그 양자를 근본적으로 다른 것으로 보는 것 자체는 특히나 집회의 자유와 관련해서는 제 생각에는 문제가 있다고 생각이 듭니다. 그것은 마치 자칫 잘못하면 내용목적에 대한 규제가 아니면 자유의 행사방법에 대해서는 규제를 오히려 쉽게 열어놓는 그런 측면이 상당히 강한 것이라고 보여집니다.

마치 판례에서 보면 절대적 기본권이라고 하는 것이 있고 그런 절대적 기본권이 아닌 한 모든 것이 다 상대적 기본권이다라고 하는 것으로 너무 쉽게 제약을 할 수 있는 근거로 갈 수가 있는 측면이 있기 때문에 자유의 행사방법이라고 하는 것도 내용과 목적 못지 않게 집회의 경우에 있어서는 상당히 중요한 의미를 가진다고 생각이 듭니다.

다만, 다른 법익과의 충돌문제라고 하는 것은 아까 표현하셨던 대로 사전에 조율을 해야 된다고 하는 표현을 하셨는데 그 경우에 일차적으로 행정청이 할 수 있는 것이지만 그때의 조율이라고 하는 것의 의미는 지금 집시법이 가지고 있듯이 광범위한 금지통고라든가 이런 식으로 방법 내지는 먼저 집회를 신고한 것만 허용되는 방식의 이런 입법자의 어떤 태도나 이런 것이 아니라 결국은 어떻게 다른 공익과를 개최를 허용하는 것을 전제로 해서 조율해 나갈 것인가? 그리고 사후에 그것이 불가능한 경우에 있어서는 해산이라고 하는 방법을 통해서 해야 되는 것이기 때문에 이런 사전에 조율이라고 하는 방법 등 상당히 비권력적인 이런 수단을 통해서 이루어져야 될 것이지 지금 현재의 집시법과 같은 이런 방식이어서는 곤란하지 않을까라고 생각이 듭니다.

그렇게 보면 저는 허가라고 하는 것은 아까 일반적 금지와 아울러 사전적 금지를 당연히 포함한다고 보고요. 그거를 뒤집어보면 오히려 헌법적으로 허용될 수 있는 것은 일반금지는 당연히 포함되어 있지만 아까 말씀하셨던 대로 개별적인 금지라고 하더라도 사전적인 억제는 허용될 수 없기 때문에 개별적 금지이면서 동시에 사후적으로 금지하는 경우에만 허용되는 것으로 좁게 해석을 해야지만 그것이 어떤 의미에서는 현행의 법률의 내용이라든지 아니면 입법자의 태도라든지 이런 여타의 아니면 실질적으로 집회와 시위에 대처하는 국가권력작용에 대해서 헌법해석을 통해서 뭔가 위헌의 가능성이라든지 인권침해의 가능성을 좁힐 수 있는 해석론이 아닐까라고 하는 그런 생각을 합니다.

그런 점에서 보면 검열의 주체를 또한 국가기관으로 보는 부분에 대해서는 저도 거기에 대해서는 동의를 한다고 생각을 하고요. 기존에 논의와는 다른 측면이 있다고 하는 것은 인정을 하고 그러면서도 저는 5인의 위헌 의견이 오히려 과거의 이분법을 벗어난 점에서는 타당한 측면이 있다고 생각을 합니다. 그런 점에서 말씀을 드리고 싶었고요.

그래서 기본적으로는 사전억제는 허용되지 않는 것으로 해석을 하는 것이 바람직 할 것이고요. 사후에 그거를 제한하는 경우에 있어서도 집회개최를 전제로 해서 시간, 장소, 규모, 양태 등의 각기 사유의 교집합에 의해서 제약이 이루어져야 되는데 사실은 우리 현행 집시법을 보면 시간이면 시간, 장소면 장소에 의해서 규제되지… 따로 따로 이어지면서 그것이 합집합으로 개인의 자유를 규제하고 있기 때문에 사실 그런 것들을 다 회피해서 정말 자유롭게 집회를 열 수 있는 경우라고 하는 것은 아주 예외적인 경우라고 하는 것이 집시법 전체에 대한 판단이라고 생각이 됩니다.

어쨌든 이 사안 자체는 야간집회에 관한 것이었지만 집시법 전체의 구조 속에서 이 문제를 바라봐야 된다고 한다면 헌법의 해석도 그런 측면이 있어야 되지 않을까? 그런 점에서 보면 저는 오히려 헌법불합치결정에서 고려해야 되는 여러 가지 법적인 공백이라든가 혼란이나 안정성의 문제라고 하는 것은 적어도 이 야간집회 금지에 대한 조항에 있어서 만큼은 단순위헌결정을 하더라도 여타의 다른 장소에 대한 것이라든지 금지통고라든지 이미 어떻게 보면 위헌적이지 않은가라고 하는 여러 가지 판단을 받고 있는 제도들에 의해서 충분히 달성될 수가 있고 회피될 수 있기 때문에 오히려 단순위헌결정을 하는 것이 바람직하고 옳은 것이 아니었을까 이런 생각을 했습니다.

이상입니다.

사 회 자 : 오동석 교수님 감사합니다.

제가 우리 오 교수님 지정토론문을 먼저 읽어보는 데 좀 힘들었습니다.

왜냐하면 이게 연산식이라서, 제가 갑자기 컴퓨터 CPU가 된 느낌이어서 플러스가 나오고 마이너스, 교집합, 합집합이 나오고 이래 가지고, 그런데 지금 설명하시는 것을 들어보니까 이 기호가 그런 뜻이었구나 하고 이해가 되었습니다.

여러 가지 말씀하셨습니다만, 아마 기본적으로 오동석 교수님께서는 지금 이 판례의 심판대상조항뿐만 아니고 현행 집시법의 나머지 부분도 조금 위헌성이 있는데 이 조항에 관해서는 단순위헌하는게 결론적으로 옳지 않았는가 그런 생각을 기본으로 깔고 나머지 논리를 전개하신 것 같습니다.

이어서 성왕 연구관님께서 지정토론 해 주시겠습니다.

역시 한 10분 정도로 마쳐주시기 바랍니다.

지정토론자 : 성왕 연구관입니다.

오늘 평석대상결정에 대해서 깊이 있는 비판적 고찰을 해 주신 이인호 교수님께 감사드리고 또 지정토론 기회를 주셔서 감사드립니다.

제가 미리 공모한 것은 아닌데 지금 들어보니까 오동석 교수님 의견하고 상당부분 겹치는 부분들이 있는데 그런 부분들은 간략하게 하고 넘어가도록 하겠습니다.

저도 발제문에 기초를 해서 몇 가지 제 의견하고 그리고 의문점을 말씀드리려고 합니다.

먼저 발제문에서 쟁점 1로 집회에 대한 허가의 의미는 무엇인가? 라는 부분에 대한 의문제기를 해 주셨는데 이 부분은 쟁점 2로 고르신 제21조 제2항의 절대적 금지인가라는 부분하고 결국은 다 연결되어 있는 논의라고 생각이 됩니다.

우리 헌법의 개정사에 대해서는 물론 발세자분과 여기 계신 분들이 저보다 더 잘 아시겠지만 단지 개별적 법률유보조항이 들어간 62년 헌법만을 놓고 보는 것이 아니라 그전에 집회에 대한 허가제가 최초로 들어간 60년 헌법 그리고 이런 일련의 헌법개정사를 쭉 살펴본다면 헌법 제21조 제2항의 허가제 금지는 60년 헌법에 처음 들어올 때부터 절대적 금지였고 그 의미는 변화한 바가 없다고 생각이 됩니다.

62년 헌법에 개별적 법률유보조항이 들어간 것은 집회에 대한 허가제금지 규정에 대한 예외를 인정하기 위해서 들어간 것이 아닌가? 그래서 이 개별적 법률유보조항이라는 것은 발제자께서 포괄적 사전억제론이라고 이름을 붙여주셨는데요, 그런 관점에서 보면 헌법 제21조 제2항이 금지하는 집회에 대한 허가제가 예외 없는 원칙으로서 절대적 금지라는 부분을 오히려 드러낼 수 있는 논거로 작용하는 측면도 있고 또 집회의 자유에 대한 강력한 보호의지를 반증하는 그런 조항으로서 이 허가제의 개념범위를 확정하는 데도 고려요소로서 작용할 수 있다고 생각이 됩니다.

시위부분에 관한 논의는 개별적 법률유보조항에서 옥외집회라는 표현을 써서 문제가 되었는데 이 옥외집회하고 그러니까 평석대상결정은 옥외집회부분만을 심판의 대상으로 삼았고 현재 시위부분에 대해서는 재판소에 사건이 계속중이고 옥외집회와 시위의 개념이 겹치는 부분이 있느냐 아니면 옥외집회가 시위를 포괄하는 것이냐 또는 아니면 완전히 별개의 개념이냐라는 부분에 대해서는 다양한 논의가 있을 수 있을 것 같은데요, 그 부분은 일단 여기서는 논의하지 않는 것으로 하고 현행 헌법상으로는 집회의 개념을 두고 있고 그래서 시위에 대한 허가제 본질 논의가 달라지지는 않지 않을까라고 생각이 됩니다.

그리고 다음으로 시간, 장소, 방법을 기준으로 한 허가제를 헌법 제21조 제2항에서 금지되는 허가제의 범주에 포함시킬 수 있느냐 하는 부분에 대해서는 연혁적 고려뿐만 아니라 이거는 언론·출판의 자유와 집회의 자유의 성격이나 내용 자체를 구분하는 전제에 선 것이라고 생각이 됩니다.

언론·출판과 달리 집회는 사전에 집회에서 표현될 내용을 확인하기가 어렵고 물론 현행 집시법상의 신고제에서는 집회의 내용과 목적을 신고하도록 되어 있습니다만 그거는 실정법상의 내용이고 그리고 그것이 집회에서의 표현내용을 모두 신고할 때 표시하도록 한 것도 아니기 때문에 사전에 집회에서 표현될 내용이라고 하는 것이 확인하기도 어렵고 그래서 표현의 내용에 따른 규제가 가능한지 그런 부분에서도 의문이 있고, 그렇게 해석하는 경우에 헌법 제21조 제2항의 집회의 자유의 보호가 집회의 자유를 명목적인 기본권으로 전락시키는 것이 아닌가 하는 우려가 있을 수 있을 것 같습니다.

그리고 집회의 자유에 있어서 시간과 장소가 가지는 중요성 그리고 어떤 특정한 경우에는 집회 자체가 어떤 퍼포먼스의 형태로 이루어질 수도 있고 그런 경우에 집회가 이루어지는 시간이나 장소라는 것은 그 자체로 내용을 형성할 수도 있는 부분이라고 생각이 됩니다. 그런 부분들을 고려해서 포괄적 사전억제론이 나온 것이 아닌가 하는 생각이 들고요.

그리고 이 부분뿐만 아니라 다른 부분에서도 결정문에서 참조한 인용한 부분들에 대한 문제제기를 해 주셨는데, 결정문상 참조표시가 들어간 것은 인용한 결정을 그대로 따다 쓰는 것은 아니고 그런 부분 취지를 포함하고 있다고 취지로 저희가 참조라는 표현을 쓰고 똑같이 인용할 때는 참조라는 표현을 빼고 그냥 사건번호만을 기재하는 형식으로 하고 있습니다. 그래서 이런 부분들이 오해를 살 수 있는 부분이 있기는 하지만 시간, 장소 관련해서 인용한 선례부분은 그러니까 시간과 장소라는 부분의 선례에서 표현을 하고 있고 방론이기는 하지만 시간에 대한 부분은, 그런 부분들을 고려해서 인용에 되었던 것 같고요.

그리고 이것이 언론·출판에 대한 사전허가검열제에 관한 선례와 충돌하는가 하는 부분에서 여기서 제가 또 잘못 표시를 했네요 사건번호를, 2000헌바43결정인데 47결정으로. 이 선례의 경우에는 언론·출판에 대한 사전허가검열에 관한 선례고 이 사건에서는 집회의 자유와 언론·출판의 자유를 사실상 구분한 것이기 때문에 이 선례의 결정과 충돌되는 것은 아니고, 다만 결정에서 이 선례를 인용한 것은 허가제 개념 범위안에 이런 부분까지 포함하고 있다는 취지에서 언론·출판에 대한 허가를 포함하는 그런 보다 넓은 의미의 허가라는 의미에서 인용을 한 것으로 생각이 됩니다.

그리고 허가의 주체문제와 관련해서 왜 행정청에 한정을 하는가 하는 부분에 대해서 충분히 문제제기가 가능한 부분이라고 생각이 됩니다.

이 허가라는 개념 자체가 행정법상으로 먼저 발달한 개념이고 그리고 재량의 남용에 대한 위험 그런 부분에 대한 고려가 크기 때문에 행정청을 허가의 주체로 보는 그런 논의가 되었다고 생각이 되고요. 그리고 지금 21조 2항의 허가제를 절대적 금지라고 해석하는 전제하에서는 이 주체를 확대하는 부분에 대해서는 조금 신중한 접근이 필요한 것이 아닌가 하는 생각입니다.

그리고 일반적 금지와 예외적 허용의 틀을 허가제의 개념요소로 두는 부분에 대해서는 발제자의 문제제기와 상당부분 공감을 하고 있습니다만, 일반적 금지의 개념을 조금 좁게 이해한다면 일반적 금지라는 것이 모든 집회의 금지 또는 모든 사람에 대한 금지라는 꼭 그런 의미가 아니라 그런 부분들을 좀 완화해서 해석을 한다면 집회의 자유에 대한 보호를 덜하게 하는 그런 효과를 가져오는 것은 아니지 않은가 하는 생각입니다.

그리고 쟁점2 부분은 이미 아까 말씀드린 부분들인 것 같고요. 물론 이 절대적 금지로 해석을 하는 것이 발제자께서 말씀하신 바와 같이 허가제의 개념을 오히려 축소시키고 어떤 그런 기본권보호를 덜 하게 되는 그런 방향으로 해석되는 것은 제가 생각하기에도 좀 경계되어야 할 부분이 아닌가 하는 생각입니다.

야간집회금지조항에 5인의 위헌의견에서 말한 정의에 비추어 보면 헌법 제21조 제2항의 허가제에 해당하는가 하는 부분에 비추어 본다면 이런 허가제를 내용으로 하는 그러니까 법률 자체가 이런 허가제를 내용으로 하고 있다면 당연히 21조 2항의 허가제도로서, 허가의 주체는 행정청이지만 허가제도는 법률상 규정될 수 있다고 생각이 되고 허가제로서 헌법에 위반된다고 판단할 수 있다고 생각이 됩니다.

다만, 평석대상결정같은 경우에 방론으로 이 평석대상 위헌결정의 기속력이 인정될 수 있는 부분은 아니라고 생각이 되는데 방론으로 집시법 제11조에서 14조는 허가제가 아니다라는 취지를 쓰고 있는데, 물론 그 부분은 방론으로 쓰여진 것이라고 생각이 됩니다만, 이 11조 같은 경우에는 입법자가 직접 금지하는 것이고 행정청이 금지를 해제할 수 있는 권한을 가지고 있지 않고, 13조나 14조는 집회 자체를 금지하는 규정이 아니고 집시법 12조 같은 경우에는 행정청의 자의적 판단개입 우려가 크고 제한의 효과라는 측면에서는 집시법 제10조와 유사한 면이 있다고 생각되지만 일반적 집회금지를 전제로 하는 제도가 아니라는 측면에서 허가제에 포섭되지 않는다고 본 것이 아닌가 생각됩니다.

그리고 허가제 여부 판단과 과잉금지원칙 위반 판단은 역시 이게 허가제 금지를 절대적 금지로 볼 것이냐 그 부분과 연결되어 있다고 생각이 되고요. 허가제 금지를 절대적금지라고 볼 경우에는 37조 2항에서의 판단과 같은 형량을 허용하지 않는 것이기 때문에 결국은 분리해서 판단할 수밖에 없는 것이 아닌가? 그것이 본질적으로 다르다는 것은 아니라 이념적으로 어떤 기본권보호라는 이념적 동질성은 인정될 수 있는 것이고 기본권제한의 한계라는 측면에서의 동질성은 인정될 수 있겠지만 그 판단 자체는 분리될 수밖에 없는 것이 아닌가 생각이 됩니다.

그리고 심판대상조항에 대한 종전의 합헌결정에서 도대체 무엇을 바꾸었다는 것이냐 하는 부분에 대해서는 물론 주문이 바뀌었고요. 야간옥외집회금지조항이 헌법에 위반되는지에 관한 의견을 변경한 것이고 ~ 비추어 보면 오히려 21조 2항을 절대적금지로 본 것인지 여부도 불분명하고 그러니까 사실상 과잉금지원칙 위반여부만을 판단을 했습니다 종전에 위헌결정 같은 경우에. 그래서 그런 부분에서 본다면 이 평석대상 결정 같은 경우에는 21조 2항이 허가제를 절대적으로 금지하고 있고 37조 2항의 과잉금지원칙 위반여부의 심사와 별개로 이루어진다는 점, 종전 결정의 판단의 전제 내지 체계구조 자체를 변경을 했고 허가제의 개념범위에 대해서는 최초의 설시입니다. 종전의 결정의 경우에 허가제가 무엇이다라고 판단하지 않았기 때문에 그런 부분에 있어서 종전결정을 변경했다고도 볼 수 있고 아니면 이것이 최초의 결정이라고 볼 수 있는 부분들이 있다고 생각됩니다.

계속적용명령의 헌법불합치주문에 관해서는 헌법불합치결정 자체가 헌재법에 근거를 두고 있는 것은 아니지만 헌법불합치결정이 일반적인 법률조항에 대해서 인정될 수 있는 부분과 마찬가지로 형벌조항에 대해서도 필요성이 인정될 수 있는 부분이 있다고 생각이 됩니다.

예컨대 사회변화에 따라서 위헌이 되는 경우 혼빙간 같은 경우나 아니면 법정형만 위헌이다, 자체로 형사처벌하는 것은 합헌이지만 법정형만 위헌이다라거나 아니면 여러 가지 사안에 있어서 헌법불합치결정을 해야 할 필요성이 있는 경우가 있을 수 있다고 생각이 되고 그리고 헌재법상 위헌인 형벌조항의 소급적인 효력상실 규정이 있는데 이것이 헌법적인 원칙이라기보다는 사실은 법률정책적인 문제라고 볼 수 있는 부분이 있고 해서 형벌조항의 경우에도 헌법불합치결정 그리고 계속적용을 명할 필요성이 있는 경우가 극히 예외적으로 있을 수 있다고 생각이 됩니다.

다만, 이 사건 결정같은 경우에 그러니까 형벌조항의 경우에는 이런 헌법불합치결정으로 계속적용을 명할 필요성을 인정할 수 있는 사례가 실질적으로 극히 예외적인 경우여야 할 것으로 생각이 되고 엄격한 형량이 필요하다고 생각이 되는데, 평석대상 결정에서는 입법자가 정할 사유다라는 헌법불합치사유 외에 계속적용을 해야 할 필요성에 대해서 그런 판단부분이 제대로 드러나지 않는 부분은 문제가 아닌가 하는 생각이 듭니다.

그리고 이미 개선입법시한이 도과한 상태여서 평석대상결정의 당해사건은 어떻게 처리해야 되느냐 하는 문제에서 본다면 결국은 잠정적용 헌법불합치결정의 효력하고 형벌조항에 대한 위헌결정의 효력에 관한 해석에 따라서 달라질 수 있는 부분이 아닌가 생각을 해 봤습니다.

사 회 자 : 성왕 연구관님 감사합니다.

오늘 발제자께서 당신의 주장을 명쾌하게 드러내신 부분도 있고 또 의문을 제기한 부분도 있는데 우리 성왕 연구관께서는 제기하신 모든 문제에 관해서 아주 치밀하게 하나하나 답변을 하신 것 같습니다.

이제 자유토론으로 넘어가기 전에 지금까지 지정토론자들께서 발제자하고 다른 의견도 제기하셨고 또는 질문도 하신게 있기 때문에 발제자께 먼저 답변하실 기회를 드리겠습니다.

발 표 자 : 반대가 많으시리라고는 예상했었습니다.

사실 지금 제가 제기하는 의견들은 우리 사회에서 어쩌면 소수인 것 같습니다.

그렇기 때문에 다수의 의견을 획득하기가 쉽지는 않은데, 아까 오동석 교수님이 허가와 검열은 헌법 21조에 있는 언론·출판에 대한 허가 검열과 집회에 관한 허가는 언론·출판과 집회라고 하는 표현행태가 다르기 때문에 달리 해석할 수 있는 것 아닌가 하는 이야기를 하셨습니다.

그런데 21조 2항 안에 들어있는 하나의 허가나 검열과 허가를 달리 해석할 수 있겠는가 하는 것은 의문이 들고요. 만약에 그렇게 접근하게 되면 그러면 언론·출판은 시간, 장소, 방법에 대한 규제가 가능하다, 사전억제가 가능하다라는 결론이 나와야되는데,

지정토론자 : …

발 표 자 : 그렇습니까? 제가 이 부분 헷갈렸네요. 언론·출판에 대한 시간규제는 허용이 된다고 보시는 것이겠지요?

지정토론자 : …

발 표 자 : 다르기 때문에, 두 가지 표현형태가 다르기 때문에 집회에 대해서만은 시간, 장소, 방법에 대한 사전규제는 안 되고 언론·출판은 사전억제가 가능하다라고 봐야 되거든요. 그 점이 물론 저는 당연히 집회뿐만 아니라 언론·출판도 시간규제 허용된다고 봅니다. 지금 방송의 경우에 방송시간 규제하지 않습니까? 어린 아이들을 위한 방송시간. 어린이방송은 성인방송시간에는 틀지 못합니다. 그것도 그러면 위헌인가 허가제에 해당되어서. 방송광고 위헌했기 때문에 마찬가지로 방송표현 모두 광고도 위헌했는데 표현내용에 대한 시간규제도 당연히 위헌이겠지요. 그렇게 가야 되는가 하는 것이 의문이 들고요.

여러 가지 반대의견을 했습니다만 다시 반복하는 것 같아서 일단 플로어의 의견을 듣는 것이 어떨까 싶습니다.

사 회 자 : 알겠습니다.

이제 자유토론으로 들어가겠습니다.

우리한테 주어진 시간이 50분 정도밖에 안 남았는데 오늘 또 두 분 재판관님께서 참석해 계시고 그래서 50분을 우리가 다 쓸 수는 없을 것 같고요. 또 말씀만 하시는 게 아니고 발표자나 경우에 따라서는 지정토론자께 답변하실 기회도 드려야 되기 때문에 시간을 아껴 써야 될 것 같습니다.

제가 원래 목소리가 톤이 높은데요, 그래서 원래 제 톤대로 얘기하면 선동으로 들린다고 하는 사람들이 많아가지고 오늘 너무 분위기가 격앙될까봐 제가 일부러 목소리를 딱 깔았더니 발표자, 토론자들이 전부 다 목소리를 쫙 까는 바람에 분위기가 너무 차분해졌습니다. 이제 좀 띄워도 될 것 같은데요.

지금 발제자께서 제기하신 주장이나 의문이 6개입니다. 이 6개를 한꺼번에 얘기해 버리면 여기 실체법적 조항도 있고 소송법적 문제도 있는데 한꺼번에 얘기해 버리면 논점이 흐려질 것 같아서 잘라서 토론하면 좋겠습니다.

첫 번째 쟁점을 먼저 한번 다루고 그 다음에 두 번째 세 번째 네 번째 쟁점을 한번 다루고 그다음에 5, 6번 쟁점은 성격이 좀 다른 것 같아서 이렇게 세 부

분으로 나누어서 토론하고 싶습니다.

먼저 발제자께서 제기하신 쟁점 1번 이것에 대해서 의견이나 질문을 해 주시기 바랍니다.

전부 다 1번은 별로 하실 말씀이 없고 나머지만 있으신가요? 말문을 트게 하기 위해서 오늘 많은 학생을 인도해서 참석해 주신 정주백 교수님께서 한 말씀해 주시면 좋겠습니다.

토 론 자 : 죄송합니다. 많은 식구를 데려와 가지고 밥값도 축내고 하는 문제가 있습니다만 우선 제가 생각하는 바를 말씀을 드리겠습니다.

21조 2항의 허가제 문제를 어떻게 이해할 것인가? 저도 굉장히 고민을 많이 했는데 구조적으로 보면 우선 80년 헌법에 없는 것이란 말입니다. 없는데 허가제 금지가 들어갔다는 것은 80년 헌법상태보다도 집회의 자유를 보장하는 방향으로 해석이 되어야 된다는 것은 분명한 것 같습니다.

그런데 더 강화하는 방법으로 이인호 교수님께서 말씀하시는 것은 과잉금지원칙에 관한 보조원리로서라는 생각이신 것 같은데, 그거는 문언하고 반하는 것 아닌가? 21조 2항은 분명히 독자적인 원리로 허가제금지를 명언하고 있는데 이게 37조 2항의 보조원리로 보는 것은 조금 어색한 것 같습니다.

또 하나 해석방법이 지금 헌재에서 이해하는 바와 같은 절대적 금지다. 절대적 금지로 이해하는 견해인데 이것 자체도 논리적으로 이해하기가 어려운 바가 있다. 예를 들어 법 자체가 금지하고 있는바, 예를 들면 이 사건에서는 야간집회를 금지한다라고 되어 있으니까 여러 가지 문제가 복잡해지는데 법에서 새벽 2시, 3시 사이의 집회는 금지한다라고 하면 그 자체로 보면 과잉금지원칙에 반한다고 말하기는 힘들 겁니다.

그런데 거기에 덧붙여서 과잉금지원칙에 반하지 않는 법률적인 금지의 범위를 더 축소하는 의미로 거기에 허가제를 붙인다고 해 가지고 단순히 허가제금지에 위반된다는 이유로 그것을 다시 위헌이라고 말하는 것이 논리적으로 과연 옳은가라는 생각이 근본적으로 저는 드는 겁니다.

사실 허가제금지에 반하지 않도록 한다는 것은 결국 무엇인가 하면 허가제에 관한 조항을 삭제하는 것인데 허가제에 관한 조항을 삭제한다는 것은 결국 집회의 자유가 금지되는 영역이 더 넓어지는 상태가 되는 거지요. 물론 이 부분은 조대현 재판관님께서 2인 의견에서 정확하게 지적하신 부분이라서 제가 따로 드릴 말씀은 없습니다만. 그러면 과연 이게 허가제가 금지되는데 이인호 교수님께서는 법원에 의한 허가도 금지되어야 된다라고 말씀하시지만 결국 동의되는 부분은 국회에 의한 입법에 의해서 집회의 자유가 제한되는 것은 가능하다는 것이지요. 그러면 그것이 왜 그러냐? 결국은 국회가 가지고 있는 민주적 정당성의 측면에서 이해되어야 되는 것 아닌가? 그러면 그렇게 생각해 보면 민주적 정당성을 가진 의회가 스스로 결정하는 것은 가능한데 민주적 정당성을 가진 의회가 과잉금지원칙에 반하지 않는 범위내에서 집회의 자유를 제한하는 영역을 만들고 제한하는 영역을 다시 회복하는 의미에서 새로운 허가제를 설정하는 것이 왜 금지되어야 하는가라는 부분에 대해서 저는 근본적으로 의문을 가지고 있는 겁니다.

발 표 자 : 그 부분은 저하고 같은 입장인가요? 다른 입장인가요?

토 론 자 : 그냥 제 생각을 말씀드리는 건데, 그러면 과연 이런 논리를 따라가면 제 결론은 뭔가 하면 결국 여기서 말하는 허가제라는 것은 법률의 위임이 없는 행정부가 독자적으로 설정하는 허가제만을 얘기하는 것이 아닌가?

발 표 자 : 그거는 저보다 더 좁은 거네요.

토 론 자 : 그렇지요. 사실 제가 말씀드리는 상태 같으면 우리가 가지고 있는 집시법 10조의 문제는 허가제의 문제가 아니다. 왜? 법률에 근거를 가지고 있으니까.

물론 제가 그렇게 말씀드린데는 우리 전체 헌법질서 안에 보면 모순을 가지고 있습니다. 왜냐 하면 그거는 37조 2항의 법률유보에 반하기 때문에. 그러니까 그 자체가 허가제금지조항이 없더라도 법률유보의 원칙에 반하기 때문에 그 자체가 위헌이기 때문에 필요 없는 조항이 되는 겁니다.

결국 가만히 생각해 보면 이 21조 2항이라는 존재 자체가 굉장히 딜레마에 빠져있는 조항 아닌가? 논리적으로 이성적으로 합리적으로 해석해낼 수 없는 조항 아닌가?

사 회 자 : 토론을 통해서 문제점이 해소되고 의견이 모아지기를 기대하는데 더 근본적인 의문을 제기하시는 것 같습니다.

토 론 자 : 죄송합니다. 준비없는 사람을 시키시니까.

발 표 자 : 저도 좀 이상한 해석론인 줄 알았더니 저보다 더 이상한 해석론을 내 가지고.

사 회 자 : 박진영 교수님.

토 론 자 : 경희대학교의 박진영입니다.

저도 준비없이 문제의식만 가지고 재미있는 토론이 많겠다 하고 달려왔는데 정주백 교수님 말씀 듣고 또 이인호 교수님 발제문 듣고 하다가 제가 가졌던 의문 중에 하나를 이게 쟁점 1하고만 꼭 관련 있는 것도 아니고 넘나드는데 그거는 이해해 주시기 바랍니다.

사 회 자 : 예, 제가 말씀을 드리고 나서 보니까 그렇게 나눌 수가 없겠고 다만 5번, 6번쟁점에 관한 것은 조금 뒤에 말씀해 주십사 그렇게 부탁드리겠습니다.

토 론 자 : 5번을 6번하고는 상관없습니다. 다행입니다.

두 가지를 말씀드리고 싶은데 지금 심판대상조항이 10조 1항 본문은 일반적 금지를 규정한 것이고 단서는 예외적 허용을 규정한 것이거든요. 그러면 이거를 집회에 대한 허가제라고 보는 것은 단서가 있기 때문에 허가제라는 의미는 아닙니다.

본문과 단서를 종합적으로 봤을 때 10조 전체가 허가제를 규정한 것이다. 그런데 방금 말씀하시는 것을 들으면 이게 허가제를 규정한 것이기 때문에 위헌이다. 이렇게 되면 단서를 삭제해 버리고 본문만 남기면 그러면 허가제 위반은 아닌 것이냐 이런 문제가 제기된다고 하시는데 그거는 저로서는 이해할 수 없는 것이 일반적 금지를 하고 특정한 경우에 그거를 해제해 주는 것 이게 허가제고 그게 위헌일진데 심지어 이 특정한 경우 해제조차도 없애버린다, 일반적 금지만 남긴다, 이거는 허가제보다도 더 심한 경우가 되지요. 일반적 금지만 남은 거니까.

그러면 그거는 더더욱 37조 2항까지 갈 것이 없이 허가제조차도 금지하는 21조 4항에 반해서 위헌입니다. 단서를 없앤다 하더라도. 위헌성은 더 커지게 되는 것이다. 그렇게 가야되는 것이 아닌가 하는 생각이 들고요.

그 다음에 허가의 개념 자체를 일반적 금지 플러스 예외적 허용 이거를 특정한 금지도 허가로 보자. 그 견해는 저는 동의할 수 없는데, 우리 헌법이 이 21조를 둔 경위야 어떻게 되었는지 모르겠지만 이 규정 자체가 사전억제를 금지한 것이다, 이렇게 보기는 어렵고 문면을 가지고 해석할 수밖에 없다면 허가에 관해서 종래 계속 있어 온 일반적 금지의 예외적 허용 이 개념을 그대로 쓸 수밖에 없는 것이 아닌가? 단지 이 일반적금지라는 것을 얼마나 넓게 해석하느냐 좁게 해석하느냐에 따라서 허가제라고 보는 범위는 좁아질 수 있고 넓어질 수 있겠다. 그런데 이 사건의 경우에 야간에 옥외집회를 금지한 것 이것은 집회에 대한 허가제를 규정한 것으로 볼 수 있다, 5인의 다수의견은 그렇게 본 것인데 그게 일반적인 특정시간대의 제한이나 특정한 장소에서의 집회의 제한하고는 이게 질적으로 다르다 하는 것을 전제로 하고 있는 것 같거든요. 그것을 설명을 해서 논증을 하지는 않았지만 단순히 그냥 야간옥외집회에 대한 허가로 볼 수 있다 심판대상조항은, 이렇게 표현하고 있습니다. 그 표현에 들어가 있는 것 같습니다.

그래서 결국은 집회는 주간집회와 야간집회로 나누어 볼 수 있다. 그 다음에 옥외에서의 집회와 옥내에서의 집회로 나누어볼 수 있다. 그래서 그 정도의 광범위한 제한일 때는 이거는 일반적 금지로 볼 수 있다. 단순한 일시적인 시간적인 제한이나 특정한 장소에서의 제한하고는 질적으로 달라지는 것이 아니냐 하는 문제의식을 갖고 있는 것 같거든요. 이렇게 되면 나중에 다시 한나라당이 입법하려고 했던 것처럼 11시부터 6시까지를 금지했을 때 거기에 단서를 붙이든 말든 그거는 전혀 상관이 없습니다. 그런 규정을 두었을 때 이게 허가제 위반이냐의 문제가 제기되겠는가? 다음에 사건이 나와 봐야 알겠지만 그때 가서 분명히 밝혀질 것인데 제가 예상하기로는 그렇게 할 경우는 허가제 문제는 나오지 않을 것으로 막연히 추측을.

발 표 자 : 왜 그렇지요? 그것도 마찬가지 아닌가요?

지금 시점의 일몰후 일출전하고 그래서 허용 예외조항이 없어진다면 더더욱 허가제에 해당되어서 위헌이다 그러시는데, 그러면 입법자가 밤11시에서 4시까지로 금지시켰습니다. 그거는 허용되나요? 똑같은 논리구조 아닌가요?

토 론 자 : 그게 아직 해결이 안 된 문제지요. 그렇게 보면 어떤 시간대든 특정한 시간대를 잡아서 일반적으로 금지를 하면 다 허가제 위반이라는 얘기가 되어야 되거든요. 이 교수님 말씀대로라면.

5인 다수의견이 그런 의미로 허가제를 쓴 것 같지는 않아요. 24시간에 대해서 다 그냥 어느 시간대든 잡아서 일반적으로 금지하면 허가다 이렇게 보시는 것은 아닌게 아닌가 저는 그렇게 믿고 있습니다.

발 표 자 : 5인의 위헌의견에도 일부위헌의 의미라는 취지로 지금 말씀하신 건가요? 그렇게 해석될 수 있다? 전부 위헌이 아니라?

사 회 자 : 제가 아주 많이는 아니지만 이 실무연구회 사회도 보고 발표도 하고 토론도 하고 해 봤는데 이렇게 1대 1로 난상토론이 벌어지는 것은 처음 보는 것 같습니다. 좀 있으면 사회자가 필요 없어질 것 같은데, 조금 말씀을 하실 때 정리해서 말씀하셔야 되니까 서로 약간 시차를 두는 게 오히려 논지를 정확하게 전달하는 데 도움이 될 것 같습니다.

예, 정주백 교수님.

토 론 자 : 아까 교수님께서 말씀하셔가지고, 사실 그렇게 허가제 야간에 안 된다, 허가를 받은 경우는 된다, 이 조항이 없어져도 허가다, 허가제를 규정한 것이 되는 것이다.

토 론 자 : 허가제를 금지한 규정의 취지에 비추어 볼 때 더더욱 안 된다.

토 론 자 : 원시적으로 보면 우리가 보는 것은 그 조항 자체 야간에 안 된다는 조항만 딱 있었을 때 이것이 허가제 조항이 붙어있다가 떨어져 나간 것인지

원래부터 그게 있었던 것인지에 대해서는 우리가,

토 론 자 : 제 의견은 5인 다수의견에 의하면 10조 1항 본문만 있어도 야간 옥외집회에 대한 허가제를 금지한 21조 4항의 취지에 비추어서 그거는 위헌이라고 가야 된다. 그렇게 가야 된다고 그게 논리적인 일관성이 있는 것이라고 보는 겁니다.

토 론 자 : 그 다음에 자꾸 일반적 개별적이라는 말씀이 나오는데 영화법에서도 영화법 12조가 검열금지에 위배된다고 했습니다만, 13조에 보면 개별적으로 안 되는 사유들이 들어 있었습니다. 영화에서 담아서는 안 되는 개별적인 사유들이 남아 있었고 그것이 심사기준이 되는 검열이었지만 그것은 일반적인 허가금지에 위배된다고 했던 것이지, 그렇게 보면 일반 개별이라는게 헌재에서 특별하게 의미를 두고 쓰는 말 같지는 않은 듯한 느낌을 저는 가지고 있습니다.

이상입니다.

사 회 자 : 예, 지정토론자께서 드디어 나오셨습니다.

점점 토론이 재미있어집니다.

지정토론자 : 저는 기본적으로 21조 2항의 절대적 금지라고 생각을 하고 그러니까 형량을 허용하지 않는 것이기 때문에 우선적으로 판단을 해야 되는 문제라고 생각을 하는데 허가제금지에 반해서 위헌이라는 것과 과잉금지원칙에 반해서 위헌이라는게 어느 것이 더 중한 위헌이다라고는 생각이 안 들거든요 저는. 그런 것은 아닌 것 같고, 다만 적용할 수 있는 방식 자체에 대한 규제냐 내용에 대한 규제냐에 따라서 다른 심사를 한 것이지 그것이 이거는 더 중한 위헌사유 이것은 더 경한 위헌사유는 아니라고 생각이 됩니다.

그래서 제가 생각하기에는 5인의 위헌의견이 단서를 뗀 그냥 입법자가 금지한다라고 했을 때 그것을 그러니까 이거는 허가제에 위반하는 것은 아니지만 과잉금지에는 위반된다라고 판단한다고 하더라도 그게 허가제금지를 이유로 위헌결정한 것과 기본권보호에 더 충실하지 못한 의견이라거나 그렇게 생각할 수는 없지 않은가?

토 론 자 : 저한테 물으신 겁니까?

지정토론자 : 아니 그런 생각이 들었습니다.

토 론 자 : 일반적인 경중, 21조 4항에 반해서 위헌이면 더 심한 위헌이고 37조 2항에 반해서 위헌이면 더 경한 위헌이다, 이렇게 일반적으로 말을 할 수는 없겠지요. 그렇게 단순비교는 안 될 것이고 그거는 사안마다 봐야 되겠지만 최소한 21조 4항이 허가제를 금지한 취지는 37조 2항에 들어가기에 앞서서 허가제만큼은

절대로 허용하지 않겠다는 결단인 것은 맞거든요. 어떤 제한을 하더라도 최소한 이것만큼은 안 된다고 써놓은 것이거든요. 그래서 모든 경우에 해당될 수 있는 일반적인 경중비교는 아니라 하지만 21조 4항에 의한 위헌이면 심플하게 그것만 가지고도 위헌할 수 있는 것이고 위헌 해야 되는 것이다 그렇게는 볼 수 있지 않을까요?

사 회 자 : 이제 발제자께서 지금 진행되는 논증에 하실 말씀이 있다니까 발제자 말씀 듣고 그다음에는 지금까지 말씀 안 하신 분들한테 기회를 드리겠습니다.

발 표 자 : 쟁점 4에 관해서 지금 논쟁이 되는 것 같습니다마는, 저는 단일 스케일이라고 이야기했습니다. 그러니까 허가제 헌법 21조 2항에서 말하는 허가제에 해당된다면 그것은 원칙적으로 위헌입니다. 그거는 명확하고요. 다만 예외가 있을 수 있다는 것이고 그 예외를 설정할 때 결국은 과잉금지의 원칙을 가지고 평가를 한다는 겁니다. 얼마나 중대한 공익이 있었는가, 그야말로 불가피했는가 하는 것을 평가해서 21조에 해당되는 허가지만 예외적으로 허용될 수 있는 여지를 열어놔야 된다는 것이고 그런 점에서는 오히려 교수님하고 같은 입장인 것 같기는 합니다.

그 다음에 정주백 교수님께서 그 부분은 제가 보조원칙이라고 사용했다 그랬는데 저는 21조 2항의 헌법의 명령은 단순한 37조 2항의 보조원칙이 아니라 주원칙입니다. 그러니까 집회나 언론·출판과 관련된 37조 2항을 적용함에 있어서 헌법제정자는 특별히 이 부분은 37조 2항을 적용할 때 아주 엄격하게 적용해라라는 것이 특별명령인 것이거든요. 다만 그게 절대적이지 않다는 것이지 그 점에서 제가 21조 2항의 검열금지의 원칙을 보조원칙으로 이야기한게 아니라 37조 2항의 주원칙으로 언론·출판의 영역에 있어서는 집회·결사의 영역에 있어서는 주원칙입니다.

사 회 자 : 지금까지 토론에 참여하지 않으신 다른 분들께 말씀을 부탁드리겠습니다.

정계선 연구관님 말씀해 주십시오.

토 론 자 : …

발 표 자 : 사실 제 발제문에 10조에 대한 제 입장은 밝히지 않았습니다. 질문을 해 주시리라고 믿고. 제 기본입장은 사전허가제에 해당되지는 않지만 헌법이 금지하는 21조의 허가제에 해당되지 않지만 과잉금지원칙위반이라고 생각됩니다.

제가 얼핏 언급했습니다만 너무 포괄적입니다.

예를 들면 아주 중요도시의 도심에서 누구나 이용하는 도로에서 만약에 심야가 아닌 어느 정도 충분히 오늘날과 같은 시점에서 그와 같은 집회까지도 포괄적으로 금지하는 것이거든요. 그뿐만 아니라 더 나아가서 예를 들면 학교운동장에서 하는 것도 금지입니다 그 시간대에. 저는 학교운동장은 사적 공간이고 사립의 경우에, 그래서 학생들이 학교차원에서 예를 들면 학교에 집회할 이유가 있어서 야간에 했다고 합시다. 저는 그거 절대적으로 허용해야 된다고 생각합니다. 거기에 대해서 그러니까 그거는 사적 공간이고 다른 법익이 충돌하지 않는 영역이거든요. 그런데도 이 10조는 그런 것까지 무조건 금지입니다. 그러니까 그거는 허용될 수 없다는 것이지요. 이게 비록 사전허가제는 아니지만 지나친 과도한 규제로서 저는 위헌이라고 봅니다. 위헌이라고 보는데 그래서 그 부분은 오히려 그렇게 나갔으면 입법자가 차라리 좀 편했을 것 같아요. 그런데 이거를 사전허가에 해당되기 때문에 위헌이다라는 5인의 의견 때문에 아마 입법자가 굉장히 이거 어떡하라는 거냐 하는 고민에 빠졌을 것 같고요. 그래서 시기를 늦춘 것 아닌가도 싶은데, 제 개인적인 의견은 그와 같은 아주 포괄적 그러니까 장소도 제한해야 되고 야간심야시간대도 제한해야 되고 그 다음에 심야시간대에 금지되는 장소도 도심의 어떤 공공이 이용하는 도로라든지 그런 것을 제한해야 되고 그 다음에 예외를 또 설정해야 됩니다.

다시 말해서 예를 들면 공공이 이용하는 공원에서 야간집회를 금지되는 심야시간대에 하려고 하더라도 특별한 위험성이 없다면 허용해 주어야 됩니다. 그거는 경찰서장에 의해서 허용이 되어야 되고, 그 다음에 대규모의 집회가 아니라 소규모의 집회라면 심야에도 허용해 주어야 됩니다.

그래서 그런 공익과 이런 집회의 자유를 조율하는 그것이 현재 10조에 전혀 없기 때문에 그것이 문제인 것이지 이게 사전허가제기 때문에 위헌이다 그렇게 가는 것은 아니다라고 저는 봅니다.

사 회 자 : 좀 더 정밀하게 입법을 했어야 되는데 너무 막연하게 입법해서 행정청에 재량을 너무 많이 줬기 때문에,

발 표 자 : 그렇지요. 그게 결국은 지금 제가 같은 맥락인데요. 그와 같이 광범위하게 하다 보니까 행정청에게 지나치게 폭넓은 재량권을 주게 되고 그 과정에서 결국은 내용심사를 해서 걸러낼 수 있는 여지를 입법자가 준 겁니다 행정청에게. 그렇기 때문에 문제가 될 수 있는 거지요. 그러니까 저는 오히려 그런 의미에서 문제를 접근하면 좋은데 단순히 시간, 장소, 방법이기 때문에 그래서 사전규제이기 때문에 위헌이다, 허가제다 이렇게 하는 것은 앞으로 다른 사안에서 굉장히 폭을 좁히는 겁니다 이거는 스스로.

사 회 자 : 말씀이 끝났습니다.

다른 분 또 자유롭게 토론해 주십시오. 질문도 좋습니다.

발제자께서 의문을 제기한 것들은 하실 말씀이 있는데 정리해서 쓰는 것보다는 질문이 올 때 답을 하겠노라 이렇게 작심하고 오신 것 같습니다.

편안하게 질문하십시오.

예, 정인경 연구관님.

토 론 자 : 정인경 연구관입니다.

저도 다른 의견은 아니고요, 다 종합을 해 보니까 아까 박진영 교수님께서는 이 조항에서 이렇게 단서가 삭제된다고 해도 결국에는 이거는 위헌으로 나간다, 본문만 남는다고 하더라도. 그거는 논리적으로 그거를 논증을 하지는 않았지만 너무 과도하게 그러니까 일몰후 일출전이라고 하는 너무 과도하게 금지구간을 설정하였기 때문이다. 그게 지금 발제자께서 먼저 말씀하신 37조 2항의 과잉금지 위반에 먼저 걸린다. 그거랑 같은 의견이라고 보이고.

그 다음에 성왕 연구관님도 아까 과잉금지 위배여부를 따지는 거랑 허가제 위반여부를 따지는 것 중에 어떤 게 더 강한 위헌심사기준이라고 말하기 힘들다.

다 같은 맥락인 것 같은데요.

저도 이 조항 볼 때 왜 10조는 문제가 되고 11조의 장소적 제한은 문제가 되지 않는지에 대해서 많이 생각을 해 봤는데 결국에는 제 생각에는 과잉금지에 먼저 걸리는 게 맞는 것 같아요. 그러니까 입법자가 설정해 놓은 구간이고 그게 너무 광범위하기 때문에 과잉금지위반이고 하지만 그 광범위하게 설정한 다음에 다시 허가제를 도입한 것 그래서 저는 두 개 다 걸린다고 봐야 되는게 맞지 않나 그런 생각이 드는데 어떠신지? 그게 결국에는 발제자의 의견이랑 같은 의견인지? 그러면 이게 단서가 삭제된다고 해도 결론은 마찬가지로 나갈 수 있을 것 같거든요.

발 표 자 : 의미 있는 지적이라고 생각됩니다.

저는 기본적으로 내용심사가 헌법이 금지하는 허가제다 21조가, 그러나 그거는 절대적인 것은 아니다. 이게 너무 포괄적이라는 행정청에게 너무 광범위한 재량을 허용하게 되면 결과적으로 그게 행정청에게 내용을 통한 사실상 목적이나 집회의 목적을 봐 가지고 일정한 것들을 걸러내는 작업을 얼마든지 할 수 있게 허용해 주고 있다는 거지요 제도적으로. 그것은 헌법이 이야기하는 사전허가의 개념에 해당될 수 있다고 봅니다. 그거를 전제로 하게 되면. 그렇더라도 그때 그것을 사전억제를 하더라도 아까 말한 단일의 스케일로 심사를 해서 과연 이것이 그와 같은 사전억제의 여지를 주고 있다고 판단이 되었다면 그 다음에는 그냥 바로 위헌이 아니라 위헌성여부를 따져야 된다는 거지요 비례심사로 해서.

그래서 이 자체에 행정청에 광범위한 재량을 주고 있는가 하는 판단은 재판관님들이 하는 부분이라서 저도 엄밀하게 이거를 어떻게 평가해야 될지 모르겠습니다만 그럴 여지는 있다고 봅니다. 그러니까 너무 광범위한 재량을 주어서 행정청에게, 그래서 내용심사에 의한 사전억제의 형태로 운용될 소지를 만들어 준겁니다. 이 법 자체가. 그 부분이 문제지요. 그래서 5인의 위헌의견도 본지가 그런 뜻이라면 그거는 저하고 동일합니다. 그 점이라면.

그런데 논증을 하시면서 시간, 장소, 방법을 가지고 들어왔기 때문에 그렇게 논증해 버리면 앞으로 다른 여러 가지 표현 행태들에 대한 시간, 장소, 방법에 대한 규제가 얼마든지 많고 있는데 위험해진다는 거지요. 그래서 내용에 대해서만 문제 삼는 것이 21조 2항의 취지다.

사 회 자 : 역시 토론을 해보니까 모호하던게 정리가 되고 오늘 여기 참석한 분들이 공동으로 합의할 수 있는 그런 요소가 부각되는 것 같습니다.

김현철 교수님.

토 론 자 : 전남대학교 김현철 교수입니다.

오늘 발제를 통해서 새로운 의문점을 갖고 있다는 것을 알게 되어서 뜻 깊다고 생각합니다.

그런데 발제하신 중에 몇 가지 질문해 보고 싶은 것 또는 확인해 보고 싶은 것이 있는데요. 토론자분 중에서 같은 의견을 말씀하셨는데 헌법 21조 2항에서 말하는 허가의 개념에 꼭 행정부만 한정할 필요가 없고 입법부와 사법부 모든 국가기관이 다 포함되어야 된다 그런 취지로 제가 들었는데 일단 그것은 맞습니까?

발 표 자 : 예.

토 론 자 : 그러면 그런 전제하에서 말씀드리겠습니다.

허가라는 어의의 개념이 신청하면 응해주겠다 또는 거절하겠다 이것을 염두에 둔다고 생각하거든요. 행정부다 입법부다 사법부다 거기에 의미가 있는 것이 아니라고 봅니다.

왜냐하면 예를 들어서 신청을 입법부에 하고 입법부가 거절하면 그거는 당연히 허가여부지요. 사법부도 마찬가지입니다. 법원에 허가 신청을 내서 법원이 허락여부를 결정하겠다. 그러면 그것이 허가의 개념에 포함되는 거지요. 그래서 입법으로 그대로 바로 규정했으면 그거는 국가기관이 포함되기 때문에 그거는 허가다 이렇게 보는 것은 오해가 있지 않는가 제 개인적으로 그렇게 생각이 됩니다.

입법으로 정한 것은 허가는 아니지만 과잉금지원칙으로 가는 거지요. 과잉금지와 허가가 어느게 더 세냐 또는 과잉금지에 위반해서 위헌인 것하고 허가제위반 또는 과잉금지위반 두 개 같이 해서 위헌인 것하고 어떤게 위헌성이 더 크냐? 저는 그거 따질 수가 없다고 생각합니다. 위헌이면 똑같은 위헌이지요. 다만, 순서가 어떤 것이냐? 허가제는 소위 말해서 형식적 합헌성여부를 따지는 것이기 때문에 그거를 먼저 판단한 것이고 거기서 건너가면 과잉금지심사를 할 수 있는 것이고 그것이 허가에 해당되지 않으면 바로 과잉금지로 가는 것이고 똑같이 위헌결정나면 그 평가는 똑같다고 봅니다. 그 점에 대해서 어떻게 평가하시는지?

발 표 자 : 제가 취지를 잘 이해했는지 모르겠습니다만 법률에 의한 제한, 5인의 위헌의견에서도 법률에 의한 제한과 행정청에 의한 허가가 다른 것이다라고 했는데 지금 우리 법률유보의 원칙이 적용되는 한도내에서는 행정청이든 사법부든 법률의 허락을 받지 않고는 법률의 인가 없이는 사전제한 못하게 되어 있는 것 아닙니까? 만약에 법률의 인가없이 했다. 정주백 교수님 그것을 금지하는 것이다라고 했는데 그거는 아예 법률유보의 원칙에서 허용되지 않는 것이게 되고요, 37조 2항은 저는 그거는 아닌 것 같다는 생각을 가졌고요.

그 다음에 입법자가 그러면 바로 허가를 할 수 있느냐? 저는 못한다고 봅니다.

입법자는 일반적이고 추상적인 규범을 설정하는 기관이지 특정행위에 대해서 바로 개별적 규율을 할 수가 없게 되어 있습니다.

그게 개별사건법률금지의 원칙인데 개별사건법률금지의 원칙을 우리 헌법재판소가 절대적 금지는 아니고 평등원칙에 유사한 것으로 해석을 해 가지고 설시를 하고 있습니다만 기본적으로 입법자는 바로 직접 특정의 어떤 집회에 대해서 허가를 할 수가 없습니다.

그러니까 결국은 행정청이나 사법부에게 권한을 설정하고 그와 같은 허가권한을 주는 것이고요. 행정부나 사법부도 그 권한 부여에 의해서 비로소 작동하는 것이기 때문에 결국은 제가 말하는 여기서 21조 2항에서 금지하는 것이라는 것은 결과적으로는 행정부나 사법부만을 의미한다고 봐야겠지요 사실은. 그러나 거기에 그것을 허용해 준 입법부도 포함되는 거지요. 그래서 이전에 영화검열이나 그 이후에 영화보류결정사건들에서 행정기관이 했기 때문에가 중요한 의미는 아니라고 봅니다.

그러니까 그 행정기관성의 문제는 오히려 허가의 여부를 판단함에 있어서는 중요한 것이 아니라 설령 민간인이 했더라도 민간에게 그와 같은 권한을 입법자가 부여한 것이거든요. 그런 점에서는 행정기관성이 있냐 없냐의 문제는 검열법리에서는 저는 크게 중요하지 않다고 봅니다.

헌재는 그거를 중심으로 따지기는 합니다만 제 기본 생각에 의하면 그거는 덜 중요한 요소다. 어차피 입법자가 그렇게 하라고 권한을 설정했는데 그거를 민간인이 하든 아니면 행정청이 하든 사법부가 하든 똑같은 법리다라고 생각됩니다.

취지를 잘 이해를 못했는지 모르겠습니다.

토 론 자 : 알겠습니다.

사 회 자 : 이제 우리가 마쳐야 될 시간이 다 되어가는데 너무 점잔을 빼시면 지금 생각 열심히 하고 계셨던 것을 발언할 기회가 없어집니다.

지금 계속 소리를 내니까 마이크로폰에 빨간불이 깜박깜박 하는게 지금 보니까 이승엽 연구관님 마이크 같은데 하실 말씀 있으세요? 뭔가 하실 말씀이 있어서 몸을 움직이시니까 불이 깜박깜박거려요.

토 론 자 : 저는 특별히 드릴 말씀이 있어서 움직인 것은 아니고 그냥 평소 습관이 그런 것이였는데 이왕 걸린 김에 한 가지만 여쭤보겠습니다.

아까 박진영 교수님 말씀하실 때 지금 심판대상조항에서 행정청에 의한 허가 부분이 없이 그냥 일반적으로 야간옥외집회가 금지된다는 것만 있어도 허가제 위반으로 위헌이 날 수 있을 것이다라고 말씀을 하셨는데요. 그런데 지금 여기서 허가의 기준은 일반적 금지를 행정청이 예외적으로 허가하는 것이라고 했는데 실제로는 일반적 금지는 차별없이 주관적으로 모두 금지한다는 의미로 보여지고 그렇게 된다면 그것까지는 맞지만 그다음에 예외적 허용이라는 것이 없는데 그런 경우에도 그게 허가제로 보일 수 있는 것인지 그리고 또 장소제한이 있는 장소를 절대적으로 금지하고 있는 그것들은 그러면 왜 21조 2항의 취지상 허가제에 반하지 않는다고 할 수 있는 것인지 그것에 대한 의견을 듣고 싶습니다.

토 론 자 : 그래서 저도 문제의식만 갖고 왔다고 말했는데 단서가 없이 본문만 있더라도 5인 다수의견의 논리에서 보자면 허가제를 허용되지 아니한다고 한 21조 2항의 취지에 비추어서 역시 21조 2항 위반으로 위헌이라고 말해야 될 것 아닌가.

좀 더 권리를 넓혀주는 단서조항이 붙어있는 것조차 헌법상 허용되지 않는다고 본다면 허가제조차도 허용되지 않는다고 한 헌법의 취지에 비추어 볼 때 그것보다 더 심한 제한이잖아요. 금지만 남게 되면. 그랬을 때는 그것도 21조 2항의 취지에 반해서 위헌이라고 가야되지 않느냐 그런 취지로 말씀드린겁니다.

여기서 심사기준에 있어서 허가제를 적용한게 맞느냐 과잉금지심사원칙을 적용했어야 맞느냐 그 부분은 아직도 저도 헷갈리고 있는 부분이고요. 그 논리를 일관하자면 그렇게 되어야 되는 것 아닌가? 그래서 일반적인 특정시간대의 제한이나 특정 장소에서의 제한 그런 것하고 그냥 야간이라는 아주 넓은 줄 잡아서 하루 중에 절반을 차지하는 시간대에 대한 광범위한 일반적 금지 아니면 장소도 옥외집회는 다 금지한다든가 아니면 주거지역 비주거지역으로 나누어서 광범위한 장소적인 제한이 있을 때는 그 일반적 금지를 24시간 다 금지해야지 일반적 금지냐 모든 장소에 대해서 금지해야 일반적 금지냐, 거기에까지 이르지 않더라도 일반적금지라고 볼 수 있다고 본 것 아닌가 그렇게 생각한다는 겁니다.

토 론 자 : 사실은 그게 오늘 다루어지지는 않은 헌법불합치 의견에서 그 점은 이미 지적이 되었던 것으로 생각이 되는데 그 헌법불합치 의견에서의 지적에도 불구하고 위헌의견이 위헌의견으로 갔던 것은 허가제의 중심적인 것은 행정청에 의한 선별적인 허용여부결정을 허가제의 가장 중요한 개념징표로 본 것이 아닌가 그런 생각이 들거든요. 그러니까 아예 위반하면 심하냐 여부 과잉금지 위반으로 가면 되는 것인데, 놔놓고 우리에게 우호적이면 허용하고 아니면 불허하는 그거를 먼저 그 형태만으로 우선은 위헌심사기준을 삼겠다라고 한 것 그것이 아닌가 싶습니다.

사실 이 경우에는 야간이라서 그러니까 하루의 거의 절반을 집회에서 배제하고 있기 때문에 그런 것인데 일반적인 금지를 하고는 있지만 어느 특정장소에서만 어느 특정시간대 아주 짧은 시간대만 했을 때는 그러면 그 경우는 허가가 아니냐 그런 문제에 갔을 때도 어떤 것을 개념 표지로 삼느냐 문제가 중요할 것 같은데 그렇게 본다면 금지라고 들어가면 굳이 과잉금지로는 심사를 할 필요조차 없게 되는 그런 상황인 것 같습니다.

토 론 자 : 그 부분은 제가 아직까지 명쾌하게 해결하지 못한 숙제인데요. 결국 그 문제입니다. 24시간을 놓고 봐서 그 중에 12시간쯤 제한하면 이거는 일부제한의 문제이기 때문에 과잉금지심사로 가야되느냐? 아니면 야간이라는 시간대에 한한 옥외집회라는 관점에서 놓고 보면 그거는 전부금지거든요. 그게 안 된다고 놓고 봤을 때는. 그렇게 잘라서 볼 수 있느냐? 결국 일반적 금지를 얼마나 넓게 이해하느냐 좁게 이해하느냐에 따라 다르겠지요. 극단적으로 얘기하면 그러면 1시간만 금지해도 그 1시간만 놓고 봤을 때는 전부금지라고 이해할 것인가?

사 회 자 : 이제 시간이 상당히 흘렀습니다.

혹시 5번, 6번 쟁점에 관해서 말씀하실 게 있었는데 다른 이야기가 너무 길어져서 말씀하지 못하셨다면 지금 해 주시기 바라고요. 그렇지 않으시면 여기 참석해 주신 재판관님들의 말씀을 들어보고 싶습니다.

혹시 5번, 6번 쟁점에 대해서? 예, 말씀해 주십시오.

토 론 자 : 서부지검의 이문한 검사입니다.

헌법실무연구회는 1년 전에 가입을 했는데 오늘 처음 참석했고요.

제가 사실은 2월까지 대검 공안부 연구관으로 있으면서 사실 이 사건에 반대 의견서를 2년 동안 있으면서 상당히 쓰고 합헌의견을 상당히 개진했었는데 지금 오늘 이 사건 주제발표가 했다고 해서 옛날 생각도 나고 해서 참석했습니다.

다른 의견은 아니고 이론적인 의견이라기보다 실무적으로 의견서를 내고 위헌이 선고가 되고 나서 저희가 일선에 지침을 내리고 이 사건의 적용이라든지 공소유지라든지 그 이후의 효력에 대해서 검토하면서 이 헌법불합치 주문이 과연 적절했는지에 대해서 많이 생각을 해 봤거든요. 그래서 제 개인적인 의견이나 상당히 그때 저희 연구관들 토론했을 때도 지금 오늘 발표자께서 말씀하셨던 잠정적용보다는 적용중지 의견이 맞지 않았느냐 하는 의견이 저도 찬성하는 입장이고, 실제로 적용된 저희가 수사를 하거나 공소유지를 하거나 기소를 하면서 이게 적용중지가 안 되고 잠정적용이 되었기 때문에 오히려 사실은 더 많은 혼란이 있었습니다.

더군다나 이게 입법시한내에 입법이 안 되어 버렸기 때문에 잠정적용 기간내에 발생한 야간집회를 입건할 것이냐 말 것이냐, 어느 선까지 입건을 할 것이냐 이런 논란도 굉장히 많이 있었고 그래서 굉장히 형평성을 맞추기가 어려웠고 그런 점이 있었다는 점 말씀드리고, 잠정적용을 하든 적용중지 의견을 내셨든 당시에 선고를 하시면서 어느 정도의 그러니까 입법이 입법시한내에 안 된 이유 중에 하나도 이게 합의점을 찾기가 어려웠던 점이 있었다고 보거든요. 어느 시간대를 심야시간으로 볼 것이냐도 여야간에 다툼이 계속 있었고 어느 정도는 규제해야 된다는 것은 인식을 하면서도 그부분에 대해서는 합의점을 찾지 못했는데 헌법재판소에서 최소한 헌법불합치하면서 잠정적용으로 결론을 내리셨을 때는 어느 정도 가이드라인 정도의 설시를 해 주셨으면 어떨까 하는 생각도 해 봤었습니다. 이게 심야시간대를 구체적으로 시간 특정이 딱 떨어지지는 않더라도 독일 헌법재판소판례나 이런 사례들을 보면 약간의 입법형성권에 어느 정도 영향을 미친 구체적인 설시를 한 사례들도 있었던 것으로 제가 기억이 되는데요. 그래서 그런 점이 있었으면 좋지 않았나 하는 생각을 해 봤던 적이 있었습니다.

이 정도로 마치겠습니다.

사 회 자 : 이 검사님 감사합니다.

의견을 말씀하셨기 때문에 다른 분이 답변할 필요는 없을 것 같고요. 저도 저 나름대로 21조 2항의 논리구조에 대해서 이론이 있는데 사회자의 본분을 벗어나면 안 되기 때문에 그냥 참겠습니다.

나중에 뒤풀이 할 때 안주용으로 쓸 수 있는데 하나만 제가 말씀드리면, 우리 허가라는 용어 쓸 때 허가의 정의를 할 때 미국 얘기하고 독일 얘기 막 섞여 쓰는 것 같습니다. 일반적 금지인데 예외적 허용을 추구하는 것은 독일에서 옛날에 허가하고 특허를 구별하기 위해서 쓰던 것이거든요. 법적 근거나 재량의 정도 이거를 구별하려고 일반적 금지 앞에 나오는 말이 자연적 자유에 속하는 행위인데 일반적으로 금지해 놓고 예외적 허용 이런 것이고 그게 아닌 것은 특허인데 이거는 재량권이 더 많아지고 이렇게 나가는 겁니다.

행정법에서 쓰는 그 용어하고 우리 센서쉽에 관한 미국식 정의 '검열이란 무엇인가' 할 때 허가하고 우리가 막 섞어쓰기 때문에 사실은 일반적 금지 이런 말은 우리 헌법논의에서는 할 필요없는 말 같은데 행정청이 선별하는 것이다 그래버리면 될 것을 가지고 써서 우리 개념상 혼란만 초래하는 것 아닌가 그런 코멘트를 제가 주제넘게 했습니다.

이제 두 분 재판관님 여기 참석해 계신데 먼저 조대현 재판관님의 논평을 부탁드리겠습니다.

조대현 재판관 : 저는 결정문에 의견을 다 표시해서 이 자리에서 다시 의견 표시할 필요는 없는게 아닌가 싶은데, 저는 멀리서 오신 학생들한테 선물하는 의미에서 몇 가지 말씀을 드리겠습니다.

집시법 조항은 본문에서 야간옥외집회를 일반적으로 금지하고 단서에서 특별한 경우에는 허용할 수 있다 이렇게 되어 있지요. 그래서 저희가 결정할 때에 5인 의견은 본문의 일반적 금지와 단서의 예외적 허용 이거를 두 개가 합쳐서 허가라고 본 것이고 그거는 바로 헌법의 허가금지에 정면으로 위배된다. 그렇지만 만약에 이 집시법조항에 본문의 일반적 금지조항만 있고 단서조항이 없다면 그거는 헌법의 허가 금지에는 저촉이 되지 않는다. 그거는 그냥 과잉금지의 문제일 뿐이다 이렇게 본겁니다.

5인 의견이 허가금지에 위반된다 하고서 바로 위헌선언을 해 버렸는데 그거는 허가 금지에 위반된다고 하면 위헌선언하기에 충분하니까 더 나아가서 본문의 과잉금지여부에 대해서는 판단할 필요가 없다 이렇게 생각을 했고, 5명 중에서 2명이 그러면 지금 이 집시법 조항에서 단서만 지우면 국회에서 단서만 지우면 본문은 그대로 남는다 일반적 금지가, 일반적 금지가 그대로 남는데 그렇지만 이 일반적 금지 본문만 남겨뒀을 때는 과잉금지에 걸린다 이거를 밝혀 줘야 국회에서 그런 입법을 안 하지 그런 노파심에서 국회에서 단서만 지우고 본문을 그대로 두는 개선입법은 하면 안 된다 그거를 알려주기 위해서 보충의견을 했던 것이고요.

그리고 이 조항 말고 법원 근처에서는 집회하지 못한다 하는 이런 일반적 금지조항만 두는 것 그거는 예외적 허용조항이 없기 때문에 허가제 저촉문제는 생기지 않는다고 보는 것이지요.

합헌의견에서도 그런 얘기를 했는데 일반적 금지를 하고 그거를 특별한 경우에 풀어줄 수 있도록 하는 것은 더 금지를 완화시키는 조치인데 그거를 완화시키는 조치가 있으면 과잉여부를 따질 필요도 없이 허가금지에 바로 위반이 되어서 위헌이 되어 버리고, 완화시키는 조치가 없으면 일반적 금지만 있으면 그러면 과잉금지를 따져가지고 과잉이라고 할 때 위헌이 되느냐? 이거는 좀 이상하지 않느냐? 그 지적한 적이 있었지요. 합헌의견에서 그런 것 지적했을 겁니다.

그 다음에 이게 내용통제냐 방법통제도 포함되느냐 하는 논의도 했었지요. 했었는데 언론·출판에 대해서는 검열과 허가가 다 금지가 되고 집회에 대해서는 허가만 금지가 되어 있지요. 그리고 집회의 본질은 집단적 의사표현을 보장하는 것인데 이거는 표현의 시기, 장소, 방법이 더 중요한 것이지 집단적 의사표현의 내용을 사전에 규제하는 것은 현실적으로 그게 어려운 것 아니냐? 그래서 이게 집회허가 금지에 대해서 내용통제만 거기에 해당된다고 보면 이거는 실제로 헌법규정을 완전히 없애버리는 것과 마찬가지다. 헌법규정의 효력을 거의 다 없애버리는 거와 마찬가지다 그래서 이거를 적어도 집회의 자유에서는 집단적 의사표현의 시간, 장소, 방법 이런 것을 보장해 줘야 이 헌법의 의미를 살려주는게 아니냐 그런 생각을 했었습니다.

아마 다수의견이 표현한게 그거를 다 반영해서 그렇게 했던 것 같습니다.

그리고 왜 헌법불합치 결정을 했냐? 지금 헌재에서는 물론 5인 다수의견 중에서 허가금지만 판단하고 과잉금지는 판단 안한 의견도 있지만 그분들 생각도 이게 전부 위헌은 아니다. 야간옥외집회를 금지하는 것이 전부 위헌이라고 생각하는 분은 한 분도 없었던 것 같습니다. 그러니까 심야에 주거지역에서 야간옥외집회 하는 것은 금지하는게 옳다, 대개 그런 생각이었던 것 같습니다.

그런데 그게 행정청의 판단에 의해서 허가를 해 주고 안 해 주고 하는 것은 안 된다. 그거는 허가금지에 걸려서 안 된다. 다만 국회가 법률로 심야시간에 주거지역에서 옥외집회를 하는 것은 일반적으로 금지하는 것 그거는 위헌이라고 보기 어렵다. 다만 위헌이라고 보기 어려운 부분 합헌부분을 우리가 지금 특정할 수 있냐? 그거는 헌재에서 특정하기는 어렵다. 물론 심야에 주거지역에서 옥외집회하는 것은 헌법에 위반되는 것은 분명하지만 거기에 한정되느냐? 그러면 심야를

몇시까지로 할 것이냐? 그러면 주거지역 말고 다른 지역은 어떠냐? 이런 것은 헌재가 다 결정할 수 있다면 그런 부분은 위헌이다 이렇게 해서 한정위헌, 일부위헌할 수가 있는데 그거는 헌재의 권한을 벗어나는 것이다. 그것은 국회에서 결정할 문제지 헌재가 결정할 문제가 아니다. 그래서 여기 야간옥외집회를 일반적으로 금지할 때 합헌성이 유지될 수 있는 부분과 유지될 수 없는 부분을 가려내는 것 그거는 국회가 해야 될 일이기 때문에 우리는 헌법불합치를 선언을 하고 국회의 개선입법에 맡긴 거지요. 맡겼는데 아직도 안 되었다면서요 이게.

이거 지금 여러분들이 지적했듯이 형벌규정이 위헌이라고 하면서 더구나 다섯 분이 위헌의견이고 2명이 불합치의견이고 그랬습니다. 그러면서도 계속적용하라고 하는 것은 상당히 문제가 있는게 아니냐? 일단 처벌해 놓고 나중에 위헌부분에 의해서 처벌된 사람은 재심으로 구제받아라 이런 취지이기 때문에 상당히 문제가 있었는데 저 혼자 좀, 그래 가지고 제가 흥분해 가지고 여기 불합치 장문의 의견을 좀 썼지요. 의견을 썼는데 그거는 현실적으로 그 후에, 이게 그 동안에 재판이 되어서 처벌까지 됐습니까? 재판 중지하고 안 했습니까?

토 론 자 : 중간에 법원에서 선고도 되었고요, 기소도 되었고 적용이 되는 동안에는 기소도 되었고 선고가 된 것도 있습니다.

토 론 자 : 유죄판결한 것도 있고 무죄판결한 것도 있고요.

토 론 자 : 일부에는 이게 위헌이 되었기 때문에 잠정적용이라 하더라도 선고할 수 없다 해서 무죄를 쓴 재판부도 있고.

발 표 자 : 사건이 대법원에 올라가 있습니다.

사 회 자 : 하급심은 왔다 갔다 하고 있는 거지요.

조대현재판관 : 그 부분에 대해서는 저는 헌재가 잘못했다고 생각합니다.

사 회 자 : 오늘 귀한 경험했습니다.

재판관님들께서 이렇게 헌재가 잘못했다 이런 말씀은 잘 안 하시는데, 조대현 재판관님 귀한 말씀 감사합니다.

말씀 듣고 보니까 왜 의견이 이렇게 나뉠 수밖에 없었는지 그리고 그때 어떤 의도로 이런 결정을 내리셨는지를 우리가 분명히 이해할 수 있게 되었습니다.

끝으로 우리 헌법실무연구회 회장이신 김종대 재판관님의 논평을 부탁드리겠습니다.

회 장 : 이인호 교수님께서는 적용중지 헌법불합치를 하는 것이 결론적으로 비례심사를 해서 허가제는 아니더라도 과잉여부를 심사해서 적용중지 헌법불합치하는 것이 좋았을 것이다. 그리고 오동석 교수님은 허가제에 해당되어서 위헌

하는 것은 좋은 데 하면 단순위헌을 하지 무슨 헌법불합치냐? 성왕 연구관은 우리편이니까 빼고.

두 분께서 다 지금 헌재가 선고한 것보다도 어떤 의미에서 국민의 인권에 대해서 더 전향적인 의견을 내 주신 데 대해서 우선 고맙다고 생각합니다.

아까 조대현 재판관께서 적용중지를 못하고 잠정적용을 한 것을 개인적으로도 비판을 하셨고 이 자리에서도 언급하셨지만 얘기하기 참 어려운 문제입니다.

그래서 넘어가고 제가 오늘 논의하는 과정에서 두 가지만 말씀을 드리면, 절대적 금지로 해석하는 것은 위험성이 있다 이렇게 말씀했습니다.

법을 해석하는 사람들은 더구나 공인으로서 법을 해석하는 사람들은 우리가 이렇게 되어 있습니다. 헌법과 법률에 의하여 재판할 때 하고 양심에 따라 한다 하지만 사실 이거는 법해석도 그렇게 되어야 되겠지요. 헌법을 해석할 때 우리가 자기가 가지고 있는 양심에 ~ 금지로 해석이 명문으로 될 수 있는데 그것이 결과가 위험하다고 해서 절대적 금지가 아닌 쪽으로 해석하는 것은 어떤 한계 안에서 해야 될 것인가에 대해서 좀 의문이 있었다. 그것은 다른 말로 하면 입법자가 그런 위험성을 다 고려해서 그런 규정을 했는데 또 다시 우리가 그 위험성을 가지고 입법자가 한 것을 다시 변형시키는 것은 어쩌면 법해석하는 사람으로서 오히려 위험한 것이 아닌가 하는 그런 느낌이 들었고요.

두 번째는 허가제의 판단여부와 과잉금지판단이 본질에 있어서 같은 것이다 했는데 적어도 우리가 이 허가제에서 위헌이라고 할 때는 이렇게 했습니다. 뭐냐하면 아까 조재판관님 말씀대로, 그게 10조지요? 2항이 없었다면 우리는 바로 허가제는 손을 안댑니다. 그냥 1항만 심사해서, 본문 그것만 했을 거거든요, 그런데 단서가 붙어서 금지를 해 놓고 그러나 경찰서장이 허가해 주면 된다는 것 아닙니까? 결국은 뭡니까? 경찰서장이 허가하면 되고 허가 안 하면 안 되고 그거 아닙니까? 이건 경찰서장의 허가 여부에 따라서 되고 안 되고가 정해지는 것은 우리 헌법이 금한 것 아니냐? 허가제라는게. 그러니 허가제 위반이다. 그렇게 해석을 했고요.

그래서 과잉심사를 할 때 그러면 그것도 과잉심사의 하나가 아니냐? 이렇게 볼 수도 있겠지요. 그런데 우리가 과잉심사를 할 때는 본질적 내용을 침해할 수는 없도록 우리 헌법에 규정되어 있습니다. 그래서 우리의 헌법 제정의 역사, 개정의 역사를 비추어 볼 때 적어도 집회·시위의 자유에 관해서 허가제만은 경찰의 재량에 따라서 되고 안 되고 하는 것만은 막아야 되겠다 하는 게 우리 헌법 개정권력자, 제정권력자의 결단이라고 봤습니다.

그러니까 이것은 이 헌법, 집회의 자유에 관해서의 법률이 손댈 수 없는 본질적 내용입니다. 만약 법률에서 허가제를 완화하는 법을 만들면 안 된다는 거지요. 그게 헌법적인 결단이었다. 그렇기 때문에 허가제는 우리가 먼저 허가제를 심사해야 한다. 허가제에 걸리면 과잉심사 할 것 없이 안 된다. 허가제하고 관계없다면 물론 그 다음에는 과잉심사로 가고.

그런데 이 허가제라는 것이 집회·시위에 관해서 법률이 37조 2항에 의해서 제한할 수 있는 한계의 하나로써 정해 놓은 것이다, 이렇게 보면 아까 말했듯 허가제를 우리가 먼저 판단을 했고, 뒤에 판단할 수 있는 그런 문제가 아니지요.

그러니까 헌법이 특별히 관심을 가져서 허가제를 정한 이상 허가제에 관한 판단이 먼저 있어야 되겠고 그리고 이 사건의 본문과 단서를 합쳐보면 결국은 허가제이고 그래서 안 된다.

그러니 또 염려하는 사람 아까 말씀하셨듯이 그럼 허가제 조항만 날라가면 허가제는 피할 수 있지 않느냐? 그렇습니다. 넘어가면 그거는 이제 과잉심사를 해야 하는데 지금 이 사건에서는 그것까지는 필요없다고 했고, 또 걱정하는 두 분은 그 심사까지도 했고.

나머지 아까 두 분은 허가제는 아니지만, 허가제 아니면 과잉심사로밖에 갈 거 없지 않습니까? 그래서 바로 과잉심사를 해서 결국 이렇게 됐는데, 하여튼 오늘 그런 문제점은 제가 주관적으로 제기해 보는 문제점이고, 그거는 우리가 헌법을 해석하고 공부하는 사람으로서 아까 말했듯이 헌법해석을 하면서 우리가 가치를 어디에 둬야 될 것인지 어느 정도를 해석하는 사람으로서의 가치를 펴나가야 할 것인지에 대해서 항상 고민해야 될 문제라는 것 하나 지적을 하고.

오늘 여러분은 특히 조 재판관님께서 주문이 나오게 된 경위를 소상하게 밝혀주셨으니까 조금 도움이 되실 줄로 믿습니다. 오늘 나와주셔서 감사하고 사회자에게 다시 마이크를 넘기겠습니다.

사 회 자 : 예, 김종대 재판관님 감사합니다.

오늘 두 분 재판관님께서 굉장히, 배경이야기까지 굉장히 솔직한 말씀을 해주셔서 앞으로 헌법을 연구하고 또 실무 처리하는 데 굉장히 도움 되는 그런 기회를 가졌던 것 같습니다.

이것으로 제가 사회자로서 할 일은 다 끝난 것 같습니다.

발표해 주시고 토론에 참가해 주신 모든 분들에게 감사드립니다.

고맙습니다.

군대내 불온서적 금지 사건 (헌재 2010. 10. 28. 2008헌마638) 평석

– 응답성과 일관성을 중심으로 –

김 하 열*

Ⅰ. 문제의 제기

헌법재판소가 하는 많은 역할들이 있고, 국민들이 헌법재판소에 기대하는 바 또한 많다. 그 많은 기대 중에는 다음과 같은 것들도 포함될 것이다.

- 문제가 되고 있는 헌법적 이슈와 분쟁에 대한 분명한 응답

- 헌법재판(판례나 이론 적용)의 일관성

이 글에서는 헌법재판소의 군대내 불온서적 금지 사건을 중심으로, 보충적으로 동성군인 간 추행금지 사건을 곁들여, 과연 헌법재판소가 이러한 역할을 충실히 하였는지 검토해 보고자 한다.

불온서적 사건에는 군인의 기본권적 지위, 군사법제의 체계적 정당성, 정신적 자유와 국방의 관계, 국민의 기본의무와 기본권 제한의 관계와 같은 다른 중요한 쟁점들도 포함되어 있지만, 이에 관하여는 다수의견과 반대의견의 공방 속에 중요한 논점들이 표명되고 관점의 차이들도 상당히 드러나 있으며, 다른 참고할 문헌들[1])이 있으므로 여기서 논의하지 않는다.

1. 헌법재판소의 응답의무

국가보안법, 토지공개념, 5·18특별법, 사형제, 간통, 과외금지, 군가산점, 탄핵, 신행정수도, 양심적 병역거부, 안마사, 호주제, 이라크 파병, 수입 쇠고기, 종합부

* 고려대학교 법학전문대학원 교수.

1) 이재승, "불온서적 지정의 위헌성", 헌법실무연구 제10권, 2009, 319면 이하; 한수웅, "국민의 기본의무", 저스티스 제119호(2010. 10.), 52면 이하.

동산세, 미디어법 날치기, 배아연구… 헌법재판소를 거쳐 간 주요 정치적·사회적 이슈의 예들이다.

불온서적 사건(헌재 2010. 10. 28, 2008헌마638)과 동성군인 간 추행금지 사건(헌재 2011. 3. 31, 2008헌가21)이 제기되었을 때에도 헌법재판소가 이 중대한 사회적 이슈들을 어떻게 해결할 것인지 귀추가 주목되었다. 전자의 경우 다른 쟁점과 더불어 과연 불온서적 목록이 제대로 작성되었는지, 다시 말해 불온서적 목록에 포함되었던 일부 도서들{특히, '나쁜 사마리아인들'(장하준 저), '우리들의 하느님'(권정생 산문집), '지상에 숟가락 하나'(현기영 소설집), '507년, 정복은 계속된다(노암 촘스키 저)}이 군인이라 하여 취득, 소지, 영내 반입이 금지되어야 할 불온서적인지, 그렇게 보아 규제하는 것이 군인의 언론의 자유나 행복추구권을 침해하는 것이 아닌지라는 데에, 후자의 경우 군대 내의 합의 동성애를 처벌하는 것이 아무리 군대 내라고 하지만 성적 취향의 문제에 국가가 지나치게 개입하는 것이 아닌지의 문제가 집중적인 관심의 대상이 되었다.[2] 이러한 관심과 해결에의 기대는 단순히 사회문제에 대한 호사가적 관심이 아니라, 구체적 분쟁이 된 사회문제에 대하여 헌법재판이 어떤 역할을 할 것인지를 지켜보는 국민주권자로서의 관심이라 할 것이다. 헌법재판은 법치주의와 권력분립을 한쪽의 원리적 기반으로 하지만, 민주주의와 국민에 대한 책임 또한 다른 한 쪽의 원리적 기초로 삼으므로 저러한 국민적 관심사에 부응하여 합당한 응답을 내놓아야 할 책무가 있다. 이때의 응답은 분쟁에 대한 종국적, 유권적 판단이라는 사법 본성적 응답에 그치는 것이 아니라, 당해 사건에서 문제되는 이슈에 대한 분명한 헌법적 해명까지 포함한다. 여기에 헌법재판의 특성이 있고, 이러한 특성을 이유로 일반사법과는 다른 여러 절차적 특수성을 인정받고 있는 것이다.

불온서적 사건의 심판대상은 세 가지였다. 불온서적 규제의 상위 근거법률인 군인사법 제47조의2,[3] 국방부장관 등이 내린 구체적인 지시, 그리고 양자를 연결하는 대통령령인 군인복무규율 제16조의2.[4] 헌법재판소는 전2자에 대한 심판청구를 각하하고 군인복무규율에 대한 심판청구만을 본안판단의 대상으로 삼아 합헌이라 하였다. 그리하여 판단은 나왔지만 사건에서 해결되리라 기대된 주요 쟁점,

2) 예를 들어, 조선일보 2008. 8. 1.자 기사 '국방부 불온서적 23권 열독운동?'; 주간경향 2010. 6. 22. 자 '[이슈] 군형법 92조 성적 자기결정권 침해'.

3) **제47조의2**(복무규율) 군인의 복무에 관하여는 이 법에 규정한 것을 제외하고는 따로 대통령령이 정하는 바에 의한다.

4) **제16조의2**(불온표현물 소지·전파 등의 금지) 군인은 불온유인물·도서·도화 기타 표현물을 제작·복사·소지·운반·전파 또는 취득하여서는 아니 되며, 이를 취득한 때에는 즉시 신고하여야 한다.

즉 목록에 불온서적으로 지정된 도서들의 소지, 반입을 규제하는 것이 과연 옳은지에 대한 직접적인 대답은 어디서도 들을 수 없게 되었다.

동성군인 추행금지 사건에서는 완전히 서로 다른 세 행위유형에 대한 헌법판단이 문제된다. 폭행과 협박을 사용한 강제추행, 군대내 서열상의 지위를 이용한 상대방의 의사에 반하는 추행, 그리고 당사자 간의 자유로운 합의에 의한 동성애적 행위가 그것이다. 이 사건에 대한 보다 일반적인 관심사는 합의 동성애를 군이라는 특성을 이유로 처벌하는 것이 정당한지 하는 것이었다. 헌법재판소는 세 가지 유형의 추행별로 독자적인 위헌 문제를 세심히 나누지 않고 두 번째 유형의 추행을 중심으로 뭉뚱그려 합헌이라는 대답을 하였을 뿐이고, 합의 동성애 특유의 문제에 대하여는 거의 응답을 하지 않았다.

2. 일 관 성

헌법재판소는 헌법에 관한 최고 사법기관이다. 최고의 사법기관은 법 해석·적용에 있어 일관성과 통일성을 보여 주어야 한다. 그렇지 않으면 법치국가의 법적 안정성을 확보하기 어렵다. 이러한 일관성을 위하여 판례 변경은 절차적인 제한을 받는다. 헌법재판소법은 판례 변경을 위하여 재판관 6인 이상의 가중정족수를 요구하고 있고(동법 제23조), 법원조직법 또한 판례 변경은 대법관 전원의 3분의2 이상의 합의체에서 하도록 하고 있다(동법 제7조). 과연 판례의 변경에 해당하는지 않는지는 어려운 문제이겠거니와, 설사 판례 변경에 해당하지 않너라도 동일/유사한 사안에 대해서는 동일/유사한 법리와 기준이 적용되어야 일관성이 있다.

물론 일관성이 획일성이나 불변성을 의미하는 것은 아니며, 살아있는 사건을 다루는 사법은 개별 사안마다 최선의 정의를 찾아 변화하지 않을 수 없다. 그러나 정치적 판단과 달리 사법적 판단의 탄력성과 개별성은 법령과 판례라는 법적 준거의 틀 내에서 이루어져야 한다는 한계를 지닌다. 그러므로 동일/유사해 보이는 사안에 대해 다른 법리와 기준을 적용하려면 동일/유사하지 않다는 이유를 제시하여야 할 것이고, 경우에 따라 판례 변경에 이르는지를 살펴, 판례 변경에 이른다면 그에 따른 절차를 갖춰야 할 것이다.

이러한 일관성은 헌법실체법의 해석·적용 뿐만 아니라 헌법소송 요건에 관한 헌법재판소법의 해석·적용에 있어서도 마찬가지로 요구된다. 헌법재판소는 창립 이래 헌법재판소법 제68조 제1항에 규정된 '공권력의 행사 및 불행사로 인한 기본권의 침해'에 관하여 자기관련성, 직접성 등의 여러 헌법소원 요건론을 개발,

전개하여 왔다. 자기관련성이나 직접성의 기본 의미가 무엇인지, 어떤 경우에 이것들이 인정되는지, 그 예외는 무엇인지, 이에 관한 기준은 무엇인지 등에 관하여 대강의 틀을 확립하여 왔다. 물론 헌법소원의 개별 사안은 천차만별이지만 그것이 적법한 것인지를 판단하는 기준과 틀은 대체로 일관되어, 예측가능성을 제공하였고, 이런 점에서 사법적 신뢰를 형성하였다고 말할 수 있다.

그런데 불온서적 사건에서는 확립된 헌법소원론, 그리고 일관된 헌법해석의 방식을 깨뜨리는 파격이 몇 군데 보였는데, 그에 대한 이유 제시는 없다. 법령에 한하여 적용하여 온 직접성을 법령이 아닌 국방부장관의 구체적 지시에 적용하였고, 정신적 표현이나 그 소산에 관하여 명확성과 과잉금지원칙을 비교적 엄격히 적용해 왔는데, 이 사건에서는 사실상 포기되고 있다.

이러한 예외적 파격성은 이 사건의 결론에 찬성하지 않는 사람들을 설득하기 어렵게 만들 뿐만 아니라 법 외적인 함의를 읽어내려 시도하게 하고, 나아가 헌법재판의 신뢰성에 부정적 영향을 미치지 않을까 염려된다.

Ⅱ. 불온서적 사건

1. 불온서적 사건의 가능한 경로

- 법률 : 직접성 흠결 각하 ㄱ / 직접성 인정 본안판단 ㄴ
- 시행령 : 합헌 a / 위헌 b
- 지시 : 위헌 ① / 일부 위헌 ② / 합헌 ③ / 각하 ④

경로 1 : ㄱ + b + ①
경로 2 : ㄱ + a + ① 또는 ②
경로 3 : ㄱ + a + ③
경로 4 : ㄱ + a + ④
경로 5 : ㄴ + b + ①

아래에서는 경로 1 내지 3은 헌법재판의 일관성의 범위 내에 속하나, 경로 4, 5는 일관성을 벗어난 것이라는 주장을 하고자 한다.

[경로 1은 재판관 이공현, 송두환의 반대의견, 경로 2와 3은 선택되지 않았고,

경로 4는 헌법재판소의 법정의견, 경로 5는 재판관 이강국의 반대의견이다.]

2. 직 접 성

가. 군인사법 제47조의2

헌법재판소법 제68조 제1항에 따른 권리구제형 헌법소원에서는 기본권 침해의 직접성이 요구되고, 여기서 '직접성'이란, 구체적인 집행행위에 의하지 아니하고 법률 또는 법률조항 그 자체에 의하여 자유의 제한, 의무의 부과, 권리 또는 법적 지위의 박탈이 생긴 경우를 뜻한다는 것이 헌법재판소의 확립된 판례이다. 그런데 집행행위에는 입법행위도 포함되므로 법률규정이 그 규정의 구체화를 위하여 하위규범의 시행을 예정하고 있는 경우에는 당해 법률의 직접성은 부인된다는 것 또한 확립된 판례이다.

군인사법 제47조의2는 군인의 복무에 관하여는 군인사법의 다른 조항, 그리고 대통령령이라는 하위규범이 규율한다는 것을 밝히고 있을 뿐, 스스로 직접 아무런 규율을 하고 있지 않으며, 이 규정의 위임에 따른 대통령령인 군인복무규율의 규정과 그 시행에 의하여 비로소 직접적인 기본권 침해 가능성이 발생한다. 판례에 의하면 위 군인사법 규정에 대한 청구 부분은 기본권 침해의 직접성 요건이 흠결되어 부적법하다고 판단하게 된다.

헌법재판소는 확립된 판례에 따라 그와 같이 판단하였다.

나. 국방부장관 등이 하달한 '군내 불온서적 차단대책 강구 지시'('이 사건 지시')

국방부장관은 위 군인사법 조항의 하위규범인 군인복무규율 제16조의2 등에 근거하여 각 군에 '군내 불온서적 차단대책 강구 지시'를 하달하였고, 이를 받은 육군참모총장과 공군참모총장은 이틀 후 예하 부대에 '군내 불온서적 차단대책 강구 지시'를 하달하였으며, 육군 예하 부대인 주한 미8군 한국군지원단 등은 그 며칠 후 '군내 불온서적 차단대책 강구 지시'를 하급 부대에 다시 하달하였다.

이 사건 지시에 대한 판단 부분은 다음과 같다.

『이 사건 지시 중 국방부장관이 각 군에 내린 것은 그 직접적인 상대방이 각 군의 참모총장 및 직할 부대장이고, 육군참모총장의 것은 그 직접적인 상대방이 육군 예하부대의 장으로, 청구인들을 비롯한 일반 장병은 이 사건 지시의 직접적인 상대방이 아니므로, 이 사건 지시를 받은 하급 부대장이 일반 장병을 대상으로 하여 이 사건 지시에 따른 구체적인 집행행위를 함으로써 비로소 청구인들을 비롯한 일반 장병의 기본권제한의 효과가 발생한다 할 것이다.

청구인들을 비롯한 일반 장병의 기본권제한은 하급 부대장의 구체적 집행행위를 매개로 하여 비로소 현실화된다 할 것이므로, 이 사건 지시 자체가 대외적 효력을 발하여 청구인을 비롯한 일반 장병에 대하여 직접 자유의 제한, 의무의 부과, 권리 또는 법적 지위의 박탈을 초래한다고 보기는 어렵다.

이 사건 지시 자체는 군 지휘조직 내부의 행위로서 청구인들을 비롯한 일반 장병에 대한 직접적인 공권력 행사라고 볼 수 없고, 따라서 이 사건 심판청구 중 이 사건 지시 부분은 기본권침해의 직접성 요건을 흠결하였다 할 것이다.』

1) 직접성의 관점

기본권 침해의 직접성은 법규범을 직접 대상으로 삼는 헌법소원에 적용되는 요건이다. 헌법재판실무제요는 "직접성의 요건은 법령에 대한 헌법소원에서는 특히 중요한 의미를 가진다. 즉 법률 또는 법률조항 자체가 헌법소원의 대상이 될 수 있으려면…"이라고 설명하고 있고,[5] 위 군인사법 조항에 대한 직접성 판단에서 보는 바와 같이 직접성에 관한 헌법재판소의 결정의 모든 설시는 "법령조항 자체가 헌법소원의 대상이 되기 위해서는…"이라고 시작한다. 우리 판례에 영향을 준 독일에서도 다르지 않다. '직접성은 법률이나 기타의 법규범을 직접적인 대상으로 하는 헌법소원의 경우에만 실제적인 의미를 갖는다.'고 설명된다.[6] 그리하여 헌법재판소의 판례 가운데 법규범이 아닌 공권력행사에 대해 직접성 요건을 심사한 예는 없는 듯하다.

이는 직접성 요건을 요구하는 근본취지에 비추어 보면 잘 알 수 있다. 직접성은 집행행위를 대상으로 법원을 통한 권리구제절차를 경유하라는 넓은 의미의 헌법재판의 보충성 원리가 발현된 것인데,[7] 법규범이 아닌 개별적·구체적인 공권력행사에 대해서는 직접성이 아니라 (좁은 의미의) 보충성 요건을 요구함으로써 그러한 원리는 바로 실현될 수 있기 때문이다.

직접성이 요구되는 법규범은 법률뿐만 아니라 조약, 법규명령, 조례, 행정규칙이 모두 포함된다. 이 사건 지시에 대해 직접성 여부를 심사한다는 것은 이 사

5) 헌법재판소, 헌법재판실무제요, 제1개정증보판, 2008, 247면.

6) Schlaich/Korioth, Das Bundesverfassungsgericht, 7.Aufl. 2007, Rn.238; Hillgruber/Goos, 독일헌법소송법, 헌법재판소, 2010, 123면.

7) Schlaich/Korioth, supra, Rn.238; Hillgruber/Goos, supra, 124면.

건 지시가 적어도 행정규칙에 해당함을 전제로 한다. 그런데 헌법재판소는 이에 관하여 아무런 판단을 하고 있지 않으므로 두 가지 가능성이 있다. 첫째, 법규범을 대상으로 하는 헌법소원이 아니더라도 직접성을 요구하겠다는 것이거나, 둘째, 이 사건 지시를 행정규칙으로 보았다는 것이다. 첫째의 경우라면 헌법소원의 요건에 관한 대단히 중요한 변화를 꾀한 것이라 할 것인데, 이에 관하여 아무런 설명이나 이유 제시를 하지 않아 헌법재판의 일관성에 훼손을 초래하고 있다. 그렇다면 과연 이 사건 지시를 행정규칙에 해당한다고 할 수 있는가?

먼저, 이 사건 지시를 청구인이나 이해관계인 국방부장관이 주장하는 바와 같이[8] 법령보충적 행정규칙이라고 인정하기 어렵다. 법령보충적 행정규칙이 되려면 상위 규범에 명시적, 직접적인 위임규정이 있어야 한다.

"법령의 직접적인 위임에 따라 수임행정기관이 그 법령을 시행하는데 필요한 구체적 사행을 정한 것이면, 그 제정형식은 비록 법규명령이 아닌 고시, 훈령, 예규 등과 같은 행정규칙이더라도, 그것이 상위법령의 위임한계를 벗어나지 아니하는 한, 상위법령과 결합하여 대외적인 구속력을 갖는 법규명령으로서 기능하게 된다고 보아야 한다"(헌재 1992. 6. 26, 91헌마25; 헌재 2002. 7. 18, 2001헌마605).

규정형식을 예로 들자면(헌재 2004. 1. 29, 2001헌마894 사건의 경우),

> **동법시행령**(2001. 8. 25. 대통령령 제17344호) **제21조**(청소년유해매체물의 표시방법) ① 법 제42조의 규정에 의한 청소년유해매체물을 제공하는 자는 당해 매체물에 19세 미만의 자는 이용할 수 없다는 취지의 내용을 누구나 쉽게 확인할 수 있도록 음성·문자 또는 영상으로 표시하여야 한다.
> ② 제1항의 규정에 의한 표시를 하여야 하는 자 중 인터넷을 이용하여 정보를 제공하는 자의 경우에는 기호·부호·문자 또는 숫자를 사용하여 청소년유해매체물임을 나타낼 수 있는 전자적 표시도 함께 하여야 한다.
> ③ 정보통신부장관은 정보의 유형 등을 고려하여 제1항 및 제2항의 규정에 의한 표시의 구체적 방법을 정하여 관보에 고시한다.

그런데 이 사건의 경우 불온도서 등의 목록 지정, 반입 통제 등에 관한 사항을 국방부장관 등에게 직접 위임한 상위법령을 찾아볼 수 없다.

다음으로, 법령보충적 행정규칙이 아닌, 대외적 구속력 없는 단순한 행정규칙으로 보기도 어렵다. 이 사건 지시문서에서 스스로 밝히고 있는 다음과 같은 근거

8) 청구인은 이 사건 지시가 법령보충적 행정규칙이라 주장하였고, 이해관계인 국방부장관은 이 사건 지시가 법령보충적 행정규칙이거나 항고소송의 대상인 행정처분에 해당한다고 주장하였다.

를 보면 알 수 있다.

1. 관련규정/근거

가. 군인복무규율(대통령 제20282호)

16조의2(불온표현물 소지, 전파 등의 금지)

※ 군인은 불온도서 등 표현물 소지 또는 취득 등 불가, 취득시에는 즉시 신고

나. 국군병영생활규정(국방부 훈령 제600호)

제47조(물품반입 및 소지의 제한)

※ 외출, 외박 및 휴가로부터 귀영시 허가되지 않은 불온도서 반입 금지

다. 군사보안업무시행규칙(국방부 훈령 제797호)

제216조(보안성 검토 책임)

※ 부대에 반입, 반출되는 모든 자료는 부서장이 보안성 검토 실시

라. 정훈·문화활동 규정(국방부 훈령 제790호)

제28조(정훈·문화자료 심의위원회)

※ 장병 전산교육 및 문화활동을 지원할 목적으로 획득하는 자료는 국방정책실의 '정훈·문화자료 심의위원회' 심의/결정

마. 군내 불온서적 차단대책 강구(장관, '08. 7. 19.)

이 사건 국방부장관의 지시는 국방부 훈령에 근거하여 이를 구체적으로 실현하기 위하여 발한 지시이고, 육군참모총장의 지시는 여기에 위 국방부장관의 지시를 실시하기 위하여 다시 발한 지시이다. 이 사건 지시의 내용을 보아도, 특정 상급자가 그 관할 하급자들에게 목록에 기재된 특정 불온서적들을 장병이 소지, 취득, 영내 반입을 하지 못하도록 차단하라는 구체적 명령임을 알 수 있다. 따라서 이 사건 지시는 국방부 훈령에 근거한 개별적·구체적인 공권력의 행사라 할 것이다. 만약 헌법재판소가 이 사건 지시의 성격을 (단순한) 행정규칙으로 보았다면 직접성 요건의 판단 이전에 공권력행사성을 부인함으로써 간명하게 이 부분 심판청구를 각하할 수 있었을 것이다. 그것이 판단의 체계적 순서상 타당하고, 확립된 판례에도 부합한다. 이와 같이 이 사건 지시가 법규범이 아니라면 그에 대한 심판청구의 적법 여부는 과연 공권력의 행사가 맞는지, 청구인에게 자기관련성이 있는지 등에 따라 판단하여야 한다.

2) 공권력행사성 및 자기관련성의 관점

이 사건 지시는 국방부장관 등이 군인복무규율 제16조의2를 보다 구체적으로 실현하기 위하여 상급 지휘·명령권자로서 관할 하급자들에게 발한 구속력 있는 지시행위이므로 공권력의 행사에 해당한다. 또한 청구인들을 비롯한 군인들은 실

질적으로 이 사건 지시의 직접적인 규율대상으로서 이 사건 지시의 규율 내용에 따른 기본권 제한을 받게 되므로 이 사건 지시에 대하여 헌법소원을 청구할 자기관련성이 있다.

행정기관 내부의 행위는 장차 그에 따라 개별 국민에 대한 구체적 처분이 행해졌을 때 비로소 기본권에 영향을 미치므로 아직 공권력행사성이 인정되지 않는다고 본 사례들이 있다. 경제기획원장관의 정부투자기관예산편성공통지침 통보행위(헌재 1993. 11. 25, 92헌마293), 농림수산부장관의 시·도지사에 대한 집유질서확립대책 지시행위(헌재 1994. 4. 28, 91헌마55), 노동부장관의 2002년도 건설업체 재해율 산정행위(헌재 2007. 5. 31, 2003헌마579) 등이 여기에 해당한다. 그러나 행정기관의 내부적 행위라 하더라도 여러 가지 사정을 종합하여 볼 때 대국민적 효력으로 직결되는 경우에는 공권력행사성을 인정할 수 있다. 서울대학교 입시요강 발표행위(헌재 1992. 10. 1, 92헌마68), 세무대학장의 교수재임용 추천 거부행위(헌재 1993. 5. 13, 91헌마190) 등이 여기에 해당한다.

그리고 공권력 행사로 인한 기본권 침해가 문제될 때 어떠한 경우에 제3자인 청구인의 자기관련성을 인정할 수 있는가의 문제는 무엇보다도 법의 목적 및 실질적인 규율대상, 법규정에 따른 제한이나 금지가 제3자에게 미치는 효과나 진지성의 정도 등을 종합적으로 고려하여 판단하여야 한다는 것이 헌법재판소의 확립된 판례이다. 최근의 사례로는 미국산 쇠고기 수입위생조건 고시 사건을 들 수 있다.

"이 사건 고시는 미국산 쇠고기를 수입하는 자에게 적용할 수입위생조건을 정한 것으로서, 쇠고기 소비자의 경우 그 직접적인 수범자는 아니라 할 것이나, 이 사건 고시가 소비자의 생명·신체의 안전을 보호하기 위한 조치의 일환으로 행하여진 것임은 앞서 본 바와 같으므로, 실질적인 규율 목적 및 대상이 쇠고기 소비자와 관련을 맺고 있다 할 것이다… 자기관련성을 인정할 수 있다"(헌재 2008. 12. 26, 2008헌마419).

이 사건 지시는 국방부장관 등이 그 지휘를 받는 지휘관이나 예하 부대장들을 수신자로 하여 보낸 공문의 형식을 취하고 있어, 형식적으로 보면 청구인들을 비롯한 일반장병들은 이 사건 지시의 직접 상대방이 아니다. 그러나 이 사건 지시에 복종하여야 하는 수신자들은 이 사건 지시의 내용 그대로 소속 장병들에 대하여 지휘·명령권을 행사하게 될 것이고, 그 결과 청구인들을 비롯한 일반장병들은 이 사건 지시의 내용에 맞추어 자신들의 행동을 조정하여야 하고 그렇지 않을 경우 군인사법에 따른 징계 등의 불이익한 제재를 받게 된다. 청구인 등의 군인들은 불온도서 목록에 포함된 도서를 취득 시 신고하여야 하고, 불온도서를 부대 내에 반입하여서는 안 되며, 따라서 불온도서를 부대 내에서 읽을 수 없게 되고, 부대 내 소지한 불온도서는 본인의 의사에 반하여 수거 당하게 된다. 이러한 모든 법적 제한은 이 사건 지시로 인하여 청구인들을 비롯한 군인들 자신에게 발생하는 효과이다. 이 사건 지시의 발령주체와 청구인들과의 관계, 이 사건 지시의 목적과 실질적인 규율대상, 이 사건 지시의 내용, 청구인들에게 미치는 기본권 제한의 중대한 효과 등을 종합할 때 청구인들에게는 이 사건 지시로 인한 기본권침해를 다툴 자기관련성이 명백히 인정된다.

그렇다고 한다면 이 사건 지시를 '행정기관 내부의 단순한 의사결정'(군 지휘조직 내부의 행위)에 불과하다고 보아 공권력행사성을 부인하거나, 청구인들은 이 사건 지시의 직접 수신자가 아니므로 기본권침해의 자기관련성이 없다고 볼 수는 없다 할 것이다.

3) 소 결

헌법재판소는 이 사건 지시에 대한 심판청구가 직접성을 흠결하여 부적법하다고 결론짓고 있지만, 이를 설명함에 있어서 부분적으로는 자기관련성이 없다는 판단과 공권력행사성이 없다는 판단도 함께 뒤섞고 있다.

"국방부장관이 각 군에 내린 것은 그 직접적인 상대방이 각 군의 참모총장 및 직할 부대장이고, 육군참모총장의 것은 그 직접적인 상대방이 육군 예하부대의 장으로, 청구인들을 비롯한 일반 장병은 이 사건 지시의 직접적인 상대방이 아니므로…", "이 사건 지시 자체는…청구인들을 비롯한 일반 장병에 대한 직접적인 공권력 행사라고 볼 수 없고…" 부분은 전자에 속하고(여기서 "직접적"이란 표현은 직접성이 아니라, 자기관련성을 나타내는 또 다른 표현이다[9]), "이 사건 지시 자체가 대외적 효력을 발하여 청구인을 비롯한 일반 장병에 대하여 … 법적 지위의 박탈을 초래한다고 보기는 어렵다. 이 사건 지시 자체는 군 지휘조직 내부의 행위로서 청구인들을 비롯한 일반 장병에 대한 직접적인 공권력 행사라고 볼 수 없고…" 부분은 후자에 속한다.

헌법소원의 요건 중 공권력행사성, 기본권침해성, 자기관련성 요건의 밑바탕에는 법적 작용력의 유무라는 공통된 기준이 깔려 있어 상호 간의 경계를 명확히 구획하기 어려운 점이 있다. 그렇다 하더라도 하나의 사건에서는 적확한 판단에 보다 적합한 하나의 요건을 선택하여 이를 기준으로 판단하는 것이 보통이며, 특히 위 요건들과 직접성 요건을 구분하지 않고 뒤섞어가며 판단하는 사례는 이례적이다.

9) Schlaich/Korioth, supra, Rn.242.

요컨대 이 사건 지시에 관한 판단은 직접성에 관한 판례의 일관성 면에서 심각한 일탈이 아닌가 생각되고, 헌법소원 요건들 간의 상호관계를 명확히 하지 않은 채 필요한 요소들을 임의로 종합함으로써 헌법소원 요건론의 체계정합성을 무너뜨린 선례가 될 우려가 있다.

(이 사건 지시가 지닌 규율주체, 규율대상, 규율내용상의 특성을 고려할 때 '직접성'을 갖추었다고 판단한 재판관 이공현, 송두환의 반대의견이 있고, 재판관 조대현의 별개의견은 이 사건 지시에 '직접침해성과 자기관련성'을 인정하였다.)

다. 다시 군인사법 제47조 제2항으로

재판관 이강국의 반대의견은 군인사법 제47조 제2항에 대한 적법요건의 판단 없이 곧바로 본안판단을 하였다. 이와 같이 위임법률과 위임을 받은 하위 명령·규칙이 함께 헌법소원의 대상이 된 경우 법률에 대한 청구를 직접성 흠결로 각하하지 않고 법률과 명령·규칙 모두에 대해 본안판단 한 전례는 없지 않다.

① 헌재 1999. 12. 23, 98헌마363

제대군인 가산점의 기본골격을 정한 다음 가점비율, 가점대상 직급을 대통령령에 위임한 법률조항과 그에 따른 대통령령조항에 대해 모두 본안판단을 하면서, 법률조항의 직접성 여부에 관하여 언급하지 않았다.

② 헌재 2001. 4. 26, 2000헌마122

농지개량조합장에 대한 예우 사항을 농업기반공사의 정관에 위임하고 있는 법률조항만 심판대상이었는데, 농림부 산하기관에 불과한 공사의 정관에 기본권 관련사항을 위임할 수 있는지의 특수한 위임문제를 다루어야 하는 특징이 있다며 법률조항의 직접성을 인정하였다.

③ 헌재 2002. 6. 27, 99헌마480

"(1) 전기통신사업법 제53조 제1항, 제2항, 같은 법 시행령 제16조에 관하여

위 조항들은 서로 불가분의 관계를 가지면서 전체적으로 이른바 불온통신의 내용을 확정하고 이를 금지하는 규정으로서, 전기통신을 이용하는 자들에게 공공의 안녕질서 또는 미풍양속을 해하는 내용의 통신을 하지 말 것을 명하고 있다. 따라서, 전기통신이용자들은 어떠한 집행행위에 의하여 비로소 그러한 불온통신의 금지의무를 지게 되는 것이 아니라, 위 조항들 자체에 의하여 직접 위와 같은 의무를 부담하게 된다고 할 것이므로, 위 조항들은 기본권침해의 직접성의 요건을 갖춘 것으로 보아야 한다."

④ 헌재 2004. 1. 29, 2001헌마894

"이 조항은 "…청소년유해매체물을 제공하고자 하는 자는 대통령령이 정하는 표시방법에 따라 당해 정보가 청소년유해매체물임을 표시하여야 한다."고 규정하는데, 청소년유해매체물의 표시방법을 하위규범인 대통령령에 위임하고 있어 직접성 요건이 흠결된 것이 아닌가 하는 의문이 제기될 수 있다… 그러나 이 조항은 청소년유해매체물의 표시의무를 부과하면서 다만 그 구체적인 방법을 대통령령에게 위임하고 있는 것이므로, '표시의무의 부과'라는 금지의무의 설정이 동 법률조항에서 직접 이루어지고 있다는 관점에서 볼 때, 동 조항은 직접 기본권(표현의 자유)을 제한하고 있는 것이므로 '직접성'이 인정된다."

위 ①, ③, ④의 예에서 알 수 있는 바와 같이, 법률이 위임사항만 지정한 것이 아니라 제도나 정책의 기본사항을 스스로 정하면서 보다 구체적 내용을 하위법령에 위임한 경우에는 법률과 명령·규칙을 통합적으로 살펴보아야 제도의 기본권 침해 여부를 전체적으로 주장, 판단할 수 있다. 이러한 경우에 법률조항에 직접성이 없다 하면 기본 제도·정책에 대한 판단과 구체적 내용에 대한 판단이 분리될 수밖에 없는데, 이것이 헌법적 해명의 적정성, 적시성, 효율성 면에서 바람직하지 않을 수 있다. 위 가산점 사건의 예를 들자면 가산점 제도 자체로써 이미 위헌이라 보는 경우에도 가점비율이나 가점대상 직급의 과잉성을 이유로 대통령령에 대한 위헌판단에 그쳐야 하고 보다 근원적인 제도 자체의 위헌성 판단은 추후 위헌법률심판이나 헌법재판소법 제68조 제2항의 헌법소원이 제기되기까지 늦추어질 수밖에 없게 된다.

이러한 경우 직접성 인정의 필요성과 기준에 관한 보다 깊은 논의가 향후 필요하다고 보지만, 위임법률조항이 스스로 제도나 정책의 기본사항을 정하고 있고, 그 위임에 기한 명령·규칙 또한 직접성을 갖추고 있는 경우에는 법률조항에도 직접성을 인정함으로써 명령·규칙조항과 함께 통합적으로 위헌심사를 할 수 있지 않을까 한다. 직접성이 헌법재판이 지닌 넓은 의미의 보충성(일반법원에 의한 1차적 권리구제의 요구)의 표현이라고 할 때, 이와 같이 법률과 하위 법규의 2단계를 거치더라도 일반법원에서 집행행위를 다툴 길이 없거나 곤란한 경우에 직접성을 인정한다 하여 직접성을 요구하는 근본취지에 배치되지 않는다. 위 청소년 유해매체물 사건의 경우를 보면, 청소년 유해매체물 표시의무를 법률에서 직접 부과하고 있으며, 위임을 받은 대통령령은 인터넷을 이용한 정보제공자에게 전자적 표시 의무를 부과하고 있다.[10] 기본권 제한이 법률과 대통령령이라는 2단계로 나눠져 있을 뿐

법령 자체에 의하여 직접 전자적 표시의무가 부과되고 있으며, 집행행위의 개입 없이 그 위반 시에 형사처벌이 뒤따른다.

이 사건 군인사법조항의 경우 위에서 설정하여 본 직접성 인정 기준에 해당하지 않는다. 물론 재판관 이강국의 의견을 통하여 잘 드러나는 바와 같이 이 사건 문제의 전체적 원천은 군인사법조항이고 그에 대한 헌법적 해명을 통하여 근원적인 응답과 해결을 꾀할 수 있는 장점이 있을 것이다. 그러나 군인사법조항은 '복무'라는 기본권 사항에 관하여 위임만 할 뿐 아무런 실체적 규율을 하고 있지 않다. 위임만 있는 법률조항은 기본권 중립적이다. 따라서 아직 기본권 침해 여부를 알 수 없다. 기본권 침해 여부 판단이 본질인 헌법소원 사건에서, 기본권 침해 여부 판단 대신 포괄위임 여부라는 법형식적 판단만을 하는 데까지 직접성의 범위를 확장하는 것이 필요할 것인가?

3. 명령·규칙에 대한 법률유보원칙 판단의 범위

법률과 명령·규칙은 위임조항을 매개로 상호 연결되어 있다. 반면 헌법소송법은 심판대상으로 법률과 명령·규칙을 구분한다. 위헌법률심판이나 헌법재판소법 제68조 제2항의 헌법소원은 형식적 의미의 법률만을 심판대상으로 하므로 명령·규칙은 적법한 심판대상이 될 수 없다. 반면 헌법소원에서는 위임법률과 하위 명령·규칙이 모두 심판대상이 될 경우, 위에서 본 직접성의 요건에 따라 위임의 근거가 된 법률은 적법한 심판대상이 될 수 없고, 명령·규칙만 적법한 심판대상이 된다. 여기서 위임법률과 위임을 받은 명령·규칙의 상관관계가 심사방법과 관련하여 어떤 영향을 미치는지 문제된다.

먼저, 위임법률만 심판대상인 때 법률의 위헌 여부는 그 위임에 따른 명령·규칙의 위헌성에 영향을 받지 않는다. 따라서 명령·규칙의 위헌 여부를 심사할 필요가 없다. 명령·규칙의 위헌성은 그를 대상으로 한 별도의 헌법소원심판에서

---

10) **정보통신망이용촉진및정보보호등에관한법률**(2001. 1. 16. 법률 제6360호로 전문개정된 것) **제42조**(청소년유해매체물의 표시) 전기통신사업자의 전기통신역무를 이용하여 일반에게 공개를 목적으로 정보를 제공하는 자(이하 "정보제공자"라 한다)중 청소년보호법 제7조 제4호의 규정에 의한 매체물로서 동법 제2조 제3호의 규정에 의한 청소년유해매체물을 제공하고자 하는 자는 대통령령이 정하는 표시방법에 따라 당해 정보가 청소년유해매체물임을 표시하여야 한다.
정보통신망이용촉진및정보보호등에관한법률시행령(2001. 8. 25. 대통령령 제17344호로 개정된 것) **제21조**(청소년유해매체물의 표시방법)
② 제1항의 규정에 의한 표시를 하여야 하는 자 중 인터넷을 이용하여 정보를 제공하는 자의 경우에는 기호·부호·문자 또는 숫자를 사용하여 청소년유해매체물임을 나타낼 수 있는 전자적 표시도 함께 하여야 한다.

다투어야 한다.

> "이 사건 심판대상 조항의 위임에 따라 대통령령으로 규정한 내용이 헌법에 위반될 경우라도 그 대통령령의 규정이 위헌으로 되는 것은 별론으로 하고 그로 인하여 정당하고 적법하게 입법권을 위임한 수권법률인 이 사건 심판대상까지도 위헌으로 되는 것은 아니라고 할 것이므로…"(헌재 1996. 6. 26, 93헌바2. 같은 취지로, 헌재 1997. 9. 25, 96헌바18; 헌재 2001. 1. 18, 98헌바75; 헌재 2001. 9. 27, 2001헌바11; 헌재 2001. 9. 27, 2000헌마342)

다음으로, 명령·규칙의 위헌 여부를 심사함에 있어 상위 위임법률의 위헌 여부를 심사하여야 하는가? 위임법률은 수임 규범의 존립 근거이므로 위임법률이 위헌으로 효력을 상실하면 하위 수임규범 또한 그 효력을 상실하므로 논리적 순서상 위임법률의 위헌 여부를 먼저 심사하여야 한다고 생각해 볼 수 있다. 이와 달리, 심판대상도 아닌 위임법률의 위헌 여부를 심사할 필요는 없고, 그 위헌 여부는 별도의 재판절차에서 다투어야 한다고 생각할 수도 있다. 이 문제는 신청주의, 직권주의, 소송경제, 헌법적 해명 등 헌법재판의 목적을 어떻게 설정하고 이를 위해 재판절차의 공정성과 효율성을 어떻게 배치할 것이냐에 따라 정책적으로 결정할 문제이다. 헌법재판소법은 이에 관하여 명백한 규정을 두고 있지 않으며, 헌법재판소는 후자의 입장을 취하여 왔다. 헌법재판소법 제75조 제5항[11])을 넓게 해석하면 전자의 근거로 활용할 수 있겠지만 헌법재판소는 그렇게 하고 있지 않다. 위임법률이 포괄적으로 위임하고 있더라도 그 위임을 받은 명령·규칙이 위임의 정확한 취지를 엄밀히 반영하는 등 위임법률의 위헌 여부 판단에 명령·규칙을 반드시 종속시킬 필요성이 약한 경우도 있고, 시행규칙이 심판대상일 경우 그 위임규범인 상위 대통령령과 법률의 위헌성을 모두 판단하여야 한다면 소송의 집중성과 효율성이 떨어진다는 점 등을 고려할 때 헌법재판소의 태도는 타당한 것으로 보인다. 그리하여 명령·규칙이 심판대상인 헌법소원 사건에서 헌법재판소는 명령·규칙 고유의 위헌성만 판단하지, 그 근거인 위임법률이 포괄위임인지 혹은 실체적인 면에서 위헌인지를 전혀 판단하고 있지 않다(헌재 1993. 5. 13, 92헌마80, 헌재 1997. 4. 24, 95헌마273, 헌재 2002. 12. 18, 2000헌마764, 헌재 2006. 1. 26, 2005헌마424 등 명령·규칙이 심판대상인 거의 모든 결정이 이러한 태도를 취하고 있다). 다만, 명령·규칙

11) 제75조 제5항 "제2항의 경우에 헌법재판소는 공권력의 행사 또는 불행사가 위헌인 법률 또는 법률의 조항에 기인한 것이라고 인정될 때에는 인용결정에서 당해 법률 또는 법률의 조항이 위헌임을 선고할 수 있다."

에 의한 기본권 제약은 헌법 제37조 제2항에 따라 법률의 근거를 가져야 하므로 위임법률의 존부, 위임법률의 위임범위를 조사하게 되는데, 이는 위임법률의 위헌성을 심사하는 것이 아니라 심판대상인 명령·규칙 자체의 위헌성을 직접 심사하는 과정(법률유보원칙 위반 여부)일 뿐이고(헌재 2004. 12. 16, 2002헌마478, 헌재 2006. 5. 25, 2003헌마715 재판관 전효숙, 재판관 이공현, 재판관 조대현의 의견 등 참조), 위임의 근거나 범위가 쟁점이 될 만하지 않은 사건에서는 이마저 생략된다.

그런데 불온서적 사건에서 헌법재판소는 군인복무규율이 법률유보원칙을 준수하였는지라는 문제를 던진 다음, 적법요건 심사에서 부적법하다고 판단하였던 위임법률인 군인사법 조항이 포괄위임금지원칙에 위반한 것인지를 전면 심사하고 있다.

"군인사법 제47조의2가 헌법 제75조의 포괄위임금지원칙에 위반되는 것인지, 그 법조항이 포괄위임금지원칙에 위반된다면, 이 사건 복무규율조항이 법률유보원칙을 준수한 것으로 볼 수 있는지가 문제이다 … 결국, 군인사법 제47조의2는 포괄위임금지원칙에 위배되지 아니하고, 이 사건 복무규율조항은 이와 같은 군인사법 조항의 위임에 의하여 제정된 정당한 위임의 범위 내의 규율이라 할 것이므로, 이 사건 복무규율조항은 법률유보원칙을 준수하였다 할 것이다."

이는 전례 없이 위 전자의 입장을 택한 것이어서, 이 또한 헌법소원 심사범위와 방법의 일관성에서 어긋남을 보여주고 있다. [위 헌재 2006. 5. 25, 2003헌마715에서 재판관 윤영철, 권성의 의견은 근거법률인 의료법조항이 포괄위임이라는 이유로 심판대상인 안마사법시행규칙이 법률유보원칙에 위배된다고 판단하였다. 그러나 이 의견은 의료법조항이 심판대상이었던 선행 사건(헌재 2003. 6. 26, 2002헌가16)에서 포괄위임이라고 위헌 판단하였던 것을 이어받은 경우일 뿐만 아니라, 시행규칙조항에 위임입법의 한계일탈이라는 독자적 법률유보 위반성이 있음을 아울러 지적하고 있다.]

이와 같이 이례적으로 판단의 범위를 확장한 것은, 위임법률인 군인사법조항의 포괄위임 여부를 정면으로 판단하고 있는 반대의견이 존재하는 상황에서 위임법률인 군인사법조항과 구체적 집행행위인 이 사건 지시를 모두 부적법하다며 각하함에 따른 재판 전체의 응답성의 약화를 의식한 것일까?

4. 정신적 자유에 대한 위헌판단 방법: 군인복무규율에 대한 판단

가. 제한되는 기본권: 정신적 자유

이 사건에서는 적어도 언론·출판의 자유, 학문의 자유가 문제된다.

먼저, 언론·출판의 자유는 당연히 알권리를 포함하고 있으며, 알권리는 언론·출판의 자유와 표리일체의 관계에 있다(헌재 1991. 5. 13, 90헌마133). 알권리의 내용 중 가장 기본적인 것은 '일반적으로 접근가능한 정보원'으로부터 정보를 수집할 수 있는 자유이다. '일반적으로 접근가능한 정보원'이란 불특정 다수인에게 개방된 정보원을 말하는 것으로서, 서점에서 누구나 구해볼 수 있는 도서라면 대표적으로 여기에 해당한다. 이 사건 지시는 불온도서라 하여 청구인들이 일정한 도서를 소지하거나 취득하는 방법으로 원하는 정보를 획득할 기회를 차단하고 있으므로 청구인들의 알권리, 즉 언론·출판의 자유를 제한하고 있다.

학문의 자유는 인간이 학문적 연구와 학문적 교수활동을 함에 있어 국가나 타 존재로부터 방해받지 않을 자유를 말한다. 학문의 자유의 주체는 자연인인 이상 대학교수나 연구소의 연구원에 한정되지 않으며, 학문적인 활동을 하거나 하려고 하는 모든 국민에게 인정된다. 청구인들과 같은 법무관은 물론이고 일반장병들 또한 원하는 도서를 통하여 자유롭게 연구활동을 할 자유를 가지므로 이 사건 지시 등은 청구인들의 학문의 자유를 제한하고 있다.

나아가 책과 독서는 인간의 존엄과 인격형성의 기초가 된다고 할 때 헌법 제10조의 기본권 문제로 볼 수도 있다. 이 점에서 '책 읽을 자유'라는 이름을 붙여 정신적 자유의 핵심이라고 성격을 부여한 재판관 이공현, 송두환의 반대의견은 의미 깊다.

나. 정신적 자유에 대한 명확성원칙과 과잉금지원칙의 적용과 심사방법

헌법재판소는 정신적 자유, 그 중에서도 언론의 자유 또는 표현의 자유, 그리고 그 바탕이 되는 알권리는 다른 기본권에 우선하는 우월적 지위를 갖는다고 누차 설시한 바 있다(헌재 1991. 9. 16, 89헌마163; 헌재 1992. 11. 12, 89헌마88; 헌재 1998. 4. 30, 95헌가16; 헌재 1999. 6. 24, 97헌마265).

물론 이러한 정신적 자유의 우월성을 인정한다하여 언론의 자유가 관련된 경우에 언제나 일반 자유권에 비하여 구체적 위헌심사 기준이 항상 격상되어야 하는 것은 아니고, 언론의 자유를 주장하는 개인에게 유리하도록 미리 판정의 추가

기울어지는 것도 아니다. 언론의 자유 또한 제한될 수 있는 기본권이고 그 기준은 다른 자유권과 마찬가지로 과잉금지원칙이며, 제약되는 자유의 의미·중대성과 이와 상충하는 공익이나 다른 법익 간에 구체적 형량을 필요로 한다.12)

그러나 언론의 자유에 대하여 우리 헌법은 검열금지를 명문으로 규정하고 있고, 헌법재판소는 명백·현존하는 위험, 명확성원칙과 같은 특유의 법리들을 전개·사용하여, 표현의 자유에 대한 규제가 정당화되려면 그만큼 실질적인 심사와 형량이 이루어져야 한다는 입장을 취해왔다.

"표현의 자유를 규제하는 입법에 있어서 이러한 명확성의 원칙은 특별히 중요한 의미를 지닌다. 민주사회에서 표현의 자유가 수행하는 역할과 기능에 비추어 볼 때, 불명확한 규범에 의한 표현의 자유의 규제는 헌법상 보호받는 표현에 대한 위축적 효과를 수반하기 때문이다. 즉, 무엇이 금지되는 표현인지가 불명확한 경우에는, 자신이 행하고자 하는 표현이 규제의 대상이 아니라는 확신이 없는 기본권주체는－형벌 등의 불이익을 감수하고서라도 자신의 의견을 전달하고자 하는 강한 신념을 가진 경우를 제외하고－대체로 규제를 받을 것을 우려해서 표현행위를 스스로 억제하게 될 가능성이 높은 것이다. 그렇기 때문에 표현의 자유를 규제하는 법률은 그 규제로 인해 보호되는 다른 표현에 대하여 위축적 효과가 미치지 않도록 규제되는 표현의 개념을 세밀하고 명확하게 규정할 것이 헌법적으로 요구된다"(헌재 1998. 4. 30, 95헌가16; 헌재 2002. 6. 27, 99헌마480).

그리고 이러한 명확성원칙은 과잉금지원칙과 밀접한 상관관계를 지닌다. 불명확한 규범에 의하여 표현의 자유를 규제하게 되면 헌법상 보호받아야 할 표현까지 망라하여 필요 이상으로 과도하게 규제하게 되므로 과잉금지원칙과 조화할 수 없게 되기 때문이다(위 판례 참조).

다. 군인복무규율 조항에 관한 검토

헌법재판소는 이 사건 복무규율조항에 의하여 알 권리, 학문과 사상의 자유와 같은 정신적 자유가 제한됨을 인정하면서도 명확성원칙과 과잉금지원칙에 위배되지 않는다고 판단하고 있다.

명확성원칙에 위배되지 않는다는 주요 논거는, 첫째, 가변적인 국가안보상황

---

12) 우리 헌법재판소의 판례를 분석한 결과, 기본권의 종류나 영역에 따라 심사기준을 분류하고 귀속하는 것은 불가능하고, 심사기준들은 다른 관점들과 뒤섞여 매우 다양한 형량기준에 의한 연동통제 시스템을 낳고 있으며, 그에 따라 규범통제 분야에서 기본권 판례를 심사기준 내지 그 적용강도에 의거하여 사항영역이나 생활영역에 따라 분류하기 힘들다고 한 것으로, 헌법재판소, 기본권 영역별 위헌심사의 기준과 방법, 헌법재판연구 제19권, 2008, 74-76면.

등에 비추어 현실의 변화에 유연하게 대응할 필요성이 있다는 점, 둘째, 군인복무규율상의 국군의 이념과 사명을 규정한 조항으로부터 '불온도서'란 '국가의 존립·안전이나 자유민주주의체제를 해하거나, 반국가단체를 이롭게 할 내용으로서, 군인의 정신전력을 심각하게 저해하는 도서'를 의미하는 것으로 해석 가능하다는 점, 그리고 셋째, 수범자가 군인으로 한정되어 있다는 점을 들고 있다.

그러나 이에 대하여는 일견 다음과 같은 의문의 제기가 가능하다.

첫째, 해석상 추출한 저 '불온'의 개념은 국가보안법 위반성 인정의 실질적 표지와 유사하다.[13] 국가보안법 위반 여부가 문제될 정도로 해악성이 중대한 도서여야만 불온도서로 인정하겠다는 것이 군인복무규율을 제정한 행정입법자의 의사일까? 그리고 이러한 한정 해석의 근거로 헌법재판소는 군인복무규율 제4조 제1호, 제2호를 지목하고 있는데, 이 규정들은 국군의 이념, 사명을 추상적으로 선언하고 있을 뿐인데 이로부터 그러한 해석이 어떤 경로를 거쳐 도출되는지 보여주고 있지 않다.

둘째, 위 첫째 논거와 둘째 논거는 상충하지 않는가? '국가의 존립·안전이나 자유민주주의체제를 해하거나, 반국가단체를 이롭게 할 내용으로서, 군인의 정신전력을 심각하게 저해하는 도서'라는 것은 위와 같이 그 해악성이 심각한 것인데, 그렇다면 이러한 요건을 법규범에 명시하여 확고히 정립해 두어야 할 것이지 '불온'이라는 불확정개념을 통하여 유연한 적용이 가능하도록 허용되어서는 안 될 것이 아닌가?

셋째, 수범자가 군인으로 한정된다고 하지만, 군인은 수십만 명에 달하고, 계급, 학력, 정신적·신체적 상태 등 여러 면에서 대단히 다양한 사람들의 총칭일 뿐이므로 이를 들어 예측가능성이 제고된다고 보기 어렵다.

과잉금지원칙에 위배되지 않는다는 논거는, 군의 정신전력을 보존하기 위하여 이를 저해하는 불온도서를 차단할 필요가 있고, 국가의 존립·안전이나 자유민주주의체제를 해하거나 반국가단체를 이롭게 할 내용으로서, 군인의 정신전력을

---

13) **국가보안법 제7조**(찬양·고무등) ① 국가의 존립·안전이나 자유민주적 기본질서를 위태롭게 한다는 정을 알면서 반국가단체나 그 구성원 또는 그 지령을 받은 자의 활동을 찬양·고무·선전 또는 이에 동조하거나 국가변란을 선전·선동한 자는 7년 이하의 징역에 처한다.
③ 제1항의 행위를 목적으로 하는 단체를 구성하거나 이에 가입한 자는 1년 이상의 유기징역에 처한다.
④ 제3항에 규정된 단체의 구성원으로서 사회질서의 혼란을 조성할 우려가 있는 사항에 관하여 허위사실을 날조하거나 유포한 자는 2년 이상의 유기징역에 처한다.
⑤ 제1항·제3항 또는 제4항의 행위를 할 목적으로 문서·도화 기타의 표현물을 제작·수입·복사·소지·운반·반포·판매 또는 취득한 자는 그 각항에 정한 형에 처한다.

심각하게 저해하는 한정된 범위 내의 불온도서를 군인에 한정하여 규제하고 있다는 데에 있다.

먼저, 헌법재판소는 불온도서의 개념을 '…군인의 정신전력을 심각하게 저해하는 도서'라고 귀결 짓고 있는데, 그렇다면 군의 정신전력을 보전하기 위해서는 '군인의 정신전력을 심각하게 저해하는 도서'를 차단하여야 한다는 동어반복에 이르고 있다는 점을 지적할 수 있다.

다음으로, 정신전력 보전과 도서 열독 간의 인과관계가 핵심인데, 이에 관하여 별다른 설명이나 논증이 없다. 어떤 내용의 도서를 읽는 행위가 그 군인의 정신, 특히 정신적 전투력과 관련된 정신작용에 과연 그리고 얼마나 영향을 미치는지, 그로 인하여 군의 전투력에 나쁜 영향을 미치는 행동에로 나아가게 되는지, 유해도서를 얼마나 읽어야 영향이 나타나는지, 영향이 나타나기까지 시간이 얼마나 걸리는지…

군인복무규율은 언론의 자유를 심각하게 규제하고 있음에도 불구하고 그 정당성 여부를 판단함에 있어 구체적이고 실질적인 심사와 형량, 이를 보여주는 논증이 이루진 것으로 보이지 않는다. 추상적 개념에 의지한 일방적 평가 또는 질문에 대한 동어반복적 응답에 그친 것으로 보인다.

일관성의 면에서도 이러한 판단은 기존의 판단 관점과 궤를 달리하는 것으로 보인다. 대표적 사례를 들자면,

① 불온통신 사건(헌재 2002. 6. 27, 99헌마480)

〈심판대상조항〉 전기통신사업법 제53조(불온통신의 단속) ① 전기통신을 이용하는 자는 공공의 안녕질서 또는 미풍양속을 해하는 내용의 통신을 하여서는 아니된다.

〈헌재의 판단〉 "공공의 안녕질서 또는 미풍양속을 해하는"이라는 불온통신의 개념은 너무나 불명확하고 애매하다 … "공공의 안녕질서", "미풍양속"이라는 것은 매우 추상적인 개념이어서 어떠한 표현행위가 과연 "공공의 안녕질서"나 "미풍양속"을 해하는 것인지, 아닌지에 관한 판단은 사람마다의 가치관, 윤리관에 따라 크게 달라질 수밖에 없고, 법집행자의 통상적 해석을 통하여 그 의미내용을 객관적으로 확정하기도 어렵다. 위와 같이 불명확한 불온통신의 개념은 … 수범자인 국민으로 하여금 어떤 내용의 통신이 금지되는 것인지 고지하여 주지 못하고 있다…불온통신 개념의 모호성, 추상성, 포괄성으로 말미암아 필연적으로 규제되지 않아야 할 표현까지 다함께 규제하게 되어 과잉금지원칙에 어긋난다."

② 국가기밀 사건(헌재 1992. 2. 25, 89헌가104)

〈심판대상조항〉 군사기밀보호법(軍事機密保護法) 제6조(탐지(探知)·수집(蒐集)) 군사상의 기밀을 부당한 방법으로 탐지하거나 수집하는 자는 10년 이하의 징역이나 금고에 처한다.

〈헌재의 판단〉 "자유민주주의 사회는 전체주의 사회와 달라서 정부의 무류성(無謬性)을 믿지 않으며 정부는 개인이나 일반대중과 마찬가지로 또는 그 이상으로 오류를 범할 가능성이 있을 뿐만 아니라 권력을 가진 자가 오류를 범한 경우의 영향은 대단히 크다고 하는 역사적 경험을 전제로 하여 정부가 국민의 비판을 수렴함으로써 오류를 최소화할 수 있다는 사고방식을 보편적으로 수용하고 있는 것이다. 표현의 자유가 다른 기본권에 우선하는 헌법상의 지위를 갖는다고 일컬어지는 것도 그것이 단순히 개인의 자유인 데 그치는 것이 아니고 통치권자를 비판함으로써 피치자가 스스로 지배기구에 참가한다고 하는 자치정체(自治政體)의 이념을 그 근간으로 하고 있기 때문인 것이다…국가의 안전보장을 위하여 일정범위의 군사사항을 군사기밀로서 지정분류하여 보호…거기에는 스스로 한계가 있는 것이며 그것이 필요 이상으로 광범위하여 국민의 "알 권리"를 유명무실하게 할 정도가 되면 군사분야의 문제는 국민의 비판과 감시권(監視圈) 밖의 성역이 되어 오히려 그 역기능이 문제될 수 있는 것이니…군사에 관한 사항이라고 하더라도 일정범위 내의 것은 국민에게 이를 공개하여 이해와 협조를 구하고 공감대를 형성하는 것이 국가의 실질적인 안전보장에 필요하고도 유익하다고 할 수 있으며…국가의 안전보장을 이유로 분류한 기밀이 시각과 관점의 여하에 따라서는 국가의 안전보장을 침해할 우려가 적은 것으로 보일 수 있는 때가 있을 수 있고 설사 일부 그 기밀성이 인정된다고 하더라도 이를 비밀로 함으로써 얻는 국익보다 국민의 "알 권리"를 제한함으로써 초래될 수 있는 대내적 손실이 더 크다거나 대외적으로 한국의 국위선양을 크게 저해하는 결과를 초래할 수 있다는 우려도 간과할 수 없는 것이다. 국가의 안전보장에 관한 주요 시책이라면 오히려 국민의 적극적인 참여속에서 엄정한 여론의 여과과정을 거치게 하는 것이 시행착오를 예방할 수 있음은 물론 진정한 국민의 공감대를 기반으로 하여 실질적인 총력안보에 기여할 수 있는 강점이 있는 것이라고 할 수도 있는 것이다."

라. 소 결

군인복무규율 조항에 대한 이러한 헌법재판소의 결론을 이 사건 지시에 대한 각하 판단과 연결하여 보면 그 부정합성이 두드러진다.

헌법재판소는 불온도서의 개념을 극도로 제한하는 논리를 세움으로써 명확성원칙과 과잉금지원칙에 위배되지 않는다고 하였지만, 이 사건 지시는 그 범위를 벗어나는 도서까지 불온도서로 버젓이 지정하였다. 반정부, 반미의 도서(인지조차 의심되는 도서들도 있지만)가 반드시 '국가의 존립·안전이나 자유민주주의체제를 해하거나, 반국가단체를 이롭게 할 내용으로서, 군인의 정신전력을 심각하게 저해하는 도서'에 해당하는 것은 아니다. 합헌적 명분을 한껏 세워준 바로 그 법규범에 기초하여 국방행정이 언론자유를 침해한 현실은 헌법재판소의 합헌 결론과 스스로 충돌한다.

헌법재판소가 불온도서의 적용범위를 위와 같이 애써 좁혀 합헌결론에 이르렀다면 이 사건 지시에 대하여 본안판단에 나아가(위에서 본 바와 같이 판례의 일관된 적용에 따른다면 적법성이 인정된다) 과연 합헌적으로 좁힌 그 범위 내에서 불온도서 규제를 하였는지 심사하였어야 하지 않을까? 그랬다면 본안판단의 취지도 살리고, 청구된 분쟁의 해결과 헌법적 해명이라는 헌법재판의 기능도 온전히 완수할 수 있었으리라는 점에서 아쉬움이 남는다.

Ⅲ. 동성군인 간 추행금지 사건

1. 심판대상의 구조와 판단방법

군형법(2009. 11. 2. 법률 제9820호로 개정되기 전의 것) 제92조는 "계간 기타 추행한 자는 1년 이하의 징역에 처한다."고 규정하고 있고, 이 중 '기타 추행' 부분이 이 사건 심판대상이었다.

법 문언을 일견하면 우선 명확성원칙이 문제됨을 알 수 있다. 이에 관하여 헌법재판소는—재판관 이동흡의 보충의견까지 더하여 보면—여기서의 '기타 추행'을 '계간에 이르지 않는, 강제력 유무에 무관한 동성[14] 군인 간의 성적 행위'

14) 표면상으로는 남성 군인 간 외에 여성 군인 간의 성적 행위도 포함되는 듯 설시하고 있지만 실질적 판단은 남성 군인 간의 성적 행위를 중심으로 이루어지고 있다.

라고 해석한 다음 명확성원칙에 반하지 않으며, 과잉금지원칙에 반하여 성적 자기결정권 등을 침해하는 것은 아니라고 하였다.

이러한 해석을 받아들이더라도 여기에는 ① 폭행과 협박을 사용한 강제추행, ② 군내 서열상의 지위를 이용한, 상대방의 의사에 반하는 추행, ③ 당사자 간의 자유로운 합의에 의한 동성애적 행위라는, 그 성격이 다른 세 가지 행위 유형이 포함된다. 즉 심판대상조항에는 3개의 독자적 하위규범이 포함되어 있는 것이다.

이러한 경우 헌법재판소는 하위규범의 위헌 여부를 전부 판단하여야 한다. 규범통제제도는 구체적 당해사건의 쟁점을 넘어 객관적 법규범에 포섭된 규율내용 전부의 위헌여부를 심판대상으로 하며, 헌법재판소는 모든 헌법적인 관점에서 심사하기 때문이다. 다만, 헌법재판소는 객관적 법규범에 포함된 규율내용의 특정 부분만으로 심판대상을 한정함으로써 판단의 범위를 한정할 수 있다. 이 사건의 경우, 당해사건에서 문제된 쟁점이 포함된 하위규범(당해사건은 ②의 행위유형에 속한다)으로 심판대상을 한정하여 위헌 심사를 여기에 국한할 수 있었다. 그런데 헌법재판소는 후자의 방법을 택하지 않았다. 그리하여 군형법 제92조 중 기타 추행 부분 자체가 심판대상이 되었고, 주문에서도 그 전체에 대해 합헌 선언되었다.

그런데도 헌법재판소는 3가지 행위규범 각각에 대하여 필요한 독자적 위헌심사를 하지 않았다.

2. 강제추행 부분

동성 군인 간의 강제추행은 형법으로 처벌할 수 있어(형법의 법정형이 더 중하다.) 군형법조항은 실제로 그다지 문제되지 않는다고 한다. 그러나 동성 군인 간의 강제추행에 대해 군형법 적용을 배제하는 규정이나 원리가 없으며,[15] 형법의 강제추행죄는 친고죄여서 고소가 없거나 합의 등을 통하여 고소취소된 경우 군형법이 적용될 수밖에 없다. 따라서 강제추행 부분의 위헌 여부를 판단하여야 한다.

헌법재판소는 "이 사건 법률조항은 군 내부의 건전한 공적 생활을 영위하고, 군 조직 전체의 성적 건강을 유지하기 위하여 제정된 것으로서, 주된 보호법익은 '개인의 성적 자유'가 아니라 '군이라는 공동사회의 건전한 생활과 군기'라는 사회적 법익이라 할 것이다."고 하였다. 여기서부터 강제추행 부분은 위헌 여부 판

15) 신법 우선을 적용하면 1995년에 개정된 형법이 적용될 것이고, 특별법 우선을 적용하면 특별한 인적 적용범위를 규정하고 있는 군형법이 적용될 것이다. 특별법우선의 원칙에 무거운 법정형 우선이 포함되는가?

단에서 빗겨나고 만다. 강제추행은 아무리 군대 내의 동성군인 간의 그것이라 하더라도 개인의 성적 자유라는 개인적 법익에 대한 보호가 1차적이거나, 적어도 위 사회적 법익과 동열에 위치되어야 한다. 헌법재판소는 "주된"이라고 표현하였지만 "오로지" 위 사회적 법익만을 잣대로 삼고 있다.

보호법익 설정에서 이미 관심에서 멀어져 버려 강제추행 부분의 핵심 쟁점인 법정형의 정당성에 관하여도 적정한 응답을 보여주고 있지 않다.

"'개인의 성적 자유' 등 개인적 법익은 주된 보호법익이 아니므로, 군형법상 피적용자가 행한 추행의 유형이나 그 상대방의 피해상황 등을 구체적으로 구분하지 아니하고 위와 같은 사회적 법익을 침해한 모든 추행행위에 대하여 일괄적으로 1년 이하의 징역형으로 처벌하도록 규정하였다는 사유만으로는 입법재량권이 자의적으로 행사되었다고 보기 어렵다 … 이 사건 법률조항은 다른 법률에 규정된 추행 관련 범죄와 비교하여 그 법정형이 지나치게 무겁다고 볼 수 없으며, 법정형이 1년 이하의 징역형으로 되어 있어 구체적인 사안을 고려하여 선고유예도 가능하다는 점을 종합해 보면, 피해 최소성 원칙에 반한다고 볼 수 없다."

이러한 판단은 법정형에 대한 관심이 강제력 없는 성적 행위에만 놓여 있음을 잘 보여준다. 강제추행 부분에 관하여는 법정형이 지나치게 가벼워 범죄와 형벌의 비례성, 전체 형사법체계에 비추어 본 체계부적합성이 문제되는데, 이에 관한 판단이 없다(재판관 김종대, 목용준, 송두환의 반대의견에서 이를 지적하고 있다).

요컨대 이 사건 군형법조항 중 강제추행 부분의 위헌여부는, 사실상 법적용의 비중이 낮다는 현실적 이유만으로 마땅한 규범적 응답을 받지 못하였다고 할 것이다.

3. 합의 동성애 부분

군대내 합의 동성애를 처벌하는 부분은 보다 본격적인 위헌 심사가 필요한 쟁점이다. 첫째 쟁점은 도덕질서와 형법질서의 관계이다. 이는 간통죄나 혼인빙자간음죄를 형사처벌하는 것이 정당한지의 문제와 다르지 않다. 둘째 쟁점은 합의 동성애가 '군이라는 공동사회의 건전한 생활과 군기'라는 사회적 법익에 어느 정도의 해악을 끼치며, 이를 다른 비형벌적 불이익(임용, 승진, 퇴직에서의 불이익 및 징계 등)으로는 대처할 수 없는지의 문제이다. 헌법재판소의 대답은 아래에서 보는 바와 같이 극히 형식적이고, 결론만을 던지고 있다. 소수의견도 여기에 대해 침묵하고 있다.

> “다. 과잉금지원칙 위배 여부
> (1) 목적의 정당성 및 수단의 적정성
> …입법목적은 정당하며, 동성 군인 간의 성적만족 행위를 금지하고 이를 형사처벌하는 것은 위와 같은 입법목적을 달성하기 위한 적절한 수단으로 인정된다.
> (2) 피해 최소성
> …우리나라의 안보상황과 징병제도 하에서 단순한 행정상의 제재만으로는 효과적으로 추행 행위를 규제하기 어렵고, 이 사건 법률조항은 다른 법률에 규정된 추행 관련 범죄와 비교하여 그 법정형이 지나치게 무겁다고 볼 수 없으며, 법정형이 1년 이하의 징역형으로 되어 있어 구체적인 사안을 고려하여 선고유예도 가능하다는 점을 종합해 보면, 피해 최소성 원칙에 반한다고 볼 수 없다.
> (3) 법익균형성
> 이 사건 법률조항으로 인하여 군인들이 받게 되는 성적자기결정권이나 사생활의 비밀과 자유의 제한 정도가, 이 사건 법률조항을 통하여 달성하고자 하는 ‘군이라는 공동사회의 건전한 생활 및 군기의 보호’, 나아가 국가의 존립과 모든 자유의 전제조건인 ‘국가안보’라는 공익보다 크다고 할 수 없으므로, 법익 균형성을 일탈하였다고 보기도 어렵다.”

합의 동성애를 규제할 필요성은 오히려 평등문제를 다루면서 약간의 실질적 응답을 보여주고 있다.

“군대는 엄격한 상명하복의 수직적인 인간관계로 이루어져 있고, 절대 다수의 혈기왕성한 젊은 남성 의무복무자들이 이성 간의 성적 욕구를 원활하게 해소할 방법이 없는 상태에서 장기간의 폐쇄적인 단체생활을 해야 하므로, 일반 사회와 비교하여 이성 간의 성적 교섭행위보다는 동성 간의 비정상적인 성적 교섭행위가 발생할 가능성이 현저히 높다.

특히 상급자가 같은 성적 지향을 가지지 아니한 하급자를 상대로 동성애 성행위를 감행할 가능성이 높고, 이러한 동성 군인 간의 성적 교섭행위를 방치할 경우 군대의 엄격한 명령체계나 위계질서는 위태로워지며, 구성원 간의 반목과 분열을 초래하여 궁극적으로 군의 전투력 보존에 직접적인 위해가 발생할 우려가 크다.”

핵심적 근거는 ‘특히’ 이하 부분인데, 이것은 ‘기타 추행’의 두 번째 행위유형, 즉 서열상의 지위를 이용한, 상대방의 의사에 반하는 추행을 중심으로 한 판단의 근거로는 충분할지 몰라도 합의 동성애에 대한 대답으로는 대단히 부족하다. 이러한 의문은 동일조항에 대한 선행 사건의 반대의견에서 이미 제기된 바 있다.

“그러나 추행이 강제에 의하지 않고 군형법 피적용자 상호간에 은밀하게 행해짐으로써 타인의 혐오감을 직접 야기하지 않는 경우에는 그러한 행위가 군이라는 공동사회의 건전한 생활과 군기라는 보호법익에 어떠한 위해를 가한다는 것인지 쉽게 이해하기 어렵다…오늘날과 같이 성에 대한 사회적 의식 및 제도가 개방된 사정 하에서는 공연성이 없고 강제에 의하지 않은 동성 간의 추행을 군의 전투력 보존에 직접적인 위해를 발생시킬 위험이 있다고 보기 어려우며, 따라서 이를 금지하는 것은 이 사건 법률조항의 입법목적을 달성하기 위한 효율적인 수단이라고 할 수 없을 뿐 아니라 입법목적을 달성하기 위해 필요한 정도를 넘는 과도한 규제라고 하지 않을 수 없다" (헌재 2002. 6. 27, 2001헌바70 재판관 송인준, 주선회의 반대의견).

한편, 합의 동성애 처벌 문제에 대한 헌법재판소 판단의 출발점을 주목해 볼 필요가 있다.

"'추행'이란 정상적인 성적만족 행위에 대비되는 다양한 행위태양을 총칭하는 것",

""기타 추행"이란, 계간에 이르지 아니한 동성애 성행위 등 객관적으로 일반인에게 혐오감을 일으키게 하고 선량한 성적 도덕관념에 반하는 성적 만족 행위로서…"

헌법재판소는 추행의 개념을 정의하면서 합의 동성애까지 싸잡아 '비정상적이고 혐오스러우며 선량한 성 도덕관념에 반하는 것'으로 전제하여 일정한 편파성을 보이고 있다. 그러나 합의 동성애는 군대 내가 아니라면 처벌받지 않는 행위이다. 그렇다면 심판대상인 합의 동성애 행위의 개념이나 속성을 중립적으로 기술한 다음 군 공동체의 건전한 생활이라는 특수 보호법익과의 관계에서 어떤 영향과 효과를 미치는지 살펴본 후 긍정적 혹은 부정적인 헌법적 평가를 거쳤어야 할 것이다.

헌법재판소를 통하여, 민간 사회에서 간통, 혼인빙자간음을 범죄화하여 처벌하는 것이 정당한지 진지하고 치열한 논의가 전개되었듯이 군대 내의 합의 동성애를 처벌하는 것에 대해서도 같은 정도의 문제의식과 고민이 표출되었어야 하지 않을까?

4. 소 결

군형법 제92조는 진화가 덜 된 미분화된 형법조항이다. 헌법재판소로서는 법률해석과 헌법적 관점을 더하여 이를 잘 분화한 다음 각 규범영역에 맞는 정확한 헌법적 판단을 대응시키든가, 당해사건의 실질적 쟁점도 아닌 규범영역에 대한 헌법적 판단이 부담스럽고 불필요하였다면 적어도 그 미분화가 지닌 헌법적 문제점(명확성원칙, 형벌의 체계부적합성)을 지적하여 입법적 개선의 계기를 부여하였어야 하지 않을까? 이번의 봉합성 합헌결정으로 군형법의 진화(적어도 그에 관한 논의)는 상당한 기간 더 유예될 수밖에 없을 것으로 보인다.

Ⅳ. 마 무 리

헌법재판소가 위헌판결을 하였다고 하여 언제나, 모든 점에서 자유나 기본권 신장의 작용만 갖는 것은 아니다. 위헌판결을 통해 보호된 기본권과 상충하는 다른 기본권이나 공익은 그만큼 희생되거나 양보될 수 있다. 그러므로 기본권 주장이나 보호를 이유로 국방이라는 공공재를 가벼이 훼손하여서는 안 된다. 그러나 국방의 영역이라 하여 기본권이나 헌법재판이라는 헌정적 통제로부터 면제된 성역이 되어서는 곤란하다. 양심적 병역거부 사건, 명령위반죄 사건, 군사법원법 사건, 그리고 이 글에서 검토한 최근의 두 결정에 이르기까지 기본권 보장자로서 헌법재판소의 발걸음은 군대의 문 앞에서 멈춰 서는 듯하다.

특히 최근의 두 결정은 헌법재판의 응답성과 일관성 면에서 미흡한 점이 있다. 재판은 행해졌지만 제기된 주요 헌법적 이슈에 대한 명확한 응답이 보이지 않으며, 그 과정에서 기존의 이론이나 판례에서 정립된 것과는 다른 기준이 별다른 이유나 근거의 제시 없이 적용되었다. 헌법재판이 민주주의와 법치주의에 터 잡은 정당성을 지속적으로 확보하기 위해서는 응답성을 보여주고 일관성을 견지하는 것이 중요하다. 그렇지 않다면 어떤 결론에 이르든 설득력과 신뢰성을 주장하기 어려울 것이다.

Look to make your course regular, that men may know beforehand what they may expect.

— Francis Bacon

제111회 발표회 지정토론문

김 진 한*

Ⅰ. 응답성에 관한 논의

군인들이 기본권을 가지고 있는가? 그렇다면 과연 어떠한 기본권을 가지고 있는가? 군인들에게 정신적 자유가 보장되는가? 그렇다면 과연 어느 정도 보장되는가? 군인들의 기본권 침해 여부를 판단할 수 있는 기관은 과연 어느 기관이며, 어떠한 기준 하에서 그 침해를 인정할 수 있는가?

오늘 실무연구회 논의대상인 군대내 불온서적 금지 사건은 종래 우리사회에서 논의되지 않았던 다양한 헌법적 문제를 헌법재판소 앞에 던져 놓았다. 이 사건에 대한 헌법재판소의 법정의견은 이와 같은 헌법적 쟁점에 관하여 충분하게 응답하지 아니하여 아쉽다고 하는 발표자의 의견에 동의한다.

이는 기본권 보장 논의에 관한 중대한 공백이므로 이를 방치할 것이 아니라 앞으로 학계와 실무계가 논의를 발전시켜야 할 문제라고 생각한다. 발제자의 지혜로운 발제문과 오늘의 실무연구회 토의는 그 단초로서 기여할 것이라고 생각한다.

1. 군인은 기본권을 가지는가?

군 조직은 국가의 생존을 위하여 전쟁을 대비하는 특수한 조직이다. 상명하복을 원리로 생명을 빼앗길 명령에도 복종하여야 한다. 과연 그러한 신분을 가지고 있는 군인은 지휘권자의 지시와 명령에 대하여 기본권을 가지고 대항할 수 있는 것일까? 17세기의 존 로크(John Locke)의 '통치론(Two Treaties of Government)'에서 다음과 같이 설명하였다.[1)]

어느 사병에게 대포의 포구(砲口)를 향해 진격하라고 또는 거의 전사할 것이

---

* 헌법연구관.

1) 강정인, 문지영 역, 통치론, 까치(1996년 刊), 문단번호 139.

확실한 공격에 맞서라고 명령을 내릴 수 있는 상사라고 할지라도 그 사병에게 그의 수중에 있는 단 한푼의 돈이라도 내놓으라고 명령할 수는 없다. 마찬가지로 탈영이나 긴급명령에 대한 불복종을 이유로 그 사병을 사형에 처할 수 있는 장군 역시 그 사병의 생명을 좌지우지할 수 있는 권력을 포함한 절대적 권력을 가지고 있음에도 불구하고 그의 자산 중에서 단 한 푼의 돈이라도 마음대로 처분할 수 없고, 그의 재물의 한 치라도 취할 수 없다. 비록 그가 그 사병에게 절대적인 명령을 할 수 있고, 가장 사소한 불복종에 대해서도 그를 교수형에 처할 수 있지만 말이다. 왜냐하면 그러한 맹목적인 복종은 그 사령관이 권력을 가진 목적, 곧 다른 사람들의 생명을 보존하기 위해서는 필요한 것이지만, 그 사병의 재물을 처분하는 것은 그것과 아무런 상관이 없기 때문이다.

전장에서의 지휘관의 명령의 경우에도 그 권력이 부여된 '필요성'이라는 한계 하에서 발동이 가능한 것이며 그와 같은 한계를 넘는 권력은 자의적인 권력행사로서 허용될 수 없다. 권력을 발동할 수 있는 필요성이란 그와 같은 권력이 부여된 목적과 수단과의 관련성 하에서 파악할 수 있다. 권력은 항상 즉흥적이거나 자의적으로 발동될 위험성을 가지고 있으며, 그 위험성은 명령의 절대성의 정도가 높을수록 더 높아진다.

2. 군인의 신분과 국민의 신분, 그리고 기본권

군인은 헌법상의 국민으로부터 제외되는 신분인가? 군인들은 신성한 의무를 수행하는 국민들이다. 특히 국민개병제를 취하고 있는 우리의 국방의 체계에서 국방의 의무로서 복무하고 있는 군인들은 국가로부터 대가를 받지 아니하고 헌법상의 의무를 수행하고 있는 국민들이다.

헌법상의 의무를 성실하게 수행하는 국민들을 위하여 국가권력은 과연 어떠한 책임을 부담하여야 할까? 국가권력은 군의 권력에 의하여 이들의 권리가 자의적으로 처분되는 일이 발생하지 않도록 감시하고 견제할 필요가 있다. 따라서 군의 권력이 이들의 권리를 필요한 정도를 넘어 제한하지 아니하는 보장장치를 마련하여야 하는 것이다. 이것이 국민의 기본권을 보장하는 국가권력의 책무이며, 헌법상의 의무를 성실하게 수행하고 있는 국민들에 대한 최소한의 예우이다.

3. 국가권력의 기본권 보호 의무와 군 권력의 견제와 감시

군인의 신분을 갖고 있는 국민들의 기본권을 보장하는 것이 국가의 책임이며, 이 책임은 입법부, 사법부, 집행부가 공유하는 책임이라고 할 것이다.

따라서 입법자는 입법을 통하여 군인들이 갖고 있는 권리 및 그들의 법적인 지위를 구체적으로 규정할 필요가 있으며, 집행권자는 그와 같은 법적인 지위를 보장하는 구체적인 조치를 마련할 필요가 있다. 또한 사법권은 입법자가 규정한 법률조항이 이들에게 보장되는 헌법상의 권리를 존중하고 보장하고 있는가, 집행권의 구체적인 조치가 헌법 또는 입법자가 규정한 법적 지위를 훼손한 것은 아닌가에 대한 감시를 게을리 하여서는 안 된다.

군인들은 상시적인 상명하복의 명령체계 하에 놓여 있으므로 일반 국민을 위한 권리구제장치가 제대로 작동하기 어렵다. 권력기관 상호간의 감시와 견제, 군 조직 스스로의 권력통제는 실질적으로 이들 국민들의 권리를 실질적인 것으로 하는 유일한 보호수단이라고 할 것이다.

군 조직은 특수한 조직원리와 운영원리를 가지고 있으므로 일반권력의 통제 방법과 원리에 의하여 군을 상시적으로 통제하는 것은 효과적이지 않을 수 있다. 따라서 군 조직 스스로 권력의 한계를 스스로 규정하고, 내부적인 권리보장 체제를 만들어 군인들의 권리의 보장과 한계를 규정하고 그 규정을 엄격하게 시행하는 것은 군인들의 기본권을 보장하는 방법일 뿐 아니라 다른 국가권력으로부터 군 조직의 자율성을 확보하는 방법이다.

4. 군인인 국민은 정신적 기본권을 가지는가?

우리 헌법이 국민들에게 정보와 다양한 사상을 받아들일 수 있는 권리를 보장한다고 하는 점에 관하여 이론이 있을 수 없다. 이와 같은 권리가 해당 정보와 사상의 가치 유무와는 관계없이 보장된다고 하는 것은 자유 민주주의 헌법질서의 기본원칙이다. 그렇다면 남북한이 대치하는 우리의 안보 현실 속에서 이와 같은 권리가 군인들에게도 보장될 것인가? 군인들에게도 보장된다고 한다면 그 권리는 일반 시민들과 동등한 권리인가, 동등하지 않다면 과연 어느 정도 보장되어야 하는가? 이 사건이 제기하고 있는 가장 핵심적인 질문이다. 이는 이 사건 심판청구에 대한 구두변론절차에서 가장 부각되었던 질문이기도 하다.

군인의 신분을 가진 국민들에게 정신적 자유가 없다는 결론은 동의할 수 없다. 국가권력이 그 국민들의 인간임을 부정하는 것이기 때문이다. 인간에 대한 정신적 자유의 보장은 국가권력이 그 보장여부를 선택할 수 대상이 아니라 그 국가권력의 존재이유이며 그 존립의 근거인 것이다.

군인인 국민들에게 정신적 자유가 인정된다면 이들의 정신적 자유를 제한할 수 있는 한계를 설정할 필요가 있다. 정신적 자유는 긍정한 채 적절한 경계선을 설정하지 않는 것은 권력자가 자의적으로 국민의 자유를 침해하는 것인가의 판단을 권력자 스스로의 판단에 맡기는 것과 다름없게 된다.

5. 우리의 안보현실의 특수성을 감안한 군인의 책을 읽을 자유의 제한

군인은 다양한 자유를 제한 당한다. 주거지, 기상시간, 외출, 외박, 단체생활에 따른 다양한 생활 통제가 이루어진다. 이와 같은 생활 전반의 통제와 제한이 있는 속에서 그까짓 '책 몇 권' 읽지 못하게 한다고 하여 그것이 대수로운 일인가?라는 질문이 가능하다.

그런데 책을 읽는 자유는 다른 자유의 통제와 다르다. 책이란 세상을 이해하고, 진리에 다가설 수 있는 가장 의미 있는 수단이며, 현존의 권력질서와 기득권질서에 의문을 제시하여 새로운 대안을 찾게 하는 수단이기 때문이다. 권력을 영구히 유지하고자 하는 권력자들은 항상 금서목록을 만들어 사람을 처벌하고, 책을 불살랐다. 권력자의 입장에서 책은 위험한 수단이다. 하지만 책을 금지하였던 권력자는 스스로 붕괴하였다. 책을 금지하는 것이 권력자 스스로를 위하여 책을 금지하는 것보다 더욱 위험한 행동이라는 것을 인류의 역사가 증명하고 있는 것이다. 국방부의 이 사건 불온도서 금지 조치에 대하여 많은 국민들이 조소를 보냈던 이유도 바로 그 역사를 반복하는 어리석음 때문이다.

우리의 안보현실과 군 조직의 구성원이라는 특수성으로 인하여 책을 읽을 자유를 제한하는 경우에도 국방부장관의 주관적 판단에 따른 일방적인 명령 방식의 제한은 허용될 수 없다. 이러한 형식의 불온도서 지정은 편향성과 자의성을 회피하기 어렵다. 특히 집권 정치세력의 구미에 맞지 않거나 비판적인 도서일 경우에는 그 편향적으로 금지될 위험성이 더욱 커진다. 군 인사권자 및 통수권자가 집권 정치세력의 정점에 위치한 대통령이라는 점은 이와 같은 위험성을 더욱 극대화시킨다. 이 사건에서 불온성이 있는 도서들로 지정된 도서들 가운데에 정부의 경제정책에 비판적인 도서, 노동정책에 비판적인 도서, 우방국의 외교정책에 비판적인 도서들, 대기업을 비판하는 도서 등이 포함되어 있다는 점은 이와 같은 편향의 위험성을 드러내는 것이라고 하겠다.

책을 읽을 자유를 제한하여야 할 불가결한 공익을 인정하는 경우에도 중립성, 전문성, 다양성을 갖고 있는 구성원들로 구성되고, 군 권력으로부터의 독립성을 부여받은 별도의 기구에 의하여 이루어져야 한다. 이 점을 지적하는 반대의견(이공현, 송두환 재판관)은 안보현실과 정신적 자유의 보장을 조화하기 위한 노력이라고 평가할 수 있다.

군의 정치화가 헌정사의 왜곡을 가져왔던 우리 현대사를 경험한 헌법개정권자는 우리 헌법에 군의 정치적 중립성에 관한 명문의 규정을 두었다. 군의 정치적 중립성에 관한 헌법상의 명문의 규정이 없는 미국의 경우에도 편향된 시각에 기한 정신적 자유 제한 조치를 방지하기 위한 규정을 제정하여 시행하고 있다. 미국의 국방부령은 각 군의 부대장들로 하여금 군인들의 정신적 자유를 국가의 안보, 질서와 규율과 조화될 수 있는 한 최대한 정도로 보장할 것을 규정하고 있다.[2] 위 국방부령을 시행하고 있는 육군과 공군 규정은 부대장이 군대의 충성심, 규율, 사기에 명백한 위험을 초래하는 것이 아닌 경우에는 표현물의 배포를 금지할 수 없다고 하는 규정을 두고 있다.[3] 또한 부대장은 일반적인 정보원으로부터 구입할 수 있는 신문·도서 등의 배포를 금지할 권한이 없다고 규정하고 있다.[4]

Ⅱ. 일관성에 관한 논의

발제자의 의견에 기본적으로 동의한다. 법정의견의 관점에서 고려하였을 수 있는 사항에 관하여 보충적으로 토론하기로 한다.

1. 군인사법 조항에 대한 논의

발표자께서는 이 사건 시행령 조항의 기본권 침해 여부에서 그 시행령 조항의 근거가 된 군인사법 조항의 포괄위임입법 금지의 원칙 위반 여부를 판단하고 있는 법정의견에 대하여 과연 종전의 선례와 일관되는 것인지에 관한 의문을 표

2) Department of Defense (DOD) Directive, 1325.6 (1969)

3) Air Force Reg. 35-15(3)(a)(2) (1970); Army Reg. 210-10, ¶ 5-5(c) (1970); DOD Dir. 1325.6.

4) Air Force Reg. 35-15(3)(a)(1) (1970); DOD Dir. 1325.6, ¶ Ⅲ(A)(1) (1969).

하고 있다. 이 사건 군인사법 조항의 규율내용은 다음과 같다.

군인사법(1966. 10. 4. 법률 제1837호로 개정된 것)
제47조의2(복무규율) 군인의 복무에 관하여는 이 법에 규정한 것을 제외하고는 따로 대통령령이 정하는 바에 의한다.

이 사건 군인사법 조항을 근거로 제정된 이 사건 대통령령 조항의 내용은 다음과 같다.

군인복무규율(1998. 12. 31. 대통령령 제15954호로 개정된 것)
제16조의2(불온표현물 소지·전파 등의 금지) 군인은 불온유인물·도서·도화 기타 표현물을 제작·복사·소지·운반·전파 또는 취득하여서는 아니 되며, 이를 취득한 때에는 즉시 신고하여야 한다.

이 사건 군인사법 조항은 직업 군인이 아니라 의무로서 병역을 수행하는 군인의 법적 지위 및 기본권에 관하여 우리나라 법체계에 존재하는 유일한 법률조항이다. 그런데 동 조항은 군인인 국민의 기본권 제한에 관하여 기본권 영역, 기본권 내용, 제한의 정도에 관한 아무런 구체적 규율이 없이 모든 것을 뭉뚱그려 '군인의 복무에 관한 사항'으로서 규정하고 있으며, 그 구체적인 규율은 모두 대통령령에 위임하고 있다. 그리하여 동 조항은 이 사건 시행령 조항과 같이 군인의 정신적 자유를 포함하여 다양한 군인의 기본권 제한의 법적 근거로 사용되고 있다.

이와 같은 기본권 제한 영역 및 정도에 관하여 아무런 한정도 하지 아니하는 개괄적인 위임근거 법률은 그 예를 다른 곳에서 찾기 어려울 정도의 매우 극단적인 형태의 포괄위임이다. 이와 같은 극단적 형태의 입법도 기본권 제한 입법으로서 인정하여 법률유보 원칙을 준수하였다고 인정할 것인지 여부는 종래 헌법재판소의 선례에서 판단하지 아니하였던 쟁점이라고 평가할 수 있다.

법정의견이 이 사건 시행령 조항의 법률유보 원칙 위반 여부에 관하여 판단하면서 근거 법률인 이 사건 군인사법 조항의 포괄위임입법 금지 원칙에 반하는 것인지 여부에 관하여 판단한 것은 그 쟁점이 너무나 명백한 특징 때문이라고 해석할 여지가 있다. 일반적으로 선례에서 시행령 내지 시행규칙의 근거조항으로서 문제되었던 법률조항들은 그 자체로서 그 포괄위임 내지 법률유보 원칙 위반 여부의 쟁점이 명백하게 드러나지 않는 특징을 가지고 있었다. 이와 같이 근거 법률의 포괄위임의 정도가 심하여 하위법령의 법률유보 원칙의 위반 여부의 쟁점이 명백하게 드러나지 아니하는 경우에는 이를 굳이 드러나지 않는 것으로 간주하기 보다는 정면으로 다루어 판단하는 것이 직권주의, 소송경제, 헌법적 해명 등의 관점에서 헌법재판소가 선택할 수 있는 방안이라고 판단할 수도 있다.

물론 법정의견이 이와 같은 극단적인 형태의 입법에 대하여 포괄위임금지 원칙에 반하지 아니한다고 판단한 점은 아쉬움을 남기고 있으나 이 쟁점에 관하여 판단한 것 자체가 헌법재판소 판단으로서의 일관성이 없는 것이라고 평가하기까지는 어려울 것으로 생각한다.

2003헌마715 사건의 재판관 윤영철, 권성의 의견이 안마사법 시행규칙의 기본권 침해 여부 판단에서 근거법률인 의료법의 포괄위임입법금지 원칙 위반 여부를 판단하였던 것도 종전 선례를 통하여 근거 법률인 의료법의 포괄위임금지원칙 위반 여부의 쟁점이 명백하게 드러난 경우였기 때문이라고 해석할 수 있다.

이 사건 반대의견 중 이강국 재판관의 의견은 이와 같은 이 사건 군인사법 조항의 특수성을 특히 고려하여 그 자체의 적법성을 인정하여 전면적으로 포괄위임입법 금지 위반의 판단을 하였는바, 이는 동 조항의 위임의 극단적 포괄성에 대한 적절한 응답이라고 볼 수 있다. 입법자가 군인의 신분과 법적 지위를 적절하게 보호할 책임을 다하지 아니하고 이와 같은 입법을 하였다는 점은 이 사건에서 문제된 군인들의 기본권 보장 쟁점의 뿌리라고 할 수 있기 때문이다.

2. 이 사건 지시에 관한 논의

이 사건 지시는 직접성의 요건을 갖춘 심판대상으로서 적법성이 인정된다고 판단하는 발표자의 견해에 동의한다. 발제자께서 지적한 적법성 요건의 판단의 일관성의 문제에 관하여도 기본적으로 동의한다. 다만, 토론을 위하여 이 사건 지시에 대한 법정의견의 관점을 이해하고자 하는 방향에서 논의하려고 한다.

가. 이 사건 지시의 특징

이 사건 지시는 국방부장관 및 육군참모총장이 예하부대의 장을 대상으로 하여 목록에 거시한 도서를 불온도서로 지정하면서, 이들 도서를 군내에 반입하는 행위, 군내에서 소지하는 행위를 방지하기 위하여 소지품 검사 및 내무검사 등을 시행할 것을 명하고 있다.

일반적으로 법률 및 시행령을 시행하는 행정청의 처분은 그 처분으로서 직접적인 효과를 발생시킨다. 따라서 직접성의 요건은 규범에서 주로 문제되고 행정청의 처분 등 집행작용에서는 문제되지 아니한다고 하는 발제자의 지적은 타당하다.

이 사건 지시는 그 성질을 처분의 일종이라고 볼 수 있을 것이지만 청구인들이 주장하는 기본권 제한은 이 사건 지시에 기한 구체적인 권력적 사실행위 등 별도의 집행작용을 예정하고 있다. 청구인들이 다투는 궁극적인 기본권 침해 행위는 전군에서 발생할 것이 예정된 수많은 소지품 조사, 내무검사 등 불온도서의 영내 반입차단과 관련한 행정작용이 이루어지는 경우에 발생하는 것이다.

물론 상명하복이라고 하는 군대조직의 원리에 비추어 이미 이 사건 지시 단계에서 하급 예하부대의 장들이 이 사건 지시에서 지시하고 있는 명령을 발할 것이 당연히 예정되어 있으며, 군대의 특성상 문제된 도서의 군내반입이 금지되는 효과는 이미 국방부장관의 지시 단계에서 이미 직접 발생하였다고 볼 수 있으며, 이것이 사태의 핵심을 실질적으로 파악하는 관점이라고 생각한다. 이와 같은 관점은 반대의견(이공현, 송두환 재판관)에서 표시하고 있는 바이다.

그런데 적법성의 요건을 엄격하게 보는 법정의견의 관점에서 본다면 이 사건 지시는 아직 기본권 침해를 발생시키는 명령의 단계에까지 나아가지 아니한 상위 단계의 명령이다. 이 사건 지시는 마치 행정청의 집행행위를 명하는 집행규범의 위치에 있는 것이다. 일반 행정청이 시행령의 집행규정에 근거하여 구체적인 처분을 집행하는 것과 마찬가지로, 각 단위부대의 장들은 이 사건 지시의 명령을 받아 전 부대원을 상대로 반입금지 및 소지금지의 명령을 발하고, 그에 따라 공권력을 행사하게 되는바, 법정의견은 그 단계에서 기본권 제한의 효과가 있는 직접적 명령이 발령된다고 보는 것이다.

나. 직접성 이외의 적법성 요건의 난점

이 사건 지시의 규율대상과 효과를 엄격하게 보려는 관점에서는 직접성 이외의 요건을 들어 부적법하다는 판단을 하기는 쉽지 않은 특징을 가지고 있는 것으로 판단된다. 국방부장관이 전군의 지휘관을 상대로 한 지시, 육군참모총장이 예하부대의 장을 상대로 한 지시가 군인들에게 자기관련성이 없다거나 공권력 행사성이 없다고 판단하기는 어렵다. 왜냐하면 상명하복이라고 하는 하나의 조직원리 작동하는 군대조직 하에 있는 군인이 명령 지휘 계통의 하급단위에 위치한다고 하여 제3자라고 판단하거나, 그 명령이 공권력 행사로서의 성질을 갖지 못한다고 보기는 어렵기 때문이다.

법정의견의 설시가 공권력 행사성, 자기관련성 요건의 판단과도 결합되어 있는 점도 이 사건 지시의 특수성이 반영된 결과로서 가급적 종합적으로 판단하려고 하는 설시라고 해석할 여지가 있지 않을까? 생각한다.

第111회 발표회 지정토론문

김 현 철*

1. 들어가며

김하열 교수의 평석대상 사건인 헌재 2010. 10. 28, 2008헌마638 결정[1]은 ① 재판관 4인(김희옥·민형기·이동흡·목영준 재판관)의 합헌 법정의견, ② 재판관 조대현의 합헌 별개의견, ③ 재판관 김종대의 합헌 별개의견, 그리고 ④ 재판관 이강국의 위헌 반대의견과 ⑤ 재판관 이공현, 재판관 송두환의 위헌 반대의견으로 구성되어 있고, 결과적으로 본안판단 부분에서는 합헌 6인 : 위헌 3인의 분포를 보이고 있다.

한편 심판대상을 중심으로 보면 청구인들은 군인사법 제47조의2(이하 "군인사법조항"이라 한다), 군인복무규율 제16조의2 중 '불온도서의 소지·운반·전파·취득 행위' 부분(이하 "복무규율조항"이라 한다), 그리고 국방부장관과 육군참모총장[2]의 '군내 불온서적 차단대책 강구지시'(이하 "차단강구지시"라고 한다)를 문제삼았는데, 재판관 4인의 법정의견과 재판관 김종대의 별개의견은 '복무규율조항'만을 심판대상으로 하였고**(5인)**, 재판관 조대현의 별개의견과 재판관 이공현, 재판관 송두환의 반대의견은 '복무규율조항·차단강구지시'를**(3인)**, 재판관 이강국의 반대의견은 '군인사법조항·복무규율조항·차단강구지시' 모두를**(1인)** 심판대상으로 하였다.[3]

나아가 청구인들의 제한(침해)된 기본권을 중심으로 보면, 재판관 4인의 법정의견과 2인의 각 별개의견은 '알권리'**(6인)**를, 나머지 재판관 1인 및 2인의 각 반대의견은 '책 읽을 자유'**(3인)**를 제한 내지는 침해되는 기본권으로 보았다.[4]

---

* 전남대학교 법학전문대학원 부교수.

1) 공보 169, 1927 이하.

2) 청구인들과 관계 없는 '공군참모총장', '주한 미8군 한국군 지원단', 그리고 '제9715부대'가 발령한 지시는 논의에서 제외함.

3) 이를 달리 표현하면 '군인사법조항'은 재판관 1인만이, '복무규율조항'은 재판관 9인이, '차단강구지시'는 재판관 4인이 심판대상으로 하였다.

4) 토론자의 개인적인 의견으로는 '알권리'와 '책 읽을 자유' 모두 제한되는 기본권으로 볼 수 있다고 생각한다. 양자는 그 헌법적 근거(제21조 제1항 및 제10조)가 다르고, 이 양자가 '일반기본권'과 '특별기본권'의 관계에 있다고 볼 수도 없기 때문이다.

2. 심판대상의 문제

가. 군인사법조항에 대한 판단

재판관 4인의 법정의견은 '군인사법조항'과 '차단강구지시'는 기본권침해의 직접성요건의 흠결을 이유로 부적법하다고 판단하면서도,[5] 본안판단을 하는 '복무규율조항'의 법률유보원칙 준수 여부를 판단하기 위하여 모법인 '군인사법조항'의 포괄위임금지원칙 위배 여부를 논하고 있다.[6] 발제문 11면에 의하면 재판관 이강국의 반대의견도 같은 심사구조를 취하고 있다고 하지만, 동 재판관은 법정의견의 '군인사법조항' 판단에 대한 반대의견의 형식을 취하고 있는 것으로 보아 '군인사법조항'에 대한 부적법각하에 대하여도 반대하는 것으로 읽어야 할 것이다.

어쨌든 위와 같은 법정의견의 논증구조는 확실히 이례적인 것이다. 다만, 어떤 법률 규정이 하위 법령에 그 규정의 구체화를 위하여 내용의 일부를 위임하고 있는 경우라 하더라도 수권조항과 시행령조항이 서로 불가분의 관계를 이루면서 전체적으로 하나의 규율내용을 형성하고 있고, 수권조항과 시행령조항을 서로 분리하여서는 규율내용의 전체를 파악하기 어려운 경우에는 수권조항과 시행령조항 모두에 대해 불가분의 일체로서 기본권침해의 직접성을 인정할 수 있다.[7] 이 사안이 이러한 경우에 해당하는지에 대하여는 평가가 다를 수 있겠지만, 헌법재판소로서는 이러한 경우에 해당한다고 판단하여 함께 묶어 직접성을 인정하든가, 그렇지 않으면 '복무규율조항'이 기본권제한의 법적 근거를 갖추고 있는가, 즉 법률유보원칙 위배 여부만을 판단하는 것으로 족하다고 할 것이다.

법정의견의 입장을 선해하면, 법률이 일정한 사항에 관하여 구체적인 내용의 입법을 대통령령 등 하위법규에 위임하고 있는 경우에 그 위임규정인 법률조항에 대하여 헌법재판소의 위헌결정이 선고되면 당해 법률조항이 효력을 상실하게 됨은 물론 그 법률조항의 위임에 의하여 제정된 대통령령 등 하위법규 역시 그 존립의 근거를 상실함에 따라 당연히 그 효력을 상실하기 때문에,[8] 그 전제로서 모법의 위헌 여부, 즉 포괄위임금지 여부를 판단해 보아야 할 필요가 있다고 보았다고 볼 여지가 있지만, 위 선례(99헌마494)는 처음부터 법률조항이 심판대상이었고

---

5) 위 공보 1932-1933.

6) 위 공보 1935-1936.

7) 헌재 2002. 6. 27, 99헌마480, 판례집 14-1, 616, 625 ; 헌재 2008. 6. 26, 2005헌마506, 공보 141, 911, 913; 헌재 2009. 9. 24, 2007헌마949, 공보 156, 1785, 1789.

8) 헌재 2001. 11. 29, 99헌마494, 판례집 13-2, 714, 733 참조.

재판부에서 직권으로 시행령조항을 심판대상에 포함시킨 후에 모법조항과 시행령조항을 함께 헌법불합치 결정을 선고하면서 내린 판시였다.

나. '차단강구지시'에 대한 판단

재판관 4인의 법정의견은 '차단강구지시'에 대하여, 이는 "군 지휘조직 내부의 행위로서 청구인들을 비롯한 일반 장병에 대한 직접적인 공권력 행사라고 볼 수 없다"고 하면서, 이어서 "따라서 이 사건 심판청구 중 이 사건 지시 부분은 기본권침해의 직접성 요건을 흠결하였다"고 판시하고 있다. 위 밑줄친 부분은 헌법소원의 대상이 되는 공권력행사라고 볼 수 없다는 취지라기보다는 그 아래의 표현과 같이 직접성 요건을 갖추지 못하였다는 판단으로 해석된다.

주지하다시피 헌법소원의 청구인은 공권력작용으로 인하여 직접적으로 기본권이 침해되어야 한다. 이 직접성의 요건은 독일의 경우 재판에 대한 헌법소원에 있어서도 논의가 있지만,[9] 우리의 경우 특히 법령에 대한 헌법소원에서 중요한 의미를 가진다. 즉, 법령 또는 법령조항 자체가 헌법소원의 대상이 될 수 있으려면 그 법령 또는 법령조항에 의하여 구체적인 집행행위(Vollzugsakt)를 기다리지 아니하고 직접·현재·자기의 기본권을 침해받아야 하는 것을 요건으로 하기 때문이다.[10]

그렇지만 발제문(5면 상단)과는 달리 행정행위에 대한 헌법소원에서도 문제될 수 있기는 하다. 예컨대, "청구인들에 대한 학교선택권 등의 침해 문제는 이 사건 '중학교 배정계획'에 의해서가 아니라 이 사건 배정계획을 포함한 피청구인의 2005학년도 중학교 무시험진학업무 시행세부계획이 예정하고 있는 후속조치인 피청구인의 '중학교 배정처분'에 의해 보다 직접적으로 발생한다고 할 것이어서, 이 사건 배정계획만으로는 아직 청구인들의 학교선택권 등에 대한 제한이 현실화된다고 볼 수 없어 기본권침해의 직접성이 인정되지 않으므로 이 사건 심판청구는 부적법하다."고 판시한 헌재 2006. 1. 26, 2005헌마98 결정 참조.[11]

문제는 '차단강구지시'는 위 선례와 같이 "후속조치에 대한 계획"의 성격이 아니라 그 자체로 직접 청구인 등 일반 군인에 대한 기본권제한의 효과를 낳는다고 보아야 할 것이다. 하위 부대에서의 대책 내지는 지시는 '차단강구지시'를 그

---

9) 이에 대한 약간의 설명으로 이승환, "기본권침해의 직접관련성에 관한 헌법재판소 결정의 정리와 체계화 시도", 헌법논총 제17집, 헌법재판소, 2006, 304-305면 참조.

10) 헌재 1992. 11. 12, 91헌마192, 판례집 4, 813, 823.

11) 판례집 18-1상, 25, 34.

대로 반복하는 성격이라고 보아야 하기 때문이다.

다. 소 결

따라서 이 사건에서 심판의 대상으로는 '복무규율조항'과 '차단강구지시' 양자를 함께 판단해야 했을 것으로 본다. 그러므로 적어도 심판대상과 관련해서는 이 양자를 선택한 재판관 조대현의 별개의견과 재판관 이공현, 재판관 송두환의 반대의견 등 3인 재판관의 입장이 옳았다고 판단된다.

3. 새로운 심사기준의 시도에 대하여

가. 재판관 김종대의 별개의견

김종대 재판관은 '기본의무를 부과하는 법령에 대하여 적용할 위헌심사기준'에 대하여 "(1) 기본의무 부과의 위헌심사기준에 대하여 우리 헌법이 아무런 규정을 두지 아니한 결과, 이는 헌법재판소의 헌법해석(헌법 제38조 및 제39조의 해석)에 의존할 수밖에 없는데, 지금까지 헌법재판소는 기본적 의무부과의 뒷면에 서 있는 기본적 권리가 과잉제한되느냐의 여부(헌법 제37조 제2항에 의한 비례심사)로 기본적 의무부과의 위헌 여부를 가려 왔다. 그리하여 납세의무를 부과하는 법률의 위헌 여부를 납세의무의 뒷면에 서 있는 재산권의 과잉제한이 되느냐의 여부로써 판단했고, 국방의무를 부과하는 법률의 위헌 여부를 그 뒷면의 양심의 자유나 혹은 직업선택의 자유 등의 기본권에 대한 과잉제한이 되느냐의 여부로써 판단해 온 것이다. 이 사건의 다수의견과 반대의견도 이 사건 규율조항의 위헌성을 알권리, 사생활의 자유[12]에 대한 과잉금지원칙의 적용을 통하여 심사함으로써, 위와 같은 전통적 심사방식을 그대로 따르고 있다. 그러나 이러한 태도는 앞서 언급한 기본권과 기본의무의 헌법적 관계에 비추어 옳지 않다. 기본권과 기본의무가 국가공동체의 보존·유지를 위한 대등한 두 축이라면 기본의무 부과의 위헌심사기준을 기본권제한의 위헌심사기준의 그림자로 삼아야 할 것은 아니기 때문이다.

(2) 나는 기본의무 부과의 위헌심사기준으로 일응, ⅰ) 의무부과 목적이 국가의 유지와 보존을 위한 필요성에 있어야 하고, ⅱ) 의무부과 내용이 합리적이고 타당해야 하며, ⅲ) 의무부과방법이 공평해야 한다는 3가지 기준을 제시할 수 있을 것으로 생각한다.

---

12) '책 읽을 자유'가 정확한 표현일 것이다.

즉, 기본의무를 부과함에 있어서는, 그 목적이 세수의 증대를 통한 국가의 재정확보, 국방력 증대를 통한 국가보존과 유지라는 헌법적 가치를 실현하기 위한 필요성에 있어야지 그 외 일체의 다른 목적을 가져서는 안 되고(국가의 유지·보존을 위한 필요성의 목적), 세금을 부과하거나 병역의무를 부과하고 군을 편성하는 과정에서 설정된 부과내용이, 부과 목적과의 상관관계 하에서, 또다른 중요한 헌법적 가치인 기본권 존중의 원칙 등에 부합하도록 합리적이고 타당한 경계를 설정한 것이어야 하며(부과 내용의 합리성과 타당성), 부과수단이나 그 대상의 선택에 있어 평등의 원칙에 반하지 않아야 할 것이다(부과방법의 공평성).

(3) 기본권을 제한하는 법률이 위헌심사기준을 통과하면 그 기본권이 제한됨으로써 생겨난 의무의 부담이 과잉이냐 아니냐와 무관하게 합헌적 법률이 되듯이, 기본의무 부과법률이 위 위헌심사기준을 통과하게 되면 그로 인해 생겨난 기본권의 제한이 과잉이냐 아니냐는 따로 따질 것 없이 합헌적 법률이 될 것이다. 즉, 기본의무 부과가 위헌이 아니라면 그 의무부과에 따르는 기본권의 제한적 상황은 이를 감수할 수밖에 없다."는 견해를 제시하였다.

나. 새로운 심사기준에 대한 평가

김종대 재판관의 새로운 심사기준의 개발과 적용은 아직까지 생경한 느낌이 있지만, 산사(山寺)의 새벽 공기처럼 신선한 충격을 주고 있으며, 헌법재판제도의 발전에 매우 긍정적인 시도라고 평가할 수 있을 것이다. 비록 이에 대하여 이 사건 결정문에서 비판적인 견해가 제시되었지만,[13] 동 재판관은 같은 날 선고한 헌재 2010. 10. 28, 2009헌바67(소득세법 제95조 제2항 등 위헌소원) 사건에서도 납세의무를 부과하는 법령의 위헌심사기준으로 일응, "① 부과목적의 공공성, ② 부과내용

13) 김종대 재판관의 새로운 심사기준, 즉 '헌법상 기본적 의무(국방의 의무)를 구체화하여 부과하는 영역에서는 그 의무부과의 내용과 방법이 합리적이고 공평한지 여부만을 심사하면 되고, 그 외에 기본권제한에 관한 헌법 제37조 제2항의 비례심사는 불필요하다'는 견해에 대하여 재판관 2인(이공현·송두환 재판관)의 반대의견은, "첫째 이러한 입장은 기본적 의무(국방의무)를 직접 부정, 거부하는 사안과 기본의무에 간접적으로 관련된 생활 영역에서의 기본권제한에 관한 사안을 구별하지 못한 견해이고, 둘째, 오늘날 법치주의 헌법하에서 모든 국가작용은 국민의 기본권적 가치를 실현하기 위한 수단이라는 한계 내에서 발동되고 형성되어야 하고, 이 점에 있어서는 국민의 의무의 영역을 형성하기 위한 국가작용이라고 하여 예외가 될 수 없으며, 그와 같은 국가작용의 한계를 선언한 것이 바로 헌법 제37조 제2항의 비례의 원칙이므로, 헌법상 기본적 의무를 형성하는 국가작용이 국민의 기본권을 제한하는 경우에도 헌법 제37조 제2항이 선언하고 있는 비례의 원칙을 준수해야 한다는 점에서, 결국 헌법상 기본적 의무를 형성하는 영역에 관하여는 헌법 제37조 제2항의 비례의 원칙이 적용될 여지가 없다는 견해는 법치국가원리 하에서의 기본권의 의미, 우리 헌법 제37조 제2항 비례의 원칙의 규범적 가치를 오해하고 있는 것이어서 동의할 수 없다."고 비판하였다(위 공보 1944).

의 합리성, ③ 부과방식의 공평성"이라는 3가지 기준을 제시하며 그 기준에 따라 심판대상 법조항의 위헌 여부를 판단함으로써,[14] 나름대로 정립된 체계를 보여주고 있다.

나아가 김종대 재판관은 대한민국 국민인 남자에 한하여 병역의무를 부과한 구 병역법(1983. 12. 31. 법률 제3696호로 개정되고, 2009. 6. 9. 법률 제9754호로 개정되기 전의 것) 제3조 제1항 전문에 대한 헌법소원사건(헌재 2010. 11. 25, 2006헌마328)에서 법정의견(재판관 4인의 기각의견)이 남자인 청구인의 평등권침해 여부를 논증한 데 반하여, 위와 같은 새로운 심사기준의 입장에서 "남녀를 차별취급하고 있는 이 사건 법률조항은 '자의적인 차별이 아니어서 평등권을 침해하지 않으므로 합헌'이 아니라, '남자만을 징집대상자로 하여 군의 병력을 편성하기로 한 기본의무 부과가 그 목적에 비추어 합리적이고 공평한 내용으로 부과된 것이기에 그 결과 나타나는 차별취급이라는 기본권 제한은 수인할 수밖에 없을 것이므로 합헌'이라고 논증함이 타당하다."는 별개의 기각의견을 제시하였고, 이 의견에는 추가로 조대현 재판관이 동참하였다.[15][16]

4. 나 오 며

발제자의 평석대상 결정은 앞에서도 본 바와 같이 심판대상의 확정부터 견해가 나뉘었고, 제한되는 기본권을 다르게 보았으며, 위헌심사기준에서도 새로운 시도가 나타나는 등 그 결론 못지 않게 주목을 끄는 사건이라고 할 수 있다. 그런 점에서 발제자의 날카로운 지적을 겸한 평석은 헌법재판소 판례의 발전을 위해서 매우 유익한 작업이라고 판단된다. 헌법재판소는 결론에 이르는 논증의 탄탄한 구성, 발제자의 표현을 빌리면 '응답성'과 '일관성'에도 주의를 기울여야 할 것이다. 아울러 최근에 기본권영역과 대비되는 국민의 기본의무와 관련된 사건에서 새로운 심사기준의 정립이 시도되고 있는 것은, 그 결과를 아직 예단하기 어려우나 매우 바람직한 노력이라고 보여진다. 이에 대하여는 후속 판례와 평석을 통하여 더 치열한 논쟁이 있을 것으로 기대된다.

---

14) 공보 169, 1871, 1881-1883, 재판관 김종대의 별개의견(합헌).

15) 공보 170, 2106, 2113-2115, 재판관 조대현, 재판관 김종대의 기각의견.

16) 나머지 재판관 3인중 2인(이공현·목영준 재판관)은 위헌의견을(남성의 평등권침해), 1인(민형기 재판관)은 남성인 청구인의 기본권(평등권)침해의 가능성 또는 자기관련성이 없다는 이유로 각하의견을 제시하였다.

제111회 발표회 토론요지

간　　사 : 배보윤 부장님의 사회로 시작하도록 하겠습니다.

사 회 자 : 먼저 발표에 앞서서 발표자님 소개 말씀 드리겠습니다.

김하열 교수님은 현재 고려대학교 법학전문대학원 교수로 계십니다.

고려대학교에서 법학학위를 하셨고 장기간 동안 헌법재판소에서 헌법재판소 연구관으로 활약을 하시다가 고려대학교 법학전문대학원으로 가셨습니다.

헌법연구관으로 계시는 동안 독일 프라이브르크대학에서 수학을 하셨습니다.

실무와 이론을 겸비한 분으로서 오늘 발표가 기대됩니다.

발표시간은 여러분들이 그동안 헌법재판소 실무연구회 관례대로 발표시간이 대충 9시에 끝나게 됩니다. 그래서 발표하실 때는 30분 범위 내에서 발표해 주시면 감사하겠습니다.

그 다음에 지정토론자 두 분도 같이 소개를 먼저 드리겠습니다.

지정토론자 한분은 외부에 계신 분으로서 김현철 전남대학교 법학전문대학원 교수로 계십니다. 연세대학교에서 법학학위를 하셨고 이분 역시 헌법연구관으로 장기간 활약하시다가 학계로 가셨습니다.

헌법연구관으로 계시는 동안 미국 산타클라라대학의 로스쿨에서 수학하셨습니다.

그리고 마지막으로 지정토론자 내부의 헌법연구관으로 김진한 연구관이 지정토론해 주시겠습니다.

지정토론하시는 분은 각 10분씩 해 주시면 감사하겠습니다.

그러면 김하열 교수님 모시고 발표를 듣도록 하겠습니다.

< 주제발표자 발표 >

사 회 자 : 하실 말씀 많으셨던 것 같습니다. 시간이 조금 초과되었습니다.

이어서 바로 지정토론을 이어나가겠습니다.

김현철 교수님 먼저 지정토론해 주시지요.

지정토론자 : 소개받은 전남대학교 법학전문대학원의 김현철입니다.

오늘 김하열 교수님께서 두 가지 판례를 대상으로 평석을 하시고 문제점을 제시하셨는데 먼저 양해말씀 드릴 것은 두 번째 판례는 헌법재판소 홈페이지에서나 공보자료로서 확보할 수가 없었습니다. 아마 발제자께서는 개인적으로 그 판례를 입수하셔서 평석을 하셨던 것 같은데 그 점은 자료가 없었기 때문에 토론할 수 없었다는 점을 미리 양해말씀 드리겠습니다.

따라서 첫 번째 판례인 군대내 불온서적 금지 사건부분에 한정해서 준비를 했습니다.

이 부분에 관해서는 다음에 토론하실 김진한 연구관께서 본안판단 부분에 대해서 이야기하실 것으로 생각되고 저는 형식적인 문제부분에 초점을 맞추어서 보았습니다.

우선 이 사건 판례를 여러 번 읽어봤는데 2010년 10월 28일 2008헌마638호 사건이 상당히 복잡한 구조를 가지고 있습니다.

재판관들의 견해가 여러 가지로 나뉘어 있을 뿐만 아니라 심판대상에서도 세 가지 견해로 나누어져 있고, 또 제한 또는 침해된 기본권이 무엇인가에 대한 입장도 두 부분으로 나누어져 있습니다.

그 부분을 간단히 살펴보면 물론 결론은 6대 3으로 합헌 6인, 위헌 3인이었고요. 합헌 6인중에는 별개의견이 따로 있습니다. 위헌 3인도 별개의견이 1인 재판관 별개의견과 2인 재판관 별개의견이 따로 있습니다.

이런 복잡한 사건을 우선 정리하기 위해서 심판대상을 살펴보니까 청구인들이 법조항 또 군인복무규율조항 그리고 구체적인 지시, 결정문에서는 이 사건 지시라고 되어 있었는데 불온서적 차단강구의 개념이기 때문에 이해의 편의를 위해서 '차단강구지시'라고 정의를 내려 보았습니다. 이 세 가지가 큰 테두리인데 그 안에서도 각주 2번에 있듯이 일부 제외된 부분이 또 있습니다. 이 부분은 청구하고 관계없는 부분이기 때문에 이 부분은 논의의 대상에서 일단 제외하도록 하겠습니다.

그렇게 제외한다 하더라도 심판대상이 청구인이 주장한 것이 세 가지 부분인데 재판관 9분중에서 4분의 법정의견과 김종대 재판관님의 별개의견이 복무규율조항만 심판대상조항으로 했고, 조대현 재판관님의 별개의견과 이공현 재판관님, 송두환 재판관님의 반대의견은 복무규율조항과 차단강구지시를 심판대상으로 봤고, 이강국 재판관님의 반대의견은 세 가지를 다 심판대상으로 했습니다. 이렇게 심판대상 자체가 나누어지는 경우는 헌법재판소 실무례에서도 흔하지 않은 것 같습니다.

아까 발제자의 발제문을 들어보니까 발제자께서는 세 가지를 다 대상으로 해야 되었어야 하는 거 아닌가라는 견해를 표시하신 것으로 제가 이해했는데 혹시 그러신 것인지 나중에 좀 말씀해 주시면 고맙겠습니다.

또 하나 제한된 기본권이 아까 말씀드렸듯이 알권리와 책 읽을 자유 이 두 가지로 나누어져 있고 재판관 6인과 재판관 3인 이렇게 구분되었습니다.

이 부분은 제 각주 4번에 썼는데 제 개인적인 견해는 이 두 가지를 굳이 나누어서 하나로만 택할 필요는 없지 않았을까? 왜냐하면 성격도 다르고 헌법적 근거도 다른데 굳이 하나를 선택할 필요는 없었지 않았을까? 두 가지 다 기본권의 경합 형식으로 같이 해서, 물론 이것 때문에 결론이 달라지는 것은 아니겠지만 논증구조상 필요상 같이 하는 것이 좋지 않았을까 하는 생각을 해 보았습니다.

구체적으로 심판대상을 한번 살펴보면 재판관 4인의 법정의견은 아까 발제자께서 말씀하셨지만 군인사법조항과 차단강구지시를 전부 직접성요건 흠결로 부적법하다고 판단했습니다.

그럼에도 불구하고 본안판단 하는 복무규율조항의 법률유보원칙준수여부를 판단하기 위해서 포괄위임금지원칙여부도 함께 논하고 있습니다.

이 부분은 발제자께서 말씀하셨기 때문에 중복하지는 않겠는데요. 이런 논증구조는 제가 보기에도 이례적인 것으로 생각이 듭니다. 다만, 어떤 법규정이 하위법령에 그 규정의 구체화로 인해서 내용의 일부를 위임하고 있는 경우라 하더라도 수권조항과 시행령조항이 서로 불가분의 관계를 이루면서 전체적으로 하나의 규율내용을 형성하고 있고, 수권조항과 시행령조항을 서로 분리해서는 그 규율 내용의 전체를 파악하기 어려운 경우에는 수권조항과 시행령조항 모두에 대해서도 불가분의 일체로서 기본권침해의 직접성을 인정한 사례가 있습니다.

각주 7번에 몇 가지 사례를 적어놓았는데요. 이 사안이 이런 경우에 해당될 것인가라는 점에 대해서는 평가가 다를 수 있겠지만 만약 헌법재판소가 이런 경우에 해당된다고 판단했다면 함께 묶어서 직접성을 인정하든가 그렇지 않으면 복무규율조항이 기본권제한의 법적 근거를 갖추고 있는가? 즉 법률유보원칙의 위배여부만을 판단하는 것으로 족하다고 할 것입니다.

제 개인적으로는 후자의 입장에 서고 있습니다.

법정의견을 선회하면, 법률이 일정한 사항에 관해서 구체적 내용이나 입법을 대통령령 등 하위법규에 위임하는 경우에 그 위임규정인 법률조항에 대해서 헌법재판소가 위헌결정을 선고하면 당해 법률조항이 효력을 상실하게 됨은 물론이거니와 그 법률조항의 위임에 의해서 제정된 대통령령 등 하위법규 역시 존립의 근거를 상실함에 따라 당연히 효력을 상실하겠습니다.

이 부분은 각주 8번에 있는 우리 헌재판례도 있고 대법원판례에도 이런 판례가 있습니다. 따라서 그 전제로서 모법의 위헌여부, 즉 포괄위임금지여부를 판단해 보아야 할 필요가 있다고 보았는지 혹시 모르겠습니다. 그런데 그러한 경우에 99헌마494호를 의미하는데요, 이때는 심판대상이 처음부터 법률조항이었습니다. 그리고 재판부에서 직권으로 시행령조항을 추가시킨 후에 두 조항을 즉 모법조항과 시행령조항을 함께 헌법불합치결정을 하면서 내린 판시였습니다. 따라서 이 사안이 이러한 유형에 속하지 않는다는 것이 제 개인적인 생각입니다.

다음으로 차단강구지시, 결정문에서는 이 사건 지시라고 표현되어 있는데요. 이 차단강구지시에 대해서 재판관 4인의 법정의견에서 2페이지 중간 양따옴표에 이렇게 표현하고 있습니다. '군 지휘조직 내부의 행위로서 청구인들을 비롯한 장병에 대한 직접적인 공권력행사라고 볼 수 없다'라고 하면서 이어서 '따라서 이 사건 심판청구 중 이 사건 지시부분은 기본권침해의 직접성요건을 흠결하였다'라고 판시하고 있습니다.

아까 발제자께서 두 가지가 혼용되어 있다고 이해하셨는데 저는 이 부분을 공권력행사성이 없다는 취지라기보다는 직접성요건을 갖추지 못하였다는 표현으로 해석했습니다.

그러면 종래 헌법재판소 판례에서 확립되었듯이 헌법소원의 청구인은 공권력작용으로 인해서 직접적으로 기본권이 침해 또는 제한되어야 하는데 우리나라의 경우에는 법령에 대한 헌법소원에서 특히 중요한 의미를 가지고 있습니다.

이 부분은 발제자께서도 이미 이야기하셨습니다.

다만, 행정행위에 대한 헌법소원에서 판례가 1건이 있었습니다. 제가 찾아보니까 각주 11번에 앞에 있는 2006년 1월 26일 2005헌마95호 결정이, 이것 이외에 더 있었는지는 모르겠지만 제가 찾아본 한도 내에서 이 사건에서 행정행위에 대해서도 직접성을 거론하고 있는데 다만, 이 사안은 좀 다른 사안입니다. 먼저 있었던 것은 중학교배정계획이고 두 번째 있었던 후속조치는 직접적인 교육감의 중학교배정처분이었습니다. 따라서 직접성이라는 용어를 사용하는 것이 적절한지에 대해서는 의문의 여지가 있겠지만 어쨌든 직접기본권을 제한하게 된 효과는 후속조치에서 나타난 것이 분명합니다. 왜냐하면 선행조치는 계획이었기 때문에 그렇습니다.

문제는 이 사건에서 차단강구지시가 위 선례와 같이 후속조치에 대한 계획의 성격이 아니라 그 자체로 직접 청구인 등 일반 군인에 대한 기본권제한의 효과를 낳는다고 보아야 할 것이기 때문입니다.

그 하위 부대에서 대책 내지 지시가 있었고 그것을 이유로 직접성요건이 없다고 보았는데 후속지시는 선행계획에 의한 지시의 그런 성격이 아니라 그런 내용을 그대로 반복하는 구체화가 일부 있을 수 있겠지만 그런 반복하는 성격으로 보아야 하기 때문입니다. 따라서 결론적으로 심판대상으로는 복무규율조항과 차단강구지시 양자를 함께 판단해야 했을 것으로 봅니다.

이러한 점에 있어서 이 양자를 선택한 조대현 재판관의 별개의견과 이공현, 송두환재판관 두 분의 반대의견 등 3인의 재판관 입장이 옳았다고 제 개인적으로 생각합니다.

세 번째 발제자께서 말씀 안 하셨는데 형식적인 부분 또는 심사구조적인 부분에서 새로운 심사기준을 시도하고 있습니다, 이 사안에서.

김종대 재판관님이 별개의견에서 기본의무를 부과하는 법령에 대해서 적용할 위헌심사기준에 대해서 많은 지면을 할애해서 발표하고 계신데 오늘 제가 그 부분을 다 읽거나 설명하지는 않겠습니다.

요컨대 기본의무와 기본권제한에 관해서는 심사기준이 달라져야 된다라는 것이고, 심사기준의 내용으로는 3페이지 중간에 양괄호 2번 부분에 있습니다. 의무부과목적이 국가유지와 보존을 위한 필요성이 있어야 하고, 두 번째 의무부과내용이 합리적이고 타당해야 하며, 세 번째 의무부과방법이 공평해야 한다는 세 가지 기준을 제시하고 있습니다. 이 부분은 병역의무뿐만 아니라 납세의무의 부분에서도 같은 판단방법, 심사방법을 제시하고 계십니다. 이런 새로운 심사기준에 대해서 아직까지는 생소하고 생교한 느낌이 듭니다. 그렇지만 신선한 충격과 헌법재판제도의 발전에 어떤 면으로든 긍정적인 시도라고 평가할 수 있다고 생각합니다.

다만, 이번 사건결정에서 재판관 두 분의 위헌의견에서 이 부분에 대한 비판이 제시되었습니다.

각주 12번에 보면 결론적으로 요약하면 기본적 의무를 직접 부정하거나 거부하는 사안과 기본의무에 간접적으로 관련된 생활영역에서의 기권제한에 관한 사안을 구별하지 못한 견해라는 비판을 하고 계신데 이 의미가 앞부분, 즉 기본적 의무를 직접부정·거부하는 사안에서는 이런 심사기준도 받아들일 수 있다는 취지인지 좀 불분명한 측면은 있습니다.

어쨌든 이런 심사기준이 거기 4페이지 상단에 2010년 10월 28일 같은 날 선고한 조세부과사건에서도 역시 아까 말씀드린 대로 같은 체계를 보여 주고 있고요. 다음 달인 2010년 11월 25일날 남자에게만 병역의무를 부과한 구 병역법사건에서도 역시 같은 방법으로 논증을 하고 결론을 이끌어냈는데 여기에 재판관 한 분이 더 참가한 결과를 보여 주고 있습니다.

이러한 부분은 앞으로 더 비판과 또는 새로운 수정이 필요하면 또는 학계,

재판소내부뿐만 아니라 학계에서도 논의가 필요한 부분이 아닌가 생각이 되는데 발제자의 발표문에 그런 부분이 없어서 혹시 그런 부분 생각이 계시면 알려주시면 고맙겠습니다.

이제 말을 마치도록 하겠습니다.

이 사안에서 아까 말씀드렸듯이 재판관들의 의견이 여러 갈래로 분리되었고 심판대상 확정부터 달라졌고 기본권도 다르게 보았고 새로운 위헌심사기준이 시도되고 이런 것은 결론이 위헌인가 합헌인가 이런 지시, 불온서적을 금지한 이런 것이 합당한지 여부에 대한 결론에 상관없이 우리에게 많은 시사점을 주고 논점을 제시하는 그런 사건이라고 생각합니다. 이런 점에서 발제자가 오늘 날카로운 지적을 겸해서 평석을 해 주셨는데 헌법재판소 판례발전을 위해서 매우 유익한 작업이라고 생각됩니다.

헌법재판소는 우리가 학교에서도 늘 학생들을 가르치지만 결론에 이르는 과정, 논증의 탄탄한 구성 또 발제자의 표현을 빌리면 응답성과 일관성에도 주의를 기울여야 될 것이 아닌가 생각됩니다.

왜냐하면 이 결론은 결론으로 끝나는 것이 아니라 학자들도 보고 학생들도 보고 또 많은 국민들도 읽어볼 것이기 때문입니다.

이상으로 저의 토론을 마치겠습니다.

감사합니다.

사 회 자 : 이어서 김진한 헌법연구관께서 지정토론 해 주시겠습니다.

역시 발표시간은 10분입니다.

지정토론자 : 헌법재판소 김진한 연구관입니다.

발제와 지정토론 잘 들었습니다.

미리 준비한 지정토론문을 읽는 방식으로 지정토론 하겠습니다.

오늘 실무연구회 논의대상인 군대 내에서의 불온서적 금지 사건은 종래 우리 사회에서 논의되지 않았던 다양한 헌법문제를 헌법재판소 앞에 던져놓았다.

이 사건에 대한 헌법재판소의 법정의견은 그 헌법적 쟁점에 관하여 충분하게 응답하지 아니하여 아쉽다고 하는 발표자의 의견에 동의한다.

이는 기본권 보장 논의에 관한 중대한 공백이므로 이를 방치할 것이 아니라 앞으로 학계와 실무계가 논의를 발전시켜야 할 문제라고 생각한다. 발제자의 지혜로운 발제문과 오늘의 실무연구회 토의는 그 단초로서 기여할 것이라고 생각한다.

헌법재판소의 장래의 논의를 위해서 개인적인 의견으로 우선 토론하고자 합니다.

첫 번째 쟁점으로서 군인은 기본권을 가지는가?

군 조직은 상명하복을 원리로 생명을 잃을 수 있는 명령에도 복종하여야 하는 특수한 조직입니다. 과연 그러한 신분의 군인은 지휘권자의 지시와 명령에 대하여 기본권을 가지고 대항할 수 있는 것일까? 17세기의 존 로크는 '통치론에서 다음과 같이 설명한 바 있습니다.

밑줄 그은 부분입니다.

'탈영이나 긴급명령에 대한 불복종을 이유로 그 사병을 사형에 처할 수 있는 장군 역시 그 사병의 생명을 좌지우지할 수 있는 권력을 포함한 절대적 권력을 가지고 있음에도 불구하고 그의 자산 중에서 단 한 푼의 돈이라도 마음대로 처분할 수 없고, 그의 재물의 한 치라도 취할 수 없다.' 왜냐하면 그러한 맹목적인 복종은 그 사령관이 권력을 가진 목적, 곧 다른 사람들의 생명을 보존하기 위해서는 필요한 것이지만, 그 사병의 재물을 처분하는 것은 그것과 아무런 상관이 없기 때문이다.

전장에서의 지휘관의 명령의 경우에도 권력이 부여된 '필요성'이라는 한계하에서 발동이 가능한 것이며 그와 같은 한계를 넘는 권력은 자의적인 권력행사로서 허용될 수가 없습니다. 권력은 항상 즉흥적이거나 자의적으로 발동될 위험성을 가지고 있으며, 그 위험성은 명령의 절대성의 정도가 높을수록 더 높아지게 됩니다.

두 번째 쟁점으로서 군인의 신분과 국민의 신분, 그리고 기본권에 관해서 보겠습니다.

군인은 헌법상의 국민으로부터 제외되는 신분인가? 군인들은 신성한 의무를 수행하는 국민들이다. 특히 국민개병제를 취하고 있는 우리의 국방의 체계에서 국방의 의무로서 복무하고 있는 군인들은 국가로부터 대가를 받지 아니하고 헌법상의 의무를 수행하고 있는 국민들이다.

헌법상의 의무를 성실하게 수행하는 국민들을 위하여 국가권력은 과연 어떠한 책임을 부담하여야 할까? 국가권력은 군의 권력에 의하여 이들의 권리가 자의적으로 처분되는 일이 발생하지 않도록 감시하고 견제할 필요가 있다. 따라서 군의 권력이 이들의 권리를 필요한 정도를 넘어 제한하지 아니하는 보장장치를 마련하여야 하는 것이다. 이것이 국민의 기본권을 보장하는 국가권력의 책무이며, 헌법상의 의무를 성실하게 수행하고 있는 국민들에 대한 최소한의 예우이다. 우리 헌법 제10조의 규정을 다시 한번 상기할 필요가 있다.

세 번째 쟁점으로서 국가권력의 기본권 보호 의무와 군 권력의 견제와 감시에 관해서 보겠습니다.

군인의 신분을 갖고 있는 국민들의 기본권을 보장하는 것이 국가의 책임이며, 이 책임은 입법부, 사법부, 집행부가 공유하는 책임이라고 할 것이다.

따라서 입법자는 입법을 통하여 군인들이 갖고 있는 권리 및 그들의 법적인 지위를 구체적으로 규정할 필요가 있으며, 집행권자는 그와 같은 법적인 지위를 보장하는 구체적인 조치를 마련할 필요가 있다. 또한 사법권은 입법자가 규정한 법률조항이 이들에게 보장되는 헌법상의 권리를 존중하고 보장하고 있는가, 집행권의 구체적인 조치가 헌법 또는 입법자가 규정한 법적 지위를 훼손한 것은 아닌가에 대한 감시를 게을리 하여서는 안 된다.

군 조직은 특수한 조직원리와 운영원리를 가지고 있으므로 일반권력의 통제방법과 그 원리에 의하여 군을 상시적으로 통제하는 것은 효과적이지 않을 수 있다. 따라서 군 조직 스스로 권력의 한계를 스스로 규정하고, 내부적인 권리보장체제를 만들어 군인들의 권리의 보장과 한계를 규정하고 그 규정을 엄격하게 시행하는 것은 군인들의 기본권을 보장하는 방법일 뿐 아니라 다른 국가권력으로부터 군 조직의 자율성을 확보하는 방법이라고 생각한다.

네 번째 쟁점으로서 군인인 국민은 정신적 기본권을 가지는가에 관해서 보겠습니다.

우리 헌법이 국민들에게 정보와 다양한 사상을 받아들일 수 있는 권리를 보장한다고 하는 점에 관하여 이론이 있을 수 없습니다. 이와 같은 권리가 해당 정보와 사상의 가치 유무와는 관계없이 보장된다고 하는 것은 자유 민주주의 헌법질서의 기본원칙이다. 그렇다면 남북한이 대치하는 우리의 안보 현실 속에서 이와 같은 권리가 군인들에게도 보장될 것인가? 군인들에게도 보장된다고 한다면 그 권리는 일반 시민들과 동등한 권리인가, 동등하지 않다면 과연 어느 정도 보장되어야 하는가? 이 사건이 제기하고 있는 가장 핵심적인 질문이다.

군인의 신분을 가진 국민들에게 정신적 자유가 없다는 주장이 있다면 그 주장에는 동의할 수 없다. 국가권력이 그 국민들의 인간임을 부정하는 것이기 때문이다. 인간에 대한 정신적 자유의 보장은 국가권력이 그 보장여부를 선택할 수 있는 대상이 아니라 그 국가권력의 존재이유이며 그 존립의 근거인 것이다.

군인인 국민들에게 정신적 자유가 인정된다면 이들의 정신적 자유를 제한할 수 있는 한계를 설정할 필요가 있다. 정신적 자유는 긍정한 채 적절한 경계선을 설정하지 않는 것은 권력자가 국민의 자유를 침해하는 것인가의 판단을 권력자 스스로의 판단에 맡기는 것과 다름없게 된다.

다섯 번째 쟁점으로서 우리의 안보현실의 특수성을 감안한 군인의 책을 읽을 자유의 제한에 관해서 보겠습니다.

군인은 다양한 자유를 제한 당한다. 그렇기 때문에 군인의 신분이라는 기왕의 생활 전반의 통제를 받고 있는 신분이므로 그까짓 '책 몇 권' 읽지 못하게 한다고 하여 그것이 대수로운 일인가? 하는 질문이 가능하다.

그런데 책을 읽는 자유는 다른 자유의 통제와 다르다. 책이란 세상을 이해하고, 진리에 다가설 수 있는 가장 의미 있는 수단이고, 현존의 권력질서와 기득권 질서에 의문을 제시하여 새로운 대안을 찾게 하는 수단이기 때문이다. 권력을 영구히 유지하고자 하는 권력자들은 항상 금서목록을 만들어 사람을 처벌하고, 책을 불살랐다. 권력자의 입장에서 책은 위험한 수단이다. 하지만 책을 금지하였던 권력자는 스스로 붕괴하였다. 책을 금지하는 것이 책을 금지하는 아니하는 것보다 권력자 스스로에게 더욱 위험한 행동이라는 것을 인류의 역사가 증명하고 있는 것이다. 국방부의 이 사건 불온도서 금지 조치에 대하여 많은 국민들이 조소를 보냈던 이유도 바로 그 역사를 반복하는 어리석음 때문이었다.

우리의 안보현실과 군 조직의 구성원이라는 특수성으로 인하여 책을 읽을 자유를 제한하는 경우에도 국방부장관의 주관적 판단에 따른 일방적인 명령 방식의 제한은 허용될 수 없다. 이러한 불온도서 지정은 편향성과 자의성을 회피하기 어렵기 때문이다. 특히 집권 정치세력의 구미에 맞지 않거나 비판적인 도서일 경우에는 편향적으로 금지될 위험성이 더욱 커진다. 군 인사권자 및 통수권자가 집권 정치세력의 정점에 위치한 대통령이라는 점은 이와 같은 위험성을 더욱 극대화시킨다. 이 사건에서 불온성이 있는 도서들로 지정된 도서들 가운데는 정부의 경제정책에 비판적인 도서, 노동정책에 비판적인 도서, 우방국의 외교정책에 비판적인 도서 등이 포함되어 있다는 점은 이와 같은 점은 이와 같은 편향의 위험성을 드러내는 것이라고 하겠다.

책을 읽을 자유를 제한하여야 할 불가결한 공익을 인정하는 경우에도 중립성, 전문성, 다양성을 갖고 있는 구성원들로 구성되고, 군 권력으로부터의 독립성을 부여받은 별도의 기구에 의하여 이루어져야 한다. 이 점을 지적하는 반대의견은 안보현실과 정신적 자유의 보장을 조화하기 위한 노력이라고 평가할 수 있다.

군의 정치화가 헌정질서의 왜곡을 초래하였던 우리 현대사를 경험한 우리 헌법개정권자는 우리 헌법에 군의 정치적 중립성에 관한 명문의 규정을 두었다. 군의 정치적 중립성에 관한 헌법상의 명문의 규정이 없는 미국의 경우에도 편향된 시각에 의한 정신적 자유 제한 조치를 방지하기 위한 군 스스로의 규정을 제정하여 시행하고 있다.

여기까지가 발제자께서 말씀하신 응답성에 관한 논의에 관한 저의 의견이었습니다.

다음으로 일관성에 관한 논의에 관해서 말씀드리겠습니다.

첫 번째로 군인사법 조항에 대한 논의에 관해서 보겠습니다.

발표자께서는 이 사건 시행령 조항의 기본권 침해 여부의 헌법소원심판에서 그 시행령 조항의 법률유보원칙 위반여부를 판단하고 그 판단을 위하여 근거가 된 군인사법 조항의 포괄위임입법 금지의 원칙 위반 여부를 판단하고 있는 법정의견에 대하여 과연 종전의 선례와 일관되는 것인지에 관한 의문을 표하고 있다. 이 사건 군인사법 조항의 규율내용은 다음과 같다.

군인사법제47조의2 '군인의 복무에 관하여는 이 법에 규정한 것을 제외하고는 따로 대통령령이 정하는 바에 의한다.'

이 사건 군인사법 조항은 직업군인이 아니라 의무로서 병역을 수행하는 군인의 법적지위 및 기본권에 관하여 우리나라 법체계에 존재하는 유일한 법률조항이다.

그런데 동 조항은 군인인 국민의 기본권 제한에 관하여 기본권 영역, 내용, 제한의 정도에 관한 아무런 구체적 규율이 없이 모든 것을 뭉뚱그려 '군인의 복무에 관한 사항'으로서 규정하고 있으며, 그 구체적인 규율은 모두 대통령령에 위임하고 있다. 그리하여 동 조항은 이 사건 시행령 조항과 같이 군인의 정신적 자유를 포함하여 다양한 군인의 기본권 제한의 법적 근거로 사용되고 있다.

이와 같은 개괄적인 위임근거 법률은 그 예를 다른 곳에서 찾기 어려울 정도의 매우 극단적인 형태의 포괄위임이다. 이와 같은 극단적 형태의 입법도 기본권 제한 입법으로서 인정하여 그에 근거한 시행령조항이 법률유보 원칙을 준수하였다고 인정할 것인지 여부는 종래 헌법재판소의 선례에서 판단하지 아니하였던 쟁점이라고 평가할 수 있다.

이 사건에서 법정의견이 이 사건 시행령 조항의 법률유보 원칙 위반 여부에 관하여 판단하면서 근거 법률인 이 사건 군인사법 조항의 포괄위임입법 금지 원칙에 반하는 것인지 여부에 관하여 판단한 것은 그 쟁점이 너무나 명백한 특징 때문이라고 해석할 여지가 있다. 일반적으로 선례에서 시행령조항 내지 시행규칙의 근거조항으로서 문제되었던 법률조항들은 그 자체로서 그 포괄위임 내지 법률유보 원칙 위반 여부의 쟁점이 명백하게 드러나지 않는 특징을 가지고 있었다. 이와 같이 근거 법률의 포괄위임의 정도가 심하여 그 쟁점이 명백하게 드러나지 아니하는 경우에는 이를 굳이 드러나지 않는 것으로 간주하기보다는 정면으로 다루어 판단하는 것이 직권주의, 소송경제, 헌법적 해명 등의 관점에서 헌법재판소가 선택할 수 있는 방안이라고 판단할 수도 있다.

물론 법정의견이 이와 같은 극단적인 형태의 입법에 대하여 포괄위임금지 원칙에 반하지 아니한다고 판단한 점은 아쉬움을 남기고 있으나 이 쟁점에 관하여 판단한 것 자체가 헌법재판소 판단으로서의 일관성이 없는 것이라고 평가하기까지는 어려울 것으로 생각한다.

다음으로 이 사건 지시에 관한 논의에 관해서 살펴보겠습니다.

이 사건 지시는 직접성의 요건을 갖춘 심판대상으로서 적법성이 인정된다고 판단하는 발표자의 견해에 동의합니다. 발제자께서 지적한 적법성 요건의 판단의 일관성의 문제에 대하여도 기본적으로 동의하고 있습니다. 다만, 토론을 위하여 이 사건 지시에 대한 법정의견의 관점을 이해하고자 하는 방향에서 논의해 보겠습니다.

이 사건 지시의 특징에 관해서 보겠습니다.

이 사건 지시는 국방부장관 및 육군참모총장이 예하부대의 장을 대상으로 하여 목록에 거시한 도서를 불온도서로 지정하면서, 이들 도서를 군내에 반입하는 행위, 군내에서 소지하는 행위를 방지하기 위해서 소지품 검사 및 내무검사 등을 시행할 것을 명하고 있습니다.

일반적으로 법률 및 시행령을 시행하는 행정청의 처분은 그 처분으로서 직접적인 효과를 발생시킨다. 따라서 직접성의 요건은 규범에서 주로 문제되고 행정청의 처분 등 집행작용에서는 문제되지 아니한다고 하는 발제자의 지적은 타당하다.

이 사건 지시는 그 성질을 처분의 일종이라고 볼 수 있을 것이지만 청구인들이 주장하는 기본권 제한은 이 사건 지시에 기한 구체적인 권력적 사실행위 등 별도의 집행작용을 예정하고 있다. 청구인들이 다투는 궁극적인 기본권 침해 행위는 전군에서 발생할 것이 예정된 수많은 소지품 검사, 내무검사 등 불온도서의 영내 반입차단과 관련한 행정작용이 이루어지는 경우에 발생하는 것이다.

물론 상명하복이라고 하는 군대조직의 원리에 비추어 이미 이 사건 지시 단계에서 하급 예하부대의 장들이 이 사건 지시에 따른 명령을 발할 것이 당연히 예정되어 있으며, 군대의 특성상 문제된 도서의 군내반입이 금지되는 효과는 이미 국방부장관의 지시 단계에서 이미 직접 발생하였다고 볼 수 있으며, 이것이 사태의 핵심을 실질적으로 파악하는 관점이라고 생각한다. 이와 같은 관점은 반대의견에서 표시하고 있는 바이다.

그런데 적법성의 요건을 엄격하게 보는 법정의견의 관점에서 본다면 이 사건 지시는 아직 기본권 침해를 발생시키는 명령의 단계에까지 나아가지 아니한 상위 단계의 명령이다. 이 사건 지시는 마치 행정청의 집행행위를 명하는 집행규범의 위치에 있는 것이다. 일반 행정청이 시행령의 집행규정에 근거하여 구체적인 처분을 집행하는 것과 마찬가지로, 각 단위부대의 장들은 이 사건 지시의 명령을 받아 전 부대원을 상대로 반입금지 및 소지금지의 명령을 발하고, 그에 따라 공권력을 행사하게 되는바, 법정의견은 그 단계에서 기본권 제한의 효과가 있는 직접적 명령이 발령된다고 보는 것으로 선회할 수 있지 않을까 생각한다.

두 번째로 직접성 이외의 적법성 요건으로 이 사건 지시의 적법성을 엄격하게 보는 입장에서 다른 요건으로서 적법성을 차단하는 것이 가능했을까를 살펴보겠습니다.

이 사건 지시의 규율대상과 효과를 엄격하게 보려는 관점에서는 직접성 이외의 요건을 들어 부적법하다는 판단을 하기는 쉽지 않은 특징을 가지고 있다. 국방부장관이 전군의 지휘관을 상대로 한 지시, 육군참모총장이 예하부대의 장을 상대로 한 지시가 군인들에게 자기관련성이 없다거나 공권력 행사성이 없다고 판단하기는 어렵다. 왜냐하면 상명하복이라고 하는 하나의 조직원리가 작동하는 군대조직 하에 있는 군인이 명령 지휘 계통의 하급단위에 위치한다고 하여 제3자라고 판단하거나, 그 명령이 공권력 행사로서의 성질을 갖지 못한다고 보기는 어렵기 때문이다.

법정의견의 설시가 공권력 행사성, 자기관련성 요건의 판단과도 결합되어 있는 점도 이 사건 지시의 특수성이 반영된 결과로서 가급적 종합적으로 판단하려고 하는 설시라고 해석할 여지가 있지 않을까 생각한다.

이상입니다. 감사합니다.

사 회 자 : 두 지정토론자분께서 대체적으로 발제자의 취지에 공감하는 취지의 지정토론이었습니다.

다만, 김진한 연구관이 하신 지정토론 중에는 직접성부분에 대해서 일관성부분, 직접성부분에서는 법정의견을 지지하는 관점에서 설시한 부분이 그 점은 좀 이해할 수 있는 부분이라는 지적이었습니다. 그래서 바로 이 두 지정토론자분들에 대한 발표자의 답변을 바로 듣기보다는 플로어에 계신 분 몇 분 1차로 질문을 받고 더불어서 같이 답변해 주시는 것이 좋을 것 같습니다. 플로어에 계신 분 질문해 주시지요.

예, 최주영 부장님.

토 론 자 : 최주영 연구관입니다.

날카로운 김 교수님의 발제 잘 들었습니다.

김 교수님께 하나 질문을 드리고 싶은 부분이 있는데요. 이 사건 지시와 관련해서 공권력행사성, 자기관련성 다 인정된다고 보셨고요. 그다음에 판례 직접성 부분에 대해서는 비판을 하시면서 여전히 직접성을 문제 삼는 것은 부적절하지만 그것에 대해서 기본권침해성이라는 측면에서 직접성이라고 언급할 수는 없겠지만 여전히 그것도 인정을 하시는 입장이라고 생각이 됩니다. 그러니까 공권력행사성, 자기관련성, 기본권침해성이 인정된다, 다 구비되었다라고 보시면서 또한 이 사건 지시가 행정규칙은 또 아니다라고 보시는 것 같습니다. 맞습니까?

그렇다면 그 경우에 있어서 보충성의 문제는 어떻게 생각하시는지 궁금합니다.

사 회 자 : 한두 분 더 질문 받겠습니다.

황치연 연구관님.

토 론 자 : 최주영 연구관님의 질문의 연장선상에서 코멘트를 하겠는데요. 일단은 저는 헌법적 정의에 부합하는 이 사건에서 바람직한 결정방향은 세 분의 소수의견의 취지에 합당하는 한정위헌결정을 하는 것이 타당하지 않나 저는 개인적으로 이렇게 생각합니다.

그런데 다수의견의 법정의견에서 만약에 구체적으로 영내에 반입한 소지한 서적이 불온서적인가 아닌가? 이 사실 판단을 궁극적으로 누가 할 것인가? 그러니까 다수의 법정의견이 지금 말한 대로 일관성, 응답성 이런 것을 몰각한 그런 결정인가? 그러니까 지금 침해된 권리의 구제가능성의 측면에서 보면 어떠한 서적을 소지한 것이 이게 정말로 불온서적이냐 아니냐 이 관점에서 일반법원에서 구제될 수 있다면 다수의견이 결국 소수의견과 같은 방향에서 권리구제된다는 측면에서 크게 잘못된 것인가 이런 생각이 드는 겁니다.

그러니까 법리적으로 양립 가능한 두 법리가 있는데 필연적으로 하나의 법리만 가능하다고 봤을 때 다른 법리를 선택했다면 이거는 좀 비난가능성이 크지 않느냐. 그런데 선례도 있고 아직은 내부적인 단계에 있다 이런 논리가 가능하다고 주장하는 입장에서 그게 일관성, 응답성에서 그렇게 문제가 있는가 이렇게 생각합니다.

첫 번째로 직접성과 자기관련성의 관계에 있어서 기본권침해에 있어서 구별되는 면이 있어요. 그러니까 침해의 대상관련성은 직접성으로 포섭되고 침해의 인적관련성은 자기관련성으로 포섭됩니다. 그런데 대개 이게 혼합되어 있기 때문에 그거를 엄격하게 구별하기는 어렵지 않나. 그래서 법규소원이든 처분소원이든 직접성은 당연히 요구되는 겁니다. 그런데 처분에 있어서는 직접성이 바로 내포되어 있기 때문에 굳이 그거를 언급하지 않는 경우이고 법규에서는 집행방법이 내재되어 있기 때문에 그거를 특별히 언급하는 차이가 있지요. 그래서 굳이 이거를 행정규칙과 연관시켜서 직접성 운운하는 것은 국방부장관의 지시에 관련해서 불필요한 논증이다 이렇게 생각을 합니다.

그리고 저는 일개 연구관이지만 선진화된 헌법재판일수록 정교하고 섬세한 한정위헌결정을 하는 것이 더 타당하지 않았겠는가 이렇게 생각을 합니다.

이상입니다.

사 회 자 : 이와 관련해서 지금 직접성과 자기관련성 내지는 보충성까지도 질문이 나왔습니다. 그리고 김진한 연구관 지정토론에서도 직접성부분이 언급되었습니다.

플로어에 계신 분 중에 이 적법요건과 관련해서 직접성과 관련해서 한 두마디 코멘트하거나 질문하실 분 있으면 같이 질문이나 코멘트를 받고 발표자 답변을 들어보도록 하겠습니다.

정태호 교수님.

토 론 자 : 정태호입니다.

제가 우리 법학전문대학원에서 이 사건을 가지고 교육을 한 적이 있었는데 그때 우리 학생들이 제기한 질문 중에 하나가 청구기간문제였거든요. 그러니까 과연 청구인들이 군법무관이었는데 그렇다면 이미 군법무관으로서 교육을 받기 시작할 당시 이미 군인복무규율의 규율대상이 되었었고 그렇다면 이미 그때부터는 기본권의 침해가 있었다고 봐야 될 것이고 그렇다면 이 사건, 제가 구체적으로 청구인의 신원을 알 수가 없기 때문에 언제 입대했는지 그런 부분을 확인해 봐야 알겠지만 혹시 청구기간을 도과한 것은 아닌지 말씀을 해 주셨으면 좋겠습니다.

사 회 자 : 정주백 교수님.

토 론 자 : 사실 제가 이 사건에 대해서는 결정문을 꼼꼼히 읽어보지는 않았었습니다.

저로서는 상당히 당혹스러운게 제가 학생들한테 수업할 때는 직접성에 관한 문제는 규범에 관해서만 생기는 것이다. 규범과 처분을 두고 처분이 있는 경우라면 기본권침해의 직접적인 원동력이 규범에 있는가 아니면 그 처분에 있는가에 따라서 처분에 기본권침해의 원동력이 있는 경우라면 행정소송을 제기해야 된다라는 측면에서 직접성이 의미가 있다고 얘기를 했었는데 이 사건에서 조금 다른 측면에서 보는 것 같아서 저는 좀 당혹스럽습니다만, 저 개인적으로 이 문제를 보면 내부적인 의사결정에 반해서 생기는 문제, 아직 외부적인 효력이 생기지 아니한 내부적 의사결의 과정에 있는 행위라고 본다면 공권력행사성이 없다라고 하면 가장 간명하지 않았을까 하는 생각이 듭니다.

예를 들면 대통령의 법률안제출행위 같은 경우가 대표적인 것이지요. 그런 경우에 그것을 굳이 직접성이 없다고 하지 않고 아직까지는 외부적으로 국민들에게 와 닿는 효과가 발생하기 이전단계에 절차가 진행중인단계에 있을 뿐이다라는 의미에서는 공권력행사성이 없다고 우리는 가르치지 않았던가라는 생각이 듭니다.

그런 점에서 한번 대답을 해 주시면 좋지 않을까 싶습니다.

사 회 자 : 다른 적법요건 관련해서 질문이나 코멘트 있으신 분 없으십니까?

그러면 아까 대리인으로 하셨다가, 지영준 변호사님.

토 론 자 : 지영준 법무관입니다.

사 회 자 : 청구기간문제 때문에 말씀하시려고?

토 론 자 : 청구기간문제는 처음에 학생들이 질문하신다니까 정 교수님께서 여쭤보니까 하는데, 저는 지영준 법무관이고 전에 군법무관을 했었습니다. 3년 전에는. 그리고 헌법실무연구회는 1년에 한번씩 정도 나오고 있고, 올해 2011년 되었으니까 또 한번 인사드리러 왔습니다.

이 사건을 한다고 해서 제가 메일 받고 헌법실무연구회에서 안내를 보고 너무 반갑기도 하고 해서 참석했는데 제가 관련된 것만, 청구기간은 그게 저도 발제자님 김하열 교수님께서 하신 것하고 비슷할 것 같습니다.

이 사건 지시의 성격하고 군인복무규율하고 연결되어 있는 건데, 이 사건 지시의 성격을 무엇으로 보느냐에 따라서 청구기간문제도 해결될 수가 있습니다.

사실 저희들은 이 사건 지시가 처분성이 있다고 봤고 또 이 군인복무규율이라는 것은 당연히 제정될 때부터 시행이 되지만 사실 헌법재판소가 기본권 침해가 발생하면 그때부터 청구기간을 기산하고 그러지 않습니까? 저희들이 지금까지 불온서적을 소지, 전파를 금지하고 있는데 불온서적이라는 것을 지정을 한 적이 없지 않습니까? 그러면 불온서적이라는 것을 구체적으로 지정을 했을 때 그때부터 기본권침해가 새로 발생하지 않느냐 해서 그때부터 청구기간을 기산했고 그렇기 때문에 7월 21일부터 기산했습니다. 그래서 90일로 계산을 했고.

만약에 정 교수님께서 말씀하신대로 군법무관 임용될 때부터 군인복무규율이 적용된다고 하면 그게 국방부측 의견인데요, 그렇게 하면 저 같은 경우는 만 8년 되었고 그렇게 하면 다 각하되지 않겠습니까? 이상입니다.

사 회 자 : 그거 관련해서 임영천 국방부에서 나오신 분 계셨던 것 같은데?

토 론 자 : 저는 직접적인 것은 아니고, 중요한 이슈고 작년에 우리 전 사회

를 이슈화했던 사건인데 여기에 대해서는 우리 지법무관이 했던 대로 보는 게 맞지 않나 생각이 들어요. 더 이상은 제가 말하기 그렇습니다.

사 회 자 : 그러면 여러 가지 보충성, 직접성, 공권력행사와 관련해서 이야기가 나왔습니다. 발표자 답변 들어보겠습니다.

발 표 자 : 여러 가지 토론과 의견제시 감사드립니다.

어쨌든 제가 사실 발표문에 안 썼던 그런 말을 할 수 있는 기회를 주셔서 감사합니다.

먼저 김현철 교수님 저희들이 늘 판례에 대한 지식을 의존하는 분이 김현철 교수님이십니다. 역시 판례의 제왕답게 제가 놓쳤던 판례를 보충해 주신 데 대해서 감사드립니다.

우리 김현철 교수님 토론문에 보면 사실 저는 위임법률이 직접성이 없다 이 부분에 대한 지식은 알고 있었는데, 지금 토론문 2페이지의 첫째줄에서 넷째줄까지 나오는 이런 구체적인 설시가 나와 있는 각주 7번에 있는 몇 개의 판례들이 있는데요. 각주 7번에 있는 첫 번째 판결은 제 발표문에도 나와 있는 판결이고, 각주 7번에 있는 세 번째 판결은 제 취지하고는 좀 다릅니다. 김현철 교수님께서는 인용을 하셨는데 이 각주 7번에 있는 세 번째는 법률만 심판대상이 된 사항입니다. 그래서 이 법률과 대통령령이 서로 결합해서 그렇게 했던 것은 아니고요. 그러나 적어도 두 번째 나와 있는 2005헌마506인가 이 판결은 정확하게 수권조항과 시행령조항이 서로 불가분의 관계를 이룰 때는 직접성이 인정된다라고 명시적으로 판단한 조항입니다. 그래서 제가 전제로 하고 있던 헌법 판례가 약간은 좀더 발전을 했다 이렇게 생각이 됩니다. 그렇기는 하나 여전히 이런 경우는 굉장히 소수다라는 것이고 그리고 통상적인 경우는 많은 경우에 특별히 예외적인 상황인지를 고려하지 않고 위임법률조항은 직접성이 없다고 하는 것이 일단 저는 판례라고 생각을 합니다.

어쨌든 보충을 해 주셔서 감사드립니다.

김현철 교수님 말씀 중에서 심판대상을 여러 가지로 나누어서 봤다 이렇게 말씀하셨는데 이것은 오해의 소지는 있을 것 같습니다. 심판대상은 어차피 같고요. 다만, 재판관별로 본안판단의 대상이 달라졌다 저는 그렇게 생각이 됩니다. 본안판단의 대상이 세 가지, 두 가지, 한 가지 이렇게 나누어졌을 것 같습니다.

그 다음에 제가 본안판단의 대상으로 몇 가지를 삼는 것이 제 개인적인 견해냐? 이런 말씀을 하셨는데 저의 개인적인 결론은 발표문을 통해서 보면 두 가지입니다.

군인사법 법률조항은 직접성이 없다. 그리고 복무규율과 이 사건 지시는 본안판단의 대상이 된다. 다만, 위임조항의 경우에 직접성이 없다라는 것을 우리가 좀 더 세분해서 살펴보고 경우에 따라서는 위임조항이지만 법률조항의 직접성을 인정해야 될 경우도 있을 수가 있다라는 가설을 제시해 봤고요. 그러나 이 사건의 경우에는 거기에 해당되지 않겠다 이런 생각이 저의 생각입니다.

그 다음에 기본의무와 기본권제한과의 관계에 대해서 저의 의견이 어떤가 말씀하셨는데, 저는 이 부분은 어쨌든 의도적으로 다루지는 않았고요. 이 부분을 다루면 사실 또 하나의 별도의 논문이 필요한데 제가 이 부분에 대해서는 제가 다른 생각을 가지고 있지는 않습니다. 저는 기존에 학계에서 주류적인 이론, 기본의무라고 해서 기본권제한심사가 면제되는 것은 아니다, 그 입장이 옳다고 생각을 합니다. 그것은 김현철 교수님 토론문 4페이지에 나와 있는 각주 12에 있는 두 분 재판관님 반대의견에 나와 있는 저는 이 견해와 거의 100% 같다라고 보기 때문에 이 부분을 특별히 다루지는 않았습니다.

그리고 사실 조금 더 저의 개인적인 견해를 더 말씀드리면 김종대 재판관님 별개의견에서 제시하고 있는 세 가지가 과연 이것이 기준이 될 수 있겠는가라는 생각을 합니다.

첫 번째는 국가의 유지와 보존을 위한 필요성, 당연히 있겠지요 국방과 납세면.

두 번째 합리적이고 타당해야 되는데 기본권존중의 원칙 등에 부합하도록 합리적이고 타당해야된다라는 것이 이 기본권존중의 원칙에 부합하는지 안하는지를 다시 심사한 다음에 합리성이 있는지 없는지를 또 판단해야 되기 때문에 꼬리에 꼬리를 문 셈이 되고요.

그 다음 평등원칙에 반하지 않아야 된다. 이것이 결국 공평이라는 것인데 결국은 기준을 설정한다고 하면서 또 평등이라는 또 하나의 기준으로 다시 기준을 제시하는 것에 불과하기 때문에 결국은 이 세 가지가 기준제시가 되겠는가 저는 개인적으로 그런 생각을 가지고 있습니다.

그리고 마지막으로 2005헌마98이라고 해서 법령이 아닌 중학교배정계획에 대해서 직접성이 없어서 부적법하다라고 판단을 한 이 판결을 김현철 교수님께서 지적해 주셨는데 제가 보기에는 우리 헌법재판소 판결문에서도 직접이라는 말이 많이 나오는데 이 직접이라는 말이 늘 직접성이 없다라는 그런 좁은 의미로만 쓰여지는 것은 아닙니다.

때로는 자기관련성이 없다라는 것을 나타내기 위해서 직접, 때로는 권력적 작용이 없다라는 말을 나타내기 위해서 직접, 제가 보기에 이 사건과 같은 경우에

만약에 제가 썼다고 하는 이것은 행정계획인데 아직까지는 비권력적인 그런 정도의 성격에 불과한 것이기 때문에 헌법소원의 대상이 되지 않는다, 저는 이렇게 썼을 것 같습니다. 직접성이 없다라고 표현하지는 않고 직접성법리는 적용하지 않지 않겠는가 그런 생각을 해봅니다.

답변을 다 잘 해 드렸는지 모르겠고요.

그 다음에 김진한 연구관님, 제가 생략했던 군인의 기본권에 관한 헌법적 의미에 대해서 보충을 해 주셔서 감사를 드립니다.

그리고 김진한 연구관님의 지정토론 중에서 첫 번째 법정의견에서 군인사법조항 위임이 포괄위임금지원칙에 위배되는지 위배되지 않는지를 판단한 필요성을 법정의견의 관점을 이해하는 하나의 방식을 제시했다고 생각되는데, 제가 보기에는 이 얘기는 이런 것이거든요. 결국은 하위 시행령조항의 법률유보원칙 위배여부를 판단하기 위해서는 상위 위임법률이 위임의 극단적인 포괄성이 있으면 그 상위법률의 포괄위임금지여부를 판단해 봐야 된다라는 얘기인데, 그러면 결국은 상위법률이 위임의 극단적인 포괄성이 있는지 없는지 어떻게 알겠습니까? 심사를 다 해봐야 알지요. 그렇지 않습니까? 그러니까 시행령조항의 법률유보원칙위반여부를 판단하기 위해서 상위법률이 포괄위임금지원칙에 해당하는지 안 하는지를 판단해야 되는 경우와 판단하지 않는 경우를 두 가지로 나누어서 극단적인 포괄의 위임성이 있는 경우에는 판단할 수 있다 이런 말씀이신 것 같은데, 그러면 극단적인 위임의 포괄성이 있는지 없는지를 판단을 해 봐야 아는 것이 아니냐 이런 얘기지요.

제가 정확하게 이해를 하고 있는지는 모르겠습니나만 그런 말씀이시고요.

그리고 토론문 10페이지에 보시면 직접성이외의 요건을 들어 부적법하다는 판단을 하기는 쉽지 않다라고 말씀하셨는데, 이것은 정주백 교수님 토론과 관련되는 이야기입니다.

만약에 우리가 헌법소원요건을 명쾌하게 적용한다고 하면 제가 생각하기에는 저는 직접성은 아니라고 생각하는 입장이기 때문에 그렇다고 하면 결국은 공권력행사성이 아니다라고 하거나 자기관련성이 없다, 명확하다고 생각합니다. 정주백 교수님 말씀하신 대로 이것은 아직까지는 군인에게 가지 않았다, 내부행위다라고 볼 수 있는 거지요. 물론 이런 내용도 나옵니다. 정주백 교수님은 그 점에 비추어 봐서 명확하게 공권력 행사성을 부정하는 것이 명확한 해결방법이다 이렇게 말씀하셨고 저는 그렇게 볼 수 있다고 생각이 듭니다.

자기관련성도 마찬가지라고 봐요. 수신자가 부대지휘관이지 장병이 아니다. 자기관련성없다라고 해도 저는 된다고 생각을 합니다.

그러나 그럼에도 불구하고 저희들 헌법재판소가 헌법소원의 요건 자기관련성이든 공권력행사성이든 보충성이든 이런 부분들을 적용할 때는 원칙이 있지만 그 원칙에 예외가 붙어있는 경우도 있고 그 원칙과 예외의 관계를 생각할 때는 항상 헌법소원의 목적 그 다음에 어떻게 하면 권리구제를 효율적으로 할 것인가 이런 부분, 그 다음에 이 단계에서 헌법재판소가 판단하는 것이 옳겠는가 아니면 나중 단계에서 다른 행위를 가지고 심판대상으로 삼는 것이 옳겠는가 이런 판단의 관점이 항상 종합적으로 들어갑니다.

그렇게 해서 형식적으로 보면 공권력행사성이 없고 자기관련성이 없다는 판단도 맞다고 생각은 됩니다만 만약에 저보고 이 부분이 공권력행사성이 있느냐 없느냐라고 판단하라고 한다면 저는 있다라고 판단할 것 같습니다.

왜냐하면 내부행위이기는 하지만 그 내부행위가 가지고 있는 여러 가지 실질적인효과, 전후의 예측되는 경과 이런 것들을 다 따져 봐서 공권력행사성이 있는지 없는지를 판단하기 때문에. 그것이 내부행위라는 것이 형식적으로만 판단하지 않는 것이 헌법재판소의 판례가 아닌가. 그러면 이 사건과 같은 경우에 실질적으로는 국방부장관이 참모총장에게 참모총장이 부대장에게 가는 그런 공문의 형식을 지니고 있어서 내부행위에 불과하다라고 해서 공권력행사성이 없다라고 판단하는 것이 과연 실체적으로 온전한 판단이겠는가 그런 생각이 들어서 그런 관점에서 봐도 저는 그렇게 일의적으로 공권력행사성이 없다, 자기관련성이 없다라고 판단하기는 어려운 것이 아닌가 이렇게 생각이 듭니다.

그래서 법정의견의 견해도 가급적 종합적으로 판단하려고 했던 그런 취지도 충분히 이해는 되기는 됩니다만, 그럼에도 제가 보기에는 어쨌든 요건론간의 불명확성 같은 것이 있다라고 생각이 들고요.

그 다음에 우리 최주영 부장님 말씀하신 부분은 저는 이 사건 지시를 일단 법규범은 아니라고 보는 것이고요. 그 얘기 하기 위해서 행정규칙 얘기를 굳이 해봤던 것이고요. 저는 이 사건 지시는 제가 기록을 안 봐서 정확하게는 모르겠습니다만 추측컨대는 아마 이 문서가 우리가 흔히 고시라든가 행정규칙의 문서의 양식을 띠고 있지 않으리라고 생각이 됩니다. 통상의 경우에 우리가 적어도 행정규칙이라고 하면 제목 그 다음에 법규번호 그 다음에 공포일자 이런 정도는 들어가는 것으로 저는 생각이 되는데 고시와 같은 경우에도 많이 그런 형식을 띠고 있다고 생각이 됩니다.

아마 이 사건의 지시의 경우에는 그냥 수신자 참조 그 다음에 국방 제 몇호 이런 식으로 공문서 일반적인 공문서 중에서도 지시문서나 그런 형태로 간 것이 아닌가 생각이 들고요. 그래서 저는 개별적 공권력 구체적 공권력행사라고 생각을 하기 때문에 결국은 제가 판단을 하지 않았지만 결국은 보충성요건을 갖추었느냐 라는 것을 판단을 해 볼 수는 있다고 생각이 됩니다.

그래서 보충성요건을 갖추었느냐라고 판단을 하면 이것도 보충성요건구비에 관한 헌법재판소 판례가 구제절차경유에 대한 기대가능성이 있다고 봐야 되지 않겠습니까? 그래서 이런 경우에 우리가 행정소송이 가능하다, 처분이다라고 해서 우리가 확립된 법원의 구제례가 없다라고 보면 우리가 보충성이 적용이 되지 않는 부분 혹은 보충성의 예외 이렇게 봐서 헌법재판소가 본안판단을 할 수 있다고 생각이 됩니다.

그것이 있고요. 또 한 가지 더 말씀드리면, 이 부분은 황치연 연구관님 말씀하신 부분하고 관계되는데요. 말씀이 그러면 개별도서가 과연 불온성이 있느냐 없느냐 여부를 헌법재판소가 판단할 필요가 있는가? 그런 부분은 일반법원에서 판단하도록 하는 것이 더 낫지 않겠는가? 이런 말씀의 취지로 이해되고요. 특히 황치연 연구관님께서는 한정위헌이 적절하지 않았느냐 이런 취지로 말씀하시는 것으로 봐서는 그렇게 생각이 듭니다.

최주영 부장님 그런 부분하고 관련이 되는지는 모르겠습니다만.

토 론 자 : 발제자께서 그 논리라면 행정처분성을 부인하기 힘들지 않겠는가? 그렇게 봐서 그 입장에서는 보충성요건을 어떻게 극복하시나 궁금해서 여쭤 본겁니다.

발 표 자 : 왜냐하면 그것은 저희들이 보충성부분 판단할 때 처분성을 일단은 첫 번째로 법원의 확립된 판례가 있느냐 없느냐? 혹은 법원에서 이것이 어떻게 기대될 것인가라는 부분을 전망하는 예측하는 것을 전제로 저희들이 보충성 판단하는 것이지요. 제가 생각하기에는 이 사건의 경우에는 이런 경우에 행정소송의 대상이 되어서 본안판단을 한 법원판례가 있나요?

토 론 자 : 선례는 없지만 자기관련성이나 공권력행사성에서 하고 있는 얘기는 영락없는 처분이다라고 얘기하시는 것 같아서.

발 표 자 : 그렇지는 않습니다. 제가 행정소송법상의 처분이다라고 말씀드리는 것은 아니고요.

토 론 자 : 알겠습니다. 속성이 겹치는 부분들이 있어 보이는데 이런 이유로 규범은 아니면서 개별적인 공권력의 행사다라고 인정을 하면 그것의 처분성을 과연 부정하기는 힘들지 않겠나 봤고요. 확립된 선례가 없다라는 이유로 보충성의 예외로 간다라고 보신다면 굳이 반론을 제기할 생각은 없습니다.

발 표 자 : 어쨌든 제가 이해하고 있는 헌법재판소 판례는 개별적인 구체적인 공권력행사성을 인정하면서도 많은 경우에 법원에서의 권리구제절차의 예측불허를 이유로 보충성의 예외를 많이 인정해 왔었다라고 생각이 들고 이 사건의 경우에도 그런 경우에 해당한다고 생각이 듭니다.

그 다음에 제가 생각하기에는 한정위헌은 적절하지 않다고 생각합니다.

이 사건은 도서의 이름이 구체적으로 정해져 있고 도서의 내용이 분명히 다 담겨져 있습니다. 그리고 저처럼 이것이 개별적인 공권력행사라고 하면 개별적인 공권력행사가 기본권을 침해했느냐 침해하지 않았느냐라는 부분 판단에 있어서 한정판단은 부적절하다고 생각이 들고, 개별적인 행위에 대한 모든 헌법위반성 여부를 심사해서 위헌이다 아니다 명확하게 판단을 해줘야 된다라고 생각을 합니다.

그 다음에 청구기간에 관해서 말씀하셨는데요. 청구기간문제를 볼 때 대통령령인 군인복무규율부분하고 이 사건 지시의 청구기간은 분리해서 봐야 된다고 생각이 들고, 제가 정태호 교수님 말씀하신 부분은 군인복무규율 대통령령에 대한 청구기간문제가 아닌가 저는 그렇게 생각합니다.

그것은 헌법재판소의 판례를 보면 상당히 다분히 청구기간이 도과되었다라고 볼 여지가 많다고 생각합니다. 왜냐하면 군인복무규율은 재량의 여지 없이 불온도서는 취득, 소지, 반입해서는 안 된다라고 되어 있습니다. 되어 있으면 적어도 군인의 신분을 획득한 때로부터 사유가 발생했다. 90일 혹은 1년을 적용할 그런 여지가 충분히 많고 그런 것이 헌법재판소의 기존판례와 어긋나는 것은 아니다 이렇게 생각을 해 볼 수 있습니다. 특히 지금 군법무관이 청구인이라고 하면 그런 부분이 좀 더 엄격하게 심사할 수 있다고 생각이 됩니다.

그러나 다만 그렇다고 해서 반드시 언제나 청구기간이 도과되었다라는 결론에 도달하느냐? 그렇지 않을 수도 있지 않겠는가 그런 생각을 해봅니다.

왜냐하면 법령이라 하더라도 구체적으로 불온도서의 취득금지법령이 있었지만 개별적 군인이 그 불온도서와의 관련성이 시작되었을 때 청구기간의 기산점으로 보겠다라는 그런 판례도 있기 때문에 극복될 수도 있다고 생각됩니다.

토 론 자 : 보충질의 하겠습니다.

한정위헌결정이라는 말을 했을 때는 군인복무규율조항에 관한 것이고, 왜냐하면 어떤 것을 해석을 할 때 한정적인 헌법합치적을 해서 합헌이다는 결론을 내거나 한정위헌결정을 피하기 위해서 불합치결정을 하는 것 이것을 하는 것을 얘기를 하는 것이고, 예컨대 불온도서, 불온서적의 경우에 이 사안에서 명백히 지금 여기 발제문에 거론된 것은 우리가 건전한 상식에 비추어서 아, 이게 불온서적이라고 하기 어렵다는 서적만 있지만 전체목록 중에는 명백히 군기강을 해친다는 부분도 있거든요. 그거를 가지 이렇게 앞에 나와 있는 건전한 상식의 관점으로 봤을 때 아 이런 것까지 해서 그거를 불온도서로 하느냐? 이거는 나는 문제가 있다는 거예요. 그래서 내 의견은 다수의견 법정의견을 국방부장관의 지시부분에서 굳이 선회를 한다면 보충성에 입각한 구제가능성의 측면에서 어떠한 구체적인 도서가 불온서적인지 아닌지 사실판단은 그 도서를 직접 그 사실관계에 부합해서 판단은 법관이 하는 것이 더 좋다는 측면에서 실제적인 권리구제에 영향이 없다 이런 측면이고, 복무규율, 규정 이것에 대해서는 불온이라는 범위를 아주 다수의견과 같이 한정 헌법합치적으로 해서 합헌이라고 하는 것은 비판을 받고 좀더 여기서 불온의 측면에서 포섭될 수 없는 그런 측면으로서 배제되는 측면에서 한정위헌결정을 하는 것이 타당하다는 것이지 지시에 관해서 한정위헌을 한 것으로 오해를 하면,

발 표 자 : 그 부분은 제가 오해를 한 부분입니다.

그렇기는 하지만 저는 지시를 다투어서 개별적인 도서를 헌재가 직접 판단하는 것이 여전히 옳다라고 생각을 합니다.

사 회 자 : 정 교수님 가시기 전에 지금까지 나온 것 중에 다시 달리 또 질문이나 코멘트하실 부분이 있으면 먼저 한두 분.

토 론 자 : 제가 좀 말씀드리겠습니다.

사 회 자 : 변호인이셨으니까 정 교수님 먼저 말씀하시지요.

토 론 자 : 제가 그 질문을 드렸던 것은 이 사건에서 일단은 적법한 청구대상은 저는 국방부장관의 지시 하나뿐이다 기존판례를 고려하면, 이렇게 생각을 하고요. 그런 관점에서 저는 75조 5항이 굉장히 큰 의미를 갖는다는 거지요.

우리 김하열교수께서는 명령·규칙이 소원대상이 된 경우에 상위법 그러니까 법률이나 규칙이나 명령 이런 것의 위헌성을 심사할 필요가 없다 이렇게 말씀을 하시고 그게 기존에 헌재 판례가 합리적이다라는 평가를 하셨는데, 제 생각에는 그거는 아마 판단유탈이 아니겠느냐? 왜냐하면 설사 명령·규칙 자체가 내용상 합헌적이라 하더라도 그러니까 기본권을 침해하지 않고 그 자체로서는 탓할 수 없다 하더라도 상위법에서 근거를 찾을 수 없다면, 상위법이 예를 들면 포괄위임이나 법률유보원칙, 명확성원칙, 과잉금지원칙 등등의 위헌판단의 기준에 반해서 위헌으로 선언이 된다면 하위의 명령·규칙 또 여기 국방부장관의 지시 이런 것은 법률적 근거를 상실해서 효력이 없는 것이기 때문에 사실은 여기서 적법한 청구대상을 국방부장관의 지시로 이렇게 한정한다 하더라도 75조 5항의 의미를 제대로 새겼다면 아마 여기 군인사법 그리고 군인복무규율의 관련조항 전부 간접적으

로 심판대상으로 삼을 수 있었던 것이 아니겠느냐 그렇게 생각을 해봅니다.

사 회 자 : 지영준 법무관님.

토 론 자 : 정태호 교수님이 워낙 날카롭게 지적하시니까, 사실 저희들이 고민을 많이 했었는데 그 부분이 어렵습니다. 사실 군인복무규율이라는 것은 헌법재판소 법정의견이 당연히 군인복무규율 16조의 2가 직접성이 있다고 했는데 불온도서라는게 지정이 안 되어 있는데 그 법률이 적용될 수 있습니까?

불온도서라는게 이게 백지위임 아닙니까? 형법상 할 때 정당한 명령, 정당한 명령이 있어야 뭘 해 보지 불온도서라는 게 정해지지도 않았는데 그게 어떻게 개개 군인한테 적용될 수 있겠습니까?

저는 불온도서라는 목록이 나와야 군인복무규율 16조의 2는 적용될 수 있는 직접성이 있다. 그렇기 때문에 우리 발제자님하고 의견이 좀 다른 게 저는 이 사건의 지시가 무슨 취득하고 수색하고 신고해라 이게 아니라 23권의 목록을 딱 정해줬거든요. 23권의 목록을 정했다라는 게 중요하지, 그러면 과연 23권의 목록이 무엇이냐? 이게 불온도서를 딱 정해 준 거지요. 그렇기 때문에 군인복무규율 16조의 2는 실제적으로는 지금부터 살아나는 겁니다.

발제자님께서 과연 그러면 이 사건 지시에서 군인 장병이 읽지 말아야 할 책 23권을 정해 준 그 목록이 무엇이냐? 이거 행정규칙이냐 아니냐 이것도 우리가 고려를 해야 될 게 헌재에서 이거를 연구를 안 하셨는데, 군인복무규율은 시행령입니다. 대통령령입니다. 그러면 대통령령이면 시행규칙이 있어야 되지 않겠습니까? 그러면 우리가 헌법, 정태호 교수님께서 헌법 75조 5항을 말씀하셨는데 우리가 당연히 부령이 시행규칙이면 국방부장관이 정해야 된다고 생각을 할 겁니다.

그런데 우리 군인복무규율이 시행령인데 여기서 뭐라고 위임을 했느냐 하면 제43조 시행규칙 그래 가지고 '이령 시행에 관하여 필요한 사항은 국방부 및 그 직할부대 및 직할기관에 근무하는 장병에 대하여는 국방부장관이 각군 소속의 장병에 대하여는 각군 참모가 이를 정한다' 이렇게 해 놓았습니다. 2항은 해문참모총창, 해병대 나오는데 과연 군인복무규율 대통령령에서 어떻게 헌법에는 부가 정하게 되어 있는 부령을 각군 참모총장이 시행에 관한 사항을 정할 수 있게 시행규칙이라 해 가지고 위임을 할 수 있느냐? 저는 이게 약간 의문이었거든요 그때도. 그래서 저는 발제자님께서도 법규명령 보충하는 행정규칙이라고 했던 주장이 나온다고 했는데 그게 이 조항때문에 군인복무규율에 대한 시행규칙을 국방부장관뿐만 아니라 육군참모총장, 해군참모총장한테도 해 놨더라. 그러면 이것을 만약에 헌법재판소에서 위헌이라고 안 해 주면 지금 이거 살아 있는 거니까 그렇게 해서 저희들은 이 군인복무규율은 특이한 규정이구나 해서 그랬던 것이고, 제가 볼 때는 이 시행규칙을 총장님들한테 정하게 한 것도 헌법에 위반이 된다고 생각이 되고, 그 다음에 75조 5항 부분은 정 교수님 말씀하신 데 전적으로 공감합니다.

사 회 자 : 청구인 대리인께서 오셔서 그런지 마치 헌법재판소 결정은 최종심이고 단심으로 되어 있는데 세컨라운드가 전개된 것 같은 인상을 줍니다.

그 외 다른 질문하실 것 있으신 분 있으면 한 분 정도만 받겠습니다.

토 론 자 : 발제자께서 직접성이라든지 법령소원에 대해서 잘 설명해 주셔가지고 너무 도움이 되었습니다.

제가 다만 하나 문제제기하는 것은 19페이지 두 번째 단락 보면 '기타 추행이란, 계간에 이르지 아니한 동성애 성행위 등 객관적으로 일반인에게 혐오감을 일으키게 하고 선량한 성적 도덕관념에 반하는 성적 만족 행위로서…' 헌재의 결정례를 언급하면서 '헌재는 추행의 개념을 정의하면서 합의 동성애까지 싸잡아 비정상적이고 혐오스러우며 선량한 성도덕관념에 반하는 것으로 전제하여 일정한 편파성을 보이고 있다'라고 이렇게 설시해 놓으셨더라고요.

그런데 계간 기타 추행이라고 추행에 대해서 부정적인 의사를 표시하고 있는 것은 입법자의 의사입니다. 그런데 입법자가 계간 기타 추행이라고 하니까 헌재는 그 법률이 도대체 무엇을 의미하느냐 한번 해석을 해 보자. 법률해석을 하니까 이 기타라는 것은 아무 때나 이렇게 확장할 수 없으니까 '성교에 이르지 아니한 동성간의 성행위' 이렇게 좁혀가지고 하나를 제시하고, 그 다음에 추행이라는 것은 뭐냐? '객관적으로 일반인에게 혐오감을 일으키게 하고 선량한 성적 도덕관념에 반하는 성적 만족행위다' 우리 법원에서 쓰는 추행의 개념을 해석한 겁니다. 그래서 그 밑에 헌재의 견해에 대한 비판은 입법자의 의사를 우리 헌재의 의사로 환치시켜가지고 비판하는 것이 되고 이 결정의 주문에 대해서 불만을 갖다보니까 헌재의 견해로 오도하는 것 아닌가 하는 그런 견해입니다.

어떤 판단을 하자면 구성요건에 대한 해석을 당연히 해야 되고 추행의 의미가 뭐냐 이렇게 해석한 것이지 거기에 대해서 편파성을 보이는 견해를 보였다라고 하는 것은 잘못된 해석이다 이렇게 봅니다.

사 회 자 : 시간이 많이 되었습니다.

다른 분 의견은 뒤에 뒤풀이 장소가 있어서 그때 또 나누시기로 하고 발제자께서 답변 포함해서 마무리 말씀해 주시면 좋겠습니다.

발 표 자 : 오늘 정말 저는 사실 재미가 있어서 계속했으면 좋겠습니다만 가급적이면 제 답변이 끝나고도 더 많은 토론이 되었으면 좋겠습니다.

우선 다 재미있는 그런 지적이시고 정당한 지적이십니다. 정태호 교수님 하신 말씀 중에 그 부분은 저도 생각을 해 봤습니다만, 과연 하위법령이 심판대상이 될 때 그 상위법률에 대해서 어디까지 심사를 할 것인가 이 부분은 저도 발제문에 썼습니다. 이것은 저도 정책적으로 결정할 수 있는 문제다 이렇게 썼고요.

저는 그러면 과연 헌법소원이라는 헌법재판 중에서도 하나의 재판유형인데 이 헌법소원에서 모든 것을 다하느냐? 이 헌법소원의 초점은 뭐냐? 이런 것들 그리고 우리가 헌법소송을 할 때는 항상 소송의 효율성이라든가 절차의 적정성 이런 것도 따지는데 분명히 양자가 서로 장단점이 있다고 생각이 됩니다.

그래서 지금 말씀하신 대로 어차피 하위법령이라서 결국 근거가 상위법령에 있다라는 점에서 보면 사실은 하위법령의 위헌여부를 판단할 때 상위법령이 제대로 안 되었는지를 모든 관점에서 다 심사하자 그러면 그것은 판단유탈이다 이렇게 이야기하는 방식도 저는 가능하다고 생각이 됩니다.

그것은 어떻게 정책적으로 선택할 것인가의 문제라고 생각이 되는데 반면에 저는 발제문에서 아까 말씀드렸다시피 반대쪽도 충분히 생각해 볼 수 있는 것이 아닌가 일단 이런 생각을 해서 적어도 현재 헌법재판소 판례는 수긍할 만한 점은 있다 이런 말씀을 드렸고요.

그다음에 정태호 교수님은 이 사건 지시만 적법하다고 하셨는데 이 사건 복무규율이 왜 적법하지 않은지 말씀을 안 해 주셔서 잠깐만 말씀해 주시면 듣고 제가 말씀 계속 해도 되겠습니까?

토 론 자 : 제가 그렇게 말씀드린 것은 과연 헌법재판소 판례가 우리 청구인측 대리인쪽에서 말씀하신 것처럼 청구기간문제를 판단해 왔는지 저는 개인적으로 의문이거든요.

발 표 자 : 예, 알겠습니다. 그래서 청구기간문제로 복무규율도 부적법하다라고 판단하신 것 같습니다.

사실 저도 이 사건 결정문을 읽어보면서 사실 제가 그렇게 청구기간문제는 헌법재판소의 청구기간판례를 좀 더 엄격하게 적용하느냐 아니면 좀 더 탄력적으로 적용하느냐에 따라 복무규율이 적법한가 적법하지 않은가가 판가름 난다고 봅니다.

그리고 부적법하다라고 판단하더라도 적어도 일관성 관점에서 문제는 없다고 생각이 되고요. 그렇다고 하면 저는 정태호 교수님 견해와 같습니다.

저도 이 사건을 봤을 때 만약에 청구기간문제 때문에 군인복무규율이 부적법하다고 보면 결국은 이 사건 지시의 위헌성으로 가고 그때는 75조 5항을 충분히 활용할 수 있다라는 것은 저도 공감을 합니다.

그 다음에 우리 지영준 변호사님 복무규율이 그 자체로 직접성이 없다라고 말씀하셨는데요. 저는 그렇게 생각하지 않습니다. 예를 들어서 이 사건 목록과 관계없이 아주 성적으로 추잡한 도서를 군내에 반입했다고 쳐 봅시다. 그러면 그런 사항에 대해서는 군인복무규율조항을 바로 적용해서 징계처분을 할 수 있다고 생각이 됩니다.

아니면 또 다른 어떠한 추잡한 그런 도서, 불온하다, 불온이라는 개념에 들어올 수 있는, 불온이라는 것이 정치적 불온만 불온이다라고 좁게 헌법재판소는 그렇게 해석했습니다만 해석은 여러 가지로 달라질 수 있는 것이고요. 그래서 예를 들어서 북한을 찬양하는 도서 중에서 이 목록에 빠져 있는 그런 도서가 있다고 쳐봐요 실질적으로. 정말로 북한을 찬양하는 도서인데 이 목록에 빠져 있다고 해서 그 불온도서를 취득하고 반입하는 사람을 징계나 제재를 가할 수 없다고 봅니까? 저는 군인복무규율 자체에 의해서 바로 가할 수 있다고 생각이 됩니다. 그렇기 때문에 직접성이 있다고 생각이 되는 것이고요.

그 다음에 오동운 연구관님 하신 말씀은 제가 이렇게 반문을 드려보겠습니다.

우리가 절도라고 하면 형법상 정의를 어떻게 내립니까? '타인의 재물에 대한 절취' 이렇게 하지 않습니까, 그렇지요? 강도에 이르지 않고. 그런 것은 강도죄와 비교해석에서 나오는 것이지요. 절도죄라고 할 때 '타인의 재물에 속하지 않는 것을 비정상적으로 훔치는 행위' 이렇게 얘기합니까? 그렇지 않습니까? 그럼에도 불구하고 우리는 '타인의 재물을 절취' 이 개념으로 일단 절도를 이해합니다. 해석을 하고. 다만 그런데 왜 그 행위를 처벌하느냐? 나의 일반적 행동의 자유를 왜 침해하느냐? 이런 관점에서 들어가는 거지요. 들어가지만 그것은 37조 2항에 의해서 정당화되고 그렇기 때문에 그 형법에 있는 절도죄가 부정적인 평가를 최종적으로 받는 것이지요.

토 론 자 : 발표자의 너무 일방적인 얘기만 있으니까 제가 개입할 수밖에 없는데, 아니 지금,

사 회 자 : 잠깐, 사회자의 권한을 무시하시면 안 되지요. 마무리 말씀은 끝내고 뒤풀이 장소에서 말씀하시지요.

토 론 자 : 이거는 꼭 해야, 제 전체적인 취지와 연관되어 있기 때문에 그렇습니다.

한정위헌결정을 해야 하는 이유, 이 사건에서도.

사 회 자 : 한정위헌 그거는 충분히 말씀하신 것 같은데.

토 론 자 : 아니 이 사건에서, 만약에 계간 기타 추행이라고 했을 때 우리다

수 의견에서 그거를 개념 정의할 때 '동성애 등' 이 말이 들어가서 그거를 동성애에 대해서 편파적인 편견성을 가진 것이라고 이렇게 얘기를 단정적으로 하지 않습니까?

그런데 지금 계간과 먼저 예시적으로 거론되었고 거기에 상응하는 기타 추행이라고 얘기를 했을 때 그 기타 추행에 만약에 여성의 경우, 계간은 분명히 여성 포함되는 개념이 아닙니다. 그런데 여성의 경우에는 이 기타 추행이 어떻게 되는지의 문제. 또 기타추행에서 휴가기간이라든지 영내 밖에서 어떠한 그런 행동을 하는 경우라든지 이러한 경우를 정교하게 배제하는 측면에서 한정위헌결정이 이루어져야 되는 것아닌가? 그러니까 기타 추행을 거기에 동성애라는 말이 들어갔다고 해서 이게 바로 동성애에 대한 어떤 입장을 보인 것은 아니라고 본다는 거지요. 왜냐하면 계간과 상응한 기타 추행이냐 아니냐의 문제가 걸려있기 때문에 그렇습니다.

토 론 자 : 아까 청구기간 관련해서 그 부분,

사 회 자 : 여기에서 마무리 했으면 좋겠습니다.

토 론 자 : 제 의견을 말씀드리는 것이 아니라 제가 우연히 이 사건 기록을 볼 수 있었고 그 기록상 청구기간이 어떻게 되었는지 그 말씀, 꽤 중요한 쟁점으로 논의가 되는 것 같아서 그 말씀만 드리면, 청구인들 중 일부는 입대한 때로부터 따지면 청구기간이 지났고 일부는 살아있었습니다. 그런데 그때를 알았던 시점으로 하면 모두가 도과된 상황이었었고요. 그런데 그것이 변론에서도 재판관님들의 질문 속에서 나왔었는데, 그때 재판관님들께서 법무관이라고 해서 군인의 모든 법령들을 다 알 수 있느냐? 한 재판관님께서 나도 법무관 해 봤지만 다 모른다, 이런 말씀하시면서 그 부분에 관해서는 마치 변호사면 모든 법령을 처음부터 알아서 변호사면 그때부터 일반인과 다르게 청구기간이 도과하는 것으로 계산할 수 없는 것과 마찬가지의 약간 너그러운 입장에서 청구기간은 도과하지 않은 것으로 판단하시는 입장 아니었었는가 싶습니다.

발 표 자 : 감사합니다. 별로 충실하지도 못한 발제문인데요. 지정토론자 두 분을 비롯해서 많은 분들께서 좋은 토론 해 주셨습니다. 감사드리고요.

다만, 제가 이 발제문을 쓰면서도 저 스스로도 여전히 불만족스럽습니다. 사실은 좀더 문제의 본질인 군인이라는 지위와 기본권에 대한 관계, 의무, 국방 이런 부분에 대한 얘기를 더 많이 했었으면 하는 아쉬움은 늘 가지고 있습니다. 오늘도 사실은 그 부분에 대한 토론은 제가 발제문이 이렇다 보니 제대로 이루어지지 못한 점은 제가 사과말씀 드리고요.

제가 드릴 수 있는 말씀은 다 드린 것 같습니다.

이 정도로 마치겠습니다. 감사합니다.

사 회 자 : …

송두환 재판관 : 본래 헌법실무연구회장을 맡고 계신 김종대 재판관께서 이 자리에서 인사말씀을 여러분께 드렸어야 되는데 김 재판관께서 피치 못할 일정 때문에 부득이 대신 자리를 지켜달라고 해서 저는 나왔고요. 다만 오늘 토론 주제가 특정한 그리고 사실 처리한 지 오래 되지도 않은 사건에 대한 비판적 고찰이라고 딱 제목이 되어 있어서 비록 비판적 고찰의 대상이 이 사건 결정이지만 그거는 또 동시에 그 결정에 관여한 사람들에 대한 비판적 고찰이 될 수 있기 때문에 실은 참석하는 게 조금 부담스럽기도 했습니다.

그리고 지금 발제, 토론과정에서 저도 아직 기억하고 있는 대목들이 많이 있기 때문에 사실 순간적으로는 토론에 들어갔으면 하는 충동이 이는 때도 있었습니다만 오늘은 저는 적어도 연구토론의 주체라기보다는 객체에 불과하다라는 생각으로 열심히 경청을 했습니다.

그리고 제가 망설였었습니다만, 오늘 여기 참석해서 이 훌륭한 발제와 토론을 들은 것은 정말 제가 아주 선택을 잘했다고 생각이 되고요. 저에게는 아주 유익한 시간이었습니다. 들으면서 생각하는 것은 이런 훌륭한 발제와 토론이 있을 경우에 이게 실은 다시 피드백이라고 그러나요? 다시 환류되어서 일정한 반향 그리고 또 어떤 반영되는 그런 것이 있으면 좋을텐데 그것을 어떻게 가능할 것인가 하는 생각을 했고요. 어쨌든 이런게 쭉 쌓여가지고 저희 헌법재판제도가 앞으로도 더욱 발전하는 데 큰 밑거름이 될 거라고 생각합니다.

오늘 훌륭한 발제와 토론을 해 주신 분들 그리고 실은 또 그 이후 흥미진진하기로는 플로어토론이 아주 듣기 좋았습니다.

모든 분들께 진심으로 감사드립니다.

감사합니다.

사 회 자 : 그러면 이것으로 111회 헌법실무연구회를 마치도록 하겠습니다.

第112回(2011. 6. 10) 발표문

지방자치제도 발전을 위한 헌법재판의 과제*

성 낙 인**

I. 서 언

1. 민주화와 지방자치

1948년에 제정된 제헌헌법 이래 우리 헌법에서는 지방자치에 관한 독자적인 장(章)을 마련해 왔다. 1987년의 제9차 개정헌법 즉 제6공화국헌법 제8장 지방자치에 관한 규정은 다음과 같다: 지방자치단체는 주민의 복리에 관한 사무를 처리하고 재산을 관리하며, 법령의 범위안에서 자치에 관한 규정을 제정할 수 있다(제117조 제항). 지방자치단체의 종류는 법률로 정한다(제2항). 지방자치단체에 의회를 둔다(제118조 제1항). 지방의회의 조직·권한·지방의원과 지방자치단체의 장의 선임방법 기타 지방자치단체의 조직과 운영에 관한 사항은 법률로 정한다(제2항).

그런데 1952년부터 시작된 지방자치는 제1공화국과 제2공화국에서의 짧은 기간을 제외하고는 1961년 5·16으로 중단된 이후 1991년에 이르기까지 지방자치가 실시되지 못하였다. 1988년에 취임한 노태우 정부는 1991년에 비로소 광역 및 기초자치단체의 의회의원선거를 실시하였다. 그러나 자치단체의 장 선거는 대통령의 일방적인 발표로 법정기간 내 선거일을 공고하지 않음으로써 그 선거의 실시가 연기되었다. 헌법재판소는 그간 지방자치단체의 장 선거연기에 관한 헌법소원사건의 판단을 미루어 오다가, 법률의 개정에 따라 권리보호이익이 없다는 이유로 각하결정을 내렸다.[1)]

---

* 이 논문은 지방자치법학회와 헌법실무연구회가 공동으로 주최한 2011년 6월 10일 학술대회에서 발제한 내용을 수정 보완한 것이다(이 논문은 이미 지방자치법연구 제11권 제3호(통권31호), 2011. 9. 20, 123-147면에 수록되어 있다)

** 서울대학교 법과대학 교수, 한국법학교수회 회장.

1) 헌재 1994. 8. 31. 92헌마184, 지방자치단체의 장 선거일 불공고 위헌확인(각하). 이 사례에서 헌법재판소는 결정을 계속 미루는 과정에서 결국 헌법재판소의 역할을 실기한 것으로 평가된다. 즉 사건의 심리를 지나치게 연기함으로써 국민의 권리보호의 적실성을 상실하게 하였고, 헌법상

김영삼 대통령 취임 다음 해인 1994년에 '공직선거및선거부정방지법'(현 공직선거법)이 제정되어 4개 지방선거를 동시에 실시한 이래 매 4년마다 실시되고 있다.[2] 이하에서는 지방자치제도의 현황과 과제를 헌법재판소의 결정을 통해 들여다보면서 논의의 축으로 삼고자 한다.

2. 중앙집권과 지방분권

오늘날 지방분권 내지 지방화(localization)는 전 지구촌의 화두다. 지방화를 성공적으로 수행해야만 전 세계적인 소위 세계화(globalization)에 능동적으로 대응할 수 있다는 의미에서 glocalization이라는 신조어를 만들어 내기도 하였다.

일반적으로 국가형태로서의 연방국가는 특별히 지방화의 문제가 심각하게 대두되지 아니하였다. 이미 State(미국), Land(독일), Canton(스위스)이라는 지방(支邦)을 통해서 실질적인 지방분권이 구현되고 있기 때문이다. 그런데 연방국가에서의 지방분권과 지방자치에서의 지방분권을 혼동하는 경우가 있다. 그러나 이는 분명히 구별되어야 한다. 즉 연방국가에서의 지방분권은 각 지방을 말하지만 연방국가에서의 지방자치는 지방 안에서의 지방자치를 의미하기 때문이다.

반면에 단일국가에서는 지방분권이 민주화와 더불어 필수적인 화두로 등장한다. 전형적 중앙집권국가인 프랑스도 2003년 헌법개정을 통하여 지방분권국가임을 표방하고 있다(제1조).[3] 우리나라도 예외는 아니다. 수도 서울로 심화된 중앙집권화에 따라 지역불균형과 더불어 균형발전에 심각한 저해 요인으로 작동해 왔다. 마침 민주화와 더불어 지방자치가 실시되고 있다는 점에서 지방자치의 민주적 의의를 찾을 수 있다. 궁극적으로 이탈리아처럼 단일국가에서 지방자치가 완결적 형태로 작동될 경우에는 또 다른 차원의 연방국가론이 제기될 수도 있을 것이다.[4]

보호되는 기본권의 범위를 지나치게 좁게 파악하였으며, 결과적으로 헌법소원의 청구가능성의 길을 좁혀 놓았다는 비난을 면하기 어렵다.

2) 공직선거제도의 상세는, 성낙인, 헌법학 제11판, 법문사, 2011, 152면 이하; 성낙인, 선거법론, 법문사, 1998 참조.

3) 전훈, "2003년 개헌 이후의 프랑스 지방분권", 지방자치법연구, 2010. 9, 3-30면 참조.

4) 1947년 이탈리아 헌법에서는 레지옹(région)이라는 지방자치단체를 두도록 되어 있었으나 그것이 완전하게 실시된 것은 1970년이다. 20개의 레지옹은 15개의 일반지방자치단체와 5개의 특별지방자치단체로 구성되어 있다. 이러한 이탈리아의 지방자치제는 단순한 지방자치의 차원을 뛰어넘는 수준으로 평가되고 있다. 이러한 경향은 전통적으로 지방분권적인 이탈리아에서 국가분열로 연결될 수 있는 지방의 지나친 독자성을 지방자치라는 제도로 흡수한 것으로 평가되고 있다. 그러나 이탈리아에서 최근에는 부유한 북부를 중심으로 연방국가론이 제기되고 있어 새로운 문제점을 던져 주고 있다.

헌법상 지방자치이념을 구현하기 위하여 지방자치법을 비롯한 각종 법률이 제정되어 있다. 지방자치의 모법이라 할 수 있는 지방자치법은 "지방자치단체의 종류와 조직 및 운영에 관한 사항을 정하고, 국가와 지방자치단체 사이의 기본적인 관계를 정함으로써 지방자치행정을 민주적이고 능률적으로 수행하고, 지방을 균형있게 발전시키며, 대한민국을 민주적으로 발전시키려는 것을 목적"(제1조)으로 함으로써 지방자치의 민주성과 능률성을 강조하고 있다.[5)]

헌법재판소는 지방자치의 의의를 다음과 같이 판시하고 있다: "지방자치제도라 함은 일정한 지역을 단위로 일정한 지역의 주민이 그 지방주민의 복리에 관한 사무·재산관리에 관한 사무·기타 법령이 정하는 사무(헌법 제117조 제1항)를 그들 자신의 책임하에서 자신들이 선출한 기관을 통하여 직접 처리하게 함으로써 지방자치행정의 민주성과 능률성을 제고하고 지방의 균형있는 발전과 아울러 국가의 민주적 발전을 도모하는 제도이다. 지방자치는 국민자치를 지방적 범위 내에서 실현하는 것이므로 지방시정(施政)에 직접적인 관심과 이해관계가 있는 지방주민으로 하여금 스스로 다스리게 한다면 자연히 민주주의가 육성·발전될 수 있다는 소위 '풀뿌리민주주의'(grass-roots democracy)를 그 이념적 배경으로 하고 있"다.[6)]

Ⅱ. 지방자치단체의 종류와 권한

1. 일반 지방자치단체와 제주도 특별지방자치단체

지방자치단체의 종류는 법률로 정한다(헌법 제117조 제2항). 지방자치법상 특별시·광역시·도·특별자치도, 시·군·자치구가 일반지방자치단체이다(제2조 제1항). 그 밖에도 특수한 목적을 위하여 특별지방자치단체를 설치할 수 있으며, 특별지방자치단체의 설치·운영을 위하여 필요한 사항은 대통령령으로 정한다(제2조 제3항·제4항). 특히 '제주도 행정체제 등에 관한 특별법'의 제정에 따라 지방자치법도 개정되어 제주특별자치도가 신설되었다. 제주특별자치도는 제주도에 기초자치단체를 폐지하여 단일한 지방자치단체로 통일하고 각종 특별한 법적 조치를 독자적으로 부여할 수 있다. 또한 '제주특별자치도 설치 및 국제자유도시 조성을 위한 특별

5) 홍정선, 신지방자치법학, 법영사, 2009; 김철용 편, 주석지방자치법, 한국사법행정학회, 1997; 이기우·하승수, 지방자치법, 대영문화사, 2007 참조.

6) 헌재 1991. 3. 11. 91헌마21, 구 지방의회의원선거법 제36조 제1항에 대한 헌법소원(헌법불합치, 각하).

법'이 제정되었다. 이에 따라 제주특별자치도에 자치경찰제가 도입되었다. 앞으로 제주특별자치도의 역할과 기능 여하에 따라 전통적인 지방자치 내지 지방자치단체의 권한에도 근본적인 변화를 초래할 수 있을 것이다. 즉 어떻게 특별한 지위와 권한을 부여할 것이냐의 여하에 따라 그 독자성과 더불어 법규범 체계에까지 변화의 가능성을 안고 있기 때문이다.7) 이는 더 나아가 국가입법권에 대한 중대한 예외를 가져 올 수도 있을 것이다.

2. 지방자치단체의 기관과 권한

(1) 지방자치단체의 기관

지방자치단체에는 의결기관인 지방의회와 집행기관인 지방자치단체의 장이 있다. 주민의 자치권을 보장하는 민의의 장인 지방의회의 중요성은 특별히 강조할 필요도 없다.

"민주주의의 본질은 국가권력의 형성 및 그 행사에 있어서 그 근거를 국민적 합의에 두는 것이므로 지방자치가 진실로 민주정치의 발전에 기여할 수 있기 위하여서는 우선 무엇보다도 지방의회의 구성이 당해 지역주민 각계각층의 의견이 민주적이고 합리적으로 수렴된 유루(遺漏) 없는 합의에 의하여 이루어질 수 있도록 제도화되어야 하는 것이다."8)

(2) 지방의회의 구성과 기능

지방의회의원 선거는 광역과 기초 모두 소선거구 또는 중선거구의 상대적 다수대표제와 비례대표제를 병용하고 있다. 그러나 이는 이중적일 뿐 아니라 실제로 주민들도 광역의원과 기초의원의 차이를 전혀 인지하지 못하고 있다. 투표성향에서도 그대로 드러나고 있다. 누가 누구인지도 모르는 상황에서 자연히 특정 정당의 후보를 일방적으로 선택하고 있는 실정이다. 같은 번호일 경우에는 더더구나 누구를 선택할지를 구분하기가 어려워진다. 바로 그 점 때문에 지방의원선거에 근본적인 변화를 요구하고 있다. 특히 지난 2010년 6월 2일에 실시된 지방선거에서

7) 김광수, "국가와 지방자치단체 간의 관계-제주특별자치도는 얼마나 특별한 도일 수 있는가?", 문상덕, "제주특별자치도의 자치입법 제고방안", 지방자치법연구, 2009.9; 권영호, "헌법 개정에 관한 연구-특별자치제를 중심으로", 하승수, "제주특별자치도 경제활성화를 위한 재정건전성 확보방안", 김은주, "제주특별자치도에서의 환경정의의 모색", 지방자치법연구, 2009. 6. 참조.

8) 헌재 1991. 3. 11, 91헌마21, 구 지방의회의원선거법 제36조 제1항에 대한 헌법소원(헌법불합치, 잠정적용, 각하).

는 물경 8장의 투표를 하는 과정에서 더욱 혼란을 야기시킨 바 있다. 이는 근본적으로 지방의원선거의 혼란한 양상으로 인한 것이다. 다음부터는 교육의원직선제가 폐지됨에 따라 7개로 줄어들지만 여전히 문제점이 남아 있다. 이는 1991년 지방의원선거이래 그렇지 않아도 혼란스러운 선택의 상황에서 비록 헌법재판소의 위헌결정으로 인하여 폐지되긴 하였지만 기초의원정당공천제를 폐지한 중간과정상의 문제점과 더불어 새로이 지방의원선거에 중선거구제의 도입과 전면적으로 비례대표제를 추가함에 따라 야기되었다.

제도의 문제점을 직시한다면 근본적인 개혁이 불가피하다.

첫째, 기초의원과 광역의원 선거제도의 개혁이 필요하다. 기초의원은 주민과 밀착되어 있는 그야말로 풀뿌리 민주주의의 한 가운데 있기 때문에 전면적인 소선거구 상대적 다수대표제를 실시하여야 한다. 쉽게 말하자면 기초의원은 마을 대표여야 한다. 마을의 이야기를 의회에 전달하는 소통의 충실한 전달자여야 한다. 바로 그런 점에서 기초의원은 마을 단위로 세분화하여 소선거구 상대적 다수대표제를 채택하여야 한다. 경우에 따라서 중선거구 상대적 다수대표제를 채택할 수도 있겠지만 중선거구제를 채택하면 기초의원과 주민의 밀착도가 떨어질 수밖에 없다.

더불어 최근 헌법재판소의 위헌결정에도 불구하고 기초의원과 기초단체장에 대한 정당공천제를 반대하는 목소리가 기초의회 및 단체장 전국협의회에서 끊임없이 제기되고 있다. 물론 현장에서의 목소리를 외면할 필요는 없다. 기초자치의 현장에서 중앙정치의 갈등이 고스란히 여과 없이 작동됨에 따라 지역사회가 정치적 갈등의 소용돌이에 휩싸이고 있다는 점, 정당에서 기초 의원과 단체장 후보자를 추천하는 과정에서 결국은 법적으로 폐지된 지구당 위원장 격인 국회의원에 의하여 좌우되는 과정에서 정치적 부패가 만연하다는 점 등을 들고 있으며, 이 또한 일리가 있는 경청할 만한 주장이다.9)

하지만 헌법재판소는 종래 합헌결정을 변경하여 내린 위헌결정을 통해서 기초의원공천금지가 위헌이라는 결정에서도 단적으로 드러난 바와 같다: “선거에 당하여 정당이냐 아니면 인물이냐에 대한 선택은 궁극적으로 주권자인 국민의 몫이고, 입법자가 후견인적 시각에서 입법을 통하여 그러한 국민의 선택을 대신하거나 간섭하는 것은 민주주의 이념에 비추어 바람직하지 않기 때문에, 기초의회의원선거에서 정당의 영향을 배제하고 인물 본위의 투표가 이루어지도록 하겠다는 구체적 입법의도는 그 정당성이 의심스럽다. 그리고, 후보자가 정당의 지지·추천을 받았는지 여부를 유권자들이 알았다고 하여 이것이 곧 지방분권 및 지방의 자율성

9) 이기우, “기초지방선거와 정당공천”, 지방자치법연구, 2009. 12, 57-80면 참조.

저해를 가져올 것이라고 보기에는 그 인과관계가 지나치게 막연하므로, 법 제84조의 규율내용이 과연 지방분권 및 지방의 자율성 확보라는 목적의 달성에 실효성이 있는지도 매우 의심스럽다. 나아가, 법 제84조가 지방자치 본래의 취지 구현이라는 입법목적의 달성에 기여하는 효과가 매우 불확실하거나 미미한 반면에, 이 조항으로 인해 기본권이 제한되는 정도는 현저하다. 즉, 후보자로서는 심지어 정당의 지지·추천 여부를 물어오는 유권자들에 대해서도 침묵하지 않으면 안 되는 바, 이는 정당을 통해 정계에 입문하려는 기초의회의원 후보자에게 지나치게 가혹하다. 또한, 지방의회의원 선거의 선거기간이 14일로 규정되어 있고 사전선거운동이 금지되는 등 선거의 공정성을 담보하는 각종의 규제들이 마련되어 있어서 실제로 유권자들이 기초의회의원 후보자와 접촉할 수 있는 기회는 그리 많지 않은데다가 이른바 4대 지방선거가 동시에 실시되고 있는 탓으로 유권자들이 후보자들 개개인의 자질과 능력을 일일이 분석·평가하기란 매우 힘든 실정이므로 현실적으로 후보자에 대한 정당의 지지·추천 여부는 유권자들이 선거권을 행사함에 있어서 중요한 참고사항이 될 수밖에 없는데도 불구하고, 무리하게 후보자의 정당표방을 금지하는 경우에는 유권자들은 누가 누구이고 어느 후보가 어떠한 정치적 성향을 가졌는지도 모르는 상태에서 투표를 하거나 아니면 선거에 무관심하게 되어 아예 투표 자체를 포기할 수도 있다. 이러한 점들을 종합할 때, 정당표방을 금지함으로써 얻는 공익적 성과와 그로부터 초래되는 부정적인 효과 사이에 합리적인 비례관계를 인정하기 어려워, 법익의 균형성을 현저히 잃고 있다고 판단된다. 이에 덧붙여, 법 제84조 단서에서는 후보자의 당원경력의 표시를 허용하고 있는데, 이러한 당원경력의 표시는 사실상 정당표방의 일환으로 행해지는 것이 통상적이어서 법 제84조 본문과 단서는 서로 중첩되는 규율영역을 가지게 되는바, 이로 말미암아 법 제84조는 기초의회의원 후보자로 하여금 선거운동 과정에서 소속 정당에 관한 정보를 어느 만큼 표방해도 좋은지 예측하기 힘들게 하고 국가형벌권의 자의적 행사의 빌미마저 제공하고 있으므로 명확성원칙에 위배되는 측면이 있다. 그렇다면, 법 제84조는 불확실한 입법목적을 실현하기 위하여 그다지 실효성도 없고 불분명한 방법으로 과잉금지원칙에 위배하여 후보자의 정치적 표현의 자유를 과도하게 침해하고 있다고 할 것이다. 법 제84조의 의미와 목적이 정당의 영향을 배제하고 인물 본위의 선거가 이루어지도록 하여 지방분권 및 지방의 자율성을 확립시키겠다는 것이라면, 이는 기초의회의원선거뿐만 아니라 광역의회의원선거, 광역자치단체장선거 및 기초자치단체장선거에서도 함께 통용될 수 있다. 그러나, 기초의회의원선거를 그 외의 지방선거와 다르게 취급을 할 만한 본질적인 차이점이 있는가를 볼 때 그러한 차별성을 발견할 수 없다. 그렇다면, 위 조항은 아무런 합리적 이유 없이 유독 기초의회의원 후보자만을 다른 지방선거의 후보자에 비해 불리하게 차별하고 있으므로 평등원칙에 위배된다."[10]

현실적으로 정당공천이 갖는 부정적 요인이 많이 있음에도 불구하고 풀뿌리 민주주의의 정착과 더불어 현대적인 정당국가화 경향에서 정당이 주민 속에 뿌리내려야 한다는 점에 비추어 본다면 정당공천은 불가피하다. 또한 현실적으로도 정당공천을 금지할 경우에 그렇지 않아도 누가 누구인지도 모르는 상황에서 투표장에 임하는 유권자로서는 더욱 선택에 혼란을 초래하기 마련이다.

둘째, 광역의회 의원은 전면적인 비례대표제를 선택하는 것이 바람직하다. 기초의원과 대비하여 광역의원은 또 다른 선택, 즉 정당의 정책적 대응이 강화되어야 하기 때문이다. 이렇게 될 경우에 유권자들은 광역의원의 경우에 그들의 개인적인 능력보다는 오히려 정당명부식 비례대표를 통해서 지방에서의 정치적 책임을 분명히 할 수 있기 때문이다.

셋째, 지방의회의원에게 의정자료의 수집·연구와 이를 위한 보조활동에 소요되는 비용 등을 보전하기 위하여 매월 의정활동비를 지급한다(제33조). 하지만 명예직에서 월정급여를 받는 유급직으로 전환한 것은 비판의 소지가 있다. 기왕에 시작된 지방자치의 취지를 나름대로 의원으로서의 직무에 충실하기 위해 의정활동비를 월정급여수준으로 지급하는 것 자체에 별다른 이의가 없을 것이다.[11] 그러나 그에 상응하는 충실한 직무수행이 뒤따라야 한다. 동시에 월정급여로 인하여 자칫 겸직 문제가 새로운 이슈로 등장할 우려가 있다. 월정급여에 따라 적어도 국회의원에 준하는 겸직금지는 아니라고 하더라도 직무의 청렴성을 고려한다면 일정의 직에 대한 겸직금지가 이루어져야 월정급여의 정당성을 확보할 수 있을 것이다. 더 나아가 최근에는 지방의원에게 상근보좌역을 신설하려는 움직임이 있다. 지방의원 자체가 비상근을 전제로 한 직인데 보좌역이 상근이라는 개념 자체가 성립하기 어렵다. 따라서 이 문제는 지방의원의 지위에 대한 새로운 설정, 즉 사실상의 상근을 전제로 한 월급 개념의 급여 지급과 그와 같은 전일제 근무 개념에 상응하는 겸직금지가 함께 고려된 정책방향의 설계가 필요하다.[12] 다만 행정안전부가 추진 중인 지방자치단체장이 최소한의 참모진에 대한 공채 없이 채용을

10) 헌재 2003. 1. 30. 2001헌가4, 공직선거법 제47조 제1항 중 앞괄호부분 등 위헌제청(위헌, 각하); 헌재 1999. 11. 25, 99헌바28, 공직선거법 제84조 위헌소원(합헌).

11) 이관행, "지방의원의 유급화에 대한 평가와 과제", 지방자치법연구, 2009. 6, 273-296면 참조.

12) 이정진·하혜영, "지방의회의 정책보좌기능 강화 논의와 향후 과제", 이슈와 논점 제267호, 국회입법조사처 2011. 7. 13.

할 수 있도록 하는 조항에 대해서는 비서진과 같은 최소한의 기준을 인용하는 수준에서 인용할 수 있을 것이다. 다만 이들은 정원의 범위 내에서와 단체장 퇴임시 함께 퇴진을 전제조건으로 하여야 한다.

(3) 지방자치단체장의 구성과 기능

헌법은 지방자치단체의 장의 선임방법을 법률로 정하도록 하고 있고(제118조 제2항), 지방자치법은 이를 보통·평등·직접·비밀선거로 선출하도록 규정하고 있다(제94조).

단체장 직선제를 간선제로 개정할 경우 자칫 작은 선거인단으로 인한 매수 문제가 제기될 수 있기 때문에 아직은 조심스럽다. 실제로 교육감선거에서 선거인단을 통한 간접선거를 시행하는 과정에서 선거인단 매수와 결과적으로 전국 대부분의 교육감이 사법 처리되면서 결국 교육감 직선제를 도입하게 되었다는 점은 시사하는 바 크다. 그러나 언젠가는 의회를 통한 간선제를 심각하게 논의할 필요가 있을 것이다. 이는 직선에 따른 비용과 경제적 비효율성을 고려한 것이기도 하다. 예컨대 단체장의 유고에 따른 보궐선거의 비용은 특히 광역단체장의 경우에는 엄청난 수준에 이르고 있다.

다른 한편 지방자치단체의 장을 정부형태로서의 대통령제형으로 할 것이냐 아니면 의원내각제형으로 할 것이냐의 문제와도 직결되는 사안이다. 우리나라에서는 1987에 대통령 직선쟁취의 여진이 남아 있는 영향인지 단체장을 전부 직선으로 선출하고 있다. 그러나 단체장 직선으로 인하여 지방정부가 단체장과 의회가 불일치하는 상황이 연출되면서 갈등이 심화되고 있다. 이런 점을 고려한다면 지방정부에서의 단체장과 지방의회의 분리(divided)가 바람직한 것인지 아니면 원칙적으로 발생해서는 안 되는 것인지에 대한 근본적인 의문의 해결이라는 시각에서 접근하여야 한다. 이는 중앙정부의 분리정부(divided government)와는 별개의 시각에서 논의되어야 할 사안이다.

지방자치단체의 장의 임기는 4년으로 하고 계속 재임은 3기에 한한다(제95조). 이에 대한 지나친 규제라는 위헌논란에 대해 헌법재판소는 합헌으로 결정한 바 있다: "지방자치단체 장의 계속 재임을 3기로 제한한 규정의 입법취지는 장기집권으로 인한 지역발전저해 방지와 유능한 인사의 자치단체 장 진출확대로 대별할 수 있는바, 그 목적의 정당성, 방법의 적절성, 피해의 최소성, 법익의 균형성이 충족되므로 헌법에 위반되지 아니한다."[13] 특정인에 의한 지방자치단체의 지나친 전

13) 헌재 2006. 2. 23, 2005헌마403, 지방자치법 제87조 제1항 위헌확인(기각).

횡을 방지하고자 하는 입법취지를 충분히 이해할 수 있다. 대통령의 단임 내지 중임에 비하면 지방권력의 3선 제한은 나름 설득력을 갖는다.

한편 지방자치단체의 장이 금고 이상의 형의 선고를 받은 경우 부단체장으로 하여금 그 권한을 대행하도록 규정하고 있다(제111조 제1항 제3호). 이에 대해서도 헌법재판소는 합헌 결정을 내린 바 있다: "금고 이상의 형을 선고받은 지방자치단체의 장을 형이 확정될 때까지 잠정적으로 그 직무에서 배제함으로써 주민의 신뢰회복, 직무의 전념성 확보, 행정의 안정성과 효율성제고, 주민의 복리와 지방행정의 원활한 운영에 대한 위험을 예방하기 위한 것이라고 할 것이다."[14] 그런데 헌법재판소는 종전 결정을 변경하여 이 규정은 무죄추정의 원칙에 위배되고 과잉금지원칙을 위반하여 지방자치단체의 장의 공무담임권을 침해하므로 위헌으로 판시하고 있다: "'(1) 헌법 제27조 제4항은 "형사피고인은 유죄의 판결이 확정될 때까지는 무죄로 추정된다.'고 선언함으로써, 공소가 제기된 피고인이 비록 1심이나 2심에서 유죄판결을 선고받았더라도 그 유죄판결이 확정되기 전까지는 원칙적으로 죄가 없는 자에 준하여 취급해야 함은 물론, 유죄임을 전제로 하여 해당 피고인에 대하여 유형·무형의 일체의 불이익을 가하지 못하도록 하고 있다. 그런데 이 사건 법률조항은 '금고 이상의 형이 선고되었다.'는 사실 자체에 주민의 신뢰가 훼손되고 자치단체장으로서 직무의 전념성이 해쳐질 것이라는 부정적 의미를 부여한 후, 그러한 판결이 선고되었다는 사실만을 유일한 요건으로 하여, 형이 확정될 때까지의 불확정한 기간동안 자치단체장으로서의 직무를 정지시키는 불이익을 가하고 있으며, 그와 같이 불이익을 가함에 있어 필요최소한에 그치도록 엄격한 요건을 설정하지도 않았으므로, 무죄추정의 원칙에 위배된다. (2) 자치단체장직에 대한 공직기강을 확립하고 주민의 복리와 자치단체행정의 원활한 운영에 초래될 수 있는 위험을 예방하기 위한 입법목적을 달성하기 위하여 자치단체장을 직무에서 배제하는 수단을 택하였다 하더라도, 금고 이상의 형을 선고받은 자치단체장을 다른 추가적 요건없이 직무에서 배제하는 것이 위 입법목적을 달성하기 위한 최선의 방안이라고 단정하기는 어렵고. 특히 이 사건 청구인의 경우처럼, 금고 이상의 형의 선고를 받은 이후 선거에 의하여 자치단체장으로 선출된 경우에는 '자치단체행정에 대한 주민의 신뢰유지'라는 입법목적은 자치단체장의 공무담임권을 제한할 적정한 논거가 되기 어렵다. 또한, 금고 이상의 형을 선고받았더라도 불구속상태에 있는 이상 자치단체장이 직무를 수행하는 데는 아무런 지장이 없으므로 부단체장으로 하여금 그 권한을 대행시킬 직접적 필요가 없다는 점, 혹시 그

14) 헌재 2005. 5. 26, 2002헌마699등, 지방자치법 제101조의 2 제1항 제3호 위헌확인(소극).

러한 직무정지의 필요성이 인정된다 하더라도, 형이 확정될 때까지 기다리게 되면 자치단체행정의 원활한 운영에 상당한 위험이 초래될 것으로 명백히 예상된다거나 회복할 수 없는 공익이 침해될 우려가 있는 제한적인 경우로 한정되어야 한다는 점, 금고 이상의 형을 선고받은 범죄가 해당 자치단체장에 선출되는 과정에서 또는 선출된 이후 자치단체장의 직무에 관련하여 발생하였는지 여부, 고의범인지 과실범인지 여부 등 해당 범죄의 유형과 죄질에 비추어 형이 확정되기 전이라도 미리 직무를 정지시켜야 할 이유가 명백한 범죄를 저질렀을 경우로만 한정할 필요도 있는 점 등에 비추어 볼 때, 이 사건 법률조항은 필요최소한의 범위를 넘어선 기본권제한에 해당할 뿐 아니라, 이 사건 법률조항으로 인하여 해당 자치단체장은 불확정한 기간 동안 직무를 정지당함은 물론 주민들에게 유죄가 확정된 범죄자라는 선입견까지 주게 되고, 더욱이 장차 무죄판결을 선고받게 되면 이미 침해된 공무담임권은 회복될 수도 없는 등의 심대한 불이익을 입게 되므로, 법익균형성 요건 또한 갖추지 못하였다. 따라서, 이 사건 법률조항은 자치단체장인 청구인의 공무담임권을 침해한다. (3) 선거직 공무원으로서 선거과정이나 그 직무수행의 과정에서 요구되는 공직의 윤리성이나 신뢰성 측면에서는 국회의원의 경우도 자치단체장의 경우와 본질적으로 동일한 지위에 있다고 할 수 있는데, 국회의원에게는 금고 이상의 형을 선고받은 후 그 형이 확정되기도 전에 직무를 정지시키는 제도가 없으므로, 자치단체장인 청구인의 평등권을 침해한다."[15]

(4) 지방교육자치

지방교육자치의 기본원리로는 ① 주민참여의 원리, ② 지방분권의 원리, ③ 일반행정으로부터의 독립, ④ 전문직 관리의 원칙 등을 들 수 있다.[16]

'지방교육자치에 관한 법률'은 광역자치단체에 교육자치를 시행하기 위하여 의결기관으로서 시·도의회 내에 교육위원회, 집행기관으로서 교육감을 두고 있다(제4조, 제18조). 교육위원회 위원은 선거인단에서 선임하였으나, 교육위원회의 교육의원과 교육감 선거는 주민직선으로 개정되었다(제8조, 제22조). 하지만 지난 2010년 지방선거 이후에는 직선 교육의원 선거를 실시하지 아니하도록 되었다.

교육감과 교육의원은 주민의 보통·평등·직접·비밀선거에 따라 선출한다(제43조, 제51조). 정당은 교육감선거와 교육의원선거에 후보자를 추천할 수 없다(제46조, 제64조).

15) 헌재 2010. 9. 2, 2010헌마418, 지방자치법 제111조 제1항 제3호 위헌확인(헌법불합치, 적용중지).
16) 헌재 2003. 3. 28, 2000헌마283등, 지방교육자치에관한법률 제62조 제1항 위헌확인(기각).

헌법상 교육의 정치적 중립성 이념에 입각하여 교육자치에 있어서 정당공천제를 금지하고 있다. 그러나 현실적으로 교육자치와 지방자치는 밀접하게 연계되어 있다. 바로 그러한 사정으로 현재 지방자치단체장과 교육감이 정파를 달리하는 서울과 경기도 같은 경우에는 이들 사이의 갈등으로 인하여 실질적으로 지방자치가 마비되고 있는 상황에 처하고 있다.

예컨대 2010년에 당선된 곽노현 서울시 교육감이 초등학교 무상급식을 강행하자 오세훈 서울시장은 무상급식과 관련된 예산 지원을 거부하고, 무상급식 반대를 위한 주민서명을 받아 주민투표를 실시하고 있다. 이는 근본적으로 보수 시장에 진보 교육감, 좀 더 구체적으로는 한나라당 시장에 실질적인 진보연합 교육감으로 인하여 야기된 갈등이다. 더구나 서울시 의회 또한 민주당이 절대 과반수를 차지하고 있기도 하다. 단체장과 이에 적대적인 교육감 및 의회 사이의 갈등은 새로운 양상이다.

이와 같은 문제점을 근본적으로 해결하기 위해서는 어차피 정당공천제만 없다 뿐이지 실질적으로 정치적 성향이 분명한 교육감 후보자에 대하여 시·도지사 후보자가 정당공천 후보자이든 무소속 후보자이든 관계없이 러닝메이트를 통한 정책 연대를 기하는 것이 오히려 보다 현실적이라 할 것이다. 교육의 정치적 중립성은 어차피 선거라는 과정에서는 구체화될 수밖에 없기 때문에 차라리 편법이라는 비판을 자아낼지 몰라도 이와 같은 정책 연대를 통해서 단체장과 교육감의 분리로 인한 갈등을 최소화시킬 수 있을 것이다.

(5) 지방자치단체의 자치입법권의 범위와 한계

"지방자치단체는 법령의 범위 안에서 자치에 관한 규정을 제정할 수 있다"(헌법 제117조 제1항). 자치입법권은 지방자치단체가 법령의 범위 안에서 그 사무에 관하여 조례를 제정하는 권한과, 지방자치단체의 장이 법령 또는 조례의 범위 안에서 그 권한에 속하는 사무에 관하여 규칙을 제정하는 권한을 말한다(제3항). 그 외에 '지방교육자치에 관한 법률'은 교육규칙제정권을 인정하고 있다(제26조). 광의의 지방자치단체의 자치입법권은 자주법 혹은 자치법이라고 불리는바, 그 명칭은 조례라고 총칭하고 있다(실질적 의미의 조례). 그러나 엄격한 법적 의미에서의 조례는 협의로 국가기관이 제정하는 법령과는 달리 국가로부터 독립된 법인격을 인정받은 행정주체인 지방자치단체가 법령의 범위 안에서 그 권한에 속하는 사무에 관하여 지방의회의 의결에 의하여 제정하는 법형식을 말한다(형식적 의미의 조례, 제22조).[17]

17) 실증적 연구로는, 최환용, "기초지방자치단체의 자치입법 실태와 법제 발전방향", 지방자치법연

국민의 기본권제한은 법률로써만 가능하므로 법규사항에 관한 조례는 개별적 법률의 위임이 있어야만 가능하다. 또한 헌법상 지방의회는 "법령의 범위 안에서" 조례제정권을 가지므로 조례가 법령을 위배하여서는 아니 된다. 조례제정권은 "법령의 범위 안에서"라는 헌법규정에 비추어 보건대 법령을 위배하지 않는 범위 내로 엄격히 한정되어야 하겠지만, 지방의회는 주민의 민주적 정당성을 가지고 있으므로 그 위임은 구체적일 필요는 없으며 또한 포괄적이어도 충분하다.[18] 조례의 규정사항이 법령에 위반할 수 없다. 그러나 법령에 규정이 없는 경우에는 헌법과 법령의 취지에 비추어 합리적인 범위 안에서 조례를 제정할 수 있을 것이다.[19] 한편 지방자치입법의 강화의 일환으로 현행헌법상 "법령의 범위 안에서"를 "법령에 저촉되지 않는 범위 내에서"로 개정하자는 견해[20]와 더불어 분권형 입법권을 주장하는 견해도 제기된다.[21] 이러한 논의의 기저에는 전통적인 법규범체계에 대한 근본적인 변화를 동반하자는 의도도 담겨 있다. 즉 지방의회를 지방입법부로 확대해야 한다는 논리에 기초해 있다. 그러나 이와 같은 주장은 받아들이기 어려운 측면이 있기 때문에 "법령에 저촉되지 않는 범위 내에서"라는 최소한의 표현으로 만족해야 한다. 그런데 특별자치도 내지 단체가 다변화할 경우에는 새로운 변화의 양상이 불가피할지도 모를 일이다. 그런 의미에서 제주특별자치도의 운용이 관심의 초점이 되고 있다.

한편 헌법 제117조의 조례제정권에 벌칙(罰則)을 내용으로 하는 조례제정권을

구 2009. 12, 3-26면 참조.

18) 헌재 1995. 4. 20, 92헌마264등, 부천시담배자동판매기설치금지조례 제4조 등 위헌확인, 강남구담배자동판매기설치금지조례 제4조 등 위헌확인(기각); 대판 1991. 8. 27, 90누6613, 유지점용료부과처분취소; 헌재 2008. 5. 29, 2006헌바78, 구 도시계획법 제98조 제2항 등 위헌소원(합헌).

19) (청주시) 정보공개조례안은 국가위임사무가 아닌 자치사무에 관한 정보만을 공개대상으로 하고 있다고 풀이되는 이상 반드시 전국적으로 통일된 기준에 따르도록 할 것이 아니라 행정자치단체가 각 지역의 특수성을 고려하여 자기 고유사무와 관련된 행정정보의 공개사무에 관하여 독자적으로 규율할 수 있다고 보여지므로, 구태여 국가의 입법미비를 들어 조례제정권의 행사를 가로막을 수 없다(대판 1992. 6. 23, 92추17).

조례가 규율하는 특정사항에 관하여 그것을 규율하는 국가의 법령이 이미 존재하는 경우에도 조례가 법령과 별도의 목적에 기하여 규율함을 의도하는 것으로서 그 적용에 의하여 법령의 규정이 의도하는 목적과 효과를 전혀 저해하는 바가 없는 때, 또는 양자가 동일한 목적에서 출발한 것이라고 할지라도 국가의 법령이 반드시 그 규정에 의하여 전국에 걸쳐 일률적으로 동일한 내용을 규율하려는 취지가 아니고 각 지방자치단체가 그 지방의 실정에 맞게 별도로 규율하는 것을 용인하는 취지라고 해석되는 때에는 그 조례가 국가의 법령에 위반되는 것은 아니다(대판 2006. 10. 12, 2006추38[지방의회조례안재의결무효확인청구]).

20) 국회 헌법연구자문위원회, 결과보고서 2009. 8, 309-312면 참조.

21) 홍정선, "지방자치 헌법, 이대로 둘 것인가", 법제칼럼 2011. 4(통권 16호), 한국법제연구원, 4-7면: 최봉석, "분권헌법으로의 전환을 위한 개헌과제", 지방자치법연구 제10권 제3호(통권 제27호), 2010. 9, 273-296면 참조.

포함할 것이냐에 관해서 논란이 있었으나 지방자치법 제22조 단서에서 “다만, 주민의 권리제한 또는 의무부과에 관한 사항이나 벌칙을 정할 때에는 법률의 위임이 있어야 한다”라고 규정함으로써 조례에 의한 벌칙제정권을 간접적으로 인정하고 있다.

또한 지방자치단체의 장은 법령 또는 조례가 위임한 범위 안에서 그 권한에 속하는 사무에 관하여 규칙을 제정할 수 있다(제23조). 시·군·자치구의 규칙은 시·도지사의 조례나 규칙에 위반하여서는 아니 된다(제24조). 교육감은 법령 또는 조례의 범위 안에서 그 권한에 속하는 사무에 관하여 교육규칙을 제정할 수 있다(지방교육자치에관한법률 제25조 제1항).

조례와 규칙에 대해서도 합헌성 및 합법성의 통제가 행하여진다. 조례나 규칙에 의하여 국민의 기본권이 침해된 경우에는 헌법소원에 의한 위헌성심사가 가능하고(조례에 대한 헌법소원에서는 침해의 직접성과 보충성이 문제된다), 법원에 의한 위헌·위법성심사가 가능하다. 지방자치단체의 장은 지방의회가 제정한 조례안에 대하여 재의를 요구할 수 있고(지방자치법 제26조), 재의결된 사항이 법령에 위반된다고 판단되는 때에는 대법원에 제소할 수 있다(제172조, 제107조).

3. 지방자치의 현장과 위기

지방의원이나 단체장이 무소불위의 권한을 가진 것처럼 행세하고 있어 문제가 심각한 수준에 이르고 있다. 이는 사회적 물의를 일으킨 특정인에 한정되지 않고 광범위하게 일반화된 현상으로 보인다. 특히 지방자치로 인하여 중앙과 지방 간, 광역자치단체와 기초자치단체 간, 기초자치단체 상호 간에 인사교류가 실질적으로 차단되고 있는 상황에서 인사비리도 빈발하고 있다. 여기에 더 나아가 지방자치단체들이 앞 다투어 아방궁 같은 청사 건설에 나서면서 지방재정의 파탄에 일조하고 있다는 점이다. 주민의 편에 다가서서 좀 더 검소한 지방자치를 구현할 필요가 있다. 법적으로 비상임직인 지방의회에 의장실과 상임위원장실 등 실질적으로 상임 이상의 자리를 차지하고 비상임직을 위한 의회 회의장은 실질적으로 낭비의 상징이다. 외국의 경우 지방자치단체에 있는 회의실을 겸용하고 있는 사례를 벤치마킹할 필요가 있다. 최근 외유성 지방의원과 단체장에 대한 비판이 고조되고 있는데 지방의원의 외유는 오히려 그 점 때문에 더욱 조장할 필요가 있다. 외국 어디에서 우리나라와 같이 호화건물과 사무실을 사용하고 있는지 견문을 넓혀야 한다. 특히 지방자치단체장의 외유도 호화판이기는 마찬가지다. 서울시장의 외유에는 최소한 20명 이상의 직원이 수행한다니 거의 대통령 외유 수준이 아닌가. 국회의장이나 대법원장, 헌법재판소장, 국무총리같은 다른 3부 요인도 이와 같은 대규모 외유단은 없는 것으로 알고 있다.

국민들은 지방자치에 대해 싸늘한 눈길을 보내고 있다는 사실을 명심해야 한다. 국민과 주민을 위한 자치가 단체장과 지방의원이라는 그들만의 유희로 전락하고 있다는 비판을 겸허히 수용해야 한다. 지방자치로 인하여 추가로 지불되는 경비, 즉 선거비용·기관운영비 등을 감안하면 그보다 더 많은 메리트가 있어야 한다. 즉 중앙으로부터의 독립과 자치를 통해 명실상부하게 주민의 편익에 기여해야 지방자치가 성공할 수 있다. 이는 종래 중앙집권에 따라 청와대와 서울만 쳐다보던 시대에 비하면 금석지감이 있는 것도 사실이지만, 그 때보다 임명권자에 의탁하는 것 이외에 나아진 게 무엇이냐고 반문한다면 그에 부응하는 답을 내릴 수 있는 경우가 얼마나 되는지 의문이기 때문이다.

Ⅲ. 참여민주주의의 지방자치 차원에서의 강화

1. 지방자치와 주민참여의 확대

주민의 적극적인 참여를 통하여 책임과 고통을 분담함으로써 주민의 지방자치에 관한 관심을 제고하면서 동시에 주민에 대한 지방자치의 교육장으로서의 기능도 충족하여야 한다. 지방자치법은 조례의 개정 및 개폐청구권(제15조), 주민의 감사청구제도(제16조), 주민소송제도(제17조), 주민소환제도(제18조) 등을 도입하고 있다.

우리 헌법은 간접적인 참정권으로 선거권(헌법 제24조), 공무담임권(헌법 제25조)을, 직접적인 참정권으로 국민투표권(헌법 제72조·제130조)을 규정하고 있을 뿐 주민투표권을 기본권으로 규정한 바가 없고 제117조·제118조에서 제도적으로 보장하고 있는 지방자치단체의 자치의 내용도 자치단체의 설치와 존속 그리고 그 자치기능 및 자치사무로서 지방자치단체의 자치권의 본질적 사항에 관한 것이므로 주민투표권을 헌법상 보장되는 기본권이라고 하거나 헌법 제37조 제1항의 "헌법에 열거되지 아니한 권리"의 하나로 보기 어렵다. 지방자치법이 주민에게 주민투표권(제13조의2), 조례의 제정 및 개폐청구권(제13조의3), 감사청구권(제13조의4) 등을 부여함으로써 주민이 지방자치사무에 직접 참여할 수 있는 길을 일부 열어 놓고 있지만 이러한 제도는 어디까지나 입법에 의하여 채택된 것일 뿐 헌법에 의하여 보장되고 있는 것은 아니므로 주민투표권은 법률이 보장하는 권리일 뿐 헌법이 보장하는 기본권 또는 헌법상 제도적으로 보장되는 주관적 공권으로 볼 수 없다.[22]

2. 주민결정과 주민참여

지방자치단체의 장은 주민에게 과도한 부담을 주거나 중대한 영향을 미치는 지방자치단체의 주요 결정사항 등에 관하여 주민투표에 부칠 수 있다(지방자치법 제14조). 그러나 헌법재판소는 주민투표를 거치지 않고 지방자치단체의 폐치·분합에 관한 법률이 제정되었다고 하여도 적법절차에 반하지 않는다고 판시하였다.[23] 한편 주민투표권은 법률상 보장되는 참정권이므로, 선거권·공무담임권·국민투표권과 같이 헌법상 보장되는 참정권과 구별된다.[24] 주민투표제도와 주민소환제도는 헌법 사항이 아니고 입법사항으로 되어 있는데 앞으로 이 또한 대의민주주의의 한계를 극복하고 보완하는 넓은 의미의 직접민주주의의 한 유형에 해당되므로 이를 헌법사항으로 명시할 필요가 있다.[25]

지방자치단체의 주요결정사항에 관한 주민의 직접참여를 보장하기 위하여 지방자치법 제14조의 규정에 의한 주민투표의 대상·발의자·발의요건·투표절차 등에 관한 사항을 규정하는 주민투표법이 제정되었다. "지방자치단체의 장은 주민 또는 지방의회의 청구에 의하거나 직권에 의하여 주민투표를 실시할 수 있다"(제9조). 주민의 주민투표청구에 있어서는 그 지방자치단체의 관할구역안에 주민등록이 되어 있는 19세 이상의 주민, '재외동포의 출입국과 법적 지위에 관한 법률' 제6조에 따라 국내거소신고가 되어 있는 재외국민 및 법 제5조 제1항 제2호의 규정에 의하여 그 지방자치단체의 조례가 정하는 외국인을 포함한 주민투표청구권자 총수의 20분의 1 이상 5분의 1 이하의 범위 안에서 지방자치단체의 조례로 정하는 수 이상의 서명으로 그 지방자치단체의 장에게 주민투표의 실시를 청구할 수 있으며, 지방의회는 재적의원 과반수의 출석과 출석의원 3분의 2 이상의 찬성으로 그 지방자치단체의 장에게 주민투표의 실시를 청구할 수 있다. 지방자치단체

22) 헌재 2005. 12. 22, 2004헌마530, 주민투표법 제7조 제1항 등 위헌확인(각하).

23) 헌재 1994. 12. 29, 94헌마201, 경기도남양주시등33개도농복합형태의시설치등에관한법률 제4조 위헌확인(기각); 지방자치단체의 통폐합에 따른 쟁점은, 선정원, "기초자치단체의 통폐합과 관련된 법해석상의 쟁점들의 검토", 지방자치법학, 2009. 12, 89-108면 참조.

24) 헌재 2001. 6. 28, 2000헌마735, 입법부작위위헌확인; 헌재 2005. 10. 4, 2005헌마848, 중·저준위방사성폐기물처분시설의유치지역지원에관한특별법 제7조 등 위헌확인(각하).

25) 국회 헌법연구자문위원회, 결과보고서 2009. 8, 317-320면 참조.

의 장의 직권에 의하여 주민투표를 실시하고자 하는 때에는 그 지방의회 재적의원 과반수의 출석과 출석의원 과반수의 동의를 얻어야 한다.

주민투표법에서는 주민에게 과도한 부담을 주거나 중대한 영향을 주는 지방자치단체의 결정사항에 대하여 19세 이상의 주민, 국내거소신고가 되어 있는 재외국민 및 일정자격을 갖춘 외국인에게 주민투표권을 부여하고 있다(제6조). 주민투표에 부쳐진 사항은 주민투표권자 총수의 3분의 1 이상의 투표와 유효투표수 과반수의 찬성으로 확정한다(제24조).

3. 주민참여제도와 주민소환제도의 난맥상

몇 차례에 걸쳐서 진행된 바 있는 주민소환제도는 모두 실패로 끝났다. 그러나 그 과정에서 드러난 문제점은 오히려 부작용만 초래한 바 있다. 특히 국가적 차원의 국책과제를 단체장이 수행하는 데 대하여 님비현상으로 평가될 수 있는 일부 주민들의 반대로 이를 어렵게 만들고 결국 주민소환투표에까지 이르게 된 것은 지방자치의 한계를 드러낸 셈이다. 다른 한편 주민투표제도도 갈등의 봉합이 아니라 갈등의 확대재생산으로 나아간다는 점에서 심히 우려하지 않을 수 없다.

Ⅳ. 지방자치와 관련된 국가의 후견과 쟁송 구조의 다단성

1. 국가의 지방자치단체에 대한 지도·감독과 통제

중앙행정기관장 또는 시·도지사는 지방자치단체의 사무에 관하여 조언·권고·지도를 할 수 있다. 지방자치단체에 대한 감독권으로서 감독관청의 자치사무감사권(제171조), 지방자치단체장의 명령·처분에 대한 시정명령 및 취소권(제169조), 지방의회의결사항에 대한 재의요구지시권(제172조 제1항), 감독관청에 지방의회 재의결사항에 대한 제소지시 및 직접제소권(제172조 제4항), 직무집행명령 및 대집행권(제170조) 등을 통하여 지방자치단체에 대한 통제를 강화하고 있다. 권한분쟁사항은 헌법재판소의 권한사항(헌법 제111조 제1항 제4호, 헌재법 제61조 이하)임에도 불구하고 대법원의 기관소송관할권을 확대한 것은 지방자치의 본질에 비추어 타당성을 찾기 어려울 뿐만 아니라 중앙정부의 통제권을 강화하려는 의혹을 자아내게 한다.

또한 지방의회가 구성되면서 국회의 국정감사와 지방의회의 사무감사 등 중복감사가 문제된 바 있다. 중복감사로 인한 국정의 비능률과 비효율성을 시정하고 지방의회가 본연의 자세로 일할 수 있도록 하여야 한다. 지방자치법은 행정안전부장관 또는 시·도지사가 지방자치단체의 자치사무에 관하여 감사를 실시할 때에는 감사 실시 전에 해당 사무의 처리가 법령에 위반되는지 여부 등을 확인하도록 하고(제171조 제2항), 주무부장관·행정안전부장관 또는 시·도지사는 이미 감사원 감사 등이 실시된 사안에 대하여는 새로운 사실이 발견되거나 중요한 사항이 누락된 경우 등을 제외하고는 감사대상에서 제외하고 종전의 감사결과를 활용하여야 함을 규정함으로써(제171조의2) 지방자치단체의 자치사무에 대한 과도한 통제와 중복감사의 문제점을 어느 정도 시정하고 있다.

헌법재판소는 "중앙행정기관의 지방자치단체의 자치사무에 대한 구 지방자치법 제158조 단서 규정의 감사권은 사전적·일반적인 포괄감사권이 아니라 그 대상과 범위가 한정적인 제한된 감사권이라 해석함이 마땅하다"라고 판시하고 있다. 피청구인 행정안전부장관 등이 2006. 9. 14.부터 2006. 9. 29.까지 청구인 서울특별시를 상대로 자치사무에 대하여 실시한 합동감사가 지방자치권을 침해하는지에 대한 권한쟁의심판청구사건에서, "중앙행정기관이 구 지방자치법 제158조 단서 규정상의 감사에 착수하기 위해서는 자치사무에 관하여 특정한 법령위반행위가 확인되었거나 위법행위가 있었으리라는 합리적 의심이 가능한 경우이어야 하고, 또한 그 감사대상을 특정해야 한다. 따라서 전반기 또는 후반기 감사와 같은 포괄적·사전적 일반감사나 위법사항을 특정하지 않고 개시하는 감사 또는 법령위반사항을 적발하기 위한 감사는 모두 허용될 수 없다. 행정안전부장관 등이 감사실시를 통보한 사무는 서울특별시의 거의 모든 자치사무를 감사대상으로 하고 있어 사실상 피감사대상이 특정되지 아니하였고 행정안전부장관 등은 합동감사 실시계획을 통보하면서 구체적으로 어떠한 자치사무가 어떤 법령에 위반되는지 여부를 밝히지 아니하였는바, 그렇다면 행정안전부장관 등의 합동감사는 구 지방자치법 제158조 단서 규정상의 감사개시요건을 전혀 충족하지 못하였다 할 것이므로 헌법 및 지방자치법에 의하여 부여된 서울특별시의 지방자치권을 침해한 것이다."[26)]

그런데 근본적으로 이러한 국가의 통제가 가능한 것은 지방자치단체의 재정자립도가 현저히 낮아 다액의 국고보조를 받고 있기 때문이다. 따라서 지방자치단체의 재정자립도를 높이는 방안이 강구되어야 한다. 낮은 재정자립도에도 불구하

26) 헌재 2009. 5. 28, 2006헌라6, 서울특별시와 정부 간의 권한쟁의(인용).

고 지방자치단체의 살림살이는 방만하기 그지없다. 초호화 청사 신축, 불요불급한 사업으로 인한 재정 파탄 등의 문제가 제기된다. 용인시 청사, 용인시의 경전철, 인천광역시의 모노레일 사업은 이를 단적으로 증명한다.

지방자치단체의 부실재정을 근본적으로 척결하기 위한 극단적인 처방인 파산선고제 대신 재정진단제를 강화해야 할 것이다. 재정진단제란 지방자치단체의 장이 대통령령이 정하는 바에 의하여 재정보고서를 행정안전부장관에게 제출하면 행정안전부장관이 재정분석을 하고 분석결과 재정의 건전성과 효율성 등이 현저히 떨어지는 지방자치단체에 대하여 대통령령이 정하는 바에 의하여 재정진단을 실시할 수 있는 제도이다(지방재정법 제54조, 제55조). 이러한 재정진단을 통해 행정안전부장관은 재정의 건전성과 효율성 등이 우수한 지방자치단체에 대하여는 지방교부세법 제9조의 규정에 의한 특별교부세를 별도로 교부할 수 있다(동법 제57조). 하지만 제재규정 등의 미흡으로 그 동안 실효를 거두지 못하고 있다.

2. 시정명령, 직무이행명령, 재의요구와 관련된 쟁송

지방자치단체사무에 관한 장의 명령이나 처분이 법령에 위반되거나 현저히 부당하게 공익을 해한다고 인정될 때에는 시·도에 대하여는 주무부장관이, 시·군·자치구에 대하여는 시·도지사가 기간을 정하여 서면으로 시정명령을 할 수 있고, 만일 이행하지 아니할 때에는 취소·정지할 수 있다. 이 경우 자치사무에 관한 명령이나 처분은 법령에 위반한 것에 한한다.[27] 지방자치단체의 장이 이의가 있는 때에는 그 취소·정지처분을 받은 날로부터 15일 이내에 대법원에 제소할 수 있다(제169조).

지방자치단체의 장이 법령에 의하여 그 의무에 속하는 국가위임사무 및 시·도위임사무의 관리 및 집행을 명백히 게을리하고 있다고 인정되는 때에는 주무부장관 또는 시·도지사가 직무이행명령을 할 수 있다. 그러나 이행명령에 이의가 있는 때에는 당해 지방자치단체의 장이 15일 이내에 대법원에 소를 제기할 수 있다(제170조). 이 경우 지방자치단체의 장은 이행명령의 집행을 정지하게 하는 집행정지결정을 신청할 수 있다.

---

27) 지방자치법 제157조 제1항 전문 및 후문에서 규정하고 있는 지방자치단체의 사무에 관한 그 장의 명령이나 처분이 법령에 위반되는 경우라 함은 명령이나 처분이 현저히 부당하여 공익을 해하는 경우, 즉 합목적성을 현저히 결하는 경우와 대비되는 개념으로 시·군·구의 장의 사무의 집행이 명시적인 법령의 규정을 구체적으로 위반한 경우뿐만 아니라 그러한 사무의 집행이 재량권을 일탈·남용하여 위법하게 되는 경우를 포함한다(대판(전합) 2007. 3. 22, 2005추62).

지방의회의 의결이 법령에 위반되거나 심히 공익을 저해한다고 판단될 때에는 시·도에 대하여는 주무부장관이, 시·군 및 자치구에 대하여는 시·도지사가 재의를 요구하게 할 수 있고, 재의의 요구를 받은 지방자치단체의 장은 의결사항을 이송받은 날부터 20일 이내에 지방의회에 이유를 붙여 재의를 요구하여야 한다. 의회가 이 요구에 대하여 재의의 결과 재적의원 과반수의 출석과 출석의원 3분의 2 이상의 찬성을 얻은 경우에는 그 의결은 확정된다. 지방자치단체의 장은 재의결된 사항이 법령에 위반된다고 판단되는 때에는 재의결된 날로부터 20일 이내에 대법원에 소를 제기할 수 있다. 이 경우 필요하다고 인정될 때에는 그 의결의 집행정지결정을 신청할 수 있다(제172조).

3. 헌법재판소의 권한쟁의심판과 법원의 행정소송

(1) 헌법상 권한쟁의심판제도의 특징

"국가기관 상호간, 국가와 지방자치단체간 및 지방자치단체 상호간의 권한쟁의에 관한 심판"(제111조 제1항 제4호)은 헌법재판소의 관할사항이다. 기관 상호간의 "권한의 존부 또는 범위에 관하여 다툼이 있는 때에는" 이를 명확히 함으로써, 기관 상호간의 원활한 업무수행 및 견제와 균형의 원리를 실현시키는 데 권한쟁의심판의 목적이 있다. 권한쟁의심판은 개인적·주관적 권리 보호를 목적으로 하는 것이 아니고, 헌법질서를 수호·유지하기 위한 객관적 소송이다.

첫째, 국가기관 상호간의 권한쟁의뿐만 아니라 상이한 법주체인 국가기관과 지방자치단체 사이 및 지방자치단체 상호간의 권한쟁의도 인정된다. 둘째, 권한쟁의심판사항과 중첩될 여지가 많은 기관소송에 관하여 헌법재판소 관장사항으로 되는 소송을 기관소송사항에서 제외함으로써 권한쟁의에 관한 한 헌법재판소에 원칙적이고 포괄적인 관할권을 인정하고 있다. 셋째, 권한쟁의대상이 되는 법적 분쟁은 헌법상의 분쟁뿐만 아니라 법률상의 분쟁도 포함된다(헌재법 제61조 제2항) 따라서 헌법재판소의 권한쟁의심판권은 일반법원의 행정소송관할권과 중복될 가능성이 있다.

이에 따라 권한쟁의심판과 행정재판에 관련하여서는 주로 세 가지 면에서 문제되는데, 헌법재판소의 권한쟁의심판권과 행정소송법상의 기관소송의 관할권 문제, 지방자치단체가 국가기관 등의 감독작용에 대하여 불복하는 경우 대법원의 지방자치법상의 재판권과 헌법재판소의 권한쟁의심판권 사이의 충돌문제, 헌법재판소의 권한쟁의심판권과 법원의 항고소송 등과의 관할권 문제가 있다.

(2) 권한쟁의심판권과 행정소송법상의 기관소송의 관할권

행정소송법 제3조 제4호는 국가 또는 공공단체의 기관 상호간의 권한의 존부 또는 그 행사에 관한 다툼이 있을 때 제기하는 소송으로 기관소송을 규정하고 행정법원의 관할을 인정하고 있다.

그러나 헌법 또는 헌법재판소법에 의하여 국가기관 상호간의 권한쟁의는 헌법재판소의 관할로 인정되며 헌법재판소 관장사항은 법원의 기관소송에서 제외되기 때문에 결국 행정소송법 제3조 제4호에 의한 기관소송은 공공단체의 기관 상호간의 권한분쟁에만 적용된다. 따라서 국가기관 상호간의 권한쟁의심판과 기관소송과는 관할충돌의 문제는 발생하지 아니한다.

(3) 권한쟁의심판과 지방자치법상의 소송

(가) 지방자치법 제169조의 소송 문제

국가기관 또는 상급 지방자치단체의 장의 시정명령 등에 이의가 있을 때에는 지방자치단체의 장은 지방자치법 제169조(위법·부당한 명령·처분의 시정) 제2항에 의하여 대법원에 소를 제기할 수 있다. 또한 위의 감독처분이 지방자치단체의 자치권한을 침해한다고 판단될 경우 당해 지방자치단체는 지방자치단체의 장의 대법원에의 제소와는 별도로 헌법재판소에 권한쟁의심판을 청구할 수도 있다.

따라서 이 경우 헌법재판소와 대법원 사이에 관할권 문제가 발생할 가능성이 있으며 위 지방자치법 제169조 제2항에 대하여는 헌법 제111조 제1항 제4호에 의한 헌법재판소의 권한쟁의심판권을 침해하므로 위헌이라는 견해도 있다.

(나) 지방자치법 제170조 소송

지방자치법 제169조의 소송과는 달리 제170조(지방자치단체의 장에 대한 직무이행명령)에 의거한 소송은 하급행정기관으로서의 지방자치단체의 장이 상급 국가기관 또는 상급 지방자치단체를 상대로 제기하는 소송이므로 기관소송의 성격을 가진다.

(다) 권한쟁의심판과 항고소송

헌법 제111조에 의한 헌법재판소의 권한쟁의심판권은 헌법상의 권한분쟁뿐만 아니라 법률상의 권한분쟁도 포함한다. 한편 행정소송법상 법원은 항고소송을 통하여 국가 또는 지방자치단체를 둘러싼 공법상의 분쟁에 관하여 행정재판권을 행사할 수 있다. 따라서 이러한 공법상의 분쟁에 관하여 헌법재판소의 권한쟁의심판권과 법원의 행정재판권이 충돌할 가능성이 있다.

예를 들어 다수설은 지방자치단체도 항고소송의 원고적격을 인정하므로 국가 또는 상급 지방자치단체의 처분이 위법하다고 판단할 경우에 지방자치단체는 그 처분의 취소를 구하는 항고소송을 제기할 수 있고 한편 국가 또는 상급 지방자치단체의 당해 처분이 자신의 헌법상 또는 법률상의 권한을 침해한다는 이유로 헌법재판소에 권한쟁의심판을 청구할 수 있으므로, 헌법재판소와 법원 사이에 상이한 결과를 가져올 수 있다.[28]

(4) 헌법재판소의 권한쟁의심판권의 일반적 권한으로 정립 필요성

헌법재판소가 신설되면서 헌법재판소의 권한사항으로 권한쟁의심판권을 부여하였음에도 불구하고 전통적인 행정쟁송의 기본적인 틀을 수정하지 않은 결과 이와 같은 혼란양상을 초래할 수 있는 여지를 남기고 있다. 따라서 입법론적으로는 헌법재판소에 권한쟁의심판권을 부여한 이상 국가 안에서 국가기관과 지방자치단체 및 그 구성조직 사이에 야기되는 일체의 권한쟁의를 헌법재판소의 권한쟁의심판으로 일원화시킬 필요가 있다. 이렇게 되면 불필요한 오해와 논란을 최소화시킬 수 있을 것이다. 이와 같은 논리는 특히 헌법재판소가 초기에 권한쟁의심판의 청구권자를 매우 제한적으로 해석하다가 학계의 비판을 수용하여 청구권자를 확대해석하여 적용하고 있는 현실과도 부합하는 논리적 결과이다.

V. 결 어

1. "권력 있는 곳에 책임이 있다"(Où est le pouvoir, là est la responsabilité). 지방자치는 지방에서 스스로 책임을 가지고 그에 따른 권한을 행사할 수 있어야 한다. 그러므로 지방자치가 활성화되기 위하여 정부가 움켜쥐고 있는 권한을 과감하게 지방으로 이양하여야 한다. 국가업무인 국방·외교 등을 제외한 민원 관련 업무는 대폭적인 지방이양이 뒤따라야 한다. 최근 국가균형발전특별법, '지방분권 촉진에 관한 특별법', 주민투표법 등이 제정되어 지방자치와 지방분권을 강화하고 있는 것은 바람직한 방향이다. 지방경찰제도의 도입도 검토해 보아야 한다. 제주특별자치도에서 실시하는 자치경찰제도가 하나의 시금석이 될 수 있다.

2. 한편 지방선거를 통해서 정부여당이 아닌 야당추천인사가 단체장이나 지

28) 문상덕, "지방자치쟁송과 민주주의", 지방자치법연구, 2010. 6, 23-46면 참조.

방의회의 다수파를 차지하는 지방자치단체가 다수 출현하고 있다. 이에 대하여 중앙과 지방간의 수직적 권력분립이라는 긍정적인 측면에도 불구하고, 지역분할구도의 고착화에 대한 우려가 제기되고 있다.

3. 주민과 함께 하는 지방자치가 뿌리내리기 위해서는 주민과 대표의 적극적인 의지가 무엇보다도 중요하다. 그런 의미에서 시민감시운동의 활성화도 긴요하다. 지방자치가 과연 지방자치에 기여하고 있느냐에 대한 주민들의 반응은 비교적 차갑다는 사실을 인식해야 한다. 독자성과 독립성에 매몰된 나머지 지역이기주의만 팽배하고 지방자치를 남용하는 한 한국적 지방자치는 뿌리를 내리기가 쉽지 않아 보인다. 이와 같은 비관적 견해에 대한 비판도 겸허히 수용할 용의가 있다. 그러나 국민과 주민의 소리를 외면하는 지방자치는 근본적인 성찰이 뒤따라야 한다. 또한 최근에 야기되고 있는 님비현상과 더불어 좋은 것만 골라 가질려는 배타적 이기주의는 국가의 균형발전을 오히려 저해할 우려가 짙다. 영남의 신공항 신설, 과학벨트 유치, 수도권 공공기관의 지방이전을 둘러싼 갈등은 국가 전체의 균형발전의 취지와는 다른 결과를 초래한다. 이 과정에서 정치적으로 나눠 먹기 식 분배는 언젠가는 국가적 손실로 재현될 소지도 안고 있다.

4. 무엇보다 근본적으로 지방재정을 어떻게 할 것이냐의 문제이다. 재정자립도는 취약한데도 불구하고 재정은 오남용의 극치를 보여주고 있다. 작은 시·군의 경우 인구는 과거보다 절반으로 줄었음에도 불구하고 공무원 숫자는 오히려 두 배 이상 증가되었다는 현실을 어떻게 설명할 것인가. 차제에 행정구역개편에 관한 근본적인 논의가 이루어져야 한다. 광역과 기초의 이원적인 체계를 유지하든지 아니면 광역과 기초를 허물어서 1단계 행정구역으로 하든지 간에 어떠한 형태로든 현대적인 정보사회와 변화된 현실이 반영되어야 한다. 방만한 행정구역개편은 결코 기득권 세력의 안식처가 되어서는 아니 된다.[29)]

5. 국민을 위한, 주민을 위한 지방자치가 오히려 지역토착세력의 안식처로 전락하는 토대를 마련해 주고 있는 현실을 결코 외면해서는 안 된다. 그런 의미에서 헌법재판소도 일반적인 법규범에 대한 사법심사에서 국회입법권의 존중이라는 차원에서의 소극적인 성향에서 벗어나서 지방자치 관련 쟁송에서는 보다 적극적인 입장을 개진하는 것도 지방자치제도의 발전을 위해서 필요할 것이다. 지방자치가 지방만을 위한 것이 아니라 국가적 통합과 소통의 밑거름으로 작동하기 위한 헌법재판소의 역할과 기능이 필요하다는 의미이다. 그런 의미에서 각급 지방자치단

29) 홍정선, "지방자치단체 계층구조 개편의 공법적 과제", 박인수, "프랑스 지방자치 개혁과 지방자치단체 계층구조에 관한 고찰", 지방자치법연구, 2009. 3. 참조.

체에서 적극적으로 권한쟁의심판을 제기하고 있는 것은 민주법치주의의 발전을 위해서 긍정적으로 평가할 수 있다. 특히 쟁송구조와 관련된 헌법재판소의 권한쟁의심판권과 법원의 행정재판권 사이에 야기될 수 있는 입법상의 문제점은 헌법재판소의 특별한 권한사항인 권한쟁의심판권의 강화를 통해서 합리적으로 해결되어야 할 것이다.

참 고 문 헌

성낙인, 헌법학 제11판, 법문사, 2011.
성낙인, 선거법론, 법문사, 1998.
국회 헌법연구자문위원회, 결과보고서 2009. 8.
권영호, “헌법 개정에 관한 연구—특별자치제를 중심으로” 지방자치법연구, 2009. 6.
김광수, “국가와 지방자치단체 간의 관계—제주특별자치도는 얼마나 특별한 도일 수 있는가?”, 지방자치법연구, 2009. 9.
김은주, “제주특별자치도에서의 환경정의의 모색”, 지방자치법연구, 2009. 6.
박인수, “프랑스 지방자치 개혁과 지방자치단체 계층구조에 관한 고찰”, 지방자치법연구, 2009. 3.
문상덕, “제주특별자치도의 자치입법 제고방안”, 지방자치법연구, 2009. 9.
문상덕, “지방자치쟁송과 민주주의”, 지방자치법연구, 2010. 6.
이관행, “지방의원의 유급화에 대한 평가와 과제”, 지방자치법연구, 2009. 6.
이기우·하승수, 지방자치법, 대영문화사, 2007.
이기우, “기초지방선거와 정당공천”, 지방자치법연구, 2009. 12.
이정진·하혜영, “지방의회의 정책보좌기능 강화 논의와 향후 과제”, 이슈와 논점 제267호, 국회입법조사처 2011. 7. 13.
전훈, “2003년 개헌 이후의 프랑스 지방분권”, 지방자치법연구, 2010. 9.
최봉석, “분권헌법으로의 전환을 위한 개헌과제”, 지방자치법연구 2010. 9.
최환용, “기초지방자치단체의 자치입법 실태와 법제 발전방향”, 지방자치법연구 2009. 12.
하승수, “제주특별자치도 경제활성화를 위한 재정건전성 확보방안” 지방자치법연구, 2009. 6.
홍정선, 신지방자치법학, 법영사, 2009.
홍정선, “지방자치단체 계층구조 개편의 공법적 과제”, 2009. 3.

第112回(2011. 6. 10) 발표문

지방자치단체 자치권의 본질과 범위

－ 헌법 지방자치편 관련 －

이 승 환*

Ⅰ. 서

헌법 제8장은 지방자치에 관하여 규정하고 있다. 지방자치는 '국가에 종속되어 있는 법적 능력을 가진 공공단체가 주민에 의하여 피선된 기관에 의하여 국가의 감시 하에 자기 이름으로 지방공공의 과업을 독자적 책임으로 수행하는 것'[1]이라는 정의를 비롯하여 다양한 개념 규정들이 있다.

지방자치를 하는 이유로는 구성원의 자기통치를 기본원리로 하는 민주주의의 실현을 지방행정에서부터 실현한다는 점, 중앙정부와 독립하여 지방의 실정에 맞는 행정을 할 수 있다는 점 등을 들 수 있다. 그런데 중앙정부와 독립적으로 지방의 행정을 하는 것 자체가 지방자치의 목적이 될 수는 없다. 헌법재판소는 지방자치행정의 민주성과 능률성 제고, 지방의 균형 있는 발전, 국가의 민주적 발전을 지방자치제도의 목적으로 열거한 바 있다.[2] 지방자치를 통하여 지역실정에 맞는 효율성을 얻거나,[3] 창의적이고 다양한 제도의 실험을 지방자치단체 수준에서 시도함으로써 국가 전체 행정을 개선함에 있어서 시행착오를 줄이고 피해를 최소화할 수 있는 점, 지역 간의 경쟁을 통한 창의성을 제고할 수 있는 점 등을 일응 지방자치가 필요한 이유로 생각할 수 있다.[4] 국가에 따라서는 분리 독립을 주장하

* 헌법연구관.

1) 김철수, 헌법학개론 제14전정신판(2002), 1178면.

2) 헌재 2006. 3. 30, 2003헌라2, 공보 114, 523, 525; 헌재 2008. 3. 27, 2006헌라1, 판례집 20-1상, 332, 350.

3) 프랑스의 지방자치 발달에는, 세계대전 이후 지방사회주의운동(socialisme municipal)의 영향으로 국가 수준에서 부족하게 느껴지는 행정업무(주로 지역경제활성화)를 각 지방이 주체가 되어 이루려한 측면이 있다.
선진외국의 지방자치제도(Ⅰ), 행정자치부, 지방자치제도 연구자료, 2000, 166면 참조.

4) 최창호, 지방자치의 이해, 제5판(2009), 삼영사, 49~52면 참조.

는 지역에 대한 일정한 자치권의 부여가 국가 통합의 수단이 될 수도 있다.

국가의 다른 통치구조의 모습과 마찬가지로 지방자치의 모습은 역사적·제도적인 경험에 따라서 나라마다 상이한 모습을 가지게 될 것이다. 상상할 수 있는 지방자치의 모습 중에는 중앙정부 아래에서 준독립국가에 해당하는 자율성을 가지는 경우가 있을 것이고 그 반대쪽 끝에는 지방자치의 이름 아래 행정의 지역적인 사무분담 체계와 다름없는 경우가 있다.

우리나라는 제헌헌법 이래 지방자치를 시행한 경험이 길지 아니하고, 대체로 통합지향적인 동질적인 국민으로 구성되어 있으며, 역사적으로도 중앙정부와 대립하거나 독립적인 지방세력의 존재에 대한 집단적 기억이 남아 있는 국가가 아니다. 그렇다면 우리나라의 지방자치의 모습은 역사나 전통, 권한의 선점 등에 의하여 미리 규정되는 측면이 덜하고, 헌법과 법률에 의하여 제도적으로 형성될 수 있는 여지가 많다고 할 것이다.

무릇 법학의 특성상 조문이 많을수록 제도가 경직되기 마련이어서, 지방자치에 대하여 많은 규정을 두고 있지 않으며, 지방자치단체의 권한에 대해서는 헌법 제117조 제1항의 규정만 있는 우리 헌법[5]은 일응 지방자치의 가능한 모습들에 대하여 열려 있는 듯이 보인다. 하지만 헌법과 관련 법률의 해석, 실제 지방자치제도가 운용되는 모습을 보면, 현재의 지방자치제도는 지방자치단체가 재량으로 할 수 있는 영역을 상당히 좁게 만들고 있다. 우선 헌법 조문과 헌법재판소의 헌법해석으로 규정된 지방자치권의 내용을 살피고, 그에 대한 대안으로 우리 헌법상 허용될 수 있는 자치권한 확대 방안을 모색하여 본다.

Ⅱ. 헌법해석으로 본 지방자치권의 내용

1. 지방자치제도의 본질

(1) 헌법재판소는 지방자치제도는 민주정치의 요체이며 현대의 다원적 복합

5) 헌법 제8장의 조문은 다음과 같다.
제117조 ① 지방자치단체는 주민의 복리에 관한 사무를 처리하고 재산을 관리하며, 법령의 범위 안에서 자치에 관한 규정을 제정할 수 있다.
② 지방자치단체의 종류는 법률로 정한다.
제118조 ① 지방자치단체에 의회를 둔다.
② 지방의회의 조직·권한·의원선거와 지방자치단체의 장의 선임방법 기타 지방자치단체의 조직과 운영에 관한 사항은 법률로 정한다.

사회가 요구하는 정치적 다원주의를 실현시키기 위한 제도적 장치로서 지방의 공동관심사를 자율적으로 처결함과 동시에 주민의 자치역량을 배양하여 국민주권주의와 자유민주주의 이념구현에 이바지함을 목적으로 하는 제도라고 설시한 바 있다.[6)]

헌법이 보장하는 '지방자치단체의 자치'의 본질적 내용은 자치단체의 보장, 자치기능의 보장 및 자치사무의 보장이다.[7)] 지방자치는 국민주권의 기본원리에서 출발한, 주권의 지역적 주체인 주민에 의한 자기통치의 실현이므로 헌법이 제도적으로 보장한다. 이러한 지방자치의 본질적 내용인 핵심영역은 입법 기타 중앙정부의 침해로부터 보호되어야 하며, 중앙정부의 권력과 지방자치단체간의 권력의 수직적 분배의 조화과정에서 침해되어서는 안 된다. 권력분립적·지방분권적인 기능을 통하여 지방자치는 지역주민의 기본권 보장에도 이바지한다.[8)]

(2) 헌법이 보장하는, 입법으로도 침해될 수 없는 지방자치의 본질적 내용인 핵심영역의 범위가 문제된다.

헌법재판소는 "지방자치도 국가적 법질서의 테두리 안에서만 인정되는 것이고, 지방행정도 중앙행정과 마찬가지로 국가행정의 일부이므로 지방자치단체가 어느 정도 국가적 감독, 통제를 받는 것은 불가피하다. 지방자치단체의 존재 자체를 부인하거나 각종 권한을 말살하는 것과 같이 그 본질적 내용을 침해하지 않는 한 법률에 의한 통제는 가능하다.[9)]"라고 판시한 바 있다. 한편, "지방자치단체의 자치권은 헌법상 보장을 받고 있으므로 법령에 의한 자치권의 제한이 불합리하여 자치권의 본질을 훼손하는 정도에 이른다면 이는 헌법에 위반된다.[10)]"라고 판시하였다. 국회의 입법에 의하여 지방자치권이 침해되었는지 여부를 심사함에 있어서는 지방자치권의 본질적 내용이 침해되었는지 여부만을 심사하면 족하고, 기본권 침해를 심사하는 데 적용되는 과잉금지원칙이나 평등원칙 등을 적용할 것은 아니라는 것[11)]이 헌법재판소의 입장이다. 또한 범위를 정하여 위임하는 경우 그것이 지방자치단체장의 구체적인 결정권 행사의 여지를 전혀 남기지 않는 획일적인 기

6) 헌재 1991. 3. 11, 91헌마21, 판례집 3, 91, 100.

7) 헌재 2008. 5. 29, 2005헌라3, 판례집 20-1하, 41, 48.

8) 헌재 1998. 4. 30, 96헌바62, 판례집 10-1, 380, 384; 헌재 1999. 11. 25, 99헌바28, 11-2, 543, 551.

9) 헌재 2001. 11. 29, 2000헌바78, 판례집 13-2, 646, 657; 헌재 2008. 5. 29, 2005헌라3, 판례집 20-1하, 41, 48-49.

10) 헌재 2002. 10. 31, 2002헌라2, 판례집 14-2, 378, 387-388; 헌재 2006. 2. 23, 2004헌바50, 판례집 18-1상, 170, 183; 헌재 2008. 5. 29, 2005헌라3, 판례집 20-1하, 41, 50; 헌재 2009. 5. 28, 2006헌라6, 판례집 21-1하, 418, 428.

11) 헌재 2010. 10. 28, 2007헌라4, 판례집 22-2상, 775, 781.

준을 의미하는 것으로 볼 근거가 없다면 지방자치단체장의 규칙제정권, 인사권, 재정권 등을 부정하는 것이 아니고 따라서 헌법상 자치권한을 본질적으로 침해한다고 볼 수 없다는 결정례[12]가 있다.

이러한 헌법재판소의 결정례를 종합하여 보면, 입법 기타 중앙정부의 침해가 지방자치단체의 존재 자체를 부인하거나 각종 권한을 말살하는 것이라면 본질적인 침해이나, '국가 전체 차원'의 고려에서 합리적이거나 지방자치단체에 구체적인 결정권 행사의 여지가 남아 있다면 지방자치의 본질적 내용의 침해가 되지 아니한다. 이러한 합리성을 고려하는 심사기준 아래서는 사실상 지방자치의 본질적 내용의 침해가 되는 입법이 인정되기 매우 어렵다.

다만, 지방자치단체가 스스로의 책임하에 수행하는 자치사무에 대해서까지 국가감독이 중복되어 광범위하게 이루어지는 것은 지방자치의 본질을 훼손할 가능성마저 있으므로 지방자치권의 본질적 내용을 침해할 수 없다는 견지에서 중앙행정기관의 지방자치단체의 자치사무에 대한 법령위반사항에 대한 감사권은 사전적·일반적인 포괄감사권이 아니라 그 대상과 범위가 한정적인 제한된 감사권이므로, 포괄적·사전적 일반감사나 위법사항을 특정하지 않고 개시하는 감사 또는 법령위반사항을 적발하기 위한 감사는 모두 허용될 수 없다는 결정례[13]가 있다.

(3) 근본적으로 헌법 제117조 제1항은 주민의 복리에 관한 사무와 재산 관리를 지방자치단체의 사무로 규정하였을 뿐, 이를 지방자치단체의 '고유한 전속적' 사무로 규정하고 있지 아니하다. 일부 연방제 국가의 헌법을 해석할 때 의회가 행사할 수 있는 입법 관할의 범위에 관한 논란과는 달리, "입법권은 국회에 속한다."라고 규정한 우리 헌법 제40조는 국회의 포괄적인 입법권을 규정한 것이다. 따라서 국회는 '주민의 복리에 관한 사무와 재산 관리'에 관한 입법을 할 수 있으며, 다만 구체적으로 지방자치법 제9조에서 제11조에서 지방자치단체의 사무범위와 사무배분 및 국가사무의 처리제한을 규정하고 있을 뿐이다.

따라서 헌법 제111조 제1항 제4호에서, 국가기관과 지방자치단체 간 및 지방자치단체 상호간의 권한쟁의에 관한 심판을 보장하고 있다고 하더라도, 그러한 지방자치단체의 권한 자체의 범위를 기본적으로 국회가 법률로 정하는 것이어서 더욱 지방자치의 본질적 내용의 침해가 인정되기 어렵다.[14] 이에 따라 법률에 따라

12) 헌재 2002. 10. 31, 2001헌라1, 판례집 14-2, 362, 372-373.

13) 헌재 2009. 5. 28, 2006헌라6, 판례집 21-1하, 418, 431.

14) 지방자치단체의 자치사무에 관한 권한 자체는 헌법적으로 보장되어 있지만, 어디까지를 지방자치단체의 고유사무로 인정할 것인지 그 구체화는 상당부분 입법자에게 위임되어 있다. 지방자치단체의 고유사무에 관한 권한에 대한 제한이 그 본질적인 내용을 건드리는 것으로서 이를 형해

국가사무 성격을 가지는 기관위임사무의 집행권한의 존부·범위에 관하여 지방자치단체가 청구한 권한쟁의심판청구는 지방자치단체의 권한에 속하지 아니하는 사무에 관한 심판청구로서 그 청구가 부적법하다는 것이 거듭된 헌법재판소의 결정례[15][16]이다.

(4) 한편, 헌법재판소는 헌법이 보장하고 있는 본질적인 내용은 어디까지나 지방자치단체의 자치권으로, 헌법 제118조가 규정하고 있는 지방의회 규정 등에 비추어 볼 때, 헌법은 지역 주민들이 자신들이 선출한 자치단체의 장과 지방의회를 통하여 자치사무를 처리할 수 있는 대의제 또는 대표제 지방자치를 보장하고 있을 뿐이며, 주민투표 등 주민이 지방자치사무에 직접 참여할 수 있는 제도의 도입 여부는 헌법상 도출되는 것은 아니라고 판단하였다.[17]

이와 같은 설시는 구성원의 자기통치를 강조하는 주민자치의 측면과 지방자치단체의 단체자치의 측면 중 단체자치의 측면을 강조한 것으로 볼 수 있다.[18] 다만 지방의회를 통한 대표제가 아닌 주민의 직접자치의 측면을 헌법에서 직접 보장하고 있지 않다는 것일 뿐, 법률과 조례의 제정을 통한 주민의 자치사무 참여의 가능성은 열려 있다. 따라서 이러한 헌법재판소의 판단이 우리 헌법 아래 가능한 지방자치의 모습을 제약하지는 않는다.

화할 정도가 아닌 한, 법률제정행위를 대상으로 지방자치단체의 권한의 침해를 주장하는 권한쟁의심판에서 문제의 핵심은 입법권과 ―입법권에 의해 구체화된― 지방자치단체의 헌법상 권한의 충돌이라기보다는, 지방자치제도의 구체화에 있어서 입법권 자체에 대해 그어지는 헌법적 한계의 준수여부로 보아야 하며, 이는 입법권에 의한 헌법상 권한의 침해라기 보다는 입법권에 의한 법률상 권한의 침해 문제와 본질적으로 다르지 않다는 논의 참조(차진아, 권한쟁의심판과 법률의 위헌성 심사, 헌법실무연구 제11권, 2010. 395면).

입법부가 가진 민주적 정당성, 입법형성권의 헌법실현적 의미를 생각할 때, 법률상 권한이 새로운 입법권 행사로 박탈·축소된다고 하여 법률상 권한 침해만을 다투는 권한쟁의는 성공하기 어렵다는 논의 참조(김하열, 최갑선, 권한쟁의심판과 법률의 위헌성 심사에 대한 각 지정토론문, 헌법실무연구 제11권, 2010. 418면, 422~423면).

15) 헌재 1999. 7. 22, 98헌라4, 판례집 11-2, 51, 65-66; 헌재 2004. 9. 23, 2000헌라2, 판례집 16-2상, 404, 418; 헌재 2008. 12. 26, 2005헌라11, 판례집 20-2하, 547, 552-553; 헌재 2009. 7. 30, 2005헌라2, 판례집 21-2상, 116, 133.

16) 국가사무인 지정항만에 관한 사무의 집행으로 지방자치단체의 권한을 침해하거나 침해할 위험이 있다고 볼 수 없다고 한 결정으로 헌재 2010. 6. 24, 2005헌라9, 판례집 22-1하, 374, 397; 헌재 2008. 3. 27, 2006헌라1, 판례집 20-1상, 332, 351-353.

17) 헌재 2001. 6. 28, 2000헌마735, 판례집 13-1, 1431, 1438-1439; 헌재 2009. 7. 30, 2007헌바75, 판례집 21-2상, 170, 177-178.

18) 다만 지방자치단체가 청구한 권한쟁의심판청구에서도, 국가정책에 참고하기 위해 중앙행정기관장의 요구에 의해 실시되는 주민투표를 요구받지 않은 상태에서 지방자치단체에게 주민투표실시에 관한 권한이 발생하였다고 볼 수 없으므로, 권한 발생을 전제로 하는 침해를 다툴 여지도 없다고 하였다(헌재 2005. 12. 22, 2005헌라5, 판례집 17-2, 667, 675-676).

2. 지방자치단체의 존속

(1) 헌법 제117조 제1항에서 보장하고 있는 지방자치단체의 지방자치권은 자신의 구역 내에서 자치권을 행사할 수 있는 권한이다. 지방자치단체의 구역은 주민·자치권과 함께 지방자치단체의 구성요소로서, 자치권을 행사할 수 있는 장소적 범위이고, 육지와 공유수면에 대한 지방자치단체의 자치권한이 존재한다.[19]

헌법재판소는 지방자치의 제도적 보장의 본질적 내용은 자치단체의 보장, 자치기능의 보장 및 자치사무의 보장이며, 지방자치단체의 폐치분합에 관한 것은 지방자치단체의 자치행정권 중 지역고권의 보장문제[20]라고 판시하고 그로 인하여 주민의 기본권이 침해되는 경우에는 헌법소원을 청구할 수 있는 것으로 보고 있다.

그러나 국가가 영토고권을 가지는 것과 비견할 만한, 관할구역 내에 속하는 영토·영해·영공을 자유로이 관리하고 관할구역 내의 사람과 물건을 독점적·배타적으로 지배할 수 있는 지방자치단체의 권한은 헌법과 법률상 인정되지 아니한다.[21]

(2) 헌법 제117조 제2항은 지방자치단체의 종류는 법률로 정한다고 규정하여 지방자치단체를 제도적으로 보장하고 있지만, 지방자치단체의 종류 및 구조를 명시하지 않고 구체적인 형성은 입법재량에 맡기고 있다. 이에 따라 지방자치법에서 구체적으로 지방자치단체의 종류(제2조), 법인격과 관할(제3조), 지방자치단체의 명칭과 구역, 폐지와 설치 등(제4조)은 모두 법률로 정하도록 하여, 지방자치단체의 중층구조 또는 지방자치단체로서 특별시·광역시 및 도와 함께 시·군 및 구를 계속하여 존속하도록 할 지 여부는 결국 입법자의 입법형성권의 범위에 속한다. 행정구역 개편 문제가 주요 화두가 되고, 제주 특별자치도가 설치된 것 등에서 알 수 있듯이 일반적으로 특정한 지방자치단체의 존속이 우리 헌법상 보장되지는 아니한다.[22][23]

헌법재판소는 지방자치단체의 존재 자체를 부인하는 것이 지방자치의 본질적 내용을 침해하는 것이라고 설시하였지만,[24] 이것이 현존하는 특정한 지방자치단

19) 헌재 2004. 9. 23, 2000헌라2, 판례집 16-2상, 404, 428; 헌재 2006. 8. 31, 2003헌라1, 판례집 18-2, 319, 330; 헌재 2009. 7. 30, 2005헌라2, 판례집 21-2상, 116, 140; 헌재 2010. 6. 24, 2005헌라9, 판례집 22-1하, 374, 401.

20) 헌재 1994. 12. 29, 94헌마201, 판례집 6-2, 510, 522.

21) 헌재 2006. 3. 30, 2003헌라2, 공보 제114, 523, 525.

22) 헌재 2006. 4. 27, 2005헌마1190, 판례집 18-1상, 652, 658-659.

23) 영국의 경우도 의회의 입법을 통하여 지방자치단체를 신설·폐지·개편할 수 있다. 선진외국의 지방자치제도(Ⅰ), 행정자치부, 지방자치제도 연구자료, 2000. 82면 참조.

24) 헌재 2001. 11. 9, 2000헌바78, 판례집 13-2, 646, 657.

체의 존속을 보장하는 것이라고는 할 수 없다. 헌법재판소는 시·군·구가 단순히 행정편의상 획정되었을 뿐이고 생활공동체의 성격이 없다고 보기는 어렵다고 판시한 바도 있지만,[25] 이때도 지방자치법 및 권한배분을 규정한 여러 법률을 논거로 삼은 것이지 헌법 자체에서 유래하는 지방자치단체의 존속보장이 있다고 본 것은 아니다.

3. 지방자치권의 내용과 한계

(1) 지방자치권한의 범위와 분류

헌법 제117조 제1항은 "지방자치단체는 주민의 복리에 관한 사무를 처리하고 재산을 관리하며, 법령의 범위 안에서 자치에 관한 규정을 제정할 수 있다"고 규정하여 지방자치제도의 보장과 지방자치단체의 자치권을 규정하고 있다. 헌법재판소는 헌법 제117조 제1항이 규정하는 자치권의 내용으로, 자치에 관한 규정을 스스로 제정할 수 있는 자치입법권, 소속 공무원에 대한 인사와 처우를 스스로 결정하고 이에 관련된 예산을 스스로 편성하여 집행하는 권한이 성질상 당연히 포함된다고 보고 있다.[26] 이러한 판단에 따라 헌법재판소는 지방자치단체의 자치권의 내용으로 자치입법권·자치행정(조직·인사)권·자치재정권을 확인하고 있다.[27]

한편 헌법재판소는 교육의 자주성·전문성·정치적 중립성을 규정한 헌법 제31조 제4항에서 제도보장으로서의 교육자치를 도출하고, 교육자치라는 영역적 자치와 지방자치라는 지역적 자치가 결합한 형태로서, 지방교육의 특수성을 살리기 위해 지방자치단체의 수준에서 행하는 지방교육자치권이 있음을 확인하였다.[28]

그런데 헌법 제31조 제4항의 교육의 자주성·전문성·정치적 중립성이라는 문구에서 반드시 교육행정이 지역적 자치에 의하여 행하여져야만 한다는 헌법상의 당위를 도출하기는 어렵다고 생각한다. 다만 지방자치단체의 조직과 운영에 관한 사항을 법률로 정하도록 한 헌법 제118조 제2항에 따라서 '지방교육자치에 관한 법률'이 제정되어 있음에 따라서, 주민의 복리에 관한 사무에 대한 자치행정권 중

25) 헌재 2010. 2. 25, 2007헌바131등, 판례집 22-1상, 104, 134-135.

26) 헌재 2002. 10. 31, 2001헌라1, 판례집 14-2, 362, 370; 헌재 2002. 10. 31, 2002헌라2, 판례집 14-2, 378, 386; 헌재 2005. 10. 27, 2003헌바50등, 판례집 17-2, 238, 259.

27) 헌재 2006. 2. 23, 2004헌바50, 판례집 18-1상, 170, 183; 헌재 2009. 5. 28, 2007헌바80, 판례집 21-1하, 645, 659; 헌재 2010. 10. 28, 2007헌라4, 판례집 22-2상, 775, 780.

28) 헌재 2002. 3. 28, 2000헌마283등, 판례집 14-1, 211, 222; 헌재 2002. 8. 29, 2002헌마4, 판례집 14-2, 233, 240.

독자적인 의미가 부여되었다고 할 것이다. 헌법재판소법 제62조 제2항은 권한쟁의가 '지방교육자치에 관한 법률' 제2조에 따른 교육·학예에 관한 지방자치단체의 사무에 관한 것인 경우에는 교육감이 권한쟁의심판의 당사자가 된다고 규정하여, 지방교육자치의 독자적 성격을 확인하고 있다.

(2) 자치입법권

(가) 내 용

자치입법권에 따라 지방자치단체는 조례를 제정할 수 있고, 지방자치단체의 장은 규칙을 제정할 수 있다.[29] 조례의 제정권자인 지방의회는 선거를 통해서 그 지역적인 민주적 정당성을 지니고 있는 주민의 대표기관이고, 헌법이 지방자치단체에 대해 포괄적인 자치권을 보장하고 있는 취지로 볼 때 조례제정권에 대한 지나친 제약은 바람직하지 않으므로, 조례에 대한 법률의 위임은 법규명령에 대한 법률의 위임과 같이 반드시 구체적으로 범위를 정하여 할 필요가 없으며 포괄적인 것으로 족하다.[30]

따라서 법에서 이미 자유재량사항인 도로점용허가에 관한 사항을 관할 행정청이 결정하도록 권한을 부여하고 처분의 법적 근거를 마련한 이상, 행정청이 조례로 구체적인 처분의 기준을 정함에 있어 반드시 위 법적 근거와는 별도의 법령의 위임이 있어야 하는 것은 아니다.[31]

이러한 자치입법권과 지방자치법 제22조에 따라서 개별 법률의 위임이 있는 경우에는 조례로 주민의 권리·의무에 관한 사항을 정할 수 있다.[32]

(나) 자치입법권의 한계

1) 법령의 '범위 안에서'

참고할 조문으로, 헌법 제114조 제6항은 "중앙선거관리위원회는 법령의 범위 안에서 선거관리·국민투표관리 또는 정당사무에 관한 규칙을 제정할 수 있으며,

29) 지방자치법

제22조(조례) 지방자치단체는 법령의 범위 안에서 그 사무에 관하여 조례를 제정할 수 있다. 다만, 주민의 권리 제한 또는 의무 부과에 관한 사항이나 벌칙을 정할 때에는 법률의 위임이 있어야 한다.

제23조(규칙) 지방자치단체의 장은 법령이나 조례가 위임한 범위에서 그 권한에 속하는 사무에 관하여 규칙을 제정할 수 있다.

30) 헌재 1995. 4. 20, 92헌마264등, 판례집 7-1, 564, 572; 헌재 2004. 9. 23, 2002헌바76, 판례집 16-2상, 501, 507; 헌재 2008. 12. 26, 2007헌마1387, 판례집 20-2하, 882, 900-901; 헌재 2008. 12. 26, 2007헌마1422등, 판례집 20-2하, 910, 922; 헌재 2011. 4. 28, 2009헌바167, 공보 175, 709, 713.

31) 헌재 2008. 12. 26, 2007헌마1387, 판례집 20-2하, 882, 901.

32) 헌재 2004. 9. 23, 2002헌바76, 판례집 16-2상, 501, 506 등.

법률에 저촉되지 아니하는 범위 안에서 내부규율에 관한 규칙을 제정할 수 있다." 라고 규정하고 있다. 문리해석상 헌법 제114조 제6항이라는 한 조문에서 규정하고 있는 '법령의 범위 안에서'와 '법률에 저촉되지 아니하는 범위 안에서'의 내용은 다른 것이라고 할 것이고, 체계적인 해석상 '법률에 저촉되지 아니하는 범위 안에서'의 규범제정권이 '법령의 범위 안에서'의 규범제정권보다 자율성과 재량이 더 크다고 할 것이다.

헌법 제117조 제1항은 자치입법권의 행사는 '법령의 범위 안에서' 하도록 하고 있다. 이러한 규정형식은 "구체적으로 범위를 정하여 위임받은 사항과 법률을 집행하기 위한" 대통령령(헌법 제75조)이나, "법률이나 대통령령의 위임 또는 직권"으로 발하는 총리령·부령(헌법 제95조)에 비해서는 포괄적인 권한으로 보인다. 그러나 "법률에 저촉되지 아니하는 범위 안에서" 할 수 있는 대법원과 헌법재판소의 규칙제정권(헌법 제108조, 제113조 제2항)보다는 좁다.

헌법 제117조 제1항의 이러한 규정형식에 비추어 볼 때, 현행 헌법은 자치입법권의 행사를 통하여 한계가 없는 다양한 지방자치의 실험을 상정하였다기보다는, 법령의 기본틀 안에서 위임에 따른 지방자치단체의 제한적인 재량만을 의도하였던 것으로 볼 수 있다.

다만 대법원은 지방자치법 제22조 본문의 '법령의 범위 안에서'라 함은 '법령에 위반되지 아니하는 범위 내에서'를 말하고, 지방자치단체가 제정한 조례가 법령에 위반되는 경우에는 효력이 없다는 판시를 하고 있다.[33] 대법원은 지방자치단체는 그 고유사무인 자치사무와 법령에 따라 지방자치단체에 속하는 사무에 관하여 법령에 위반되지 않는 범위 안에서 스스로 조례를 제정할 수 있지만, 국가사무인 기관위임사무에 관하여는 개별 법령에서 일정한 사항을 조례로 정하도록 위임하고 있는 경우에 한하여 조례를 제정할 수 있다고 판시하고 있다.[34][35] 또한, 조례가 규율하는 특정사항에 관하여 그것을 규율하는 국가의 법령이 이미 존재하는 경우에도 조례가 법령과 별도의 목적에 기하여 규율함을 의도하는 것으로서 그 적용에 의하여 법령의 규정이 의도하는 목적과 효과를 전혀 저해하는 바가 없

33) 대법원 2002. 4. 26, 선고 2002추23 판결; 대법원 2003. 9. 23, 선고 2003추13 판결; 대법원 2004. 7. 22, 선고 2003추51 판결; 대법원 2009. 4. 9, 선고 2007추103 판결 등.

34) 대법원 2007. 12. 13, 선고 2006추52 판결; 대법원 2009. 12. 24, 선고 2007추141 판결 등.

35) 기관위임사무의 집행권한의 존부 및 범위에 관하여 지방자치단체가 청구한 권한쟁의심판청구는 지방자치단체의 권한에 속하지 아니하는 사무에 관한 심판청구로서 그 청구가 부적법하다는 헌법재판소의 결정례들(헌재 1999. 7. 22, 98헌라4, 판례집 11-2, 51, 65-66; 헌재 2004. 9. 23, 2000헌라2, 판례집 16-2상, 404, 418; 헌재 2008. 12. 26, 2005헌라11, 판례집 20-2하, 547, 552-553; 헌재 2009. 7. 30, 2005헌라2, 판례집 21-2상, 116, 133)과 같은 맥락이다.

는 때 또는 양자가 동일한 목적에서 출발한 것이라고 할지라도 국가의 법령이 반드시 그 규정에 의하여 전국에 걸쳐 일률적으로 동일한 내용을 규율하려는 취지가 아니고 각 지방자치단체가 그 지방의 실정에 맞게 별도로 규율하는 것을 용인하는 취지라고 해석되는 때에는 그 조례가 국가의 법령에 위배되는 것은 아니라고 판시하고 있다.[36)]

이러한 대법원의 지방자치법의 해석을 통하여 자치사무에 대한 자치입법권의 범위는 실질적으로 넓어졌다고 할 것이다.

법령을 위반하는 사항에 관한 주민의 조례제정청구를 지방자치단체의 장이 각하하도록 한 구 지방자치법 제13조의3 제1항 제1호 및 제6항에 대하여, 헌법재판소는 '상위법에 위반한 조례안이 일정한 절차를 거쳐 조례로 제정된 후 사후적 사법심사를 통해 이를 무효화시키는 것은 지방행정의 낭비 및 회복하기 어려운 법질서의 혼란을 가져올 수 있으므로, 사전차단장치를 둔 것이 입법자의 자의적인 법형성권의 행사로서 지방자치제도의 본질적 내용을 침해한다고 볼 수 없다.[37)]'라고 판시하여, 이러한 한계가 사후적인 제한에 그치는 것이 아님을 확인하였다.

법률의 위임이 있는 경우 그 위임에 따른 조례를 지방자치단체가 제정하지 아니한 부작위가 주민의 기본권을 침해하기도 한다.[38)]

2) '법령'의 범위 안에서

헌법 제117조 제1항에서의 '법령'은 법률, 헌법 제75조와 제95조에 의한 대통령령, 총리령, 부령과 같은 법규명령이 포함된다.[39)] 그런데 헌법재판소는 법령의

36) 대법원 2007. 12. 13, 선고 2006추52 판결.

37) 헌재 2009. 7. 30, 2007헌바75, 판례집 21-2상, 170, 178-179.

38) 지방자치단체가 지방공무원법 제58조 제2항의 위임에 따라 '사실상 노무에 종사하는 공무원의 범위'를 정하는 조례를 제정하지 아니한 부작위가 기능직 지방공무원인 청구인들의 근로3권을 침해하였다고 본 사안(헌재 2009. 7. 30, 2006헌마358, 판례집 21-2상, 292, 299-301).

39) 연방제 국가로 지방자치단체에 비하여 권한이 더 큰 주를 다루고 있는 미국헌법에서도 연방법 우선을 규정하고 있다(미국헌법 제6조).

미국 연방대법원은 "주법은 연방법률뿐만 아니라 연방 행정입법에 의해서도 우선당할 수 있다"고 하였다. Hillsborough County, Fla. v. Automated Medical Lab., Inc., 471 U.S. 707, 713(1985). 하지만 연방대법원은 사법부가 법률에 근거한 것이 아니라 행정입법(regulations)에만 의지하여 연방규제우선영역이라고 판단하는 것에는 보다 신중하여야 한다고 판시하였다. "우리는 법률이 포괄적이라는 이유로 연방규제가 우선한다고 추정하는 것보다, 행정입법이 포괄적이라는 이유로 이를 추정하는 것을 훨씬 더 꺼린다. 연방정부기관들은, 그 기능이 전문적으로 분화되어 있기 때문에, 연방의회보다는 훨씬 더 상세한 점까지 문제를 다루기 마련이다. 연방정부기관이 어떤 문제를 포괄적으로 다루고 있다고 하여 언제나 연방규제가 우선한다고 추정한다면, 이는 연방정부기관이 어떠한 분야에나 개입하려고 하기만 하면 그의 규제가 절대적인 것이 된다는 것이 되고 만다. 그러한 기준이 우리 최고법조항(supremacy clause, 헌법상의 연방법우선조항)의 법리에 구체화된 연방과 주의 균형유지와 합치되지 않는 것임은 당연하다"(Id. at 717.).

Pennsylvania v. Nelson, 350 U.S. 497, 502-505 (1956)에서 미국연방대법원은 연방법 우선이 발

직접적인 위임에 따라 수임행정기관이 그 법령을 시행하는 데 필요한 구체적 사항을 정한 것이면, 그 제정형식이 고시, 훈령, 예규, 지침 등과 같은 행정규칙이더라도 그것이 상위법령의 위임한계를 벗어나지 아니하는 한, 상위법령과 결합하여 대외적인 구속력을 갖는 법규명령으로서 기능하게 되므로, 헌법 제117조 제1항에서 규정하는 '법령'에는 "법규명령으로서 기능하는 행정규칙"이 포함된다고 판시하였다.[40)]

또한 헌법 제6조 제1항에 의하여 국내법령과 동일한 효력을 가지는 조약과 국제법규에 위반되는 조례도 효력이 없다.[41)] 한편 지방자치법 제24조는 "시·군 및 자치구의 조례나 규칙은 시·도의 조례나 규칙을 위반하여서는 아니 된다."는 자치입법권의 한계를 추가로 규정하고 있다.

3) 헌법 제37조 제2항

헌법 제117조 제1항이 규정하고 있는 자치입법권을 이와 같이 제한적으로 해석하지 아니하고 지방자치단체의 관할구역 내에서 포괄적인 자치권한을 보장하는 방향으로 보고자 하는 해석론에서는 지방자치법 제22조 단서에서 규정한 '주민의 권리 제한 또는 의무 부과에 관한 사항이나 벌칙을 정할 때에는 법률의 위임이 있어야 한다.'는 내용이 헌법 제117조 제1항에 위반되는 위헌적인 것으로 보게 된다.[42)]

그런데, 헌법 제37조 제2항이 규정하고 있는 법률유보 원칙은 '법률에 근거한 규율'을 요청하는 것이기 때문에, 기본권제한의 형식이 반드시 법률의 형식일 필요는 없지만 기본권의 제한에는 법률의 근거가 필요하다.[43)] 또한 법률유보원칙은 단순히 행정작용이 법률에 근거를 두기만 하면 충분한 것이 아니라, 국가공동체와 그 구성원에게 기본적이고도 중요한 의미를 갖는 영역, 특히 국민의 기본권실현에 관련된 영역에 있어서는 행정에 맡길 것이 아니라 국민의 대표자인 입법자 스스

견되는 세 가지 경우를 인정하였다. 즉 "첫째 연방규제체계가 보편적이어서 연방의회가 주에게 연방의 규제체계를 보완할 어떠한 여지도 주지 않았다고 추정하는 것이 합리적인 경우, 둘째 연방체제가 같은 목적을 가진 주법의 시행을 막기 위한 것임이 확실히 추정될 만큼 연방이익이 지배적인 경우를 연방법령이 다루는 경우, 셋째 주법의 시행이 연방정부 프로그램과 심각하게 충돌할 위험이 현존하는 경우".

40) 헌재 2002. 10. 31, 2001헌라1, 판례집 14-2, 362, 371; 헌재 2002. 10. 31, 2002헌라2, 판례집 14-2, 378, 387.

41) 대법원 2005. 9. 9, 선고 2004추10 판결; 대법원 2008. 12. 24, 선고 2004추72 판결 .

42) 서원우, 지방자치의 헌법적 보장, 고시연구, 1993. 6, 33면; 서원우, 조례제정권의 헌법적 보장: 지방자치법 제15조 단서규정의 위헌논의와 관련하여, 헌법논총 제5집(1994), 120-124면 등.

43) 헌재 2005. 3. 31, 2003헌마87, 판례집 17-1, 437, 448; 헌재 2011. 4. 28, 2009헌바167, 공보 175, 709, 712.

로 그 본질적 사항에 대하여 결정하여야 한다는 요구까지 내포한다. 헌법 제37조 제2항이 '법률로써'라고 규정한 것은 국민의 자유나 권리를 제한하는 행정작용의 경우 적어도 그 제한의 본질적인 사항에 관한 한 국회가 제정하는 법률에 근거를 두는 것만으로 충분한 것이 아니라 국회가 직접 결정함으로써 실질에 있어서도 법률에 의한 규율이 되도록 요구하고 있다.[44)]

따라서 현행 헌법의 해석으로는 지방자치법 제22조 단서를 위헌으로 보거나, 법령의 위임 없이 권리와 의무에 관련된 조례를 제정할 수 있는 포괄적인 자치입법권이 인정된다고 보기 어렵다. 대법원은 주민의 권리제한 또는 의무부과에 관한 사항이나 벌칙에 해당하는 조례를 제정할 경우에는 자치사무의 경우에도 조례의 성질을 묻지 아니하고 법률의 위임이 있어야 하고 그러한 위임 없이 제정된 조례는 효력이 없다고 판시[45)]하고 있다.

문제는 이른바 수익적인 조례와 '주민의 권리제한 또는 의무부과에 관한 사항이나 벌칙에 해당하는' 침익적인 조례는 동전의 양면이고, 특정한 자치행정을 위해서는 수익적인 성격의 조례와 침익적인 성격의 조례가 결합해야 하기 때문에, 사실상 거의 모든 자치입법권의 범위가 법률의 위임이 있는 경우로 제한되는 결과가 된다.

(3) 자치재정권

(가) 내 용

자치재정권은 지방자치단체가 재산을 관리하며, 재산을 형성하고 유지하고 법령의 범위 내에서 국가의 지시를 받지 않고 수입과 지출을 자신의 책임 하에 운영할 수 있는 권한이다. 지방자치단체는 행정목적의 달성을 위하여 또는 공익상 필요한 경우에는 재산을 보유하거나, 특정한 자금의 운용을 위한 기금을 설치할 수 있다(지방자치법 제142조).

자치재정권 중에서 자치수입권은 지방자치단체가 법령의 범위 내에서 자기책임 하에 그에 허용된 수입원으로부터 수입정책을 결정할 수 있는 권한을 말하는데, 자치에 필요한 경비를 주민에게 지방세로 부과하거나(지방자치법 제135조), 공공시설의 이용 또는 재산의 사용에 대하여 사용료·수수료·분담금(지방자치법 제138조, 제139조) 등의 공과금을 부과·징수할 수 있는 권한이 포함된다.[46)]

44) 헌재 1999. 5. 27, 98헌바70, 판례집 11-1, 633, 643-644; 헌재 2011. 4. 28, 2009헌바167, 공보 175, 709, 712.

45) 대법원 2007. 12. 13, 선고 2006추52 판결.

46) 헌재 2006. 2. 23, 2004헌바50, 판례집 18-1상, 170, 183; 헌재 2010. 10. 28, 2007헌라4, 판례집

지방자치법에 따라 분담금이 부과되는 재산 또는 공공시설의 설치에 해당하는지 여부는 지방자치단체별로 각각 다른 특성을 고려하여 판단할 수밖에 없으며, 특히 이익을 받는 주민의 일부 및 이익의 범위를 특정하는 것도 구체적인 인구분포, 기존에 설치된 시설과의 관계 등 지방자치단체마다 각각 다른 고유한 제반사정을 고려하여야 한다. 따라서 지방자치단체에 따라서 지극히 다양한 성질을 가지므로, 지방자치단체가 지방자치권의 취지에 따라 지역의 실정에 맞추어 각각의 책임 있는 결정을 내리도록 하는 것이 요망되기도 한다.[47)]

그런데, 이러한 지방자치단체의 자치재정권은 절대적인 것은 아니고, 지방세법, 지방재정법, 지방공기업법 등 법률에 의하여 형성되고 제한을 받는다.[48)]

(나) 제한과 한계

1) 법률에 의한 지방자치단체의 비용 부담 의무

헌법재판소는 교육재정에 대한 판단에서, "헌법 제31조 제2항·제3항으로부터 직접 의무교육 경비를 중앙정부로서의 국가가 부담하여야 한다는 결론은 도출되지 않으며, 그렇다고 하여 의무교육의 성질상 중앙정부로서의 국가가 모든 비용을 부담하여야 하는 것도 아니므로, 지방교육자치에관한법률 제39조 제1항이 의무교육 경비에 대한 지방자치단체의 부담 가능성을 예정하고 있다는 점만으로는 헌법에 위반되지 않는다. 헌법 제31조 제4항·제6항은 교육제도와 교육재정제도의 형성에 관하여 헌법이 직접 규정한 사항 외에는 입법자에게 위임하고 있으므로, 입법자는 중앙정부와 지방정부의 재정상황, 의무교육의 수준 등의 여러 가지 요소와 사정을 감안하여 교육 및 교육재정의 충실을 위한 여러 정책적 방안들을 구상하고 그 중의 하나를 선택할 수 있으며, 이에 관한 입법자의 정책적 판단·선택권은 넓게 인정된다."라고 설시하고, 의무교육 경비를 교부금과 지방자치단체의 일반회계로부터의 전입금으로 충당토록 규정한 지방교육재정교부금법이 위헌이 아니라고 판시한 바 있다.[49)]

2) 법률에 의한 행정재산에 대한 권리의무의 이전

지방자치단체 소유의 행정재산은 일반 공중의 공동사용에 제공되는 까닭에 공적 성격을 강하게 갖는 공물로서 그 목적에 부합하는 한도 내에서 그 관리 및 처분에 관하여 공법적 규율이 적용되므로, 국가적 사업의 실시와 관련된 경우에

22-2상, 775, 780.

47) 헌재 2011. 4. 28, 2009헌바167, 공보 175, 709, 713.

48) 헌재 2010. 10. 28, 2007헌라4, 판례집 22-2상, 775, 780.

49) 헌재 2005. 12. 22, 2004헌라3, 판례집 17-2, 650, 658-662.

행정재산에 대한 소유권을 지방자치단체로부터 농지개량조합으로 이전하는 것은, 채무도 인수하는 등의 합리성이 있다면, 지방자치의 본질적 내용을 침해한다고 볼 수 없다[50]는 헌법재판소 결정이 있다. 같은 취지로 지방자치단체는 주민의 복리를 위해 존재하는 점 등을 들어 기존의 지방자치단체의 정비기반시설의 소유권을 상실하고 신설되는 정비기반시설의 소유권이 관리책임이 있는 다른 지방자치단체에게 귀속되는 결과가 발생한다고 하더라도 해당 지방자치단체의 자치재정권의 본질적 내용을 침해한다고 볼 수 없다는 결정[51]이 있다.

3) 다른 기관의 권한 행사에 따른 지출 및 예산편성의 제한

헌법재판소는 서울시의 조례에 따른 수수료의 증가로 예산편성권이 침해되었다고 주장하는 강남구의 청구에 대하여, 조례의 시행으로 인한 반입수수료의 인상이 청구인에게 귀속된 '종량제폐기물 규격봉투가격을 결정할 권한' 및 '지방재정법에 의한 예산편성권한'의 행사에 어느 정도의 영향을 미치지만, 한 기관의 적법한 권한행사가 다른 기관의 권한행사에 불리한 영향을 미치는 경우에는 법률의 체계와 업무의 진행순서상 권한행사의 우선순위가 어디에 있는 것인지를 고려하고, 권한행사에 다른 기관을 일부러 불리하게 할 부당한 의도가 있는지 여부 등을 함께 고려하여야 한다[52]고 판시한 바 있다.

4) 자치수입권의 범위에 대한 한계

자치재정권의 내용으로 자치수입권이 있지만, 지방자치단체가 새로운 자치행정을 펼치기 위하여 주민에게 지방세를 부과하여 재원을 조달하고 싶어도 법률의 근거가 없으면 부과할 수 없는 한계가 있다.

헌법재판소의 판례에 의하면, 지방자치단체에 자치재정권이 있다는 사실만으로 특정한 조세 등 수입원을 보장받을 권한이 생기는 것은 아니고 법률의 규정에 의해서 비로소 그러한 권한이 생기는 것이고, 어떤 조세를 어떤 기관에 귀속시킬 것인가 하는 문제는 그 조세의 과세근거, 징수의 효율성, 조세의 귀속주체 간의 재정적 상태 등을 고려하여 국가정책적으로 결정할 사항이지, 어떤 종류의 조세를 반드시 국세나 지방세로 하여야 한다는 헌법적 근거나 논리적 당위성은 없다.[53] 입법자는 헌법 제59조에 근거하여 국가가 국민에게 어떠한 종류의 조세를 부과할 것인지, 그 조세를 국세나 지방세 중 어떤 것으로 할 것인지, 그리고 지방세로 할

50) 헌재 2006. 2. 23, 2004헌바50, 판례집 18-1상, 170, 183.

51) 헌재 2009. 5. 28, 2007헌바80등, 판례집 21-1하, 645, 660.

52) 헌재 2004. 9. 23, 2003헌라3, 판례집 16-2 상, 469, 482.

53) 헌재 2010. 10. 28, 2007헌라4, 판례집 22-2상, 775, 781-782; 헌재 2008. 11. 13, 2006헌바112등, 판례집 20-2하, 1, 55-56.

조세를 광역자치단체나 기초자치단체 중 어디에 귀속시킬 것인지 등을 결정할 권한이 있고, 이러한 입법자의 결단은 지나치게 자의적인 것이 아닌 한 존중되어야 한다. 이에 따라 특정세목의 귀속이 변경되더라도 100%를 상회하는 기준재정수요 충족도를 유지할 수 있으면 자치재정권이 유명무실하게 될 정도로 본질적인 내용이 침해되었다고 할 수 없다.[54)55)]

(4) 자치행정(조직 · 인사)권

(가) 내 용

헌법 제117조 제1항에 따라 지방자치단체는 주민의 복리에 관한 사무를 처리하고 소속 공무원에 대한 인사와 처우를 스스로 결정하는 자치행정(조직 · 인사)권을 가진다. 여기에는 자치사무의 수행에 있어 다른 행정주체(특히 국가)로부터 합목적성에 관하여 명령 · 지시를 받지 않는 권한도 포함된다.[56)]

지방자치단체는 그 조직을 구성할 권한을 가지고 있다. 이 자치조직권은 지방자치단체가 자신의 조직을 자주적으로 정하는 권능으로서 자치행정을 실시하기 위한 행정조직을 국가의 간섭으로부터 벗어나 스스로 결정하는 권한을 말하고, 이러한 권한이 제도적으로 보장되지 않을 때에는 지방자치단체의 자치행정은 그 실현이 불가능하게 된다.[57)]

조례에 의한 규제가 지역의 여건이나 환경 등의 특성에 따라 다르게 나타나는 것은 헌법이 지방자치단체의 자치입법권을 인정한 이상 당연히 예상되는 불가피한 결과이므로, 조례로 인하여 주민들이 다른 지역의 주민들에 비하여 더한 규제를 받더라도 헌법 제11조 제1항의 평등권이 침해되었다고 볼 수는 없다.[58)59)]

이러한 취지에 비추어 보면 지방자치단체가 그 지방의 실정에 맞게 자치사무에 관하여 합목적적인 판단을 통하여 행하는 자치행정의 자율성이 보장된다. 이러

54) 헌재 2010. 10. 28, 2007헌라4, 판례집 22-2상, 775, 781-782.

55) 비교) 독일기본법 제106조~107조 등은 조세수입의 귀속 주체를 연방, 주, 지방자치단체 등으로 명시하고 있다.

56) 헌재 2008. 5. 29, 2005헌라3, 판례집 20-1하, 41, 48; 헌재 2009. 5. 28, 2006헌라6, 판례집 21-1하, 418, 428.

57) 헌재 2008. 6. 26, 2005헌라7, 판례집 20-1하, 340, 357.

58) 헌재 1995. 4. 20, 92헌마264등, 판례집 7-1, 564, 575; 헌재 2009. 10. 29, 2008헌마454, 판례집 21-2하, 402, 416.

59) 독일기본법 제3조 제1항에 따른 평등 위반 주장에 대해서도, 동일한 게마인데 내에서만 보호받을 수 있다. 어떤 동일한 내용의 사안도 각각의 게마인데의 관할 사항은 다른 게마인데와는 별개의 것으로 다루어진다. BVerfGE 1, 5; BVerfGE 32, 346, 360 등(하인리히 숄러, 김해룡 역, 독일 지방자치법 연구, 한울아카데미, 169면에서 인용).

한 자치행정의 방향에 대한 통제는 궁극적으로 선거를 통하여 이루어지고, 중앙행정기관의 관여를 제한하는 것이 지방자치제도의 취지에 부합하는 측면이 있다.

(나) 감독과 합목적성 감사에 의한 제한

그런데, 지방자치도 국가적 법질서의 테두리 안에서만 인정되는 것이고, 지방행정도 중앙행정과 마찬가지로 국가행정의 일부이므로 지방자치단체는 어느 정도 국가적 감독, 통제를 받는다.

헌법재판소는 지방자치단체의 자치사무에 대한 감사원의 합목적성 감사를 긍정하였다. 헌법이 감사원을 독립된 외부감사기관으로 정하고 있는 취지, 국가기능의 총체적 극대화를 위하여 중앙정부와 지방자치단체는 서로 행정기능과 행정책임을 분담하면서 중앙행정의 효율성과 지방행정의 자주성을 조화시켜 국민과 주민의 복리증진이라는 공동목표를 추구하는 협력관계에 있다는 점에 비추어 보면, 감사원에 의한 지방자치단체의 자치사무에 대한 감사를 합법성 감사에 한정하고 있지 아니한 감사원법 제24조 제1항 제2호 등 관련규정은 그 목적의 정당성과 합리성을 인정할 수 있고, 감사의 생략, 자체감사사무의 지원, 감사의 대행 등 지방자치단체의 자치권을 존중할 수 있는 장치가 있는 점, 국가재정지원에 상당 부분 의존하고 있는 지방재정의 현실, 독립성이나 전문성이 보장되지 않은 지방자치단체 자체감사의 한계 등으로 인한 외부감사의 필요성까지 감안하면, 위 관련규정으로 인하여 지방자치단체의 인사권이나 자치행정의 자기책임적 판단이 말살될 정도로 지방자치권의 본질이 훼손되었다고 보기는 어렵다는 판단이다.[60)]

이에 대하여, 지방자치단체의 자치사무에 대한 자치권 보장은 지방자치권의 최소한의 본질적 요구이므로 그에 대하여 감사원은 합법성의 감사, 즉 법령의 위반 여부에 대하여만 감사권을 행사할 수 있고 그 합목적성에 대하여는 감사권을 행사할 수는 없으며, 합목적성에 대한 감사를 한다면 지방자치단체는 자치사무에 대하여 자율적인 정책결정을 하기 어렵고, 그로 인하여 지방자치단체는 독립성과 자율성을 크게 제약받아 중앙정부의 하부행정기관으로 전락할 우려가 다분히 있게 되어 지방자치제도의 본질적 내용을 침해한다는 반대의견[61)]이 있다.

이러한 반대의견 중 "자치사무는 지방자치단체가 주민의 복리를 위하여 처리하는 사무이며, 법령의 범위 안에서 그 처리 여부와 방법을 자기책임 아래 결정할 수 있는 사무로서 지방자치권의 최소한의 본질적 사항이므로 지방자치단체의 자치권을 보장한다고 한다면 최소한 이 같은 자치사무의 자율성만은 침해해서는 안

60) 헌재 2008. 5. 29, 2005헌라3, 판례집 20-1하, 41, 51.

61) 헌재 2008. 5. 29, 2005헌라3, 판례집 20-1하, 41, 53-54.

된다."는 내용은 이후 법정의견[62)]이 되었다. 따라서 중앙행정기관이 구 지방자치법 제158조 단서가 규정한 자치사무에 대한 법령위반사항 감사에 착수하기 위해서는 자치사무에 관하여 특정한 법령위반행위가 확인되었거나 위법행위가 있었으리라는 합리적 의심이 가능한 경우이어야 하고, 또한 그 감사대상을 특정해야 한다. 따라서 자치사무에 대한 합목적성 감사를 하는 셈이 되는 포괄적·사전적 일반감사나 위법사항을 특정하지 않고 개시하는 감사 또는 법령위반사항을 적발하기 위한 감사는 허용될 수 없다.[63)]

(다) 법령에 의한 제한

자치행정권도 법령의 범위 안에서 보장된다.

수도권정비계획법 제18조가 수도권지역에서의 공장의 신설 등에 관하여 총량을 정하도록 하고 지방자치단체의 장 등으로 하여금 이를 초과하는 허가 등을 하지 못하도록 하였다 하더라도, 지방자치단체는 총량을 초과하는 경우의 허가권 행사만이 제한될 뿐 그 밖에는 여전히 주민의 복리에 관한 사무를 처리할 수 있는 것이므로, 지방자치의 본질적 내용을 침해한다고 볼 수 없다.[64)]

행정자치부장관이 초과근무수당 지급대상자 및 초과근무 인정범위에 대하여 규정한 지방공무원수당업무처리지침은 공무원의 적정한 배치와 지방의 균형적 발전이라는 국가 전체적인 차원의 공익에 비추어 합리성을 인정할 수 있어서, 지방자치단체가 시간외근무수당에 대한 예산을 자유롭게 편성하고 집행하는 것을 제한하는 측면이 있으나, 지방자치단체의 무분별한 재정운영을 제한하는 정도일 뿐이지 예산편성과 재정지출에 대한 지방자치단체의 고유한 권한을 유명무실하게 할 정도의 지나친 규율이라고는 볼 수 없으므로, 청구인의 자치권을 본질적으로 침해하는 것이 아니다.[65)]

또한 헌법 제118조 제2항이 지방의회의 조직·권한·의원선거에 관한 사항을 법률로 정하도록 위임한 점, 그에 따라 국회가 기초의원 후보자를 정당이 추천할 수 있도록 입법한 점 등에 비추어 볼 때, 기초의원 후보자에 대한 정당추천제도가 지방자치제도나 지방의회제도의 본질을 훼손하여 헌법에 위반된다고 할 수 없다.[66)]

62) 헌재 2009. 5. 28, 2006헌라6, 판례집 21-1하, 418, 429.

63) 헌재 2009. 5. 28, 2006헌라6, 판례집 21-1하, 418, 431-432.

64) 헌재 2001. 11. 29, 2000헌바78, 판례집 13-2, 646, 657-658.

65) 헌재 2002. 10. 31, 2001헌라1, 판례집 14-2, 362, 371; 헌재 2002. 10. 31, 2002헌라2, 판례집 14-2, 378, 387-389.

66) 헌재 2007. 11. 29, 2005헌마977, 판례집 19-2, 645, 654.

지방자치단체는 독립된 법인이기는 하지만 국가의 주권성을 전제로 하는 국가의 구성요소이므로 국가적 통일성을 유지하기 위하여 국가의 관여가 필요하거나 특정 사안이 해당 지방자치단체의 문제에 그치지 않고 국가전체의 문제와 직결되는 등의 경우에는 지방자치단체의 독자성을 보장하는 범위 내에서 필요에 따라 자치사무라 하더라도 국가가 관여할 수 있다. 따라서 지방의회의원과 지방자치단체장을 선출하는 지방선거는 지방자치단체의 기관을 구성하고 그 기관의 각종 행위에 정당성을 부여하는 행위로 지방선거사무는 지방자치단체의 존립을 위한 자치사무이지만, 그 사무가 갖는 여러 가지 특성 때문에 지방자치단체가 이를 처리하기에는 어려운 점이 있으므로, 관련 법령들이 지방선거의 관리사무를 정파를 초월한 중립 기구인 선거관리위원회가 하도록 한 것이 헌법 또는 법률상 금지되어 있는 것은 아니다.[67] 지방자치단체 및 지방의회의 조직과 운영 등에 관한 사항을 법률로 정하도록 한 헌법 제118조 제2항의 취지에 따라서, 자치사무인 지방선거에서 지방자치단체의 장의 계속 재임을 3기로 제한하는 것도 가능하다.[68]

(라) 상위 지방자치단체와의 권한 조정

시장·군수가 온천개발계획 수립에 관한 직무를 이행하지 아니하는 경우에 시·도지사가 시장·군수를 감독할 수 있도록 하고, 시장·군수가 상급 지방자치단체인 시·도지사의 이행명령에도 불응하는 경우에 비로소 시장·군수의 권한을 배제시키고 온천우선이용권자가 온천개발계획을 수립하여 시·도지사의 승인을 받도록 하고 있으므로, 시장·군수가 온천개발계획을 수립하지 아니하는 경우에 시·도지사가 시장·군수에게 일정한 기간 내에 온천개발계획을 수립하도록 이행명령을 하여야 하고, 시장·군수가 그 이행명령을 이행하지 아니한 때에는 온천의 우선이용권자가 직접 온천개발계획의 수립 및 승인신청을 할 수 있도록 규정한 구 온천법 제7조 제1항 단서가 시장·군수의 지방자치권한을 침해한다거나 지방자치제도의 본질적인 내용을 침해한다고 보기 어렵다는 결정례[69]도 있다.

그런데 법률에 따른 의무사항이 아니라 정책에 따른 판단여지가 있거나 재량이 있는 자치행정사무에서, 중앙정부 또는 광역자치단체가 자신의 정책판단에 따라 지방자치단체의 판단을 번복하는 것이 과연 지방자치를 통하여 추구하려는 목적과 부합하는지는 의문이다.

---

67) 헌재 2008. 6. 26, 2005헌라7, 판례집 20-1하, 340, 357-359.

68) 헌재 2006. 2. 23, 2005헌마403, 판례집 18-1상, 320, 329, 333 참조.

69) 헌재 2008. 4. 24, 2004헌바44, 판례집 20-1상, 453, 464.

(5) 지방교육자치

지방교육자치의 기본원리로는 주민참여의 원리, 지방분권의 원리, 일반행정으로부터의 독립, 전문적 관리의 원칙 등이 있다. 헌법재판소는 "지방교육자치도 지방자치권 행사의 일환으로서 보장되는 것이므로, 중앙권력에 대한 지방적 자치로서의 속성을 지니고 있지만, 동시에 그것은 헌법 제31조 제4항이 보장하고 있는 교육의 자주성·전문성·정치적 중립성을 구현하기 위한 것이므로, 정치권력에 대한 문화적 자치로서의 속성도 아울러 지니고 있다. 이러한 '이중의 자치'의 요청으로 말미암아 지방교육자치의 민주적 정당성 요청은 어느 정도 제한이 불가피하게 된다. 지방교육자치는 '민주주의·지방자치·교육자주'라고 하는 세 가지의 헌법적 가치를 골고루 만족시킬 수 있어야만 한다."[70]라고 판시하였다.

Ⅲ. 현행 헌법상 지방자치권의 한계와 대안

1. 앞에서 살펴 본 지방자치권의 내용에서는 몇 가지 한계가 존재한다.

(1) 우선 입법으로도 침해될 수 없는 지방자치의 본질적 내용인 핵심영역을 헌법이 보장하고 있다고 설시하지만, 그러한 본질적인 핵심영역이 무엇인가에 대해서는 헌법은 아무런 기준을 제시하지 아니한다. 우리 헌법은 독일기본법 제28조 제2항, 제3항, 제4항에서 규정하고 있는 지방자치단체의 규율권한과 재정고권, 연방정부의 보장의무 등과 같은 규정을 두고 있지 않다. 독일의 경우 역사적인 방법론에 의하여 고찰할 경우, 지방자치단체 사무의 핵심영역은 구체적으로 확정되거나 또는 확정적인 징표에 의해 확정될 수 있는 일련의 사무가 아니라, 지방자치단체의 효과영역의 일반성(보편성) 그 자체, 즉 법률의 규정에 의해 다른 공행정의 주체에게 위임되어 있지 않는 경우 특별한 권한명의 없이 지역공동체의 모든 사무를 처리할 수 있는 권능 그 자체가 본질적 내용이며 불가침의 핵심영역에 해당한다는 판례가 있다.[71] 한편 특정한 입법적 규율이 지방자치단체의 법적 지위에

70) 헌재 2002. 3. 28, 2000헌마283등, 판례집 14-1, 211, 222-223; 헌재 2000. 3. 30, 99헌바113, 판례집 12-1, 359, 368-369; 헌재 2008. 6. 26, 2007헌마1175, 판례집 20-1하, 460, 464-465; 헌재 2009. 9. 24, 2007헌마117등, 판례집 21-2상, 709, 718.

71) BVerfGE 79, 127(146)(정재황 외4, 지방자치의 헌법적 보장 — 지방자치와 입법권의 한계 —, 헌법재판연구 제17권, 242면에서 재인용).

대한 침해가 아니라 지방자치행정권의 내용을 형성하는 규율로 판단되는 경우 비례의 원칙이 적용될 여지는 없다고 한다.[72)]

그러한 판시를 참고할 수는 있겠지만, 지방자치제 시행의 역사와 배경이 다른 우리 헌법의 해석에서 반드시 그대로 원용할 수 있는 것으로 보이지는 아니한다.

(2) 구체적으로 자치입법권에는 법령이 상위법이 되고, 법령의 위임을 필요로 함에 따른 한계가 존재한다. 또한 헌법 제37조 제2항 및 지방자치법 제22조 단서에 근거한 법률유보원칙에 따른 한계가 존재한다. 사실상 국민의 권리와 의무와 무관한 자치입법이 존재하기 어려우므로, 제한적인 자치입법권의 범위는 정치적 다원주의의 실현이나 자율적인 지방행정의 대처를 어렵게 만든다.

(3) 지방자치단체의 자치재정권도 법률에 의한 제한을 크게 받고 있다. 우선 자치수입권을 지역에 따라 독자적으로 행사하기 어려운 실정이다. 지방세기본법 제4조는 지방자치단체는 이 법 또는 지방세관계법에서 정하는 바에 따라 지방세의 과세권을 갖는다고 규정하고, 제5조에서 지방세의 부과·징수에 관한 조례는 지방세기본법 또는 지방세관계법에서 정하는 범위에서 정하여야 한다고 규정하고, 제7조와 제8조에서 지방세의 세목과 지방자치단체의 세목을 규정하고 있다. 이런 구조에서는 법적으로도 지방자치단체가 자율적으로 지방세 등을 부과하여 재정을 확보할 방법이 없다. 지출의 측면에서는 헌법재판소 판례에서 보듯이 특정한 사무의 비용을 지방자치단체가 부담하도록 법률이 규정하는 것이 허용되기도 한다.

낮은 재정자립도로는 지방자치를 제대로 할 수 없다. 예산지원 없는 국가사무의 지방이양으로 인하여 지방자치단체가 오히려 국가사무를 사치사무로 전환하는 것을 반대하게 되는 실정이다.[73)] 자치단체의 장은 중앙정부나 국회의원에게 특별교부세·특별교부금을 달라고 매달리게 되고, 자치단체의 장의 역량은 중앙정부의 예산을 따오고 중앙정부의 예산집행이 수반되는 국책사업의 유치로 평가된다.[74)] 재정이 없으니 지방자치단체는 지역발전을 위한 계획을 스스로 수립하지 못하고, 중앙정부에 책임을 돌리며 지방자치단체의 장은 책임도 지지 않는다.[75)] 이러한 모습이 지방자치제도를 실시한 원래의 목적과 배치됨은 첨언을 요하지 않는다.

(4) 지방자치단체가 지방의 실정에 맞게 추구하는 새로운 실험을 뒷받침할 수 있는 자치입법권, 자치재정권이 뒷받침되지 않은 자치행정권에는 한계가 있

---

72) 정재황 외4, 지방자치의 헌법적 보장 ─ 지방자치와 입법권의 한계 ─, 헌법재판연구 제17권, 244면.

73) 홍정선, 지방자치 헌법, 이대로 둘 것인가?, 한국법제연구원, 법연 2011. 4. 법제칼럼.

74) 류정수(광주광역시 서구의원), 국회의원과 '구걸자치', 한겨레 2011. 5. 24. 29면 참조.

75) 하승수, 지방정부에 재정권 주고 책임도 물어야, 한겨레 2011. 5. 18. 34면 참조.

다. 자치행정의 합목적성이 존중되더라도, 합법성 영역에서 법률유보원칙과 법령우위원칙의 적용을 받은 뒤의 합목적성의 영역은 매우 제한적이다. 그 결과로 축제, 청사 건설, 지방공기업의 설립 등과 같은 외형적인 모습들이 자치행정의 대표적인 이미지가 되었고, 주민의 삶이 변화하지 않으면서 지방분권화의 과실은 지역토호 세력이 가져가는 지방자치제의 필요성에 대한 의문을 제기하는 여론이 커지게 된다.

지방자치제를 실시하는 목적인 주민의 자치와 지역실정에 따른 행정을 위해서는, 자치행정을 통하여 지역적 특성에 따른 지역적 실험을 할 수 있어야 한다.[76] 예를 들어 중앙정부는 전국적으로 도입하기 전에 가늠해 보기 위하여 제주특별자치도나 경제자유구역 등에서 영리병원 제도 등을 허용하려는 정책을 입법으로 국회에서 결정하고자 한다. 그러한 실험을 지역실정을 잘 아는 주민의 대표인 지방자치단체와 지방의회의 결정으로 할 수 있어야 한다. 중앙정부와 지방정부의 이해관계가 다르고 특정한 사업과 관련하여 전체국민과 지역주민에 대한 비용편익의 분석결과가 다르므로, 지방자치단체 별로 자율적으로 하는 행정의 실험이 주민자치의 측면에서 더 바람직하다. 중앙정부는 지방자치단체가 필수적인 규제나 행정을 하지 않으려는 시도, 다른 지역으로 외부효과를 유발하는 시도, 전국적으로 통일된 규율을 할 필요가 있는 영역에 대한 변형 시도 등만을 법령을 통하여 제한하면 된다.

강력한 중앙 집중적인 행정은 효율적으로 보이지만, 장기적인 혁신의 측면에서 생각하면 효율성이 떨어질 수 있다. 일원적인 중앙정부의 정치적인 변화는 혁신과 제도개선을 일거에 부정할 위험이 있다. 반면 정치적·사회적 변화에도 불구하고, 경쟁하고 자율적인 지방정부 중 일부는 혁신과 제도개선을 수용하여 보존한 다음 본보기가 되어 다시 전파할 수 있다.[77]

76) 중앙정부가 추진하는 지방분권사업, 공공기관 지방 이전사업 등은 중앙 정부의 정책이지 지방자치단체의 정책이 아니다.

77) 정치적으로 통일된 중앙정부가 혁신을 수용하지 않아 앞섰던 중국이 혁신성을 잃고 돌이킬 수 없는 낙후를 초래한 반면, 뒤졌고 분열되어 있던 유럽은 기술과 아이디어를 한꺼번에 차단할 수 있는 폭군이 존재하지 않았기 때문에 중국을 추월할 수 있었다는 분석 참조.
재레드 다이아몬드, 김진준 역, '총, 균, 쇠', 개정증보판, 문학사상, 368, 601~608, 663면.

2. 현행 헌법 아래서 지방자치권의 확대를 위한 방안의 모색

(1) 지방자치권의 본질

입법이 사실상 지방자치권의 범위를 형성하고 제한할 수 있는 우리 헌법 아래에서 지방자치의 핵심영역이 입법과 판례를 통하여 축적되기를 기다려야 할 것으로 생각한다. 다만 지방자치권의 범위를 확대하고 중앙정부의 개입을 축소하는 방향에 대한 사회적·국민적 합의가 선행되어야만 할 것이다.

지방자치의 본질이 최소한의 제도보장인가 여부에 대한 논의가 있지만, 일응 최소한의 제도보장론을 따르는 경우에도, 현재 지방자치단체가 행사하고 있는 권한과 재량을 축소하는 입법이 지방자치권을 침해하는지 여부를 심사할 때는, 단순한 합리성 심사기준을 넘는 엄격한 심사를 생각해 볼 수 있을 것이다.

(2) 자치입법권

자치입법권과 관련해서는 우선 지방자치법 및 여러 법률에서 자치사무 및 지방자치단체의 권한사항을 확대할 필요성이 있다. 지방자치법에 일정한 영역의 사무에 대하여 포괄적인 수권조항을 마련하는 것도 생각할 수 있다. 포괄적인 수권조항과 헌법재판소와 법원의 적극적인 해석이 결합하여 자치사무의 영역이 넓어지는 경우,[78] 지방자치단체가 지역의 실정에 맞는 자치입법권을 행사할 수 있는 범위 및 법률유보 원칙을 준수한 자치입법의 영역이 넓어진다.

기관위임사무와 관련해서도 그것이 전국에 걸쳐 일률적인 내용을 규율할 필요성이 있는 경우 및 명시적으로 법률이 달리 정하고 있는 경우 등을 제외하고는 조례로 일정한 사항을 자치단체의 특성에 따라 규율할 수 있다는 내용의 포괄적인 위임근거를 지방자치법 등에 신설할 수도 있다.

또한 조례에 우선하는 법령의 범위를 제한하는 방식을 검토할 수 있다. 즉 '법률-시행령-시행규칙-이른바 법규명령으로 기능하는 행정규칙-조례' 순으로 상위-하위규범을 해석하는 현재의 해석과 달리, 적어도 헌법에 근거가 있는 대통령령, 총리령, 부령까지만 조례에 우선하는 규범으로 보는 헌법해석론을 상정해 볼 수 있다.

---

78) 헌재 2008. 12. 26, 2007헌마1387, 판례집 20-2하, 882, 901의 다음 설시를 주목할 수 있다.
"법에서 이미 자유재량사항인 도로점용허가에 관한 사항을 관할 행정청이 결정하도록 권한을 부여하고 처분의 법적 근거를 마련한 이상, 행정청이 조례로 구체적인 처분의 기준을 정함에 있어 반드시 위 법적 근거와는 별도의 법령의 위임이 있어야 하는 것은 아니다."

조례에 우선하는 법령의 범위를 제한하는 입법 방식도 검토할 수 있다. 조례에 위임하는 근거를 법률 자체에서 두는 방식, '대통령령이 정하는 범위 내에서' 조례에 위임하던 법률에서 '대통령령이 정하는 범위 내에서'라는 문구를 삭제하여 법률이 바로 조례에 위임하도록 개정하는 방식 등이다. 실제로 '도시 및 주거환경정비법'(2010. 4. 15. 법률 제10268호로 개정된 것) 제16조 제1항 제3호의 개정이유를 보면 입법부도 이러한 문제를 인식하고 있다.[79]

한편 자치입법의 무효를 구하는 추상적인 기관소송을 최소화할 필요성도 있다. 지방자치법 제172조는 제소를 할 수 있다는 근거규정이지 제소를 하여야 한다는 의무규정은 아니다. 지방의회의 조례재의결의 무효확인을 구하는 소송에서 조례안 중 일부가 위법하면 조례안에 대한 재의결은 전부 효력이 부인된다는 것이 대법원의 판례이다.[80] 학교급식을 위해 국내 우수농산물을 사용하는 자에게 식재료나 구입비의 일부를 지원하는 것 등을 내용으로 하는 지방자치단체의 조례안이 '관세 및 무역에 관한 일반협정'에 위반되어 그 효력이 없다고 한 사례들[81]에서 교육감들이 도의회를 상대로 제소하여야만 했는지에 대해 다른 입장이 있을 수 있다. 자율적인 자치행정을 위한 자치입법권의 행사가 구체적으로 주민 또는 주민 이외의 자의 권리의무를 침해하여 사건화가 되었을 때 조항별로 개별적으로 판단하는 것이 자치입법권이 더 존중되는 방안이 될 수 있다.

헌법 개정의 기회에 조례로 규정할 수 있는 사항과 조례로 기본권을 제한할 수 있는 영역에 대한 규정을 신설하자는 논의[82][83]도 있다.

---

79) 구법이 정비사업의 추진위원회가 조합을 설립하고자 할 경우 정관 및 국토해양부령이 정하는 서류를 첨부하여 시장·군수의 인가를 받도록 규정하고 있으나, 이를 근거로 한 같은 법 시행규칙(국토해양부령)이 조합설립인가 신청 서류에 '그 밖에 특별시·광역시 또는 도의 조례가 정하는 서류'를 포함하여, 결국 시행규칙에 의하여 조례의 존립 여부가 결정 될 소지가 있으므로, 조례 제정 근거를 시행규칙이 아닌 법률에서 정함으로써 하위법령에 의하여 조례 제정이 좌우되는 문제점을 해소하기 위하여 개정되었다. 조례의 위임 근거를 국토해양부령(시행규칙)이 아닌 법률에서 직접 규정하도록 상향 규정함으로써 법령체계를 정비하는 취지로 조례제정 근거를 부령보다는 법률에 그 근거를 두는 것이 민주성을 가진 지방자치단체의 자치입법권 강화에 부합하고, 특히 주민의 권리제한 또는 의무부과에 관한 사항이나 벌칙을 정하는 경우 법률의 위임이 있어야 한다는 지방자치법 제22조의 취지에 부합한다.

(2010. 2. 국토해양위원회 수석전문위원 임병규 작성, '도시 및 주거환경정비법' 일부개정 법률안 국토해양위원회 검토보고서, 54~56면; 동 위원회 심사보고서 2~5면.)

80) 이러한 대법원의 판례로 인하여 조례의 존립을 좌우하는 본질적인 부분이 아닌 부분에 위법이 있는 경우에도, 중요하고도 필요한 많은 조례가 전부 무효화되고, 조례제정을 위한 지방의회, 주민, 집행기관 등의 각고의 노력을 무위로 만들었다는 비판을 하면서, 조례안 일부무효판결이 조례의 존속가치를 높여 타당하다는 견해가 있다(김성호·황아란, 조례제정권 범위 확대에 관한 연구, 한국지방행정연구원 연구보고서 1999-02, 제318권, 287~288면).

81) 대법원 2005. 9. 9. 선고 2004추10 판결; 대법원 2008. 12. 24. 선고 2004추72 판결.

82) 홍정선, 지방자치 헌법, 이대로 둘 것인가?, 한국법제연구원, 법연 2011. 4. 법제칼럼.

(3) 자치재정권

‘법률이 정하는 바에 의하여 납세의 의무를 진다.’라고 규정한 헌법 제38조, ‘조세의 종목과 세율은 법률로 정한다.’라고 규정한 헌법 제59조에 비추어 볼 때, 현행 헌법상 지방자치단체가 조례만으로 독자적인 세목의 지방세를 부과할 수는 없을 것으로 보인다.

다만 각종 조세의 특례혜택이 있는 지역을 중앙정부에서 지정하거나 조세를 중과하는 지역을 중앙정부에서 입법으로 정할 수 있는 것처럼, 지방자치단체도 지방세 감면에 따른 시설과 투자의 유치, 지방세 증세를 통한 자치행정의 개선 등을 할 수 있는 재량을 가지는 것이 바람직할 수도 있다. 지방세기본법, 지방세법 등에서 지방세의 세목을 예시적으로 열거하고, 지방자치단체가 그 고유의 실정에 따라 담세력을 확인하는 경우 조례로 새로운 세목의 지방세를 부과할 수 있는 여지를 두는 입법을 상정해 볼 수 있다.[84] 다만 조세법률주의와의 관계에서, 포괄적인 위임도 허용되는 다른 경우보다는 세목 신설과 관련해서는 위임의 구체성이 있어야 할 것이다. 역시 지방세법 등에서는 세율의 범위만 규정하고, 구체적인 세율은 조례로 정하도록 함으로써 지방자치단체가 지방세의 감면 또는 증세를 결정하는 입법방식도 검토해 볼 수 있다. 조례가 법령에 위반되지 아니한다면 이러한 입법방식을 반드시 헌법이 금지하고 있다고 볼 것은 아니다.

지방세법이 구체적인 사항을 대통령령과 행정안전부령에 위임하고 있는 입법형식을 조례에 위임하는 방식으로 개정할 수도 있을 것이다.

지출의 측면에서는 예산을 수반하는 입법에 대하여 심사를 하는 것과 마찬가지로, 지방자치단체의 비용부담의무를 수반하거나 국가사무를 자치사무로 이관하는 입법의 경우에는 그에 상당하는 중앙정부의 예산 지원을 수반하도록 할 필요성이 있다.[85]

---

83) 참조: 프랑스 헌법 제72조 ④ 공적 자유의 행사를 위한 기본 요건 또는 헌법에서 보장하는 권리의 실행의 본질적인 요건에 반하는 경우를 제외하고, 지방자치단체·지방자치단체연합은 조직법 (경우에 따라) 법률 또는 규칙에서 정하는 바에 따라 제한된 목적과 기간에 한하여 실험적으로 그 권한에 대한 법률·행정입법의 조항을 위반할 수 있다.

제37-1조 법률과 행정입법은 제한된 목적과 기간에 한하여 실험적인 조항을 포함할 수 있다.

84) 지방세의 보편성의 원칙에 따라, 세목 자체가 특정지역에만 편재하지 않아야 한다는 한계를 설정할 수 있다. 하지만 지방세의 보편성의 원칙은 오늘날 불가능한 것이 되었으므로, 편재적 세원의 발굴을 보편성 원칙을 들어 반대할 수 없다는 논의가 있다. —최봉석, 지방자치의 기본법리, 한국법제연구원, 2007, 75면.

85) 참조: 프랑스 헌법 제72-2조 ④ 국가와 지방자치단체간의 모든 권한이양은 그 권한의 행사에 조달되었던 재원의 이양을 수반한다. 지방자치단체의 지출을 증가시키는 모든 권한의 신설 또는

지방자치단체의 자치재정권을 강조한다면 국세의 상당 부분을 지방세로 전환할 수도 있을 것이다.[86][87] 그러나 인구와 부의 지역적 편중 현상이 심각한 현실에서, 헌법 제119조 제2항, 제120조 제2항, 제122조, 제123조 제1항, 제2항 등이 규정하고 있는, 균형있는 국민경제와 소득의 분배, 국토의 효율적이고 균형있는 개발과 이용, 농·어촌종합개발과 지원, 지역간의 균형 발전을 위한 지역경제 육성 등의 헌법적 가치가, 국세의 지방세 전환에 대한 한계가 될 것이다.[88] 이와 관련하여 지방자치단체가 적정한 재정을 교부해 줄 것을 청구할 수 있는 권한을 보장하는 입법을 상정할 수 있다.[89]

(4) 자치행정권

자치입법권과 자치재정권의 폭이 넓어질 때 자치행정권의 자율성의 범위도 커지고, 지방선거를 통한 지방정부의 구성변화가 실제 생활을 규율하고[90] 변화시키는 모습을 보여줄 때, 지방자치제도와 풀뿌리 민주주의라는 말로 대변되는 주민자치의 필요성에 대한 국민적 합의가 커질 것이다.[91]

확대는 법률에서 정하는 재원을 수반한다.

86) 참조: 프랑스 헌법 제72-2조 ③ 지방자치단체들의 세입 및 기타 고유의 재원은 각 지방자치단체의 재원의 결정적 부분을 형성한다. 조직법률을 통하여 이러한 규정의 실행을 위한 요건을 정한다.

87) 2007. 조세총액에서 차지하는 비율이 우리나라는 국세 78.8%: 지방세 21.2%인 반면, 일본은 국세 56.7%: 지방세 43.3%였다. 지방세 비중이 커질수록 지방정부의 과세자주권이 미칠 수 있는 세원의 규모가 커지고 재정자립의 정도가 커질 것이다.
(한일 지방자치 비교, 한국지방자치학회 편, 2010. 대영문화사, 79~82면(집필자 이정만) 참조)

88) 참조: 프랑스 헌법 제72-2조 ⑤ 법률에 지방자치단체 간 평등을 촉진하기 위한 (재정)조정조항을 둔다.

89) 독일기본법 제28조 제2항 제3문, 제107조 제2항 참조.
제28조(州헌법) ② (1, 2문 생략) 재정적 자기책임의 기초 하에 자치권은 보장된다.
제107조(재정조정과 보조금할당) ② 각 州의 상이한 재정력의 적절한 조정이 법률에 의해서 확보되어야 한다. 이 경우 지방자치단체(지방자치단체연합체)의 재정력과 재정수요를 고려하여야 한다. 조정을 요구할 수 있는 州의 조정청구권과 조정에 응해야 할 州의 조정의무에 관한 요건과 조정급부액의 기준은 법률에서 정해야 한다. 동법률은 연방은 급부능력이 약한 州에 대하여는 일반적인 재정수요를 충당시켜주기 위해 연방의 재원으로부터 교부금을 지급한다는 것(보조금할당)도 규정할 수 있다.

90) 정재황 외4, 지방자치의 헌법적 보장 ― 지방자치와 입법권의 한계 ―, 헌법재판연구 제17권, 57면 참조.
2003년 개정된 프랑스 헌법 제72조 제2항은 지방자치단체는 그들 차원에서 가장 잘 실행될 수 있는 권한들 전반에 관한 결정을 할 권한을 가진다고 규정하여 지방차원에서의 사무는 당해 지방자치단체가 그 지방에서 가장 적절히 잘 수행할 수 있도록 하고 그리하여 당해 지방자치단체가 주도적으로 그러한 권한을 일반적으로 행사하고 사무를 수행하도록 하는 것을 원칙적으로 하며 국가는 그러한 수행이 어려울 때 개입하게 되는 것을 의미하는 이른바 '보충성의 원칙'을 설정하고 있다.

91) 뛰어난 성과를 내어 다른 지방자치단체가 배울 수 있는 혁신과 과정, 우수사례를 모범 자치단

그러한 국민적 신뢰가 커지면 커질수록,[92] 대법원의 기관소송이나 헌법재판소의 권한쟁의심판 등에서 지방자치권한을 제한하는 법령에 대하여 더 엄격하게 심사할 가능성이 커질 것이다.

Ⅳ. 결　　론

현행 헌법은 지방자치제도에 대한 경험이 적은 시대적 환경에서 탄생함에 따라, 적극적인 지방자치단체의 자율성을 보장하였다기보다는, 중앙정부의 법률·대통령령·총리령·부령이 사실상 자치권한을 형성하고 한계를 지정할 수 있고 매우 제한적인 영역에서만 자율성을 행사할 수 있는 방식으로 규정한 것으로 평가할 수 있다. 따라서 입법이 문제되는 경우, 실제 법원의 재판이나 헌법소송과정에서 주문에 영향을 미칠 수 있는, 지방자치권한의 본질 또는 핵심적 내용은 헌법상 공허하거나 매우 협소하다고 판단된다.

그러나 이러한 한정적인 성격은 법령의 우위와 기본권 제한의 법률유보원칙에서 기인한 것이므로, 헌법은 법률의 규정을 통하여 자치입법권과 자치재정

체로 선정하여 다른 지방자치단체에 우수사례를 확산시키려는 영국의 모범 자치단체 계획(Beacon Council Scheme)을 참고할 수 있을 것이다. 선진외국의 지방자치제도(Ⅰ), 행정자치부, 지방자치제도 연구자료, 2000. 113~120면 참조.

92) 정재황 외4, 지방자치의 헌법적 보장－지방자치와 입법권의 한계－, 헌법재판연구 제17권, 16~24면에 소개된 딜론의 원칙과 홈원칙 참조.

미국 지방자치단체의 권한의 한계를 밝히기 위해 주법의 해석에 관한 딜론의 원칙은 다음과 같다. "지방자치단체의 권한보유여부 및 그 범위와 관련하여 첫째, 명문으로 부여된 권한, 둘째, 명문으로 부여된 권한에 필요불가결하게 또는 공정하게 함축되거나 수반되는 권한들, 셋째, 당해 지방자치단체의 명시적 과제와 목적에 본질적인 권한, 이 권한은 도움이 되는 정도가 아니라 필수적인 것이어야 한다." 어떤 권한의 존부에 관한 합리적인 의문은 법원에 의하여 지방자치단체에게 불리하게 해석되어 부인되어야 한다. 딜론의 원칙은 서부개척시대와 남북전쟁이후의 사회적 혼란기에 지방자치단체와 지방공무원들의 부패와 지방자치단체의 비효율성이 사회적으로 문제되고 있을 때인 1868년 출현한 것으로, 미국역사상 시정부를 비롯한 지방자치단체가 최악의 평판을 얻고 있던 시기를 배경으로 하고 있다.

이후 1875년 Missouri주의 주헌법 개정 이래로, 주헌법 등에 일반적 위임규정을 두고 그 해석에 있어서는 엄격해석의 원칙이 아니라 자유로운 해석방법에 따라 광범위한 지방자치권을 인정하는 주들이 나타났다. 이러한 위임방식인 홈원칙을 따르는 주정부는 지방자치단체와의 관계에서 일반법을 제정할 수 있을 뿐 특별법을 제정하여 구체적으로 자치권을 제한할 수는 없다. 또, 일반법의 원칙 내에서 지방자치단체들은 주의 구체적 위임없이도 자치법규를 제정할 수 있고 주에 의한 자치권의 침해를 막아낼 수 있다. 홈원칙을 따르면 주의 특별한 위임이나 구체적 위임규정이 없더라도 지방자치단체는 지방사무에 관한 권한을 갖게 된다. 1990년에는 48개의 주가 주내의 여러 도시들에 홈원칙을 인정하였고 37개의 주는 농촌 지방자치단체인 카운티들에 대해서도 홈원칙을 인정하고 있으며, 미국은 오늘날 주헌법에서 근거를 부여하거나 홈원칙의 도입 등의 방법으로 주는 지방자치단체에게 광범위한 자율권을 부여하고 있다.

권의 범위를 확대할 수 있는 가능성 또한 열어 두고 있다. 지방자치단체가 중앙정부의 하부기관이 아니라,[93] 지방자치단체를 통하여 진정한 주민자치가 실현되고 다원적이고 창의적인 제도가 도입되어 국민의 신뢰가 확보되면, 자치입법권과 자치재정권의 범위를 확대하는 입법과 법률해석의 도입가능성이 커진다. 자치권의 범위는 선순환 구조가 이루어지는지 그 반대가 되는지에 따라서 달라진다고 할 것이다.

이상적인 지방자치의 상에 대해서는 의견이 다양할 것이지만, 헌법이 사상의 자유 시장에서의 검증을 위하여 표현의 자유를 강하게 보호하고, 경제참여자의 자유와 창의 존중을 통한 혁신을 위하여 자유 시장 경제 질서를 옹호하듯이, 생명권의 다양성(biodiversity)의 존중이 적응과 진화에 중요하듯이, 상당한 자율권을 가진 지방자치단체가 다양한 형태의 자치행정을 하는 것도 이상적인 지방자치의 모습 중 하나일 것이다. 현실적으로 자치재정을 확보하기가 어렵다면, 혁신과 변화를 실험할 수 있도록, 우선 법률 근거를 마련하여 지방자치단체의 조례제정권의 범위를 확대할 필요성이 있다고 생각한다.

93) 기관위임사무의 경우가 문제된다. 국무회의에 서울특별시장이 배석하도록 규정한 국무회의 규정(대통령령) 제8조 제1항도 독특한 규정이다.

주민소송 · 주민투표 · 주민소환을 중심으로 한 주민참여법제 小考

김 병 기*

Ⅰ. 서 언

실질적 지방자치제의 시행 20주년을 맞아 지방자치제도의 운영에 관한 평가와 법적 문제점에 관한 이론적 논의가 활발하다.1) 1991년 지방의회가 30년 만에 부활되고 1995년 지방자치단체장이 주민에 의하여 직선되기 시작한 것은 우리나라에서 단체자치와 병행하는 주민자치의 본격적 着根을 의미한다. 비교적 짧은 시간에도 불구하고 사회 전 영역에 걸쳐 지방에 대한 관심과 비중이 증가하였으며, 이를 통한 주민의 복리수준이나 민주시민의식도 괄목할 만한 성장을 이루었다고 평가된다. 특히, 2000년대 중반을 전후로 과거 '반쪽 지방자치'의 오명을 씻을 수 있었던 중심에는 주민참여법제의 성안이 우뚝 서 있다. 지방자치법 제12조에 따라 지방자치단체의 구역 안에 주소를 가진 자가 그 지방자치단체의 주민이 되는 것만으로는 '지방행정의 고객중심주의'2)를 선언하는 것에 지나지 않는다. 주민을 고객으로 인식하는 입장은 행정의 효율성과 주민의 단기적 만족에는 기여할 수 있겠지만 주민이 완전한 지방자치를 위해 민주적 의사결정에 참여한다는 민주주의의 본질적 가치와는 거리가 멀다. 또한, 정치적 무관심 내지 혐오는 지방정치에 대한 주민의 참여의식과 지역발전에 직접적인 영향을 줄 수 있다. 경우에 따라서는 정치적 무관심으로 인해 주민이 지역발전과 정책과제를 성공적으로 추진하는

---

* 중앙대학교 법과대학 교수.

1) 지방자치법 분야의 대표적 학회라 할 수 있는 지방자치법학회의 경우만 보더라도 지난 4. 29. '지방자치법 20년과 지방자치제도의 개혁과제'라는 대주제 하에 제34회 학술대회를 개최하여 다양한 지방자치법제의 현안을 두고 담론의 장을 마련하였고, 금번의 헌법재판소와의 공동학술대회 이후에도 오는 6. 23. 최근의 뜨거운 화두인 녹색성장과 지방자치를 접목하여 총 11개에 이르는 주제에 대한 지방학술대회(구미시)를 예정하고 있다.

2) P. Haggelt, New Modes of Control in the Public Service, Public Administration Vol. 74, 1996, p. 12.

데 협력적 동반자가 아니라 정책 반대자의 갈등집단으로 전락할 우려도 높다. 여기서 주민참여의 근원적인 가치가 발견되는데, 지방 차원의 대의제 민주주의 하에서도 주민의 실질적인 정치 참여를 유도함으로써 지방자치의 효용의 극대화 내지 제도적 완성에 현장밀착형 기여를 하는 것이다.

주민참여의 확대 문제는 대의제 민주주의에 직접민주주의를 가미하려는 주민자치적 관점에서 논의되며, 이런 점에서 지방자치의 핵심적 내용을 구성한다. 거기에는 주민참여제의 결정판이라 부르는 주민투표제, 민중소송으로서의 주민소송, 주민참여의 극대화라 할 수 있는 주민소환을 비롯하여 주민발안의 일환으로서의 조례제정·개폐청구권, 주민감사청구제도 및 주민참여예산제도 등이 속하지만, 아래에서는 주민소송, 주민투표 및 주민소환의 세 가지 주민참여법제로 논의의 대상을 한정한다. 각각의 주민참여제도의 내용과 비교법적 분석에 대해서는 이미 선행연구를 통해 축적된 정보의 양이 상당하므로, 아래에서는 '참여를 통한 통제(Kontrolle durch Bürgerbeteiligung)'와 '친대의제적 주민참여(repräsentativfreundliche Bürgerbeteiligung)'를 염두에 두면서 세 가지 주민참여법제의 시행을 통해 顯出된 몇 가지 법리적 문제점을 짚어 본다.

Ⅱ. 주민소송의 범위와 한계

1. 의의와 기능 : 통제를 통한 주민참여

주민소송이란 지방자치법 제16조 제1항에 따라 공금(지방자치단체가 관리하는 현금과 유가증권)의 지출에 관한 사항, 재산의 취득·관리·처분에 관한 사항, 해당 지방자치단체를 당사자로 하는 매매·임차·도급계약이나 그 밖의 계약의 체결·이행에 관한 사항 또는 지방세·사용료·수수료·과태료 등 공금의 부과·또는 징수를 게을리 한 사항을 감사 청구한 주민이 그 감사청구한 사항과 관련이 있는 위법한 행위나 업무를 게을리 한 사실에 대하여 해당 지방자치단체의 장(해당 사항의 사무처리에 관한 권한을 소속 기관의 장에게 위임한 경우에는 그 소속 기관의 장을 말한다)을 상대방으로 하여 제기하는 소송을 말한다(지방자치법 제17조 제1항). 일찍이 舊지방자치법(1988년 4월 6일 법률 제4004호에 의하여 개정되기 이전의 법률) 제7장(제153조 내지 제156조)은 '訴請'이라는 제하에 일종의 주민소송에 관한 규정을 두고 있었지만[3] 2005년 1월의 개정 지방자치법에 의하여 도입된 현행의 주민소송제도와 성질을 같이 한다고 볼 수는 없으며,4) 오히려 집단소송으로서의 증권관련 집단소송법제의 도입 등 공익소송제도의 발현으로서 미국의 연방부정청구법(The Federal False Claims Act: FCA)과 일본의 주민소송제도와 궤를 같이 한다. 그럼에도 불구하고 현행법상 주민소송은 제소대상·요건 등에 있어서 일정한 제한 하에 놓이는바, 미국 등의 납세자소송과 같이 공익소송으로서의 완전한 민중소송에 미치지 못하는 제한적인 민중소송이며,5) 이런 점에서 완화된 주민참여의 일종이라 평가할 수 있다.6)

일반적으로 주민소송은 지방자치행정에 대한 통제를 통해 주민의 직접 참여에 의한 지방행정의 공정성과 투명성 강화의 기능을 갖는다.7) 즉, 주민의 손에 의해 지방자치운영의 부패를 방지·교정하고, 그의 공정을 확보하기 위하여 인정된 參政措置의 일환이다.8) 본고와 관련하여서는 특히 통제를 통한 주민참여에 주목하고자 한다. 지방자치의 근간을 주민의 선거에의 참여, 즉 주민직선제에 있음을 인정하더라도 그에 따른 폐해는 우리의 실증적 경험을 통하여 여러 번 지적되어 왔다. 또한 지방자치단체의 소위 자기책임성을 인정하더라도 그것이 곧 지방자치단체에 대한 합법성 통제의 배제를 뜻하는 것은 아니다. 이는 지방분권특별법 제15조가 규정하는 지방자치단체의 책임성 강화와 상통하는 것으로서 '자기결정원칙(Selbstbestimmungsprinzip)'에 터 잡은 주민참여의 강화가 지방행정에 대한 통제에도 미쳐야 함을 의미한다. 즉 참여민주주의로 대표되는 주민참여는 정치적 의미에서의 주민자치를 구체화하며, 이는 지방자치단체의 구성 및 수행태양에 대한 주민

3) 제7장 소청

제153조 지방자치단체의 조례 또는 그 장의 명령이나 처분이 헌법이나 법률에 위반된다고 인정될 때에는 주민 100만 이상의 연서로써 이류를 구하여 도와 서울특별시에서는 국무총리, 시, 읍, 면에서는 제1차로 도지사 제2차로 국무총리에게 소청할 수 있다. 도지사 또는 국무총리가 전항의 소청을 받은 때에는 그날부터 60일 이내에 이를 결정하고 그 결정을 공고하는 동시에 관계인에게 서면으로 통지하여야 한다.

제154조 전조에 의한 결정에 대하여 이의가 있을 때에는 결정통지서를 받은 날로부터 10일 이내에 대법원에 출소할 수 있다. 그 기간 내에 출소하지 아니 할 때에는 그 결정은 확정된다.

제155조 제154조에 의한 결정이 확정되거나 대법원의 판결이 있을 때까지는 당해 조례나 명령의 효력에 영향이 없다.

제156조 소청에 관하여 본장에 규정하는 외에 상세한 규정은 국무원령으로 정한다.

4) 홍정선, 신지방자치법, 2009, 157면.

5) 현행 주민소송이 민중소송의 법적 성격 하에 완전한 의미에서의 공익소송적 기능을 다하지 못함은 법규정의 불비에서도 부분적으로 비롯하는바 이에 관해서는 곧 후술한다.

6) 조성규, 지방자치단체의 책임성 제고수단으로서 주민소송제도의 의미와 한계, 지방자치법 연구 통권 제16호, 2007, 264면.

7) 구체적으로는 주민의 직접참여 수단, 지방공공의 이익 보호, 법적 구속력을 통한 실효성 담보, 분쟁의 일회적 해결, 경제적 효율성 등을 그 기능으로 들 수 있다; 조성규, 전게논문, 261~262면.

8) 最高裁 昭和 38. 2. 12. 判決(民集 17卷 2号, 318面).

참여뿐만 아니라 지방행정의 책임성 제고를 위한 주민의 직접 통제의 가능성을 요구한다. 따라서 주민소송제도는 지방자치단체의 책임성 제고를 통한 지방자치의 규범적 의의 실현에 봉임하고, 실질적으로는 지방행정의 적정한 운영에 참여하는 직접민주주의제도의 일환이라 할 수 있다.[9]

---

9) 주민소송 실시사례 <2011. 5. 24. 기준, 출처: 행정안전부 홈페이지>

추진지역	소송제기일	소송요지	진행상황 및 결과
서울 강동	'10. 8. 10	불법 의정비 인상분 환수 요구	2심 계류(1심 주민승소 '11. 1. 12)
서울 용산	'10. 5. 20	〃	3심 계류(1심 주민승소 '10. 9. 30 2심 주민패소 '11. 5. 3)
서울 성북	'10. 3. 23	〃	3심 계류(1심 주민승소 '10. 7. 22 2심 주민패소 '11. 5. 3)
서울 강북	'10. 2. 22	〃	3심 계류(1심 주민승소 '10. 7. 14 2심 항소기각 '11. 3. 30)
서울 강서	'10. 2. 22	〃	2심 계류(1심 주민승소 '10. 9. 8)
서울 동작	'10. 2. 22	〃	3심 계류(1심 주민승소 '10. 6. 10 2심 항소기각 '11. 1. 20)
서울 은평	'10. 2. 22	〃	2심 계류(1심 주민승소 '10. 6. 10)
전남 여수	'09. 7. 14	여수2청사 - 여수지방해양수산청 청사교환시 절차상 위법성	3심 계류(1심 주민패소 '10. 10. 7 2심 항소기각 '11. 4. 14)
서울 서대문	'09. 4. 28	불법 의정비 인상분 환수 요구	3심 계류(1심 주민일부승소 '09. 11. 11, 2심 항소기각 '10. 6. 10)
서울 성동	'08. 12. 24	〃	3심 계류(1심 주민승소 '09. 6. 10 2심 주민패소 '11. 2. 15)
서울 양천	'08. 11. 20	〃	3심 계류(1심 주민승소 '09. 5. 20 2심 주민일부승소 '11. 1. 20)
서울 금천	'08. 11. 20	〃	2심 계류(1심 주민승소 '09. 5. 20)
서울 도봉	'08. 5. 28	〃	3심 계류(1심 주민승소 '09. 5. 20 2심 주민패소 '11. 4. 21)
경기 의정부	'08. 1. 8	상계·장암도시개발사업지구 보상금 과다지급으로 의정부시 예산낭비	2심 계류(1심 각하 '10. 11. 2)
경기 성남	'06. 5. 25	확장된 탄천변도로 일부구간(0.27㎞)을 사용할 수 없게 되어(비행안전구역) 예산낭비	3심 계류 (1심 각하, '08. 9. 24 2심 항소기각 '09. 7. 7)
서울 관악	'09. 10. 20	예산을 부적절하게 집행한 전 구청장에게 손해배상 청구요구	종결(주민패소 '11. 2. 22)
서울 동대문	'09. 8. 7	불법 의정비 인상분 환수요구	종결(주민패소 '10. 1. 27)
서울 구로	'09. 8. 7	〃	종결(주민패소 '10. 1. 27)
경기 수원	'07. 9. 3	수원시 공무원에 대한 초과 근무수당 불법지급	종결(주민패소, '09. 6. 17)

2. 주민감사청구전치주의의 당부

지방자치법상 주민소송은 감사청구를 한 주민만이 제기할 수 있도록 하여(법 제17조 제1항) 주민감사청구전치주의를 채택하고 있다. 따라서 감사청구절차를 거치지 않고 제기한 주민소송은 부적법한 것이지만, 행정심판전치주의에 관한 행정소송 실무를 참고하건대 소 제기 후 구두변론 종결 시까지 감사절차를 거친 경우 내지 소 각하 전에 감사청구가 행해지고 감사의 통지가 있은 경우 등에는 그 하자가 치유된다 할 것이다.

주민감사청구전치주의는 일본의 입법례를 따른 것으로 주민소송의 대상이 되는 문제를 감사청구를 통해 당해 자치단체 내에서 자율적으로 해결할 기회를 갖는다는 점, 濫訴에 따른 법원의 부담 경감 등의 이유에서 그 제도적 취지를 발견할 수 있다.[10] 또한 감사청구전치주의를 취하더라도 주민의 소 제기 권한을 본질적으로 침해한다고는 할 수 없어 반드시 헌법상 재판청구권 침해라는 위헌의 문제를 야기하는 것도 아니다. 그러나 감사청구전치주의가 일본의 입법례를 본뜬 것이라면 제도적 환경의 동일·유사성도 인정되어야 하는바, 바로 이 점에서 문제가 제기된다. 즉, 일본에서의 감사청구전치주의의 도입배경은 지방자치단체 내부에 해당 지방자치단체 사무 전반에 걸쳐 당부의 감사를 행하는 것을 임무로 하는 기관인 감사위원이 설치되어 있는 이상, 공무원의 위법·부당한 행위로 인하여 주민전체의 이익에 해를 가하는 사실이 발생한 경우에 있어서 우선적으로 감사위원에 의한 감사의 기회를 부여함으로써 되도록 사건을 자주적으로 해결하는 것이 지방

추진지역	소송제기일	소송요지	진행상황 및 결과
강원 원주	'07. 8. 1	부작위 위법확인소송	종결(주민패소, '09. 2. 12)
충남 청양	'07. 4. 23	군수 업무추진비 위법지출 및 불법공사 추진으로 예산낭비	종결(주민패소, '09. 3. 12)
인천 부평	'06. 12. 11	구청장 업무추진비 위법지출	종결(주민패소, '08. 1. 31)
인천 부평	'06. 10. 10	구의회 업무추진비 위법지출	종결(주민패소, '07. 11. 29)
서울 성북	'06. 9. 13	구의회 업무추진비 위법지출	종결(주민패소, '08. 11. 27)
충남 서천	'06. 8. 31	군수 업무추진비 위법지출	종결(주민패소, '08. 1. 9)
경기 광명	'06. 7. 24	신설 음식물쓰레기 처리시설이 가동되지 않아 예산 낭비	종결(1심 중 소 취하, '08. 9. 25)

10) 김상태, 일본의 주민소송에 관한 연구, 한양법학 제14집, 2003, 295면.

자치의 본질에 비추어 바람직하다는 점에 있다.[11] 상황이 그러하다면 일본의 경우와는 달리 지방자치단체 내 감사위원 제도가 존재하지 않으며 지방자치법상 감독기관에 의한 타율적 감사를 기본구조로 하는 우리에게 있어 필요적 감사청구전치주의를 택한 본래적 취지가 무엇인지 근본적 의문을 제기하지 않을 수 없다. 또한 감사청구전치주의는 감사청구요건·청구권자의 제한, 감사실시기관의 공정성과 독립성, 감사결과 및 시정조치의 강제방안 미흡 등 주민감사청구제도 자체의 비효율성에서도 그 적실성에 이론의 여지가 있다.[12]

3. 주민소송의 대상 관련 문제점

현행 지방자치법상 공금의 지출 등 일정한 재무회계사항에 대해서만 주민소송의 대상적격을 인정하면서, 특히 감사청구한 사항과 관련 있는 위법한 행위나 해태사실에 한정하고 있다. '감사청구한 사항과의 관련성'에 대해서는 엄격한 의미의 동일성을 의미하는 것이 아니라 '사항적 관련성' 정도의 완화된 기준에 의하여야 한다는 견해가 지배적이다. 예컨대 공금지출의 중지를 감사청구의 대상으로 삼았지만 이미 지출된 경우, 행위자에게 손해배상을 청구하는 주민소송은 감사청구한 사항과의 관련성을 긍정하여야 할 것이다.[13]

주민소송대상에 대해 요구되는 특정의 정도는 주민소송제도의 성패에 상당한 영향을 미친다. 재무회계상 행위의 은밀성과 그에 대한 주민의 접근 제한[14] 등으로 인해 특정행위에 대한 구체적 적시를 지나치게 요구할 경우 주민소송제도의 효용성은 반감되고 말 것이다. 주민감사청구대상에 관한 일본최고재판소의 견해도 그러하지만,[15] 관계 자료를 종합하여 주민소송의 대상을 인식할 수 있는 정도로 족하지, 이를 넘어 당해 행위를 구체적·개별적으로 적시할 것을 요한다고 볼 것은 아니다.

주민소송의 대상으로서의 재무회계행위의 범위 획정도 논란의 대상이다. 재

11) 최우용, 지방자치법강의, 2008, 338면.

12) 자세히는 김희곤, 우리 지방자치법상 주민감사청구제도의 의의 및 과제, 토지공법연구 제25집, 2005, 377면 이하; 강기홍, 현행 주민감사청구제도의 기능과 한계, 지방자치법연구 통권 제18호, 2008, 125면 이하.

13) 함인선, 주민소송의 대상에 관한 법적 검토, 공법연구 제34집 제4호 제1권, 32면.

14) 공공기관의 정보공개에 관한 법률 제9조 제1항이 비공개대상정보를 광범위하게 규정함으로써 정보공개제도를 통해 주민소송 제기를 위한 정보의 취득이 반드시 용이하다고는 할 수 없다.

15) 자세히는 최우용, 주민소송제도의 한·일 비교 — 일본의 현황, 과제 그리고 한국에의 활용방안 —, 지방자치법연구 통권 제28호, 2010, 84면.

무회계행위와 비재무회계행위의 구별이 상대적일 뿐만 아니라, 오늘날 자치행정의 전 영역이 재무회계행위와 적어도 간접적으로는 관련되어 있음에 기인한다. 원칙적으로 주민소송의 대상을 재무회계와 관련된 사항에 한정할 논리적 필연성은 없으며, 넓게 지방자치단체의 사무집행의 위법성에 관한 법원의 판단을 구하는 제도적 장치로 입법하여도 위헌의 문제를 야기하지도 않는다. 따라서 주민소송의 방법으로 재무회계상 행위와 관련된 비재무행정사항을 통제하는 것을 해석상 인정하여도 무방할 것이다. 다만, 비재무회계행위의 위법에 대한 주민소송을 무제한 확장할 경우에는 지방자치단체의 재무행정의 위법을 시정한다는 주민소송 본래의 목적을 벗어나 지방자치단체의 위법한 행정 전체를 교정하는 도구로 작용할 수 있다. 이는 곧 비재무회계행위의 대종을 차지하는 행정처분의 위법 여부를 민중소송 성격의 주민소송 형식으로 다투는 격이 되어 행정소송체계 전반의 혼란을 초래할 우려도 있다.

한편, 주민소송대상의 확대 시도는 학자들 간에 '위법성의 승계'라는 제하에 논의되기도 한다.[16] 동 이론의 핵심을 간추리면, 주민소송의 대상이 아닌 선행행위로서의 비재무회계행위의 위법성이 일정 요건의 충족 하에 후행행위인 재무회계행위에 승계되어,[17] 후행 재무회계행위 자체에는 법규 위반이 없지만 위법한 선행행위에 의해서 후행행위도 위법한 것으로 되기 때문에 결국 후행 재무회계행위는 주민소송의 대상이 된다 할 것이며, 그 逆의 경우도 마찬가지의 결론에 이른다. 결국 동 이론을 통해 주민소송의 대상이 자연스럽게 비재무회계행위로 확대된다는 점에 위법성 승계론의 의의를 찾을 수 있다.

4. 주민소송의 유형별 검토

1) 중지청구소송(지방자치법 제17조 제2항 제1호)

주민소송의 대상이 되는 행위를 계속하면 회복하기 곤란한 손해를 발생시킬 우려가 있는 경우에, 해당 행위를 중지할 경우 생명·신체에 중대한 위해가 생길

16) 함인선, 전게논문, 49면 이하; 문상덕, 주민소송의 대상 확장: 위법성승계론의 당부, 지방자치법연구 통권 제27호, 2010, 295면 이하; 조성규, 전게논문, 270면; 최철호, 환경행정의 통제수단으로서의 주민소소의 역할－일본의 환경관련 주민소송 판례를 중심으로－, 공법학 연구 제7권 제4호, 2006, 376면 이하.

17) 승계의 구체적 요건에 대해서는 논의의 성숙을 기다려야 하겠지만, 행정행위 위법성 승계이론을 일응 참고할 수 있을 것이다. 사견으로는 무엇보다도 선행행위가 후행행위의 직접적인 전제가 되어야 하고, 행정기관이 선행행위의 위법성을 명백히 인식하였으면서도 후행행위로 나아간 경우 등을 승계의 요건으로 삼을 수 있다고 본다.

우려가 있거나 그 밖에 공공복리를 현저히 저해할 우려가 없는 한 그 행위의 전부나 일부를 중지할 것을 요구하는 소송의 제기가 가능하다. 이는 주민소송의 피고로서의 당해 지방자치단체장 등의 부작위를 구하는 소극적 이행소송으로서 상법 제402조에 의하여 주주에게 인정되는 유지청구권과 유사한 성격을 띤다. 독일 행정소송제도상 예방적 부작위소송(vorbeugende Unterlassungsklage)의 경우와는 달리 현행 행정소송제도 하에서는 부작위청구소송이 입법이나 판례에 의해 수용되지 않았지만, 지방자치법이 주민소송의 일환으로 특별히 인정하는 소송 유형이다. 중지청구소송은 해당 행위의 중지를 통해 손해의 사전 방지를 도모하는 것이므로, 가령 중지청구소송 기능의 극대화가 달성되는 경우에는 제4호에 의한 활용 여지는 이론적으로 크게 줄어들 것이다.

'회복하기 곤란한 손해' 요건의 해당성 여부는 자치단체의 예산 규모를 고려하여 개별·구체적으로 판단하여야 하며, 중지청구소송이 불법결과의 회복에 앞서 행위위법에 대한 적법성 통제 기능도 담당하는 점을 고려할 때 제4호에 의한 소송과의 견련성을 전제로 하여 반드시 보충적 성질을 가지는 것으로 이해할 바는 아니다. 한편 지방자치법 제17조 제3항 상의 소극적 요건을 두고 " … 제기할 수 없다"는 문구를 들어 중지청구소송의 소송요건이라는 견해도 있지만,[18] 타당하지 않다. 이는 마치 행정소송법 제19조 단서에 따른 재결취소소송에서 재결 자체에 고유한 위법이 없는 경우 각하사유가 아니라 기각사유로 보는 것과 같은 이치이다.[19]

해당 행위의 사전중지를 청구하는 점에서 제소 후 중지판결이 내려질 때까지 공금의 지출 등 재무회계행위가 집행 완료되면 중지청구의 목적은 달성될 수 없다. 따라서 이 경우 가구제의 적용 여부와 범위가 문제된다. 이에 관한 지방자치법의 명시적 규정은 존재하지 않는다. 다만, 지방사치법 제17조 제17항은 행정소송법의 준용을 예정하고 있고, 이에 따른 행정소송법 제46조 제3항에 의할 때 중지청구소송은 그 성질에 반하지 않는 한 당사자소송에 관한 규정이 준용된다. 동법 제44조에 의한 당사자소송에의 준용규정을 살피면 취소소송에 관한 집행정지제도는 제외되어 있으므로, 결국 여기서의 가구제는 주민소송에 보전처분에 대한 민사집행법상의 가처분절차의 적용 여부의 문제라 할 것이다. 이를 긍정하는 견해가 통설이지만,[20] 가처분절차 준용의 법정책적 타당성을 종국적으로 담보받기 위

18) 함인선, 주민소송에서의 이른바 1호소송에 대한 법적 검토 — 일본의 학설·판례를 중심으로 —, 공법학연구 제9권 제2호, 2008, 321면.

19) 예컨대 대판 1994. 1. 25, 93누16901.

20) 논거로는 지방자치법상 적용배제에 관한 명문의 규정이 없다는 점, 집행정지제도가 가처분 등에 대신하는 가구제제도로서의 기능을 담당하는데 그에 관한 규정이 적용되지 않는 소송 유형에

해서는 지방자치법에 명문의 규정을 두는 것이 바람직하다.

2) 행정처분에 대한 취소 또는 무효등확인소송(동 제2호)

행정처분인 당해 행위의 취소 또는 변경을 구하거나 효력의 유무 또는 존재 여부의 확인을 구하는 주민소송의 유형이다. 이는 행정소송법상 취소소송 및 무효등확인소송과 유사한 의미와 기능을 담당한다. 다만, 항고소송으로서의 무효등확인소송과는 달리 동 제2호에 의한 무효등확인소송은 해당 감사결과나 조치요구내용에 대한 통지를 받은 날부터 90일 이내에 제기하여야 하는 제소기한의 제한을 받는다(지방자치법 제17조 제4항 제2호).

여기서의 취소소송 등의 대상을 법문이 행정처분이라 표현함으로써, 주관적 쟁송인 항고소송과의 관계가 규명되어야 한다. 여기서의 행정처분을 항고소송의 대상으로서의 처분개념보다 확대해석해야 한다는 실질적 이유에 근거한 견해에도 불구하고 이는 법해석의 범주를 넘는 것이기에 쉽게 동의할 수 없다. 법 제17조 제17항에 따라 법리적으로 주민소송의 대상으로서의 행정처분의 개념은 행정소송법에 의한 '처분'과 동일한 것으로 해석하여야 하기 때문이다. 물론 이런 해석 하에서는 재무회계행위의 상당부분이 제2호에 의한 취소소송 등의 대상에서 제외되어 제도적 실효성에 의문이 제기되겠지만, 그 점은 행정처분이 아닌 ― 지방자치법 제17조 제1항에 의한 ― 공금의 지출, 계약의 체결·이행 등이 배제되는 점에서도 마찬가지 상황이다. 주민소송 실무에서도 제2호에 의한 소송유형이 활용된 경우를 쉽게 찾아볼 수 없는바, 근본적으로는 주민소송의 공익적 성격을 신상하기 위해 '행정처분'에 갈음하여 소송대상을 확대하는 개념을 채택하는 등 항고소송에 대비되는 특수성을 법제화하는 입법적 해결이 요망되는 부분이다.

3) 해태사실의 위법확인소송(동 제3호)

재무회계행위 중 적극적 행위를 대상으로 하는 앞의 두 소송과는 달리 제3호에 의한 소송은 '게을리 한 사실의 위법'을 소송물로 하여 재무회계행위의 부작위의 위법에 대한 확인을 구하는 주민소송의 유형이다. 위법한 부작위를 대상으로 하는 점에서 항고소송으로서의 부작위법확인소송과 유사하며, 권력분립적 관점에서 사법통제의 범위를 여하히 할 것인가의 문제가 동일하게 제기된다. 그러나 제3호에 의한 위법확인소송이 행정처분을 매개로 하지 않음으로써 그 대상이 사법상의 행위나 사실행위 등 부작위위법확인소송보다는 포괄적이며, 그러한 해태가 반

있어서도 가구제를 인정할 필요가 있다는 점 등이 제시된다. 함인선, 전게논문, 326면.

드시 '상당한 기간' 계속될 필요도 없다.

앞서 살펴본 준용규정의 체계상 행정소송법상 간접강제제도가 제3호에 의한 위법확인소송에 준용될 여지가 있다. 이 문제에 대한 명쾌한 해답도 입법의 몫일 것이다. 재무회계행위의 적법성 회복을 통하여 주민소송의 효용을 극대화하는 차원에서는 판결의 기속력에 터 잡은 간접강제규정을 준용하는 것이 마땅하겠지만, 주관적 쟁송 하에서 권리구제의 실효성 제고수단으로 인식되는 간접강제제도를 객관소송의 성격을 띠는 주민소송에 제한 없이 적용하는 것 또한 거부감에 직면한다. 생각건대 포괄적 준용 가능성을 예정하고 있는 지방자치법 제17조 제17항의 각론적 적실성은 별론으로 하더라도, 행정소송법 제46조 제2항(부작위의 위법확인을 구하는 민중소송에 부작위위법확인소송에 관한 규정을 준용함)과 제38조 제2항(부작위위법확인소송에 취소소송상 간접강제에 관한 규정을 준용함)의 규정을 종합하여 볼 때 민중소송으로서의 제3호에 의한 위법확인소송에 행정소송법상 간접강제제도가 준용되는 것으로 해석하고자 한다. 이럴 경우에만이 제3호에 의한 위법확인소송의 심판 범위를 해태사실의 소극적인 위법확인에 한정하는 해석의 곤궁함을 다소나마 해소하는 길이 될 것이기 때문이다.

4) 손해배상청구소송, 부당이득반환청구소송, 변상명령요구소송(동 제4호)

제4호에 의한 주민소송은 해당 지방자치단체의 장 및 직원, 지방의회의원, 해당 행위와 관련 있는 상대방에 대한 손해배상청구 또는 부당이득반환청구를 할 것, 그리고 변상명령의 대상으로 되는 경우에는 변상명령을 할 것을 요구하는 소송을 말한다. 위 소송은 실무상 가장 多用되는 주민소송의 유형으로서 거기에는 지방자치법상의 관련 규정 이외에 행정소송법의 당사자소송에 관한 규정이 준용된다(지방자치법 제17조 제17항, 행정소송법 제46조 제3항).

제4호에 의한 주민소송은 특이한 구조를 취하고 있는데, 주민감사청구를 거친 주민(원고)의 제소에 의해 그 감사청구한 사항과 관련이 있는 재무회계사항에 관하여 지방자치단체장 등(피고)으로 하여금 해당 행위와 관련이 있는 관계자에 대한 손해배상청구 등의 작위를 행하도록 명하는 판결을 구하고, 인용판결이 확정된 경우 해당 지방자치단체가 해당 행위 관련 관계자에 대하여 손해배상 등을 청구하는 법률관계가 형성되는 구조를 취하고 있다. 따라서 위 소송의 법적 성격은 이행소송과 형성소송을 겸유하는 것으로 보는 것이 타당하다.[21]

---

21) 일본의 경우와 마찬가지로 우리의 경우에도 형성소송설(최봉석, 주민참여법제의 현황과 개선방안, 지방자치법연구 통권 제12호, 2006, 100면)과 이행소송설(조성규, 전게논문, 273면)의 견해 대

소송실무상 구체적으로 대두된 적은 없지만 위 소송은 제2호 내지 제3호에 의한 소송과의 관계 설정에 있어 이론상 적지 않은 어려움을 드러낸다.[22] 제2호에 의한 소송과 관련하여 행정처분인 해당 행위에 관해 취소소송 또는 무효확인소송을 제기하지 않고 해당 행위의 위법 또는 무효를 전제로 하여 제4호에 의한 손해배상청구 또는 부당이득반환청구를 소송상 청구할 수 있는지가 의문시 된다. 행정소송법에서의 논의, 즉 공정력을 전제로 하는 선결문제에 의한 해결 방법의 적용 여부가 쟁점이라 할 것인데, 일본 판례는 지방세의 감액경정처분의 위법을 주장하여 위 처분의 상대방에게 환부금 상당의 부당이득반환을 청구한 주민소송(4호소송)에서 2호소송에 의해 그 처분의 취소를 구할 필요가 없으며, 이 때 공정력의 문제는 발생하지 않는다고 한다.[23] 이에 관한 우리 법제 하에서의 본격적인 논의는 찾아볼 수 없는바, 주민소송의 본격화 정도에 발맞추어 학설과 판례가 풀어야 할 과제에 속한다. 또한 양 소송의 쟁점이 공통된 경우에 제4호에 의한 손해배상청구의 이행을 청구하면서 이를 행사하지 않은 해태사실의 위법확인을 제3호에 의한 소송으로 병합제기 하는 것의 적법성 여부도 향후 해결하여야 할 난제에 속한다.

Ⅲ. 주민투표의 정치제도적 含意와 법적 문제점

1. 주민투표의 정치제도적 의의와 기능, 한계

주민투표(referendum, Bürgerentscheid)란 지방자치단체의 주민이 투표를 통하여 지방자치단체의 주요 결정사항에 관한 의사를 결집하거나 결정하는 제도로서, 지방자치 차원에서 대의제 민주주의를 보완하는 주민의 직접민주적인 참여제도라 할 수 있다. 주민투표제는 주민이 선출한 대표에 의한 정책결정이 아닌, 지역 주민의 의사를 직접 정책에 반영하는 제도라는 점에서 지방정부의 정책체계상의 변화 내지 정책혁신에 해당한다.[24] 주민투표는 통상 다음의 4가지 요소를 포함하는데, 첫째, 주민투표는 지역 주민의 의사를 묻는 것이므로 표본을 대상으로 조사하

립이 있다.

22) 일본에서의 논의에 대한 자세한 내용은 함인선, 주민소송에서의 이른바 4호소송과 관련한 법적 제문제 ― 일본의 학설·판례를 중심으로 ―, 저스티스 통권 제108호, 2008, 233면 이하.

23) 橫浜地判 1995. 3. 6, 判例時報 1574号, 62면(함인선, 전게논문, 233면에서 재인용함).

24) 김혜정, 지방정부의 정책혁신을 위한 지역 역량, 한국정책학보 제15권 3호, 2006, 123면.

여 여론의 근사치를 알려주는 일반적인 여론조사와 구별되며, 둘째, 미리 정해진 응답 유형, 즉 찬성, 반대, 기권 중에서 선택하여야 하고, 셋째, 그 대상은 원칙적으로 공적 쟁점사항에 대한 주민의 의사를 경정하는 것으로 주민의 대표를 뽑는 선거와도 구별되며, 넷째, 주민투표를 통해 주민이 정책과정에 참여한다는 점 등이 그것이다.[25] 주민투표와 유사개념으로 특히 주민발안(initiative)을 들 수 있는데, 후자는 일정한 유권자의 서명에 의하여 조례의 제정·개폐 등 지방자치단체의 입법사항에 관하여 직접 발의하는 제도로서 지방의회의 부작위에 대하여 간접적으로 책임을 추궁하는 주민의 참여 형태이다. 주민투표가 법안을 주민이 직접 결정한다는 점에서 주민발안과 같지만 법안 초안의 작성자 측면에서 주민발안과 상이한데, 주민발안의 경우 주민이 법안의 초안을 작성하는 동시에 법안의 승인을 결정하지만 주민투표는 지방의회가 법안의 초안을 작성하고 최종적인 승인 여부만 주민에게 묻는 구조를 취한다.

주민투표는 諸國의 지방자치의 역사적 전개나 현재의 정치상황에 따라 다양한 기능을 수행한다고 평가되는데 일반적으로 다음의 항목들이 거론된다. 우선, 주민들은 주민투표를 통해 강한 정치적 만족감을 느끼고 국가와 해당 지방자치단체는 이를 통해 사회통합·안전성, 지속성을 구유하게 되는 등 지방자치행정에 민주적 정당성을 부여하게 된다.[26] 또한, 주민투표제도는 정부의 대응성과 책임성을 향상시킬 수 있는데, 주민의 합리적 요구와 비판이 선출직 공직자에 의해 무시될 때 주민투표는 지방자치제도의 틀 내에서 주민을 보호하는 효과적인 수단으로 작용한다. 보다 실질적으로는 상대적으로 조직화의 정도가 미약한 주민집단의 이익이 주민투표를 통해 정치적 의제로 부각될 수 있다. 예컨대 우리의 환경문제만 보더라도 환경주의론자가 다른 이익집단과 비교하여 조직화의 정도가 덜하지만 주민투표를 선용하여 정책의제로 채택할 가능성은 농후하다 할 것이다. 그 외에도 주민 참정 기회의 확대로 인하여 주민의 자치수준을 향상시키는 정치교육의 효과를 발휘하는 민주주의 교육의 道場이며, 기관대립형 지방자치제를 채택하는 우리의 경우 지방자치단체장과 지방의회의 대립관계를 중립적 위치에서 해결할 수 있는 제도적 장치라는 점도 순기능으로 지적할 수 있다.

한편, 주민투표와 관련하여 제기되는 문제점도 만만치 않다. 첫째, 주민투표가 대의제의 근간을 훼손할 수 있다는 점이다. 주민투표가 남용되는 경우 주민참여형 민주주의의 미명 하에 행정권과 직접민주주의가 결탁하여 의회주의를 배제

25) F. Harmon, Le rerferendum: Etude comparative, Paris: L.G.D.J., 1995, 15~16.

26) S. Gräser, Partizipation an Verwaltungsentscheidung, VVDStRL. Vol.31, 1972, S. 209.

할 우려가 있으므로, 주민투표는 지방의회의 결정을 보완하는 한도에서 보충적으로 운영되어야 한다. 또한, 주민투표의 기술적 결정과정을 고려하건대 그 결정 내용의 합리성에 의문이 제기된다. 통상 可·否 중 선택해야 하는 주민투표의 구조가 오늘날의 복잡다단한 지방행정의 현실에 적합한지도 논란이 되며, 실제 소수의 희생 내지 소수의 이기주의에 의하여 특정 사업이 결정되더라도 지역 내 집단 간 갈등이 봉합되지 않는 경우가 많은 점도 문제라 아니할 수 없다. 주민투표가 지역 간 대립을 심화시키거나 지역이기주의에 정치적 정당성을 부여할 수 있는 점도 같은 맥락으로 이해할 수 있다. 중앙·지방간의 관계에 있어서는 종속적이지만 지방간의 문제에 있어서는 수평적 대립이 가능한 지방정치의 장에 있어서 지역 개발의 유치를 둘러싼 갈등과 각종 혐오시설의 입지를 배제하려는 주민 반대운동이 주민투표를 통하여 정당화될 수 있다. 결국 주민 간 대립, 주민과 행정의 대립을 주민투표로 해결한다고 하여도 지방자치단체장 내지 지방의회의 책임회피·전가 수단으로 악용될 여지가 다분하다. 나아가 주민투표가 일반적·포괄적 이익을 대변하는 집단이 아니라 개별적인 집단이익을 추구하는 세력에 의하여 지배되는 경우 특수이익단체의 정치적 지배를 가능케 하는 수단으로 전락할 위험도 상존한다.[27] 이는 전체 주민의 정보공유의 정도와도 밀접한 연관을 가지는 것으로서 특정 집단에 의한 정보 독점이나 무차별적인 선동이 행해질 경우 지역 주민의 의사가 왜곡되어 대의민주제의 보완이라는 주민투표의 순기능이 몰각될 수 있음도 문제라 아니할 수 없다.[28]

이러한 주민투표의 순기능과 문제점들은 모두 또 다른 각도에서 상대에 대한 반박의 여지가 있는 것이어서 마치 '두 날을 가진 칼(a knife with two blades)'과도 같다. 모든 제도가 그러하듯이 주민투표의 제도적 함의도 역사적 배경 하에서 구체적으로 검토되어야 할 것이지만 그 성공적 植栽를 위해서 요청되는 가치에는 학자 간 큰 이견은 없는 듯하다. 즉, 충분한 양의 왜곡되지 않은 정보의 공개, 지방의회의 활성화, 지방정치에서의 정당 활동의 민주화, 지역 시민사회의 민주화 등이 선행되어야만, '밑으로부터의 참여적 욕구' 보다는 '위로부터의 필요'에 의하여 성안된 우리의 주민투표제도가 '傳家의 寶刀'로서의 역할을 다할 수 있을 것이다.

---

27) T. E. Cronin, Direcht Democracy: The Politics of Initiative, Referendum and Recall, Cambridge: Harvard Univ. Press, 1989, p. 231.

28) 주민투표의 상당수가 'Yes or No'의 문제로 귀착되는바 정확한 정보의 공개가 전제되어야만 감상적·즉흥적인투표 대신 합리적·민주적인 주민투표가 가능할 것임은 재론의 여지가 없다.

2. 주민투표법제의 입법현황

1994년의 개정지방자치법 제13조의2 제1항(현행 지방자치법 제14조)은 "지방자치단체의 장은 주민에게 과도한 부담을 주거나 중대한 영향을 미치는 지방자치단체의 주요 결정사항 등에 대하여 주민투표에 부칠 수 있다."고 하여 주민투표제도를 도입하고 제2항에서 그 실시의 대상과 방법, 절차 등에 관하여 따로 법률로 정한다고 규정하였으나, 시행을 위한 구체적인 법률은 오랫동안 제정되지 못하였다. 그러던 중 정부는 2003. 10. 15. 지방분권과 균형발전을 위한 3대 특별법(안)의 하나인 지방분권특별법안의 주요 내용 중에 자치행정역량 강화를 위해 조례제정범위를 확대하여 자치입법권을 고양하고, 조직·인력 관리의 자율성을 보장하며, 지방의회 활성화와 지방선거제도를 개선하는 한편 주민감시와 주민참여를 보장하기 위해 주민투표법(2004.1.29. 법률 제7124호)을 제정하고 주민투표관리규칙이 규정됨으로써 2004. 7. 30.부터 발효하게 되었다.

주민투표법은 크게 보아 두 가지 주민투표 방식을 채택하고 있다. 주민에게 과도한 부담을 주거나 중대한 영향을 미치는 지방자치단체의 주요결정사항으로서 그 지방자치단체의 조례로 정하는 사항에 대하여 주민 또는 지방의회의 청구 또는 지방자치단체장의 직권에 의하여 실시되는 지방정책형/구속형 주민투표(법 제7조)와 지방자치단체의 폐치·분합 또는 구역변경, 주요시설의 설치 등 국가정책의 수립에 관하여 주민의 의견을 듣기 위하여 중앙행정기관의 장의 요구에 의하여 실시되는 국가정책형/비구속형 주민투표(법 제8조)로 나뉜다. 이들은 주민투표에 부칠 수 있는 자의 범위, 주민투표대상, 주민투표결과의 효력 등에서 차이를 나타낸다. 지방정책형 주민투표의 대상과 관련하여 (구)행정자치부는 2004년 주민투표법 제정 이후 표준조례안을 만들어 전국 지방의회에 배포하여 이를 표준으로 각 지방자치단체별 조례를 제정하도록 행정지도를 하였고, 이에 따라 전국적으로 거의 대동소이한 주민투표조례가 시행되고 있다. 주요 대상으로는 ① 자치구가 아닌 구와 읍·면·동·리의 명칭 및 구역변경, 폐치분합에 관한 사항, ② 지방자치법 제6조의 규정에 의한 사무소 소재지의 변경에 관한 사항, ③ 다수 주민의 이용에 제공하기 위한 주요 공공시설의 설치 및 관리에 관한 사항, ④ 법령상 기금 이외의 각종 기금, 지방채, 시와 민간이 공동출자하는 대규모투자사업 등 주민에게 과도한 부담을 주는 사항, ⑤ 기타 다른 법률에서 주민의 의견을 듣도록 한 사항, ⑥ 기타 주민의 복리·안전 등에 중대한 영향을 미치는 주요 결정 사항 등이 이에 속한다.[29)]

29) 주민투표 실시사례 <2010. 6. 기준, 출처 : 행정안전부 홈페이지>

3. 주민투표권의 법적 성질

1) 주민의 헌법상 기본권성 여부

주민투표의 법적 성질과 관련하여 주민투표권이 헌법에 근거한 참정권인지 아니면 입법에 의해 채택되는 법률 차원의 참정권인지가 문제된다. 이는 이미 주민투표법 제정 이전부터 헌법재판소에 문의되었는데, “주민투표권은 헌법상 보장된 주민의 참정권이고 주민에 의한 주요 사항에 대한 결정권은 헌법상 보장된 적법절차이므로 지방자치단체의 폐치·분합과 같은 특정 사안에 있어서는 주민투표가 필수적으로 실시되어야 한다”는 청구인의 주장에 대하여 헌법재판소는 주민투표가 헌법상 참정권의 지위를 갖지 아니하고, 단지 법률상의 지위를 가질 뿐이므로 지방자치법이나 개별법에 그 실시가 명기되지 아니하는 한 의무적 실시를 뜻하는 것은 아니라고 판시하였다.[30] 즉, 법률상 참정권으로서의 주민투표권의 보장

주민투표명	실시 지역	투표율 (%)	개표결과 (%)		투표 결과	소요비용 (백만원)
제주도 행정구조 개편 ('05. 7. 27)	제주도	36.7	단일 광역 자치안	57.0	단일광역 자치안 채택	2,579 (선관위 1,993 지자체 배정 586)
			현행 유지안	43.0		
청주·청원 통합 ('05. 9. 29)	충북 청주시	35.5	찬성	91.3	통합무산 (청원군 반대)	1,562 (선관위 1,119 지자체 배정 443)
			반대	8.7		
	충북 청원군	42.2	찬성	46.5		
			반대	53.5		
중·저준위 방사성폐기물 처분시설 유치 ('05. 11. 2)	전북 군산시	70.2	찬성	84.4	경주시 선정	5,464 (선관위 3,976 지자체 배정 1,488)
			반대	15.6		
	경북 포항시	47.7	찬성	67.5		
			반대	32.5		
	경북 경주시	70.8	찬성	89.5		
			반대	10.5		
	경북 영덕군	80.2	찬성	79.3		
			반대	20.7		

30) 헌재결 1994. 12. 29, 94헌마201 전원재판부[경기도남양주시등33개도농복합형태의시설치등에관한법률제4조위헌확인]: “지방자치법(地方自治法) 제4조 제2항은 지방자치단체를 폐치·분합할 때 관계 지방자치단체의 의회의 의견을 들어야 한다고 규정하고 있고 국회는 위 법률을 제정함에 있어서 중원군 의회의 의견을 들었으므로 위 규정에 의한 절차는 준수된 것이고 그 결과는 국회가 입법할 때 판단의 자료로 기능하는 데 불과하며, 주민투표 실시에 관한 지방자치법 제13조의2는 규정문언상 임의규정으로 되어 있고 아직 주민투표법이 제정되지도 아니하였으며 주민투표절차는 청문절차의 일환이고 그 결과에 구속적 효력이 없으므로, 이 사건 법률의 제정과정에서 주민투를 실시하지 아니하였다 하여 적법절차원칙을 위반하였다고 할 수 없다.” 同旨: 헌재결 1995.

을 위해 헌법재판소의 결정 당시 아직 주민투표법을 제정하지 않은 것을 두고 위헌적인 입법부작위라 할 수 없으므로 (구)지방자치법 제13조의2 제1항상 주민투표의 대상이 되는 사항이라 하더라도 그 구체적 시행 여부는 지방자치단체장의 임의적 재량사항에 해당하므로 (구)지방자치법 제13조의2가 주민투표의 법률적 근거를 제공하면서 주민투표의 구체적 절차 등에 관하여 따로 법률로 정하도록 함에도 불구하고 입법자에게 주민투표에 관한 별도의 입법을 하여야 할 헌법상 의무가 발생하는 것은 아니라는 입장을 취하였다. 그러나 이러한 헌법재판소의 결정에 대한 반대의견도 개진되었는데, 헌법상 적법절차원칙에 비추어 지방자치단체의 폐치·분합 관련 입법을 행함에 있어서 특단의 사정이 없는 한 주민의사를 묻는 제도적 장치로서의 주민투표권을 규정한 개별입법이 선행되어야 함에도 불구하고 이를 행하지 않음으로써 결과에 있어 적법한 주민투표에 의한 주민의사를 확인하지 아니한 적법절차 위반을 인정하여 위헌·무효라는 입장이 그것이다.[31] 그러나 대법원은 위 헌법재판소 결정의 다수의견과 궤를 같이하여, "지방자치법은 지방의회와 지방자치단체의 장에게 독자적 권한을 부여하고 상호 견제와 균형을 이루도록 하고 있으므로, 법률에 특별한 규정이 없는 한 조례로써 견제의 범위를 넘어서 고유권한을 침해하는 규정을 둘 수 없다 할 것인바, 위 지방자치법 제13조의2 제1항에 의하면, 주민투표의 대상이 되는 사항이라 하더라도 주민투표의 시행 여부는 지방자치단체의 장의 임의적 재량에 맡겨져 있음이 분명하므로, 지방자치단체의 장의 재량으로서 투표실시 여부를 결정할 수 있도록 한 법규정에 반하여 지방의회가 조례로 정한 특정한 사항에 관하여는 일정한 기간 내에 반드시 투표를 실시하도록 규정한 조례안은 지방자치단체의 장의 고유권한을 침해하는 규정"이라 판시한 바 있다.[32]

한편, 주민투표권의 법적 성질에 관한 기존 판례의 입장은 주민투표법 제정 이후에도 그대로 견지되고 있다. 즉, 광주광역시와 전라남도의 통합 논의 과정에서 주민투표법 제7조 제1항 및 제8조 제1항[33])이 지방자치단체의 폐치·분합 또는

3. 23, 94헌마175 전원재판부[경기도남양주시등33개도농복합형태의시설치등에관한법률제4조위헌확인]; 헌재결 2001. 6. 28, 2000헌마735[입법부작위위헌확인].

31) 헌재결 1994. 12. 29, 94헌마201 전원재판부[경기도남양주시등33개도농복합형태의시설치등에관한법률제4조위헌확인].

32) 대판 2002. 4. 26, 2002추23[인천광역시부평구미군부대이전에관한구민투표조례안재의결무효확인].

33) 물론 제정 주민투표법 제8조 제1항이 지방자치단체의 폐치·분합 또는 구역변경을 주민투표(국가정책형 주민투표)의 대상으로 삼고 있었지만, 필요적 실시를 규정한 것은 아니며 또한 동조가 주민투표 실시구역의 한정 가능성을 예정하고 있었을 뿐만 아니라 광주시주민투표조례 제4조에서도 해당 사항을 주민투표의 대상으로 삼지 않았음에 문제가 비롯하는 것이라 할 수 있다.

구역변경을 주민투표의 대상으로 규정하지 않음으로 인해 청구인인 광주광역시 주민이 통합 추진을 위한 주민투표를 할 수 없게 되었으므로 이는 청구인의 기본권(참정권)을 침해하였다는 주장에 대하여, 헌법재판소는 선거권(헌법 제24조), 국민투표권(헌법 제72조, 제130조)등과는 달리 주민투표권을 기본권으로 직접 규정한바가 없고 제도보장으로서의 지방자치제도의 본질을 고려하건대 주민투표권을 헌법상 보장되는 기본권, 헌법 제37조 제1항의 '헌법에 열거되지 아니한 권리' 혹은 헌법상 제도적으로 보장되는 주관적 공권으로 볼 수 없다고 판단하였다.[34] 2005헌마1158 사건에서도 "… 지방자치단체장이 유치신청을 한 지역에 대하여만 주민투표를 허용하고 또 그 결과에 따라 처분시설의 부지 선정절차를 진행하도록 하고 있는바, 소속 지방자치단체의 장이 유치신청을 하지 않는 등 이 사건 선정공고에서 정한 절차에 참가하지 않는 지방자치단체의 소속 주민의 경우에는 처분시설 부지선정 절차에 대해 주민투표권을 행사할 수 없게 되는 측면이 있기는 하나, 주민투표법 제8조에 따른 국가정책에 대한 주민투표는 주민의 의견을 묻는 의견수렴으로서의 성격을 갖는 것이고, 주민투표권의 일반적 성격을 보더라도 이는 법률이 보장하는 참정권이라고 할 수 있을지언정 헌법이 보장하는 참정권이라고 할 수는 없으므로 설령 이 사건 선정공고로 인하여 청구인의 주민투표권이 박탈되는 측면이 있다 하더라도 이는 기본권으로서 참정권의 침해에 해당하지 않는다."는 기존 입장을 확인하였다.

헌법 제117조와 제118조가 지방자치단체의 구성과 관련하여 지방의회만을 규정할 뿐 주민의 권리에 대해 명시적으로 밝히지 않으며 헌법상 제노보장으로서의 지방자치제도에 터 잡아 지방자치단체의 기본권 주체성을 인정하지 않는 법제에 전제하는 한, 현 시점에서 주민투표제도를 헌법상 원리로 보아 주민의 기본권의 일종으로 보기는 힘들다.[35] 더구나 국가사무에 관한 비구속적인 국가정책형 주민투표의 경우 기본권으로서의 지위를 인정하기는 더 어렵다.[36] 이는 대저 주민에 의한 직접민주주의의 발현인 주민투표제도가 대의제를 천명하는 헌법상 지방자치제도를 보완하는 의미로 해석해야 한다는 이론적 논의에 부합할 뿐만 아니라, 주민투표권을 주민의 헌법상 기본권으로 보는 경우 주민 참여의 또 다른 측면인 주

34) 헌재결 2005. 12. 12, 2004헌마530[주민투표법제7조제1항등위헌확인].

35) 同旨: 김해룡, 주민투표법제의 법적 의의와 개선방안, 외법논집 제22집, 2006, 44면. 견해에 따라서는 주민투표권을 국민투표권의 지역 차원에서의 구현 형태로 보면서, 이를 헌법 제37조 제1항의 열거되지 않은 기본권의 일종으로 보기도 한다; 신봉기, 주민투표사건판례에 관한 비판적 연구－주민투표법 미제정 및 미군부대이전 주민투표조례사건과 관련하여, 지방자치법연구 제3권 제1호, 2003, 152면 이하.

36) 이희정, 국가정책에 관한 주민투표의 의의와 법적 규율, 행정법연구, 2007년 상반기, 125면.

민감사청구권, 주민소환권 등의 법적 성질에 대한 원활한 규명이 용이하지 않음에도 기인한다.

2) 법률상 주민투표 실시 요구권의 인정 여부

관련 문제로서 주민투표법에 근거하여 주민투표를 요구할 수 있는 법률상 권리가 주민에게 인정되는가에 대해서도 검토를 요한다. 이는 곧 주민투표를 실시하지 않고 행해진 처분 등의 법적 결정에 대해 그 위법성을 주장하며 항고소송 등을 제기할 수 있는지 여부와 직결된다. 우선, 주민투표법 제8조에 의한 국가정책형 주민투표에 있어서 중앙행정기관의 장이 주민투표의 실시 요구를 하지 않는 경우 내지 실시요구를 하였으나 지방자치단체장이 이를 실시하지 않는 경우 등에는 동조의 규정 형식상 재량권이 부여된 점을 고려하여, 주민투표법에 근거하여 주민투표의 실시 요구권을 인정하기는 어렵다. 이러한 立論은 동조에 의한 주민투표권의 발의권자 논의와도 밀접한 것으로서, 반대 견해에도 불구하고[37] 국가정책형 주민투표는 전형적인 지방정책형 주민투표와는 구별되는 자문형 주민의결절차(optional or advisory referendum) 혹은 주민질의의 성격을 갖는다고 보아야 할 것이다.[38] 이와는 반대로 주민의 발의에 의한 국가정책형 주민투표권의 인정 여부와 관련하여서는 과거 주민투표법의 발효 이전의 소위 '부안사건'에서처럼 불법적인 것으로 볼 것은 아니다. 즉, 이때의 주민투표는 법정 외의 임의적 주민투표의 형태로서 특별히 법률이 금지하지 아니하는 한 ― 순수하게 관련 사건에 대한 주민의사를 확인한다는 자주적 국민투표 내지 자문적 주민의견조사의 성격을 감안하여 ― 허용하여도 무방할 것이다. 자주적 국민투표를 통해 지방자치단체장 내지 지방의회의 결정 권한의 침해나 대의제 원칙의 훼손이 문제되지 않기 때문이다.[39]

다음으로, 주민투표법 제9조 제1항은 제2항의 규정에 따른 주민의 청구가 있는 경우 지방자치단체장은 주민투표를 실시할 수 있음을 규정하는데, 이에 따른 주민투표의 실시 여부가 당해 지방자치단체장의 재량사항에 속하는지 여부도 논의의 대상이다. 예컨대 조례에서 주민투표의 대상을 정하면서 일정 수 이상 주민의 청구에 의하여 주민투표 실시 요구가 있는 경우 의무적 실시를 규정하는 경우

37) 최우용, 국가사무 결정의 주민투표활용과 법적 문제점, 자치행정, 2004. 8, 41면.

38) 同旨: 최봉석, 전게논문, 88면. 한편, 헌법재판소는 2006. 4. 27. 2005헌마1190 결정에서 주민투표를 제주도의 기초지방자치단체의 폐지와 관련한 입법절차에 있어서 청문절차 내지 의견진술절차로 파악하였다. 국가정책형 주민투표는 또한 법 제8조상의 절차규정(중앙행정기관의 장이 주민투표실시를 요구한 경우 지방자치단체장이 이를 공표하고, 지방의회의 의견을 들어 실시여부를 결정하는 등)에도 불구하고 부분적으로 행정조사의 성질을 보유한 측면도 있다.

39) 김동건, 주민투표의 의의와 법적 성질, 지방자치법연구 통권 제11호, 2006, 129면.

동조와의 법리 충돌의 여지가 있다. (구)주민투표법 하에서 대법원은 주민투표의 실시 여부가 오로지 지방자치단체장의 고유 권한으로 간주하여, 지방의회가 조례로 정한 특정 사항에 대하여 지방자치단체장이 일정 기간 내에 반드시 주민투표를 실시하도록 규정한 조례안은 지방자치단체장의 임의적 재량권 내지 고유 권한을 침해하는 것으로서 법령에 위반된다고 설시한 바 있다.[40] 생각건대, 주민의 청구 또는 지방의회의 의결에 의한 경우이더라도 지방자치단체장에게 주민투표에의 회부 여부에 대한 재량권을 줄 것인지 여부는 원칙적으로 입법적 결단의 문제라 할 것이다. 또한 의무적 주민투표 실시라 해석하는 경우 때에 따라 그 남용에 의해 지방자치의 기본인 대의제가 형해화할 소지도 있다. 그러나 주민서명 요건이나 지방의회의 필요 의결을 거친 주민투표의 청구에 대해서도 이를 지방자치단체장의 재량이라고 보아 거부할 수 있다고 해석함은 주민투표권의 실질을 도외시한 결과라 할 수 있다. 법 제9조 제1항의 해석과 관련하여서도 제7조와 제8조의 '가능규정(Kann-Vorschrift)'이 아닌 권한 소재를 규정한 것으로 해석한다면, 위의 경우 의무적 주민투표 실시라는 결론이 불가능한 것도 아니다.

4. 현행 주민투표법제의 주요 쟁점

1) 주민투표의 대상

주민투표법은 제7조 제1항에서 주민투표의 대상에 관하여 positive catalog 식 규정을 두면서, 동시에 제7조 제2항 각 호는 주민투표의 대상에서 제외되는 사항을 negative catalog 방식으로 규정하고 있다. 특히, 제3호상의 지방세·사용료·수수료·부담금 등 각종 공과금의 부과 또는 감면에 관한 사항을 제외 대상에 포함시킨 것은 이해 못할 바 아니지만, '지방자치단체의 예산·회계·계약 및 재산관리에 관한 사항' 전반을 주민투표의 대상으로 삼을 수 없게 한 것에 대해서는 주민투표제도의 유명무실화를 초래할 우려가 크다는 점에서 비판이 분분하다. 왜냐하면, 이들 사항은 곧 지방자치법 제14조와 주민투표법 제7조 제1항이 말하는 '주민에게 과도한 부담을 주거나 중대한 영향을 미치는 지방자치단체의 주요 결정사항'에 해당할 개연성이 매우 크기 때문이다. 제2호에 의하여 국가사무를 주민투표의 대상에서 제외한 것도 일응의 타당성에도 불구하고 재고의 여지가 있다.[41] 물론 해외주둔군의 파병, 통화금융정책 등 이론의 여지없는 전권적 국가사무를 그 대상

40) 대판 2002. 4. 26, 2002추23.

41) 함인선, 주민투표법의 제정의의, 문제점과 바람직한 운영방안, 저스티스 통권 제80호, 10면.

에 포함시킬 수는 없겠지만, 오늘날 실질적으로 지방이 수행하는 국가사무의 비중과 사무구분의 상대화가 심도 있게 논의되어 소위 共管的 사무(kondominale Aufgabe)가 일반화된 현실을 고려하건대 국가사무라는 이유만으로 당해 지방자치단체 주민에게 중대한 영향을 미침에도 불구하고[42] 입법적으로 주민투표의 대상에서 원천적으로 배제한 점은 현실을 반영하지 못한 소치이다. 더불어 지방자치행정실무를 살피건대, 각 지방자치단체의 주민투표조례 제정과정에서 행정안전부의 표준조례가 거의 획일적으로 채택된 점도 문제라 아니할 수 없다. 각 지방자치단체 별로 지역 현실에 맞는 주민투표조례를 만드는 과정에서 창의적이고 혁신적인 다수의 실험과 노력을 기울일 수 있는 기회를 원천적으로 봉쇄하는 결과를 초래하였기 때문이다.

2) 주민투표 실시지역

주민투표는 지방자치단체의 의사결정이므로 원칙적으로 전체 주민이 참가할 수 있어야 한다. 주민 전체의 이해관계에 영향을 미치는 것은 관할구역 전체를 실시 지역으로 하면 될 것이지만, 일부 지역에만 영향을 미친 경우에는 그 실시를 위한 지역적 범위를 어떻게 설정하는가가 문제된다. 주민투표의 지역적 범위는 투표 결과에 지대한 영향을 미치므로, 때에 따라서는 자의적 범위 결정에 의해 투표 결과가 조작될 우려도 있기 때문이다.

주민투표법 제16조에 의하면 주민투표는 그 지방자치단체의 관할구역 전체를 대상으로 실시하지만, 특정 지역 또는 주민에게만 이해관계 있는 사항인 경우 지방자치단체장이 지방의회의 동의를 얻어 관계 시·군·구 또는 읍·면·동을 대상으로 주민투표를 실시할 수 있다. 주민투표 운영 과정에서 이해관계 있는 지역과 주민의 범위를 적정하게 정하는 일은 과거 우리의 경험에서 보듯이 매우 어려운 일이다. 물론 지역적 범위가 타당하지 않을 경우 지방의회가 지방자치단체장의 범위 설정에 부동의함으로써 지역적 범위를 재조정하게 할 수는 있을 것이다. 따라서 주민투표 실지지역의 적정화와 이를 통한 왜곡 없는 의사 결정을 위해서는 지방의회의 적극적인 역할 수행이 중요하다. 차제에 지방의회도 특정 지역이나 주민만을 대상으로 하는 주민투표의 청구를 할 수 있는 가능성을 열어 두는 입법조치도 검토할 만하다. 나아가 주민의 청구에 의하여 실시되는 지방정책형 주민투표에 있어서 투표구역 획정의 잘못으로 후행 처분 등의 위법이 문제되는 경우 다른 소송

42) 예컨대 과거 부안 핵폐기물처리시설 설치문제에서 잘 드러나듯이 국가에너지 정책 관련 중요 국가사무가 특정 지역 주민에게 과도한 희생을 강요하는 경우를 쉽게 상정할 수 있다.

요건을 구비하는 한 주민은 절차상 하자를 들어 처분 등의 취소를 소구할 수 있을 것이다.[43)]

또한, 국가정책 관련 사안에 의해 특별한 영향을 받는 지방자치단체가 중앙행정기관의 장에 의해 투표실시 구역에서 배제되는 경우 소속 주민들의 의사표현의 기회가 봉쇄되는 점도 논란의 대상이다. 2005. 11. 2. 실시된 방사성폐기물처분시설 유치에 관한 주민투표의 경우 군산 인근의 충남 서천군이나 경주 인근의 울산광역시 북구[44)]는 투표에 참여할 기회조차 주어지지 않았음은 적나라한 예이다. 국가정책형 주민투표의 실시구역을 정함에 있어서는 행정구역만을 기준으로 할 것이 아니라 국가정책에 따른 사회·경제적 영향 등을 전반적으로 고려할 수 있는 제도적 장치의 마련이 시급하다. 덧붙여 국가정책형 주민투표의 경우 중앙행정기관의 장이 가지는 투표실시구역 획정에 관한 권한을 — 관련 지방의회의 관여권을 인정하는 등 — 입법적으로 제한하고, 사법적 통제의 가능성을 모색하는 것도 필요하다.[45)]

3) 주민투표의 효력

지방정책형 주민투표에 있어 주민투표권자 총수의 3분의 1 이상의 투표와 유효투표수 과반수의 득표가 있으면 해당 부의 사항은 확정되며(법 제24조 제1항), 지방자치단체장과 지방의회는 확정된 내용대로 행정, 재정상의 필요한 조치를 하여야 한다고 규정하여 투표결과의 구속효(Bindungswirkung)를 인정하고 있다(법 제24조 제5항). 여기서 주민투표결과 확정된 사항은 그 자체 독립적으로 내용적인 법률효과를 형성하는 것은 아니어서, 이는 지방자치단체장이나 지방의회가 취해야 할 후속 조치의 근거로서 작용하며 주민투표권자에게는 후속 조치를 통한 투표결과의 준수를 요구할 수 있는 권리가 인정된다. 다만, 구속력의 정도와 관련하여서는 절대적 구속력을 인정하자는 입장도 존재하겠지만, 주민투표의 바탕이 되는 사실관계나 법률관계가 본질적으로 변하였다면, 투표결과의 구속효를 완화하여야 할

43) 헌법재판소는 주민투표권을 적법절차의 한 측면으로 파악한다. 제주특별자치도 설치를 위한 주민투표에 관한 2005헌마1190 결정에 의하면, 적법절차원칙상 지방자치단체의 폐지와 관련된 입법절차에 자치단체와 주민에게 행정구조 개편계획에 의견을 표명할 기회를 주어야 한다는 청문권이 인정된다고 하면서, 제주도를 단위로 실시된 주민투표는 이에 부합한다고 보았다.

44) 실제 방폐장 부지로 결정된 경주시 양남면 봉길리는 경주 시내보다 울산광역시 북구가 훨씬 가깝다고 한다.

45) 이희정, 전게논문, 130면: 이 교수는 주민투표법이 국가정책형 주민투표에 대해 주민투표소송 관련 규정의 적용을 배제하는 상황 하에서, 이를 객관소송으로서 민중소송의 한 형태로 파악할 경우 근거규정의 부재로 인해 소제기가 불가능하므로 실시구역 획정의 위법으로 인한 절차하자를 들어 항고소송의 가능성을 인정해야 한다고 주장하는바, 경청할 만한 가치가 있다.

것이다.[46] 주민투표법 제24조 제6항상의 '2년'의 절대적 구속효의 기간설정은 이러한 취지를 반영한 것으로 평가할 수 있다.

국가정책형 주민투표의 효력과 관련하여 주민투표법 제24조 제4항 후단은 "제8조의 규정에 의한 국가정책에 관한 주민투표인 때에는 관계 중앙행정기관의 장에게 주민투표 결과를 통지하여야 한다"고 규정하고 있을 뿐 투표결과의 효력에 관해서는 아무런 규정이 없다. 전술한 바와 같이 국가정책형 주민투표는 예컨대 독일에서의 주민질의(Bürgerbefragung)처럼 자문형 주민의결절차의 일종으로 파악함이 타당하다. 이런 형태의 주민참여는 국가정책적 문제제기에 대한 관련 주민의사를 조사하는 것을 목표로 삼기에 엄격히 보아 지방자치단체 차원에서의 직접민주주의와 대의민주주의의 교차점이라 말하기 쉽지 않으며, 투표결과의 구속력 인정을 위해 지방자치단체의 전권한성, 자기책임성 및 조직고권 등을 내세우기도 마땅치 않다.[47] 결국 여기서의 투표결과가 중앙행정기관에 대한 강한 결정압력이 사실상 작용하여 국가정책에 영향을 미칠 가능성은 별론, 법적인 구속력을 가지지 않는다고 보아야 하며, 주민투표법 제24조 제4항을 통해 지방정책형 주민투표와 본질에 있어 상이하다는 입법자의 의사가 표현된 것으로 해석하여야 한다.[48] 반면 입법자가 입법형성의 범위 내에서 투표결과의 구속력을 부여하는 것도 법적 안정성과 신뢰보호 측면에서 상정 가능하다. 국가기간시설의 소재지역 주민에게 미치는 막대한 영향력을 고려할 때 국가사무 내지 국가정책사항이라는 이유만으로 주민투표의 구속력을 부인하는 것은 이론적 경쾌함에는 일조하겠지만 현실호도적 발상이라는 비판에서 자유롭지 못하기 때문이다.

그럼에도 불구하고 국가정책형 주민투표결과의 효력과 관련한 근본적 의문점은 여전히 해소되지 않는다. 그것의 자문적·질의적 성격에 더하여 국가가 주민투표의 실시 필요성에 대해 일방적으로 판단하고 그 실시구역을 전권적으로 정하는 점, 국가의 주민투표 실시요구는 물론 지방자치단체의 주민투표발의도 재량인 점도 부족하여 투표결과의 비구속성을 입법이 전제한다면, 도대체 상당한 비용이 소요되는 주민투표제도로 포섭한 이유와 실익이 무엇인지 곱씹어 볼 일이다.

---

46) 同旨: 김중권, 주민투표법안의 문제점에 관한 소고, 공법연구 제32집 제3호, 2004, 130면.

47) 이런 점에서 Alfons Gern은 피선기관의 결정의 자유를 포함하는 대의제 민주주의 원칙을 고려하여 이 같은 제도의 도입이 자제되어야 한다고 주장한다; ders., Kommunalrecht, 7. Aufl., 1998, Rdnr. 325.

48) 논자에 따라서는 국가정책형 주민투표를 국가정책의 가부를 묻는 주민투표와 다수 경쟁지역의 주민지지도를 구하는 주민투표로 나누어, 전자에 대해서는 사실상 구속력이 인정되며, 후자에 대해서는 절차하자론을 원용하여 실질적 구속력을 부여할 수 있으며 구체적으로는 항고소송을 통해 구제가 현실화될 수 있다고 한다; 김동건, 전게논문, 126면.

4) 국가정책형 주민투표에 대한 주민투표소송 가부

주민투표법 제25조는 선거소송에서 일반적으로 인정되는 객관소송을 지방정책형 주민투표에 도입하여, 주민투표권자는 주민투표권자 100분의 1 이상의 서명으로 투표결과의 주관적 관련성 여부와 무관하게[49] 소청을 제기할 수 있고, 소청결과에 불복하는 경우 주민투표소송을 제기할 수 있다고 규정한다. 그러나 동 규정은 국가정책형 주민투표에는 그 적용이 배제되는바, 주민투표법 제8조에 따른 투표결과에는 구속력이 인정되지 않으며, 주민투표소송을 인정할 경우 경우에 따라 투표결과에 대한 불만이 일반화되어 국책사업의 시행에 중대한 지장을 초래할 우려가 있다는 점을 고려한 것이다.

적극설의 입장에서는 주민투표결과가 행정결정에 결정적 요소이고 해당 국책사업의 실시가 주민에게 직접적 영향을 미치는 경우에는 '빠짐없는 권리구제(rückenloser Rechtsschutz)' 차원에서 주민투표소송을 인정해야 하며, 후속 조치에 대한 항고소송을 인정하더라도 기성사실의 완성으로 인해 실질적 구제가 용이하지 않음도 고려해야 한다고 주장한다.

정책적 타당성을 이해 못할 바 아니지만, 다시금 국가정책형 주민투표의 본질에 비추어 '주민표결'이 아닌 자문적 주민질의로서의 주민투표를 직접 불복의 대상으로 하는 것은 세심한 숙고를 요한다. 불복 가능성을 인정하는 것이 종국적 결정으로서의 구속력을 갖는 주민투표로 오해되어 이론적 블랙홀에 빠질 우려를 불식할 수 없기 때문이다. 또한 적극설에서는 전술한 바와 같이 투표실시구역에서 제외된 지역 주민들의 불복 가능성 인정 여부도 해결해야 할 과제이다. 요컨대 국가정책형 주민투표의 본연에 부합하는 권리보호는—그 이론과 실제에서의 난점에도 불구하고—투표결과에 따른 후속 조치를 대상으로 하는 항고소송의 방법을 모색하여야지 전제로서의 주민투표 자체를 대상으로 삼는 것은 正道가 아니라 할 것이다.

---

49) 이에 대해서는 濫訴 방지와 중요 결정 사항의 신속·효율적 시행을 위해 주민투표소송을 주관적 쟁송으로 함이 타당하다는 견해도 존재한다. 김해룡, 전게논문, 51면.

Ⅳ. 주민소환의 법리와 문제점

1. 주민소환의 본질

주민소환(Recall, Abwahl)은 주민이 지방의원·지방자치단체장 기타 지방자치단체의 공무원을 임기 중에 주민의 청원과 투표로써 해임하는 것으로서,[50] 국가 차원의 탄핵제도 내지 불신임투표에 상응하는 지방공직자에 대한 주민의 불신임제도라 할 수 있다.[51] 지방공직자는 다수 주민의 지지에 의한 민주적 정당성에 기초하여 주민을 대표하고 법적 권한을 행사하므로 대의기관으로서의 지방공직자에 대해서는 원칙적으로 대의제에 의한 통제가 가해지게 된다. 그러나 대의제와 임기제로 인하여 지방공직자에 대한 통제는 현실적으로 한계가 존재하므로 대의기관에 의한 통제가 더 이상 실효적이지 못하고 이로 인해 대의기관과 주민 간의 의사불일치 간극의 해소 가능성이 희박할 경우에는 다수의 주민의사에 의해 부여된 민주적 정당성을 다수의 주민의사에 따라 철회하는 것을 인정하지 않을 수 없다. 즉, 주민소환은 대의제가 더 이상 작동하지 않는 비정상적인 상황으로부터 대의제를 보호하기 위한 최후의 수단이며, 이를 통해 주민의 참정기회를 확대하고, 주민통제와 대의기관의 책임성을 제고하는 제도라 평가할 수 있다.[52]

주민소환의 기능으로는 대개 임기제의 단점 보완, 대의민주제의 보충, 주민통제의 강화를 통한 지방행정의 책임성 제고, 지방행정에 대한 사전통제, 선거실패의 보완 등이 논의되는데, 특히 주민소환이 대의민주제의 보충 기능을 넘어 직접민주제의 본질을 가지는가에 대해 견해가 대립한다. 여기서는 詳論할 여유가 없으므로 결론만을 적시하면, 직접민주제의 성격을 가짐에도 불구하고 주민소환을 주민투표나 주민발안 차원과는 다른 대의제 보완기능이 강한 주민참여법제의 일환으로 보는 것이 타당하다. 지방 차원의 직접민주주의를 지방행정 전반의 의사결정과정에 대표자를 통하지 않고 주민이 직접 참여하는 것이라 정의한다면 주민소환이 인사문제에 대한 주민결정의 성격을 띠는 점에서 이를 직접민주주의의 유형이

---

50) 헌재결 2009. 3. 26, 2007헌마843.

51) W. Unger, Abwahl und Beamtenrecht, DÖV 1971, S. 699.

52) 이런 의미에서 주민소환은 대의제의 구성방식인 투표를 통해 문제된 대의기관을 해체하고 새로운 투표를 통해 새로운 대의기관을 구성하기 위한 사전절차이며, 친대의제적 방식으로서 대의제의 극한 상황을 타개하기 위한 대의제의 응급복구장치에 해당한다. 최봉석, 주민소환제에 관한 독일에서의 논의와 법제, 공법연구 제30집 제1호, 2001, 492면.

라 볼 수 있다. 그러나 주민소환제가 공직자의 책임성 확보를 통해 간접민주제인 대의제의 보루 기능을 담당함에 착안한다면 정책과정에서의 주민의 직접 참여를 통해 부분적으로 대의제를 대체하는 주민발안이나 주민투표와는 일응 구별되어야 한다.[53] 이러한 점은 헌법재판소가 주민소환을 자유위임에 기초한 대의제의 본질을 해하거나 공무담임권을 과잉 제한하지 않는 범위 내에서 예외적으로 인정되는 주민참여 내지 주민자치법리로 파악한 점에서도 확인된다.[54]

주민소환의 본질과 관련하여 지방공직자의 위법행위에 대한 사법적 책임을 묻는 제도인지에 대해 주민소환법이 소환투표사유를 명시하지 않음으로 인해 해석의 문제로 귀착된다. 주민소환제를 규범적인 차원에서 정치적인 절차로 설계할 것인지, 아니면 사법적인 절차로 할 것인지는 입법자가 여러 가지 사정을 고려하여 정책적으로 결정할 사항이라 할 것이다. 그런데 '주민소환에 관한 법률'(이하 '주민소환법'이라 칭함)에 주민소환의 청구사유를 두지 않은 것은 입법자가 주민소환을 기본적으로 정치적인 절차로 설정한 것으로 볼 수 있고, 외국의 입법례도 청구사유에 제한을 두지 않는 경우가 많다는 점을 고려할 때 우리의 주민소환제는 기본적으로 선거실패로 인한 정치적인 신뢰 상실을 회복하기 위한 정치적인 절차로서의 성격이 강한 것으로 보아야 한다.

---

53) 독일의 경우 소환의 청구와 발의, 투표 등 소환절차 전반에 걸쳐 유권자로서의 주민 이외에 지방의회의 관여가 인정되는 점도 주민소환을 대의제의 보완장치로 보는 입장을 대변하고 있다. 최봉석 교수는 주민소환의 이러한 특징을 독일 문헌의 표현을 차용하여 '대의자와 피대의자의 이질화', '비대표에 의한 대의제'라는 대의제적 헌정질서의 응급변이에 대한 긴급제동장치라 표현한다. 同人: 독일의 법제와 판례로 본 주민소환제의 요건과 절차, 안암법학 제14호, 2002, 91~92면.

54) 헌재결 2009. 3. 26, 2007헌마843: "주민소환제 자체는 지방자치의 본질적인 내용이라고 할 수 없으므로 이를 보장하지 않는 것이 위헌이라거나 어떤 특정한 내용의 주민소환제를 반드시 보장해야 한다는 헌법적인 요구가 있다고 볼 수는 없으나, 다만 이러한 주민소환제가 지방자치에도 적용되는 원리인 대의제의 본질적인 내용을 침해하는지 여부는 문제가 된다 할 것이다. 주민이 대표자를 수시에 임의로 소환한다면 이는 곧 명령적 위임을 인정하는 결과가 될 것이나, 대표자에게 원칙적으로 자유위임에 기초한 독자성을 보장하되 극히 예외적이고 엄격한 요건을 갖춘 경우에 한하여 주민소환을 인정한다면 이는 대의제의 원리를 보장하는 범위 내에서 적절한 수단이 될 수 있을 것이다. 주민소환제는 주민의 참여를 적극 보장하고, 이로써 주민자치를 실현하여 지방자치에도 부합하므로, 이 점에서는 위헌의 문제가 발생할 소지가 없고, 제도적인 형성에 있어서도 입법자에게 광범위한 입법재량이 인정된다 할 것이나, 지방자치단체장도 선거에 의하여 선출되므로 주민소환제라 하더라도 이들의 공무담임권을 과잉으로 제한하여서는 아니 되고, 앞서 본 바와 같이 제도적인 측면에 있어 예외로서의 주민소환제는 원칙으로서의 대의제의 본질적인 부분을 침해하여서도 아니 된다는 점이 그 입법형성권의 한계로 작용한다 할 것이다." 同旨: 길준규, 주민소환제의 법리적 검토, 공법연구 제34집 제4호 제1권, 2006, 61면.

2. 주민소환(투표)대상의 적절성 여부

주민소환법 제7조는 선출직 공무원인 지방자치단체장 및 지역구 지방의회의원을 주민소환투표의 대상으로 규정하고 있다. 비선거직 공무원을 소환대상에서 제외한 것에 대하여 일각에서는 직접참여의 간접참여에 대한 가치적 우월성 등을 들어 반드시 직선을 주민소환의 논리적 전제로 볼 수 없다고 한다.[55] 생각건대, 일반직 공무원이 행정에 의해 임용되는 것에 비해 지방선거직 공무원은 임기제 하에서 선거되는 것에 터 잡아 주민과의 정치적 신뢰관계가 형성되기 때문에 그 신뢰관계의 상실 시 소환이 전제된다는 점에서 법 제7조의 규정 내용은 원칙적으로 타당하다. 비선거직 공무원을 주민소환의 대상으로 하는 경우 헌법상 직업공무원제도에 반하는 위헌 문제도 야기할 수 있어 신중한 접근을 요한다.

그러나 선출직 공무원 중 비례대표 지방의회의원과 교육감을 소환대상에서 제외하고 있는바 그 타당성을 두고 의견 대립이 있다.[56] 소환대상의 결정은 입법정책의 문제라 치부하더라도 주민소환의 제도적 취지와 외국의 입법례[57]에 비추어 굳이 비례대표 지방의회의원과 교육감을 배제한 이유를 쉽게 납득하기 어렵다.[58] 비례대표 지방의회의원의 경우 지역구 의원과 선출방식에 있어 차이를 보일 뿐 그 권한과 의무 측면에서는 마찬가지이다. 다만, 지방의회의원의 법적 지위 형성이 정당명부에 대한 투표를 통해 간접적으로 이루어지는 점을 반영하여 비례대표 지방의회의원을 소환의 대상으로 하되 일정 부분 지방의회의 관여를 인정하는 방법은 충분히 고려할 가치가 있으며, 이는 또한 대의제에 대한 물리적 보완책으로서의 주민소환의 성격에도 부합한다.

주민소환 주민소환제의 취지가 주민참여의 확대를 통한 지방자치행정의 민주성·책임성의 제고에 있다면 주민의 직선에 의해 선출되어 지방의 교육·학예 등

55) 이기우, 지방자치제도와 주민소환제도에 관한 공법적 접근, 공법연구 제30집 제1호, 2006, 85면; 김현준, 주민소환제의 의미와 과제, 공법학연구 제7권 제3호, 2006, 186면.

56) 비례대표 지방의회의원에 대해서는 주민이 직접 선출하지 않고 해당 정당의 명부에 대한 투표에 의하므로 주민이 직접 선출하지 않은 공직자의 소환이 적절하지 않다는 고려가 반영된 것으로 볼 수 있다. 한편, 제주특별자치도특별법에서는 제주특별자치도교육감을 소환청구의 대상으로 삼고 있다(동법 제25조).

57) 일본의 경우만 하더라도 지방의회에 대한 해산청구권을 인정함에 더하여, 지방자치법 및 지방교육행정의 조직 및 운영에 관한 법률 상 주민소환 내지 해직청구의 대상에 지방자치단체장, 지방의회의원, 주민의 선거에 의하지 않는 부지사, 출납장, 선거관리위원, 감사위원, 교육위원회위원 등을 포함하고 있다.

58) 예컨대 최근 인구에 자주 회자되는 호화 관광 성격의 의원해외 연수와 관련하여, 그 직무관련성이 미약하고 예산의 부당한 전용 등 도덕적 해이가 크게 문제되어 해당 의원들에 대한 주민소환을 청구하는 경우 비례대표 지방의회의원을 특히 그 대상에서 제외할 정당성을 찾기 힘들다.

에 관한 최고 집행기관으로서의 역할을 담당하는 교육감의 경우도 달리 볼 바 아니다.

3. 주민소환 청구사유의 미규정 문제

주민소환법은 주민소환투표의 청구사유에 관해 언급하는 바가 없으며, 이는 제주특별자치도법 및 이에 따른 제주특별자치도주민소환관리규칙에서도 다름 아니다. 정치적 함의를 내포한 주민소환의 사유를 정형화하여 구성요건화하는 것은 법기술적으로 난해한 작업일 것이며, 이런 점은 이미 독일과 일본의 입법례에서도 증명된 바 있다. 소환을 위한 실질적인 심사가 주민소환투표에서 이루어질 것이므로 유권자인 주민이 소환투표 과정에서 판단하도록 충분한 토론의 기회를 보장하는 것이 오히려 합목적적이라는 인식도 반영된 것이라 볼 수 있다.[59] 또한 주민소환이 상당한 숫자의 서명을 요구하는데 여기에 소환사유까지 제한한다면 실제 주민이 주민소환제도를 활용할 가능성이 현저히 낮아질 것이라는 일각의 우려에도 기인한다.

학자에 따라서는 주민소환을 사법적 과정으로 이해하여 소환사유의 특정을 요구하기도 한다.[60] 이런 입장은 快刀亂麻 식의 통쾌함에는 도움이 될지언정 주민소환의 본질상 지나칠 수 없는 문제점이 내재한다. 주민소환은 지방선거와 마찬가지로 자치단체 내 선출직 공무원을 통제하기 위한 정치적 수단을 주민참여 형태로 인정한 것이라 보아야 한다. 그럼에도 불구하고 사법적 통제로서의 주민소환에 기초하여 소환사유로 법령위반, 직권남용, 직무유기 등을 구체적으로 열거하는 경우에는, 결과에 있어 사법권의 주체인 법원과의 관계를 설명하기 힘들다. 사안에 따라서는 사법적 결정을 정치적 결정(주민소환투표)으로 갈음하는 모양새를 현출할 것이며, 상황이 이럴진대 주민소환이라는 고비용 제도를 버리고 오히려 처음부터 법원에 의한 전문적인 법률판단에 전념하는 것이 마땅하다는 自嘲도 분출할 수 있다.

---

59) 주민소환의 본질은 전술한 바와 같이 소환대상자의 행위의 위법성을 주민투표로 결정하는 것이 아니라 소환대상자에 대한 주민의 정치적 판단을 구하는 것이다. 따라서 청구사유를 규정하여 대상자의 행위가 일응 그에 해당한다는 의심이 강한 경우에도 대상자에 대한 주민의 정치적 지지 내지 신뢰가 강한 경우에는 소환에 찬성표를 던지지 않을 것이며, 그 반대의 경우도 쉽게 예상할 수 있다.

60) 신봉기, 지방자치에 있어서 직접민주제 방식의 도입－특히 주민소환제와 관련하여－, 공법연구 제33집 제1호, 2004, 204～208면; 고문현, 주민소환제의 바람직한 방향, 지방자치법연구 통권 제11호, 2006, 166～167면.

그렇다면 주민소환을 정치적 통제수단으로서 이해하면서 소환사유를 명시하는 것이 법률관계의 명확성, 법적 안정성 및 청구남발 방지 등의 차원에서 타당하지 않느냐라는 문제는 여전히 미해결된 상태이다. 규정 가능한 소환사유로는 법령위반을 위시하여 ① 직무집행 혹은 부작위로 인하여 지방자치단체의 이익이 현저히 저해될 것이 명백한 경우, ② 지방자치단체장과 지방의회 간 자치행정 운영과 관한 심각한 갈등이 발생한 경우, ③ 지방행정에 관한 전문성에 현저한 의심이 제기되는 경우, ④ 재정적 부정에 대한 비난과 도덕적 해의에 대한 강한 의혹의 제기 등이 논의될 수 있다.[61] 그러나 이 경우에도 규정에 의한 소환사유의 적시는

61) 2010. 6.을 기준으로 주요한 주민소환사유를 표로 정리하면 다음과 같다. <출처: 행정안전부 홈페이지>

구 분	일 시 (대표자 증명서 교부일)	지 역	소환대상	추진사유	추진상황
투표실시 (2건)	'09. 5. 13	제주특별자치도	도지사	제주해군기지 건설관련 주민의견 수렴 부족 등	소환 무산 (투표율 11%) ('09.8.26)
	'07. 6. 15 '07. 9. 21	경기 하남	시 장 시의원3	화장장 건립 추진 관련 갈등	시의원 2명 소환 ('07.12.12)
미투표 종 결 (24건)	'08. 7. 15	경기 시흥	시 장	장기간 직무정지에 따른 시정공백	서명인수 미충족 (청구후 각하)
	'09. 5. 11	강원 춘천	시의원	동료의원 폭행 등	서명인수 미충족 (미청구)
	'09. 4. 30	전북 전주	시 장	시의원 비서채용의 부적절성 등	〃
	'09. 2. 12	충북 충주	시의원	관광성 해외연수 등	〃
	'09. 1. 28	인천 연수	구청장	수인선 연수역사 위치조정의 문제해결 기피 등	〃
	'09. 1. 21	전북 전주	시 장	자질부족, 오만과 무지 등	〃
	'08. 12. 4	충북 충주	시의원	관광성 해외연수	〃
	'08. 1. 17	서울 동대문	구의원2	지역 재개발사업 이권개입 등	〃
	'08. 1. 24	전남 곡성	군의원	의정비 과다인상, 복지예산 삭감 등	〃
	'07. 9. 20	전북 전주	시 장	공동주택관리 감독 소홀	〃
	'07. 9. 18	경남 함양	군 수	골프장 등 유치 관련 갈등	〃
	'07. 7. 4	서울 강북	구청장	재개발 관리·감독 소홀	〃
	'09. 4. 30	경북 경주	시 장	경주읍성 복원계획에 따른 재산권 침해 등	서명활동 중단
	'09. 1. 20	강원 인제	군 수	공약 미이행, 방만한 군정운영 등	〃
	'08. 11. 18	경남 밀양	시 장	공약사업 미추진 등	〃
	'08. 10. 24	서울 광진	시의원	뇌물수수로 구속 수감	〃

부정적으로 판단하여야 할 것이다. 대상 공직자의 무능, 기관 간 갈등, 도덕적 해의, 비효율 등을 소환사유로 명시할 경우—지방선거 현실상 중앙정치의 대리전 양상을 보이는 점을 고려하건대—오히려 정치적 이해에 의한 청구의 남발로 인해 지방행정의 안정성 확보에 중대한 지장을 초래할 수 있다. 소환투표안이 공고되면 소환투표대상자로서의 지방자치단체장의 권한행사가 정지되고 부단체장이 직무를 대행하기 때문에 정략적 악용에 의한 지방행정의 공백 현상이 대두될 우려가 크기 때문이다. 설령 무능력이나 정책판단의 오류 등의 소환사유를 규정하는 경우 개념상의 포괄성으로 인해 예시적인 성격을 보일 수밖에 없어 결과에 있어 사유를 규정하지 않는 것과 별반 다를 바 없다. 추상적인 불확정 개념을 사용할 수밖에 없어 그 해석을 둘러싼 더 큰 혼란과 분쟁을 야기할 위험성도 높다.

요컨대 이 문제는 법익 형량의 문제로 귀결된다 할 것인데, 청구사유를 제한하지 않음으로써 주민소환이 남용되어 공직자가 소환될 위험성과 주민소환을 통하여 주민들이 공직자를 통제하고 주민의 참여제도를 고양시킬 수 있는 공익을 비교형량 하는 경우, 전자의 위험성은 매우 추상적이고 청구권자의 총수, 발의기간 제한 규정 등 이를 견제할 장치가 있음에 반하여 후자의 이익은 보다 광범위하고 직접적이어서 훨씬 크다고 할 수 있으므로 청구사유에 침묵하고 있는 주민소환법이 법익 형량에 있어 균형을 잃은 것은 아니다.[62] 주민소환사유의 해당성 여부는 종국적으로 유권자인 주민이 판단할 몫이며, 여기에 소환사유를 제한하지 않는 현행법의 취지가 표현된 것이다.

구 분	일 시 (대표자 증명서 교부일)	지 역	소환대상	추진사유	추진상황
	'08. 7. 8	전북 임실	군 수	군부대 이전 반대	〃
	'08. 1. 15	전남 장성	군의원4	농업·복지예산 부당한 삭감 등	〃
	'07. 8. 14	서울 노원	시의원1 구의원3	납골당 설치 관련 갈등	〃
	'07. 8. 1	충남 부여	군의원 3	보조금예산 부당지원	〃
	'08. 1. 4	서울 구로	구의원2	의정비 과다인상 등	대표자증명신청 취하
	'07. 12. 27	서 울	시 장	공무원의 무분별 퇴출 등	〃
	'07. 7. 26	대전 서구	구의원2	부당한 압력행사 등	〃
	'07. 7. 4	광주 광산	구청장	노점상 단속 부당	〃

62) 헌재결 2009.3.26, 2007헌마843.

4. 주민소환발의에 의한 소환대상자의 권한정지

현행법상 지방자치단체장에 대한 주민소환투표를 공고한 때부터 투표결과를 공표할 때까지 그 권한행사가 정지되며(주민소환법 제21조 제1항), 구체적으로는 소환투표가 그 공고일로부터 20∼30일 내에 실시하도록 되어 있어서(동법 제13조 제1항) 지방자치단체장의 권한은 최장 30일까지 정지될 수 있다. 또한 주민소환투표 공고일 이후 90일 이내에 주민투표법의 주민투표 또는 공직선거법의 선거 등이 있을 때에는 소환투표와 병합하거나 동시에 실시할 수 있는데(동법 제13조 제2항), 결국 단체장의 권한정지기간이 90까지 연장될 수 있음을 의미한다.[63] 외국의 입법례에서는 찾아보기 힘든 규정으로, 아마도―정치적 경쟁자에 의한 악용의 염려에 불구하고―권한행사를 정지하지 않는 경우 소환대상자가 수환투표 과정에 부당하게 개입하는 것을 방지하려는 취지가 담긴 것이라 평가할 수 있다. 현행 주민소환법이 소환투표청구의 남용을 방지하는 제도적 장치를 비교적 충분히 마련하고 있는 점도 자치단체장의 권한정지를 무비판적으로 수용하는 이유이기도 하다. 즉, 소환투표대상자에게 소명기회를 주고 관할 선거관리위원회는 소명요지를 공고하도록 하였고(동법 제14조), 경쟁 정당이나 후보자가 악용하는 것을 방지하기 위해 입후보예정자나 그 가족 등은 소환투표를 위한 서명요청활동에 관여할 수 없으며(법 제10조), 소환투표청구를 위한 서명을 대표자나 대표자로부터 위임 받은 자만이 받을 수 있게 하고 서명부도 관할 선거관리위원회가 검인하여 교부한 소환청구인서명부만을 사용할 수 있도록 하는(법 제9조) 등 엄격한 절차적 제한규정을 두고 있다. 그 외에도 소환투표 청구기간의 제한(법 제8조), 소환투표운동에 대한 제한 규정(법 제20조) 등도 같은 범주에 속한다.

그럼에도 불구하고 직무상 법령위반이나 범죄행위가 아닌 직무수행상 비효율 초래, 지방의회와의 갈등 등의 사유에 의한 소환청구에도 지나치게 장기의 기간동안 지방자치단체장의 직무를 정지하게 되어 그 권한에 대한 부당한 침해는 물론 정략적 의도에 의한 지방행정의 부당한 공백 초래를 의미한다는 지적이 있는바,[64] 다음의 사유에 근거하여 적절한 문제 제기라 판단된다. 우선, 여러 번 언급한 바와 같이 주민소환을 소환대상자에 대한 정치적 신뢰상실에 기인하여 정치적

63) 판례에 의할 때(수원지법 2007. 11. 21. 선고 2007구합957) 주민소환투표가 실시된 때부터 1년 이내가 아니라면 동일한 선출직 지방공직자에 대한 중복의 소환투표청구가 허용되므로, 이 경우 선행청구의 투표 실시 전이라면 선행청구의 소환투표일이 공고된 때부터 후행청구의 소환투표와 병행하여 실시하는 소환투표일까지 단체장의 직무가 정지되는 경우도 발생할 수 있다.

64) 심상복, 현행 주민소환제의 문제점 고찰, 법학연구(부산대학교), 통권 제60호, 2009. 23∼24면.

책임을 묻는 제도라 성질 짓는다면, 소환 확정 이전 소환발의만을 이유로 소환대상자의 법적 권한 전반을 정지시키는 것은 공무담임권의 침해를 가져와 정당성을 담보받기 쉽지 않다. 소환사유가 법정되지 않은 상황에서 정책결정에 대한 지역이기주의적 불만 등 추상적·포괄적 사유에 의한 소환발의도 상정할 수 있는바, 법령위반 등 위법행위가 없음에도 불구하고 정치과정으로서의 소환절차 진행 중에 자치단체장의 법적인 권한행사를 정지하는 것은 이치에 어긋난다.[65] 지방자치단체장의 권한이 정지되는 경우 부단체장에 의한 권한 대행으로 업무의 공백을 부분적으로 피할 수 있겠지만, 민주적 정당성에 있어 주민에 의해 직선되는 단체장과 비교할 바 아니므로 헌법상 민주주의 원칙에의 저촉도 문제될 수 있다.

한편, 소환청구의 적법성과 관련하여 관할 선거관리위원회는 유효한 서명의 총수, 소환투표의 청구제한기간 내인지 여부 등 주민소환법 제11조에서 정한 청구각하사유에 대한 형식적 심사만을 할 수 있을 뿐이므로 소환청구인서명부 상의 소환사유의 진실성 여하, 서명 요청과정상의 탈법·불법행위의 존재 여부 등은 심사 대상에 포함되지 아니한다. 따라서 이론적으로는 허위사실이나 불법원인에 의한 지방자치단체장의 권한행사의 정지도 발생할 수 있어서 헌법상 지방자치의 근본이 훼손될 우려도 있다. 입법론적으로는 소환투표의 발의·공고와는 별도로 '지방의회의원 3분의 2 이상의 요청' 등의 정화장치를 마련하는 것이 바람직하다.

5. 주민소환투표 청구제한기간 등

주민소환투표 청구기간의 제한을 두지 않아 언제든지 주민소환이 가능하다면 지방행정의 연속성·책임성 제고 및 공무담임권의 침해가 발생할 소지가 있다. 이에 착안하여 주민소환법 제8조는 선출직 지방공직자의 임기 개시일부터 1년이 경과하지 아니한 때, 선출직 지방공직자의 임기만료일부터 1년 미만일 때 및 해당 선출직 지방공직자에 대한 주민소환투표를 실시한 날부터 1년 이내인 때에는 주민소환투표의 실시를 청구할 수 없도록 규정하였다. 주민소환투표의 청구기간을 제한한 것은, 선출직 공직자의 임기 초에는 일정 기간 소신에 따라 정책을 추진할 수 있는 기회를 주어야 하고 임기 초 단기간 내에는 과오 등을 입증하기 어려울 뿐만 아니라 임기 종료가 임박한 때에는 소환의 실익이 없는 점을 고려하고, 주민

65) 대통령에 대한 탄핵의결과 함께 헌법재판소의 탄핵심판까지 그 권한이 정지되는 것은(헌법 제65조) 대통령의 직무집행이 헌법과 법률에 위배한 때에 한하므로(법적 책임) 정치적 책임이 문제되는 주민소환에서의 투표공고에 의한 자치단체장의 권한정지와는 성격을 달리한다.

소환투표를 실시하여 부결되었음에도 불구하고 반복적으로 주민소환투표를 청구하는 폐해를 방지하려는 데 그 입법목적이 있으며 거기에 큰 하자는 발견할 수 없다. 판단건대 임기시작 직후와 임기만료 직전의 일정 기간의 제한은 외국의 입법이 그러하듯이 현실적으로 필요한 조치이지만, 전체 임기의 절반을 소환투표청구기간에서 제외하는 것은 분명 주민소환제도의 의미를 퇴색케 하는 측면이 있다. 다만, 동조가 정하는 각호의 기간에 해당할 경우 "주민소환투표의 실시를 청구할 수 없다"는 의미와 관련하여 주민소환을 위한 일체의 준비행위도 각 호가 정한 기간을 넘는 경우에만 허용된다고 해석할 것은 아니다. 이런 해석 하에서는 주민소환청구기간을 제한하고 있는 동 규정은 그야말로 주민소환을 형해화하는 독소조항으로 전락하고 말 것이기 때문이다.

한편, 주민소환법시행령 제3조에 의할 때 주민소환투표청구를 위한 서명요청 활동기간이 시·도지사에 대해서는 소환청구인대표자 증명서 교부 사실을 공표한 날부터 120일 이내로, 시장·군수·구청장 또는 지방의회의원의 경우에는 60일 이내로 제한된다. 일본 지방자치법이 해직청구대표자의 증명서 교부의 고시일의 익일부터 기산하여 원칙적으로 광역지방자치단체(都道府縣)에서는 2개월, 기초지방자치단체(市町村)의 경우는 1개월로 서명요청 활동기간을 제한함을 감안한다면 현행의 서명요청 활동기간이 지나치게 단기라는 주장은 외견상 타당하지 않다. 이 문제는 궁극적으로 주민소환청구 서명 정족수와 밀접한 연관 하에서 판단하여야 한다. 현행법상의 소환투표청구권자의 총수는 서울시나 경기도 같은 대규모 광역자치단체의 경우 지나치게 엄격하며, 제주도와 같은 군소 지방자치단체에게는 완화의 정도가 지나치다는 평가가 제시된다. 따라서 근본적으로는 시·도와 시·군·자치구에 따라 서명자의 숫자를 획일적으로 정할 것이 아니라 선거구의 크기에 착안하여 대규모 선거구인 지방자치단체일수록 서명 정족수를 하향하는 것이 타당할 것이다. 만약 그것이 용이하지 않은 경우에는 서명요청 활동기간을 선거구의 크기 내지 소환투표청구권자의 총수에 따라 차등적으로 규율하는 것이 형평에 부합하는 방법이다.

Ⅴ. 결 어

주민참여의 제도적 가치에 대해서는 모두가 인식을 같이 한다. 참여는 민주주의와 불가분의 관계에 있을 뿐만 아니라 지방자치 차원에서는 대의민주제와 직접민주제의 가교 역할을 담당함으로써 지방정부의 책임성 부재, 공직자의 부정을 감시·방지·시정하고, 주민이 정책형성 과정에 직접 참여하여 로컬거버넌스의 핵심 참여자 역할을 수행한다. 지방자치단체의 정치·행정에 주민참여의 기회가 높으면 높을수록 주민 중심의 합리적인 정책수립과 집행이 이루어질 수 있으며, 그렇게 될 때 주민은 결코 지방자치의 공공서비스를 소비하는 고객 또는 통치의 대상이 아닌 지방정치행정을 이끌어 가는 주체로서의 임무를 다하게 된다.

이러한 의미의 주민참여의 법제화는 우리의 경우 선진국 못지않은 외형적 기반을 갖추었다고 평가된다. 지방분권의 문명사적 조류를 바탕으로 2003년의 지방분권특별법 제정을 필두로 하여[66] 수차례의 지방자치법 개정 및 개별법 제정을 통하여 주민투표제도(2004년), 조례제정·개폐청구제도(1999년), 주민감사청구제도(1999년), 주민소송제도(2006년) 및 주민소환제도(2006년) 등을 순차적으로 도입하여 제도적 정비가 상당부분 이루어졌다. 주민참여의 구속력과 범위와 관련하여서는 대의민주제 원칙과 직접민주제 간의 갈등을 불러일으킬 정도여서 그 조화방안의 모색이 오히려 시급한 법제적 과제로 대두되기까지 하였다. 또한, 정치적 요구에 의해 관련 제도를 초고속으로 도입하는 과정에서 주민소송의 경우처럼 일본 등 외국의 참여법제를 토착화를 위한 精緻한 필터링 작업 없이 모방함으로써 법리적·실증적으로 적지 않은 문제를 노정함도 경험하고 있다. 주민참여법제의 穿鑿을 위해 그 외견적 완성과 더불어 이미 엄청난 양의 연구 성과물을 통해 제기된 문제점과 개선방안을 경청하려는 입법적 노력이 요구되는 시점이다.

나아가 주민참여의 실질화를 위해서는 제도별 단발성 개선 노력만으로는 족하다 할 수 없다. 주민참여법제를 아우르는 이념적 요소들을 추출하여 주민참여의 단계적·체계적인 성장을 도모하도록 여건과 환경 마련에 진력해야 한다.

우선, 주민참여의 전제조건이라 할 수 있는 정보공개의 활성화가 요청되며, 이는 곧 주민의견에 대한 행정의 응답성을 제고하는 첫걸음이기도 한다. 객관적이고 공정한 정보와 자료의 공유를 바탕으로 주민은 지방행정에 관하여 적정한 의사를 표명할 수 있으므로 주민과 행정 간의 대등한 정보 수준이 가능하도록 제도적 개선이 필요하다. 관련 문제로, 이미 상당한 수준에 있는 정보기술을 활용한 주민참여시스템의 제도화도 고려의 가치가 있다.

주민참여가 본격화됨에 따라 주민 상호간의 모순이나 대립을 조정하는 문제

---

66) 동법 제14조 제1항에서는 "국가 및 지방자치단체는 주민참여를 활성화하기 위하여 주민투표제도, 주민소환제도, 주민소송제도의 도입방안을 강구하는 등 주민직접참여제도를 강화하여야 한다"고 규정하고 있다.

도 집중적으로 조명되어야 한다. 자율 의지에 의한 주민참여의 확대는 주민의 참여책무의식으로 발전될 수 있는데, 이럴 경우 주민 간 개인적 이해관계의 조정이 원만치 않다면 '참여실패' 의식이 팽배하여 주민참여제도 본질에의 懷疑를 초래할 수도 있다. "과연 진정한 주민의 의사가 무엇인가?"의 답변을 위한 진지한 제도적 노력을 기울여야 한다. 진정한 주민의사 발견을 위해서는 주민참여적격에 대한 인식 전환이 필요하다. 예컨대 광역도시계획이나 기본시책 책정단계의 개발계획에 있어서의 주민의사와 각각의 구체적인 개발사업의 결정과정에서의 주민의 범주는 상당히 이질적이다. 주민참여의 목적·대상·단계별로 참여하는 주민의 범위가 상이하기 때문에 다양한 기능에 입각한 단계별 주민참여 방식이 고안되어야 함을 의미한다. 나아가 참여적격을 개인으로서의 주민에 한정하는 사고방식도 재고를 요한다. 표면적·형식적으로는 주민인 개인의 참여의 주체가 되는 것으로 나타나는 경우에도 그 이면에는 다양한 단체가 실질적인 참여 주체로 존재하게 된다. 주민참여는 주민의 개인적인 권리나 이익에 관한 문제를 넘어 해당 정책의 형성·결정에 의한 파장이 지역 전체에 미치는 것이므로, 그 결정과정에의 참가적격자는 개인적인 이해를 넘는 공공의 견지에서 의견표명이 가능한 주민이라 할 것이다. 환경보호단체와 같은 이타적 단체, 공익적 이익단체 등에게 단체참여적격을 인정하는 방안을 신중히 검토하여야 할 것이다.

마지막으로, 주민참여법제의 완비는 부수적으로 지방의회와의 관계 재설정의 문제를 야기하였다. 주민참여가 결코 의회 경시 내지 행정의 책임 회피로 연결되어서는 안 된다. 그러나 현행의 주민참여법제를 일람하건대 지방의회의 주민참여 과정상의 역할이 지나치게 미약하여, 주민참여에 관한 방관자적 위치로 전락하였음을 느끼게 된다. 대의제민주제의 보완 원리로서의 주민참여에 전제하는 한, 주민참여의 실질화와 병행하는 의미에서의 지방의회 역할 제고를 위한 규범적 통로를 적극적으로 마련할 필요가 있다.

제112회(2011. 6. 10) 발표문

지방자치관련 권한쟁의심판사건의 주요 쟁점

노 희 범*

Ⅰ. 서

우리나라에서 지방자치가 실시된 지도 벌써 20여 년이 지났다. 지금까지 5회에 걸쳐 민선의 지방자치단체장과 지방의회의원을 선출하면서 지방자치제도가 나름대로 정착되어 가고 있다고 평가되고 있다. 그러나 지방자치를 활성화하고 풀뿌리 민주정치의 토대로서 지방자치제도를 확고하게 뿌리내리기 위해서는 지금까지의 지방자치를 실시해 본 경험과 그동안의 문제점을 되짚어보고 앞으로의 발전방향을 가늠해 보는 것이 현 상황에서 중요한 과제가 아닌가 싶다.

헌법재판소가 생긴 이래 지방자치와 관련한 권한쟁의심판 사건이 전체 사건에서 차지하는 비율은 그렇게 많다고 할 수 없다. 그러나 근래 사건 수도 점점 늘고 쟁점도 다양해지는 추세다. 그럼에도 아직까지는 이론적으로 중요성을 가지는 쟁점은 그리 많지는 않다. 본고(本稿)는, 지방자치단체와 관련된 권한쟁의심판사건의 쟁점 가운데에서 최근에 문제된 다음의 두 가지 문제에 초점을 맞췄다.

첫째, 지방자치단체 내의 기관이 권한쟁의심판의 당사자가 될 수 있는지에 관한 문제다. 이는 지방의회 의결절차의 위법성 시정 수단으로서의 권한쟁의심판제도의 활용 가능성과 밀접한 관련이 있다.

둘째, 법률제정행위에 대한 권한쟁의에서 법률제정행위가 청구인의 권한을 침해하였다고 판단된 경우 헌법재판소가 권한침해확인결정을 넘어서 법률제정행위의 취소 또는 무효확인결정까지 나아갈 수 있는가의 문제다. 이는 권한쟁의심판의 본질 및 사법기관인 헌법재판소의 정치적 형성권한의 한계와 관련이 있다.

본고는 위 쟁점과 관련한 사례를 검토해 봄으로써 권한쟁의심판절차가 지방자치권을 보장하는 수단으로서 지방자치의 발전에 도움이 되었으면 하는 데 그 목적이 있다.

---

* 헌법연구관.

Ⅱ. 지방자치단체 내의 기관의 권한쟁의심판의 당사자능력

[사 례] 경기도 안산시 의회 의원과 의회 의장 간의 권한쟁의 (2009헌라11)

1. 사실관계

안산시의회는 안산 문화복합돔구장 건설을 위하여 안산도시공사에게 안산시 소유의 체육용지를 현물출자하는 내용의 2009년도 공유재산 관리계획 변경안(이하 '이 사건 변경안'이라 한다)을 소관 상임위원회인 기획행정위원회에서 의결하고, 의장은 안산시의회 본회의에서 이 사건 변경안을 표결절차없이 가결된 것으로 선포하였다. 그런데, 안산시의회 의원인 청구인들은 위 상임위원회 의결은 겸직금지의무를 위반한 의원이 참여하여 가결된 것으로 위법할 뿐만 아니라, 본회에서 이 사건 변경안에 이의를 제기한 의원이 있었음에도 의장이 표결절차없이 가결·선포한 행위가 청구인들의 의안 심의·표결권 등을 침해하여 무효라는 이유[1])로 헌법재판소에 권한쟁의심판을 청구하였다.

2. 결정요지

헌법 제111조 제1항 제4호는 지방자치단체 상호간의 권한쟁의에 관한 심판을 헌법재판소가 관장하도록 규정하고 있고, 헌법재판소법 제62조 제1항 제3호는 이를 구체화하여 헌법재판소가 관장하는 지방자치단체 상호간의 권한쟁의심판의 종류를 ① 특별시·광역시 또는 도 상호간의 권한쟁의심판, ② 시·군 또는 자치구 상호간의 권한쟁의심판, ③ 특별시·광역시 또는 도와 시·군 또는 자치구간의 권한쟁의심판 등으로 규정하고 있는바, 지방자치단체의 의결기관인 지방의회를 구성하는 지방의회 의원과 그 지방의회의 대표자인 지방의회 의장 간의 권한쟁의심판은 헌법 및 헌법재판소법에 의하여 헌법재판소가 관장하는 지방자치단체 상호간

1) 이 사건 의안을 의결한 안산시의회 기획행정위원회의 위원장인 강기태는 지방자치법상 겸직금지의무를 위반하여 이 사건 의안을 의결할 당시에 안산시의회 의원이었다고 볼 수 없음에도 의결에 참여하였고, 이 사건 의안이 안산시의회 본회의에서 의결할 당시에 이 사건 의안에 대하여 이의를 표시한 의원이 있었으므로 안산시의회 회의규칙에 따라 표결절차를 거쳐야 함에도 불구하고 의장은 표결절차 없이 이 사건 의안이 가결된 것으로 선포하였다.

의 권한쟁의심판의 범위에 속한다고 볼 수 없으므로 부적법하다.[2)]

재판관 조대현, 재판관 김희옥의 반대의견

헌법재판소법 제62조 제1항 제3호가 지방의회 의원과 지방의회 또는 그 기관 사이의 권한쟁의를 헌법재판소의 심판대상으로 규정하지 않았다고 하더라도, 그러한 규정은 헌법재판소의 권한쟁의 심판사항을 한정적으로 제한하는 것이 아니고, 지방의회의 의결절차도 법률을 위반하지 않도록 통제하여 적법성을 확보할 필요가 있는 이상, 지방의회 의원도 지방의회나 위원회의 의결절차가 위법하게 자신의 심의표결권을 침해하는 경우에는 지방의회나 위원회 또는 그 의장을 상대로 권한쟁의심판을 청구할 수 있다고 봄이 상당하다.[3)]

3. 비판적 검토

가. 문제의 소재

위 결정에서 헌법재판소는 헌법재판소법 제62조 제1항 제3호를 한정적·열거적으로 보고 법에 규정된 자만이 권한쟁의심판의 당사자가 될 수 있다고 보았다. 그 결과 지방의회 의원과 지방의회 의장 간의 권한쟁의심판청구는 부적법하다고 보았다. 이는 종래 헌법재판소가 헌법재판소법 제62조 제1항 제1호를 예시적인 규정으로 보아 '국가기관 상호간의 권한쟁의의 당사자'를 넓힌 것과는 사뭇 다른 판단이다. 동일한 법조항 내에서 "국가기관"은 예시적인 것으로, "지방자치단체"는 한정적으로 보는 근거는 무엇인지, 우리 헌법이 권한쟁의심판제도를 둔 취지 및 지방자치단체 기관 사이의 권한에 관한 법률적 다툼을 해결할 적정한 방도가 없는 상태에서 과연 위 헌법재판소법 조항의 "지방자치단체"를 한정적·열거적으로 해석하는 것이 헌법 합치적인 것인지를 다시 생각해 볼 필요가 있다.

나. 판례의 태도 변화

권한쟁의의 당사자 능력이 문제된 최초의 사례는 1995. 90헌라1 국회의원과 국회의장간의 권한쟁의 사건이었다. 이 사건 결정에서 헌법재판소는 헌법 제111조 제1항 제4호 및 헌법재판소법 제62조 제1항 제1호는 헌법재판소가 관장하는 국가기관 상호간의 권한쟁의심판을 한정적으로 열거하고 있다고 판시하였다. 그 결과

2) 헌재 2010. 4. 29, 2009헌라11, 판례집 22-1 상, 596, 596.

3) 헌재 2010. 4. 29, 2009헌라11, 판례집 22-1 상, 596, 598.

위 법에 열거되지 아니한 국가기관이나 또는 열거된 국가기관 내의 각급기관은 비록 그들이 공권적(公權的) 처분(處分)을 할 수 있는 지위에 있을지라도 권한쟁의 심판의 당사자가 될 수 없으며 또 위에 열거된 국가기관 내부의 권한에 관한 다툼은 권한쟁의심판의 대상이 되지 않는다고 판단하였다. 따라서 국회의 경우 현행 권한쟁의심판제도에서는 국가기관으로서의 국회가 정부, 법원 또는 중앙선거관리위원회와 사이에 권한의 존부 또는 범위에 관하여 다툼이 있을 때 국회만이 당사자로 되어 권한쟁의심판을 수행할 수 있을 뿐이고, 국회의 구성원이거나 국회 내의 일부기관인 국회의원 및 교섭단체 등이 국회 내의 다른 기관인 국회의장을 상대로 권한쟁의심판을 청구할 수는 없다고 하였다.[4] 이러한 헌법재판소의 판단의 이면에는 전통적으로 사법부가 정치문제에 대한 개입에 비교적 소극적인 자세를 취해 온 것과 맥락을 같이 한다고 볼 수 있다.

그러다가 1997. 96헌라2 국회의원과 국회의장간의 권한쟁의 사건에서 헌법재판소는 헌법재판소법 제62조 제1항 제1호는 한정적·열거적인 조항이 아니라 예시적인 조항이라고 해석하는 것이 憲法에 合致된다는 이유로 종전 판례를 변경하였다. 헌법재판소는 위 법조항에 열거된 기관 외에는 권한쟁의심판의 당사자가 될 수 없다고 단정할 수 없다면서 야당의원들에게 개의일시(開議日時)를 통지하지 않음으로써 출석의 기회를 박탈한 채 본회의를 개의, 법률안을 가결처리한 사안에 대해 야당의원들이 국회의장을 상대로 제기한 法律案 審議·表決權의 침해에 관한 권한쟁의심판을 받아들였다.

(판 례) 헌법재판소법 제62조 제1항 제1호 ― 예시적 규정

1. 헌법 제111조 제1항 제4호에서 헌법재판소의 관장사항의 하나로 '국가기관 상호간, 국가기관과 지방자치단체 간 및 지방자치단체 상호간의 권한쟁의에 관한 심판'이라고 규정하고 있을 뿐 권한쟁의심판의 당사자가 될 수 있는 국가기관의 종류나 범위에 관하여는 아무런 규정을 두고 있지 않고, 이에 관하여 특별히 법률로 정하도록 위임하고 있지도 않다. 따라서 입법자인 국회는 권한쟁의심판의 종류나 당사자를 제한할 입법형성의 자유가 있다고 할 수 없고, 헌법 제111조 제1항

4) (판 례) 헌법재판소법 제62조 제1항 제1호 ― 한정적
국회의 경우 현행 권한쟁의심판제도에서는 국가기관으로서의 국회가 정부, 법원 또는 중앙선거관리위원회와 사이에 권한의 존부 또는 범위에 관하여 다툼이 있을 때 국회만이 당사자로 되어 권한쟁의심판을 수행할 수 있을 뿐이고, 국회의 구성원이거나 국회내의 일부기관인 국회의원 및 교섭단체 등이 국회 내의 다른 기관인 국회의장을 상대로 권한쟁의심판을 청구할 수 없다(헌재 1995. 2. 23, 90헌라1, 판례집 7-1, 140, 141).

제4호에서 말하는 국가기관의 의미와 권한쟁의심판의 당사자가 될 수 있는 국가기관의 범위는 결국 헌법해석을 통하여 확정하여야 할 문제이다.

2. 헌법 제111조 제1항 제4호 소정의 "국가기관"에 해당하는지 여부는 그 국가기관이 헌법에 의하여 설치되고 헌법과 법률에 의하여 독자적인 권한을 부여받고 있는지, 헌법에 의하여 설치된 국가기관 상호간의 권한쟁의를 해결할 수 있는 적당한 기관이나 방법이 있는지 등을 종합적으로 고려하여야 한다고 하면서, 이러한 의미에서 國會議員과 國會議長은 위 헌법조항 소정의 "국가기관"에 해당하므로 권한쟁의심판의 당사자가 될 수 있다. 우리 재판소가 從前에 이와 見解를 달리하여 국회의원은 권한쟁의심판의 청구인이 될 수 없다고 한 의견은 이를 변경한다(헌재 1997. 7. 16, 96헌라2, 판례집 9-2, 154, 155-162).

헌법재판소가 판례를 변경하면서 내세운 주된 기준은 크게 두 가지로 볼 수 있다. 첫째는, 국가기관 상호간의 권한쟁의의 당사자인 '국가기관'은 헌법과 법률에 의하여 독자적인 권한을 가지고 있어야 하고, 둘째는 국가기관 상호간에 권한쟁의를 해결할 수 있는 적당한 기관이나 방법이 없어야 한다는 것이다. 국회의원과 국회의장 간의 권한쟁의는 비록 그것이 국회라는 합의체 국가기관 내부의 권한쟁의였지만, 국회의원과 국회의장은 각기 헌법과 법률에 의하여 독자적인 권한이 부여된 기관이고, 이들 상호간의 권한쟁의를 해결할 적정한 방법이 없다는 점이다. 우리 헌법이 권한쟁의심판제도를 도입한 목적은 국가기관 상호간, 국가기관과 지방자치단체간 및 지방자치단체 상호간의 권한의 존부 및 범위에 관한 다툼을 사법적으로 종결함으로써 국가의 권한질서를 확립하고 공권력 행사의 적법성을 통제하기 위한 것이라고 할 수 있다. 그런 점에서 헌법재판소가 권한쟁의 규정을 예시적인 것으로 본 것은 권한쟁의심판제도의 도입목적에 부합하는 적절한 해석이라고 할 것이다. 물론 헌법재판소의 이런 태도변화의 이면에는 국회의 의안처리과정에서 절차의 위법성을 다투는 사건이 계속적으로 발생되었고, 이에 대한 적법성을 통제할 필요가 있음에도 국회 스스로 이를 정치적으로 시정하지 못하고 있을 뿐 아니라 이를 해결할 적정한 기관이나 법적 수단이 없다는 현실적인 이유도 있었다고 보여진다.

다. 본 결정의 경우

헌법재판소가 헌재법의 권한쟁의에 관한 '국가기관'을 예시적인 것으로 해석한 것과 달리 '지방자치단체'를 한정적·열거적으로 본 이유는 무엇보다도 헌법이 국가기관과 달리 지방자치단체의 경우에는 그 종류나 범위를 법률에 위임하고 있어 법률로 인정되는 '지방자치단체'만이 독자적인 권한을 행사하는 권리주체일 뿐 그 내부의 기관은 지방자치단체를 구성하는 구성원에 불과하기 때문에 헌법재판소법의 규정을 확대해서 해석할 법적 근거가 없다는 것으로 보인다.[5] 그러나 지방자치단체의 범위나 종류를 법률에 위임한 것은 지방자치제의 구체적인 실현을 위하여 입법자에게 광범위한 입법형성의 자유를 부여한 결과이지 자치단체 내부기관의 독자적인 권리주체성 인정 여부와는 관련이 없다. 이 사건에서 문제된 지방의회 의원은 지방자치단체 상호간의 권한쟁의에서는 자치단체에 소속된 부분기관으로서 당사자로 볼 수 없지만, 의원과 의장간의 권한쟁의와 같이 의결기관 내부의 권한쟁의에서는 헌법과 법률에 의해서 부여된 자신의 권한을 행사하는 당사자로 볼 수 있다. 따라서 본 결정이 지방자치단체의 종류 등을 포괄적으로 입법자에 위임하였다는 것을 지방자치단체 내부 기관의 권한쟁의의 당사자성을 부인하는 근거로 삼는 것은 설득력이 없다.

한편, 본 결정은 헌법 및 헌법재판소법의 지방자치단체 '상호간'의 권한쟁의에서 '상호간'을 '서로 상이한 권리주체간'을 의미한다고 본다.[6] 이러한 해석은 기본적으로 옳다. 그러나 그런 해석이 '지방자치단체' 간의 권한쟁의만을 한정하는 근거가 될 수는 없다. 지방자치단체 내부기관 사이에서도 헌법 또는 법률에 의하여 부여된 권한의 다툼에 관한 쟁의가 가능하다. 지방자치단체 간의 권한쟁의에 국한하는 것은, 헌법재판소가 '국가기관 상호간'의 권한쟁의를 법률에 열거된 것으로 한정하지 않은 것과 일관되지 않고, 그와 같이 한정하는 합리적인 이유나 근거도 발견할 수 없다.[7] 의결기관은 집행기관에 대응하는 개념이다. 대외적인 관계에서는 의결기관의 부분기관이 권한쟁의의 당사자가 될 수 없지만, 의결기관 내에서 의안을 심의·표결처리하는 경우 의원과 의장은 단지 그 구성원과 대표자가 아니라 의결기관의 부분기관으로서 독자적인 권한을 행사하는 동등한 기관이라고 봄이 타당하다.

헌법재판소는 2006. 2003헌라1 광양시등과 순천시등간의 권한쟁의 사건 결정에서 지방자치단체의 기관은 원칙적으로 권한쟁의심판의 당사자적격을 가진다고 볼 수 없고, 예외적으로 지방자치단체의 기관이 기관위임사무를 담당한 경우에 한

---

5) 헌재 2010. 4. 29, 2009헌라11, 판례집 22-1 상, 596, 602.

6) 헌재 2010. 4. 29, 2009헌라11, 판례집 22-1 상, 596, 601.

7) 지방자치단체의 의결기관 내의 기관은 대외적인 관계에서 독자적인 권한을 부여받거나 독자적인 권한행사를 할 수 없으나, 의결기관 내부에서는 헌법 또는 법률에 의하여 독자적인 권한이 부여되었다.

해 지방자치단체의 기관은 지방자치단체가 아닌 국가기관으로서 권한쟁의심판의 당사자가 된다고 판시한 바 있다.[8] 본 결정이 위 선례와 같은 태도를 취한 것으로 볼 여지도 있다.[9]

그러나 2003헌라1 사건은 본 사건과 같은 지방자치단체 내의 기관 상호간의 권한쟁의가 아니라 지방자치단체 상호간의 권한쟁의였다. 지방자치단체 상호간의 권한쟁의에서는 헌법과 법률에 의하여 자치권한을 부여받은 '지방자치단체'가 권한쟁의 당사자가 되는 것이 당연하고, 지방자치단체의 기관이 당사자가 될 수는 없다. 위 판례는 위와 같은 취지의 판시로 이해할 수 있다. 한편, 국회의원과 국회의장 내지 그들 사이의 관계와 지방의회 의원과 의장 내지 그들 사이의 관계가 법적으로 동일하다고 볼 수는 없다. 그러나 의결기관은 구성원과 그 대표자가 의결이라는 공통의 법적 효과를 목표로 권한을 분배하여 독자적인 판단에 따라 주어진 권한을 행사한다는 점에서 양자는 유사하다.

생각건대, 지방자치단체의 부분기관[10] 사이의 권한쟁의에서 헌법재판소법 제62조 제1항 제3호를 한정적·열거적으로 해석하여 지방자치단체의 기관은 권한쟁의의 당사자가 될 수 없다고 한 본 결정은 다소 아쉬움이 남는다. 오히려 96헌라2 국회의원과 국회의장간의 권한쟁의 사건 결정에서 헌법재판소가 헌법재판소법 제62조 제1항 제1호는 限定的·列擧的인 조항이 아니라 例示的인 조항이라고 본 판단에 따라 최소한 지방자치단체 내의 기관 상호간의 권한쟁의에 있어서는 동조 제3호를 예시적인 조항으로 해석하는 것이 권한쟁의심판 제도를 둔 취지에 부합한다. 또한 현행법상 이들 사이의 권한에 관한 다툼을 해결할 마땅한 법적 수단이 존재하지 않는 점에 비춰 보더라도, 이러한 해석이 헌법에 합치된다고 보인다.

본 결정의 반대의견이 이 점을 잘 지적하고 있다. "지방의회 의결절차가 위법한 경우에 헌법재판소가 권한쟁의심판에 의하여 바로잡지 아니하면, 이를 시정할 방도가 없다. 행정소송법은 국가 또는 공공기관 상호간에 권한의 존부나 행사에 관한 다툼이 있을 때에 법률이 허용하는 경우에 한하여 기관소송을 제기할 수 있다고 하면서 헌법재판소의 권한쟁의사항을 제외시키고 있다(행정소송법 제3조 제4호, 제45조). 그런데 지방의회의 의결절차가 위법한 경우에 기관소송을 제기할 수 있도록 허용하는 법률규정이 없으므로 법원의 기관소송에 의하여 지방의회 의결

8) 헌재 2006. 8. 31. 2003헌라1, 판례집 18-2, 319, 328.

9) 사건에서 문제되는 공유재산 현물출자 부분에 관한 의안 가결·선포행위는 지방자치단체의 자치사무에 해당되므로 지방자치단체의 기관이 예외적으로 당사자적격을 갖는 경우에도 해당되지 않는다(헌재 2010. 4. 29, 2009헌라11, 판례집 제22권 1집 상, 596, 600).

10) 지방의회 의원과 의장은 지방의회라는 의결기관 내의 부분기관으로 볼 수 있다.

절차의 위법을 시정할 수 없다."[11]

국회의 의결절차의 적법성을 통제할 필요성이 있는 것과 마찬가지로, 지방의회의 의결절차가 법률을 위반하지 않도록 통제하여 그 적법성을 확보할 필요가 있다. 지방의회 의원도 지방의회나 위원회의 의결절차가 위법하게 자신의 심의·표결권을 침해하는 경우에는 지방의회나 위원회 또는 그 의장을 상대로 권한쟁의 심판을 청구할 수 있다고 적극적으로 해석하는 것이 권한쟁의 심판제도의 입법취지에 부합하는 것이 아닌가 한다.

다만, 헌법재판소의 위 결정이 바뀌지 않는 한, 지방의회 의결절차의 위법을 시정할 방법은 입법에 의하여 해결될 수밖에 없다. 행정소송법상의 기관소송이 주로 국가기관 상호간의 수직적 권력분립관계에서의 적법성을 확보하는 제도라면, 권한쟁의심판은 수평적 권한관계의 적법성을 확보하고 통제함으로써 객관적 권한질서를 유지하는 제도라고 할 것이다.

지방의회 의원과 의장은 수직적 관계가 아니라 수평적 관계이다. 그런 점에서 지방의회의 의결절차의 위법성은 헌법재판소의 권한쟁의심판절차를 통해서 시정하는 것이 권한쟁의심판제도의 본질에 부합한다. 입법으로 보완되어야 한다면, 행정소송법이나 기타 다른 입법수단이 아닌 헌법재판소의 권한쟁의에 관한 규정의 개정을 통해서 이루어지는 것이 바람직하다.

Ⅲ. 법률제정행위에 대한 권한쟁의에서 취소결정 또는 무효확인결정의 문제점

1. 문제의 소재

우리 헌법은 지방자치를 보장하면서도, 지방자치권의 범위 내지 내용을 입법자의 광범위한 형성에 맡겨 놓고 있다. 자치사무와 국가사무의 분배, 자치에 관한 규정의 제정뿐만 아니라 지방자치단체의 종류, 조직과 운영에 관한 사항을 모두 법률로 정하도록 하고 있다(헌법 제117조 및 제118조). 이런 포괄적인 위임의 결과 헌법이 보장하는 지방자치권은 국회가 제정하는 법률에 의해서 그 범위나 한계가 정해진다고 할 수 있다. 문제는 이처럼 입법자에게 광범위한 형성 권한을 줌으로

11) 헌재 2010. 4. 29, 2009헌라11, 판례집 22-1 상, 596, 604.

써 국회의 법률제·개정행위에 의하여 지방자치권의 본질적 내용이 침해될 위험이 상존하는데, 이를 다투는 방법은 현행법상 헌법재판소에 권한쟁의심판을 청구하는 것이 유일하다는 점이다.

헌법재판소법 제66조 제1항은 "헌법재판소는 심판의 대상이 된 국가기관 또는 지방자치단체의 권한의 존부 또는 범위에 관하여 판단한다"고 규정하고, 제2항은 "제1항의 경우에 헌법재판소는 권한침해의 원인이 된 피청구인의 처분을 취소하거나 그 무효를 확인할 수 있다"고 규정하고 있다.

그런데, 이 규정의 해석과 관련하여 국회의 법률제정행위가 지방자치단체의 권한을 침해했다고 판단한 경우 헌법재판소법 제66조 제1항에 따라 법률제정행위의 위헌 또는 위법확인을 할 수 있다는 점에는 의문이 없으나, 동조 제2항에 따라 법률제정행위에 대한 취소결정 또는 무효확인결정까지 할 수 있는지에 대하여 논란이 있다. 이 문제는 권한쟁의 전반에 관한 걸친 문제이지만, 특히 법률제정행위에 대한 권한쟁의에서 헌법재판소가 실질적으로 법률의 효력을 무효화시킬 수 있다는 점에서 그러한 결정이 헌법적으로 바람직한지 및 권한쟁의심판결정의 기속력과의 관계에서 중요한 의미를 갖는다.

2. 법률제정행위에 대한 권한쟁의의 허부

국회의 법률제정행위(법률안 상정행위, 법률안 가결선포행위 등)가 권한쟁의심판의 대상이 될 수 있는 '처분'에 해당하는지에 대해서 헌법재판소는 일관되게 처분에 해당한다고 보고 있다.

헌법재판소는 2006. 5. 25, 2005헌라4, 강남구 등과 국회간의 권한쟁의 사건에서 '헌법재판소법 제61조 제2항에 따라 권한쟁의심판을 청구하려면 피청구인의 처분 또는 부작위가 존재하여야 한다. 여기서의 처분은 입법행위와 같은 법률의 제정과 관련된 권한의 존부 및 행사상의 다툼, 행정처분은 물론 행정입법과 같은 모든 행정작용 그리고 법원의 재판 및 사법행정작용 등을 포함하는 넓은 의미의 공권력 처분을 의미하는 것으로 보아야 할 것이므로, 법률에 대한 권한쟁의심판도 허용된다고 봄이 일반적이나 다만, '법률 그 자체'가 아니라 '법률제정행위'를 그 심판대상으로 하여야 할 것이다'라고 판시하였다.[12)]

한편, 2008. 6. 26, 2005헌라7 서울특별시 강남구와 국회 등과의 권한쟁의 사건 결정에서도 국회가 공직선거법 제122조의2를 개정하여 지방선거비용을 해당지방

12) 헌재 2006. 5. 25, 2005헌라4, 판례집 18-1(하), 28.

자치단체에게 부담시킨 행위(법개정행위)가 권한쟁의심판의 대상이 되는 것을 전제로 위 법률개정행위가 지방자치단체인 강남구의 지방자치권을 침해하는지에 대하여 판단하였고, 또한 2010. 10. 28, 2007헌라4, 강남구 등과 국회 간의 권한쟁의 사건 결정에서도 특별시의 관할구역 안에 있는 구(區)의 재산세를 '특별시 및 구세'로 하여 특별시와 자치구가 100분의 50씩 공동과세하도록 하는 내용의 지방세법 제정행위가 지방자치단체인 강남구의 지방재정권을 침해하는지에 대하여 판단하였다. 다만, 지방자치단체가 청구한 법률제정행위에 대한 권한쟁의사건에서 '권한침해확인결정'을 받은 예는 아직 없고 따라서 법률제정행위의 취소결정 또는 무효확인결정의 허용 여부에 관하여도 판단이 없다.

3. 취소결정 또는 무효확인결정의 가부

법률제정행위에 대한 권한쟁의에서는 원칙적으로 피청구인의 법률제정행위의 위헌·위법 여부 및 청구인권한의 침해여부만을 확인하는 것에 그쳐야 하고, 이를 넘어서 법률제정행위의 취소나 무효확인과 같은 형성적 결정을 하는 것은 자제되어야 한다는 견해와 원칙적으로 법률제정행위가 청구인의 권한을 침해한 이상 그로 인하여 야기된 위헌·위법상태를 제거하여 합헌적 상태를 회복시키기 위하여 적극적으로 법률제정행위의 취소 또는 무효확인 결정을 하여야 한다는 견해가 대립되고 있다.

최근 2009. 10. 29, 2009헌라8 국회의원과 국회의장간의 권한쟁의 사건 결정(제1차 미디어법 사건)에서 이 쟁점에 대한 본안 판단이 있었다. 비록 지방자치단체가 청구한 사례는 아니지만, 위 결정에 대한 헌법재판소의 판단을 참고하여 견해의 대립을 검토해 본다.

가. 소 극 설

헌법재판소는 원칙적으로 국회의 법률제정행위의 위헌·위법 및 지방자치단체의 권한침해만을 확인하는 것에 그쳐야 하고, 이를 넘어서 법률제정행위의 취소나 무효확인과 같은 형성적 결정을 내리는 것은 자제해야 한다는 것이다.[13] 헌법재판소는 사법적 기능을 담당하는 국가기관으로서 스스로 정치적 형성행위를 하는 것은 정치적 헌법기관인 입법자의 형성권을 침해할 위험이 있고, 입법자에게 위헌적인 상태를 제거할 여러 가지 가능성이 존재한다면 헌법재판소는 그 정치적

13) 한수웅, 국회의장과 의원 간 권한쟁의심판의 결정 내용 및 효력, 2011. 5. 2. 법률신문 제3932호.

형성권을 존중해야 한다는 것도 그 논거로 한다.[14] 또한 헌법재판소가 취소 또는 무효확인 결정을 할 경우 실질적으로 법률에 대하여 무효선언을 하는 결과를 초래함으로써 국회의 고유권한인 입법작용을 침범하여 스스로 정치적 형성행위를 하는 것이며, 기관 상호간의 분쟁해결을 그 목적으로 하는 권한쟁의심판절차의 본질을 망각하여 이를 규범통제절차로 변형시키는 것이라고 한다.[15]

이 견해는 법률제정행위의 위헌·위법상태는 권한침해확인결정의 기속력에 의하여 이를 야기한 국회가 스스로 이를 제거하여 합헌·합법적인 상태를 회복해야 할 의무를 부담한다고 한다. 헌재법 제67조 제1항의 "헌법재판소의 권한쟁의심판의결정은 모든 국가기관과 지방자치단체를 기속한다"는 권한침해확인결정의 기속력을 단지 동일행위반복금지의무로 국한되는 것이 아니라 나아가 권한침해행위의 위헌·위법상태를 적극적으로 제거해야 할 의무를 수반하는 것으로 이해한다.

이러한 태도는 2009헌라8 사건 결정에서 '권한쟁의심판 결과 드러난 위헌·위법 상태를 제거함에 있어 헌법재판소는 피청구인(국회의장)의 정치적 형성권을 가급적 존중하여야 하므로, 재량적 판단에 의한 무효확인 또는 취소로 처분의 효력을 직접 결정하는 것은 권한질서의 회복을 위하여 헌법적으로 요청되는 예외적인 경우에 한정되어야 한다. 이 사건에 있어서도 국회의 입법에 관한 자율권을 존중하는 의미에서 헌법재판소는 처분의 권한 침해만을 확인하고, 권한 침해로 인하여 야기된 위헌·위법상태의 시정은 피청구인에게 맡겨 두는 것이 바람직하다'고 한 재판관 이강국, 재판관 이공현의 기각의견도 같은 취지라고 할 것이고, 같은 사건에서 '피청구인(국회의장)의 가결선포행위가, 무효나 취소소송의 대상이 될 수 있는 행정처분의 성격을 갖는 경우가 아닌 한, 국회의 법률제정과정에서 비롯된 국회의원과 국회의장 사이의 권한쟁의심판사건에서 헌법재판소의 권한쟁의심판권은 피청구인이 청구인들의 심의·표결권을 침해하였는지 여부를 확인하는 것에 그치고, 그 후 법률안 가결선포행위의 효력에 대한 사후의 조치는 오직 국회의 자율적 의사결정에 의하여 해결할 영역에 속한다'고 한 재판관 김종대의 기각의견[16]도 넓은 의미에서 같은 취지라고 할 것이다. 이 의견은 헌법재판소가 법률의 위헌 결정에 필요한 정족수 6인에 못 미치는 5인의 재판관의 의견으로써 실질적으로 법률

14) 이 견해는 독일연방헌법재판소가 초기결정부터 일관되게 국가기관간의 권한쟁의에서 피청구인의 처분의 효력이나 존속여부에 관하여는 판단할 수 없다고 판시한 것을 그 논거로 삼고 있다 (vgl. BVerfGE 1, 37; 20, 129; 24, 351).

15) 헌재법 제23조는 규범통제절차와 권한쟁의심판절차의 심판정족수가 각 '재판관 6인 이상의 찬성'과 '관여재판관 과반수의 찬성'으로 서로 다르게 규정된 것을 권한쟁의의 심판대상이 법제정행위이지 법률 그 자체가 아니라는 논거로 삼고 있다.

16) 헌재 2009. 10. 29, 2009헌라8, 판례집 21-2 하, 14, 81.

에 대한 위헌 결정을 하는 셈이 되어 헌법 제113조 제1항에도 위반되는 부당한 결과를 초래하게 된다는 것도 그 이유로 들고 있다.

나. 적 극 설

법률제정행위가 청구인의 권한을 침해한 경우에는 헌법재판소는 권한침해확인결정을 함과 동시에 권한침해로 야기된 위헌·위법상태를 제거하기 위해서 청구인의 청구 또는 직권으로 법제정행위의 취소 또는 무효확인 결정을 할 수 있다는 견해이다.[17] 헌재법 제66조 제2항은 헌법재판소의 재량에 맡겨진 것이 아니라 피청구인의 처분으로 인한 위헌·위법상태가 남아 있는 경우 이를 제거하기 위한 것이 그 본래의 입법취지라고 본다. 따라서 법률제정행위의 권한침해확인결정을 하였음에도 그 결과물인 법률이 존속하여 여전히 그 효력을 유지하고 있는 경우 헌법재판소는 이러한 위헌·위법상태를 제거함으로써 기관 상호간의 권한에 관한 분쟁을 종결하고 궁극적으로 합헌적 권한질서를 회복하여야 한다는 것이다.

이 견해는 위와 같은 취소 또는 무효확인 결정은 정치적 형성행위가 아니라 단지 위헌·위법상태를 제거하는 것에 불과하고, 이러한 결정이 헌법기관의 정치적 형성권(국회의 입법권)을 침해하는 것이 아니라 국회의 위헌적인 형성권(입법권) 행사의 결과를 바로잡는 것으로 소극적인 원상회복이지 적극적·형성적 행위가 아니라는 것이다.

또한 이 견해는 취소 또는 무효확인 결정이 실질적으로 법률의 효력을 무효화시킨다고 하더라도 이는 법률제정행위가 취소 또는 무효화됨에 따른 권한쟁의심판 절차에 따른 효력이지 규범통제절차에서의 심판정족수와 권한쟁의심판의 정족수가 다르다고 하여 권한쟁의심판절차를 규범통제절차로 변형시키는 것은 아니라는 것이다. 이 견해에 따르면, 권한쟁의심판결정의 기속력과 취소 또는 무효확인 결정의 허부(許否)와는 직접적인 관련이 없다고 본다.

이러한 태도는 2009헌라8 사건 결정에서 '권한쟁의심판제도는 국가권력의 통제를 통한 권력분립의 실현과 소수의 보호를 통한 민주주의의 실질화, 객관적 헌법질서 유지 및 관련 국가기관의 주관적 권한의 보호를 목적으로 한다. 헌법재판소법 제61조 제2항, 제66조 제1, 2항도 권한쟁의심판이 객관적 쟁송과 주관적 쟁송의 성격을 동시에 지니고 있음을 나타낸다. 따라서 신문법안의 가결을 선포한 피청구인(국회의장)의 행위가 헌법과 국회법에 위배되는 것으로 인정한 이상 무효

17) 이러한 견해를 논문 등을 통해 명확하게 밝힌 예는 발견되지 않지만, 여러 실무가들에 의해서 지지되고 있다.

확인 청구를 인용함이 상당하다'는 재판관 김희옥의 인용의견과 '법안이 위원회의 심사를 거치지 아니하고 국회 본회의에서 제안취지 설명이나 질의·토론 절차를 거치지 아니한 채 표결된 것이므로, 국회의 의결을 국민의 의사로 간주하는 대의 효과를 부여하기 위한 실질적 요건을 갖추지 못하여 무효이다'라는 재판관 조대현, 재판관 송두환의 인용의견도 같은 취지라고 할 수 있다.

다. 사 견

권한쟁의심판제도는 기관 상호간의 권한에 관한 다툼을 해결함으로써 헌법과 법률이 부여한 객관적 권한질서를 확립하는 데 그 목적이 있다고 할 것이다. 권한쟁의심판의 경우라도 그 심판의 대상이 법률제정행위와 같이 헌법기관의 정치적 형성행위인 경우에는 사법기관인 헌법재판소는 피청구인의 위헌·위법 여부 및 청구인권한의 침해만을 확인하고, 원칙적으로 이를 넘어서 적극적·형성적으로 법률제정행위의 취소결정 또는 무효확인결정에까지 나아가는 것은 자제해야 한다고 본다. 그런 점에서 원칙적으로 소극적인 견해에 찬성한다.

권한침해확인결정의 기속력에 따라 권한침해상태를 야기한 피청구인이 스스로 위헌·위법상태를 제거함으로써 합헌적 상태를 회복할 의무가 있다고 할 것이다.

그러나 그렇다고 해서 법률제정행위와 같은 국가기관 상호간의 권한쟁의에서 헌법재판소가 언제나 소극적인 자세로 일관해야 하는 것은 아니라고 본다. 법률제정행위로 인한 위헌·위법상태가 중대하여 헌법적 관점에서 도저히 묵과할 수 없고, 피청구인의 자발적인 시정을 기대할 수 없는 경우[18]에는 헌법재판소는 헌법과 헌법재판소법이 부여한 재량권을 행사하여 위헌·위법상태를 스스로 제거하고 합헌적 상태로 회복할 수 있다고 본다. 기본적으로 헌법재판소법 제62조 제2항은 헌법재판소에 재량권을 부여한 것이고, 어떤 경우에 이 재량권을 행사하여 취소결정 또는 무효확인결정까지 나아갈 것인지는 헌법적 권한질서의 확립을 위한 심판권을 부여받은 헌법재판소가 판단할 문제라고 본다.

---

18) 피청구인에게 시정 의사가 없음이 명백하거나 시정 의사가 있더라도 여러 가지 사정상 위헌·위법상태를 제거할 수 없어 일정기간 위법상태가 계속될 것으로 보이는 경우에는 헌법재판소가 직권으로라도 위법상태를 제거하여 합헌적 상태로 원상복구해야 한다.

Ⅳ. 결 어

현행 권한쟁의심판제도는 지방자치단체 또는 그 기관에게 부여된 권한이 침해되거나, 권한에 대한 다툼이 있을 경우 권한의 존부 및 범위를 확인하고, 권한 침해로 인한 위헌·위법상태를 효과적으로 제거함으로써 지방자치권 내지 지방자치제도를 보장하는 매우 유용한 법적 수단이다. 헌법 및 헌법재판소법의 권한쟁의의 관한 규정의 "지방자치단체"를 예시적으로 해석하는 것이 바람직하다. 다만, 이러한 해석이 어렵다면 헌법재판소법을 개정·보완하여 현행법상의 권한쟁의심판의 당사자 내지 종류를 확대할 필요가 있다.

법률제정행위가 지방자치단체의 권한을 침해하였다고 판단된 경우라도 헌법재판소는 법률제정행위의 위헌·위법여부 및 청구인권한의 침해를 확인함에 그치고 이를 넘어서 적극적으로 법률제정행위의 취소결정 또는 무효확인결정에 나아가는 것은 자제할 필요가 있다. 다만, 위헌·위법상태가 중대하여 헌법적으로 도저히 수인할 수 없고, 피청구인의 자발적인 시정이 불가하거나 기대할 수 없는 경우에는 헌법재판소가 판단에 따라 법률제정행위를 취소하거나 무효확인결정을 함으로써 위헌·위법상태를 제거하여 합헌적 권한질서를 회복할 수 있다.

지방자치제도가 우리 실정에 맞게 정착하고 내실을 기하기 위해서는 무엇보다도 중앙정부와의 역할과 기능을 적정하게 분담하는 것이 중요하다고 본다. 주민의 대표를 선출해 놓기는 했으나 지방자치단체의 장이 대부분 국가위임사무를 위탁 처리하는데 시간과 노력을 치중한다면, 지방자치제도는 그야말로 말뿐이고, 지방자치단체는 국가사무의 위탁기관화 하거나 지방자치제도가 자칫 지방의원 내지 자치단체장의 중앙정치무대 데뷔를 위한 한낱 수단으로 전락한다는 비판에 직면할 수 있다. 그런 점에서 국가사무 가운데에서 일정 부분은 자치사무로 이관하거나 국가사무라고 하더라도 당해 지방의 실제에 맞게 자치단체가 일정한 재량을 발휘할 수 있도록 재량범위를 확대하여 위임하는 것이 필요하다. 아울러 지방재정의 확충도 긴요하다. 아무리 자치사무의 범위가 확대되고 자치단체의 재량이 확대된다고 하더라도 그에 필요한 재원이 마련되지 않고서는 공염불에 그칠 것이다. 대다수 지방자치단체의 재정자립도가 미약한 상황에서 중앙 정부의 교부금에만 의존하고 중앙정부의 눈치만 살피는 현실은 실질적인 지방자치구현을 요원하게 한다. 국회가 세원 분배 등에 보다 적극적인 태도를 보일 필요가 있다.

근래에는 지방자치단체 상호간에도 권한에 관한 다툼이 생겨나고 있다. 정부와 지방자치단체 간, 지방자치단체 상호간의 권한에 대한 다툼을 사법적으로 해결하는 가장 정형화된 제도가 권한쟁의심판이다. 권한쟁의심판제도가 지방자치 발전에 기여할 수 있는 수단이 될 수 있도록 입법적인 보완과 이론적 연구가 계속되기를 바란다.

제112회(2011. 6. 10) 발표문

지방자치단체의 구역 및 경계에 관한 법적 과제

최 우 용*

Ⅰ. 들어가며

2011년 국토해양부는 우리나라 영해내 미등록 섬과 DMZ(비무장지대) 주변 미복구 토지 지적등록사업이 지난해 끝나 국토면적이 272.1㎢ 늘어났다고 밝혔다.[1] 이들 토지는 여의도 면적 94배에 달하는 면적인데, 지적등록 대상에서 제외됐던 토지에 대한 현지조사 및 측량을 GPS측량, 위성영상 등 신기술을 도입해 밝혀낸 것이었다. 한편 우리나라에서는 공유수면(바다) 매립으로 매년 상당량의 신규토지가 새로이 생성되고 있다.[2] 이처럼 미등록 섬과 해안가 미등록 토지는 신규 등록을 위해 「지방자치법」,「공유수면 관리 및 매립에 관한 법률」 등이 정한 절차를 거쳐 관할 지방자치단체가 결정되겠지만, 향후 이와 관련한 다양한 법적 문제들(신규토지 소유권의 귀속문제, 관할권 문제 등)이 제기될 수 있다. 즉, 미등록 토지 또는 매립으로 인한 신규토지가 다수 발생함으로써 해당 토지에 대한 경찰문제, 소방문제, 행정적 특히 과세권부여 및 처분권한의 귀속 문제 등 중요한 문제들이 발생할 수 있고, 무인도의 경우에는 개발과 관련한 각종 분쟁이 제기될 수도 있다.

일본 또한 고도 경제성장기였던 1950년대 후반부터 전국적으로 빈발한 매립지 등의 귀속을 둘러싼 관계 지방자치단체간의 의견 대립이나 분쟁이 빈발하였고, 공유수면 상태에서 조기에 처리·확정하기 위하여 지방자치법을 개정하기도 하였다.

헌법재판소는 매립지에 관한 권한쟁의 사건의 결정(본고에서 검토하고 있는 결정들)을 통하여 지방자치단체의 구역 및 경계획정에 관한 견해를 표명한 바 있다.

* 동아대학교 법학전문대학원 교수.

1) 지적등록될 현황은 미등록 섬 1223개 43만8000㎡, 해안가 미등록 토지 5034필지 794만3000㎡, DMZ주변 토지 2485필지 2억6371만9000㎡ 등 모두 8742필지 2억7210만㎡이다. 지목별로는 임야 2억5701만7000㎡(94.5%), 공공용지 765만9000㎡(2.8%), 농지 511만2000㎡(1.9%), 기타 231만2000㎡(0.8%) 순으로 나타났다고 한다. 내일신문, 2011. 1. 20(인터넷판).

2) 일례로 당진군과 평택시의 관할권 다툼이 있었던 평택/당진 항만의 경우, 당진군은 약 350만평, 평택시는 약257만평에 대한 관할권한이 새롭게 생기게 되었다.

그런데 그 결정들은 공유수면에 새롭게 생긴 토지(정확하게는 제방)의 관할권 귀속에 관한 것으로, (매립지가 아닌) 신규토지 및 미소속지의 결정문제에 관한 견해는 아니었고, 우리는 아직까지 이들 신규토지 및 미소속지에 관한 법적 해결방안에 관한 구체적인 법제정비가 이루어지지 않고 있다는 점에 유의해야 한다. 따라서 향후 이와 관련한 많은 법리논쟁이 예상되고 있다.

본고의 목적 또한 이러한 (매립지를 포함한) 신규토지 및 미소속지의 법적문제를 해결하기 위한 방안을 제시하기 위한 것이다. 그 전제로 지금까지의 판례 및 학설을 검토하고 도서지역이 많아 우리와 같은 문제점을 항시 내포하고 있는 일본에서의 법제사례를 검토해 봄으로써 우리에게 주는 시사점도 모색해 보고자 한다.

Ⅱ. 지방자치단체의 구역 및 경계획정에 관한 논의

1. 구역에 관한 문제

(1) 구역의 정의

학계의 통설에 의하면 지방자치단체의 관할구역은 국가의 영토를 지방자치단체별로 분할한 것이고 국가의 영토에는 육지 외에 영해·영공까지도 포함된다. 따라서 지방자치법 제4조 제1항에 규정된 자치단체 관할구역에는 육지 외에 하천·호소 등 수면과 육지에 접속된 바다(공유수면)도 포함된다.[3)]

구역은 단순한 행정상의 구획이 아니고, 지방자치단체의 구성요소의 하나로서 자치권이 미치는 지역적 범위를 말한다. 이러한 구역의 정의에는 큰 이견이 없어 보인다. 이러한 요소 외에, 구역설정에는 주민의 단합, 결속력과 급부력 등이 반드시 고려되어야 한다는 견해도 있다.[4)]

구역이 결정되면 다음과 같은 법적 효과가 발생한다.[5)] ① 구역내에 주소를 가지는 자는 당연히 그 지방자치단체의 구성원이 된다. ② 그 구역 내에 있는 자

3) 강재규, 지방자치단체의 구역—바다 및 공유수면매립지의 귀속을 중심으로—, 공법연구 제31집 제1호, 2002.11. 529, 535면; 조정찬, 지방자치단체의 구역과 경계분쟁, 법제, 2001. 6, 16, 33; 홍정선, 신지방자치법학, 박영사, 2009, 113면; 심현정, 관할구역변경제도에 관한 소고, 법제처, 자치입법실무강의 제2집, 1997. 181, 189면; 김철용, 주석 지방자치법, 한국사법행정학회, 1997. 43면 등.

4) 홍정선, 신지방자치법, 2009, 박영사, 113면.

5) 최정일, 행정법의 정석[행정법 Ⅱ], 박영사, 2009, 78면.

는 주민이든 아니든 관계없이 모두 그 단체의 권능 하에 놓인다. ③ 그 단체의 권능은 원칙적으로 그 구역내에만 미치고 이를 넘어설 수 없다.

지방자치단체의 구역은 변경할 수 있는바, 이에는 '폐치분합', '경계변경', '미소속 지역의 편입'의 3가지가 있다.[6] 본고의 연구대상은 이 중에서 '미소속지역의 편입'에 관해서이다.

(2) 현행 지방자치법의 규정과 해석

현행 지방자치법 제4조 제1항은, "지방자치단체의 명칭과 구역은 종전과 같이 하고, 명칭과 구역을 바꾸거나 지방자치단체를 폐지하거나 설치하거나 나누거나 합칠 때에는 법률로 정한다. 다만, 지방자치단체의 관할 구역 경계변경과 한자 명칭의 변경은 대통령령으로 정한다"고 하고, 동조 제2항은, "제1항에 따라 지방자치단체를 폐지하거나 설치하거나 나누거나 합칠 때 또는 그 명칭이나 구역을 변경할 때에는 관계 지방자치단체의 의회(이하 "지방의회"라 한다)의 의견을 들어야 한다. 다만, 「주민투표법」 제8조에 따라 주민투표를 한 경우에는 그러하지 아니하다"고 하고 있다.

(3) 헌법재판소의 견해

지방자치단체의 관할구역은 인적요건으로서의 주민 그리고 자치를 위한 권능으로서 자치권한과 더불어 지방자치의 3요소를 이루는 것으로, '지방자치단체가 자치권한을 행사할 수 있는 장소적 범위'를 뜻한다. 이것은 적극적으로는 그 구역 안에 주소를 가진 주민을 구성원으로 하여 이를 지방자치단체의 권한에 복종하게 하고, 소극적으로는 자치권한이 일반적으로 미치는 범위를 장소적으로 한정하는 효과를 가진다.[7]

우리나라에서는 지방자치를 최초 도입할 때부터 행정구역을 그대로 지방자치단체의 구역으로 정하였는데, 당시의 행정구역은 근대화를 시작하던 1896년 이후 역사적 전통에 입각하면서도 근대화에 따른 행정구역 개편의 필요성을 감안하여 정하여진 것이었다. 지방자치단체의 관할구역은 종전에 형성된 구역을 그대로 이어받음을 원칙으로 하면서도 자치행정의 효율성, 행정력의 증대와 관련하여 구역

6) 최정일, 전게서, 79면. 폐치분합은 지방자치단체의 신설이나 폐지를 수반하는 구역의 변경을 말한다. 경계변경은 지방자치단체의 구역의 변경만을 가리키고, 법인격을 가진 지방자치단체 자체에는 변경이 없다. 미소속 지역의 편입은 예를 들어, 분쟁 중으로서 어디에도 소속되지 않은 지역, 화산활동 등으로 출현하여 새롭게 영토가 된 섬 등을 들 수 있다.

7) 헌재 2004. 9. 23, 2000헌라2, 판례집 16-2상, 404, 428; 헌재 2006. 8. 31, 2003헌라1, 판례집 18-2, 319, 330; 헌재 2009. 7. 30, 2005헌라2; 대법원 2002. 12. 24, 2000도1048 판결 등 참조.

변경이 이루어질 수 있고, 지방자치단체의 경계변경이 이루어질 경우 행정구역도 같이 달라지고 있다.[8)]

한편, 현행법상 지방자치단체에게 공유수면[9)]을 관할할 수 있는 자치권한을 직접 부여하는 규정은 존재하지 않으나, 관련된 개별 법률들은 각 지방자치단체가 관할하는 공유수면이 있음을 전제로 하여 여러 규정들을 두고 있다.[10)]

(4) 대법원의 견해

현행 지방자치법과 구 지방자치법에 의하면, "지방자치단체의 명칭과 구역은 종전에 의하고…라고 규정하고 있는데, 여기서 구역이라고 함은 육지뿐만 아니라 그 구역 내의 하천·호수·수면 등은 물론 그 지역에 접속하는 영해와 그 상공 및 지하도 포함된다고 볼 것이고, 특정지역은 그 지역이 속하는 시·군·구와 같은 기초자치단체의 일부를 형성하는 동시에 그 시·군·구를 포괄하고 있는 광역시·도와 같은 광역자치단체의 구역의 일부를 당연히 형성하는 것"이라고 판시함으로써,[11)] 공유수면도 지방자치단체의 구역에 속하므로 지방자치단체의 관할권한이 바다에도 미친다는 것을 확인하였다.[12)]

---

8) 2004. 9. 23, 2000헌라2.

9) 현행법상 공유수면은, 「공유수면 관리 및 매립에 관한 법률」에서 정의하고 있다. 동법 제2조에 의하면, 공유수면에는 바다, 바닷가, 하천 등과 포락지를 말한다. 먼저, 바다는 "「측량·수로조사 및 지적에 관한 법률」 제6조 제1항 제4호에 따른 해안선으로부터 「배타적경제수역법」에 따른 배타적 경제수역 외측 한계까지의 사이"를 말하고, 바닷가: 「측량·수로조사 및 지적에 관한 법률」 제6조 제1항 제4호에 따른 해안선으로부터 지적공부(地籍公簿)에 등록된 지역까지의 사이를 말한다. 다음에, 하천·호소(湖沼)·구거(溝渠), 그 밖에 공공용으로 사용되는 수면 또는 수류(水流)로서 국유인 것도 공유수면에 해당한다.

10) 즉, 수산물 생산을 자치사무로 규정하고 있는 지방자치법 제9조 제2항 제3호 나목뿐만 아니라, 바다에서의 어업에 관한 면허권한을 시장·군수 등에게 부여하고 있는 수산업법 제8조 및 제41조 제2항, 공유수면의 관리와 점·사용허가권을 규정하고 있는 공유수면관리법 제4조 및 제5조, 지방항만을 관리하도록 하고 있는 항만법 제22조, 연안관리지역계획을 수립하도록 규정하고 있는 연안관리법 제8조, 공유수면에서의 골재채취허가권한을 규정하고 있는 골재채취법 제22조 등은 법률 자체에 의거하여 해양에 관한 관리·감독권한을 시장·군수 등에게 부여하고 있다. 그렇다면 지방자치단체의 공유수면에 대한 관할권한이 개별 법률들에서 인정되고 있다고 할 것이다.

11) 대법원 2002. 9. 24, 2000도1032 판결.

12) 대법원 2002. 12. 24, 선고 2000도1048 판결. 이와 같은 취지로 판시한 대법원 2002. 9. 24, 선고 2002도1032 판결{공2002. 11. 15, (166), 2625}; 1978. 4. 25, 선고 78누42 판결; 1970. 4. 28, 선고 70누8 판결 등 참조.

2. 경계획정에 관한 문제

(1) 구역경계에 관한 분쟁 개관

지방자치단체간의 구역의 분쟁은 역시 지방자치단체간의 분쟁이므로 다른 법률에 특별한 규정이 없으면 행정안전부장관이나 시·도지사가 당사자의 신청에 따라 조정할 수 있다. 다만, 그 분쟁이 공익을 현저히 저해하여 조속한 조정이 필요하다고 인정되면 당사자의 신청이 없어도 직권으로 조정할 수 있다(지방자치법 제148조 제1항). 조정이 이루어지지 아니하면 헌법재판소의 권한쟁의심판에 따라 해결할 수 있을 것이다.13) 경계에 관한 분쟁이 있는 경우에 분쟁해결기준으로 삼을 경계획정기준에 관한 규정은 현행법상은 없다. 이는 입법의 불비라고 할 수 있으며 우리 지방자치법에는 절차적인 해결방안에 대해서만 규정하고 있다. 이에 대해서는 후술한다.

(2) 지방자치법상의 구역변경

1) 지방자치법의 개정내용 및 그 의의

지방자치법은 경계변경을 구역변경이라고 부르고 있지만, 구역변경이란 협의의 구역변경인 경계변경과 폐치·분합(흡수합병, 신설합병, 또는 여러 지방자치단체의 부분을 합하여 새로운 지방자치단체를 구성하는 신설, 자기구역을 다른 지방자치단체에 배치하는 해체를 포함하는 개념임)을 포함하는 개념이다. 다만, 이하에서는 지방자치법의 법문대로 경계변경을 구역변경이라고 한다. 지방자치법 개정내용을 표로 나타내면 다음과 같다.

<표 1> 구역변경에 관한 개정지방자치법의 주요내용

	주요 개정내용	주목해야 할 부분
내용	① 지방자치단체의 명칭과 구역은 종전과 같음 ② 공유수면 매립지의 관할결정은 행정안전부장관의 결정이 우선 ③ 관할결정신청대상은 공유수면매립지와 지적공부에 누락된 토지 ④ 중앙분쟁조정위원회의 심의·의결을 거쳐 행정안전부장관이 결정 ⑤ 결정에 대하여 대법원에 소제기 가능	① '종전'의 틀을 유지하고 있는 점 ② 대상이 한정된 점 ③ 바다에 대한 지방자치단체의 '관할여부'에 대해서는 언급이 없음 –해면에 대한 지방자치단체의 관할 인정여부와 인정한다면 그 방법

* 남복현, "공유수면 매립지의 경계획정을 둘러싼 법적 분쟁에 있어 실체법적 사항", 공법연구, 제38집 1호 2권(2009. 10), 215-216면의 내용을 정리한 것임.

13) 헌법 제111조 제1항 제1호; 헌법재판소법 제2조 제4호.

2) 지방자치단체의 관할구역변경의 형식요건

지방자치법 제4조 제1항은 현행법상 특별시, 광역시 및 도와 같은 광역자치단체 간의 관할구역 변경은 법률로, 시·군·자치구와 같은 기초자치단체 간의 관할구역 변경은 대통령령으로 정하도록 하고 있다. 관할구역변경을 법규로 정하는 것은 강제적 구역변경의 성질을 가진 것이다. 공법상 합의(감독청의 승인을 전제로 관련 지방자치단체 간의 합의)에 의하는 것은 임의적 구역변경의 성질을 가지게 될 것이나, 현행법은 공법상 합의에 의한 구역변경에 관해 규정하는 바가 없으므로 이를 인정하기 어렵다고 본다.

3) 지방자치단체의 관할구역 변경의 절차요건

지방자치법 제4조 제1항은 지방자치단체의 구역을 변경할 때에는 관계 지방자치단체의 의회의 의견을 듣도록 정하고 있다. 지방자치단체의 구역변경은 주민들 간의 복잡하고도 첨예한 이해관계의 대립이 수반되므로 구역변경이 타당할지라도 일부 주민의 불이익이 예상되는 한, 지방의회에서 가결되기는 어렵다. 따라서 구역변경에 관한 지방의회의 의견은 법률제정상의 절차로서 신중한 결정과 정치적 책임을 확보하기 위한 제도적 장치로 볼 수 있다. 지방자치단체가 관할구역의 변경에 임하여 관계 지방의회의 의견을 듣지 않았을 때에는 절차적 요건에 흠이 있는 경우에 해당되므로 원칙적으로 무효라고 보아야 한다.[14)]

4) 지방자치단체의 구역변경결정에서의 형량요소

가. 공공복리 적합성

지방자치법은 구역변경을 위한 특별한 기준이나 제한을 정하고 있지는 않다. 그러나 행정법의 일반원칙으로서의 공공복리적합성의 원칙이 구역변경에도 당연히 요구된다고 보아야 한다.[15)] 공공복리의 사유로는 ① 지방자치단체의 급부력의 강화 또는 행정력의 강화, ② 생활과 환경의 일치, ③ 인구밀집지역과 인구희소지역 사이의 공공시설과 급부의 상당한 차이의 완화, ④ 행정의 경제와 절약, ⑤ 주민의 결속력, ⑥ 사무수행의 효율성 등을 들 수 있다. 입법자는 구역변경에 관한 입법을 함에 있어 형성의 자유를 갖지만, 위의 형량요소를 적절히 반영하여야 할 것이다.

나. 형성영역

지방자치단체의 경계획정에 있어서 청문의무·형량명령·과잉금지의 고려는

---

14) 同旨, 홍정선, 전게서, 119면.

15) 홍정선, 전게서, 119면 주(5)에 의하면, Nordrhein-Westfalen 게마인데법 제17조 제1항에는 공공복지의 요건을 명문으로 규정하고 있다고 한다.

헌법상 요구되는 내용인바, 입법자는 민주주의원리와 권력분립원리에 근거하여 구역변경에서 형성권을 가진다고 보아야 하지만, 구역변경여부를 결정할 때 결정권자는, ① 충분한 문제점 위에서 구역변경문제를 제기하고, ② 관련 지방자치단체에게 적기의 그리고 충분한 청문의 기회를 주어야 하고, ③ 형량이나 평가에 있어 흠이 없어야 하고, ④ 새로운 지방자치단체에도 기존의 지방자치단체에 비하여 불이익이나 부담이 없어야 한다고 한다.[16)]

(3) 구역경계분쟁에 관한 문제

경계에 관한 법규나 행정관습법이 없는 경우에는 헌법재판소가 조리에 따라 정한다. 즉 권한쟁의소송을 통한 결정을 통하여 경계획정이 이루어질 수 있다. 그러나 이론상, 구역의 결정기준은 행정구역에 관한 역사적 자료, 행정관행 및 지리적 조건 보다 구체적으로 말하면 공도, 기록 등에 의해 인식되는 종래의 구역의 변동에 관한 연혁, 산악, 분수령, 호소, 하천 등의 지세상의 특질, 관계지방자치단체의 종전의 행정권 행사의 실태, 지방자치단체 및 국가기관 분쟁지역에 대한 종전의 사무 처리의 실정, 주민의 사회경제상의 편익 등이 된다. 이 외에도 지역의 장래 발전가능성도 고려사항이 될 수 있을 것이다.

3. 공유수면의 관할권에 관한 논쟁

(1) 공유수면 매립지에 관한 헌법재판소에서의 전개상황

공유수면 매립지와 관련하여 헌법재판소에 권한쟁의심판이 청구된 사건으로 결정이 난 사건은 총 5건이다. 그 중 1건은 도서의 경계를 둘러싼 것이고, 나머지는 해상경계와 관련된 것이었다. 이를 표로 정리하면 다음과 같다.

16) 홍정선, 전게서, 120면. 동 교수에 의하면.

<표 2> 공유수면과 관련된 헌법재판소의 결정내용[17]

연번	선고 날짜 및 사건번호	내 용	결 과
1	2004. 9. 23, 2000헌라2	당진군과 평택시 간의 권한쟁의심판	당진군의 청구인용(재판관 5:4)
2	2006. 8. 29, 2003헌라1	광양시, 순천시, 여수시 간의 관할권에 관한 권한쟁의심판	공유수면 매립지의 일부에 대한 청구인의 관할권 인정(재판관 5:3)
3	2006. 8. 29, 2004헌라2	부산강서구와 진해시 간의 권한쟁의심판	부산시의 청구인용(전원일치)
4	2008. 12. 26, 2005헌라11	북제주군과 완도군 간의 권한쟁의 심판	북제주군의 청구인용(재판관 8:1)
5	2009. 7. 30, 2005헌라2	인천 옹진군과 충남 태안군 간의 권한쟁의심판	옹진군의 청구인용(재판관6:2)

(2) 학 설

1) 긍 정 설

공유수면도 지방자치단체의 관할구역에 포함되고, 공유수면의 매립지에 대한 경계도 공유수면의 경계와 일치되어야 한다는 것이다.[18] 공유수면이 지방자치단체의 구역에 속한다는 긍정설이 학계,[19] 헌법재판소(다수견해) 및 대법원의 견해[20]이다.

2) 부 정 설

공유수면은 지방자치단체의 관할에 속하지 아니하며, 공유수면 매립지의 경계확정은 새로운 토지가 형성된 것이기 때문에 다른 결정방법에 의해야 한다는 것이다. 헌법재판소의 소수의견[21]과 행정자치부의 견해[22]이다. 다만, '다른 결정방

17) 송도매립지의 관할구역에 대하여, 인천광역시 남동구, 중구와 연수구간의 권한쟁의심판사건이 신청되었다고 하나, 이에 관한 헌법재판소의 결정 자료는 2011. 6. 7일 시점에서 검색되지 않고 있다. 이 송도매립지에 관한 관할구역에 대해서는, 김수진, "송도매립지의 관할구역결정에 관한 공법적 고찰", 행정법연구 제23호, 행정법이론 실무학회, 2009. 4를 참고. 경상남도 등과 정부 등 간의 권한쟁의 등(2010. 6. 24, 2005헌라9, 2007헌라1·2(병합))에서 헌법재판소는 공유수면과 매립지에 대한 지방자치단체의 자치권한을 인정하였다.

18) 남복현 교수는 해수면도 지방자치단체의 구역에 포함되어 있음을 전제로, 지방자치단체나 그 집행기관이 공유수면에 관해서 자치사무나 위임받은 사무를 처리하는 한, 이미 '수평적인 지역적 관할분배'가 이루어져 있다고 한다. 남복현, "공유수면 매립지의 경계획정을 둘러싼 법적 분쟁에 있어 실체법적 사항", 공법연구, 제38집 1호 2권(2009. 10), 222면.

19) 강재규, "공유수면 매립지의 귀속문제 ― 한·일 지방자치법 비교연구-, 공법학연구 제4권 제1호, 141면; 남복현, 전게논문, 220-224면 이하.

20) 대법원 1970. 4. 28, 선고 70누8 판결; 대법원 1978. 4. 25, 선고 78누42판결; 대법원 2002. 12. 24, 2000도1048 판결 등 참고.

21) 헌법재판소 2004. 9. 23, 2000헌라2의 소수견해.

법'에 관한 구체적인 언급은 하고 있지 않다.

3) 입법불비설

지방자치법이 개정되기 전에는 공유수면 매립지에 관한 관할권 결정에 관한 입법적 규율이 없었다. 따라서 이에 관한 명시적 규정이 필요하다는 주장이 있었는데,[23] 이를 입법불비설이라고 한다. 다만, 개정 지방자치법도 결정절차에 대해서만 규정하고 있지, 구체적인 결정요소 및 기준에 대해서는 언급하고 있지 않아, 결국 입법을 통한 문제의 근본적인 해결을 하지는 못했다고 보아야 한다. 그렇다면 '입법불비설'은 여전히 의미를 가진다고 할 수 있다.

(3) 지방자치법상의 규정

우리 지방자치법은 매립지 및 지적공부에 등재되어 있는 토지는 면허관청, 관련지방자치단체 및 소관청이 행정안전부장관에게 관할 결정을 신청(매립지면허를 받은 자는 면허관청에 요청가능)한 뒤, 행정안전부장관이 관보나 인터넷에 20일 이상 공고하여야 하고, 지방자치단체중앙분쟁조정위원회의 심의 및 의결을 거쳐, 관계 지방자치단체의 장이 소 제기(결과 통보일로부터 15일 이내)를 하게 되면 대법원에서 최종적인 판단을 하도록 하고 있다.[24]

지방자치법의 규정에 의하면 매립지 등에 관한 경계결정의 최종적인 결정자는 행정안전부장관이고, 이에 불복할 때에는 대법원에 제소하여야 한다. 이를 알기 쉽게 도식화하면 다음과 같다.

---

22) 헌재 2004. 9. 23, 2000헌라2; 헌재 2006. 8. 31, 2003헌라1 등.

23) 이경운, 지방자치법 주해, 박영사, 2004, 32면.

24) 종래 공유수면의 관할권문제가 간과되었던 원인으로 남복현 교수는, 첫째 지방자치가 성숙하지 못하였고, 둘째 공유수면에 대한 관할이익이 미미하였고, 셋째 빈번한 어업권문제로 인한 위반이 수산업법위반의 형태로 대법원에서 다루어진 결과라고 분석하고 있다. 남복현, 전게논문, 224면.

<표 3> 지방자치법상의 경계구역결정과정

면허관청, 관련지방자치단체 및 소관청이 행정안전부장관에게 관할 결정을 신청(매립지면허를 받은 자는 면허관청에 요청가능)
↓
행정안전부장관이 관보나 인터넷에 20일 이상 공고
↓
지방자치단체중앙분쟁조정위원회의 심의·의결
↓
관계지방자치단체 장의 대법원에의 소 제기
↓
대법원의 최종적 판단

그러나 이러한 개정법에 대해서는 두 가지 시각이 있을 수 있다. 즉, 첫째는 공유수면이 지방자치단체의 구역에 해당하는지 여부와는 무관하게, 다시 말해서 해당 공유수면이 특정 지방자치단체에 속한다고 할지라도, 다른 기준을 제시해서 매립토지의 경계를 설정할 수 있는 근거를 제공한 것으로 볼 수 있다는 것이다. 다른 하나는 공유수면이 지방자치단체의 구역에 해당함을 부인한 상태에서 기존과는 단절됨을 전제로, 전혀 새롭게 신규로 설정할 수 있다는 것이다.[25)]

어느 해석에 의하더라도 행정안전부가 공유수면 매립지의 경계획정에 대해 변함없는 영향력을 행사하겠다는 의지가 보이는 개정이라 아니할 수 있다. 보다 민주적으로 경계획정이 가능하도록 입법적 해결이 필요한 부분이라고 생각한다.

25) 남복현, 전게논문, 225면.

4. 경계획정에 관한 논쟁

(1) 학계의 견해

1) 해상경계선 기준 긍정설(바다에 대한 지방자치단체의 구역에 따라 매립 후의 육지에 대한 구역을 결정하는 것이 타당하다는 견해)

해상경계에 관한 법률규정이 존재하지 아니하지만, 국립지리원이 간행한 지형도상의 해상경계선은 해상에 관한 행정권한을 행사함에 있어서 사용되고 있어서 행정관습법상 해상경계선으로, 그리고 판례에 의해서도 인정되고 있어서 행정판례법상의 해상경계선으로 성립된다.[26] 그렇다면 국립지리원이 간행한 지형도상의 해상경계선은 불문법상의 해상경계로 인정된다고 할 것이므로, 공유수면인 해상에서의 경계는 지형도상의 해상경계선을 기준으로 확인되어야 할 것이다. 따라서 지방자치법 제4조 제1항에서 규정하는 종전의 구역경계는 공유수면의 경우 국립지리원이 간행한 지형도상의 해상경계선에 의하여 확인될 수 있다.

2) 해상경계선 기준 반대설(육지의 구역결정기준에 따라 새롭게 구역을 결정하여야 한다는 견해)

지방자치법 제4조 제1항은 육지에 대한 구역설정을 상정하여 규정한 것이지 공유수면인 바다를 대상으로 한 것이 아니다. 따라서 이 조항을 지방자치단체의 구역에 바다가 포함된 것이라고 해석할 수는 없고, 공유수면에 대한 지방자치단체의 자치권한은 존재하지 않는다.[27] 따라서 바다를 매립하여 생성된 토지는 종전에는 존재하지 않았던 새로운 토지가 생겨난 것이므로, 이전의 기준이 적용될 여지는 없고 새로운 기준에 의하여 새롭게 관할구역이 설정되어야 한다는 것이다.

국립지리원이 작성한 지형도의 해상에 표시된 경계표시는 도서의 소속을 표시할 뿐 지방자치단체의 관할구역을 판단하는 데 아무런 법적 구속력이나 입증력을 가지지 아니한다는 것이 국립지리원의 공식견해이고 정부 모든 부처간에도 다툼이 없다고 한다.

3) 절 충 설

바다의 구역과 함께 육지인 행정구역의 일반적 설정기준을 고려하여 공유수면매립지가 속한 지방자치단체의 구역을 판단하여야 한다는 견해이다.[28] 이는 바

26) 강재규, 전게논문(주19), 141면.

27) 앞서 살펴본 행정자치부의 견해이다. 그 근거로, 수산업법 제53조 및 내수면어업법 제14조는 자치단체의 구역에서 바다가 제외됨을 전제로 규정하고 있으며, 수산업법 제4조 제1항 및 제8조 제1항도 지방자치단체가 공유수면에 대하여 자치권한을 가지고 있지 않다는 것을 들고 있다.

28) 당진군과 평택시 간의 권한쟁의사건(헌재 2004. 9. 23, 2000헌라2, 판례집 16-2상, 404, 466-467)

다를 매립하여 조성된 토지는 바다의 구역을 소멸시키면서 그 위에 조성된 것이며 다른 한편으로 조성된 매립지는 이제 바다는 아니며 육지이므로 기존의 육지와의 연결 등이 중요한 요소라고 보아야 하기 때문이라고 한다.[29]

(2) 법제처의 견해

지방자치단체의 구역은 자치권이 미치는 장소적 범위이고 자치권은 자치사무를 수행하기 위한 권한인바, 자치사무 중에는 육지에서 발생하는 사항을 관할하는 것 외에 하천·호소·바다에서 발생하는 사항을 관할하는 것도 있으며(예컨대 수산업법에 의한 어업면허, 공유수면관리법에 의한 점·사용허가 등), 지방자치법 제9조 제2항 각호에 열거된 자치사무의 유형 중 '소류지·보 등 농업용수시설의 설치 및 관리'와 '농림·축·수산물의 생산 및 유통지원'은 공유수면에 대한 관할권을 전제로 한 것이다.

그 밖에 지방자치단체의 관할구역은 국가의 영토를 지방자치단체별로 분할한 것이고 국가의 영토에는 육지외에 영해·영공까지가 포함된다는 점도 지방자치단체의 관할구역에 공유수면이 포함된다고 볼 근거라고 할 것이다.

그러므로 지방자치법 제4조 제1항에 규정된 자치단체의 관할구역에는 육지 외에 하천·호소 등 수면과 육지에 접속하는 바다(공유수면)도 포함되며, 구역의 상공이나 지하도 그 권능이 실질적으로 미치는 범위에 있어서는 자치권의 객체가 된다.

(3) 해상경계선의 불문법으로서의 구속력 여부

지형도상 도서의 소속을 표시하는 해상경계선은 행정구역경계로서 법적 구속력을 가지나, 지형도상 도서를 제외한 해상에 표시된 경계선은 법적 구속력을 갖지 못한다고 할 것이다.[30] 그러나 지형도상 도서를 제외한 해상의 경계선이 불문

의 소수견해: 지방자치법 제4조 제1항에 "지방자치단체의 구역은 종전에 의하고 이를 변경할 경우" 시·도간은 법률로, 시·군·구간은 대통령령으로 정하도록 되어 있으나, 그 동안 법령으로 바다에 대해 자치단체 구역을 획정한 바가 없고, 바다를 자치단체 구역으로 인정할 경우에는 바다에 대한 경계의 변경도 법령의 제정을 통하여야 하나, 현행 지방자치법을 적용하여 변경절차를 이행할 방법이 없어 실정법상 자치단체 구역으로 보기 어려운 점이 있다. 또한 관습적으로 바다의 일정수역을 지방자치단체가 관리한다고 하더라도 자치단체 구역으로서 자치권에 의하여 관리한 것인지, 국가의 해양. 수산정책 목적에 따라 국가영토의 일부로서 지방자치단체가 관리해 온 것인지 분명하지 않고, 국립지리원이 작성, 간행한 지형도상의 해상경계표시는 도서(섬)의 소속을 해독하기 위한 기호에 불과하다는 것이다. 따라서 이 사건 분쟁은 해면상 국토의 효율적인 이용관리 및 지리적 위치와 여건, 주민의 편의성, 행정의 능률성 등 당해 토지가 가지는 특성과, 지방자치단체의 구역제도가 관할 토지의 소유권이나 재산적 가치의 차원이 아니라 공익적 차원에서 획정. 관리 운영되고 있는 점 등이 고려되어야 한다고 한다.

29) 박균성, 행정법론(下), 2011[제9판], 83-84면; 정하중, 행정법개론, 2011[제5판], 950면.

법상의 경계선으로서 인정될 수 있는지 여부가 문제된다.

지형도상 해상경계선이 관습법상의 해상경계선으로 인정되는지 여부에 대해, 헌법재판소는, ① 지형도상 해상경계선을 사용한 행정관행의 존재 여부, ② 수산업법에 의한 어업행정에서 지형도상 해상경계선을 이용한 행정관행, ③ 공유수면관리법에 의한 공유수면 관리행정에서 지형도를 이용한 행정관행, ④ 기타 개별법에서의 지형도를 이용한 행정관행이 있었고, 그렇다면 섬을 제외한 해역상의 해상경계선이 법적 구속력을 갖지 아니함에도 불구하고, 지방자치단체 등의 행정기관이 수산업법상의 어업허가 내지 면허나 어업단속행위 등을 하거나, 공유수면에 대한 점용·사용허가권한 등, 그리고 연안관리법 등의 법률들에 의한 관할권한을 행사함에 있어서 지형도상의 해상경계선을 행정구역 경계선으로 인정해 온 행정관행이 존재한다고 보고 있다.[31] 이는 당연한 논리적 귀결이라고 생각한다.

(4) 해상경계선은 판례법으로도 인정되고 있는가?

현행 지방자치법과 구 지방자치법에 의하면, "지방자치단체의 명칭과 구역은 종전에 의하고…"라고 규정하고 있는데, 여기서 구역이라고 함은 육지뿐만 아니라 그 구역 내의 하천·호수·수면 등은 물론 그 지역에 접속하는 영해와 그 상공 및 지하도 포함된다고 볼 것이다"라고 판시한 후, "피고인이 조업한 십이동파도 북동쪽 2.7마일 해상은 연도와 어청도를 직선으로 연결한 선으로 보아 그 아래인 전라북도 쪽에 위치해 있으며, 국립지리원이 발간한 해상경계표시도에서도 위 해상은 전라북도와 충청남도의 해상경계표시선 아래에 위치해 있고, 위 십이동파도 인근에 전라북도가 어장형성을 위하여 어초를 설치하고 관리해온 사실 등을 인정할 수 있다"고 판시하였다.[32]

---

30) 헌재 2004. 9. 23, 2000헌라2의 다수의견.

31) [광역시장·도지사 또는 시장·군수 등의 지방자치단체 장이 수산업법 제41조 제2항에 의거한 허가어업이나 수산업법 제8조 제1항에 의거한 면허어업을 주는 경우, 국립지리원이 간행한 지형도상의 해상경계를 사용하여 구체적인 관할 공유수면을 명시하는 행정처분을 하여 왔다. 수산청(현, 해양수산부)에서는 국립지리원이 발행한 1/50,000 축척의 지도를 근거로 시·도 경계가 표시된 어장도를 1977년부터 해당기관에 공급하였다. 그리고 수산업법 제41조 제2항 및 제8조 제1항에 의하여 허가어업 내지 면허어업을 받은 어선이 지형도상 해상경계선을 넘어 다른 자치단체의 관할구역 해상에서 조업행위를 할 경우, 관할 행정기관은 국립지리원이 간행한 지형도상의 해상경계선을 사용하여 수산업법 제94조 제1항 제1호에 의거 행정형벌을 부과하거나 어업면허취소를 하는 등 어업단속을 하여 왔다. 시장·군수 등 지방자치단체의 장은 공유수면관리법 제4조 및 제5조에 의거 공유수면에 대한 지속적인 관리나 공유수면에 대한 점·사용허가를 하는 경우에 국립지리원이 간행한 지형도상의 해상경계를 지속적으로 사용하여 왔다. 시장·군수 등의 지방자치단체의 장은 연안관리법, 항만법, 골재채취법 등의 개별법에 의한 관할권한을 행사함에 있어서도 국립지리원이 간행한 지형도상의 해상경계를 사용하여 왔다고 볼 수 있다.

대법원은 동 판결에서 국립지리원이 간행한 지형도상의 해상경계선을 단순한 도서의 소속을 나타내는 선이 아니라, 해상의 행정구역을 확인하는 경계선으로 인정하고 있다고 볼 수 있다.[33] 그렇다면 지형도상 해상경계선은 공유수면에 대한 경계를 확인하는 기준으로서 행정판례법상으로도 인정되고 있다고 할 것이다.

(5) 사정판결과의 관계

공유수면의 경계구역을 판례법에 따라 결정하는 것이, 사회통념에 반하고 생활권과 행정권이 일치하지 않아 항만의 관리상 비효율을 초래하기 때문에 행소법 제28조 제1항에 의한 사정판결을 선고할 수 있는가의 문제가 있다.[34] 당진군과 평택시간의 권한쟁의심판에서 이 문제가 제기되었다. 즉, 이 사건 제방에 대한 육지의 특성을 살펴볼 때, 이 사건 제방은 지리적 여건상 청구인과의 사이에는 바다가 놓여 있고, 따라서 당진군이 이 사건 제방에 대한 행정권을 행사하는 것이 비효율적이고, 이 사건 제방을 이용하는 주민들이 대부분 평택시에 거주하므로 주민의 생활권과 행정권이 일치하지 않을 뿐만 아니라, 앞으로 건설될 항만시설의 관리를 단일한 주체가 종합적으로 하는 것이 효율적이라고 판단되므로, 이 사건 제방에 대한 관할권한을 당진군에 귀속시키는 것이 불합리하다는 견해가 있을 수 있다는 것이다.

이에 대해 헌법재판소는 행정소송법 제28조 제1항의 사정판결은 처분의 취소 등을 구하는 소송에서만 허용될 뿐 이 사건과 같이 관할권의 확인을 구하는 소송에서는 허용되지 않는다고 봄이 상당하고(대법원 1996. 3. 22, 선고 95누5509 판결 등 참조), 나아가 이 사건 제방이 청구인의 관할구역에 속한다고 결정할 경우에 초래될 항만관리상의 비효율 등이 현저히 공공복리에 적합하지 아니하다고는 인정되지 아니하므로 피청구인 평택시의 위 주장은 받아들이지 않았다.[35]

---

32) 대법원은 2002. 12. 24, 선고 2000도1048.

33) 이에 대해서는 대법원 2002. 9. 24. 선고 2002도1032 판결{공2002. 11. 15. (166), 2625}; 2000. 2. 25. 선고 99도2917 판결; 2002. 8. 13. 선고 2001도2879 판결; 1999. 12. 10. 선고 99도4463 판결 등 참조.

34) 동 사건에서 피청구인 평택시는, 이 사건 제방이 청구인의 관할구역에 속한다고 하더라도 재판에서 이 사건 제방이 청구인의 관할구역에 속한다고 선고하는 것은 사회통념에 반하고 행정구역 및 항만의 관리상 비효율을 초래하기 때문에 행정소송법 제28조 제1항에 의한 청구인의 심판청구를 기각하는 사정판결을 선고하여야 한다고 주장하였다.

35) 다만, 헌법재판소는 "만약 이 사건 제방에 대한 관할권한이 당진군에 귀속된 결과가 불합리하다고 판단할 경우에는, 국가가 지방자치법 제4조 제1항 및 제2항에 의거한 관할구역 경계변경절차에 의거하여 법률(시·도간 경계변경)과 대통령령(시·군·구간 경계변경)으로 이 사건 제방에 대한 구역경계를 다시 변경할 수 있다고 할 것이다"고 하여, 결정 후 지방자치법이 정하는 절차에 따라 새로운 구역변경가능성은 열어두고 있다.

(6) 소 결

현행법상 지방자치단체에게 공유수면을 관할할 수 있는 자치권한을 직접 부여하는 규정은 존재하지 않으나, 관련된 개별 법률들은 각 지방자치단체가 관할하는 공유수면이 있음을 전제로 하여 여러 규정들을 두고 있다. 즉, 수산물 생산을 자치사무로 규정하고 있는 지방자치법 제9조 제2항 제3호 나목뿐만 아니라, 바다에서의 어업에 관한 면허권한을 시장·군수 등에게 부여하고 있는 수산업법 제8조 및 제41조 제2항, 공유수면의 관리와 점·사용허가권을 규정하고 있는 공유수면관리법 제4조 및 제5조, 지방항만을 관리하도록 하고 있는 항만법 제22조, 연안관리지역계획을 수립하도록 규정하고 있는 연안관리법 제8조, 공유수면에서의 골재채취허가권한을 규정하고 있는 골재채취법 제22조 등은 법률 자체에 의거하여 해양에 관한 관리·감독권한을 시장·군수 등에게 부여하고 있다. 그렇다면 지방자치단체의 공유수면에 대한 관할권한이 개별 법률에서 인정되고 있다고 할 것이다.

따라서 학계의 통설, 개별 법률의 규정, 대법원의 판례 및 법제처의 의견을 종합하면, 지방자치단체의 구역은 주민·자치권과 함께 자치단체의 구성요소이며, 자치권이 미치는 관할 구역의 범위에는 육지는 물론 바다도 포함되므로, 공유수면에 대한 지방자치단체의 자치권한이 존재하고, 그 경계획정 또한 공유수면의 관할권을 기준으로 하여야 한다고 할 것이다.

Ⅲ. 지방자치단체의 경계획정에 관한 쟁점사항과 법적과제

1. 공유수면의 관할권 문제와 관련한 헌법재판소 반대의견 및 행정안전부 의견에 대한 비판적 검토[36)]

(1) 지방자치법 제4조에 공유수면의 관할권에 관한 규정이 없으므로 이는 지방자치단체의 관할구역에 공유수면이 포함되지 않는다는 주장에 대해서

해면에 대한 구역설정의 필요성이나 사실상 관행적으로 설정된 구역의 틀 속

36) 남복현, 전게논문, 220-224면 참고. 남복현 교수의 주장에 근본적으로 동의하면서 보충적으로 의견을 논하기로 한다.

에서 지방자치가 사실적으로 이루어지고 있음까지 부인할 수 있는 것은 아니다. 연근해 어업에 대한 인허가, 각종 어업면허 등을 통하여 지방자치단체는 이미 공유수면에 대한 관할을 해 오고 있음도 이를 반증한다 하겠다. 물론 이와 다른 규정들 예를 들면, 수산업법, 내수면어업법 등에서 조정, 협의 및 위임에 따른 규정들을 보면 바다가 국가소유임을 전제로 한 것이고, 만약 바다가 어느 지방자치단체에 속한다고 한다면, 굳이 이와 같은 조정절차를 둘 필요가 없을 것이라고 할 수 있다. 그리고 개별 법률에서 기관위임사무의 형식으로 어업에 대한 면허도 행해지고 있으므로 공유수면에 대한 관할권은 국가에게 있다고 할 수 있다.

이에 대해 어떤 논자는, (이러한 개별 법률의 규정이 기관위임의 형식을 띠고 있는 것은)인접 지방자치단체의 장과의 관계에서 (법률이) 수평적으로 관할을 분배해서 위임한 것으로 '수평적인 지역적 관할분배'를 인정해야 한다고 한다. 그 근거로 지방자치법 제9조 제1항의 자치사무의 범위에 위임사무도 들어가는바 이는 관할구역을 전제로 한 것이며, 이것이 부정된다면 바다에 관한 사무는 모두 국가사무로 되어 국가가 직접 관리해야 한다고 주장한다. 옳은 지적이라고 생각한다. 위에서 든 행정안전부의 사고는 소유권의 개념과 관할권의 개념을 혼동하고 있는 행정안전부의 주장으로[37] 조리상, 행정관행상, 그리고 판례법상으로 공유수면에 대한 관할권은 지방자치단체에게 있다고 보아야 한다.

공유수면의 관할권이 지방자치단체에 주어져 있다면, 문제는 경계가 불분명하거나 중첩된 경우 어느 누구에게 특정해야 하는가를 명확히 하는 점이다. 문제는 경계구역획정의 기준과 방식의 구체화라고 하겠다.

(2) 공유수면 및 신규토지상에서 행해지는 사무종류와 관련하여

바다가 지방자치단체의 구역에 해당하지 않는다는 견해에 따르게 되면, 바다에 대한 지방자치단체의 사무나 국가에 의해 위임된 사무는 근본적으로 존재할 여지가 없게 된다. 게다가 법령으로 지방자치단체의 장에게 속하는 사무의 관할배분도 불가능하게 된다는 지적이 있다.[38] 이 역시 정확한 지적이라고 생각한다. 현재 행정안전부는 기관위임사무의 폐지에 따른 후속 조치로서 기존의 기관위임사무를 법정수임사무와 자치사무로 분류하고 일부는 국가로 환원하는 지방자치법 개정안을 준비 중에 있다. 만약 공유수면에 관한 사무가 국가사무라면 연근해어업은 물론 각종 공유수면과 관련된 인허가 등은 국가가 직접 또는 특별행정기관을

37) 홍정선, 전게서, 113면.

38) 남복현, 전게논문, 223면(주 44) 참고.

통해서 정리해야 하는 상황이 발생하게 될 것이다. 중앙정부에게 묻고 싶다. 과연 이러한 일들을 직접 처리할 수 있느냐고? 아마도 이들 사무에 대해서는 또 다시 법정수임의 형식으로 각 지방자치단체에 위임하려고 할 것이다. 이는 지역의 사정을 전혀 고려하지 않은 대단히 행정 편의적인 이기적인 사고라 하지 않을 수 없다. 따라서 행정안전부는 공유수면에 대한 신규토지를 사후에 직접 조정 관리하겠다는 생각을 버리고 그 신규토지의 효율적이고 합리적인 이용을 위하여, 적어도 지방자치단체에게 그 토지의 관할권이라도 법적으로 보장해 주어야 한다.

2. 입법적 보완의 필요성

헌법재판소 법정의견은 경계의 결정방식에 구조적인 불합리점이 있다고 한다면, 입법을 통해 경계변경이 가능할 것임을 제시하고 있다.[39] 즉 헌법재판소가 이미 어떤 법적 사안에 대하여 결정을 선고하였다 하더라도 그 결정된 내용에 정면으로 배치되는 사항을 입법자가 입법적으로 규율할 수 있는가 하는 문제이다. 이는 입법자의 입법형성의 자유와 관련된 문제로 용인된다고 보아야 할 것이다. 일본 지방자치법의 경우에는 위에서 살펴본 바와 같이, 특별법에 의한 문제해결도 가능하도록 지방자치법에 명시규정을 두고 있음을 상기한다면 이는 우리에게도 시사하는 바가 크다고 하겠다.

3. 경계구역 획정의 기준정립

(1) 합리성의 원칙의 적용

경계구역 획정의 합리적인 방안으로는, 정서적인 구역결정 보다는 다음과 같은 '합리성의 원칙'이 적용되어야 한다. 첫째 과거의 해역을 존중하고, 둘째 신설토지의 경제성과 효율성을 존중하여 토지 이용의 극대화를 꾀하고, 셋째 매립지의 경우에는 매립 전에 관계 지방자치단체 간의 협의 및 조정을 거치는 '매립전의 선(先)결정제도'도 고려해 볼 필요가 있다고 본다. 특히 매립의 경우 국비 등 많은 비용이 드는 만큼, 매립비의 일부를 부담한 지방자치단체의 경우 그 지방자치단체에게 경계획정에 있어 보다 유리한 지위를 부여하는 것도 하나의 방법이라 생각한다.

---

39) 헌재 2004. 9. 23, 2000헌라2, 판례집 16-2상, 404, 501-502.

(2) 지방자치단체 행정협의회 등 위원회의 활용

매립토지에 대한 관할구역을 보정함에 있어 지방자치법 제152조 이하에 규정된 행정협의회를 구성하도록 하여 관계된 지방자치단체로 하여금 자율적으로 조정하도록 함이 바람직하다는 견해도 있다.[40] 일본의 경우, 시정촌간의 경계분쟁에 대해서는 도도부현의 지사가 직접 또는 신청에 의해 자치분쟁조정위원회를 통하여 해결하고 있다. 현재 우리 지방자치법에는 행정협의회뿐만이 아니라 중앙[지방]지방자치단체분쟁조정위원회도 있다. 이들 위원회를 적절히 잘 활용하여 행정의 자율성과 전문성을 보장해 주는 것도 하나의 방안이라 하겠다.

그 외, 지방의회의 의견수렴과정을 적극 반영하여야 할 것이며, 경계획정기준 정립시의 형량명령, 형량요소 등에 대해서는 향후 많은 검토와 제안이 필요하리라 보며 이들을 적극 반영하여 입법화의 작업이 조속히 이루어져야 한다고 생각한다.

Ⅳ. 일본의 경우

1. 미소속지의 편입

일본 지방자치법 제7조의2는 '미소속지'에 대해서 규정하고 있다. '미소속지의 편입'이란 '종래 어느 지방자치단체의 구역에도 속하지 않은 지역을 특정 지방자치단체의 구역에 편입시키거나, 자연적 또는 인공적으로 새로운 땅이 형성되거나 새로이 발견된 경우 이를 특정 지방자치단체의 구역에 편입시키는 것'을 말한다.[41] 이는 지방자치법 시행 전부터 일본의 영토이면서 어떤 시정촌 및 도도부현의 구역에도 귀속하지 않았던 지역으로, 할양·반환 등에 의하여 새로이 일본의 영토가 된 지역 등을 가리킨다. 영해 내에 새로이 출현한 도서나 공유수면을 매립하여 조성된 토지 등은 여기서 말하는 '종래'부터 있던 지역 등이 아니라 '새로이'생긴 토지에 해당되므로 조문을 달리 하여 제9조의5에서 정하고 있다. 즉 2분적 구조를 취하고 있다. 따라서 우리 학자들이 개념 정의하는 미소속지와, 일본 지방자치법 제7조의2의 미소속지는 그 범위가 다르다.

이러한 미소속지의 편입방법으로서는 지방자치법의 규정에 의하는 방법과 특

40) 남복현, 전게논문, 233면.

41) 강재규, 전게논문(주19), 135면.

별법을 제정하는 방법이 있다. 이 때문에 일본 지방자치법 제7조에는 '본조는 별도로 법률에서 정한 것을 제외한 이외'라는 단서를 붙이고 있다. 일본에서는 이러한 특별법에 의해 미소속지를 정리한 예는 久陸島라는 무인도 처리를 두고 아오모리현과 아키다 현간의 분쟁을 처리하기 위한 예 등이 있다.[42)]

시정촌의 경계를 정하는 원칙을 선언한 거의 유일한 판례는 다음과 같다. 즉 ① 전래적인 구역의 변동에 관한 연혁(繪圖·公圖·기록 등으로 인식된다), ② 경계를 명확히 하는 자연적 조건(산악·분수령·호소·하천·거암괴석 등), ③ 관계 시정촌의 종전의 행정권 행사의 실상, ④ 도도부현 또는 국가행정기관의 사무처리의 실상, ⑤ 행정권 행사의 편의, ⑥ 주민의 사회·경제상의 편익 등을 감안하여 종합적인 전망의 견지에서 보는 자료도 가미하여 결정하여야 한다는 것이다.[43)]

2. 공유수면과 관련된 시정촌의 경계변경

(1) 지방자치법의 규정내용

일본 지방자치법 제9조의3(공유수면과 관련된 시정촌의 경계변경)은 일본 경제의 고도성장기에 해당하는 1950년대 후반부터 전국적으로 빈발한 매립지 등의 귀속을 둘러싼 관계 시정촌간의 의견의 대립이나 분쟁을 조기에 처리·확정하기 위하여 1961년 제정되었다.

공유수면[44)]에만 관련된 시정촌의 경계변경 및 공유수면에만 관련된 시정촌의 경계에 관한 분쟁의 처리절차의 특례를 정한 규정으로, 해역을 포함하는 공유수면이 시정촌의 구역에 포함된다는 점에 대해서는 이론의 여지가 없지만,[45)] 공유수면에서는 역사적으로 경계선이 명확히 그어져 있는 경우는 없으며, 경계선이 판명되지 아니한 경우에 경계를 확정할 수 있는 기준을 도출하기도 어렵다는 문제가 있다. 본조는 이에 법률상 토지로서 취급되기 전인 공유수면 상태에서 가능한 한 신속하게 관계 시정촌의 경계를 결정·변경·확정하려는 취지에서 지방자치법 제7

42) 강재규, 전게논문(주19), 137-138면.

43) 최갑선, "당진군과 평택시간의 권한쟁의", 헌법재판소 결정해설집 제3집, 465면에서 재인용. 水戶地判 昭和 38년(1963) 4. 16 [昭和 32(行) 제15호] 行集 14권 8호 p. 844.

44) 일본의 공유수면에 관한 정의는 '매립법' 제1조에 정의되어져 있다. 이 정의에 따르면 공유수면이란, ① 수면 또는 수류일 것, ② 공공의 이용에 제공되는 것일 것, ③ 국가의 소유에 속하는 것일 것이라는 세 가지 요건이 필요하다고 한다. 이에 관한 자세한 설명은, 강재규, 전게논문, 144-146면 참고.

45) 加藤榮一, 地方公共團體の區域, 現代行政法大系, 第8券, 有斐閣(1984), 58면 이하; 成田頼明『注釋地方自治法』(第一法規, 2000), 제5조 주석 참고.

조 제1항의 특례로 규정한 것이다.

(2) 공유수면에만 관련된 시정촌의 경계변경

1) 일반적 절차

공유수면에만 관련된 시정촌의 경계변경은 지방자치법 제7조 제1항(시정촌의 경계변경의 절차)의 규정에도 불구하고, 관계 시정촌의 동의를 얻어 도도부현 지사가 당해 도도부현의 의결을 거쳐 이를 결정하고, 즉시 그 취지를 총무대신에게 신고하여야 한다(제9조의3 제1항). 동법 제7조 제1항에서 규정한 통상의 시정촌의 경계변경절차에 있어서는, 관계 시정촌의 신청에 기하는 것이 요건으로 되어 있지만, 본 항의 절차에서는 관계 시정촌의 신청은 필요하지 않고, 지사가 관계 시정촌의 동의를 얻는 것만으로 충분하다. 본조는 관계 시정촌간의 분쟁이 없는 경우의 절차이다. 관계 시정촌이 지사에 대하여 위의 동의를 함에 있어서는, 관계 시정촌 의회의 의결을 거쳐야 한다(본조 제5항). 공유수면에만 관련된 시정촌의 경계변경에서 도도부현의 경계에 걸치는 경우도 당연히 예상되지만, 이에 대해서는 법 제7조 제3항의 특례로서 관계되는 보통지방자치단체, 즉 관계 시정촌 및 관계 도도부현의 동의를 얻어 총무대신이 정하도록 되어 있다(본조 제2항). 이 동의에 대해서도 관계 시정촌 및 도도부현 의회의 의결을 필요로 한다(본조 제5항).

해상의 경계를 정하는 원칙으로는 ① 육상경계연장주의, ② 수직선주의, ③ 전망선주의, ④ 수로·여울·항행가능 수로의 중심선 주의, ⑤ 평행선주의, ⑥ 중점연결주의, ⑦ 등거리선주의, ⑧ 면적형평주의의가 존재한다.[46)]

2) 분쟁이 있는 경우

시정촌의 경계에 관하여 분쟁이 있는 경우의 일반적인 처리절차에 대해서는 지방자치법 제9조가 규정하고 있다. 다만 공유수면에만 관련된 시정촌의 경계에 관하여 분쟁이 있는 경우에는 동조 제3항에서 그 처리절차를 규정하고 있다. 이 경우 해당 지사는 관계 시정촌의 신청에 의하는 것이 아니라 직권으로 자치분쟁처리위원의 조정에 붙일 수가 있다. 또 이러한 조정에 의하여 경계가 확정되지 않는 때, 또는 모든 관계 시정촌의 동의(시정촌 의회의 의결을 요한다)가 있을 때에는 지사가 裁定權을 행사할 수 있다.

본항과 관련한 판례에 따르면, "본조 제3항은 공유수면에만 관련된 시정촌의 경계에 관한 분쟁이 있는 경우에 대하여 법 제9조 제1항·제2항 규정의 특례로서 도도부현 지사는 관계 시정촌의 신청이 없더라도 직권으로 지방자치법 제251조의

46) 최갑선, 전게논문, 465면.

규정에 따라 조정에 붙이고 또는 재정할 권한을 부여한 것으로써, 법 제9조 제1항 · 제2항 규정의 적용을 배제하는 취지는 아니므로 공유수면에만 관련된 시정촌의 경계에 관하여 분쟁이 있는 때에는 관계 시정촌은 법 제9조 제1항에 근거하여 조정 신청을 할 수 있고, 신청 후 90일 이내에 조정에 붙이지 않는 등 법 제9조 후단의 사정이 있는 때에는 동항 후단에 근거하여 경계확정의 소를 제기할 수 있다"고 하였다.[47)]

3. 새로 생긴 토지의 확인

(1) 일본 지방자치법의 규정내용

일본 지방자치법 제9조의5[새로 생긴 토지의 확인]는 "시정촌의 구역 내에 새로이 토지가 생성된 때는 시정촌장은 당해 시정촌의 의회의 의결을 거쳐 그 취지를 확인하고, 도도부현 지사에게 신고하여야 한다. ② 전항의 규정에 의한 신고를 수리한 때는 도도부현 지사는 즉시 이를 고시하여야 한다"고 하고 있다. 이는 시정촌의 구역 내에 새로운 토지가 생긴 때의 확인절차를 정한 것이다.

(2) 절 차

위와 같은 토지가 새로이 생긴 경우에는 시정촌장은 당해 시정촌 의회의 의결을 거쳐 그 취지를 확인하고, 도도부현 지사에게 신고하게 된다(본조 제1항). 이 경우의 확인의 내용은 공유수면매립법 제22조에 기한 준공인가 또는 동법 제42조 제2항에 의한 준공의 통지이고, 공유수면이 육지(토지)로 된 경우에 토지의 소재 · 지적 등의 확인이다. 지사가 관계 시정촌장으로부터 위의 신고를 수리한 때에는 즉시 그 취지를 고시하도록 되어 있지만(본조 제2항), 이 고시는 효력발생요건은 아니다. 일반적으로 처분성이 인정되는 공권력의 행사는 아니고, 일반인에게 일정한 사실을 주지시키기 위한 공시(불특정 다수인에 대한 통지행위)에 불과하다고 보는 것이 통설적 견해이다.[48)]

---

47) 和歌山地判 平成 7年 3月 1日 行裁例集 46권 2-3호 166면 ; 大阪高判 平成 8年 11月 26日 行裁例集 47권 11-12호 1155면.

48) 강재규, 전게논문(주19), 152-153면.

4. 지방자치단체의 경계변경 및 분쟁조정절차

(1) 행정절차에 의한 경계변경처분 및 분쟁조정절차

일본의 경우 도도부현의 경계변경은 법률로 정하고(일본 지방자치법 제6조 제1항), 도도부현의 경계에 걸쳐서 시정촌의 경계변경이 있었던 때에는 도도부현의 경계도 또한 자동적으로 변경된다(동조 제2항 전단). 종래 지방자치단체의 구역에 속하지 않았던 지역을 시정촌의 구역에 편입한 때에도 또한 마찬가지로 한다(동조 後단).

시정촌의 경계변경은 관계 시정촌의 신청에 기해, 도도부현 지사가 당해 도도부현의 의회의 의결을 거쳐 이를 정하고, 바로 그 취지를 총무대신에게 신고하도록 하고 있다(동법 제7조 제1항). 도도부현의 경계에 걸친 시정촌의 경계변경은 관계있는 보통지방자치단체의 신청에 따라 총무대신이 이를 정한다(동조 제2항).

미소속지역의 편입은 법률로 별도로 정한 것을 제외하고는, 종래 지방자치단체의 구역에 속하지 않았던 지역을 도도부현 또는 시정촌의 구역에 편입할 필요가 있다고 인정할 때에는 내각이 이를 정한다. 이 경우에 이해관계가 있다고 인정되는 도도부현 또는 시정촌이 있을 때에는 미리 그 의견을 들어야 한다(동법 제7조의2의 제1항). 전항의 의견에 대해서는 관련 지방자치단체 의회의 의결을 요한다(동조 제2항).

시정촌의 경계가 판명되지 않은 경우에는 그 경계에 관하여 분쟁이 없는 때에는 도도부현 지사가 관계 시정촌의 의견을 들어 결정한다(동법 제9조의 2).

공유수면에만 관련된 시정촌의 경계변경은 제7조 제1항의 규정에도 불구하고, 관계 시정촌의 동의를 얻어 도도부현 지사가 당해 도도부현의 의회의 의결을 거쳐 이를 정하고, 즉시 그 취지를 총무대신에게 신고하도록 하고 있다(제9조의 3 제1항). 또 공유수면에만 관련된 시정촌의 경계변경으로 도도부현의 경계에 걸치는 것은 제7조 제3항의 규정에도 불구하고, 관계있는 보통지방자치단체의 동의를 얻어 총무대신이 이를 정한다(동조 제2항).

총무대신 또는 도도부현 지사는 공유수면의 매립이 행하여지는 경우에 있어서 당해 매립으로써 조성될 토지가 소속하여야 할 시정촌을 정하기 위해 필요가 있다고 인정할 때에는, 가능한 한 신속히 전 2조(제9조의2, 제9조의3)에 규정하는 조치를 강구하여야 한다(제9조의4).

시정촌의 구역 내에 새로이 토지가 생성된 때에는 시정촌장은 당해 시정촌의 의회의 의결을 거쳐 그 취지를 확인하고, 도도부현 지사에게 신고하도록 하고 있다(제9조의5).

(2) 구역분쟁의 해결

1) 자치분쟁처리위원에 의한 조정·재정

시정촌의 경계에 관해 다툼이 있는 때에는, 도도부현 지사는 관계 시정촌의 신청에 의해 이를 제251조의2의 규정에 의한 조정에 붙일 수 있고(제9조 제1항), 전항의 규정에 의하더라도 시정촌의 경계가 확정되지 아니한 때, 또는 시정촌의 경계에 관해 다툼이 있는 경우에 모든 관계 시정촌으로부터 裁定을 구하는 취지의 신청이 있는 때에는, 도도부현 지사는 관계 시정촌의 경계에 대하여 재정할 수 있다(동조 제2항).

공유수면에만 관련된 시정촌의 경계에 관하여 다툼이 있는 때에는, 제9조 제1항 및 제2항의 규정에도 불구하고, 도도부현 지사는 직권으로 이를 제251조의 2의 규정에 의한 조정에 붙이고, 또는 당해 조정에 따라 시정촌의 경계가 확정하지 않은 때, 또는 모든 관계 시정촌이 재정하는 것에 대해 동의가 있는 때에는 이를 재정할 수 있다(제9조의3의 제3항).

2) 사법절차에 의한 경계확정의 소

지방자치법 제9조 제2항의 규정에 의한 도도부현 지사의 재정에 불복이 있는 때에는, 관계 시정촌은 재정서의 교부를 받은 날부터 30일 이내에 법원에 제소할 수 있다(제9조 제8항).

시정촌의 경계에 관해 분쟁이 있는 경우에 도도부현 지사가 제1항의 규정에 의한 조정 또는 제2항의 규정에 의한 재정에 적합하지 않다고 인정하여 그 취지를 통지한 때에는, 관계 시정촌은 재판소에 시정촌의 경계확인의 소를 제기할 수 있다. 제1항 또는 제2항의 규정에 의한 신청을 한 날부터 90일 이내에, 제1항의 규정에 의한 조정에 붙여지지 아니한 때, 또는 동항의 규정에 의한 조정에 따라 시정촌의 경계가 확정하지 아니한 때, 또는 제2항의 규정에 의한 재정이 없는 때도 또한 마찬가지이다(동조 제9항).

지방자치법 제9조의 2의 제1항의 규정에 의한 도도부현 지사의 결정에 불복이 있는 때에는, 관계 시정촌은 결정서의 교부를 받은 날부터 30일 이내에 재판소에 출소할 수 있다(제9조의 2의 제4항).

V. 나 오 며

이상에서 고찰한 바와 같이 지방자치단체의 구역과 경계획정의 문제는 아직 완전한 입법적 해결이 이루어지지 않아 논쟁의 연장선상에 있다고 할 수 있다. 학계의 통설, 개별 법률의 규정, 대법원의 판례 및 법제처의 의견을 종합하면, 지방자치단체의 구역은 주민·자치권과 함께 지방자치단체의 구성요소이며, 자치권이 미치는 관할 구역의 범위에는 육지는 물론 바다도 포함되므로, 공유수면에 대한 지방자치단체의 자치권한은 존재하고, 그 경계획정 또한 공유수면의 관할권을 기준으로 하여야 한다고 할 것이다. 문제는 경계구역 획정의 기준과 방식의 구체화라고 하겠다.

이때 경계구역 획정을 위한 합리적인 기준 설정 시 고려해야 하는 것으로, 첫째 과거의 해역을 존중하고, 둘째 신설 토지의 경제성과 효율성을 존중하여 토지 이용의 극대화를 꾀하고, 셋째 '수평적 관할배분'에 의하여 이미 형성된 관할권을 존중하여야 할 것, 등이다. 또한 매립지의 경우에는 매립 전에 관계 지방자치단체 간의 협의 및 조정을 통하여 사전에 분쟁을 예방하는 '선(先) 결정제도'도 고려해 볼 필요가 있다고 생각한다. 이와 같은 모든 과정에 해당 지방의회의 의견이 적극 반영되어야 함은 물론이다. 그 외, 경계구역 획정기준정립시의 형량명령, 형량요소 등에 대해서는 향후 많은 검토와 제안이 필요하다 하겠다. 그리고 경계를 둘러싼 분쟁해결책으로서는 일본에서와 같이 지방자치법상의 각종 협의회를 적절히 활용하는 것도 하나의 방안이라 하겠다.

한편, 현재와 같은 행정안전부 장관에게 경계획정의 결정적 권한을 부여하는 방식은 문제가 아닐 수 없다. 더욱이 통설적 견해와 다른 견해를 가진 행정안전부의 의견이 절대적으로 작용하게 되면, 해당 지방자치단체의 의견수렴과 이를 반영한 경계획정이 이루어지지 않을 수도 있다. 따라서 국가의 관여는 둘 이상의 광역지방자치단체가 이해당사자가 될 경우에만 관여를 하고, 그 외(광역자치단체내의 관할권다툼)는 광역자치단체장에게 경계획정의 권한을 이양하는 것이 지방분권의 이념과 지방자치의 이념에 맞는 바람직한 방안이라고 생각한다. 조속한 입법적 보완이 있어야 할 것이다.

제113회(2011. 9. 8) 발표문

현행 인터넷상 본인확인제에 대한 헌법적 평가

지 성 우*

Ⅰ. 서 설

우리 헌법상 표현의 자유는 헌법 제21조 제1항의 “모든 국민은 언론·출판의 자유와 집회·결사의 자유를 가진다.”라는 규정에서 도출된다.[1] 표현의 자유는 “민주체제에 있어서 불가결의 본질적 요소”이며,[2] “민주국가의 존립과 발전을 위한 기초가 되기 때문에 특히 우월적인 지위를 지니고 있고”,[3] “언론출판의 자유가 보장되지 않은 상황에서의 민주주의는 시행될 수 없으며 표현의 자유가 보장되어 있지 않는 나라는 엄격한 의미에서 민주국가라 하기 어렵다”[4]고 한다.

표현의 자유는 다른 개별적 기본권에 비해 민주체제에 있어 불가결한 본질적 요소이다.[5] 사회구성원이 자신의 사상과 의견을 자유롭게 표현할 수 있다는 것은 모든 민주사회의 기초이며, 사상의 자유로운 교환을 위한 열린 공간이 확보되지 않는다면 민주정치는 결코 기대할 수 없기 때문에[6] 표현의 자유는 다른 기본권들

* 성균관대 법학전문대학원 교수.

1) 한국헌법학회, 『헌법주석서』, 법제처, 2007, 630~634면; 성낙인, 『헌법학』, 법문사, 2010, 518~519면.

2) 헌재 1998. 4. 30, 95헌가16.

3) 헌재 1991. 9. 16, 89헌마165.

4) 헌재 1992. 11. 12, 89헌마88.

5) 우리 헌법 제21조 제1항과 비교·고찰되는 독일 기본법 제5조에서는 표현의 자유(Meinungsfreiheit)를 (1) 의사표현의 자유(Meinungsäußerungsfreiheit), (2) 의사전파의 자유(Meinungsverbreitungs-freiheit), (3) 정보의 자유(Informationsfreiheit), (4) 프레스의 자유(Pressefreiheit), (5) 방송의 자유(Rundfunkfreiheit), (6) 영화의 자유(Filmfreiheit) 등 6개의 자유권으로 분류하여 직접 기본법에 규정하고 이들 각 기본권들을 각각 독립적인 특성과 기능을 가지는 개별적인 기본권으로 보아, 각 기본권 별로 상이한 법적 성격과 내용을 고찰하고 있다. 즉 독일 기본법 제5조의 해석에 의하면 표현의 자유 중 의사표현의 자유, 의사전달의 자유, 정보의 자유는 그 주된 내용이 방어권적 성격이 강한 주관적 공권인 반면에, 매스커뮤니케이션의 자유에 속하는 프레스의 자유, 방송의 자유도 역시 주관적 공권성이 인정되기는 하지만 기본적으로는 제도적 보장으로서의 성격도 아울러 가지는 이중적 성격을 가지고 있다고 한다.

보다도 훨씬 강한 보호를 받아왔다.

표현의 자유가 본격적으로 논의되기 시작한 지난 수백 년 동안 사상과 의견을 표현하고 교환하는 주된 매체는 인쇄물에서 라디오·TV방송·인터넷 등으로 진화해 왔다. 이 과정에서 각국에서 표현의 자유에 관한 법리는 표현매체의 기술적 진화에 대한 인식과 반응을 수용하여 자율과 규제를 병행하며 변화해왔다.

월드와이드웹(WWW)이 구현한 인터넷[7]은 이용의 편의성으로 인하여 모든 형태의 미디어를 웹으로 통합되도록 하였고, 다양한 방식으로 표현된 미디어를 자유롭게 전달함으로써 그동안 단순히 소극적인 정보의 소비자들로만 인식되던 이용자들을 적극적인 정보의 생산자로 변모시켰다.

인터넷을 통하여 전달되는 정보들은 그 속도와 파급력 면에서 이전의 개인간의 통신에 비해 비교할 수조차 없을 만큼의 위력을 발휘하고 있다. 특히 개인간의 순수한 통신형태는 사생활의 비밀의 영역인 데 반하여 블로그(blog)나 인터넷 게시판 등을 통해 개인의 의견제시의 형태로 발현되고, 결과적으로는 이전의 언론·출판의 자유에 버금가는 사회적 영향력을 획득하게 되었다.

한국광고주협회가 밀워드브라운 미디어 리서치에 의뢰하여 실시한 '2010년 미디어 리서치'결과에 따르면 Naver의 경우 영향력 부문에서 KBS와 MBC에 이은 3위를 차지하여 지상파 방송사인 SBS(4위) 및 주요 일간 신문인 조선일보(5위) 보다 우위를 점하고 있는 것으로 나타났다. 또한 신뢰도 부문에 있어서도 Naver(3위), Daum(6위), Nate(10위) 등의 대형 포털사이트가 SBS(4위), YTN(5위), 조선일보(7위), 중앙일보(8위), 매일경제(9위) 등 주요 방송사 밀 일간 신문을 앞서고 있다. 특히 18세~29세 평가 집단에서는 Naver가 신뢰도 1위를 차지하는 등 점차 인터넷이 매스 미디어로 기능하며 사회적 영향력을 확대하고 있다.

그럼에도 불구하고 기본권적으로는 여전히 개인의 표현의 자유의 영역에 속함으로써 매체의 영향력에 상응하는 사회적 책임은 회피할 수 있는 구조가 형성되어 있다.[8]

---

6) 헌재 1998. 4. 30, 95헌가16.

7) 인터넷은 전세계적으로 수많은 컴퓨터 네트워크의 집단을 서로 연결한 거대한 네트워크의 집합체, 즉 네트워크의 네트워크(network of network)이다. 이는 '다양한 형태(텍스트, 동영상 등)로 서버에 존재하는 '다양한 종류'의 정보를 서로 거미줄처럼 연결되도록 한다는 Hypertext 개념을 URL(Uniform Resource Locator)로 불리는 인터넷 정보의 주소(위치)표시방법, HTML(Hypertext Markup Language)로 불리는 컴퓨터언어, HTTP(Hypertext Transper Protocol)로 불리는 통신규약 등의 기술들을 결합하여 구현한 것이다.

8) 정보화사회의 진전으로 인한 정보법체계에 대한 전반적인 검토를 하고 있는 문헌 중 대표적인 것으로는 이인호, "디지털시대의 정보법질서와 정보기본권", 「중앙대학교 법학논문집」, 제26집 제2호, 2002, 199~257면을 참조.

범죄의 위험성이 있거나 사회적으로 해악이 있는 표현은 헌법이 예정하고 있는 표현의 자유의 보호범위 내에 속하지 못한다. 문제는 이러한 개인적 표현을 제3자가 모두 인지할 수 있는 상태인 블로그나 게시판 등에 하는 경우에 이를 개인적 표현의 자유로만 치부하여 처벌의 대상에서 제외할 것인가, 아니면 사회적 해악의 가능성을 고려하여 형벌의 대상으로 삼아야 할 것인가에 있다.

더 나아가 이러한 형벌의 가능성을 축소하기 위하여 미리 일정한 경우에는 표현행위 자체를 제한하거나 일정한 요건을 충족한 게시판이나 블로그 등에 표현하고자 하는 경우에는 자신의 실명으로[9] 표현하게 하는 사전적 예방조치가 가능하고, 필요한지에 대한 문제가 발생한다.

현재 우리나라에서는 이러한 사전적 예방조치를 위하여 일정한 요건을 충족한 게시판 등을 이용하는 경우에는 실명을 확인받아야 하는 소위 '제한적 본인확인제'를 시행하고 있다. 이에 의하면 하루 평균 방문자수가 10만 명 이상인 정보통신서비스 제공자의 게시판에 이용자가 표현행위를 하기 위해서는 서비스 사업자가 실시하는 본인 확인 절차를 거치도록 의무화하고 있다.

이 제도는 2007년 「정보통신망 이용촉진 및 정보보호등에 관한 법률(이하 "정보통신망법"이라 함)」 일부 개정에 의해 도입되었고, 2009년 1월 「정보통신망법 시행령」 제30조의 개정에 의해 '전년도 말 기준 직전 3개월 간의 일일평균 이용자수'가 10만 명 이상인 정보통신서비스사업자들에게 본인확인 의무를 지우도록 하고 있다.[10] 이 "제한적 본인확인제"는 인터넷에서의 악성 댓글을 방지할 수 있는 장점이 있는 반면, 표현의 자유를 위축시키고 국내 인터넷 기업의 해외진출을 어렵게 한다고 우려하는 견해도 있다. 최근 2010년에는 인터넷 게시판에서 본인임을 확인해야 하는 본인확인제가 헌법상의 표현의 자유와 사생활의 자유를 과도하게 제한하여 위헌이라는 취지로 헌법소원이 제기되어 심리 중이다.[11]

이하에서는 Web 2.0시대에 표현의 자유의 확장의 주요수단인 인터넷게시판에서 본인확인제를 실시하는 것이 헌법적으로는 어떠한 평가를 받을 수 있는지에 대해 살펴본다. 이러한 논의를 위하여 먼저 (1) '제한적 본인확인제'의 개념을 규명하고, (2) 현행법상 본인확인제는 어떠한 종류가 있는지에 대해 검토한 후, (3)

9) 물론 현재의 인터넷 게시판 실명제에 의하면 일단 자신의 인적사항은 ISP에게는 알려주되, 외부적으로 표현행위를 할 때에는 nickname을 사용하도록 하고 있기 때문에 자신의 실명이 제3자에게 공개되는 것은 아니다. 하지만 ISP를 통하여 자신의 실명을 알 수 있다는 점에서 위축효과(chilling effect)가 발생한다는 점에서는 동일하다.

10) 「정보통신망법」 이외에도 「공직선거법상」의 '제한적 본인확인제'도 있으나 여기에서는 정보통신망법상의 '본인확인제'에만 집중하여 논의하기로 한다.

11) 2010헌마47 정보통신망이용촉진및정보보호등에관한법률제44조의5제1항제2호등의위헌확인 사건.

현행법상의 본인확인제에 대한 헌법적 평가를 위하여 고려하여야 할 요소들은 어떠한 것이 있는지에 대해 고찰해 보기로 한다.

Ⅱ. 인터넷상 본인확인제(인터넷실명제)의 개념과 유형

1. 인터넷상의 본인확인제의 의의

본인확인제(인터넷실명제)라 함은 '주민등록번호 혹은 기타의 기술적인 실명인증방법을 통해서 본인으로 확인된 자만이 일정한 정보통신서비스를 이용할 수 있거나 게시판을 통해서 의사표현을 할 수 있고 당해 정보통신서비스를 제공하는 자는 본인인증을 위한 기술적 조치를 구축해야 할 법적 의무와 아울러 본인인증을 받지 않은 자에 의해 게시된 의견이나 정보를 삭제하거나 차단해야 하는 법적 의무와 제재조치를 부담하는 제도'[12]를 말한다.

본인확인제는 글이나 자료를 게재하는 행위와 같은 인터넷 이용행위시에 본인의 실명을 사용한다는 점과 아울러 이와 같은 조치가 국가의 법에 의하여 강제된다는 두 가지를 개념요소로 한다. 즉 인터넷공간에서 활동하는 이용자의 동일성과 신원확인을 인터넷사업자 또는 각 사이트의 운영자가 임의적으로 수집하도록 하는 것이 아니라 이를 법으로 강제하는 것을 말한다.[13]

인터넷실명제의 시행 이전이나 이후에도 인터넷기업들은 관례상 그리고 실제적인 영업목적으로 이용자들에게서 주민등록번호나 이메일, 전화번호 등을 수집함으로써 본인여부를 먼저 확인해 왔다.

하지만 여기에서 말하는 '본인확인제(또는 인터넷실명제)'는 이와 같이 임의적인 것이거나 기업이 영업적 목적으로 이용자들에게 본인여부를 '확인할 수 있는' 경우를 가리키는 것이 아니라, '법률에 근거하여 의무적으로' 본인확인절차를 거쳐야 하는 경우를 말한다. 본인확인제는 게시판에 댓글 등을 작성할 경우에 한해 이용자가 본인임을 확인하는 제도로, 본인확인방법으로 주민등록번호를 통한 실명인증 외에도 신용카드인증, 공인인증서, 아이핀, 휴대폰 인증 등의 방법이 가능하다.

---

12) 황성기, "인터넷 실명제에 관한 헌법학적 연구", 「법학논총(한양대)」 제25집 제1호, 2008, 9~10면.

13) 허진성, "온라인서비스제공자로서 포털의 법적 책임에 관한 연구", 「사이버커뮤니케이션학보」, 第26권 제4호, 2009, 501면; 홍완식, "인터넷실명제 관련 법률안의 입법원칙", 「토지공법연구」 제31집, 2006, 286면; 강경근, "인터넷실명제－공공, 민간 나누어 개별법에서 구체적 제도화", 「인터넷실명제 민·당·정 간담회」, 2005. 8. 26, 9면.

2. 인터넷실명제의 유형

현재까지 인터넷 이용시 실명을 사용하게 하는 제도는 '본인확인제'라고 해야 하는지 '인터넷 실명제'라고 해야 하는지에 대해서는 학계나 실무계에서 정설이 없다.

정부에서는 본인을 확인하는 제도라는 의미에서 '본인확인제'라고 하고 있고, 이 제도에 반대하는 측에서는 인터넷을 실명으로 사용하여야 한다거나 인터넷의 익명성을 훼손한다는 의미를 강조하기 위하여 '인터넷 실명제'라는 용어를 사용하고 있는 듯하다. 양자의 어휘상의 차이에도 불구하고 인터넷을 이용할 때에 자신의 실명을 기입해야 가입이 되거나, 가명을 사용하더라도 실명으로 가입한 후에야 인터넷상의 서비스를 이용할 수 있다는 점에서는 공통적이다.

학계에서의 다양한 의견을 분석해보면 본인확인제의 유형은 대체로 다음과 같이 구분할 수 있다.

첫째, 자율성을 기준으로 하여 '자율적 본인확인제'와 '강제적 본인확인제'로 구별이 가능하다.

자율적 본인확인제는 해당 게시판 관리자나 인터넷 게시판의 관리자가 자율적으로 본인확인을 실시하는 경우인 반면, 강제적인 본인확인제는 정부 또는 법에 의하여 강제적으로 본인여부를 확인해야 한다.

둘째, '일반적인 본인확인제'와 '특정한 본인확인제'의 구별이 가능하다.

전자의 경우에는 본인확인을 하여야 하는 인터넷게시판의 범위나 기간을 기준으로 하면 일반적으로 모든 인터넷매체가 상시적으로, 모든 범위의 업무에 대해 실명을 사용해야 하는 경우인 반면, 특정분야 또는 특정기간에 한정하여 제한적으로 실명을 사용하도록 하는 경우이다. 가령 현행 공직선거법에서 규정하고 있는 바와 같이 공직선거에 관한 게시판을 운영하는 자들에 한정한다든가, 일정 규모이상의 인터넷 언론사나 일정규모 이상의 사업자들에게만 한정하는 경우 등이다.

셋째, 실명확인실명제(본인확인실명제)와 실명노출실명제로 구분할 수 있다.

전자는 실명을 확인하는 것만 요구하고 반드시 실명을 노출시킬 필요는 없는 경우이고 후자의 경우에는 실명의 확인과 아울러 실명을 노출 또는 표시하는 것을 요구하는 경우를 말한다. 실명노출실명제는 '실명표시제'라고 하기도 한다.

넷째, '순수한 인터넷실명제'와 '인터넷게시판실명제'로 구분할 수 있다.

순수한 인터넷실명제는 모든 인터넷서비스를 이용하기 위해 이용자의 신원을 밝혀야 하는 경우이고 인터넷게시판실명제는 인터넷게시판이나 대화방서비스 이용시에만 본인여부를 확인하는 것이다.

다섯째, '통상의 본인확인제'와 '본인확인우대제'로 구분하여 볼 수도 있다.

통상의 본인확인제는 본인확인을 거쳐야만 다른 모든 서비스를 이용할 수 있도록 하는 반면, 본인확인우대제는 실명으로 게재한 글은 첫화면에서 검색가능하게 하되, 익명으로 작성한 게시글은 한 번 더 클릭하여 검색하여야만 검색이 가능하도록 한다거나, 실명을 확인한 회원들에게 비실명회원들에 비하여 뉴스레터나 자료 등을 열람할 수 있도록 하는 경우이다. 통상 학회나 연구소 등 많은 기관들에서 본인확인우대제를 실시하고 있다.[14)]

이와 같은 기준으로 볼 때 현행 우리나라의 「공직선거법」과 「정보통신망법」에서 실시하고 있는 본인확인제는 다음과 같이 분류할 수 있다.

먼저 자율성을 기준으로 하면 국가가 법률로써 강제하고 있기 때문에 '강제적 본인확인제'이다.

둘째, 현행 법률들에서 규정하고 있는 본인확인제는 일반적으로 모든 매체가 아니라 일정규모 이상 또는 일정 서비스유형에 해당하는 웹사이트에 대해서만 시행을 강제하는 것이기 때문에 '특정한 본인확인제'라고 볼 수 있다.

셋째, 현행 법률들에서 규정하고 있는 본인확인제는 첫 번째 가입단계에서는 실명을 확인을 거쳐야 하지만 일단 실명확인을 거친 후에는 자신의 별명이나 애칭 등을 이용하여 게시판에 의사표현을 할 수 있고, 인터넷 상에 자신의 실명을 사용하지 않고도 표현행위를 할 수 있기 때문에 '실명확인실명제'에 해당한다.

넷째, 현행 법률들에서 규정하고 있는 본인확인제는 인터넷상의 모든 서비스가 아니라 '게시판' 또는 '게시판 내지 대화방'에 국한되기 때문에 '인터넷게시판실명제'이다.

본인확인을 한 경우에만 특정한 서비스를 이용하게 하거나 게시된 글들을 열람하게 하는지의 여부에 대해서는 본인확인제를 실시한다고 해서 일의적으로 어느 쪽에 속하는지에 대해서는 단언할 수 없고 각 사업자들의 정보서비스제공형태에 따라 상이하다.

이와 같이 현행 「공직선거법」과 「정보통신망법」에서 규정하고 있는 본인확인제는 전면적이고 완벽한 의미에서 논리적으로 인터넷에서의 실명제는 아니라고

---

14) 황창근, "정보통신법상 본인확인제에 대한 공법적 고찰", 「세계헌법연구」 제14권 제2호, 2008, 318~319면, 허진성, "전게논문", 2009, 501면, 황성기, "전게논문" 2008, 4~5면; 홍완식, "전게논문", 2006, 286~287면; 전정환, "인터넷실명제가 표현의 자유를 침해하여 위헌인지의 여부", 「원광법학」, 제26권 제3호, 2010, 170~171면; 김여라, "인터넷 실명제 관련 법률리뷰", 「의정연구」 제14권 제2호, 2008, 192면 등을 참고하여 재구성함.

주장할 수도 있겠지만, 거의 대부분 주민등록번호와 실명을 입력하여 본인을 확인하는 것이므로 '본인확인제'이든 '실명제'이든 용어상의 차이를 굳이 구분하는 것은 큰 의미가 없는 것으로 보인다.

Ⅲ. 인터넷상 본인확인제(인터넷실명제)의 입법현황

현행법상 본인확인제는 「공직선거법」과 「정보통신망법」 등 두 개의 법률에서 각각 규정하고 있으며, 각 법률들이 제정될 때마다 표현의 자유 또는 정치적 자유가 위축되는지의 여부를 놓고 논란이 되어 왔다.

1. 「공직선거법」상의 본인확인제

(1) 제 · 개정경과

지난 2004. 3. 12. 개정된 「공직선거 및 선거부정방지법」에서는 부분적으로 인터넷실명제를 도입하였다. 당시 이 법 제82조의6에 의하면 ① 인터넷언론사에게 당해 인터넷사이트의 게시판, 대화방등에 선거에 관한 의견을 게시할 수 있도록 하는 경우 실명확인에 필요한 기술적 조치를 하도록 의무지우는 한편, 타인이나 허무인의 아이디를 이용한 의견게시의금지 및 게시된 의견의 삭제의무도 부과하고 있고, ② 정당·후보 및 예비후보자가 개설, 운영하는 인터넷홈페이지에도 이와 동일한 기술적 조치를 할 수 있도록 허용하고 있으며, ③ 행정자치부장관 및 신용정보업자는 의견게시자의 성명과 주민등록번호의 일치여부를 주민등록전산자료 등에 의하여 확인해 줄 수 있도록 하고 있다. 또한 같은 법 제261조 제1항 1호에서는 인터넷언론사가 본인확인을 위한 기술적 조치의무를 이행하지 않는 경우 1,000만원 이하의 과태료에 처할 수 있도록 규정하고 있다.[15]

이 법은 2005. 8. 4에 인터넷게시판에서 선거에 관한 의견을 게시할 경우 행정자치부장관이 제공하는 실명인증방법에 의해 실명 확인을 받도록 하는 기술적 조치에 관한 규정이 추가되었다.[16]

그 후 2008. 2. 29에는 실명인증확인기관으로 행정안전부 장관 이외에 「신용정

15) 이 후 공직선거법은 수차에 걸쳐 개정되었다. 하지만 현행법에도 이 법 제82조의6의 내용은 거의 그대로 유지되고 있다.

16) 공직선거법(법률 제7681호) 제86조의6 참조.

보의 이용 및 보호에 관한 법률」 제2조 제4호에 따른 신용정보업자를 추가하였으며, 인터넷언론사가 「정보통신망법」 제44조의5에 따른 본인확인조치를 한 때에는 그 실명을 확인받도록 하는 기술적 조치를 한 것으로 보는 규정이 추가되었다.[17]

지난 2010. 1. 25에 개정된 공직선거법[18] 제82조의6에서는 종래에 인터넷 홈페이지의 게시판·대화방 등에 정당·후보자에 대한 지지·반대의 게시의 형태를 기존의 '글'이라고만 한정한 데 반하여, 멀티미디어 시대에 부응하기 위하여 '문자·음성·화상 또는 동영상 등의 정보'로 그 범위를 확대하였다.

현행 「공직선거법」[19] 제82조의6에 의하면 당해 법률의 취지는 그 기본적인 사항이 과거와 거의 모두 유사하다. 「공직선거법」 제82조의6의 내용을 구체적으로 살펴보면 다음과 같다.

(2) 내　　용

이 법에 의하면 인터넷언론사[20]는 선거운동기간 중 당해 인터넷홈페이지의 게시판·대화방 등에 정당·후보자에 대한 지지·반대의 문자·음성·화상 또는 동영상 등의 정보를 게시할 수 있도록 하는 경우에는 행정안전부장관 또는 「신용정보의 이용 및 보호에 관한 법률」 제2조 제4호에 따른 신용정보업자가 제공하는 실명인증방법으로 실명을 확인받도록 하는 기술적 조치를 하여야 한다. 다만, 인터넷언론사가 「정보통신망법」 제44조의5에 따른 본인확인조치를 한 경우에는 그 실명을 확인받도록 하는 기술적 조치를 한 것으로 본다.[21]

또한 정당이나 후보자는 자신의 명의로 개설·운영하는 인터넷홈페이지의 게시판·대화방 등에 정당·후보자에 대한 지지·반대의 정보 등을 게시할 수 있도록 하는 경우에는 제1항의 규정에 따른 기술적 조치를 할 수 있다.[22]

그리고 행정안전부장관 및 신용정보업자는 제1항 및 제2항의 규정에 따라 제

17) 공직선거법(법률 제8879호) 제82조의6 참조.

18) 공직선거법(법률 제9975호) 제86조의6 참조.

19) 법률 제10981호.

20) 공직선거법 제8조의5에 의하여 공직선거시 중앙선거관리위원회는 인터넷언론사들의 선거에 관한 공정성을 유지하기 위하여 '인터넷선거보도심의위원회'를 설치·운영하여야 한다. 이 규정에 의하여 '인터넷선거보도심의위원회'의 심의대상이 되는 인터넷언론사들의 게시판에 대하여 선거의 공정을 해치는 사항이 있는지의 여부를 심의한다. 인터넷선거보도심의위원회는 「신문 등의 진흥에 관한 법률(이하 신문법)」 제2조 제4호에 따른 인터넷신문사업자 정치·경제·사회·문화·시사 등에 관한 보도·논평·여론 및 정보 등을 전파할 목적으로 취재·편집·집필한 기사를 인터넷을 통하여 보도·제공하거나 매개하는 인터넷홈페이지를 경영·관리하는 자와 이와 유사한 언론의 기능을 행하는 인터넷홈페이지를 경영·관리하는 자를 말한다.

21) 공직선거법 제82조의6 제1항.

22) 공직선거법 제82조의6 제2항.

공한 실명인증자료를 실명인증을 받은 자 및 인터넷홈페이지별로 관리하여야 한다.[23)]

인터넷언론사는 제1항의 규정에 따라 실명인증을 받은 자가 정보등을 게시한 경우 당해 인터넷홈페이지의 게시판·대화방 등에 '실명인증' 표시가 나타나도록 하는 기술적 조치를 하여야 한다.[24)]

인터넷언론사는 당해 인터넷홈페이지의 게시판·대화방 등에서 정보등을 게시하고자 하는 자에게 주민등록번호를 기재할 것을 요구하여서는 아니 되며,[25)] 인터넷언론사는 당해 인터넷홈페이지의 게시판·대화방 등에 "실명인증"의 표시가 없는 정당이나 후보자에 대한 지지·반대의 정보등이 게시된 경우에는 지체 없이 이를 삭제하여야 한다.[26)]

마지막으로 인터넷언론사는 정당·후보자 및 각급선거관리위원회가 제6항의 규정에 따른 정보등을 삭제하도록 요구한 경우에는 지체 없이 이에 따라야 한다.[27)]

2. 「정보통신망법」상의 본인확인제

(1) 제·개정 경과

「정보통신망법」 제44조의5(게시판이용자의 본인확인)는 지난 2007. 1. 26.에 신설되어 같은 해 7. 27일부터 시행되었다.[28)] 당해 법률에 의하면 첫째, 국가기관, 지방자치단체, 「정부투자기관 관리기본법」제2조의 규정에 따른 정부투자기관, 「정부산하기관 관리기본법」의 적용을 받는 정부산하기관, 「지방공기업법」에 따른 지방공사 및 지방공단과 정보통신서비스제공자로서 제공하는 정보통신서비스의 유형별 일일평균 이용자수 10만 명 이상으로서 대통령령이 정하는 기준에 해당되는 자는 게시판이용자의 본인 확인을 위한 방법 및 절차의 마련 등 대통령령이 정하는 필요한 조치(이하 '본인확인조치'라 함)를 하여야 한다고 규정하였다.[29)] 정보통신망법상의 당해 규정은 약간의 자구수정을 거쳐 현재까지 그대로 적용되고 있다.

---

23) 공직선거법 제82조의6 제3항.
24) 공직선거법 제86조의6 제4항.
25) 공직선거법 제86조의6 제5항.
26) 공직선거법 제86조의6 제6항.
27) 공직선거법 제86조의6 제7항.
28) 법률 제8289호.
29) 2008년 정보통신망법 제44조의5.

(2) 내 용

국가기관, 지방자치단체, 「공공기관의 운영에 관한 법률」 제5조 제3항에 따른 공기업·준정부기관 및 「지방공기업법」에 따른 지방공사·지방공단과 정보통신서비스 제공자로서 제공하는 정보통신서비스의 유형별 일일 평균 이용자 수가 10만 명 이상이면서 대통령령으로 정하는 기준에 해당되는 자는 게시판을 설치·운영하려면 그 게시판 이용자의 본인 확인을 위한 방법 및 절차의 마련 등 '본인확인조치'를 하여야 한다.[30]

방송통신위원회는 제1항 제2호에 따른 기준에 해당되는 정보통신서비스 제공자가 본인확인조치를 하지 아니하면 본인확인조치를 하도록 명령할 수 있다.[31] 또한 정부는 제1항에 따른 본인 확인을 위하여 안전하고 신뢰할 수 있는 시스템을 개발하기 위한 시책을 마련하여야 한다.[32]

공공기관등 및 정보통신서비스 제공자가 선량한 관리자의 주의로써 제1항에 따른 본인확인조치를 한 경우에는 이용자의 명의가 제3자에 의하여 부정사용됨에 따라 발생한 손해에 대한 배상책임을 줄이거나 면제받을 수 있다.[33]

최근까지는 시행령에 의하여 이 법이 적용되는 인터넷사업자는 일일 평균 이용자 수 30만 명 이상의 포털서비스업자, 20만 명 이상의 인터넷언론서비스업자 및 30만 명 이상의 UCC서비스업자들의 웹사이트로 한정되어 있었다.[34] 그러다가 2009. 1 위 법 시행령의 전부개정을 통하여 이 제도의 적용범위를 일일 평균 사용자 10만 명 이상의 사이트로 확대함으로써[35] Naver, Daum, Google은 물론이고, 오마이뉴스와 같은 인터넷상의 언론매체와 싸이월드 등 대부분의 영리목적의 웹사이트에 적용되고 있다.

30) 정보통신망법(법률 제10560호) 제44조의5 제1항.

31) 정보통신망법 제44조의5 제2항.

32) 정보통신망법 제44조의5 제3항.

33) 정보통신망법 제44조의5 제4항.

34) 정보통신망법시행령 제30조(정보통신서비스제공자 중 본인확인조치의무자의 범위)[일부개정 2008. 7. 29. 대통령령 제20947호][본문 생략].

35) 정보통신망법시행령 제30조(정보통신서비스 제공자 중 본인확인조치의무자의 범위 <개정 2009. 1. 28.>) ① 법 제44조의5 제1항 제2호에서 "대통령령으로 정하는 기준에 해당되는 자"란 전년도 말 기준 직전 3개월간의 일일 평균 이용자 수가 10만 명 이상인 정보통신서비스 제공자를 말한다. <개정 2009. 1. 28.> ② 방송통신위원회는 법 제44조의5에 따른 본인확인조치에 필요한 준비기간, 적용기간 및 제1항에 해당하는 자 등을 인터넷 홈페이지에 게시하는 방법으로 공시하여야 한다. <개정 2009. 1. 28.>.

Ⅳ. 본인확인제에 대한 규범적 평가시 고려사항

1. 개설: 개인미디어에서 복합미디어로의 전환

인터넷 도입 초기부터 현재까지는 주로 정보의 생산 및 유통의 주체가 되는 이용자의 표현의 자유 보장 측면이 강조되어 인터넷 이용자가 향유하는 표현의 자유를 확대하는 방향으로 진행되어 왔다.

그러나 이제 인터넷이 단순한 개인 간의 커뮤니케이션 도구가 아니라 일부의 표현형식(가령 일부 유명인들의 블로그, 트위터, 페이스북 등)은 매스미디어에 준하는 사회적 영향력을 가지게 되는 경우가 다수 발생하였다. 이렇게 변화된 인터넷 환경에서 인터넷 사업자는 도입 초기 단계에서와 같이 단순히 정보의 전달을 매개하는 소극적·수동적 수준을 넘어 콘텐츠의 생산·가공·유통 과정에 적극적·능동적으로 개입하고 있다. 또한 인터넷 역시 다양한 매체와 결합된 서비스를 제공하는 복합적인 매스 미디어로 기능하고 있으며, 관련 산업의 발전에 따라 신문·잡지 등과 같은 전통적인 인쇄 매체와 방송 매체의 지위를 대체하면서 사회적 영향력을 확대해 나갈 것으로 예상된다.

경제적인 측면에서 살펴보면 인터넷 관련 기술의 발전 및 인터넷 사용의 보편화로 인터넷 관련 사업은 비약적인 발전을 거듭해 왔다. 국내 1위 포털 사이트인 Naver를 운영하고 있는 NHN의 경우 영업 실적을 기준으로 2009년 약 13,600억원, 2010년 약 15,000억원[36]을 기록하고 있으며, 순 이익을 기준으로 2009년 약 4,200억원, 2010년 약 5,000억원에 육박할 정도로 대형화·자본화되어 있는 실정이다. 전통적인 2차 산업 분야에 속하는 국내 식품 제조업체의 경우 영업 실적 1조원 이상을 달성한 기업은 2008년 9개사, 2009년 13개사 수준에 그치고 있다는 점을 고려할 때, NHN 등으로 대표되는 인터넷 사업자의 규모는 이미 중견 기업 수준을 넘어 대기업 수준에 근접하고 있는 것으로 평가할 수 있다.

따라서 대형화·자본화된 인터넷 사업자의 변화된 위상을 고려하여 전통적인 산업 분야와의 형평성 유지 차원에서 이에 상응하는 책임의식 제고가 요청된다.

이러한 양적인 부분에서의 변화와 아울러 미디어생산·공급자로서의 인터넷 사업자의 지위도 변화하고 있다. 이제 인터넷 사업자는 정보의 생산·가공·유통

36) 2010년 NHN의 매출 비중은 검색 광고 55%, 게임 28%, 디스플레이(배너)광고 16%, 기타 1%로 게임 분야(약 4,200억원)을 제외하는 경우에도 1조원 이상의 영업 실적을 기록하고 있다.

과정에 점점 더 적극적으로 개입하고 있고, 인터넷 사업자가 제공하는 표현물은 보도·논평 등을 목적으로 하는 정보, 여가 선용 및 오락을 위한 정보, 전자 상거래 등 이윤 추구를 위한 정보 등 다양한 형태로 유통되고 있다. 인터넷 사업자는 단순한 정보 검색 수준을 넘어 카페, 블로그, 토론방, 게시판 등 다양한 서비스를 제공하며 다른 매체와 복합적·유기적으로 결합·발전하고 있다.

이렇게 인터넷의 발전과 함께 불법적인 콘텐츠의 유통이 급격히 증가하면서 사적 표현과 공적 표현이 공존하는 특수성을 가진 매체에 대한 규제 방식의 대안으로 인터넷 사업자에 대한 규제 방식이 등장하게 되었다.[37] 즉 인터넷 사업자의 책임의식 제고를 위한 규제 범위와 한계를 설정하는 입법에 있어서는 인터넷이 개인 간의 커뮤니케이션 도구에 불과하다는 기존의 전통적인 표현의 자유 보장의 법리보다는 현대 사회에서 인터넷이 개인의 표현의 자유의 도구인 동시에 매스미디어에 준하는 기능을 아울러 수행하는 '복합적 성격의 매체'로 기능하고 있는 현실을 종합적·거시적으로 고려할 필요가 있다는 것이다.

따라서 향후 표현물의 형태, 서비스의 유형, 사업자의 규모, 이용자 및 사업자의 관여 정도, 사회적 영향력 및 파급 효과 등을 감안하여 개별적·구체적 정보 유통의 경우를 대상으로 실질적으로 매스미디어 매체로서의 기능을 수행하고 있는지에 관해 언론학적 관점에서 성격을 규명하고, 그 영향력에 상응하는 차별적인 규제를 적용할 수 있는 합리적인 기준을 획정하는 것이 현대 헌법학에 부여된 커다란 과제이다.

미디어의 발전사를 살펴보더라도 신문과 라디오 텔레비전의 순서로 공중에 송신되는 매스미디어로서의 역할을 담당하는 미디어들에 대한 규제도 처음 미디어가 도입된 때에는 낮은 수준의 규제가 적용되다가 시청자의 증가와 사회적 영향력의 확대에 상응하도록 다양한 규제가 설정된 바 있다.

이러한 이론적·현실적 필요성에 비추어보면 대형 포털 사업자와 같이 복합적인 서비스 유형을 제공하며, 방송과 거의 유사한 수준의 사회적 영향력과 신뢰도를 바탕으로 여론 형성 등 매스미디어적 기능을 담당하고 있는 경우에는 다른 인터넷 사업자에 비하여 상대적으로 강화된 수준의 규제 수준을 설정함으로써 당해 사업자의 사회적 책임의식을 제고하여야 한다. 한편, 규제 방식 선택에 있어

37) 인터넷 사업자를 통한 간접규제 방식은 명예훼손 등 인격권 침해 정보와 음란물 등 불법정보에 대하여 적용되기 시작하여 우리나라를 비롯하여 EU 등 다수의 국가에서 '침해통보 수령 후 삭제'책임을 입법적으로 도입하고 있으나, 예외적으로 미국의 경우는 인터넷 사업자에게 이러한 의무 부과 없이 제3자 콘텐츠에 대한 면책을 부여하면서 필요시 불법·청소년유해정보를 차단하거나 삭제할 수 있는 자율권을 부여하고 있다.

인터넷 규제의 다양성과 역동적 성격을 고려, 입법자에게 상대적으로 폭넓은 입법형성권을 부여할 필요성이 있다.

그럼에도 불구하고 인터넷은 철저한 헌법정신의 전제하에 법제도가 수용하고 발전시켜야하는 현대문명의 이기(利器)이므로 인터넷에 대한 규제는 인터넷이 대의제 선거제도와 표현의 자유를 확장시키는데 도움이 되는 방향으로 형성되어야 하며,[38] 인터넷의 폐해를 이유로 지나치게 규제하는 것은 바람직하지도, 가능하지도 않다.

아래에서는 현재 본인확인제에 대한 헌법적 판단을 위하여 고려하여야 하는 규범적·실제적 요소들에 대하여 살펴보기로 한다. 본인확인제에 대해 헌법적인 평가를 하기 위해 고려하여야 할 사항은 매우 다양하겠으나, 여기에서는 ① 사회문화적 필요성의 존부, ② 기술적 구현가능성, ③ 규범적 타당성 등 세 가지 기준에 근거해 서술하기로 한다.

2. 사회·문화적 필요성의 존부: 국제적 기준에 부합여부

(1) 국제사회에서의 익명성 관련 규범

가. 유럽의회(Council of Europe)에서의 논의

유럽의회(Council of Europe)의 유럽인권협약(European Convention on Human Right: ECHR)에는 프라이버시의 권리와 아울러 표현의 자유에 대한 권리를 보장하고 있으며, 익명성은 그러한 자유와 권리의 촉진제가 된다고 보고 있다.

반면, 유럽의회(Council of Europe)의 유럽인권협약(ECHR) 제10조 제2항(표현의 자유)에 의하면 "이러한 자유들의 행사는, 그것이 의무와 책임감을 수반해야 하기 때문에, 국가보안의 이익, 그리고 무질서와 범죄의 방지, 또한 타인의 명성과 권리에 대한 보호를 위해서 법에 규정된, 그리고 민주사회에서 필요하다고 인정된, 형식과 조건과 제재와 처벌에 의거한 제한을 받는다."고 규정하고 있어 표현의 자유가 일방적으로 무제한의 자유로 해석될 여지를 축소하고 있다. 그럼에도 불구하고 유럽의회(Council of Europe)에서는 익명성을 보장함으로써 표현의 자유와 권리를 보장할 수 있는 것으로 보고 있다.[39]

---

38) 조소영, "인터넷 선거운동 법제화의 현실검토와 헌법적 범주에서의 새로운 법제화를 위한 연구 ―인터넷 실명제 검토를 중심으로―", 「공법학연구」 제9권 제4호, 2008, 257면.

39) Goemans, Caroline, "Anonimity on the Internet: Concept and Legal Aspect", 2011, p. 16(http//www.law.kuleuven.ac.be/icri/documents/58anonymity.ppt).

또한 유럽연합(European Union)의 "개인정보의 처리에 관련된 개인보호특별위원회"에서 채택한 권고안(3/97)에 의하면 익명성이 프라이버시 보호에 중대한 관건이 된다고 천명한 바 있다.[40)]

나. 유럽의회와 회의의 통신분야에서의 개인정보처리와 프라이버시 보호에 관한 지침[41)]

당해 지침에 의하면 "통신서비스 가입자나 통신서비스 이용자의 통신서비스 이용정보(traffic data)는 통신이 끝나면 삭제되거나 익명화되어야 한다."고 규정되어 있다. 단, 가입자에 대하여 요금청구를 하거나 상호접속 요금의 지급을 위하여 가입자의 전화국의 번호나 식별정보, 가입자의 주소, 해당 요금부과 기간동안의 요금부과 대상 총 통화수, 걸려온 가입자의 전화번호, 유형과 시작시간과 지속시간 또는 전송된 데이터의 양, 전화나 서비스의 일자를 요금이 수금될 때까지 보관할 수 있다.

그리고 이용정보나 요금청구에 관련한 정보는 해당 업무를 처리하는 사람이나 고객의 질의에 답하는 사람, 사기행위를 감시하거나 분쟁해결을 위하여 법적으로 허용되는 경우에만 접근 가능하다고 규정함으로써 원칙적으로 통신서비스 이용자에게 익명성을 보장할 필요가 있으며 다만 요금부과 등의 경우와 같이 특별한 경우에만 이를 제한할 수 있다.

다. UN 특별보고관의 의사와 표현의 자유에 관한 권리에 대한 보고서

UN의 특별보고관 프랑크 라 뤼(Frank La Rue)는 2010. 5. 6~17까지 우리나라를 공식 방문하여 한국에서의 명예훼손, 인터넷상의 표현의 자유, 선거전 의사와 표현의 자유, 집회의 자유, 국가안보를 근거로 한 표현의 자유 제한, 공무원의 의사와 표현의 자유, 언론매체의 독립성, 대한민국 국가인권위원회 등에 관하여 조사한 후 보고서를 제출하였다.[42)]

당해 보고서에 의하면 한국은 전 세계에서 가장 높은 광대역 인터넷보급률을 달성하는 등 지난 수십 년간 역동적인 민주국가로서 높은 성과를 이루어 왔다는

---

40) The Working Party on the Protection of Individuals with Regard To The Process Of Personal Data, "Recommendation 3/97: Anonymity on the Internet" — set up by Directive 95/46/EC of the European Parliament and of the Council of 24 October 1995.

41) 유럽의회와 회의의 통신분야에서의 개인정보처리와 프라이버시 보호에 관한 1997.12.15. 지침(Directive 97/66/EC of the European Parliament and of the Council of 15 December 1997 concerning the processing of personal data and the protection of privacy in the telecommunications sector) Aricle 6.

42) UN Human Rights Council, 『Report of the Special Rapporteur on the promotion and protection of the right to freedom of opinion and expression(Report of the Special Rapporteur on the promotion and protection of the right to freedom of opinion and expression, Frank La Rue)』, Geneva, 2011. 3. 21.

점을 높이 평가하고 있다.

그러나 이 보고서에 의하면 인터넷 실명제가 익명성을 기반으로 하는 표현의 자유에 영향을 미칠 것이라고 우려하고 있다. 특히 정부에 비판적인 사람들이 자신의 견해를 밝힘으로써 받게 되는 형사상 제재의 위협으로 인하여 의견의 표명을 꺼리는 경향을 보일 수 있다는 점 때문에 국민들의 표현의 자유를 위축시킬 수 있다고 서술하고 있다.

결론적으로 당해 보고서에서는 대한민국 정부가 신원확인을 위한 다른 수단을 고려하고 그러한 수단도 신원확인 대상자가 이미 범죄를 저질렀거나 저지르려 한다는 상당한 근거나 합리적인 의심이 있는 경우에 한하여 사용할 것을 권고하고 있다.[43]

(2) 국제사회에서의 유사 입법례의 부재

가. 개 설

인터넷은 프로토콜(TCP/IP) 기술을 이용하여 개인과 개인을 연결하고 정보 전달을 매개해 주는 역할을 한다. 도입 초기 인터넷은 분권적인 미디어로 기능하였으나, 인터넷 기술 및 산업의 발전으로 상업화 현상이 가속화되고, 소수의 사업자 중심으로 자본화·대형화가 이루어지면서[44] 현재에는 매스미디어적 기능이 강화되고 있는 실정이다.

일상생활과 가장 밀접한 미디어 부문에서 인터넷(26.2%)이 TV(65.6%)에 이어 2위를 차지하여 신문(3위, 3.8%) 및 라디오(4위, 2.7%)에 비하여 압도적인 지위를 점하고 있다. 인터넷 뉴스 열독 사이트 부문에서도 Naver, Daum, Nate, Yahoo 등 대형 포털 사이트가 1~4위를 차지하여 조선일보(5위) 등 주요 일간 신문사가 운영하고 있는 뉴스 사이트를 크게 앞서는 등 인터넷이 TV를 제외한 전통적인 매스 미디어의 지위를 대체해 나가며 그 성격 또한 단순한 개인 커뮤니케이션 매체에서 불특정 다수를 향한 공중송신의 기능을 담당하는 매체로 변화하고 있다.

이렇게 다양한 방식으로 국민들의 정치적 의사형성은 물론이고 일상생활에

---

43) 위 보고서 90~94면.

44) 인터넷 마케팅 전문 업체인 코리안클릭의 조사 결과에 따르면 2011년 4월 기준, 도메인별 웹사이트 하루 평균 순방문자 수는 Naver 약 3,110만명(1위), Daum 약 2,400만명(2위), Nate 약 2,400만명(3위), Cyworld 약 2,120만명(4위) 수준으로 상위 5위까지 포털 사이트가 석권하고 있다. 6~10위의 사이트의 경우 인터넷 쇼핑몰 Auction(10위)를 제외하고는 국내 일간신문이 운영하고 있는 뉴스 사이트(중앙일보, 매일경제, 조선일보, 한국경제일보)로 조사되었으나, 이는 업계 1위 포털 사이트인 Naver가 아웃링크(outlink) 방식으로 뉴스 캐스트 서비스를 제공해 온 결과의 반사적 효과인 것으로 평가되고 있다.

지대한 영향을 미치는 인터넷의 폐해에 대해서는 세계 각국이 성문입법을 통하여 적극적으로 대처하고 있다. 인터넷의 폐해를 방지하려는 목적으로 제정한 법률들의 내용과 아울러 익명성 관련 규정들을 살펴보면 다음과 같다.

나. 미국의 경우

먼저 미국은 커먼로(Common Law)를 주요 법원으로 하는 불문법주의 국가이지만 인터넷상의 법률문제에 대해서는 어느 나라보다 입법적 대응이 빠르고 적극적이다. 이에 따라 인터넷상에서의 법률행위와 활동은 많은 형태의 제정법에 의해서 규율을 받고 있다.

프라이버시 및 개인정보 보호 법제를 비롯하여 인터넷 내용 규제, 디지털 지적 재산권 보호 상업적 정보 전송 규제, 인터넷 침해 예방 및 대응 등을 위한 법제들이 매우 발달되어 있는 것이 특징이다.

특히 「연방통신품위법」위헌 판결은 세계 각국의 규제정책 수립과 관련하여 중요한 함의를 던져주었다. 판결요지를 살펴보면 공익을 보호하되 인터넷 매체의 특성을 고려하여 인쇄매체에 준하는 표현의 자유를 보호할 수 있도록 최소한의 규제를 시행해야 한다는 요지로 이해할 수 있다. 이후 인터넷 내용규제의 목표와 원칙 정립의 중요성이 대두되었고, '시장발전 중심' 이라는 미국 고유의 미디어 정책을 확인할 수 있었으며, 미국의 규제입법 좌초를 계기로 유럽을 비롯한 각국에서는 자율규제를 정초하기 위한 법제 및 정책들이 발전되기 시작하였다.[45)]

현재 미국에서는 Cubby, Inc. v. Compuserve Inc.사건(Compuserve사건)[46)]에서 최초로 온라인 서비스제공자의 책임에 대한 판결을 내린 이래 인터넷정보제공사업자의 책임을 인정하고 있다.

현행법상 미국에서는 인터넷서비스사업자(ISP)의 입장에서는 최소한 자신의 통제권 내에 있는 표현물에 대해 자신이 알았을 경우에는 역시 막대한 금액의 징벌적 손해배상을 당해야 하는 부담을 안고 있다. 따라서 이러한 부담을 경감하기 위해서는 자율적으로 자신의 게시판이나 영향력 있는 표현매체에 게재되는 콘텐츠에 대해 정화기능을 수행할 수밖에 없다.

이와 같이 미국에서는 인터넷의 확장성에 비춘 네트워크측면에서의 경쟁정책이 시행되어 온라인 공간이 역동적으로 재구조화됨에 따라 인터넷 사용에 있어서의 역기능현상을 보정하려는 시도가 1990년대 중반부터 가시화되었다. 즉 「통신품

45) 한국정보문화진흥원, 『정보문화 국제 비교 연구』, 08 정보문화 심층연구7(연구보고 08-19), 2008, 35~37면.

46) Cubby, Inc. v. Compuserve 776 F. Supp 135(S.D.N.Y. 1991.).

위법」의 입법과 더불어 인터넷의 역기능에 대한 '규제'는 불가피한 것으로 파악하였다. 다만 이에 대한 과도한 규제는 헌법위반의 문제를 야기하므로 수정헌법 제1조에서 규정하고 있는 표현의 자유를 침해하지 않는 범위 내에서 인정되는 것으로 보고 있다. 그럼에도 불구하고 미국에서는 개인의 본명이나 실명을 확인하는 제도를 법적으로 강제하는 법률을 제정하고 있지는 않다.

다. 유럽연합(EU)

유럽의회(Council of Europe)에서는 지난 2003. 5. 28 인터넷상의 표현의 자유선언(Declaration on Freedom of Communication on the Internet)을 발표한 바 있다.[47] 이 선언문에서는 인터넷상에서의 커뮤니케이션에 있어 유럽연합의 각 회원국들이 준수하여야 할 7가지 원칙을 천명하고 있는데,[48] 그 중 하나가 익명성(anonymity)의 보장이다.

또한 이 지침은 사실상 인터넷 게시판과 관련하여 사업자의 위법 행위 판단에 대해 매우 관대한 조항을 포함하고 있다. 즉 포털과 같이 제3자가 작성한 게시물이나 웹페이지를 저장해 주는 사업자는 위법한 게시물이나 행위를 몰랐고, 그러한 게시물이나 행위의 위법성을 명백하게 해주는 사실이나 상황을 몰랐다면 그 위법한 게시물이나 행위에 대해서 책임을 지지 않고, 또한 위법한 게시물이나 행위를 알게 된 후 신속하게 그 게시물을 삭제하거나 그에 대한 접근을 차단한 경우에는 그 게시물에 대해서 책임을 지지 않는다고 규정하고 있다. 또한 동 지침 제15조에 의하면, 유럽연합 회원국들은 인터넷서비스제공자에게 그들이 송신하거나 저장하는 정보를 감시할 일반의무를 부과해서는 아니 되며, 실제적으로 불법적인 행위임을 드러내는 사실이나 정황을 찾아낼 일반의무를 부과해서도 안 된다.[49]

이러한 규정은 EU내에서는 인터넷 사업자가 개인의 표현의 자유를 제약할 수 있는 그 어떤 행위도 시도하지 못하도록 하기 위한 엄격한 제한을 두고 있는

47) EC, 『Freedom of Communication on the Internet』, 2003(http://www.coe.int/t/informationsociety/documents/Freedom%20of%20communication%20on%20the%20 Internet_en.pdf에서 이용 가능).

48) 여기에서 천명된 7가지의 원칙은 다음과 같다.
제1원칙: 인터넷에서의 콘텐츠 규정(Content rules for the Internet)
제2원칙: 자율규제 또는 동시규제(Self-Regulation or co-Regulation)
제3원칙: 전국가적 통제의 부재(Absence of prior state control)
제4원칙: 개인의 정보화 사회에의 참여에 대한 장벽의 제거(Removal of barriers to the participation of Individuals in the information society)
제5원칙: 인터넷을 통한 서비스 제공의 자유(Freedom to provide services via the Internet)
제6원칙: 인터넷 콘텐츠에 대한 서비스제공자의 제한된 책임(Limited liability of service for Internet content)
제7원칙: 익명성(Anonimity)

49) 정상조, "명예훼손에 대한 포털의 책임", 「법학」, 제51권 제2호, 2010, 229~272면.

것이라고 해석할 수 있다. 따라서 EU에 속한 국가들 역시 인터넷이용자에 대하여 표현행위를 제한하기 위해 본인임을 확인하거나 실명을 사용하게 할 의무를 인터넷서비스사업자에게 부담시키는 규정은 없다.

(3) 일 본

일본은 총무성을 중심으로 IT 및 인터넷 정책을 다루고 있으며, 내용규제는 주로 민간이 담당하며 정부는 이들 단체를 지원하는 정책을 펴고 있다. 하지만 인터넷 내용규제에 관련해서는 다양한 법률이 존재하고 있으며, 주요 내용은 주로 미성년자 보호에 중점을 두고 있다.

대표적으로는「풍속영업 등의 규제 및 업무의 적정화 등에 관한 법률(1999)」,「아동매춘·아동포르노처벌·아동보호 등에 관한 법률(1999)」 등이 있다. 다만 이러한 법률들 중 인터넷상에서 자신의 실명을 확인하여야 한다는 것을 법률로 강제하는 규정은 없다.

이와 같이 미국, 유럽연합(EU)국가, 일본 등 다른 국가에서는 모두 인터넷 이용시 자신의 실명을 확인받아야만 하는 법적 의무를 표현행위의 당사자 또는 인터넷서비스사업자들에게 지우고 있지 않다는 점에서는 공통적이다.

(4) 우리나라 국가인권위원회의 견해

국가인권위원회는 지난 2004. 2. 16. '정치관계법 개정에 대한 국가인권위원회의 의견'을 의결하여 선거관련게시판에 대한 본인확인제를 도입에 반대한다고 밝힌 바 있다.[50)]

또한 2006년 발표된 국가인권위원회의 '2007~2011 국가인권정책기본계획 권고안'에 의하면 공공기관 및 민간영역에서 주민등록번호를 비롯한 개인정보를 과도하게 수집하고, 주민등록번호 유출로 인한 피해 사례가 증가하고 있으며, 정부의 사실상의 인터넷상 내용규제와 정부의 광범위한 인터넷실명제 도입 방향 등으로 인터넷의 표현의 자유가 제한될 우려가 있다고 지적하고 있다.[51)] 또한 2009. 11. 19 "정보통신망 이용촉진 및 정보보호에 관한 법률 전부개정안 제115조(게시판 이용자의 본인확인) 제1항 제2호에 대한 의견"에서도 역시 본인확인제를 확대 적용하는 데 반대하고 있다.[52)] 국가인권위원회는 인터넷이 개인의 표현의 자유의 확

---

50) 국가인권위원회,『정치관계법 개정에 대한 국가인권위원회의 의견』, 2004. 2. 16.

51) 국가인권위원회,『2007~2011 국가인권정책기본계획 권고안』, 2006.

52) 국가인권위원회,『정보통신망 이용촉진 및 정보보호에 관한 법률 전부개정안 제115조(게시판

대에 기여할 뿐만 아니라 정치의 공론의 장에서 유권자가 토론과 설득의 민주적 의사결정 과정에 능동적으로 참여할 수 있는 보다 확장된 공간을 허용함으로써 국민의 정치적 권리실현에 기여한다고 보고 있다. 또한 인터넷상의 표현의 자유와 여론형성 참여의 권리는 인터넷의 접근성과 익명성이라는 열린 구조에서 기인한다는 점에 비추어 다음과 같은 헌법적 문제점이 있다고 보고 있다.

국가인권위원회에서 지적한 본인확인제에 대한 문제점은 다음과 같다.

첫째, 헌법 제21조에서 보장하고 있는 표현의 자유를 침해할 우려가 있다고 한다.

국가인권위원회에 의하면 헌법 제21조는 표현의 자유를 보장하기 위하여 허가나 검열을 부인하고 있는바, 인터넷 언론사의 선거게시판 실명제는 선거게시판에 의견을 제시하고자 하는 모든 국민을 허위정보 및 타인에 대한 비방을 유포하는 자라는 사전적인 예단을 전제로 하는 것으로서 명백한 사전검열에 해당하며 익명성에 기인하는 인터넷상의 표현이 자유와 여론형성의 권리를 제한하여 세계인권선언 제19조와 헌법 제21조의 표현의 자유에 위배된다.

둘째 개인정보보호의 헌법상의 원칙에 위배된다고 한다.

국가인권위원회는 본인확인제를 통하여 수집된 개인정보가 본래의 수집목적에서 벗어나 개인의 의사와 관계없이 광범위하게 이용될 수 있다는 점에서 헌법 제17조의 개인의 자기정보관리통제권을 침해할 우려가 있다는 것이다.

셋째, 헌법상의 최소침해의 원칙과 명확성의 원칙에도 위배된다고 한다.

국가인권위원회에 의하면 먼저 현재 중앙선거관리위원회가 선거게시판 감시활동을 통하여 불법게시물에 대한 검색과 대응활동을 하고 있고, 불법적인 정보게시와 유통행위에 대해서는 현행 법체계에서 사후의 처벌이 가능하며, 현재 기술수준으로 개인정보를 침해하지 않는 범위 내에서 사후적으로 네티즌의 신원을 확인할 수 있는 방법을 모색할 수 있으므로 최소침해의 원칙에 위반된다고 한다.

또한 위원회는 실명인증제를 도입해야 하는 대상도 특정 인터넷 언론사만이 아니라 언론의 기능을 담당하는 시민단체나 개인 등 선거게시판을 운영하는 광범위한 다수로서 그 정의가 불분명하여 명확성의 원칙에도 위배된다고 보고 있다.

결론적으로 국가인권위원회는 인터넷이라는 매체가 개인의 표현의 자유 확대에 기여하고 있으므로 국가는 정치에 대한 공론의 장에서 유권자가 토론과 설득의 민주적 의사결정 과정에 능동적으로 참여할 수 있도록 공적 의견형성의 공간을 보다 확장해야 하므로 인터넷 언론사의 실명인증제의 도입은 불가하다고 천명

이용자의 본인확인) 제1항 제2호에 대한 의견(결정문)』, 2009. 11. 19.

하였다.

3. 기술적 실현 가능성 문제: 국내사업자와 해외사업자의 역차별의 문제와 우회가능성

(1) 정보통신기술발전에 따른 법률관계와 국내사업자 역차별 문제

최근 방송통신심의위원회에서는 국가보안법에서 금지한 불법정보라는 이유로 북한의 트위터 계정에 접속하지 못하도록 DNS나 IP를 차단하는 등의 조취를 취하였다. 그러나 심의위원회에서 차단한 접근경로 외에 직접 사이트를 접속하지 않고 프로그램을 실행시켜 이용할 수 있는 웹 애플리케이션이나 응용 프로그램, 스마트 폰을 통해 모바일 앱, 인터넷 익스플로러 이외의 브라우저(파이어 폭스, 사파리 등)의 각종 애드온(Add-on) 프로그램, https의 북한 트위터(https://twitter.com/uriminzok)로 현재 접근이 가능한 상태이다. 이에 방송통신심의위원회는 통신사와 협조하여 모바일에서의 접속도 순차적으로 차단될 것이라고 밝혔으나 국외 거주자가 해당 계정을 등록해 국내 트위터 이용자들에게 전달하는 것까지 막기는 어렵다.53)

<그림 1> 북한의 트위터(twitter.com/uriminzok)

또한 지난 2010. 8. 19 '하나'라는 계정으로 개설됐던 페이스북 대신 '우리민족끼리'라는 페이스북이 북한 트위터에 연동되었으며, 또 다른 페이스북인 'Uriminzokkiri'도 '우리민족끼리' 트위터, 유튜브, 웹사이트로 연동돼 운영되었다.54) 하지만 북한

53) "방통심의위, 북 조평통 트위터계정 차단", 2010. 8. 19(http://www.hani.co.kr/arti/politics/defense/435950.html).

54) "북한 페이스북 계정은 총3개?", 머니투데이, 2010. 8. 23(http://www.mt.co.kr/view/mtview.php?type=1&no=2010082311094667636&outlink=1).

의 트위터 계정에 대한 국내 접속차단 조치가 이뤄진 데 이어 ‘미국의 소리(VOA)’를 통해 24일 페이스북 계정마저 미국 본사로부터 폐쇄된 것으로 알려졌는데 이 폐쇄 조치는 미국의 약관에 따른 것이라고 한다.[55)]

이와 같이 현재 무선인터넷과 스마트폰 등의 등장으로 인하여 국경을 초월한 인터넷 서비스의 이용이 활발해진 것에 비례하여 사회상규와 공공질서에 반하는 다양한 음란·폭력 콘텐츠 등을 자유롭게 이용할 수 있게 되었다.

유선인터넷의 경우에도 국경을 초월한 음란·폭력물의 문제는 여전히 심각한 문제이지만 가정과 학교 등에서 계도와 일정 부분의 감시가 가능하였다. 또한 현재 이용되고 있는 무선휴대전화의 경우에는 국가 내에서만 이용될 수 있을 뿐 해외에서의 이용은 요금과 네트워크 기술상의 문제 때문에 로밍서비스를 통하여 해외의 인터넷 콘텐츠를 자유롭게 이용할 수 없었다.

반면 무선인터넷과 스마트폰이 널리 활용되기 시작하면서 국내 청소년들은 언제, 어디서나 이를 통하여 음란·폭력물에 접속하고 이를 다운로드 받아 이용할 수 있게 되었다. 또한 성인들의 성명과 주민등록번호 정도만 알면 성인용 콘텐츠 역시 아주 손쉽게 자신의 휴대전화에 저장·이용할 수 있다.

이와 같이 무선인터넷과 스마트폰의 이용증가로 인하여 향후 어린이와 청소년에게 유해한 콘텐츠들이 언어와 국경의 제약 없이 이용되게 될 가능성이 있어 이에 대한 대책마련이 시급하다.

인터넷을 통한 불법·유해정보의 유통의 경우에는 당해 서비스를 제공하는 사업자가 국내의 규제법규를 회피할 목적으로 서버를 해외에 두고 서비스하는 경우에는 국내법을 적용하여 처벌하거나 국내 심의규정을 적용하여 제재하는 것이 법이론적·현실적으로 매우 어렵다는 문제점이 있다. 이 경우에는 현재 해외에서 제공되는 다양한 사이트들을 접근하지 못하도록 하는 기술적인 방식에 의한 차단만이 가능하다.

하지만 스마트폰의 경우는 인터넷의 경우보다 내용규제문제가 더욱 복잡하고 난해하여 규제의 실효성 확보를 위해서는 다양한 입법적·행정적 조치가 필요하다.[56)]

스마트폰의 등장으로 인한 불법·유해한 애플리케이션의 증가로 인해 제기되는 법률적 문제에 대해 간략히 살펴보면 다음과 같다.

55) “북한 트위터, 페이스북 폐쇄”, 한국기자협회보, 2010. 8. 25(http://www.journalist.or.kr/news/articleView.html?idxno=24048).

56) 이하에서 서술하고 있는 구체적인 제도개선방안은 국내에서는 최초로 제시되는 것이기 때문에 시론적인 것이며, 향후 법이론적·실무적 차원에서의 검토와 보완이 필요할 것으로 보인다.

(2) 해외에 서버를 둔 웹사이트와 애플리케이션 사업자 규제를 위해 원용 가능한 이론

가. 공공질서이론(doctrine of ordre public)을 통한 법정지국 강행규정의 적용 가능성

① 국제관계법 원칙

국제법상 섭외적 사안에 대해서는 법정지의 강행규정의 적용이 배제되는지의 여부에 대해 대륙법계 국가는 대부분 공공복리(Public welfare)를 보호하는 취지를 갖는 내국법은 외국법에 대하여 우선해서 적용된다는 이른바 공공질서이론(doctrine of ordre public)을 차용하고 있다.

우리나라 국제사법 제7조에서는 "입법목적에 비추어 준거법에 관계없이 해당 법률관계에 적용되어야 하는 대한민국의 강행규정은 이 법에 의하여 외국법이 준거법으로 지정되는 경우에도 이를 적용한다"고 규정하고 있다.

따라서 이 규정에 의하면 외국법이 준거법으로 지정되는 경우에도 우리나라의 대외무역법, 외국환거래법 또는 공정거래법 등 입법목적에 비추어 국내에서 문제된 섭외적 사안에 대해서도 적용되어야 하는 강행법규는 외국법이 준거법으로 지정되었는지의 여부에 관계없이 적용된다.

이때 적용되어야 하는 강행규정은 당사자의 합의에 의해 적용을 배제할 수 없는 일반적 강행규정이라는 의미로 해석해서는 안 된다. 오히려 당사자의 합의에 의한 적용배제가 허용되지 않는다고 해석해야 하며, 준거법이 외국법이라고 그 적용이 배제되지 않는 이른바 보편적 또는 국제적 강행규정을 의미하는 것으로 해석해야 한다.[57]

② 국제관계법 적용의 한계

이와 같이 국제관계법에 있어서는 한 국가의 공서양속을 해치는 경우에는 당해 국가의 강행규정이 적용되는 경우가 있을 수 있어 법정지의 법원은 당해 국가의 공서양속에 배치되는 문제가 법원에 제기되는 경우에는 법정지의 법을 적용할 수 있는 경우도 있다.

그런데 이와 같이 국제관계법상의 '공공질서이론(doctrine of ordre public)'을 채택하여 외국에 서버를 두고 행해지는 불법행위들에 대하여 심의를 진행하려 하거나 우리나라의 심의규정을 적용하려고 할 때에는 다음과 같은 두 가지의 문제점

57) 석광현, 『2001년 개정 국제사법 해설(제2판)』, 지산, 2003.

을 고려하여야 한다.

첫째, 국제관계법상의 공공질서이론을 수용·적용하는 데 있어서는 이 이론이 포섭하는 공법의 내용이 매우 단순히 '공공의 안녕질서를 해할 우려가 있는 경우'라는 불확정 개념만을 사용하고 있다는 점이다. 이 이론을 통해 국제관계법상의 준거법을 법정지법으로 정할 경우에는 자칫 국제관계법상의 호혜평등의 정신을 몰각시키고 무조건 국내법만을 적용하게 되는 우를 범할 수 있다. 이렇게 되면 국제관계법상의 모든 규정의 취지가 몰각될 우려도 있다.

둘째, 국제관계법 중 준거법을 정하는 국제사법은 외국적 요소가 있는 법률 중 섭외적 법률관계에 적용될 준거법만을 정하는 것이다. 여기에서 섭외적 법률관계는 구체적으로 사법적 법률관계만을 의미한다고 보는 경우에는 형법 등 공법관계에 국제사법상의 일반 규정인 공공질서이론(doctrine of ordre public)을 적용하여 처벌하기가 곤란하다.

즉 국제관계법상 국제사법은 사법관계에 적용될 준거법을 정하는 문제인데, 이를 공법관계에도 적용할 수 있는지에 대해서는 의문이라는 것이다. 다만 우리나라 국제사법 제6조에서는 "이 법에 의하여 준거법으로 지정되는 외국법의 규정은 공법적 성격이 있다는 이유만으로 그 적용이 배제되지 아니한다"라고 규정함으로써 외국의 공법적 규정 역시 우리나라 법정에서 원용할 수 있다고 규정하고 있다.[58)]

③ 결정·판결된 심의·처벌규정의 집행가능성

이렇게 공법규정을 우리나라에서 적용하여 형법상의 처벌법규와 심의규정에 의거, 형사벌과 심의를 진행·결정한다고 하더라도 사후의 유효적절한 조치에는 여전히 한계가 있다.

위에서 설명한 국제관계법상의 준거법을 정하는 절차는 단순히 우리나라 법원에서 적용할 '적용법'만을 정하는 것에 불과하다. 따라서 이 절차는 많은 국가의 법들 중 어느 나라 법을 적용할 것인지의 문제일 뿐, 이 법을 적용하여 도출된 판결 또는 심의결과 등에 대한 유효적절한 '집행력'을 담보하는 것은 아니다.

가령 우리나라 방송통신심의위원회에서 법정제재를 결정하는 경우, 이 절차에 적용되는 법률 내지 심의규정은 우리나라의 것으로 할 수 있지만, 심의결과가 도출된 이후에 형사관할권, 심의관할권이 외국법원에 있는 경우에는 다시 당해 국가에 협조요청을 하여야 하므로 법정제재를 집행하기는 불가능하다.

이러한 문제점 때문에 우리나라의 심의규정을 적용할 수는 있으나, 현재로서

58) 이상의 논의에 대한 보다 상세한 설명은 신창섭, 『국제사법』, 세창출판사, 2007, 125~134면 참조.

는 실제적으로 접속차단명령 등과 같은 '행정지도'를 통하여 국내 접속자들이 해당 프로그램 내지 어플리케이션을 이용할 수 없도록 하는 것이 최선이다. 이 경우 해당 어플리케이션의 운영주체인 기업(가령 Google) 또는 해당 기업의 소속국과의 정치적 마찰이 유발되는 문제점은 여전히 존재한다.

나. 원산국 원칙(Herkunftslandprinzip, country of origin principle)

① 원산국원칙을 통한 국내 심의규정의 적용가능성

'원산국 원칙'(Herkunftslandprinzip, country of origin principle)이라 함은 역외에서 전송되는 콘텐츠들이라도 역내에서 적용되거나 전송되는 경우에는 역내의 법률을 적용하여야 한다는 원칙을 말한다.

이 원칙은 독일의 「텔레미디어법(Telemediengesetz: TMG)」에 규정되어 있다. 독일 「텔레미디어법(TMG)」 제3조 제1항에 의하면 독일 내에서 개업한 서비스 제공자들과 그들의 텔레미디어는, 당해 텔레미디어가 역내 시장의 정보 사회 서비스, 특히 전자 상거래의 특정 법적 측면들에 관한, 유럽 의회 및 이사회의 2000년 6월 8일자 2000/31/EC(2000/31/EG) 지침[59]의 시행 구역 안에 있는 다른 나라에서 업무적으로 공급되거나 제공되는 경우에도 독일법의 요구 사항에 따라야 한다.

이 지침의 시행 구역 안에 있는 다른 나라에서 개업한 서비스 제공자가 독일에서 공급 또는 제공하는 텔레미디어의 자유로운 서비스 공급은 제한을 받지 않는다.[60]

하지만 예외적으로 제2항의 국내법에 의한 제한을 받는 경우가 있다.

이러한 경우에 속하는 것은 가령 ① 특히, 청소년 보호 및 인종, 성별, 종교, 국적으로 인한 박해의 퇴치를 포함한, 범행 및 불법의 예방, 수사, 진상 규명, 소추, 형 집행, 및 개인 인권의 침해에 대한 예방, 수사, 진상 규명, 소추, 형 집행, 그리고 국가 안보 및 방위와 관련된, 공공의 안전과 질서, ② 공중 보건, ③ 투자자의 보호를 포함한 소비자 이익을 침해 또는 중대한 위협으로부터 보호하며 이 국내법상 고려되는 조치가 위의 보호 목적에 비추어 적절할 때 등이다.[61]

이와 같은 독일 「텔레미디어법(TMG)」의 이론을 차용한다면 우리나라에서 국가안보나 청소년보호를 위하여 필요한 경우에는 우리나라의 국내법과 심의규정을 적용하여 판결·결정을 내릴 수 있다.

---

59) Directive 2000/31/EC of the European Parliament and of the Council of 8 June 2000 on certain legal aspects of information society services, in particular electronic commerce, in the Internal Market [유럽 공동체 관보 L 178호 1 페이지(ABl. EG Nr. L 178 S. 1].

60) 독일의 텔레미디어법(TMG) 제3조 제2항.

61) 텔레미디어법(TMG) 제3조 제5항.

② 결정·판결된 심의·처벌규정의 집행가능성

위에서 살펴본 바와 같이 인터넷 공간은 한 국가의 정부의 관할권에 속하거나 사법권의 영역에 속하는 업무가 아니기 때문에 '자국'의 사법권이라고 하는 지리적 한계를 가지고 있는 기존의 법률들이 적용되기가 매우 어려운 구조이며, '원산국 원칙'을 적용하여 자국의 국내법으로 처벌·심의하고자 하는 경우에도 동일한 문제점이 발생한다.

결국 독일식의 '원산국원칙'을 적용하는 경우에도 인터넷의 개방성, 비대면성, 익명성, 높은 전파성, 접근의 용이성, 시·공간의 무제약성 등 인터넷의 특징 때문에 '결정은 할 수 있으나, 집행은 불가능한' 상황이 발생하는 것은 피할 수 없는 일인 듯하다.

(3) 소결: 국제적 공조의 불가능성과 국내 사업자들에 대한 역차별 문제

이렇게 지역적 규제를 무력화시키는 인터넷 공간의 특징에 근거하여 현재 세계적으로 공동규제의 필요성이 제기되고 있다. 정보통신기술의 발전과 보급을 통해 인터넷의 이용이 전 세계적으로 확산되고, 전재상거래, 의료, 연구, 교육 등 각 방면에서 어린이와 청소년의 보호 및 정당한 정보 유통의 필요성이 제기되면서 인터넷 공간에 대한 국제적 차원에서의 공동규범의 마련이 필요하다는 견해가 확산되고 있다.

인터넷의 자율적이고, 개방적이면서도 국경이 없는 구조에 대응하여 국제적 수준의 규제방안이 요구된다. 그럼에도 불구하고 인터넷상의 콘텐츠들에 대한 심의의 기준을 통일하려는 국제적 노력은 매우 미약하고, 향후에도 거의 불가능할 가능성이 매우 높다. 이것은 아마도 다음과 같은 이유가 있을 것으로 생각한다.

첫째, 다양한 세계 각국의 심의규정을 통일하는 것이 어렵거나 불가능할 것이다.

국가 간에 어린이와 청소년 보호 및 국가안전보장, 공공질서유지 등 인터넷 콘텐츠에 대한 규제의 이유가 되는 다양한 근거의 철학적·역사적 배경이 다르기 때문에 형벌법규가 아닌 일반 심의규정을 통일하는 것 자체가 매우 어렵다.

둘째, 다른 국가가 인터넷서비스사업자들 콘텐츠 내용을 심의하는 경우 단순히 표현의 자유에 그치지 아니하고 곧바로 사업의 경제성에도 영향을 미치게 된다.

인터넷이용자들은 인터넷서비스사업 중 어느 일부에 대해 매우 큰 흥미를 가지고 당해 서비스를 이용하고자 하는 목적으로 사이트에 접속하게 되는 경우가 많다. 이러한 킬러 콘텐츠(Killer-Contents)가 내용에 문제가 있다는 이유로 접속이

차단되는 경우 해당 사업자는 단순히 자신의 표현의 자유가 침해되는 정도를 넘어 경제적으로 큰 손실을 보게 될 것이기 때문에 인터넷심의의 정도가 강한 해당국의 심의규정을 적용받는 것을 적극적으로 회피하게 된다.62)

셋째, 인터넷 콘텐츠에 대한 심의문제는 대개의 경우 자국의 정치상황과 밀접한 관련이 있기 때문에 외국에서 자국의 콘텐츠가 심의를 당할 경우에는 인권탄압, 표현의 자유의 위축 등 예측하지 못한 부작용이 발생할 가능성이 매우 높다.63)

가령 인터넷콘텐츠에 대한 통제의 정도가 심한 국가의 기준에 의할 경우 해당 콘텐츠에 대해 자국에 전파된다는 이유로 해당 콘텐츠에 대한 삭제나 행정조

62) 연합뉴스 2011. 5. 30. 기사에서는 이러한 문제점을 잘 지적하고 있다.

"국내 온라인게임 및 포털사들이 글로벌 소셜네트워크서비스(SNS)를 인증 플랫폼으로 활용하기 시작하면서 국내 실명인증 시스템이 또다시 도마에 올랐다. 국내 실명인증제는 올해 초 방송통신위원회가 SNS를 활용한 소셜 댓글을 규제 대상에서 제외하면서 이미 사문화의 길로 접어들었다는 것이 업계의 일반적인 평가다.

최근에는 국내업체가 서비스 중인 페이스북 소셜게임에 현실적으로 셧다운제(심야시간 청소년 이용금지제도)를 적용하기 쉽지 않은 것으로 알려지면서 셧다운제의 근간인 실명인증제는 또 한 차례 존폐 논란에 휩싸이게 됐다.

여기에 더해 일부 포털사이트들은 글로벌 서비스를 겨냥해 SNS 계정으로 포털 로그인이 가능한 개방형 소셜인증제를 도입하고 있어 실명인증제는 머지않아 국내에서도 퇴출당할 것이라는 전망까지 나오고 있다"(밑줄은 필자 주).

63) 다음의 기사는 이에 대한 우려와 문제점을 잘 지적하고 있다.

"인터넷 실명제에 반대해 기사 댓글 게시판을 없앤 인터넷언론이 사회관계망 서비스를 활용한 새로운 댓글 시스템을 선보여 화제다. 실효성 없는 인터넷 규제의 모순점을 잘 드러내주는 사례라는 평가가 많다.

정보기술 인터넷언론인 <블로터닷넷(bloter.net)>은 지난 19일부터 기사 아래에 트위터나 미투데이 등의 사회관계망 서비스를 이용한 '소셜 댓글'을 달 수 있도록 했다. 앞서 블로터닷넷은 지난 4월1일부터 하루 방문자 10만명을 넘어 인터넷 실명제 대상이 되자, '자유로운 의사 표현을 꼭 실명 확인 뒤에만 해야 한다는 것을 인정할 수 없다'며 게시판을 없애 실명제 수용을 정면 거부한 바 있다.

블로터닷넷이 선보인 소셜 댓글은 사회관계망 서비스를 활용한 기술을 이용해 독자들이 실명확인을 거치지 않고도 의견을 표현하는 길을 열어준 것이다. 방송통신위원회가 트위터 등의 사회관계망 서비스는 개인들간의 소통수단이기 때문에 본인확인제를 적용하지 않겠다는 결정을 내린 것을 활용해, 실명제를 '우회'한 셈이다. 실제로 현재 블로터닷넷에 실린 기사 아래에는 독자댓글이 수십개씩 달려 있지만, 이 댓글은 블로터닷넷의 서버에 있는 데이터가 아니다. 해당 기사에 대한 의견을 트위터, 미투데이, 페이스북 등의 사이트에 달면 이 댓글을 기사 아래에 불러와 보여주는 방식을 채택했기 때문이다. 이용자들은 블로터닷넷에 회원가입을 할 필요없이, 이들 사회관계망 사이트에 회원이 되는 것으로 블로터닷넷 기사에 대한 의견을 표출할 수 있다. 국외 언론사 사이트 가운데는 도입한 사례가 여러 곳 있었지만, 국내에서 인터넷 실명제를 우회하기 위한 목적에서 적용되기는 처음이다.

이처럼 실명제 대상이 아닌데다 국외 서비스인 트위터나 페이스북을 활용한 새로운 방식의 댓글 시스템을 또 다른 언론사들이 도입할 경우, 정부가 추진하는 인터넷 실명제는 그 취약한 기반이 더욱 위협받을 전망이다. 지난해 4월 구글의 유튜브가 실명제 대상이 된 것을 계기로 한국국적 이용자의 댓글과 업로드 기능을 차단한 뒤, 한국의 실명제는 국제사회에 시대착오적인 인터넷 규제로 소개된 바 있다." 한겨레, 2010. 7. 26(밑줄은 필자 주).

치를 허용하는 경우에는 해당 국가 국민들의 표현의 자유를 극단적으로 위축시킬 가능성이 매우 높다.

특히 인터넷에서의 심의문제에 대해서는 각국의 대응형태와 조직구조와 기준마저도 다른 상황이기 때문에 통일적인 규범의 마련과 적용은 물론이고 구체적으로 당해 규정을 집행할 수 있는 가능성도 매우 낮다. 이러한 상황에서 국내법에 의하여 국내사업자들에게만 인터넷에서 실명을 사용해야 하는 부담을 지우게 되면 자국의 인터넷게시판 이용자들이 다른 국가의 인터넷게시판을 이용하게 되어 결국 우리나라 인터넷사업자들의 홈페이지 방문자수의 감소로 이어지는 불합리한 역차별을 야기할 수 있는 가능성이 매우 높다.

4. 규범적 측면: 본인확인제의 규범구조와 헌법적 평가

(1) 현행 본인확인제와 인터넷실명제와의 관계

가. 합 헌 설

① 인터넷의 역기능 및 구조적 모순의 심화와 규제의 헌법적 정당성

최근 인터넷 관련 기술의 발전 및 초고속 인터넷망의 확충에 따라 인터넷 사용이 보편화되었다. 이에 따라 인터넷 광고 시장이 급속히 성장하고 인터넷 산업의 산업적 측면이 부각되면서 인터넷을 통한 정보의 생산 및 유통 과정에 자본의 논리가 적극적으로 개입하게 되어 자극적이고 선정적인 내용의 정보가 이용자에게 무분별하게 노출되고 있는 실정이다. 또한 인터넷 관련 기업들은 인터넷 광고비 책정을 위한 평가 척도로 활용되고 있는 회원 수 또는 페이지 뷰의 증가를 위하여 불법·청소년유해정보의 유통을 방지하는 데 소극적인 태도를 취할 수밖에 없는 구조적 문제로 인하여 인터넷이 불법·청소년유해정보의 유통을 촉진하는 통로로 악용되는[64] 사회적 역기능과 폐해가 빈발하고 있다. 이러한 상황은 아마 정보화사회의 진전에 따라 더욱 심화될 것으로 예상된다.

또한, 인터넷 사용이 확산되면서 인터넷 논객, 파워 블로거 등 새로운 형태의 사이버 권력이 대두되어 인터넷의 최대 장점으로 거론되던 자유로운 참여와 연대기능에 대한 왜곡현상이 오히려 사회문제화 되고 있다. 즉 인터넷을 통한 자유로운 참여와 연대를 통하여 공적 관심사에 대한 주의 환기 및 여론 형성이 용이해

64) 웹하드, P2P, UCC 사이트를 비롯하여 포털 사이트에서 제공하는 블로그, 카페, 미니홈피 등이 저작권 침해, 음란·선정, 불법·청소년유해 등 문제가 되는 정보의 주요 유통경로로 악용되고 있는 실정이다.

진 반면, 허위·과장 정보를 양산하여 사회적 불안감을 유발하거나 특정 개인 또는 계층에 대한 마녀사냥 식의 악의적인 유언비어를 전파하는 수단으로 악용되고 있는 사례들이 증가하고 있다. 인터넷이 충분한 의견 교환 및 토론의 장을 제공하는 순기능을 발휘하기도 하지만, 반대로 즉각적이고 단정적인 언어구사를 통해 다양한 사회적 의견을 말살하고 집단 이기주의 또는 패거리 문화를 조장하는 구조적 모순을 표출하고 있다.

본인확인제에 찬성하는 견해는 이러한 상황에서 인터넷에 대한 규제 중 본인을 확인하게 하는 제도가 당연히 필요하고 유용하다고 보고 있다.

② 현행 본인확인제와 인터넷실명제의 차이

현행 법률에서의 본인확인제는 전면적인 인터넷실명제라고 보기 어렵기 때문에 헌법에 위반된다고 일의적으로 단정할 수 없다는 견해도 있다.[65]

이에 의하면 인터넷실명제는 인터넷상의 표현행위를 하는 모든 사람이 자신의 실명을 확인하고 명시하는 등의 방법으로 '실명을 노출'하는 정도에 이르러야 한다. 이렇게 완벽하게 인터넷상에서 자신의 신분을 노출시키는 경우에는 소위 익명성에 대한 헌법원칙에 따라 위헌적인 법률이 된다. 하지만 현행 법률들의 본인확인제는 ID라는 형식으로 본인의 신분이 외부에 노출될 뿐 IP주소나 실명이 외부에 표시되지 않기 때문에 진정한 의미에서 완벽한 인터넷실명제라고는 볼 수 없다고 한다.

또한 법률이 규정하고 있는 범위는 인터넷의 모든 웹사이트에서 일반적으로 강제되는 것이 아니고 일정 규모 이상의 특정 서비스유형에만 제한적으로 시행하고 있다. 따라서 현행 본인확인제는 '제한적 본인확인제' 또는 '게시판 본인확인제'이기 때문에 전면적이고 완전한 인터넷실명제는 아니라고 한다.

그러므로 이 견해에 의하면 인터넷에서 본인을 제한적으로 확인하도록 하는 제도를 두었다고 하더라도 그 시행의 범위, 단계 등의 정도가 차이가 있기 때문에 본인을 확인하는 제도를 두었다고 해서 이를 일률적으로 위헌이라고 단정하기는 어렵다고 본다.

나. 위 헌 설

① '익명표현의 자유'에 위반

'익명표현의 자유'라 함은 자신의 실명이나 신원을 드러내지 않고 익명의 상태에서 자신의 의사나 의견을 외부에 표명하는 자유라고 정의될 수 있다.

역사적으로 정치적 의견의 표현이나 사회적 이슈에 관련된 의견을 외부에 발

65) 황창근, "전게논문", 2008, 333~334면; 전정환, "전게논문", 2010, 188면.

표함에 있어 필자가 자신의 이름을 밝히지 않고 익명으로 발표한 예는 무수히 많다. 가령 '1984년', '동물농장' 등을 발표하여 빅 브러더(Big Brother)에 의한 감시사회를 예측했던 George Orwell의 본명은 Eric Blair였으며, '톰소여의 모험'을 출간한 미국의 Samuel Clemens 역시 Mark Twain이라는 이름으로 소설을 발표하였다.

우리나라에서도 이육사, 심훈, 김영랑 그리고 최근 노벨문학상 수상자 후보로 거론되는 고은 시인도 본명이 고은태이며, 과거 권력의 자의적 행사에 반대하는 활동을 했던 많은 사람들이 익명으로 활동하였다.

과거 한국의 일제 강점기에는 일본 제국주의자들에 의해 강제된 왜곡된 의미의 '국익'을 '공익'[66]으로 인식하여 왔다. 건국 이후에도 역시 6·25 동란과 5·16 군사혁명, 유신, 5·17 등을 거치면서 다분히 '추상적·규준적 공익관'[67]이 지배적이었다. 즉 이 시기에는 '국가안보'와 '경제성장'이라는 국가이익 또는 국가목표를 설정하고 대통령 등 일부 권력집단에 의하여 정치적 결정이 독점되었다. 이 시기의 공익판단은 행정과정을 통하여 행정부, 특히 대통령 한 사람에게 집중되어 있었다. 따라서 당시에는 공익의 개념이나 공익을 실현하는 민주적인 행정절차에 대한 학문적 논의나 상세한 설명은 거의 전무하였다. 즉 그간의 권위주의적 정권하에서는 '공익'은 '정의'되기보다는 '전제'된 것으로 그저 권력자의 의도에 부합하는 개념만이 일방적으로, 매스미디어를 통해 반복적으로 국민들에게 강요되어 온 것이다.

---

66) 일반적인 언어적 용례로서의 '공익(公益)'이란 '공공의 이익'의 줄인 말로서 '공공의 이익' 또는 '사회구성원 전체의 이익'을 말한다고 보고 있다. 따라서 통상적인 용어상으로는 '어떤 사회를 구성하는 개인이나 집단의 사적(私的) 이익에 대하여 그 사회의 전 구성원에 관계되는 공통의 이익'을 말한다.

'공익' 자체를 학문적 관심의 대상으로 한 법학적 연구로는 서원우, "현대 행정법과 공공성 문제", 「월간고시」 제139호, 1985.5, 12~23면; 서원우, 행정법에 있어서의 공익개념, 『행정학의 제문제(청계 박문옥 박사 화갑기념논문집)』, 신천사, 1986, 115~148면; 김남진, 『행정법의 기본문제』, 경문사, 1989; 최송화, "행정법학에 있어서 공·사법 구별론의 사상사적 검토", 『한국 공법의 이론』(목촌 김도창 박사 고희기념논문집), 학연사, 1995, 237~266면; 최송화, "행정법상 공익개념의 전개와 의의", 『현대 행정법학이론』[우제 이명구교수화갑기념논문집(Ⅱ)], 고시연구사, 1996, 89~113면; 최송화, "공익개념의 법문제화: 행정법적 문제로서의 공익", 서울대학교 『법학』 제40권 제2호, 1999, 27~51면; 최송화, 『공익론』, 서울대학교 출판부, 2004 등이 있다.

독일에서는 Häberle, Peter, 『Öffentliches Interesse als juristisches Problem』, Bad Homburg: Athenauem-Verlag, 1970; Martens, Wolfgang, 『Öffentlich als Rechtsbegriff』, Homburg: Gehlen, 1969; Smend, Rudolf, 『Zum Problem des Öffentlichen und der Öffentlichkeit』, Berlin: Dunker&Humbolt, 1968; Uerpmann, Robert, 『Das öffentliche Interesse: seine Bedeutung als Tatbestandmerkmal und als dogmatischer Begriff』(Habil.), Tübingen: Mohr Siebeck, 1999 등을 참조.

미국에서는 대표적으로 Rawls, John, 『A Theory of Justice』, Cambridge: Harvard Univ. Press, 1971.

67) 잠재적 공익관과 규준적 공익관의 대립에 대해서는 지성우, "법학에 있어서의 '공익'의 개념에 대한 고찰ㅡ국가 이데올로기 관철의 도구에서 국가작용 제한의 근거로의 전환ㅡ", 「성균관법학」, 제18권 제3호, 2006, 211~233면 참조.

이러한 권위주의적 상황에서 '공익(公益)'이라는 개념은 국가가 판단권을 가진 '국가우위적 이데올로기의 표현'이자 '무정형적 사권(私權)제한의 근거'로서, 행정편의와 일부 정치집단의 이데올로기를 국민에게 일방적으로 강요하는 유용한 수단으로 악용되어 왔다.[68] 해방 후 오랜 기간 동안 권력자는 국민의 기본권을 제한하고자 할 때, 법의 이념에 따라 합목적적인 근거로 국민들을 설득하고, 사익과 비교하여 우월한 공익을 증명함으로써 국민의 동의를 얻기보다는 그저 실체 없는 '공익'을 내세우고 이에 대한 복종을 강요하여 왔다. 이 과정에서 한국 국민들은 해방 이후 오랫동안 민주적 토론과정을 거쳐 합리적인 공익의 개념을 창출할 수 있는 기회를 철저히 박탈당해 왔다.

또한 과거 공익은 실질적으로 '국익'과 거의 동일한 의미로 사용되었다. 이 시기의 최고통치권자는 물론이고 정부부처, 특히 행정부의 행정행위에 있어 공익에 관한 판단에 국가기관의 전권사항에 속하는 것으로 인식되었다. 그러므로 국민들의 입장에서 과연 그러한 행정기관의 공익에 관한 판단이 공동체 전체를 위한 합리적·객관적인 결정이었는지, 아니면 단순히 정권유지의 수단 또는 행정편의주의적인 발상이었는지에 관해 법적인 판단을 해야 한다거나 또는 할 수 있다는 가능성조차 인식하지 못하고 있었던 것으로 보인다.

1980년대 후반 이후 한국 사회의 전반적인 민주화가 진전되고 사회집단간의 사회적 욕구가 다양화되면서부터 그때까지 당연시되었던 국가적·사회적 가치관에 대한 회의와 논쟁이 발생하게 되었다. 이러한 새로운 주장이 때로는 '좌익'으로 또 때로는 '집단이기주의'라는 이름으로 매도당해 왔다.

하지만 이는 그때까지 비민주적인 국가권력 행사로 인하여 억압되었던 국민들의 민주화요구의 당연한 표현이었으며, 장기적으로는 한국에서의 진정한 민주주의와 법치주의의 실현에 매우 유익한 밑거름이 될 것이다.

이렇게 다양한 입장과 복잡한 사회관계는 구체적인 이익충돌의 경우 과연 '공익'이 무엇인가에 대한 시각의 차이로 나타난 것이 아닌가 한다. 이 과정에서 국민들은 그동안 '공익'의 이름으로 행해지던 공권력 행사에 대하여 국민들의 입장에서 자신의 기본권을 제한당하는 근거에 대한 납득가능하고 합리적인 근거로서의 실체적인 공익개념('기본권제한의 정당화사유로서의 공익'이라고 할 수 있겠다)과 아울러 절차적인 측면에서도 '공익판단과정의 민주화'를 요구하게 되었던 것이다. 따라서 이제 '공익'은 '국민의 권리제한을 위한 유용한 수단'으로서의 의미뿐만이 아니라 '국민의 권리보호의 근거'임과 동시에 '행정활동의 정당성에 대한 판단근

68) 최송화, 『전게서』, 2004, 170~172면.

거'로 기능하게 되었다.69)

이렇게 전반적인 민주화라는 사회적 분위기에 더하여 1990년대 중반부터 인터넷과 모바일폰 같은 멀티미디어의 혁명으로 인해 이제 국민들은 기존의 언론을 경유하지 않고도 자신의 의사를 자유로이 표현할 수 있게 되었다. 파워 블로거(Power Blogger)가 되는 경우 여론형성력은 기존의 온라인·오프라인 언론매체보다 더욱 강해지는 경우도 종종 있었다.

이런 상황에서 인터넷 상의 익명성은 흔히 자신의 인종, 성별, 계층, 출신국가, 연령 등 예단을 줄 수 있는 가능성이 있는 모든 징표들을 철저히 숨길 수 있게 됨으로써 현실세계에서의 사회엘리트들이 담론을 주도하는 것과 같이 사이버세계에서는 물론이고 때로는 (미네르바사건의 예에서 보듯이 아주 예외적이고 단기간이기는 하지만) 현실세계에서도 여론을 주도할 수 있게 되었다. 이것은 근대의 산업혁명의 결과 중산층이 경제적인 부를 바탕으로 비밀선거권을 쟁취함으로써 결국 민주주의의 초석을 다지는 계기가 되었던 것에 비견할 수 있다.

이러한 상황을 가리켜 하버마스(J. Habermas)는 "탈중심화된 현대사회에서 인민주권은 주체없는 의사소통절차의 '익명적 양식'을 통해 정치적 공중(公衆)의 구체적인 의지로 나타난다"고 하였다.70) 하버마스(Habermas)의 말처럼 민주주의의 기본원칙인 다수결도 역시 익명적 다수의 결정에 의존하고 있다고 보아야 한다.

또한 롤즈(J. Rawls) 역시 정의원칙의 선택을 위한 배경적 상황인 원초적 입장(the orginal position)에 선택자들의 개인적 선호와 사회적 정체성을 익명화시키는 무지의 베일(the veil of ignorance)이 공정성으로서의 정의관을 보장하기 위한 철학적 장치로 도입한 바 있다.71)

익명성으로 인하여 자기 정체성이 희미해지는 사이버공간에서는 성별, 연령, 직업가 같은 범주적 속성보다는 텍스트 자체에서 제시되는 생각이나 아이디어가 보다 중요시된다. 따라서 이러한 인터넷의 장점을 최대한 활용하여 소수와 약자의 의견을 개진할 수 있는 익명표현의 자유는 당연히 헌법상의 권리이므로, 본인확인제는 위헌이라고 한다.72)

---

69) 한국현대사에 있어서의 공익관의 변화원인과 과정에 대한 이상의 논의에 대한 상세는 최송화, 『전게서』, 2004, 164~175면 참조.

70) Habermas, Jurgen, 『Faktizität und Geltung: Beiträge zur Diskurstheorie des Rechts und des demokratischen Rechtsstaats』, Frankfurt am Main: Suhrcamp, 1992, S. 7.

71) Rawls, John, op. cit, 1971.

72) 이러한 견해를 취하고 있는 학자들로는 김영홍, "인터넷실명제: 인터넷실명제를 반대한다", 「국회보」 제439호, 2003; 오병일, "인터넷 게시판 '강제'실명제의 문제점", 「시민과 변호사」 제112호, 203면; 이은우, "인터넷실명제: 익명으로 말한 권리는 민주사회의 소중한 가치", 「국회보」 제452

② 과잉금지의 원칙 위배

(3) 소 결

익명표현의 자유에 대한 학계의 견해대립을 보면 크게 ① 익명표현의 자유의 헌법상 기본권성 인정 여부, ② 익명표현의 자유의 제한가능성, ③ 본인확인제의 헌법상 기본권 제한의 한계 준수여부 등 세 가지 쟁점에 대해 다투어지고 있는 듯하다.

가. 익명표현의 자유의 헌법상의 기본권성 여부

첫째는 익명표현의 자유가 헌법상의 기본권인가 아니면 단순한 단행법상의 권리인가의 여부이다.

이 점에 대해서 극히 소수의 견해는 헌법상의 권리성을 부정하고 있다. 이 견해에 의하면 표현의 자유에는 당연히 표현의 자유의 한계가 인정되는 것으로서 표현행위로 인하여 국가·사회·타인의 권리나 이익을 침해하는 경우에는 당해 행위에 대하여 책임을 부담해야 하는데 만일 익명의 표현행위까지 보장하는 경우에는 책임의 추궁이 어려우므로 당연히 기명에 의한 표현으로 제한해야 한다고 본다. 따라서 이 견해에 의하면 인터넷의 잘못된 익명성으로 인하여 무책임하고 악의적인 표현물은 타인에게 피해를 주는 것으로 인터넷 공간의 정화를 위하여 '익명표현의 자유'를 헌법상의 권리로 인정할 수 없다고 한다.[73)]

하지만 인터넷에서의 익명표현의 자유는 사회적 약자나 소수자들이 신분의 노출로 인한 불이익과 집단차별, 보복 등에 대한 두려움 없이 자신의 사상을 자유로이 표현함으로써 다수가 강요하는 부당한 진리와 사상이 교정될 수 있는 가능성을 부여한다는 점에서[74)] 당연히 헌법상의 권리로 인정하여야 할 것이다.

미국의 경우 1938년 Lovell v. Griffen 사건[75)]에서 등록(license)하지 않고 인쇄물을 배포하는 것을 금지하는 Griffen시의 조례를 위헌이라고 판단하였으며, 1958년에는 N.A.A.C.P v. Alabama 사건[76)]에서 전미흑인단체 NAACP(National Association

호, 2004, 72~75면; 이재진, "인터넷실명제의 명함과 윤리성 제고방안: 본질적 가치인 '자유로운 소통' 고려해야", 「신문과 방송」 제422호, 2006, 120~123면; 박경신, "인터넷 실명제의 위헌성", 「헌법학연구」 제15권 제3호, 2009, 75~112면 등을 참조.

73) 강경근, "인터넷 실명제ㅡ공공·민간 나누어 개별법에서 구체적 제도화", 「인터넷실명제 민·당·정 간담회자료」, 2005, 11면.

74) 이 점은 미국 연방대법원의 1960년 Talley v. California 사건에서 연방대법원이 "신원이 확인되고 보복의 두려움이 생기면 공적인 중요사안에 대하여 완전하리만큼 평화롭게 토론할 수 없게 된다"고 밝힌 점과 일맥상통한다.

75) 303 U.S. 444 (1938).

76) 357 U.S. 449 (1958).

for the Advancement of Colored People)의 회원과 주소를 공개하라는 요구는 수정헌법 제1조의 결사의 자유(freedom of association)을 침해한다고 결정한 바 있다.

또한 선거에 사용되는 문서에 책임자의 성명을 기재하도록 의무화하는 법률의 위헌성이 쟁점이었던 1995년 McIntyre v. Ohio Elections Commission 사건[77]에서는 익명으로 캠페인자료를 배포하는 것을 금지하는 Ohio주법이 표현의 자유를 침해하여 위헌이라고 판단하였다. 이 판결에서 다수의견을 집필한 Stevens 판사는 익명성은 표현의 전제조건으로서 매우 중요하며 익명표현의 동기는 사회적 추방(social ostracism)을 예방하고 복수(retaliation)을 방지하며 사생활(privacy)을 보호하는 데 있으며, 다수의 횡포(tyranny of majority)로부터 개인을 보호하는 것이라고 하였다.

이러한 일련의 오프라인 매체에 대한 '익명표현의 자유'에 대한 기본권성은 온라인에서도 마찬가지로 인정되고 있다. 최근의 판결에서는 인터넷서비스공급자(ISP)인 InfoSpace가 운영하는 게시판에 TMRT라는 회사를 비난하는 익명의 글이 게재되자 TRMT측에서 InfoSpace측에 게시판의 글을 게시한 23명의 신원을 밝히라는 소환장을 발부한 사건에서 재판부는 소환장과 관련하여 소환장의 발부로 인하여 인터넷 이용자의 신분이 노출될 경우 위축효과(chilling effect)가 발생할 가능성이 높기 때문에 신중한 검토(careful scrutiny)를 하여야 한다고 보았다.[78]

우리나라에 있어서도 역시 표현의 자유는 사상이나 의견을 외부에 표현하는 자유로서 개인적 표현의 자유와 집단적 표현의 자유를 모두 포함하는 개념이며, 이는 당연히 헌법상의 권리로 보아야 할 것이다.

나. 익명표현의 자유의 제한가능성

익명표현의 자유와 관련된 또 하나의 쟁점은 익명표현의 자유가 절대적인 자유권인가의 여부이다.

표현의 자유는 정신적 자유권의 중핵일 뿐만 아니라 민주사회의 초석이 되므로 최대한 보장하여야 한다. 그러나 표현의 자유가 자유민주적 기본질서에 위배되거나 국가의 존립을 위태롭게 하는 경우 또는 타인의 명예를 훼손하거나 도덕률

77) 514 U.S. 334 (1995).

78) 보다 상세한 것은 140 F. Supp 2d 1088 (W.D. Wash 2001) 참조. 미국에서의 구체적인 표현의 자유와 익명성에 관한 논의는 Redish, Martin H, "Freedom of expression, Political Fraud, and the Dilemma of Anonymity", in: Sarat, Austin, 『Speech and Silence im American Law』, New York: Cambridge Uni. Press, 143~172면; Fraleigh/Tuman, 『Freedom of Expression in the Marketplace of Ideas』, Sage: LA 등을 참조. 또한 미국에서의 표현의 자유의 역사적 전개에 대해서는 박지웅·이지은(역), 『우리가 싫어하는 생각을 위한 자유』, 간장, 2007(원문: Lewis, Anthony, 『Freedom for the Thought That We Hate: a biography of the First Amendment』, New York: Basic Books, 2007 등을 참조.

에 반하는 경우에는 표현의 자유를 이유로 보호받을 수 없다.

이 점에 대해 독일 기본법 제18조에서는 "의견발표의 자유, 특히 출판의 자유 … 등을 자유민주적 기본질서를 공격하기 위하여 남용하는 자는 그 기본권을 상실한다"라고 규정하고 있다.

미국 역시 수정헌법 제1조에서 "연방의회는 … 언론·출판의 자유를 제한하는 법률을 제정할 수 없다"라고 규정하고는 있지만, 연방대법원의 판결을 통하여 명예훼손(libel, slander), 외설적 언사(obscene indecent language) 및 폭언(fighting words) 등의 경우에는 표현의 자유가 제한될 수 있다고 보고 있다.[79)]

우리나라에서도 표현의 자유는 민주주의의 수호를 위해 가장 핵심적인 자유권으로 보고 있기는 하지만 기본권 제한의 일반적인 원리에 의하여 제한이 가능한 것으로 보아야 한다.

그렇다면 최종단계에서 현행법상의 본인확인제가 표현의 자유의 제한의 한계를 준수하고 있는지에 관해 판단해 보아야 한다.

다. 본인확인제의 헌법상 기본권 제한의 한계 준수여부

① 개 설

사이버공간의 경우에는 커뮤니케이션의 참여자가 쌍방향적 구조로 연결되어 있고, 시간적·공간적 제약을 넘어 정보의 전달이 매우 신속하며 빠른 전파력을 가지고 있다.[80)] 따라서 인터넷상의 표현행위로 발생한 피해의 구제가 어렵다는 특징이 있기 때문에 매체의 특성에 부합하는, 현실세계의 표현매체에는 적용되지 않는 '무엇인가 특별한' 규제가 필요하다는 것이 '본인확인제'의 근거라고 한다. 이러한 제도가 헌법적 관점에서 타당성을 인정받기 위해서는 기본권 제한과 한계의 일반원리에 의한 기본권 제한의 한계를 준수하고, 과잉금지의 원칙에 위배되지 않아야 한다.

일반적으로 어떤 기본권이 침해되었는지는 다음과 같은 기준에 의거하여 판단하게 된다.

먼저 제1단계에서는 기본권의 내용을 실현하는지의 여부가 문제된다.

이 단계에서는 각 기본권의 내용 실현은 당해 기본권의 속성에 따라 모두 다

79) Robertson v. Baldwin 사건, 165 U.S. 295(1895) 참조.

80) 이러한 점에서 우리 헌법재판소는 인터넷을 '기존의 인쇄매체나 방송매체와는 상당히 다른 표현촉진적이고 정보촉진적인 매체로 보고 있다. 헌재결 2002. 6. 27, 99헌마480. 대법원도 "인터넷 게시판의 속성자체가 익명성의 보장으로 인한 무책임성과 강력한 전파력을 갖고 있다"고 보고 있다. 대법원 2004. 6. 25, 선고 2003도 4934.
미국 연방대법원 역시 "인터넷 세계를 하나로 전달해 낼 수 있는 유일하고 전적인 새로운 매체"라고 보고 있다. Reno v. American Civil Liberties Union, 521 U.S. 844.

른 유형으로 나타난다. 가령 신체의 자유에서는 신체를 자기 임의로 움직일 수 있는 자유, 직업선택의 자유에서는 직업을 선택하고 이를 수행할 수 있는 자유 등 기본권별로 각 기본권의 내용을 실현하게 된다.

둘째, 제2단계에서는 기본권의 실현된 내용들을 다양한 이유에서 제한할 수 있다.

다만 이 경우 기본권의 제한은 국회에서 제정한 '법률'에 의하여야 한다는 '법치주의'의 원칙을 준수하여야 한다.

제3단계에서는 '기본권 제한의 한계'문제를 다루어야 한다.

독일 기본법상 기본권은 법률에 의해 제한하더라도 "기본권의 본질적인 내용을 침해"하거나 "인간의 권리를 극도로 제한하는 것은 허용하지 아니"한다고 규정하고 있다.

제4단계에서는 침해된 기본권의 주체에 대하여 구제절차를 진행하여야 한다.

만일 기본권에 대한 제한행위가 있는 경우 기본권 제한의 한계를 벗어나는 과도한 제한일 때에는 더 이상 합헌적인 '기본권의 제한'이 아니라 위헌적인 '기본권의 침해'를 구성하며, 여기에 대해서는 입법·사법·행정절차 등의 구제절차를 통해 구제해 주어야 한다.

이상과 같이 기본권의 주체는 기본권의 내용을 실현할 수 있으나(기본권의 내용실현), 그것은 국가안전보장·질서유지·공공복리라는 일반적 법률유보사유와 당해 기본권에 특별히 부여되는 개별적 사유에 의해 제한될 수 있다(기본권의 제한). 하지만 이러한 기본권의 제한 역시 무제한한 것이 아니라 '기본권의 본질적인 내용침해금지'와 '인권을 극도로 제한하는 내용의 제한'은 허용되지 않는다는 일정한 한계가 있다(기본권 제한의 한계). 만일 이러한 제한의 한계를 벗어나면 기본권의 침해를 구성하며(기본권의 침해), 이 경우에 국가기관은 단독 또는 당해 행위의 당사자와 연대하여 침해행위를 구제해 주어야 한다(기본권의 침해에 대한 구제).

이러한 기본권이론 중 가장 중요한 것은 기본권의 제한과 침해 양자를 구별하는 구별 기준이다. 일반적으로 어떠한 기본권에 대하여 제한하는 행위가 있는 경우 당해 제한행위가 '합헌적인 기본권의 제한인지' 또는 '기본권 제한의 한계를 벗어난 침해인지'의 여부를 판단하는 기준은 일반적으로 '과잉금지의 원칙(Grundsatz der Übermaßverbot)'에 의한다.

'과잉금지의 원칙'이란 국민의 기본권을 제한하는 법률은 '목적의 정당성, 수단의 적절성, 피해의 최소성, 법익의 균형성' 등 4가지 하부원칙을 준수해야 한다는 원칙이다.[81] 즉 기본권을 제한하는 입법은 입법목적의 정당성과 그 목적 달성을 위한 방법이 효과적이고 적합하여야 하며,[82] 입법자가 선택한 기본권 제한조치가 입법목적 달성을 위해 적절한 것이라 하더라도 더욱 완화된 수단이나 방법을 모색함으로써 그 제한이 필요최소한이 되어야 하며, 기본권제한입법에 의하여 보호하려는 이익과 침해되는 사익을 비교형량할 때 공익이 더 크거나 양자 사이에 균형이 유지되도록 하여야 한다.

만일 기본권을 제한하는 법률이 목적의 정당성, 수단의 적절성, 피해의 최소성, 법익의 균형성 등 4가지 하부원칙을 하나라도 준수하지 못할 경우에는 당해 기본권 제한은 과잉금지의 원칙에 위배되는 것으로서 '기본권 침해'라고 보게 된다.[83]

이러한 기본권 제한의 일반이론을 바탕으로 현행법상의 본인확인제를 검토해 보면 다음과 같은 결론을 도출할 수 있다.

② 목적의 정당성

먼저 입법목적의 정당성 측면에서 보면 현행법상의 본인확인제는 사이버 언로폭력 및 범죄, 명예훼손 등의 익명성을 이용한 인터넷의 역기능과 부작용을 방지하고 건전한 인터넷 이용문화를 조성하려는 목적으로 제정되어 있기 때문에 입법목적은 정당하다고 본다.

③ 방법(수단)의 적절성

둘째 방법(수단)의 적절성이라 함은 국민의 기본권을 제한하는 입법을 하는 경우에 법률에 규정된 기본권제한의 방법은 입법목적을 달성할 수 있는 유효한 방법 혹은 입법목적의 달성을 용이하게 하거나 촉진하는 방법이어야 한다. 하지만 국가가 일정한 목적을 달성함에 있어서는 어떠한 조치나 수단 하나만으로서 가능하다고 판단할 수도 있고 여러 가지의 조치나 수단을 병과하여야 가능하다고 판단하는 경우도 있을 수 있으므로 목적달성에 필요한 유일한 수단을 요건으로 하는 것은 아니다.[84]

본인확인제의 입법목적이 진정한 '본인확인'이라고 한다면 실제로 본인확인을 강제하는 것은 불가능에 가깝고, 편법적으로 이루어진 실명인증은 기술적으로 사실상 본인확인과는 차이가 있다. 현재 우리나라에서 논의되고 있는 '본인확인' 제도에 대한 논의는 모두 진정한 의미에서의 '본인확인'조치가 기술적으로 가능하

81) 독일에서의 기본권 제한과 그에 대한 한계에 관련된 이론에 대한 상세는 Pieroth/Schlink, 『Grundrechte Staatsrecht Ⅱ』 20. Auflage, München, 2004, Rn. 18ff.

82) 우리나라에서 이에 해당하는 경우로는 헌재 1997. 8. 21, 94헌바19 결정 등.

83) 우리나라에서 이에 해당하는 경우로는 헌재 1998. 5. 28, 96헌가5 결정.

84) 헌재 1989. 12. 22, 88헌가13; 1996. 4. 25, 92헌바47.

다는 것을 전제로 하고 있다. 하지만 현재 시행되고 있는 본인확인제도는 다만 성명과 주민등록번호의 조합에 의존하고 있는 '실명확인'조치만 이루어지고 있을 뿐 게시자가 진정한 본인인지의 여부를 확인할 수 있는 방법은 없으므로 현행법상의 본인확인제는 '사이버공간에서의 건전한 표현행위의 진작과 인터넷의 역기능 방지'라는 입법목적 달성 자체가 불가능하다는 문제점도 있다.[85]

④ 피해의 최소성

셋째, 현행법상의 본인확인제는 침해의 최소성의 측면에서도 문제가 없지 않은 것으로 보인다.

피해의 최소성이라 함은 입법자가 선택한 기본권의 제한조치가 입법목적의 달성을 위하여 적절한 것일지라도 완화된 수단이나 방법을 모색함으로써 그 제한을 필요최소한이 되게 하여야 한다는 것으로서 입법자가 선택한 기본권의 제한조치가 입법목적을 달성하기 위하여 필요하고 불가피한 수단이어야 한다는 것이다.

피해의 최소성 원칙을 적용함에 있어 우리 헌법재판소는 입법자가 선택한 기본권 제한의 방법이 입법목적을 달성하기 위하여 적절하다고 할지라도 보다 완화된 형태나 방법을 모색함으로써 기본권의 제한을 필요한 최소한도에 그치도록 하여야 한다는 의미[86]에서가 아니라, 선택한 방법이 입법목적을 달성하기 위한 여러 가지 수단 중 가장 침해를 최소화하는 수단(Least Restrictive Alternative)인가의 여부를 기준으로 하여야 한다.[87]

인터넷게시판의 본인확인제를 도입한 기본적인 목적은 건전한 표현행위의 진작과 사이버세계에서 발생할 수 있는 정보의 왜곡과 허위의 비방을 방지하는 것이다. 하지만 이러한 목적은 우리 법체계에서 기존의 민·형사 수단에 의해서도 충분히 규율될 수 있기 때문에 국민의 표현의 자유에 '위축효과'를 초래하면서까지 새로운 규제수단을 강구하여야 할 필요성이 있는지에 대해서는 의문이다.[88]

⑤ 법익의 균형성

법익의 균형성이라 함은 기본권의 제한이 의도하고 있는 공익과 그 제한에

85) 同旨 문재완, "익명표현의 자유에 관한 연구", 「언론과 법」, 제4권 제2호, 2005, 164~165면. 김기창, "인터넷 '실명제'의 기술적, 사업적, 법적 문제점", 「인권과 정의」 395, 2009, 78~97면.

86) 헌재 1990. 9. 3, 89헌가95 결정.

87) 헌재 1998. 5. 28, 96헌가5 "입법자는 공익실현을 위하여 기본권을 제한하는 경우에도 입법목적으로 실현하기에 적합한 여러 가지 수단 중에서 되도록 국민의 기본권을 가장 존중하고 기본권을 최소호 침해하는 수단을 선택해야 한다"고 결정하였다.

88) 同旨 황성기, "전게논문", 2008, 23면; 이에 반하여 인터넷 사용자가 자신의 컴퓨터를 이용하지 아니하는 경우 IP주소를 추적하는 방법등에 한계가 있으므로 익명성이 보장되는 한 기존의 사법체계는 한계가 있어 당해 법률 규정이 합헌이라는 견해로는 전정환, "전게논문", 2010, 187~188면.

의하여 야기되는 사적인 불이익을 비교형량하여 양자간에 합리적인 균형관계가 성립하여야 한다는 것이다.

현재 인터넷을 통한 명예훼손, 저작권 침해, 언어폭력 등의 행위가 '익명성의 탈금효과'를 바탕으로 매우 큰 사회적 문제가 되고 있다. 하지만 반대로 익명성을 박탈한다고 해서 곧바로 이러한 문제가 모두 해소되는 것인지에 대해서는 재고할 여지가 있다고 본다. 사이버 공간에서 발생하는 다양한 불법적인 행동들을 이유로 익명성을 모두 박탈하는 것은 자유민주주의 전통이 일천하고 가부장적·유교적 전통이 아직도 사회에 편재해 있는 우리나라의 특성상 언론과 표현의 자유에 대한 심각한 장애요인이 될 소지가 농후하다.

더욱이 최근 인터넷상의 개인정보침해사고의 원인이 되는 것은 기업이 축적하여 놓은 개인정보, 그중에서도 특히 국민의 주민등록번호에 관한 문제이며, 매우 심각한 사회문제, 나아가 국가안보의 문제와 직결될 수도 있다. 만일 이러한 사고가 동시다발적으로 발생한다면 본인을 확인함으로써 얻을 수 있는 사회적 편익보다 매우 비싼 사회적 비용과 국가적 손실을 감수해야 할 가능성이 높다.

Ⅴ. 결　　론

이상에서는 현행 정보통신망법상의 본인확인제에 대한 헌법적 평가를 할 경우 고려하여야 다양한 사안 중 사회문화적 측면, 기술적 측면, 규범직 측면 등에 대하여 살펴보았다.

본인확인제는 사이버세계에서의 인터넷의 역기능을 최소화하고 건전한 인터넷 이용문화를 창출하기 위해 입법화되었다. 인터넷이 구축한 사이버공간은 복수의 컴퓨터간의 네트워킹에 의해 연결됨으로써 형성되는 공간인 동시에 그러한 네트워크의 네트워크에 의해 만들어진 공간이다. 따라서 온라인상에서는 네트워크에 연결된 누구에게나 열려 있는 개방적인 공간인 동시에 특정 중심이나 중앙이 없이 서로 대등하게 상호작용할 수 있는 공간이기도 하다.

인터넷공간이라고 해서 현실세계에서 허용되지 않는 불법행위가 허용될 수 있는 것은 아니지만 해방 이후 정치적 의사형성의 과정에 제대로 참여하지 못했던 국민들의 입장에서는 연령·사회적 신분 등에 구애받지 않고 자신의 의사를 표현할 수 있는 유일한 길인지도 모른다.

만일 국가가 굳이 국민의 실명을 확인하려고 한다면 국민들은 발달된 정보통신기술을 이용하여 더욱 더 익명의 가면 뒤에 숨으려 할 것이고, 표현행위는 더욱 깊고 은밀한 것이 되어 냉각효과와 아울러 또 다른 사회적 병리현상을 야기할 수도 있다.

이러한 상황에서 올바른 목적에도 불구하고 본인확인제를 계속 강요하는 것은 국민들과 사업자들에게 과도한 부담만을 줄 위험성이 있다. 만일 표현의 자유에 대하여 명확한 법률에 의하지 않거나 과도한 규제가 가해지는 경우에는 표현의 자유가 위축되고, 자신이 행하고자 하는 표현이 규제의 대상이 아니라는 확신이 없는 기본권 주체는－형벌 등의 불이익을 감수하고서라도 자신의 의견을 전달하고자 하는 강한 신념을 가진 경우를 제외하고는－대체로 법적 규제와 현실적 손해의 두려움 때문에 스스로 표현행위를 억제할 것이다.

표현의 자유는 다른 자유권에 비해 보다 강한 보호의 대상이 되어야 하며, 이를 제한할 때에는 "명백하고 현존하는 위험의 원칙" 등 다양한 원칙들을 준수하여야 하고, 제한하는 경우에도 필요최소한의 정도에 그쳐야 하고, 익명을 통해 법적 한계 내에서 표현행위를 하는 국민의 자유 역시 최대한 보장하여야 한다. 자신의 생각이나 의견을 보복의 두려움 없이 표현할 수 있는 자유가 보장되는 것은 개인의 자유로운 인격실현과 민주주의를 위한 필수적인 전제가 된다.

미디어 관련 기술은 향후에도 점점 더 빠른 속도로 발전해 갈 것이며 이에 따라 새로운 표현매체의 진화가 계속될 것이다. 현재 우리나라가 직면한 입법적 과제는 익명성의 권리 역시 상대적이라는 점을 국민들에게 인식시키고, 헌법원칙에 입각하여 부단히 진화하는 표현매체의 기술적 특성에 적합한 법리를 발굴하며, 일관성 있는 미디어 정책을 유지할 수 있도록 규범화하는 것이다.

第113회 발표회 지정토론문

이 인 호*

1. 우리 헌법상 정보질서의 기본구조

정보질서는 정보의 유통과 통제에 관한 기본질서이다. 그렇다면 자유민주주의를 지향하는 우리 헌법은 대체 어떤 정보질서를 상정하고 있는 것일까?

정보질서는 우리 정치공동체의 기본질서이자 이념인 자유민주주의를 구성하고 실현하는 부분질서이다. 자유민주주의는 국민 개인의 인간존엄과 자유를 보장함(헌법 제10조)과 동시에 국민의 의사에 따라 국가권력이 구성되고 행사되는 민주주의(헌법 제1조)를 표방한다. 따라서 부분질서로서의 정보질서는 '국민의 자유와 민주주의의 확보'라고 하는 정치공동체 전체의 기본이념에 봉사하는 것이어야 한다.

이를 위해 우리 헌법은 '정보유통에 대한 통제권이 국민 개개인에게 있다'라는 정책지표를 확인·선언하고 있고, 보다 구체적으로는, 국민 개개인이 가지는 정보유통에 대한 통제력을 "정보의 자유"와 "정보프라이버시권"이라고 하는 두 가지 차원의 정보인권으로 보장하고 있다.

우리 헌법상 정보질서의 기본구조와 정보인권

기본이념	국민의 자유와 민주주의의 확보	
정책지표	정보유통에 대한 통제권을 국민 개개인에게	
구현방식	국민 개개인이 가지는 정보통제권을 두 가지 차원의 정보인권으로 보장	
	정보의 자유(정보소통의 권리)	정보프라이버시권
대 상	공적 성격의 정보	사적 성격의 정보
내 용	·표현의 자유(=언론/출판/집회/결사의 자유)(§21) ·학문/예술의 자유(§22) ·청원권(§26) ·공개재판을 받을 권리(§27③) ·국회회의 공개(§50) ·재판공개(§109)	·사생활비밀의 자유(§17) ·통신비밀의 자유(§18) ·압수/수색의 영장주의(§12③) ·진술거부권(§12②) ·개인정보자기결정권 (=제2세대 프라이버시권)

* 중앙대학교 법학전문대학원 교수.

	--- 자유의 실현조건 보장 -------- ·교육을 받을 권리(§31) ·정보접근권(정보공개청구권/소통수단접근권) ·정보문화향유권	
	·암호사용의 자유 ·익명의 자유	

2. 정보인권의 기초로서의 익명의 자유

위에서 살핀 정보의 자유와 정보프라이버시권은 모두 그 기저에 익명의 자유를 내포하고 있다. 익명의 자유란 개인이 사회적 커뮤니케이션 과정에서 자신의 신원을 밝히지 않을 자유이다. 개인은 자신의 신원을 밝히지 않은 채 익명이나 가명으로 사회적 커뮤니케이션 과정에 참여할 수 있는 선택가능성이 보장되어야 한다. 자유로운 정보유통의 이념이 진정으로 실현되기 위해서는 익명의 자유가 보장되어야 한다. 민주주의는 다양한 사상과 의견이 사회 구석구석에 전달되고 비판과 토론이 활발하게 이루어질 때 비로소 실현되며, 문화의 진보는 한때 공식적인 진리로 생각되었던 오류가 새로운 믿음에 의해 대체되고 새로운 진리에 자리를 양보하는 과정 속에서 이루어진다. 익명의 자유는 다양한 의견의 표출과 새로운 진리의 발견을 더욱 용이하게 해 주는 기초적인 토대이다.

사회적 소수자나 새로운 사상가가 보복이나 괴롭힘 또는 차별에 대한 두려움 없이 다수의 일반대중에게 익숙하지 않은 생각과 사상을 자유롭게 표출하고 전파할 수 있을 때에야 비로소 다수가 강요하는 부당한 진리와 사상이 교정될 수 있는 가능성이 열리는 것이다. 익명의 자유는 이러한 가능성을 담보하는 중요한 인권이다. 이 인권은 온라인 커뮤니케이션에서도 중요한 기능을 수행한다. 온라인 익명은 흔히 오프라인 세계에서 엘리트연사가 담론을 지배하는 것을 가능하게 해 주는 여러 신분징표들, 예컨대 인종, 계층, 성, 출신민족, 그리고 나이 등을 숨길 수 있도록 하여 줌으로써 누구나 사회적 담론을 주도할 수 있는 가능성을 열어 준다.

한편으로 온라인에서의 익명은 그 해당 개인의 정보프라이버시를 강화시키는 기능을 수행한다. 온라인에서 이루어지는 모든 활동이 하나하나 기록으로 남게 되고 그 활동의 흔적들을 분석하여 개인프로파일이 손쉽게 만들어지며 나아가 흩어져 있는 부분 부분의 개인프로파일들이 통합되어 한 개인에 대한 총체적이고 상세한 프로파일이 만들어질 수 있는 기술적 상황 속에서, 익명의 자유는 정보프라이버시가 손쉽게 파괴될 수 있는 가능성을 예방적으로 차단하는 매우 중요한 기능을 수행한다. 이 익명의 자유는 자유로운 암호사용을 통해 구현될 수도 있다.

3. 인터넷실명제와 익명표현의 자유

인터넷실명제가 법률에 의해 본격적으로 제도화된 것은 2004년 3월 12일에 개정된 「공직선거 및 선거부정방지법」(현재는 「공직선거법」)상의 이른바 "선거게시판 실명제"이다. 이 밖에도 2007년 1월 26일 개정된 「정보통신망 이용촉진 및 정보보호 등에 관한 법률」(이하 "「정보통신망법」")에 의해 도입된 소위 "일반게시판 실명제"가 있으며, 또한 2009년 6월 9일에 개정된 「인터넷 주소자원에 관한 법률」에 의하여 도입된 이른바 "도메인이름 실명제"가 있다.

우선, "선거게시판 실명제"는 2004년 이후 몇 차례 개정을 거쳤는데 2010년 1월 25일 최종 개정된 「공직선거법」제82조의6(인터넷언론사 게시판·대화방 등의 실명확인)에 따르면, 인터넷이용자들이 선거운동기간 중에 인터넷언론사[1]가 운영하는 사이트의 게시판·대화방 등에 정당·후보자에 대한 지지·반대의 문자·음성·화상 또는 동영상 등의 정보(이하 "지지·반대의 정보")를 게시하고자 하는 경우에는 행정안전부장관이나 신용정보업자가 제공하는 실명인증방법에 따라 신원을 확인받아야만 게시를 할 수 있도록 하고 있다. 이러한 목적을 달성하기 위해서 법률은 인터넷언론사에게 실명인증을 위한 기술적 조치를 의무지우고(제1항), 또 '실명인증'의 표시가 없는 지지·반대의 게시정보를 지체 없이 삭제할 의무를 부과하며(제6항), 나아가 정당·후보자 또는 선거관리위원회가 삭제요구를 한 경우에는 지체 없이 그에 따르도록 하고 있다. 그리고 제1항과 제6항의 의무위반에 대해서는 1천만원 이하 또는 3백만원 이하의 과태료에 처하여진다. 물론 정보를 게시하는 인터넷이용자는 실명인증을 통한 본인확인만 하면 별명이나 가상의 아이디를 사용할 수 있어 다른 일반이용자들에게 자신의 실명을 드러내는 것은 아니다.

이 제도는 인터넷이용자가 인터넷언론사의 게시판이나 대화방에서 선거운동기간 중에 후보자나 정당을 지지 또는 반대하는 의견이나 정보를 게시하고자 할

---

1) "인터넷언론사"라 함은 "「신문 등의 진흥에 관한 법률」 제2조(정의) 제4호에 따른 인터넷신문사업자 그 밖에 정치·경제·사회·문화·시사 등에 관한 보도·논평·여론 및 정보 등을 전파할 목적으로 취재·편집·집필한 기사를 인터넷을 통하여 보도·제공하거나 매개하는 인터넷홈페이지를 경영·관리하는 자와 이와 유사한 언론의 기능을 행하는 인터넷홈페이지를 경영·관리하는 자를 말한다"(「공직선거법」 제8조의5 제1항).

때 자신의 신원을 밝히고 표현행위를 하도록 간접적으로 강제하고 있다. 물론 그 표현행위에 대한 직접적인 제재는 없다. 대신에, 관리자인 인터넷언론사로 하여금 실명인증이 되지 않은 정보를 삭제하도록 강제하고 있는 것이다. 제도의 이 측면만 보면, 이용자의 표현의 자유를 억제하는 정도는 미약할 수도 있다. 만일 실명인증을 통해 밝힌 신원을 해당 인터넷언론사만이 보유하고 있으면서 정부나 타인에게 함부로 공개되지 않고 비례의 원칙에 따른 법적 보호를 받을 수 있다면 실명확인에 따르는 표현행위의 위축효과는 크지 않을 것이다.

그러나 현행 실명제는 이 점과 관련하여 다소의 문제점을 안고 있다. 이용자가 밝힌 신원을 정부가 관리하면서 편의에 따라 언제든지 이용하거나 공개할 수 있도록 되어 있는 것이다. 즉 「공직선거법」 제82조의6 제3항은 "행정안전부장관 및 신용정보업자는 제1항 및 제2항의 규정에 따라 제공한 실명인증자료를 실명인증을 받은 자 및 인터넷홈페이지별로 관리하여야 하며, 중앙선거관리위원회가 그 실명인증자료의 제출을 요구하는 경우에는 지체 없이 이에 따라야 한다."고 규정하고 있다. 이러한 법제 하에서 실명확인에 따르는 표현행위의 위축효과는 매우 심대할 수밖에 없다. 왜냐하면 나의 신원이 언제든지 정부나 선거관리위원회의 임의에 따라 노출될 수 있기 때문이다. 특히 인터넷언론사는 '실명인증'의 표시가 없는 지지·반대의 게시정보를 지체 없이 삭제하여야 하는데, 이 의무를 이행해야 하는 인터넷언론사로서는 실명인증의 표시가 없는 수많은 게시정보들 중에서 '정당이나 후보자에 대한 지지·반대의 정보'를 가려내어야 하는 커다란 부담을 안게 되고, 그 부담을 회피하는 방편으로 실명인증의 표시가 없는 게시정보를 무차별적으로 삭제할 가능성이 매우 높다. 그리하여 인터넷이용자들은 실명인증을 하지 않으면 지지·반대의 정보뿐만 아니라 그 어떤 정보도 게시하지 못하게 되는 결과가 초래될 것이다. 요컨대, 현행 법제 하에서 실명확인제가 표현의 자유에 가하는 억압효과는 매우 크다고 보지 않을 수 없다.

국가인권위원회는 2004년 2월에 이 제도의 도입이 국회에서 논의될 당시에 그 도입을 반대하는 의견을 표명한 바 있었다. "익명성에서 기인하는 인터넷상의 표현의 자유와 여론형성의 권리를 제한하여, 세계인권선언 제19조와 헌법 제21조의 표현의 자유에 부합하지 않는다."는 취지였다.[2] 그러나 2010년 2월 25일 헌법재판소는 선거게시판 실명제에 대하여 7(합헌) : 2(위헌)로 합헌결정을 내렸다.[3] 이 결정은 9인의 재판관이 전원일치로 익명표현의 자유, 즉 "자신의 신원을 누구에게

2) 국가인권위원회(제1소위원회), 정치관계법 개정에 대한 의견, 2004. 2. 16. 결정.

3) 헌재 2010. 2. 25, 2008헌마324.

도 밝히지 아니한 채 익명 또는 가명으로 자신의 사상이나 견해를 표명하고 전파할 자유"가 헌법 제21조(표현의 자유)에 의해서 보호를 받는다는 점을 분명하게 선언하였다는 점에서는 긍정적으로 평가할 수 있지만, 다수의견이 '허위사실 유포로 인한 후보자의 인격권 침해, 선거의 공정과 평온의 훼손, 소수에 의한 여론 왜곡'이라는 추상적인 해악의 가능성만으로 광범위한 표현의 자유의 억압을 헌법적으로 승인한 것은 많은 아쉬움을 남긴다.

현행의 실명제가 표현의 자유를 심각하게 위축시키지 않으면서도 선거의 공정을 해치는 유해한 정보를 억제하기 위해서는, 적어도 표현행위자가 밝힌 신원을 정부가 직접 관리해서는 안 되고 인터넷언론사가 관리하면서 선거법위반의 개연성이 있는 경우에 한하여 법원의 결정에 의하여 공개되어야 할 것이다.

한편, 2007년의 「정보통신망법」에 의해 도입된 "일반게시판 실명제"도 유사한 문제를 안고 있다. "일반게시판 실명제"는 공공기관 등[4]과 대형 정보통신서비스제공자[5]가 인터넷게시판을 설치·운영하고자 하는 경우에는 대통령령으로 정하는 본인확인조치를 하도록 의무지우고, 대형 정보통신서비스제공자의 의무위반에 대해서는 행정제재(과태료)를 가하는 체제이다. 그리고 대통령령이 정하는 본인확인조치 중에는 "본인확인정보 보관시 본인확인정보 유출을 방지할 수 있는 기술을 마련할 것"과 "게시판에 정보를 게시한 때부터 게시판에서 정보의 게시가 종료된 후 6개월이 경과하는 날까지 본인확인정보를 보관할 것"이 포함되어 있다.

여기서 특히 공공기관 등의 게시판실명제는 직접적으로 표현의 자유에 대한 심각한 위축효과를 야기한다. 공공기관 등의 정책이나 구성원의 행태를 합헌적으로 비판하고자 하는 일반국민인 이용자는 자신의 신원을 상대방에게 밝히고 그를 비판해야 하기 때문에 사후의 보복을 두려워하여 비판을 자제할 수밖에 없게 된다.

이처럼 일반게시판 실명제가 표현의 자유에 가하는 위축효과에 대한 비판에도 불구하고, 더 나아가 정부는 2008년 11월에 본인확인조치 의무대상자를 현행의

---

4) 여기서 "공공기관 등"이라 함은 "국가기관, 지방자치단체, 「공공기관의 운영에 관한 법률」 제5조 제3항에 따른 공기업·준정부기관 및 「지방공기업법」에 따른 지방공사·지방공단"을 가리킨다(법 제44조의5 제1항 제1호).

5) 여기서 "대형 정보통신서비스제공자"라 함은 "제공하는 정보통신서비스의 유형별 일일 평균 이용자 수가 10만명 이상이면서 대통령령으로 정하는 기준에 해당되는 정보통신서비스제공자"를 가리킨다(법 제44조의5 제1항 제2호). 시행령 제30조(정보통신서비스 제공자 중 본인확인조치의 무자의 범위) 제1항은 위 "대통령령으로 정하는 기준에 해당되는 자"를 "전년도 말 기준 직전 3개월간의 일일평균 이용자수가 10만명 이상인 정보통신서비스 제공자"로 규정하고 있다. 그리고 동조 제2항은 방송통신위원회로 하여금 법 제44조의5에 따른 본인확인조치에 필요한 준비기간, 적용기간 및 제1항에 해당하는 자 등을 인터넷 홈페이지에 게시하는 방법으로 공시하도록 하고 있다.

대형 정보통신서비스제공자(정보통신서비스의 유형별 일일 평균 이용자수가 10만명 이상인 자)에서 그 범위를 대통령령에 전적으로 일임하는 개정법안을 제출한 바 있다. 이에 대해 국가인권위원회는 2009년 11월 19일 이 개정법안이 표현의 자유를 침해할 우려가 높아 바람직하지 않다는 의견을 표명하였다.6)

게시판실명제의 문제는 우리 사회가 익명표현의 자유를 얼마나 수용할 수 있는가에 달려 있다. 익명표현의 자유는 자신의 신원을 밝히지 않은 채 익명 또는 가명으로 자신의 사상이나 견해를 표명하고 전파할 자유를 말한다. 익명표현의 자유는 특히 억압적이고 권위주의적인 정부규제나 사회규범 아래에서 그 빛을 발하게 된다. 특히 사회적 약자나 소수자에게 있어서 익명표현의 자유는 중요한 의미를 지닌다. 자신의 신원이 밝혀져 보복이나 괴롭힘 또는 차별에 대한 두려움 없이 소수자로서 또는 새로운 사상가로서 일반대중에게 익숙하지 않은 자신의 생각과 사상을 자유롭게 표출하고 전파할 수 있을 때에 다수가 강요하는 부당한 진리와 사상이 교정될 수 있는 가능성이 열리는 것이다. 또한 온라인 익명은 흔히 오프라인 세계에서 엘리트연사가 담론을 지배하는 것을 가능하게 해 주는 여러 신분징표들, 예컨대 인종, 계층, 성, 출신민족, 그리고 나이 등을 숨길 수 있도록 하여 줌으로써 누구나 사회적 담론을 주도할 수 있는 가능성을 열어 준다.

유럽인권보장기구인 유럽평의회(Council of Europe)가 2003년에 채택한 「인터넷에서의 커뮤니케이션의 자유에 관한 선언」에서 회원국들이 인터넷에서의 커뮤니케이션의 자유를 위해 준수해야 할 7개 원칙 중 마지막 제7원칙이 “익명의 원칙”이라는 점에 유념하여야 할 것으로 보인다.

제7원칙 (익명성) : 온라인감시(online surveillance)를 받지 않는다는 보장을 확실히 하기 위하여 그리고 정보와 사상의 자유로운 유통을 강화하기 위하여, 회원국들은 자신들의 신원(identity)을 공개하지 않으려는 인터넷 이용자들의 의사를 존중하여야 한다. 이 원칙은 회원국들이, 국내법과 유럽인권협약 그리고 기타 사법(司法)과 경찰 분야의 국제협정에 따라, 범죄행위에 책임이 있는 자들을 추적하기 위하여 조치를 취하고 협력하는 것을 막는 것은 아니다.

6) 국가인권위원회(상임위원회), 정보통신망법 전부개정안에 대한 의견, 2009. 11. 19. 결정.

第113회 발표회 지정토론문

이 황 희*

이번 발표문 "현행 인터넷상 본인확인제에 대한 헌법적 평가"는 현재 우리 사회에서 첨예한 쟁점으로 부각되고 있는 현행 '정보통신망 이용촉진 및 정보보호등에 관한 법률'(이하 '정보통신망법'이라 합니다)에 관한 인터넷상 본인확인제 혹은 인터넷상 실명제(이하 '본인확인제'라는 용어로 통일하여 사용합니다) 문제를 다루고 있다는 점에서 매우 의미있는 주제라고 생각합니다. 그러나 이 문제에 대하여 오랜 기간 연구에 매진해 온 발표자의 글에 관하여 평소 그다지 큰 고민 없이 지냈던 제가 토론자로서 적격자인지 모르겠습니다.

발표자께서 인터넷상 본인확인제를 둘러싼 여러 쟁점들을 잘 정리해 주셔서 이번 토론을 준비하면서 많은 것들을 배우고 익힐 수 있었습니다. 이에 대하여 발표자에게 감사의 말씀을 드립니다. 아래에서는 발표문에 대한 몇 가지 생각들 또는 의문들을 간략히 말씀드리도록 하겠습니다.

1. 본인확인제 자체가 위헌인가, 과잉된 본인확인제가 위헌인가

가. 우선 결론에 관하여 본다면, 발표자는 익명표현의 자유가 헌법상 기본권에 해당됨을 전제로 하여 현행 본인확인제가 과잉금지원칙상 수단의 적절성, 피해의 최소성, 법익의 균형성 원칙에 위반되어 위헌이라고 결론내립니다(발표문 28쪽 이하, 이하 쪽수로만 표기합니다). 그런데 발표자는 '본인확인제를 통해 달성할 수 있는 입법목적은 기존의 민형사 수단에 의해서도 충분히 규율될 수 있으므로 새로운 구제수단(본인확인제를 의미하는 것으로 보입니다. 토론자 주)을 강구하여야 할 필요성이 있는지 의문'(33쪽)이라고 보는바, 이러한 서술에 따르면 본인확인제 자체가 위헌이라는 취지로 보이기도 합니다.

나. 그런데, 발표자가 서술하였듯이 본인확인제는 매우 다양한 종류가 있고, 각각은 상이한 공개 범위와 공개 강도를 가집니다(4-5쪽). 이 중에서 합헌적인 규

---

* 헌법연구관.

율로 평가될 수 있는 본인확인제가 애당초 존재할 수 없다면, ㈀ 발표자가 제시한 이러한 상세한 분류 자체가 논리적 실익이 있는지 의문이고, ㈁ 나아가 발표자가 헌법상 기본권에 속한다고 논증한 익명표현의 자유는 기실 그 어떤 제한도 불허되어 헌법 제37조 제2항의 적용대상에서 벗어난 절대적 자유가 되므로, 이는 기본권 제한에 관한 일반적 법률유보주의를 선언한 헌법의 취지와도 충돌할 수 있습니다.

그렇다면, ① 이 발표문을 읽는 독자의 입장에서 발표자의 위헌주장을 본인확인제 자체가 위헌이라는 취지로 받아들여야 할지, 아니면 현행 본인확인제의 과잉제한성이 위헌이라는 취지로 이해해야 할지 궁금합니다. ② 만약 발표자의 입장이 전자라면 익명표현의 자유는 우리 헌법 제37조 제2항의 적용을 안 받는다는 취지인지, 만약 발표자의 입장이 후자에 가깝다면 현행 본인확인제가 합헌적 규율의 영역으로 편입되기 위해서 어떤 측면들이 개선되고 보완되어야 하는지, 즉 합헌적 본인확인제는 어떤 요건들을 갖추어야하는지에 관하여 여쭙고자 합니다.[1] (③ 혹시, 이에 관하여 유럽이나 미주의 확립된 법규나 국제규약, 그에 대한 판결례들이 있는지도 궁금합니다)

2. 위축효과

가. 본인확인제에 대한 가장 일반적인 비판 중 하나가 바로 위축효과입니다. 발표문에서도 이를 설명하고 있습니다(가령, 29쪽 등). 그런데, 본인확인제가 시행된 시점이 2007년 즈음이라면, 이를 전후하여 우리 사회 내 표현의 자유가 본인확인제로 인하여 어느 정도의 위축효과를 겪었는지에 관해 발표자의 의견은 어떠한지 궁금합니다. 실례로, 어떤 신문에는 본인확인제 강화로 인해 댓글 자체가 줄었다고 분석하고 있습니다만,[2] 이것이 본인확인제의 영향인지 아니면 여타의 변화된 시대적 분위기로 인한 것인지 명확히 선을 그어 나누기가 쉬운 것인지 잘 모르겠습니다.

나. 본인확인제에 대한 또 하나의 비판 중 하나는, 발표문에도 나와 있듯이,

---

1) 가령, 미국연방대법원이 익명으로 출판할 자유가 미국수정헌법 제1조에 의해 보호받는다고 설시했던 *McIntyre v. Ohio Campaign Commission* 판결에서는 '특정이슈의 채택이나 배제를 주장하기 위해 일반배포를 위한 간행물을 작성하는 자는 누구나 그 간행물의 잘 보이는 곳에 자신의 성명과 주소를 기입해야 한다'는 오하이오주 선거법조항이 정치적 의사표현의 내용에 대한 규제에 해당된다고 보아 엄격심사를 행하면서, 이러한 규제가 합헌이 되기 위해서는 국가의 이익을 달성하기 위하여 엄밀하게 다듬어진(narrowly tailored) 경우이어야 한다고 하였다.

2) 경향신문, "인터넷실명제 강화로 악플 비중 늘어", 2009. 10. 7.자 (http://news.khan.co.kr/kh_news/khan_art_view.html?artid=200910070301525&code=940100).

현행 본인확인제는 허점이 많아 실제로 진정한 의미의 본인확인이 제대로 이루어지지 않는다는 주장입니다(33쪽). 발표문의 註 85에 기재된 여러 논문들은 ‘현행 본인확인제는 인터넷 역기능 방지라는 입법목적 달성 자체가 불가능하다’는 주장을 담고 있다고 보입니다. 그런데, ‘현행 본인확인제로 인하여 우리 사회에 위축효과가 발생했다’는 주장과 ‘현행 본인확인제는 실제로 진정한 의미의 본인확인이 제대로 이루어질 수 없다’(따라서, 있으나 마나이다)는 주장은 일견 충돌하는 것처럼 보이기도 합니다. 이 두 논거의 당부에 관하여 발표자께서는 어떻게 생각하시는지 궁금합니다.

3. 대 안

우리 사회 일각에서는 이른바 악플이나 악성 인터넷 문화가 다른 사람의 법익을 침해한다고 보아 규제의 필요성을 인정하고 있습니다. 아마 이러한 생각에 따라 본인확인제가 시행된 것 같습니다. 그런데 발표자는 이와 같은 입법목적이 기존의 민형사 수단에 의해서도 충분히 규율될 수 있다고 보는 듯합니다. 즉, 혹자들은 기존의 민형사 수단에 의해 해결이 안 되므로 더 강화된 조치가 필요하다고 보는 반면, 발표자는 기존의 수단으로도 충분히 해결될 수 있다고 봅니다.

그런데, 다른 나라의 인터넷사이트들과 비교해 볼 때, 우리나라의 사이트들에 달려있는 악성 댓글의 수준은 다소 우려스러운 면도 있습니다. 발표자의 의견이 이러한 상황을 방치하자는 것은 아닐 것인데, 기존의 제도를 어떻게 운영하자는 취지인지 좀 더 구체적인 방안을 듣고 싶습니다.

4. 결 어

스피노자의 <신학정치론>이나 데카르트의 <방법서설>과 같은 역사상 위대한 저서들의 공통점은 그것이 익명으로 출간되었다는 점입니다. 이렇듯 익명성을 보장하는 일은 표현의 자유를 보장하는 데에 매우 중추적인 역할을 한다고 생각합니다.

제가 이 주제에 대해 잘 알지 못하기도 하겠지만, 개인적으로는 저 역시 발표자의 결론에 거의 동의하는 편이라, 날선 시각이나 비판이 나오기 힘들었던 것 같습니다. 금번 발표를 통해 현금(現今)의 문제로 떠오르고 있는 표현의 자유와 익명성의 관계에 대해 숙고해 볼 수 있었다고 생각합니다.

최근에 있었던 뉴스기사를 하나 소개하면서 토론을 마치겠습니다. 최근 2011. 9. 4.자 뉴욕타임즈의 한 기사("Naming Names on the Internet")는 "한국에서는 3년 전 인터넷 악성 댓글에 시달리던 여배우가 자살한 뒤 인터넷 본인확인제가 도입되었지만, 지난달 대규모 개인 정보 유출 사고가 일어난 후 이를 폐기해야 한다는 주장이 제기되고 있다"고 하면서, "한국의 경험은 실명을 강제로 등록시키는 정책이 형편없는(lousy) 아이디어라는 걸 입증했다"고 지적하였습니다. 나아가 "익명 표현의 자유는 단순히 개인 정보 보호 차원의 문제가 아니다. 익명 표현의 자유는 반정부인사나 기밀을 폭로하려는 내부 고발자에게 필수적"이라고 하면서, "반정부인사의 역할에 대해서는 이번 아랍 세계의 반정부 시위 과정에서 충분히 조명된 바 있다."라고 피력하였습니다.[3)]

요즘 우리사회에서는 국격이라는 표현이 유행중인데, 뉴욕타임즈의 광범위한 세계적 구독률(?)을 감안해 볼 때 이번 일이 우리의 국격에 좋지 않은 영향을 준 것은 아닌지, 혹은 저만의 기우(杞憂)에 불과한 어리석음은 아닌지 잘 모르겠습니다.

---

3) "Three years ago, after the suicide of a popular actress who had been bullied via the Internet, South Korea introduced a radical policy aimed at stamping out online hate. It required contributors to Web portals and other popular sites to use their real names, rather than pseudonyms.

Last month, after a huge security breach, the government said it would abandon the system. Hackers stole 35 million Internet users' national identification numbers, which they had been required to supply when registering on Web sites to verify their identities.

The South Korean experience shows that "real name" policies are a lousy idea, and privacy threats are only one reason. Online anonymity is essential for political dissidents, whose role has been highlighted in the uprisings in the Arab world, and for corporate whistle-blowers."
(http://www.nytimes.com/2011/09/05/technology/naming-names-on-the-internet.html)

제113회 발표회 토론요지

간　　사 : 안녕하십니까? 헌법실무연구회 정기발표회에 참석해 주셔서 감사드립니다.

아시는 바와 같이 헌법실무연구회는 학계와 실무계가 공동으로 운영하고 있는데요. 학계가 방학에 들어간 7월과 8월은 정기발표회를 열지 않았었습니다. 그래서 이번 9월 들어서 하반기 첫 정기발표회의 날이 되겠습니다.

더욱이 이번 발표부터는 그동안 10여년 간 매월 금요일 첫째 주 또는 둘째 주 금요일날 열던 정기발표회를 첫째 주 또는 둘째 주 목요일에 열기로 변경하였습니다.

특히나 명절을 앞두고 이렇게 바쁘신 중에도 참석해 주셔서 감사드립니다.

그러면 제113회 헌법실무연구회 정기발표회를 헌법재판소 연구위원으로 재직하시는 연세대학교 법학전문대학원 이종수 교수님의 사회로 시작하도록 하겠습니다.

사 회 자 : 감사합니다. 연세대학교 이종수 교수입니다.

제가 그동안 헌법실무연구회에서 발표도 여러번 했고 토론도 여러번 했는데 사회는 처음 맡게 되었습니다. 자못 책임감이 큰데요. 모쪼록 오늘 우리 정기발표회가 지금 사회적으로 논란되고 있는 인터넷실명제와 관련해서 제기되는 여러 소위 법적 쟁점들이 좀 분명하게 정리될 수 있는 좋은 기회가 되었으면 합니다.

그러면 먼저 오늘 발제와 지정토론을 맡아주실 귀한 분들을 소개시켜 드리겠습니다.

먼저 오늘 발제는 지금 성균관대학교 법학전문대학원에 계시는 지성우 교수님께서 발제를 맡아주시겠습니다.

간단하게 지성우 교수님의 약력을 소개해 드리면, 지 교수님께서는 성균관대학교에서 학사, 석사를 마치시고 독일 만하임대학 법학과에서 방송의 자유의 형성이라고 하는 주제로 박사논문을 작성하셔서 학위를 취득하셨고, 이어서 국내에 귀국하셔가지고 방송통신위원회에서 연구원으로 재직하시다가 이어서 단국대 법대 교수로 계시다가 금번학기부터 모교인 성균관대학교 법학전문대학원으로 자리를 옮기셨습니다.

잘 아시겠지만 지 교수님께서는 그동안 본인께서 독일에서 방송의 자유로 논문을 쓰셨기 때문에 국내 귀국하셔가지고 방송의 자유, 인터넷 이런 등등 관련해서 굉장히 왕성하고 활발한 학문적 업적을 이루고 계십니다.

이어서 지정토론을 맡아주실 중앙대학교 법학전문대학원의 이인호 교수님을 소개시켜 드리겠습니다.

이인호 교수님께서도 중앙대학교에서 학사, 석사, 박사를 마치시고 우리 헌법재판소에서 연구원으로 재직하셨고 이어서 중앙대학교 법학전문대학원 교수로 재직하시던 중에 또한 대법원에서 재판연구관으로 재직을 하셨습니다.

마찬가지로 이인호 교수님께서도 그동안 학계에서 여러 다양한 주제에 관련해서 연구작업을 진행하시는데 또 한편 이 방송의 자유쪽에도 많은 관심을 기울이시면서 그동안 연구활동을 해 오셨기 때문에 오늘 아마 지정토론자로 적임자 중에 한분이라고 생각을 합니다.

그리고 이어서 두 번째 지정토론을 해 주실 이황희 헌법연구관님을 소개시켜 드리겠습니다.

이어서 발제와 관련해서 사회자에게 주어진 가장 중요한 과제가 우리 헌법실무연구회가 7시에 시작을 해서 늦어도 9시까지 모든 토론을 종결하는 게 불문율로 되어 있습니다. 그래서 사회자로서는 시간통제를 하는 것이 대단히 중요한 과제가 됩니다. 그래서 좀 외람되지만 발제자께서는 지금부터 30분 정도에서 발제를 마쳐주시고요. 지정토론을 해 주실 분들께서는 10분 정도 지정토론을 진행해 주시고, 이어서 지정토론에 대한 답변 그리고 플로어에 계시는 여러 회원님들의 질문과 답변을 받는 순서로 진행을 하겠습니다.

그러면 지성우 교수님 부탁드리겠습니다.

< 주제발표자 발표 >

사 회 자 : 지성우 교수님, 지금 플로어에 계신 여러분들께서 가지고 계시는 페이퍼에서 사실 발제에 구체적으로 다 담지 못한 내용들이 많음에도 불구하고 시간제약적인 이유 때문에 부득이하게 짧게 발제를 하게 된 점은 대단히 유감스럽습니다.

그럼에도 불구하고 지금 이 인터넷실명제를 둘러싸고 그것의 정확한 의미를 확인하고 그리고 법리적으로 그리고 또 기술적으로 이 인터넷실명제와 관련해서 해당 내용들을 잘 정리해 주셨고 그리고 또 말씀드렸듯 이와 관련해서 본인의 솔직한 소회도 함께 말씀해 주셨습니다. 감사드립니다.

이어서 바로 제1지정토론으로 중앙대학교 법학전문대학원에 봉직하고 계신 이인호 교수님께 부탁드리겠습니다.

10분 정도 부탁드리겠습니다.

지정토론자 : 중앙대학교 이인호입니다.

우리 지성우 교수님 아주 훌륭한 발표 잘 들었습니다.

좋은 내용으로 발제를 하셨고 저도 기본적으로 지성우·교수님하고 기본적인 인식이 비슷해서 특별히 제가 더 첨언할 것은 없는 것 아닌가 생각이 됩니다.

제가 지성우 교수님 이 주제로 발제한다는 이야기를 듣고 결론은 합헌이겠구나 이렇게 생각했습니다. 그거는 제가 잘 알고 있는 우리 지성우 교수님의 결론에 따르면 아마 그렇게 될 것이다라는 짐작을 했었는데 역시 예상대로 고민을 많이 하신 것 같습니다. 그만큼 이 주제가 학자의 양심을 포기하면서까지 왜곡시키기 어려운 그런 주제가 아닌가 싶습니다.

저도 기본적으로 깊이 생각을 못했고 일부 다른 작은 글에서 관련되어서 몇 마디 했던 것이 있어서 토론문에 잠깐 첨부를 했었고요. 기본취지는 동일합니다.

제가 앞에 토론문에 우리 헌법상 정보질서에 관한 이야기를 도표로 간단하게 설명을 했었는데요. 제가 분석하기로 우리 헌법의 경우에 자유로운 정보유통의 자유 그러니까 정보소통의 권리, 제가 정보의 자유라는 표현을 썼습니다만, 이 정보소통의 권리 그러니까 공적성격의 정보에 대해서는 누구든지 모든 개인이 유통에 대한 통제권한을 가지고 있고 정부는 원칙적으로 가지고 있지 않다는 것이고요. 반면에 사적 성격의 정보는 그 당해정보 주체에게 정보에 대한 통제권을 주고 있고 그것을 우리는 정보프라이버시권이다라고 부를 수 있을 것 같습니다.

제가 이거를 한 이유는 과연 이런 정보의 자유나 또는 정보프라이버시권이나 이 두 가지 정보인권을 정초하고 있는 하나의 자유가 있다면 익명의 자유다라고 생각됩니다. 그러니까 익명의 자유를 전제하에 이 두 가지 자유가 성립되어 있는 것이다. 그만큼 익명의 중요성을 말씀드리고자 한 것이고요. 익명의 중요성에 대해서는 지성우 교수님도 아주 충분하게 설명을 해 주셨습니다. 기술적인 부분까지 포함해서.

다행히 저도 같은 맥락입니다. 이거는 다른 어느 나라에도 익명의 자유가 갖는 중요성을 이야기 하고 있고 그래서 특히 익명의 자유가 가지는 중요성이라는 것은 사회적 소수자나 새로운 사상가가 보복이나 괴롭힘 또는 차별에 대한 두려움이 없이 다수 일반대중에게 익숙하지 않은 자신의 생각과 사상을 자유롭게 표출하고 전파할 수 있을 때 비로소 다수가 강요하는 부당한 진리와 사상이 교정될 수 있는 가능성이 열리게 됩니다. 이게 익명의 자유가 가지는 기능이라고 생각되고요.

특히 온라인에서의 익명은 오프라인세계에서는 엘리트 연사가 담론을 지배하는 것을 가능하게 해 주는 여러 신분징표들이 있는데 예를 들면 인종, 계층 그 사람을 봄으로써 오프라인의 경우에는 그렇습니다만, 온라인 익명이 가지는 기능은 그런 신분적 징표를 숨길 수 있게 해 주고 그래서 누구든지 사회적 담론을 주도할 수 있는 가능성을 열어주는 것이 온라인익명의 가치다라고 생각이 됩니다.

또 더군다나 이 온라인에서의 익명이 중요한 이유는 특히 지교수님도 아주 적절하게 말씀하셨습니다만 정보프라이버시를 강화시키는 기능을 하게 됩니다.

지금 알다시피 3,500만 명의 신상정보가 보안의 취약으로 유포가 되었습니다.

그것이 그렇게 된 배경은 기본적으로 제도적인 배경이 있습니다. 그것이 바로 실명제입니다. 그러니까 실명을 통해서 그 사람의 신원을 확인할 수 있게 함으로써 그렇지 않아도 기존의 포털이나 모든 온라인사업자들이 신상정보를 가지고 비축을 하고 있었는데 이 제도때문에 오히려 그것을 더 강화시켜 준 것이고요. 그래서 얼마 전에 인권위에서 토론이 있었습니다만 그때도 두 포털 당사자가 나와서 하는 이야기가 자기네들은 변명을 하는 겁니다. 결국은 국가가 이런 엄청난 결과를 야기시킨 원인이다. 그러니까 제도 때문에 어쩔 수 없이 개인정보를 축적할 수밖에 없는 상황이다 뭐 이런 변명을 하기는 했습니다만 제가 봐도 일응의 타당성이 있습니다.

그러니까 지금 그런 엄청난 보안문제가 생겨나는 것 중에 하나는 지금의 실명제가 가지고 있는 폐해가 아닌가 생각이 되고 지 교수님도 그 점을 적절하게 지적하신 것으로 보입니다.

익명표현의 자유는 다행히 지 교수님 말씀하신 바와 같이 지금 실명제로 신원확인을 하도록 하고 있는 것은 세 가지 제도가 있는데 이전에 공직선거법상의 선거게시판실명제가 있었고 그 다음에 지금 문제되고 있는 정보통신망법상의 일반게시판실명제가 있고 그 다음에 또 하나가 인터넷주소자원에 관한 법률에서 도메인이름실명제가 있습니다. 헌재에서 지금 이전에 게시판실명제는 헌법재판소가 합헌결정을 했었고요. 6대2로 합헌결정을 했었습니다.

지금 문제되고 있는 것은 일반게시판실명제인데, 이 선거게시판실명제가 가지는 문제점은 물론 6분의 재판관님께서 합헌으로 결론을 내셨습니다만 저는 그 논증과정이나 결론이 상당히 우려스러운 것 아닌가 하는 생각을 가지고 있습니다. 기본적으로. 예를 들면 지 교수님 말씀하신 것처럼 실명을 드러내 놓고 표현행위를 하도록 강요하는 것은 아닙니다. 가명으로도 쓸 수 있고요. 자신의 실명을 숨길 수 있게 되어 있습니다. 그렇게만 보면 그렇게 그다지 위험스러운 것은 아니다. 그러니까 표현의 자유에 대한 위축효과가 크지 않다고 생각이 됩니다.

그런데 문제는 지난 선거게시판실명제도 문제점은 뭐냐 하면 신원확인정보를 정부가 또는 인터넷사업자가 행정안전부장관이나 신용정보업자가 실명인증자료를 가지고 관리를 하게 되어 있습니다. 그거를 실명인증을 받은 자별로 또는 인터넷 홈페이지별로 관리를 해야 되고 중앙선관위가 그 실명인증자료의 제출을 요구할 때는 지체 없이 그것을 주어야 됩니다.

제 생각에는 이 점이 게시판실명제의 문제점이라고 생각되는데요. 그러니까 그냥 순수하게 누구인지를 확인하고 거기에 대해서 그 확인을 한 실명인증자료를 가지고 있고 대신에 어떤 불법행위가 생겨서 정부로부터 그 실명인증자료를 내놔라라고 하는 요구가 있을 때 그럴 때 그 자료를 줄거냐 말거냐 하는 데 대한 판단을 행정기관이 해서는 안 되고 사법부가 그 실명인증자료를 주는 것이 지금 이 상황에서 불법정보를 막는 것이 더 중하냐 아니면 익명을 보장해 주는 게 더 중하냐라는 판단을 해서 그래서 실명인증자료를 넘겨주도록 한다면 그러면 저는 그 정도의 시스템을 갖춘다면 실명제도 합헌이다라는 가능성이 있다고 생각됩니다.

그런데 문제는 그것이 그렇지 않고 오히려 중앙선관위가 원하면 언제든지 그것을 제출하도록 요구할 수 있고 또 주도록 되어 있습니다. 그러니까 뭐랄까요 법원에 의한 엄밀한 판단이 다시 말해서 그 사람의 신원을 밝혀야 될 실익 공익이겠지요. 그 공익과 그 사람의 익명을 보장해 주어야 될 이익간에 조정을 할 수 있는 장치를 법원이 가져야 되고 그것이 행정청이 가져서는 안 된다는 겁니다.

만약 법원이 가질 수 있다 그러면 저는 그 정도의 그것은 익명의 보호를 해주는 것이다 적정한 수준으로, 최소침해성의 원칙에 위반되지 않는다라고 생각이 됩니다.

그러나 우리 헌법재판소는 6대2로 이 선거게시판실명제에 대해서 위헌결정을 했습니다.

다행히 이 헌재결정에서 의미를 부여해야 되는 것은 익명표현의 자유를 헌법재판소가 처음으로 인정했다는 겁니다. 그 전에는 익명표현의 자유라는 것 자체가 기본권이냐 아니냐하는 것이 전혀 논란도 되지도 않았고 인식이 되지 않았었는데 이 결정에서 8분의 재판관들께서 익명표현의 자유를 인정을 합니다. '자신의 신원을 누구에게도 밝히지 아니한 채 익명 또는 가명으로 자신의 사상이나 견해를 표명하고 전파할 자유가 헌법 제21조에 의해서 보장된다'라는 점을 분명하게 선언을 합니다. 이것은 아주 진전된 그런 결정이라고 보여집니다.

다만 다수의견이 그것을 인정했음에도 불구하고 허위사실유포로 인한 후보자의 인격권침해의 가능성이 있고 선거의 공정과 평온을 훼손할 우려가 있고 소수에 의한 여론의 왜곡이라고 하는 어떤 추상적인 해악을 들어서 게시판실명제에 대해서 합헌결정을 내렸는데요. 저는 사실 표현의 자유영역에서 정부가 단순히 어떤 구체적인 해악이 아니고 추상적인 해악을 이유로 해서 표현의 자유를 억제하는 것은 헌법 21조의 헌법정신에 반하는 것이다라고 생각이 됩니다.

제 생각에는 6분의 합헌의견은 과거 2기재판부가 시민사회내부에 사상의 경쟁매커니즘이 작동한다는 믿음을 포기하신 것이다라고 보여집니다. 제 나름의 평가입니다만.

다행스럽게도 두 분의 위헌의견이 아주 논리적으로 설득력 있게 제시되어 있습니다. 그나마 다행이라고 생각됩니다. 마침 보니까 우리 김종대 재판관님께서 그 의견을 개진하셔서 저로서도 반가웠습니다.

어쨌든 저는 이 게시판실명제의 합헌, 위헌여부를 판단할 때 가장 중요한 것은 지금 이 정도의, 그러니까 실명이 아니고 또 실명으로 표현하지 않았다고 해서 형사처벌을 하거나 그 당사자에게 직접 제재를 가하는 것은 없습니다. 제재라기보다 간접적인 강제지요. 인터넷게시판을 열어놓은 사람에게 온라인사업자에게 실명인증이 없으면 다운을 시키도록 그것을 없애버리도록 하는 것이고요. 그 표현행위자 자체에 대한 어떤 제재는 없기 때문에 그 규율의 내용이 약간은 약한 정도인데, 다만 우려되는 것은 상당히 광범위하게 규제될 수 있다는 것이고요. 또 위축효과가 얼마나 크냐하는 것이 이 사건에서의 핵심판단대상이 아닌가 생각이 됩니다.

그래서 제 생각에는 이 양자의 충돌하는 가치를 어떻게 조정하는 게 타당한가? 제가 보기에는 이런 식의 실명인증을 한다 하더라도 그 온라인사업자가 실명정보를 못가지게 하거나 아니면 가지더라도 그것을 함부로 내놓게 해서는 안 된다. 그러니까 법원의 판단에 의해서 불법행위를 한 그 사람의 신원을 추적할 필요성이 있다는 것이 인정되었을 때 비로소 그것이 구체적인 해악으로서 나타났을 때 그럴 때 실명을 공개할 수 있게 한다면 그 시스템은 저는 헌법적으로 허용되지 않을까하는 생각이고요. 그런 점에서 우리 발제자님께 한 가지 묻고 싶은 것이 그 점, 제 생각에 대해서 어떻게 생각하시는지 한번 묻고 싶습니다.

시간을 오래 끌어서 죄송합니다.

사 회 자 : 감사합니다.

이어서 제2지정토론을 이황희 헌법재판소 헌법연구관님께 부탁드리겠습니다.

마찬가지로 토론 한 10분 정도로 마쳐주시기 바랍니다.

지정토론자 : 이황희 연구관입니다.

앞서 발표하셨던 지 교수님이나 이 교수님이나 모두 이 주제에 대해서 오래

연구에 매진을 해 오신 분이신데 그렇지 않은 제가 토론의 적격자인지 잘 모르겠습니다.

그리고 제가 개인적으로 이 발표문의 결론에 상당부분 동의를 하는 편이어서 그런 낯선 시각이 드러나게 될지도 잘 모르겠고요, 그런 우려가 됩니다.

일단 몇 가지 제 생각이나 의문들을 간략히 말씀드리도록 하겠습니다.

일단 먼저 결론에 관한 부분인데요.

발표자께서는 과잉금지원칙에 위반된다고 하셨는데 또 다른 서술에서는 다른 수단으로 가능한데 새로운 수단을, 그러니까 기존의 민·형사수단에 의해서 충분히 규율될 수 있는데 새로운 수단－본인확인제를 의미하는 것 같은데요－을 강구해야 될 필요성이 있는지 의문이다 해서 본인확인제 자체가 필요 없는 수단을 만든게 아니냐라는 취지로 또 읽혔습니다.

물론 발표자께서 익명표현의 자유가 절대적 자유가 아니다라고 쓰셨는데 제가 좀 급하게 하다 보니까 의식하지 못하고 쓴 부분도 있는데요. 여하튼 제가 궁금한 부분은 발표자의 주장이 그러니까 강제적 본인확인제 자체가 위헌이라는 취지인지 아니면 현행 본인확인제가 아까 이 교수님 말씀했듯이 특정한 요건을 덜 갖추어서 과잉제한되어서 위헌이라는 취지인지 그 의미가 좀 명확하지 않은 것 같다고 생각되었고요. 만약에 후자라면 현행 본인확인제가 합헌적인 규율로 편입되기 위해서 어떤 측면들이 개선되고 보완되어야 되는지 여부에 대해서 발표자님의 생각을 여쭙고 싶습니다.

그리고 두 번째는 위축효과를 많이 언급을 하시고 그리고 당시 특정언론기사 같은 것 보면 분명히 댓글 자체가 많이 줄었다. 여기 밑에 각주 2번 경향신문기사인데 특정기간에 보니까 한 50% 정도로 줄었다라는 그런 기사내용도 있었던 것 같은데요. 그런데 반대편에서는 이게 본인확인제때문인지 아니면 여타의 변화된 시대적 분위기 정권이 바뀌어서 생겼든 하여튼 여타의 분위기 때문인지 그게 명확히 선을 나눌 수 있는 것이냐라는 시각도 있는 것으로 알고 있습니다.

그리고 또 다른 본인확인제에 대한 비판 중 하나는 이 제도가 허점이 많아서 있으나 마나 하더라. 본인확인 다 회피할 수 있고 잘 안 되더라라는 논거들이 많은 데, 첫 번째 논거는 이거 가지고 위축효과가 발생한다는 것이고, 두 번째는 있으나마나하니까 별 필요가 없더라라는 것인데, 일견 충돌하는 것처럼 보이기도 합니다. 두 논거의 당부에 대해서 어떻게 생각하시는지 궁금하고요.

그 다음에 세 번째는 기존에 민·형사수단으로 충분히 해결할 수 있다라고 규율될 수 있다라고 언급을 하셔서 제가 어떤 사항을 그리셔서 이런 말씀하셨는지 좀 구체적으로 방안을 듣고 싶고요.

마지막에는 저의 결론인데 위대한 저서들도 역사적으로 많이 익명으로 출간되었던 것 같습니다. 저 자신도 이런 문제에 있어서 익명성 자체가 중요하다는 생각을 하고요. 최근에 있었던 뉴스기사 하나를 소개해 드리고 싶은데요. 2011년 9월 4일자 뉴욕타임즈기사입니다. 한국의 인터넷실명제에 대해서 굉장히 자세하게 다루고 있는데요. 얼마 전에 나온 기사인데 이렇게 되어 있습니다. '한국에서 3년 전에 인터넷 본인확인제가 도입되었지만 지난달에 대규모 정보유출사고 이후 이를 폐기해야 된다는 주장이 제기되고 있다' 그러면서 한국의 그런 3년간의 경험은 이런 실명 강제등록이 아주 형편없는 아이디어라는 것을 입증했다라고 하면서 익명표현의 자유는 단순히 개인정보보호차원이 아니라 반정부인사라든가 내부자고발 같은 사람들에게 필수적이고 중요하다라고 말을 했습니다. 개인적인 생각인데 요즘 국격이라는 표현이 유행인 것 같은데 뉴욕타임즈의 광범위한 구독율을 감안해 볼 때 국격에 안좋은 것 아닌가라는 그런 저만의 기우를 한번 해 봤고요. 농반으로 들어주시면 감사하겠습니다.

이상입니다.

사 회 자 : 두 분 지정토론자님께 다시 한번 감사드립니다.

지금 두 분 지정토론자들께서 발제자의 발제에 대해서 완전히 대척적인 입장에서 서서 비판적 토론을 하셨다기보다는 일종의 보완적 토론을 하신 것으로 이해가 됩니다.

먼저 발제자께서 답변준비를 하시는 동안에 저도 사회자의 권한으로 잠시 이 부분 언급을 드리자면, 저는 사실 인류가 만든 여러 가지 지금까지 진행해 온 기술이나 제도 가운데 모든 것들이 다 양면성을 가지고 있다고 생각을 합니다. 긍정, 부정의 양면성을 안가지고 있는 기술을 생각해 보니까 어느 분이 네비게이션이다, 이거는 별로 부정적인 게 없다. 그런데 그것도 생각해 보면 계속 사람을 길치로 만들고 기계에 의존하게 만드는 그런 부작용은 있더라고요.

인터넷이 새로운 매체로 아마 긍정, 부정의 논란에 계속적으로 휩쓸려 있고 또 우리가 다루고 있는 인터넷실명제 또한 실명제의 긍정적인 면 그리고 부정적인 면이 이 자리에서 함께 논의되고 있는 것 같습니다.

아까 독일에서의 어떤 법리 같은 경우도 말씀을 주셨는데, 제가 오늘 이 자리에서 사회를 맡는 것과는 무관하게 한 2주 정도 전에 독일의 언론지에 어떤 기사가 났었느냐 하면, 올해 3월 3일자로 볼프강슈어블레가 독일 내무부장관으로 있다가 재무부장관으로 옮기고 3월 3일자로 한스페터프리드리히라는 사람이 새로 내무부장관에 취임을 했습니다.

그리고 나서 잘 아시듯이 지난번에 노르웨이에서 소위 정신병자의 대량 인명학살사태가 있었고 그리고 난 다음에 이 독일 내무부장관이 독일 슈피겔지하고 인터뷰를 하던 중에 '독일에서도 인터넷실명제 도입이 필요하다' 이런 식의 인터뷰를 하게 됩니다. 이게 제 기억으로 한 2주 정도 전인데, 그래서 독일 내무부장관이 이런 이야기를 합니다. '민주적 토론에 있어서 우리는 합헌적인 게임규칙의 토대위에서 공개된 상황에서 논증하고 있다. 그런데 왜 인터넷이라고 해서 이게 달라져야 되는가? 왜 블로거들과 금번 노르웨이에서 대량학살을 행한 브라이빅이 자신의 진정한 정체성을 공개하지 않아도 되는 것인가?' 이렇게 해서 소위 인터넷실명제 도입의 검토가 필요하다 이런 식으로 이야기가 나오니까 바로 독일에서 야당과 그리고 시민단체측에서 공격하기 시작합니다. 공격을 당하고서 이어서 바로 며칠 뒤에 독일 내무부의 대변인이 공식적으로 인터넷실명제를 실시할 어떠한 계획도 없다 우리는. 그래서 이 장관이 이야기한 것은 법적인 의무를 다룬 게 아니라 단지 시민사회에 대한 촉구에 불과하다, 이런 식으로 얼버무리면서 이 인터넷실명제가 지난번 노르웨이에서 정신병자의 행위와 관련해서 사실 독일사회에서도 논란이었다 이런 말씀을 드리고 싶습니다.

그러면 지 교수님 두 분 지정토론에 대해서 5분 정도 답변 부탁드리겠습니다.

발 표 자 : 역시 날카로운 질문, 저한테는 굉장히 날카롭게 들린 질문이었습니다. 워낙 이인호 교수님께서는 정보기본권 쪽에서 대가시기 때문에. 이인호 교수님의 말씀에 대해서는 조금 뒤에 설명을 드리고요. 이 연구관님께서 말씀하신 것부터 설명을 드리고 그 다음에 교수님 토론해 주신 것에 대해서 답변하겠습니다.

제가 여기 세 가지를 말씀을 드렸습니다. 사회문화적인 측면, 기술적인 측면, 규범적인 측면 이렇게 세 가지인데요. 원래 제 계획은 사회인지심리학적인 측면 위축효과가 발생하는가에 관한 것, 또 하나는 그 효과성에 관한 실제적인 실증적인 자료들이 있습니다. 교수님들이나 각 연구기관들에서 내놓은 자료들이 있는데요. 이런 자료가 너무 방대해서 여기 담기는 좀 어렵겠다 해서 이번에 이 두 가지는 뺐습니다만, 우리 연구관님께서 말씀해 주신 효과가 있는가에 대해서는 의외로 굉장히 보수적이라고 평가되는 학자가 내놓은 보고서에 별다른 효과가 없는 것 같다. 그러니까 댓글 자체가 이것 때문에 줄어든 것 같지는 않다 그래 가지고 읽는 저도 상당히 놀랐던 그런 자료를 본적이 있습니다.

그래서 어떤 학자가 이렇게 써 놓았더라고요. 효과가 있느냐 없느냐 그러니까 댓글이 좀 깨끗해졌느냐 아니냐에 관한 문제는 현재 한 10개 정도의 보고서가 올라와 있습니다. 그런데 그 보고서들을 다 살펴보면 대강 반 정도는 있다 그러고 두세 개의 보고서는 별로 없다 그러고 나머지는 잘 모르겠다는 것이 결론입니다.

그래서 제가 보기에는 이것 자체가 효과가 있느냐 없느냐는 어떤 척도에 기해서 어떤 통계학적기법을 사용하느냐에 따라서 달라질 수 있습니다. 통계의 마술 여러분께서 잘 알고 계시겠지만. 그래서 그것은 일의적으로 효과가 이것 때문에 줄어들었다라고 보는 것은 좀 어렵다라고는 적어도 얘기할 수 있겠다라는 겁니다.

두 번째 사회인지심리학적 측면에서 제가 원래 계획했던 위축효과의 문제, 익명성의 문제와 위축효과의 문제 역시 너무 장황한 어떤 심리학적 논쟁에 휩싸이지 않을까라는 것 때문에 제가 여기서는 쓰지 않았는데요.

결론적으로 익명이라는 것은 저는 이렇게 봅니다. 해방 이후에 역사를 쭉 돌이켜보면 공익이라는 것 그러니까 국익이라는 것 이익이라는 것이 국민쪽에서 나오기보다는 어떤 끌고 가는 권위주의적 정부시절에 그 정권에서 주어졌고 그것을 만약에 반대하면 어떤 때는 좌익으로 또 어떤 때는 집단이기주의로 매도당해 왔습니다. 그래서 감히 정부에서 어떤 얘기를 하는 것에 대해서 반대하는 얘기를 하는 것이 상당히 어려운 것이 과거 10여년 전이었습니다. 그리고 그 10여년 후에 한 15년, 20년 동안 우리가 정보통신혁명을 통해서 익명성에 기해서 많은 이야기들을 담론들을 쌓아나갈 수 있었습니다. 이것은 정부에 의해서 주어진 것이 아니고 가령 국가에서 여러 가지 국책사업을 하는 데 있어서 굉장히 전문적인 반대론자들의 얘기는 예전에 이러한 언론기관을 통해서는 전혀 접할 수 없었습니다. 그런데 이제는 인터넷만 켜면 5분 내에 블로그에 접속이 가능하고요. 그러한 아주 고도의 전문기술을 가진 사람들에 의한 반대논리도 읽을 수 있습니다. 그런 담론들을 쌓아갈 수 있다라는 차원에서 보면 아까 말씀드렸지만 단기적이고 아주 미시적인 부분에서는 미네르바사건처럼 문제가 발생할 가능성이 있습니다. 그러나 장기적으로 한국사회의 건강한 어떤 모습을 형성하기 위해서는 필요한 것 아니겠느냐라는 생각이 듭니다.

그 다음에 제도의 변화의 논거가 무엇이냐라고 보는 말씀을 해 주셨는데요.

저는 또 우연한 기회에 재작년쯤에 주민등록번호에 대해서 쭉 한번 검토를 해 볼 기회가 있었습니다. 주민등록번호와 게시판의 해외사례 그리고 이번의 심의문제와 이 사전검열문제까지 최근 2, 3년간의 제가 살펴본 결과 짧게 말씀드리면, 주민등록번호 자체도 상당히 많은 문제점을 가지고 있습니다. 더욱이 사업자들쪽에서는 본인확인제 때문에 우리가 주민등록번호를 수집해야 합니다라고 얘기하지만 그것은 정확하게 얘기하면 틀린 얘기입니다. 왜냐하면 법에서는 본인만 확인하라고 했지 주민등록번호를 수집하라고 한 적은 없습니다. 아까 말씀드렸다시피 아이핀이나 주민등록번호, 휴대폰 인증 등등 여러 가지 방법을 통해서 본인을 확인할 수 있습니다. 그러나 사업을 위해서는 아주 유용한 방법이 주민등록번호를 수집하는 것이기 때문에 이것을 선택하고 있다라고 하는 것이 정확한 표현일겁니다. 그래서 근본적으로 주민등록번호쪽의 문제가 해결되지 않는 한 사업자들쪽은 아무리 행정지도를 하고 이것을 아주 강력하게 금지하지 않는 한 주민등록번호를 수집할 겁니다. 그래서 말씀으로는 주민등록번호를 우리가 꼭 수집하지 않고 싶은데 국가에서 강제하니까 합니다라고 하지만 결국 국가쪽에서 그것을 방관했고 사업자들은 그것을 이용한 것 아닌가라는 생각이 들고요. 이것은 아까도 말씀드렸다시피 주민등록번호와의 여러 가지 문제점들이 연동되고 있습니다. 그게 가장 문제다 기술적으로 이렇게 생각이 듭니다.

마지막으로 이인호 교수님께서 또 다른 방법이 있지 않겠느냐, 실명을 밑으로 숨기고 실명과 비슷한 것을 창출해서 실명은 그대로 놓고 그것으로 하면 되지 않겠느냐라는 생각이 있는데요.

이것은 아이핀이 가진 근본적인 기술적인 문제점과 동일하게 일맥상통합니다. 아이핀이라는 것은 주민등록번호를 그대로 넣고요 옛날에 방송통신위원회에서 부여하는 아이핀을 따로 받습니다. 그래서 이 자료는 데이터베이스에 넣고 이 아이핀만 이용하는데 지금 한 30만에서 50만밖에 안 됩니다.

문제는 이 원 자료 원 소스자료들은 그대로 데이터베이스에 있다는 겁니다. 그래서 언제든지 우리는 아니지만 원하면 그것을 꺼내볼 수 있는 사람들은 꺼내볼 수 있다는 데 상당한 문제가 있습니다. 첫째, 그리고 기술적으로 해킹으로부터 완벽하다고 전혀 얘기를 할 수 없습니다.

문제는 여하한 방법으로든 간에 가장 먼저 시행해야 할 것은 이것을 집적하고 이것을 활용하려는 그러한 노력이나 그런 환경을 만들어 주지 않는 것, 그러니까 이것을 집적하거나 수집하지 못하게 하고 부득이하게 수집했을 경우에는 이것을 곧바로 파기하게 하는, 아까 유럽지침에서도 만약에 통신사업자들이 과금을 위해서 한 여러 가지 자료들을 곧바로 파기하도록 하는 이런 법적 조치가 지금 함께 진행이 되어야 되겠다 이런 생각을 하고 있습니다.

감사합니다.

사 회 자 : 감사합니다.

일단 두 분 지정토론에 대한 부분적인 답변이 다 된 것 같습니다.

아까도 제가 말씀드렸지만 이 인터넷실명제가 그 자체가 가지고 있는 문제점이 있고 오늘 이 발제와 토론에서도 나타났듯이 인터넷실명제의 실시에 따른 부작용으로 개인정보보호의 문제가 함께 거론되고 있습니다.

생각해 보면 기술적으로 개인정보를 인터넷실명제를 통해서 해당사업자가 축적할 수 있고 또 국가가 개인신상정보를 축적할 수 있고, 비근한 예가 엊그제 뉴스에서도 삼성카드인가요? 거기에서 개인정보유출사고가 났다는 이야기도 있었고, 그리고 또 제 기억으로는 몇 년 전에 한때 영화배우 이영애 씨를 동원해 가지고 공격적인 카드사업을 벌렸던 엘지카드가 있었는데 그때 엘지카드가 망하면서 신한카드하고 합병인수되면서 그때 거의 파산한 카드회사가 인수금액이 7조원이었다는게 제가 기억이 납니다. 문제는 그 7조원이 엘지카드가 가지고 있는 소위 신상정보의 값어치가 그렇다는 거지요. 그래서 사실 우리 사회가 인터넷실명제도 문제가 되지만 이 개인정보보호가 이 인터넷실명제와 함께 뒤따르지 않으면 인터넷실명제가 원래 의도하고자 하는 본연의 목적달성과는 다른 결과를 초래할 수 있다는게 오늘 지금 이 자리에서 확인되고 있는 구체적 쟁점 같습니다.

지금 지정토론에 대한 답변이 있었고요. 지금 플로어에 인터넷방송 또는 개인정보보호 관련해서 많은 관심을 가지고 계시는 전문가 분들도 계시고 그리고 또 헌법연구관님들 그리고 헌법연구위원님들도 많이 계십니다.

자유롭게 토론을 진행할까 하는데 혹 질문 있으시면 말씀해 주시기 바랍니다.

질문을 준비하실 동안에 제가 한 말씀 더 드리겠습니다.

앞서 이황희 연구관님께서 스피노자하고 데카르트 예를 들어서 소위 익명표현의 자유의 중요성을 역설하셨는데 저도 이 주제를 접하니까 생각이 나는 게 미국이 건국과정에서 연방주의자와 반연방주의자들 사이에 아주 격렬한 논쟁이 있었고 잘 아시겠지만, 그 가운데 연방주의자들이 익명으로 리퍼블리쿠스라고 하는 이름으로 당시 반연방주의자들의 메카였던 뉴욕의 어느 언론사에 소위 글을 돌을 가면서 익명으로 기고를 했고 그게 Federalist Papers라고 하는 책으로 묶여져 있는데, 사실 우리가 오프라인에서도 이렇게 익명표현의 자유를 보장하고 있는데 더더욱이나 개방된 매체인 인터넷에서 오히려 익명표현의 자유를 제한하고 있다는게 제가 보면 대단히 아이러니한 현상이다라는 것이고, 아마 그런 것 때문에 사실 우리가 매체적 특성이라고 말할 때 우리 헌법재판소가 일전에 나우누리사건에서 최초로 인터넷매체의 특수성에 대해서 통찰적인 입장을 개진하셨고 이어서 미네르바사건에서도 마찬가지고 계속적으로 우리 헌법재판소가 미국연방대법원이 지금 여기 나왔던 통신품위법사건, 즉 르노어판결에서도 인터넷매체를 기존에 소위 인쇄매체의 어떤 매체적 특성에 접근해서 광범위하게 보장해야 된다 그리고 표현의 자유의 우월적 지위를 보장해야 된다 이런 입장이라면, 저는 우리가 지금 인터넷실명제가 꼭 익명성으로 인해서 빚어지는 여러 가지 문제점에도 불구하고 대단히 과잉적인 제한으로 일변하는 게 아닌 것인가 이런 견해를 가지고 있었습니다.

제가 말씀드리는 중간에 질문을 하실 생각이 정리가 되셨으면 질문 부탁드리겠습니다.

이 자리에 지금 방송통신위원회에서 백유미 사무관님도 나와 계시고 그리고 인터넷진흥원에서 이홍재 선생님께서도 나와 계시는데 혹시 오늘 저의 발제토론에 덧붙여주실 말씀이 없으신가요?

토 론 자 : 저는 오늘 말씀을 들으려고 왔는데 제가 발언을 하게 될 것이라고는 예상은 못했고요. 제가 발언을 하기 적절한 자리인지는 모르겠지만 이거는 공식적인 의견은 전혀 아니고 그냥 담당자로서 그동안 고민해 왔던 부분을 같이 공유한다는 차원에서 간단하게 몇 가지 말씀드리겠습니다.

제가 몇 가지 팩트에 관한 부분을 혹시 조금 오해하고 계시는 것 같아서 세 가지 부분에 대해서만 말씀을 드리겠습니다.

발제하신 지성우 교수님께서도 말씀해 주셨지만 저희 정보통신망법상의 본인확인제 의무조치 중에 본인확인정보를 6개월간 보관을 하도록 하게 되어 있습니다.

그런데 그 본인확인정보라는 것이 저희가 사업자들한테 매년 3월에 제한적 본인확인제 대상사업 기업들 대상으로 설명회를 개최를 합니다. 그럴 때마다 주민번호나 개인정보를 보관하라는 의미가 아니라고 저희가 누누이 설명을 합니다. 그 뜻은 본인을 확인했다는 정보를 보관하라는 의미인데요. 그것은 신용평가사로부터 본인을 확인을 합니다. 예를 들어 포털사들이요. 그러면 그 신용평가사에서 특정한 고유결과값을 포털사한테 전송을 해 줍니다. 그 결과값을 저장하라는 의미거든요.

그런데 보통 인터넷기업들이 주민번호를 약관을 통해서, 물론 대다수 이용자들이 꼼꼼하게 약관을 읽지 않으시겠지만 개인정보취급에 동의합니까라고 약관을 통해서 다들 클릭을 하셔서 이미 회원가입할 때부터 이 본인확인제와 상관없이 그 서비스의 회원가입과 동시에 개인의 모든 정보가 다 저장이 되는 데 동의를 하셨습니다.

그래서 본인확인제는 게시판에 글을 작성할 때 본인을 확인하고 그 본인을 확인했다는 정보만을 보관하라고 한 것이 법이나 시행령에 나와 있는 그 범위입니다. 그런데 그동안 본인확인제가 시행되기 이전부터 대부분의 인터넷기업들이 자사의 마케팅에 활용하기 위해서 주민번호뿐만 아니라 여러 가지 개인신상정보들을 보관하고 저장을 해 왔습니다.

그래서 얼마 전 7월달에 있었던 SK컴즈 개인정보유출사건의 원인이 본인확인제 때문이 아니냐라는 일부 기사가 있었는데 그 부분은 위원회에서도 해명자료를 발표하고 또 기자 브리핑도 했었습니다.

인터넷기업들이 기업차원에서는 정말 보관하기 싫지만 본인확인제 때문에 어쩔 수 없이 보관을 해 왔다라고 하는 부분은 본인확인제업무를 담당하고 있는 저로서는 답답한 측면이 있었고요. 본인확인제가 2007년 3월부터 도입이 되었었는데 대부분의 인터넷기업들이 그 이전부터 회원가입과 연동해서 개인정보들을 취급하고 보관을 해 왔습니다.

그러면 왜 적극적으로 기업들이 주민번호를 수집하고 저장하는 것들을 왜 국가에서 방기했느냐라는 그 부분에 대해서는 저희가 더욱더 적극적으로 기업들에게 주민번호 저장을 하지 못하도록 더 독려하지 못한 부분 그거는 저도 일정부분 책임을 통감하고요. 저희가 방통위에서 지난 8월달에 개인정보강화정책을 발표를 했습니다. 그래서 현재정보통신망법상으로는 주민번호저장이 위법사항이 아닙니다.

그런데 저희가 내년부터는 인터넷상의 주민번호수집 및 저장을 금지하는 법안을 준비를 하고 있습니다. 그리고 8월 31일부터 SK컴즈, 즉 지난번에 개인정보유출이 되었던 SK컴즈의 네이트닷컴에서는 주민번호를 저장하지 않습니다. 본인확인제를 준수하면서도 주민번호를 저장하지 않아도 충분히 된다는 것을 기업들이 다 알고 있거든요. 다 알고 있음에도 불구하고 그동안 저장을 해 왔었는데 주요포털사에서는 처음부터 SK컴즈가 8월 31일부터 저장하고 있던 모든 주민번호를 다 폐기를 했고요. 9월 1일부터 회원가입시에 주민번호를 저장하지 않는다는 정책을 발표했고 또 시행을 하고 있습니다.

그리고 일부 작은 인터넷기업들에서는 제한적 본인확인제 대상이 되면서부터 그 결과값만을 보관을 하고 개인정보를 보관하지 않는 중소인터넷기업들도 있습니다.

즉 그 말은 본인확인제를 충분히 준수하면서도 개인정보를, 즉 주민번호를 포함한 개인정보를 보관하지 않아도 된다는 SK컴즈의 이번 주민번호폐기사례는 그런 부분에 대해서 충분한 증거가 될 수 있다고 생각을 하고요.

그리고 두 번째 말씀드릴 부분은 지 교수님도 보고서에서 언급을 하셨지만 유엔인권이사회에서 발표한 인터넷상의 표현의 자유보고서를 언급을 하셨는데요. 제가 지난달에 그 보고서 때문에 직접 제네바에 갔다 왔거든요. 그런데 정말 한국만큼 그야말로 다이나믹하게 인터넷에 많은 댓글을 올려주는 국가가 전 세계적으로 유례가 없는 것은 사실입니다. 제네바에서도 일단은 제가 업무가 인터넷을 하고 있기 때문에 다양한 SNS를 많이 활용을 하고 있는데요. 제네바의 공항이나 특급호텔 역 어디에도 무선인터넷이 잡히지를 않습니다. 우리는 어디를 가더라도 다 심지어 지하철에서도 다 잡히면서 전철 안에서도 페이스북이나 다양한 SNS를 수시로 보면서 댓글도 달고 있지만 기본적으로 다른, 아무리 선진국이라 하더라도 우리나라만큼 이런 인터넷인프라가 잘 갖추어진 나라가 없습니다. 기본적으로 인터넷인프라가 잘 갖추어져 있고 그리고 인터넷에 댓글이라든지 여론조성의 기능이 전 세계에서 따라올 수 없을 정도로 굉장히 독특한 우리나라만의 인터넷문화를 갖고 있는 것도 분명한 사실이고요. 그래서 왜 해외사례가 없냐라고 물으시겠지만 사실은 IT나 인터넷분야에서는 세계 모든 리딩국가들이 다 저희를 쳐다보고 있거든요. 저희가 미국 출장이나 유럽 출장을 가도 그분들이 오히려 물으세요. 왜 출장 왔냐고. 지금 다 한국을 쳐다보고 한국을 어떻게든지 테스트베드로 보고 있는 상황에서 한국이 자기나라에 와서 IT나 인터넷쪽에 관련된 질의를 하는 것 자체를 굉장히 의아하게 생각할 정도로 특히 인터넷분야에 대해서는 한국이 거의 독보적인 수준에 올라와 있습니다. 그래서 다른 나라에서는 경험하지 못한 아직 일어나지 않은 일들이 한국에서 먼저 일어나고 있다고 생각을 해 주시는 것도 일단은 크게 틀리지 않은 말씀 같습니다.

사 회 자 : 감사합니다. 백 사무관님.

앞서 공식적인 의견이 아니시라고 말씀을 하셨지만 거의 이 헌재 공개변론에서 피청구인측의 공식적인 답변같은, 답변을 아주 조리 있게 잘 정리해 주신 것 같습니다.

마찬가지로 지금 인터넷진흥원에서 이홍재 선생님 나와 계신 데 혹시 덧붙일 말씀 있으신가요? 이 팩트와 관련해서.

토 론 자 : … 게시판에 글을 올릴 때 본인의 책임 …

인프라가 발생을 했다는 얘기는 그만큼 많이 사용을 사람들이 한다는 측면도 있고 저희나라만큼 IT기기라든가 이런 것에 대한 …

우리나라에서 영향을 미치는 것과 영국이나 다른 나라에서 영향을 미치는 …

사 회 자 : 감사합니다.

이어서 플로어에서 자발적으로 질의를 하실 분 있으시면 질문 주십시오.

혹시 없으시면 그동안 개인정보보호쪽에 많은 관심을 가지시고 활발하게 연구업적을 쌓아 오신 성균관대학교의 김인환 교수님 혹시 커멘트 해 주실 게 없으신가요?

토 론 자 : 간단히 말씀드리겠습니다.

일단 저는 방통위하고 키사에서 오신 분한테 역으로 말씀드리고 싶은데요. 신상털기가 가능한 것은 한국의 개인정보가 그만큼 많기 때문이겠지요, 그렇지요? 두 번째로 IT가 발전했기 때문에 비교할 게 없다고 말씀하시는데 반대로 그만큼 그러면 우리가 익명의 자유나 표현의 자유가 더 많이 있다는 얘기겠지요, 그렇지요?

그렇기 때문에 IT인프라가 있는 나라에서 그만큼 더 표현의 자유가 활발해져야 되는데 비교할 거리가 없다는 얘기는 다른 나라는 언제든지 쫓아올 것이거든요. 지금 우리가 현재 애플에 당하고 있는 것하고 똑같은 상황이기 때문에 개인식별번호가 없는 나라에서 개인이 보호되고 있는 상황과 그래도 개인식별번호가, 주민등록번호가 아니고 개인식별번호거든요. 개인식별번호가 없는 나라에서 개인이 보호되고 있는 상태하에서 인프라가 구축된 나라와 개인식별번호를 무차별하게 이미 가지고 있고 악용되는 나라에서 IT인프라가 구축되는 상황을 비교해 보신다면 그 문제를 좀 거꾸로 저는 말씀드리고 싶고요.

두 번째로 자꾸 개인정보보호로 넘어가는데 저는 헌법상의 문제로 보면 기본권행사의 원칙적 보장, 기본권제한의 예외적 허용이라는 관점에서 볼 때 자신의 이름을 드러내지 아니하고 표현할 자유가 원칙이라고 한다면 그거를 드러내도록 하는 게 제한일 것이거든요. 그러면 그런 관점에서 본다면 아까 지 교수님이나 이 교수님이나 다들 말씀하신 게 원칙일 것이거든요. 그러면 그거를 드러내고 싶지 않은 사람을 드러내게 할 정당성을 국가가 입증하지 못하는 한 위헌이 될 텐데, 그런 부분에 있어서는 현재의 — 아까 우리 이황희 연구관님이 정말 적절하게 지적하셨는데 — 본인확인제 자체가 과연 그러면 위헌인지의 여부를 다루어야 하는 것이 오늘의 논점인 것 같아요. 부차적으로 개인정보유출연결 그거는 그 다음 논지고.

그런 점에서 본다면 본인확인제 자체를 저희들이 위헌여부를 좀더 집중적으로 연구하는 그게 필요하다고 생각합니다.

사 회 자 : 감사합니다.

인터넷실명제논란 관련해 가지고 제가 사회 맡고 나서 독일쪽에 보니까 이런 이야기도 있더라고요. 예를 들어서 지금 굳이 인터넷실명제를 하지 않아도 이미 글을 쓰는 순간에 소위 인터넷 기술적으로 IP주소가 확인되고 하기 때문에 예를 들어서 문제되는 글 또는 댓글과 관련해서 문제가 되면 나중에 다 추적이 가능하다. 그런데 꼭 굳이 사전으로 실명제를 거치도록 하는 것은 사실상 결국 표현의 자유의 위축효과인 것이고 또 우리가 헌법쪽에서 아까 우월적 지위로서의 기본권 표현의 자유로 이야기하지만 이 표현의 자유가 보장되는 가장 중요한 함의는 민주국가에서 저는 결국 정치적 표현의 자유이고 또 정치적 표현의 자유는 정부를 비판할 자유라고 생각을 합니다.

문제는 지금 우리가 공직선거법의 규정도 그렇고 사실 정부를 비판할 자유를 위축시키는 그런 효과를 가지고 온다면 이 인터넷실명제 자체가 가지고 있는 민주주의적 의미에서 대단히 위험하다. 아마 그렇기 때문에 제가 앞서 소개시켜 드렸듯이 독일 연방내무부장관이 인터넷실명제 논의를 지난번 노르웨이사태 때문에 검토하니까 우리 민주주의의 근본원칙을 부정하고 있다. 이렇게 아주 강력한 반발이 제기됩니다. 그래서 아까 적절하게 말씀하셨듯이 개인정보보호의 문제는 추가적인 문제이고 하여튼 인터넷실명제 관련해서 본인확인이라고 하는 것이 과연 인터넷상에서 익명으로 글을 쓸 자유, 익명으로 표현할 자유 이 제한문제가 과연 정당한 것이냐 이 문제를 한번 살펴볼 필요가 있다는 생각입니다.

그래서 제가 사회를 맡고서 발제자님의 발제문을 읽으면서 저는 가지고 있었던 의문점이 다른 분들께서 질문을 준비하실 동안에 제 질문만 딱 하나만 말씀드리면, 이 발제문의 서두부분에서 인터넷과 관련해 가지고 지금 현재 인터넷사업자 또는 서비스사업자의 사회적 영향력이 커지고 다음에 사회적 책임도 커지고 그렇기 때문에 뭔가 인터넷상의 어떤 규제필요성이 제기되었다 이렇게 서론에서 풀어내시는데, 그러면 인터넷사업자 또는 서비스사업자의 사회적 영향력 또는 사업적 책임이 중요하다면 이 서비스사업자에 대해서 그만큼 책임을 묻는 법적 장치들을 마련해야 되는데 왜 개인이용자에게 본인확인제 또는 실명제 이런 것들을 적용해서 결과적으로 사업자의 어떤 사회적 영향력부분이 문제가 되었음에도 불구하고 사업자는 빠지고 개인이용자가 본인확인제 등의 기본권제한이 부과되는 것인지 저는 이게 이해가 안 되는 부분이라고 생각을 하거든요. 혹 답변하실 수 있으시면 부탁드리겠습니다.

질문을 좀 모으겠습니다.

임지봉 교수님.

토 론 자 : 서강대학의 임지봉입니다.

저는 IT쪽에 별로 잘하지 못합니다. 공부도 별로 안했고요.

본인확인제에 대해서도 저도 생각은 해 봤습니다만 깊이 고민은 안 해 봤는데요. 오늘 지 교수님이나 토론하신 이인호 교수님이나 다 이쪽 정보인권분야에 공부를 많이 하신 분들이고 그래서 많이 배웠습니다만 저는 이런 생각이 들었습니다.

뭐냐 하면 이 본인확인제 아마 제가 틀렸을 겁니다. 틀렸다는 것을 좀 지적해 달라고 드리는 질문인데, 혹시 이거 본인확인제라는 것은 표현자유에 대한 사전적인 억제 그것도 사전 중에서도 원래 표현의 자유에 대한 사전억제금지의 원칙에 의해서 사전억제는 위헌성이 강하게 추정되지 않습니까? 사후적인 제재는 그래도 위헌성이 좀 떨어지고 말이지요. 그런데 본인확인제야말로 표현을 하기도 전에 억제하는 것 아닌가요? 사전억제라는 것은 표현을 하고 나서 유포되기 전에 억제하는 것인데 본인확인제라는 것은 표현을 하려고 마음먹고 들어가려는데 '너 누구냐? 밝히고 해라' 그러면서 표현을 못하게 막는 간접적으로는, 그러니까 어떻게 보면 프라이얼리스트레인트인데 이거야말로 과잉금지의 원칙 적용할 필요도 없이 위헌 아닌가?

그리고 내가 본인인지 모르게 하면서 표현할 수 있으니까 그게 표현의 자유잖아요. 그런데 표현의 자유를 구가하려면 책임 있는 표현을 해라는 게 아마 본인확인제의 취지 같은데요. 책임 있는 표현을 해야 할 의무가 어디 있습니까? 표현의 자유가 있는데. 그리고 자기가 누군지 모르게 표현하는 게 얼마나 달콤합니까? 그거야말로 정말 자유 아닌가요? 정말 거리낌 없이 표현할 수 있는 것이고요.

그래서 저는 이게 사전억제금지의 원칙이나 이런 데 비추어 봤을 때도 그냥 깊게 생각할 필요도 없이 위헌 아닌가 싶은 생각이 드는데 발제자이신 지 교수님 생각은 어떠신지요?

사 회 자 : 지금까지 제기된 여러 논의들에 대해서 지 교수님께 답변을 간략하게 부탁드리겠습니다.

발 표 자 : 앞서 이인호 교수님께서 토론 서두에 제가 발제를 한다 그러니까 합헌 나오겠네 이렇게 생각을 하고 토론문을 보셨다고 하시는 말씀과 이종수 교수님의 말씀이 비슷하신 것 같은데요.

저는 평소에 표현의 자유의 결과에 대한 책임에 굉장히 중하게 처벌해야 된다는 생각을 가지고 있습니다. 그래서 이종수 교수님께서는 앞서는 네이버나 이런 여러 가지 매체들이 옛날에 비해서 상당히 강한 사회적 영향력을 가지고 있다는 서두로 시작을 했는데 왜 뒷쪽에 가서는 그런 얘기는 안하냐? 이런 얘기는 제가 보기에는 그 부분에서 있어서 그러니까 표현이 된 다음에 표현행위에 대한 책임은 상당히 지금 지지 않는 것 아니냐 사회적인 전반적인 분위기가, 법적으로도 사업자들도 예를 들어서 미국처럼 징벌적 손해배상으로 상당히 사업체가 망할 정도의 그런 것을 해 주는 그런 법제시스템도 없습니다, 지금 우리나라에서는. 그저 죄송합니다 하면 그냥 지나가는 분위기고요. 여러 가지 아까 위원님께서도 말씀을 해 주셨지만 여러 가지 사회적인 이슈를 만들어 내는 이러한 일들 일련의 사건들을 저지른 사람들을 보면 별로 그렇게 사회적인 처벌을 많이 받지를 않았다라는 겁니다. 그러니까 명예훼손적 행위를 했거나 그런 행위로 인해서 상당히 많은 사회적인 파급력, 효과 그리고 자신의 표현행위로 인해서 상대방에게 피해를 준 사람에 대해서 강한 처벌을 해야 된다라고 하는 것이 평소의 저의 지론입니다.

그래서 아마 앞쪽에 것도 그렇지 않냐라고 생각을 했고 저 역시 이 발제문을 준비하기 전까지는 그렇게 볼 수 있지 않을까라는 생각으로 시작을 했습니다만 헌법원칙을 아무리 요모조모 뜯어봐도 사후에 어떤 처벌에 대한 강화하는 문제는 사회문화적인 어떤 법적인 이런 것과 일맥상통해 있기 때문에 외국에 있어서의 명예훼손 예를 들어서 독일의 벨라이디군 같은 것은 제가 졸업시험 보면서 보니까 우리하고는 상당히 다른 구조를 가지고 있습니다. 그래서 거짓말한 사람과 안 한 사람을 차별하는 그런 구조도 가지고 있고요. 우리는 그런 것과는 조금 다른 구조를 가지고 있습니다. 그러니까 거짓말하는 사람에 대해서 상당히 관용하는 분위기를 가지고 있다. 이상하게도. 그것은 아마도 저는 심리학적으로 내지는 역사적으로 살펴보면 그 전에 우리가 쭉 자신의 내심을 숨기고 거짓말을 할 수밖에 없는 사회적인 공포분위기들이 조성된 그런 상황에서 그것이 이미 국민적으로 죄송한 말씀입니다만 좀 체화되어 있는 것 아니냐. 그래서 나도 거짓말 너도 거짓말 이런 것들이 민주화과정에서 상당히 많이 벗겨질 것이다라고 생각을 하는데요, 지금까지는 그것이 아직 남아있는 것이 아니냐. 그래서 거짓말하는 사람들에 대한 상당히 강한 제재가 전제가 된다면 그렇다면 앞쪽에서 우리가 익명으로 표현하는 그것으로 인해서 만약에 자기가 걸렸을 때 받을 민·형사적인 처벌이 크다면 그렇다면 익명표현을 할 때도 상당히 조심할 겁니다. 그런데 아직 거기까지 민·형사쪽의 그런 처벌들이 가지 않은 것 아니냐. 그런 사회적인 문화적인 배경이 이 본인확인제가 지금까지 유지된 그런 것 아니냐라는 생각이 들고요.

두 번째는 아까 IT산업 말씀하셨는데요. 저도 그것 때문에 상당히 고민 많이 했습니다. 우리나라 IT산업 세계 최고인거는 맞는 것 같고요. 또 앞으로 아마 국가의 국부를 창출할 수 있는 근원이 되는 것은 맞는 것 같습니다.

그런데 아까 김인환 교수님께서 정확하게 지적을 하셨다시피 현재 우리가 IT산업의 이런 발전에 상응하지 않는 여러 가지 후진적인 제도를 가지고 있습니다. 가령 13자리의 모든 숫자로 자신의 출생지부터 시작해서 모든 민감정보를 밝힐 수 있는 주민등록번호제도를 가지고 있습니다. 그것과 연동되는 여러 가지의 사회적인 문제들이 일어나는 것은 둘째 치고라도 그러한 저변제도들이 아직 정비가 안 되어 있는 상황에서 이 본인확인제는 아까 임 교수님 말씀하신대로 상당히 많은 사회적인 문제, 즉 자신의 표현을 억제할 수밖에 없는 요인으로 작용할 수밖에 없지 않느냐. 그래서 뒤쪽에서 표현하는 것에 대한 책임을 강하게 묻는 것하고 사전에 자신의 의사의 표현하지 못하게 막는 것은 다른 것 같다라는 겁니다.

세 번째는 이종수 교수님 말씀하신 현재 네이버나 다음 등에 대해서는 별로 법적 책임이 없다 그러시는데요. 그래서 아마 앞으로는 ISP들에 대해서, 즉 인터넷사업자들에 대해서 상당히 많은 법적책임을 물을 수밖에 없지 않느냐라는 생각이 들고요. 그러니까 사전에 본인확인제가 없어도 ISP등의 사업자들에 대하여 영국 같은 경우는 제가 언론사들을 보니까 가차 없이 전부 걸러냅니다. 그래서 상당히 많은 부분이 비어있습니다. 유명사이트에 가면 상당히 많은 부분이 삭제가 되어 있는 것을 보면 그러한 표현행위에 대해서 사회적인 어떤 수준을 높이고 자체적인 그러한 심의제도가 강화가 되고 그래서 이게 없어지면 만약 어떠한 명예훼손적인 것이 자신의 게시판을 통해서 확산되었을 경우에 어마어마한 사회적인 책임론이 그 사업자들한테 물리게 되는 그러한 제도가 정착이 되면 아마도 본인확인제는 자연스럽게 필요 없게 되지 않겠느냐 이런 생각이 드는데, 문제는 그것이 사업의 현실로 나가서 네이버나 다음의 관계자들의 얘기를 들어보면 그렇게 강하게 제재를 하다가는 우리나라 IT사업이 안 됩니다. 국가기관에서 고민하는 것은 이것과 이것 사이에서 아마 굉장히 고민을 많이 하고 있을 겁니다.

그러나 그럼에도 불구하고 앞서도 말씀드렸다시피 사후에 여기에 대한 강한 책임을 묻는 것과 사전에 아예 이러한 주민등록번호 같은 것을 관행적으로 수집하는 것이 정착화 되어 있는 이런 상황에서 지속적으로 이 제도를 유지하는 것은 상당히 문제가 있지 않느냐 이런 결론에 저는 다다랐습니다.

사 회 자 : 감사합니다.

지금 우리가 예정된 시간에서 정확하게 10분 정도 남았습니다.

그래서 몇 분 더 질의토론이 가능할 것 같은데요.

김선택 교수님 부탁드리겠습니다.

토 론 자 : 임지봉 교수 질문한게 의미가 있다고 생각하는데 대답이 좀 빠진 것 같아서 제가 보충질문을 하겠습니다.

우리 헌법에는 그냥 언론·출판의 자유가 있다고 했지 실명의 언론·출판의 자유만 보호된다고는 되어 있지 않잖아요. 이게 지금 실명의 표현만 보호된다고 해석을 하면 거기다 또 더해가지고 책임 있는 표현이라는 말이 자꾸 나오는데 그러면 책임의 표준은 누가 정하는 겁니까?

저는 이런 생각이 들어요. 이런 식으로 익명표현의 자유를 부정하는 식으로 되면 어떻게 되냐 하면 결국 이게 제한의 단계문제가 아니고 기본권보호영역을 위축시키는 단계로 앞으로 이동한다 이렇게 보여요. 그러면 결국 사전검열과 유사한 효과가 발생하는 거죠. 이 문제가 아까 임지봉 교수님은 그냥 사전제한, 사전억제라고 말씀하셨는데 구체적으로는 헌법이 규정하고 있는 자유권의 보호영역 자체를 위축시키는 것 같이 보입니다, 제가 보기에는. 이게 중대한 문제가 아닐까 하는 생각이 들고.

또 우리나라에는 이런 문제가 있는 것 같아요. 진리의 시장이다 또는 정치적 이념의 투쟁의 시장, 신념의 시장이라고 부를 수 있는 것 그 다음에 사회문화적인 커뮤니케이션의 이런 문제가 있는데, 지금 인터넷상에 등장하는 수많은 부정적인 현상들이 법률에 의해 통제될 수 있는 거냐? 아까 지성우 교수님 발표를 보니까 기술적으로도 가능하지 않은 것이고 산업발전에도 부정적인 효과를 미치는 것이고, 그래서 이거를 형량을 해 보면 우리 문화가 개선되어야 되는 문제이지 이게 법적으로 통제해서는 성과를 거두기 어렵지 않겠는가 이런 생각이 저는 문득 듭니다.

질문의 핵심은 아까 앞부분 얘기한 것 그러니까 이렇게 사전검열효과까지 발생시키는 이 부분을 우리가 구체적으로 위헌심사할 때 아까 우리 지성우 교수님 발표는 그냥 3단계심사해서 제한의 한계쪽으로 갔는데, 오히려 더 앞으로 땡겨서 보면 더 정확하지 않을까하는 생각이 들고요.

두 번째는 이런 식의 법률규정이 너무 후견주의적인 효과를 발생시키는 것 같아요. 국민을 너무 어리게 보고 오히려 국민의 자율적인 규제라든지 이런 통제를 오히려 약화시키는 것 같습니다. 국민이 좀 어리다고 해서 계속 어리게 만드는 효과가 있는 것 같아요. 이 두 부분에 대해서 좀 답변 부탁드립니다.

사 회 자 : 감사합니다.

이인호 교수님께서 추가 해서 질문해 주시겠습니다.

지정토론자 : 아까 제가 질문을 드렸는데 지 교수님께서 제 질문의 요지를 파악하지 못하신 것 같아서 재차 할까 하다가 마침 검열이 아니냐하는 논의가 나오고 해서 제 소견을 좀 논쟁을 위한 논쟁을 하면, 저는 검열이라고 보여지지 않는 게 지금 현재 인터넷실명제는 익명으로 게시할 수 있습니다. 그러나 삭제될 뿐이지요 인터넷사업자에 의해서. 그렇기 때문에 사전에 어떤 표현내용을 심사해서 거르는 작업은 아니라고 보여지고요.

이게 워낙 논의는 오히려 강하게 위헌론으로 가는데 저도 이 제도 자체가 과연 얼마나 효과가 있는가 하는 측면에서는 의문을 가집니다만 이 목적은 정당하다고 보여집니다.

그러니까 지금 저쪽에서 오셨던 분들이 사실은 중요한 내용을 하신 것은 그만큼 이게 우리 사회에서 댓글이나 이런 것을 통해서 타인의 인격을 모독하거나 쉽게 거짓말을 하거나 쉽게 명예훼손을 하는 현상들이 워낙 강하고 그에 대해서 책임을 지운다는 이야기는 조금 책임감 있게 행동해라라고 하는 것이지요, 표현행위를 할 때. 그거는 이런 실명을 확인을 하게 함으로써 혹시라도 내가 불법표현을 했을 때 그 불법에 따르는 법적 책임을 받게 될 가능성을 더 높이는 것이거든요. 그렇기 때문에 그 효과나 이런 것을 아주 엄밀하게 검증해야 됩니다. 단순하게 표현의 자유를 침해하는 것 아니냐라고 단정하기가 쉬운 게임은 아닌 것 같습니다, 제가 보기에. 저도 약간의 위헌성은 있는 것 아닌가 하는 느낌은 가집니다만, 특히 이 경우에 아까 제가 드렸던 질문은 실명확인을 하더라도 실명확인을 한 사람이 그러니까 온라인사업자가 또는 그 실명확인을 해 준 신용정보쪽이나 이쪽에서 정부가 수사를 위해서 요구할 때 그에 대해서 거부를 할 수가 있어야 되는데 원칙적으로 그래서 불법정보를 유통시킨 사람에 대해서 형사적 제재를 가할 때 법적인 적법절차의 요청에 의해 가지고 그것을 내줄 것이냐 안 내줄 것이냐 하는 장치가 마련되어 있다면 저는 합헌이라고 생각합니다. 그게 지금 현재 없는 것 아닌가. 그래서 수사기관이 요구하면 바로 줘야 되고 하는 것이 문제가 되어서 그렇기 때문에 사람들은 '야 이거 내가 했다 하면 바로 잘못 걸리면 수사에 오르게 되고 그러니까 내가 신원을 밝혔지만 이거 신원이 보호될 것이라는 믿음이 없기 때문에 위축적 효과가 나타난다는 겁니다. 그런 점이 우려되는 점이고요. 그래서 제 질문은 그렇게 한다면 어떠냐하는 것이고요.

그리고 또 하나 의문드는게 지금 현재 사건이 되어 있는 일반게시판실명제는 두 가지입니다.

하나는 공공기관 게시판에 표현행위를 할 때와 다음에 일반민간 게시판에 표현행위를 할 때의 문제인데 공공기관의 게시판에 표현행위를 할 때 실명확인을 하는 것은 저는 상당히 위헌성이 높다고 봅니다 그거는. 왜냐하면 그 가버먼트를 비판하려고 하는데 그 비판하는 너의 신원을 밝히고 비판해라라고 하면 그거는 누구도 그 정부를 비판하는 표현을 하기가 어렵게 됩니다.

그런데 민간의 경우는 좀 차원이 다른 거 아닌가? 우리가 민간사업자에게 표현행위를 할 게시판을 개설해 놓았지만 누구든지 민간사업자가 그거를 우리 약관에 위반된다 해서 삭제시킬 수 있는 것 아닌가요? 민간의 경우에는.

그것은 지금 차원이 좀 다르게 두 개가 위헌적 평가를 할 때도 달리 봐야 되는 거 아닌가 싶습니다.

사 회 자 : 감사합니다.

죄송하지만 답변을 1분 내로 부탁드립니다.

발 표 자 : 정말 좋은 지적들 감사합니다.

우선 임지봉 교수님 말씀하신 것은 아마도 지금 제가 찾아본 자료에 있어서는 그런 주장을 하시는 분들이 없습니다. 그러니까 당연히 과잉금지의 원칙을 적용해서 논문을 쓰고 그렇게 했는데, 찾아보니까 김선택 교수님하고 두 분이 지적해 주신 바대로 제가 보기에 한번 충분히 생각해 볼 여지는 있겠다 이론적으로. 이것이 앞쪽으로 당기는 것 아니냐 당겨져도 되는 것 아니냐 사전억제금지의 원칙 속에서 먼저 검토를 해봐야 되는 것 아니냐. 저도 한번 신중히 다시 검토를 해보겠습니다. 과잉금지의 원칙까지 안 가더라도요. 그거는 그렇게 답변을 해 드리고요.

그 다음에 김선택 교수님께서 후견적 역할을 하고 있는 것 같다. 그것은 제가 여기 논문에 비슷한 얘기를 해 놓았습니다. 문화가 바뀌어야 되는 것이고 후견적 역할로부터 보호막을 좀 걷어야 되는 것이다라는 것.

세 번째 이인호 교수님께서 말씀하신 바대로 민간과 공공을 갈라야 된다는 그런 견해는 아마 한두 분 정도가 취하고 있는 견해 같습니다 한국에서는. 그리고 상당부분 옳은 말씀도 있습니다.

그런데 문제는 거기서 언뜻 생각나는 것은 아시겠지만 언론에 있어서의 전략적 봉쇄소송이라는 것도 있습니다. 그러니까 언론이 무슨 얘기를 못하게 그냥 때가 되면 자신에게 반대가 되는 그런 언론사에 대해서 5억, 10억씩 그냥 민사소송, 형사소송해 버리는 겁니다. 만약에 신원이 밝혀지면 아마도 민간이든 공공이든 결과는 똑같이 위하적 효력이 있는 행위를 할 가능성이 많습니다. 그런 의미에서 보면 아마 공공이나 민간이 어느 쪽에서 실명이 드러난다고 해도 유사한 효과가 있을 수밖에 없다라고 생각이 되고요.

그리고 또 절충하는 견해 아까 제가 절충설이 있습니다만 그 절충설은 설명을 못 드렸습니다라고 설명을 드린 것 같은데 그게 바로 지금 이인호 교수님 말씀하신 겁니다. 지금 현재 제도와 비슷한 제도를 유지하면서. 왜냐하면 지금 현재 제도가 간단하게 본인확인만 한다라고 보여지지만 그것이 기술적으로 법적으로 다시 따져 들어가면 완벽하게 위헌이라고 하기에는 또 어려운 부분이 있습니다.

왜냐하면 법에는 본인만 확인하라고 했지 주민등록 내놓으라고 얘기는 안했고, 본인만 확인하라고 했지 실명을 거기다 쓰게 하라고 얘기는 안 했습니다.

따라서 결과적으로 이것이 실명으로 나온다고 하더라도 법논리상으로 보면 상당히 어려운 법논리가 전개될 가능성이 많습니다.

그래서 후자쪽에다가 사법적인 적법절차장치를 두자. 그래서 만약에 여기에 대해서 본인확인을 하고자 할 때 행정기관에서 일방적으로 그것을 꺼내가는 것이 아니라 사법절차를 두자, 굉장히 좋은 말씀이신 것 같은데요. 제가 보기에는 아까도 국제적인 얘기했는데 그러면 미국이나 영국이나 이런 테러에 노출된 나라에서는 과연 왜 안 하느냐에 대해서도 한번 생각을 해 봐야 될 필요도 있고요.

한국적인 문화에서 만약에 이것을 법관에게 인정을 한다고 하더라도 대부분의 경우에 제가 알기로 개인정보보호에 반해서 법관이 그냥 거의 대부분 다 내주는 것으로 알고 있습니다. 그래서 그 부분이 무력화되는 사실적인 문제도 있기 때문에 그런 사실적인 문제까지를 고려한다면 법의 형식적인 논리만으로 따져들어가기에는 조금 어려운 부분이 있지 않겠느냐 그렇게 생각이 됩니다.

사 회 자 : 감사합니다.

오늘 인터넷실명제와 관련해서 관련되는 여러 가지 쟁점들이 거의 대부분 다 다루어진 것 같습니다.

그래서 오늘 이 발표회를 정리하기 전에 마지막으로 우리 실무연구회의 회장을 맡고 계시면서도 오늘 특히 바쁜 중에도 불구하고 끝까지 자리에 참석해 주신 김종대 재판관님께 약간의 코멘트를 부탁드리겠습니다.

회 장 : 여러 고견들이 오고가는 가운데 많이 느낀 바도 많고 많이 배웠습니다.

조금 아쉬웠던 점은 우리 판례연구회 운영위원회에서 금년에는 발표형식을 판례평석형식으로 하자 그렇게 했고 그래서 어떤 판례를 구체적으로 대상으로 해서 거기에 대한 학자나 연구관 여러분의 기탄없는 비판과 토론이 오고 갈 것으로 기대했는데 오늘은 하나의 주제를 잡고 그것을 논하는 바람에 우리가 한 헌재의 판결이 전면에 안 나왔다는 것이 조금 아쉽습니다. 다음에는 바로 우리 결정을 직접적 대상으로 해서 활발한 논의를 해 줬으면 좋겠습니다.

그 다음에 오늘 저도 이 사건을 한 재판관의 한사람으로서 제가 그 사건의 의견을 쓴 기초를 말씀을 드리는 게 좋을 것 같아서 드립니다.

평의에 참석할 때는 가끔 그 두터운 벽을 느낍니다. 그런데 학자 여러분들의 자유로운 얘기를 들을 때는 자주 마음이 아주 상쾌해지는 느낌이 듭니다. 오늘 더구나 존경하는 이인호 교수님께서 소수의견 제법 잘 쓴 것 같다 이러니까 더더욱 힘이 납니다.

저는 아까 이 인터넷실명제 본인확인제에 대한 의견을 낼 때 머릿속에 이런 생각이 있었습니다. 왜 민주주의 국가에서는 비밀투표를 하느냐? 그게 제일 첫머리에 들었어요. 그 다음에는 힘 있는 자가 길을 만들어 놓고 이 길이 좋다고 생각해서 그 길로 그렇지 못한 사람들을 사고를 제한해서 이게 너희에게 좋다 하는 식으로 몰아간다는 것은 굉장히 자존심 상한다. 그 길은 좀 안 좋은 것 같다 그 방법은, 그런 생각입니다.

익명표현의 자유를 기본권으로 인정을 한다면 익명으로 표현함으로써 생기는 피해를 감수를 해야지 말만 인정한다 해 놓고 실질은 비례심사를 내세워서 그 피해를 수용하지 않는 쪽으로 가는 것은 그것은 또 무슨 일이냐, 하여튼 이런 기초적인 생각으로 의견을 냈습니다.

감사합니다.

사 회 자 : 감사합니다.

사회자의 소임을 좀 소홀히 해서 결과적으로 마지막 데드타임에서 5분 정도 지났습니다만 이에 상응해서 그만큼 오늘 이 발표와 토론을 통해서 얻은 바가 크다는 생각을 합니다.

학기초에 대단히 바쁜 시기임에도 불구하고 오늘 아주 훌륭한 발제문을 작성하고 시간을 쪼개주신 지성우 교수님 그리고 이인호 교수님 그리고 이황희 연구관님께 다시 한번 사회자로서 감사드리고 이것으로 마치겠습니다.

제114회(2011. 10. 13) 발표문

헌법재판소 미디어법 관련 권한쟁의심판사건 결정들에 대한 비판적 검토*

임 지 봉**

Ⅰ. 서론: 문제의 제기

2009년 10월 29일에 우리 헌법재판소가, 미디어법 권한쟁의사건에 대해 법 통과과정이 위법해 국회의장이 야당국회의원들의 권한을 침해하기는 했는데, 법통과가 무효는 아니라는 판결을 내렸다. 즉, 다수의 헌법재판관들이 신문법 통과와 관련해 무권투표 등의 위법행위가 있었음을 인정했고, 방송법과 관련해서는 국회법상의 일사부재의원칙에 반하는 위법한 재투표가 있었다고 판시하면서도, 두 법 모두 가결선포행위 자체는 무효가 아니라는 논리를 폈었다. 필자는 그 판결이 내려지기 직전에 다른 글을 통해 헌법재판소가 1997년 7월 16일의 노동관계법 날치기 통과사건에서 법 통과의 위법성과 권한 침해는 있으되, 위헌무효는 아니라는 이상한 판결을 내렸고, "이 판결의 악몽이 이번에 재연되지 않기를 간절히 바란다."고[1] 쓴 바 있었다. 그런데 또 다시 유사한 판결이 내려져 착잡한 마음이 컸었다. 헌법재판소가 '절차적 민주주의 확보'의 관점에서 권한쟁의심판 인용결정 및 무효 확인을 통해 입법절차상 흠결있는 국회의장의 법률안 가결선포행위나 다수당의 밀어붙이기식 법통과 관행에 대해 쐐기를 박아주기를 기대했기 때문이었다. 더욱이 헌법재판소는 그로부터 일년여 후인 2010년 11월 25일에 2009년의 이 결정에도 불구하고 미디어법안을 재심의하는 등 가결선포행위의 위법성을 치유하는 어떠한 조치도 취하지 않은 국회의장의 부작위에 대해서조차 기각결정으로 면죄

---

* 이 글은 필자가 2010년 상반기 「법과 사회」 제38호에 게재한 논문인 "헌법재판소 미디어법 관련 권한쟁의심판사건 결정의 헌법적 문제점"을 대폭 보완하고 수정한 학회 발표용 글이다. 따라서 이 글은 연구논문의 성격을 지니고 있지 않고 학술대회에서의 발표를 위한 미완성의 원고에 불과하므로 인용의 대상이 되지 않음을 미리 밝혀둔다.

** 서강대학교 법학전문대학원 교수.

1) 임지봉, "미디어법, 헌재결정에 주목한다" 경향신문 2009년 9월 19일자.

부를 주었다.[2)]

본 발표문은 이런 입법절차상 흠결있는 국회의장의 법률안 가결선포행위에 대해 정면으로 다룬 2009년의 헌법재판소 결정과 그 결정의 기속력의 범위에 대해 다룬 2010년 헌법재판소 결정의 분석과 그 비판적 검토를 목적으로 삼는다. 이를 위해 우선 같은 쟁점을 다룬 유사판결이라 할 수 있는 1997년 7월 16일 헌법재판소 권한쟁의심판결정과 이 두 결정들을 분석·비교해 보고 기능적 권력분립과 국회자율권, 절차적 민주주의, 헌법재판소의 정치적 판단 등 헌법적 관점에서 이 판결을 평가해 본다.

Ⅱ. 헌법재판소의 미디어법 권한쟁의심판 결정의 요지

1. 노동법 등의 권한쟁의심판사건[3)]

(1) 심판대상

피청구인이 제182회 임시회 제1차 본회의를 개의하고 국가안전기획부법중개정법률안, 노동조합및노동관계조정법안, 근로기준법중개정법률안, 노동위원회법중개정법률안, 노사협의회법중개정법률안의 5개 법률안을 상정하여 가결 선포한 행위가 헌법 또는 법률에 의하여 부여받은 청구인들의 법률안 심의·표결의 권한을 침해한 것인지의 여부와 그로 인하여 위 가결선포행위가 위헌인지의 여부가 본 권한쟁의심판사건의 심판대상이 되었다. 그리고 본 사건 당사자적격의 판단에는 헌법재판소법 제62조 제1항 제1호가[4)] 주로 참조되었다.

(2) 사실관계의 요지

국회부의장 갑은 1996년 12월 26일 오전 6시경 피청구인을 대리하여 신한국당 소속 국회의원 155인이 출석한 가운데 제182회 임시회 제1차 본회의를 개의하

2) 본 발표문에서는 이하에서 편의상 신문법, 방송법 등 미디어법의 심의·표결단계에서의 문제점에 대해 다루고 있는 2009년 10월 29일의 헌법재판소 미디어법 권한쟁의심판 결정을 '미디어법 권한쟁의심판 결정Ⅰ'로, 2009년 결정의 기속력에 대해 다루고 있는 2010년 11월 25일의 헌법재판소 미디어법 권한쟁의심판 결정을 '미디어법 권한쟁의심판 결정Ⅱ'로 부르기로 한다.

3) 헌재 1997. 7. 16, 96 헌라 2.

4) 헌법재판소법 제62조는 "권한쟁의심판의 종류"라는 題下에 "① 권한쟁의심판의 종류는 다음과 같다. 1. 국가기관 상호간의 권한쟁의심판 국회, 정부, 법원 및 중앙선거관리위원회 상호간의 권한쟁의심판"이라 규정하고 있다.

고 위의 5개 법률안을 상정, 표결을 하여 가결되었음을 선포하였다. 이에 새정치국민회의 및 자유민주연합 소속 국회의원인 청구인들은 피청구인이 야당 국회의원인 청구인들에게 변경된 개의시간을 통지하지도 않은 채 비공개로 본회의를 개의하는 등 헌법 및 국회법이 정한 절차를 위반하여 위 법률안을 가결시킴으로써 독립된 헌법기관인 청구인들의 법률안 심의·표결권을 침해하였다고 주장하면서 그 권한침해의 확인과 아울러 위 가결선포행위에 대한 위헌확인을 구하는 이 사건 권한쟁의심판을 청구하였다.

(3) 결정 주문

1. 피청구인이 1996. 12. 26. 06 : 00경 제182회 임시회 제1차 본회의를 개의하고 국가안전기획부법중개정법률안, 노동조합및노동관계조정법안, 근로기준법중개정법률안, 노동위원회법중개정법률안, 노사협의회법중개정법률안을 상정하여 가결선포한 것은 청구인들의 법률안 심의·표결의 권한을 침해한 것이다.

2. 청구인들의 나머지 청구를 기각한다.

(4) 결정 이유의 주요 논점 및 요지

1) 국회의원과 국회의장의 권한쟁의심판 당사자적격

헌법 제111조 제1항 제4호에서 헌법재판소의 관장사항의 하나로 "국가기관 상호간, 국가기관과 지방자치단체간 및 지방자치단체 상호간의 권한쟁의에 관한 심판"이라고 규정하고 있을 뿐 권한쟁의심판의 당사자가 될 수 있는 국가기관의 종류나 범위에 관하여는 아무런 규정을 두고 있지 않고, 이에 관하여 특별히 법률로 정하도록 위임하고 있지도 않다. 따라서 입법자인 국회는 권한쟁의심판의 종류나 당사자를 제한할 입법형성의 자유가 있다고 할 수 없고, 헌법 제111조 제1항 제4호에서 말하는 국가기관의 의미와 권한쟁의심판의 당사자가 될 수 있는 국가기관의 범위는 결국 헌법해석을 통하여 확정하여야 할 문제이다. 헌법 제111조 제1항 제4호 소정의 '국가기관'에 해당하는지 아닌지를 판별함에 있어서는 그 국가기관이 헌법에 의하여 설치되고 헌법과 법률에 의하여 독자적인 권한을 부여받고 있는지 여부, 헌법에 의하여 설치된 국가기관 상호간의 권한쟁의를 해결할 수 있는 적당한 기관이나 방법이 있는지 여부 등을 종합적으로 고려하여야 할 것이다. 이 사건 심판청구의 청구인인 국회의원은 헌법 제41조 제1항에 따라 국민의 선거에 의하여 선출된 헌법상의 국가기관으로서 헌법과 법률에 의하여 법률안 제출권, 법률안 심의·표결권 등 여러 가지 독자적인 권한을 부여받고 있으며, 피청구인인 국회의장도 헌법 제48조에 따라 국회에서 선출되는 헌법상의 국가기관으로서 헌법과 법률에 의하여 국회를 대표하고 의사를 정리하며, 질서를 유지하고 사무를 감독할 지위에 있고, 이러한 지위에서 본회의 개의시의 변경, 의사일정의 작성과 변경, 의안의 상정, 의안의 가결선포 등의 권한을 행사하게 되어 있다. 따라서 국회의원과 국회의장 사이에 위와 같은 각자 권한의 존부 및 범위와 행사를 둘러싸고 언제나 다툼이 생길 수 있고, 이와 같은 분쟁은 단순히 국회의 구성원인 국회의원과 국회의장간의 국가기관 내부의 분쟁이 아니라 각각 별개의 헌법상의 국가기관으로서의 권한을 둘러싸고 발생하는 분쟁이라고 할 것인데, 이와 같은 분쟁을 행정소송법상의 기관소송으로 해결할 수 없고 권한쟁의심판 이외에 달리 해결할 적당한 기관이나 방법이 없으므로 국회의원과 국회의장은 헌법 제111조 제1항 제4호 소정의 권한쟁의심판의 당사자가 될 수 있다고 보아야 할 것이다.

2) 국회의원의 법률안 심의·표결권 침해가 있었음

국회의원의 법률안 심의·표결권은 비록 헌법에는 이에 관한 명문의 규정이 없지만 의회민주주의의 원리, 입법권을 국회에 귀속시키고 있는 헌법 제40조,[5] 국민에 의하여 선출되는 국회의원으로 국회를 구성한다고 규정하고 있는 헌법 제41조 제1항으로부터[6] 당연히 도출되는 헌법상의 권한이다. 그리고 이러한 국회의원의 법률안 심의·표결권은 국회의 다수파의원에게만 보장되는 것이 아니라 소수파의원과 특별한 사정이 없는 한 국회의원 개개인에게 모두 보장되는 것임도 당연하다.

피청구인이 주장하는 대로의 통지가 있었다 하더라도 그러한 통지는 야당소속 국회의원들의 본회의 출석을 도저히 기대할 수 없는 것으로서 국회법 제76조 제3항에[7] 따른 적법한 통지라고 할 수 없어서 이 사건 본회의의 개의절차에는 위 국회법의 규정을 명백히 위반한 흠이 있다고 아니할 수 없다. 한편 피청구인이 주장하는 바와 같이 사건 법률안의 의결처리 과정에서 청구인들의 일부가 포함된 야당의원들이 위력을 행사하여 본회의 개의를 저지함으로써 국회운영의 정상적인 진행을 봉쇄하였다는 이유만으로 이 사건 피청구인의 위법행위가 정당화된다고 할 수 없다. 그렇다면 피청구인이 국회법 제76조 제3항을 위반하여 청구인들에게 본회의 개의일시를 통지하지 않음으로써 청구인들은 이 사건 본회의에 출석할 기회를 잃게 되었고 그 결과 이 사건 법률안의 심의·표결과정에도 참여하지 못하게

5) 헌법 제40조는 "입법권은 국회에 속한다."고 규정하고 있다.

6) 헌법 제41조 제1항은 "국회는 국민의 보통·평등·직접·비밀선거에 의하여 선출된 국회의원으로 구성한다."고 규정하고 있다.

7) 당시 국회법 제76조 제3항은 "의장은 특히 긴급을 요한다고 인정할 때에는 회의의 日時만을 의원에게 통지하고 개의할 수 있다."고 규정했었다.

되었다. 따라서 피청구인의 그러한 행위로 인하여 청구인들이 헌법에 의하여 부여받은 권한인 법률안 심의·표결권이 침해되었음이 분명하다.

3) 법률안 가결선포행위의 유효성

우리 헌법은 국회의 의사절차에 관한 기본원칙으로 제49조에서[8] '다수결의 원칙'을, 제50조에서[9] '회의공개의 원칙'을 각각 선언하고 있으므로, 이 사건 법률안의 가결선포행위의 효력 유무는 결국 그 절차상에 위 헌법규정을 명백히 위반한 흠이 있는지 여부에 의하여 가려져야 할 것이다. 이 사건 법률안은 재적의원의 과반수인 국회의원 155인이 출석한 가운데 개의된 본회의에서 출석의원 전원의 찬성으로 — 결국 재적의원 과반수의 찬성으로 — 의결 처리되었고, 그 본회의에 관하여 일반국민의 방청이나 언론의 취재를 금지하는 조치가 취하여지지도 않았음이 분명하므로, 그 의결절차에 위 헌법규정을 명백히 위반한 흠이 있다고는 볼 수 없다. 청구인들은 위 본회의의 소집과정에서 상당수 국회의원들에 대하여 적법한 개회통지가 이루어지지 않았고 또 전격적인 개의로 말미암아 일반국민의 방청이나 언론의 취재도 사실상 곤란하였다는 점을 들어 이 사건 법률안이 입법절차에 관한 헌법의 규정을 위반하여 가결선포된 것이라고 주장하고 있으나, 이러한 문제는 모두 의사절차상의 국회법 위반 여부나 의사절차의 적정성 여부에 관련된 것에 불과한 것으로 보아야 할 것이다. 그렇다면 피청구인의 이 사건 법률안의 가결선포행위에는 국회법 위반의 하자는 있을지언정 입법절차에 관한 헌법의 규정을 명백히 위반한 흠이 있다고 볼 수 없으므로, 이를 무효라고 할 수는 없다.

(5) 이 결정이 가지는 의미

헌법재판소가 국회의장에 의한 소위 법률안 날치기통과에 대해 헌법에 의하여 부여받은 청구인 국회의원들의 법률안 심의·표결의 권한을 침해한 것은 인정했지만 법률안 가결선포행위가 위헌무효라는 청구에 대해서는 인용의견이 재판관 과반수에 이르지 못해 위헌무효라 할 수는 없다고 판시한 사건이다. 권한 침해는 있었는데 위헌무효는 아니라는 이상한 논리를 보이고 있어 이 결정에 대한 비판이 많다. 이재화, 조승형, 고중석 재판관은 반대의견에서 의회민주주의와 다수결원

8) 헌법 제49조는 "국회는 헌법 또는 법률에 특별한 규정이 없는 한 재적의원 과반수의 출석과 출석의원 과반수의 찬성으로 의결한다. 가부동수인 때에는 부결된 것으로 본다."고 규정하고 있다.

9) 헌법 제50조는 제1항에서 "국회의 회의는 공개한다. 다만, 출석의원 과반수의 찬성이 있거나 의장이 국가의 안전보장을 위하여 필요하다고 인정할 때에는 공개하지 아니할 수 있다."고 규정하고, 제2항에서 "공개하지 아니한 회의내용의 공표에 관하여는 법률이 정하는 바에 의한다."고 규정하고 있다.

리의 헌법적 의미를 고려할 때 헌법 제49조는 국회의 의결이 통지가 가능한 국회의원 모두에게 회의에 출석할 기회가 부여된 바탕 위에 재적의원 과반수의 출석과 출석의원 과반수의 찬성으로 이루어져야 함을 뜻하는 것으로 해석되어야 하며, 이 점에서 야당의원들에게 본회의 개의일시를 알리지 않음으로써 출석가능성을 배제한 가운데 본회의를 개의하여 여당의원들만 출석한 가운데 그들만의 표결로 법률안을 가결선포한 행위는 헌법 제49조에 명백히 위배되어 위헌무효라는 입장을 개진했다. 헌법재판소가 판례 입장을 변경해, 권한쟁의심판의 당사자적격에 관한 헌법재판소법 제62조 제1항 제1호를[10] 예시규정으로 보면서 국회의장과 국회의원의 당사자적격을 인정한 첫 결정이라는 점에도 주목을 요한다.

2. 미디어법 권한쟁의심판사건 I[11]

(1) 심판대상

피청구인들이 2009. 7. 22. 15:35경 개의된 제283회 국회임시회 제2차 본회의에서 신문법안, 방송법안, 인터넷멀티미디어법안, 금융지주회사법안의 각 가결을 선포한 행위가 청구인들의 법률안 심의·표결 권한을 침해하였는지 여부 및 나아가 위 각 법률안에 대한 가결선포행위가 무효인지 여부.

(2) 사실관계의 요지

청구인은 진보신당, 민주당, 창조한국당, 민주노동당 소속 국회의원들이다. 국회부의장은 민주당 소속 국회의원들의 출입문 봉쇄로 국회본회의장에 진입하지 못한 국회의장으로부터 의사진행을 위임받아 제283회 국회임시회 제2차 본회의의 개의를 선언한 다음, 15:37경 '신문 등의 자유와 기능보장에 관한 법률'[12] 전부개정법률안, 방송법 일부개정법률안, 인터넷멀티미디어 방송사업법 일부개정법률안을 일괄 상정한다고 선언하고, 심사보고나 제안설명은 단말기 회의록, 회의자료로 대체하고 질의와 토론도 실시하지 않겠다고 했다. 그 후 신문법 원안에 대하여 수정안에 대한 표결이 이루어져 재적 294인, 재석 162인, 찬성 152인, 반대 0인, 기권 10인의 표결결과가 나오자 국회부의장은 신문법 수정안이 가결되었으므로 신

10) 헌법재판소법 제62조는 "권한쟁의 심판의 종류"라는 제하에 제1항 제1호에서 "권한쟁의심판의 종류는 다음과 같다. 1. 국가기관 상호간의 권한쟁의심판: 국회, 정부, 법원 및 중앙선거관리위원회 상호간의 권한쟁의심판"이라고 규정하고 있다.

11) 헌재 2009. 10. 29. 2009헌라8.

12) 이하에서는 '신문법'.

문법 전부개정법률안은 수정안 부분은 수정안대로, 나머지 부분은 신문법 원안의 내용대로 가결되었다고 선포하였다. 방송법은 원안이 아닌 수정안에 대하여 표결을 진행하였고, 몇 분이 경과한 후 "투표를 종료합니다."라고 선언하여 투표종료 버튼이 눌러졌는데, 전자투표 전광판에는 국회 재적 294인, 재석 145인, 찬성 142인, 반대 0인, 기권 3인이라고 표시되었다. 이에 국회부의장은 "수정안에 대해서 투표를 다시 해 주시기 바랍니다." "재석의원이 부족해서 표결 불성립되었으니 다시 투표해 주시기 바랍니다."라고 하여 다시 투표가 진행되었고, "투표 종료를 선언합니다."라고 말한 후 전자투표 전광판에 재적 294인, 재석 153인, 찬성 150인, 반대 0인, 기권 3인으로 투표결과가 집계되자 방송법 수정안이 가결되었으므로 방송법 일부개정 법률안은 수정된 부분은 수정안대로, 나머지 부분은 원안대로 가결되었다고 선포하였다. 그 이후 인터넷멀티미디어 법안과 금융지주회사법 일부개정법률안에 대해서도 표결이 이루어져 가결·선포되었다. 위 신문법안, 방송법안, 인터넷멀티미디어 법안 및 금융지주회사법안은 정부로 이송되어 국무회의를 거쳐 공포되었다.

(3) 주 문

1. 청구인들의 피청구인 국회부의장에 대한 심판청구를 모두 각하한다.

2. 피청구인 국회의장이 2009. 7. 22. 15:35경 개의된 제283회 국회임시회 제2차 본회의에서 '신문 등의 자유와 기능보장에 관한 법률 전부개정법률안'의 가결을 선포한 행위 및 '방송법 일부개정법률안'의 가결을 선포한 행위는 청구인들의 법률안 심의·표결권을 침해한 것이다.

3. 청구인들의 피청구인 국회의장에 대한 '인터넷멀티미디어 방송사업법 일부개정 법률안' 및 '금융지주회사법 일부개정법률안'의 각 가결선포행위로 인한 권한침해 확인청구를 모두 기각한다.

4. 청구인들의 피청구인 국회의장에 대한 '신문 등의 자유와 기능보장에 관한 법률 전부개정법률안,' '방송법 일부개정법률안,' '인터넷멀티미디어 방송사업법 일부개정법률안' 및 '금융지주회사법 일부개정법률안'의 각 가결선포행위에 관한 무효확인 청구를 모두 기각한다.

(4) 결정 이유의 주요 논점 및 요지

1) 국회부의장에 대한 심판청구는 부적법

권한쟁의심판에서는 처분 또는 부작위를 야기한 기관으로서 법적 책임을 지는 기관만이 피청구인적격을 가지므로, 이 사건 권한쟁의심판은 의안의 상정·가결선포 등의 권한을 갖는 피청구인 국회의장을 상대로 제기되어야 한다. 피청구인 국회부의장은 국회법 제12조 제1항에[13] 따라 국회의장의 직무를 대리하여 법률안을 가결선포할 수 있을 뿐이고 법률안 가결선포행위에 따른 법적 책임을 지는 주체가 될 수 없다. 따라서 피청구인 국회부의장에 대한 이 사건 심판청구는 피청구인 적격이 인정되지 않는 자를 상대로 제기되어 부적법하다.

2) 신문법안 가결선포행위로 인한 심의·표결권의 침해

피청구인의 신문법안 가결선포행위와 관련하여, 김희옥, 김종대, 송두환은 심의절차의 제안취지 설명 절차부분이 국회법 제93조에 위배되어 청구인들의 심의·표결권을 침해했다고 보았고, 이강국, 조대현, 김희옥, 김종대, 이동흡, 송두환 재판관은 심의절차의 질의·토론 절차부분이 국회법 제93조에[14] 위배되어 청구인들의 심의·표결권을 침해하였다고 보았으며, 특히 이강국, 이공현, 조대현, 김희옥, 송두환 재판관은 신문법 수정안에 대한 표결절차가 자유와 공정이 현저히 저해된 상태에서 이루어졌으며, 표결과정에서 무권투표가 발생하는 등의 현저한 무질서와 불합리 내지 불공정이 표결결과의 정당성에 영향을 미쳤을 개연성이 있다고 판단되므로, 피청구인의 신문법 수정안의 가결선포행위는 헌법 제49조[15] 및 국회법 제109조의[16] 다수결 원칙에 위배되어 청구인들의 표결권을 침해했다고 보았다. 따라서, 피청구인의 신문법안 가결선포행위가 청구인들의 심의·표결권을 침해하였다는 의견이 관여 재판관 9인 중 7인으로 과반수를 충족하므로 이 부분 심판청구는 인용되었다.

3) 방송법안 가결선포행위로 인한 심의·표결권의 침해

방송법안과 관련해서는 1차 투표결과가 부결로서 2차 투표가 일사부재의원칙에 반하는지 및 1차 투표에 대한 표결불성립 선언 전에 이루어진 68명의 찬성투표가 사전투표로 무효이므로 2차 투표도 무효인지가 쟁점이다.

조대현, 김종대, 이동흡, 송두환 재판관은 방송법안 심의절차에 있어 질의·토

13) 국회법 제12조는 "부의장의 의장직무대리"라는 제하에 제1항에서 "의장이 사고가 있을 때에는 의장이 지정하는 부의장이 그 직무를 대리한다."고 규정하고 있다.

14) 국회법 제93조는 "안건심의"라는 제하에 "본회의는 안건을 심의함에 있어서 그 안건을 심사한 위원장의 심사보고를 듣고 질의·토론을 거쳐 표결한다. 다만, 위원회의 심사를 거치지 아니한 안건에 대하여는 제안자가 그 취지를 설명하여야 하고, 위원회의 심사를 거친 안건에 대하여는 의결로 질의와 토론 또는 그 중의 하나를 생략할 수 있다."고 규정하고 있다.

15) 헌법 제49조는 "국회는 헌법 또는 법률에 특별한 규정이 없는 한 재적의원 과반수의 출석과 출석의원 과반수의 찬성으로 의결한다. 가부동수인 때에는 부결된 것으로 본다."고 규정하고 있다.

16) 국회법 제109조는 "의결정족수"라는 제하에 "의사는 헌법 또는 이 법에 특별한 규정이 없는 한 재적의원 과반수의 출석과 출석의원 과반수의 찬성으로 의결한다."고 규정하고 있다.

론 절차부분이 국회법 제93조에 위배되어 청구인들의 심의·표결권을 침해하였다고 보았다. 또한 조대현, 김종대, 민형기, 목영준, 송두환 재판관은 헌법 제49조 및 국회법 제109조가 의결을 위한 출석정족수와 찬성을 위한 정족수를 단계적으로 규정하고 있는 독일, 일본 등과는 달리, 의결정족수에 관하여 의결을 위한 출석정족수와 찬성정족수를 병렬적으로 규정하고 있고 나아가 '재적의원 과반수의 출석'과 '출석의원의 과반수의 찬성'이라는 규정의 성격이나 흠결의 효력을 별도로 구분하여 규정하고 있지도 않기 때문에 표결이 종료되어 '재적의원 과반수의 출석'에 미달하였다는 결과가 확인된 이상, '출석의원 과반수의 찬성'에 미달한 경우와 마찬가지로 국회의 의사는 부결로 확정되었다고 보아야 한다고 보았다. 따라서 방송법안 표결결과 부결이 확정되었음에도 부결을 선포하지 않은 채 재표결을 실시하고, 재표결결과에 따라 방송법안의 가결을 선포한 것이 국회법 제92조에[17] 위배하여 청구인들의 표결권을 침해하였다는 입장을 개진했다.

사전투표 주장과 관련해서는 이강국, 이공현, 김희옥, 이동흡 재판관이 "수정안에 대해서 투표를 다시 해 주시기 바랍니다."는 발언을 제1발언, "재석의원이 부족해서 표결 불성립되었으니 다시 투표해 주시기 바랍니다."는 발언을 제2발언이라고 했을 때 피청구인의 방송법안에 대한 재표결 선포 시점은 제1발언이 있은 때로 봄이 상당하기 때문에 방송법안에 대한 재표결에 있어 청구인들이 문제 삼는 68인의 투표는 피청구인의 방송법안에 대한 재표결 선포 이후에 이루어진 것으로 사전투표에 해당하지 않는다고 보았다.

이를 종합해 봤을 때 피청구인의 방송법안 가결선포행위가 청구인들의 심의·표결권을 침해하였다는 의견이 관여 재판관 9인 중 6인으로 과반수를 충족하므로 이 부분 심판청구도 인용되었다.

4) 인터넷멀티미디어법안 및 금융지주회사법안의 가결선포행위는 심의·표결권을 침해하지 않음.

이강국, 이공현, 김희옥, 민형기, 목영준 재판관은 이 법안들에 대한 심의·표결절차가 헌법이나 국회법에 위배되지 않으므로 위 각 법안의 가결선포행위가 청구인들의 심의·표결권을 침해하였다고 볼 수 없다고 보았고, 조대현, 김종대, 이동흡, 송두환 재판관은 심의·표결절차가 질의·토론에 관한 국회법 제93조에 위배되어 위 법안의 각 가결선포행위가 청구인들의 심의·표결권을 침해하였다고 보았다. 그러므로 침해하였다는 의견이 관여 재판관 9인 중 4인으로 과반수에 이르지

17) 국회법 제92조는 "일사부재의"의 제하에 "부결된 안건은 같은 회기 중에 다시 발의 또는 제출하지 못한다."고 규정하고 있다.

못하여 이 부분 심판청구는 기각되었다.

5) 신문법안 가결선포행위 무효확인청구는 기각

이강국, 이공현, 김종대, 이동흡, 민형기, 목영준의 6인 재판관은 신문법안 가결선포행위에 대한 무효확인 청구를 기각하여야 한다고 보았다. 그 가운데 민형기, 목영준 재판관은 신문법안 가결선포행위 자체가 법률안 심의·표결권을 침해하지 않았다고 보았기 때문에 이런 결론에 이르렀다. 반면에 이강국, 이공현 재판관은 신문법 가결선포행위가 법률안 심의·표결권을 침해한 것은 인정하면서도, 권한쟁의심판 결과 드러난 위헌·위법 상태를 제거함에 있어 피청구인에게 정치적 형성의 여지가 있는 경우 헌법재판소는 피청구인의 정치적 형성권을 가급적 존중하여야 하며 헌법재판소법 제66조 제2항도[18] 헌법재판소가 권한 침해의 발견시에 권한 침해의 원인이 된 피청구인의 처분을 취소하거나 "그 무효를 확인할 수 있고"라고 규정하고 있는 점에 주목했다. "무효를 확인할 수 있"기 때문에 권한 침해가 있다고 반드시 의무적으로 무효선언을 해야 하는 것은 아니고 무효선언 여부가 헌법재판소의 재량사항이라는 것이다. 그러면서 이 재량적 판단에 의한 무효확인 또는 취소를 통하여 피청구인의 처분의 효력을 직접 결정하는 것은 권한질서의 회복을 위하여 헌법적으로 요청되는 예외적인 경우에 한정되어야 한다고 하면서 이 사건에 있어서도 기능적 권력분립과 국회의 자율권을 존중하는 의미에서 헌법재판소는 원칙적으로 처분의 권한 침해만 확인하고, 권한 침해로 야기된 위헌·위법상태의 시정은 피청구인에게 맡기는 것이 바람직함을 기각의 이유로 들었다.

이에 비해 조대현, 송두환 재판관은 인용의견을 통해 신문법안 가결선포행위가 제안취지 설명이나 질의·토론 절차를 거치지 않은 채 표결된 것이므로 국회의 의결을 국민의 의사로 간주하는 대의효과를 부여하기 위한 실질적 요건을 갖추지 못했다는 점, 표결과정이 극도로 무질서하게 진행되어 표결절차의 공정성, 표결결과의 진정성을 의심하지 않을 수 없다는 점을 근거로 무효라고 보았다. 더 나아가 법률안에 대한 국회의 의결이 국회의원들의 심의·표결권한을 침해한 경우 그러한 권한침해행위를 제거하기 위해서는 권한침해행위들이 집약된 결과로 이루어진 가결선포행위의 무효를 확인하거나 취소하여야 한다고 하였고, 가결선포행위의 심의·표결권한 침해를 확인하면서 그 시정은 국회의 자율에 맡기는 것은, 모든 국가작용이 헌법질서에 맞추어 행사되도록 통제하여야 하는 헌법재판소의 사명을 포기

18) 헌법 제66조는 "결정의 내용"이라는 제하에 "제1항의 경우에 헌법재판소는 권한침해의 원인이 된 피청구인의 처분을 취소하거나 그 무효를 확인할 수 있고, 헌법재판소가 부작위에 대한 심판청구를 인용하는 결정을 한 때에는 피청구인은 결정취지에 따른 처분을 하여야 한다."고 규정하고 있다.

하는 것이라고 보았다.

김희옥 재판관도 인용의견을 통해, 권한쟁의심판제도는 국가권력의 통제를 통한 권력분립의 실현과 소수의 보호를 통한 민주주의의 실질화, 객관적 헌법질서 유지 및 관련 국가기관의 주관적 권한의 보호를 목적으로 한다고 전제하면서, 헌법재판소법 제61조 제2항이[19] 국가기관 등의 주관적 권한이익이 침해된 때로 청구사유를 제한하고, 제66조 제1항이[20] 권한의 존부 또는 범위에 관하여 판단한다고 하면서, 제66조 제2항에서 피청구인의 처분 등이 청구인의 권한을 이미 침해한 때에는 이를 취소하거나 그 무효를 확인할 수 있다고 규정한 것은 권한쟁의심판이 헌법적 권한질서에 관한 객관적 확인이라는 객관적 쟁송의 성격과 직접 침해된 청구인의 권한을 구제하도록 한 주관적 쟁송의 성격을 동시에 지니고 있음을 나타낸다고 보면서 이것이 독일연방헌법재판소법 제67조 제1항에서 피청구인의 행위가 기본법에 위배되는지 여부만을 심판하도록 규정한 것과 다름을 지적했다. 따라서 신문법안의 가결을 선포한 피청구인의 행위가 헌법과 국회법에 위배되는 것으로 인정한 이상 무효확인 청구를 인용해야 한다고 보았다. 그러므로 기각의견이 관여 재판관 9인 중 6인에 이르러 이 부분 심판청구는 기각되었다.

6) 방송법안 가결선포행위의 무효확인청구도 기각

이강국, 이공현, 김희옥 재판관은 애초에 방송법안 가결선포행위가 청구인들의 법률안 심의·표결권을 침해하지 않았다고 보았기 때문에 기각의견을 개진했다. 민형기, 이동흡, 목영준 재판관은 청구인들의 심의·표결권은 침해되었지만 그것이 입법절차에 관한 헌법규정을 위반하는 등 가결선포행위를 취소 또는 무효로 할 정도의 하자에 해당한다고 보기는 어렵다는 이유로 기각의견을 냈다. 김종대 재판관은 신문법안 가결선포행위의 무효확인청구를 기각한 것과 같은 이유로 방송법안 가결선포행위에 대한 무효확인청구도 기각하였다. 이에 비해 조대현, 송두환 재판관은 질의·토론절차가 생략된 점 외에도 국회법 제92조의 일사부재의에 위반하여 청구인들의 심의·표결권을 침해한 잘못이 부가되어 있으므로 이를 종합하여 가결선포행위의 무효를 선언해야 한다는 인용의견을 개진했다.

---

19) 헌법재판소법 제61조는 "청구사유"라는 제하에 "제1항의 심판청구는 피청구인의 처분 또는 부작위가 헌법 또는 법률에 의하여 부여받은 청구인의 권한을 침해하였거나 침해할 현저한 위험이 있는 때에 한하여 이를 할 수 있다."고 규정하고 있다.

20) 헌법재판소법 제66조는 "결정의 내용"이라는 제하에 제1항에서 "헌법재판소는 심판의 대상이 된 국가기관 또는 지방자치단체의 권한의 존부 또는 범위에 관하여 판단한다."고 규정하고 있다.

(5) 이 결정이 가지는 의미

헌법재판소는 이 미디어법 권한쟁의심판결정에서 우선 청구인들이 피청구인 국회부의장을 상대로 한 심판청구는 피청구인적격이 없음을 들어 이를 모두 각하하였다. 본안심사로 들어가서는 피청구인 국회의장이 국회 본회의에서 신문법안의 가결을 선포한 행위에 대해서는 7:2의 의견으로, 방송법안의 가결을 선포한 행위에 대해서는 6:3의 의견으로 이 가결선포행위들이 국회의원인 청구인들의 법률안 심의·표결권한을 침해하였음을 확인한 반면, 인터넷멀티미디어 방송사업법 일부개정법률안 및 금융지주회사법 일부개정법률안의 가결선포행위에 대해서는 5:4의 의견으로 기각결정을 내렸다. 그리고 다시 이 4개 법률안 가결선포행위의 무효확인청구에 대하여는 신문법안의 경우 6:3으로, 방송법안의 경우 7:2로, 인터넷멀티미디어법안 및 금융지주회사법안의 경우 만장일치로 모두 기각하는 결정을 내린 사건이다.

헌법재판소는 보도자료를 통해 "헌법재판소가 국회에서의 입법절차의 하자와 관련하여 질의·토론절차를 거치지 않은 점, 무권투표 등 표결절차에서의 공정성의 흠결, 일사부재의 원칙에 위배한 점 등을 이유로 그러한 하자 있는 심의·표결절차에 터잡아 이루어진 법률안 가결선포행위가 국회의원인 청구인들의 법률안 심의·표결권을 침해하였다"는 점 등 국회 심의·표결단계에서의 적법절차를 지키지 않은 점에 대해 1997. 7. 16. 선고한 96헌라2결정에 이어 다시 한번 위법한 권한침해를 인정한 것이고, 특히 무권투표 등과 관련한 표결절차상의 하자, 국회법상 일사부재의 원칙 위배여부에 대해서는 최초의 결정이라는 점에 의미를 둔다고 밝혔다.

3. 미디어법 권한쟁의심판사건 II[21)]

(1) 심판대상

헌법재판소가 2009. 10. 29, 2009헌라8 등 사건에서 피청구인이 이 사건 각 법률안의 가결을 선포한 행위는 청구인들의 이 사건 각 법률안 심의·표결권을 침해한 것이라는 결정을 선고한 이후에도, 피청구인이 청구인들에게 침해된 이 사건 각 법률안 심의·표결권을 회복할 수 있는 조치를 취하지 아니하는 부작위.

21) 헌재 2010. 11. 25, 2009헌라12.

(2) 사실관계의 요지

청구인들은 야당 소속의 제18대 국회의원들로서 헌법재판소에 국회의장을 피청구인으로 한 2009헌라8·9·10 권한쟁의심판청구를 하였다. 헌법재판소는 2009. 10. 29. 위 사건에 대하여, 피청구인이 2009. 7. 22. 15:35경 개의된 제283회 국회임시회 제2차 본회의에서 신문법(공식 법률명칭은 '신문 등의 자유와 기능보장에 관한 법률')안 및 방송법 일부개정법률안의 가결을 선포한 행위는 청구인들의 위 각 법률안 심의·표결권을 침해한 것임을 확인하고도, 위 각 법률안 가결선포행위의 무효확인청구는 이를 기각하는 결정을 선고하였다. 위 결정 이후, 문제가 되었던 방송법과 신문법은 각 시행되었고, 위 각 법률의 시행령도 대통령령으로 각각 개정되어, 각각 시행되었다.

청구인들 중 이용삼 외 11인은 위 결정 이후 신문법 폐지법률안과 신문법안 및 방송법 폐지법률안과 방송매체의 자유와 독립성 보장 등에 관한 법률안을 각각 발의하였다. 위 4개의 법률안은 제284회 국회 제9차 본회의에 보고되었고, 같은 날 소속 상임위원회인 국회 문화체육관광방송통신위원회에 회부되었으나, 의안상정이 이루어지지 않은 상태로 위 위원회에 계류되어 있다.

청구인들은 헌법재판소가 2009헌라8등 사건의 결정주문에서 피청구인의 신문법안 및 방송법안 가결선포행위가 청구인들의 이 사건 각 법률안 심의·표결권을 침해한 것이라고 인정한 이상, 위 주문의 기속력에 따라 피청구인은 청구인들에게 이 사건 각 법률안에 대한 심의·표결권을 행사할 수 있는 조치를 취하여야 함에도 불구하고 피청구인이 아무런 조치를 취하지 않고 있고, 피청구인의 이러한 부작위는 청구인들의 이 사건 각 법률안 심의·표결권을 침해한다고 주장하며 이 사건 권한쟁의심판을 청구하였다.

(3) 주 문

1. 청구인 이용삼의 이 사건 권한쟁의심판절차는 2010. 1. 20. 위 청구인의 사망으로 종료되었다.
2. 나머지 청구인들의 이 사건 심판청구를 모두 기각한다.

(4) 결정 이유의 주요 논점 및 요지

1) 김종대 재판관의 기각의견

헌법재판소법 제67조 제1항에 따라 모든 국가기관과 지방자치단체는 헌법재판소의 권한쟁의심판사건에 관한 결정에 기속되는데, 헌법재판소가 국가기관 상호간의 권한쟁의심판을 관장하는 점, 권한쟁의심판의 제도적 취지, 국가작용의 합헌적 행사를 통제하는 헌법재판소의 기능 등을 종합하면, 권한침해확인결정의 기속력을 직접 받는 피청구인은 그 결정을 존중하고 헌법재판소가 그 결정에서 명시한 위헌·위법성을 제거할 헌법상의 의무를 부담한다.

권한쟁의심판은 본래 청구인의 "권한의 존부 또는 범위"에 관하여 판단하는 것이므로, 종전 권한침해확인결정이 갖는 기속력의 본래적 효력은 피청구인의 이 사건 각 법률안 가결선포행위가 청구인들의 법률안 심의·표결권을 위헌·위법하게 침해하였음을 확인하는 데 그친다. 그 결정의 기속력에 의하여 법률안 가결선포행위에 내재하는 위헌·위법성을 어떤 방법으로 제거할 것인지는 전적으로 국회의 자율에 맡겨져 있다. 따라서 헌법재판소가 "권한의 존부 또는 범위"의 확인을 넘어 그 구체적 실현방법까지 임의로 선택하여 가결선포행위의 효력을 무효확인 또는 취소하거나 부작위의 위법을 확인하는 등 기속력의 구체적 실현을 직접 도모할 수는 없다.

일반적인 권한쟁의심판과는 달리, 국회나 국회의장을 상대로 국회의 입법과정에서의 의사절차의 하자를 다투는 이 사건과 같은 특수한 유형의 권한쟁의심판에 있어서는 헌법재판소법 제66조 제2항을 적용할 수 없다. "처분"은 본래 행정행위의 범주에 속하는 개념일 뿐 입법행위를 포함하지 않고, "입법관련 행위"에 대한 권한침해확인결정의 구체적 실현방법은 국회의 자율에 맡겨지는데, 국회법이나 국회규칙 어디에도 이에 관하여 국회의 자율권을 제한하는 규정이 없으며, 법률안 가결선포행위를 무효확인하거나 취소할 경우 그것은 실질적으로 해당 법률 전체의 효력을 무효화하는 결과를 초래하기 때문이다. 이러한 점 때문에 권한침해확인결정의 기속력에도 일정한 한계가 있다.

이 사건 심판청구 취지가 2009헌라8등 결정의 기속력 실현의 한 방법으로 이 사건 각 법률안 가결선포행위를 취소하는 등 재입법을 위한 특정한 작위의무의 이행을 구하는 것이라면, 위 결정이 갖는 기속력의 한계를 벗어나 부당하다. 단순히 피청구인에게 이 사건 각 법률안 가결선포행위의 위헌·위법성을 제거할 의무가 있다는 확인을 구하는 취지라면, 이는 종전 권한침해확인결정의 기속력에 의하여 이미 발생한 것이므로 거듭 구할 필요성이 없다. 따라서, 이 사건 심판청구는 어느 모로 보나 이유 없어 기각함이 상당하다.

2) 이공현, 민형기, 이동흡, 목영준 재판관의 각하 의견

헌법재판소의 권한쟁의심판의 결정은 헌법재판소법 제67조 제1항에 따라 모

든 국가기관과 지방자치단체를 기속하는데, 권한침해의 확인결정에도 기속력이 인정된다. 그러나 그 내용은 장래에 어떤 처분을 행할 때 그 결정의 내용을 존중하고 동일한 사정 하에서 동일한 내용의 행위를 하여서는 안 되는 의무를 부과하는 것에 그치고, 적극적인 재처분 의무나 결과제거 의무를 포함하는 것은 아니다. 재처분 의무나 결과제거 의무는 처분 자체가 위헌·위법하여 그 효력을 상실하는 것을 전제하는데, 이는 처분의 취소결정이나 무효확인 결정에 달린 것이기 때문이다.

헌법재판소법은 제66조 제2항 후단에서 헌법재판소가 피청구인이나 제3자에 대하여 적극적으로 의무를 부과할 권한을 부여하고 있지 않고, 부작위에 대한 심판청구를 인용하는 결정을 한 때에 피청구인에게 결정의 취지에 따른 처분의무가 있음을 규정할 뿐이다. 따라서 헌법재판소가 피청구인의 처분을 직접 취소하거나 무효확인함으로써 그 기속력의 내용으로서 피청구인에게 원상회복의무가 인정되는 것은 별론으로 하고, 헌법재판소가 권한의 존부 및 범위에 관한 판단을 하면서 피청구인이나 제3자인 국회에게 직접 어떠한 작위의무를 부과할 수는 없으며, 권한의 존부 및 범위에 관한 판단 자체의 효력으로 권한침해행위에 내재하는 위헌·위법상태를 적극적으로 제거할 의무가 발생한다고 보기도 어렵다.

따라서 위 2009헌라8등 사건에서 헌법재판소가 권한침해만을 확인하고 권한침해의 원인이 된 처분의 무효확인이나 취소를 선언하지 않은 이상, 종전 권한침해확인결정의 기속력으로 피청구인에게 종전 권한침해행위에 내재하는 위헌·위법성을 제거할 적극적 조치를 취할 법적 의무가 발생한다고 볼 수 없으므로, 이 사건 심판청구는 부적법하다.

(5) 이 결정이 가지는 의미

이 사건에서 헌법재판소는 2009. 10. 29. 2009헌라8 등 사건에서 피청구인이 이 사건 신문법안 및 방송법안의 가결을 선포한 행위는 청구인들의 위 각 법률안 심의·표결권을 침해한 것이라는 결정을 선고한 이후에도 피청구인이 청구인들에게 침해된 위 각 법률안 심의·표결권을 회복할 수 있는 조치를 취하지 않는 부작위가, 청구인들의 위 각 법률안 심의·표결권을 침해한다고 주장하면서도 청구인들이 제기한 권한쟁의심판청구 자체는 기각하였다. 이 사건 심판청구에 대해 재판관 4인은 각하의견을, 재판관 1인은 기각의견을, 재판관 4인은 인용의견을 각 개진하였다. 각하의견은 이 사건 심판청구를 받아들일 수 없다는 결론에 한해서는 기각의견과 견해가 일치하고, 각하의견과 기각의견을 합하면 출석재판관 과반수 찬성이라는 권한쟁의심판의 심판정족수가 충족되므로 기각결정을 내리게 된 것이다.

헌법재판소법 제66조 제2항 후단의 “헌법재판소가 부작위에 대한 심판청구를 인용하는 결정을 한 때에는 피청구인은 결정취지에 따른 처분을 하여야 한다”는 부분의 해석과 관련해, 기각의견은 여기서의 “처분”이 본래 행정행위의 범주에 속하는 개념일 뿐 입법행위를 포함하지 않고 ‘입법관련 행위’에 대한 권한침해확인 결정의 구체적 실현방법은 국회의 자율에 맡겨진다고 하면서, 국회의장의 법률안 가결선포행위를 취소하는 등 재입법을 위한 특정한 작위의무의 이행을 구하는 것은 헌법재판소의 권한쟁의심판 결정이 갖는 기속력의 한계를 벗어난다는 점을 기각의 주된 근거로 내세우고 있다. 또한, 각하의견은 제66조 제2항 후단에서 헌법재판소 자체가 피청구인이나 제3자에 대하여 적극적으로 의무를 부과할 권한을 부여하고 있지 않고 헌법재판소가 부작위에 대한 심판청구를 인용하는 결정을 한 때에 피청구인에게 결정의 취지에 따른 처분의무가 있음을 규정할 뿐이라고 해석하면서, 헌법재판소에 의한 권한의 존부 및 범위에 관한 판단 자체의 효력으로 권한침해행위에 내재하는 위헌·위법상태를 적극적으로 제거할 의무가 발생한다고 보기도 어렵다는 점을 각하의 주된 근거로 든다. 이에 대해서는 헌법재판소법 제66조 제2항 후단을 너무 소극적으로 해석해, ‘위헌·위법상태의 적극적인 시정으로 인한 헌법질서의 수호·유지’라는 헌법재판소의 사명을 소홀히 여긴 결정이 아니냐는 비판이 가능하다.

4. 이 결정들의 비교[22)]

이 결정들 중 1997년 결정과 2009년의 미디어법 권한쟁의심판 결정 I 은 공통

22) 이 세 결정 이외에도 국회 법안 심의 및 표결절차에서의 국회법 위반을 다룬 헌법재판소 결정은 더 많이 있다. 2001년 5월 8일의 2000헌라1사건 결정에서 상임위원회에서의 날치기사건에 대해 청구인의 심판청구 취하가 있어 헌법재판소의 다수의견은 민사소송법 제239조를 준용해 심판종료결정을 내렸으나, 권성·주선회 재판관은 반대의견을 통해 이 사건 결정이 상임위원회가 준수하여야 할 의사절차의 기준과 한계를 구체적으로 밝히는 것으로서 헌법질서의 수호·유지를 위하여 긴요한 사항일 뿐만 아니라 그 해명이 헌법적으로 특히 중대한 의미를 지니므로 원래 준비했던 결정을 선고해야 한다는 의견을 개진했다. 2004년 5월 14일에 선고된 2004헌나1의 노무현 대통령 탄핵사건 결정에서도 국회에서의 탄핵소추안 결의시 본회의에서 질의·토론의 절차가 생략된 것에 대해 헌법재판소가 적법절차원칙 위반을 인정하지 않은 바 있다. 2008년 4월 24일의 2006헌라2사건 결정에서도 사립학교법의 본회의 날치기 통과와 관련해 헌법재판소의 다수의견은 국회의장이 교섭단체 대표의원과 협의하지 않고 의사일정의 순서를 변경한 것이나 상임위원회의 심사를 거치지 않은 의안에 대해 제안자의 취지설명, 질의, 토론절차를 거치지 않은 채 표결절차를 진행한 국회의장의 행위에 대해 국회의 자율권 존중의 측면에서 위법성을 부인했으나, 김종대·이동흡 재판관은 반대의견을 통해 이것이 의회민주주의와 입법절차의 본질적 내용을 훼손하는 것으로서 국회의장의 자율적 의사진행 권한의 한계를 넘은 것이어서 정당화될 수 없다며 위법성을 강하게 지적한 바 있다.

점과 차이점을 가진다. 우선 공통점은 첫째, 두 결정 다 국회의장의 절차적 흠결있는 법률안 가결선포행위에 대해 권한쟁의심판의 대상으로 이를 다루었다는 점이다. 두 결정 모두에서 야당 국회의원들인 청구인들의 법안에 대한 심의·표결권이 국회법이 정한 여러 적법절차조항들에 따르지 않아 위법하게 침해되었음이 인정되었다. 그리고 둘째, 두 결정 모두에서 우리 헌법재판소는 위법한 권한침해는 있었으되, 국회의장의 가결선포행위 자체가 무효는 아니라는 결정을 내림으로써 결과적으로는 이러한 절차적 흠결있는 국회의 법 통과 행위에 대해 면죄부를 주고 있다는 점이다. 셋째, 재판관들의 의견이 합일점을 찾지 못하고 첨예하게 갈린다는 점에서도 공통적이다. 특히 2009년의 미디어법 권한쟁의심판 결정Ⅰ은 신문법안, 방송법안, 인터넷멀티미디어법안, 금융지주회사법안 등 각각의 법안에 대해 위법성을 판단하면서 다시 제안취지 설명을 안 한 것이 위법인지, 질의토론 부분에서 위법한 것인지 세부쟁점별로 재판관들이 합의를 이루지 못하고 첨예하게 의견 대립의 양상을 보이고 있어 헌법전문가들조차도 이를 표로 만들어 정리하지 않으면 헌법재판소결정의 내용을 잘 이해하지 못할 정도로 복잡하기 그지없다. 이러한 문제점은 2009년 미디어법 권행쟁의심판 결정Ⅰ의 기속력의 범위를 다루고 있는 2010년의 미디어법 권한쟁의심판 결정Ⅱ에서도 계속해서 나타난다.

'합의의 노력'이 없고 자신의 입장만 끝까지 고집할 거라면 헌법재판소라는 9인 상임재판관들로 이루어진 합의제 전원재판부를 둘 이유가 없다. 좀 극단적으로 말해서 9인의 헌법재판관들을 다 비상임으로 두어도 된다. 헌법재판소에 올라온 사건 관련 기록과 서류들을 9인의 비상임재판들에게 이메일이나 우편으로 보내주고, 각자 의견을 개진하게 한 후 이를 취합해서 미디어법 권한쟁의심판 결정들과 같이 쟁점별로 의견이 첨예하게 갈리는 결정문을 주심재판관이 쓰면 된다. 재판관들 각자의 의견이 좀 다르더라도 평의과정을 통해 가능한한 합의를 도출해 가급적 통일된 의견을 내라고 9인 상임재판관들로 이루어진 합의제 전원재판부를 두고 있는 것이다. 특히 미디어법 권한쟁의심판사건과 같이 정치적으로 예민한 사안이고 국민들의 이목이 집중되어서 그 결정의 사회적 파장이 엄청나게 클 수밖에 없는 사건들의 경우에는 헌법재판소가 특히 합의를 통해 가능한한 일치된 의견을 낼 필요성이 더 크다. 반대의견들로 첨예하게 갈라진 결정이 나올 경우 헌법재판소의 법정의견에 반대하는 세력들에게는 그 반대의견들이 반발의 빌미가 될 수밖에 없으며, 이 경우 법정의견에 대한 국민들의 수용가능성은 현저히 떨어지고, 헌법재판소의 결정이 헌법적 분쟁의 '해결'이 아니라 또 다른 헌법적 분쟁의 '시작'이 될 수 있기 때문이다. 물론 헌법재판소 결정에 반대의견이 있어서는 안 된다는 의미는 절대 아니다. 반대의견은 필요하다. 소수의 목소리도 보호받아야 하고, 반대의견은 미래의 법정의견이 될 수도 있기 때문이다. 그러나 특히 그 결정의 사회적 파장이 큰 사건들에서는 재판관들간의 합의를 통해 가급적 헌법재판소의 의견이 반대의견들로 갈라지는 것을 막음으로써, 그 사건에 대한 헌법재판소의 통일된 입장을 국민들 앞에 보다 명확히 제시할 필요성이 더 커진다는 것이다.

미국에서는 1954년에 연방대법원의 Brown v. Board of Education of Topeka 판결이[23] 내려지기 전까지, 많은 州들에서 州法에 의해 공립 초·중등학교에서 흑인학교와 백인학교를 나누어 흑백분리교육을 실시했었다. 백인들에게는 자신의 자식들이 과거 흑인노예의 후손인 흑인학생들과 같이 교육을 받는 것이 싫었던 것이다. 이러한 흑백분리교육은 1896년에 연방대법원의 Plessy v. Ferguson 판결을[24] 통해 합헌성을 인정받고 'Separate but equal(분리하되 평등)의 원칙'을 형성하여 흑인아동과 백인아동을 교육현장에서 분리하는 것 자체가 부당한 차별은 아니고, 학교의 시설, 교사의 질, 교과과정 등 유형적 요소들에서 평등하다면 이것은 평등권 침해가 아니라는 법리가 60년 가까이 일관되게 미국 연방대법원에 의해 유지되었던 것이다. 따라서 1954년 당시에 이 원칙을 깨고 흑백분리교육에 위헌결정을 통해 제동을 건다는 것은 엄청난 사회적 파장을 불러올 것이 너무나도 명백했다. 그리고 실제로 이 사건의 평의 초반에는 'Separate but equal의 원칙'을 계속 고수하자는 합헌의견을 가진 대법관들의 수가 적지 않았다고 한다. 그러나 그럼에도 불구하고 대법관들간의 치열한 논쟁과 설득, 대의를 위한 양보와 합의를 통해 결국은 만장일치의 위헌결정이 내려졌다. 그리고 만장일치의 위헌결정이었기 때문에 보수적인 미국 백인들의 이 판결에 대한 엄청난 반발과 저항을 견뎌낼 수 있었던 것이다. 사회적 파장이 클 수밖에 없는 사건들에서는 특히 재판관들간의 '합의의 노력'이 더더욱 중요해짐을 잘 웅변해 주는 사건이다.

차이점은, 1997년 결정에서는 야당 국회의원의 심의·표결권이 국회법의 여러 적법절차조항에 위배되어 '위법한 권한 침해'가 있었다고만 보았고 헌법조항에는 위배되지 않아 '위헌적 권한 침해'는 없었다는 점을 국회의장 가결선포행위 무효확인청구 기각의 근거로 삼았다. 반면에 12년여 후의 2009년의 미디어법 권한쟁의 심판 결정에서는 국회의장의 가결선포행위가 일반의결정족수를 규정한 헌법 제49조 등에 위배되어 위헌이라는 점도 인정하는 취지의 결정을 내리고 있다. 신문법안 가결선포행위 무효확인청구에 대해 이강국, 이공현 재판관이 기각의견을 개진

23) Brown v. Board of Education of Topeka, 347 US 483(1954).

24) Plessy v. Ferguson, 163 US 537(1896).

하면서 "권한쟁의심판 결과 드러난 위헌·위법 상태를 제거함에 있어 피청구인에게 정치적 형성의 여지가 있는 경우"라는 표현을 쓰고 있는 것이 그 예이다. 그러나, 더 이해할 수 없는 것은 위법 및 '위헌'이라고 했음에도 불구하고, 국회의장의 법률안 가결선포행위에 대한 무효선언에 있어서는 헌법재판소법 제66조 제2항이[25] 무효를 "확인할 수 있고"라고 규정해 무효선언이 의무사항은 아니고 재량사항이라고 하면서 무효선언은 하지 않고 있다는 점이다. 그러나 헌법재판소의 사명이 '위헌·위법상태의 적극적인 시정으로 인한 헌법질서의 수호·유지'라는 점에서 봤을 때, "무효를 확인할 수 있고"라고 규정하고 있다고 무효선언을 재량사항이라고 보아 위헌·위법성을 인정하면서 무효선언은 하지 않는다는 것은 설득력이 많이 떨어진다. 헌법재판소법이 제75조 제3항에서 "제2항의 경우에 헌법재판소는 기본권침해의 원인이 된 공권력의 행사를 취소하거나 그 불행사가 위헌임을 확인할 수 있다"라고 해서, 권한쟁의심판에 관한 헌법재판소법 제66조 제2항과 짝을 이루는 조항을 두고 있다. 여기서도 헌법재판소법은 공권력 행사를 취소하거나 그 불행사가 위헌임을 확인"할 수 있다"고 규정하고 있지만 헌법재판소는 이 조항을 적극적으로 해석하여 헌법소원에 대한 인용(위헌)결정을 내릴 때에 공권력 행사를 취소하는 적극적 행동을 취한다. '무효선언'이나 '취소선언'을 할지를 헌법재판소의 재량사항으로 치부해버리는 미디어법 권한쟁의심판 결정Ⅰ에서의 헌법재판소법 제66조 제2항에 대한 소극적인 해석과 크게 대조를 이룬다. 헌법재판소법 제66조 제2항에 대해서도 보다 적극적인 해석이 필요한 이유다.

Ⅲ. 국회의원의 법률안 심의·표결권에 대한 위법한 침해의 의미

많은 국민들이 의아해했다. 위법한 권한 침해가 있었는데 무효가 아니라는 헌법재판소 결정이 선뜻 상식적으로 이해가 가지 않았기 때문이다. 위법성과 권한침해는 인정하면서도 유효하다니, 전후모순된 논리로 듣기는 것은 당연하다. 결론부터 말해서, 이러한 결정은 법리적으로 틀린 결정으로 법적 판단이 아니다. 헌법재판소가 법적 판단이 아니라 정치적 판단을 내려놓고 국민들과 국회의원들에게

25) 헌법재판소법 제66조 제2항은 "제1항의 경우에 헌법재판소는 권한침해의 원인이 된 피청구인의 처분을 취소하거나 그 무효를 확인할 수 있고, 헌법재판소가 부작위에 대한 심판청구를 인용하는 결정을 한 때에는 피청구인은 결정취지에 따른 처분을 하여야 한다."고 규정하고 있다.

이 판단이 법적 판단이니 존중하라고 요구한 것이다.

위법이면 위헌이고 위헌이며 무효라 보는 것이 법리상 자연스럽다.[26] 왜냐하면 헌법재판소가 위법한 법통과 과정을 통해 위반되었다고 인정한 국회법 조항들 자체가 대의민주주의라는 우리 헌법의 기본원리나 헌법 제12조의 적법절차조항을[27] 구체화해 놓은 하위법률조항들이기 때문이다. 하위법률조항들을 위반했다면, 그 모법인 헌법의 근거규정이나 기본원리에 위배되는 것은 당연한 것이다. 특히 재투표가 위반한 일사부재의원칙에 관한 규정이나 대리투표가 흔들어 놓은 일인일표제에 관한 국회법 조항들은 헌법과 밀접히 연관된 법규정들이다. 중간매개체를 거치지 않고 헌법상의 기본원리나 명문규정에 바로 맞닿아 있는 조항들인 것이다. 따라서 이 국회법 조항들을 위반하면 즉각 헌법상의 적법절차조항을 위반한 것이 된다. 그리고 위헌이 되면 헌법에 위반되는 공권력이나 법률은 헌법이라는 '효력근거를 상실'하기 때문에 당연히 무효가 되는 것이다. 켈젠이 주장한 법단계설에서 최고규범성을 특질로 하는 헌법이 법률보다 상위의 규범이라는 의미는 헌법이 법률의 '효력 근거'라는 것을 의미한다는 점을 상기할 필요가 있다.[28] 조대현, 송두환 재판관이 반대의견에서 잘 지적하고 있듯이, 헌법이 대의민주주의원리에 근거해 국회의 의결을 국민의 의사로 간주하는 것은 국회의 의결이 헌법이나 국회법이 미리 정한 적법절차를 거쳐 통과되었기 때문이다. 따라서 이러한 적법절차의 룰을 따르지 않고 위법하게 표결처리된 법률은 주권자인 국민의 의사로 간주될 수 없어서 당연히 처음부터 무효로 봐야 하는 것이다.

헌법재판소 스스로 권한 침해도 있었다고 인정했다. 그러면 야당 국회의원의 법률안 심의·표결권을 침해한 국회부의장의 위법한 의사진행권 행사와 가결선포행위 및 그로 인해 통과된 법률들은 당연히 무효가 되는 것이고 헌법재판소는 이

---

26) 물론 국회법을 국회 의사절차의 효율을 정한 법이라고 보는 국회법의 '내부법설'도 존재한다. 그러나, 이 사건에서 헌법재판소가 위반되었다고 인정한 법조항들은 적벌절차원칙이나 다수결원리라는 우리 헌법상의 기본원리들을 구체화한 것이므로 법 위반이 인정되면 헌법 위반도 인정되어야 할 국회법 조항들이다.

27) 신체의 자유에 관한 헌법 12조 중 제1항과 제3항에 "적법절차"라는 표현이 나와서 이를 우리 헌법상의 "적법절차조항"이라 한다. 헌법 제12조 제1항은 "모든 국민은 신체의 자유를 가진다. 누구든지 법률에 의하지 아니하고는 체포·구속·압수·수색 또는 심문을 받지 아니하며, 법률과 적법한 절차에 의하지 아니하고는 처벌·보안처분 또는 강제노역을 받지 아니한다."고 규정하고 있고, 제3항은 "체포·구속·압수 또는 수색을 할 때에는 적법한 절차에 따라 검사의 신청에 의하여 법관이 발부한 영장을 제시하여야 한다. 다만, 현행범인인 경우와 장기 3년 이상의 형에 해당하는 죄를 범하고 도피 또는 증거인멸의 염려가 있을 때에는 사후에 영장을 청구할 수 있다."고 규정하고 있다.

28) 헌법이 법률의 '효력근거'가 되는 최고규범이라는 점에 대해 자세히는 김철수, 「학설·판례 헌법학」(박영사, 2008년) 21면 참조.

에 대해 무효선언을 해 주어야 한다. 헌법재판소법 第66조 제2항도 권한쟁의심판에서 헌법재판소는 권한 침해의 원인이 된 피청구인의 처분을 취소하거나 그 무효를 확인할 수 있다고 규정하고 있다. 따라서 피청구인인 '국회의장'의 미디어법 가결선포행위라는 '처분'에 대해서는 권한 침해가 인정된 이상 무효선언이 있어야 마땅한 것이다. 그런데 헌법재판소의 다수의견은 위에서 본 바와 같이, "그 무효를 확인할 수 있고"라는 규정에 주목해 무효선언 여부를 헌법재판소의 재량적 판단사항으로 치부하면서 "이 재량적 판단에 의한 무효확인 또는 취소를 통하여 피청구인의 처분의 효력을 직접 결정하는 것은 권한질서의 회복을 위하여 헌법적으로 요청되는 예외적인 경우에 한정되어야 한다."는 논리를 편다. 그러면서 위법은 위법인데 국회의장의 법률안 가결선포행위를 무효화시킬 만큼의 '중대한 위법'은 아니라고도 주장한다. 위법한 권한 침해가 있으면 무효선언을 해야 하는 것이지 꼭 '중대한' 위법이어야 무효라 할 수 있다고 규정되어 있는 법조항은 어디에도 없다. '중대한'이라는 꼬리표는 헌법재판소 재판관들의 다수의견이 독단적으로 갖다 붙인 것이다. 설령 백번 양보하여 이 주장이 맞다 하더라도, 무권투표나 재투표를 통해 국회법이 규정한 중대한 의사진행절차에 관한 조항들을 위반한 것이 '중대한 위법'이 아니면 무엇이 '중대한 위법'인지에 헌법재판소는 답할 수 있어야 한다.

미디어법 권한쟁의심판 결정Ⅱ도 국회를 포함한 다른 국가기관이 헌법재판소 결정의 취지를 어떻게 해석하고 이행해야 할 것인가 하는 헌재결정 기속력 문제와 관련해 많은 논란의 소지를 제공하고 있다. 헌법재판소 자신이 2009년 결정에서 무효확인 청구를 기각하면서 "법안의 효력은 유효하지만 심의·표결권을 침해했다는 헌재의 결정도 유효하다. 앞으로 국회의장이 헌재 결정 취지에 따라 처리해야 할 문제"라고 이미 밝힌 바도 있었다는 점에 주목할 필요가 있다. 판결문에는 원래 판결의 결론에 해당하는 주문(主文)이 있고 이 주문이 판결의 법적 효력을 발생시킨다. 헌법재판소가 2009년 결정의 주문에서 미디어법 파행통과가 위법한 권한 침해라는 점을 인정한 만큼, 이 2009년 사건의 피청구인인 국회의장은 이러한 위법성을 치유하는 조치를 취했어야 했다. 국회법 규정들을 준수하는 신문법안과 방송법안에 대한 재심의에 착수했어야 하는 것이다. 헌법재판소가 위법 상태의 시정을 위해 구체적으로 어떤 조치를 취할 것인지를 국회 자율에 맡긴다고 했지, 국회가 위법 상태의 시정을 위한 조치를 할 필요가 없다고 한 것은 아니었기 때문이다. 그러나, 국회의장은 2009년의 결정 이후에 미디어법안 재심의 등 미디어법과 관련한 어떤 재심의 조치도 취하지 않았다. 그리고 2010년의 미디어법 권한쟁의심판 결정Ⅱ는 이러한 부작위에 대해 기각결정을 내림으로써 이를 바로잡기는커녕 면죄부를 주는 愚를 범하고 만 것이다.

이 기각결정은 4인 재판관의 각하의견과 1인 재판관의 기각의견이 합쳐져 법정의견으로 5인 재판관의 기각결정이 내려진 것이다. 우선 4인 각하의견은 각하의 주된 논거로 2009년의 미디어법 권한쟁의심판 결정Ⅰ에서 "헌법재판소가 권한침해만을 확인하고 권한침해의 원인이 된 처분의 무효확인이나 취소를 선언하지 않은 이상, 종전 권한침해확인결정의 기속력으로 피청구인에게 종전 권한침해행위에 내재하는 위헌·위법성을 제거할 적극적 조치를 취할 법적 의무가 발생한다고 볼 수 없다"는 점을 든다. 그러나 헌법재판소법 제66조 제2항은 권한쟁의심판에서 헌법재판소가 부작위에 대한 심판청구를 '인용'하는 결정, 즉 '위헌'을 확인하는 결정을 내린 때에 피청구인이 결정취지에 따른 처분을 하여야 한다고 규정하고 있지, 4인의 각하의견처럼 처분의 '무효선언'이나 '취소선언'을 한 때에 그 기속력으로 인해 피청구인이 결정취지에 따른 처분을 하여야 한다고 규정하고 있지는 않다. 즉, 헌법재판소법 제66조 제2항은 권한쟁의심판에서 피청구인의 위헌·위법한 권한행사로 청구인의 권한이 침해되었다는 인용결정만 있으면, 그 처분에 대한 무효선언의 유무에 관계없이 피청구인에게 결정취지에 따른 처분의무를 부과하고 있는 것이다. 따라서, 위헌·위헌하나 권한침해에 대한 인용결정은 있었으되 무효선언이 없었기 때문에 종전 권한침해행위에 내재하는 위헌·위법성을 제거할 적극적 조치를 취할 법적 의무가 발생한다고 볼 수 없다는 4인의 각하의견은 제66조 제2항에 배치되는 논리를 각하의 논거로 삼고 있다.

1인 재판관의 기각의견에도 논리전개상 문제점이 눈에 띈다. 우선 이 기각의견은 헌법재판소법 제66조 제2항에서 피청구인이 결정취지에 따른 "처분"을 하여야 한다고 했을 때, 이 "처분"은 "본래 행정행위의 범주에 속하는 개념일 뿐 입법행위를 포함하지 않"는다는 논리를 편다. 즉, 권한쟁의심판에서 피청구인의 부작위에 대해 인용결정이 났을 때 행정기관의 경우에만 제66조 제2항의 적용을 받아 헌재 결정취지에 따른 "처분"을 할 의무를 부담하고, 본 사건의 경우와 같이 입법기관의 경우에는 "처분"을 발하는 기관이 아니므로 결정취지에 따른 "처분"을 할 의무가 발생하지는 않으며, 오히려 권한침해확인결정의 구체적 실현방법은 국회의 자율에 맡겨져 있다는 것이다. 그러나, 헌법재판소법 제66조 제2항의 "처분"의 의미는 헌법의 구체화법이자 헌법의 하위법인 행정법상의 "처분"의 개념으로 좁게 봐서는 안 된다. 적어도 행정법의 상위법인 헌법에 관한 해석·적용을 사명으로 하는 헌법재판의 절차법인 헌법재판소법에 규정된 '처분'은 피청구인의 새로운 '권한 행사'를 의미하는 것으로 봐야 한다. 즉, 피청구인의 '권한 불행사'가 부작위에 의해 청구인의 권한침해를 낳았기 때문에 피청구인이 헌법재판소의 결정취지에 따른 '권한 행사'로 나아가야 한다는 의미로 '처분 의무'의 의미를 해석해야 하는 것이다. 따라서 2009년의 미디어법 권한쟁의심판 결정Ⅰ에서 헌법재판소가 위헌·위법한 권한침해가 있었다는 청구인의 주장을 받아들이는 인용결정을 내린 이상, 피청구인은 이러한 위헌·위법상태를 시정하는 '처분,' 즉 '권한 행사'로 나아가 신문법과 방송법에 대한 재심의 등의 조치를 취했어야 한다. 따라서, 헌법재판소법 제66조 제2항의 "처분"의 의미를 행정행위로 아주 좁게 해석함으로써 입법기관의 長인 피청구인에 대해 "처분"의무를 면해주고 있는 기각의견의 논리는 설득력이 약하다.

나아가 이 기각의견은 따라서 국회의장인 피청구인의 부작위에 대한 인용결정의 구체적 실현방법은 국회의 자율에 속하는 사항이기 때문에 국회법이나 국회규칙 어디에도 이에 관하여 국회의 자율권을 제한하는 규정이 없는 이상, 국회의장에서 "처분 의무"는 발생하지 않는다는 주장을 편다. 그러나 뒤에서 자세히 살피겠지만, 국회의 자율권의 범위를 너무 넓게 보고 있다. 헌법재판소법에서 피청구인의 부작위에 대해 "처분"을 하라고 명하고 있는 이상, 이것은 국회가 자율적으로 판단해 처분을 해도 되고 안 해도 되는 사항이 아니다. 반드시 헌법재판소 결정취지에 따른 처분, 즉 "권한 행사"로 나아가야 하는 사항이 되는 것이다.

Ⅳ. '기능적 권력분립과 국회 자율권 존중'의 오용 및 절차적 민주주의

위법한 권한 침해는 있었으나 무효선언은 안 하는 이유로 헌법재판소는 '국회 자율권 존중'을 들고 있다. "기능적 권력분립과 국회의 자율권을 존중하는 의미에서 헌법재판소는 원칙적으로 처분의 권한 침해만 확인하고 권한 침해로 야기된 위헌, 위법상태의 시정은 국회의 자율적인 의사결정에 맡겨야 한다."는 부분이 그것이다. 그러나 '기능적 권력분립'이나 '국회 자율권'은 이런 경우에 적용되는 법리가 아니다.

1. '기능적 권력분립'개념의 오용

(1) 현대 권력분립제의 수정이론으로서의 '기능적 권력분립론'

원래 근대 몽테스키외 등에 의해 모습을 갖추기 시작한 고전적 권력분립론은 '절대권력은 절대적으로 부패한다.'는 인간에 대한 불신에서 출발하는 자유주의적 원리이다. 그러면서 권력으로부터 국민의 자유와 권리를 지키기 위해 권력을 3개로 '분장'시키고 권력의 집중과 남용을 막기 위해 다시 권력상호간의 견제장치를 두어 '견제와 균형'(checks and balances)을 유지함을 핵심내용으로 한다. 즉 국민의 자유와 권리를 보장하기 위해, 국가권력을 집행권·입법권·사법권으로 분리하고 이 분리된 국가권력을 독립된 기관들에 분산시킴으로써 국가권력의 집중과 남용을 방지하고 견제와 균형을 유지하려는 통치구조의 조직원리로 정의되었다.

그러나 현대에 와서는 사회국가·복지국가의 출현 등 달라진 현대적 상황에 대응하기 위해 권력의 집중과 융화가 어느 정도 불가피하다는 인식이 자리 잡으면서, 권력분립의 장치를 합리적으로 재구성하려는 노력들이 나타났다. 그것이 바로 현대의 '기능적 권력분립론'이다.[29] 이 새로운 '기능적 권력분립론'에서는 '권력의 분립'이 아니라 '기능의 분리'가 강조되어 이를 '기능적' 권력분립론이라 부르게 되었다. 그러면서 고전적 권력분립론이 '권력간의 대립적인 제한관계'를 강조했다면 이 기능적 권력분립론은 '기관간의 협동적인 통제관계'를 강조하기 시작했다.

대표적인 기능적 권력분립론으로 뢰벤슈타인의 '동태적 권력분립론'과 케기의 '포괄적 권력분립론'이 있다. 뢰벤슈타인의 '동태적 권력분립론'은 '국가권력의 분립'이 아니라 '국가기능의 분할'이라는 개념을 사용해야 한다고 하면서 국가기능을 정책결정기능, 정책집행기능, 정책통제기능으로 나누고, 정책통제기능은 다시 연방과 주간의 권력통제, 이익집단과 여론의 정부통제와 같은 '수직적 통제'와 법률안거부권이나 양원제와 같은 '수평적 통제'로 나누고 있다. 케기의 '포괄적 권력분립론'도 '국가기능'에 따른 권력분립을 강조한다. 그러면서 헌법제정권 및 헌법개정권과 일반입법권의 이원화, 양원제, 국가기관의 임기제, 여야의 권력통제, 연방과 州의 수직적 권력분립과 집행부 내부의 권력분립을 모두 권력분립의 요소로 보는 포괄적인 권력분립의 이론을 제시한다.

그러나, 우리 헌법재판소가 이 미디어법 결정에서 스치듯 사용한 '기능적 권

---

29) 기능적 권력분립론에 대해 자세히는, 권영성, 「헌법학원론」(법문사, 2010년) 755-56면 참조.

력분립'이라는 개념은 이러한 새로운 권력분립이론으로서의 '기능적 권력분립론'과는 거리가 먼 것으로 보인다. 결정문의 앞뒤 문맥으로 봤을 때 헌법재판소가 사용하고 있는 '기능적 권력분립'이란 법률안 심의나 표결과 같은 입법행위에 대한 권한은 입법기능을 그 주된 '기능'으로 담당하는 입법부의 중요한 '기능' 중의 하나이기 때문에 '권력 분장'의 차원에서 법률안 입법권을 담당하는 입법부의 의사와 자율권을 존중해준다는 의미로 쓴 개념인 것 같다. 그러나, 이것은 고전적 권력분립론을 대체하는 새로운 권력분립론으로서의 '기능적 권력분립론'의 개념을 오용하고 있는 예로 판단된다. 만약 헌법재판소가 '헌법재판의 기능적 한계'라는 의미로 '기능적 권력분립'이라는 말을 사용했다면, 이것은 미국식의 '정치적 문제'(political question)와 유사한 개념으로 '기능적 권력분립'이라는 말을 사용한 것이 된다.

(2) 권력분립원리하의 사법적극주의와 사법소극주의 개념

오히려, 현대 헌법학에서는 고전적 권력분립원리에 입각해 사법부의 판결성향을 분석하고 사법적극주의와 사법소극주의의 개념 정의를 내리는 새로운 시도가 나타나고 있다. 즉, 근대 입헌주의 이래로 헌법상의 중요한 원리의 하나가 된 권력분립의 원리와의 관련 하에서 사법적극주의와 사법소극주의를 정의하는 새로운 정의방식이 나타난 것이다. 이 새로운 정의방식은 사법부의 다른 두 府와의 관계를 강조하여, 사법적극주의를 "권력분립의 원리가 기초하고 있는 '견제와 균형'의 이상을 실현하기 위해 행정부나 입법부의 의사나 결정에 곧잘 반대를 제기하여 두 府에 의한 권력의 남용을 적극적으로 견제하는 사법부의 태도나 철학"이라고 정의하며, 반대로 사법소극주의를 "판결을 통해 다른 두 부의 의사나 결정에 개입하고 반대하기보다는 자주 '사법부 자제'의 미명하에 심리 자체를 회피하거나 두 府의 의사나 결정을 존중하고 이에 동조하는 판결을 내리는 사법부의 태도나 철학"이라고[30] 정의한다.

이 정의에 따르면, 사법적극주의냐 사법소극주의냐의 여부는 사법부가 입법부나 행정부의 결정에 따르기를 거부하는 경향이 있느냐 없느냐에 의해 결정된다.[31] 즉, 사법적극주의는 사법부가 입법부나 행정부의 결정에 판결을 통해 적극

30) 임지봉, 「사법적극주의와 사법권 독립」(철학과 현실사, 2004년) 23면.

31) 사법적극주의와 사법소극주의의 새로운 개념정의로서 이 기준을 활용하는 입장들은 여럿 있지만, 그 새로운 개념정의들은 다른 요소들을 사법적극주의와 사법소극주의의 개념 정의에 추가적으로 사용하기도 한다. 예를 들어, Sterling Harwood 교수는 사법적극주의의 개념적 요소로 다음의 네 가지를 들고 있다. 첫째, 사법부가 입법부나 행정부의 의사나 결정에 따르기를 거부하는 경향

적으로 반대하는 '사법반대주의'를 의미하게 되고, 사법소극주의는 사법부가 입법부나 행정부의 결정에 쫓아가는 '사법동조주의'를 의미하게 되는 것이다. 이러한 새로운 정의는 현대 미국 등의 헌법학계에서 사법적극주의와 사법소극주의에 대한 새로운 개념정의로서 그 힘을 얻고 있으며, 특히 행정국가화 경향이 심화되어 행정부에의 권력집중현상이 헌법상의 권력분립의 원리를 위협하고 있는 현대 국가들의 사법부 위상을 분석해 내는 데 있어서는 더더욱 큰 가치를 지니는 것으로 평가된다.

헌법재판소의 미디어법 권한쟁의심판 결정Ⅰ은 이 권력분립원리하의 사법적극주의·사법소극주의의 간단한 개념틀도 적용하기 곤란한 결정이라는 점에서 문제가 많다. 첫째, 국회의장의 입법절차상의 흠결있는 법률안 가결선포행위가 위헌·위법이라는 점은 인정했다. 따라서 권한쟁의심판이라는 사법적 판단을 통해 헌법재판소가 입법부 수장인 국회의장의 결정에 '반대'를 했으므로 사법적극주의로 일응 분류할 수 있다. 그러나, 둘째, 그러한 위헌·위법한 법률안 가결선포행위에 대해 무효선언은 하지 않았다. 직접적이고 확실한 '반대'를 제기하지 않음으로써 결과적으로는 무효선언을 통해 입법부 수장인 국회의장의 권한 행사에 '견제'를 가하지 않은 것이다. 따라서, 이 단계에서는 헌법재판소의 미디어법 결정을 사법적극주의로 분류하기가 곤란해지는 것이다. '위헌·위법이되 무효는 아니다'라는 이런 식의 이런 결정이야말로 '사법소극주의의 한 변종'이라고 혹평을 할 수밖에 없다.

2. '국회 자율권' 개념의 오용

헌법재판소 스스로 바로 1997년 7월 16일의 권한쟁의심판 결정에서 "국회의 자율권은 의사절차와 관련해 법에 명시되지 않은 부분에 관하여 그 한도 내에서 인정되는 것이지 국회법에 명시된 부분을 분명히 위반한 경우에까지 주장할 수 있는 만능 면책수단이 아니다."라고 판시한 바 있다. 일사부재의원칙 조항을 포함한 여러 국회법 조항에 위반했다는 것은 그러한 부류의 의사절차와 관련해서는 국회법에 이미 명문규정이 있음을 전제로 한 것이다. 국회법에 명시된 조항을 위반한 경우를 두고 '국회 자율권'을 거론하며 면죄부를 주려 해서는 안 된다. 헌법재판소 스스로도 1997년 7월 16일 결정에서 "국회법에 명시된 부분을 분명히 위

이 있는가, 둘째, 원고적격과 같은 재판가능성의 요건을 완화하는 경향이 있는가, 셋째, 선판례구속의 원칙에 순종하기를 거부하는 경향이 있는가, 넷째, 헌법·법률·선판례를 융통성 있게 해석하는가가 그것이다. STERLING HOWARD, JUDICIAL ACTIVISM: A RESTRAINED DEFENSE 2 (San Francisco, London and Bethesda: Austin & Winfield, 1996).

반한 경우에도 헌법재판소의 법적 평가대상에서 제외된다면 민주주의를 수호할 방법이 없다."고 단언하고 있다. 헌법재판소가 미디어법 통과의 위법성과 권한 침해를 인정하면서 미디어법 가결선포행위에 대해 무효선언을 하지 않은 것은 일종의 직무유기에 가깝다.

기본으로 돌아가 '헌법재판'의 의미를 생각해 보면 이 점이 명확해진다. 국가공권력이나 법률에 대해 위헌성을 심사해 위헌이면 무효선언을 통해 그 위헌성을 치유하는 강제력을 수반한 결정을 내리는 것이 헌법재판이다. 위법성과 권한 침해는 지적하면서도 "권한 침해로 야기된 위헌, 위법상태의 시정은 국회의 자율적인 의사결정에 맡겨야"하고 무효선언을 통해 잘못된 가결선포행위의 효력을 상실시키지 않는다면 도대체 권한쟁의심판권을 헌법재판소에 준 이유를 무엇이라 생각하는지 반문하지 않을 수 없다. 헌법은 헌법재판소에게 국가기관이나 지방자치단체 등 기관간의 권한 다툼이 생긴 경우에 타기관의 권한을 침해한 잘못된 권한행사에 대해 이를 무효화하여 정상적인 상태로 회복시키라고 권한쟁의심판권을 준 것이다. 법에 위반했고 타기관의 권한을 침해했다는 강제력 없는 '법적 자문'이나 하라고 헌법재판소에게 권한쟁의심판권이라는 강력한 사법권한을 준 것이 아니다. 조대현, 송두환 재판관도 반대의견에서 위법한 권한 침해는 있었으나 무효는 아니라는 다수의견에 대해 "모든 국가작용이 헌법질서에 맞추어 행사되도록 통제하여야 하는 헌법재판소의 사명을 포기하는 것"이라고 강하게 지적하고 있다. 또한 김희옥 재판관이 인용의견에서 "권한쟁의심판이 헌법적 권한질서에 관한 객관적 확인이라는 객관적 쟁송의 성격과 직접 침해된 청구인의 권한을 구제하도록 한 주관적 쟁송의 성격을 동시에 지니고 있음"을 지적하면서 이러한 권한쟁의심판의 제도적 취지에 비추어 볼 때 야당 국회의원들의 심의·표결권을 침해한 국회의장의 법률안 가결선포행위에 대해서는 헌법재판소가 무효선언을 해 주어야 한다는 주장을 펴고 있는 것도 같은 맥락이라 할 수 있다.

위법한 권한 침해가 있었다고 인정했으면 미디어법의 가결선포행위에 대해 무효선언도 해줬어야 했다. 무효선언을 했다고 상황이 크게 달라지는 것도 아니었다. 무효선언은 국회에서 미디어법을 정상적인 적법절차를 밟으며 다시 더 논의하라는 것이지 그 법의 내용에 문제가 있어 국회가 이를 부결시켜야 한다는 결정이 아니었기 때문이다.

3. 절차적 민주주의와 헌법재판

'절차적 민주주의'의 개념은 특히 제2차 세계대전 이후 서구에서 강조되기 시작한 민주주의 개념이다. 즉, 자유, 평등, 박애와 같은 민주주의의 이념 보다, 이러한 민주주의 이념을 실현하는 민주적 의사결정을 위한 절차의 확보와 진행을 중시하는 새로운 민주주의 개념으로서 '절차적 민주주의'의 개념이 강조되기 시작한 것이다.[32]

미디어법 권한쟁의심판 결정을 통해 헌법재판소는 국회 본회의장에서 벌어졌던 위헌적이고 불법적인 상황에 대해 단호한 위헌무효 결정을 통해 명확한 헌법적 기준을 제시했어야 했다. 그런데, 헌법재판소 스스로야 부인하겠지만 오히려 미디어법 권한쟁의심판 결정들은 국회 다수당에게, 비록 법률안 심의통과절차에서 국회법을 위반하더라도 표결로까지 밀어붙이기만 하면 헌법재판소가 이러한 법률안 통과를 무효화시키지는 않는다는 시그널을 줄 수 있어 큰 문제다. 민주주의는 원래 '결과' 못지않게 '과정'을 중시하는 원리이다. '법통과'라는 결과만 얻을 수 있으면 그 과정과 절차야 위법해도 상관없다는 생각은 민주주의에 반하는 것이며, 절대로 되풀이되어서는 안 된다. 그러나 법률안 가결선포행위가 위법은 한데 무효선언은 할 수 없다는 이러한 헌법재판소 결정은 이러한 反民主的인 위법한 법안통과를 국회가 반복하는 데 면죄부를 준 셈이다.

Ⅴ. 헌법재판소와 정치적 판단

이상의 이유들 때문에 필자는 헌법재판소가 이번 사건에서 법적 판단이 아니라 정치적 판단을 했다고 믿는다. 이것은 헌법재판소의 존립근거를 헌법재판소 스스로가 뒤흔드는 잘못을 범하는 일이다. 원래 정치적 판단은 정치를 직업으로 삼는 국회의원들이나 그 수반이 국민의 직접선거로 뽑히는 행정부의 구성원들이 할 일이다. 정치적 분쟁은 정치인들 간의 대화와 타협을 통해 해결하는 것이 최선이겠으나, 정치적 관점에 매몰된 정치인들 사이에서는 도저히 해결될 수 없는 정치적 분쟁을 헌법의 관점에서 법적 판단을 통해 해결하라고 헌법재판소를 만든 것

32) 절차적 민주주의 개념의 내용과 발전에 대해 자세히는 MICHAEL J. SANDEL, DEMOCRACY'S DISCONTENT: AMERICA IN SEARCH OF A PUBLIC PHILOSOPHY (Cambridge, Massachusetts: The Belknap Press of Harvard University Press) pp. 4-7 참조.

이다. 그런데 그런 헌법재판소가 법적 판단보다는 여러 법외적인 정치적 고려에 입각한 정치적 판단을 한다면 헌법재판소 스스로가 그 본분을 망각한 것이 된다. 정치적 판단은 평생 엘리트 판·검사의 길만 달려온 헌법재판소 재판관들보다 정치인으로서의 길을 걸어온 국회의원들이 더 잘할 수 있기 때문이다. 헌법재판소는 이런 지적에 대해 "순수하게 법리적으로 판단한 결과"임을 강조했다. 그러나, 아마 선뜻 이 말을 받아들일 수 있는 국민은 별로 없을 것이다.

헌법재판소가 언제부턴가 '절충'의 미명하에 애매모호한 정치적 판결들을 내리기 시작하고 있다. 이러한 헌재 판결 속에 흐르는 조용한 흐름이 필자는 심히 우려스럽다. 작년에 '집회 및 시위에 관한 법률'[33] 제10조의[34] 야간옥외집회 금지 규정이 헌법에 위배된다는 헌법불합치결정을 내리면서도 결정주문에서 그 위헌조항을 국회의 법 개정 시까지 잠정 적용하라는 명령을 함께 내리고 있는 것이 그 예이다.[35] 헌법재판소는 그 전에 집시법 제10조와 같은 형벌법규에 대해 헌법불합치결정을 내리게 되면 반드시 그 조항의 적용중지결정도 같이 내렸다. 그래서 그 형벌법규 조항이 적용중지되다가 국회의 법개정으로 폐지되는 운명을 맞게 하였다. 그런데, 작년의 이 집시법 결정에서는 헌법에 합치되지 않는다고 위헌성은 지적하면서도 법이 개정될 때까지는 그 위헌적인 법률을 계속 적용하라고 한 것이다. 헌법에 위배되는 법률을 적용해 유죄판결을 내리는 것이 도대체 '司法 正義'에 조금이라도 합치되는 일인지 의아스럽다. 이런 애매모호한 결정 때문에 헌법재판소 결정의 취지나 의미에 대해 다시 의견이 분분해진다. 헌법재판소 결정의 이행을 두고 혼란이 생기는 것이다. 그러한 혼란이 다시 2010년의 미디어법 권한쟁의심판결정Ⅱ와 같은 문제많은 판결을 재생산한 것이다.

헌법재판소와 같은 최고사법기관은 국민 인권보장의 최후보루다. 헌법재판소는 국민 인권보장을 위해 단호하면서도 누가 봐도 그 결정내용이 무엇인지 명백한 '헌법적 결단'을 내려줘야 할 기관이다. '헌법적 결단'은 간명해야 한다. 난해한 詩처럼 헌법재판소 결정의 모호한 뜻을 법전문가들이나 국민들이 또 다시 해석해야 하는 결정이어서는 안 된다. 더 나아가 모호한 헌법재판소 결정 때문에 또 다른 정치적 분쟁을 낳을 수 있는 것이어서는 더더욱 곤란하다. 간명하지 않고 절

33) 이하에서는 '집시법.'

34) 집시법 제10조는 "옥외집회와 시위의 금지 시간"이라는 제하에 "누구든지 해가 뜨기 전이나 해가 진 후에는 옥외집회 또는 시위를 하여서는 아니 된다. 다만, 집회의 성격상 부득이하여 주최자가 질서유지인을 두고 미리 신고한 경우에는 관할경찰관서장은 질서 유지를 위한 조건을 붙여 해가 뜨기 전이나 해가 진 후에도 옥외집회를 허용할 수 있다."고 규정하고 있다.

35) 헌재 2009. 9. 24. 2008헌가25.

충적이면서 애매모호하다든지, 여야 정치세력들의 시선을 의식해 이쪽저쪽 눈치를 살핀 좌고우면의 흔적이 베인 애매모호한 결정들은, 정치적 분쟁을 해결하는 헌법재판이 아니라 오히려 정치적 분란만 더 키우는 화근거리가 될 수밖에 없다.

Ⅵ. 결 론

개헌을 통해 1988년에 이 땅에 세워진 헌법재판소가 단기간 내에 지금과 같은 폭넓은 국민적 지지와 사랑을 받을 수 있게 된 것은, 비록 일부 문제있는 판결이 없지는 않았지만 대체적으로 많은 선배 헌법재판관들이 헌법과 양심에 따라 용기있는 위헌판결들로 국민들의 아픈 곳을 따뜻하게 어루만져 주었기 때문에 가능했다. 그런 헌법재판소였기에 국민들은 신뢰와 사랑을, 그리고 마음에서 우러나오는 박수를 보냈던 것이다. 헌법재판소는 이러한 국민적 신뢰, 사랑, 지지에 보답하기 위해서라도, 정치권이 아니라 국민들을 바라보고 결정을 내려야 한다.

특히 '위헌·위법상태의 적극적인 시정으로 인한 헌법질서의 수호·유지'가 헌법재판소의 사명임을 항상 명심해야 한다. 헌법재판소는 헌법적 분쟁을 헌법의 해석과 적용을 통해 해결하는 '분쟁해결기관'이다. '위헌·위법인데 무효는 아니다'라든지, '위헌·위법은 한데 이를 시정할 새로운 처분을 꼭 해야 할 필요는 없나'는 식의 결정을 헌법재판소가 남발하면서 '위헌·위법상태의 적극적인 시정으로 인한 헌법질서의 수호·유지'의 사명을 져버리고 새로운 헌법적 논란과 분쟁의 불씨가 된다면, 헌법재판소는 국민들의 눈에 '헌법적 분쟁의 해결기관'이 아니라 '헌법적 분쟁의 확대 재생산 공장'으로 비춰질 수밖에 없다.

第114회 발표회 지정토론문

김　　대　　환*

1. 발제문의 요지

가. 분석대상 판결

헌재 1997. 7. 1. 6. 96헌라2, 9-2, 154, 국회의원과 국회의장간의 권한쟁의(일부인용(권한침해), 일부기각(반대의견 있음)) — 발제문에서는 노동법 등의 권한쟁의심판사건으로 인용

헌재 2009. 10. 29, 2009헌라8등, 국회의원과 국회의장 등 간의 권한쟁의(인용(일부각하, 반대의견 있음), 기각(일부각하, 반대의견 있음), 각하(보충의견 있음) — 발제문에서는 미디어법 권한쟁의심판사건 Ⅰ로 인용

헌재 2010.11.25. 2009헌라12, 국회의원과 국회의장 간의 권한쟁의(기각(인용의견 있음), 기타) 발제문에서는 미디어법 권한쟁의심판사건 Ⅱ로 인용

나. 국회의원의 법률안 심의·표결권 위반의 헌법적 의미

헌법재판소가 결정들을 통해 위반되었다고 하는 국회법 조항들 자체가 대의민주주의라는 헌법의 기본원리나 헌법 제12조의 적법절차조항을 구체화해 놓은 하위법률조항들이기 때문에 이들 조항을 위반한 경우는 당연히 위헌이 된다.

위법이지만 무효로 되기 위해서는 중대한 위법이어야 한다고 한 헌법재판소의 결정은 다수의견이 독단적으로 갖다 붙인 것에 불과하다. 따라서 위법한 권한침해라고 인정하면 그 위법성을 치유하는 조치를 취해야 하는데, 헌재는 이러한 부작위에 대해서도 면죄부를 준 것이다.

다. 기능적 권력분립개념의 오용

기능적 권력분립이라는 개념은 사회국가·복지국가의 출현과 같은 현대적 상황에 적합하게 권력의 분립이라는 고전적인 권력분립에 머무르지 아니하고 기관

---

* 서울시립대학교 법학전문대학원 부교수.

간의 협동적인 통제관계를 강조하는 기능의 분리를 중심으로 한 개념이다.

그러나 헌법재판소는 국회의 입법기능을 존중한다는 의미에서 국회와는 다른 기능을 수행하고 있는 헌법재판소가 국회의 자율권을 자신의 기능적 한계로 사용하고 있다. 이는 개념의 오용이다.

라. 대안 개념으로서 "사법적극주의와 사법소극주의"의 관점

헌법재판소의 결정은 오히려 오늘날 사법부의 판결 성향의 분석틀인 사법적극주의와 사법소극주의라는 간단한 관점에서 봤을 때도 어느 입장인지가 불분명한 태도를 취하고 있다.

마. 국회의 자율권의 오용

국회의 자율권은 국회법상의 명시조항을 위반하는 곳에서 그 한계가 발견된다. 따라서 그러한 법조항의 위배를 인정하면서 그러한 행위를 무효선언하지 않는 것은 일종의 직무유기다. 이는 권한쟁의심판의 제도적 취지를 무색하게 하는 것이다. 권한쟁의심판은 강제력 없는 자문을 취지로 하여 만들어진 제도가 아니다.

바. 절차적 민주주의와 헌법재판

민주주의는 원래 결과 못지않게 과정을 중시하는 원리인데, 국회의 위헌적이고 불법적 상황에 대해 위헌무효결정을 내림으로써 명확한 헌법적 기준을 제시했어야 함에도 불구하고, 앞으로도 힘으로 법률을 통과시키려는 국회의 비민주적 행위에 대해 아무런 통제효과를 거두지 못하였을 뿐만 아니라 오히려 그러한 국회의 위법적 행위에 대해 면죄부를 준 것이다.

사. 헌법재판소와 정치적 판단

헌법재판소가 법적 판단을 하지 않고 정치적 고려에 입각한 판단을 한다면 이는 헌법재판소의 본분을 망각한 것이다. 이러한 우려스러운 입장들이 헌법재판소의 다른 결정들에서도 발견된다. 헌법재판소의 헌법적 결단은 간명하여서 국민들에게 이를 재해석하게 하는 우를 범해서는 안 된다.

2. 토론내용

가. 총 평

그 간의 국회의 입법과정에 대한 헌법재판소의 태도를 분석하고 이에 대해 거시적으로 헌법적 평가를 하면서 특히 헌법재판소에 대해 깊은 애정이 묻어나는 날카로운 비판도 서슴지 않은 좋은 발표라고 감히 평가할 수 있을 것 같다. 그 동안 여러 문헌과 발표를 통해서 익히 알고 있는 발표자의 헌법적 소신을 다시 한 번 확인할 수 있어서도 좋았던 것 같다.

발제자의 결론에 대해 전반적으로 공감하면서, 대상판결들을 비롯한 헌법재판소의 관련 결정들에 대하여 토론자의 생각을 첨언하고 토론자의 의견과 다소 다른 점이 있다면 뒤에 발제자의 소중한 의견을 경청하고자 한다.

나. 판단기준의 단순화의 필요성

대상판결들에 대해 전반적으로 발제자가 가졌던 문제점들은 미처 구체적으로 대상판결들에 대한 평가를 할 기회는 없었던 사람일지라도 이미 어느 정도 노출되었던 것으로 볼 수 있다. 토론자 역시 대학에서 강의하면서 대상판결들을 접할 기회들이 있었는데, 판결의 내용은 제쳐두고 우선 판결의 의미를 이해시키는 데 곤란함이 있었던 기억이 있다. 발제문에서도 언급하고 있지만 판결에 따를 때 입법과정에서 절차를 위반한 법률제정행위의 유·무효의 기준을 명확히 이해하기가 쉽지 않다. 아마 그것은 각 재판관님들께서 밝히고 있는 바의 내용이 난해해서라기보다는 9인의 의견이 거의 각양각색이라는 데 기인하는 것 같다.

비록 영화이야기이기는 하지만, 토론자는 대학원시절에 미국연방대법원의 저 유명한 판결, Brown v. Board of Education in Topeka 사건을 다룬 “Separate but Equal”이라는 미국 ABC방송국이 제작한 영화를 감명 깊게 본 기억이 있다. 이 영화의 주된 감상 포인트 중의 하나는 Thurgood Marshall 변호사의 활약상을 음미하는 데 있기도 하지만, 여전히 빼 놓을 수 없는 것은 Warren 대법원장이 대립하는 대법관들의 의견을 만장일치(unanimity)로 이끌어내는 과정을 또한 생생한 감동으로 전달해 주고 있다는 데 있다. 헌법재판소의 결정은 단순한 당사자 간의 분쟁의 해결에 머무는 것이 아니라는 것은 이 자리에 계신 모든 분들께서도 익히 잘 알고 계시는 바와 같다. 그러한 헌법재판소의 “힘과 권위”는 바로 헌법으로부터 유래하는 것이다. 옛말에 “법이 귀하므로 사람이 귀하다”는 말이 있다. 헌법의 가치를 존귀하게 할 때 헌법재판소의 가치도 존귀하게 되는 것이다. 그런 의미에서 재판관 개인의 주장보다는 국회의 입법절차와 관련하여 헌법적 판단기준을 합의하고 가능한 한 단순화하여 가는 노력이 필요한 것으로 보인다.

토론자의 입장에서 국회의 입법절차에 하자가 있는 경우에 헌법재판소는 권한쟁의심판에서 당해 법률을 무효로 할 수 있는지 여부 및 그 판단의 근거와 관련하여 보면 대상판결들을 다음과 같이 정리할 수 있을 것 같다.

1) 헌재 96헌라2(1997) 결정[1]에서는 재판관 6인의 다수의견이 명백한 흠이 있는 경우에는 무효라는 입장이었다(명백설).

이 결정에서 ⓐ 3인의 재판관(김용준, 김문희, 이영모)은 입법절차를 규정한 헌법을 명백히 위반한 흠이 있는 경우에는 법률안 가결선포행위는 무효라고 보았다. 여기서 입법절차를 규정한 헌법으로 ㉠ 헌법 제49조의 다수결의 원칙, ㉡ 헌법 제50조의 회의공개의 원칙을 제시하고 있다.[2] ⓑ 또 다른 3인의 재판관(이재화, 조승형, 고중석)의 견해는 다수결원리를 규정한 헌법 제49조에 명백히 위반되므로 무효라는 주장을 하였다.

위의 ⓐ, ⓑ 어느 견해거나 명백한 흠이 있으면 위헌무효라는 입장이라는 점에서는 같다. 이 결정에서 국회의원은 권한쟁의심판의 청구인 적격이 없어 각하되어야 한다는 나머지 3인의 재판관(황도연, 정경식, 신창언)의 견해를 제외하면 결국 재판관 6인의 의견이 명백설에 입각하고 있음을 알 수 있다.

헌재 1997.7.16. 96헌라2, 9-2, 154, 165-175 국회의원과 국회의장간의 권한쟁의(인용(권한침해), 기각): - 이 결정은 법률안 심의·표결권의 침해에 대해서는 재판관 6인이 인용하였으나, 법률안 가결선포행위의 위헌 여부는 3인(이재화, 조승형, 고중석)만이 위헌무효의견이어서 인용의견이 과반수에 이르지 아니하여 기각된 예이다.

1) 헌재 1997. 7. 16, 96헌라2, 9-2, 154, 165-175, 국회의원과 국회의장간의 권한쟁의(인용(권한침해), 기각). 이 사건은 야당의원들에게 개의일시를 통지하지 않음으로써 출석의 기회를 박탈한 채 본회의를 개의, 법률안을 가결 처리한 경우임.

2) 사건에서는 이 견해는 결론적으로 명백히 위반한 흠이 없어서 무효가 아니라고 하였다.

〈사건의 개요〉

국회부의장 오세응은 1996. 12. 26. 06 : 00경 피청구인을 대리하여 신한국당 소속 국회의원 155인이 출석한 가운데 제182회 임시회 제1차 본회의를 개의하고 국가안전기획부법중개정법률안, 노동조합및노동관계조정법안, 근로기준법중개정법률안, 노동위원회법중개정법률안, 노사협의회법중개정법률안을 상정, 표결을 하여 가결되었음을 선포하였다.

이에 새정치국민회의 및 자유민주연합 소속 국회의원인 청구인들은 1996. 12. 30. 피청구인이 야당 국회의원인 청구인들에게 변경된 개의시간을 통지하지도 않은 채 비공개로 본회의를 개의하는 등 헌법 및 국회법이 정한 절차를 위반하여 위 법률안을 가결시킴으로써 독립된 헌법기관인 청구인들의 법률안 심의·표결권을 침해하였다고 주장하면서 그 권한침해의 확인과 아울러 위 가결선포행위에 대한 위헌확인을 구하는 이 사건 권한쟁의심판을 청구하였다.

〈심판대상〉

피청구인(국회의장)이 1996. 12. 26. 06 : 00경 제182회 임시회 제1차 본회의(이하 "이 사건 본회의"라고 한다)를 개의하고 위 5개 법률안(국가안전기획부법중개정법률안, 노동조합및노동관계조정법안, 근로기준법중개정법률안, 노동위원회법중개정법률안, 노사협의회법중개정법률안)을 상정하여 가결선포한 행위가 헌법 또는 법률에 의하여 부여받은 청구인들의 법률안 심의·표결의 권한을 침해한 것인지의 여부와 그로 인하여 위 가결선포행위가 위헌인지의 여부

〈주 문〉

1. 피청구인이 1996. 12. 26. 06 : 00경 제182회 임시회 제1차 본회의를 개의하고 국가안전기획부법중개정법률안, 노동조합및노동관계조정법안, 근로기준법중개정법률안, 노동위원회법중개정법률안, 노사협의회법중개정법률안을 상정하여 가결선포한 것은 청구인들의 법률안 심의·표결의 권한을 침해한 것이다.
2. 청구인들의 나머지 청구를 기각한다.

〈판 단〉

(3) 이 사건 법률안 가결선포행위의 위헌확인청구에 대한 판단

이 부분 청구의 인용여부에 관하여는 아래와 같이 재판관들 사이에 의견이 나뉜다.

(가) 재판관 김용준, 재판관 김문희, 재판관 이영모의 의견(법률안은 여전히 유효하다는 의견)

권한쟁의심판의 결정내용에 관한 헌법재판소법 제66조는 제1항에서 "헌법재판소는 심판의 대상이 된 국가기관 또는 지방자치단체의 권한의 존부 또는 범위에 관하여 판단한다."고 규정하면서, 제2항에서 "제1항의 경우 피청구기관의 처분 또는 부작위가 이미 청구인의 권한을 침해한 때에는 이를 취소하거나 그 무효를 확인할 수 있다."고 규정하고 있다.

그런데 청구인들은 이 사건에서 권한침해여부에 대한 확인을 구함에 그치지 않고 나아가 피청구인의 이 사건 법률안 가결선포행위에 대한 위헌확인까지 구하고 있는바, 권한쟁의심판청구서, 준비서면 등과 변론에 나타난 청구인들의 주장을 종합하여 보면, 이 부분 확인청구는 결국 피청구인의 행위의 효력을 제거해 달라는 취지로 보이므로 심판청구서에 기재된 표현문구에 구애될 필요없이 이를 헌법재판소법 제66조 제2항의 무효확인청구로 받아들여 판단함이 상당하다.

국회의 입법절차는 법률안의 제출로부터 심의·표결 및 가결선포와 정부에의 이송에 이르기까지 여러 과정을 거쳐 진행되며, 그 과정에 국회의 구성원인 다수의 국회의원들이 참여하여 국민의 의사나 상충하는 이익집단간의 이해를 반영하게 된다. 이와 같은 국회 입법절차의 특성상 그 개개의 과정에서 의노석이는 아니든 헌법이나 법률의 규정을 제대로 준수하지 못하는 잘못이 있을 수 있다. 그러한 잘못이 현실로 나타날 경우 그로 인하여 일부 국회의원들의 입법에 관한 각종의 권한이 침해될 수 있는데, 이러한 사정만으로 곧바로 법률안의 가결선포행위를 무효로 한다면 이는 곧 그 법률의 소급적 무효로 되어 국법질서의 안정에 위해를 초래하게 된다.

따라서 국회의 입법과 관련하여 일부 국회의원들의 권한이 침해되었다 하더라도 그것이 입법절차에 관한 헌법의 규정을 명백히 위반한 흠에 해당하는 것이 아니라면 그 법률안의 가결선포행위를 무효로 볼 것은 아니라고 할 것인바, 우리 헌법은 국회의 의사절차에 관한 기본원칙으로 제49조에서 '다수결의 원칙'을, 제50조에서 '회의공개의 원칙'을 각 선언하고 있으므로, 이 사건 법률안의 가결선포행위의 효력 유무는 결국 그 절차상에 위 헌법규정을 명백히 위반한 흠이 있는지 여부에 의하여 가려져야 할 것이다.

그러므로 나아가 이 사건 기록과 변론에 나타난 자료를 토대로 이 사건 법률안의 의결절차에 과연 위 헌법규정을 명백히 위반한 흠이 있는지에 관하여 보건대, 이 사건 법률안은 재적의원의 과반수인 국회의원 155인이 출석한 가운데 개의된 본회의에서 출석의원 전원의 찬성으로(결국 재적의원 과반수의 찬성으로) 의결처리되었고, 그 본회의에 관하여 일반국민의 방청이나 언론의 취재를 금지하는 조치가 취하여지지도 않았음이 분명하므로, 그 의결절차에 위 헌법규정을 명백히 위반한 흠이 있다고는 볼 수 없다.

청구인들은 위 본회의의 소집과정에서 상당수 국회의원들에 대하여 적법한 개회통지가 이루어지지 않았고 또 전격적인 개의로 말미암아 일반국민의 방청이나 언론의 취재도 사실상 곤란하였다는 점을 들어 이 사건 법률안이 입법절차에 관한 헌법의 규정을 위반하여 가결선포된 것이라고 주장하고 있으나, 이러한 문제는 모두 의사절차상의 국회법위반 여부나 의사절차의 적정성 여부에 관련된 것에 불과한 것으로 보아야 할 것이다.

그렇다면 피청구인의 이 사건 법률안의 가결선포행위에는 위에서 본 바와 같은 국회법위반의 하자는 있을지언정 입법절차에 관한 헌법의 규정을 명백히 위반한 흠이 있다고 볼 수 없으므로, 이를 무효라고 할 수는 없다.

(나) 재판관 이재화, 재판관 조승형, 재판관 고중석의 의견(법률안이 위헌무효라는 의견)

의회민주주의의 기본원리의 하나인 다수결원리는 의사형성과정에서 소수파에게 토론에 참가하여 다수파의 견해를 비판하고 반대의견을 밝힐 수 있는 기회를 보장하여 다수파와 소수파가 공개적이고 합리적인 토론을 거쳐 다수의 의사로 결정을 한다는 데 그 정당성의 근거가 있는 것이다. 따라서 입법과정에서 소수파에게 출석할 기회를 주지 않고 토론과정을 거치지 아니한 채 다수파만으로 단독 처리하는 것은 다수결원리에 의한 의사결정이라고 볼 수 없다.

헌법 제49조는 "국회는 헌법 또는 법률에 특별한 규정이 없는 한 재적의원 과반수의 출석과 출석의원 과반수의 찬성으로 의결한다. 가부동수인 때에는 부결된 것으로 본다."고 규정하고 있다. 이 규정은 의회민주주의의 기본원리인 다수결원리를 선언한 것으로서 이는 단순히 재적의원 과반수의 출석과 출석의원 과반수에 의한 찬성을 형식적으로 요구하는 것에 그치지 않는다. 헌법 제49조는 국회의 의결은 통지가 가능한 국회의원 모두에게 회의에 출석할 기회가 부여된 바탕 위에 재적의원 과반수의 출석과 출석의원 과반수의 찬성으로 이루어져야 한다는 것으로 해석하여야 한다.

이러한 풀이는 의회민주주의와 다수결원리의 헌법적 의미를 고려하면 당연한 것이다. 헌법 제49조를 형식적으로 풀이하여 재적의원 과반수를 충족하는 다수파에게만 출석의 가능성을 준 다음 그들만의 회의로 국가의사를 결정하여도 헌법위반이 아니라고 해석하는 것은 의회민주주의의 기본원리인 공개와 토론의 원리 및 다수결원리의 정당성의 근거를 외면한 것이고, 복수정당제도를 채택하고 있는 헌법의 정신에 정면배치될 뿐만 아니라 결과적으로 국민의 다원적 의사를 대표하는 국민대표기관으로서의 국회의 본질적 기능을 무너뜨리는 것이다.

헌법 제49조의 다수결원리를 구체화하는 규정으로 국회법은 제72조와 제76조에서 국회 본회의의 개의와 의사일정에 관한 규정을 두고 있는 것인데, 위에서 본 바와 같이 피청구인은 위 국회법규정에 위반하여 <u>청구인들에게 본회의 개의일시를 알리지 않음으로써 본회의에의 출석가능성을 배제한 가운데 본회의를 개의하여, 신한국당 소속의원들만 출석한 가운데 그들만의 표결로 이 사건 법률들이 가결되었음을 선포한 것이므로, 피청구인의 이 사건 법률안의 가결선포행위는 국회의원인 청구인들의 권한을 침해한 것임과 아울러 다수결원리를 규정한 헌법 제49조에 명백히 위반되는 것이라고 아니할 수 없다.</u>

2) <u>그러나 가장 최근의 헌재 2008헌라7(2010) 결정에서는 명백설의 입장은 논의되지 않고 다음과 같이 많은 의견으로 갈리었다.</u>[3)]

가) 소극설(재판관 3인의 견해) ― 무효선언을 하는 데 소극적인 견해

(1) 무효확인자제설 ― 무효로 하는 것은 자제하여야 한다는 견해(재판관 이강국, 이공현 2인의 기각견해)

헌재 2010.12.28, 2008헌라7, 공171, 79, 92, 국회의원과 국회의장 등 간의 권한쟁의(각하, 권한침해확인, 기각):

3) 2명의 재판관은 부적법 각하의견이었음. 이 부적법각하의견(이동흡, 목영준 재판관)은 국회의원이 권한쟁의심판의 청구인이 될 수 없다는 의견이 아니고 상임위원회에서의 심의권의 부분적인 침해만을 문제 삼아 제기되는 권한쟁의심판은 허용할 수 없다는 의견임. 헌재 2010. 12. 28, 2008헌라7, 공171, 79, 국회의원과 국회의장 등 간의 권한쟁의(각하, 권한침해확인, 기각).

〈재판관 이강국의 견해〉

1) 헌법 제111조 제1항 제4호와 헌법재판소법 제62조 제1항이 규정하고 있는 권한쟁의심판 중 특히 국가기관 상호간의 권한쟁의에 있어서는, 헌법재판소는 원칙적으로 헌법재판소법 제66조 제1항에 의하여 심판대상인 피청구인이 한 처분의 위헌·위법 여부만을 확인하여야 하고, 거기서 더 나아가 헌법재판소법 제66조 제2항 전문이 규정하고 있는 부가적이고 재량적인 처분의 취소나 무효확인과 같은 형성적 결정을 하는 것을 자제해야 할 것이다. 그 이유는 첫째, 국가기관으로서의 피청구인의 정치적 형성권을 존중해야 하고, 둘째, 국가기관인 피청구인에게 여러 가지의 정치적 형성가능성이 존재하는 경우에는 헌법재판소에 의한 취소 또는 무효확인 결정과 같은 독자적인 형성행위에 의해서는 궁극적으로 합헌적인 상태를 회복할 수 없기 때문이다. 다만, 예외적으로 국가기관 상호간의 권한쟁의에 있어서도 권한침해 처분이 헌법에 위반되어 그 하자가 중대하고, 국가기관이지만 피청구인의 정치적 형성권을 존중할 필요가 없거나 피청구인에게 다른 정치적 형성방법을 기대할 수 없는 경우에는 권능질서의 회복을 위하여 취소·무효확인 결정을 부가적으로 선언함으로써 침해 처분의 효력을 형성적으로 소멸시킬 수는 있을 것이다. 헌법재판소는 이러한 취지에서 그동안 국가기관 간의 권한쟁의심판에 있어서는 원칙적으로 권한침해의 확인만을 하였을 뿐 침해 처분의 취소나 무효확인의 결정을 한 바가 없음을 주목하여야 할 것이다(헌재 1997. 7. 16, 96헌라2, 판례집 9-2, 154; 2009. 10. 29, 2009헌라8등, 판례집 21-2하, 14 참조).

(2) 나아가, 국가기관 간의 권한쟁의 중에서도 특히 국회에서의 입법관련 처분에 관하여는 더욱 각별한 고려가 필요하다. 국회는 국민들의 직접선거에 의하여 선출된 국회의원들로 구성된 합의체의 국가의사결정기관으로서 민주적 정당성이 강한 국민의 대의기관이고, 광범위한 입법형성권을 가지고 있는 입법기관이며 동시에 국정통제기관이다. 그리고 권력분립의 원칙과 의회주의 사상에 근거하여 국회의 자율권은 헌법적으로 보장되고 있다(제64조 제1항). 이러한 국회의 특별한 헌법적 지위와 권한, 그리고 국회가 가지고 있는 광범위한 정치적 형성권과 정치적 형성방법까지 고려한다면, <u>국회의 입법과정에서 발생하는 구성원 간의 권한침해 여부에 관한 권한쟁의심판에 있어서는 원칙적으로 처분이 헌법과 법률에 위반되는지 여부만을 밝혀서 그 종국결정의 기속력 자체에 의하여 국회로 하여금 스스로 합헌적인 상태를 구현하도록 함으로써</u>

손상된 헌법상의 권한질서를 다시 회복시켜야 하는 것이지, 이를 넘어 헌법재판소법 제66조 제2항 전문에 의한 취소나 무효확인으로까지 나아가 처분의 효력에 관한 형성적 결정을 하여 국회의 정치적 과정에 적극적으로 개입하는 것은 합당하지 않은 것이다.

참고로, 우리나라 권한쟁의심판제도의 모델이 되었던 독일연방헌법재판소법은 권한쟁의심판의 본질과 이를 통한 권한질서 회복절차의 특수성 등을 고려하여 피청구인의 행위가 기본법상의 권한질서에 위배되는지 여부만을 심판하게 하고(제67조 제1항) 그 결정의 기속력과 법치주의원칙에 근거하여 피청구인에게 위헌상태를 제거할 의무를 부여하고 있는바, 이러한 점은 우리 헌법재판소법의 해석에서도 참고되어야 할 것이다.

〈재판관 이공현의 견해〉

헌법재판소법 제61조 및 제66조는, 권한쟁의심판사건에서 헌법재판소가 심판하여야 할 대상을 원칙적으로 피청구인의 처분 등이 헌법 또는 법률에 의하여 부여받은 청구인의 권한을 침해하였는지 여부로 정하고 있고, 권한 침해 여부의 확인에서 더 나아가 피청구인의 처분을 취소하거나 그 무효를 확인하는 것에 대하여는 헌법재판소에게 그의 재량에 따른 부가적인 심판 가능성을 부여하고 있을 뿐이다.

따라서 국가기관 상호간의 권한쟁의심판 결과 드러난 위헌·위법 상태를 제거함에 있어서 피청구인에게 여러 가지 정치적 형성의 여지가 있는 경우에는, 헌법재판소로서는 피청구인의 정치적 형성권을 가급적 존중하여야 하므로, 재량적 판단에 의한 무효확인 또는 취소를 통하여 피청구인의 처분의 효력을 직접 결정하는 것은 권한질서의 회복을 위하여 헌법적으로 요청되는 예외적인 경우에 한정되어야 한다(헌재 2009. 10. 29, 2009헌라8, 판례집 21-2하, 14, 79-80).

(2) 무효확인불가능설(김종대 재판관의 의견)

헌재 2010. 12. 28, 2008헌라7, 공171, 79, 93, 국회의원과 국회의장 등 간의 권한쟁의(각하, 권한침해확인, 기각):

권한쟁의심판제도의 목적은 침해된 권한의 존부 및 범위를 확인함에 있지, 헌법소원제도처럼 침해된 권한의 구제에 있는 것이 아니다.

따라서 권한쟁의심판을 통해 권한의 존부 및 범위의 확인(헌법재판소법 제66

조 제1항)을 구하는 데에서 나아가 권리의 구제(위 같은 조 제2항)까지를 얻고자 한다면 심판대상인 그 '처분'이 무효선언 내지 취소할 수 있는 성질의 것이어야 하고 또 무효선언 내지 취소함이 타당한 경우에 한정되어야 한다.

그런데 이 사건 피신청인의 처분과 같은 국회나 국회의장 혹은 국회상임위원회 위원장을 상대로 하는 입법관련 행위는 국회의 헌법상 지위(민의를 대표하는 국가최고기관)와 청구인용 정족수(헌법소원인용 정족수는 재판관 9인의 2/3인 6인이고, 권한쟁의심판 인용정족수는 의결정족수의 과반수에 지나지 아니함)의 헌법적 의미를 고려할 때, 일반적 처분과는 달리 헌법재판소가 권한쟁의심판절차로써 무효선언 내지 취소로까지 나아갈 수 있는 성질의 것이 아니고, 뿐만 아니라 그렇게 나아가야 할 타당성도 없다(자세한 논거는 2009. 10. 29, 2009헌라8등 사건과 2010. 11. 25, 2009헌라12 사건의 재판관 김종대의 각 의견 참조).

[참조] 헌재 2010. 11. 25, 2009헌라12, 22-2하, 320, 332-334, 국회의원과 국회의장 간의 권한쟁의(일부청구인의 청구에 대해서는 사망으로 인한 심판절차종료선언, 나머지 청구인에 대해서는 기각(각하의견 4, 기각의견 1, 인용의견 4이어서 결론적으로는 각하의견도 기각의견과 같이하므로 5인의 의견으로 사건을 기각한 결정)) 결정의 김종대 재판관의 의견

(2) 재판관 김종대의 기각의견

(가) 권한침해확인결정의 기속력

헌법재판소는 헌법과 헌법재판소법이 정한 바에 따라 2009. 10. 29, 2009헌라8등 사건의 주문 제2항에서 피청구인의 이 사건 각 법률안 가결선포행위가 청구인들의 법률안 심의·표결권을 침해하였음을 확인하였다.

권한쟁의심판사건의 당사자인 국회의장 등을 포함한 모든 국가기관과 지방자치단체는 헌법재판소의 위 권한쟁의심판사건에 관한 결정에 기속되는바(헌법재판소법 제67조 제1항), 헌법이 헌법재판소에 국가기관 상호간의 권한쟁의심판을 관장하게 하고 있고, 권한쟁의심판의 제도적 취지가 국가기능의 원활한 수행 등을 통한 헌법의 규범적 효력을 보호하기 위한 것이며, 헌법재판소는 헌법문제를 유권적으로 해결함으로써 국가작용의 합헌적 행사를 통제한다는 점 등을 종합하면, 위 권한침해확인결정의 기속력을 직접 받는 피청구인은 위 결정을 존중하고 이에 따라 헌법재판소가 위 결정에서 명시한 위헌·위법성을

제거할 헌법상의 의무를 부담한다 할 것이다.

(나) 기속력의 구체적 실현 및 그 한계

1) 권한쟁의심판은 본래 청구인의 「권한의 존부 또는 범위」에 관하여 판단하는 것이므로, 입법절차상의 하자에 대한 종전 권한침해확인결정이 갖는 기속력의 본래적 효력은 피청구인의 이 사건 각 법률안 가결선포행위가 청구인들의 법률안 심의·표결권을 위헌·위법하게 침해하였음을 확인하는 데 그친다. 그 결정의 기속력에 의하여 법률안 가결선포행위에 내재하는 위헌·위법성을 어떤 방법으로 제거할 것인지는 전적으로 국회의 자율에 맡겨져 있다. 따라서 헌법재판소가 「권한의 존부 또는 범위」의 확인을 넘어 그 구체적 실현방법까지 임의로 선택하여 가결선포행위의 효력을 무효확인 또는 취소하거나 부작위의 위법을 확인하는 등 기속력의 구체적 실현을 직접적으로 도모할 수는 없다.

2) 일반적인 권한쟁의심판에 있어서는, 헌법재판소가 피청구인의 「처분」이 청구인의 권한을 침해하였다고 인정할 경우 권한침해확인결정에 부수하여 재량에 의하여 자유롭게 처분의 무효확인 또는 취소를 선언하거나 부작위의 위법을 확인함으로써 다른 국가기관의 권한을 침해한 처분의 효력을 직접적으로 결정할 수가 있다(헌법재판소법 제66조 제2항). 그러나, 국회나 국회의장을 상대로 국회의 입법과정에서의 의사절차의 하자를 다투는 이 사건과 같은 특수한 유형의 권한쟁의심판(이하 '「입법관련 행위」에 대한 권한쟁의심판'이라 한다)에 있어서는 비록 헌법재판소가 이를 심판의 대상으로 삼기 위해 헌법재판소법 제64조 제3호 소정의 「처분」의 일종으로 보았다 하더라도 이에 대해 위 법 제66조 제2항까지 확대적용하여 그 무효확인이나 취소 또는 부작위위법확인을 할 수 있다고 하여서는 안 된다.

그 이유를 정리하면 다음과 같다. i) 「처분」은 본래 행정행위의 범주에 속하는 개념일 뿐 입법행위를 포함하는 개념이 아님에도 불구하고 「입법관련 행위」를 위 법 제66조 제2항 소정의 무효확인 또는 취소의 대상인 「처분」으로 보아 「입법관련 행위」에 대해서도 위 법조항을 확대적용하려는 것은 문리상으로 무리가 있다. ii) 국회의 헌법상의 지위에 비추어 볼 때, 「입법관련 행위」에 대한 권한침해확인결정이 있다 하여도 그 구체적 실현방법은 국회의 자율에 맡겨질 수밖에 없고, 따라서 국회의 의사절차상 흠을 어떻게 처리할 것인가의 문제는 국회가 스스로 결정해야 할 고도의 정치적 자율성이 요청되는 문제이다. 그런데 국회법이나 국회규칙 어디에도 이에 관하여 국회의 자율권을 제한하는 규정이 없다. 그러므로 현행법상, 국회나 그 기관의 「입법관련 행위」에 대해서는 그 절차상의 위법성을 제거할 구체적 실현방법에 대한 타율적 이행을 요구하는 어떠한 청구도 용인될 수 없다. iii) 법률안 가결선포행위를 무효확인하거나 취소할 경우 그것은 실질적으로 해당 법률 전체의 효력을 무효화하는 결과를 초래하므로 그 인용결정도 법률의 위헌결정에 필요한 정족수인 재판관 6인 이상의 찬성요건을 충족해야 할 터인데, 권한쟁의심판의 절차를 이용하여 이를 처리할 경우에는 그에 못 미치는 재판관 5인의 찬성(7인이 평결할 경우에는 재판관 4인의 찬성)만으로도 인용결정이 이루어질 수 있다고 하는 것은 권한쟁의심판을 인정한 당초 목적에서 벗어날 뿐만 아니라 법률의 위헌결정에 필요한 정족수를 규정한 헌법 제113조 제1항의 취지에도 반하는 부당한 결과를 초래한다.

3) <u>그러므로, 법률의 효력을 둘러싸고 국회나 국회의장 등을 상대로 제기되는 「입법관련 행위」를 대상으로 하는 권한쟁의심판에 있어서는 헌법재판소가 권한침해확인결정을 하는 것 외에 더 나아가 그 인용결정의 구체적 실행방법으로서 처분의 무효확인이나 취소를 선언할 수 없을 뿐만 아니라 부작위의 위법확인도 할 수 없다고 할 것이므로,</u> 이 사건과 같은 특수성을 가진 결정은 그 기속력에도 일정한 한계가 있다고 할 것이다.

(다) 이 사건 권한쟁의심판청구의 당부

1) 청구인들이 이 사건 권한쟁의심판으로 부작위위법확인을 청구한 취지가 피청구인이 위 2009헌라8등 사건 결정을 이행하지 아니한 데 따른 기속력 실현의 한 방법으로서 구체적으로 이 사건 각 법률안 가결선포행위를 취소하는 등 재입법을 위한 특정한 작위의무의 이행을 구하는 취지라면, 이는 위 결정이 갖는 기속력의 한계를 벗어나 부당하다. 권한침해확인결정에 따라 피청구인이 구체적으로 실행해야 하는 작위의무의 내용은 국회법 등의 법률과 국회규칙에 따로 정한 바가 없는 이상 피청구인을 포함한 국회가 합의를 통하여 자율적으로 형성해야 하는 다양한 가능성이 열려 있는 것이며, 헌법재판소가 그 집행내용을 특정할 수는 없는 권력분립원칙에 따른 기능적 한계가 있음은 위에서 본 바와 같기 때문이다.

2) 청구인들이 2009헌라8등 사건 권한침해확인결정의 기속력으로 단순히 피청구인에게 이 사건 각 법률안 가결선포행위의 위헌·위법성을 제거할 의무가

있다는 확인을 구하는 취지라면, 그러한 의무는 종전 권한침해확인결정의 기속력에 의하여 이미 발생한 것이므로 이 사건 권한쟁의심판청구를 통하여 거듭 구할 필요성이 없다. 청구인들이 이 사건에서 주장하는 바와 같이 피청구인의 부작위에 대한 위법 확인결정이 이루어진다 한들 그 선언에 따른 기속력이나 구체적 실현방법 또한 종전 권한침해확인결정의 기속력 및 실현방법과 하등 다를 바 없으므로, 앞서 한 권한침해확인결정 외에 새로이 부작위의 위법을 확인해 줄 필요성이 없기 때문이다.

(라) 소 결

따라서, 이 사건 심판청구는 권한침해확인결정의 기속력의 한계를 벗어난 부당한 것이거나, 종전 권한침해확인결정에 따라 이미 발생한 기속력의 재확인을 구하는 불필요한 것이어서 어느 모로 보나 이유 없으므로 이를 기각함이 상당하다.

나) 적극설(조대현 재판관 1인의 의견=중대설)

헌재 2010. 12. 28. 2008헌라7, 공171, 79, 96, 국회의원과 국회의장 등 간의 권한쟁의(각하, 권한침해확인, 기각):

이처럼 이 사건 동의안에 대한 외통위의 심의·표결 절차는 제1차 전체회의와 제2차 전체회의가 모두 위법하게 진행되었고, 그 위법성의 정도가 헌법의 기본원리인 의회주의를 근본적으로 부정할 정도로 **중대하며**, 이 사건 동의안에 대한 청구인들의 심의권은 제1차 전체회의(이 사건 회의)에 의하여 침해된 후 동일한 안건에 대한 후속심의절차인 제2차 전체회의에서 회복되지 않았을 뿐만 아니라 오히려 제2차 전체회의에서 권한침해가 더욱 더 가중되고 이 사건 동의안에 대한 가결선포행위에 의하여 권한침해상태가 치유될 수 없는 상태로 확정되었다고 할 것이다.

따라서 이 사건 동의안에 대한 외통위의 심의표결절차 전체(제1차 전체회의와 제2차 전체회의 및 가결선포행위)가 청구인들의 이 사건 동의안에 대한 심의권과 표결권을 침해하였다고 확인함과 아울러, 그 위법성의 정도가 헌법의 기본원리인 의회주의를 근본적으로 부정할 정도로 **지대하여** 적법한 의결절차를 다시 진행하게 함이 상당하므로 이 사건 동의안에 대한 의결절차 전부가 무효라고 선언하여야 한다. 헌법이 국가기관 사이의 권한쟁의에 대한 심판을 헌법

> 재판소에게 맡긴 이상, 헌법재판소가 국회의 자율성이나 정치적 형성기능을 앞세워 국회의 입법절차에 관한 권한쟁의심판을 자제하는 것은 헌법의 취지에 어긋나는 것이다. 그리고 입법절차가 헌법에 위반되는 경우뿐만 아니라 위법한 경우에도 위법한 입법절차를 실효시켜 다시 적법한 절차에 따라 입법하게 하여야 하고, 그것이 헌법과 헌법재판소법이 헌법재판소에 맡긴 사명임을 잊지 말아야 한다.

다) 중간설(재판관 3인의 의견) — 사정변경에 따른 유효가능설

무효가 원칙이지만 사정변경의 원칙이 유추적용될 수도 있다는 견해(김희옥, 민형기, 송두환 재판관 3인의 기각의견)

> 헌재 2010. 12. 28. 2008헌라7, 공171, 79, 91, 국회의원과 국회의장 등 간의 권한쟁의(각하, 권한침해확인, 기각):
>
> 처분이 위헌·위법하게 청구인들의 권한을 침해한 때에는 이를 취소하거나 그 무효를 확인함이 원칙이라 할 것이다. 그러나 헌법재판소법 제66조 제2항이 권한침해의 원인이 된 처분의 취소나 무효확인에 관하여 헌법재판소에 재량적 판단의 여지를 부여하고 있는 이상, 권한쟁의심판의 종국결정 당시를 기준으로 보아 청구인들의 권한을 침해한 처분을 취소하거나 무효로 확인하는 것이 도리어 현저히 공공의 복리에 적합하지 않은 예외적인 사정이 있는 경우에는 행정소송에서의 사정판결의 법리를 유추 적용하여, 위헌·위법한 처분의 권한침해는 확인하면서도 그 처분의 취소나 무효확인을 하지 아니하여 처분의 효력을 유지하도록 할 수도 있다 할 것이다.

3) 헌재 2009헌라8등(2009) 결정을 고려한 각 헌법재판관의 견해

헌재 2008헌라7(2010) 결정에서 부적법각하 의견을 낸 이동흡, 목영준 재판관은 헌재 2009헌라8등(2009) 결정에서는 명백설을 취하였다. 이 견해는 헌재 96헌라2(1997) 결정의 연장선상에 있다.

민형기 재판관은 헌재 96헌라2(1997) 결정에서 방송법과 관련하여 명백설의 입장에서 기각견해를 피력하였고, 동 결정에서 송두환 재판관은 중대설의 입장에서 인용견해를 제시하였으나 두 재판관 모두 그 뒤 헌재 2008헌라7(2010) 결정에서는 사정변경에 따른 유효가능설의 입장을 보이고 있다.

4) 종　　합

이상의 각 재판관의 견해를 종합하여 그림으로 그려보면 다음과 같다.

<table>
<tr><th colspan="2" rowspan="2">결정
견해</th><th colspan="2" rowspan="2">2008헌라7(2010)</th><th colspan="2">2009헌라8등(2009)</th></tr>
<tr><th>신문법</th><th>방송법</th></tr>
<tr><td rowspan="3">절충설</td><td rowspan="3">사정변경에 따른 유효가능설</td><td>김희옥</td><td rowspan="3">기각</td><td>인용</td><td>심의·표결권의 침해가 없어 기각</td></tr>
<tr><td>민형기</td><td>심의·표결권 침해가 없어 기각</td><td>명백설 — 기각</td></tr>
<tr><td>송두환</td><td>인용</td><td>중대설 — 인용</td></tr>
<tr><td rowspan="5">소극설</td><td rowspan="2">무효확인자제설</td><td>이강국</td><td rowspan="2">기각</td><td rowspan="2">기각</td><td>심의·표결권의 침해가 없어 기각</td></tr>
<tr><td>이공현</td><td>심의·표결권의 침해가 없어 기각</td></tr>
<tr><td>무효확인불가능설</td><td>김종대</td><td>기각</td><td>기각</td><td>기각</td></tr>
<tr><td rowspan="2">명백설</td><td>이동흡</td><td rowspan="2">부적법각하</td><td>기각</td><td rowspan="2">기각</td></tr>
<tr><td>목영준</td><td>심의·표결권 침해가 없어 기각</td></tr>
<tr><td>적극설</td><td>중대설</td><td>조대현</td><td>인용</td><td>인용</td><td>인용</td></tr>
</table>

위와 같이 국회의 입법절차상의 하자가 당해 법률제정행위를 무효로 하는가에 대한 문제에 대해 헌법재판소의 입장은 매우 분열되어 있다. 이러한 헌법재판소의 태도는 입법과정에 대해 갖는 헌법재판소의 예선적 효과[4]를 매우 반감시키고 있다. 예선적 효과란 모든 법률은 발안단계가 있고 의회담론 중에 법률안이 연방헌법재판소의 판결에 합치하는지 여부가 검토된다는 것이다. 독일의 슈타르크 교수는 이러한 예선적 효과는 국가실무에 있어서 법률행위와 처분에 대한 헌법재판적 통제는 모든 국가기관이 자신의 재량에 따라 그리고 아무런 근거제시의무를 지지 않고 헌법을 취급하는 것을 방지할 수 있고 충돌하는 경우에는 언제나 보다 강한 것이 관철되는 것을 방지할 수 있다고 하는 점에서 보다 크게는 헌법의 합리와 증진에 기여한다고 한다. 이렇게 함으로써 헌법재판소는 그렇게 하지 않고서는 달성할 수 없는 합리성과 신뢰성을 획득하게 된다는 것이다. 헌법재판소에 의한 제도적 통제는 피통제기관 자체에 있어서는 합리화 강제로 나타나고 더 나아가서는 헌법의 해석과 적용에 있어서 통일성을 보장하게 된다.[5]

---

4) 크리스티안 슈타르크(김대환 역), 권력분립과 헌법재판, 동아법학 46, 2010.2., 491 참조.

다. 국회의 자율권의 보장과 한계

국회의 자율권은 헌법이나 법률의 규정을 명백히 위반한 경우가 아닌 한 최대한 존중되어야 한다는 것이 헌법재판소의 일관된 결정내용이다.

> 헌재 2008. 4. 24. 2006헌라2, 20-1상, 438, 445, 국회의원과 국회의장 간의 권한쟁의(기각):
>
> 헌법 제64조는 국회가 법률에 저촉되지 아니하는 범위 안에서 의사와 내부규율에 관한 규칙을 제정할 수 있고, 의원의 자격심사·징계·제명에 관하여 자율적 결정을 할 수 있음을 규정하여 국회의 자율권을 보장하고 있다. 이에 따라 국회는 국민의 대표기관이자 입법기관으로서 의사와 내부규율 등 국회운영에 관하여 폭넓은 자율권을 가지며, 국회의 의사절차나 입법절차에 **헌법이나 법률의 규정을 명백히 위반한 흠이 있는 경우가 아닌 한** 그 자율권은 권력분립의 원칙이나 국회의 위상과 기능에 비추어 존중되어야 한다(헌재 1997. 7. 16, 96헌라2, 판례집 9-2, 154, 165). 특히 국회법 제10조는 국회의장으로 하여금 국회를 대표하고 의사를 정리하며 질서를 유지하고 사무를 감독하도록 하고 있고, 국회법 제6장의 여러 규정들은 개의, 의사일정의 작성, 의안의 상임위원회 회부와 본회의 상정, 발언과 토론, 표결 등 회의절차 전반에 관하여 국회의장에게 폭넓은 권한을 부여하고 있어 국회의 의사진행에 관한 한 원칙적으로 의장에게 그 권한과 책임이 귀속된다. 따라서 국회의장이 논란의 여지가 많은 사실관계 하에서 진행한 의사절차 진행 행위는 그것이 **헌법이나 법률에 명백히 위배되는 행위라고 인정되지 않는 한** 다른 국가기관은 이를 존중하여야 한다(헌재 1998. 7. 14, 98헌라3, 판례집 10-2, 74, 81-84).

> 헌재 1997. 7. 16. 96헌라2, 9-2, 154, 165, 국회의원과 국회의장간의 권한쟁의(인용(권한침해), 기각):
>
> **〈심판대상〉**
>
> 피청구인(국회의장)이 1996. 12. 26. 06 : 00경 제182회 임시회 제1차 본회의(이하 "이 사건 본회의"라고 한다)를 개의하고 위 5개 법률안(국가안전기획부법중개정법률안, 노동조합및노동관계조정법안, 근로기준법중개정법률안, 노동위원회법중개정법률안, 노사협의회법중개정법률안)을 상정하여 가결선포한 행위가 헌법 또는 법률

5) 슈타르크의 위 번역논문 484면 참조.

에 의하여 부여받은 청구인들의 법률안 심의·표결의 권한을 침해한 것인지의 여부와 그로 인하여 위 가결선포행위가 위헌인지의 여부

〈주 문〉

1. 피청구인이 1996. 12. 26. 06 : 00경 제182회 임시회 제1차 본회의를 개의하고 국가안전기획부법중개정법률안, 노동조합및노동관계조정법안, 근로기준법중개정법률안, 노동위원회법중개정법률안, 노사협의회법중개정법률안을 상정하여 가결선포한 것은 청구인들의 법률안 심의·표결의 권한을 침해한 것이다.
2. 청구인들의 나머지 청구를 기각한다.

〈판 단〉

(2) 이 사건 심판의 대상이 헌법재판소가 심사할 수 없는 국회내부의 자율에 관한 문제인지 여부

국회는 국민의 대표기관, 입법기관으로서 폭넓은 자율권을 가지고 있고, 그 자율권은 권력분립의 원칙이나 국회의 지위, 기능에 비추어 존중되어야 하는 것이지만, 한편 법치주의의 원리상 **모든 국가기관은 헌법과 법률에 의하여 기속을 받는 것이므로 국회의 자율권도 헌법이나 법률을 위반하지 않는 범위 내에서 허용되어야 하고 따라서 국회의 의사절차나 입법절차에 헌법이나 법률의 규정을 명백히 위반한 흠이 있는 경우에도 국회가 자율권을 가진다고는 할 수 없다.** 헌법 제64조도 국회의 자율권에 관하여 국회는 법률에 저촉되지 아니하는 범위 안에서 의사와 내부규율에 관한 규칙을 제정할 수 있고, 의원의 자격심사·징계·제명에 관하여 자율적 결정을 할 수 있다고 규정하고 있다.

이 사건은 국회의장이 국회의원의 헌법상 권한을 침해하였다는 이유로 국회의원인 청구인들이 국회의장을 상대로 권한쟁의심판을 청구한 사건이므로 이 사건 심판대상은 국회의 자율권이 허용되는 사항이라고 볼 수 없고, 따라서 헌법재판소가 심사할 수 없는 국회내부의 자율에 관한 문제라고 할 수는 없다.

이러한 결정내용에 따르면 단순히 헌법이나 법률을 위반하는 데에 국회의 자율권의 한계가 있는 것이 아니고 “명백히” 위반하는 때에 그 한계가 있다고 하는 것이다.

국회의 자율권은 대체로 다음과 같은 내용으로 구성되어 있다.

- 규칙제정권(헌법 제64조 제1항)
- 의사진행권: 헌법·법률 등 규정이 없는 경우에 자율적으로 의사진행

- 질서유지권(내부경찰권, 국회가택권(모두 국회의장의 권한))
- 내부조직권(의장 등 선출과 직원 임명 등)
- 의원의 자격심사 및 징계(제64조 제2항, 제4항)
- 청원처리권
- 집회 등에 대한 자율권

자유민주적 기본질서에 입각하여 조직된 국회라는 관점에서 보면 이러한 자율권이 단순한 법위반으로 그 한계에 직면하게 된다는 것보다는 법위반에 대한 일정한 평가가 동반되어야 하는 것으로 볼 수도 있을 것이다. 그러한 법적 평가와 관련하여서는 국회가 위반하고 있는 헌법이나 법률의 조항 그 자체가 국회 그 자체의 존립기반인 자유민주적 기본질서라고 하는 헌법상의 기본원리에 대해 직접 위해를 가하는 것과 같은 경우가 있을 수 있고, 객관적으로는 법위반이기는 하지만 그 위반의 행위가 중대한 경우를 상정할 수 있을 것이다.

이러한 사고의 기초에 따르면 국회의 자율권의 한계를 "명백한 위반"에서 찾고 있는 헌법재판소의 결단이 잘못된 것이라고 보기는 어려운 점이 있다.

이러한 사고의 연장선상에서 보면 입법절차상의 하자는 명백한 경우가 있는가 하면 경우에 따라서는 불명확한 경우도 있을 수 있고, 중대한 경우가 있을 수 있는 반면에 중대한 것으로 평가하기에는 부족한 경우도 있을 수 있을 것이다. 그러한 관점에서 보면 헌법이나 법률 위반이 바로 모든 경우에 무효로 된다고 보기에는 어려움이 있다고 생각해 볼 수 있을 것이다.

문제는 여기서 헌법재판소가 일정한 합의된 기준을 제시한다고 하더라도 그 적용이 입법과정에의 간섭을 회피하거나 지나치게 간섭하기 위한 수단으로 사용될 수도 있다는 점이다. 이러한 우려를 고려하여 가능한 한 실천적이고도 명확한 기준을 우선 제시하는 것이 필요할 것으로 보인다.

또 국회 회의의 주요원칙들을 보면 대체로 ① 의사공개의 원칙(헌법 제50조 제1항 본문, 국회법 제75조 제1항), ② 다수결의 원칙(헌법 제49조), ③ 회기계속의 원칙(헌법 제51조), ④ 일사부재의의 원칙(국회법 제92조) 등을 들 수 있다. 이러한 원칙들은 그 의미와 근거 등으로 볼 때 상이한 비중을 가진 것이라고 할 수 있고, 따라서 그 위배를 일의적으로 평가하기 어려운 면이 있다.

라. 국회의원의 법률안 등 심의·표결권의 침해 판단기준

① 그런데 헌법재판소는 국회법상 질의·토론절차를 부여할 것을 규정한 국회법 제93조[6]와 국회의원에게 헌법상 인정되는 법률안 심의·표결권의 관계에 대

해 국회법상의 절차를 규정한 제93조를 위배하면 헌법상의 심의·표결권을 침해한 것으로 보고 있다.

> 헌재 2009. 10. 29, 2009헌라8등, 공157, 1873, 1889–1890, 국회의원과 국회의장 등 간의 권한쟁의(일부각하, 일부인용, 일부기각):
> 심의과정에서 질의·토론의 기회를 주지 아니한 채 이루어진 표결 결과에 따라 신문법안의 가결을 선포한 피청구인의 행위는 질의·토론에 관한 국회법 제93조를 위배하여 청구인들의 심의·표결권을 침해한 것으로 봄이 상당하다.

국회법 제93조를 위배하면 곧 바로 헌법상의 심의·표결권을 침해한 것으로 볼 것인지에 대해서는 논의의 여지가 있다. 국회법 제93조를 위배한 경우에도 헌법상의 심의·표결권까지 침해한 것으로 보기 어려운 경우도 상정해 볼 수 있다. 2006헌라2 결정에서와 같이 국회의장이 국회의원에 대해 질의여부를 묻지 않은 행위는 국회법 제93조를 위배한 것으로 볼 수 있지만, 국회의장이 질의여부를 묻지 않았다고 하여 질의가 완전히 봉쇄된 것으로는 볼 수 없는 경우에는 헌법상의 심의·표결권을 침해한 것으로 보기는 어려운 면이 있다.

② 국회의장이 의사일정상 5번째로 예정되어 있던 사립학교법 개정안 심의를 교섭단체대표의원과 협의 없이 첫 번째로 변경한 행위가 의사일정의 변경에 관한 국회법 제77조[7])를 위반하여 국회의원인 청구인들의 법률안 심의·표결권을 침해한 것인지에 대해 헌법재판소는 결론적으로 국회법 제77조를 명백히 위반한 것도 아니고, 그로 인하여 청구인들의 법률안 심의·표결권을 침해한 것도 아니라고 판시하였다.

---

6) 국회법 제93조(안건심의) 본회의는 안건을 심의함에 있어서 그 안건을 심사한 위원장의 심사보고를 듣고 질의·토론을 거쳐 표결한다. 다만, 위원회의 심사를 거치지 아니한 안건에 대하여는 제안자가 그 취지를 설명하여야 하고, 위원회의 심사를 거친 안건에 대하여는 의결로 질의와 토론 또는 그 중의 하나를 생략할 수 있다.

7) 국회법 제77조(의사일정의 변경) 의원 20인 이상의 연서에 의한 동의로 본회의의 의결이 있거나 의장이 각 교섭단체대표의원과 협의하여 필요하다고 인정할 때에는 의장은 회기 전체 의사일정의 일부를 변경하거나 당일 의사일정의 안건 추가 및 순서 변경을 할 수 있다. 이 경우 의원의 동의에는 이유서를 첨부하여야 하며, 그 동의에 대하여는 토론을 하지 아니하고 표결한다.

헌재 2008. 4. 24. 2006헌라2, 20-1상, 438, 446 — 국회의원과 국회의장 간의 권한쟁의(기각):

국회법상 '협의'의 개념은 의견을 교환하고 수렴하는 절차라는 성질상 다양한 방식으로 이루어질 수 있고, 그에 대한 판단과 결정은 종국적으로 국회의장에게 맡겨져 있다고 할 것이다. 그런데 이 사건의 경우 피청구인은 장내소란으로 국회법에 따른 정상적인 의사진행을 기대하기 어려우므로 효율적인 회의 진행을 위하여 의사일정 제5항이던 사립학교법 중 개정법률안을 제일 먼저 상정하여 심의할 필요가 있다고 판단한 것으로 보이는 점, 사립학교법 중 개정법률안의 상정 자체에 반대하던 한나라당 대표의원과의 협의는 실질적인 의미가 없는 상황이었던 점, 당시 회의록에 의하면 한나라당 의원들을 포함하여 274명의 의원들이 본회의장에 출석하고 있는 것으로 기재되어 있으므로 의사일정을 변경하더라도 그 자체로 국회의원들의 심의·표결에 지장이 있었다고 보기 어려운 점 등을 고려해 볼 때, 설사 피청구인이 한나라당의 대표의원과 직접 협의하지 않고 의사일정을 변경하였더라도 그것만으로 국회법 제77조에 명백히 위반하였다거나 그로 인하여 청구인들의 법률안 심의·표결권을 침해하였다고 보기 어렵다.

이 결정은 교섭단체대표의원과 협의 없이 의안순서를 변경한 것은 국회의원의 법률안 심의·표결권을 침해한 것은 아니라고 보고 있다. 교섭단체의 대표의원과 협의를 하지 않았음이 명백함에도 국회법 제77조를 위반하지 않은 것으로 본 점은 문제가 있지만, 국회법 제77조를 위반한 것이 바로 헌법상의 국회의원의 심의·표결권을 침해할 정도의 중대한 위반이라고 보기는 어려운 면이 있다.

③ 국회에서 위원회의 심사를 거치지 않은 법률안을 상정한 후 의사진행을 방해하는 소란이 계속되고, 장내에서는 '엉터리야!', '무효, 무효!', '찬성!' 등 고함만이 있었고 질의신청을 하는 의원이 없는 상황에서 국회의장이 법률안 제안자의 취지 설명을 하게 하지 않고 또 질의신청의 유무에 대하여 아무런 언급 없이 "이 안건에 대해서는 토론신청이 없으므로 바로 표결하겠습니다."라고 말하고 표결절차에 들어간 경우 국회의장은 국회법 제93조[8])를 위반하여 국회의원의 법률안 심

8) 국회법 제93조(안건심의) 본회의는 안건을 심의함에 있어서 그 안건을 심사한 위원장의 심사보고를 듣고 질의·토론을 거쳐 표결한다. 다만, 위원회의 심사를 거치지 아니한 안건에 대하여는 제안자가 그 취지를 설명하여야 하고, 위원회의 심사를 거친 안건에 대하여는 의결로 질의와 토론 또는 그중의 하나를 생략할 수 있다.

의·표결권을 침해한 것인지 여부와 관련하여서는 헌법재판소의 결정은 어쨌든 의원들로부터 토론신청이 없는 상황에서 국회의장이 질의나 토론절차를 거치지 않았다고 하여서 국회법 제93조에 위반하여 청구인들의 심의·표결권을 침해할 정도에 이르렀다고 보기는 어렵다고 판시하고 있다.

헌재 2008. 4. 24, 2006헌라2, 20-1상, 438, 447, 국회의원과 국회의장 간의 권한쟁의(기각):

국회법 제93조는 '위원회의 심의를 거치지 아니한 안건에 대해서는 제안자가 그 취지를 설명하도록' 규정하고 있으나, 그러한 취지설명의 방식에는 제한이 없으므로(헌재 2004. 5. 14, 2004헌나1, 판례집 16-1, 609, 630) 제안자가 발언석에서 구두설명을 하지 않더라도 서면이나 컴퓨터 단말기에 의한 설명 등으로 이를 대체할 수 있다 할 것이다.[9] 그러므로 발언대의 마이크를 사용하기 어려울 만큼 의사진행을 방해하는 소란이 계속되는 상황에서 피청구인이 제안자의 취지설명을 컴퓨터 단말기로 대체하도록 한 것이 위 국회법 제93조를 위반하였다고 할 수 없다.

한편 의장인 피청구인은 질의·토론절차의 운영에 있어서 우선 질의 유무를 확인한 후 질의신청이 없으면 토론에 들어가고, 토론신청도 없는지 확인한 후 표결에 들어가는 것이 원칙이라고 할 것이나, 실제 운영상 질의신청이 없는 경우에는 질의 부분을 생략하고 다음 단계로 넘어가더라도 무방하다 할 것이다(헌재 2006. 2. 23, 2005헌라6, 판례집 18-1상, 82, 92). 그런데 질의하려는 의원은 미리 의장에게 통지하여 허가를 받아야 하는데(국회법 제99조 제1항), 회의록에 의하면 당시 '엉터리야!', '무효, 무효!', '찬성!' 등 고함이 있었으나 질의신청을 한 의원은 없었다고 보여진다. 이와 같이 장내소란으로 인하여 의안상정·제안설명 등 의사진행이 정상적으로 이루어지지 못하고 질의신청을 하는 의원도 없는 상황에서 피청구인이 '질의신청 유무'에 대한 언급 없이 단지 '토론신청이 없으므로 바로 표결하겠다'라고 한 행위가 국회법 제93조에 위반하여 청구인들의 심의·표결권을 침해할 정도에 이르렀다고는 보기 어렵다.

국회법 제93조는 안건에 대해서는 질의·토론을 거쳐서 표결을 하도록 되어 있다. 따라서 국회의장으로서는 질의가 있는지 여부를 물었어야 했다. 또 토론신청여부도 확인하지 않은 상태에서 바로 표결에 들어가는 국회의장의 의사진행행

9) 이는 헌재 2009. 10. 29, 2009헌라8등, 공157, 1873, 1886에서도 그대로 인용되고 있다.

위는 국회법 제93조를 위반한 것으로 볼 수 있다(이는 재판관 김종대, 재판관 이동흡의 반대의견에서 개진되었다). 그럼에도 불구하고 다른 사정을 들어 국회법 제93조를 위반한 것이 아니라고 하는 것은 이해하기 어렵지만, 국회의장이 질의여부를 묻지 않았다고 해서 질의가 봉쇄된 것으로는 볼 수 없으므로 질의신청이 현실적으로 없는 상황이었기 때문에 비록 국회법 제93조를 위반하였다고 볼 수는 있을지라도 이로써 헌법상의 심의·표결권을 침해한 것으로 보기는 어려울 것이다.

④ 이상에서 볼 때 헌법재판소는 모든 심의·표결 행위의 하자에 대해 헌법이 국회의원에게 보장하고 있는 바의 심의·표결권을 위배한 것으로 보는 것이 아니고, 일정한 경우에 그렇게 보는 것으로 이해된다. 그렇다고 한다면 국회의원에게 헌법상 인정되는 심의·표결권의 침해로 헌법재판소가 인정하는 경우에는 이미 일정한 헌법적 평가가 내재해 있는 것으로 볼 수 있고 따라서 심의·표결권을 침해하여 법률안 등을 제정하는 행위는 무효라고 하는 주장은 설득력을 얻게 된다.

마. 무효결정의 정족수

다만 법률을 위헌으로 선언하기 위해서는 헌법재판소법에 따르면 6인 이상의 재판관의 찬성이 있어야 한다는 점을 고려할 필요가 있다. 그런데 헌법재판소의 결정에서도 지적되고 있는 바와 같이[10] 권한쟁의심판의 경우에는 5인 이상의 찬성으로 무효를 선언할 수 있도록 되어 있다. 그렇다고 한다면 권한쟁의심판의 경우에도 법률을 위헌으로 선언하기 위해서는 6인 이상의 찬성이 있어야 하는 것으로 해석하는 것이 바람직하다. 입법론으로서는 헌법재판소법 제23조에 제2항 제1호를 다음과 같이 개정할 필요가 있다.

현행 조항	개정안
제23조(심판정족수) ② 재판부는 종국심리에 관여한 재판관의 과반수의 찬성으로 사건에 관한 결정을 한다. 다만, 다음 각호의 1에 해당하는 경우에는 재판관 6인 이상의 찬성이 있어야 한다. 1. 법률의 위헌결정, 탄핵의 결정, 정당해산의 결정 또는 헌법소원에 관한 인용결정을 하는 경우	제23조(심판정족수) ② 재판부는 종국심리에 관여한 재판관의 과반수의 찬성으로 사건에 관한 결정을 한다. 다만, 다음 각호의 1에 해당하는 경우에는 재판관 6인 이상의 찬성이 있어야 한다. 1. 법률의 위헌 및 처분의 취소나 무효확인결정, 탄핵의 결정, 정당해산의 결정 또는 헌법소원에 관한 인용결정을 하는 경우

10) "헌법재판소가 법률의 위헌 결정에 필요한 정족수 6인에 못 미치는 5인의 재판관의 의견으로써 실질적으로 법률에 대한 위헌 결정을 하는 셈이 되어 헌법 제113조 제1항에도 위반되는 부당한 결과를 초래하게 된다"(헌재 2009. 10. 29, 2009헌라8등, 공157, 1873, 1905).

第114회 발표회 지정토론문

박 진 영*

1. 의 문

가. 미디어법 권한쟁의 Ⅱ 사건은 미디어법 권한쟁의 Ⅰ 사건의 주문을 어떻게 이해해야 하는가에 대한 문제입니다. 헌법재판소에 미디어법 권한쟁의 Ⅰ 사건의 주문이 어떤 효력을 가지는 것인지 다시 한 번 그 부분의 의미를 설명해 달라는 것으로서, 그 결론은 이미 미디어법 권한쟁의 Ⅰ 사건에 내재되어 있었던 것이므로, 미디어법 권한쟁의 Ⅱ 사건 결정으로 국민의 신뢰를 두 번 저버렸다는 표현은 미디어법 권한쟁의 Ⅱ 사건을 제기한 정치인들의 비판이라면 몰라도, 법률 이론가나 실무가들이 취할 비판으로는 부적절하다고 생각됩니다.

나. 현대 헌법학에서 고전적 권력분립원리에 입각해 판결 성향을 분석하고 사법적극주의와 사법소극주의의 개념을 정의하려는 새로운 시도나 분석에 대한 발제문의 소개는 흥미롭고 시사적입니다. 그러나, 헌법재판소의 미디어법 권한쟁의 Ⅰ 결정이 이러한 사법적극주의와 사법소극주의의 개념틀을 적용하기 곤란한 결정이어서 문제가 많다는 부분은 본말이 전도된 비판이라는 인상을 줍니다. 일련의 판결이 있을 때 그 판결을 분류, 분석, 이해하는 과정에서 사법적극주의라거나 사법소극주의라는 개념틀을 이용한 유형화나 분류가 의미 있고 시사점을 가질 수 있을 것입니다. 그러나 그러한 분석틀이 먼저 있고, 이 사건 결정은 그 이론 내지 개념틀의 어디에도 들어맞지 않는 변종이기 때문에 문제가 있다는 지적은 판결의 흐름을 이해하기 위한 도구로서의 분석틀이 우리가 그 내용이나 역사적 의미를 이해해야하는 실체로서의 판결보다 먼저임을 전제한 것이어서 어색합니다.

2. 공 감

가. '裁判'의 본질과 헌법재판의 의미를 생각하거나, 우리 헌법이 헌법기관간

* 경희대학교 법학전문대학원 교수.

의 권한분쟁에 대한 유권적 해결권한을 헌법재판소에 부여한 취지 등을 두루 참작해 볼 때, 자율적으로 분쟁을 해결하지 못하고 헌법재판소에 유권적 해결을 구하여 온 당사자들에게 잘못은 인정하되 위법상태의 시정은 자율적으로 알아서 하라고 하는 것은 재판기관으로서의 직무유기에 가깝다는 발제자의 견해에는 공감합니다.

나. 행정소송에서 절차상의 하자가 있는 행정처분에 대하여 법원이 적극적으로 무효를 확인하거나 취소함으로 인하여 행정에서의 절차의 중요성이 부각되고 있습니다. 비록 입법절차상의 하자가 있을 뿐인 법률 전체를 무효화하는 결과를 초래함으로써 입법절차를 새로 밟아야 함으로 인한 공익의 손실이 크다 하더라도, 헌법재판에 있어서도 절차의 중요성은 충분히 강조되어야 할 시점이 되었다고 보여 그 부분 취지에도 공감합니다.

다. '헌법재판은 간명해야 한다. 법은 상식이므로 권한침해가 확인되면 위헌이고, 위헌이면 처분은 무효라 보는 것이 자연스럽다. 국민들이 상식적인 수준에서 이해할 수 없는 주문을 내는 것은 바람직하지 않다.'는 등의 원론적인 차원의 발제자의 지적에는 대체로 공감합니다.

3. 논 쟁 점

권한침해를 확인할 경우 헌법재판소는 원칙적으로 처분을 무효확인하거나 취소하여야 한다는 부분에는 동의하지만, 미디어법 권한쟁의 Ⅰ 결정처럼 권한침해만 확인한 경우에도 그 권한침해확인결정의 기속력으로 피청구인에게 권한침해상태를 제거할 법적의무가 발생한다고 보는 발제자의 입장에는 반대합니다.

가. 헌법 이론가나 실무가들이 미디어법 권한쟁의 사건과 관련하여 철저히 분석, 비판, 토론, 연구해야 할 대목은, 독일과는 다르고 우리나라에 독특한 헌법재판소법 제66조(결정의 내용)를 어떻게 이해하고 해석할 것인가의 점에 있다고 생각합니다. 헌법재판소법 제66조 제1항은 "헌재는 심판의 대상이 된 국가기관 또는 지방자치단체의 권한의 존부 또는 범위에 관하여 판단한다."고 하고 있고, 같은 조 제2항은 "제1항의 경우에 헌법재판소는 권한침해의 원인이 된 피청구인의 처분을 취소하거나 그 무효를 확인할 수 있고, 헌법재판소가 부작위에 대한 심판청구를 인용하는 결정을 한 때에는 피청구인은 결정취지에 따른 처분을 하여야 한다."고 하고 있습니다. 제1항에 따른 주문이 권한침해확인 부분이고, 제2항에 따른 주문이

무효확인청구를 기각한 부분입니다.

나. 권한침해확인결정 자체의 기속력

① 권한침해를 확인하는 주문은 권한쟁의심판에 특유한 주문형태라고 볼 수 있습니다. 그러나 헌법재판의 특수성을 감안하더라도 기본적으로 주문의 효력은 판결의 효력에 관한 일반 이론에 근거해야 한다고 생각합니다. 결국 권한침해확인결정의 기속력의 내용이 어떤 것이냐는 권한침해확인 주문이 확인판결, 형성판결, 이행판결 중 어디에 해당하느냐의 문제라고 할 수 있습니다. 권한침해확인 주문이 권한을 침해하였음을 확인하는 의미를 가짐은 이견이 없을 것입니다.

② 이에서 나아가 권한침해확인 주문만으로 피청구인에게 권한침해상태를 제거할 적극적인 처분의무가 법적으로 부과되느냐가 문제의 핵심입니다. 현행 헌법재판소법상 헌법재판소가 권한침해를 확인하였을 때 피청구인이 특정한 의무를 부담한다는 명문의 규정은 없습니다. 헌법재판소법 제66조 제2항 후단은 헌법재판소가 부작위에 대한 심판청구를 인용하는 결정을 하였을 때 피청구인에게 결정취지에 따른 처분을 하여야 할 의무를 부과하고 있을 따름입니다(조문의 구조상 부작위에 대응하여 작위에 관하여는 동항 전단에서 규정하고 있다고 볼 때, 헌법재판소는 작위에 관하여는 처분을 취소하거나 그 무효를 확인할 수 있다고 하여 헌법재판소에 아래에서 말씀드리는 바와 같은 세 가지 선택지를 부여하였다고 볼 수 있겠습니다).

③ 피청구인의 행위가 기본법에 위배되는지 여부만을 심판하도록 규정하고 있을 뿐인 독일연방헌법재판소법과는 달리 우리 헌법재판소법은 권한침해확인 외에 나아가 처분의 효력조차 제거할 수 있는 강력한 권한을 헌법재판소에 부여하고 있기 때문에, 구태여 억지스럽게 권한침해확인결정만으로도 그 기속력으로 말미암아 피청구인 국회의장은 권한침해상태를 제거할 법적인 의무(그 내용이 구체적으로 무엇인지, 피청구인 국회의장에게 과연 그러한 의무를 독자적으로 이행할 능력이 있는지, 특정한 조치를 하였을 때 그것이 과연 권한침해확인결정이 부과한 법적 의무를 이행한 것으로 평가할 수 있는지 등 많은 문제에 있어서 불명확하고 의문투성이인)를 진다고 이론 구성할 필요도 없습니다.

다. 권한침해를 확인한 경우 처분의 효력제거문제에 관한 헌법재판소의 재량권의 범위

재판의 본지, 헌법과 헌법재판소법이 권한쟁의심판을 헌법재판소에 부여한 취지, 헌법소원에 있어 처분을 취소할 수 있도록 한 규정을 '원칙적 처분취소'로

운용하고 있는 것과의 균형상으로도, 권한쟁의심판에 있어 권한침해가 인정되는 경우 처분의 무효나 취소가 원칙이고, 예외적으로 처분의 효력을 유지하여야 할 특별한 사정이 있을 때 무효나 취소는 하지 아니할 수 있다고 보아야 합니다.

따라서, 권한침해가 확인된 경우 처분은 원칙적으로 무효로 확인하거나 취소되어야 하고, 하자의 성질과 내용, 정도 등과 처분의 효력을 제거함으로써 상실하게 될 공익의 크기 등을 비교 형량하여 후자가 월등히 큰 예외적인 사안에서 행정소송에서의 사정판결보다도 엄격한 요건 하에 처분의 효력은 유지시키는 결정을 예외적으로 할 수 있다고 보아야 한다고 생각합니다(법률해석은 기본적으로는 문리해석에 터 잡아야 하기 때문에 무효나 취소여부에 관하여는 비록 그 재량의 범위는 상당히 한정되어야 하지만 헌법재판소에 일정 정도 재량이 있다는 점은 인정하지 않을 수 없고, 이 부분은 적절한 해석과 운용에 따라서는 처분의 효력을 유지해야 할 극히 예외적인 사안에 있어서는 융통성 있게 처분의 효력은 유지할 수 있도록 법적인 근거를 마련하고 있다는 점에서는 잘된 입법으로 볼 여지도 있어 보입니다[1]).

미디어법 사건의 결정문을 읽어보면 권한침해를 확인한 경우 처분은 원칙적으로 무효로 확인하거나 취소되어야 한다는 의견을 가진 분은 거의 없는 것으로 보입니다. 그러나 이 부분에 대한 관점은 매우 중요합니다. 원칙이 무효확인이나 취소라면 처분의 효력을 유지할 예외적 사정에 대하여 논증이 이루어져야 하지만, 원칙이 효력유지이고 예외적으로 상당히 큰 하자가 있을 때만 효력을 제거할 수 있다는 견지에 선다면, 권한침해행위에 존재하는 하자의 크기와 종류에 대하여 논증이 이루어져야 하기 때문에, 논리의 전개나 결론에 큰 차이를 초래하기 때문입니다.

이에 대한 개별 재판관들의 견해는 대체로는 처분의 효력제거에 관한 헌법재판소의 재량권이 상당 정도에 이름을 전제로, 하자의 중대성, 명백성을 기준으로 하거나 하자가 헌법위반인지 법률위반인지를 기준으로 하거나, 처분의 종류가 행정행위인지 국회의 입법행위인지에 따라 심사의 가부를 달리 보는 등의 다양한

1) 헌법재판소는 2004. 5. 14, 2004헌나1 대통령(노무현) 탄핵사건 결정에서 헌법 제65조 제1항이 탄핵소추의 사유로서 '직무집행에 있어서 헌법이나 법률을 위배한 때'라고 규정하고, 헌재법 제53조 제1항이 "탄핵심판청구가 이유 있는 때에는 헌법재판소는 피청구인을 당해 공직에서 파면하는 결정을 선고한다."고 규정하고 있어 헌법 제65조 제1항이 탄핵사유가 인정되는 모든 경우에 파면결정을 하도록 규정한 것으로 문리해석할 수 있는 사안에서도, 헌법재판소법 제53조 제1항의 '탄핵심판청구가 이유있는 때'란 모든 법위반의 경우가 아니라, 단지 공직자의 파면을 정당화할 정도로 '중대한' 법위반의 경우에 한정되는 것으로 해석하였다. 그리고 그 결정은 대통령 노무현을 정치적으로 지지하였는지 여부와는 무관하게 결론에 있어 다수 국민들의 공감을 받은 것으로 생각된다.

기준으로 처분의 효력유무에 관하여 나아가 판단하고 있습니다.

그리고, 선행판단에 있어 권한침해를 확인한 경우 그 권한침해확인결정의 기속력으로 피청구인이 권한침해상태를 제거할 법적 의무를 지느냐의 문제에 대하여 결론을 달리한 채 다음 단계인 처분의 효력에 대한 판단에 나아가고 있는데다가, 권한침해를 인정하지 않는 경우 처분의 효력유무에 관하여는 나아가 판단할 필요 없이 이유가 없다고 결론지어져, 처분의 무효확인의 정족수는 충족되기가 지난하였다는 생각이 듭니다.

현행 헌법재판소법의 문리해석상 권한의 침해를 확인한 경우 권한침해의 원인이 된 처분에 대하여 헌법재판소가 갖는 선택지는 세 가지라고 보입니다. 처분을 취소하거나, 처분이 무효임을 확인하거나, 처분의 효력을 유지하는 것(처분의 효력제거에 대한 청구가 있는 경우에는 청구를 기각하게 될 것이나, 청구인이 처분의 효력제거까지는 구하지 아니한 경우에는 침묵하거나 또는 적극적으로 처분은 유효함을 이유 중에 설시할 수도 있을 것입니다)이 그것입니다.[2] 권한쟁의심판이 객관소송으로서의 성격뿐만 아니라 주관적 권한쟁송으로서의 성격도 가지므로 특별한 사정이 없다면 원칙적으로는 권한침해를 확인한 경우 나아가 처분을 무효로 확인하거나 취소하여야 할 것입니다.

4. 마 치 며

이제는 미디어법 결정에 대한 아쉬움은 뒤로 한 채, 미디어법 사건이 우리에게 던져 준 다양한 법리적 쟁점들에 대하여 치밀한 논리개발과 치열한 토론을 전개해야 할 때로 보입니다. 위 사건이 던져준 많은 쟁점들에 대하여 위 결정이 선례라고 할 수 있을 만한 정족수를 갖춘 의견을 제시하고 있지 못하고, 다른 나라에서는 유례를 찾기 어려운 이와 같은 유형의 권한쟁의 사건에 관하여 우리의 현행 법체계와 법적 정서에 맞는 법 논리의 개발과 확립이 절실한 영역으로 보이기 때문입니다.

---

2) 토론자는 처분의 효력제거까지 구하는 청구인의 청구가 있든 없든 권한의 침해를 인정한 경우 헌법재판소는 나아가 권한침해의 원인이 된 처분의 효력을 어떻게 할 것인가에 대하여 판단하여야 한다고 생각하고, 처분의 효력제거까지 구하지 아니한 사안에서 헌재가 침묵한다는 것은 처분의 효력은 유지하기로 결정한 취지라고 생각한다.

제114회 발표회 토론요지

간　　사 : 제114회 헌법실무연구회 정기발표회를 시작하겠습니다.

사 회 자 : 안녕하십니까? 방금 소개 받은 이준일입니다.

저는 고대에서 헌법 강의하고 있고요. 지난달부터 헌법재판소에서 헌법연구위원으로 일하고 있습니다.

오늘 우리 회장님이신 김종대 재판관님 그리고 여러 교수님들 또 연구관님들 또 여러분들 모시고 미디어법 관련된 권한쟁의심판사건과 관련된 발표를 하게 되었습니다.

제가 위대한 철학자 칸트를 배워보려고 요즘 아침마다 산책을 정기적인 시간에 나가는데요. 오늘 아침에 날씨가 너무 화창하고 좋아서 오늘 발표가 기대가 된다했는데 제 방에 와서 발표문을 보는 순간 오늘 심상치 않겠다, 먹구름이 끼겠구나 이런 인상을 좀 받았는데요. 오늘 발표를 맡아주신 우리 임지봉 교수님께서 훌륭한 발표를 해 주실 것으로 기대하고 또 두 분의 토론자분들께서도 훌륭한 토론을 해 주실 것으로 기대합니다.

먼저 오늘 발표자와 토론자를 잠깐 소개해 드리면, 오늘 발표하실 임지봉 교수님은 서울대학교 법대 박사과정 수료하시고 미국 UC버클리에서 LLM과 JSD하시고 지금은 서강대학교 법학전문대학원 교수와 겸해서 지금 헌법재판소 헌법연구위원으로 일하고 계십니다.

먼저 소개해 드리겠습니다.

그리고 오늘 토론해 주실 김대환 교수님은 서울대학교에서 법학박사를 하시고 독일궤팅헨대학교 방문교수를 하시고 지금 서울시립대학교 법학전문대학원 교수로 계십니다.

두 번째 토론해 주실 박진영 교수님은 서울대법대 박사과정 수료하시고 판사로 재직하시면서 우리 헌법재판소 연구관 지내시고 지금은 경희대학교 법학전문대학원 교수로 계십니다.

그러면 바로 미디어법 관련된 발표를 시작하도록 하겠습니다.

발표는 30분 이내에서 발표해 주실거고, 토론은 각 교수님마다 10분 정도 토론을 해 주시는 순서로 진행을 하도록 하겠습니다.

그러면 발표를 듣도록 하겠습니다.

< 주제발표자 발표 >

사 회 자 : 감사합니다. 절차적으로 문제가 있는 미디어법을 무효로 선언하지 않은 헌법재판소의 견해에 대해서 여러 가지 관점에서 비판을 많이 해 주셨습니다.

재판관들의 의견이 불일치한 점 또 사법소극주의를 오해한 것 아니냐, 국회의 자율성 역시 오해한 것 같다, 결론적으로 너무 정치적 판단이 들어간 것 같다, 이런 취지와 함께 헌법재판소법 제66조 제2항을 잘못 해석한 것 같다, 이런 비판 논점들이 제시가 되었는데 이 발표에 대해서 김대환 교수님 10분 정도 또 박진영 교수님 10분 정도 토론해 주시겠습니다.

지정토론자 : 방금 소개 받은 김대환입니다.

오늘 임지봉 교수님의 발제는 입법과정에 대한 헌법재판소의 태도를 분석하고 또 거시적인 관점에서 헌법적 평가를 하면서 평상시에 임 교수님이 가지고 있던 헌법재판소에 대한 깊은 애정이 묻어나는 날카로운 비판이었다 이렇게 전체적으로 감히 제가 평가할 수 있을 것 같습니다. 그리고 또 한번 발제자의 헌법적인 소신을 들을 수 있는 좋은 기회였던 것 같습니다.

전반적으로 발제자의 주장은 명쾌하고 그 견해가 헌법재판소 결정에도 소수의견으로 나와 있는 것이기도 하기 때문에 크게 내용적으로 어려운 것은 없지 않느냐라는 생각이 들고, 소위 임 교수님의 신념이 묻어나는 그런 좋은 발표였다고 생각이 들고요.

그런데 저 같은 경우는 이 발제를 토론해 달라고 연락을 받고 발제문을 좀 늦게 받았습니다만 읽어보는 가운데 발제문에 특히 공감하는 것은 제가 대학에서 학생들을 가르칠 때 이 부분에 관해서 권한쟁의심판과 관련해서 상당히 어려웠다 이런 생각이 들어요. 그런데 그것이 왜 그러냐 하면 각 재판관님들의 견해가 어렵다기 보다 너무나 많이 갈라져 있었기 때문에 의견을 정리해서 학생들에게 가르쳐 줘야 되는데요, 그런 어려움이 있었던 것 같습니다.

저도 토론문에서 브라운케이스를 인용하고 있습니다만 브라운케이스는 이게 업데이트된 버전이 오기 전에 제가 썼던 것이기 때문에 발제자가 이 브라운케이스를 쓴 것을 봤더라면 제가 안 썼을 텐데요. 제가 이거는 대학원에 다닐 때 영화를 봤지요. 영화를 보면 그 영화의 포인트가 방금 말한 것처럼 워렌 대법원장이 5대 4쯤 갈린 견해를 unanimity로 끌어가는 과정들을 잘 드라마틱하게 보여 주고 있는 것이었던 것 같습니다. 그게 아주 감명 깊었는데 그런 헌법재판소의 힘과 권위라고 하는 것은 바로 그런 무엇이 헌법인가 하는 것에 대해서 국민들에게 분명한 의사를 전달함으로써 가져오는 것이 아닌가 이런 생각이 듭니다. 그런 의미에서 전적으로 판단 기준을 협의해서 가능한 단순화해서 가는 노력이 필요하다하는 점에 대해서는 동의합니다.

조금 다른 관점에서 보면요, 판단기준의 관점에서 한번 보면 임 교수님이 그림을 그려서 이해를 했어야만 되었다고 했는데 저 같은 경우는 더더욱 그랬겠지요. 발제문을 받고 이거를 정리를 좀 해 봤더니 대체적인 것은 이런 것 같습니다.

97년도 결정에 따르면 세분의 각하의견을 제외하면 여섯 분이 명백설의 입장에서 명백한 흠이 있기 때문에 무효다 혹은 명백한 흠이 없기 때문에 무효가 아니다 이렇게 갈린 것 같아요. 그 판단기준의 면에서는 여섯 분이 같은 의견을 가진 것이 아니냐. 구체적인 경우에 이것이 명백한 흠이 있다 없다 하는 것은 그 분의 여러 가지 생활배경이라든가 사상, 철학, 역사관 이런 것들에 따라 달리 판단할 수 있겠지요. 다만, 제가 생각하는 것은 그러한 명백한 흠이 있느냐 없느냐하는 기준을 제시했다는 데 의미가 있다 이렇게 보이거든요.

그런데 이게 쭉 넘어가서 6페이지인가 보면 가장 최근에 판례가 2008헌라7 이게 12월달 판결인데요. 이 결정에서는 명백설이 그냥 사라지고 다른 견해가 등장하면서 막 갈리기 시작해요. 그러면, 제가 여기서 제가 붙인 설이름입니다. 소극설이 세 분 있는 것 같고, 그 소극설은 뭐냐 하면 무효선언을 하는 데 아주 소극적인 견해인데요, 거기에 이강국 재판관이나 이공현 재판관은 무효확인자제설의 입장입니다. 무효로 하는 것은 자제해야 된다. 셀프리스트링트의 관점에서 얘기를 하고 있고요.

그 다음에 김종대 재판관님은 무효확인이 불가능하다. 아까 설명을 잘하셨습니다만 그 내용들을 근거로 해서 무효확인 자체가 불가능하다 하는 것들을 설명, 시간이 없기 때문에 제가 인용해 놓은 것을 나중에 한번 보시면 되겠습니다.

그 다음에 조대현 재판관님 한 분은 중대설의 입장에서 적극설을 취하고 있습니다. 그러니까 중대한 침해다, 지대한 침해다 그러므로 무효다, 이렇게 얘기하고 있는 거지요.

그런데 나머지 재판관 세 분은 또 중간설적인 입장인 것 같아요. 이 중간설은 다른 말로 표현하면 정확하게 내용적으로 보면 사정변경에 따른 유효가능설이다, 저는 이렇게 이름을 붙였습니다. 원칙은 무효지만 사정변경이 있다면 유추적용해서 유효할 수도 있다. 그러니까 이게 유효할 수도 있고 무효일 수도 있고 이렇게 왔다갔다 하는 거지요. 그런 의미에서 이게 절충설은 정확하게 아니고 중간설이라고 말할 수 있는데요. 박스안에 들어있는 절충설이라는 말은 제가 잘못 타

이핑한 겁니다.

그런데 2009년도의 결정을 다시 돌아서 한번 가보면, 2010년도 12월 판결에서 첨예하게 의견이 갈라지고 2009년도 결정에서는 그거를 역으로 들어가 보면 알 수가 있어요. 2010년도 결정에서 목영준 재판관님, 이동흡 재판관님은 부적법 각하의견을 냈는데 이 의견을 알 수가 없었어요, 어떤 기준을 가지고 있었는지? 그런데 2009년 결정으로 돌아가 보면 명백설을 취하고 있다는 것을 알 수 있습니다.

이것은 앞에 1997년도 결정에서 나타났던 명백설이 잠깐 2009년도에 나타났다가 2010년도에 또 없어진 경우에 해당합니다. 아마 그것은 부적법 각하의견을 냈기 때문에 그랬던 것 같아요.

그 다음에 민형기 재판관님은 방송법하고 관련해서는 명백설 입장에서 기각을 피력하고, 송두환 재판관님은 중대설 입장에서 인용견해를 피력했던 것으로 보입니다.

이 두 분은 다 나중에 2010년도 결정에 가서는 사정변경에 따른 유효가능성설로 입장을 바꾼 것이지요.

그렇게 되면 박스를 그려서 밑에 보면 이렇게 되는 거지요. 두 년도 것을 다 합쳐서 전체적으로 보면 중간설 입장은 사정변경에 따른 유효가능성설, 왜 중간설로 했느냐 하면 2009년도, 2010년도 판결을 보면 인용, 기각이 막 섞여있어요. 그러니까 아마 견해에 따라서 이렇게 갈 수도 있고 이렇게 갈 수도 있는 것처럼 보이기 때문에 중간적인 지대에 있다 이렇게 보여지고요.

그런데 명백설은 거기 보면 2009년도 이동흡 재판관, 목영준 재판관님의 것을 명백설을 소극설에 넣어놓았어요. 왜 그러냐하면 명백설을 쓰면서 결론적으로는 기각하는 견해를 계속 표방을 하셨거든요. 그러니까 명백이라는 견해를 소극적 입장에서 사용했던 것처럼 보입니다. 그래서 무효확인자제설과 무효확인불가능설이 합쳐서 소극설 입장이었던 것 같고, 그 다음에 지속적으로 중대설이 적극설의 입장에 있었던 것 같습니다.

이렇게 헌법재판소의 판례내용이 상당히 그 논거에 있어서 기준에 있어서 다양하게 제시되고 있고, 저는 임지봉 교수님의 생각하고 조금 다른 것은 결론적으로 그것이 무효냐 또는 무효가 아니냐의 이거는 특이한 케이스의 문제인데, 여기 남는 심사기준의 문제는 뒤로도 계속 가는 문제라는 것이지요. 그런 점에서 좀더 다른 관점에서 문제가 있는 것이 아니냐 이런 생각이 듭니다.

다음 12페이지 가면 이와 같이 국회 입법절차상의 하자가 당해법률 제정행위를 무효로 하는가 하는 문제에 대해서 분열되어 있는 것인데 이것은 소위 헌법재판소가 갖는 예선적 효과를 매우 반감시키는 거지요.

예선적 효과라고 하는 것은 뭐냐 하면 모든 법률은 발안단계가 있고 의회담론을 거쳐서 법률안이 연방헌법재판소의 판결에 합치하는지 검토를 하게 된다는 거지요. 그런 효과를 헌법재판소 결정이 입법부에다 주는 교훈적인 것이 될 텐데 그 점에 대해서 이러한 예선적 효과를 슈타르크 교수가 뭐라고 했냐 하면, 국가실무에 있어서 법률행위와 처분에 대한 헌법재판적 통제는 모든 국가기관이 자신의 재량에 따라 그리고 아무런 근거제시의무를 지지 않고 헌법을 취급하는 것을 방지할 수 있다. 그 다음에 충돌하는 경우에는 언제나 강한 것이 관철되어 버리는 이런 것들을 방지할 수 있다는 점에서 소위 헌법의 합리화 증진에 기여한다 이렇게 이야기했습니다.

그리고 나아가서는 그것이 결국은 헌법의 해석과 적용에 있어서 통일성을 보장하게 되는 것이다 이렇게 이야기를 한 바 있습니다. 그런 점에서 저도 좀 다른 관점에서 발제자의 견해와 비슷한 견해를 많이 가지고 있습니다.

그 다음에 국회의 자율권의 보장과 한계에 대한 문제인데요.

헌법재판소의 결정이 이 문제에 관해서는 아주 확고한 것 같더라고요. 예를 들면 명백히 위반한 경우가 아닌 한 최대한 자율권은 존중되어야 된다 하는 거지요. 딱 이게 독트린처럼 확립되어 있는 것 같습니다.

13페이지인가 넘어가보면 국회의 자율권의 내용이라고 하는 것들은 여기 제가 쭉 예시해 놓은 내용들이 대체로 자율권의 내용들이에요. 이러한 내용들은 일단 국회쪽에 유리하게 해석이 되고 명백히 위반하는 경우에만 자율권에 한계가 있다 헌법이나 법률에, 그런 뜻입니다.

그런데 자유민주적 기본질서에 입각해서 조직된 국회라는 관점에서 보면 이러한 자율권이 단순한 법위반으로 그 한계에 직면하게 된다는 것보다는 법위반에 대한 일정한 평가가 동반되어야 한다하는 것으로 볼 수도 있을 것입니다, 민주주의원리에 따라서. 그러한 법적 평가와 관련해서는 국회가 위반하고 있는 헌법이나 법률의 조항 그 자체가 국회 그 자체의 존립기반인 자유민주적기본질서라고 하는 헌법계상의 기본원리에 대해 직접 위해를 가하는 것과 같은 경우도 있을 수 있고, 객관적으로는 위반이기는 하지만 그 위반행위가 중대하거나 혹은 중대하지 않은 것 이러한 경우도 상정할 수 있을 겁니다. 이러한 사고의 기초에 따르면 국회의 자율권의 한계를 명백한 위반에서 찾고 있는 헌법재판소의 결단이 반드시 잘못된 것이라고 보기는 어려운 점이 있지 않느냐 이런 생각을 해 볼 수가 있어요.

그래서 문제는 여기서 헌법재판소가 일정한 합의된 기준을 제시한다고 하더라도 그 적용이 입법과정에의 간섭을 회피하거나 혹시 지나치게 간섭하기 위한 수단으로서 사용될 수도 있다는 것이지요, 그런 논거가. 이러한 우려를 고려했을 때 가능한 한 실천적이고도 명확한 기준을 헌법재판소는 제시할 필요가 있다 이렇게 보입니다.

국회 회의의 주요원칙들은 대체로 '의사공개의 원칙' 헌법에 근거가 있습니다. '다수결의 원칙' 헌법에 근거가 있고, '회기계속의 원칙' 헌법에 근거가 있습니다. '일사부재의의 원칙' 이것은 국회법에 근거를 가지고 있습니다. 이런 것들이 있습니다. 이러한 원칙들은 그 의미와 근거 등으로 볼 때 상이한 비중을 가진 것이라고 볼 수 있고, 따라서 그 위배를 어떻게 평가할 것이냐 하는 것은 일의적으로 보는 데는 어려운 면이 있지 않느냐 하는 점에서 발제자님의 의견을 듣고자 합니다.

그 다음에 국회의원의 법률안 등 심의·표결권의 침해 판단기준과 관련해서 보면, 동그라미 1번에 보면 국회법상의 질의·토론절차를 위배한 것이지요, 국회법 93조의. 그런데 판례의 내용을 보면 93조를 위반하면 곧바로 심의·표결권을 침해한 것이냐 하는 것에 대해서 해석상의 여지가 있습니다.

판결내용으로 보면 93조를 위배하면 심의·표결권을 침해했다, 이렇게 말하도록 되어 있지만 예를 들어서 동그라미 3을 보면 2006헌라2인데 이 경우에서처럼 국회의장이 국회의원에 대해서 질의여부를 묻지 않은 행위는 국회법 93조를 위배한 것으로 볼 수는 있지만 국회의장이 질의여부를 묻지 않았다고 해서 질의가 완전히 봉쇄된 것이라고는 볼 수 없기 때문에 헌법상의 심의·표결권을 침해한 것으로는 보기 어려운 면이 있다라고 하는 헌법재판소의 판례가 일면 타당성이 있는 것처럼 보이거든요. 그런 점에서 고려를 할 필요가 있고요.

동그라미 2번에 보면, 동그라미 2번의 이 사건은 뭐냐 하면 교섭단체 대표의원과 협의 없이 의안순서를 변경한 케이스입니다. 국회의원의 법률안심의표결권을 침해한 것이 아니라고 헌법재판소는 말했어요. 교섭단체의 대표의원과 협의를 하지 않았음이 명백함에도 불구하고 77조를 위반하지 않았다라고 하는 것은 문제점이 있지만, 국회법 77조를 위반한 것이 바로 헌법상의 국회의원의 심의·표결권을 침해할 정도의 중대한 위반이라고 보기는 어려운 면이 있는 거예요 사실은, 그런 점이 있을 수 있는 겁니다. 그런 점에서 볼 때 동그라미 4번에 보면 헌법재판소는 모든 심의·표결 행위의 하자에 대해서 헌법이 국회의원에게 보장하고 있는 바의 심의·표결권을 위배한 것으로 보는 것이 아니고 일정한 경우에 그렇게 보는 것으로 이해가 되는 것이고요. 그렇다고 한다면 일정한 경우에 헌법상 보장된 국회의원의 심의·표결권을 침해한 것으로 본다라고 했을 때 그 일정한 경우라고 하는 것에서 볼 때 벌써 여기에 헌법적 평가가 내재해 들어가 있는 것이 아닌가 이렇게 본다면, 적어도 국회 심의·표결권을 침해했다라고 보게 되는 것은 말하자면 중대명백이라 할까 명백설이라 할까 어떤 견해인지 모르겠습니다만 아무튼 어떤 헌법적 평가를 거친 것으로 보아서 바로 무효할 수 있는 것이다 하는 어떤 논리로도 연결될 수 있는 것이 아닌가 이런 생각이 들어요. 그 점에 대해서도 저는 발제자의 주장에 대해서 다소 동조하는 면이 있습니다.

마지막으로, 그러나 무효결정의 정족수와 관련해 볼 때는 이거는 체계적으로 맞지 않은 면이 있을 수 있습니다. 그것은 우리가 잘 알고 있는 바와 같은 것인데요. 그런 점에서 저는 헌법재판소법 심판정족수를 이런 식으로 바꾸어야 되지 않겠는가? 이거를 바꾸지 아니하고 권한쟁의심판으로서 무효를 한다는 것은 모르겠습니다, 또 다른 면에 있어서는 규정위반의 문제가 또 체계정합적이지 못한 면이 있을 수 있지 않느냐 이런 생각입니다.

이상 마치겠습니다.

지정토론자 : 경희대학교 법학전문대학원의 박진영입니다.

사건을 정리하기도 쉽지 않은 사건을 도표까지 그려가면서 잘 요약을 해서 두 사건에 대해서 잘 이해할 수 있도록 그리고 사건이 가지는 여러 가지 시사점이나 쟁점에 관해서도 토론을 할 수 있도록 발제를 잘해 주신 것 같습니다.

시간이 많지 않아서 충분치는 않은 것 같은데요, 간단히 발제문을 읽으면서 느꼈던 의문이나 공감되는 점 그리고 이 두 사건에 있어서 앞으로 치열하게 토론이 되고 연구가 이루어져야 할 쟁점이 어떤 것이라고 생각되는지 관련해서 간단히 소감을 말씀드리는 것은 질문에 갈음하겠습니다.

간단한 의문으로는 첫 번째 발제문내용을 보다보면 미디어법 권한쟁의 Ⅱ사건은 미디어법 권한쟁의 Ⅰ사건의 주문을 어떻게 이해해야 되는가? 주문의 내용이나 효력에 관한 문제 그거를 헌재가 다시 한번 설명해 달라는 사건으로 볼 수 있는데요. 두 번째 제기된 권한쟁의사건에 대한 결론은 이미 첫 번째 사건 주문을 낼 때 결정되어 있었던 것이다, 그래서 미디어법 권한쟁의 두 번째 사건의 결정은 예정된 결론이었다고 생각되기 때문에 이 두 번째 사건에서도 국민의 신뢰를 다시 저버리는 결정을 했다 하고 새삼 비판을 하는 것은 정치인들이라면 그렇게 할 수 있겠지만 법률실무가나 이론가들이 취할 비판으로는 부적절한 면이 있다고 생각됩니다.

두 번째로는 이 미디어법 결정을 비판함에 있어서 고전적 권력분립원리에 입각해서 판결 성향을 분석해서 사법소극주의와 사법적극주의의 개념을 정의하려는 새로운 시도나 분석이 있다 이런 것에 대한 소개는 굉장히 흥미로웠습니다.

그런데 발제문 표면에 보면 헌재의 미디어법 권한쟁의 Ⅰ결정이 이러한 사법적극 주의와 소극주의의 개념틀을 적용하기 조차도 곤란한 결정이다. 그래서 문제가 많다. 이런 비판이 앞부분에 있었는데 이 부분은 본말이 전도된 비판이라는 느낌을 주었습니다. 일련의 판결이 있을 때 그 판결을 분류하고 분석하고 이해하는 과정에서 사법적극주의라거나 사법소극주의라는 개념틀을 이용해서 유형화나 분류를 할 수 있고 그것을 통해서 일정한 시사점이나 그 의미내용을 좀 더 잘 이해할 수 있는 측면이 있을 겁니다. 그렇지만 그것은 그런 분석틀이 먼저 있고 이 사건 결정은 그 이론의 틀의 어디에도 들어맞지 않는 변종이기 때문에 문제가 있다는 지적은 판결의 흐름을 이해하기 위한 도구로서의 분석틀이 오히려 우리가 그 정확한 의미를 이해해야 되는 실체로서의 판결보다 우선한다는 것을 전제로 하는 것이 아닌가, 그래서 좀 어색한 느낌을 지울 수 없었습니다.

그 다음 근본적으로 비판하는 부분에 대해서는 공감가는 측면이 많이 있었습니다.

일단 재판의 본질, 재판이 잘라서 판단한다 이런 것이니까 그리고 헌법재판의 의미라든지 우리 헌법이 헌법기관간의 권한분쟁에 대한 유권적 해결권한을 헌법재판소에 부여한 취지가 뭔가? 이런 것을 두루 참작해 볼 때 자율적으로 도저히 분쟁을 해결하지 못하고 헌재에 그 유권적 해결을 법적으로 해 달라 하고 온 당사자들에게 잘못은 인정하되 위법상태의 시정은 자율적으로 알아서 해라 하는 것은 재판기관의 직무유기에 가깝다 이런 견해는 공감되는 측면이 있습니다.

법원에서 조정이나 화해를 하는 것도 아니고 조정이나 화해가 안 되어서 판결을 하면서 시정은 당사자들이 알아서 하라 하는 것과 비슷한 면이 있지 않나 하는 생각이 들었고요.

그 다음에 절차상의 하자에 대해서 그것이 실체상의 하자가 아니라는 이유로 그리고 제대로 된 절차를 거치더라도 결국 똑같은 내용의 법률안이 통과될 수밖에 없다 이런 결과론적인 것 그런 것에 입각해서 무효선언까지는 나아가지 않은 것이 아니냐 이런 측면에서 본다면, 행정소송에서 절차상 하자가 있는 행정처분에 대해서 법원이 적극적으로 무효를 확인하거나 취소함으로써 오히려 행정에서의 절차적인 중요성이 부각되고 있다 하는 측면하고 대비해 보더라도 비록 입법절차상 하자가 있을 뿐인 법률을 그것도 어느 한 조항도 아니고 전체를 무효화하는 결과를 초래할 수밖에 없고 그래서 새로 입법절차를 밟음으로 인해서 그만큼 공익상의 손실은 클 것으로 생각됩니다. 그러나 그런 손실이 있다 하더라도 이제는 헌법재판에 있어서도 절차의 중요성은 충분히 강조되어야 할 시점이 되었다고 보여서 그러한 지적에도 공감합니다.

그 다음 세 번째로는 헌법재판은 간명해야 된다, 법은 상식이다, 따라서 권한침해가 확인되면 위헌이고, 위헌이면 처분은 무효라고 보는 것이 자연스럽다, 판결의 주문은 국민들이 상식적인 수준에서 이해할 수 있는 것이어야 한다, 이런 원론적인 차원의 발제자의 지적에는 대체로 공감합니다.

전체적인 발제문을 볼 때 권한침해를 확인할 경우 헌재는 원칙적으로 처분을 무효라고 확인하거나 취소해야 된다하는 발제자의 지적에는 동의를 하지만 미디어법 I 결정처럼 권한침해만 확인한 경우에 있어서도 그 권한침해확인결정의 기속력으로 피청구인에게는 권한침해상태를 제거할 법적 의무가 생긴다, 이렇게 보는게 발제자의 입장인 것 같은데 그 부분에는 반대합니다.

제가 볼 때 이 두 사건을 통해서 우리가 앞으로 이론적으로 관심을 가지고 규명해내야 될 부분은 결국 우리 헌법재판소법 제66조 결정의 내용, 권한쟁의심판 결정의 내용 이 두 조항을 어떻게 이해하고 해석할 것인가 하는 점에 있다고 생각됩니다. 헌법재판소법 제66조 1항은 '헌재는 심판의 대상이 된 국가기관 또는 지방자치단체의 권한의 존부 또는 범위에 관하여 판단한다.'고 하고 있고 이 1항에 따른 결정이 권한침해 확인결정입니다. 그리고 제2항은 '1항의 경우에 헌재는 권한침해의 원인이 된 피청구인의 처분을 취소하거나 그 무효를 확인할 수 있고' 라고 전단에서 규정하고 있고요. 그리고 후단에서 '헌법재판소가 부작위에 대한 심판청구를 인용할 때에는 피청구인은 결정취지에 따른 처분을 하여야 한다' 이렇게 규정하고 있습니다.

그런데 권한침해확인결정 자체의 기속력이 어떤 것인가? 권한침해를 확인하는 주문은 권한쟁의심판의 특유한 주문형태라고 볼 수 있습니다. 그렇지만 헌법재판의 특수성을 감안하더라도 기본적으로 판결주문의 효력은 판결의 효력에 관한 일반이론에 근거해야 된다고 생각합니다. 그래서 권한침해확인결정의 기속력의 내용이 어떤 것이냐는 권한침해확인주문이 확인판결, 형성판결, 이행판결 중 어디에 해당한다고 기본적으로 보느냐 하는 문제라고 할 수 있겠습니다. 이 권한침해확인주문이 권한을 침해했다는 것을 확인하는 의미를 가진다는 이 부분에 관해서는 최소한의 것으로서의 이견이 없는 것 같습니다. 여기에서 더 나아가서 권한침해확인만 했을 경우에도 피청구인에게는 권한침해상태를 제거할 적극적인 처분의무가 법적으로 부과되느냐 이게 두 번째 권한쟁의사건의 쟁점이었습니다.

현행 헌법재판소법상으로는 헌재가 권한침해만을 확인했을 때도 피청구인이 특정한 의무를 부담한다는 명문의 규정은 없습니다. 아까 발제자께서 66조 2항 후단을 지적하셨는데 후단은 부작위에 대한 심판청구를 헌재가 인용하는 결정을 했을 때 피청구인에게는 결정취지에 따른 작위의무가 발생한다는 규정입니다. 조문의 구조상으로 볼 때 후단이 부작위에 대한 심판청구를 인용하면 부작위가 권한침해했다는 확인을 해 주면 그 확인결정만으로도 피청구인은 결정취지에 따라서 처분을 해야 될 작위의무가 발생하는 것으로 볼 수 있고, 그거랑 대비해서 그 앞부분이 작위에 대한 심판청구에 관해서 규정하고 있다고 볼 수 있겠습니다. 그런데 그 전단부분은 처분을 취소하거나 무효를 확인할 수 있고 작위인 경우에는, 그렇게만 규정하고 있습니다. 그래서 이 전단부분의 해석상 헌법재판소법에 따르면 헌법재판소는 작위에 의한 권한침해확인이 있었을 경우에는 처분을 취소할 수 있고 무효를 확인할 수 있고 아무 것도 안할 수 있고, 제가 이해하기로는 헌법재판소가 취할 수 있는 방안으로는 세 가지가 있다 작위인 경우에는, 그렇게 이해해야 된다고 생각됩니다.

이 규정은 우리하고 독일법하고 많이 차이가 나는 부분인데 독일의 경우는 피청구인의 행위가 기본법에 위배되는지 여부만 심판하도록 규정하고 있기 때문에 권한침해확인 주문밖에 나올 수가 있습니다. 그래서 그 주문의 효력으로도 적극적으로 권한침해상태를 제거할 법적인 의무가 있는가에 관해서는 논의가 있는 것으로 알고 있습니다. 우리는 그것에서 나아가 처분을 취소하거나 무효를 확인할 수도 있고 그냥 처분의 효력에 대해서는 안 건드리고 놔둘 수도 있고 이런 선택지를 적극적으로 제공을 하고 있기 때문에 그 규정을 최대한 활용을 해서 문제를 해결하는 것이 좋지 않나 그렇게 생각됩니다. 그래서 권한침해를 확인할 경우 처분의 효력제거에 관해서 헌재가 가지는 재량권의 범위는 얼마나 넓은가, 재판의 본지라든지 권한쟁의심판권을 헌법재판소에 부여한 취지라든지 아까 말씀하신것처럼 헌법소원에 있어서는 처분을 취소할 수 있도록 규정한 규정을 원칙적 처분취소로 운용하고 있다, 그것과의 균형상으로도 권한쟁의에 있어서도 권한침해가 인정되는 경우에는 처분의 무효나 취소가 원칙이고 예외적으로 처분의 효력을 유지해야 될 특별한 사정이 있을 때에는 무효나 취소는 하지 아니할 수 있다 이렇게 봐야 되는 것이 아닌가 생각됩니다.

권한침해가 확인된 경우에는 처분은 원칙적으로 무효로 확인되거나 취소되어야 하고 하자의 성질이나 내용, 정도 등과 처분의 효력을 제거함으로써 발생할 수 있는 공익상실의 크기 이것을 비교형량해서 후자가 월등히 큰 예외적인 경우에만 행정소송에서의 사정판결보다도 엄격한 요건하에서 처분의 효력은 유지시킬 수 있는 결정을 예외적으로 할 수 있다고 봐야 된다고 생각합니다.

이런 의미에서는 이 조항은 잘 해석하고 운용하기에 따라서는 잘된 입법으로 볼 여지도 있어 보입니다. 왜냐하면 해석과 운용에 따라서는 처분의 효력을 유지하는 것이 상당한 사건에 있어서도 무효확인하거나 취소할 수밖에 없도록 예외없이 적용하는 것을 피할 수 있기 때문입니다.

각주에는 노무현 대통령 탄핵사건 예를 들어놓았는데요, 거기는 탄핵심판청구는 이유가 있는 때에는 인용하도록 문리해석상 그렇게 되어 있고, 이 사안에서는 위법위헌을 다 인정했음에도 불구하고 중대한 법위반이 아니다 해서 탄핵심판청구는 기각한 것으로 알고 있는데요. 이 결정은 정치적 입장과는 무관하게 다수 국민들의 공감을 받은 것으로 생각됩니다. 그 경우는 문리해석에만 따르면 인용을 해야 되는 것으로 볼 수도 있는 사안에서도 해석을 통해서 이렇게 기각을 할 논리를 개발했다고 볼 수 있는데요, 이 조항은 조항 자체에서 운용에 따라서는 예외를 인정할 수도 있게 되어 있기 때문에 원칙적으로는 무효를 확인하거나 취소를 하는 방식으로 운용한다면 예외에 대해서도 법적 근거를 제공하는 것이어서 어떻게 보면 잘된 입법으로 볼 여지도 있어 보입니다. 이 부분은 원칙적 처분취소 또는 무효확인이냐 아니면 처분의 취소나 무효확인에 관해서는 헌재에 상당한 재량권이 있느냐, 어떻게 보느냐에 따라 차이가 있어 보입니다.

미디어법사건 결정문을 보면 권한침해를 확인한 경우 원칙적으로 처분은 무효로 확인하거나 취소되어야 된다, 이런 의견을 가진 분은 아마 없지 않나 결정문상으로는, 이렇게 생각되는데요. 원칙이 무효확인이나 취소라면 처분의 효력을 유지할 예외적 사정에 대해서 논증이 이루어져야 됩니다. 즉 원칙이 효력유지고 예외적으로 상당히 큰 하자, 중대한 하자 또는 명백한 하자가 있을 때만 효력을 제거할 수 있다 이런 견지에 선다면 논증해야 되는 부분이 달라지기 때문에 논리의 전개나 결론에 큰 차이가 초래될 것이라고 생각됩니다.

이 부분에 관한 개별재판관들의 견해는 대체로는 헌재에 상당한 재량권이 있다, 그것을 전제로 해서 하자의 중대성, 명백성을 기준으로 하거나 또는 하자가 중대한 헌법위반인지 아니면 단순한 국회법위반인지 법률위반인지를 기준으로 하거나 아니면 처분의 종류가 행정행위일 때는 무효확인이나 취소를 할 수 있지만 국회의 입법절차상의 하자를 문제 삼는 사안에서는 그런 판단까지 나갈 수 없다, 심사의 가부를 달리 보는 등의 다양한 기준으로 처분의 효력유무에 관해서 나아가서 판단하고 있습니다.

그리고 선행판단에 있어서 권리침해를 확인한 경우 그 권한침해확인결정의 기속력으로 피청구인이 권한침해상태를 제거할 법적 의무를 지느냐의 문제에 있어서는 권한침해확인결정의 기속력에 관해서 결론이 다른 채로 그 다음 단계인 처분의 효력에 대해서 나아가서 판단하고 있기도 하고요. 한편으로는 권한침해를 앞부분에서 인정하지 않았을 경우는 처분의 효력유무에 관해서는 아무런 견해표명도 필요없이 나아가 판단할 필요가 없다는 이유로 이유없다는 결론으로 이어져서 결국 처분을 무효확인하기 위한 정족수를 충족하기가 참 어려웠던 케이스가 아닌가 그런 생각이 들었습니다. 그래서 현행 헌재법의 문리해석상으로는 권한의 침해가 확인된 경우에 권한침해의 원인이 된 처분에 대해서 헌재가 갖는 선택지는 세 가지입니다. 처분의 효력을 취소하는 것, 무효확인하는 것, 처분의 효력을 유지하는 것, 유지하는 것 이 부분에 대해서는 효력제거에 대해서도 청구가 있을 경우에는 기각주문이 나가야 될 것이지만 효력제거까지는 구하지 아니하는 경우에는 침묵할 수도 있을 것이고 적극적으로 처분은 유효하다는 것을 이유 중에 설시하는 방식이 될 수도 있을 것입니다. 제가 보기에는 청구인이 처분의 효력제거에 관한 청구취지까지 넣어서 청구를 했든 안 했든 무관하게 이 부분에 관해서 헌재는 원칙적으로 판단을 해야 되는 것이 아닌가 그렇게 봅니다.

그 다음에 부작위에 대한 권한쟁의심판에 있어서의 특이한 사정으로 부작위가 권한을 침해했다 이것을 인정하게 되려면 작위의무의 존재가 인정이 되어야 됩니다. 그때의 작위의무는 그냥 뭔가를 해야 된다는 작위의무만으로는 안 되고 특정한 조치를 취할 작위의무가 인정되어야 본안에 들어갈 수 있고 인용으로 이어질 수 있다. 그런데 이 경우에 권한침해확인결정의 재처분을 할 작위의무가 있다고 하는 것은 그 처분의 효력제거에 대한 그 작위의무의 내용이 무엇인지 그거를 제대로 이행했는지를 누가 판단할 것인지, 그리고 그러한 의무를 피청구인이 독자적으로 할 수 있는 능력이 있는지에 대한 아무런 검토없이 그냥 막연하게 뭔가를 해야 될 의무가 있고 그거는 법적 의무이고 당연히 판결의 효력으로서 인정되는 것이다 이렇게 말을 하는 것은 그게 무슨 의미가 있는지, 어떤 의미에서는 좀 무책임한 얘기가 아닌가 하는 생각도 해봤습니다.

그래서 미디어법결정에 대해서는 여러 가지 아쉬움이 많이 있지만 지금 이 단계에서 우리에게 던져진 숙제로는 이 사건에서 전개된 많은 법리적 쟁점들에 대해서 이제는 치밀하게 차분하게 논리개발과 토론을 통해서 일정한 의견들을 모아가야 되는 것이 아닌가. 결국 그 미디어법 사건에 관한 결정이 선례라고 할 만큼 정족수를 갖춘 어떤 쟁점에 대한 의견을 제시하고 있지 못하기 때문이기도 하고요, 다른 나라에서는 이와 같은 유례를 찾기 어려운 이런 유형의 권한쟁의사건이기 때문에 결국은 우리의 현행법체계와 법적정서에 맞는, 덧붙이자면 간명하고 이해하기 쉬운 그러한 법논리의 개발이 절실한 영역으로 보이기 때문입니다.

감사합니다.

사 회 자 : 감사합니다.

김대환 교수님은 헌법재판소 재판관님들 견해가 왜 달라질 수밖에 없는지를 아주 세밀하게 분석을 많이 해 주셨고 다소 발제자와는 다른 부분 또 의문점들 많이 제기해 주신 것 같습니다.

박진영 교수님은 주로 헌법재판소법 66조 2항의 해석과 관련해서 다양한 해석가능성을 보여주면서 발제자의 견해에 동의하지 못하는 부분들 몇 가지 말씀해 주셨는데, 임지봉 교수님께서 지금 나온 질문들 정리해서 답변이 필요한 부분만 답변을 해 주시면 감사하겠습니다.

발 표 자 : …

사 회 자 : 그러면 몇 분 질문.

예, 황치연 박사님.

토 론 자 : 후배 헌법학도의 패션은 제 가슴을 아프게 했지만 제 머리를 아프게 하지는 않아서 좀 아쉬움이 있습니다.

우리가 이번 사건의 미디어법결정에서 원인된 행위, 가결선포행위가 …까지 했으면 바람직하다, 이런 방향이었다면 내가 충분히 이 발제문을 수용할 수 있겠는데요. 무효 안한 것이 잘못되었다. 그러면 그에 대한 리걸리즈닝을 해야 되는데 어떠한 법률가가 정치적 톤으로 얘기를 해서 헌법재판관이 직무유기했다, 애매모호하고 난해한 시를 해서, 좌고우면을 한다, 면죄부를 줬다, 앞으로 국회 다수당의 힘의 논리에 의한 횡포를 방치했다. 무효 안한 것이 잘못되었다 이것에 대해서 제가 공감하는 것은 만약에 헌법재판이 가지고 있는 종국적 분쟁해결기능에 비추어 봤을 때 미진한 면이 있다 이런 측면에서는 공감이 가지만, 어떤 법리적 인식의 한계를 거꾸로 노정시키는 결과를 야기할 수도 있지 않겠는가 이렇게 생각합니다.

그 이유는 아무리 하드케이스에도 라이트 앤서 어떤 정답이 있다 이런 신념에 입각해 봤을 때 제가 이 사건을 대하면서는 적어도 국회에서 정부로 이송이 되고 그 법률안이 공포되기 이전에 일단 가처분이 내려진 상태에서 권한쟁의심판이 지속되었다면 지금 제기될 수 있는 여러 가지 법리적 논란이 제거될 수도 있지 않았을까 이렇게 생각을 합니다.

그런데 만약에 가결선포행위를 무효를 했으면 이미 공포된 법률안의 효력이 어떻게 되겠는가? 그러면 우리 헌법상의 법률의 무효결정은 6인 이상을 요구하고 있어요. 권한쟁의심판에서는 맥시멈으로 5인의 재판관만으로도 무효를 할 수 있습니다. 가결선포행위를. 그러면 가결선포행위를 무효를 해서 공포된 법률안까지 무효를 야기시킨다면 헌법재판소 재판관들이 위헌의 행위를 하는 겁니다. 헌법에 6인의 정족수를 통해서 법률무효라고 하는데. 그렇기 때문에 이 경우에 과연 이미 공포된 법률안의 그거를 무효로 하는 이런 결정을 내리는 것이 타당한지 아니면 다시 원리적 타당성으로 넘어가서 권력분립과 국회의 자율권을 존중하는 헌법원리적인 차원에서 접근하는 것이 타당한지, 역사 현실적으로 이것을 분쟁해결의 종국적 기능을 관철시킬 것인지 이 두 가지 관점이 있을 수가 있는데 재판관 나름대로의 각자의 판단이 있을 수 있다고 생각을 해요.

그러니까 이렇게 했으면 더 바람직하다. 그런데 무효로 안한 것이 잘못되었다면 필연적으로 법리적인 논증의 결과가 그렇게 귀결되어서 그렇게 할 수밖에 없는데 안했다면 이거는 분명히 잘못되었지요. 그러나 여기에는 소수의견도 개진되어 있지 요. 그런 측면에서 제 코멘트가 있고.

그리고 워렌 대법원장이 내린 판결을 원용해서 비판한 것은 맞지가 않는다. 왜냐하면 전 대법원장이 죽기 전에 내부적인 심리표결 결과는 5대 4로 합헌인 상태였는데 새로 워렌 대법원장이 취임하면서 만장일치로 하는 문제는 과거에 있었던 판례를 거의 7~80년 전에 한 판례를 변경하는 문제이기 때문에 그리고 또 미국의 사회구조의 근본적인 변혁을 가져오는 문제이기 때문에 그런 워렌의 강한 리더쉽에 입각한 그런 측면이 있지 않았느냐 이렇게 생각을 합니다.

제 코멘트는 여기서 마치도록 하겠습니다.

토 론 자 : 고일광 연구관입니다.

저도 전체적으로는 반대하는 취지의 의견을 제시해 보겠습니다.

아까 발제자께서 말씀하셨듯이 로열어퍼지션으로 …하겠습니다.

위헌이면 당연히 무효다, 그거는 당연히 법학개론에 나오는 수준의 말입니다.

그리고 그런 부분 위헌, 위법을 시정하는게 헌법재판소의 책무라는 것도 누구보다도 헌법재판소가 잘 알고 있습니다.

하지만 그것들을 시정하는 방법은 법률에 다 규정이 되어 있어야 됩니다.

위헌이라고 해가지고 헌재가 아무렇게나 가가지고 정치권력에 훈수를 둘 수 있는게 아니고 우리한테 주어진 권한, 위헌법률심판이라든지 이런 여러 가지 정해진 6가지의 권한으로밖에 우리가 말할게 없는 것이지, 그것밖에 안 되는 건데요, 지금 우리가 위헌이면 당연히 무효로 하고 있는 그거는 법률의 내용이 국민의 기본권을 침해하거나 또는 헌법에 정해진 여러 가지 절차에 아니면 헌법에 정해진 원칙에 위배되었을 때 그거를 위헌으로 하는 것이고 그렇게 되면 무효로 되는 것은 당연하지만, 그 이외에 입법절차가 잘못되었을 때 국회의원이 헌재에 소구를 해 가지고 이거를 무효로 할 수 있다는 법률규정은 없습니다. 그렇기 때문에 그거를 이유로 해서 법률을 무효화하려면 결국에는 지금 현재 있는 것은 헌법재판소법밖에 없지 않습니까? 그래서 권한쟁의의 그 조문을 가지고 응용을 할 수밖에 없는데 그 권한쟁의의 조문은 피청구인이 한 처분이라고 써 있습니다.

행정소송에서의 처분이라면 당연히 행정기관이나, 그 처분의 개념은 법률이 들어갈 수도 있다는 부분은 어느 정도 동의를 하고요. 다만 그 처분이 청구인에게 작용을 발휘를 하고 피청구인이 책임지고 그거를 할 수 있는 권한, 무효 시킬 수 있는 권한 다 피청구인한테만 전유되었을 때 하는 얘기가 행정소송법상 처분인데, 이거는 국회의장이 가결선포행위를 하게 되면 법률이 — 중대명백설이 혹시 아니고 무효가 된다고 가정을 하더라도 — 무효가 되게 되면 법률을 제정한 주체가 누구입니까? 이거 국회의장이 아니거든요. 국회의장이 아니고 싫든 좋든 그 내부에서 국회의원들이 지지고 볶고 싸우다가 결국은 자기네들이 단체명의로 국민 앞에 이름을 내걸고 법률에 대해서 책임을 지고 제정하라고 헌법이 위임해 놓은 것인데, 피청구인 처분을 취소해서 국회의장 처분 무효로 하는 것 처분차원에만 머무른다면야 당연히 이 조문의 취지에 맞겠지요. 그런데 그게 아니라는 생각이 듭니다. 그래서 그런 부분에 대한 것을 생각해서 헌재가 자제하는 결정을 내린다면 이것은 권력분립의 원칙을 존중하는 것으로 평가할 수도 있지 않을까 그런 생각을 해 봤고요.

그리고 자율권이라는 것도 강학상 자율권이라는 개념은 말씀하신 대로 절차적인 그런 부분이지만, 헌재가 여기서 자율권이라고 한 표현도 그렇게 권력분립원칙을 수용하는 의미로 국회에다가 맡겨져야 된다는 의미에서 쓴 용어라고 보면 이해할 소지가 있지 않나. 그리고 금방 황치연 연구관님께서 말씀을 하셔서 자세히는 말씀을 안 드리겠지만 브라운사건하고 이 사건하고는 비교할 차원이 안 된다고 저는 생각을 합니다.

그리고 미국에서도 표현의 자유라든지 여러 가지 판결에서 5대 4로 의견이 나뉜 경우도 많았고 반대의견 4명이 합세를 했다가도 자기가 할 말을 또 붙이고 또 붙이고 또 붙이면서 의견이 갈라집니다. 그거는 제가 볼 때는 헌재 재판관의 한 분의 의견은 내가 헌재의견이라고 생각하고 책임을 지고 의견을 내라고 하는 것이기 때문에 이게 권력분립원칙에도 관련이 있는 이런 심각한 사안이라면 저는 이렇게 갈라지는 것을 당연히 생각하고 이 부분을 어떻게든 이론적으로 뒷받침하는게 우리 임무이지 이게 전원일치로 안 나가서 뭐가 하여튼 그런 부분은 조금 핀트가 어긋난 게 아닌가 생각이 들거든요.

표현의 자유 관련해서도 미국의 정책방향을 좌지우지한 판결들이 얼마나 많습니까? 거의 다 5대 4입니다. 그러면 결국 그 판결이 효력이 없습니까? 그리고 국민들이 보기에 '뭐 판결이 저래' 이렇게 생각하나요? 그렇지 않거든요. 그리고 국민들을 통합하는 것은 전원일치로 해 가지고 반대하는 국민들을 그냥 어거지로 끌고가는 게 아니고 재판관 중에 두세 분이라도 네 의견을 지지하는 사람은 이런 이런 이유로 지적을 했다. 오히려 거기에서 만족을 얻고 동화되는 것이 더 헌법재판이 갖는 자연스러운 기능 중에 하나가 아닌가. 그런 면에서 보면 브라운사건하고 우리나라의 비교할 만한 것은 저는 통일이나 이런 중요한 것은 혹시 될까요, 다른 무슨 사안에 대해서는 비교할 수가 없다고 봅니다. 그래서 재판관님들 의견이 갈리고 똑같은 합헌결론에 있더라도 이거를 위헌을 하더라도 의견이 갈리고 하는 부분은 저는 오히려 장려되어야 될 부분 아닌가. 우리 헌법재판이 지금 초기단계인데 이정도로 이런 대립이 있는 것만 해도 저는 오히려 선진적인 것이라고 생각을 하고 싶습니다.

사 회 자 : 감사합니다.

답변이 준비되셨나요?

발제문에 '난해한 시'라고 하는 표현할 때부터 제가 황치연 연구관님 얼굴을 쳐다봤는데 그런 비판이 나올 줄 알았습니다.

일단 준비가 되시는 대로 먼저 답변을 듣도록 하겠습니다.

발 표 자 : 우선 김대환 교수님 지정토론 잘 들었고요. 나름대로 헌법재판소 재판관님들의 입장을 명백설, 소극설, 적극설이라는 이름을 붙이시면서 잘 분석해 주신 것 같습니다.

그런데 저는 오히려 명백한 하자 이런 것을 어떤 위헌판단의 근거로 내세우는 것 자체가 사실은 좀 위험스러운 것일 수 있다고 생각합니다.

말장난 같습니다만 명백설만큼 비명백한게 없다, 비명백한 기준이 없다. 명백한 하자냐 아니냐 중대한 하자냐 아니냐 그거는 누가 판단합니까? 헌법재판관님들이 판단하거든요. 결국은 자기의 주관적인 판단을 명백설이라는 이름으로 포장하는 겁니다. 결국은 헌법재판에 있어서 판결을 통해서 어떤 객관적이고 구체적인 기준을 제시하지 않고 이거는 내 재량이라고 이야기하는 거나 진배없다는 것이지요. 그래서 저는 입법절차상의 명백한 하자, 중요한 하자가 있으면 무효선언을 할 수 있고 아니면 안 해도 된다 이러한 기준은 저는 객관적이고 구체적인 기준이 되기 힘들지 않느냐. 바로 그 근거가 헌재결정에도 나타나지 않습니까? 똑같은 명백설을 취하면서도 결론은 다르잖아요 재판관들끼리. 그렇다면 명백한 하자냐 이런 것이 객관적인 기준이 되기는 힘들어 보인다고 생각하고요.

그 다음에 무권투표로 인해서 1인1표제원칙이라든지 다수결의 원칙을 위배한 것은 저는 분명히 헌법 제49조를 위배한 것이기 때문에 중대한 위헌행위라고 생각합니다. 그리고 이런 것은 헌법상의 대의민주주의원리라든지 또 헌법상의 적법절차의 원칙이라는 것이 형사사법절차에만 적용되는 것이 아니라 행정절차뿐만 아니라 입법절차에도 적용되는 대원리거든요, 기본원리거든요. 그런 측면에서 봤을 때 국회법이나 헌법이 정하고 있는 이런 입법절차상의 원칙들을 위배한 것은 저는 위헌적인 그것도 중대한 위헌적인 권리침해다라고 생각합니다. 그래서 명백설에 따를 경우에도 저는 이거야말로 명백하고 중대한 입법절차상의 하자이기 때문에 무효선언을 해줘야 되는 경우였다라는 생각이 자꾸 듭니다.

박진영 교수님 토론 감명 깊게 잘 들었고요. 특히 감명 깊었던 부분은 박진영 교수님의 헌법재판소법 제66조 2항에 대한 아주 치밀한 해석인데요. 토론을 듣고 보니까 또 그러네요 그러면서 제66조 2항이 말하고 있는 것은 바로 권한침해를 결정했을 경우 헌재가 66조 2항에 따라서 세 가지 선택지를 가질 수 있다. 처분을 취소하거나 무효확인하거나 처분의 효력을 유지하는 것, 그 전단부에 속하는 처분을 취소, 무효확인 하는 것은 아마 작위에 대해서 하는 것이고 결정취지에 따른 처분의무가 발생하는 것은 부작위에 대한 인용결정이 나왔을 때라고 하셨는데, 취소는 작위에 대한 것이 맞는데 무효확인은 부작위에 대한 것일 수도 있지 않나요? 그래서 전단은 작위에 관한 것이고 후단은 부작위에 관한 것으로 일률적으로 나눌 수 있는지 약간 의문이 듭니다만 하여튼 66조 2항과 관련해서는 제가 좀더 면밀하게 연구를 해서 발표문을 보완하도록 하겠습니다.

그리고 황치연 연구관님께서 여러 가지로 논문이 좀, 무효확인을 안 한 이유가 법리적인 분석이 미진하고 너무 정치적이다라고 말씀하셨는데요, 일부 인정합니다.

제 나름대로는 법리적인 분석도 하려고 했는데요, 예를 들어서 헌법소원에 관해서 인용결정시에 취소 위헌확인을 할 수 있다는 75조 3항과의 비교를 통해서 66조 2항의 무효선언을 할 수 있고 부분을 이해하려 했다든지 이런 것들은 그런 노력의 예라고 할 수 있겠습니다.

그런데 저는 그렇습니다. 뭐냐 하면 헌법재판소 판결을 평석할 때는 물론 미시적으로 법리적인 부분에 대한 분석과 평가, 비판이 가장 중요하고 그게 선행되어야 되겠지요. 그렇지만 그런 것도 필요하지만 거시적인 관점에서 봤을 때 그게 한국사회에서 가지는 의미라든지 헌법재판소의 발전을 위해서라든지 이런 관점에서의 여러 가지 그 판결에 대한 분석과 비판도 저는 가능하다고 생각하고요. 지적하신대로 저는 너무 거시적인 분석과 비판에 치중된 면은 있는 점은 솔직히 인정합니다.

그리고 토론 중에 권한쟁의심판사건이니까 5인으로 만약에 무효선언을 하면 법률이 무효가 되는 것인데 결국은, 그게 6인이 아닌 5인이 결국은 법률에 대해서 무효결정을 하는 것이어서 그렇게 되면 5인의 무효결정이 위헌일 수 있다라고 지적하셨는데요, 아주 중요한 문제제기라고 생각하는데 그런데 5인이 무효선언하는 것은 사실은 국회부의장의 가결선포행위 아닌가요? 물론 결과적으로는 신문법, 방송법에 대한 국회부의장의 가결선포행위가 무효다라고 되면 그 신문법, 방송법은 적법하게 공포시행되는 것이 아니기 때문에 효력을 결과적으로는 가질 수 없게 되기는 하지요. 그런데 권한쟁의에서 5인이 무효선언을 하는 것은 가결선포행위이지 법 자체는 아니라는 점은 저는 좀 구분을 해야 되는 것이 아닌가 생각하고요. 그리고 5인이 가결선포행위가 무효다라고 해서 결과적으로는 법률의 효력을 부수적으로 발생하지 못하게 되는 부분은 영원히 무효가 되는 게 아니라 다시 적법하게 재심의를 해서 적법하게 심의·표결절차를 밟아서 공포하게 되면 다시 유효하게 될 수 있는 것이니까 법률이 무효가 되는 것이라기보다는 일종의 법률의 유효성이 잠정적으로 팬딩되는 것 유예되는 것이라고 봐야 더 정확하지 않을까 그런 생각을 해 봤습니다.

토 론 자 : 만약에 법률이 공포되기 이전에는 가결선포행위만 무효를 하는게 지금 말씀하신대로 의미가 있을 수가 있어요. 그런데 이미 법률이 공포가 되었어요. 법률이 공포가 되어서 효력을 발생하고 있는데 가결선포행위만 무효로 한다는 게 무슨 의미를 갖습니까? 또 다른 법률이 두 개 있으라는 겁니까? 새로 해서 효력이 있는 법률이 있고 기존에 법률 또 있고.

발 표 자 : 위헌적인 가결선포행위로 인해서 지금 공포되어서 시행되고 있는 법률의 효력발생이 중단된다는 거지요. 그런 것하고 영원히 무효로 되는 것하고는 구분할 수 있지 않을까 그게 제 생각이라는 겁니다.

그리고 고일광 연구관님같은 경우에는 입법절차가 잘못되었다고 해서 무효선언까지 할 수 있겠는가라는 반문을 하셨는데요. 그리고 고일광 연구관님께서도 방금 황치연 연구관님의 지적처럼 가결선포행위 무효의 파장이 사실상의 법률의 무효로 이어질 수 있다고 말씀하신 점 그거는 현재로서는 제가 말씀드린 답변 수준으로 답변을 다시 드리고요.

그 다음에 입법절차가 잘못되어서 무효라고 할 수 있나? 본 사항 같은 경우는 아까도 제가 말씀드린 바와 같이 헌법상의 여러 가지 원칙들을 위배한 겁니다, 이게. 헌법 제49조의 다수결의 원리라든지 또 결국은 국회법이 정한 중요한 의사절차를 위반함으로써 헌법상의 적법절차원칙을 위배한 측면이 있기 때문에 이런 것이야말로 저는 무효선언을 해줘야할 그런 입법절차상의 하자다라고 생각합니다.

그리고 브라운판결과 이 미디어법판결을 비교하는 것은 부적절하다라는 견해를 피력하셨는데요. 제가 브라운판결과 비교한 것은 다른 의미는 아니고요 물론 판결의 내용은 전혀 다릅니다. 이슈도 다르고요. 비교한 것은 두 사건 다 사회적 파장이 엄청나게 크다는 점에서 공통점이 있기 때문에 비교를 한 것입니다.

미디어법사건 사회적 파장이 굉장히 큽니다. 여러분들도 아시겠지만 이거는 사실은 어떻게 보면 정치지형을 바꾸어 놓을 수 있는 그러한 판결이기 때문에 국회도 그렇고 국민들도 그렇고 이목들이 집중되었던 것입니다. 그래서 이러한 판결에서는 고일광 연구관님께서는 미국에서도 표현의 자유와 관계되는 중요한 사회적 파장이 큰 판결들에서도 5대 4 이런 식으로 견해가 갈리는 경우도 많았다. 예, 많았습니다. 그래 가지고 그런 판결들이 욕을 많이 먹는 겁니다. 사회적 파장이 큰 판결일수록 가능한 한 합의해라, 합의가 좋다 이것이 미국의 연방대법원이 오랜 경험을 통해서 체득한 진리라는 거지요. 그래서 사회적 파장이 큰 판결들에서 예를 들어서 어퍼머티브액션같은 데서 바켓판결 같은 경우 5대 4로 5가 위헌이라고 하고 4가 합헌이라 했습니다. 그랬더니 굉장히 큰 논란이 일었던 것이지요. 그런 사회적 파장이 중요한 판결에서 견해가 갈리는 판결들 미국판결에도 있습니다만 그런 판결들은 그래서 비판을 받는 겁니다. 그런 점에서 제가 미디어법판결과 이 브라운판결을 비교했다는 점을 말씀드립니다.

사 회 자 : 감사합니다.

바쁘신 중에 김선택 교수님, 정태호 교수님 오셨는데, 발언기회를 드리겠습니다.

토 론 자 : 짧게 하겠습니다.

몇 가지 문제가 있는데요. 헌재법 66조 해석이 저는 이 66조 1항에 심판대상이 된 국가기관, 지방자치단체의 권한의 존부 또는 범위에 관하여 판단한다고만 되어 있고, 2항에 제1항의 경우에 헌재는 권한침해의 원인이 된 피청구인의 처분을 취소하거나 무효를 확인할 수 있고, 그 뒤에 부작위에 대한 심판청구 인용에는 피청구인이 결정취지에 따라 처분해야 할 의무가 있는 식으로 되어 있는데, ‘1항의 경우에'라는 말을 했을 때 이거는 '권한침해를 확인한 경우에'라고 해석할 수 밖에 없지요. 즉 권한쟁의심판청구를 인용할 때는 헌재는 권한침해의 원인이 된 피청구인의 처분을 취소하거나 무효를 확인할 수 있고 그렇게 되어 있는데, 여기에 또 하나 취소, 무효확인 외에 그냥 '효력을 내버려둬도 되고' 이런 세 번째 가능성이 내재되어 있다고 해석해도 되는 것인지? 아니면 취소나 무효확인을 선택적으로 할 수있다라는 의미로 써 놓은 것인지 이것도 생각을 좀 해봤어야 되지 않나 이런 생각이 들고요. 물론 어떤 입법의도가 있든 간에 헌법재판소로서는 처분의 효력을 유지할 만한 어떤 중대한 예외적인 사유가 있을 수 있을 겁니다.

그렇다면 어떻게 할 수 있기는 있겠지만 이 조항 자체를 가지고서 제3의 선택지가 있다, 우리 박진영 교수님 설명이신데 약간 좀, 너무 이 '할 수 있다 없다' 이 표현을 너무 재량이 주어지는 그런 문구로 볼 수 있겠는가는 의문이 일단 듭니다 저는, 좀 들고.

그냥 우리 법률문구에 보면 뭐뭐할 수 있다라고 하는게 그런 권한을 가진다는 의미로도 해석이 많이 되기 때문에 이거를 가지고 여기서 바로 상당한 재량있는 것이다라고 할 수 있을지 좀 의심스럽고.

그 다음에 또 하나, 가결선포행위가 권한침해의 원인된 처분인데 저는 이런 생각이 듭니다. 이 가결선포행위를 취소, 무효확인하는 것의 의미는 결국 법률이 통과되지 않았다는 것을 하는 것이지요. 그러니까 통과되지 않은 법률은 절차를 다 완료하지 않은 법률입니다. 그렇기 때문에 이것이 공포하고 바로 되었다 하더라도 효력을 가질래야 가질 수도 없는 거지요. 그러니까 만약 헌법재판소가 가결선포행위를 취소하면 그 반사적 효과로 이미 공포발효된 법률의 효력은 배제될 겁니다. 즉 발효시점으로 소급해서 원천무효가 되는 거지요.

그런데 이런 생각이 듭니다. 가결선포행위를 취소하냐 마냐 하는 데서 어떤 이익이 대립할까? 선포행위를 취소하는 데는 물론 국회의원의 심의·표결권보장이라는 공익이 있어요. 그런데 반대되는 이익은 도대체 뭘까? 잘 모르겠습니다. 어떤 이익이 과연 이거 저울을 했을 때 올려놓을 수 이익이 과연 무엇인가 도대체? 가결선포행위를 취소했을 때는 입법절차의 명백한 하자를 시정할 이익보다 오히려 입법절차의 명백한 하자로 인해서 성립하지도 않은 법률을 공포하고 발효하고 효력을 유지하도록 방치하는 부정의 그 부정의를 시정하는 이익이 있어요. 그런데 이런 부정의를 그대로 놔두는 것 이것과 맞먹을 만큼의 어떤 강력한 공익이 있겠는가? 저는 없을 것 같이 생각이 됩니다.

다 아시겠지만 독일에서 함브르크인가 어느 주헌법재판소에서 어떤 정당이

공천을 잘못해서 그 선거에 위헌, 위법성이 있다고 해 가지고 그 의회가 2년간이나 활동을 했는데도 불구하고 그 선거를 무효로 판결하고 국가가 해산되어 버렸습니다. 그때 그 주 헌재의 입장은 뭐냐 하면 2년간 이미 국회에서 법률을 만들어 활동했다는 게 중요한게 아니라 앞으로도 2년도 그런 불법적인 국회의 의정활동을 계속하게 된다, 이거야말로 시정해야 된다 이렇게 판단했단 말이에요. 이렇게 보게 되면 이미 법률이 공포되어서 발효되어 있다고 한다 하더라도 그것이 문제가 되는게 아니고 지금 말씀드린 대로 입법절차의 명백한 하자로 이미 절차를 완료하지 못한 법률을 그대로 방치하는 그 부정의가 더 심대한 것이 아닌가.

저는 이런 생각도 많이 듭니다. 우리나라에서 절차의 중대성을 좀 가볍게 생각하는 경향이 있는 것 같습니다. 어쨌든 결과를 얻으면 그만인 것이 아니냐. 저는 사실 이 미디어법 결정할 때 큰 기대한게 뭐냐 하면 옛날 우리나라 헌법개정사에서 보면 발췌개헌이니 사사오입개헌이니 다 아실겁니다. 사실 사사오입개헌은 의결정족수를 충족시키지 못한 것인데도 헌법이라고 공포되어서 발효되기까지 했어요. 실제로 4월혁명 이후에 국회의 헌법개정회의록을 보면 사사오입개헌을 무효로 선언해야 되지 않느냐 하는 논란이 있었습니다, 국회의원들 사이에서. 그런데 국회의원들이 아 이거 헌법되었는데 헌법을 하기가 좀 그렇다 해서 많이 논란하다가 그냥 새 헌법을 만들면 자동으로 사사오입개헌은 소멸되는 거니까 그런 쪽으로 그냥 하자 이렇게 타협이 되었던 겁니다. 저는 이 미디어법 결정에서는 우리 헌법재판소가 여러 법리에도 불구하고 표결행위의 공정성이랄까 중대성에 대한 우리 국회의원들의 가볍게 생각하는 경솔한 태도를 시정할 절호의 기회였었지 않나 그런데 대한 의문이 하나 있고요.

그 다음에 한마디만 더 말씀드리면 인용결정 정족수문제가 있는데, 일단 이렇게 하는 게 좋을 것 같습니다. 권한쟁의심판의 인용결정 정족수를 5명으로 하고 위헌법률심판 인용결정 정족수를 6명으로 한 것은 우리 헌법의 판단입니다. 우리 헌법과 헌법재판소법 입법자의 판단이고 그래서 그 결과가 권한쟁의심판 인용결정이 하필이면 국회의 경우에, 이상하게 되었는데 국회가 심판당사자가 되다 보니까 이런 문제가 발생하기는 했지만 헌법재판소의 권한자체가 이미 헌법에서 부여된 것이고 그 권한행사에 관한 일정한 절차라든가 정족수를 또 헌법과 헌법재판소법에서 만들어 놓은 것 아닙니까? 특히 헌법에 다른 인용결정 정족수는 특별규정을 두고 권한쟁의심판은 두지 않았습니다. 그러면 이렇게 구분한 데 대한 헌법 입법자의 의도가 있는 것이기 때문에 너무, 왜 위헌법률심판인용을 하려면 6명이어야 되는데 권한쟁의심판쪽으로 들어가면 5명으로도 위헌과 마찬가지 결과를 초래하게 되느냐? 이렇게 말한 것이 아니라 주어진 권한이 왜 그렇게 주어졌는지 그거를 오히려 찾아보는 쪽이 더 헌법의 입법취지에 부합하는 방향이 아닌가 생각이 됩니다.

그래서 저는 전체적으로 봐서 우리 발제자이신 임지봉 교수님께서 부분 부분 격정적인 발언은 있으나 전체적으로 옳다고 생각이 됩니다.

토 론 자 : 김선택 교수님께서 대체적으로 저랑 비슷한 생각을 가지고 계신 것 같아서 한두 가지만 말씀드리겠습니다.

우선 황치연 연구관께서 결과적으로 법률이 위헌으로 선언되는 것과 같은 결과가 유발되면 그거는 헌법재판소가 헌법에 반하는 행위를 하는 것이다라고 지적을 하셨는데, 제 생각에는 과연 그런 지적이 타당한지 의문스럽고요. 아까 김 교수님께서도 지적하셨지만 113조를 보면 거기 권한쟁의에 관한 정족수규정은 없고요. 제 생각에는 권한쟁의의 경우에 그러면 왜 그런 가중정족수요건을 요구하지 않았겠느냐? 그거는 만일 여기에 가중정족수요건을 요구하면 권한문제에 있어서도 항상 공격자에게 유리하다 그런 결과가 나온다고요. 그렇기 때문에 다른 영역에서는 법적 안정성의 요청이라든가 혹은 정당해산사건 같은 경우에는 피청구인 정당의 보호라든가 이런 관점에서 가중정족수를 요구를 했겠지만 이 영역에서는 그렇게 처리하기 어려운 면이 있었을 것이다. 저는 그에 따른 충돌은 결국은 헌법이 의도한 것이기 때문에 위헌은 아니다 그렇게 생각을 하고요.

그리고 저는 권한쟁의사건에서 독일의 영향이 정치·문화가 전혀 다른 우리나라에 들어와 가지고 잘못 오히려 부작용을 낳고 있는 게 아닌가 그런 생각을 해봅니다. 독일같은 경우에는 권한의 존부나 범위 확인만 해 주면 아마 대중의 압력이랄까 이런 것 때문에 의회가 그 문제를 아무런 조치를 취하지 않고 묵살하고 지나 갈 수 있는 정치환경이 아니다, 이 점을 우리가 잊고 있는 게 아닌가 그런 생각을 합니다.

사실은 미디어법사건을 보면 헌재가 위법성을 확인한 부분에서 분명히 무효는 아니지만 그렇다고 해서 국회보고 아무런 조치를 안 해도 된다 이런 취지는 아니다 분명히 얘기했는데 아무런 조치를 취하지 않은 상황에서 다시 두 번째 청구가 들어왔을 때 제 생각에는 아무리 정교한 법리를 여기다 들이댄다 하더라도 이게 국회에 미치는 효과랄까 국민들의 법의식에 미치는 효과랄까 더 나아가서는 헌법재판소의 위상이랄까 이런 측면에서 보면 과연 헌재가 두 번째 결정에서 올바른 결정을 한 것인지, 우리 정치문화를 함께 고려하면서 생각을 해 볼 필요가 있지 않나 그런 생각을 해 봅니다.

토 론 자 : 두 교수님께서 저를 거명해서 말씀하셨으니까 제가 일단 말씀드리면요, 헌법 제113조 1항에서 법률의 위헌결정으로 인한 무효의 재판관 6인 이상의 찬성은 헌법사항입니다. 그리고 헌법재판소법 제23조 제2항의 권한쟁의심판은 과반수로 할 수 있다는 겁니다. 그러면 만약에 가결선포행위를 무효로 한다면 하위법에 의해서 상위법 헌법을 위반하는 것 아닙니까? 어떻게 이게 헌법이 의도했다고 그냥 넘어갈 수 있습니까?

두 번째로 김선택 교수님은 가결선포행위를 무효로 하면 당연히 취소로 해서 법률이 무효인 것을 전제로 하고 있다 이렇게 말씀하시는데, 헌법재판소법 67조 2항에 보면 국가기관 또는 지방자치단체 처분을 취소하는 결정은 그 처분의 상대방에 대하여 이미 생긴 효력에는 영향을 미치지 아니한다고, 그러면 법률이 공포되고 나면 그 법률에 의한 수많은 국민의 법률관계가 이미 형성되어 버립니다. 그 법적안정성을 다 깨뜨리고 다시 원상태로 회복한다고 봅니까? 왜 67조 2항 같은 규정을 두었을까요? 그렇기 때문에 이 경우에 만약에 가결선포행위를 무효로 했을 때 제3자에게 발생된 법률관계까지 소급적으로 무효화한다는 것은 상상하기 어렵고, 만약에 이미 말씀드렸던 바와 같이 공포하기 이전에 가처분으로 효력정지를 해놓은 상태에서는 가결선포행위만을 무효로 하는 게 의미가 있을 수가 있어요. 그러나 원인된 가결선포행위를 무효로 하면서 법률은 또 무효가 아니다 이렇게 생각하면 더욱더 문제가 있고 그래 가지고 나중에 재의결한다면 두 개의 법률이 존재하는 그런 상황이 될 수도 있고 그런 측면에서 법리적인 검토가 좀더 섬세하게 이루어졌으면 어떨까 이렇게 생각합니다.

사 회 자 : 감사합니다. 취지는 충분히 이해했습니다.

시간이 9시가 끝나는 시간인데 벌써 10분을 넘었는데 김진한 연구관님 꼭 말씀하셔야 됩니까?

토 론 자 : 간단하게 하겠습니다.

임지봉 교수님 발표 잘 들었고요. 많은 부분 공감했고 헌법재판소에 속한 사람으로서 뼈아픈 비판 감사하게 잘 들었습니다.

저는 좀 다른 관점에서 이 사건의 정치적 파급효과랄까 이런 부분을 생각할 수도 있지 않나 하는 관점에서 잠깐 말씀드리겠습니다.

우리 모두가 국회의 잘못된 표결관행이 있었던 점을 이해하고 있습니다.

그 부분은 헌법재판소가 아니면 분명히 따끔하게 이야기해 줄 기관이 없는 것도 현실이고요. 그런데 그 국회관행을 우리가 뭉뚱그려서 얘기하면 국회의 관행인데 그것이 나누어서 보면 두 가지로 볼 수 있을 것 같습니다. 여당의 관행과 야당의 관행.

우리가 지금 날치기라든지 이런 것들을 볼 때는 여당의 관행의 입장에서 보게 되는데 또 다른 측면에서는 야당의 관행을 볼 수도 있습니다. 만약에 우리가 쉽사리 가결선포행위를 무효로 선언한다면 야당에게는 또 다른 좋은 교훈이 생길 수 있을 것입니다. 어느 당이 야당이 되건 간에 가결선포행위를 무효로 만드는 방법은 표결장을 혼란스럽게 만들고 그 안에서 여러 가지 교란행위를 하면 언제든지 가결선포행위를 무효로 만들 수 있다는 선례가 생길 수 있게 되고요. 그런 점에서는 헌법재판소에서 국회 관행을 고친다고 하는 어떤 적극적인 판단이 자칫하면 의회의 의결과정을 더욱 혼란에 빠지게 하는 그런 결과도 낳을 수 있는 것이 되지 않을까 싶습니다.

이 사건에서 임지봉 교수님께서 말씀하신 표결권침해를 헌법재판소가 인정을 했는데요, 그 인정한 부분에 있어서는 헌법재판소가 칭찬받을 부분도 많이 있다고 생각을 합니다. 그 부분은 종전에는 헌법재판소결정에서 의사록만을 가지고 국회의 의사절차를 판단했는데 이번에는 직접 적극적으로 증거조사작업을 했었고요. 심지어 방송국의 촬영녹화테이프까지 전부 다 증거제출을 받아서 판단을 했습니다. 의회의 투표기록까지 조사를 했고요. 그런데 그 과정에서 실제로 대리투표가 밝혀진 바는 거의 없었습니다. 한 표 정도가 있었을까요? 그럼에도 불구하고 국회 의결과정의 전반적인 혼란상황, 여러 번 투표한 기록 그것이 야당의 반대로 해서 찬성한 여당의원의 투표를 다시 반대로 누르고 그것에 대해서 또다시 교정하는 투표 이런 것들이 수십차례 반복된 그런 투표기록 등 이런 것들 전반적인 혼란상황을 이유로 해서 일종의 형사소송법상의 독수독과이론과 비슷한 표결전체의 신뢰할 수 없음을 판단해서 표결권침해를 인정한 것이지 거대한 대리투표행위라든지 무권투표행위가 밝혀졌기 때문에 표결권침해를 인정했었던 것은 아닙니다.

만약에 이 정도 상황으로서 표결권침해를 우리가 인정하고 나서 바로 무효판단에 들어간다면 물론 저는 그런 판단이 가능하고 그것이 국회에 좋은 교훈이 될 수 있는 판단이라고 믿고 있지만 다른 관점에서는 혹시나 야당에게 현재의 여당이 또다시 야당이 되었을 경우에도 그 야당에게 자칫하면 언제든지 소수자로서의 횡포를 부릴 수 있다는 선례로서의 효과를 줄 수 있기 때문에 헌법재판소로서도 그러한 판단을 하기는 쉽지 않았을 수 있는 관점이 있다 이런 관점에서 생각할 수 있다고 생각을 합니다.

사 회 자 : 잘 알겠습니다.

나온 의견들 모아서 마지막으로 말씀해 주시지요.

발 표 자 : 아마 헌법재판소가 위헌, 위법인 권한침해 인정하면서 무효선언을 안한 주된 근거가 66조 2항에 '취소를 하거나 무효선언을 할 수 있고' 할 수 있고 라는 규정 때문에 이거를 재량으로 그냥 봐 버린 게 가장 큰 주된 근거라고 생각하는데요. '할 수 있고'라고 해서 이게 다 재량은 아니다, 저는 그런 생각이 자꾸 머리에서 떠나지 않습니다.

그리고 김진한 연구관님께서 대리투표 조사해 봤더니 한 표뿐이었다. 그래서 위헌, 위법은 하지만 이거를 무효로 하기에는 좀 약했다라는 말씀하셨는데요. 그러면 재투표는 어떻게 되었나요? 재투표의 하자는 한 표가 아니잖아요, 굉장히 크잖습니까? 그런 것도 있고.

솔직하게 말씀드리면 저는 이 결정을 보면서 자꾸 그런 생각이 들어요. 뭐냐하면 헌재가 재판관님들이 각자의 정치적인 성향에 따라서 결론을 딱 먼저 박아놓고 그 다음에 그 이유를 여러 가지 66조 2항이라든지 이런 것을 여러 가지로 해석하면서 일종의 논리를 영어로 치면 메뉴플레이션했다, 논리를 이렇게 조작을 했다, 그런 생각이 들어요. 그러니까 결론은 이미 다른 정치적 고려때문에 하고 그 논리를 뒤에 만들어 간 것이 아닌가, 그런 면에서 제가 정치적 고려가 많이 담긴 그런 결정이 아닌가 그렇게 말씀을 드렸던 것입니다.

그리고 한 가지 고백하고 사과 말씀 드릴 것은 제가 이 글들을 밤에 썼었습니다.

밤에 쓰니까 사람이 되게 감정적이 되더라고요. 국회의원들이 면죄부 어쩌고 저쩌고 직무유기네 어쩌고저쩌고, 말씀하신 대로 법률가의 표현이라기보다 정치선동가의 표현 비슷한 그런 표현들이 많고 상대적으로 법리적인 논리는 치밀하지 못했던 점 사과드리고요. 핑계를 대자면 밤에 쓰여져서 그랬고, 사실은 아침에 읽어보니까 저도 그런 느낌이 확 들더라고요. 너무 표현이 지나치고 좀 비논리적이고 너무 감정적이다. 그래서 아침에 고쳐보려고 했더니 이미 때는 늦었습니다. 그래서 그냥 발표문을 보냈는데요. 오늘 여러분께서 말씀하신 내용들을 귀담아 듣고 제가 메모를 다했습니다. 이것을 반영해서 글을 많이 다듬도록 하겠습니다.

고맙습니다.

사 회 자 : 밤에 쓴 것 까지는 좋은 데 혹시 취중에 쓰시지는 않았는지 이런 생각도 들고, 김종대 재판관님께서 조용하게 웃고 계셨는데 한 말씀 꼭 들어야 될 것 같습니다. 김종대 재판관님 한 말씀 해 주시지요.

회　　장 : 임 교수님 마지막 말씀 결론을 내놓고 정치적 고려에 의해서 무엇을 끼어 맞춘 흔적이 있다. 정말 거기에 대해서는 꼭 해명을 하고 싶네요.

오늘 많은 토론이 있는 중에 학자들은 참 좋겠다 싶은 생각이 들어요. 할 수 있다를 한다 하고 다르게 해석할 필요가 있느냐? 실무하는 사람들로서는 끔찍한 차이를 부정을 해 보려고 하는 시도 그 다음에 정족수문제를 5명이 하면 그 나름대로의 뜻이 있을 것이다 그것을 찾아봐야지, 그런 말씀도 되겠다 하는 생각은 듭니다.

또 어떤 말씀들이 있냐하면 '헌법재판을 하는 재판관으로서' 이렇게 말씀을 하는데 헌법재판은 여러 가지가 있거든요. 권한쟁의심판도 있지만 헌법소원, 탄핵결정 많이 있습니다. 그것을 몽땅 헌법재판이라는 테두리 안에 넣어서 헌법재판소가 어떻게 해야 된다 하는 것은 헌법의 취지에 과연 맞는지? 아까 말했듯이 위헌인데 왜 무효가 아니냐? 그런데요, 그거는 위헌이라고 법에서는 바로 안 합니다. 권한침해라고 했을 뿐입니다. 그러면 권한침해가 되면 바로 무효냐? 그거는 다르지요. 그것도 우리가 또 한번 정확하게 법적 구성을 새로 해서 한번 생각해 봐야 될 문제고.

그 다음에 권한쟁의심판 중에는 국회의장을 상대로 하는 권한쟁의심판말고 국회를 상대로 하는 권한쟁의심판도 있지요? 국회가 입법권을 어떻게 어떻게 행사해서 이 법이 나의 권한을 침해했다 이렇게 해 가지고 국회를 상대로 하는 권한침해심판청구도 있습니다. 이럴 때 그거는 그야말로 법률제정행위가 권한침해했다는 것이거든요. 그러면 국회의장을 상대로 하는 권한쟁의심판도 하면 그 효력이 어찌될 것이냐는 문제하고, 그러면 법률 사체를 국회를 상대로 통째로 날리는 권한쟁의심판 이런 것은 또 효력이 어떻게 되느냐? 그래서 아까 임 교수님께서 잠정적무효 어떻게 이렇게 좀 말씀하셨는데요. 그것은 결국은 개선 안 하면 그냥 무효가 되는 것이지 무효를 또 다른 어떤 조금 효력이 덜한 무효가 있고 영구적 무효가 있고 이렇게 판단하는 것은 그거는 또 곤란한 점이 있지 않겠나 싶습니다.

그러면 제가 준비한 두 얘기를 꼭 오늘 하고 싶어서 저도 메모를 했는데요.

아까 법정의견이 너무 혼란스러워서 내가 브리핑을 못하겠다 이렇게 말씀을 하셨는데요. 이것은 재판관의 의견이 많이 나누어져서 그런 것이 아니고 만약에 법정의견만 판결문에 넣어라, 일반법원에서 합의부 재판할 때 그렇습니다. 반대의견이 있어도 주문은 딱 하나입니다. 그렇지요? 그러면 혼란스러운 것 없지 않습니까?

그것은 헌재 재판에 여러 사람 의견을 다 넣도록 한 법이 잘못이지 그 법대로 의견을 각각 자기양심에 따라서 표시한 그것이 무슨 잘못이냐? 만약에 합의를 하라, 너희는 그러면 상의를 할 필요도 없다, 합의를 해서 해라는 것은 이 합의하는 과정에서 리더를 예정합니다. 리더를. 리더를 예정하는 합의를 유도하는 것을 국민이 자꾸 좋아하다 보면 헌재의 재판관들의 독립성을 해치는 더 큰 문제가 나중에 나오면 어찌하시려고요. 그럴 때는 어찌할래요? 헌재 재판관님들이 리더가 소장이라면 소장의 조정에 따라서 움직인다면 어떻게 할 겁니까? 그게 국민들 마음에 혹시 꼭 드는 결론으로 가면 모르지만 그거를 세상에 장담을 누가 합니까?

그러니 그것은 그것대로 또 어려운 점이 있으니 다음에 평석을 하실 때는 그냥 법정의견 그거는 하나거든요. 의견이 여러 개가 아닙니다. 주문에는 하나니까 거기에 관해서 집중적으로 논평을 하시면 애로사항은 좀 없어지지 않을까 이렇게 생각되고.

이 사건 평의에서 제가 제일 많이 비판을 받아야 될 사람 중에 한사람입니다.

왜 그러냐 하면 희미한 의견 세 사람을 낸 사람 중에 한 사람이거든요. 제가 정치적인 고려를 전혀 없이 했다는 것을 설명을 드리겠습니다.

뭔가 하면 저는 이 사건이 워낙 큰 문제라서 한달 이상 고민했지요. 고민해서 평의에 들어갔습니다. 1차 평의하고 2차 평의 마치면서 결론이 났어요. 저는 처음에 뭐 이거는 내부이야기입니다만 무효의견에 가담을 했습니다. 그다음에 제방 옆이 평의실 아닙니까? 문을 딱 열고 나오는 순간에 무엇이 머리를 치느냐 하면 정족수가 어찌하느냐? 이게 머리를 탁 쳐요. 야. 그러면 이게 가결선포행위를 다섯명만 하면 무효로 만들 수 있다는 말이냐? 조금 더 발전해 보십시오. 헌법재판소는 9명이 꼭 안 해도 되지요. 7명만 하면 평의가 가결됩니다. 그러면 7명 중에 4명, 그거는 9명 중에 과반수도 안 되지요. 이 네 명이 그러면 가결선포행위의 무효선언을 할 수 있느냐? 그러니까 등에 땀이 나더라고요. 나한테 무슨 이런 권한이 있느냐? 그래서 다시 평의가 시작되었습니다. 그래서 저는 아, 나는 도저히 이 벽을 내가 넘어갈 수가 없다. 그래서 국회를 상대로 하는 가결선포행위의 본질과 권한쟁의심판의 본질을 깊이 생각해 보기 시작했습니다. 그래서 권한쟁의심판, 입법관련행위에 대해서는 이게 권한쟁의심판에 원래 들어와서는 안 되는 거구나 하는 그런 결론에 이르렀는데 이미 우리 선배들이 다 그것도 실효성 있게 다 인정을 했지 않습니까? 그거를 혼자서 부정할 수는 없어서 여기에 대해서 적어도 입법관련행위에 대해서는 무효로 취소로 하는 이 효력을 우리가 좌우하는 판단은 못하겠구나 하는데, 제가 그런 결론에 이르게 된 경위가 그렇습니다. 그런데 우리가 재판을 오래 하다 보면 이런 경우가 있습니다. 권한침해가 되었다는 부분을 주문에서 선고는 합니다, 주문에서. 이유에서 이야기를 안 합니다. 왜 그러냐 하면 이게 권한침해소송이거든요. 만약에 이 소송이 권한침해로서 된 그 행위나 처분의 효력을 좌우하는 소송이라면 권한침해여부는 주문에서 안 나갑니다. 이유에서 나갈 뿐이거든요. 그리고 이 권한침해는 아시다시피 권한의 존부 또는 범위에 관하여 판단한다고 했지요. 이게 본래적인 권한침해판결의 주문형태입니다. 오히려 무효취소는 무효취소로까지 해도 괜찮을 수 있을 때 해라 하는 정도입니다. 저는 그렇게 받아들였어요. 마치 민사판결에서 가집행 그거는 붙여도 될 만하면 붙여주라 하는 정도지요. 이것을 더 주로 삼고 무효취소가 궁극의 목적이라고 삼으면 우선 주문에 권한침해여부를 판단할 필요가 없고, 왜 그렇습니까? 그거는 하나의 과정에 불과하지 않습니까? 그것을 주문에 선고하라는 것은 이것이 본령이다. 권한침해재판의 본질은 권한의 존부 또는 범위에 관해서 판단하는 것이 본질적인 제도고 그 정도라면 과반수로서 의결해도 된다, 저는 그렇게 읽었습니다. 그렇게 읽었기 때문에 이것이 특히 입법관련 행위를 무효로 하는, 우리가 법조문 조그만한 것 해석도 위헌하려고 하면 6인의 위헌정족수가 필요한데 이 법을 통째로 날리는 가결선포행위를 무효선언을 하는데 어째서 5명 단순과반수가 할 수 있겠느냐 하는 데서 추론을 했고, 그것은 일반 우리 권한침해소송의 본질에 비추어도 그런 것이 아니냐. 그러면 국회에서 여러분이 안하니까 정말 헌재가 답답한 판결을 한 것 아니냐. 그런데 그것도 한편으로는 청구인측 입장에서 보면 그렇지요. 정말 답답한 것이지요. 그러나 피청구인 입장에서 보면 참 잘했다 할 수도 있어요. 정말로 정치적 고려를 안 해야 이런 판결이 나갑니다.

우리가 혹시라도 소수자보호라는 것이 참 좋은 것이라는 어떤 선입관, 이 사건에서는 청구인의 보호를 하는 것이 맞나는 자기 나름대로의 주관적 가치판단이 너무 앞선 나머지 헌재가 잘못했다고 한다면 그거는 다시 한 번 더 검토를 해봐야 될 문제가 아니냐, 그래서 저는 강제력이 없고 집행력이 없는 채무도 얼마든지 판결선고가 가능하듯이 국회에 대해서 강제집행력이 없는 그런 주문도 가능하다고 보고 국회는 이 헌재의 결정에 따라서 기속력에 따라서 반드시 권한침해상태를 해소를 해야 됩니다. 해소 안한 부작위에 대해서 그러면 왜 또 안했느냐, 그거를 명하다 보면 결국 앞에 것을 강제하는 셈이 되거든요. 안 그렇습니까? 그래서 예컨대 국회법이나 이런데 이런 법이 있었으면 좋겠어요. 국회가 안하면 한 달에 얼마씩 세비를 깍는다든지. 그래서 간접강제방식을 취하는 문제는 모르지만 국회가 엄연히 국민의 대표로서 구성되어 있는데 헌법재판소가 아무리 헌법적인 권한을 행사한다 하더라도 명백한 권한도 없이 단순과반수로서 국회의 법률제정행위에 관해서 효력을 좌우하는 결정을 하는 것은 그렇게 가벼운 문제가 아닙니다. 그래서 이렇게 했으니까 헌재의 기속력에 구속 안받고 가만히 있는 국회를 나무라실지언정 헌재를 덜 나무라주시면 고맙겠습니다.

사 회 자 : 감사합니다.

제가 진행을 잘못하는 바람에 9시 30분이 되었습니다.

어쨌든 미디어법 관련된 헌재판례에 대해서 찬성하는 분이시나 반대하는 분이시나 공통점은 헌재를 사랑하는 마음이 있고 한편으로 또 국회에 대한 강한 불신 그것을 또 확인하는 자리가 아니었나 이런 생각이 듭니다. 어쨌든 사회적으로 굉장히 큰 파장을 일으켰던 그런 법이고 동시에 그렇기 때문에 헌재의 결정도 사회적으로 큰 파장을 일으켰던 결정이었는데 우리 임지봉 교수님께서 잘 정리를 해 주셨고 우리가 또 토론과정에서 무엇이 쟁점인지 또 앞으로 이런 유사한 입법절차를 위반한 입법행위에 대해서 어떤 판단을 어떤 쟁점에서 내려야 되는지 이거를 깊이 생각해 볼 수 있는 자리였던 것 같습니다.

앞으로 더 많은 연구가 필요한 것 같고, 오늘 발표해 주신 임지봉 교수님 또 토론해 주신 김대환 교수님과 박진영 교수님 다시 한번 감사드리고, 참석해 주신 여러분들 또 우리 김종대 재판관님 모두 감사드립니다.

이상으로 오늘 발표회를 마치도록 하겠습니다.

감사합니다.

헌법실무연구 수록 논문색인(제 1 권 ~ 제 11 권)

권	회차	제목	발표자
제 1 권	제 1 회 발표문 (1999. 7. 2.)	택지소유상한에관한법률의 단순위헌결정 — 헌재 1999. 4. 29. 선고, 94헌바37등(병합) 결정, 판례집 11-1, 289 —	윤홍근
	제 2 회 발표문 (1999. 9. 3.)	음란물출판사등록취소사건 — 헌재 1998. 4. 31. 95헌가16, 판례집 10-1, 327 —	이인호
	제 3 회 발표문 (1999. 10. 1.)	도시계획법 제21조에 대한 위헌소원 — 헌재 1998. 12. 24. 89헌마214등, 판례집 10-2, 927 —	김문현
	제 4 회 발표문 (1999. 11. 5.)	文通事故處理特例法 제 4 조 제 1 항 및 그에 근거한 不起訴處分에 대한 憲法訴願의 適法性: 違憲決定의 遡及效 문제를 중심으로 — 헌재 1996. 12. 26. 96헌가18, 판례집 8-2, 680 —	박경신
	제 5 회 발표문 (1999. 12. 3.)	자도소주(自道燒酒)구입명령 판결에 대한 평석 — 헌재 1996. 12. 26. 96헌가18, 판례집 8-2, 680 —	박경신
	제 6 회 발표문 (2000. 1. 7.)	變形決定의 문제점	김운용
	제 7 회 발표문 (2000. 2. 11.)	구 소득세법 제60조에 대한 헌법불합치결정의 법적 성격과 그 효력 — 헌재 1999. 10. 21. 96헌마61등, 판례집 11-2, 461 —	방승주
	제 8 회 발표문 (2000. 3. 10.)	선거관계법에 대한 헌법재판소 결정의 문제점	이성환
	제 9 회 발표문 (2000. 4. 7.)	노동 3 권의 법적 성격과 노동단체법 — 헌재 1998. 2. 27. 94헌바13등, 판례집 10-1, 32 —	강희원
	제10회 발표문 (2000. 5. 12.)	위헌법률에 기한 처분의 집행력 허용여부에 관한 검토	남복현
	제11회 발표문 (2000. 6. 2.)	국회의원과 국회의장 간의 권한쟁의에 관한 헌재결정들	박승호

제 2 권	제12회 발표문 (2000. 7. 7.)	법적 안정성과 실질적 정의 — 12·12 및 5·18 사건의 경우 —	이명웅
	제13회 발표문 (2000. 10. 6.)	평등의 원초적 해석과 실질적 평등의 논리적 건재 — 제대군인가산점 위헌결정 평석 —	박경신
	제14회 발표문 (2000. 11. 10.)	민주주의의 실패와 사법적극주의 — 동성동본금혼 규정에 대한 헌법재판소 결정의 의의를 중심으로 —	임지봉
	제15회 발표문 (2001. 1. 5.)	헌법상 사립학교의 자유와 헌법재판의 동향	허종렬
	제16회 발표문 (2001. 2. 2.)	청소년보호를 위한 표현물 규제시스템의 헌법적 고찰 — 구 청소년보호법 제 2 조 제 3 호 가목 등 위헌제청사건 등에 대한 평석을 중심으로 —	황성기
	제17회 발표문 (2001. 3. 2.)	헌법소원사건 결정을 통해서 본 언론에 의한 명예훼손의 법리	박선영
	제18회 발표문 (2001. 4. 6.)	서울대 입시요강사건 — 헌재 1992. 10. 1. 92헌마68, 76(병합) —	정연주
	제19회 발표문 (2001. 5. 4.)	미국과 독일의 규범통제에서의 심사도구 비교	정태호
	제20회 발표문 (2001. 6. 8.)	사립대학교수 재임용제의 헌법적 근거와 한계 — 사립학교법 제53조의 2의 제 3 항에 대한 헌법소원결정을 중심으로 —	김종철
	제21회 발표문 (2001. 7. 6.)	가변적이고 예측 불가능한 상황에서의 헌법해석 — 헌재 92헌바6 결정을 중심으로 —	박진완

권	회차	제목	발표자
제 3 권	제22회 발표문 (2001. 9. 7.)	대통령직속기관의 설치와 직무범위 — 헌재 1994. 4. 28. 선고, 89헌마221 —	유진석
	제23회 발표문 (2001. 10. 12.)	헌법재판소와 사회적 기본권	홍성방
	제24회 발표문 (2001. 11. 2.)	과잉금지의 원칙과 적용상의 문제점	김형성
	제25회 발표문 (2001. 12. 7.)	근로자의 쟁의(행위)권의 행사와 공공복리 — 헌재 1996. 12. 26. 선고, 90헌바19 결정, 92헌바41 결정, 94헌바49 결정과 관련하여 —	강희원
	제26회 발표문 (2002. 2. 1.)	공법인의 기본권주체성 — 헌재 2000. 11. 30. 선고, 99헌마190 결정 등과 관련하여 —	함인선
	제27회 발표문 (2002. 3. 8.)	기본권의 보장과 제도적 보장의 준별론에 관한 비판적 보론 — '기본권의 최대한의 보장과 제도의 최소한의 보장'에 전제된 오해의 극복을 위하여 —	이종수
	제28회 발표문 (2002. 4. 12.)	헌법상 평등의 요청과 국가유공자 유가족에 대한 가산점의 문제점 — 헌재 2001. 2. 22. 선고, 2000헌마25 사건에 대한 평석 —	장영수
	제29회 발표문 (2002. 6. 7.)	양심의 자유의 규범구조와 보호범위 — 준법서약제를 중심으로 —	박종보
	제30회 발표문 (2002. 7. 12.)	헌법재판에서의 가처분	황치연
	제31회 발표문 (2002. 9. 6.)	전국구비례대표제의 투표방식과 의석배분방법의 위헌결정에 대한 비판적 고찰 — 헌재 2001. 7. 19. 선고, 2000헌마91·112·134(병합) —	김종철

제 4 권	第32회 발표문 (2002. 10. 11.)	가상공간에서의 표현의 자유와 청소년보호 — 99헌마480과 2001헌가27을 중심으로 —	박선영
	第33회 발표문 (2002. 11. 8.)	특별부담금의 정당화문제	김성수
	第34회 발표문 (2002. 12. 6.)	부부자산소득합산과세는 위헌인가?	이창희
	第35회 발표문 (2003. 2. 7.)	알 권리와 의사공개의 원칙 — 헌재 2000. 6. 29. 98헌마443 등 사건에 대한 평석 —	장영수
	第36회 발표문 (2003. 3. 7.)	憲法不合致決定에 관한 새로운 體系의 試圖	황도수
	第37회 발표문 (2003. 4. 4.)	노조법상 유니언숍제도(단결강제제도)의 위헌 여부	이승욱
	第38회 발표문 (2003. 6. 13.)	사회보장법과 세법의 기능적인 상관관계	전광석
	第39회 발표문 (2003. 7. 11.)	권한분쟁에 관한 헌법재판소와 법원의 관할	김하열
	第40회 발표문 (2003. 9. 19.)	우리 違憲法律審判節次 등의 審判對象(審査範圍)	김시철

제 5 권	제41회 발표문 (2003. 10. 10.)	명예, 초상, 프라이버시 그리고 표현의 자유에 관한 비교법적 분석 — 한국, 미국, 독일, 프랑스 —	박경신
	제42회 발표문 (2003. 11. 7.)	기본권의 경합	장영철
	제43회 발표문 (2004. 2. 13.)	정당국가적 대의민주제에서의 선거와 정당에 대한 헌법재판소의 결정 평석 — 국회의원선거기탁금, 국회의원의 상임위원회 강제 사임조차, 선거권 연령 기준에 과한 판례를 중심으로 —	이덕연
	제44회 발표문 (2004. 4. 9.)	부실감사죄의 헌법재판 — 헌법재판소의 변형결정의 기속력에 대한 법이론적 이해 —	이상돈
	제45회 발표문 (2004. 5. 7.)	지방자치권에 대한 헌법상의 보장 — 강남구청과 대통령 간의 권한쟁의 (2002. 10. 31. 2001헌라1) —	이광윤
	제46회 발표문 (2004. 6. 4.)	내사종결처분의 법적 성질 — 2002. 10. 31. 2002헌마369, 헌법재판소 공보 제74호(2002년), 989면 —	신동운
	제47회 발표문 (2004. 7. 2.)	가족법상의 몇 가지 헌법적 문제 — 호주제의 전통성, 자녀의 성, 이혼숙려기간 —	김상용
	제48회 발표문 (2004. 9. 3.)	헌법재판소 판례의 국제법적 분석	정인섭

권	회차	제목	발표자
제 6 권	제49회 발표문 (2004. 10. 1.)	헌법재판에서의 전통에 대한 심사	윤진수
	제50회 발표문 (2004. 11. 5.)	제법상 유형화·포괄화의 이해 — 그 정당성과 한계를 중심으로 —	박종수
	제51회 발표문 (2004. 12. 3.)	헌법재판소의 정치적 역할: '제한적 적극우의'를 넘어서	양 건
	제52회 발표문 (2005. 2. 18.)	탄핵심판에 있어 헌법재판소의 탄핵여부결정권	정종섭
	제53회 발표문 (2005. 3. 4.)	수도이전특별법 위헌결정에 대한 헌법이론적 검토	전광석
	제54회 발표문 (2005. 4. 1.)	행정입법과 헌법재판	유지태
	제55회 발표문 (2005. 5. 6.)	양심적 병역거부권에 대한 헌법재판소결정에 대한 검토	박진완
	제56회 발표문 (2005. 6. 3.)	입헌적 공화주의의 헌법이해	이국운
	제57회 빌표문 (2005. 7. 8.)	상가건물의 업종제한약정에 대한 헌법적 평가	김성태
	제58회 발표문 (2005. 9. 9.)	원고적격의 정치경제학(Ⅱ): 대법원의 행정소송법 개정안에 나타난 객관소송관을 글감으로 하여	조홍식

제 7 권	제59회 발표문 (2005. 10. 11.)	수용자의 서신검열과 통신의 자유	박인수
	제60회 발표문 (2005.11.1.)	헌법재판소 심판사건 통계분석	송기춘
	제61회 발표문 (2005. 12. 16.)	한국에서 자유민주주의와 헌정주의	강정인
	제62회 발표문 (2006. 2. 10.)	명의신탁 증여의제규정의 개정방안	박 훈
	제63회 발표문 (2006. 3. 10.)	지구당의 강제적 폐지의 위헌성	정태호
	제64회 발표문 (2006. 4. 7.)	법적 추론에 대한 법철학적 고찰 — 헌법의 경우 —	김현철
	제65회 발표문 (2006. 5. 12.)	명백·현존하는 위험의 원칙과 표현의 자유	임지봉
	제66회 발표문 (2006. 6. 9.)	사법적 검토의 재검토: 헌법재판과 비지배적 상호성	곽준혁
	제67회 발표문 (2006. 7. 7.)	생명헌법(bio-constitution)과 체외인공수정 잔여배아(surplus embryo in vito fertilization)의 법적 지위	강희원
	제68회 발표문 (2006. 9. 8.)	신뢰보호원칙에 대한 헌법재판소의 태도	박경철

권	회차	제목	발표자
제 8 권	제69회 발표문 (2006. 10. 13.)	공무담임권의 보호영역에 관한 헌법재판소의 판례 비판	이인호
	제70회 발표문 (2006. 11. 1.)	헌법 제60조 제 1 항에 열거된 조약의 체결·비준에 대한 국회의 동의권	김선택
	제71회 발표문 (2005. 12. 8.)	헌법의 경제학적 이해	신도철
	제72회 발표문 (2007. 2. 2.)	자기정보통제권에 관한 판례의 평석	권건보
	제73회 발표문 (2007. 3. 9.)	과세의 재산권적 한계	방승주
	제74회 발표문 (2007. 4. 13.)	유럽법상 기본자유와 기본권의 관계	정문식
	제75회 발표문 (2007. 5. 11.)	병역의무와 성차별금지	김주환
		병역법 제 3 조 제 1 항에 관한 소고	윤진숙
	제76회 발표문 (2007. 6. 1.)	입헌주의와 민주주의 : 그 “보순적 정합성”에 관한 소고	김싱호
	제77회 발표문 (2007. 7. 6.)	행정규칙과 헌법소원심판	김중권
		행정규칙의 헌법소원 대상성	정호경
	제78회 발표문 (2007. 9. 7.)	한정위헌청구의 적법성 여부	박순성
		한정위헌청구의 적법성	황도수

제 9 권	第79회 발표문 (2007. 10. 5.)	고등학교 학생선발 및 배정방법과 학교선택권의 보장 문제	허종렬
		고등학교 평준화제도에 대한 헌법적 검토	이기우
	第80회 발표문 (2007. 11. 2.)	헌법재판소 재산권 판례의 경제학적 분석	정기화
	第81회 발표문 (2007. 12. 7.)	변호인의 조력을 받을 권리에 관한 헌법재판소 해석방법론 검토	이완규
	第82회 발표문 (2008. 3. 7.)	헌법재판에서 심판의 기준	김경제
	第83회 발표문 (2008. 4. 4.)	평등권 심사 기준과 방법의 구조화	김주환
	第84회 발표문 (2008. 5. 9.)	미국 연방대법원의 위헌심사기준으로서의 ‘이중 기준’	이우영
	第85회 발표문 (2008. 6. 13.)	형성적 법률유보를 가지는 기본권에서 과잉금지원칙의 적용여부	한수웅
	第86회 발표문 (2008. 7. 11.)	보통·평등선거권의 심사구조와 심사기준에 관한 관견	정태호
	第87회 발표문 (2008. 9. 19.)	미국의 사전제재 법리와 2002년 불온통신규제결정의 재발견	박경신
	第88회 발표문 (2008. 10. 10.)	조세국가의 성격 및 구조와 조세입법에 대한 합헌성 심사의 기준	차진아

제 10 권	第89회 발표문 (2008. 11. 14.)	법률유보와 의회유보	방승주
	第90회 발표문 (2008. 12. 12.)	헌법재판소 20년—그 명암과 굴곡	이헌환
		헌법재판 20년과 행정법	김광수
	第91회 발표문 (2009. 2. 6.)	기본권의 대사인적 효력의 적용	이준일
	第92회 발표문 (2009. 3. 6.)	공무원의 노동3권에 관한 입법형성과 그 한계	김진곤
	第93회 발표문 (2009. 4. 10.)	기본권보호의무의 심사기준으로서 과소보호금지원칙	이부하
	第94회 발표문 (2009. 5. 1.)	불온서적 지정의 위헌성	이재승
	第95회 발표문 (2009. 6. 5.)	헌법상 제도보장에 있어서 핵심영역의 보장	김대환
	第97회 발표문 (2009. 9. 11.)	헌법불합치결정을 둘러싼 법적 쟁점의 검토	남복현
	第98회 발표문 (2009. 10. 9.)	역 로빈훗 방식의 수용권행사의 위헌성	이인호

제 11 권	제99회 발표문 (2009. 11. 6.)	구 종합부동산법 제7조 등 위헌소원사건에 대한 평석	이동식
	제100회 발표문 (2009. 12. 18.)	우리나라 헌법재판제도의 현재와 미래	김철수
	제101회 발표문 (2010. 2. 19.)	헌법불합치결정의 사례분석에 나타난 한정적 청구와 한정적 판단의 필요성 검토	남복현
	제102회 발표문 (2010. 3. 12.)	법류에 의한 쟁의행위의 금지와 근로삼권의 제한	정인섭
	제103회 발표문 (2010. 4. 16.)	인터넷과 선거운동	황성기
	제104회 발표문 (2010. 7. 2.)	헌법불합치 결정에 따른 입법자의 법률개선의무 위반의 법적 효과	허완중
	제105회 발표문 (2010. 9. 10.)	권한쟁의심판과 법률의 위헌성 심사	차진아
	제106회 발표문 (2010. 10. 15.)	형벌조항에 대한 위헌심사와 책임주의	변종필

헌법실무연구 제 12 권

2011년 12월 15일 초판인쇄
2011년 12월 25일 초판발행

편 자 헌법실무연구회
발행인 안 종 만
발행처 (株) 博 英 社
서울특별시 종로구 평동 13-31번지
전화 (733) 6771 FAX (736) 4818
등록 1959. 3. 11. 제300-1959-1호(倫)

www.pybook.co.kr e-mail: pys@pybook.co.kr

정 가 45,000원

ISBN 978-89-6454-784-7
978-89-6454-648-2(세트)